左图：洛伊特斯豪森镇祖父母家的后花园，海因茨·基辛格（右）与弟弟沃尔特和祖父母的宠物猫合影。

下图：“支持元首”：1934年8月19日，德国菲尔特市施瓦巴赫街上的一所学校悬挂的纳粹旗帜。德国人以压倒性的大多数选票支持将德国总理和总统权力合二为一，交由希特勒掌管。

上图：1938 年，14 岁的基辛格（左下角处）与同学们在菲尔特市犹太实科学校合影。

右图：1938 年纽伦堡纳粹党大会后，纳粹党成员归来穿过菲尔特市。标牌上写着：“菲尔特市市界：犹太人是我们的不幸。”右侧建筑是一家工厂，以前归犹太人 J · W · 斯皮尔所有。

左图：1938年8月28日，基辛格（右二）和家人去美国时，路过伦敦。合影中居中的是基辛格母亲的姑妈贝尔塔、姑父西格蒙德·弗莱什曼，基辛格一家路过戈尔德斯·格林时曾在他们家小住。

下图：1944年被派往欧洲前的第84步兵师第335步兵团2营G连官兵。第四排左六为基辛格。

右图：1944 年 11 月初荷兰艾格斯沙文战役前夕。几天后基辛格就将奔赴前线，攻打位于亚琛的齐格菲防线。这次回德国距纳粹上台他们一家被迫流亡美国正好满 6 年。

下图：1945 年 3 月 27 日，美国军队行经惨遭破坏的本斯海姆。反谍报队军官基辛格的任务是根除本斯海姆地区最顽固的纳粹分子。

上图：汉诺威西部阿勒姆集中营，1945年4月10日被基辛格所在的第84步兵师解放。用摄像师弗农·托特的话说，这里是“人间地狱”。一位叫莫舍·米德金斯基的幸存者记得是基辛格对他说：“你自由了。”

左图：阿勒姆集中营被解放不久，一名囚犯在营地，他可能就是福乐克·撒玛，基辛格对他宣讲了自己写的一篇短文《永远的犹太人》：“你身上的人性遭到控诉。我，乔·史密斯、人类尊严、所有人都对不起你……人的尊严，客观价值在这道带刺的铁丝网前止步了。”

上图：如果基辛格是浮士德，那么靡菲斯特就是弗里茨·克雷默（右）。克雷默成功地向美国人介绍自己是一名反纳粹的普鲁士军官，其实他是一位犹太裔的国际法专家。这个浮夸的姿势是克雷默的招牌动作。基辛格后来说他是“我成年时期唯一对我影响最大的人。”

右图：美国军队欧洲战区情报学院职业规划系所在地巴伐利亚地区的奥伯阿默高1950年上演的耶稣受难复活剧一幕。一个不再信仰犹太教的人不可能在这里开始他的教学生涯。

左图：威廉·扬德尔·艾略特，基辛格在哈佛大学行政学系的导师：他上课时说，政治理论是“一场善恶不停斗争从而赋予生活某种意义的冒险”。他是一个狂热的亲英派（和大西洋主义者），担任牛津大学贝里奥尔学院罗德学者时就发现了哲学理想主义。在年轻的基辛格眼里，艾略特是活跃学者的化身，总是在波士顿和华盛顿之间来回穿梭。这张照片是他、他的妻子和家养的小浣熊合影。

下图：理想主义的一代：1956年西点举行美国事务学生大会，基辛格在会议期间与学生谈话。

左图：1957 年 7 月 7 日，一枚 PGM–11 红石导弹——首枚装有核弹头的导弹，在纽约中央火车站展出。

下图：1957 年 10 月 6 日，《真理报》宣布苏联成功发射人造地球卫星“斯普特尼克”。

ПРОЛЕТАРИИ ВСЕХ СТРАН, СОЕДИНЯЙТЕСЬ!

КОМСОМОЛЬСКАЯ ПРАВДА

Орган Центрального Комитета ВЛКСМ

Воскресенье, 6 октября 1957 г. | Цена 30 коп.

НА КОРОТКОЙ ВОЛНЕ

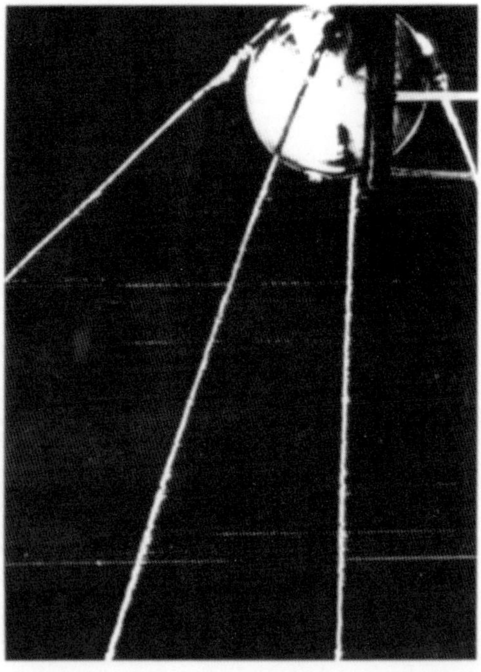

上图：苏联“和平攻势”打到好莱坞：1959 年，赫鲁晓夫与妻子妮娜和演员雪莉·麦克雷恩、歌手弗兰克·辛纳屈谈论康康舞曲。

右图：1960 年，赫鲁晓夫在纽约联合国总部拥抱古巴革命领导人卡斯特罗。

右图：哈佛大学国际事务中心教职工，包括（前排）亨利·基辛格（左二）、罗伯特·鲍伊（左三）、塞缪尔·亨廷顿（右三）和托马斯·谢林（右二）。

下图：1961 年 1 月 9 日，当选总统约翰·F.肯尼迪前往马萨诸塞州剑桥市登门拜访历史学家阿瑟·施莱辛格。肯尼迪不仅具有阳刚之美，而且演讲时措辞强硬，吸引了大批哈佛学者，其中就有施莱辛格及其好友基辛格。

上图：1961 年 2 月 19 日，“大挑战”。基辛格与人辩论“美国作为大国的世界策略”。参加辩论的有时任美国经济学会主席的经济学家保罗 · A. 缪尔森、原子能委员会前主席刘易斯 · L. 斯特劳斯、时任美国驻联合国大使的阿德莱 · 史蒂文森、历史学家阿诺德 · 汤因比。这场讨论由哥伦比亚广播公司播出，但没有留下任何记录。

左图：1961 年 10 月，美国 M 48 型坦克在柏林查理检查站对阵苏联的 T–54 型、T–55 型坦克。肯尼迪政府决定默许建造柏林墙，基辛格十分沮丧。他写道：“我深深感到一场民族灾难即将发生。”

上图：1962 年古巴导弹危机中被击落的美国U–2 侦察机残骸。

下图：1962 年 10 月 29 日，肯尼迪总统在白宫会见执行委员会成员。

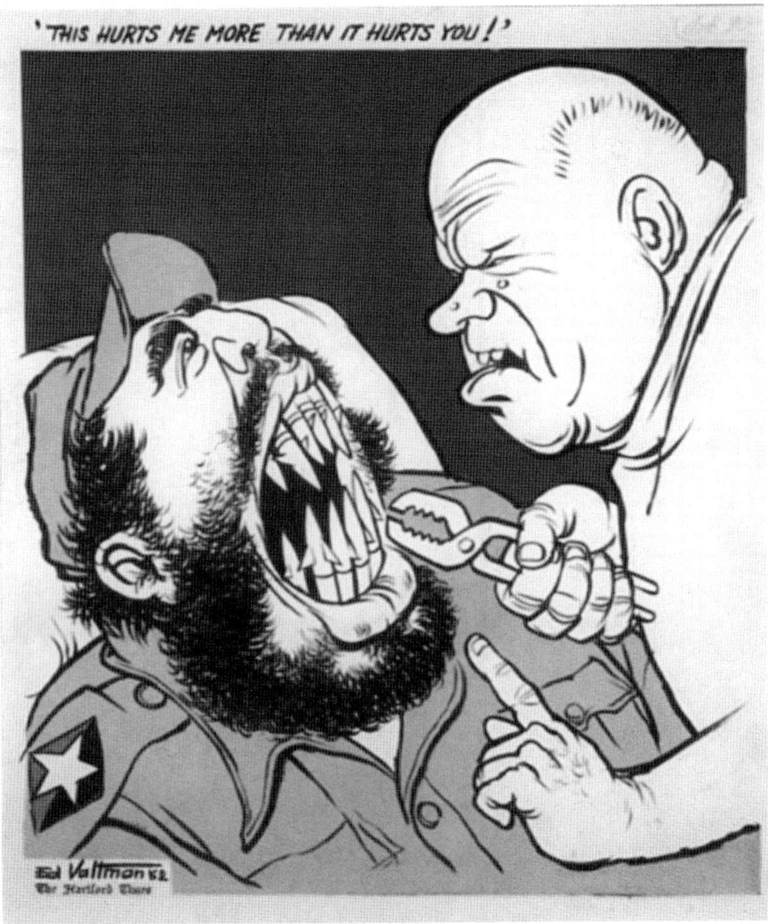

“你疼我更疼！”漫画家埃德·瓦尔特曼在《哈特福德时报》发表漫画，讽刺赫鲁晓夫决定从古巴撤走苏联导弹。美国公众不知道肯尼迪兄弟与苏联的交易：他们是拿美国在土耳其的导弹换苏联在古巴的导弹。

右上：把坏事变好事：一则苏联漫画讽刺美国计划让古巴就范（《鳄鱼报》1963 年 5 月 20 日）。

右下：斯坦利·库布里克导演的电影中彼得·塞勒斯扮演的疯狂核战略家奇爱博士更像赫尔曼·卡恩，不像亨利·基辛格。

上图：1961 年 5 月 5 日，副总统林登·约翰逊、肯尼迪总统、肯尼迪夫人等人在白宫观看宇航员艾伦·谢波德在太空飞行的电视节目。

下图：约翰逊副总统、肯尼迪总统与国防部部长罗伯特·麦克纳马拉在美国国家航空航天局 39 号发射综合楼，建造该楼是为了圆肯尼迪的登月梦。

左上：1962 年发福、婚姻不幸的基辛格。

右上：1962 年 11 月，基辛格接受柏林自由欧洲电台采访。这家电台由美国资助，服务对象是保加利亚、捷克斯洛伐克、匈牙利、波兰和罗马尼亚听众。

左图：20 世纪 60 年代逐渐瘦身。基辛格在 1964 年离婚后人瘦了，在社交场合也放松了。

左上：1963 年，美国驻越南大使小亨利·卡伯特·洛奇会见越南共和国总统吴庭艳。肯尼迪政府默许吴庭艳被推翻、处死。结果出乎意料，越南共和国政府更加依赖美国。

右上：1964 年，经济学家、博弈论专家托马斯·谢林。20 世纪 60 年代，谢林和基辛格交情很好，但后来谢林不愿谈论越战问题，两人关系恶化。

下：二度不利：1964 年 6 月 1 日，纳尔逊·洛克菲勒和儿子罗德曼·洛克菲勒持竞选海报留影。洛克菲勒三次竞选共和党总统候选人提名，三次失利，但基辛格每次都支持他参加竞选。

左右：1965 年 1 月，马丁·路德·金以哈佛大学纪念教堂特邀牧师身份来到剑桥。

上：1964年旧金山共和党全国大会上巴里·戈德华特的支持者；会上戈德华特成功获得共和党总统候选人提名。

左：最后的普鲁士人：联邦德国《时代》周刊编辑、后来成为该杂志出版人的玛利昂·登霍夫伯爵夫人。

上：1965 年前后，基辛格和德国人在一起：向联邦德国第五装甲师指挥官等德国国防军军官介绍情况。

下：不太麻烦的伙伴关系：1965 年，亨利 · 基辛格和父亲路易斯 · 基辛格在基辛格著作《麻烦的伙伴关系》的出版宣传会上。他父亲说：“可惜啊，这本书出版的时候，所有人都在关注亚洲，没有人关注欧洲。”

上：麦乔治·邦迪与林登·约翰逊在白宫。麦乔治·邦迪曾任哈佛大学文理学院院长，是肯尼迪和约翰逊两届政府的“总统国家安全事务特别助理”，简称国家安全顾问。

下：1965 年 2 月 4 日，在西贡市新山一空军基地，麦乔治·邦迪受到美国大使麦斯威尔·泰勒（邦迪身后者）等人欢迎。

上：越南创痛：1966 年 10 月，在越南共和国和越南民主共和国之间的非军事区以南的一次行动中，美国陆战队员抬着一名伤员。

下：1966 年 10 月，一名美军伤员在野外接受治疗。三个月前基辛格访问过一个陆战队基地，事后他写道："这里的活儿又慢，又脏，没完没了。"

上：1966 年 7 月 28 日，基辛格在西贡会晤越南共和国总统阮文绍。此时，阮文绍被视为阮高祺总理领导的二头政治中的第二人。阮文绍是名罗马天主教徒，在法国受训，善于策划政治阴谋。但是，国务卿迪安·腊斯克承认，在后来的巴黎和谈上，阮文绍“有充分的权利怀疑河内的目的”。

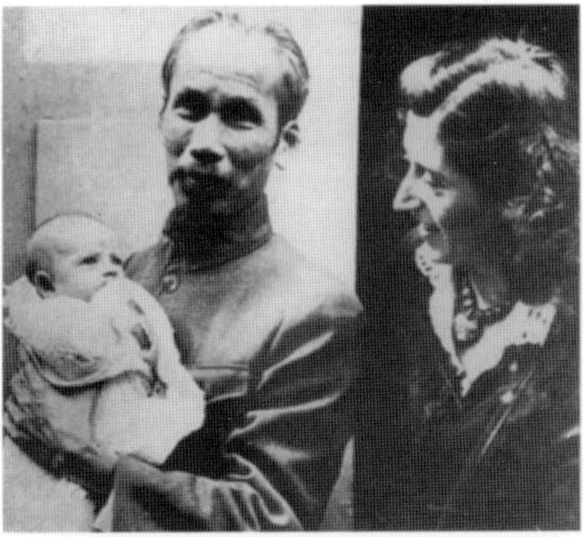

左下：1946 年，巴黎，胡志明抱着教女芭贝特·奥布拉克，与孩子的母亲露西·奥布拉克合影。芭贝特的父亲雷蒙德·奥布拉克是后来试图在基辛格和越南民主共和国政府之间建立交流渠道的两名调解人之一。

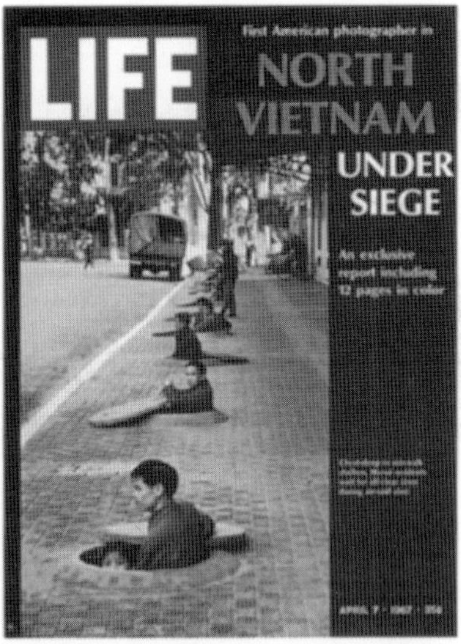

右下：《越南民主共和国被围》：1967 年 4 月 7 日《生活》杂志封面，显示河内居民躲避美军轰炸。有人认为美军轰炸致使 1967 年可能出现的和解流产，这是假设越南民主共和国政府那次是真心希望用和谈结束越战。

上：基辛格和高级军官与一名受训伞兵在本宁堡。

下：1967 年 4 月 25 日，在阿登纳的葬礼上，联邦德国总统卡尔·海因里希·吕布克想让美国总统约翰逊和法国总统戴高乐握手言和。

上：1967 年 3 月，理查德·尼克松在布拉格伏尔塔瓦河附近接受采访。两个月前，东道主——捷克斯洛伐克国际政治与经济研究所所长和基辛格谈论中苏关系，基辛格很受启发。

右：1968 年共和党全国大会在迈阿密召开，会议期间享受日光浴的尼克松支持者与小象合影。

上：1968 年 8 月 7 日，理查德·尼克松和杰拉尔德·福特分别接受共和党总统和副总统候选人提名。

中：1969 年，伦敦经济学院，迈克尔·富特（最左）讲话，塔里克·阿里（最右）反驳。1965 年越战问题辩论会上，这两位英国左派的煽动者战胜了基辛格。

下：1968 年 10 月 14 日，在内阁室，迪安·腊斯克抽烟，林登·约翰逊聆听，国防部部长克拉克·克利福德侃侃而谈。在场的还有参议员理查德·拉塞尔（左）。

STRIKE FOR THE EIGHT
DEMANDS STRIKE BE
CAUSE YOU HATE COPS
STRIKE BECAUSE YOUR
ROOMMATE WAS CLUBBED
STRIKE TO STOP EXPANSION
STRIKE TO SEIZE CONTROL
OF YOUR LIFE STRIKE TO
BECOME MORE HUMAN STR
IKE TO RETURN PAINE HALL
SCHOLARSHIPS STRIKE BE
CAUSE THERE'S NO POETRY
IN YOUR LECTURES
STRIKE BECAUSE CLASSES
ARE A BORE STRIKE FOR
POWER STRIKE TO SMASH THE
CORPORATION STRIKE TO MAKE
YOURSELF FREE STRIKE TO
ABOLISH ROTC STRIKE BECAUSE
THEY ARE TRYING TO SQUEEZE
THE LIFE OUT OF YOU STRIKE

左：1969 年，哈佛的拳头：校园反越战标志及其他。

下：尼克松在前，理查德·艾伦在后，基辛格准备好等总统向媒体介绍自己。艾伦在尼克松竞选总统期间担任外交政策顾问，而基辛格居然被任命为他的顶头上司，艾伦心里很不满。

上：基辛格被提名为国家安全顾问当天，和理查德·尼克松在纽约皮埃尔酒店。

下：1968 年年底，基辛格与尼克松（面对埃夫里尔·哈里曼）、罗伯特·墨菲在纽约皮埃尔酒店。资深外交家哈里曼被约翰逊总统选中带领美国代表团到巴黎参加越南问题和平谈判。墨菲是尼克松的顾问，曾任艾森豪威尔政府负责政治事务的副国务卿。尽管基辛格与这两位老手相比看似新人，但在越南问题上，基辛格已经赢得哈里曼的赞扬，哈里曼说他是“一位和善但又强硬的老师”。

上：再入白宫：1968年12月5日，基辛格与约翰逊总统和外向的国家安全顾问沃尔特·罗斯托在一起。约翰逊对基辛格说："你读读那些专栏作家的文章，如果他们说你团队中的一个成员善于思考，忠心耿耿，或者用其他一些善意的形容词描述他，立马把他开除。他会泄密。"

下：1969年，德国金融部前部长弗朗茨·约瑟夫·施特劳斯喋喋不休，基辛格耐心倾听。

右：公共知识分子成为媒体新星：1969 年，《生活》杂志给被新任命的国家安全顾问基辛格拍照。

下：1973 年，亨利·基辛格和南希·马金尼斯。两人的罗曼史成功保密近 10 年。1967 年基辛格常跑巴黎，不仅是因为与河内谈判有一线希望，更重要的是为了见这位佳人。

NIALL FERGUSON

基辛格 KISSINGER 1923-1968：THE IDEALIST 理想主义者

[英]尼尔·弗格森◎著 陈毅平◎译

中信出版集团 · 北京

图书在版编目（CIP）数据

基辛格：理想主义者 /（英）尼尔 · 弗格森著；陈毅平译. -- 北京：中信出版社，2018.4（2023. 12 重印）
书名原文：Kissinger:1923-1968:The Idealist
ISBN 978-7-5086-8547-2

I. ①基… II. ①尼… ②陈… III. ①基辛格（Kissinger, Henry Alfred 1923-）－传记 IV. ①K837.127=6

中国版本图书馆CIP数据核字（2018）第010196号

基辛格：理想主义者

著　　者：[英] 尼尔 · 弗格森
译　　者：陈毅平
出版发行：中信出版集团股份有限公司
　　　　　（**北京市朝阳区东三环北路 27 号嘉铭中心　邮编　100020**）
承 印 者：北京通州皇家印刷厂

开　　本：787mm × 1092mm　1/16　　插　　页：16
印　　张：58.5　　字　　数：700 千字
版　　次：2018 年 4 月第 1 版　　印　　次：2023 年 12 月第 3 次印刷
京权图字：01-2018-1352
书　　号：ISBN 978-7-5086-8547-2
定　　价：198.00 元

纪念

杰拉尔德·哈里斯（1925—2014）
卡尔·利泽（1920—1992）
安格斯·麦金太尔（1935—1994）

专家热评

（按姓氏笔画排序）

他是像爱因斯坦一样出色的犹太裔德国移民天才，早年在哈佛大学任教时就提出传播甚广的均势理论，曾作为超级大国的对外机构掌门人在全球各地带起无数“外交旋风”，退休后其丰硕著述一直深刻影响世界各国的外交理论和智库研究——这就是基辛格博士，当代最有影响力的外交家和战略谋略师。有很多人佩服他，有不少势力憎恨他，但没有谁敢低估他，无视他的学说与策略。对于中国读者来说，基辛格还多了一个头衔：“中国人民的老朋友”。他被毛泽东主席当面称“寄信鸽”，乃是最早打开中美两国关系大门的总统特使，也是随后几十年与历代中国最高领导层保持密切互动的世界级政治人物。阅读这本《基辛格：理想主义者》，有助于人们理解当代全球政治和外交的复杂诡异又绚丽多彩的画面。

王逸舟

北京大学国际关系学院副院长，教授

从一个聪明的读书人成功转变为一位卓越的政治家，既怀有崇高的理想主义情怀，又坚持冷酷的现实主义原则，既改变了美国外交的历史轨迹，也重塑了美国国内的决策过程。这就是基辛格。基辛格后半生的巨大成就与争议，使他成为20世纪美国政治乃至世界政治中无论如何也绕不开的重要人物。而这一切，都深深植根于基辛格在前半生的各种勤奋、机缘与抉择。著名历史学家尼尔·弗格森的这部著作，对基辛格的前半生给予了迄今为止最为客观、详尽和传神的描绘，并无意中披露出很多值得揣摩的历史细节。绝对值得一读。

王鸿刚

中国现代国际关系研究院世界政治研究所所长

亨利·基辛格博士，在中国是当代最有名的美国人之一。这主要是由于他在20世纪70年代初协助尼克松总统做了一件大事——与毛泽东主席和周恩来总理一道，打开了战后中美关系的大门。但是，对于基辛格的身世，以及思想形成的轨迹，许多中国人并不了解。这本书则把我们带回20世纪30年代至60年代基辛格生活、工作的年代与环境，带领我们走进了他的精神世界，值得一读。在纳粹疯狂践踏犹太人的年代，基辛格举家迁居美国，后来成为一位效忠美国的犹太人。他骨子里富有对弱者的同情与恻隐之心，或许这就是他“理想主义”萌芽的情感基础。他对于美国在越战中过度使用军事力量的单边主义做法曾忧心忡忡，这些在作者的笔下都留下了浓墨重彩。同时，基辛格还有另外一面。他的“理想主义”似乎并未形成完整的思想体系。他的权力政治与势力均衡等现实主义逻辑思维，似乎与他同时代、同命运的德裔美国人汉斯·摩根索颇为相似。从这两方面看，他有些像约瑟夫·奈在《权力论》中所倡导的“自由现实主义”或“理想现实主义”者。期待作者能再完成有关基辛格的第二部大作，重点研究和论述基辛格在中、美、苏、日四国关系方面的外交精彩生涯，特别是略带“狡诈”的超人睿智。

刘江永

清华大学国际关系研究院教授

这是一部“实实在在”的传记，能够帮助我们更好地理解基辛格先生在理想主义与现实主义之间穿梭变换的传奇人生。

孙学峰

清华大学国际关系研究院常务副院长，教授

他左右了历史进程，影响人们对世界的重新理解，弗格森笔下的基辛格不仅是一位教授或政治家，更是“一个儿子、哥哥、情人、丈夫、父亲、离异者”，从而生动展示了这位自称“比康德还康德”的知识分子，如何精妙操纵权力，却又逃离政治的泥沼，不断捕捉和实践自己的理想主义。

李礼

《东方历史评论》执行主编

尽管该书记述的不是基辛格人生中最辉煌的那段经历，但是仔细读完这部传记，你就会理解基辛格何以能成为一位外交大师，成为冷战后期的世界风云人物。

沈志华

华东师范大学冷战国际史中心主任，教授

基辛格是当代在世的最富传奇色彩、极具现实主义影响力的国际关系大师。他从一位逃离纳粹暴政的德国少年移民，以博学之才获得学术圣殿哈佛大学的终身教职，并因而一步步走近美国权力政治的核心。著名历史学者弗格森这部皇皇之作独辟蹊径，刻画了基辛格学术思想的蜕变之路：他如何从对冷战初期的心理战和情报站研究的职业生涯开始，切入对冷战对抗最为激烈的核战略研究，在此过程中从一个强烈大国竞争关怀的政策分析人员，逐步深入到对外决策和国际政治纵横捭阖的国际关系哲学和理论研究，从一个道德主义主导的理想主义者跃转为对利益变动和权力消长孜孜以求的现实主义者。此中情感与理性、价值观和权力场的博弈折射了一个特殊时代、特殊境遇的知识分子学术思想的心路历程，更为一欲知晓知识探索和现实决策复杂奥秘的年轻学人提供了一个活灵活现的解剖样板。

陈琪

清华大学中美关系研究中心主任，教授

基辛格是一位令人钦佩的外交家、战略家，作为德裔犹太人的他在美国的外交决策圈是独特的，因其有着“老欧洲”记忆，所以对人性的理解优于一般的美国人。卸任美国国务卿后，他一直对政界保持着极大的影响力。弗格森笔下的“学者基辛格”深谙历史研究与理想主义哲学，不断将研究与经验联系起来，根据情势变化及时校正自己对于重大事件的观点及策略。“二战”时期的军旅生涯为他赢得了进入哈佛大学的机会，也为他从波士顿进军华府铺好了台阶。然而，这条路绝非一帆风顺，基辛格走了整整20年。细心研读这本讲述基辛格前半生的作品，对于深入理解这位中美关系正常化的关键人物、“中国人民的老朋友”的智识、思想、战略决策和不凡成就，大有裨益。

金灿荣

中国人民大学国际关系学院副院长，教授

超级大国必须有超越国界的号召力，这需要通过理想主义表达；超级大国还必须能落实其战略执行，这需要有现实主义的策略能力。美国的外交战略在20世纪前半段经历过从孤立主义到理想主义的反复震荡，这两种看似矛盾的外交战略，都源于其清教立国精神，有着深层的理想主义底色。这并不足以让美国成为完整的超级大国，除非它能够学会老欧洲的均势政治。出身欧洲的基辛格，没有清教当中的那种道德洁癖，对均势政治极为熟稔；因其生活经历，他又对美国的价值观有着深刻认同。在基辛格的手上，理想主义与现实主义获得了一种有机的融合，带来了美国在20世纪后半段重要的外交转型。理解基辛格，是理解美国外交的重要入口。

施展

外交学院世界政治研究中心主任，教授，《枢纽》作者

基辛格博士堪称当今世界最著名的现实主义大师。弗格森教授以历史学家深邃的洞察力和缜密的细节探究，通过对基辛格前半生成长经历的描绘、分析，向人们展示了一个更为复杂、更为多面的人物，从而揭示了在半个多世纪前，当基辛格与尼克松一道推动冷战期间美国外交政策向现实主义转型之时，基辛格本人并非天生的现实主义者，他本人的世界观也在经历一场蜕变。这为我们认识这位特殊人物提供了一个新的视角。全书叙事宏大、细节引人入胜，风云际会的外交博弈跃然纸上，堪称一部经典的人物版美国外交史。

倪峰

中国社会科学院美国研究所副所长，教授

弗格森在书中说，基辛格是第一个认识到智力世界和权力世界之间区别的人。这个说法颇为中肯。很少有人能在这两个世界都达到基辛格的高度，有着如此之多的建树。中国读者多半会认为基辛格是“地缘战略大师”、一位现实主义者，擅长搞“平衡外交”，这是根据他

在权力世界的主张和作为做出的判断。这本书是基辛格前半生的传记，它让我们了解传主作为学者、教授的理想主义者的一面。

陶文钊

中国社会科学院荣誉学部委员，教授

伟人的一生总和某些重大事件相关，基辛格在美国20世纪六七十年代的外交中起了不可忽视的作用。这本传记的作者阅读了大量公开的和私人的资料，不仅写出了基辛格参与，甚至策划这些重大事件的经历，而且写出了一个平凡而有趣的基辛格，写到了他的成长、他的生活、他的婚恋，甚至他的情人。读这样的传记是一种极大的享受。

梁小民

北京工商大学教授，经济学家

尼尔·弗格森是才华横溢、享誉世界的治史大家，基辛格则是影响了国际政治进程的大外交家和大战略家。有关后者的研究和传记汗牛充栋，基辛格本人也用几部皇皇巨著记录了自己参与历史的所得所思。然而弗格森的基辛格传记与众不同地将基辛格描绘为一个理想主义者，颠覆了其作为现实主义大师的形象，在学术界和政策界引起了巨大反响。由第一流的历史学家书写第一流的外交家，这本书洞见深邃，文笔优美，史据丰富，是研究基辛格和了解美国外交的必读书目。

谢韬

北京外国语大学英语学院副院长，教授

基辛格的经历足够传奇：德国犹太难民的儿子，二战中打回德国、在前线部队负责反谍小组的美军二等兵，战后哈佛大学的高才生，哈佛大学名教授，美国国家安全事务助理，美国国务卿，20世纪后半叶最重要的外交家之一。这本基辛格传以8 000多种文献、许多国家的100多家档案馆公私档案、解密与未解密档案和对基辛格的多次采访为基础，翔实、客观地再现、分析了他的传奇一生，并且以他的经历为主轴，描绘出时代风云。

雷颐

中国社会科学院近代史研究所研究员，教授

尼尔·弗格森的《基辛格：理想主义者》集严谨与广泛的学识，清晰的叙事，宏大的主题于一身，是一部真正具有教育意义的著作。

乔治·舒尔茨

美利坚合众国第60任国务卿

由一位成就非凡、造诣颇深的历史学家执笔讲述一位世界上伟大外交家的故事，所呈现出来的毫无疑问将是一部杰作。尼尔·弗格森为基辛格所著的史诗般传记正是如此。

詹姆斯·贝克三世

美利坚合众国第61任国务卿

这是一部了不起的传记，要想理解我们这个时代首屈一指的美国外交政策设计师的成长、发展与进化，这本书必不可少。

康多莉扎·赖斯

美利坚合众国第66任国务卿，斯坦福大学商学院教授多年来，我们读过太多关于基辛格的故事，或许你觉得应该有些新的东西了。尼尔·弗格森的《基辛格：理想主义者》从根本上转变了有关基辛格研究的轨迹。这部由造诣极深的历史学家撰写的有关当代最为重要的学者、政治家、战略家之一的非凡传记，细致深入、令人惊叹，偶尔又感人至深。切莫错过。

约翰·加迪斯

耶鲁大学教授，“冷战史学泰斗”

弗格森的这部传记作品堪为典范。这是一个关于在20世纪中叶的美国和世界背景下，一位有影响力、难以捉摸、精明敏锐的历史人物的故事。弗格森的研究十分新颖且极具启发，他的文字赏心悦目，他的洞见发人深省。

罗伯特·佐利克

美国前副国务卿，世界银行前行长

这部经深入研究而成的传记十分新颖、极富想象力，读起来好似一部小说。在尼尔·弗格森娴熟的笔下，“政坛巨擘基辛格”变成了“少年和成年亨利”，真是一次美妙的阅读体验。

小约瑟夫·奈

哈佛大学名誉教授，“软实力之父”

目 录

KISSINGER
THE IDEALIST
1923–1968

推荐序 III

序　言 VII

导　言 001

卷一

035 第 1 章 **故乡**

063 第 2 章 **逃难**

083 第 3 章 **哈得孙河上的菲尔特**

113 第 4 章 **出人意料的二等兵**

138 第 5 章 **生者与死者**

170 第 6 章 **在第三帝国的废墟上**

卷二

209 第 7 章 **理想主义者**

246 第 8 章 **心理战**

292 第 9 章 **基辛格博士**

331 第 10 章 **奇爱博士?**

384 第 11 章 **奔波双城**

卷三 417 第12章 双重身份
456 第13章 灵活反应
508 第14章 生活现实
537 第15章 危机

卷四 573 第16章 出兵越南
618 第17章 不文静的美国人
657 第18章 风中浮尘

卷五 683 第19章 反对俾斯麦的人
718 第20章 等待河内
770 第21章 1968
817 第22章 不可能的组合

后　记 847
致　谢 863
注　释 867

推荐序

KISSINGER
THE IDEALIST
1923–1968

在美国成为世界强国的历史中，涌现出一批重要的战略思想家：海权论代表人物马汉、被称为“冷战先生”的遏制战略设计师乔治·凯南（他本人后来竭力否认这一点，认为人们误解了他的初衷）、美国前国务卿马歇尔、卡特政府时期的国务卿布热津斯基，以及本书描述的美国前国务卿基辛格。这些人除马汉之外，都既是战略家，也是战略制定者。

有一点特别值得关注：在每个关乎国家命运的关键节点，美国都十分重视和重用战略家的思想。冷战初期，乔治·凯南的思想得到充分利用，而20世纪70年代的美国处于衰落期，基辛格的思想也发挥了重要的作用。转型期易于产生新思想，但不一定被重视，只有那些战略观点被重视的国家才能不断发展壮大。

基辛格是美国成为世界超级强国后出现的世界级的战略家和思想

家。他是美国“旋转门现象”的代表人物，不仅战略理论造诣深厚，更有幸能够将其理论思想推向外交实践。他在美国20世纪70年代陷入低谷的时候辅佐尼克松，为处于衰落期的美国出谋划策，以在哈佛“面壁十年”期间学习的均势法则为指导，在冷战转型的复杂敏感时刻，于大国关系和大国战略中纵横捭阖，在一定程度上遏止了美国的颓势，为里根时期的美国振兴打下了坚实的基础。

基辛格是美国历史上富有争议的人物，“既受人敬重又遭人痛恨”，即使在美国国内，人们也对他褒贬不一。这大概缘于他独特的思想历程和他人生的丰富、复杂。关于基辛格的著述很多，他自己也著述颇丰。而这本来自英国著名历史学家尼尔·弗格森的传记则独树一帜。

首先是突出了基辛格思想的演变和转变过程。因此这本书分为两册，上册为《基辛格：理想主义者》，下册为《基辛格：现实主义者》。弗格森强调，基辛格最大的成就是其思想，而了解其思想发展演变的过程显然有助于加深我们对基辛格本人和他战略思维的认识。当我们通过阅读传记了解年轻的基辛格从一个理想主义者转变为从政时的现实主义者的经历时，真的不得不惊叹环境、时事和角色对于人生巨大的塑造能力。

其次，这本书有大量的第一手资料。十年间，弗格森得以翻阅基辛格的私人文件，共计100多箱。为了获取最为原始的素材，作者偏重查阅事发时的文件和录音，而不是多年后采访中的证词。

正如这本书自序中所引用的著名传记作家博斯韦尔的话：给一个人立传，不仅要按时间顺序讲述他生活中所有最重大的事件，还要把他私下的所书、所言、所想糅合在一起。作者力图从多元的视角来描述基辛格，不仅从他个人的角度，还从美国的角度，从朋友、敌人和中立者的角度来解读。作者认为，“基辛格位高权重，说他在世界范围内纵横捭阖并不为过，为如此奇人立传必须要有全球视野”。

最后，作为知名的历史学家，尼尔·弗格森的历史纵深感和深邃思考力为驾驭基辛格这样丰富且复杂的政治人物的传记提供了坚实的基础。这样有着深厚思想的历史学家为一个历史人物作传，思想上的心有灵犀为这本书的深度提供了保障。作者力戒夸张的赞颂，试图以平视的客观视角来认识和把握基辛格，把基辛格身上的神秘色彩进行了准确的还原。作者立志“如实直书”，写一部“实实在在的”基辛格传。作者希望反驳“这位教授从本质上说是一位马基雅维利的信徒，或是自己曾经论述过的19世纪欧洲均势政治的一个简单的翻版”这样过分简单化的结论。

中国读者对基辛格有一种特殊的心理，主要缘于他是中美“破冰之旅”的先行者之一，是“阿波罗计划”中率先踏上神秘的中国大陆的美国政府高官。这也是中华人民共和国成立后美国高官事隔二十余载第一次访华。基辛格数次受到周恩来总理接见，在《中美联合公报》的起草中发挥了其个人智慧。基辛格因成为中美关系正常化的推动者而载入史册。长期以来，基辛格先生一直致力于中美友好，是一个能够从战略高度看待中美关系的重要政要，也是传播中美友谊的使者。

诚然，作为杰出的犹太裔美国精英，他的所作所为都是基于美国国家利益，是为美国利益服务的。但是中国读者通过阅读他的传记，不仅可以了解基辛格本人思想的形成，也可以更多、更深地了解美国外交和美国战略，从而为中美交流、中美新型伙伴关系的构建做出各自的贡献。

这本书洋洋洒洒，庞而不乱，始终紧扣基辛格思想发展和亲历的重大事件。既是传记，就包含深刻的人生感悟，无论对错，都可为各行各业的人士了解美国政界人士的人生经历提供有价值的参考。他山之石，可以攻玉。愿这本书能成为有识之士的人生启迪读物，更愿本书成为中美思想文化交流的一种尝试。

基辛格博士已经九十多岁了，他曾经数次来到外交学院与我院师生进行座谈交流。当人们问到他长寿的秘诀时，他说，主要是遗传基因好。我想，他的长寿也得益于他对世界历史所做的积极贡献。

我们祝愿这位中美关系发展最重要的见证人和推动者健康长寿，也祝愿老一代中美有识之士开创的中美关系继续发展。

王帆

外交学院副院长、教授

2018 年 1 月 8 日

序 言

KISSINGER
THE IDEALIST
1923–1968

给一个人立传，不仅要按时间顺序讲述他生活中所有最重大的事件，还要把他私下的所书、所言、所想糅合在一起，除此以外，我实在无法想象还有更完美的写法。只有这样，大家才能仿佛看到一个活生生的人，与他“在其人生的每个场景同呼吸”，像他那样真切地经历人生的几个阶段……斗胆说一句，你对本书传主的了解将会比对其他任何在世的人都全面、深刻。而且你对他的了解会一如其人，因为我声明我写的不是颂词，不必歌功颂德，我写的是他的生活……每一幅画有光也有影。

——博斯韦尔（Boswell），《约翰逊传》（*Life of Johnson*）

按照詹姆斯·博斯韦尔的理解，传记作家的任务就是让读者借他之眼看到一个活生生的传主。要做到这一点，传记作家必须了解传主。那就是说不仅要读别人勾勒传主生平的大量作品，还要阅读传主本人所写的全部作品。还有一层意思是，如果传主还健在，作家不仅要采访他，还要结识他，就像博斯韦尔结识约翰逊一样：跟他谈话，陪他吃饭，甚至结伴旅行。当然，这里有一个难题：既要结识传主，又不能受其影响太深，否则，你说你写的是他的生活，而不是颂词，读者是不会相信的。博斯韦尔对约翰逊的敬爱也是慢慢培养起来的，他的《约翰逊传》之所以写得好，无外乎两点：一是写出了约翰逊举止粗鲁、不修边幅，二是（如豪尔赫·路易斯·博尔赫斯所言）把自己写得很滑稽——约翰逊睿智，而他却直接浅白；约翰逊是英国人，呆板乏味，而博斯韦尔是苏格兰人，过于急躁。我的做法有所不同。

本书在写作过程中得到了很多人的帮助（在致谢中已提到），除此以外，本书作者跟以往的传记作者相比有一个显著优势：我有幸查阅了基辛格的私人文件，不仅有他从政以来的文件（藏于美国国会图书馆），还有他2011年捐给耶鲁大学的私人文件，那些私人作品、书信和日记时间跨度极大，最早的可追溯到20世纪40年代，共计100多箱。我还对传主做过多次长时间专访。这本书不仅在写作时得到了基辛格的配合，而且其本身就是在他的授意下写就的。

正因如此，我料定一些心怀叵测的评论家会声称，我在某种意义上受到基辛格的影响或诱导，想给传主画一幅阿谀奉承的假画像。其实不然。尽管我得到允许，可以查阅基辛格的文件，也有人帮助我安排去采访他的家人同事，但我的唯一信念是在充分研究记录资料及其他可用证据的基础上，"竭尽全力去'如实'记录他的一生"。我与基辛格在2004年签订了一份法律协议，协议里提到我的信念，最后一条是这样的：

虽然本作品的权威性会因为得到授权人（基辛格）的大力帮

助而提升……（不过）更能提升其权威性的是作者的独立性；因此，双方理解并同意……作者全权编辑本作品定稿，授权人无权审查、编辑、修改本作品终稿，也无权阻止本作品的终稿出版。

只有一个例外：应基辛格博士的请求，我不能引用带有敏感个人信息的私人文件内容。我很高兴地说，他只在有限的几处行使了他的权利，每次都是跟纯粹的个人事务有关：其实是跟家庭事务有直接关系。

自开始撰写本书迄今已逾十载。岁月漫漫，痴心不改，我立志写一部“实实在在的”基辛格传记，用德国历史学家兰克的话说就是“如实直书”。兰克认为历史学家的职责就是从文献中推测历史真相——不是十几种文献（有一部被广泛传阅的基辛格传记引用的文献总共才十几种），而是成千上万种。我自然无法数清我和助手贾森·罗基特在本书写作过程中查阅了多少档案资料，只能清点我们认为值得纳入自建数字数据库的文件有多少。目前共有资料8 380种，合计37 645页。但是这些文献不仅仅取自基辛格的个人和公共文件。总之，我们引用的材料出自世界各地的111个档案馆，有重要的总统图书馆中的文件，也有默默无闻的私人收藏者的藏品。当然，有些档案一直是保密的，有些文件一直是机密的。然而，相较而言，20世纪70年代的重要资料在数量上首屈一指。那个时代已经有了复印机和磁带录音机。有了复印机，各个机构很容易就把重要文件复制多份，这样，将来的历史学家就更有可能看到其中的一份。尼克松和基辛格钟情于录音机，加上“水门事件”后新闻自由进一步发展，许多本来绝不可能被记载的谈话，现在谁都能自由阅读。

我搜集材料时把网撒得尽可能又广又深，动机很明确。我决定不光从基辛格个人的角度看他的一生，还要从其他多个角度看他的一生，不光从美国角度来看，还要从朋友、敌人和中立者的角度来看。基辛格其人位高权重，说他在世界范围内纵横捭阖并不为过。为如此奇人立传必须要有全球视野。

对于这部传记，我一直以来都想写上下两部。问题是在哪里断开。最终我决定，上部就写到当选总统尼克松刚刚对世界宣布基辛格即将担任国家安全事务助理（国家安全顾问）之后、基辛格进驻白宫西翼地下室履新之前。这么划分有两点理由。其一，1968年年底，基辛格45岁，而我写本书时他91岁。所以，这一部差不多恰好涵盖他的前半生。其二，我想明确区分作为思想家的基辛格和作为行动者的基辛格。不错，1969年以前的基辛格不仅仅是一位学者。20世纪60年代那整整10年间，基辛格身为总统顾问和总统候选人顾问，直接参与了外交政策的制定。至少到了1967年，他已经积极参与外交事务，开始与越南民主共和国政府谈判，期望结束越南战争。但是，那时他还没有任何执政经验。他只是一名咨询师，还不是真正的顾问，更谈不上是决策者。事实上，美国前总统艾森豪威尔正是出于这个原因而反对新总统任命他为国家安全顾问。听说尼克松要任命基辛格后，艾森豪威尔抗议道："基辛格是个教授，你可以让教授做研究，但绝不能让他当什么官……我要给迪克打电话劝劝他。"基辛格的确是先当教授，后来才成为政治家的。所以，我以为1969年以前对他如此定位比较在理：美国历史上最重要的外交政策理论家之一。如果基辛格没有从政，这部传记仍然值得一写，就好比如果凯恩斯没有离开剑桥大学校园去执掌英国财政部，罗伯特·斯基德尔斯基照样有充足的理由写一部漂亮的凯恩斯传记。

博斯韦尔首次见到约翰逊是在伦敦的一家书店里。我和基辛格的第一次邂逅也是在伦敦，是在康拉德·布莱克举办的一次聚会上。当时我是牛津大学的一名教师，教点儿新闻学，这位老政治家说很佩服我写的一本有关“一战”的书[①]，我自然受宠若惊。（还有一点也给我留下了深刻印象，名模艾拉·麦克弗森一进屋，他立马撇下我迎了上去。）几个月以后，基辛格授意我为他的传记执笔，我很开心，但更多的是惶恐。我很清楚，他曾找过另一位英国历史学家写传记，那个人也接受了，后来却临阵退缩。当时，我只能看到不接受这份苦差的理由：我手里有几本书（包括另一部传记）的合同、我不是研究战后美国外交政策的专家、我需要一头扎进浩如烟海的文献、我难免要遭到克里斯托弗·希钦斯等人的严厉抨击。为讨论写传记的事，我们见过几面，打过几次电话，通过几封信，但在2004年3月初，我还是回绝了。这也就拉开了我介绍亨利·基辛格外交艺术的序幕：

> 太遗憾了！收到你来信的时候，我正在到处找你的电话号码，打算告诉你，我找到了原以为散佚的文件：一名管理员保存在康涅狄格州一个储藏室里的145箱文件，文件保存下来之后那个人就死了。里面有我所有的文件：作品、书信、断断续续的日记，至少是1955年以前的，有可能是1950年以前的，还有约莫20箱我从政以来的私人信函……
>
> 尽管如此，经过多次交谈，我承认中间也犹豫过，但我相信，你一定能对我做出一个明确的、不一定是积极的评价。
>
> 因此我感谢你，尽管我深感遗憾。

几个星期之后，我来到康涅狄格州的肯特镇翻阅文件。

然而，说服我写这部传记的是那些文件，而不是文件的作者。那

---

① 此书指尼尔·弗格森所著《战争的悲悯》，由中信出版社于2013年6月出版。——编者注

些我曾看过的文件至今还令我记忆犹新。基辛格在1948年7月28日的一封家书中写道："我觉得事情不只分对与错，还有很多中间地带……生活真正的可悲之处不是在对与错之间选择。只有最无情的人才会明知是错的，还偏偏去做。"麦乔治·邦迪于1956年2月17日给基辛格写了一封信："我常想，哈佛会给她的儿子们（那些本科生）一个机会，让他们被自己喜欢的东西所塑造。这个机会，你这个哈佛学子得到了。对教职工来说，哈佛却只给了他们这样一个机会——一个危险的、也许是致命的机会，去受他们所痛恨的对象的影响。"弗里茨·克雷默于1957年2月12日给基辛格写了一封信："现在情况好些了。你只需拒绝野心家面临的那些完全平常的诱惑，比如贪婪，以及学术上的好奇心。注意这种诱惑是你自己性格中固有的。正在引诱你的……是你内心最深处的原则。"有一则日记写的是1964年共和党全国代表大会："我们离开的时候……一个戈德华特的支持者一一核对了名单上的名字。上面没有我的名字。但他认识我，说'基辛格，别以为我们会忘记你的名字'。"1965年秋访问越南的一则日记这样写道："（克拉克·）克利福德后来问我怎么看总统的立场。我说我非常同情总统遭遇的困境，但是眼下危急的事是美国未来的世界地位……克利福德问我救越南人值得不值得。我说这个问题已经不存在了。"我越看这些东西越感到别无选择，这部书我必须写。十多年前，我头一天到伦敦罗斯柴尔德档案馆查阅档案的时候非常兴奋，这种感觉现在又回来了。

因此，本书可谓十年爬梳、呕心沥血的成果。在写作过程中，我信守伟大的历史哲学家R. G. 科林伍德的三个观点。

1. *所有历史都是思想史。*

2. 历史知识是研究思想史的历史学家对思想的再现。

3. 历史知识是对当前思想环境下蕴藏的过去思想的再现，当前的思想与过去的思想针锋相对，从而将后者局限在一个不同的层面上。

为了力图再现基辛格及其同代人过去的思想，我几乎总是偏重当时的文件和录音，而不是多年后采访中的证词，这不是因为文件总能准确记录作者的思想，而是因为记忆一般比信件、日记和备忘录更容易捉弄人。

然而，传统历史学家的研究方法也有局限性，无论他是一个多么具有批评精神的读者，更遑论他要记述的传主的根本特征之一是（或据说是）神秘莫测。这一点我稍做说明。写完第20章——这章讲的是基辛格找到越南民主共和国政府驻巴黎代表马文保，想通过他与越南民主共和国政府开始谈判，最终谈判流产——之后，过了几个星期，我和基辛格夫妇共进晚餐。这一章是全书到目前为止最难写的一章，很多人不明白约翰逊政府提出的秘密和平计划为什么代号是“宾夕法尼亚”，但我自认为把这个问题交代清楚了。我想我说明了一点，这位新上任的外交家居然甘愿（尽管他以前在学术上对此事进行过严厉批评）沦为自己谈判的俘虏，对事情一拖再拖，落入河内的圈套。越南民主共和国官员所说的谈判只是一种策略而已，实则另有所图，他们只是希望能阻止美国空袭其主要城市，若无果，至少也希望空袭能有所减少。

基辛格夫人本来没打算和我们一起吃饭，她突然在我身边落座，这让我吃了一惊。她问了个问题，中间还顿了顿。她问我：“你以为亨利老往巴黎跑，真正的原因是什么？”

我压根儿没想到（因为哪里也找不到相关记录）基辛格1967年去巴黎的主要原因是她那年在巴黎大学念书。

基辛格与第二任妻子的关系史可能要引起所有传记作家的警觉，尤其是为基辛格立传的作家。沃尔特·艾萨克森认定基辛格与南希·马金尼斯初次见面是在1964年旧金山举行的共和党全国代表大会上，这一点是对的。但是据艾萨克森记录，基辛格在担任尼克松的国家安全顾问期间，简直就是一个不为人知的“多情种子”，艾萨克森认为她不过是基辛格“见面最频繁的女友”。他的书有一章专写基辛格的“名气”，列举了基辛格在20世纪70年代初交往的女性，除了南希·马金尼斯之外，至少还有12个。

艾萨克森是对的，其他记者没有报道这件事。1973年5月28日以前，《纽约时报》压根儿就没提到南希·马金尼斯的名字，而当时她和基辛格已经认识9年了。1973年5月28日，《纽约时报》报道她（说她是“经常陪伴基辛格博士的人”）负责安排好在殖民地俱乐部举办的基辛格的50岁寿宴（她是该俱乐部的会员）；4个月后，在大都会艺术博物馆举行的联合国外交使团招待宴会上，马金尼斯又作为基辛格邀请的嘉宾出席。一位国务卿发言人告诉《纽约时报》记者，“她不过是普通嘉宾，不是女主人”。1973年12月21日，基辛格的另一位发言人“坚决否认”基辛格要与南希·马金尼斯结婚。1974年1月3日，基辛格本人婉言拒绝“对我的个人计划做出任何评价”。第二天，有人发现他们俩和别人共进晚餐，这个人正是《华盛顿邮报》的东家，这家报纸很快刊出基辛格否认两人打算结婚的声明。后来，有人看到他们两人观看了一场冰球赛，与时任美国副总统的杰拉尔德·福特出席了一次鸡尾酒会。尽管如此，两人于3月30日结婚的消息还是让媒体大跌眼镜。

实际上，基辛格当天参加完记者招待会就直奔婚礼现场，在记者招待会上他对个人生活连半个字儿都没有透露。婚礼之后两人乘坐飞机去阿卡普尔科度蜜月，飞机起飞后半小时媒体才公布了他们的婚事。《华盛顿邮报》愤愤不平地报道：

> 这对新人急切地要避人耳目，一位记者看到他们离开国务院，打算过去采访，被一名身着制服的保安强行制止。保安拿走记者的出入证，抄下上面的信息后才还给她。基辛格的一名助手早已把车开了过来，防止任何人从地下停车场尾随这对新人。

也就是在这个时候，《华盛顿邮报》正一马当先、大张旗鼓地揭露一个更大的秘密：尼克松的水门丑闻！

不过，基辛格的第二次婚姻之所以神神秘秘，不能仅仅归因于“有教养的女士当然会厌恶张扬”。其中也有基辛格的原因，正是因为他，两人近10年的关系才一直是一个纯私人问题。要了解个中缘由，给他立传的人需要具备一种知识，一种无法在档案文件中找到的知识：要了解他内在的、大多未诉诸文字的生活，要了解他在生活中的多重身份：儿子、哥哥、情人、丈夫、父亲、离异者。此外，要了解基辛格夫妇怎么能长期保持隐私不曝光，写传记的人必须了解当时新闻媒体与政界名流之间依然是有默契的。事实上，无论是媒体大亨，还是华盛顿记者，对基辛格和马金尼斯的关系都了如指掌，知道两人基本上每两周就会有一个周末待在一起，不是在纽约就是在华盛顿。只不过他们心知肚明但不报道而已。

写传记的人中没有谁能做到无所不知，因为你不可能什么都知道，连传主本人也不是无所不知的。毋庸置疑，我遗漏了一些重要事件，误解或者低估了一些人际关系，有些想法根本就没记下来，当初有这些想法的人现在也忘了。但即便如此，我已经竭尽全力了。我这个基辛格的博斯韦尔做得好不好——在多大程度上避免了那个陷阱，还请诸君明断。

马萨诸塞州剑桥市

2015 年 4 月

导 言

KISSINGER THE IDEALIST
1923–1968

说到底，我经历的事不就是巧合吗？老天在上，想当初我就是个默默无闻的教授。我怎么可能寻思：“我要好好谋划一番，让全世界的人都知道我。”那岂不是愚蠢透顶……于是有人会说这是命中注定。出了事情大家总这么说。没出事情时谁也不会这么说——还从未见过有人将没有发生的事写入历史。

——1972 年 11 月 4 日奥里娅娜·法拉奇采访基辛格时的记录

1

毫无疑问，现当代既受人敬重又遭人痛恨的政治家自然也包括美国国务卿，而其中没有哪个人比得上基辛格。

1972年11月奥里娅娜·法拉奇采访基辛格的时候，还不是他功成名就的政治生涯顶峰。几年后，法拉奇谐谑地模仿当时杂志封面的口吻写道：

> 这是一个大名人、大要人、大福之人，他被称作超人、超级明星、超级德国佬。看似有矛盾的盟国他能撮合到一起，看似无法签署的协议他能签下来，他能让全世界屏住呼吸、安安静静，就好像所有国家都是他在哈佛教的学生。此君令人难以置信、不可捉摸、无法忍受，他可以随时面见毛泽东，随时造访克里姆林宫，只要他认为有必要，甚至可以深夜叫醒美国总统并到总统的卧室汇报。这个人怪里怪气，戴一副角质边框眼镜，詹姆斯·邦德往他身边一站立马会显得索然无味。邦德会开枪，会格斗，会从飞驰的汽车上一跃而下，他一样都不会，但是他会建议开战，会促成停战，自诩能改变世界命运，他也的确改变了世界命运。

1974年6月的一期《新闻周刊》封面的确刊登了基辛格“超级德国佬”的卡通形象，他一身超人打扮，紧身衣、披风一应俱全。接下来的几期封面把他描绘成“白宫地下室掌门人”“尼克松的特工”以及美国的格列佛——身边围满了代表“处于水深火热中”的小人国人物。《时代》杂志更为之神魂颠倒。基辛格在任期间至少上了15次《时代》封面。有一则介绍他的人物报道说，他是“世界上不可或缺的人”。

当然，以上种种说法都有一丝戏谑成分。有个笑话自1972年年底就开始到处流传：“想想吧，要是基辛格死了会怎么样。尼克松就成美国总统了！”复合词“尼克辛格”也时髦过一阵，暗示基辛格与尼克松平起平坐。1972年出版的查尔斯·阿什曼所著的《基辛格：超级德国佬的冒险经历》封面上，这位同名超级英雄衣衫不整，脸上的口红印道破天机。

玩笑归玩笑，当时基辛格的确是大名鼎鼎。在1972年盖洛普民意测验“最受崇拜的人索引”中他排名第四，1973年跃居第一。1973年5月，78%的美国人能认出基辛格，而一般只有总统、总统候选人、大牌体育明星和影视明星能拥有这种知名度。到1974年年中，根据哈里斯调查中心的常规调查结果，他的支持率已达85%，着实惊人。

美国所有的国务卿早晚都要接受查理·罗斯的专访。上查理·罗斯的访谈节目将近40次的只有基辛格一人，这还不算他在肥皂剧《豪门恩怨》和脱口秀节目《科尔伯特报告》中的戏份。美国所有的国务卿都上过报纸的漫画，只有基辛格有幸成为三部动画片（《生化怪人》、《辛普森一家》和《恶搞之家》）中的卡通人物。

但是，早在1972年，基辛格就非常清醒地意识到这种名气转瞬之间就能变成恶名。他宽慰奥里娅娜·法拉奇道：“我造成的影响，我是说公众对我的评价，对我毫无影响。”

> 我不想出人头地，也没去琢磨怎么出人头地。相反，如果你真想知道，说实话，出名不出名我根本不在乎。我一点儿也不怕失去喜欢我的公众，我心里怎么想就怎么说……如果我受公众反应的干扰，如果我每一步都要算计，我将一事无成……我不是说自己永远都是名人。事实上，名气这个东西来得快，去得也快。

他的话没错。

名气总是双刃剑，成名了也会被人嘲笑。伍迪·艾伦为PBS（美国公共电视台）录制了一档30分钟的“讽刺纪录片”，他在片中嘲弄基辛格，片名为“临危受命：哈维·沃林格的故事”。此前艾伦刚刚拍完

《性爱宝典》，接着他匆匆忙忙写好剧本拍完纪录片，本计划1972年2月播出，不过险些因为政治原因被叫停。（PBS声称那年有竞选，不能播放该片，否则对其他候选人不公；实际上是因为这家政府资助的广播公司无法说服艾伦不对总统夫人帕特·尼克松的事情刨根问底，害怕惹恼了白宫。）片子里有一幕很典型，艾伦扮演的沃林格打电话要求“查禁《纽约时报》。这是一份纽约式的、亲犹亲共的左翼报纸，那还只是体育专栏”。还有一幕，有人问沃林格如何评论尼克松总统的（真实）声明，即“我们要结束（越南）战争，赢得和平”。艾伦吞吞吐吐地说：“尼克松先生的意思是，就是，嗯，重要的是要打赢战争，同时要赢得和平；或者，至少是说，输了战争也失去了和平；嗯，或者至少赢得部分和平，或赢得两次和平，也许是失去几次和平但打赢一部分战争。还有一种可能，打赢部分战争，或者输掉一部分尼克松先生。”

采访人：华盛顿很多人都说您在社交生活中表现得极为活跃。

沃林格：这个太夸张了吧，我想，我……我……喜欢漂亮女人，我喜欢性爱，不过，嗯，必须是美国式性爱。我不喜欢非美国式性爱。

采访人：那您怎么辨别哪种是美国式性爱？

沃林格：如果你感到羞愧，那就是美国式性爱。知道吧，嗯，这一点很重要，如果你感到内疚……感到羞愧，我认为没有内疚感的性爱是不好的，因为那样简直就成了快感。

PBS高管提出反对意见，说这部片子低俗。艾伦调侃道：“对于这届政府很难说有什么事不是低俗的。”

在尼克松总统下台之前，拿尼克松政府开涮老早就成了曼哈顿喜剧艺人的家常便饭。对基辛格来说，他在政府里的位置仅次于尼克松，所以也就成为仅次于尼克松的众矢之的——哪家媒体都一样。讽刺歌曲词作者汤姆·莱勒当时写的那些歌现在大多被人们遗忘了，但他有一句话另当别论。他说："自从亨利·基辛格得了诺贝尔和平奖，政治讽刺作品就过时了。"此前，法国歌手兼词作者亨利·萨尔瓦多创作了一首脍炙人口的歌曲《基辛格，黎德寿》，讽刺美越谈判毫无进展。漫画家戴维·莱文绘制的基辛格漫画也许最为辛辣，一共十多幅，其中有两幅连左翼自由派的阵地《纽约书评》也觉得太过分了而不敢刊载：一幅是基辛格赤身裸体，背后满是可怕的文身；另一幅画的是基辛格在星条旗床罩下，乐滋滋地强暴一名裸体女郎，而女郎的头就是地球。（维克托·纳瓦斯基不顾下属的抗议，在《国家》杂志上刊登了第二幅漫画。）

好像对于基辛格这个人物，仅仅提到他的名字，就会触动一代人集体意识中的某个痛处。约瑟夫·海勒1979年出版的小说《像戈尔德一样好》，主人公是已届中年的英国文学教授布鲁斯·戈尔德。这个戈尔德正在写一本书，那本书正是：《基辛格》。

> 他是多么热爱而又憎恨这个发音带咝咝声的名字。
>
> 戈尔德对他嫉妒得要命，这且不说，从基辛格成为公众人物的第一天起戈尔德就恨他，现在依然恨他。

艾瑞克·爱都为英国喜剧团体"巨蟒"写的歌虽然有点儿傻里傻气，但也说明大洋彼岸的英国人也有这样的体验：

> 亨利·基辛格，
> 我是多么想念你，
> 你是我梦中的博士。

> 你头发打卷，
> 通过眼镜盯着人看，
> 满肚子心眼儿，不择手段。

整整一个时代都浓缩在麦迪逊广场花园的那一刻。那天，很多人一起观看了穆罕默德·阿里的拳击赛，赛后爱都和滚石乐队的罗尼·伍德在基辛格背后做“鬼脸”。基辛格一走，这两位英国艺人便“大声号叫，瘫倒在地上”。

2

有人笑话基辛格。有人见了他会发愣。法拉奇这么说他：“一条比冰还冰冷的鳗鱼。天哪，这个人怎么如此冷冰冰！”

> 整个访谈下来，他从未改变过那种面无表情的神态，那种严厉或讽刺的眼神，也从未改变那忧郁、单调、一成不变的语气。说话人的声音高一点儿或低一点儿，录音机上的指针都会随之移动。但是他说话的时候录音机总是没什么动静，我只好时不时检查机器，还好机器很正常。你知道雨水落在屋顶时的那种闹心的咚咚声吧？他的说话声就像那种声音。基本上他的思想也是如此。

要探访新闻领域对基辛格的报道，很多时候你都会碰到这种有关他情绪失常的话语。法拉奇接着说，他是“伯特兰·罗素所说的那种权力的最名副其实的写照：如果他们说‘去死吧’，我们就要死；如果他们说‘活着吧’，我们就能活下来”。他的行为准则是“神神秘秘，专制主义，利用尚未苏醒过来发现自身权利的民众的无知”。

有时候这种情绪失常便会演变成彻底的疯狂。在一大批网站上都能找到对基辛格莫须有的指控，它们声称要揭露比尔德堡组织、美国外交关系协会、三边委员会等组织的罪恶行径，据说这些组织都是由光明会成立的，旨在为“世界政府”实施邪恶阴谋。这些指控至少分四派：仇英派、偏执反共派、狂想派，还有极左民粹派。

仇英派的观点源自乔治城大学历史学家卡罗尔·奎格利的作品。奎格利认为早在塞西尔·罗德斯和阿尔弗雷德·米尔纳任职期间英国就对美国图谋不轨，而J. P. 摩根、美国外交关系协会和《新共和》杂志是三大主谋。按前托洛茨基分子林登·拉罗奇的话说，亨利·基辛格“爵士”一直就是一个“有影响的英国间谍”（证据是他获得过荣誉爵位并于1982年在英国皇家国际事务研究所发表过演讲）。拉罗奇的同事也声称基辛格在哈佛的导师威廉·扬德尔·艾略特属于一个“顽固同党网络，他们通过文化和其他手段继续策动英国国内反对美国的战争”。其目的是“摧毁美国和任何在近似美国的原则上建立的国家，在此废墟上建立……一个新的‘黑暗时代’，将中世纪的封建主义推广到全世界”。该网络整合了三K党、田纳西州圣堂武士、圆桌会议、英国皇家国际事务研究所（查塔姆研究所）以及由基辛格主持的哈佛国际研讨会。

还有一种指责同样无凭无据，但性质更严重，直指基辛格是苏联间谍。加里·艾伦（约翰·伯奇协会成员、种族隔离主义者乔治·华莱士的演讲撰稿人）认为，基辛格不仅是“美国集权力、金融、政治三大影响力于一体的最强大势力洛克菲勒家族的代理人”，还是苏联克格勃组织中的共产党分子，代号“博尔”。他混进白宫之后，就开展“阴谋活动”，“企图通过延长越南战争，达到让美国秘密进行单边战略裁军的目的”。类似的指控也可见于一部名为《睡椅上的基辛格》（1975）的大部头著作，该书作者是极端保守主义者、反女权主义者菲莉斯·施拉夫利和退休海军上将切斯特·沃德，两人指责基辛格拿“全体美国人民做克里姆林宫的人质”。说苏联人雇用基辛格在战后德国工作的奇谈怪论可以追溯到1976年艾伦·施汤在极右杂志《美国言论》上发表的一篇文章。文章援引波兰变节军官迈克尔·戈乐涅沃斯基的证词，说基辛格曾为一个代号为ODRA的苏联反间谍组织效力。戈乐涅沃斯基的证词揭露至少有6名苏联间谍打入了西方情报机构，包括英国叛徒乔治·布莱克。布莱克在朝鲜战争中被俘后“变节”，造成至少40名英国陆军情报六局特工丧生。然而，对“博尔”的指控从未找到真凭实据，后来戈乐涅沃斯基自称是尼古拉二世的儿子、俄国王位继承人察列夫斯基·阿列克谢·尼古拉耶维奇，于是就连他在神志清醒时说的话也彻底没人相信了。

彻头彻尾的狂想分子甚至连纪实性证据都不想拿出来。得克萨斯州记者吉姆·马尔斯的畅销书《秘密之治》认定基辛格参与了一场凭空想象的阴谋，其中涉及美国外交关系协会、三边委员会和共济会。同样，韦斯曼·托德·肖称基辛格是“新世界秩序的建造大师……依然在世的、甚至是历史上都排得上号的大恶人之一”。莱恩·霍罗威茨断言基辛格参与了一起制药公司的全球阴谋，蓄意传播艾滋病病毒。这种断言似乎建立在把基辛格的名字进行字母数字分解的基础上（据说基辛格这个名字“可以解读为666”）。据艾伦·瓦特说，基辛格参与“艾滋病计划”的动机是想解决人口过剩问题，他还指责基辛格与伊斯兰极端主义抬头有关。一名显然是精神错乱的女作者化名“布赖斯·泰勒”发表文章，一口咬定在她小时候基辛格把她变成了一个“精神受控的奴隶”，经常逼她按照倒序吃字母麦片，带她到迪士尼乐园“这是一个小世界”景点去玩。最疯狂的要数戴维·艾克，他的“著名恶魔清单”里不仅有基辛格，还有阿斯特夫妇、布什夫妇、克林顿夫妇、杜邦夫妇、哈布斯堡夫妇、肯尼迪夫妇、洛克菲勒夫妇、罗斯柴尔德夫妇，以及英国皇室所有成员——更不消说布莱尔、丘吉尔、希特勒、戈尔巴乔夫和斯大林了。（喜剧演员鲍勃·霍普也列了一份清单。）在艾克眼里，基辛格是“光明会中最权威的幕后操纵者之一”。他不仅是“恶魔、精神控制者、虐童者、大规模屠杀和破坏性战争的首创者”，还是一个带有“爬虫血统的变形师”。艾克怕人们不懂，还解释道：“当然，我说‘恶魔’，是指这些人滥杀无辜。”

对这种胡说八道，没有一个正常人会往心里去。但是左派阴谋理论家提出的指控可就另当别论了，这些人说话可谓一言九鼎。霍华德·津恩在《美国人民的历史》一书中认为，基辛格的智利政策至少部分是在为国际电话电报公司谋取经济利益。这种抨击一般都拿不出证据，只是无端地侮辱人。在津恩看来，基辛格“动不动就向战争和毁灭王子屈膝投降”。电影导演奥利弗·斯通和彼得·库茨尼克合著的《躁动的帝国：不为人知的美国历史》称基辛格是个“精神病”（诚然这是引用尼克松的说法）。“刚左”新闻学前辈亨特·S. 汤普森说他是“狡猾的小魔鬼，一个世界级骗子，说话有很浓的德国口音，位高权重，眼光非常敏锐，善于发现弱点”，还加了一句，“性变态”。一家中间偏左派的网站最近指控基辛格插手了2001年9月的“炭疽事件”，当时炭疽杆菌被邮寄到多家媒体和参议院办公室，导致5人丧生。就基辛格研究而言，阴谋理论家和动画连续剧《冒险兄弟》的创作者一样，都为历史知识提供了宝贵资料；剧中主人公是“一个身穿黑色制服的神秘人物，随身携带一个医药包，还亲切地称之为‘魔法杀人包’……他就是亨利·基凶格医生”。

3

所有这些讥诮之词乍看起来叫人摸不着头脑。1969年1月20日到1975年11月3日，基辛格担任过两届总统国家安全顾问，先是在尼克松手下，后来是在福特手下。1973年9月22日至1977年1月20日，基辛格出任国务卿——以非美裔身份担任美国国务卿的第一人，行政权仅次于总统、副总统。他对美国外交政策的影响也不仅限于这几年。1969年以前，他就被委以肯尼迪总统和约翰逊总统的顾问和非官方特使的重任。里根总统执政期间，基辛格任中美洲国家两党委员会主席，该委员会在1983年至1985年间经常召开会议。1984年至1990年，基辛格任总统国外情报咨询委员会委员。他还是综合长期战略委员会委员（1986—1988年）和国防政策委员会委员（2001年至今）。1973年挪威诺贝尔委员会授予基辛格和黎德寿二人诺贝尔和平奖，褒扬他们坚持谈判，促成《巴黎和平协约》的签署。4年后，基辛格获得总统自由勋章，1986年又获自由勋章。1995年他获封具有圣米迦勒及圣乔治勋章的英国荣誉骑士指挥官。

谁也不能简单地说他的这些职位和荣誉完全名不副实。基辛格负责（仅列举几项最明显的成就）与苏联谈判，签订了第一轮会谈后的《限制战略核武器条约》和《反弹道导弹条约》。基辛格在任期间，美国修订了《核不扩散条约》《禁止生物武器公约》《赫尔辛基最终法案》，《赫尔辛基最终法案》（尽管基辛格不大喜欢）第十条要求铁幕双方各签约国“尊重所有人的人权和基本自由，包括思想自由、良知自由、宗教信仰自由，不分种族、性别、语言、宗教”。正是基辛格与周恩来一道开启了中美外交的新篇章，中美建交可以说是冷战时期的一个重大转折点。正是基辛格通过谈判结束了阿以之间的赎罪日战争，正是他的穿梭外交为《戴维营协议》的签订铺平了道路。

那么，基辛格这个名字引起某些人刻骨铭心的敌意又该如何解释？在纪录片《审判亨利·基辛格》中，英国记者克里斯托弗·希钦斯居然指控基辛格“在印度支那、智利、阿根廷、塞浦路斯、东帝汶与其他几个国家（其实他提到的其他国家只有一个：孟加拉国）犯下战争罪和危害人类罪”，宣称基辛格“命令或准许军队残害平民，派人暗杀不合作的政治家，绑架碍手碍脚的士兵、记者和神职人员，让他们失踪”。起诉书中，诸如种族灭绝、大规模屠杀、暗杀、谋杀等罪状一应俱全。

希钦斯是一位很有才华的辩论家，但他的史学研究能力尚有争议。然而，他提到的每一桩案例都有现成的经过更深入调查的研究支持，这些研究得出的判断没那么言过其实，可以用作参考：威廉·肖克罗斯对柬埔寨“灾难”和“罪行”的研究；加里·巴斯对血洗孟加拉国的研究；若泽·拉莫斯–奥尔塔对东帝汶的研究；乔纳森·哈斯拉姆和彼得·科恩布鲁对智利的研究；最后别忘了诺姆·乔姆斯基对1970—1971年中东错失和平良机的研究。再者，上述对基辛格罪行的种种指控也并非无中生有，因为在2001年和2002年，阿根廷、智利、法国和西班牙等国的许多法官和律师纷纷要求基辛格至少就“秃鹰计划”提出证据，那次由南美六国政府联合实施的秘密行动致使许多左翼活动分子“失踪”。有鉴于此，一提到基辛格的名字，有那么多记者张口就说他是“大屠杀凶手”“杀人犯”“魔鬼”也就不足为奇了。

这部传记讲述的是基辛格的前半生，到1969年为止，那一年他踏入白宫，担任尼克松总统的国家安全顾问。因此上面列举的种种事件概不涉及，但是本书一定会涉及尼克松之前的四位总统的外交政策。读者往下翻阅便会清楚地看到，我们可以轻而易举地指控每一届政府都犯有战争罪和危害人类罪。简单举一个例子，毫无疑问，1954年，美国中央情报局直接插手了推翻危地马拉由民主选举产生的哈科沃·阿本斯·古斯曼政府的政变，还积极参与了随后针对危地马拉左派的暴力运动。在这场运动中丧生的人数（约200 000人）是1973年以后智利“失踪”人数（2 279人）的100倍左右。但是即便你找遍图书馆也找不到《审判约翰·福斯特·杜勒斯》这样的书。布鲁金斯学会的一项研究表明，在肯尼迪执政时期，美国政府采用军事行动或威胁采用军事行动的频率是基辛格任职期间的三倍。这些干预既包括最终流产的入侵古巴行动，也包括越南共和国的血腥政变。但没有一个伟大的辩论家敢于起诉时任美国国务卿腊斯克是战争犯。

1976年以后的美国政府也可作如是观。在《政治杂耍》一书出版25年以后，威廉·肖克罗斯宣称“‘9·11恐怖袭击事件’以后，美国别无选择，只能推翻萨达姆，因为他常年向全世界公然挑衅，也是唯一赞美那场残酷事件的国家领导人”。肖克罗斯与基辛格的朋友兼同事彼得·罗德曼合写了一篇文章，刊登在《纽约时报》上，他在文章中说：“如果美国在伊拉克吃了败仗，伊斯兰世界的极端分子将会有恃无恐，许多温和友好的政府将会意志消沉甚至动荡失衡，而中东地区所有的冲突将进一步极端化。我们在伊拉克的行动对美国的信誉是一场严峻考验。”你若把伊拉克换成越南，把伊斯兰教换成共产党，那肖克罗斯的观点就跟基辛格1969年的观点一模一样，后者不同意对南越（越南共和国）撒手不管，任其自生自灭。同样，希钦斯到晚年也发现世界上比美国强权更恶劣的事不可胜数，2005年时他竟然说“联合部队到达巴格达后，阿布格莱布监狱的条件明显迅速改善”。

那么，人们不禁要问，为什么会有双重标准？有一个可能的答案，也许比较肤浅，那就是无论基辛格怎么自我调侃，都不足以避开同时代人的妒忌。有一回，华盛顿举行了一次盛大的宴会，有个人走上前来对他说："基辛格博士，我要谢谢你拯救了世界。"基辛格不假思索地说："不用谢。"基辛格宣誓就任国务卿之后，记者们问该如何称呼他。基辛格回答："我不喜欢客套。你们叫我阁下也行。"基辛格语录清单有很多，无一例外都有下面几句俏皮话：

> 大家一般都很惊讶，对于任何要求我三个小时不说话的论坛我都感兴趣。
>
> 离职时间越久，越感到自己做得没错。
>
> 当名人的好处在于，如果你让别人厌倦，他们会以为是自己有问题。
>
> 下星期不可能出现危机。我的日程已经排满了。

这些俏皮话用的是同一个修辞手法——归谬法。人们总抱怨基辛格很傲慢，所以基辛格总要说一些傲慢得近似明显自嘲的话让批评他的人消气。那些看马克斯兄弟的喜剧电影长大的人无疑都知道三兄弟中最小的格劳乔的影响。但是20世纪六七十年代是美国"反主流文化"盛行的年代，这代人认为马克斯兄弟没意思。基辛格最常被人引用的一句话是："不合法的事我们马上就干，违反宪法的事等一等再干。"很少有人听出这句话是调侃，因为他在前面是这么说的，"《信息自由法》颁布之前，我开会时总爱说……"，官方"谈话备忘录"在这一段后面写的是"笑声"。如果基辛格在《信息自由法》颁布之后真的"害怕说那种话"，他可能就不会说了。

在名人名言词典里，基辛格名下的俏皮话比大多数专业喜剧明星还多。"九成的政治家败坏了一成政治家的名声。""如果你八成的营业额是由你两成的商品卖出来的，只要那两成的商品好了。”有句话简直就像是出自伍迪·艾伦之口：“谁也赢不了两性战争，化敌为友的事例简直不胜枚举。”还有他最精彩的一些警句值得恒久流传：“要想做事有绝对的把握，你必须无所不知，或者一无所知。”“每次成功只不过是买到一张解决更大难题的门票。”这一条也许最有名：“权力是最好的春药。”不过，基辛格的机智犀利似乎终究与他的名气成反比。或许炫耀性欲不过是一个错误。他说权力能引起性欲的俏皮话其实也就是一种自嘲。谈到跟他约会的女性，他曾说：“她们……只不过是看上了我的权力。但是哪天我没有权力了会怎么样？她们才不会傻坐着陪我下棋呢！”这可不是唐璜那样的风流男人说的话。基辛格对法拉奇说的一番话同样也极为坦诚：

> 和黎德寿谈话的时候我知道该怎么做，跟女孩子在一起时我知道要做什么。再说了，黎德寿根本不愿意和我谈判，因为我这个人是品行端正的典范……都说我轻佻……当然带有一些夸张的成分……重要的是女人在我生活中占多大分量，这是核心问题。说起来，根本就没到那种程度。我认为女人不过是一种消遣，一种爱好。谁会在爱好上花太多时间！

此言不假。基辛格再婚之前会和很多美艳女人大大方方地共同进餐，用完甜点，基辛格就回白宫或国务院，这些女人一般都是自顾自地打着她们的小算盘。我们现在知道（见序言）这些关系中没有任何一段超出朋友的范围：基辛格爱的是南希·马金尼斯，而为了保护自己的隐私，她也就没跟报刊八卦专栏那些云山雾罩的话较真。不过那些在演艺界崭露头角的年轻女演员，有了点儿小名气，只会引起别人更多的妒忌。有一句俏皮话基辛格是不会否认的。一次，电视脱口秀主持人芭芭拉·霍沃为女权主义者格洛丽亚·斯泰纳姆举行宴会，基辛格当众宣布："我是个花心男人，你们不知道吧。"1972年1月的《生活》杂志用一连两版的篇幅刊登基辛格与女人们的合影，合影中不仅有斯泰纳姆和霍沃，还有"电影新星"朱迪·布朗、"影星"萨曼莎·埃加、"电影演员"吉尔·圣约翰、"电视明星"马洛·托马斯、"新星"安格尔·汤姆金斯以及"大胸辣妹"琼·威尔金森。基辛格约会的对象也并非全都是二流影视佳丽。想当年，挪威女演员丽芙·乌曼已获得奥斯卡奖提名，而两年后因为乌曼，基辛格错失提名国务卿的良机。坎迪斯·伯根刚刚走红的时候，两人曾共进过晚餐，基辛格让她产生了一种"红尘知己的感觉——可能他让每一个反战女演员都产生了这种感觉"。对于新闻媒体而言，这样的报道叫人难以抵挡：邋里邋遢的哈佛教授摇身一变，成为好莱坞"带着德国口音的加里·格兰特"。当马龙·白兰度退出《教父》的纽约首映式时，执行制片人罗伯特·埃文斯二话不说给基辛格打了电话——基辛格古道热肠，立刻坐飞机来救场，也不顾暴风雪的恶劣天气。这还不算，第二天一大早他要召开参谋长联席会议，商议在越南海防布雷的问题，晚上还要秘密飞往莫斯科。

记者：基辛格博士，今晚您怎么来了？

基辛格：有人要我来。

记者：谁啊？

基辛格：博比（埃文斯）。

记者：他给了一笔出场费，您无法拒绝是吗？

基辛格：是的。

首映式结束，三人奋力穿过把现场围得水泄不通的人群。埃文斯一手拽着基辛格，一手拽着艾丽·麦古奥。

显然，媒体之所以对这种事乐此不疲，跟他在电影首映式抛头露面关系不大，主要还是对他下令在海防港布雷这类行径抱有敌意。然而，他遭人怨恨也并非因为他执着于战争攻伐。早在1971年1月，专栏作家约瑟夫·克拉夫特就报道基辛格“最亲密的朋友和同僚”逐渐看出他是个“可疑的人，是知识分子中的败类”，因为“总统在大多数国际事务上走的是强硬路线，而他却明目张胆地助纣为虐”。1970年5月，他的13位哈佛同事（包括弗朗西斯·巴托、威廉·凯普伦、保罗·多蒂、乔治·基斯佳科夫斯基、理查德·诺伊施塔特、托马斯·谢林和亚当·亚尔莫林斯基）专程来华盛顿找他面谈。基辛格原本打算请他们在家里吃午餐。殊不知，谢林一上来就要基辛格讲讲他们是什么人。基辛格懵了。

他说：“我知道你们是什么人，你们都是我在哈佛的好朋友。”

“不对，”谢林说，“我们是对白宫完全失去信心的一群人，白宫根本不能执行美国的外交政策。我们这次来就是要告诉你这一点。我们不再是你的私人顾问任你摆布了。”接着，大家轮番轰炸，每人指责了他5分钟。

这群人表示之所以要跟基辛格分道扬镳，原因是美国侵略柬埔寨。（他们的发言人谢林是这么说的：“有两种可能。要么总统不明白……他在侵略别的国家；要么他非常明白。真不知道哪一种更可怕。”）毫无疑问，谢林和他的同事们有充足的理由批评尼克松的决定。然而，他们这样和基辛格摊牌还是让人感到有些蹊跷。上面提到的这些人个个都有从政经验，而且都身居要职。比如说，巴托曾任尼克松总统的前任约翰逊总统的副国家安全顾问，近距离见证了美国对越南民主共和国战争的升级。巴托曾对《哈佛深红报》坦言：“我们哈佛大学的一些人长期在内部做工作。”诺伊施塔特也承认“二三十年来……一直都把行政部门当作……自己的家……来华盛顿住亚当斯甘草酒店还要自己掏钱买单，这么多年还是头一回”。

对这些人来说，公开与基辛格决裂（事先跟记者打过预防针）是一种自我辩解，更不用说是一种自我保护了，因为哈佛大学里的学生极端分子已经开始闹事了。诺伊施塔特告诉《哈佛深红报》记者：“我想，还是说我们害怕了比较安全。”他没明说怕什么。其他人更直率。谢林说：“如果柬埔寨打赢了，那将是一场灾难，不仅当我回家后我在哈佛的办公室会被烧个精光，对这届政府来说也是一场灾难。”历史学家欧内斯特·梅刚开完一个教师紧急会议，讨论学生的考试要求。他匆匆赶过来，对基辛格说：“你这是在对内搞国家分裂啊！”他指的国家不是柬埔寨。在集体见过基辛格之后，好像是为了进一步表示他们对过去不当行为的悔悟，诺伊施塔特和其中另外两人参加了由反战狂热分子埃弗里特·门德尔松发起的声势浩大的哈佛师生“和平行动罢课”。但是校园激进分子并未善罢甘休。当天，巴托和谢林办公的国际事务中心被示威者入侵并“捣毁”。

4

批评基辛格的人虽然并非总是反对他的政策，但长期以来对他的行为方式很反感。认为他“野心勃勃”，“擅长搞关系，他的关系网几乎遍及全世界”。他是“媒体的密友”。“一位知名记者曾一度抱怨，每次与基辛格谈完话，三天之后才能恢复批判意识；不幸的是，三天之内他的专栏已经写完了。”听说基辛格几乎与阴险的尼克松一样酷爱神秘行动，（至少在哈佛师生看来）两个人是沆瀣一气。基辛格居然监听他的手下，特别是莫顿·霍尔珀林。他是个马屁精，竟然能对尼克松那种强势的反犹太主义倾向听之任之。同时，又有一种深深的不安全感，总是要求尼克松的参谋长H. R. 霍尔德曼向他保证总统离不开他："几乎每天如此，至少每周一次是肯定的……告诉他总统真的喜欢他，欣赏他，一分钟都离不开他。"对基辛格最无情的批评家之一、《纽约时报》记者安东尼·刘易斯曾经问道："基辛格……怎么会卷入这些人的阴谋中？他怎么会作践自己，说下流话，干窃听这种事？"刘易斯认为，答案"无疑是这样的：他只有这么干才能得到权力，保住权力——并且偷偷使用权力"。说来说去，基辛格就像是英国作家安东尼·鲍威尔的系列小说《伴随时代音乐起舞》中的主人公肯尼思·威德莫普的美国版——既可恨又让人无法抗拒。

还有一种可能，很多抨击基辛格的话都出自那些和他结怨的人。比如，乔治·鲍尔说基辛格"以自我为中心，阴险"，他表达的是国务院一位知情人士的观点，这个人讨厌基辛格削弱现在已几乎不为人知的前国务卿威廉·P. 罗杰斯的权力。雷蒙德·加特霍夫也对基辛格心存不满：美国和苏联在磋商《限制战略核武器条约》时，基辛格采用了苏联大使这条"秘密渠道"，而他却被蒙在鼓里。也许大家还记得，汉斯·摩根索曾经说基辛格就像奥德修斯一样，是"多面的，就是说'有很多面'或'有很多种外表'"。

> 因为这种特征，朋友、敌人也好，同事、生人也罢，无不为他着迷。这一点暗藏着他成功的秘密。基辛格就像一个好演员，他并非在饰演今天的哈姆雷特或昨天的恺撒大帝，他就是今天的哈姆雷特和明天的恺撒大帝。

以色列媒体后来干脆指责基辛格搞的是"双面外交"。但是，摩根索批评基辛格真的就没有一点儿私心吗？他比基辛格大将近10岁，跟基辛格一样有着德国犹太血统，至今被尊为美国外交政策“政治现实主义”派创始人。然而，他的华盛顿生涯（他担任过约翰逊政府的国防部顾问）过早地画上了句号，因为他坚决反对政府的越南路线。如果有什么人不愿意听到基辛格被誉为大务实派，那当属摩根索无疑。

批评基辛格的人都爱说他对民主基本上持敌对态度，至少是漠不关心的。摩根索写道：“政治上恪守稳定，以为不稳定就是共产主义，这种理解必然导致以反对共产主义的名义压制民众的不满……因此，在这个本质上不稳定的世界，致力于稳定的政策最终都把专制视为终极标准，以其作为撒手锏。”类似情绪在诸多论战中均有体现。在理查德·福尔克看来，基辛格之所以能成大事，是因为“他有本事避免别人对……国内丑事的恼人批评”，即他“会玩弄权术”，全世界的独裁者听到这个说法都会感到如释重负。一个逃离第三帝国、在美国功成名就的人居然不喜欢民主，个中原因现在还不甚明晰。但是许多作家是这么看待基辛格身上的矛盾现象的，用戴维·兰多的话来说，基辛格是“魏玛之子”，总也摆脱不了“革命和极度政治混乱的恐怖幽灵，以及一切可识别的权威的覆灭”。杰里米·苏里写道：“基辛格目睹了那些事件，只能得出一个结论，跟毁灭性的敌人交锋，民主手段是软弱无力的……唯一的解决办法就是执政时采取具有个人魅力的、前瞻性的非民主决策。”因此他“经常与在他看来是危险的国内意见背道而驰。否则，他认为会重蹈20世纪30年代民主纯粹主义者的覆辙，屈服于大众政治的弱点与极端倾向……屈服于大街上游行示威的人”。后面我们将看到，这种说法经不起推敲，因为魏玛共和国灭亡的时候基辛格还不到10岁，再怎么早熟的孩子那时也不可能有什么坚定的政见。他最早的政治记忆与下一届政府有关。难道是因为他在希特勒时期长大，所以对民主抱有一些偏见？布鲁斯·马兹利什从心理分析的角度做解释，说“认同侵略者”正是他“对待那段纳粹经历”的方法。然而，下面我们将看到，还可能有一种更简单的解读。

由此看来，那么多人在批评基辛格的行为方式时总带点儿微妙的反犹太主义的语气，这对基辛格研究来说是一个讽刺，令人匪夷所思。写基辛格的书读得越多，越让我想起20年前写罗斯柴尔德家族史时要读的那些令人毛骨悚然的书。19世纪，若其他的银行贷款给战时的保守主义政府或国家，似乎谁也不注意。但是一旦罗斯柴尔德家族这么做了，那些写时事评论的人就不免怒从中来。事实上，现今阴谋理论家的维多利亚时期先辈炮制了太多强烈反对罗斯柴尔德家族的言论，用多少个书架都装不下（我们都知道，这些阴谋家到现在还动不动就扯到罗斯柴尔德家族）。这就引出一个问题：基辛格遭受猛烈批评莫不会与他是犹太人有关？基辛格跟罗斯柴尔德家族的人一样，都是犹太人。

这不是说批评他的人都是反犹分子。有些批评罗斯柴尔德家族最猛烈的人本身也是犹太人。批评基辛格的人也有这种情况。海勒作品中的布鲁斯·戈尔德教授痛恨基辛格，他提出“一个隐秘而非凡的假说：基辛格不是犹太人”——这个假说的部分依据是他父亲的见解，“从来就没有一个牛仔是犹太人”。

> 按照戈尔德的保守观点，后人回忆基辛格时，不会把他当作像俾斯麦、梅特涅或卡斯尔雷一样的人物，而是当作一个可恨的讨厌鬼，对开战津津乐道。一般犹太人对弱势和苦难都有很强的同情心，而在他身上却难得流露一二。这不是一个愿意和笨蛋尼克松跪拜耶和华的可爱犹太人，也不是一个心地善良的人，居然冷酷无情地对待自由的智利人……真是个厚颜无耻的小人！

要说美国犹太人对这个可谓最杰出的犹太人之子怀有矛盾心理，那未免太轻描淡写了。就连马兹利什和苏里这种仁厚的传记作家在描述基辛格与尼克松的关系时，也用到“法庭犹太人”“政策犹太人”等可疑的词语。

5

然而，核心问题在于我们如何评价基辛格的外交政策——既要看他的外交理论，也要看他的外交实践。绝大多数评论家认为，他的外交理论非常明确。基辛格是一个现实主义者，意思是，按照安东尼·刘易斯对“基辛格主义”的定义，就是“迷恋秩序与权力，牺牲人道主义追求”。用马文·卡尔布和伯纳德·卡尔布的话来说，尼克松和基辛格“两个人总体上都持一种现实政治观，认为实用主义高于道德准则”。20世纪60年代，斯坦利·霍夫曼不仅仅是基辛格的同事，还是其朋友和崇拜者，对尼克松任命基辛格为国家安全顾问表示欢迎。不过等基辛格出版第一部回忆录之后，他也加入了认定基辛格是现实主义者的阵营。他在一则恶毒的评论中写道，基辛格有“一种几乎是魔鬼般的心理直觉，一种把握性格暗流的本能，能洞悉他人的欲望和致命伤”。他还有一种“操纵权力的天赋——善于利用对手的优缺点”。

他是否在地缘政治以外还有什么其他设想，他为了制造平衡、约束捣乱者而工于心计、精于奖惩，这样做是否旨在实现某种理想中的世界秩序，这些可以任凭大家臆测……他的世界里只有权力二字，平衡不仅是秩序的先决条件，不仅是正义的前提条件，平衡就是秩序，就等于正义。

霍夫曼和很多学识不够渊博的作者一样，认定尼克松和基辛格（前者在本能上，后者在智识上）是“马基雅维利式的权谋政治家，这些人认为要保全国家，必须欺骗国内外对手，不能心慈手软”。这种判断多次重复出现。沃尔特·艾萨克森就说：“追求权力的现实政治与秘密外交手腕……是基辛格政策的基石。”约翰·加迪斯认为尼克松–基辛格组合是“地缘政治对意识形态的胜利”，他们两人认为美国国家利益始终至高无上。苏里说，基辛格“对理想主义话语是铁石心肠，因为现实主义强调广泛使用武力，随时准备使用武力，而理想主义则对此不以为然”。他总是将“国家需要置于道德顾虑之上”。

基辛格是个不讲道德的现实主义者的看法在人们心中已经根深蒂固了，即一个不肯牺牲一丁点儿美国利益的强硬的现实政治大师，绝大多数作者简单地认为基辛格是在效仿他的“英雄”梅特涅和俾斯麦。基辛格的确写过这两个人，一个是在20世纪50年代，一个是在20世纪60年代。但是只有那些没读过他文章的人（或随意曲解他意思的人）才可能联想到他在20世纪70年代开始模仿这两个人在外交政策上的做法。“基凶格”研究中有件事很蹊跷，相较而言，很少有人重视他的著作《核武器与对外政策》。书中，作者表现得毫无感情，老谋深算，主张分级使用核武器，这很容易叫人抓住把柄，证明基辛格博士其实就是斯坦利·库布里克电影里奇爱博士的原型。但是批评基辛格的人却宁愿谈其他战场，也不愿谈中欧战场，要知道中欧可是两次世界大战的核心冲突区，即便爆发一场有限核战争也会将它夷为废墟。

6

冷战是基辛格学术生涯和政治生涯中的一件大事，其表现形式多种多样。这是一场核武器竞赛，不止一次险些演变成一场毁灭性的热核战争。在某些方面，这也是美苏两大强国之间的一场竞赛，两国军队遍及全世界，但很少面对面兵戎相见。这是两种经济体制，即资本主义和社会主义的竞争，1959年尼克松与赫鲁晓夫的“厨房辩论”即为明证。这是两个情报机构之间的生死大博弈，在伊恩·弗莱明的《007》系列小说中得到美化，在约翰·勒卡雷的谍战小说中倒是演绎得比较准确。这是一场文化之战，喋喋不休的教授、巡回演出的爵士乐队、投靠敌国的芭蕾舞演员逐一粉墨登场。然而归根结底，冷战是两种意识形态之间的斗争，一边是美国宪法所暗含的启蒙理论，一边是一代代苏联领导人所宣扬的马克思列宁主义。

冷战时期的大规模迫害事件在华盛顿找不到，在美国的西欧盟国的首都也很少见。

我们从瓦西里·米特罗欣带到西方的秘密文件中获悉，克格勃的国际间谍和颠覆组织活动极为广泛，手段极为凶残。在全球冷战时期，也就是在那段与欧洲帝国衰落紧密相关的时期，苏联几乎每次都是先发制人，美国只能力所能及地予以报复。这种报复无疑有很多花样，手段龌龊。格雷厄姆·格林在作品《文静的美国人》中进行的讽刺一点儿都不错，书中那个美国人谈到“第三势力”时谁都能听出来那种帝国主义腔调。但是谈到经济发展和政治自由时，他说只有美国赢了，美国人民及其子孙后代的生活才会更好。所以批评美国政策的人必须拿出证据，证明不干涉政策（就是西班牙内战期间苏联、纳粹德国和法西斯意大利偏袒一方时西方力量采取的策略，还有后来德国要求捷克斯洛伐克分裂时期西方国家所采取的那套政策）能够产生更好的结果。正如基辛格对法拉奇所说的那样，我们要先考虑“没有发生的事情的历史”，然后才能评价发生过的事情的历史。我们不仅要考虑美国政府在冷战时期行为的后果，也要考虑如果采取不同的外交政策可能出现什么后果。

假如1945年以后，美国根本不采取乔治·凯南的遏制战略而是回到原来的孤立主义，情况又将如何？反之，假如美国置加速核战争的风险于不顾，总想在与苏联的竞争中扳回一局，采取更为激进的策略，那又将怎样？这两种路线当时都有人鼓吹，正如基辛格任职期间既有人提倡要采取更强硬的政策，也有人提倡更折中一些的策略。任何指责决策者的人都必须拿出有效证据，证明自己认为好的政策使得美军的海外伤亡人数为零或比较少，对世界其他国家不会造成很大的负面二阶效应。更重要的是，在那些战略意义不大的国家（要描述阿根廷、孟加拉国、柬埔寨、智利、塞浦路斯和东帝汶也没有其他好办法）所出现的死亡人数也必须纳入对这个问题的考虑：如果采取不一样的决策，又会对美国与战略意义重大的国家（如苏联、中国及西欧大国）之间的关系产生何种影响？因为，基辛格本人曾经说过，政治家跟法官不同，法官可以对不同的个案做不同的判断。在冷战时期制定重大策略，要与心怀叵测而军力强大的对手进行持久斗争，在这种环境下必须同时考虑各种情况。

从这一点来看，冷战最大的疑团在于，美国虽然是最后的赢家，但这场战争为何旷日持久？美国不管从哪个角度看都远远比苏联富有（根据现有的最可靠数据估计，整个冷战时期苏联的平均经济实力不到美国的2/5），而科技上几乎总是走在前面，政治制度和流行文化也明显更具吸引力，在基辛格被任命为国家安全顾问前夕，美国就已经是一个强大帝国，不过是“受人欢迎的帝国”，而不是盛气凌人的帝国。世界上有64个国家有美国驻军。美国与其中至少48个国家有联盟条约。美国军队不仅整体装备精良，无可匹敌，而且不怕动用武力。据一项研究估计，1946—1965年，美国在海外武装干预的单起事件多达168个。美国军队长期驻扎在世界的一些主要国家，包括“二战”两大侵略国德国和日本。然而，冷战注定要再持续20年。况且，在整个超级大国对抗的时代，美国将自身意志强加于别国的日子更难过。一项对冷战时期美国7次军事干预所做的评估显示，就建立稳定民主制度而言美国仅成功了4次：“二战”后的联邦德国和日本，20世纪80年代的格林纳达和巴拿马。即便把这个清单扩展一下，算上引人注目的韩国，越战惨败的刺鼻烟云也一直笼罩着美国的历史。

1947年夏，乔治·凯南在《外交事务》杂志发表匿名文章《苏联行动的根源》，这是他所谓的“遏制”策略的根本性文本之一。凯南语出惊人，他将苏联势力比作德国作家托马斯·曼的小说《布登勃洛克一家》中的商界豪门。

> 托马斯·曼认为，人类的制度经常在内部实际上已腐朽透顶的时候却对外表现出极为辉煌的样貌，他把布登勃洛克家族比作天上的一颗星，这颗星虽然实际上在很久以前已不复存在，但却照得这个世界非常明亮。谁能保证克里姆林宫投射到西方各国不满民众身上的强光不是一颗正趋于暗淡的星星散射出的强烈余光？依然存在一种可能，苏联内部就蕴藏着腐朽的种子，这些种子已经孕育得非常成熟了。

凯南写这番话时43岁，而1991年12月苏联最终解体时他已87岁。

这是怎么回事？为什么冷战这么漫长，这么难以应对？本书引人入胜的一大特点在于，基辛格在从政生涯一开始就拒不接受历史唯物主义和经济决定论，而他能够提出一个令人信服的答案。冷战无关经济，甚至也无关核储备，更无关坦克师。冷战主要是一个理想问题。

7

批评基辛格的人几乎众口一词，说他是个现实主义者，真的吗？问题的答案意义重大。因为假如他事实上不是梅特涅或俾斯麦再世，他的决策行为就不应该用常规的现实主义标准来评价：是否可以为了在最大限度上满足美国利益而不择手段？罗伯特·卡普兰写道："现实主义讲的是外交政策中的终极道德抱负——通过有利的权力平衡避免战争……基辛格是欧式现实主义者，他考虑道德伦理问题比大多数自命为道德家的人都多。"马兹利什曾质疑基辛格的"更高道德目标"，卡普兰持相似观点，这两个人比那些阴谋理论家诽谤基辛格非道德、不道义更接近问题的核心，但依然与真相相去甚远。

1976年，有人问基辛格如何评价自己的政治成就，他答道："我总想找到一个高于一切的概念，当然，有没有做到需要历史学家判断。"毫无疑问，下面我们会看到1969年基辛格踏进白宫时是有这个概念的。其实，之前20年的大部分时间他都在设计、定义这一概念。他有句名言："身处高位是教人如何决策，不是教人实质性的东西。大多数高官离职时的所感所思也就是他们任职时的所感所思，他们学到的是如何做决定，不是做什么样的决定。"而这番话也道出了现代学术研究标准的大部分内涵，在那些自告奋勇评判基辛格的人中，真正把他发表的作品浏览过一遍的人寥寥无几。1969年以前，基辛格出版了4部有分量的著作，在《外交事务》等杂志上发表过十多篇重要文章，在报纸上也发表了数量相当可观的文章。从事学者（即便这个学者后来做了高官）传记写作的人，其首要任务理应是阅读传主的作品。阅读基辛格的作品后可以看出，他的思想资本有两个基础：历史研究和理想主义哲学研究。

基辛格在战争时期的导师弗里茨·克雷默曾这样描述爱徒，说他“是历史的知音。这种本领再聪明也学不来。它是上帝的礼物”。他的哈佛同事约翰·斯托辛格回忆两人读研究生第一年见面时的情景：“他很强势，说历史永远都重要。他引用修昔底德的话宣称，现在虽然不会完完全全地重复过去，但必定与过去相似。因此，未来也必定如此……当务之急……我们应该研究历史，才能明白国家兴衰、人类成败的原因何在。”这将是基辛格一生的主题。基辛格与那一代其他大多数历史研究者唯一的不同在于，他敬畏历史胜过敬畏理论，或者说，基辛格外交政策理论包含这样一个特别的认知，即国家和国家政要是根据自身对历史的理解而采取行动的，舍此你便无法理解他们的所作所为。

但是基辛格在成为历史学家之前还有另一种身份，那就是历史哲学家。大多数根本性的误解正滋生于此。像几乎所有研究基辛格的学者一样，法拉奇想当然地认为基辛格受马基雅维利的影响很大，因而也崇拜梅特涅。基辛格在回答她的问题时很坦诚，也很有启发性：

> 说实话，在现代社会，马基雅维利那一套很少有人接受，也很难有用武之地。我发现他身上唯一有意思的地方是其考虑亲王意愿的方式。虽然有意思，但还没达到影响我的程度。你想知道谁对我影响最大，我告诉你两个哲学家的名字：斯宾诺莎和康德。

> 真不知道你怎么会把我跟马基雅维利联系在一起。还有人竟然把我和梅特涅的名字联系在一起。这太幼稚了。关于梅特涅我只写过一本书，而针对19世纪国际秩序的建立与崩溃我写过好多本书，梅特涅这本只是该系列的第一本。最后一本写的是第一次世界大战。仅此而已。可以说，我和梅特涅毫无共同点。

据我所知，只有一位传记作家完全听懂了那番坦率回答的含义。[①]基辛格压根儿就不是马基雅维利式的现实主义者，实际上他自从政生涯的第一天起就是一个理想主义者，而他在本科阶段就沉迷于德国大哲学家伊曼纽尔·康德的哲学著作。的确，历史学家彼得·迪克森早在1978年就指出，基辛格自认为“比康德还康德”。他未发表的大四学业论文《历史的意义》从根本上就是对康德历史哲学的批评，毫不留情，却发自肺腑。论文完成快30年了，基辛格依然会引用康德的话来解释他何以发现外交政策上“两种道德原则之间存在明显的分歧”：一方面有责任捍卫自由，另一方面必须与对手共存。迪克森认为，虽然人们习惯将基辛格归为现实主义者，但他受理想主义的影响比摩根索喜欢的那种“现实主义”要大得多。我认为这是真的。事实上，基辛格91岁时出版的《世界秩序》[②]一书大量引用康德的观点即为明证。同时，我认为众多传记作家都没能看出基辛格奉行理想主义，这一点即便不是致命的问题，也严重损害了他们对基辛格的历史评价的准确性。

话得说清楚，我不是说年轻时期的基辛格是理想主义者，这个词不是通常描述美国外交政策传统时所指的那种意思，即强调“武力”

① 不可否认，这一部分是因为基辛格自己倾向于回避这个问题。2004年，历史学家杰里米·苏里问他：“你不会去违反的核心道德原则是什么？”基辛格答道：“我还没做好和大家分享的准备呢。”

② 《世界秩序》由中信出版社于2015年7月出版。——编者注

从属于超越国家层面的法律和法庭。我用的是“理想主义”这个词的哲学意义，这可以回溯到阿那克萨哥拉和柏拉图所属的那一哲学流派，即认为（用康德的话说）“我们绝对不能保证我们推定的外部经验究竟是不是纯粹的想象”，因为“外部事物的现实经不起严格的证实”。不用说，并非所有的理想主义者都是康德那样的人。柏拉图认为物质是真实的，独立于人的感官而存在。伯克莱主教认定现实存在于人的大脑中，经验本身是幻觉。相反，在康德的“超验”理想主义中，“整个物质世界只不过是我们自身这个主体意识中的现象化外观”，但也存在本体这种东西，或者说“事物本身”，这是由大脑在经验而非“纯理性”基础上想象而成的现象。下面我们将看到，基辛格对康德的解读深远地影响了他自己的思想，这不仅是因为他怀疑鼓吹资本主义优越性的各种唯物论，而美国社会科学家提出这些唯物论是想对抗马克思列宁主义。他对黑格尔提出的那种理想主义毫无兴趣；黑格尔的理论是一种历史综合论，正命题和反命题辩证融合，推动世界势不可当地向前发展。在基辛格眼里，最重大的历史问题是，康德对人类困境（个体会自由面对有意义的道德困境）的看法在多大程度上能与哲学家对世界终究注定走向“永久和平”的看法调和起来。1973年9月24日，也就是基辛格被确认担任美国国务卿两天之后，他在联合国大会上发表的演讲中提到康德的文章，这绝不是心血来潮。

> 两百年前，哲学家康德预言永久和平终究会到来——不是人的道德愿望的产物，就是现实必要的结果。过去看来像是乌托邦，明天很可能就变成现实，很快就会别无选择。我们唯一的选择就是《联合国宪章》所描绘的世界究竟会变成我们设想的模样，还是会出现由我们的短视所引发的灾难性后果。

大家知道，冷战结束时并没有出现灾难。现在回过头来看，尽管世界仍然远未实现永久和平，但显然太平了一些，除了中东、北非，世界各地有组织的暴力活动显著减少。这种结局在多大程度上归功于基辛格所说的设想这一问题至少到目前还没有一个令人满意的答案。现在我可以说的是，如果用战争导致的死亡总人数来衡量，那么世界性暴力事件数量虽然在20世纪60年代激增，但1971—1976年已急剧减少。

迪克森很有前瞻性，他预见了如果冷战真的（事实也的确如此）结束了，并且没有出现什么流血牺牲，基辛格所说的那种困境会是怎样的情景：

> 基辛格认为不和可以暗中促成合作，主张国家要自我约束，他把外交政策描述为不同等级的责任，这些都旨在为……美国整体政治文化注入一种目标意识……是想在美国人开始严重质疑美国的世界地位的关键节点恢复历史的意义……基辛格政治哲学与所有战后政策的基本原理有严重分歧，而后者的根本思想是美国能拯救世界，能保证自由和民主……如果有朝一日美国真的履行了救世主的职责，那么基辛格将被视为持失败主义态度的领导人，一个低估民主理想与原则的魅力和意义的历史悲观主义者。

所以在苏联威胁仿佛变魔术一般消失之后，才开始有人对基辛格进行最严厉的谴责，这也绝非偶然。

8

近20年来，我花了大量时间深入了解权力的本质和战争与和平的原因。起初我重点关注的是德意志帝国和大英帝国，漂洋过海（大西洋）之后，我的注意力也许是无可避免地就转向了这个不敢说出自己名字的奇怪帝国——美国。不提其他，我对美国的批评是超乎党派的。2001年，我把克林顿的外交政策总结为“没有用尽全力”，因为这届政府过于关注国内谣言，过于排斥伤亡，没有运用好美国的强大作战能力。三年后，在布什政府派军占领伊拉克初期，我发表了一篇思考美国困境的文章：继承了英国自由帝国主义传统，相信自由贸易和代议政府的优势，但是受限于（这一点也许是致命的）三个赤字——财政赤字（因为不断攀升的福利津贴和债务必然会占用可用于维护国家安全的资源）、人力赤字（因为没有太多美国人愿意花太长时间去应对那些热带地区的穷困国家）以及最重要的一点，注意力赤字（因为任何对外国的重大干预在四年任期内都会降低支持率）。我预测了布什的继任者将采取的政策方向——“立即脱离先发制人原则和单边主义实践”，而那时根本不知道下一任总统是谁。我同时预测了美国即将撤军会带来哪些后果。

然而，我在研究基辛格的生平和其当权时代的过程中，逐步意识到自己的方法不够精细。特别是我没有注意到美国外交政策中历史赤字的重大作用：关键决策者不仅对其他国家的过去几乎一无所知，对自己国家的过去也几乎一无所知。更有甚者，他们常常并不知道自己的无知有什么错。最要命的是，他们只对历史略知一二，所以信心满满，但又因所知甚少，还达不到理解的程度。有一位官员在2003年年初肯定地告诉我，萨达姆下台后的伊拉克将来会跟共产党下台后的波兰非常相似，太多美国名流就像这位官员一样，根本不理解历史类比的价值与危险。

本书是一位知识分子的传记，但又不仅仅是一部知识分子的传记，因为在基辛格的思想演变过程中，研究和经验极为紧密地联系在一起，相互影响。因此，我渐渐把这部传记当作德国人所说的教育小说——既有哲理又带感情的教育故事。故事分为5个部分。第一部分先讲基辛格在两次世界大战之间的童年时代，后来被迫移民来到美国，再后来以美国士兵身份回到德国。第二部分介绍基辛格在哈佛的早期生涯，读本科，读博士，当上初级教授，同时也介绍他向美国外交关系协会提交核策略那篇文章后成为公共知识分子的情况。第三部分介绍他的早期顾问经历，先是做总统候选人纳尔逊·洛克菲勒的顾问，后来做肯尼迪总统的顾问。第四部分讲他去往越南的曲折道路，而他也意识到美国无法成为越战的赢家。第五部分，也就是最后一部分，详细介绍他经历的各种事件，直到最后他完全出人意料地被尼克松任命为美国国家安全顾问。

基辛格酷爱读书，因此他的一部分学识不言而喻得益于作家，包括康德和赫尔曼·卡恩。然而从多方面来看，对他影响最大的不是书，而是人，他的精神导师，第一引路人是弗里茨·克雷默——如果说基辛格是浮士德，克雷默就是魔鬼靡菲斯特。除了导师的教导，他的亲身经历也让他受益匪浅。我的研究结论是，1969年1月基辛格踏入白宫时，已具备一些至关重要的思想资本，其中至少包括四条准则：一是他感到从最具战略性的选择中能看到其中恶的成分是多还是少；二是他认为历史为其他参与者的自我认知提供了取之不尽、用之不竭的类比和启示；三是他意识到有些行动方案的政治回报可能比不作为或报复性回报要少，尽管后者的最终成本可能会比较大；最后一条，他觉察到俾斯麦代表的那种外交政策中的现实主义诉求危机重重，尤其会导致众叛亲离，而政治家也容易陷入一味追求权力的泥淖。

我以为，年轻的基辛格志存高远，的确是一位理想主义者。

KISSINGER

1923–1968 THE IDEALIST

卷一

第1章

—

故乡

菲尔特对我来说无关紧要。

——亨利·基辛格，2004年

1

如果传主断然否认自己的童年对其后来生活的影响，那么，传记究竟该从何处入手？

常有人说，基辛格在20世纪30年代的德国长大，这段经历“给他的……青春期留下了痛苦的阴影”。比如，“基辛格感到自己会不断遭遇无法预测的暴力，这一点显然在他内心深处定下了某种基调，他后来的态度（包括对核战争的态度）可能就建立在这种基调之上”。另一位作者猜测20世纪70年代基辛格“害怕回到魏玛共和国充斥着暴力、混乱和崩溃的局面”。这位作者声称，要理解基辛格对越南战争和水门丑闻的态度，只有参照他年轻时代在德国的经历。的确，他的整个哲学和政治观都有着深厚的德国根源。“经历过魏玛共和国的崩溃之后……他深信……民主有其非常黑暗的一面。”正是因为这段经历，基辛格一辈子都是文化悲观主义者。

基辛格本人曾多次表示上述说法不值一提。1958年他回到巴伐利亚的故乡时宣称：“我在菲尔特的生活似乎没有给我留下什么深刻印象，有意思的事、好玩儿的事一件都想不起来了。”1974年3月他接受《纽约邮报》记者艾伦伯格采访时，轻描淡写地承认小时候在纳粹德国“经常在街上被人追赶、痛打”。但他很快补充道：“那段童年经历说明不了任何问题。我并没有感到不快乐，也并没有强烈感觉到发生了什么事。对孩子来说，被人追打不是什么大事……现在流行什么都从心理分析的角度来解释。但我告诉你，童年时期那充斥着政治迫害的成长环境不是我这一生的决定因素。”

基辛格写就的从政生涯回忆录只有一次提到他在德国度过的童年。2004年，他说他的故乡对他无关紧要。因此那些想从他的德国犹太裔出身寻找他政治生涯关键点的人是在白白浪费时间。

> 我受过纳粹的影响，很不愉快，但也不至于影响我和同时代的犹太人的友谊，因此我不觉得很痛苦……我不同意他们从病理上所做的解释，说什么我酷爱秩序、不爱正义，还说因为这样我才能深刻理解国际体系。我不关心国际体系。我关心的是我生活的城市的足球队排名。

基辛格后来乐意重游菲尔特，更让人以为他的青春期并不痛苦。1958年12月访德期间，他回到故乡，当时他是哈佛大学国际事务中心副主任，这次他回德国，当地报纸用两个段落的篇幅做了报道。17年以后，身为美国国务卿的基辛格来到菲尔特接受“市民金质奖章”，陪同人员除了他的妻子，还有父母和弟弟，这一回，引起了媒体极大的关注。这次访问经过精心设计，是为了庆祝（用基辛格的话来说）“美德两国人民重新恢复友谊，非同凡响”。当天，巴伐利亚名流会聚一堂，基辛格和德国外长汉斯–迪特里希·根舍相互致辞，而这在今天看起来也许是外交上的老生常谈。

> （基辛格宣称）在核灾难的阴影下……我们不能臣服于所谓的历史悲剧是不可避免的……我们共同的任务就是联合起来建立国际关系体系，确保各大洲的稳定和各国人民的安全，通过共同利益把全世界人民团结起来，在国际事务中讲究约束和克制。我们的目标就是所有国家（不管是大国，还是小国）正在争取的和平，那是持久的和平，因为所有国家都希望维护和平，不管是弱国，还是强国。

但是最令人难忘的还是基辛格父亲路易斯的即兴演讲，这是1938年以后老人第一次回德国。尽管他提到那年是“被迫离开”德国的，但他反而慷慨地谈起菲尔特早年的宗教宽容传统。（“几百年来，德国许多城市充斥着狭隘的观念与偏见，但在菲尔特，不同信仰和谐共存。”）他儿子在故乡获得荣誉不仅仅是因为他功成名就，而且因为他就像阿里斯托芬的喜剧《和平》中的主人公特里基斯一样：

> 认为他的毕生工作就是奉献自己的时间和精力促进、维护世界和平。他与美国总统并肩工作，志存高远，要把世界带入一个各国相互理解、和平合作的时代……我们当父母的感到很满足，今天世界各地都看得见基辛格的名字，它成了“和平”的代名词；

基辛格这个名字已经成为和平的同义词。

那是1975年12月。安哥拉已开始内战，距葡萄牙殖民统治结束还不到一个月。就在基辛格访问菲尔特的前几天，巴特寮在越南和苏联支持下推翻了老挝国王，而印尼军队入侵了刚刚独立的东帝汶。授奖仪式刚过8天，美国中央情报局驻雅典情报站站长被人击毙。那个月的报纸上充斥着恐怖主义暴行的行为：爱尔兰共和军在伦敦施暴、巴勒斯坦解放组织在维也纳施暴、南摩鹿加群岛分裂主义者在荷兰施暴。就连纽约拉瓜迪亚机场也发生了一起灾难性的炸弹爆炸事件。在一些年轻的德国社民党人看来，在这样的时刻给美国国务卿授奖似乎不合时宜。或许只有在场的年纪大的德国人才能明了基辛格讲话的意义。他呼吁“建立这样一个世界，是和解而非权力让人们充满自豪；迎接这样一个时代，信念是道德力量而非偏狭与仇恨的源泉”。这些并不是空话。在基辛格一家看来，这次“回家”“特别令人感动的”是，当时他们落魄到背井离乡，而今归来却被奉为上宾。

1923年5月，海因茨·阿尔弗雷德·基辛格出生在菲尔特。那一年世界也动荡不宁。1月，美国佛罗里达州的罗斯伍德在一场种族暴乱中被夷为平地，6人丧生。6月，保加利亚总理亚历山大·斯塔姆博利伊斯基在一次政变中被推翻（后来遇难）。9月，西班牙的米格尔·普里莫·德里维拉将军夺权，日本则发生关东大地震。10月，另一位军事强人穆斯塔法·凯末尔在奥斯曼帝国的废墟上宣布成立土耳其共和国。第一次世界大战结束不久，人们还没有从战争的政治余波中缓过神来。从爱尔兰到俄国，很多国家的血腥内战正刚刚走向结束。俄国革命是一场人类的浩劫，牺牲了成百上千万人。俄国革命领袖列宁，也是在10月，被迫下台回到老家高尔基（下诺夫哥罗德），自从1918年遇刺以来，他虽然捡回一条命，但身体一直没有复原。

然而，1923年经历了最剧烈动荡的莫过于德国。1月，法比联军报复德国未履行《凡尔赛条约》规定的职责，占领煤产地鲁尔区。德国政府呼吁大罢工。这次危机对德国货币是致命一击，顷刻之间，德国马克几乎变成一堆废纸。国家面临分裂的危险，共产党试图掌权，在莱茵兰、巴伐利亚、萨克森甚至汉堡等地发起分裂运动。11月8日，阿道夫·希特勒在慕尼黑的一家大啤酒馆贝格勃劳凯勒啤酒馆发起暴动。希特勒并非靠这种花招夺权的穿制服的煽动家的第一人，就在一年前，贝尼托·墨索里尼向罗马进军，成功夺取意大利政权。德国国防军司令汉斯·冯·泽克特将军、德国人民党领袖古斯塔夫·冯·斯特来斯曼和银行家亚尔马·沙赫特共同努力，恢复了中央政府的权威，开始了货币改革与稳定化的进程。

当此乱世，在德国中弗兰肯的菲尔特，海因茨·基辛格降生了。

2

我们的城市极其沉闷，令人窒息，没有一座花园，到处是煤烟，有1 000个烟囱，机器和铁锤咣当作响，到处都是卖啤酒的，生意人和手艺人表现出一种阴沉而肮脏的贪婪，人口密集，这些人都很小气吝啬，穷且不说，还没有爱心……城市四周，有一片贫瘠的沙原，工厂排出的污水脏兮兮的，一条小河缓缓流淌，河水浑浊，水沟清一色地笔直排布，树林荒疏，村庄凄凉，采石场丑陋不堪，满地灰尘、泥土，扫帚到处都是。

菲尔特是一座缺乏魅力的城市。1873年，作家雅各布·瓦塞尔曼出生于此地，他在回忆时说它“根本看不出轮廓，比较干旱和贫瘠”。与旁边历史悠久的纽伦堡比起来，真是大相径庭。纽伦堡是神圣罗马帝国的三大重镇之一，举目可见“古老的房屋、庭院、街道、教堂、桥梁、喷泉和城墙”。两座城市相隔不过5英里[①]，坐火车一会儿就到了，但用瓦塞尔曼的话来说，它们相邻极不协调，“这个是古老，那个是新近，这个是艺术，那个是工业，这个是浪漫，那个是工业制造，这个规划考究，那个毫无规划，这个有模有样，那个残缺不全”。肮脏的工业城市菲尔特和南部安斯巴赫周边漂亮的乡村相比更是有着天壤之别，那里“有花园、果园、鱼塘、废弃的城堡、充满传奇色彩的遗址、乡村集市，还有淳朴的人民”。

菲尔特首见于文献是在11世纪，中世纪和现代初期因德意志政权分裂，几经繁华与萧条。该市一度为班贝克主教和安斯巴赫总督共管。但是这种松散的管理体制致使菲尔特在17世纪上半叶那场蹂躏德国的三十年战争中沦为废墟。（菲尔特西南不远处就是旧要塞，1632年阿尔布雷赫特·冯·瓦伦斯坦在此击溃瑞典国王古斯塔夫·阿道夫。）自1806年起，菲尔特归属于巴伐利亚，这座城市得益于19世纪同时发生的两大变革：欧洲大陆工业化与德国统一。1835年，德国修建的首条铁路路德维希铁路贯通纽伦堡和菲尔特绝非偶然。雷德尼茨河岸边的小镇菲尔特旋即充满活力，成为德国南部制造业的枢纽之一。当地的一些公司（如S.Bendit & Söhne）生产的镜子、眼镜及其他光学仪器令菲尔特闻名遐迩。铜器、木制家具、金叶装饰品、玩具、钢笔等物品，菲尔特都能生产，还经常出口美国。这里的啤酒厂也享誉德

---

① 1英里≈1.609千米。——编者注

国南部。这些厂家很少有大规模生产线。多数公司都是小公司，在19世纪与20世纪之交，84%的工厂的雇员都不到5人。当时的生产技术都比较原始，工作环境（尤其是生产时会使用大量水银的镜子工厂）通常十分危险。然而，这个城市的发展活力不容小觑。1819—1910年，这里的人口增长了4倍多，从12 769人上升到66 553人。

游人来到巴伐利亚探胜寻幽，会感觉菲尔特有碍观瞻。20世纪初，英国艺术家阿瑟·乔治·贝尔在同夫人前往纽伦堡途中，乘火车探访了菲尔特。夫妇俩对当地的城乡差别也深有感触：

> 田野和牧场，葡萄园和啤酒花种植园相连成片，没有篱笆分隔，一群群农民生活其间，为这里平添了些许生机。男男女女，老老少少，一个个辛勤劳作，他们作业方式原始，用的是粗陋的农具，比如在别处早已废弃的镰刀。而且经常能看到两头奶牛或黄牛拖着一台脱粒机在田野上缓缓爬行，操作脱粒机的人半睡半醒，扶着机器，步履沉重地前行……
>
> 火车离菲尔特越来越近了，脑海里那种原始农耕生活几乎被破坏殆尽的预感更是有增无减。火车喷出一团浓浓的烟雾，驶过两旁丑陋的房屋，终于抵达本次旅行的终点。

简言之，菲尔特聚集着一批丑陋而烟尘弥漫的血汗工厂，要是没有这样一个现代的毒瘤，那里该是一个多么美丽的王国。

即便如此，菲尔特也保留了中世纪的某些遗迹。每年9月底，城里人都要庆祝圣米迦勒节（现在依然如此），这个节日为期12天，最早可追溯到公元1100年左右修建圣米迦勒教堂这件往事。菲尔特市还有自己的神秘剧，源自圣乔治传说，说的是勇敢的青年农民乌多不畏强暴，从当地恶霸手中救出市长的女儿。尽管有这等奇风异俗，菲尔特依旧是一个虔诚的新教徒聚集的城市，跟弗兰肯的大多数城市一样。全市人口2/3以上是路德派教徒。跟19世纪大西洋两岸的大多数新教城市一样，菲尔特市民有着非常丰富的社团活动。19世纪末到20世纪初，全市社团多达280个左右，从歌唱团到集邮协会应有尽有。1902年，一家新剧团开门营业，完全由382名个人会员出资支持。菲尔特的这个文化中心当然不能与纽伦堡的相提并论，但是好歹其社团歌手是自己请的：他们的首场演出曲目是贝多芬的《菲岱里奥》。然而，歌剧还不是该市最流行的娱乐项目。最受欢迎的当属足球。菲尔特足球俱乐部成立于1906年，成立刚满8年就在英国教练威廉·汤利的带领下夺得全国冠军。菲尔特队还要跟比它强大的邻市球队较量。1920年，这两支球队打入全国决赛（菲尔特失利）。4年后，德国国家队所有球员全都出自菲尔特和纽伦堡队，不过话说回来，两家俱乐部的竞争非常激烈，球员外出参赛都是各坐各的车厢。

足球原来是一项工人阶级的运动，现在也是，从20世纪初以来它在菲尔特就很受欢迎，对这座城市的影响也很大。政治也是如此。想当初1848年革命时，菲尔特已经被称为“民主党老巢”（这个说法带有一定的政治激进主义意味）。全市人民积极组建巴伐利亚进步党，该党于1863年成立。5年后，菲尔特市的社会主义者加布里尔·勒文施泰因成立工人协会“未来会”，它很快被吸收成为全国性的德国社民党的一部分。19世纪70年代，社民党只有与左翼自由人民党联合起来才能在埃朗根–菲尔特选区获胜。但是，到19世纪90年代，社民党已经掌握了德意志帝国国会的大多数选票。在第二轮投票中只有“资产阶级政党”统一战线淘汰了社民党候选人，结果直到1912年，“红色菲尔特”才选送了一名社民党代表进入德意志帝国国会。

菲尔特获得红色城市之名有两点显著原因。最明显的一点是，该市制造业中技术熟练且加入工会的工人非常多。第二点是，该市有大量犹太人口。当然，并不是市里所有的犹太人都像勒文施泰因那样是左派。但人数不断增长的德意志右派煽动者认为时机已成熟，因而推动清除社会主义和犹太主义成为合理说辞。

3

自1528年以来，菲尔特就住着一群犹太人。往前推30年，纽伦堡仿效其他欧洲城市和国家驱逐犹太人，而菲尔特却收留犹太人。事实上，直到16世纪末之前，菲尔特市政府一直鼓励犹太人在此定居，这样就可以从集中于纽伦堡的贸易活动中分得一杯羹。17世纪初，菲尔特就有了自己的拉比和犹太法典学院，1616—1617年仿照布拉格的平卡斯教堂建立了首座犹太教堂。学院院长霍罗威茨在当地生活了4年（1628—1632），赞扬道："菲尔特这个宗教社区，城市虽小，但在我看来跟安条克一样了不起，因为这里的博学之士每天都在一起研习法典。"三十年战争对德意志的犹太人来说是一段危险期，而菲尔特人却平安无事，只是克罗地亚骑兵团把教堂用作临时马厩时对建筑本身稍有损害。17世纪90年代又建了两个新教堂（克劳斯和曼海默）。到19世纪早期，全市共有教堂7座，其中4座位于舒尔霍夫一带，旁边就是公理会办公楼、举行宗教仪式用的澡堂及犹太人的肉铺。那时犹太人口还不到全市人口的1/5，后来城市扩大了，犹太人比例又有所下降（1910年只占4%）。1880年，该市犹太人数达到峰值，有3 300人，在巴伐利亚地区名列第三，仅次于慕尼黑和纽伦堡，在全德排名第十一位。

菲尔特的犹太人在很多方面都表现得非常团结。以20世纪20年代为例，该市共有65个选区，2/3的犹太人只集中居住在其中的15个选区。人们可以从房屋门口的经文匣辨认出犹太人家，经文匣是一个小金属盒，里面装着牛皮纸经卷，上面有一个希伯来文字母（ש），是上帝之名全能者的简称。当然，这些人绝大多数都是中产阶级，很多是商人、专业人士或政府职员，在经济上与周边的非犹太教社群融合得很好。但他们的社会活动和文化活动却保留了自身特点，有自己的一些协会和社团：医疗保险协会、殡葬协会、嫁妆协会、客栈老板协会及体育俱乐部。难怪19世纪的讽刺作家莫里茨·戈特利布·扎菲尔称菲尔特为“巴伐利亚的耶路撒冷”。

但是菲尔特的犹太人中也有一个严重分歧：一方是改革或自由少数派，一方是正统多数派。支持改革的，比如1831年担任首席拉比的伊萨克·勒维希望犹太礼拜应该向基督教礼拜转变。在其影响下，主要犹太教堂采用了更近似于基督教教堂的格局，1873年，高桌被换成了靠背长椅，还添置了风琴，礼拜者不再着披巾。德意志犹太人掀起了一场同化浪潮，试图从外表消除与基督徒的差异，希望能由此实现法律上的完全平等。更有甚者，少数犹太人转信基督教，或者接受政治左派的极端怀疑论。但是，菲尔特的大多数犹太人反对改革运动。因此，虽然自由派犹太教徒控制了主要犹太教堂，舒尔霍夫一带的小教堂却成为正统派的天下。两派的分化也延伸到了教育领域，改革派的子女和非犹太教人的子女一起上的是公立学校或女子学校，而正统派犹太人家的子女上的是犹太中学，位于布卢门街31号，星期六没有课。

到现在，一般人可能不会记得，1914年以前德意志同化犹太人的工作很成功。当然，形式上还是有一些限制。1813年的巴伐利亚犹太人管理规定同意授予犹太人巴伐利亚市民身份，但对一个地方的犹太人数量设定了限额，所以19世纪中期菲尔特市的犹太人数量停滞不前，1880年后其数量还有所下降，这便不难理解了。那条法规直到1920年都有效力，只是在1848年以后出现过短期放宽。但实际上，菲尔特的犹太人成为二等公民最晚也就是1900年的事。他们不仅能够参加地方、州及国家的三级选举投票，还能担任地方法官。他们在地方法律、医疗和教育行业中占主导地位。据一位菲尔特市的犹太人回忆，他的家乡产生了“第一位犹太律师、第一位巴伐利亚饮食犹太代理、第一位巴伐利亚犹太法官、第一位犹太校长”。当地杰出的犹太人之一是出版家利奥波德·乌尔施泰因，他1826年生于菲尔特，1899年去世，去世前是德意志几大报业巨头之一。1906年，另一位犹太名人铅笔大亨海因里希·贝罗尔兹海默在遗嘱中写明向该市捐建一所贝罗尔兹海默学校，“作为大众教育之家”，“为全体市民服务……不分社会阶层、宗教信仰或政治观点”。这座建筑包括了一个很大的公共图书馆和大礼堂，象征着德意志南部犹太人和非犹太人融合的顶峰。

尽管如此，总有人心存怀疑。作家雅各布·瓦塞尔曼1873年生于菲尔特，父亲是个不得志的商人。1921年瓦塞尔曼出版了一部回忆录，回顾了自己不幸的童年。他回忆道，19世纪中期对犹太人的限制，“比如对居住人数、活动自由及职业的限制……不断助长了险恶的宗教狂热、犹太人聚集区的顽疾和居民的恐惧”。他也承认，这种种限制到他青年时期已不复存在，所以他父亲竟然得意地感叹道：“我们生活在一个宽容的时代！”

> 就衣着、语言和生活方式而言，犹太人已经被彻底同化了。我念的是一所公立学校。我们跟基督教信徒共同生活、交往。进步的犹太人，我父亲也算一个，感觉犹太人只是在宗教礼拜和宗

> 教传统的意义上存在。宗教礼拜主要是为了逃避现代生活的诱惑，这一活动越来越集中地体现在那些秘密的非世俗的狂热分子组织当中。传统变成一种传奇，最终沦为一句空话，徒有其表。

读瓦塞尔曼的回忆录要慎重。一方面，他是一个旁观者，一个自学成才的无神论者，看不起他父亲那种机械的眼光；另一方面，他又热爱德国文学，只要发现一丁点儿种族偏见的苗头，就觉得是对他个人的侮辱。不过他对菲尔特犹太人的宗教、社会生活的描述可谓无与伦比，也很能说明问题。他回忆道："宗教是一种研究，不好玩儿。一个没有灵魂的老头儿毫无灵气地给我们讲课。即便到今天，我还时常在梦里见到他那张邪恶自负的老脸……他把那些规则生硬地塞给我们，我们根本不懂希伯来语，他却要我们机械地翻译那些陈旧的祈祷语；他教的那些东西都毫无价值，非常死板，老掉牙了。"

> 礼拜就更糟了。完全是例行公事，一帮不虔诚的人聚在一起，只是习惯性地举行仪式，闹哄哄的，也没有什么象征意义，不过是机械操练而已……保守正统的犹太人在所谓的犹太教堂举行仪式，礼拜堂很小，通常是在毫不起眼的偏僻的小巷子里。在那里还能见到伦勃朗画的人头像和人物肖像，狂热的脸庞，苦行僧一样的眼神，好像充满了对被迫害的难忘记忆。

有段时间年轻的瓦塞尔曼表现出对斯宾诺莎作品的兴趣，他父亲用神秘而阴郁的腔调警告他，这些书谁看了，谁就会疯掉。

瓦塞尔曼清楚地看到了同化背后的实质。一天晚上，家里的基督教女佣把他抱在怀里，说："你可以当一名好基督徒，你有一颗基督徒的心。"他听了很害怕，"因为话里暗中包含了对犹太人的谴责"。他到非犹太裔小朋友家里去玩，也感受到同样的矛盾心态："孩提时代我们兄弟姐妹几个与工人阶级、中产阶级的基督教邻居几乎每天形影不离，那里有我们的小伙伴，有我们的保护人……但总会感到他们有一种警惕感和陌生感。我不过是一个客人。"

住在菲尔特的犹太人要逐渐习惯瓦塞尔曼感受到的无法忍受的东西："街上抛过来的一个讥讽的称呼、恶意的眼神、讽刺的表情，一种司空见惯的鄙夷，而这些都是家常便饭。"更糟糕的是这种态度不仅仅局限于菲尔特。

> 瓦塞尔曼在巴伐利亚部队服役时，也曾遇到那种渗透到国家肌体中的沉闷、顽固而又无声的仇恨。反犹太主义这个词还不足以描述……里面包含着迷信和刻意妄想的成分，狂热恐怖和神父启发的冷漠成分，对被冤枉、遭受背叛的人的那种无知与仇怨成分，有狂妄、虚假，还有一种可以说得过去的自卫武器，做作的恶意以及宗教偏执。其中夹杂着贪婪与好奇，残忍同时又害怕被人引诱或诱惑，酷爱神秘，鲜有自尊。就其成分和背景而言，这是一种独特的德国现象。一种德国式的仇恨。

曾有外国人问瓦塞尔曼："德国人恨犹太人是什么原因？德国人心里是怎么想的？"他的回答令人震惊。

> 我的回答是：仇恨……
>
> 我的回答是：他们想找替罪羊……
>
> 但我实际上要说的是：如果不是德国人，便难以想象德国犹太人的心痛遭遇。德国犹太人——这两个词都必须强调。必须理解他们是长期演化过程下的产物。他们有两方面的爱，有两方面

的挣扎，几乎被逼到绝望的边缘。德国人与犹太人：我做过一个寓言性的梦……我把两面镜子面对面放在一起，我感到这两面镜子里所映射、所保存的人像必将拼命厮打。

这些言论出版的时间是1921年，两年后，基辛格出生。这个性情乖张的瓦塞尔曼很可能就是某些人所说的犹太人“自我仇恨”的典型，但他对德国–犹太人忧郁性格的剖析却沉痛而有预见性。

4

基辛格家族的先祖是迈尔·勒布（1767—1838），一名犹太教老师，家住克莱内布施塔特，是巴特·基辛根（Bad Kissingen）的养子，1817年随养父姓基辛格（此举是为了遵循1813年颁布的巴伐利亚法令，该法令要求犹太人必须有姓）。他和第一任妻子生有两子，艾萨克和勒布，这位妻子在1812年产下勒布后就离世了。迈尔·勒布随后娶了他的妻妹，舍恩莱因。他们有10个孩子，但其中仅亚伯拉罕·基辛格（1818—1899）有子嗣。艾萨克和勒布的后人都是裁缝，亚伯拉罕的后人是教师。亚伯拉罕自己是一名出色的编织工和商人。他和妻子范妮·施特恩共生养了9个孩子，其中有4个儿子：约瑟夫、迈尔、西蒙和戴维（1860—1947），他们后来都当上了拉比。戴维在巴伐利亚与图林根交界的一个乡村给犹太人讲授宗教教义。1884年8月3日，他和卡洛琳（莉娜）·蔡尔贝格尔（1863—1906）结婚，莉娜的父亲是一位很富有的农民，给了女儿1万马克嫁妆。夫妻二人生了8个孩子：珍妮（1901年去世，年仅6岁）、路易斯（1887年2月2日出生）、艾达

（1888年出生）、范妮（1892年出生）、卡尔（1898年出生）、阿尔诺（1901年出生）、塞尔马以及西蒙。

青年时期的路易斯·基辛格是德意志帝国时期聪明勤劳的犹太小伙儿的活广告。他18岁那年就开始教学生涯，那时他连一张文凭都没有，更不要说大学毕业证了。他的第一份工作是在菲尔特市的一所以犹太裔男生为主的私立学校当老师，年薪1 000马克，外加每月255马克的医疗和养老保险。他主要教德语、算术和科学，一天工作4小时。这份工作他一干就是14年。1917年他正式成为菲尔特市市民，但他似乎在考虑工作调动，申请到巴伐利亚北部和上西里西亚去工作。后来接到调动通知时他又拒绝了。他等到30岁那年，参加了在菲尔特市高级男子学校举行的会考。有了这张文凭，就能到埃朗根大学上学。更重要的是，这样他就能申请该市一所公立学校的一个非常好的职位了，那是一所高级女子中学，现称海琳娜–朗格中学。1921年他被聘为骨干教师，实际上成了一名高级公务员。尽管他还在教算术和科学——似乎同时也偶尔在市商业学校兼职授课，但他更喜欢教授德国文学。他对学生比较宽容，女生亲切地叫他“基斯”。他喜欢给学生介绍德国古典诗歌，如歌德的《鹰与鸽》、海涅的《如今去哪里》等。第二首诗后来平添了一份痛楚的个人意味。那首诗是在1848年革命后写的，被流放的海涅对前路举棋不定：如果他在故乡德国面临死刑，他该去哪里？

如今去哪里？我愚蠢的双脚
欣喜地迈向德国，
但我聪明的脑袋直摇，
仿佛告诉我，“不要”：

战争很可能要结束，
但是军法依然有效……

有时我会寻思
应该扬帆远航美国，
去那个安稳的自由之地吧，
那里有热爱平等的人们在欢呼。

不过我害怕那样的国家，
他们口里嚼着烟草，
他们玩保龄球又没有君主，
他们随地吐痰而不用痰盂。

路易斯·基辛格自然跟海涅一样更爱自己的故乡。他也像海涅一样感到自己既是犹太人，也是德国人。

路易斯·基辛格爱国这一点是无疑的。他是宣称为了“有着犹太教信仰的德国市民”而成立的全国性协会的会员。他跟大多数同辈德国人不一样，没有参加过“一战”，不是他不参军，而是他身体不好。基辛格家族的其他人都在巴伐利亚军队当过兵，巴伐利亚军队规模虽然不大，但比普鲁士军队对德国人要友好得多，瓦塞尔曼的经历是个例外。路易斯的弟弟卡尔当兵打过仗，下面我们会看到，他未来的岳父也应征入伍。他有两个姻亲兄弟在战场上牺牲。对那个时代的许多德国犹太人来说，对德意志帝国忠心耿耿的最好证明莫过于为国捐躯。有人说上前线打仗的犹太人很少，伤亡的犹太人不多，这遭到路易斯·基辛格所在的爱国组织及其他爱国组织的愤怒反击。然而，路易斯·基辛格跟某些同龄人不一样，他觉得没有必要通过淡化自己的宗教信仰来证明自己的爱国热情。他坚定不移地信仰菲尔特市的正统犹太教，参加布雷斯劳尔拉比主持的犹太教会堂礼拜，不参加对立的改革派贝伦斯拉比主持的会堂活动。跟布雷斯劳尔一样（与弟弟卡尔不同），路易斯对犹太复国主义运动忧心忡忡，这场运动号召犹太人在巴勒斯坦建立自己的民族国家，这种想法当时对巴伐利亚的犹太人特别有吸引力。他妻子后来回忆道："他（路易斯）知道犹太复国领袖西奥多·赫茨尔等人和所有事。他知道但从不相信……他很虔诚，但也很单纯，什么都相信……他研究过犹太复国主义，但接受不了。他感到自己骨子里还是德国人。"

说这番话的葆拉·基辛格于1901年2月24日出生在菲尔特市以西35英里的一个村子。她父亲法尔克·施特恩是一位家产殷实的农民、牛贩子，是当地犹太人组织的中流砥柱，当过15年主席。女儿出生刚刚三天，法尔克和弟弟戴维合伙买下了现在依然屹立在集市广场8号的那栋大房子。葆拉在一个正统的犹太家庭长大，能够流利地阅读希伯来文，恪守教规，从不外出用餐。然而，这里跟菲尔特市一样，虽然有宗教分隔，但并没有社会隔离。葆拉的儿时密友就是一个新教徒，叫芭贝特·"芭比"·哈默德。葆拉后来回忆道："希特勒出现之前，根本看不到、感觉不到什么叫反犹太主义。事实上，小朋友偏偏喜欢找你玩，要跟你玩。"她刚满12岁就死了母亲，父亲很伤心，把聪明的女儿送到菲尔特市女校上学，她跟姨妈贝尔塔·弗莱施曼住在一起，她姨父在希斯辰街上开了一家犹太人肉铺。

法尔克·施特恩虽然死了老婆，自己也四十五六岁了，但1915年还是应征入伍，到比利时当步兵，11个月后退役。他复员后，叫回葆拉给自己和弟弟料理家务。她回忆说："那年我18岁，在小镇上感到特别孤独，那里根本没有什么精神生活……思想上很空虚。我只好到相邻的城市图书馆借书看。”她开始梦想去“遥远的地方”，但成天只能围着锅碗瓢盆转。“姨妈……教我做饭，可我讨厌做饭。我要读书，她到厨房发现我没有做饭，坐在那里看书。”1918年4月，父亲续弦，她就离家出走。不久，她在德国北部的哈尔贝施塔特找到一份保姆的工作，在一个富裕的开钢铁厂的犹太老板家里带4个孩子。虽然生活仍不太理想，但这家人在哈尔茨山的避暑别墅总比洛伊特尔斯豪森的厨房好多了。有一次她去菲尔特市走亲戚，有人介绍她认识了其母校的新老师。尽管路易斯·基辛格比她大14岁，两人还是很快就在一起了。1921年12月两人订婚。8个月后，1922年7月28日，两人结婚。

路易斯和葆拉结婚的时候正值一场暴力革命，其暴乱程度堪比90年前让大诗人海涅被放逐的那场革命。就在正式确立停战协议、第一次世界大战结束之前，德意志帝国政权已经被席卷全国的革命浪潮颠覆。1918年11月9日，菲尔特由一个工人和士兵委员会临时掌管，红旗在市政厅上空高高飘扬。1919年4月，革命人士试图与仿效苏维埃政府建立的慕尼黑“革命中央委员会”结盟。但是与德国其他城市一样，菲尔特社民党人否定了布尔什维克模式，仅仅隔了4天，市政府就重新掌权。然而，革命并未就此结束。从1919年到1923年，不是左派就是右派，每年至少发动一次起义，企图推翻新建立的魏玛政府（因起草宪法的图林根市而得名）。在政治暴乱的同时，社会经济状况也不稳定。为了证实《凡尔赛条约》强加给德国的赔偿性债务不是可以持久维系的，魏玛大臣有意识地推行赤字金融和印钞政策。其短期效益是改善了投资、就业和出口，但长远来看却造成了灾难性的严重通货膨胀，对金融体制、社会秩序和共和国的政治合法性产生了永久性破坏。“一战”前夕，德国马克的汇率一直是固定的，按金本位计算与美元的比率是4.20 ：1。1923年5月27日，星期天，海因茨·基辛格出生，在那一天1美元可兑换近59 000马克纸币。年通货膨胀率接近10 000%。1923年年底，通胀率达182 000 000 000%。1马克纸币面值仅相当于战前的一万亿分之一。

不用说，基辛格家的新生儿对此一无所知，但却无可避免地受到影响。受通货膨胀影响最大的社会群体就是路易斯·基辛格这样的公务员群体。物价飙升，出于自保，工人阶级至少还能举行罢工要求提高工资。一个受人尊敬的老师怎么能这样做呢？"一战"后不熟练工人的工资起初实际上保持不变，1922—1923年经济衰退时最终减少了30%左右。相比之下，如果扣除通货膨胀的部分，公务员工资降幅为60%~70%。与此同时，像基辛格一家这样的中产阶级家庭的存款已经荡然无存。魏玛政府的极度通货膨胀引发了大幅的社会调节现象，路易斯·基辛格这样的人损失最为惨重。直到1925年1月，他才攒到足够的钱让这个孩子越来越多的大家庭搬出马蒂尔德街23号一楼那套狭窄的公寓，搬到附近的马利恩街5号，海因茨的弟弟沃尔特就出生在这里。

5

基辛格曾经开玩笑说，要不是因为希特勒，他可能这辈子"都在纽伦堡做学者，过着平静的生活"。事实上，他小时候似乎就不像他父亲那般用功好学，不大可能子承父业。他母亲后来回忆，刚开始送他和弟弟上幼儿园，哥俩儿"很讨厌上幼儿园……很调皮，老师管不了……送去就跑，害得我到处找"。上完幼儿园后，两个孩子上了一所老牌私立学校，他们的父亲一开始就是在那里当老师的：1931年拍的一张照片上可以看到他和一位叫墨兹的老师，另外还有8个学生（5个是犹太人）。对于海因茨·基辛格小时候学习成绩是好是坏，同时代人看法不一。梅纳赫姆（原名海因茨）·利翁最后移居以色列，他后来承认“很羡慕他（指基辛格）的作文……无论是形式、风格还是思想都高人一筹，经常被念给全班同学听”。有些人却回忆说他在学校属于“中不溜儿”。西蒙·伊利达在犹太中学教过他英语和德语，他回忆道：“他是个好学生，但不是很突出……是个很有活力、风趣的年轻人，但没看出有什么特别之处。他的英语并不令我刮目相看，到今天似乎也是如此。”

有一点似乎很明显，基辛格哥俩儿在一个氛围非常严肃的正统犹太家庭长大。梅纳赫姆·利翁记得“每天上学之前都一起去会堂做礼拜。星期六利翁的父亲教哥俩儿念经。他们三人都加入了一个叫埃兹拉的正统青年俱乐部”。基辛格的好友奇波拉·乔希博格的回忆大同小异。基辛格7岁时，一位堂兄弟约翰·海曼住进了他们家。海曼后来描述：

> 有一个星期六他和亨利在开戒区域边上溜达，大家都知道边界里面就是犹太人生活区。过了边界，按照犹太教的教义，正统犹太人是不能手里拿东西、口袋里装东西的……他和基辛格过了边界，基辛格停下脚步提醒他“带东西”是不允许的。于是他们从口袋里拿出手帕系在手腕上。

然而到了青少年时期，海因茨·基辛格开始反抗父母的生活方式，叛逆心越来越重。父母的娱乐活动是上菲尔特剧院听贝多芬的《菲岱里奥》。父亲的业余爱好是读席勒和蒙森的名作、写地方志。而海因茨的最爱是足球。

当时的菲尔特足球队值得一追。1926年和1929年他们是德国冠军，两次决赛都击败了柏林赫塔足球俱乐部；1923年和1931年两次打入半决赛。同期他们还4次获得南德国杯冠军。菲尔特和纽伦堡之间的竞争非常激烈，这种顶级对决的剑拔弩张之势比起其他欧洲邻国宿敌球队的对阵情势有过之而无不及，如格拉斯哥流浪者队和凯尔特人队。海因茨·基辛格很快成了一名菲尔特队的狂热球迷。他后来回忆道：

> 菲尔特对足球来说就像格林湾对美式足球一样。城市虽小……，10年间拿了三次德国冠军……。我6岁左右开始踢球。我爷爷在菲尔特附近有个农场，里面有个很大的院子，我们就临时凑人在那儿踢球。有一段时间我当守门员，后来踢球时，手部骨折。再后来我改踢右内锋，然后踢中场。一直踢到15岁。其实我球技并不是很好，尽管我踢得很卖力。

海因茨·基辛格虽然不是了不起的运动员，但他善于排兵布阵的才能已初露端倪，他为球队设计了“一种打法，后来竟成了意大利队的打法……就是逼着对方球员不让他们进球，把他们都逼到后面当防守队员……10个人在球门前一字排开对方很难进球”。他对足球的狂热已经到了如痴如醉的地步，有一段时间父母禁止他去看菲尔特队的球赛。

海因茨·基辛格与父母发生争执还不仅仅是因为痴迷足球。据他儿时的朋友回忆：

> 海因茨·基辛格会在我家玩很长时间。他们家离我们家不远，他总是骑自行车过来。他喜欢和我们玩。好像他跟他父亲闹矛盾。如果我猜得不错，他是怕他父亲，因为他父亲很迂腐……老是检查他的作业，把他盯得很紧。海因茨不止一次对我说他没法跟父亲讨论问题，尤其是关于女生的问题。

后来利翁提到一件事，“基辛格带回家的成绩单只有一次他父亲不大满意，就是他开始注意女生以后，或者是女生开始注意他以后。当时他才12岁，就已经有女生追他了，但他根本不把她们放在眼里。他的初恋是一个漂亮的金发女孩”。据利翁说，他和基辛格经常在星期五晚上带女朋友到当地的公园散步。有一次，他和女朋友散步回家晚了，父母说他被基辛格带坏了，一个星期不让他去见“基辛格家的那个小子”。后来父母把他送到一个训练营待了6个星期，“不让他跟海因茨·基辛格来往，谁都知道那是个好色之徒”。记忆弄人，这个故事讲了30年，很可能越讲越有味道。然而，就连基辛格的母亲也说，他的大儿子特别喜欢“对什么都守口如瓶，从不跟我们谈内心的想法”！基辛格家里也不是没有体罚，当时大多数人家里都有。用体罚让调皮的孩子乖乖听话还是值得的。

6

踢球、骑自行车、交女朋友、在祖父家过暑假……乍看起来，即便海因茨·基辛格如果在美国长大，他的童年生活也不过如此了。然而，这个聪明叛逆的孩子不可能注意不到德国从经济萧条跌入独裁统治的过程中自己身边发生的巨变——何况德国不幸的主要替罪羊就是他所属的宗教少数派。

1914年以前，德国犹太人的同化似乎很成功，但1914年以后却出现大逆转，当时的境况几乎导致种族灭绝，这是怎么回事？历史上这样的大难题为数不多。有一种观点认为（雅各布·瓦塞尔曼就持这种观点）同化并不彻底，德国文化中总有那么一丝侵略性极强的反犹太主义成分。另一种观点认为，我们应该这样来理解：民众更加支持反犹太主义政策正是对同化的一种反作用力，这在很大程度上是由经济危机造成的。1922—1923年的急剧通货膨胀和1929—1932年经济大萧条之后，反犹党派的支持率立即飙升绝非偶然。相较而言，犹太人是德国最成功的少数族群：人口不到1%而财富大大超过1%。而且，德国东部在领土和政治变革之后，涌入了所谓的“犹太各支”，这些人之所以引起公众非难，恰恰是因为他们没有被同化。恶毒的反犹杂志《先锋报》1923年4月（也就是海因茨·基辛格出生前一个月）开始在纽伦堡出版，每周一期。每一期的头版头条都赫然印着一句话:“犹太人是我们的不幸。”在纳粹上台以前，巴伐利亚地区就已经开始采取行动限制犹太人权利，特别是1929年巴伐利亚州议会投票禁止犹太商屠户参与祭祀仪式。

在某种程度上，菲尔特市犹太人可以自我安慰的是，他们的非犹太教邻居在思想上是敌视民族社会主义（纳粹主义）的。1923年9月1日和2日，诸多极右组织在纽伦堡举办了一个专门的“德国国庆节”，参加活动的代表途经菲尔特时遭到冷遇，当地人要求那些佩戴纳粹徽章的人把徽章取下来，否则就要强行扯下。一群纳粹党党员抵达菲尔特火车站时，大约有100名群众高喊:“推翻反动！”“干掉他们！”“打倒希特勒！”后来纳粹冲锋队队员唱起纳粹早期的一首歌曲，示威群众立即报以《国际歌》，并高呼:“嗨，莫斯科！”国庆节之后不久，民族社会主义德国工人党在菲尔特成立，仅170人加入。1924年2月3日，该党试图在菲尔特举行会议，演讲者遭到共产党质问者的诘问，被迫落荒而逃，会议在混乱中草草收场。诚然，极右民族集团在1924年5月的全国选举中表现很好，赢得菲尔特市25%以上的选票，不过在全德范围内仅有6.5%。但是7个月之后再次选举情况大不一样，其支持率大幅度下降，仅占8%。就德国整体而言，只有经济党等小党派在20世纪20年代中期经济相对稳定的状况下蓬勃发展。1925年9月，纳粹在菲尔特举行隆重集会，演讲嘉宾可谓名流荟萃，有希特勒，还有

《先锋报》主编施特赖歇尔。他们希望市里最大的集会场所之一盖斯曼会议厅被观众挤满，期待有15 000人到场，而实际到场的还不到1/3。当地纳粹党领导人、后来的但泽市市长阿尔伯特·福斯特可怜巴巴地欢迎希特勒来到“犹太人的要塞”。希特勒于是发表演讲，哀叹德国人已经沦为“犹太人的奴隶”。1927年菲尔特市纳粹党成员人数下降到200人。1928年3月希特勒来访，次年施特赖歇尔到访，均丝毫挽回不了颓势。1928年5月，该党在当地选票中所占比例降至6.6%。

在菲尔特及德国其他地区，是经济大萧条拯救了希特勒的纳粹运动。1914年到1933年是菲尔特的经济灾难期，因为该市经济严重依赖出口。即便在1924—1928年的相对繁荣期，失业率也一直居高不下，1927年年初，失业人数超过6 000人，后来情况有所缓解，因为酿酒业和建筑业似乎又出现了新的生机。但是到后来形势再次恶化。到1929年6月底，3 286名工人靠三种失业者福利中的一种维持生计。1930年2月该数量跃升至8 000人，1932年1月底再创新高，达到14 558人。实际上，菲尔特的工人有一半失业。一度蓬勃发展的制镜业也严重衰落，从业人数从5 000人左右减至1 000人。玩具出口也彻底崩溃。受其影响的不仅有玩具厂工人，还有小商人。到了1932年10月，185名从前独立营生的手工艺人只能靠公共福利接济。但福利资助毕竟微乎其微，许多人只好靠乞讨和小偷小摸苟且度日。

人们对经济大萧条的原因一直热议不断。当然，大多数解释都归因于当时美国政策的失误。美联储起先营造的货币环境太过宽松，致使股市泡沫膨胀，接着又使货币环境紧缩，致使银行系统崩溃。美国国会提高了已经很高的保护性关税。1933年以前联邦政府一直没有采取财政刺激措施应对经济危机。同时国内政策协调机制也彻底崩溃。“一战”期间和“一战”以后的巨额公共债务本可进行合理重组，但是经济紧缩政策实行后，债务却屡屡被拖欠或未予偿付。德国的情况更糟，没有经济实力却要建立福利国家，听任工会一再增加实际工资，容忍行业内的反竞争性行为。但是除了政策制定者的影响，其他势力也在推波助澜。虽然“一战”正进行得激烈，伤亡惨重，年轻劳动力在就业市场上却仍然供过于求。出于战争的需要，农业、钢铁和造船业都产能过剩。

以上种种，生活在弗兰肯工业城市菲尔特的失业贫困市民并非全然不知。最大的挑战是要解释，造成危机的原因多种多样，为什么他们偏偏最后就相信了希特勒说的那一套。纳粹取得重大突破是在1930年9月14日，在当天的德意志帝国议会选举中他们的得票率从2.6%上涨到18.3%。他们在菲尔特的选票占23.6%，接近1928年的4倍。这仅仅是开头，后来支持率一直不断攀升。在菲尔特1932年第一轮总统选举中希特勒赢得了34%的选票。在巴伐利亚州议会选举中，支持纳粹的选票比例升至37.7%，首次超过社民党。1932年7月31日，德意志帝国议会进行选举，希特勒赢得了38.7%的选票。纳粹在菲尔特1932年11月6日的选举中失利，但在1933年3月5日的选举中得票率回升至44.8%。在那次选举中有超过22 000位菲尔特市民投票给纳粹（见下表）。

纳粹在菲尔特和德国的选票

	纳粹选票（张）	占菲尔特市总数的比例（%）	纳粹占全国选票的比例（%）
1924年5月4日	9 612	25.6	6.5
1924年12月7日	3 045	8.2	3.0
1928年5月20日	2 725	6.6	2.6
1930年9月14日	10 872	23.6	18.3
1932年7月31日	17 853	38.7	37.3
1932年11月6日	16 469	35.6	33.1
1933年3月5日	22 458	44.8	43.9

从全国范围来看，纳粹从老“资产阶级政党”，比如国家人民党、人民党和民主党处赢得的选票不成比例。社民党、共产党和天主教中央党的选票流失更是罕见。一些党派之所以不再忠诚于纳粹，在很大程度上是经济少数派组织引导或调停的结果。这些组织包括德国民族主义行政工作者协会、君主制的皇家巴伐利亚故乡联盟、“忠于菲尔特”协会等保守组织以及基夫豪塞尔联盟等老兵协会。魏玛时期德国南部蓬勃发展的典型的原纳粹协会是青年巴伐利亚协会，协会成员自豪地宣称拒绝“纯理性的专门统治，那是法国革命的遗产”。一个同样重要的因素是某些新教神职人员带有浓厚的“德国民族”口吻，这呼应了某些纳粹宣传常用的明显宗教语言。历史学家沃尔特·弗兰克1905年生于菲尔特，自青少年时期起就是狂热的德国民族主义分子，对他而言，从他父亲时代的德国民族主义氛围转到民族社会主义易如反掌。他和当时的很多优秀学者一样，为纳粹所吸引。菲尔特市同时代的另一个人才路德维希·艾哈德不是社会主义者，也不为国家社会主义的魅力所动，他算是一个异类。

值得注意的是，所有这些在社会上受尊重的团体最终都投票赞成纳粹运动，这场运动有条不紊地将暴力变成一种选举手段，公开倡导暴力是一种政府策略。有人解释说原因很简单，纳粹比对手更善于有效开展活动。首先，菲尔特市民族社会主义德国工人党1930年3月有185人，1932年8月增加到1 500人。新党员工作非常卖力。1932年年初警察局取消对集会的限制后，德国工人党几乎每周都举办活动，在当年首次选举之前的两个星期组织了不下26次会议。在1932年选举的预备阶段，纳粹举办了8场大型选举会议，几乎夜夜进行“晚间讨论”。但是暴力也发挥了重要作用。

菲尔特市的大街小巷日益变得危险也不全是纳粹的问题。从左派的立场来看，共产党和帝国战旗等社会主义组织也喜欢进行闹哄哄的游行示威，扰乱对立政党的会议。20世纪20年代，纳粹发现菲尔特市的很多地方依然抱持敌对情绪。1932年4月9日，15名纳粹冲锋队队员离开亲纳粹的黄狮酒馆时，遭到钢铁前线成员攻击。两个月后，一位支持纳粹的人士被暴打，因为他是“斯瓦斯托克人”。另一位售卖社会主义德国工人党党报的纳粹党成员也遭受同样的厄运。7月30日晚，纳粹车队从菲尔特机场驶向纽伦堡体育馆的途中，一群暴徒用土豆和石块进行袭击，警方只能袖手旁观，希特勒本人乘坐的汽车也未能幸免。1933年1月，冲锋队、党卫军、希特勒青年团参加该市一年一度的狂欢节游行时，敌对情绪有所缓和。有一次在盖斯曼会议厅举行公共集会，共产党党员拒不支持国歌，最终引起一场更大的骚乱。

菲尔特不是芝加哥。共产党和纳粹之间的战斗没有动用武器。然而，这一切不法行为造成了潜在影响。一方面，人们渴望德国老式的“宁静与秩序”的理想；另一方面，人们认为也许要采用进一步的暴力行动才能以暴制暴。1933年1月31日，希特勒被任命为德国总理，纳粹抓住时机在市中心发起了一场大规模火把游行，游行队伍穿过市区的各大街道。现在他们开始进攻了。2月3日夜晚，六七十名冲锋队员袭击了共产党开的一家酒馆。同月底，有人在国会大厦纵火，这为纳粹政府紧急法案“为了保护人民，为了保护国家”提供了绝佳的借口，因此1933年3月的竞选就能堂而皇之地在恫吓的气氛中进行。3月3日，菲尔特市又举行了一场大规模火把游行。3月9日夜，大约1万至1.2万名群众聚集在市政厅外，观看红色纳粹党旗和抚慰人心的黑白红三色帝国旧旗冉冉升至塔楼上空，聆听副市长、施特赖歇尔的助手卡尔·霍尔茨宣告“德国革命”之事。霍尔茨宣布：“从今天起，巴伐利亚大清洗就开始了。我们要清除黑奴（原文如此）。即便是菲尔特，这个完全犹太化的红色城市，我们也要再次把它变成一个干净诚实的德国城市。”

这番话对包括忠诚爱国的路易斯·基辛格及其家人在内的菲尔特犹太人来说，预示着极其严重的威胁，而他们即便抱着最悲观的心情也无法理解这种威胁。

第2章

—

逃难

如果时光倒流13年，我们重新来过那种充满仇恨和偏执的生活，那么我会感到那是一条漫长而艰辛的道路，每一步都充满屈辱，每一步都充满失望。

——1945年，基辛格家书

1

时值1934年9月末。菲尔特市一年一度的圣米迦勒节前夕，牧师保罗发表演讲，道出了很多人的心声。他感谢上帝“给我们派来了阿道夫·希特勒，他是我们的救命恩人，赶走异族不信仰神的部落，使众生免遭涂炭，他建立了新帝国，基督教将成为我们人民生活的基石”。

对菲尔特市大多数的基督徒来说，纳粹进行统治还不到8个月，生活已经有所改善，到1938年夏天，人们的生活在一天天变得更好，那种变化几乎从未间断。1933年1月依赖福利的人数超过8 700人。到了1938年6月，人数降到不足1 300人。纳粹统治期间，经济的确复苏了，菲尔特的市民有切身体会。

城市面貌也焕然一新。市政厅上空飘扬着鲜红的民族社会主义党旗，纳粹党徽和元首画像随处可见。有些街道的名称也变了。柯尼希斯华特大街改叫“阿道夫·希特勒大街”，主要广场更名为施拉格特广场，以纪念原纳粹“烈士”阿尔伯特·利奥·施拉格特，此人因蓄意破坏被占领的鲁尔区的火车而被法国人处决，当时正逢基辛格出生前夕。的确，菲尔特没有可媲美纽伦堡一年一度大型集会的活动，也没有长达一周的节假日，无法吸引全国各地上百万的党员和附属机构的成员。但是这里每年至少也有14个官方节假日，比如5月1日的“人民节”（借用了社民党的“五一节”）和4月20日的希特勒生辰。对那些不喜欢上街游行而喜欢晚上看歌剧的人，城市剧院已装饰一新，重新开放，新老板准备了地地道道的德国经典剧目，有歌德的《艾格蒙》、席勒的《阴谋与爱情》、莱辛的《明娜·冯·巴尔赫姆》等。1935年2月11日希特勒亲临菲尔特，应邀观看了一场无伤大雅的轻歌剧《爱来做主》，这恰如其分地呼应了纳粹口号：“元首命令，我们服从！”

但是对民族社会主义宣传的狂热掩盖不了胁迫和恐怖的现实。纳粹分子美其名曰的“同步”行动于1933年3月10拉开序幕，当天就逮捕了15至20名共产党员、共产党工会成员及社民党官员，占领了社民党工会总部。自由左翼市长罗伯特·怀尔德被无限期调离，副市长因年龄原因辞职。一星期后纳粹继续肃清“左”倾官员，公安局局长、市医院院长、医务长、医疗保险基金主席纷纷被迫退职。3月28日和4

月5日又抓捕了一批共产党积极分子：大部分人被“保护性拘留”，这又是纳粹使用的一个委婉词语，意思是他们被送往新建的达豪集中营，在菲尔特以南100英里的地方。

“同步”行动在残酷地进行着，每星期都会对政敌提出新的限制。4月1日，报纸也不再具有自由，因为纳粹宣布从此以后《菲尔特报》就是“民族社会主义德国工人党在菲尔特地区的正式机关报”。当地议会也进行了重组，大部分成员都换成了纳粹党人，包括新的市长大人弗朗兹·雅各布（原为巴伐利亚议会纳粹代表）和他的两名副手。从5月10日到11日晚间，当地各家图书馆也遭到肃清，并且还举行仪式焚毁了一些“反动”图书。第二天，社民党菲尔特支部解散，时隔一个多月，6月22日社民党活动在全德遭禁。6月30日菲尔特的社民党领导人被捕，并被送往达豪集中营，与共产党员关押在一起。所有老资格的中产阶级政党中本已有大量成员投奔纳粹，它们这时不是解散，就是与民族社会主义德国工人党合并。青年巴伐利亚社团被吸收进希特勒青年团。菲尔特所有的独立经济组织和运动俱乐部（连歌唱俱乐部和园艺俱乐部）也都遭受了同样的命运。

然而，从民族社会主义政府成立之初，遭受最残酷迫害的便是犹太人。共产党和社民党领导人被捕后，两党的普通党员可以归顺纳粹。但只要被纳粹认定为犹太裔的人，包括皈依基督教的犹太人以及父母一方为犹太人的人，一律不在此列。要了解犹太人在纳粹德国的生活环境，必须清楚纳粹政府是如何一点点、一天天地剥夺犹太人的权利的。从1933年到1938年，犹太人的不安全等级逐年上升。在菲尔特这样的城市，犹太人的生存境况尤为令人寒心。其一，希特勒诬蔑菲尔特是“犹太化”城市。其二，菲尔特旁边就是纽伦堡，这是一大“运动之都”，《先锋报》主编、中弗兰肯地方长官、臭名昭著的尤利乌斯·施特赖歇尔的老巢就在这里。而且，菲尔特地处巴伐利亚州，冲锋队领袖恩斯特·罗姆是州政委，党卫队全国领袖海因里希·希姆莱是州政治警察局局长。所有这一切意味着反犹措施和“自发”行动首先会殃及菲尔特，其惨烈程度将无出其右。

没有在极权国家生活过的读者一定很难想象那是一种什么样的情形：在5年时间内，无权从事任何职业或做生意，无法游泳或上学，失去言论自由；更严重的是得不到法律保护，被任意逮捕、欺凌、攻击，财产被随意征用。从1933年到1938年，德国犹太人的命运就是这样。在菲尔特市，从1933年3月21日开始，市医院院长雅各布·弗兰克医生被停职、临时拘捕。还有两名犹太医生和一名护士也被解雇。一星期后菲尔特共有9名犹太医生失去工作岗位。随后纳粹将目光转向市区的大型犹太商业圈。3月25日，著名的犹太杂货店被迫关门，有人指控在该店销售的食品中发现了老鼠屎和动物毛发。6天后纳粹进行了游行示威，翌日全德掀起抵制犹太企业的运动，据称是为了报复一些美国犹太组织提议的反对德国的抵制运动。4月1日上午，冲锋队队员开始在市中心各处张贴海报，敦促市民“抵制犹太人！抵制犹太人的亲信！”，并悉数列举该市大小犹太商铺共720家，这至少占到了批发商的50%、制造商的24%、零售商的15%——犹太人口不到全市人口的4%，而市场份额这么高，实在令人瞩目。遭到抵制的最大目标要属犹太人开的“命运”电影院。接下来轮到了犹太公务员——包括路易斯·基辛格这样的公立学校老师。1933年4月出台“恢复职业公共服务法”后，犹太公务员一律被开除公职。另一个具有重大法律意义的里程碑是所谓的纽伦堡系列法的出台，该系列法在1935年纳粹党年会时制定，其中第一部“德国鲜血与荣誉保护法”严禁与犹太人发生性关系、通婚，禁止犹太人雇用非犹太人为家佣。第二部法律“帝国公民法”剥夺了犹太人的完全公民权。

中央政府制定了歧视犹太人的法规，但实际的执行者还是地方政府，有些地方有时还会在执行时变本加厉。隔离犹太人、不让他们参与公共事务的进展因地而异。例如，在菲尔特，1933 年 8 月酷暑时节，市政府禁止犹太人进入雷德尼茨河的公共洗浴区。1934 年 4 月，市教育局强制规定公立学校中犹太学生的比例最高不得超过 1.5%。1936 年，市内所有主要学校，包括女子学校、人文学校、中学、商业学校等无不得意地宣称本校“没有一个犹太学生”。从此以后，所有犹太人家的子女都只能上犹太人学校。

权利被剥夺了，尊严也随之丧失。《菲尔特报》源源不断地刊登反犹文章，全都是施特赖歇尔那种嘲讽的口吻。一篇报道的作者描述自己听到一个犹太学生唱德国国歌，幸灾乐祸地说：“啊，你们这些可笑的犹太人，德国正在建设中，你们一定害怕了吧！”1934 年 5 月 27 日，施特赖歇尔本人被授予菲尔特市荣誉市民称号。他在接受荣誉时发表演讲，毫不隐讳地说：“我们面临的形势非常严峻。如果再次发生战争，所有弗兰肯的犹太人都会被枪毙，因为上次战争就是犹太人挑起的。”第二年的狂欢节上出现了大量稀奇古怪的反犹彩车，小丑们装扮成滑稽的犹太人，摆出各种侮辱性的姿势。但是巴伐利亚地区的反犹太主义不仅仅只停留在演戏的程度。1933 年冲锋队发起抵制运动的时候，已经明显表现出人身侵犯的意味。1934 年 3 月 25 日晚，在菲尔特市西南 30 英里的一个村庄爆发了一次针对当地犹太群体的迫害事件，造成两名犹太人死亡：一人被吊死，一人被刺身亡。

至此，“民族革命”几乎失控，冲突愈演愈烈，不仅菲尔特如此，其他地区也一样，政府只好出动部队制约冲锋队。但是即便是在所谓的“长剑之夜”（1934 年 6 月 30 日到 7 月 2 日清洗了冲锋队的恩斯特·罗姆等领导人）以后，对犹太人的迫害仍然在进行，只不过带有一些诱捕的性质。菲尔特市的主要犹太领导人之一西奥多·贝格曼因侮辱一名“雅利安”妇女被捕，他后来在集中营自尽。1935年3月10日，鲁道夫·贝纳里奥医生被捕，被强行从病床上拖走，当时他还发着高烧。他和恩斯特·戈尔德曼被送往达豪集中营，双双被击毙，死因还是那句话，所谓的“试图逃跑”。一年后，三个犹太年轻人，也是菲尔特人，分别被处以一年、10个月、5个月有期徒刑，因为他们胆大妄为，竟然讲德国犹太人遭遇的“恐怖故事”。这种滑天下之大稽的事在菲尔特俯拾皆是。1937年11月26日，市里一名72岁的犹太人竟敢暗示德国犹太人遭人迫害，他因此被处以8个月监禁。一年后，又有三名犹太人被捕，因为根据纽伦堡法律，他们犯有“种族侮辱”罪，被判处5到10年监禁。

2

对路易斯·基辛格来说，辛辛苦苦做到公立学校高级教员，受人尊敬，如今，转瞬间体面全无，他真是百思不得其解，简直就像做了一场噩梦。1933年5月2日，他和菲尔特市女子学校的一位犹太老师一道被“强行休假”，几个月后，“永久退休”。他还不到50岁啊！他儿子沃尔特还记得父亲被开除后“沉默寡言，总待在书房里”。但是对路易斯打击很大的不仅是被迫提前结束教师生涯。他妻子后来回忆道：“我丈夫的同事，以前那些同事，对他完全不理不睬，就像没有这个人似的。”为了让自己忙碌起来，他办了一所“学校，那些不能上公立学校的犹太孩子就有学上了……教他们商科课程，就是以前他教的那些课程”。奇怪的是，他没有去犹太实科中学教书，尽管1933年夏天他的两个儿子就开始在那里上学。从现有资料中很难看出他们兄弟俩怎么那么早就去了那所学校——赶在政府对公立学校强行下达犹太学生限额令之前。据基辛格自己说，父母是想让他们在那里念完4年初中再转到市立高中（这种情况在正统犹太人家并不稀奇）。然而，等他们读完初中，限额令已经生效。

犹太实科中学离基辛格家很近，一点儿也不差。校长至少聘请了一位有能力的教员赫尔曼·曼德尔鲍姆教算术、地理、写作以及经济和速记。曼德尔鲍姆喜欢用难题考学生。他上课时的口头禅是：“谁在叽叽喳喳？”但是基辛格的母亲回忆说：“学校的老师不算一流，聪明的亨利感到很无聊。两个孩子上学都不开心……他俩很沮丧，学习也不是很用功。”这些证据表明基辛格当时的成绩并不突出。哥俩儿沮丧还有一个原因：纳粹法律规定犹太孩子不得参与一切课外活动。他们不能到公共游泳池游泳，不能和非犹太裔孩子踢球，也不能观看他们喜爱的球队比赛，只能参加犹太复国主义体育俱乐部，只能使用1936年新建的犹太体育俱乐部的设施，俱乐部的体育场在卡洛林大街。基辛格后来回忆：

> 犹太人1933年开始遭到隔离……但是有一支犹太球队，我参加了少年组。我们只能跟别的犹太球队比赛……那段时间，我只有在观看比赛、参加比赛时才会忘记周围的烦心事。我常常溜出去看地方球队打比赛，虽然这种事是要冒风险的，如果你去看比赛被人认出来，肯定会被暴打一顿。

基辛格的同时代人并非都有遭遇街头暴力的记忆。尤勒斯·瓦勒施泰因跟基辛格兄弟俩上同一所学校，据他回忆，直到1938年，“我的朋友中有犹太人，也有非犹太人。我们玩士兵打仗，互相串门，拿一些纳粹领导人开玩笑。我的非犹太人朋友从没骂过我，也没叫我脏犹太人”。但有些人（尤其是弗兰克·哈里斯和犹太孤儿院院长的儿子拉斐尔·哈里曼）却证实了基辛格的说法。那时，犹太孩子孤身一人在菲尔特街上走已经不大安全了。

不过那时除了体育之外还有其他的消遣。就在纳粹统治期间，年轻的海因茨·基辛格加入了正统犹太人联盟组织，德系犹太人犹太教律法的政治部，该组织成立于“一战”期间，一度自称为忠诚犹太人联盟。该联盟不受犹太复国主义运动控制，旨在加强欧洲正统犹太机构，最终团结东欧和西欧的正统犹太教。40年后正统犹太教拉比莫里斯·谢尔还跟基辛格提到过该组织，他开玩笑说他“抽屉里还锁着一篇当时基辛格为联盟写的文章”。这篇早已被人遗忘的“文章”是基辛格现存的最早作品。里面包括一份由比基辛格稍大的一个犹太孩子利奥·霍斯特领导的埃斯拉正统青年组织的会议记录。那次会议是1937年7月3日召开的，当时基辛格才14岁，霍斯特18岁。参加会议的其他5名“成员”是：阿尔弗雷德·贝霍夫、拉斐尔·哈里曼、曼弗雷德·科施兰、汉斯·万甘施玛以及基辛格的好友海因茨·利翁。会议原始记录是基辛格手写的，既有苏特林文（老式德文），也有希伯来文。在此值得全文引用，以便读者了解他早期的宗教观和政治观。

我们下午3点45分准时开会。首先讨论宗教法。列出安息日的规定有哪些。我们讨论了哪些是违禁物（安息日不可携带的物品）。

大家区分出4种违禁物：

违禁工具——（禁止是）因为有特殊禁令（例如钢笔，钢笔是写字用的，安息日禁止写字）。

违禁饰物——（禁止是）为了预防破戒（例如佩戴的经文匣，是指平时上午犹太人礼拜时佩戴的装有圣经经文的小黑皮匣子，但安息日不能佩戴）。

违法违禁物——（禁止是）为了保证教徒不犯罪（例如敬奉偶像的圣坛等物体，安息日拜神是犯罪行为）。

不洁违禁物——（禁止是）因为它可恶，因此不适合安息日（例如某种污秽物）。

此外还有第五种违禁物，就是人们在安息日前说的如果是安息日的违禁物就不会带去的那种。

然后就看小组成员中谁的记忆力最好。最后一致同意我和海因茨·利翁各得0.5分。

大体上看这不过是一个经文学习小组，加深小伙子们对经文戒律的理解。但是最后几句话语气骤变。

然后我们讨论了迫在眉睫的巴勒斯坦分裂问题。分裂是世界历史上最大的渎圣罪。不用《圣经》而用一般性法典治理犹太国家是不可思议的。会议到此为止。

海因茨·K

遥远的巴勒斯坦发生的事件也波及了弗兰肯。1936年4月起，阿拉伯人开始反抗英国对巴勒斯坦的强制性统治。这次起义的主要原因是犹太人移民不断增加，一开始只是大罢工，很快升级为暴乱，矛头直指犹太移民和英国军队，英国人不得不重新思考对这个曾经的奥斯曼帝国的领地的统治方式。海因茨·基辛格和朋友开会4天之后，皮尔伯爵领导的皇家调查委员会发表了一份备受期待的报告，建议让巴勒斯坦一分为二，一个是沿海平原的犹太小国，其中也包括加利利，即从耶路撒冷到沿海（包括海法）的残余的被外部力量托管的走廊，另一个是东南部较大的阿拉伯国家，此地未来合并到了相邻的外约旦王国。（早在4月初英国媒体就预计该报告会按以上思路划分巴勒斯坦，所以菲尔特市的一个无名的正统犹太青年小组预先得知报告内容也就不足为奇。）犹太复国运动领袖哈伊姆·魏茨曼和大卫·本–古里安尽管希望获得更大的地盘，但也愿意接受皮尔委员会的报告，在此基础上进行谈判，更何况报告还设想将大量阿拉伯人口（225 000人）迁出计划中的犹太国家。但是，该报告遭到阿拉伯人和非犹太复国主义运动组织拒绝，最终分裂巴勒斯坦的想法也就被英国人束之高阁。难得的是，基辛格年仅14岁就激烈反对巴勒斯坦分裂。即便分裂会成为“世界历史上最大的渎圣罪”的想法不是他提出来的，而是他所在小组的看法，但显然他在写会议纪要的时候也并无反对意见。小组拒绝（像后来以色列所做的那样）按法典而不是《圣经》来建立一个世俗的犹太国家，这样的想法他也并不反对。至少有一名霍斯特小组成员后来去巴勒斯坦避难，再后来成为以色列公民。但是基辛格的命运绝不可能是这样的，因为他似乎全心全意拥护父亲主张的反犹太复国主义。

3

然而，到了该离开德国的时候了。路易斯·基辛格的两个弟弟已经走了。1933年6月，卡尔·基辛格因为帮助岳父经营鞋店被捕，随后被送往达豪集中营，惨遭毒打，命在旦夕。一年多以后，1934年12月，妻子设法保释了他，夫妻二人决心移民，1937年他们带着三个孩子移居巴勒斯坦。路易斯的另一个弟弟阿尔诺在20世纪30年代中期移民斯德哥尔摩，1939年年初他们的父亲戴维也到了斯德哥尔摩。一个家住洛伊特尔斯豪森的朋友力劝路易斯效仿两个兄弟移民。但是路易斯比他们俩大十多岁。他妻子后来说："要放弃一切，拖着两个孩子离开德国，也不知将来会怎么样，的确不那么容易。"他父亲和弟弟西蒙劝他千万不要离开德国。此外，他们移民还有一个障碍——他岳父被诊断出患有癌症。

然而，妻子葆拉必须首先考虑孩子。他们留在德国将来会怎么样："希特勒统治的国家"会处处容忍犹太人吗？犹太人的处境会恶化还是好转？海因茨从犹太实科中学毕业后，万般无奈之下，到维尔茨堡的一所犹太教师培训学院念了三个月书。他母亲后来告诉沃尔特·艾萨克森："是我做的决定，这么做都是为了孩子。我知道他们留下来没什么活路。"

至少有一件事对基辛格一家来说很幸运：葆拉母亲的一位姐姐早年移民美国，那时人们还根本没听说过希特勒的名字。她女儿，也就是葆拉的表姐莎拉·阿舍尔出生在布鲁克林，当时她住在韦斯切斯特县拉奇芒德镇。葆拉建议把两个孩子送到美国去过安全的生活，她表姐力劝他们全家一起来。1937年10月28日，表姐在"经济担保书"上签字，答应为基辛格一家来美国提供经济担保。（20世纪20年代要移民美国有限额，要是没有这样的保证书，就算纳粹德国的难民也无法被收留。）莎拉·阿舍尔的年收入只有4 000美元，但她的股票值8 000美元，其他存款还有15 000美元，所以她的担保是可信的。（基辛格一家在美国其实还有更有钱的亲戚，在匹兹堡，但并没去找他们帮忙。）1938年4月21日，官方认定为"德国公民、犹太裔、信仰犹太教"的基辛格的父母向慕尼黑移民咨询局提出正式移民申请。这种请求必须扫除多重障碍，好在他们的申请不到三个星期就被处理完毕，获得批准。首先，路易斯·基辛格向菲尔特市警察局申请护照。盖世太保必须核查一家人没有任何犯罪记录。4月29日市长批准，5月5日盖世太保批准，5月6日市财务办公室批准，5月9日德国海关批准。5月10日，警察局收取12马克70芬尼手续费，开具推荐信又收了5马克28芬尼，给他们签发了4本护照。

然而，直到1938年8月10日基辛格一家才告知市警察局他们打算启程。告别是痛苦的，尤其是跟葆拉身患重病的父亲道别，兄弟俩生平头一次看见父亲落泪。多年后基辛格回忆道："我们一家即将离开祖国之前，我到外公居住的小村庄去看望他，跟他道别，我和他感情很深。他得了癌症，我知道再也见不到他了。外公告诉我这不是诀别，说过几个星期就去我们家看我。尽管我并不相信，但想到他会来，心里还是觉得很安慰。"一家人还得撇下大部分财产。纳粹规定，犹太人离开帝国不仅要留下大部分积蓄，还要留下大部分家具。（基辛格一家的家产，包括钢琴，估计价值23 000马克。）犹太人离开第三帝国可以把一个规定尺寸的柳条箱装满带走。基辛格记得母亲为带什么、不带什么很是发愁。8月20日，一家人在比利时的一个港口坐船去英国。他们在伦敦逗留了一个星期，住在葆拉的姑妈家，姑父以前在菲尔特市开肉铺，葆拉上学时就住在他们家。1938年8月30日，他们坐火车到南安普敦，搭乘"法兰西岛号"前往纽约。海因茨·基辛格那年15岁。他的好友海因茨·利翁3月时已经去了巴勒斯坦。

1938年，基辛格一家四口移民美国，当年巴伐利亚的犹太移民共计1 578人。他们离开德国正当其时。

4

就在基辛格一家告知菲尔特市警察局启程的当天，纽伦堡最大的教堂被捣毁。1937年6月，慕尼黑主教堂也曾遭受同样的厄运。纳粹党内的激进分子，尤其是希特勒本人已经不满足于仅仅隔离犹太人这一行动。菲尔特市的犹太人看在眼里，准备面对即将出现的麻烦。为了保险起见，犹太教会堂最值钱的经卷和银饰都被取下来妥善保存。1938年10月16日，即将来临的暴风雨又发出一个警告，一伙暴徒袭击了洛伊特尔斯豪森会堂，毁坏了包括法尔克和范妮·施特恩农舍等犹太人家的玻璃。这次迫害事件之后，施特恩被迫卖掉了34年前和弟弟合伙买的房子。他和妻子搬到了菲尔特市的妹妹（明娜·弗莱施曼）家里，而他1939年5月26日被确诊罹患癌症。那个时候，菲尔特市也已经不再是犹太人栖身的安全之所了。

“水晶之夜”，或者说“碎玻璃之夜”，在第三帝国历史上确有其事。不管以前如何粉饰德国种族政策的合法性，全国性的暴力和破坏狂欢还是将虚伪的表象撕得精光。驻巴黎的德国大使馆外交官恩斯特·冯·拉特遇刺，凶手是从德国汉诺威市流落到法国的17岁犹太孩子赫舍·格林斯潘，他父母是波兰人，原来住在德国，后来被驱逐出境，格林斯潘一怒之下对冯·拉特下手。此事引发了中世纪以来德国历史上最恐怖的大屠杀。1938年11月7日，格林斯潘近距离枪击冯·拉特，6天后，冯·拉特不治身亡。这件事成了希特勒的借口。加上戈培尔的极力怂恿，希特勒发动了貌似“自发的”反犹太战争。

纳粹在菲尔特执行命令的时候很荒唐。1923年11月9日“啤酒馆暴动”流产，从此这一天就成了纳粹纪念其烈士的纪念日。1938年

11月9日，当地纳粹大佬正在芬克咖啡馆狂饮之际，突然接到命令，攻击犹太人，尤其是要破坏市里的犹太会堂。市长喝得红光满面，净打饱嗝儿，对组织这次破坏行动毫不反对。不过他倒是很担心烧毁那么多会堂将造成什么后果，因为很多袭击目标都位于人口密集的市中心。纳粹成员身上都有那种既冷漠又谨慎的特质，于是他叫来市消防局局长约翰内斯·拉克福尔，命令他准备保护即将被焚毁的会堂周边所有的建筑。拉克福尔惊呆了，他的第一个反应是："市长大人真喜欢开玩笑！"他耐心向市长解释，如果会堂广场周边的会堂全部起火，根本无法控制火势。市长只好勉强妥协，命令只烧主会堂。

11月10日凌晨1点左右，一支150人的冲锋队砸毁城市会堂的铁门，打烂主会堂的橡木门。进入会堂以后，他们砸毁长木椅和装饰，把所有能找到的经文都堆在一起，浇上大量汽油，点上火。当地犹太人的主要领导人艾伯特·诺伊布格被人从床上拽走，纳粹分子用他的头当大木槌撞开地方福利局的大门，顿时他鲜血直流，神志不清。3点15分，主会堂火势凶猛，民众叫来了消防队，但是冲锋队不让消防队救火。其实，市长命令他们让火势蔓延到看门人住的地方和隔壁的祈祷厅。当晚被毁的还有举办仪式用的澡堂和莫伦大街30号的会堂。犹太人公墓也遭到破坏，其他受损的还有犹太医院、犹太实科中学、孤儿院以及多家犹太人开的门店。孤儿院墙上涂着反犹标语："不许犹太人杀害德国人！"在实科中学的墙上，标语是："嗓音沙哑的犹大！为巴黎死难者报仇！"

这且不说。所有犹太居民，包括孤儿院的孩子，全都被赶到施拉格特广场（现称菲尔特自由广场），他们在寒冷的11月的室外一直站了5个小时。他们以迫害基辛格家的拉比利奥·布雷斯劳尔取乐，竟然强行剃掉了他的胡子。年轻的埃德加·罗森贝格看在眼里，感到毛骨悚然，他的回忆不仅记录了当时的恐怖氛围，也反映了那些无助的犹太人被卷入的可怕纷争。

> 大约5点30分，他们让犹太人朝城市会堂方向来了个漂亮的向后转：天空被映得通红，好多会堂着了火。就在那时，犹太人中间长期存在的分裂一下子原形毕露，这种分裂即便在同仇敌忾的岁月也一直与我们相依相伴。这时，正统犹太人看到会堂烈焰熊熊，不禁撕心裂肺地哀号起来，但在改革派犹太人眼里，这无异于一种威胁甚至是恐吓，这样惨叫只能是火上浇油，引起一场血腥大屠杀。正统犹太人这么做就反应过度了。

不会有血腥大屠杀，这里不会有，现在还不会有。上午9点，所有女人和孩子被放回家去，男子则被赶到原来的伯罗茨海默学校（该校也易名了），继续遭受言语和身体上的摧残。罗森贝格回忆："那些好事的市民……涌上街头，吐着唾沫，阴阳怪气地唱着，叫着，'啊，正是时候嘛！''正好赶上了！'齐声合唱'犹太猪'，'声音沙哑的犹大！'……然后冲破冲锋队的阵型，跑到犹太人卡恩（原文如此）身边近距离打量他，就是被剃掉胡子的那个拉比。"共132人随后被送往纽伦堡，后来又转送至达豪集中营，其中包括基辛格兄弟俩的老师赫尔曼·曼德尔鲍姆，他被关押了47天，还有罗森贝格的父亲，后来他逃到了瑞士。

劫掠并未结束。在菲尔特市，犹太领导人被迫签署了一份文件，出售两块犹太公墓、一家医院及大量犹太群体的财产给市政府，售价仅为100马克。他们还被威胁，如果不肯透露一座隐秘但其实子虚乌有的犹太教堂的地址，他们就性命难保。（迫害他们的人指的是一所病儿学校沃尔德学校，是1907年一位犹太慈善家建的。）后来，大量犹太企业同样被迫以微不足道的价格出售房产——这是1938年11月12日出台的法律的序曲，该法律正式将犹太人从德国经济生活中排除出去，为所有犹太企业的正式“雅利安化”铺平道路。11月10日晚些时候，冲锋队队员又回来了，以胜利者的姿态穿过依然冒着烟的城市会堂，手上沾满烟灰和血迹。一人因夜间受伤不治身亡，另一人自杀。布雷斯劳尔拉比捡回一条命，但是他遭受的折磨太惨痛了，直至多年后“都无法大声说话，因为在‘碎玻璃之夜’纳粹对他的折磨太惨痛了”。

对于这次事件的受害者来说，这一切似乎都不可思议。一位目击者也不敢相信，他说：“我们年轻的时候上舞蹈课，犹太人和基督教徒一起学，互相交流毫无问题，压根儿不存在什么反犹太主义……直到希特勒上台。我们犹太人真不敢相信菲尔特市竟存在这么严重的反犹太主义。”

不过确有其事。时隔13年，那些应对1938年11月10日菲尔特市事件负责的纳粹分子才被绳之以法。5个团伙头目逍遥到1951年才面临指控，只有一人被判有罪，被处以两年半监禁。一年后，另一桩案件在卡尔斯鲁厄开庭审理，又有两名被告被定罪，一个被判了两年，一个被判了4个月。然而，到那个时候，纳粹对菲尔特市犹太人的迫害已可谓罪大恶极，罄竹难书了。

5

菲尔特市不过是一个无聊的城市，夜空下显得毫不起眼……1945年，我是这么看的。纽伦堡尘土飞扬，满目灰烬，圣像和神像都破破烂烂，这里一堆，那里一堆，体现出巴比伦式的邪

> 恶，而菲尔特依然存在，完好无损，在阳光下呈现出一派和平气象……当然，少了那座教堂，好似在拼图上留下了一个洞……
>
> 纽伦堡……有它瑰丽的传统和被大肆渲染的审判。读者很容易知道身处何方。“啊，”他会说，“纽伦堡，我知道，出过大画家阿尔布雷特·丢勒，有纳粹国会，有纽伦堡塔，有大法官杰克逊，有绞刑，有德式香肠。”但每当我轻声说出“菲尔特”时，别人总问我：“怎么拼写？”

埃德加·罗森贝格是经历过“二战”的菲尔特犹太人，“碎玻璃之夜”之后取道海地逃亡到了美国。“二战”结束，他以美国兵身份回到故乡，竟发现这里大都完好无损，感到很惊奇。

这不是说菲尔特没有受到丝毫破坏。1939年9月希特勒所交战的对手似乎比25年前所交战的对手力量薄弱。1940年夏，德国军队雄踞欧洲大陆，一副胜利者的姿态，击败了法国，把英国远征军从敦刻尔克逼回英吉利海峡的那一边。然而，大英帝国依然实力雄厚。1940年8月和次年10月，英国皇家空军两度轰炸菲尔特和纽伦堡，两个城市所在的大都市圈是英国战略轰炸的重点目标。这不过是小试牛刀，重头戏在后面。1941年和1942年也出现过零星空袭，但到了1943年，德国与苏美也开战了，因此空中打击的规模大幅提升。1943年8月10日至11日，纽伦堡沃尔德区被彻底炸毁。1944年盟军对中弗兰肯和上弗兰肯进行了12次大型空袭，1 000多人丧命。1945年1月2日和2月21日至22日的毁灭性打击又夺去了3 000多人的生命。“二战”结束时，菲尔特市战前建筑有6%被彻底炸毁，30%被中度或重度破坏，54%被轻度破坏。据1945年3月对纽伦堡—菲尔特小型空袭的报道，“大多数炸弹落在荒弃的田野上”。

在第三帝国最终崩溃之前，菲尔特市上演的最后一部电影是轻喜剧，片名令人叫绝："无害的开端"。事后看来，也许那些1932年和1933年投票支持纳粹的人觉得当初希特勒上台就是这副模样。但是从德国犹太人的角度来看，希特勒当政时坏事干尽。1939年1月，就在"二战"爆发前，他宣布了吓人的预言："如果欧洲内外的犹太金融家将世界各国重新投入一场世界大战，结果就不是全球变成布尔什维克的天下，以及犹太人的胜利，而是欧洲的犹太人这一种族将被消灭！"

"二战"爆发后，纳粹更是胆大妄为，企图把威胁变成现实。1933年菲尔特的犹太居民有1 990人，"二战"结束时仅剩40人。战前未移民的犹太人共计511人，大多数人乘火车被遣送到东欧德占区，有的被枪毙，有的被毒气毒死，有的劳作至死。1941年11月29日，首批犹太人被遣送到里加。接着是1942年3月22日至24日的大规模驱逐，这次的目的地是伊兹比察。后来这批人又被送往索比堡等死亡营或特洛尼基劳改营。一个月后，又一批菲尔特犹太人被遣送到克拉希尼金。剩下的也被遣送出境，一批是在1942年9月10日，一批是在1943年6月18日。清洗的最后一步，是1944年1月17日遣送了一小部分皈依基督教的犹太人和有一半犹太血统的人。被遣送的犹太人中还有33名孤儿院的孩子，他们和孤儿院院长伊萨克·哈勒曼博士及院长的家人一道被遣送到伊兹比察。（他建议将孤儿院迁至巴勒斯坦，但遭到犹太人拒绝，因为孤儿院的捐助者指定孤儿院设在菲尔特。）截至1945年，"巴伐利亚的耶路撒冷"仅剩下几个幸存者和几座另作他用的建筑物。原来的犹太公墓被彻底破坏，墓碑用来垒建防空设施，坟地也被淹，改作消防队的临时水库。

如果当年基辛格一家不离开德国，他们的命运将不难想象：海因茨·基辛格不可能活到20岁生日。据他估计，其近亲中有13人死于这场浩劫：三位姑妈，三位姑父，一位叔祖，两个叔叔，还有基辛格的继外祖母等人。虽然继外祖母不是血亲，但基辛格一直把她当作亲外祖母。他后来回忆道："她觉得我是亲外孙，我也不知道她是继外祖母，她给了我很多温暖和关爱。"后来继外祖母被驱逐出境，还经常给他们家寄明信片，一家人还蒙在鼓里。再后来他们才得知老人家被送到了贝尔泽克死亡营，死亡营解散后，她死在往西部强行军的路上。外祖父的妹妹和妹夫分别死在特列钦集中营和奥斯维辛集中营。基辛格还有三个表亲也死于这场浩劫。

事实上，基辛格死于纳粹之手的亲人不止13个。在由查尔斯·斯坦顿或马丁·基辛格编写的"基辛格氏"家谱中，确切的数字是23人。即便是这个数字可能也太少。在迈尔·勒布·基辛格所有已知的后人中，死于那场浩劫的不下57人。这个总数当然可能包括德占区以外自然死亡的人数，但也可能包括死于浩劫而未登记在册的人数。可以说这个数字最少也有23人，而基辛格被害亲人的数量很可能接近30人。

这种灾难对亨利·基辛格有何影响？"二战"结束30年，身为美国国务卿的基辛格应邀回到故乡接受荣誉市民奖章。看在父母的面子上，他答应了，父母也一同回德国。他父亲在公开场合发言时显得宽宏大量，但母亲私下里却心绪难平。（她后来说："那天我心里很难受，但没说出来。我心里很清楚，若是我们留下来，肯定跟其他人一样被烧死。"）基辛格本人一直很痛苦，不肯承认大屠杀对他的成长有重大影响。他在2007年的一次访谈中说："我的早期政治经历是作为被迫害犹太少数民族的一名成员所体会到的。"

> 而且……我的很多家人、我同学中大约70%的人都死于集中营。因此这种事叫人难以忘怀……当时如果我生活在德国，而在

> 感情上对以色列的命运无动于衷，那也是不可能的……但是动不动就拿我的犹太人出身说事，这种看法我不敢苟同。我自己可不这么想。

1938年8月，基辛格离开德国时依然是一个正统犹太教徒。但自那时起到1945年之间的某个时间点，情况发生了转变。因此，他成年以后大多数情况下都说自己是犹太人，但不信犹太教："从信哪派具体的宗教来说我不是教徒，但我也信教，因为我的确相信（根据斯宾诺莎的观点）宇宙中很可能存在一种合理性，我们无法理解，正如蚂蚁无法理解人类对宇宙的阐释一样。"

但是，尽管浩劫对全家造成了灾难性的影响，但促使基辛格意识到人类理解局限性的并不是这场可怕的劫难，而是与纳粹较量的惨痛经历。

第3章

—

哈得孙河上的菲尔特

离开德国快一年了。你一定经常想起我答应过你，说会尽快给你写信。但我不仅仅是因为懒才一直没写信。实际上，这8个月我的内心和周围环境的变化都很大，所以不想写，心绪难安也写不了。

——亨利·基辛格，1939年7月

纽约不仅是重要的大都市，政治和竞争无处不在，而且它一直以来都是人们心中的一段传奇，同时也是一片残酷、丑陋、令人恐惧、散发着恶臭的丛林……代表着那个怪异的世界，每个在犹太移民家里长大的孩子都受到大人的教导……要带着怀疑的眼光看纽约。

——欧文·豪

谁都会自然而然地以为基辛格一家1938年夏天离开的德国和他们后来定居的美国大相径庭。德意志帝国已经被凶残的希特勒牢牢掌握在手中，暴徒们无法无天，暴虐横行，人人自危。美国则是“幸福的日子又来临了”的国度，在1932年的总统选举中，富兰克林·罗斯福就把同名歌曲选为竞选主题曲。基辛格一家恰好避过了菲尔特教堂被焚毁的一劫。他们乘坐“法兰西岛号”经过布鲁克林的那天阳光明媚，好似对远道而来的客人表示欢迎，迎面而来的是巍峨壮观的帝国大厦，这座世界第一高楼勾勒出曼哈顿的天际线。德国是压迫人的国度，美国则是自由者的国度。

当然，这家人的故乡和新居之间有着天壤之别，但是如果对1938年美国的问题估计不足也是错误的，这些问题很快就会对基辛格一家的生活产生直接影响。他们像大多数美国难民一样，很可能在刚来的时候对第二故乡抱有某些不切实际的期望。如果是这样，他们会很快醒悟的。

美国跟德国不一样，到1938年，经济大萧条还没有结束。经过4年的复苏，1937年下半年又出现了经济衰退。1937年10月股市崩盘。财政部部长小亨利·摩根索发出警告：“我们将再一次面临经济大萧条。”从峰顶到谷底，股票贬值1/3，工业生产减少40%。1937年年末到1938年年初那个冬天，失业工人高达200万人，失业率重新涨至19%。罗斯福及其副手抱怨这是“资本家罢工”，资本家反唇相讥，说“新政”带来了太多不稳定因素，企业家因而不敢投资。罗斯福政府内部的新政拥护者埋怨，之所以出现“罗斯福衰退”，是因为货币和财政紧缩。声望卓著的美国凯恩斯经济学家、哈佛大学教授阿尔文·汉森于1938年发表的文章《全面复苏抑或滞胀》指出，只有政府出现巨额赤字才能实现百分之百的就业率——当然，只有通过战争和史无前例的公共借债才能让经济复苏。然而，从共和党人的角度看，赤字只是削弱人们对商业领域的信心的原因之一。与此同时，在经济中仍然占据大量份额的农业也萎靡不振。1938年出版的由多罗西亚·兰格和保罗·泰勒合著的《走出美国：人类侵蚀记》就描述了尘暴区经济移民的痛苦。

也不仅只纳粹德国才称得上“种族歧视国家”。美国的种族隔离现象已远远超出南部范围。类似于“本店只服务白人”的招牌在美国各地的商铺随处可见。1930—1938年死于私刑者超过100人。1938年，贡纳尔·默达尔着手研究，后来成书《美国困境：黑人问题与现代民主》。全美有30个州依然在宪法和法律中规定禁止种族之间通婚，许多州还扩大或加强了这方面的法规。受影响的不仅是非裔美国人和美洲印第安人，有些州还歧视中国人、日本人、韩国人、马来人（菲律宾人）和印度人。而且，由于美国优生学的影响又新增了一条歧视性法规，跟德国20世纪30年代推行的法规难分伯仲，这简直就是给了纳粹立法以灵感。至少41个州根据优生学划定的范畴限制精神病人结婚，有27个州立法对某些人强制节育。1933年，仅加州就对1 278人强制节育。希特勒公开承认他受到了美国优生学的影响。

与此同时，国会中支持隔离的政治力量不但未减弱，反而在增强。1938年，他们成功阻止了一个反私刑法案通过。他们同时阻止罗斯福政府实行最低工资法案；南卡罗来纳州参议员埃利森·史密斯（人送外号“棉花埃德”）吹嘘说他们州一个人（指一个黑人）一天仅需50美分。1938年，面对国会鼓吹隔离者的强烈反对，“新政”已经名存实亡。那年中期选举，共和党人在13个州的州长选举中获胜，在众议院的代表增加了一倍，并获得7个新的参议院席位。罗斯福企图把某些南部民主党人换成新政支持者，结果事与愿违，好不伤悲。

美国权利也在多方反击。1938年6月，得克萨斯州众议员马丁·戴斯主持“非美活动调查委员会”的首次听证会。美国劳工运动内部人员不和，致使恐共心理对整个环境火上浇油，美国劳工联合会代表公开指责对手产业工会联合会开办了一所“共产党叛乱学校”。纽约劳动市场上的摩擦尤为严重。1938年9月，市内发生一起非正式的卡车司机罢工事件。另一起劳资纠纷造成西29街的7家皮草店被炸。

在德国，政府部门已经落入犯罪分子手中。在美国，罪犯以多种途径使用权力。20世纪30年代土匪横行，梅耶·兰斯基、巴格斯·西格尔、“幸运小子”查尔斯·卢西亚诺等人如日中天。1933年美国禁酒令解除后，这帮人已经不再制酒贩酒，转而经营赌场及其他非法勾当。卢西亚诺以纽约地下黑社会头领的身份成立了一个“委员会”，不仅对纽约五大家族施以某种形式的集中领导，而且对全美的犯罪集团加以控制。卢西亚诺的统治实际上于1936年结束，那年他被逮捕并被起诉。起诉他的是特别检察官（后来的州长）托马斯·E. 杜威，罪名是开妓院。但卢西亚诺的位置很快就被弗兰克·科斯特洛取代。这帮人跟掌管美国城市的政治机器有着密切联系。每一个杜威背后至少有一个收受黑钱的腐败官员在保护他。

然而，尽管世道很乱，美国依然具有活力和创造性。亨利·基辛格抵达美国那年，埃罗尔·弗林出演了《侠盗罗宾汉》（此外还出演了三部影片），吉米·贾克内出演了《一世之雄》，加里·格兰特和凯瑟琳·赫本出演了《育婴奇谭》，弗雷德·阿斯泰尔和金格尔·罗杰斯主演了《乐天派》。罗纳德·里根忙得不亦乐乎，接拍了10部B级片，包括《天有不测风云》《横冲直撞》《缓刑女孩》。说实话，1938年美国影院放映的最佳电影是一部法国片，让·雷诺阿执导的《大幻影》；最成功的商业电影是动画片《白雪公主》（1937年12月已开始放映）。但奥斯卡最佳影片奖授予了弗兰克·卡普拉改编自百老汇的喜剧《浮生若梦》，剧中吉米·斯图尔特饰演的银行家的儿子爱上了一户古怪移民家的女儿。该剧的背景是纽约，反映了当时的社会分歧（尽管时至今日人们最津津乐道的还是有关收入税的对白，好像永远都不过时）。基辛格一家移民美国那年，经常在美国电影中出镜的还有露西尔·鲍尔、亨弗莱·鲍嘉、平·克劳斯贝、贝蒂·戴维斯、W. C. 菲尔兹、亨利·方达、朱迪·加兰、贝蒂·格拉布尔、鲍勃·霍普、爱德华·罗宾逊、米基·鲁尼、斯宾塞·屈塞、约翰·韦恩，此外也不能忘记秀兰·邓波儿、斯坦·劳莱、奥利弗·哈台以及马克斯兄弟。如果说好莱坞有过真正的黄金时期，那时就是。

美国生活中无处不在的不仅有电影，还有收音机。美国的大多数家庭都能收听到美国广播公司的两套主要节目，节目内容丰富多彩，从电视剧《阿莫斯和安迪》到托斯卡尼尼指挥的美国广播公司交响乐团，应有尽有。1938 年收音机最有可能播放的歌曲有安德鲁斯三姐妹录制的原本为意第绪语歌曲的《你甚美丽》、艾拉·菲茨杰拉德演唱的《丢手绢》、邦尼·贝里根演唱的《我无法动手》、阿尔·多纳休演唱的《惊心食人族》、弗雷德·阿斯泰尔演唱的格什温兄妹的《能得到当然好了》。当时美国最优秀的歌手当属平·克劳斯贝，1938 年他的热门歌曲有两首:《你一定是个漂亮的宝贝》和《亚历山大的拉格泰姆乐队》。尽管经济困难重重，当时也是大乐队的黄金时期：贝西伯爵、汤米·道尔西、艾灵顿公爵、班尼·古德曼、阿蒂·肖这些乐队的队长都叱咤风云，带着他们的大型管弦乐队进行全国巡演。但是 1938 年最轰动的广播节目不是音乐，而是奥逊·威尔斯根据赫伯特·乔治·威尔斯的科幻小说《世界大战》改编的戏剧，该剧在 10 月 30 日播出后，引起全国上下一片惶恐。

《鹿苑长春》是当年的畅销书，讲的是佛罗里达艰苦的农村生活，作者玛·金·罗琳斯因此获得普利策奖。那年很多英国作家的书也进了美国书店，其中包括 A. J. 克罗宁、霍华德·斯普林和达夫妮·杜穆里埃作品，杜穆里埃的《蝴蝶梦》畅销美国。另一本暗示大西洋彼岸政治危机日益深重的小说是《致命风暴》，这是英国作家菲莉斯·博顿创作的一部反纳粹的爱情故事。好莱坞出品的音乐剧《黑尔扎之舞》口味比较清淡，该剧自基辛格一家抵达纽约的那个月开始上演，一直演了1 000多场。

经济大萧条时期也是美国体育史上不平凡的时期。1938年6月22日，扬基体育场举行了一场富有象征意义的拳赛，现场观众7万人，非裔重量级拳手乔·路易斯击倒德国拳手马克斯·施梅林，这是两人第二次交手，路易斯再次击倒施梅林。1936—1939年，扬基队连续4次获得世界大赛冠军，这期间卢·格里克因病退出比赛，年轻的乔·迪马吉奥声名鹊起，人送外号“扬基快船”。纽约似乎在美国体育界独领风骚。12月，巨人队击败绿湾包装工队，摘得美国国家橄榄球联盟桂冠。这些比赛过后，华盛顿高地和哈莱姆等临近地区的街边橄榄球赛蔚然成风。这里也许体现了德美两国最大的差异，至少是在青少年眼里存在的差异：（美国）根本没人踢足球。15岁的海因茨·基辛格看来，是该研究一下击球率了。

2

有一点很重要，纽约这个地方对基辛格一家来说并不陌生，它是世界上犹太人口最多的城市之一。自18世纪初以来这里就有了犹太社区，但直到19世纪末东欧和中欧移民涌入，纽约犹太人口才出现爆炸式增长。1870年，纽约犹太人口约为60 000人，到1910年超过了1 250 000人，占全市人口的1/4。1915—1924年，纽约每年新增犹太移民为50 000人。后来实施了移民法律限制（1921年和1924年制定），因此每年的犹太移民增长人数被控制在20 000人以下。1920年，纽约犹太人数比例达到最高值，占纽约市总人口的29%。当年，纽约犹太人口超过包括华沙在内的每个欧洲城市的犹太人口。当然，到1940年，犹太人口比例下降到不足24%。尽管如此，纽约这座城市还保留着一种特别的犹太气质。准确地说，是纽约市某些地区一直保留着一种特别的犹太气质。

20世纪20年代初以来，犹太人开始成批离开曼哈顿。尤其是下东区，犹太人口数量从314 000人跌至74 000人。约克维尔、晨边高地和东哈莱姆的犹太人口同时锐减。基辛格一家来到纽约时，布鲁克林和布朗克斯的犹太人（人数分别是857 000人和538 000人）比曼哈顿的（犹太人口270 000人）要多。有一个例外是曼哈顿岛最北部一个叫华盛顿高地的地区，那里的犹太人很多。那些原以为新来的犹太人子女可以融入当地居民生活或被同化的人发现并不是那么回事。到20世纪20年代末，在72%的纽约犹太人生活的地区，犹太人口至少达到地区总人口的40%。20世纪20年代，纽约市的种族隔离其实更严重了，因为犹太人住宅开发商在布朗克斯修建了大广场街等时髦的新街，整个20世纪30年代的情况毫无缓解。华盛顿高地就是这种“新型犹太人区”的典型，“这是一个封闭的中产阶级犹太人社区，他们的社交生活仅限于跟地位相当的犹太人来往”。这种隔离并非全都是自愿的。皇后区杰克逊高地和河谷区菲尔德斯顿的某些公寓大楼，对犹太居民都有微妙的“限制”。但是，大多数情况下，犹太人跟犹太人住在一起是他们在考虑过各种原因后自己选择的结果。用纳撒尼尔·扎洛维茨的话说：

有外国出生的犹太人居住区，有本地出生的犹太人居住区。

> 有贫穷犹太人居住区、中产阶级犹太人居住区、富裕犹太人居住区，有俄罗斯犹太人区，有德国犹太人区。东区是一种生活区，华盛顿高地是一种生活区，西布朗克斯是一种，河滨大道又是一种……布鲁克林自身又有十多种不同种类、不同样式的犹太人生活区……因此4/5的犹太人……实际上跟非犹太人没什么接触。

因此，犹太人早就开始源源不断地涌入纽约，德国犹太人来得比较晚。前面说过，大多数都是1938年夏天之后来的：1933年1月到1938年6月流亡纽约的德国难民总数只有27 000人。然而，1938~1940年，有157 000个德国人来到美国，其中将近一半是犹太人。大多数人落户纽约，有些组织（如宗派组织“自助”）设法让他们迁往内陆却无济于事。犹太人不愿搬家，但社会地位升得很快。一半犹太移民经过15到20年都成为了白领。到20世纪30年代，纽约市有24 000家工厂，犹太人开的占2/3，100 000个批发、零售店同样有2/3的店主是犹太人，11 000家餐馆有2/3是犹太人开的。但是当这些人全都搬到纽约五大区中比较富裕的街区住之后，还是喜欢挤在同样的街道上、同样的公寓楼中。

当时犹太人群体并不是纽约最大的宗教少数派。一方面，20世纪30年代，坐宗教少数派头把交椅的是罗马天主教，教徒大都出生于爱尔兰或意大利。这种情形间接帮助了犹太人保护自己的宗教和文化身份，因为天主教徒不仅人多势众，而且坚决抵制以通婚或教育的方式被“本土”新教同化，而时至今日美国人口整体上还是以新教徒为主。另一方面，纽约不同宗教团体和宗族之间也谈不上友爱。因为20世纪三四十年代的宗族冲突不光只存在于欧洲，美国也有，虽然没达到欧洲那种激烈的程度。犹太人知道不去侵犯上东区约克维尔的德国人居住区。但是反犹太主义并非仅存在于德国人中。对纽约的爱尔兰裔美国人来说，19世纪下半叶他们饱尝本土对抗主义之苦，意大利南部的穷人和东欧的犹太人一来，正好给了他们一个翻盘的机会。所以，犹太难民也必须避开布朗克斯区的班布里奇和金斯布里奇等居民区。不同种族的人争抢工作、争夺住房是常有的事。经济大萧条加剧了这种冲突，因为就业人口从1930年的46%下降到1940年的38%。到了“罗斯福衰退”期，非熟练工人失业率最高，这对爱尔兰人和意大利人影响更大，因为犹太人比其他移民种族更容易改行从事熟练技术行业。

犹太人的升迁也扩展到政治领域。20世纪20年代，从前的纽约共和党中的犹太人同其他移民一样，已被纳入民主党“民族联盟”的队伍。纽约州州长阿尔弗雷德·E. 史密斯和他的下任富兰克林·罗斯福可以依靠民主党的首领，如布朗斯维尔的海米·肖任斯坦等人。另一位犹太人赫伯特·H. 莱曼1932年继罗斯福之后当选纽约州州长，并且连任四届。另一名犹太人欧文·斯腾加特1935年当选纽约州议会议长。两年前，共和党–城市融合候选人菲奥雷洛·拉瓜迪亚当选纽约市市长，打破了坦慕尼协会对公共职位的垄断。拉瓜迪亚的当选被人们称为意大利人的胜利，但同样也是犹太人的胜利，因为他母亲是来自意大利东北部港口里雅斯特的犹太人。（颇令人玩味的是，纯犹太血统的内森·施特劳斯决定放弃竞选该职位，因为他对“最好是有一位犹太裔州长和一位犹太裔市长的看法……满腹狐疑”。）拉瓜迪亚很快表示自己会忠于职守，他当上美国犹太人权利保护联盟副主席，该组织的目标是通过抵制德货来报复德国纳粹对犹太人的抵制。1933年，犹太人的选票在拉瓜迪亚和他的对手之间实际上基本持平，所以不难理解所有候选人都千方百计想吸引犹太选民。然而，在拉瓜迪亚任纽约市市长期间，越来越多的犹太人获得市政府竞选产生和指派的职位。1937年，

2/3以上的犹太人投票支持拉瓜迪亚，1941年支持拉瓜迪亚的犹太人更是接近3/4。罗斯福1932年、1936年、1940年（那年罗斯福至少获得犹太人群体88%的选票）连续三次参加总统选举，绝大多数犹太人都支持罗斯福。

拉瓜迪亚任职期间，犹太人出任政府公职和教职的数量剧增，这激怒了长期占统治地位的爱尔兰裔美国人。主要由爱尔兰人组成的“基督教阵线”公开向“犹政”示威。反犹太主义体现为破坏公共财物和招聘广告中明确规定不要犹太人。就连纽约州前州长阿尔·史密斯也说：

> 我这一生当中总是听说世界某个地方穷困的犹太人生活得多么艰苦……今晚我环顾室内，看到这里有州长赫比·莱曼，他是犹太人。再看市长，半个犹太人。市议会主席，原来是我，现在是伯尼·多伊奇，他是犹太人，曼哈顿的区长萨姆·利维也是犹太人。我不禁要问，难道不应该有人为纽约可怜的爱尔兰人做点儿什么吗？

面临经济大萧条的重压，民主党的民族联盟岌岌可危。

纽约共产党的骨干成员是犹太人，但这也无济于事。“一战”后社会主义最强硬的支持者也是纽约的犹太人。1936年至1941年，美国劳工党20%~40%的选票是犹太人投出的。无论美国还是欧洲，煽动分子很容易把“赤”与“犹”等同起来。实际上，犹太政治内部的真正偏见针对的是自由主义，广义上的自由主义。

欧洲局势进一步扩大了美国国内的种种分歧。1938年12月9日（“碎玻璃之夜”暴行一个月之后）的盖洛普民意测验显示，绝大多数美国公众谴责希特勒迫害犹太人。但是很少有人愿意提高移民限额接纳难民，2/3以上的人一致认为“既然他们目前是这种状况，我们应该不予接收”。罗斯福总统虽然有恻隐之心，但还是将莱曼州长（在希特勒吞并奥地利以后）要求提高移民限额的请示轻轻搁置一旁。“碎玻璃之夜”事件之后，有记者问罗斯福总统：“您建议放宽移民限制，让美国接受犹太难民吗？”总统直言不讳地回答：“这个不会考虑。我们有配额制。”纽约州参议员罗伯特·瓦格纳和马萨诸塞州众议员伊迪丝·诺斯·罗杰斯提出法案，希望在限额之外准许两万名14岁以下的德国儿童进入美国。1939年1月的民意测验结果显示，2/3的人表示反对。1939年年中，《财富》杂志的一项民意测验提问：“如果你是国会成员，有项法案主张开门……接受更多欧洲难民，你会赞成还是反对？”85%的新教徒、84%的天主教徒和将近26%的犹太人回答反对。1940年的一项调查发现，2/5的美国人反对犹太人和非犹太人通婚。近1/5的美国人认为犹太人是“对美国的一种威胁”，近1/3的人希望“在美国发起一场广泛的反犹太人运动”，有10%以上的人表示他们支持。1942年的一次民意测验显示，近一半美国人认为犹太人“在美国权力太大了”。

菲利普·罗斯在小说《反美阴谋》中描绘的那个纳粹统治的美国并非空穴来风。1938年10月，基辛格一家刚到美国几周，那时他们可能读过一篇会议报道，说的是美国革命女儿会纽约分会开会，有人呼吁控制“外来威胁”，包括不许难民进入美国、调查纽约大学和亨特学院那些“外来的、信奉无神论的、共产党的和激进的教授”。其他一些组织也公开反犹，尤其是堪萨斯牧师、同情纳粹的杰拉尔德·B. 温罗德于1925年组建的基督教信仰捍卫者组织。还有一个组织叫银衫军团，该组织组建于南卡罗来纳州，20世纪30年代在威廉·杜德利·佩利的领导下非常活跃，佩利梦想当“美国的希特勒”，他父亲是卫理公会牧师。

在美国影响特别大的组织有全国社会正义联盟，由在底特律传教的查尔斯·爱德华·库格林神父创办，他针对“犹太共产党威胁”的广播节目有350万名听众，大多是下层天主教徒。库格林竟然在纽约电台的一次长篇演说中为“碎玻璃之夜”辩护，并在他主编的期刊《社会正义》上刊登伪造的《犹太长老训令》。全国社会正义联盟在纽约西59街设有分部，据说大多数警察都是会员。受到库格林的启发，1938年反犹爱尔兰天主教徒约翰·卡西迪等人在布鲁克林成立基督教阵线。一个更激进的组织名叫基督教动员者，该组织的成员即便在1939年《苏德互不侵犯条约》签订后仍拒不改变亲希特勒立场。这种极端化的高潮是1940年1月联邦调查局逮捕了基督教阵线成员。有人指控他们阴谋发动政变，同时还会采取恐怖行动轰炸犹太人生活区，暗杀犹太裔国会议员。

然而，纽约最公开的亲纳粹组织是新德国联盟，自1936年起更名为德裔美国人联盟。其纽约总部（中心在约克维尔）是美国纳粹运动的枢纽。到20世纪30年代末，据司法部统计，该组织会员多达8 000~10 000人（美国退伍军人协会认为实际人数更多，有25 000人），会员大多数是刚来的移民或者未归化的德国人，该组织还办有自己的德语报纸《德国警报与观察者》。在某些人看来，这不过是柏林的爪牙，但很可能只有极少数成员是真正的第五纵队队员。该联盟不只会组织棕衫分子游行，同时，它还对历史悠久的德语报纸《纽约世界》和美国施托伊本学会、罗兰学会等德裔美国人俱乐部施加压力，要它们支持希特勒政权。只是在美国反纳粹情绪不断滋长的情况下，尤其是“碎玻璃之夜”之后，更多德裔美国人支持该联盟的势头才有所停止。

随着战争的来临，纽约各民族之间的关系日渐恶化。一名提倡美国中立的人士写道："纽约是个不折不扣的火药桶，如果美国参战可能会把它引爆。"不难预测，库格林之流强烈支持反干预的美国第一委员会，该委员会还得到亨利·福特和查尔斯·林德伯格的支持。想站在大英帝国一边再打一场大战的爱尔兰裔美国人寥寥无几。相反，纽约各犹太组织同意美国政府的观点："必须在希特勒和文明之间做出选择。"

3

像纽约大多数地方一样，华盛顿高地（基辛格一家落户曼哈顿的地方）不是一个确切的地理位置。如果你在1938年问别人华盛顿高地在哪儿，他们可能告诉你"在159街一带，百老汇与福特–华盛顿大街交界的地方"或者"在哈莱姆以北以西那一带"。现在再来回答这个问题，会跟与基辛格差不多同时代的人的说法有所不同。

> 我认为，这个地方早期的界线是173街以南，177街以北，南松林大道以西，百老汇以东。唯一的例外是如果我在杰伊·胡德·赖特公园，那么就可以走到最后面的黑文大街，就是南松林大道以西再过一个街区。如果是在百老汇，我可以走到181街的电影院；如果在福特－华盛顿大街，我可以走到178街……在181街和百老汇街角是……哈莱姆储蓄银行，对面是职业摔跤体育馆。

华盛顿高地在山上，三面有河流环绕，是曼哈顿有待城市化的最后一块地方，20世纪30年代，曼哈顿的城市化进程还没有完全结束。开发商喜欢建五六层的砖混公寓楼，但这里有崔恩堡和茵伍德山等公园，是曼哈顿最绿意盎然的地方。所以，大多数从希特勒统治下的德国流亡至美国的中产阶级难民喜欢这里也就不难理解了。

“二战”爆发之前，华盛顿高地的德国犹太难民人口非常多，有人打趣这里是“第四帝国”。该地的其他绰号还有“辛辛那提”，这是因为“辛辛那提”的发音跟问女士姓名的德语句子很相近；还有一个绰号叫“不懂英语”，这跟德语“不会一句英语”的发音相似。共有20 000到25 000名德裔犹太难民在华盛顿高地安家，约占德裔犹太难民总数的1/4。但是犹太人从未超过此地人口的3/8，到“二战”时还有所下降。这些难民一般年龄偏大（40岁以上的占22%），他们不喜欢要很多孩子，所以不可能跟爱尔兰人和希腊人竞争。出于这个原因及其他原因，从外表看，华盛顿高地跟布鲁克林的布朗斯维尔相比，不大像是犹太人居住区。

华盛顿高地可以说从哪方面来看都是中产阶级住宅区。1930年生活水平中等的家庭的收入都超过了4 000美元，是下东区的3倍，但只是上西区那些阔佬的一半。然而，难民们来的时候都没什么钱。通常他们都像基辛格一家那样只带了一箱子日用品。他们之所以喜欢华盛顿高地，是因为这里既看着体面又住得起。租金比较低，而且大多数公寓都有6~8间卧室（其中的一些原本是给佣工住的），所以还可以转租换钱。跟纽约其他地方一样，各个族群都是扎堆住，喜欢挤在一条街上甚至是一栋公寓楼内，所以有些街道的某些公寓楼里住的全是犹太人，不远处的公寓楼里则住的全是爱尔兰人。

犹太人很少与其他族群往来，对此许多刚来美国的人都感到很惊奇。出生于法兰克福的欧内斯特·施托克1940年来到纽约，1951年他写道：“我很惊讶美国怎么成了一个个相当封闭的族群聚集地……德国的犹太裔专业人士常常拜访其他德国专业人士，然而纽约的犹太医生、律师却一般都是到其他犹太医生、律师家串门。”这些专业人士很难找到工作。外科医生必须通过美国国家医生考试；德国培养出的律师几乎没有重操旧业的机会。最好的办法就是开一家小律师事务所，主要为犹太人服务。到1940年，犹太人在华盛顿高地就开了8家肉铺。犹太人的面包店也一家家开门营业，专营罂粟籽面包。有几家生意比较好，所占市场份额比较大，例如奥登瓦尔德鸟类公司和巴顿糖果店。但大多数公司一直规模不大。很多男人要么无所事事，要么挨家挨户搞推销；很多女人不是在自家干家务活儿，就是跑到别人家干家务活儿。

即便在纽约的犹太同胞眼里，那些难民也比较怪异。有一位难民说，美国犹太人认为新来的那些人“很高傲”：“他们‘抱成一团，根本不跟我们这些人来往’，他们‘傲慢’‘很精明’‘唯利是图’，诸如此类的微词可以列一长串，跟那些反犹太主义者所想的没什么两样。”几乎在每一个移居华盛顿高地的犹太人眼里，在希特勒上台前的德国生活要比他们现在的流亡生活强。有一则广为流传的笑话是，一条德国猎犬对另一条德国猎犬说：“我在德国每天吃白面包。”另一条猎犬回答：“那算什么，我在德国可是条养尊处优的圣伯纳犬。”

对那些一开始没找到工作的难民来说（路易斯·基辛格就是其中之一），华盛顿高地的生活主要是“跟咖啡和糕点打交道，优哉游哉”。卢布罗的棕榈花园提供“维也纳美食”（其实老板是斯图加特人）。那一带的德裔犹太餐馆还有奥纳餐馆、大学酒店和德里克餐馆。顾客可以打发时光，翻阅《建设》杂志，那是德–犹俱乐部（后改名德国–犹太俱乐部，再后来更名为新世界俱乐部）出版的一份周刊，或者翻翻当地发行量较小的杂志《犹太方式》，该杂志在1940年至1965年由马克斯和爱丽丝·奥本海默夫妇在德国出版。另外，人们还可以参观前景团结俱乐部，总部设在西158街558号。其他组织还包括移民犹太老兵组织和华盛顿高地以色列正教组织。年轻人可以去150街的马卡比运动俱乐部或者另一家青年组织“不离不弃”。

然而，这些俱乐部在犹太难民的生活中并不重要，重要的是他们自己建立的多个宗教和慈善组织。纽约的犹太移民一般都是先为自己和同胞建一些小教堂，通常都是在租屋里活动。第二代犹太移民在布鲁克林和弗拉特布什建了些比较正式的“教堂中心”（一个有教堂、有学校的地方），俗教两用（既可作为健身场所，也可作为研习犹太复国主义的地方）。世俗化难以阻挡。到20世纪30年代，一般情况下纽约犹太人并不经常做礼拜；在临时性的教堂如雨后春笋般建立起来之后，他们也会在犹太新年和赎罪日去教堂参加庆祝活动。

华盛顿高地的犹太人有所不同。这跟德裔犹太难民到来之前的社会环境有一定关系。20世纪20年代中期，一帮有钱的正统犹太人出资建了一所犹太大学，叶史瓦大学，位于（现在也是）阿姆斯特丹大街和西185街的交界处。该校在伯纳德·雷维尔的领导下，在原有的神学院基础上不断发展，但它远远不是一般的学院。雷维尔之所以要办好这所学校，部分原因是“一战”后常春藤高校限制犹太学生入学。他的目标是通过将犹太法典研究与广泛的博雅教育结合起来使正统犹太教从“犹太人聚集区消失”。因此，在基辛格一家来到华盛顿高地之前10年，这里就已经是犹太学者活动的中心了。这里也是好几个犹太集会的发源地，包括希伯来会堂、崔恩堡犹太中心和华盛顿高地会堂。然而，新移民很不愿意参加这些机构的任何活动。

纽约的其他犹太人把德裔犹太人叫作Yekkes，他们的特点是“在日常生活中特别守纪律，酷爱整洁，非常重视人文教育”。与东欧来的犹太人相比，德裔犹太人在做礼拜时似乎沉默得多。他们会提前到场，准时开始做礼拜，在一排排固定的长木椅上坐好，面朝同一个方向，有正规的唱诗班和领唱，根本看不到下东区和布鲁克林犹太教堂中人们在祈祷时摇晃身体或齐唱的现象。尽管他们在遵守教规上很刻板，比纽约的其他犹太人都正规，但正统德国犹太人也不像虔敬派犹太教徒那样着装。男子一年四季戴帽（有时也戴圆顶小帽），但会刮胡子，而华盛顿高地只有拉比留胡子。女子着装很普通但也不过时，“一套黑的，一套蓝的，一套棕色的就很齐备了”。

这些难民主要是正统犹太人，主体是德国南部人，他们带来的差异在美国无关紧要。在德国，所有犹太人必须仅属于一个当地教区，有团结派正教教徒和分裂派正教教徒之分。令人不解的是：虽然前者的行为方式更保守，但又提倡与改革派甚至是犹太复国主义信徒和平共处；后者在礼拜方式上比较接近改革派，但又强烈反对改革和犹太复国主义。各派别固执己见，所以不难理解正统德国犹太难民分出了那么多新的会众。1944年，纽约难民社区达到22个。华盛顿高地有12个，其中4个是团结派，4个是分裂派。1935年第一个文化团体“希望之门”成立，三年后华盛顿高地犹太教堂、新希望教堂和卡尔·埃达·耶苏伦教堂（又叫布罗伊尔教堂，因为拉比叫约瑟夫·布罗伊尔）得以建立。唯一新建的自由派会堂叫贝特·希勒尔教堂，1940年由慕尼黑和纽伦堡的流亡者所建。

基辛格一家决定加入卡尔·埃达·耶苏伦教堂有双重意义。布罗伊尔出生在匈牙利，但1926年至1938年任法兰克福参孙·拉斐尔·希斯学校校长。他是一位严格的分裂主义者，他的理想是建立一个无所不包的完全正统的社区。对他来说，教堂仅仅是包含一系列机构和服务的中心，有单独的学校，可进行仪式化的沐浴，提供食物监管（监管制造商生产合适的食品）甚至新闻月刊。一份早期的德语《通告》对新来美国的移民提出以下警告：

> 在这个国家……不存在有组织的社区。所有组织都是自发的，可能出现自发组织固有的变动。不存在关于饮食教规在内的犹太问题的权威。拉比了解犹太法规，有资格当权威，但社区的人不一定承认他是权威。那些不了解犹太法规的人可能会自告奋勇充当权威，肆意发号施令。

于是，《通告》列出可靠零售商和产品名单。另外，布罗伊尔跟基辛格家在菲尔特市的拉比一样，极力反对犹太复国主义。1940年9月，他发表了一篇关于近代犹太人历史的总结性文章，很具启发性。

> 解放导致同化，同化的支持者就是进行所谓的改革派犹太教运动的那些人。其结果必然是彻底异化和大规模的洗礼。同化导致反犹太主义复活，按照神的永恒真理，这是势在必行的。反犹太主义加速了犹太复国主义运动 。这不过是在变相进行疯狂的同化，而且由于这一过程完全没有犹太人参与，因此这条道路同样十分危险。这一切导致了目前的灾难，并以各种可怕的形式表现出来。

正是因为犹太拉比摩西·斯罗维奇克同情犹太复国主义，所以布罗伊尔建起了自己的参孙·拉斐尔·希斯学校。只有一个问题令人不解：为什么基辛格一家在他们原来的拉比利奥·布雷斯劳尔到纽约建了自己的教堂之后，还是选择追随布罗伊尔。基辛格怀疑这是因为布罗伊尔具有更大的人格魅力。很快他就习惯每周听一次他那热情洋溢的布道。

布罗伊尔等拉比的影响在很大程度上被公立学校的影响力抵消了。

基辛格兄弟俩和其他年轻难民很快发现他们同时生活在两个世界：一个是落后的正统犹太教的世界，一个是具有自我意识、追求进步的世俗中学世界。乍看起来似乎很奇怪。大部分美国中学还是有基督教传统的，因为其节假日都是基督教节假日。“一战”与“二战”之间的那段时间，教育家所重视的教学内容明显也都是世俗的、综合性的。从体育到新闻实务，学校的课外活动都旨在培养“能干的公民”。但是，正统犹太教家庭的父母认为，子女在受益于世俗教育的同时不能失去自己的宗教信仰，这一点对年轻人影响深远。爱尔兰裔美国人和意大利裔美国人家庭的孩子通常是能上天主教学校就不上公立学校，但犹太人会很积极地进入本地的公立学校。犹太学生很快就踊跃参与到新一轮的课外活动中。与此同时，公立学校的犹太老师也越来越多，1940年，纽约公立学校的新老师有一半以上是犹太人。这种犹太师生共同增长的现象也从一个侧面体现出来：教育部门认可希伯来语是一门值得教授的外语。

乔治·华盛顿高中是基辛格的母校，让这位未来的哈佛教授见识了美国教育，但它不是纽约市犹太学生最多的高中。犹太学生人数第一的荣誉属于下东区的苏渥公园高中，该校的犹太学生比例为74%，其次是布鲁克林区的新乌得勒支高中和布朗克斯区的伊万德·蔡尔兹高中。1931—1947年，乔治·华盛顿高中的犹太学生占40%左右，白人新教徒学生占20%左右，非裔美国人占5%，意大利裔或爱尔兰裔美国人占4%。在此期间，犹太男生格外引人注目，他们在学术俱乐部和荣誉协会阿里斯塔中表现得分外活跃，但是除了篮球，他们很少参加其他体育活动。然而，在很多影响力很大的学生岗位上（如学生会主席、校报编辑等），也很少见到犹太学生的影子。担任这些职务的多是土生土长的美国孩子。

对一个聪明的犹太学生来说，乔治·华盛顿高中提供的不仅是正规教育，还有人际交往方面的锻炼机会。未来的美联储主席艾伦·格林斯潘出生在美国，不是德国，他对在乔治·华盛顿高中生活的记忆更多的是欢乐，不是痛苦，比如到波罗球场看巨人队的比赛，听收音机里播放扬基队的赛况，到电影院看《卡西迪牛仔》，到宾夕法尼亚酒店看格伦·米勒乐队演出……

然而，华盛顿高地的青少年的生活也有不如意的一面。大家害怕“二战”爆发会加剧本已严重的族群冲突，果然怕什么来什么。阿姆斯特丹和三叶草等帮派组织成员高喊着“杀死犹太人！”的口号，攻击犹太学生。基督教阵线和基督教动员者等反犹组织对华盛顿高地的犹太教堂和公墓发起攻击。库格林领导的全国社会正义联盟明目张胆地反对犹太人，他们教唆当地爱尔兰人抵制犹太人推出的自助商店等新鲜事物，因为在他们看来，这些新玩意儿砸掉了不少人的饭碗。对德国犹太移民而言，当局无法制止这种暴力和威胁，他们不由得清醒地意识到虽然有了新的家园，但也不值得沾沾自喜。一名记者抱怨道：“我们已经厌倦了，老是去找警察队长，手里捏着个帽子，说，‘报告麦卡锡（或奥布赖恩）队长，我儿子被人打了，因为他是犹太人。您派个警察来看看好吗？’我们真的厌倦了，老是看到对方带着一脸希特勒似的病态笑容，说，‘啊，孩子们只是闹着玩的。’”直到1944年，帮派成员才遭到控诉，天主教高层才公开否认对这种行为负责。

很多华盛顿高地的难民一辈子都觉得（并且是被逼无奈地觉得）他们不是“美国人”，而是“美国犹太人”或“德国犹太人”。随着所在生活区特点的变化（因为非裔美国人和波多黎各人搬到了158街以南地区），华盛顿高地的犹太人更是感到四面楚歌，这也是他们在20世纪50年代初转而支持共和党的一个原因。

4

15岁的基辛格对纽约印象如何？多年后，基辛格在回忆录中特别提到德美两国的差别：

> 移民美国之前，我和家人一直遭受排斥和歧视，而且一天比一天厉害……每回上街都是一次历险，因为德国孩子可以随意乱打犹太孩子，警察也不管。刚来纽约的时候，我就感到美国很神奇。小时候美国是一个梦，不敢相信会有这种地方，大家天生都很宽容，个人自由不成问题……总记得第一次走在纽约街头时感到很兴奋。我见到一群男生迎面走来，便赶紧横穿马路，免得挨揍。然后突然想起来自己在哪里。

然而，我们上面说过，华盛顿高地的犹太人还是要冒被打的风险。有位作家以为年轻的基辛格会感到同化比较容易（“他是德国犹太人，他自己的文化教会他在很大程度上学会其他文化的外观和精神的同时保持自己内在文化身份的完整性”）。还有人假设，他父母加入正统犹太教实际上就是为了不让他们被同化，尤其是“强化了他对大众民主根深蒂固的不安”。这种评价自然是毫无依据的。

从基辛格一家乘坐的轮船在曼哈顿西区港口靠岸的那一刻起，这一家人满脑子都是现实问题。尽管他们凑够了钱在船上办好证件，不用在埃利斯岛移民检查站遭受种种侮辱，但生活费却所剩无几。原来在菲尔特的公寓还有5间卧室，现在住的地方就两间。一家人在姨妈家逗留了几天，就搬到华盛顿高地，先是住在西181街736号，后来搬进福特–华盛顿大街615号的一套狭窄公寓（在百老汇以西很远的地方，周围住的全是犹太人）。他们能住上套间已经很了不起了；在“碎玻璃之夜”发生之后的移民高峰期，许多刚来的难民只能住到西68街上由拉比斯蒂芬·怀思和妻子经营的国会俱乐部这样的“筒子楼”里。基辛格后来回忆了当时的艰苦生活：

> 我和弟弟……睡客厅，没有任何隐私。今天真无法想象当时是怎么过的，但那时候没想那么多……我也不觉得难受。当时不知道这是受苦。今天我去老公寓看母亲，她在那儿一直住到去世，我无法相信自己在那儿住过，在客厅的双人沙发上睡过觉。我在厨房做作业。但是所有的书都说我那时的难民生活很遭罪……不是这样的……胡说八道。

一家人唯一的大问题是父亲找不到工作。他的英语不好[①]，又不适应新的环境，他如实告诉妻子：“这个大城市里最孤独的人是我。”母亲后来回忆道：“我不知道如何开始，他也不知道如何开始。”起先，他们靠匹兹堡的一个亲戚周济度日。虽然父亲最后在一位朋友的公司里做记账员，但他身体不好，情绪低落；后来经过犹太妇女委员会的培训，母亲到别人家里帮工，到餐馆当服务员，于是全家就靠母亲吃饭。母亲比父亲年轻，适应能力强，很快掌握了英语，而且在最短时间内办起了一家小餐馆，这是一个典型的难民谋生故事。因此，两个儿子就得挑起生活的重担，尤其是长子，要开始挣钱养家了。基辛格兄弟俩很快就办完了乔治·华盛顿高中的入学手续。这所学校很大，学生约3 000人，校训是“不成功，便沉沦”。保留下来的基辛格当年的学习成绩单表明他迅速适应了新的环境。然而，1940年1月，为了打

① 为了迅速提高语言能力，这家人在家里只讲英语，并且经常在公寓的厨房里收听广播。

份整工，他改为夜晚上学。他在一家远亲办的修面刷工厂打工，每周能赚到11美元。工厂在商业中心，西15街22号，工作毫无乐趣可言。基辛格从早上8点忙活到下午5点，把用獾毛制成的修面刷中的酸性物质挤出来，后来他被提拔到送货部，往曼哈顿各区域送修面刷。从工厂坐45分钟地铁回到家，匆匆吃过晚饭，就又赶到学校上三个小时的晚课。不过这个16岁的孩子的成绩并没有受影响。那学期他法语三级95分，美国史二级95分，美国史一级90分，英语六级90分，英语七级85分，高等代数75分。尽管菲尔特的犹太实科中学有这样那样的问题，但却使基辛格的数学、历史和地理如今在班上名列前茅。他在其他方面也很拔尖，课外已经开始读陀思妥耶夫斯基的小说了。

基辛格最大的障碍自然是语言。他后来回忆："那个时候没人说，'多可怜的难民，我们用德语给他们上课吧。'他们把我们扔到学校，我们只能用英语……我必须很快学会英语。刚来美国的时候我根本不懂英语。"严格来说这句话不对，他在德国学过英语，具备初步的阅读能力。但是学习一门外语和在外语环境里学习可有着天壤之别。把"海因茨"变成"亨利"简单，说一口美式英语则另当别论。有人这样讲述：

> 学习成绩单表明这名新生有"外语障碍"。由于这种"障碍"，他在高中阶段很害羞、不合群。他对英语这门新语言的掌握和运用后来赢得了全世界外交家的尊敬，但他到成年后也没能改掉的口音一直是他的痛处：他的一位德国朋友曾说他的口音很可笑，像是巴伐利亚口音而非普鲁士口音。他后来也说："对这一点我感到特别难为情。"

很多人都提到过基辛格独特的中欧口音，大家可能觉得奇怪，真的那么难改吗？他弟弟基本上就没有口音，那些年轻的犹太难民的子女，只要上了美国高中基本都改掉了。年纪大一些的难民还是坚持用德语。直到1941年4月，基辛格一家常去的教堂还在争论要不要改用英语做礼拜、出简报。当时的一个人写道："这一点很重要，怎么强调都不为过。通常从一个人有没有德语口音就能分辨出他是已经完全融入美国生活还是永远都是'外来者'。"基辛格的例子的确耐人寻味，这么聪明、这么有抱负的一个人居然长久地乡音不改，要知道，如果想出人头地，必须说一口地道的英语。然而，年轻的基辛格希望将来靠数学技能而不是语言技能吃饭。高中毕业后，他申请到纽约城市大学读会计专业。

旧世界对年轻的基辛格渐渐失去了吸引力。他父母虔诚地参加犹太教堂的活动。一位从菲尔特流亡到华盛顿高地的难民利奥·赫克斯特回忆，基辛格"对宗教知识如饥似渴"。父母信的是正统犹太教，但基辛格偏不信，第一个反叛信号是他加入了改革派犹太教堂贝特·希勒尔组织的一个青年团体。基辛格跟许多刚来美国的德国移民一样，到了新的环境，信仰也发生了变化。他回忆道，他"显然不再信正统犹太教了"，因为他经常在犹太节假日工作，他弟弟也是。一个与基辛格同时代的人在"二战"后不久写道："许多德国犹太难民从不去教堂，除了犹太新年……在美国，遵守教规的人越来越少了……他们说，到了新国家，为了生活打拼已经令人筋疲力尽了……还有人说，烧死自己亲人的地方哪有什么上帝？"

当然，在此阶段，美国很少有人料到后来会出现大屠杀那种程度的恐怖事件。但是最了解纳粹政府狼子野心的莫过于刚来美国的犹太难民。基辛格当时写过一些文章，现在留存下来的寥寥无几，有一篇是他为一张报纸写的简述，标题是"联盟之声：报纸筹办中"，发表日期是1939年5月1日，还做了标记“世界版，严禁在德国出版”。文章的世俗味道很浓，预见到将来需要帮助从纳粹主义国家逃来的一拨拨难民。

各位联盟成员：

6年前一起重大事件，一起比任何天灾都严重的事件深深地扰乱了我们的命运。其影响之重大谁也无法预料。民族社会主义心狠手辣，妄图赶尽杀绝，扬言绝不手下留情！

起初，最遭殃的是犹太人，但是希特勒的毒液已经开始向外扩散，翻山越岭，漂洋过海，害得一个个家庭家破人亡，危及我们生活的每一个最细微的角落。太多人以为还有办法可想，以为20世纪的文明会保护我们免遭劫难。现在我们知道这是一个天大的幻想。由于压力越来越大，移民问题也初现端倪。我们都知道移民是一条辛酸之路，很多国家对难民紧闭门户，移民道路更是充满坎坷。我们只能寄希望于一个国家：美国。我们有幸来到这个典型的自由之邦，为了聊表感激之情，希望能在大的援助体系中发挥一些作用，帮助那些将来通过“同志聚会”基金来美的难民。

基辛格对犹太复国主义的看法也在不断演变。1937年，他说在巴勒斯坦建立一个世俗犹太国家的想法“难以想象”。然而，在离开德国之前，他给朋友写信：“我的未来在美国，但我的希望在巴勒斯坦……我们共同渴望的国度。”但是，1939年夏天，他的态度又变了，“请看这个幻想又成了什么样子。‘我们的’巴勒斯坦沦为大国政治的玩具，内战之后四分五裂，又落入阿拉伯人手中”。基辛格早年在菲尔特市交往的一些以色列会堂成员，在移民美国后更加公开地反对犹太复国主义。其实，布雷斯劳尔拉比比较支持反犹太复国主义的城市守护者组织。但是利奥·赫克斯特后来否认基辛格曾追随该组织。

事实上，年轻的基辛格感到自己正置身于实实在在的“同志聚会”中，这种状况不仅迫使他质疑早年的信仰，而且对老朋友也失去了信心。1939年7月，基辛格给一位老朋友写信，坦陈对新家园“纽约”的矛盾心理：

> 我个人对美国的印象很矛盾：有时候我爱它，有时候又鄙视这里的生活方式。爱的是美国的科技，美国的工作节奏，美国的自由。它建国历史这么短，成就这么大，令人震撼。只有在非常安定的环境中，在从未经历过严重危机的国家，才能出现这种奇迹。你只有亲自去纽约摩天大楼那一带看看，才能体会现代科技的创造力。你只有驱车在通往乡村的公路上奔驰过，才能体会美国人何以如此夸张地爱国。但是，光明的一面越大，阴暗面也越大。世界顶级豪宅与世界最龌龊的小屋并存，巨富与赤贫同在。然后是这种个人主义！你必须完全独立，没有人关心你，要过好日子必须自己奋斗。

这些话实际上都是对德国犹太难民心态的典型刻画，一方面，纽约所代表的美国的巨大成就令他们眼花缭乱，另一方面，他们对美国粗俗的一面也大为失望。但是基辛格的抱怨不仅仅如此，他的看法更为深刻：“我最不喜欢的是美国人生活态度很随便。谁都不会提前考虑下一分钟会怎么样，没有人勇于直面人生，总是知难而退。跟我同龄的年轻人中没有人认真思考任何精神上的问题。”美国人的肤浅对这位真诚的年轻人产生了直接的影响：他承认，正因如此，“我很难跟美国人交上朋友”。

但是缺少新朋友还不是真正的问题。问题出在老朋友身上，有三个“老同学”跟基辛格一样都来了纽约。其中一个叫沃尔特·奥本海姆，他们家和基辛格一家一道乘船从菲尔特来到华盛顿高地。其他两个朋友是汉斯（后改名约翰）·萨克斯和库尔特·赖希奥尔德。表面上，这几个年轻的难民像地道的纽约人一样，干起活儿来拼命干，玩起来拼命玩。他们并不是白天苦干晚上学习。他们看棒球[①]和美式足球，最爱的是扬基队和巨人队。他们还打网球，学舞蹈，学开车。追女孩子也不落下，其中包括基辛格未来的妻子安纳利斯·弗莱舍尔。

但是另一位女孩伊迪丝从菲尔特来纽约后，将昔日的好兄弟变成了情敌。1940 年 3 月，对自己的书面英语颇感得意的基辛格寄给伊迪丝两份读书报告。女孩没有回信。基辛格熬了两个星期熬不住了，提笔写了第三封信，一吐少年心曲：

> 既然你似乎没有回信的习惯，纵然别人是费了老大力气为你找出读书报告（原文如此），我还是必须心甘情愿地给你写这封信，也是最后一封信。我的确对你的沉默感到困惑，至少你可以确认一下收到了那两份文件吧！不过现在来说说我写信的目的：如果你能尽快退还我的两份读书报告和那篇文章，在下甚为感激，因为我想要将其收集起来。如果你不愿给我写信，能否在下次见到汉斯或奥博斯（奥本海姆的昵称）时请他俩转交？
>
> “至此也许该停笔了。对你幸福的牵挂促使我给你一点忠告……我提出忠告可能更加没有什么顾虑，你可以把它看作一个分别的朋友提出的毫无私心的警告。”（引自华盛顿离职演说。）虽然长久以来我想用口头的方式表达我的观点，同时也尽可能是我

① 基辛格后来告诉安德鲁·施莱辛格，是自己的“意大利朋友”带他认识了这项运动。

> 们这群人中的其他人的观点，现在我意识到这封信是我唯一可用的方法。我给你写这封信，是因为我感到有件事会对你不公平，我要你相信我们5个人之间存在某种友爱，这种友爱是人为的产物，目的是给我们当中的某个人一个跟你见面的机会。简言之，你见到的我们只是我们最好的一面，你很难见到我们真实的一面。因此我想要提醒你不要太莽撞地跟我们当中的任何人产生友谊。

基辛格那年16岁，来纽约不到两年。他陷入了炽热的少年之恋，对情敌有一种狂热的妒忌：

> 你是我们班头一个来美国的女生，而且相当漂亮，因此自然大家都想和你交朋友。除我之外，主要还有两个现在或者以前想和你交朋友的人：奥博斯和库尔特。我想有必要写信给你讲讲他们俩的缺点，因为你只看到他们的优点。我想提醒你提防库尔特，他这个人很坏，为了实现个人野心，根本不顾道德标准；跟奥博斯交朋友也要谨慎，他企图在思想上控制你，在身体上占有你。这不是说没法跟奥博斯交朋友，我只是劝你不要被他迷倒，否则你事事都要依着他。
>
> 为了证实上文所说，有必要跟你解释一下你来美国之后我们之间的事。奥博斯第一个知道你来美国，所以他认为有权控制别人跟你接触，不肯告诉我们你的地址。他这么做尤其是针对库尔特，首先他俩有旧仇，你还在菲尔特的时候就有了，其次是奥博斯觉得库尔特心术不正，不应该事事如意。我们有一个计划，他让我来和你交朋友。但是我不愿见到你，一会儿再解释为什么。过了一段时间，库尔特得知你来美国了。他耐着性子没跟奥博斯

吵架，就是想有朝一日弄到你的地址。经过长时间讨论，最后我们 5 个人碰了个头，决定邀请你来库尔特家见面。

现在来说说我起初为何不想见你。原因有三。首先，我不想因为和你不明不白地交朋友而伤了朋友间的和气。其次，我不想丢人现眼。我知道如果见到你，一定会再次对你着迷，丢人现眼，这种事是必然的。最后，我感到你不过是把我当小丑而已。然而，我后来修正了这三个观点，因为我意识到我只是在自我逃避。

这封信即将结束，请让我重申，如果你认为我写这封信完全出于自私的动机，我将深表遗憾。我写信是因为我感到恶心，我厌倦假模假样生活，我不是这种人，我只是看在你与我们班其他老同学关系的分心上，想尽可能对你提供帮助。

希望此信达到了有限的几个目的。特此，

极其真诚的，

基斯

多少聪明的年轻人在求爱被拒时给心仪对象写过同样炽热的情书！但是这封信非同一般：暂不论文中依然存在的日耳曼语标点和个别微小的拼写错误，这封信分析缜密，心思极深。基辛格虽然年仅16岁，却剖析了朋友间的重逢将带来的变化：勾起了奥本海姆和雷克德之间的旧怨，强化了一种不安全感，所以基辛格仿佛要置身事外（“我感到你不过是把我当小丑而已”）。最后，“基斯”还是理智地没有寄出这封极其自私的长信，而将它保留下来以证明一个年轻的移民曾经有过一段幽暗岁月。

此前，基辛格还给另一个女生写过信，是用德语写的，语言比较自然。信中叙述了他到纽约后的生活：“分两部分：我的精神生活和日常生活”。第一部分内容说明了许多问题：

> **我在此信的开头说过，我的内心发生了很大变化。来了8个月，我从理想主义者变成怀疑论者。这不是说我再也没有什么理想，只是说以前的理想有95%都搁浅了，我不再有任何清晰的目标，但我还是有一些大的想法，只是不太明确。与其说我在追求一个长远的理想，不如说我想寻找一个长远的理想。**

这位年轻人到美国之后，生活几乎发生了翻天覆地的变化。他不仅背井离乡，而且在感情上也没有依托。1939年7月，在人类历史上最具破坏性的大战来临之前，他压根儿不知道他苦苦寻找的“长远的理想”会送上门来，他何曾想过参加美国部队训练营，踏上危险的征程，不远万里回到德国？

第 4 章

—

出人意料的二等兵

我们既然把靡菲斯特看作独特的个体，就必须把它视为比浮士德的另一个（不够重要的）自我更为丰富的形象……我们还需把它从浮士德的阴影里提出来，让它与它的对手或伙伴比肩而立……更有目的性地发展自我，才能最终抵达超人之路。

——弗里茨·克雷默《靡菲斯托费勒斯与浮士德的协议》，1926 年

政治领域跟其他任何人类活动领域一样，性格、价值和信仰至少与其他可以粗略说成“经济”的因素同等重要。我报复性地想，如果认为现实世界几乎是由“工资”、“原材料”和“工业生产”构成的，那是何等痛快的事啊！

——弗里茨·克雷默，1940 年

1

1941 年 9 月 11 日，飞行员出身的政客查尔斯·林德伯格在艾奥瓦

州得梅因市发表演说，指责“美国犹太人鼓动战争”。

1927年，林德伯格独自驾驶飞机一口气从纽约飞到巴黎，没过多久便成为美国尽人皆知的名人。到1941年，他已成为美国第一委员会的主要发言人，很多人强烈要求美国不参加第二次世界大战，他是反对者中影响力最大的。他声称，“鼓动战争是不应当的”。

> 美国的犹太人应该千方百计反对美国参加“二战”，因为他们会是最早受战争影响的人。
>
> 宽容是一种有赖于和平与力量的美德。历史表明宽容无法战胜战争和毁灭。少数几位有远见的犹太人意识到这个问题，站出来反对战争。但是大多数人还没有意识到。
>
> 他们对美国的最大威胁在于，他们在美国的电影、媒体、广播和政府部门有很大一部分所有权，影响也很大。

林德伯格最后说道：“犹太人的领导人出于从他们的角度来说可以理解、从我们的角度来看却不明智的理由，出于非美国人的理由，希望我们卷入战争……我们不能容忍其他民族天生的激情与偏见导致美国走向毁灭。”

说完这番话不到三个月，1941年12月7日，日本偷袭珍珠港，上述以及其他主张美国中立的观点顷刻间荡然无存。

年轻的基辛格自然不在林德伯格所说的“鼓动战争”的犹太人之列。“珍珠港事件”的消息传到纽约时，“我正在橄榄球赛现场……观看纽约巨人队和布鲁克林道奇队打比赛，那时原本只有棒球队的道奇队已经成立了橄榄球队。那是我看的第一次职业球赛……看完比赛出来见到一份星期天的报纸……头版新闻就是珍珠港遭袭。还不知道珍珠港在哪儿”。此时基辛格已经在纽约城市大学念书，长期以来那些在学术上有远大抱负的移民都喜欢入读这所学校。基辛格从家坐地铁只要20分钟就到了。他学习成绩好，几乎门门优秀（滑稽的是，只有历史一门是良好）。课余他喜欢看美式足球或棒球比赛，也在乔治·华盛顿桥下的网球场打网球。会计生涯似乎在召唤他。

然而，这位勤奋的学生非常清楚战争即将来临。华盛顿高地的德国犹太难民一直在焦虑地关注欧洲事态的发展，至少有一条：许多家庭，包括基辛格一家，还有亲戚在德国。事实根本不像林德伯格说的那样，华盛顿高地"鼓动战争"的犹太人寥寥无几。然而，战争爆发对这些难民而言反倒是一种解脱，并且至少可以证明一点，指责犹太人的利益跟美国国家利益不符的观点是不成立的。基辛格一家所在的犹太教堂出版的月刊引用了《耶利米书》29章7节中的一段话："我所使你们被掳到的那城，你们要为那城求平安，为那城祷告耶和华，因为那城得平安，你们也随着得平安。"按布罗伊尔拉比的话说："在这庄严的时刻，不仅仅是深深的感激之情驱使我们行使自己的职责……这个国家的幸福和未来与我们犹太人的幸福和未来是密切相连的。"

然而，这并不是说基辛格还有其他约9 500名德国犹太难民就一定要穿上美军的制服征伐自己的祖国。1940年6月，国会通过《外国人登记法案》，对出生于德国但尚未归化的美国居民提出一系列限制。其中一条是不得参军。这就造成一种矛盾，因为《选择性训练和兵役法》要求所有21~36岁的男性美国居民有义务当兵。直到1942年3月才出台的《"二战"权力法》加快了归化进程，允许在部队光荣服役至少三个月的"敌方外国人"成为美国公民。直到第二年11月征兵年龄降到18岁，基辛格才够资格参军。即便参了军，在德国出生的"应召士兵"能做的工作也有限。事实上，基辛格的弟弟沃尔特就因为德国人身份而被调出第26步兵师并被派到太平洋战区。美国战略情报局局长威廉·多诺万（外号“野蛮的比尔”）要说服美国军方在德国出生的士兵具备作战部队“急需的特殊资质”尚需时日。

共有50万左右的犹太人当兵打仗，其中35 000人牺牲。犹太难民的参军比例比全国平均数略高。既然美国参加了“二战”，这些犹太士兵就带有一种独特的双重动机。一位难民士兵说：“我被剥夺得一无所有，被迫离开祖国，所以比起那些还没有遭受希特勒迫害的一般美国人，我有更加充足的理由把希特勒好好揍一顿。”这些士兵“盲目跟随长官，稀里糊涂地打仗。所有人不仅是为美国作战，而且是为犹太人永恒的权利作战……其中包括宗教自由权，即每个人能够按照自己的意愿信仰宗教”。然而，下面我们将看到，军队生活的现实似乎是刻意捉弄人，这些崇高的情感追求只能付诸东流。

2

基辛格刚满19岁不久便接到了入伍通知书。这位心事重重的青年难民现在是一个好学的纽约人，跟安纳利斯·弗莱舍尔（这是一位朴实的纽约姑娘，她父母同意他俩交往）保持着稳定的关系，似乎命中注定要在华盛顿高地当一名会计，默默无闻、清清白白地过一辈子。历史再次插了一手。1943年2月中旬，家人在时代广场附近的冰岛酒家为基辛格饯行，然后他受命乘坐火车前往克罗夫特营。军营在南卡罗来纳州斯帕坦堡以南5英里，面积很大，设有营房和靶场，可一次性容纳多达两万名士兵，让他们进行基本训练。到了营地，基辛格将自己的所见告诉了弟弟，那些人完全没有礼貌，“把他推来搡去的，给他打防疫针，让他报数、立正”。接下来的17个星期他任由带队的中尉宰割，越来越恨那个中尉，“那是一种说不出的恨，可能也没什么真正的理由”。6月19日，基辛格熬过三个月的基本训练，成为一名归化的美国公民。他举起右手，念出以下誓言：

我宣誓……我完全和彻底地断绝并放弃对我迄今为止所隶属（或作为其公民）的任何外国王子、君主、国家、主权国家尤其是德国的效忠和忠诚；我将支持和捍卫美利坚合众国宪法和法律，反对国内外一切敌人；我将信念坚定，忠诚不渝；我自愿承担这一义务，毫无保留，绝不逃避。因此，请上帝帮助我！

现在基辛格成了一名美国兵。

克罗夫特营和全都是犹太人、很少跟外界打交道的华盛顿高地可谓大相径庭。理论上讲士兵们享有宗教自由，但实际上，正统犹太教徒理应遵守的教规教习很少有人关注。部队有意把社会各界、各阶层的人安排在一起生活。只是因为非裔美国人依然遭到隔离，所以部队还不是一个真正的综合性学校。但是新兵学习的不仅是训练和打靶，还有赌博、喝酒、嫖娼这些普通美国士兵最爱的事。如何度过新兵基本训练期？基辛格给弟弟提出了坦率的忠告，一看便知：

睁大眼睛，竖起耳朵，闭上嘴巴……

任何时候只站中间，因为纠错都从队尾开始。任何时候都不要惹人注意，只要他们不认识你，就不会找你的碴儿。因此千万要压制你的本性，不要挤到最前排……

你一定会在这里碰到一些人渣，不要跟他们走得太近。不要赌博！人堆里总会有那么几个职业骗子，他们会让你输个精光。不要借钱给别人，这对你没有一丁点儿好处。借钱容易讨钱难，

> 结果是连朋友也做不成。不要逛妓院。你我都爱女色，但是我不会想去碰那些一身梅毒、成天围着兵营跑的肮脏女人……
>
> 我俩有时不大合得来，但是我猜你和我一样知道，在“紧急关头”我们可以彼此信赖。现在我们就处于紧急关头。

一些犹太士兵尽最大努力遵守教规，即便在新兵训练营也不例外。然而，对其他人来说，“美国人吃汉堡”并不像想象的那么困难。当然，在克罗夫特营这种地方，侮辱人的反犹话语随处可闻。但是另一名犹太士兵、小说家诺曼·梅勒发现，部队里什么人都有，几乎每个人的民族或种族都会遭到辱骂：犹太人、意大利人、爱尔兰人、墨西哥人、波兰人。而且，按照官方的说法，在部队里反犹太主义是违法的，部队倡导美国为“犹太基督教”价值而战的理念。无论如何，对从未到过南方的北方新兵来说，克罗夫特这样的兵营给他们打开了一个全新的偏见世界。纽约来的一名出生在外国的新兵听到一些南方人叫他“他妈的北方佬”时，很是惊讶。另一名士兵回忆：

> 有天主教徒，有新教徒，有犹太教徒。有些基本上是大字不识的南方老农。其他人，我指那些学生，受过很好的教育。有些都快大学毕业了……部队把这些人全都一锅煮，即便是……话多的书呆子。你的家庭观念是什么根本没关系。这是一个新世界，有新的标准……评价你的只有一个主要标准，即关键时刻你能不能顶上去。

有一个方面犹太人表现得很突出，即便他们不严守教规。大部分的“书呆子”都是犹太人，在每个新兵参加的陆军普通分类测试中，犹太士兵的成绩远远高于平均成绩。这关系重大，因为凡是得分在110

分以上的士兵都有资格获得部队中最令人心驰神往的机会之一：(加入)陆军特训计划。出台该计划出于三点考虑：增加未来军官储备；增加部队技术专家人数；避免大学因为征兵而在财务上大伤元气。该计划于1942年12月出台，选派学习好的士兵到全美各地的大学学习强化课程，如工程学、外语、医学、牙医学、兽医学等受部队重视的课程。学三个学期，每学期12周，学期与学期之间仅隔一周，相当于学完大学一年半的课程。到1943年12月，有大约30万所谓的“会考试的孩子”在全美各地的400所大学、学院学习，74 000人学的是基础工程学，15 000人学的是高级工程学。基辛格是其中一员，他弟弟也是。

对那些入选的学员来说，被特训计划挑中无异于进了天堂，既可免受基本训练之苦，也不会作为步兵替补随时被送到前线打仗。这些“会考试的孩子”从星期六中午到星期一凌晨一点不用上课，那些学校离家近的人就可以走亲访友。比起兵营，大学里的食宿“离天堂仅一步之遥——饭菜都是用不锈钢托盘盛装，冷牛奶可以尽情地喝，宿舍里的床上用品干干净净”。的确，课业很紧张，那些课程都是高度压缩的，前两个学期有近1/5的人退学。不过学习高强度的工程课还是要比另一种选择好多了，于是有了这么一首歌（配乐为《我的邦尼在海洋》）：

啊，妈妈，请取下您亲手缝的军属旗，
您的儿子进入了陆军特训计划。
他不会受伤，因为用的是计算尺，
所以您永远都不用缝制金星。

他不过是个穿卡其布军装的爱玩的大学生，
最多算童子军而不能算战士。

所以，妈妈，请取下我们家的军属旗，
您的儿子进入了特训计划。

空军可能会夺得所有的荣誉。
步兵会展示所有的勇气。
但等着吧，我们会跟您讲我们的故事，
我们根本没有打仗，我们是坐着学习。

半年前，我们都是战士，
以为会出国打那些日本鬼子，
现在部队只是一个模糊的回忆，
因为我们都在特训计划中学习。

啊，当战争平息，
孙子们坐在我们的腿上要听故事，
我们会满脸通红地说起，
我们的战斗就只是在特训计划中学习。

这个计划的标志是一盏燃着的油灯，它也得了一个绰号："闪光的夜壶"。

基辛格毫无怨言。他通过了南卡罗来纳州克莱姆森大学的进一步审查，有幸被派到宾夕法尼亚州伊斯顿市的一所名为拉斐特的文理学院学习工程学。学校始建于19世纪，环境优雅，离纽约才80多英里，可以回家和家人、女朋友度周末。室友兼同学的查尔斯·科伊尔还清晰地记得跟年轻的基辛格一起生活的情景。他后来回忆道："所有的'常规'课程他学起来都从容不迫，然后热衷于整理零碎的新思想。他似乎不大关心老师在讲什么，更专注于他们打算表达什么。"即便是按照特训计划的标准，基辛格的书生气也特别重。但是科伊尔印象最深的还是基辛格极其主动的读书风格。

> 我的一半时间都用在磕磕碰碰地看那些被他吃透了的书，另一半时间则用在对他那极为灵活的大脑表示敬畏……他不是读书，是吃书，用眼睛吃，用手指吃，边吃边在椅子上、床上扭动，还嘟嘟囔囔地批评着。他无精打采地低头看书，突然间会气愤地喊出一句德语口音的“狗屁！”，把作者的论证痛骂一番。随后就开始撕书，边撕边骂，弄懂书中的意思……他学什么像什么，学单词、学发音都非常到位，我是在布鲁克林长大的，听到他发脾气的时候居然会在脏字眼上加“-ing”这个音节，感到特别新鲜……这家伙太聪明、脑子太好使了，我们大部分人都感到不可思议，要知道我们都是被精心挑出来的聪明人啊！他常常走进套房的客厅，我们三四个人正在聊天，很可能是聊关于性的话题。他一屁股坐在沙发上看书，比如司汤达的《红与黑》，看着玩儿！

基辛格学习认真的另一个表现是他军容不整。

> 谁都不像他那样衣衫不整。用他自己的话说是“滑稽”。任何军装不修改、不裁剪的话谁穿都不合身，但基辛格从来都没想过要修改或裁剪。对他而言，穿军装就是一场闹剧。他穿军装倒是比我快，但总把衣服穿反，每次穿反的状况还不一样。视察的时候，无论是谁从他身边走过都能发现他衣服上的某样东西需要整饬。

但是基辛格去拉斐特学院深造不是要加入仪仗队。1943年10月正式入伍到1944年4月，他学了12门课，包括化学、英语、历史、地理、数学、物理和军事科学。分数大多在80分到95分之间，化学是满分100分，数学比较差，只有72分。他的物理老师写道："基辛格先生无疑是我教过的所有班级中最优秀的学生之一。他脑子很聪明，所有功课都能主动学习，每天上课都做好了充分准备，布置的作业全部完成，还常常做一些规定之外的作业……不管是什么类型的工作，如果需要学生反应迅速，头脑敏锐，思想深刻，善于分析问题，具有探究精神，我自然认为基辛格先生是佼佼者。"可惜，部队里准备安排他做的不是这种工作。

事实上，部队一旦需要增加作战人力，特训计划就很容易受影响，到1943年年底，国会确定部队总人数为7 700 000人的时候，这种需要就提高了。陆军地面部队主将莱斯利·麦克奈尔一直怀疑（这种怀疑是错误的）念大学能否显著提高士兵的作战能力。在他看来，问题不是士兵缺乏技能，而是部队缺乏新兵，尤其是国会通过了特别慷慨的延期入伍规定，为了就业把征兵人数减少了500万。最终，陆军部部长亨利·L.史汀生屈服于将军们的压力，于1944年2月18日宣布收紧特训计划。80%的"会考试的孩子"最后接到命令回部队当步兵。

这就是美国部队素来为人所诟病的那种违背逻辑的混乱。10多万的士兵因为智力过人被选拔出来，他们花费好几个月学习新的有用知识。在这段时期他们错过了提拔的机会。现在又要他们回部队，全然不管他们天生的聪明或者刚学到的技能。这帮"会学习的孩子"痛苦地唱道："把你的计量尺扔进大海，齐步前进吧，上船离开。"该计划设在胡德营的基本训练中心的名字也被人调侃，被人说成是代表了"一切都被国会打个稀巴烂"。说汉语的被派到欧洲，说意大利语和德语的（其中有基辛格的弟弟沃尔特）被派到亚洲。更糟糕的是，动不动就有人辱骂回部队的这些"会学习的孩子"是"童子军"，还有更难听的，骂他们是“大学傻蛋”。因为这么多特训队员被派去当步兵，一位批评家半开玩笑地说，不知道“搁置特训计划是不是一个阴谋，要把美国最聪明的人安排到最容易受伤的地方，去了那里，绝大多数人都会被打死”。一位新政策的受害者后来回忆道：“为什么我们要把部队里最聪明的人挑出来扔到绞肉机里，那里伤亡最惨重啊！”查尔斯·科伊尔回忆，当消息传到拉斐特学院说“我们全都要被送到步兵师当二等兵，大伙儿全都大叫起来，唉声叹气，基辛格又是用他特有的方式骂脏话，加后缀”。避免被送进绞肉机的唯一办法是改学医，因为部队仍然认为需要培养更多医生。基辛格参加了考试，但唯一的指标给了伦纳德·魏斯，不过基辛格后来承认，幸好他们“没让我当医生”。

3

路易斯安那州的克莱本营跟拉斐特学院迥然不同，营房都是怪里怪气的四方形，图书馆是用木板搭建的。营地位于森林山市以北的乡村，那里地势平坦，气候炎热。营地中全都是一排排沥青纸棚屋，每间屋子摆放了24张双层床。夏天闷热难耐，棚屋的窗户很小，不透气。从1943年11月起，这就是第84步兵师所在地，基辛格和2 800名原特训计划的学员就被安置在这里。这支部队有个绰号叫“劈木头的”，一听就知道不是很需要有知识的人。基辛格和那些会学习的同学坐了好长时间火车才抵达营地，一路上思考着命运的大逆转。一位特训计划学员唐纳德·爱德华兹回忆，火车抵达克莱本营时有军乐队奏乐欢迎。有一位新兵嘟囔：“我看还不如奏哀乐得了！”昔日学校的高才生如今又变成庞大的美军机器里的小齿轮了。

美军在欧洲战区投放了45个师，第84师是其中之一。一个师共有约14 000名士兵，分3个团，每个团3 000人，外加师属炮兵。一个团又分3个营，每个营约850人，一个营下面有5个连，每个连有4个排，一个排有3个班，每班12人。经过六周的加速基本训练，二等兵亨利·基辛格，编号32816775，被派到第335步兵团2营G连。他现在不过是一名普通士兵，一名步兵，一名小兵。

拉斐特学院的生活有多轻松，克莱本营的生活就有多艰苦。有时候要急行军，“必须行军9英里，时间为一小时多一点点”。有时候要“徒步行军25英里，背着装得满满的背包”。那时“水都有配额”，每人全天只有一壶水。另外，还有“野外问题”，夜晚要在有蛇出没的沼泽地搭帐篷露营。两栖作战之前有游泳训练，还有跳伞训练。很多时候还要做一些无聊的事，比如把新步枪上的棕色润滑油擦干，把自己的军队编号刻在行李袋、头盔和皮靴上。 最近的大城市亚历山德里亚有一些娱乐场所，比如酒吧（士兵们经常在酒吧打架），还有妓院（很多士兵在妓院里染上了性病）。更靠近营区的是“满是可恶的破棚屋的新兴小镇”。

基辛格后来回忆：“我们步兵师成员主要是威斯康星州、伊利诺伊州和印第安纳州的孩子，是地道的美国中部地区人。我发现我非常喜欢这些人。当兵的一大收获就是感到自己像个美国人。”事实上，有些士兵给他起了个绰号“贾”，就因为他有德国口音。但是他担任连队教导员，每周给士兵们讲一次“战争当前的形势”，人缘很好。查尔斯·科伊尔回忆：“他能够把每天、每周的各种新闻搜集起来，尽管当中有矛盾的地方、叫人看不懂的地方，但他都会跟我们讲自己是如何理解的，讲过之后我们每个人……就会对第二天要发生的事多一点儿把握……我们都说基辛格是唯一比《时代》周刊眼光长远的人……而且他的意见都是具有建设性的。”科伊尔回忆，这个书呆子已经知道了以幽默作为防御手段的价值。“他特别聪明，从不跟人动手。他总是耐心地跟那些山里来的孩子讲道理，后来他们都喜欢上了他。有时他嘲讽部队，有时他嘲讽自己，有时也会嘲讽某些士兵，但嘲讽的时候总是面带微笑。这是一种典型的纽约式幽默。”

然而，有时基辛格需要听别人讲。大多数的部队讲话不论是内容还是形式都让听众昏昏欲睡。但有一天却是个例外。讲话的人叫弗里茨·克雷默，他跟基辛格一样生长在德国，也只是个二等兵。但是他，用他的顶头上司的话说，是一个“很出人意料的‘二等兵’”。

4

基辛格后来说弗里茨·克雷默“是我成长时期对我影响最大的人”。我们会情不自禁地把他称作基辛格这个浮士德的靡菲斯托费勒斯。自然，克雷默很熟悉歌德的这部戏剧，他17岁就写过一篇有关它的很有见地的文章。弗里茨·古斯塔夫·安东·克雷默1908年生于工业城市埃森，父亲是位律师，胸怀大志，母亲是一位富有的化工品制造商的女儿。弗里茨小时候体弱多病，虽然上了学，但有4年是在家请家教度过的。他也是家庭破裂的受害者，那时候家庭破裂的现象还很少见。父亲在法律界步步高升，做到了哈根的检察官，后来又到科布伦茨当检察官。母亲则在法兰克福市外的山区为“困难生”建了一所寄宿学校。

克雷默大基辛格15岁，他的未成年时期恰逢世界风云变幻，先是“一战”和十月革命，后来又赶上魏玛共和国建立。他逐渐认识到战争

“摧毁了一切基石：生命、制度、价值和信仰。他清晰地记得战役、封锁、饥饿、布尔什维克革命、推翻德国皇帝的政变、《凡尔赛条约》、法国占领莱茵兰地区、家中因为通货膨胀而一贫如洗、德国街头革命等”。对许多克雷默这一代的中产阶级德国人来说，正是因为他们经历了以上种种事件，希特勒才成为魅力十足的德国“救世主”。但是克雷默不是一般人。他出国留过学，先是在日内瓦，后来到伦敦经济学院，最后去了罗马。他太太是瑞典人。他既讨厌社会主义，又讨厌法西斯主义，信仰保守主义是那种有时等于自我嘲讽的保守主义。17岁起他就戴单片眼镜（“要帮助那只视力好的眼睛……所以另一只视力差的眼睛必须更卖力”），习惯穿马裤和及膝的马靴。但是他的保守主义与众不同，跟德国国家人民党的保守主义区别很大。历史学家一般认为德国国家人民党继承了威廉保守党的衣钵，但后来人民党被纳粹轻易吞并。

彼得·德鲁克，这位未来的管理“大师”，首次见到克雷默是在1929年，当时两人都在法兰克福上学。4月的某一天，天气寒冷，德鲁克在美因河边散步，惊讶地发现河上有条单人皮艇，上面坐着“一个面色苍白的人，身上就一条单薄的游泳裤，一条宽黑丝带上挂着个单片眼镜……奋力逆流划行”，在他划船的时候，一面曾经的德意志帝国海军（那时已不复存在）的红黑白三色旗在风中飘舞。他的鼻子又大又尖，呈三角形，呈现在脸上就像是一片船帆，高高的颧骨，尖尖的下巴，一双具有穿透力的石板灰眼睛，这一形象让德鲁克既想到猎犬，又想到森林狼。因为克雷默长得像腓特烈大帝，亦崇拜腓特烈大帝，同学们都称他为“年轻的弗里茨”。“克雷默自认为是一个真正的保守主义者，是俾斯麦时期以前的路德教、斯巴达人的那种旧式普鲁士君主主义者……既反对纳粹卐字饰背后隐藏的丑陋和野蛮，也反对‘德国老好人'那种善良、体面而又软弱、胆小的自由主义"。当时还不满21岁的克雷默曾告诉德鲁克，他"今生只有两个志向：一是要当军队总参谋长顾问；二是要当一名伟大的外交部部长的政治导师"。德鲁克问他为什么不想自己当一名伟大的外交部部长。他回答说："我擅长思考，不擅长行动……我不习惯聚光灯，不会演讲。"

克雷默从来都是一个精英，更确切地说，是道德贵族，他像尼采一样鄙视民粹政治的粗俗，但也同样厌恶那些他眼中"精明的"知识分子。我们不能被他的言论或个性化的着装所蒙骗。他晚年逐渐被视为新保守主义的幕后操纵者，既有几分像列奥·施特劳斯，又有几分像奇爱博士。但是克雷默根本不是这种人。他的学术训练领域实际上是国际法，而一个正统的普鲁士保守派似乎根本不可能去研究这个领域。在日内瓦，他师从国际法权威尤金·博雷尔和学者、外交家威廉·E. 拉帕德。拉帕德帮助说服伍德罗·威尔逊总统把国际联盟总部设在日内瓦，并出任国联授权部部长。克雷默在伦敦学习期间，教过他的教授有曾担任国联首任秘书长助理的菲利普·诺尔·贝克、（与赫尔施·劳特派特一同）创办了《国际法年摘》，后来成为剑桥大学惠威尔国际法讲座教授的阿诺德·麦克奈尔。最后，在法兰克福，克雷默又师从国际法领域的德国顶尖专家卡尔·施特鲁普。在施特鲁普的指导下，克雷默撰写了博士论文，题目是"《法国联盟条约》、《国际联盟盟约》与《洛迦诺公约》之间的关系"。论文于1932年发表，对我们了解克雷默的思想发展具有重要启示。

克雷默的核心观点是《国际联盟盟约》和《洛迦诺公约》（以及《凯洛格–白里安公约》）与法国在战后和比利时、捷克斯洛伐克、波兰、罗马尼亚及南斯拉夫建立防御联盟的路线是矛盾的。尤其是《法国联盟条约》与《国际联盟盟约》第10条相悖，该条文要求签约国

“面对外来侵略时，尊重并保护所有联盟成员国的领土完整和现有政治独立”。克雷默认为，该条款不仅使得双边防御联盟变得多余，而且使法国的“联盟体系”给德国（更不要说匈牙利）带来了“永久性的”“普遍的政治压力”，极大地、令人难以容忍地限制了其活动自由。因此它构成了一个令人难以接受的“联盟中的联盟”。这个观点有三个地方引人注目。首先是它的历史性：论文有近一半的内容是分析1914年以前的欧洲联盟体系。其次，它明确区分了权力与法律，例如克雷默直言不讳地断言，“显然，英国1914年参战不是因为比利时，而是因为它是法国的盟国”。克雷默跟他的导师施特鲁普一样，认为无论如何正式声明互惠防御协议的有效性，实际上只有当它表明两国会对共同敌国采取联合行动时，这种关系才有意义。这种协议的存在本身就增加了战争危险。文中有一段很重要，克雷默警告人们不要忘记“既然一个国家的绝对安全的前提是杜绝对立政治势力的自由行动、终止权力平衡，那该国势必会成为享有这种安全的霸权国，因此所有其他国家就不会安全”。

因此，克雷默像绝大多数德国人一样，拒绝1918年后由协议体系建立的国际秩序：不仅是《凡尔赛条约》（该条约中的德国犯有“战争罪”这条存在异议），还包括一整套法国参与订立的协议。尽管如此（这是他博士论文第三点引人注目的地方），他还是暗中承认国际联盟这个机构的合法性。他的观点与施特鲁普和同时代的阿尔布雷希特·门德尔松–巴托尔迪相似，认为威尔逊关于集体安全的理想愿景被英法两国轻率肆意的行动颠覆了。按照20世纪20年代德国的标准，这是一个自由的、非保守的观点。也许不完全是巧合，施特鲁普和阿尔布雷希特·门德尔松–巴托尔迪都是犹太人。两人都在1933年纳粹掌权后不久失去教职。这就是后来成为基辛格的靡菲斯托费勒斯的人所具有的知识背景。

克雷默尽管牢记师训，外表上却是一个普鲁士君主主义者，就像是一个德国保守派的漫画形象，并且几乎所有同时代的人都只能看到他的表面。实则不然。他父亲乔治·克雷默是犹太裔，19 岁改信基督教；母亲在结婚以前叫戈尔德施密特，也是后来才改信基督教的。乔治·克雷默是新教徒，博士，预备军官，一心想成为一个普鲁士人的典范。虽然他是犹太裔，离过婚，后来又遇上了“一战”，这些都延缓了他前进的脚步，但是到 1921 年他已经获得了好多人梦寐以求的检察官职位。因为他资历深，观点又非常保守，所以在纳粹肃清犹太人的运动初期他仍能安然无恙，但是 1935 年他被迫退休，因为根据《帝国公民法》，所有“非雅利安人”都是二等公民。1941 年 1 月他被逮捕，因为他没有佩戴黄星，那时按规定犹太人必须佩戴黄星。1942 年 5 月，他被迫将房产交给一户“雅利安”家庭。两个月后他被遣送至特莱西恩施塔特集中营，1942 年 11 月 1 日死于营养不良。

弗里茨·克雷默从来不提他父亲，也和他父亲很不一样，他很聪明，希特勒一上台他就离开了德国，放弃市法官办事员的职位移民意大利。意大利政府在罗马大学对他的德语博士学位进行认定之后，他就在罗马的国际私法统一学会找了份工作，这家协会是国际联盟于 1926 年建立的一个附属机构。克雷默是学国际法的，就这样开始了与国际法相关的工作。一个德国武官想制止他在单人皮艇上挂帝国旗，他便与反对者对簿公堂，说根据国际法他想挂什么旗就能挂什么旗。但是墨索里尼统治下的意大利是不容蔑视第三帝国的，尤其是这两个独裁者越来越臭味相投后。1937 年，克雷默担心留在意大利不安全，便把妻子和儿子送回德国与母亲住在一起。在德鲁克的帮助下，他拿到了前往美国的签证。一开始他找不到大学里的工作，就在缅因州的一家土豆农场干活，后来在国会图书馆找了份工作，着手编“一部‘1815—1914年欧陆议会’方面的历史-司法参考书”。与此同时，他还在帮助导师施特鲁普和他的妻子，当时他们已经离开德国，想往西去，但导师死前最西也只到了巴黎。

克雷默从自己20世纪30年代的经历中学到一条重要的经验，他也将把这条经验传授给弟子基辛格了，即道德重于物质。他在1940年11月的一封信中写道：

> 我发现，即便是好朋友也指责我的信念太浪漫，很不切实际；我坚信政治领域跟其他任何人类活动领域一样，性格、价值和信仰至少与其他可以粗略说成“经济”的因素同等重要。我报复性地想，如果认为现实世界几乎是由包括“工资”、“原材料”和“工业生产”，或者其他可用确切数字来表示价值的物品构成的，那是何等痛快的事啊！说实话，我完全不懂任何略有历史知识的人，怎么就认识不到一个人对妻儿或国家的热爱、他的荣誉感、他的责任心、他为了某种思想或理想甘愿牺牲自己的愿望以及或许是看到美丽的日落而产生的对心灵的影响，这一切同样会影响我们的政治现实，就像一部劳动法会影响我们的政治现实一样。如果坦克兵不愿拼命为国而战，那么成千上万最现代化的坦克在保卫祖国时将不过是一堆堆废铁。如果运用法律的法官道德品质可疑，那么，最好的法律、最先进的法律也不过是一纸空文，白费纸张。

以上信条，克雷默毕生恪守。但是他承认时代精神的确是物质主义，欧洲如此（各种各样的社会主义彼此争斗），美国也是如此（经济学和政治学称霸天下）。就是在这个时候（可能是他跟美国知识界接触之后），克雷默对知识分子的抵触情绪更强了。他笔触沉重地写道：

“那些骄傲地、通常是傲慢地自称知识分子的人必须知道，一个‘聪明的’头脑也只是思考方法、分析方法层面的完美，而这并非这个世界上唯一的价值，更非世界上最高的价值。如果他们继续运用这样的头脑，而没有深深的信念、信仰和自我约束，那么人类文明很可能在劫难逃。”

1943年5月，克雷默应征入伍，有幸将言论付诸实践。美国军队对他的疑心应该比对基辛格的大得多。不错，美国军队马上要跟德国作战，克雷默有作战所需的那种知识。他不仅能说一口流利的德语、英语，还能说至少10种其他语言。但是他还有好多其他地方不对劲儿。为了保护还在德国的妻儿（母子俩直到“二战”结束都在德国），克雷默在入伍前填的表上明确声明希望不要攻打自己的祖国。事实上，他丝毫不反对攻打纳粹，但是“我做过律师，声明上的措辞都经过仔细推敲，希望一方面他们能招我，另一方面，一旦这份非机密问卷表落入歹人之手，技术上也不能指控我有‘叛国罪’，以免德国人报复我的家人”。这还不算。克雷默在联邦调查局的档案显示，起初，在美国大学校长、那位虔诚的卫理公会教徒保罗·道格拉斯的唆使下，联邦调查局对克雷默进行了多次调查；克雷默在国会图书馆工作期间就住在道格拉斯在华盛顿的家中。（道格拉斯起疑心是因为：克雷默的碗柜上贴着德皇威廉二世的画像；有着那种“明显的犹太人”的面貌；有怪癖，上楼不走楼梯，翻墙爬窗户。）另一个告密者犯嘀咕，克雷默“很可能百分之百地支持德国，但又肯定反对希特勒”。他舞技“一流”，因为没有其他衣服，总是马靴配马裤；他崇尚普鲁士君主主义，却也光顾新罕布什尔州奥尔巴尼市明显具有自由主义特色的世界友谊中心；已经有家室，却（有另一个告密者说他）“跟几十个女孩子关系亲密”。总之，克雷默可疑的地方太多了。所以，不难理解虽然他被直接派到专门培养审讯官的马里兰州的军事情报培训中心里奇营，却没有被战略服务局（美国中央情报局前身）选中，最后被分到第84步兵师。克雷默怀疑战略服务局的决定跟他“明显地怀疑东方（苏联）独裁”有关。但是美国有关部门对他的反苏情绪根本不当回事。

所幸亚历山大·博林将军没有联邦调查局的胡佛局长的烦忧。1943年6月，也就是盟军登陆诺曼底的那个月，博林将军接手第84师。博林是“一战”后被授过勋的老兵，“一战”前还曾率部亲征墨西哥抓捕革命将军潘乔·维拉，但未果，他比多数将军都清楚演讲可以鼓舞士气。据传他在一次训练中听到克雷默用德语厉声喊话。将军问：“士兵，这是干吗？”克雷默答道：“模仿德国人打仗的声音，将军。”之后，他很快就被调到总部。实际上，克雷默早就被调到第84师情报处，负责给士兵们讲“敌军作战秩序、一般性思想工作和时事”，后来博林才被任命为第84师师长。但是，博林发现了克雷默的才能，更重要的是，他意识到让派遣中心派来的这个滑稽的德国人来阐述为什么要打德国可能最有说服力。克雷默自己都说：“我可能比很多人都清楚什么是独裁以及为什么要打这场战争。”颇令人玩味的是，克雷默一直是二等兵。不过一位军官说得好：“他是没有军衔……但他能完成使命在很大程度上正有赖于此。”

5

一晃就到了1944年夏天，G连士兵们在路易斯安那州的酷暑中徒步行军10英里后正在小憩。突然，他们注意到一个戴着单片眼镜、手拿马鞭的二等兵跟他们喊话。他厉声道：“谁是这里的指挥官？”一名中尉吃了一惊，说他是。克雷默说："长官，我是将军派来的，我要跟你们连讲讲为什么要打这场战争。"

G连的士兵们听了他的演说后都很钦佩，而其中最钦佩克雷默的是基辛格这个二等兵。他后来回忆道："主题是战争的道德和政治利害关系……克雷默讲得很有激情，很深刻，很有感染力，好像是在对连队的每个士兵单独讲话。一生中我头一次，也许是唯一一次……写信给这个讲话的人，说他深深打动了我。"

基辛格这封信写得很幼稚，也很直接："克雷默二等兵，你好！昨天听了你的演说。确实就应该这么讲。我能对你有所帮助吗？基辛格二等兵。"但是克雷默欣赏基辛格不说废话。他后来回忆："他的信没有任何虚饰。没有那些'令人振奋''好极了'等我讨厌的词语。我说'这是一个有自制力和主动性的人'。"过了几天，克雷默邀请这位年轻人到士兵俱乐部吃饭。"他质疑了我的观点，也谈了他的价值观，"基辛格回忆，"这次见面促成了一种关系，改变了我的一生。"

我们似乎不必从心理需求的角度上臆测基辛格在人生的这个阶段需要一个代理父亲。克雷默可不是寻常角色：比基辛格年长，博览群书，"一战"后在几个重大智库经受过教育与考验，很有主见。他能大大方方地用德语讲德国思想。更值得注意的是，他几乎一眼就发现了基辛格在思想上的潜力。按他的说法，不到20分钟他就意识到"这个19岁的小犹太难民，尽管他的民族对迎面而来的历史洪流一无所知"，却和他很有缘分。基辛格有"一种透过现象看本质的迫切愿望。他想理解事情的真相"。基辛格"对历史有美妙的感悟力。这种能力不管你多聪明都学不来，是天赐的"。克雷默后来否认自己是基辛格的"伯乐"，他说自己只不过"唤起了他的本能"。他告诉爱徒："亨利，你这种人绝对是独一无二的，你怎么这么聪明？"后来，两人在欧洲共事，基辛格回忆克雷默“可以说是在教我历史。他对历史兴趣很大，我们晚上经常边走边聊，所以我一直以来都喜欢历史。克雷默……重点关注的是如何当好政治家，如何处理价值与行为之间的关系。他还关注社会对个体的影响，经常以历史事件举例说明”。

两人见面的时候，自然都深深懂得各自的命运将会怎样受制于历史的巨大力量或者说他人的治国安邦之术。

6

1944年9月21日那天或前后，英国首相丘吉尔乘坐轮船从基辛格身边驶过，完全不知道世界上还有这么个人存在。丘吉尔乘坐“玛丽王后号”豪华游轮匆匆赶回伦敦，5天以来他都在魁北克，带领英国军界最高领导人和美国的罗斯福总统及美国陆海军要员进行艰苦卓绝的会谈。基辛格二等兵呢，则搭乘着拥挤不堪的军舰前往西欧前线。

第二次魁北克会议在“二战”的关键时间点召开。1944年6月6日发起的“霸王行动”大获成功。盟军在诺曼底建立了桥头堡。8月15日的“龙骑兵行动”直捣法国南部，再获成功。9月，盟军步步深入，直抵荷德边境。在德国攻打苏联、美国加入“二战”以后，盟军的经济、军事优势极为明显，战争孰胜孰负已成定局。在东线：苏联红军发起“巴格拉季昂行动”之后，罗马尼亚和芬兰向斯大林求和；德国北方集团军被围困在拉脱维亚的库尔兰半岛。但是轴心国的军队远未被击溃，在魁北克作战的部队虽不至于扬扬自得，但也不时地表现出群情激奋。陆军元帅艾伦·布鲁克爵士前往加拿大时在日记里写道，丘吉尔“根本不了解详情”，他“不过是一知半解，满口无稽之谈，那些废话听得我怒火中烧”。丘吉尔强调要提醒罗斯福总统“当其他国家只是准备参战时，英国就在英勇作战了，要不是这样，美国恐怕只能勉强自保了”。英国提议进军奥地利，不让斯大林称霸中欧的野心得逞，但是罗斯福日渐软弱，尽管丘吉尔警告“苏联会很快侵占巴尔干地区，随后会出现苏联影响扩展到该地区的危险”，罗斯福似乎不为所动。英国还极力要求在对日海战中发挥更大的作用，丘吉尔坚决要求让新加坡重新“作战”。美国海军作战部部长欧内斯特·金上将明确表示，希望不出动皇家海军（他说皇家海军是个“累赘”）就打败日本，结果丘吉尔“出言不逊，脾气火暴”。后来英美两国又起争端，丘吉尔和罗斯福推出由美国财政部部长摩根索起草的计划，要把德国重新变成“一个以农业和牧业为主的国家”，这项计划遭到有先见之明的布鲁克的强烈反对，因为他认为“25 年后”还需要把德国当作盟国，“共同抵制苏联威胁”。

然而，首先必须击败德国。希特勒的部队已经退回到 1939 年前的第三帝国边境以内，打败德国似乎指日可待。有人竟希望可以“在圣诞节之前就结束战争”，似乎完全忘记了 30 年前也有人说过这种大错特错的话。罗斯福是对的，他警告说“不能认为德国已经出局，还有一场大仗要打”。到魁北克会议举行的时候，盟军在西欧的推进已开始失去动力。艾森豪威尔将军是欧洲盟军的最高统帅，勉强控制着自以为是的蒙哥马利元帅和嗜血成性的巴顿将军，两人对艾森豪威尔拉长战线、稳步推进的策略大为光火。就在魁北克会议即将结束之前，蒙哥马利大胆动用空军绕过齐格菲防线北部，但败走阿纳姆。更糟的是，盟军未能夺取斯海尔德河口，给持续补给带来困难，进而延缓了整个西线战场的进程。与此同时，德国的抵抗不但没有减弱，反而更为顽强，一方面是因为纳粹又是推行官僚统治，又是宣传，又是大搞恐怖活动，多管齐下，另一方面是普通德国人也逐渐意识到战败首先带来的将是严厉惩罚，之后才是和平。

这些情况美国第84师的普通士兵当然一无所知。1944年9月6日到7日那一夜，伴随着营区乐队演奏的欢快乐曲《远方》，他们告别克莱本营，情绪高昂。二等兵唐纳德·爱德华兹在日记里写道："人人都希望在法国获得的突破能持续下去，这样第84师就只是一支维和部队而已。"实际上，爱德华兹和别人打赌这场战争会"在三个月内结束"。火车上都是谣言："我们被派往中国、印度、缅甸、意大利、希腊、法国或英国。"但是这次行程相当长，火车足足开了两天多，一路经过孟菲斯、亚特兰大、里士满、华盛顿和巴尔的摩，最终开到了新泽西州的基尔默营。到了营地，服务店里的"很多人都说第84师会捡个大便宜。营地的一名骨干士兵说：'是啊，你们这帮人会捡个大便宜，你们是占领军嘛！'"

基尔默营中都是两层的木制营房，外面刷成五颜六色，比克莱本营美观，但是经过10天的训练和操课（中间也会穿插一些开心的讲话，比如教士兵们船要是沉了如何逃命、被俘了怎么办、如何"解决个人事务"等），部队就开拔了。士兵们吭哧吭哧地背着30磅重的背包和行李袋，坐了火车又换轮渡来到曼哈顿57号码头，登上一艘改装的城堡线游轮"斯特灵城堡号"。基辛格和战友们的兴奋劲儿转瞬即逝。G连官兵受命在大部队登船之前清扫轮船，还被指派当炊事员，全程协助船上厨师做饭。改装的游轮不仅狭小不堪，船上的厨房也是害虫出没，厨师都是满嘴脏话的英国佬。"问题是英国厨师做英国饭，吃饭的却又是习惯美国口味的美国佬……不是做得太生就是做得太熟，要么就是很少放作料。"咖啡喝起来"像泥水"，豆子"像鹅卵石"，土豆"硬得像石头"，肉“比石块还硬”。后来的情况更糟。9月21日“斯特灵城堡号”起航不久，在离纽约不远的地方就遭遇大雾。刚刚开出5个小时，轮船就撞上一艘油轮，只好抛锚过夜，亮着灯，鸣着雾笛，第二天上午返回码头。打赌在圣诞节前就能再见到自由女神像的人没想到这么快钱就到手了。整整过了一个星期，轮船才修好重新起航。

1944年9月横渡大西洋并非毫无危险，最大的危险还是源自德国潜艇。（仅1944年9月一个月内，就有13艘盟军军舰被德国潜艇击沉。）然而，“斯特灵城堡号”所在的护航队经过11天枯燥的航行后居然安然无恙地抵达了利物浦。那天的天气也没什么特别之处。一支英军乐队奏乐欢迎第84师官兵登陆，部队列队穿过城区抵达主要火车站，沿路看到极多的古老石头房子、靠马路左侧行驶的小汽车、窄轨火车头，很多人啧啧称奇。他们的目的地是温彻斯特和斯托克布里奇之间的一座乡村宅院克劳利庄园。对一些士兵来说，这是他们头一次见识英国的等级制度。一位在军官食堂帮厨的二等兵对一位战友诉苦：“这让我想起美国内战之前的南方庄园。所有奴隶站在一旁，无微不至地伺候主人。有时候不禁想故意洒点儿汤到某个人头上。”基辛格过得还不错，在伦敦有亲戚，放假那两天就去走访亲戚。其他士兵去伦敦玩时看到的是英国生活完全不同的一面。即便在“灯光管制”期（德军空袭减少后实施的部分灯火管制），皮卡迪利广场的“开放人肉市场”也是一个令人惊叹的奇观。士兵们都很想乘机大捞一把。10月底欧洲大陆传来的消息并不好。一名重伤员告诉第84师的新兵：“这些德国人是世界上最好的军人，只要有一线希望似乎决不肯投降，真是太厉害了！”

二等兵基辛格很快就会发现此言不虚。

第5章

—

生者与死者

所以我回到了我想归去的地方。想当年这些在战争废墟中的人，他们身居高位却又那么残忍、野蛮。而今，我这个自由的美国兵能来到这里，不禁深感自豪与幸福。

——1944年11月，基辛格写给父母的家书

这就是20世纪的人类。人们蒙受了深重的苦难，生死难辨，动静不分。那么，谁是死者，谁是活人？是木床上一脸痛苦地盯着我的那个人，还是佛乐克·撒玛，抑或瘦骨嶙峋垂首站立的那个人？谁是幸运的？是那个在沙地里画圈圈、喃喃自语着“我自由了”的人，还是埋葬在山腰之上的一堆堆白骨？

——1945年四五月间，基辛格

1

1944年11月1日至2日，美军第84步兵师从南安普敦横渡英吉利

海峡，在奥马哈海滩登陆。达到投票年龄的士兵在皇家海军“惠灵顿公爵号”上为新一轮总统选举投了缺席选票，罗斯福再度获胜，第四次当选美国总统。基辛格虽然到了投票年龄，却没有投票。这次弃选不免令人惊奇，因为他和战友老早就听人说他们是为宗教自由与政治自由而战。年轻的美国兵从登陆艇上爬下来，发现海滩和周围一片狼藉，诺曼底登陆战的残迹历历在目，他们不禁惊呆了。身背辎重行军10英里，再看到被焚毁的德国坦克时，他们也见怪不怪了。一时间大雨滂沱，士兵们20人一组登上一辆辆两吨半重的卡车。车队穿过圣洛，眼前的情景又让他们目瞪口呆：好端端的城市沦为一堆瓦砾。他们匆匆看了一眼巴黎就向北进发，经过比利时，继续前进，抵达荷德边境。

1944年11月25日，就在基辛格一家逃离纳粹迫害6年之后，基辛格再次踏上了德国土地。前面就是齐格菲防线，那是纳粹沿德国西部边境修筑的一道铜墙铁壁，有防御工事、坦克陷阱和碉堡。他感觉此刻像打了一场胜仗。那天深夜，基辛格给父母写了封信，信虽然写得仓促，却透出欢欣的情绪：

> 夜深了，手头时间不宽裕，但我必须写封信，这样才能说明我已神奇地“到了德国”。我真的成功了。屋外的黑暗包裹着这座城市，道路两旁坐落着一排排破败的房屋。人们在废墟中游荡。战争打到德国了。
>
> 所以我回到了我想归去的地方。想当年这些在战争废墟中的人，他们身居高位却又那么残忍、野蛮。而今，我这个自由的美国兵能来到这里，不禁深感自豪与幸福。

事实上，自从先头部队突破德国边境，于21日攻陷亚琛以后，盟军在齐格菲防线前可谓一筹莫展。德军补给线非常紧凑，而盟军补给线却拉得太长。入夏以来，盟军斗志丧失殆尽，德军乘机重整旗鼓，50个新步兵师和12个装甲师已整装待发，准备抵御盟军新一轮的进攻。基辛格所在的第84师是威廉·辛普森中将率领的第9集团军第13军的一支先遣队。德军用令人闻风丧胆的88毫米火炮（原来是高射炮，到1944年改装成坦克炮）对新来的盟军一阵猛轰。G连官兵在亚琛西北黑措根拉特镇附近的山坡上露营。一名士兵回忆："我们全都吓坏了，稍有动静立马卧倒。"

德军88毫米火炮尚未开火，美军便又遭遇了第二个敌人：泥泞。据第84师书记员回忆，天气"寒冷、潮湿、灰蒙蒙的，路上都是烂泥，甜菜地成了泥潭……一连几个星期不停地轰炸，重型机枪不停地扫射，卡车和坦克在路上碾轧，路面的泥坑越发深陷，除了士兵之外见不到一个人影，一切都糟糕透了"：

> 我们时不时会和敌人交火，有时几个小时就解决战斗，有时一打好几天。但我们一直都要和泥泞作战，每分每秒，苦不堪言。泥泞就是德国兵。不该沾泥的地方要是沾了一丁点儿泥，哼，就有你好看的！步枪进了泥就成了废物，你想开枪都开不了。泥水渗进鞋子、袜子，弄得你满脚都是泥。因为这些泥巴和脏水，战壕变成黏糊糊、滑腻腻、臭烘烘的牢房。泥水爬进你的头发、食物、牙齿、衣服，甚至你的脑海中。德军在齐格菲防线最大的盟友就是战壕足病。

有时候战壕足和冻疮的危害很大，严重的话甚至要截肢。此外，饥饿也是个问题。在他从"德国某处"寄出的第一封家书中，基辛格乞求父母不但要给他寄一条更换的围巾，还要寄"一些肉罐头、曲奇饼干和糖果"，还说："你们知道吧，我实在饿得慌。"

11月10日夜，在基辛格和战友抵达德国之前，第335步兵团已被派往亚琛附近的前线，临时被分配给第30步兵师。当晚，一支德国巡逻队靠近了基辛格所在连队的战壕，双方首次交战。然而，这还不是大战。11月12日，陆军3号令下达，派遣第84步兵师到亚琛以北执行任务，试图突破齐格菲防线，歼灭盖尔森基辛的德军（“剪刀行动”）。这项任务非常艰巨。乌姆河与鲁尔河之间是开阔、平坦的田野，完全暴露在德军视线之内，尽在德军火力控制范围之中。盟军前进要克服重重障碍：有一座座隐蔽性强的大碉堡，碉堡围墙高达6英尺，外面带有战壕；有一个个雷区，要用沉重的锁链扫雷；还有一个个被称为“龙齿”的反坦克锥，每个锥又包括三四排三角形的钢筋混凝土障碍物。不错，盟军有空军作战的优势，因为德国空军已经奄奄一息、不堪一击了。但是这种优势有时根本发挥不了作用，因为天气老是阴沉沉的，加之前线和后方之间的无线电通信经常中断。第84师的步枪兵艰难地穿过甜菜地，走过一个又一个村庄，向普鲁曼进发，沿途不仅遭到机枪手和狙击手射击，而且成为德军榴弹炮、迫击炮和坦克攻击的目标。

“老美”打仗很勇猛。11月19日黎明，第334团第3营成功击退德军第10装甲掷弹团，准备一举歼灭驻守盖尔森基辛的残余德军。但是这一仗打得很激烈。11月22日，G连官兵抵达格雷恩斯韦勒郊外，进入德军大炮射程，“每个人都以为第二天一早身边的人会死光”。G连官兵头两次在战斗中牺牲就是在此地。后来他们对由附近三个村庄（乌姆—林登—比克）构成的三角地带发起正面进攻，但没有拿下来，又有新的伤亡。第84师各个击破，这才推进到莱发斯，美国兵也就进入了德军在鲁尔河的打击范围。在一次进攻当中，第2营前线部队损失了一半兵力。

有一次，G连官兵被敌军机枪火力压制，机枪一秒钟射出25发子弹，发出像“撕窗帘”一样的声音。连队有几名士兵挂彩，一名军士阵亡，其他人只好挖战壕防守，但已是四面受敌。29日夜，“一辆德国坦克从右翼包抄，从背后打过来。几个德国兵从坦克上下来对我们喊话要我们投降。但谁都不理”。查尔斯·麦卡斯基少尉被狙击手击毙。“水很稀缺，士兵们常常从泥坑或坦克碾过留下的水坑里取水喝。很快他们就要吃雪了。”12月2日夜，G连已经连续作战4天，受命撤到帕伦堡稍事休整。第一次进攻后的星期天，几乎人人都要做礼拜。然而没过几天，他们又回到前线作战。很快美国兵就逐渐悟出这样的战争有一种新的危险：个别德国兵纪律涣散甚至假投降，这对未来的俘虏是致命打击。时间一周周地过去，那些“去喝啤酒”（挂彩）或“去酒吧”（丧命）的人越来越多。一名疲惫不堪的步兵嘀咕道：“离开战场只有两种办法，要么受伤被送去医院，要么被打死。”

美国步兵自然伤亡惨重。“二战”期间，在欧洲西北部，有将近110 000名美国士兵牺牲，超过356 000人受伤，56 000多人被俘。平均而言，美国步兵师的牺牲人数占总数的17%，受伤人数占总数的61%。基辛格所在的第335团第2营有近9%的士兵阵亡或受伤后不治身亡。但是基辛格所在的连队伤亡率特别高。连队原有182人，21人阵亡，40人受伤，1人被俘，损失超过1/3。所以，基辛格二等兵算是命大的，到欧洲后不久就从G连调到步兵师总部的情报处。根据基辛格的战争记录，从那时到战争结束，他是“负责团反谍队的特工，任务是保障战略部队的安全，阻止破坏活动，保障补给线的安全”。

现在基辛格有机会整理思绪了。11月29日夜，他又给父母写信，对周边环境依然不胜慨叹。

夜幕降临。苍白的月光照着这座德国小镇。泥泞的街道上空无一人。远处依稀传来炮声……

我就这样来到了德国。造孽者遭到了更大的报应。镇上没有一座房子是完好无损的。商店的门面被炸开，商品七零八落，扔得满街都是。房屋坍塌，瓦砾遍地，一片狼藉。大家住的房子没有窗户，只好用纸板替代，看不到街道，到处是泥坑。极不协调的是，扶手椅、沙发、图画、图书等私人物品也散落在街角、花园和屋子的过道。我们的总部设在一个废弃的火车站里。指挥塔成了废墟，一切都面目全非；栏杆被毁，只留下些许残迹，偶尔能见到和这种环境不协调的物件，如标着“开往……的慢车”和“开往……的快车”的指示牌。

基辛格的新工作是梳理盟军截获的德军信件以搜集情报，还有“疏散那些不可靠的德国公民”。起初他碰到那些要走的德国人时还会有一些想法，这一点表现得特别明显。即便是对那些他协助清除的“不可靠的公民”（即顽固的纳粹分子），基辛格也不无恻隐之心：“德国人现在尝到流亡、被迫离开心爱的地方的滋味了。我要协助部队把那些不可靠的公民撤走。你再怎么恨德国人也会觉得他们很可怜。一手拎着行李箱，一手握着手绢，与亲友分离。不过他们不会走远，很快就会回来。不会被人虐待。我们不是盖世太保。”他读了一封德国女孩的信，有一丝共鸣。

这封信饱含哀伤之情，表现了这场战争的特点。字写得很大，很孩子气，它们直愣愣地盯着我。一位少女给她牺牲的男友的战友写信。“……你了解他，知道我失去了什么。我无法相信再也见不到他了，这怎么可能呢！请相信我，这是一种巨大的痛苦，我想不明白，思来想去最后还得回到这一点，真是一场噩梦，全都是谎言，就是谎言。在这个疯狂的世界，这个世界就是疯癫的。我知道自己傻，我会等待我的汉斯。有一天他必须回来。”

但是基辛格有一个基本想法，毫不含糊：“说起来，是他们先动手的。”现在他们失败了。

基辛格和1944年年底的许多美国人一样，错误地认为战争即将结束。他告诉父母：“德国被干掉了。看一眼俘虏就清楚了，谁都认为他们赢不了……他们不再傲慢，不再趾高气扬。他们一脸茫然，蓬头垢面，慢吞吞地走进来。”他从截获的信件中也得出了同样的结论。

每封信中都透着一丝无可避免的悲观和绝望。请看这一段：“科隆成为废墟。没有煤气，没有水，没有电，两个星期没报纸了。最后会怎么收场？”再看这一段：“波恩遭到一场大规模恐怖袭击，12分钟之内被夷为平地。我们还活着。能活多久？”另一段：“你怎么不向美国人投降？目前这还是一条最佳出路。”诸如此类。有的建议装病，有的说想家人，全都是失败主义的口吻，希特勒主义竟把德国害到这般田地。

基辛格显然很喜欢他的新工作。他给家里写信说：“我每天要工作很长时间，7点起床，很少在凌晨1点前睡觉。我已经忘记放假是什么感觉了，不过有什么关系呢？我喜欢我的工作，这就够了。”然而，如果你以为他的新工作是个彻彻底底的闲差的话，那就错了。的确，他不用再蹲散兵坑了，而他那些G连的战友可是在那里度过了一生中最难受、最危险的冬天。但是，由于在战争的这个关头，战斗具有很大的变动性，一个步兵回忆：“很难描述真正的前线是什么样的，时而激烈，时而平静，变动不居。”当德国兵响应元首号召，发起垂死反扑，妄图夺回西线主动权时，基辛格特工很快发现自己身处险境，一不小心就会送命。

2

“秋雾行动”于1944年12月16日发起。希特勒痴心妄想，以为德国装甲兵会再现1940年5月的胜利，不费吹灰之力就冲破敌军阿登高地防线，直捣英吉利海岸。但是这场闪电战落空了。率先发起攻击的1 800辆坦克都仅有一箱汽油，只有截获盟军的油料管才能有机会按计划抵达安特卫普。然而，这次德军遭遇的抵抗非常顽强，远远超过4年前。在这次闪电战中，德军发起两次突击，塞普·迪特里希率领的第6装甲师准备攻打马尔梅迪和列日，不料渐行渐缓，止步不前。南部，哈索·冯·曼托菲尔将军的第5装甲师进展比较顺利。第84师担负起阻击该部的艰巨任务，但德国装甲兵还是打到了默兹河。

德军攻势并非仅限于阿登高地，在北部亚琛地区也有小规模进攻。然而，早在12月19日，第84师就准备向南急行军75英里。盟军在古老的瓦隆地区的巴斯托涅一带活动不大安全。附近的拉罗什和圣维斯即将被攻陷。如果盟军不能守住那慕尔与巴斯托涅之间的马尔什昂法梅讷，那么“德国人的坦克很有可能开到默兹河”。博林将军喜欢在前线指挥作战，12月20日上午9点，他和高级军官从司令部分坐两辆汽车前往阿登高地。此时战争的烟雾正浓；他们到达马尔什，天已黑了下来，路上挤满了逃难的百姓。城郊的德军坦克离市区不远，完全可以炮击市中心。第334团只好绕道避开敌控区。当时的局面一片混乱，有一次，博林不得不亲自指挥交通。

攻打马尔什的是德军第2装甲师和第116装甲师。据第84师书记员记载：“我们的左翼，在霍顿以北，毫无屏障，我们的右翼，在马尔什以南，也毫无屏障……第84师成为一座抵抗的孤岛，力图阻挡……德军装甲师汇成的一道洪流。”其中还包括配备88毫米火炮的虎式坦克。部队接到的命令是“不惜一切代价”守住马尔什到霍顿的防线。也就是在这个时候，德军要求被困于巴斯托涅的盟军投降。传单上宣称：“战争的命运在改变。这次美国部队……被强大的德国装甲兵包围。”（指挥第101空军师的安东尼·麦考利夫将军的答复无人不知：“都是些疯子。”）马尔什的美军防线非常稀疏，有时连队与连队之间竟有1英里多的间隙无人防守。美国部队英勇抗击德军装甲师，E连的一名士兵用反坦克火箭炮打掉了领头的德国坦克，制止了一次进攻。基辛格曾经所在的连队也有非常典型的战斗经历。他的战友们躲在散兵坑里瑟瑟发抖，暗自思忖：“德国装甲师铺天盖地而来，一眼望不到头……我们连鞋子都不敢脱，稍有不备就有可能被德国巡逻兵发现打死。”罗什福尔的战斗尤为惨烈，第3营死伤惨重，只好撤退。战后，媒体对此有生动细致的报道。

> 敌军的首次进攻在坦克和大炮的掩护下咄咄逼人，部队只好用手榴弹和其他近战武器把敌军从大街上赶走。敌兵尸体随处可见……整整一天，我们部队的人数虽然在逐渐减少，但我们奋力突围，打退了敌人一次又一次的进攻。下午3点，营长命令撤退，但I连报告车辆被敌军炮火摧毁。这时，营长派人向团里报告，没有退路了，所有道路被堵，补给也无法送达。（由4辆坦克组成的护卫队无法通行。）敌军火力很猛，街道成了活生生的地狱，营指

挥部周围的房屋全都被敌人攻占了。

即便是在美军成功守住防线的地方，扫荡行动也十分麻烦："每一座房子、每一座仓库都要进去搜查。"

阅读这些报道就能理解为什么基辛格认为自己的活儿很轻松。如果拿一名普通步兵的处境比较一下，他当时的工作其实是相当安全的。他在马尔什防御战一个月后给弟弟写信说道：

> 我说我现在不危险并不只是说说而已，的确是这么回事。一位风趣的战友前两天给妻子写信时就说："我这里一点儿都不危险，不过打完仗我可不会这么说。"
>
> 我是在……师总部工作，很自然只有在极为特殊的情况下这里的人才会有危险。至少任何前线都是这样，敌方空军和远程大炮几乎根本不存在。现在，毫无疑问，仗打了这么久，敌方的空军和炮兵已经完全不行了。因此，可以预见你这位心不在焉又轻微近视的哥哥哪怕会有朝一日上街被车轧死，也不会在战斗中被人打死。

这就是基辛格到美国后一直在磨炼的自嘲式幽默（无疑，一个高智商的德国犹太移民要赢得朋友，这一招最高明）。其实，他在马尔什的处境极度危险。诚然，美国有P–47"雷电"战斗机，还有第84师自带的能征善战的机动炮，但是这却不能阻止德国炮弹（有88毫米火炮、迫击炮，有一次还用上了V–1火箭炮）重创市中心狭窄街道上的师总部。

基辛格对自身所处的危险境地不抱任何幻想。第84师抵达马尔什之前，他看过"一份军事报告"，"报告以一种完全客观的口吻说，正在谈论的这个镇，也就是我们要去的这个地方，已经落入敌军之手……我们驱车直奔虎口……路上空荡荡的，似乎随时都会遭到伏击”。的确，美军在马尔什的地位风雨飘摇，1945年1月10日出版的《星条旗报》还表明此地仍然属于德国。基辛格以前是德国人，现在是美国兵，当然他还是犹太人，一旦被俘，必死无疑。另一位逃难到美国又返回德国作战的士兵回忆：“无疑你会想到有可能被捕……一个曾经信犹太教的德国人。再见了，查理！”毕竟，士兵的宗教信仰在身份识别牌的右下角是有标记的，犹太人的标记不是代表犹太人的J就是代表希伯来人的H。1945年年初，一整队德国犹太教出身的美国审讯官被德军俘虏，被当场击毙。美军书记员沃纳·安格里斯在诺曼底登陆后的第9天被俘，幸亏他有所防备，事先把身份识别牌上的H换成代表新教徒的P，才算逃过一劫。

基辛格不仅能说德语，还会一点儿简单的法语，而克雷默的法语则很流利。因此，当碰到那些担惊受怕的比利时百姓时，基辛格只好出面安慰他们，“没有人会打到这里来的”。他写信给弟弟：

> 肩披黑围巾的女人立即把我的话传给围观的人，一下子就围上来一大群人。拉丁语本来就在任何情况中都带有一种夸张性，在表述我这句话的时候越发夸张。你也许记得，“一战”期间法国的一位将军看到凡尔登堡垒烈焰熊熊的场面时曾经说过这句话。“二战”期间法国将军们对装备不足、领导无方的法国部队也说过同样的话，然而，凡尔登依然阻挡不了汹涌而至的德军洪流，很快便沦陷了。显然，语言的魔力是有限的。尽管我说了一些安抚民心的话，尽管我也知道德军实力有限，但心中仍感焦虑……看得出来，老百姓很绝望，他们显然不相信我们有能力保护他们，

这对部队的士气不无影响。

为了给自己和比利时人民打气，美国士兵就给路过的孩子扔糖果，只要看见一个姑娘就上去搭讪。

护送的队伍停了下来。我从卡车上跳下来，拦住一个骑自行车的姑娘，问她这个城市有多大，有多美。跟往常一样，一名男子用英语问我能否找个姑娘陪他上床。我正准备像以前那样回答："先生们，勾引是一种极为个性化的艺术，你想勾引姑娘请自便。"这时姑娘羞答答地说，她完全明白我的意思，虽然其他的英语她根本不懂。

这种轻松的场面对精神紧张的士兵来说无异于雪中送炭。当时流言四起，"德国兵穿着美军的制服，人们看见伞兵从天而降"。师总部派基辛格找个锁匠把市法院的门打开。美国哨兵"总会跃跃欲试"，所以这项任务并不困难。

我摸黑朝指定给我们的学校住处走去，三分钟内路上的卫兵就拦了我三次，每次都问我密码，口气听起来很不礼貌。（基辛格的德国口音也着实让人感到不大放心。）如果当时我知道了后来才知道的情况，即我们的左翼右翼都没有任何友军部队，我就不会那么开心，那么兴奋了。换句话说，我们孤零零地被"悬置"在那里，后面很远的地方才有部队，很容易被敌人堵截，他们神出鬼没，而我们的左右两翼毫无防备。我们驻守的城市根本就不是前线，不过是路中心的一个据点，我们的任务是保卫这条路，不让敌人通行……后来，形势越来越危险，只是听听枪炮声就知道有多危险。

基辛格在马尔什的难忘经历带有某种不切实际的成分。这一方面生动地说明美国士兵在被解放的国家很受欢迎，另一方面也突出表明了他的处境有多危险。当时他们奉命住在学校，一天晚上他下了床，发现地窖里有灯光："只听见一个老式留声机播放的乐曲声和窸窸窣窣的舞步声。几个士兵高喊我的名字，就像中学生在酒吧喝酒时无意间见到一个朋友。其实谁都没有喝酒，但是只要有姑娘在，他们就已经微醺了，来劲儿了。"

这些士兵大多是部队报纸的记者，招待他们的是一户比利时人家："妈妈心宽体胖，满脸笑容，非常友好。爸爸也笑嘻嘻的，是学校的门房。他们的几个风格各异的女儿、女婿以及女儿们的女性朋友也在场。"很快，这些年轻的男男女女就跳起舞来。

> 厨房的炉火很旺，整个房间暖融融的。跳舞的时候经常是我们撞到别人，别人也撞到我们，额头开始冒汗了。有个女孩是"外地的"，家住大城市，性情温柔，舞跳得好极了，她本来是来看朋友的，没想到现在回不去了……大伙都上来拉我去跳舞，我的步枪、头盔和刺刀只好都扔到角落里。姑娘们发现我居然能用法语开玩笑、讲笑话，不禁开心地低声尖叫起来。我一时兴起，跳了几段苏联舞[①]，大家玩得更欢了。战友们开始握住姑娘们的手跳舞，一名会讲法语的上尉坐在角落的沙发上和几个比较成熟的姑娘谈一些正经的话题。一个穿黑衣服的姑娘告诉我们，她丈夫被德国人打死了，因为他做的是地下工作。她不知从哪里掏出了丈夫的照片给我们看，一时黯然神伤。这家的父母两人连比带画

① 这段几乎可以肯定是克雷默所写，而非基辛格。前面关于"勾引的艺术"那一段似乎也更可能是克雷默的手笔。

跟我们讲述被占领期间他们遭的罪，说到后来总要问到那个问题：你们看他们会再打回来吗？我们只好继续撒谎安慰他们，其实我们知道，就在小镇南部和西南部6英里的地方，战斗依然在进行。

第二天晚上大家又聚在一起，跳舞跳得更亲密了。

我们又到厨房跳舞，厨房里好热。我们玩游戏（要开展一些不那么微妙的活动，应该用微妙的谈话艺术来开场，但有些人就是不信，总喜欢一上来就玩游戏）：游戏的结果无一例外都是某个小伙子一个劲儿地亲吻一个姑娘，其他小伙子则搂着姑娘又像跳舞又像散步似的在房里转圈圈。我捡了个大便宜，选中那个性情温柔、长相好的大城市来的姑娘当我的舞伴。

这时炮弹开始轰炸。窗户玻璃震碎了。守卫这座房子的士兵噔噔噔地跑下楼梯躲起来。炮弹很近，似乎就落在学校后面的院子里。有人嘀咕道："该死，这一炮太近了，离我们也就不到20码。"跳舞的年轻人发愁了，要是德国人占领了马尔什，可能会抓他们当劳工。其他的人又开始问懂法语的美国士兵："我们该离开这里吧？最早明天上午就走吧？"基辛格差一点儿脱口而出："赶紧离开这个陷阱，尤其是小伙子！"但还是忍住没有说出来。与此同时，"那个战前出过一本书的男人"文学气十足地"问那个大城市来的性情温柔的姑娘，她最希望男人有什么气质。姑娘脸色苍白地说，'温柔'"。炮弹还在不停地发射。

每过半分钟左右，地窖都会痛苦地颤抖。那群人中没有一个人尖叫，甚至连小孩子也不叫喊。女人开始祈祷。士兵们压低嗓门谈论着大炮的口径大小、离地窖多远、炮弹是什么类型的。气氛很快紧张起来。地窖似乎变成了一艘长期潜伏在水下的潜水艇。

就在这个节骨眼上，基辛格（和克雷默）做了一件大蠢事。

基辛格感到“很无助，很烦躁”，焦虑不安，“脑子里一次次地闪过这样一幕：这些人面色苍白，突然倍感疲乏，身体斜靠在砖墙上，这时一发炮弹落到他们中间”，想到这里不觉“神情沮丧……就这么白白地、毫无挣扎地去送死，多么可笑，辛辛苦苦奋斗了这么多年，坚持了这么多年，就这么不加反抗地在地窖里被打死，没有丝毫作为，甚至连是谁射出炮弹也一无所知”。他不愿意，或者说也不能够在这个像是事先备好的棺材里待下去，于是他问有没有人敢和他一起“去看看外面是怎么回事”。他是虚张声势地笑着说的。其实，基辛格对弟弟承认他这么做不是因为勇敢而是他有幽闭恐惧症。另一个当兵的知识分子（曾经的数学家）自告奋勇地跟他走了，“他的想法在某些方面跟我的一样抽象”。有人响应了，马上就产生了心理作用：两人“被自己的冒险精神打动了，很兴奋”，爬上楼梯，冲上街头，“很紧张，但不怎么害怕”。当然这是很不理性的行为。的确，学校地窖不是百分之百的安全之地，但是在炮火这么密集的情况下在外面走动，死亡或重伤的风险自然会大大增加。基辛格和同伴也想不出能做点儿什么，只好去法院，即他们的办公地点。他们很惊讶：“军官们衣着相当整洁……照常工作，没有任何受干扰的迹象”，“工作人员照常用打字机打着命令”。密集的炮火似乎已经停了，尽管基辛格当时心情焦虑，想不起来从地窖里出来以后炮弹是否还在发射。他也不知道该做什么，便回到学校三楼的卧室睡觉。他偶尔“想到会被正好击中三楼的88毫米炮弹炸飞到街上”，因此他没有睡在天花板上一根大梁的正下方，他很快就睡着了，“偶尔会被吵醒，因为（天知道是我方还是敌方的）大炮声有时特别响”。

“二战”期间盟军牺牲的士兵中约有3/4死于大炮、迫击炮、手榴弹和从飞机上投下的炸弹。如果那天晚上基辛格二等兵遭遇不幸，那么在敌军炮火下因鲁莽而送命的长长的美国兵名单上就会增加一个名字。这次蛮干有三点很突出（且不计克雷默刻意的文学创作对那封信的影响）。第一是我们的主人公感到“辛辛苦苦奋斗了这么多年，坚持了这么多年”，因此不愿在拥挤的地窖里坐以待毙。第二是他有冒险精神。第三是他虽然内心恐惧，却能表现得若无其事。这些特征将在基辛格战后的岁月中多次重现。

3

据说第84师大部队撤离马尔什以后，依然有一小部分士兵留守，基辛格就在留守士兵之列。此言差矣！就在他把自己暴露在敌军炮火下的那一天，他已撤走了，因为师总部转移到了离前线几英里的一座城堡里。离开马尔什，基辛格并不难过；他“感觉德军已经很近了”，也不羡慕以前的那些战友：“他们既是英雄，又是被抛弃、要牺牲的人”，现在他们要留在这座可怕的空城里。他们以为要打一场“硬仗”。仗没有打起来。据第84师书记员记载，攻打马尔什是“曼托菲尔的最后喘息。德军进攻默兹河的脚步到此为止”。

仅仅过了几个星期，基辛格就接到上校的命令，去买些“上好的比利时烟斗”，他便又去了趟马尔什。他完成任务后拜访了几个人：首先是去了“我曾经平安无事地住过一晚的那户人家，那户人家有一个非常漂亮的女儿”，他“吻了那个女孩的手，她见基辛格来访还有点儿惊讶”，还画了幅苏联军队东进的草图给那位父亲看。此后基辛格探访了那座老校舍，只见到那家的母亲和以前没见过的祖父。基辛格成功保卫过马尔什，这次回访受到热情接待：“他们不停地给我们倒咖啡，要我们吃美味的面包，黄油很地道，李子果酱是自己做的，吃了一个嫌太少，他们一定要我们吃两个、三个、四个才罢休。”那时城市已经由英军第53师接手，他们以一种带着优越感的口吻对美国兵说他们来救援了，“我们是来支援你们的”。

“二战”仍在进行，现在到了突出部战役阶段。1945年1月3日，盟军兵分三路进攻德军在发起阿登攻势后建成的阵地。巴顿将军的第3军从巴斯托涅向北进攻，蒙哥马利的第30军团及他指挥的美国第1军，包括第84步兵师，从马尔什向南进攻。盟军进攻本来主要是采取坦克战，但是将军们对天气估计不足。突降大暴雪，气温从13摄氏度陡降至零度以下。路上结的冰很厚，坦克直打滑。因此只好改由步兵打头阵。

亚琛的泥泞土地让状况很糟糕，而阿登地区（“比利时的西伯利亚”）的冰更糟糕。据撰写G连历史的老兵回忆：“我们总以为地狱是个很热的、火热的地方，但是在阿登地区，我们发现地狱是一个极寒冷的、冰冻的地方……部队官兵的情绪极为低落……天气糟糕得很，士兵们只好靠挖地来取暖，都不敢睡觉，一睡觉就会被冻死。”

盟军也不只是与严寒作战。德军虽然开始撤退，没有任何再次反攻的希望，但丝毫未失去斗志。他们的坦克和大炮依然能够对缓缓推进的美军施以重创。突出部战役中的一个尤为致命的危险是炮弹落到林区而引起的“树木断裂”，这让部队饱受树木断枝和碎片之苦。盟军指挥官决意不让德军有序地撤退到齐格菲防线，所以官兵们只能穷追猛打，很难有喘息的机会。

基辛格不再是步兵了，但他和师总部其他人员离发起攻势的美军后部并不远。他们自然不像G连官兵那样暴露于敌军的轻型武器火力之下，但在应对寒冷、炮弹和疲惫上也强不了多少。基辛格从未想过让自己表现出战斗英雄的姿态，而是恰恰相反。但是他的战友戴维·莱恩1986年出版回忆录确认，突出部战役结束后，第84师到达古维时，基辛格也跟普通步兵一样经历了很多危险和艰辛。从第84师和G连的历史我们可以追溯他那漫长而艰苦的旅程：从都尚到萨姆雷，从贝里斯梅尼尔到奥洛蒙，从比龙城堡到拉罗什，最后再到胡法利兹。胡法利兹沦陷标志着这场战役的结束。这是整个战役中最艰难的一仗，第84师获准在克索里好好休整的时候已经伤亡惨重。

突出部战役结束了，但“二战”并未结束。说实话，2月7日，第84师官兵发现他们又回到了齐格菲防线前面，也就是德军发动阿登攻势前夕他们所在的大概位置，一切又得从头开始，这些人不免郁郁寡欢。师总部现在设在林登，正是在这里部队谨慎制订了“手雷行动”计划：横渡鲁尔河，但德军炸毁堤坝，淹没了周边乡村的大部地区，给行动实施造成了更大困难。2月23日，经过一阵猛烈炮轰，第1营率先渡河，迅速挺进科伦齐格、鲁黎世和巴尔，德军发起反攻。两天内第84师夺取了德国的胡弗拉特、黑策拉特和格兰特拉特。寒冷、天气晴朗、地势更加开阔，这些意味着盟军可以充分利用空中优势。尽管一开始德军出动了一些新型飞机，G连官兵却不怕德国空军，他们害怕的是德国狙击手。他们还首次遭遇非正规编制的民兵：几乎未经训练、装备很差的一群群少年和老人，这清楚地表明第三帝国已经没有能打仗的军人了。就在这个时刻，1945年2月最后一个星期，美军开始抓获大批大批的德国国防军俘虏，这明确表明德国已无力抵抗。

天气好了，德军抵抗能力就差了，这意味着美军终于可以加速前进，因为这时候坦克兵可以代替步兵打头阵。第84师官兵发现现在自己作为“教堂特遣队”的一部分打的这场战争跟以前很不一样。部队经过在阿登高地的艰难跋涉后，在德国行军完全是“长驱直入”，“刚才还在这个城市，转眼又到了下一个城市”。博林将军再次于前线指挥作战，机动化先遣部队开道，步兵扫尾。胡弗拉特、哈贝克、戈尔克拉特、霍芬、根霍夫、格尼肯，所经地点的名字像走马灯一般掠过，一般士兵很快就记不清了。美军从叙希特尔恩往北扫荡，仅遭遇了几次顽强抵抗，德军措手不及，还以为美军会朝正东方向挺进，攻打德国重工业腹地鲁尔地区。在拿下博伊斯海姆之后，美军才挥师东进，进军克雷菲尔德。3月4日，第84师首批官兵在莫斯村度过“一个狂欢之夜、一个疯狂的射击派对”，“就像是黑帮混战”之后抵达莱茵河。克雷菲尔德反而没怎么抵抗就投降了。虽然柏林早有计划要将克雷菲尔德变成“西方的斯大林格勒”，或者如果必须放弃这座城市的话，就只留下一片焦土，但负责防御的指挥官认为在装备不足、防守不严的情况下与美军做殊死一搏毫无意义。无论如何，德国需要动用一切可以动用的兵力阻止美军占领乌丁根的跨河大桥。

美军在比利时被人们奉为救星，到了德国，民众的态度则大相径庭。马策拉特是第84师攻下的第一座德国城市，人们没有受到什么伤害。美国士兵很惊讶，德国民众怎么都忧心忡忡的。据第84师书记员记载：“显然有人跟他们说我们会把他们统统杀掉。”相反，克雷菲尔德的“整体氛围是顺从的，很多民众甚至是很配合的”。美军进城时有些人手挥白手绢和白纸，但是白手绢也好，白纸也好，都是表示投降，而不是欢迎。美军在克雷菲尔德休整了近一个月，逐渐意识到“他们肯定不需要我们。我们到过很多地方，德国人是最不友好的”。

有传言说“基辛格这时已被任命为克雷菲尔德行政长官……他命令每一个市政项目的负责人，无论是管燃气、管水、管电的，还是管交通、管垃圾的，都要向他汇报……8天之内就建立了一个平民政府”，此前已“取缔了纳粹政府”。在盟军占领德国早期，如果这样一个德国裔的士兵被授予如此高位，那么必然是尽人皆知的。然而，除了一封克雷默于1949年为他写的推荐信外，没有任何实质性的书面证据支持基辛格曾担任上述职务的说法。的确，有件事很明显，涉及美军占领时期的克雷菲尔德的学术文献全都没提到基辛格的名字，尽管他确确实实在那里住过三个星期。

克雷菲尔德是英国皇家空军进行战略轰炸的德国工业中心之一，1943年6月和1945年的1月到2月都是主要空袭目标，到1945年3月，这里已是千疮百孔。约60%的房屋遭到破坏，27%已荡然无存。1939年这里的人口为172 000人，美军进驻时仅剩下110 000人。留下来的这些人实际上已转移到巨大的混凝土防空洞里，过着地下生活。《每日快报》记者艾伦·穆尔黑德和《每日电讯报》记者克里斯托弗·巴克利抵达克雷菲尔德时发现数以万计的德国民众生活在城市主火车站下面的地堡里，生存条件极为恶劣。对那里的人们来说，“战争结束时，几乎所有正常的生活都被毁了”。乌丁根也有一个类似的7层地堡，美军发现里面既没水也没电。此外，纳粹政府直到最后还在优先考虑维持鲁尔地区的经济发展。尽管邮电、电话、交通、供电、供气、供水等主要公共设施有时遭到破坏，但其仍然在继续运行。食物和煤也一直维持着供应。美军占领克雷菲尔德时缺少的是地方政府。几乎所有官员，包括市长、警察局局长、政党首领都和所有正规武装部队一道在3月1日前横渡莱茵河逃跑了。这座城市连投降代表都没有了。

缺乏管理的城市让美军大吃一惊，他们还以为会遭到那些迫切要求回到地面生活的狂热的、不寻常的德国人的抵抗。为慎重起见，美军决定让德国人每天在防空洞里只待一个小时，并实行艾森豪威尔将军下达的反亲善政策。结果就出现了无政府状态。久经沙场的美国士兵突然之间无仗可打，顿时无法无天，为所欲为。在G连官兵眼里，“拿下克雷菲尔德简直太轻松了，不费一枪一炮。有很多好玩的地方，葡萄酒、白兰地、烈酒，应有尽有”。世界上最会聚众寻乐的军队非美军莫属。几天之内，“酒吧、商店、法院就出现了15部放映机；有莉莉·庞斯参与的美国劳军演出、师部乐队的演出、红十字会姑娘们的来访，还有甜甜圈”，甚至连冰激凌都有了。但是这些官方准许的乐子远远没有非法的深入当地的玩乐那样受人欢迎。在第84师美军步兵眼里，有了皮卡迪利广场的经历后，再也没有那么好玩的了。

在德国民众看来，虽然美军的确帮他们推翻了纳粹统治，但却在民房里乱搜一通，但凡值钱的东西都据为已有，至少出了三桩强奸案。若家里房子完好无损，主人马上就会被赶走，为美国军官腾地方，因为有选择地执行的严禁亲善的规定禁止德国人和美国人同住一屋。宵禁规定也是因地而异，要看驻军是第84师还是第102师。美军到处抓人，很多时候平白无故就把人带走。最糟糕的是，报复心重的东欧劳工恣意横行（这些人很快就成了“难民”），他们将沃斯街的食品店洗劫一空，还掠夺了附近的农场。据记载，多达24名德国人在暴力抢劫中遇害。

家住林恩市郊的一位老人参加过“一战”，反对纳粹统治，他认为美军占领德国后带来一片混乱。他4月9日的日记概括了他的幻灭感：“不管白天黑夜，抢劫、盗窃是家常便饭……叫人想起三十年前的战争。”另一个人在日记中哀叹，决定把德国人限制在防空洞里唯一的作用就是不让他们过上正常的生活。还有人诉苦，一群士兵不光抢了他们家的东西，还故意捣乱，“像疯子一样”撕书。有人抗议美军对他们的“盟友”东欧劳工的杀人行为简直视而不见，一名美军翻译毫不隐讳地告诉他：“我们来德国不是从苏军手上解放德国，苏军是你们自己招惹来的。美军来是要从德国手上解放荷兰、比利时和法国。”这种态度在美军中相当普遍，那些旨在证明反亲善政策合理的反德电影、反德文学还从旁积极怂恿。虽然有基辛格掌管克雷菲尔德的传言，但直到4月23日明显更宽宏大度的英军接手这座城市以后，这里才重新出现有序管理的局面。

4

那么，基辛格在克雷菲尔德的真正作用是什么呢？1947年他提交的哈佛大学申请书上说得很清楚：“1945年2月，我开始负责团部的反谍报小组。主要任务是预防间谍和蓄意破坏，例如突出部战役期间德军大规模的渗透行动。”该小组的次要任务是解散纳粹党、逮捕高级军官等指定人员进行审讯、阻止纳粹分子进入行政部门。换句话说，恢复行政管理不是美军首先考虑的问题。基辛格自然也在恢复基本的公共服务上做过一点儿工作，但这也是为了满足美军的需要，不是帮助德国民众。重中之重还是消灭纳粹，这是美国政府矢志不渝的信念。

美国认为1945年的德国是狂热的温床，这一点并没有错。尽管大多数德国人饱受战乱之苦，盟军胜利后不管哪个国家来统治他们，这些人都会俯首帖耳，但还是有一撮效忠希特勒政权的忠实信徒准备血战到底，让国内外的人不得安宁。美军对德国1945年的狂热氛围的描述可能有所夸张，但也绝不是凭空想象的。陆军战略服务处心理战部门主管索尔·K. 帕多弗是抵达克雷菲尔德的首批美军德国问题专家之一。他对德国的第一印象正好相反。他头一天晚上住在一个老人家里，老人极其胆怯，简直就快要精神失常了。但是第二天带他在满目疮痍的市区参观的希特勒青年团成员依然狂妄自大，他们似乎被纳粹宣传部部长戈培尔彻底洗过脑。奇怪的是，就连十多年来韬光养晦的社民党和天主教中心党前成员也似乎与世隔绝。帕多弗约见了一些人，因为美国人想弄清哪些德国人可以合作。对于那些自告奋勇的人，他们当然是有疑心的。一个叫理查德·洛伦森的官员在纳粹市长临走前得到授权组建一个"残余政府"。3月的头一周局势一片混乱，洛伦森主动向美军做自我介绍，说明自己的职位，推荐任命克莱沃市前市长、反对纳粹的律师约翰内斯·斯蒂普基斯博士为克雷菲尔德市市长。但是这两个人可信吗？突然，部队需要有人快速准确地核查那些有可能投靠美军的德国人的背景，以便清除那些死心塌地的纳粹分子。要执行这项任务，找基辛格算是找对人了。

"管理……并不是占领部队面临的唯一问题。"现存最早的一份报告开头是这么写的。这份报告是身为情报部门特工的基辛格和同事合写的，时间是1945年3月17日，当时美军占领克雷菲尔德才刚过半个月。"还有一个政治问题。12年来，纳粹牢牢控制着公职人员。因此，官僚主义和纳粹主义在民众心目中几乎成了同义词。所以，由占领军组成的管理部门有责任清除市政府里的纳粹团伙。"这份文件是在8位知情人提供的证词基础上写成的，其中包括牧师和1933年之前的社会党或自由党党员，美军认为这些人是反纳粹的，因此文件很可靠。洛伦森、斯蒂普基斯及其秘书汉尼克·凯斯廷都被鉴定为非纳粹分子。但是其他10名官员就难说了，其中包括市审计官、督学、证照管理局局长，甚至是屠宰场负责人，这些人要么被定为"狂热纳粹分子"，要么被定为“机会主义者”。他们要被集体辞退的消息很快传开了。那位家住林恩的人在3月28日的日记中欣慰地写道，“一些纳粹政客”被美国人开除公职。基辛格的新工作开始了：揪出纳粹分子。有一份日期为1945年4月18日的极为详细的有关克雷菲尔德盖世太保情报部门的报告，几乎可以肯定基辛格是执笔人之一。这份报告的写作方法和行文风格与后来的一份有关达姆施塔特盖世太保的报告非常相似，而那份报告上就有他的签名。

消灭纳粹的过程就其本质而言既是一种历史研究的实践，也是心理学上的演练。从往来的人群中辨认出狂热纳粹分子并非易事，虽然审讯可疑人员可以得到一些证据，但辨别工作也不会因此而轻松多少。现在我们知道，最大的困难在于判断希特勒政府的反动势力在多大程度上是针对犹太人和在意识形态上遭到诬蔑的少数群体，比如共产党员和耶和华见证者的。1933年，犹太人不到全市人口的百分之一，但是在该市的十多个盖世太保军官所做的3 500次调查中，犹太人和其他可疑人员占一半以上。换句话说，“一般德国人”和政府目标敌人之间存在明显的区别。前者不会遭到骚扰，犯了法也会从轻发落，后者却是盖世太保一贯迫害的对象：暗中监视、骚扰、毒打、折磨，把其中有些人赶出国门，1939年以后更是频频使他们亡命天涯。1942年夏，该市几乎所有的犹太人都被送到死亡营。只有跟其他民族通婚的犹太人留了下来，而盖世太保也恨不得置他们于死地。“二战”结束时，没有离开德国的832名克雷菲尔德犹太人中有90%已离世，其中只有83人是自然死亡。基辛格到那儿的时候只有4个犹太人还在，而且都藏了起来。相反，被盖世太保调查的一般德国人中只有1/10最后被送往集中营或进行保护性监禁。实际上，普通德国人既有可能向盖世太保告发别人，也有可能被盖世太保调查。2/5以上的针对市里犹太人的案子是因告密引起的，是盖世太保及其间谍主动调查的案件的两倍。不难指出谁是罪魁祸首，比如1940—1945年的盖世太保头子奥古斯特·席费尔和路德维希·荣格。难就难在如何区分少数的主动行凶者和仅仅因为一些恶意或冷漠而助纣为虐、害死犹太人的大多数德国人。幸存下来的受害者中很少有人做证，那些帮凶中也很少有人愿意道出真相。

正因为基辛格有本事克服上述种种困难，所以他才得到了晋升和嘉奖。然而，这其中也有重重谜团。比如，最近有人回忆："1945年4月，基辛格扮成德国平民，穿过敌军封锁线审讯纳粹士兵，无人不知。他有勇有谋，被授予一枚铜星勋章。"实际上他的导师克雷默最后因落在敌军封锁线内而被捕。后来他劝说追捕他的人放下武器，这才脱身归队。因此，部队授予克雷默一枚铜星勋章、一份战场委任状。现在他和基辛格成了铁哥们儿。基辛格回忆，夜晚不执勤的时候，他俩就"在灯光全部熄灭之后……漫步于千疮百孔的城市街道，克雷默边走边跟他讲历史，讲战后面临的挑战，嗓音洪亮。有时还讲德语，挑逗那些精神紧张的哨兵"。其实，基辛格获得铜星勋章不是在克雷菲尔德，更不是在敌军封锁线内，而是在莱茵河对岸；1945年4月1日，基辛格和第84师战友一道从韦塞尔渡过莱茵河。

5

欧洲的战争打到最后阶段，美军捷报频传，全军士气高昂。跟诺曼底登陆后的艰苦跋涉相比，美军从莱茵河打到易北河的过程可谓摧枯拉朽、势如破竹。但是，后勤保障问题却越来越多：如何为这支高度机动化的部队补给汽油和轮胎？如何让这支历史上补给工作做得最好的部队一直得到充足的食品供给？通常都像在克雷菲尔德一样，德军几乎毫无抵抗。（说来好笑，在被狂轰滥炸过的地区，民众大多会举起白旗欢迎盟军，而离工业中心较远的地区一般不会有这种情况。）士气低落的人民冲锋队（部分成员仅有11岁）也很容易缴枪投降。盟军解放了德国，东欧劳工兴高采烈，尽管这些人还是难以克制自己的报复和掠夺行为。

然而，美军间或也会遭遇国防军尤其是党卫军的顽强抵抗，他们不打完最后一颗子弹绝不罢休，虽然还谈不上血战到底。第84步兵师渡威悉河时遭到对岸德军的疯狂阻击，后来渡比克堡河时又是如此。事到如今我们还是弄不明白，那些年轻的德国兵有时就只有一支反坦克火箭筒或一挺机枪，却对大敌当前毫不畏惧，也不管明显要战败的结局，甘愿冒险甚至不惜牺牲。这些人在多大程度上是因为受到胁迫才这么做的，一时还不得而知。当时因散布失败主义论调或犯下类似罪行而被集体处以绞刑的德国兵数量急剧上升。一个更为明显的解释是，很多德国青年本来就是狂热纳粹分子，有可能是他们接受的教育或他们接触到的宣传信息鼓动了他们，也有可能是两者同时鼓动了他们，他们甘愿为第三帝国迎接瓦格纳歌剧《诸神的黄昏》歌颂的那种悲壮的结局。这种判断说明像基辛格这样的特工的工作更重要了。如果纳粹政权真的计划跟占领军打一场游击战或恐怖战，就必须乘其立足未稳之际将其一举歼灭。过了这么多年，我们现在都知道，当年西方列强曾占领的德国地区又重整旗鼓，成为经济活跃、政治民主的德意志联邦共和国。但是在1945年，这种皆大欢喜的结局似乎毫无可能。实际上，在第三帝国那硝烟尚未散尽的废墟上，完全有可能发动一场反盟军的暴动。别忘了，在德国投降前后，有3 000到5 000人遭到希特勒团伙成员的暗杀。

4月9日，即戈培尔的狼人广播开始煽动暴力游击战8天之后，第84步兵师神气活现地乘坐谢尔曼坦克抵达汉诺威郊区。第二天大雾，美军发起攻势，把德军打了个措手不及。战斗很快结束。跟在克雷菲尔德一样，美军士兵很快就开始痛痛快快地享用“数不清的美酒佳肴”。基辛格刚刚被提升为中士，他发现当地人“很温顺。事实上，我们的吉普车一到，很多人就围上来欢呼，一时间我感到自己仿佛到了比利时。不过很多人发誓这不是比利时”，这说明那段时间亲善政策执行得不错。

现在反谍报小组就要开始处理难题了。4月13日，基辛格和另一名特工罗伯特·泰勒逮捕了一名汉诺威盖世太保的成员维利·霍格并进行审讯。霍格交代有6名盖世太保成员留在汉诺威，是地下抵抗组织的骨干。第二天一早，基辛格和泰勒带领武装人员突袭了6名嫌疑分子的家。只有赫尔曼·维蒂希一人在家，不过他们把6个人的妻子全逮捕了。审讯维蒂希之后又查出两个人，马上又把这两个人逮捕。阿道夫·林内一直被追到戴斯特森林边上的一处农舍里才就范，埃里希·宾德尔则是在附近一家农场被抓捕的，他用假名在农场做工。宾德尔是涉事的盖世太保军官里职位最高的，审讯他以后才确切证明霍格的说法是真实的。这些被捕人员的证词很重要，一方面他们承认参加了针对美军的一场蓄意破坏活动，另一方面也证实了此前他们在欧洲德占区各地犯下的种种暴行。

正是因为基辛格捣毁了盖世太保的这支潜伏小组，所以4月27日他被授予铜星勋章。官方嘉奖令说得比较宽泛：“1945年2月28日至4月18日，在德国对敌军事行动中立功。”他的上司写道：“在汉诺威事件中表现突出”，反映出基辛格具有“非凡才能”。4个月后，基辛格被晋升为上士。官方表扬信称：“他对德国人非常了解，有很强的语言能力，所以抓获了多名纳粹高级官员，包括十多名盖世太保的特务……这个年轻人工作非常认真。”

情报特工基辛格恪尽职守不足为奇。盟军占领德国期间，每天都会有骇人听闻的纳粹暴行罪证浮出水面。基辛格离开纽约之前，他和家人已得知后来广为人知的大屠杀。早在1942年12月，布罗伊尔拉比就公开谈到“难以想象的大规模屠杀的消息，我们数以十万计的不幸的兄弟姐妹蒙难”。后来他还谈到“被野蛮犯罪行为夺去生命的受难者”“不可胜数”。但是亲眼见证种族灭绝的结果更令人触目惊心。

4月10日，就在基辛格搜捕盖世太保潜伏小组的前几天，他和第84师战友偶然发现了阿勒姆集中营，真正目睹了大屠杀。基辛格多年来对这件事一直避而不谈。事实上，只是因为后来他的一位战友、无线电操作员弗农·托特决定公开发表当天拍的一些照片，人们才知道基辛格当时也在场。他后来承认，见证阿勒姆是“我一生中最恐怖的经历之一”。

阿勒姆集中营在汉诺威以西5英里的地方，是诺因加默地区汉堡主集中营附近的65个小型集中营之一。这里原来不过是5个马厩，后来改作兵营，周围竖起两道带刺的铁丝网，其中一道网是带电铁丝网，4个角落分设4个高高的哨岗。以前这里是劳改营，不是死亡营，但到了1945年这种区别已毫无意义。囚犯们被迫在附近的采石场干活，采石场正在扩建，要容纳一个地下厂区，代号德贝尔一号、德贝尔二号，是党卫军主要经济与行政办公室掌管的奴役和灭绝帝国的一个组成部分。采石场条件极其恶劣，劳改营的吃住物资极度匮乏。到1945年1月，最初送去的850名犹太囚犯死了204人，将近1/4。美军到达集中营的前4天，这里的指挥官命令将有行动能力的囚犯押往贝尔根–贝尔森集中营，这就是纳粹政权末期的一次著名的“死亡行军”。有记录表明，220~250名囚犯身患重病无法行动，便被留在原地（也有人说人数远远没这么多）。纳粹本想杀死剩余囚犯、烧毁营房以销毁罪证，没想到美军行动迅速，粉碎了其阴谋。

因此，美军在阿勒姆见到的都是已死的囚犯和垂死的囚犯。用托特的话来说，阿勒姆集中营是"人间地狱"。营地外是一堆堆瘦骨伶仃的尸体，有些被装在垃圾桶里，有些被扔在坑里。营房内也有大量尸体，附近的一个大规模的坟墓里埋了将近750具尸体。托特数了数，只有35个幸存者，都是些"满身虱子和病痛的"男人和男孩。他后来回忆："有一个铺位上，一个大约15岁的男孩就躺在自己的呕吐物、尿液和粪便里。他望着我，我能看出来他马上会哭着喊救命……我们的部队刚刚打完6个月的血战，但眼前的一幕还是让我们非常难受，有些人甚至哭出声来。"唐纳德·爱德华兹是通信兵，第84师自登陆诺曼底以来也见过许多死亡和破坏。他对好友说："我刚才见到的一幕这辈子都忘不了。战争也许会被渐渐淡忘，但这些人是我一辈子见过的或想见的人当中最可怜的人。"无论走到哪里，这些士兵都会见到新的恐怖情景，不敢相信这都是真的。营房里的恶臭"难以描述"。爱德华兹说："电影能向大家展示集中营的外观，但怎么也表现不出里面的恶臭。"集中营里空间狭窄，美军从两排木床中间走过去都很困难。"地上是一堆堆的人体排泄物，还能看到呕吐物。木地板上的灰尘肆意堆积，到后来想清理也清理不干净。每一张床上的草垫都散发出尿骚味。在集中营里还看到好几根牛鞭和九尾鞭，我们知道那是干什么的。"美军还怀疑其中有间屋子是毒气室。

然而，也许最令人震惊的是幸存者对美军士兵讲的事。爱德华兹问一个讲英语的波兰犹太人："你经历过的最糟糕的事是什么？"对方回答："党卫军的毒打。他们随时都会把你揍一顿，也许是用枪托砸，用皮鞭抽，或者干脆用手打。他们似乎揍人上瘾。”他浑身是伤，足见此言不虚。本杰明原本住在波兰罗兹郊区，才18岁。他眼睁睁地看着父母被人从罗兹犹太人区活活拖走，说是“重新安置”（实际上是被带到海乌姆诺死亡营给毒死）。后来犹太人区被清理，他和妹妹被送往奥斯维辛集中营，但之后他被挑出去干活，最后，1944年11月30日，他被转移到阿勒姆集中营。美国士兵找到他时，他只有80磅重，患有肺结核、伤寒，且营养不良。亨利的老家其实也在罗兹。美国士兵快到阿勒姆时，一个如惊弓之鸟的德国平民问他：“你想把我们怎么样？”他答道：“你看我，我这样的身体能打谁，能伤害谁？”

对弗农·托特和唐纳德·爱德华兹这样的普通美国士兵来说，阿勒姆集中营的骇人场景可谓刻骨铭心。但是他们的犹太战友，尤其是德裔犹太战友感触更深。爱德华兹记得他的通信员战友伯尼·科恩离开营地后“开始轻轻啜泣”。基辛格又作何反应呢？60年后，他的记忆依然那么鲜活：那些“令人诧异的矛盾”，比如“有些党卫军成员……留在那里，因为他们以为盟军会需要他们运营一个长期的事业”；那些囚犯“简直就认不出人的”模样，他们身体极其虚弱，“要四五个人才能抓住一个党卫军士兵，而且这个士兵眼看就要挣脱”；“本能地给他们东西吃……救他们的命”，结果反倒害死一些囚犯，因为他们再也无法消化固体食物。那些人还记得基辛格的好。有一个幸存者记得是基辛格告诉他：“你自由了。”

然而，这些都是阿勒姆集中营解放几十年后那些幸存者的回忆。有一份材料更有力，因为那是事后不久写成的，是基辛格亲笔写下的两页手稿，题目是“永恒的犹太人”，讽刺纳粹放映的反犹太宣传片《永恒的犹太人》。这份文件极为重要，记录了基辛格当时对一个自称文明的社会犯下的滔天大罪的反应，他的那种痛苦深切无比，值得一字不漏地抄录下来，由读者们自己评断。

永恒的犹太人

阿勒姆集中营依山而建，山下就是汉诺威。四周有带刺的铁丝网。我们的吉普车行驶在大街上，路边随处可见身着条纹工装的骨瘦如柴的人。山腰上有个隧道，囚犯们在昏暗的环境下一天劳动 20 个小时。

我停下吉普车。（看到那里的人）衣料好似挂在躯体上，头由一根细棍支撑着，看不到喉咙。两根杆子从身子两侧垂下来，两条腿支在下面。"你叫什么名字？"那个人眼睛里拂过一丝阴云，脱下帽子等着挨揍。"佛乐克，佛乐克·撒玛。""不用脱帽，你现在自由了。"

我说着，望了望营地。我看到营房，看到一张张毫无表情的脸，一双双目光呆滞的眼睛。你现在自由了。我身着笔挺的军服，没住过污秽、肮脏的地方，没被人打过，没被人踢过。我能给别人什么样的自由？我看见一位战友走进营房，出来时两眼噙满泪水："别进去。我们要用脚踢一踢才能分清谁死谁活。"

这就是 20 世纪的人类。人们蒙受了深重的苦难，生死难辨，动静不分。那么，谁是死者，谁是活人，是木床上一脸痛苦地盯着我的那个人，还是佛乐克·撒玛，抑或瘦骨嶙峋垂首站立的那个人？谁是幸运的，是那个在沙地里画圈圈、喃喃自语着"我自由了"的人，还是埋葬在山腰之上的一堆堆白骨？

佛乐克·撒玛，你的双脚被砸烂是让你没法逃跑，看你的脸像 40 岁，从你的身体看不出年龄，但你的出生证明明白白写着 16 岁。我衣着整洁地站在那里，对你和你的工友讲话。

佛乐克·撒玛，你的身体在无声地控诉着人性。我、乔·史密斯、人类尊严、所有人都对不起你。应该用水泥把你浇筑在山腰，供后代瞻仰、审视。人的尊严和客观价值在这道带刺的铁丝网前止步了。你和你的工友与动物有什么区别？我们为何要在 20 世纪支持你们？

然而，佛乐克，你还是人。你站在我面前，我的眼泪止不住地往下流。然后不由自主地抽泣。来吧，佛乐克·撒玛，哭出来吧，因为你的泪水能证明你还是人，因为泪水会被这遭到诅咒的土地吸收，在上面留下罪恶的印记。

只要世上良知尚存，你就是它的化身。无论怎样补偿都无法让你变回原来的自己。

于此而言，你是永恒的。

第 6 章

—

在第三帝国的废墟上

我们彻底打败了敌人，又把他们带回国际社会。这样的事只有美国人办得到。

——1961 年，哈里·杜鲁门致亨利·基辛格的信

对我来说，事情不是只有对错之分，中间还有大片灰色地带……生活中真正的悲剧不在于选择对错。只有那些最铁石心肠的人才会选择他们明知是错的……真正的两难选择在于灵魂的困惑，是它引起了我们的痛苦，这种痛苦你们这些生活在非黑即白的世界里的人根本无法理解。

——1948 年 7 月，亨利·基辛格家书

1

只有荷兰超现实主义画家希罗尼穆斯·博斯这样的大师才能画出“二战”后德国的模样。那是一个满眼废墟、尸横遍野的国家。到战争

结束，至少有520万德国军人和240多万德国平民丧生，死亡人数接近战前德国总人口的10%。大部分伤亡发生在战争的最后一年。在最后12个月的交战中死亡的德国士兵人数比在战争其他时期死亡的总人数还要多。平民伤亡人数也急剧增加。从登陆日（1944年6月6日）到1945年5月8日德国无条件投降的这段时间，每月共计有三四十万德国士兵和平民丧生。德国发动这场战争之后，德意志国防军东进高加索地区，西入海峡群岛，北至挪威，南到北非，但他们主要还是在德国本土受到了惩罚。纳粹政权对外宣称的战争最后一年的死亡人数更多。覆灭在即，纳粹的凶残本性却变本加厉。1945年1月，约有714 000人仍被关押在集中营，其中约250 000人殒命于死亡行军；从奥斯维辛集中营解救出来的60 000人中，有15 000人死亡。希特勒当政的大部分时间都在针对少数族裔，尤其是犹太人。然而在垂死挣扎之时，“民族革命”开始残杀自己的后代。1942—1944年，德国法庭做出了14 000多项死刑判决，接近战争头三年总数的10倍。但这些数字并未包括纳粹党卫军法外执行的处决。纳粹分子心理变态，嗜血成性，越发沉迷杀戮。

最后，杀人者开始自杀。不仅希特勒、戈培尔、希姆莱等纳粹高层领导人因不愿面对胜利者的正义审判而选择自杀，就连很多德国民众也宁死不愿接受战败的结局。1945年4月，柏林有3 881宗自杀记录，是3月的近20倍。这一波自尽潮可以说是希特勒的瓦格纳式愿景的最后胜利。但有些人自杀是因为国家沦陷后的一些状况确实让人难以忍受。一个苏联红军军官说，第一批部队偷手表，第二批部队强奸妇女，第三批部队把人们的家庭用品也掠走了。据柏林两大医院估算，该市的强奸受害者人数为9.5万到13万人。被苏联士兵强奸的德国妇女总人数可能超过200万。这是在斯大林宣传下被鼓动起来的一场系统性暴力报复运动，强奸是其中一项内容。同样图谋报复的是六七百万被纳粹送进第三帝国为其工业战争机器工作的苦役，以及那些还有力气为自己报仇的集中营幸存者。

那些被驱逐的人也涌进了这个停尸间，他们是从世代居住的家园被赶到奥得河和尼斯河以东地区的德侨。他们之所以被驱赶，部分是因为斯大林的一个决策：把波兰的边界西移，那么东普鲁士、西普鲁士、波美拉尼亚、波森和西里西亚便不再是德国领土。这个决定在德黑兰会议（1943年11月27日至12月1日）上被大致认可。但难民潮中也有来自捷克斯洛伐克、匈牙利、罗马尼亚和南斯拉夫的德国人。在战争最后一年，大约有560万德侨向西逃亡，躲避苏联红军和那些要报复早前德国种族清洗的邻国的斯拉夫人。德国投降后，逃亡人数大约增加了700万。死于这场大动乱的人可能多达200万。活下来的人只不过是为残存的德国徒添了吃饭的嘴。这可是个大问题。1945年年末，德国经济“几乎处于停滞状态”。工业产值可能只有1936年的1/3。直到1948年的最后一个季度，联邦德国的工业产值才恢复到战前水平的75%。食品、燃料和住房长期短缺。

然而，第三帝国最大的遗毒可能不在物质上而是在精神上。很大一部分德国人继续奉行希特勒的种族主义世界观，至少是其中的部分观点。他们指责盟军对他们过于苛刻，并将这一点归咎于那些有着无上权力的犹太人，认为是他们掌管着莫斯科和华盛顿。纳粹主义还在其他方面腐蚀了德国社会。贿赂、黑市交易和侵吞公款行为十分猖獗，第三帝国助长了虚伪和猜疑。盖世太保和党卫军怂恿人们相互揭发，这个恶习难以改变。

对于那些一直跟德国打仗的人来说（有些人打了将近6年），要从向一个强大、残酷的军事机器全面开战转为占领并管理一个满目疮痍、百废待兴的国家并不是件容易的事。虽然占领德国的不止一个国家，但这也于事无补。1945年2月，雅尔塔会议召开，“三巨头”含糊其词地商定把德国划分为几个占领区，最终如愿以偿。从易北河到奥得河和尼斯河沿岸新的波兰边境（那里曾经是德国的中部地区）成为苏占区，联邦德国被英、美、法瓜分，柏林则成为苏占区中一座由四国共管的孤岛。奥地利也被瓜分，维也纳成了另一个四国共管之地，像柏林那样。用一位美国情报官的话说：“苏联人分到了农业区（普鲁士），英国人分到了工业区和产煤区（鲁尔），美国人分到了风景区（巴伐利亚和阿尔卑斯山区）。”

就算得到了德国的风景区也不值得沾沾自喜。从艾森豪威尔手中接管美占区的卢修斯 · D. 克莱将军曾说过：“战争还在太平洋地区继续时让我管理一个战败区，这种事对一名军人来说真是太没意思了。”职业军人恨不得马上出发去打日本人，但大多数应征入伍者一心只盼着回家。为此，克莱极力将那些素质好的军官留在德国。他后来回忆道：“那是件苦差事，可不是闹着玩的……要不是我们一开始就调来了军官并说服他们留下来当文官，我想占领区的工作根本找不到人去做。”那些留在德国的人当中就有亨利 · A. 基辛格中士。

对基辛格来说，美军中那种友善的氛围让他颇感意外。他非常享受第84师的“战友情”。他后来回忆道：“那是一个优秀的美国团体，在这样的部队服役是一段很有意义的经历。在我待过的美国团体中，只有这里的人没问过我的德国出身，至少我不记得有谁问过。那时我以为自己说话不带德国口音了，这在今天看来简直难以置信。”他的一个有叙利亚血统的战友回忆说：“亨利已经忘掉过去，他那时是为美国而战。他当兵打纳粹不是因为他们对犹太人做了坏事，而是因为他们是美国的敌人。他比我见过的任何美国人都更像美国人。”他被同化的经历和他回到德国后的所见所闻形成了强烈对比。集中营揭露出来的真相令身经百战的美国人也震惊不已，连巴顿将军在视察奥尔德鲁夫集中营布痕瓦尔德分营时也不禁作呕。对很多美国兵来说，只要能揭露纳粹罪行，那这场战争就没有白打，战斗中吃多少苦也心甘情愿。但对基辛格这样的德裔犹太人来说，这场大屠杀带来的影响则完全不同。

阿勒姆的万人坑只不过预示着将来会死很多人。战争结束后基辛格回忆说："我开始寻找我的家人……但一个也找不到。"上文说过，他的祖母和其他至少12名亲人遇害。祖母范妮·施特恩被送往贝尔泽克集中营，似乎在战争后期死于一趟死亡行军。她的孙子是如何看待这些恐怖经历的呢？他一度承认："我曾经想过，父母可能就是这种命吧，在某种程度上……我就是这种命。但我必须说，这场人间悲剧实在太令人震惊了，我都没有马上把它和自己直接联系起来……回到德国后，我当然亲历了大屠杀的一些惨况，这种经历是我小时候不可想象的。但当时我要站在占领国军人的立场看问题，因此我坚持……要有自己的想法，不要摆出一副身心受到重创的受害者的姿态。"

在谈及假设父母没有逃到美国自己的命运会如何时，基辛格保持着一种疏离感，这和临时用"亨利"这个姓氏与德国人打交道一样实质上是一种保护措施。其他任何方法都可能瓦解他的意志。但保持疏离感并没有妨碍理解，这在基辛格写给一位集中营幸存者婶婶的信中可以清楚地看出来。这位幸存者可能是哈罗德·赖斯纳，菲尔特犹太社区少数幸存者之一，从布痕瓦尔德集中营被解救出来。"亨利先生"能感受到（纳粹）"最终解决"的受害者所经受的痛楚，先于普里莫·莱维的作品提出了一些深刻见解。他这样写道："美国对此前关押在集中营里的人存在着完全错误的认知，那是因为人们出于内心的善良，用理想主义的眼光看待周围的所有事物。他们渴望做好事，于是便按照他们所希望的那样报道那里的情况，而不是如实报道。”

美国人对以前关押在集中营里的人有这样一种普遍印象：他们的肉体和精神都垮掉了，背负着苦难的十字架，勇敢却又徒劳。他们永远都忘不掉那段经历，回忆妨碍了他们未来的积极行动。我们要用无限的同情和谅解对待这些从死亡线上被救回来的人。这些人应该渴望爱，渴望同情……

但集中营并非只是死亡工场，那里也是检验场。那里的人在一定程度上要苦苦坚持，为活下去而斗争。生命危险如影随形，最小的疏忽都会酿成致命大错。那里环境龌龊，做人低三下四、受人胁迫，一个人必须在体格上、求生的意志上具备超乎寻常的力量才能活下来。知识分子、理想主义者和清高的人没有机会……然而一旦决定要活下去，就必须咬定唯一的目标坚持到底，这一点你们这些养尊处优的美国人很难相信。这个唯一的目标在公认的价值观面前也不会停滞，它无视一般的道德标准。一个人要活下去就必须说假话，玩手段，想办法弄到吃的填饱肚子。弱者和老者没有机会。

接着，他们被解放了。人世间一般的艰难困苦便再也难不倒这些幸存者。他们已经懂得回首过去意味着悲伤，悲伤意味着软弱，而软弱等同于死亡。他们明白自己能活着走出集中营，同样也能在获得自由后活下去。

因此他们面对和平时期的生活时抱着同样的唯一目标，有时也会对公认的道德标准置之不理，像以前在集中营时那样。他们尤其不需要怜悯，怜悯会使他们坐立不安、提心吊胆……

这些人需要的是一个拥有未来的机会，他们会紧紧抓住这个机会毫不松手。他们讨厌被怜悯，过分关切会使他们起疑心。他们见识过人类最邪恶的一面，谁又能指责他们多疑呢？他们不喜欢别人为他们安排每一个细节。平心而论，谁能因为这个指责他们？他们不是已经闯过了鬼门关嘛，所以这个生者的国度还有什么特别可怕的东西呢？

写下这段文字的人当时只有22岁。

换其他人处在基辛格的位置，可能会对所有德国人怀恨终生。有一段时间，他确实对他们“非常敌视”。据他回忆，他的父母“主张报复，但具体怎么报复，他们也说不上来”。作为一名肩负着消灭纳粹使命的反谍报特工，他发现自己“所处的位置是一个受迫害者梦寐以求的。我拥有几乎不受限制的报复权力，可以逮捕任何人，把他们投进集中营。在最初的几个星期，这样做不需要任何手续”。但基辛格没有采取报复行动，他对父母这样解释：

亲爱的父亲，您说对德国人要强硬。这话像所有泛泛而谈的空话一样，是陈词滥调。对那些参加了纳粹党，对这场苦难负有责任的人，我很强硬，甚至残酷无情。但到了一定时候，我们应该摒弃这种负面态度；到了一定时候，我们应该做出一些积极的行动，否则我们只能永远留在这里，守着这个烂摊子。我们还必须行动坚决，决策公正，执行迅速，向德国人证明民主确实是一个可行的解决方案。这也是我们的职责所在。我说我们要强硬，没错，但同时也要向他们展示我们为什么要强硬。要向他们证明我们进入德国是因为我们比他们好，而不是进入德国之后我们才比他们好。做决策时要公正，执行决策要无情。一有机会就用语言和行动证明我们理想的力量。我就是这样教导我团队的每一名成员的。

战争结束后不久，他去看望了祖父戴维，老人家于20世纪30年代末移居瑞典。祖父对他的忠告非常明确："即使我们犹太人……憎恨他们对我们实行种族歧视政策，说我们犹太人都是坏人，那我们也没有权利把所有的德国人都看成恶人……我要谨慎……他说要追捕那些犯罪的人，但不要仇恨所有德国人。"对此，基辛格表示同意：

我自己受过迫害，明白分清楚谁是曾经的受害者、谁是曾经的施虐者很重要。因此我不会加害所有的德国人……不会从个人角度出发采取报复行动。我牢记这一点，在担任伯格施特拉塞尔地区情报站站长期间……甚至还改了名字，这样别人就看不出来是犹太人在报复。这显然被他们看穿了，但我那时太年轻……我……无论是当时还是现在都无法容忍纳粹党卫军的头头们，但那时候我对投机者可能还是很宽容的。

无论怎样，"不管一个人做过什么，要把他抓走，留下他的妻子伤心哭泣，这总是令人不快的"。

基辛格曾经回过他的家乡菲尔特，非常吃惊地发现镇里的犹太老居民只剩下37人。流离失所的难民都比他们多，有200多人。活下来的人当中就有哈罗德·赖斯纳，基辛格和老同学弗兰克·哈里斯一道，帮助他（用赖斯纳的话说）"找到了婶婶，为我的健康和幸福想尽一切办法"。虽然这样的偶遇令人悲痛，但基辛格见到德国人时依然能保持一颗平常心。纳粹曾规定犹太人不得进入当地足球俱乐部体育场，基辛格到那里观看了解禁后的第一场足球赛，其间被一名主场球迷的举动弄得哭笑不得："菲尔特队输掉了比赛，裁判因此被球迷暴打，这是常有的事。德国警察救不了他，是美国宪兵队派人把他救了出来。一个坐在我旁边的家伙站起来喊：'这就是你们带给我们的民主！'"据基辛格所知，几个月以前，这个人很有可能是在菲尔特誓死顽抗的纳粹国防军和人民冲锋队的成员。

1946年2月，基辛格又回到了菲尔特。这一次，他选择了高雅文化，买票观看威尔第的歌剧《假面舞会》。他在写给父母的信中说："时代真是变了。我被带到了贵宾席，你们知道，就在舞台的左边。我一般不会沾沾自喜、自鸣得意，但在菲尔特我确实如此。"他也没忘记去给祖父上坟，还要求墓园管理处务必"精心维护"老人家的坟墓。

2

对基辛格来说，第二次世界大战是在易北河岸结束的，"那是一段既重要又悲惨、既让人振奋又令人沮丧的日子。东西两路盟军穿越一个土崩瓦解的国家相互靠拢，德国民众一批接着一批吵嚷着横渡易北河，认为到了对岸就安全了。最后我们会师了，大戏顿时落幕，易北河安静了下来，德国也安静了下来"。1945年5月2日，第333步兵团在巴洛与苏联红军第89军会师。基辛格给家里写信说："我与苏联人打过多次交道。第一次是一架苏联飞机错把我的车当成德国人的车炸飞了。几天后我又见到了他们。易北河对岸尘土飞扬，我们知道那是苏联人到了。打那以后我见过很多苏联人：有的是在公务接待时见的，有的是在阅兵式上（哥萨克师的阅兵式上士兵们威风凛凛，无人能及）

见的，更多的则是在正式聚会时见的。苏联红军看起来纪律严明，虽然一般来说红军士兵稍微比西欧兵粗野些。有些哥萨克部队尤其可怕。”两军进行了庆祝胜利的联欢，他的导师弗里茨·克雷默（当时是克雷默中尉）把活动推向高潮，“他的哥萨克舞比苏联冠军都跳得好”。

5月8日被确定为欧洲胜利日，那天却没有什么庆祝活动。博林将军命令克雷默用广播车“对我们防区的居民……发表简短讲话，宣传德国投降的重要意义以及继续顽抗会给德国人民带来的后果”。据该师的书记员记载：“多数人静静地听着，几乎面无表情。一些妇女低声啜泣。”盟军雄心勃勃，试图瓦解德国社会中的纳粹思想，跟强制参观集中营一样，发表这些讲话便是他们最早采取的措施之一。但具体由谁来担此重任呢？答案是基辛格当时所属的机构——反谍报部队。

反谍报部队是个反间谍军事机构，最初称为谍报警察部队，其历史可追溯至第一次世界大战，但到1939年几乎已经销声匿迹了。在珍珠港事件以前，它主要负责美国国内的反间谍工作。实际上到1940年6月，反谍报部队总共只有15人。然而珍珠港事件发生后，该机构在W. S. 霍尔布鲁克少校的领导下迅速壮大起来。除了核心的国内情报部，它很快在美国9个军区以及冰岛和加勒比海地区建起了一张特工网。由于那些地方实际上并没有多少德国间谍，反谍报部队最初只好管管美国国内的“反颠覆”工作，也就是说在200万名文职人员身上查来查去，寻找可疑分子。（其中最轰动的一次是成功发现了罗斯福总统的夫人埃莉诺·罗斯福和据称是她的情人、后来为她写传记的约瑟夫·P. 拉什之间的风流韵事。）至此，反谍报部队已经发展成军队中的联邦调查局，鉴于J. 埃德加·胡佛对美国联邦调查局寄予厚望，这个机构就显得有点儿多余了。但占领德国后，情况发生了变化。首先，正如我们所见，美国人以为他们会遭遇“狼人般”的狂热分子的顽抗。当预料落空后，反谍报部队奉命对所有前纳粹国防军成员登记造册，并对纳粹头子实施围捕。显然，这一次他们要一网打尽的犯罪组织是：民族社会主义。对于那些“穿着卡其军装的调查员”来说，抓捕纳粹分子肯定要比使警察成名的歹徒抓捕工作强得多。

大约有5 000人和基辛格一样成为反谍报部队特工，他们来自美国各行各业。他们并非所有人都有过侦探工作经历，并非所有人都懂外语，但他们都是美国陆军部招揽的精英。光伦敦办事处就有8个博士。在被派往德国的特工中，不仅有未来的美国国务卿，还有《麦田里的守望者》一书的作者J. D. 塞林格，他的经历跟基辛格的差不多。不像高高在上的战略情报局，反谍报部队的成员大多是士官。在等级森严的军队中这可能是个缺陷，好在反谍报部队特工不用佩戴任何军衔徽章。他们要么穿便装，要么穿A级军官制服，领口两边的翻领处各别一个刻着“U.S.”字样的黄铜领章。他们还戴一个金色徽章，上面刻着“陆军部军事情报处”字样。反谍报部队特工伊布·梅尔基奥尔回忆说：

> 因为我们责任重大，常常需要军队迅速而没有疑虑地提供帮助，所以我们有权要求（必要时，命令）上至上校的任何军官提供援助。只有将领级别的军官才有权知道我们的真正级别。此外当任何人问到“你是什么军衔？”这个无法回避的问题时，我们只需强硬地给他一个标准回答：“我的军衔保密，但此刻我的级别不比你低。”

有时候，被派往德国的反谍报部队特工确实要参加一些惊心动魄的秘密行动。逮捕亚瑟·阿克斯曼及其他前希特勒青年团头目就是一个著名的例子。但他们多数时候还是做一些案头工作。参与阿克斯曼案的一名特工回忆：

> 每天都有很多人前来自首（因为他们曾经在纳粹党、党卫军或其他组织里任职），经审问后根据重要程度的差异移送不同的拘留所。德国人向反谍报部队和军政府相互揭发，历数对方罪状和政治信仰的材料连篇累牍。

消灭纳粹的一个巨大挑战在于如何划定界限。从理论上讲，死硬的纳粹分子和“投机分子”之间、领导人与追随者之间、主犯与从犯之间是有明确区别的，但在实践中这种区别却很模糊。针对这一问题进行了4次尝试后，1945年7月7日，命令下来了，“有公职即有罪”的原则被确立，136个职业被归为强制性免职类别。1945年8月15日，艾森豪威尔下令“免去纳粹和军国主义分子职务”，将反谍报部队的职权范围扩大到可免去商界和职业界的“纳粹和军国主义分子”的职权，而不仅仅是在公共服务业。这些人不仅会失去工作，财产可能也要被没收。9月26日，克莱将军颁布第8号法令，对该命令做了补充，规定从事职业属于136个强制性免职类别的前纳粹分子再就业时只能从事体力工作。参谋长联席会议第1067号决议设想的方案则更为雄心勃勃：要建立“一套协同系统，对德国的教育实行控制”，还要制订一套“确定性的重整计划……彻底消灭纳粹和军国主义教条”。我们要在这个背景下去理解反谍报部队特工基辛格在本斯海姆的活动，那是黑森州一个叫作伯格施特拉塞尔的美丽的葡萄种植区里最大的镇子。

基辛格成名后唤醒了该镇居民对那个年轻人的记忆，他于1945年夏天出现在镇上，自称“亨利先生”。曾经给基辛格当过秘书的伊丽莎白·海德还记得他对她说过：“我们到这里来不是为了报复。”另外，她还记得他“非常善于与人保持距离”。一个作家提过“他和德国女人之间的风流韵事和他举办的那些奢华宴会”。那些捕风捉影的当地传闻称“亨利先生”和本斯海姆一个比他大20岁的女人有染，那个女人的父亲是银行家，有犹太血统，丈夫死在集中营，儿子原来是英国皇家空军飞行员，已经阵亡。就算没有情妇，基辛格的生活肯定也比当地大多数居民舒适。他换过几次住所：先是从一座一般的楼房搬到了更气派的魏尔大街10号；再搬到附近的茨温根贝格，住进药品制造商阿瑟·索尔名下的一栋别墅；最后搬进梅里博克斯山脚下的一栋别墅。在最后一处住所，他有厨师、女仆、女清洁员、管家、警卫，还有警犬。他告诉父母：“我现在的生活很舒适。我和另一个同事住一幢有6间房的屋子。我们还把原来的管家留了下来，这样我们的皮鞋有人擦、衣服有人熨、洗澡水有人放，管家把能做的全包了。”“亨利先生”可威风了，用英语向仆人发号施令，甚至可以到大的新教教堂出席美德和解仪式。人们对这个德裔犹太人的身份知道多少，我们不得而知。我们也不知道这些当地人的回忆可信度有多高。（举个例子，基辛格曾向当地人租过一辆车，那辆车事实上是欧宝，而不是他们记忆中的白色奔驰。）基辛格所从事的是调查工作，因此他不喜欢本斯海姆人，说他们“虚情假意、卑躬屈膝、两面三刀、多管闲事”也许是在所难免的。

“二战”刚刚结束后的本斯海姆局面混乱不堪，今天造访这个美丽城镇的人根本无法想象。1945年该镇被轰炸过两次，一次是在2月，一次是在3月。镇政府和主教堂被夷为平地。约有140户家庭在轰炸中失去栖身之所，另有135户人家要腾出房子给美国占领军住。大约2 000人流离失所，住进临时营地。镇上住房本来就长期短缺，苏台德地区被捷克斯洛伐克收回后，成千上万的难民涌到那里，住房形势更加严峻。（难怪基辛格一有假期就会离开支离破碎的德国，去伦敦、萨尔茨堡、哥本哈根和巴黎度假。）

对反谍报部队特工基辛格来说，甄别罪犯的任务异常艰巨。黑森州首府达姆施塔特被炸毁后，该地区盖世太保的总部搬到了本斯海姆。该组织的军官（在党卫军少校理查德·弗里茨·戈克及其副手海因茨·海伦布洛赫的领导下）在战争进入尾声之际并没有闲着。3 月24 日，美军到来的前三天，戈克命令盖世太保把监狱里17 名犯人中的14 人押到野外，由一支8 人特遣队执行枪决。当晚，海伦布洛赫也命令盖世太保将两名因飞机在附近被击落而被俘的美国人杀害。基辛格在本斯海姆的第一个任务就是拟定一份完整的伯格施特拉塞尔地区已知的盖世太保成员名单，文职人员也包括在内，并开始实施围捕。到7 月底，共有12 人被抓获，8 名文职人员被软禁，“等待进一步审讯”。戈克、海伦布洛赫和其余两名盖世太保成员随后落网，并于1947 年3 月被送上美国军事法庭。他们被判处死刑，1948 年10 月被绞死。

基辛格在反谍报部队的工作范围有时候会扩展到伯格施特拉塞尔地区之外。前达姆施塔特盖世太保军官格哈德·本克维茨是通缉犯，被怀疑组织了一支“破坏队”潜伏在杜塞尔多夫附近的英占区，抓捕他要到那里去。但基辛格领导的970/59 反谍报队的头等任务还是“在一个有18万人口的地区搜集静态情报”。虽然“亨利先生”决意不报复，但他消灭纳粹分子的手法却异常缜密。正如他对父母所说的那样：“工作要很讲技巧，因为我手下有很多老特工。同时还要有责任心，善解人意，做事有分寸。”他的队伍里有16个人，承担着对“平民生活的每一个社会阶层，比如工业界、职业界、商贸界和行政部门”进行全面调查的任务，“用获取的信息作为制定消灭纳粹工作标准的基础”。当第7 军司令命令实施“救生圈行动”，肃清纳粹政府工作人员时，基辛格对“在伯格施特拉塞尔地区全面实施消灭纳粹的计划已经胸有成竹”。除了实施“救生圈行动”，基辛格还“深入德国各个阶层的社会群体进行消灭纳粹的调查，也就是实业家、职业人士（医生、律师等）、神职人员和商人”。用他一位上司的话说：

> 他在完成这项任务的过程中充分利用了民事警察和区长，每天见一次警察局局长，每周至少见一次区长，每个月行政官员开例会他都要发言。基辛格通过这些举措，同时充分利用他建起的覆盖各个市民阶层的信息系统，对伯格施特拉塞尔地区保持着完全控制。

甚至在苏台德难民到达伯格施特拉塞尔之前，基辛格就已经建好了“收容中心”，对新来的人进行“初步筛查”，甄别那些“有政治污点、可能危及本地区秩序的人”。

实际上这是警察的工作，侦查、审讯、拘留样样都得做。这正是基辛格所擅长的。1945年8月，他的指挥官推荐他晋升为上士，说他是“本斯海姆办事处最有价值的人”，还说“这个年轻人……很受其他人尊重，他们非常乐意听他差遣”。在同一个月，他还受到博林将军的表扬，说他“在伯格施特拉塞尔区消灭纳粹的工作完成得好”。第7军副参谋长查尔斯·西科瑟尔上校也称赞他“工作表现非常出色”，并且“对伯格施特拉塞尔的人口进行筛查，甄别曾在纳粹政府任职人员的工作做得非常彻底”。两个月后，他被授命负责2号区整个伯格施特拉塞尔分部（第7军防区的大部地区）。1946年4月，他被2号美占区区域总长任命为“欧洲战区反谍报部队调查主任”，那是很高的荣誉。即便基辛格的职责延伸到了行政和后勤管理，“他的工作依然出色，显示出过人的才干”。他的一位非常热情的上司说，虽然他还比较年轻，但他“干活儿有诀窍，一边关注当下，一边着眼未来”。后来，弗里茨·克雷默也同样给予他正面评价，称赞他“不仅……不偏不倚、洞察力强、洁身自好、充满理想主义精神，而且讲究工作方法……取得了实际成效”。

然而这种激情很快就过时了。几乎所有的前政府高级官员都跟纳粹有这样或那样的牵连，把他们全部清除势必引起混乱。跨越1945年到1946年的那个冬天，大批官员被清除，从而导致了政府瘫痪，克莱将军决定调整工作方针。1946年3月，他说:“我只有1万人，无法完成消灭纳粹的工作，这必须由德国人来做。”这项工作意味着制作铺天盖地的调查问卷，让德国人对自己的不法行为按不同程度进行精确自评：主犯、罪犯、轻微犯罪者、追随者、同情者，还有（德国人开玩笑说的）“像被洗衣粉洗过一样白”。表格上有131个问题，其中一个是:“你曾经是纳粹党成员吗？”可以想见，不是所有人都会完全真实地回答这个问题。到1946年年中，克莱和他的同僚开始清楚地意识到，旨在消灭纳粹的“救生圈行动”已经使美占区内1/3的政府官员遭到解雇，这明显与实现政权顺利过渡、建立德国自治政府的目标格格不入。后来克莱把消灭纳粹行动称作他“最大的失误”，认为它是一次“毫无希望、意图不明的行动”，将小纳粹分子和大纳粹分子构筑成一个“令人同情的‘命运共同体’”。

是时候管管特工们了。1946年5月，基辛格建议将约阿希姆·格奥尔格·伯克（一个研究德国巴洛克时期文学的专家）从海德堡大学开除，因为他在20世纪三四十年代有过支持纳粹的行为。他的建议没被采纳。伯克在海德堡大学一直工作到1949年，后来他搬到苏占区，此后便一直在东柏林工作。他是成千上万没有受到惩罚的死硬纳粹分子中的一个。这些人没有受到惩罚是因为消灭纳粹的初衷让位给了更加务实的政策。

3

消灭纳粹行动一开始是一种正义的惩罚，后来却在暧昧不清的地方政治中收场。1945年11月，伦敦《每日邮报》有报道称纳粹党仍继续在本斯海姆召开会议。一名美军二等兵甚至声称，根据比克瑙附近地区的行政官员和区长的证言，军政府中有人暗中阻挠反谍报部队，因为军政府本斯海姆办事处的一名工作人员和一个“负责办事处和德国人进行沟通的女翻译关系暧昧”，这名翻译正是“德国少女联盟（希特勒女子青年团）的头目，维尔姆斯小姐……是个风姿绰约的金发女郎，非常迷人”。基辛格及时对这些说法进行了调查，结论却是“有人怀恨在心”，与一个因在消灭纳粹行动中拖后腿而被解雇的区长有关。传闻中的女人原来确实是一个被聘用的翻译，后来反谍报部队发现她有纳粹历史就把她解雇了。至于传闻中的风流韵事，并没有证据显示她和哪个美军工作人员有任何社交接触。

上文说过，占领德国的美军已经预见他们到来之后，纳粹即使不公开暴动也会进行有组织抵抗。因此，怀念希特勒政府的任何蛛丝马迹都会引起反谍报部队的极大兴趣。维尔姆斯小姐一案虽不成立，但也没有理由放松警惕。1945年9月，基辛格要求新上任的本斯海姆市市长向他提交一份关于本市民意的全面报告，包括对纳粹、军政府、盟军、盟军的宣传、前纳粹国防军、恢复政党活动、分裂主义趋势以及对德国未来的态度。出来的报告非常负面，显示市民对美军的敌意在增加，尤其是那些“愤愤不平”的年轻人，基辛格他们看了报告，逮捕了10个人。随后的反谍报部队民意报告，像1945年10月的这份，清楚描述了战后几个月令人担忧的局势。

希特勒青年团又在菲恩海姆滋事。战术部队抱怨一群群年轻人在街角摆出一副傲慢、挑衅的姿态。一辆美国军车被画上了纳粹的标志，一个年轻人站在车顶吹嘘知道哪里藏有武器。该地办事处特工逮捕了 15 名曾经的希特勒青年团在菲恩海姆的头目，他们会被拘留并等待详细审讯。

然而，随着时间的推移，希特勒主义残余的迹象逐渐消失，取而代之的是关于消灭纳粹政策本身引发公共“不安”的报告。“救生圈行动”的后果之一就是在真正反纳粹的人当中煽动冲突。美国人需要依靠这些人来确立可靠的地方领导，对付纳粹的同情者、狂热的纳粹分子和（从某种程度上说问题最大的群体）那些试图通过揭发以前的“同志”向美国人邀功献媚的前纳粹分子。一些德国人（包括一部分牧师）指责揭发行为“有悖基督教教义”，另一些人则抱怨“强制性消灭和酌情消灭之间的界限划得太专断，措施缺乏灵活性”。反谍报部队希望“不要把消灭纳粹作为一项由美国主导的政策，要将其降格为一个德国内部层面的问题”，这个目标只实现了一部分。当美国人采用比较宽松的标准，新的怨言又起。

冬天临近，公众情绪更加低落。基辛格的反谍报队报告说：“人们对德国的前途变得更加悲观。没有过冬的煤、德国被彻底孤立、得不到任何救济，这些因素使民众情绪异常悲观。”从东线来的难民不受欢迎，因为他们只会加剧食品、燃料和住所的短缺状况。至于美国人试图用爵士乐和电影使德国人“美国化”的做法看来也是适得其反。

很多善意的德国人质疑美国人强迫德国听众接受美国音乐的做法，认为这不是明智之举。由于没有背景介绍，这些音乐常常让德国人听起来觉得低俗、刺耳，据说并不能很好地代表美国文化……美国电影也不大受欢迎。由于放映的影片多数是典型的娱乐片，展示的是多彩、富裕、甜蜜、欢愉的生活，很难为衣衫褴褛、饥寒交迫的人所接受。

但最尖锐（也最伤人）的抱怨是：反谍报部队其实就是“美国的盖世太保”。这个民族对揭发、审讯和定罪的套路最熟悉不过，美国人试图对他们进行某种善意的“再教育”，这简直太荒唐了。有一次，基辛格告诉一个前希特勒青年团的头目说：“我们美国人来这里是要把你培养成一个好人。”那个德国人回答说，这一点他父母已经做到了。基辛格冷冷地说：“好吧，你可以走了。”

有一点反谍报部队确实沿袭了盖世太保的做法——依靠线人。这是消灭纳粹行动的致命弱点。基辛格到本斯海姆后，很快招募了几个这样的人，当中有个叫欧文·基塞韦特的人，49岁，之前是警察教官，自称在1944年由于社民党党员身份被解雇。7月10日，显然是迫于反谍报部队的压力，基塞韦特被任命为本斯海姆警察局局长，换掉了理查德·格拉夫——一个前纳粹国防军士官。至少名义上任命基塞韦特担任该职的人是威利·克拉普罗特，他是美国人任命的第二任市长。美国人任命的第一任市长是个社民党党员，因健康原因辞职。克拉普罗特也是社民党党员，和基塞韦特一样，在魏玛共和国时期也是一名警官。但这两个人很快闹掰了。8月初，基塞韦特试图用他作为警察局局长的权力干涉本斯海姆的一起住房纠纷，这样的纠纷在当时多如牛毛。三个星期后，克拉普罗特向基塞韦特施压，要求他每星期汇报两次都逮捕了哪些人，接着又突然减了他的薪水。9月1日，两人在电话里吵了一架之后，基塞韦特辞职了。

这对反谍报部队特工“亨利先生”来说无疑是个坏消息。他曾经表扬基塞韦特“在反纳粹行动中有过良好记录”，还说他是个“有价值的线人”。结果这件事引发了一场激烈的官僚斗争。克拉普罗特用德国人特有的精确的特质对此做了细致的记录，虽然他的记录未必真实。基塞韦特辞职当晚的11点半，基辛格把当地的一个名叫慕斯查德的政务委员叫到他办公室，替基塞韦特撑腰，还威胁要跟本斯海姆地方政府绝交。他说：“如果我们再为难基塞韦特，就让我们尝尝反谍报部队的厉害。”两天后，基辛格找到克拉普罗特的办公室，也不进去，在门口“用特别刺耳的声音”向克拉普罗特喊话，要他第二天上午11点到反谍报部队办公室去。克拉普罗特进了办公室，基辛格生硬地告诉他，自己以后再也不会直接跟他或者慕斯查德打交道了，要他们重新找代表跟他联系，让他们给他找张办公桌。他还说，一个叫诺尔德的前纳粹官员的儿子不能再当辅警。慕斯查德按要求派另一名政务委员——共产党员汉斯·莱曼–劳普雷克特去见基辛格。这一次，基辛格列出了至少7项要求，包括：

1. 莱曼–劳普雷克特必须每周二和周五上午11点到反谍报部队报到；

2. 他必须明白，反谍报部队和军政府“是两个非常不同的机构，彼此完全独立”；

3. 克拉普罗特必须对一批宣传单提出建议，保证100名需要接受强制劳动的被定罪的纳粹分子的名字都印上去；

4. 停止“政治闹剧”；

5. 写有“功劳属于元首”和“给我10年时间，你将认不出德国”标语的纳粹海报必须在本斯海姆的显眼位置张贴。

“亨利先生”的要求还没完。同一天，克拉普罗特被叫到基辛格的办公室。基辛格毫不含糊地对他说，“军政府不要跟反谍报部队过不去”，因为“从长远看，反谍报部队的权力要比军政府大”。

就算这只是克拉普罗特的一面之词，基辛格的所作所为也太过于咄咄逼人了。即便“亨利先生”只是想把工作做得细致些，而不是在报复，但他显然还没有像他的上司们那样准备好将地方权力交还给像克拉普罗特那样的人。基辛格还是嫩了点儿，低估了自己的对手（克拉普罗特后来一路升至法兰克福警察局局长，后来因在一宗贪腐案中做伪证丢了官职）。凭借比基辛格多做了30年案头工作的优势，德国官僚克拉普罗特打败了未来的联邦调查局特工基辛格。克拉普罗特气冲冲地给伯格施特拉塞尔军政府的首长写信，直言不讳地强调自己的民主立场，请求他向“亨利先生”说情，使市长和反谍报部队之间的关系更加“和谐”（“你知道，我等了12年才盼来了美国人和解放”）。基塞韦特没有复任，而是去了一家私人公司工作，继续为反谍报部队做线人。基辛格要求在警察局给基塞韦特留间办公室，被克拉普罗特断然回绝。事实很快证明克拉普罗特是对的，有人出面指证基塞韦特事实上是个老资格的纳粹分子。据披露，他曾经是纳粹冲锋队的成员，还是个声名狼藉的骗子。1946年1月16日，基辛格的这名手下被逮捕。2月，他被判入狱6个月，并因“剽窃专利及向美国政府提供虚假情报”被罚款1万马克。

基塞韦特一案表明反谍报部队在战后德国开展工作极其艰难。美国人的情报工作非常依赖德国人，但哪些德国人才信得过呢？像基塞韦特这样最急切跟美国人合作的人，往往都是些有事要隐瞒的人。另一方面，揭发前纳粹分子的可靠情报员很可能遭到那些害怕被归罪的人诬陷。基辛格在本斯海姆期间雇用的另一名可疑线人名叫阿尔弗雷德·朗施佩尔。朗施佩尔生于纽约，父母去世后移居德国。第三帝国期间，他是个小有名气的笔迹鉴定专家，出版过几本关于笔迹分析的书，为一些相关企业工作。朗施佩尔不是纳粹党员，但他是个追名逐利的投机分子，迫不及待地当起了笔迹分析员和卧底特工。基辛格在这个时候把笔迹学看作一门正经的科学，这让人捉摸不透，虽然那时候人人都是这样认为的。然而又有确凿的证据表明，在另一起住房纠纷中，朗施佩尔企图用自己反谍报部队特工的身份恐吓一名前纳粹党员。这又给了克拉普罗特机会，抱怨“亨利先生”的手下不可靠。在职业生涯的第一场权术斗争中，亨利·基辛格一败涂地。

但克拉普罗特做市长的日子也快到头了，尽管消灭纳粹行动正悄然停止，民主还是要交还给德国的。早在 1945 年 10 月，美国军政府就在斯图加特成立了一个部长理事会，克莱把越来越多的行政职责交给了这个机构。到 1945 年年底，美占区内所有的州，无论是新增的还是重组的，都成立了德国自治政府和“预备议会”。1946 年上半年，地方政府被组建起来并举行了选举。在本斯海姆，和德国西南大部分地区一样，新成立的基督教民主联盟赢得了大选胜利，该党间接脱胎于老的天主教中央党。1946 年 4 月 1 日，约瑟夫·特雷费特接替了克拉普罗特。但没过多久，新市长就开始抱怨“军政府和反谍报部队之间的关系一直紧张”，存在着“一方明令禁止，另一方偏偏要做”的倾向。

或许出于对这种摩擦的厌倦，又或许仅仅是因为他可以退伍了，早在 1945 年 11 月，基辛格就已经申请改任文职，希望从事“政治研究、调查型的研究或者民政工作”。他这样强调自己的教育成就：“我的德语和法语都很流利，能说、能读、能写。我在纽约市立大学学过两年商务管理。我还参加过军队的国外地区计划和语言计划，专修欧洲史、社会学和经济学。”

有趣的是，在最早为他安排的工作中有“为欧洲和地中海战区做战争罪行为调查和审讯”。基辛格当然对纽伦堡审判感兴趣。在1946年的某段时间，他参加了对第三帝国中央保安总局局长、出庭受审的党卫军最高级别军官恩斯特·卡尔滕布伦纳的交叉询问。另一个选择是在军政府里任“政治情报和新闻控制官”。但无论选择哪个职位都意味着要留在军队，虽然这两个官职都是少尉军衔。基辛格显然已经受够了审讯和军装，更不用说军队生涯中那种“死气沉沉的氛围和官僚作风”了，最后他两个都没选，而是选择了他从来没有做过的教职，到位于巴伐利亚奥伯阿默高的美军欧洲战区情报学校职业发展系当老师。

基辛格走后，本斯海姆的矛盾依然存在，这是美国既要消灭纳粹又要建立民主政府这一双重目标导致的必然结果。他的继任者是个反谍报部队特工，叫塞缪尔斯。他迫不及待地向市长特雷费特证明自己“不比亨利先生差”，不要以为“亨利先生走了政策就会变”。跟基辛格一样，塞缪尔斯的名字暗示他也是犹太人，他更感兴趣的是根除纳粹主义，而不是让德国回归民主。他们俩显然都对基督教民主联盟持怀疑态度，认为该党带有不少旧政权的守旧因素。如塞缪尔斯所说，很多美国人以为基督教民主联盟的首字母组合CDU代表“Centrale Deutsche Untergrundbewegung”（德国地下运动中心）——一个反谍报部队原以为会在德国遭遇的纳粹地下组织。这些疑虑（无论如何不能算无根无据）在权力被移交给德国后仍长期存在。在职业生涯的大部分时间里，虽然基辛格反复声明自己拥戴从第三帝国废墟中成长起来的德意志联邦共和国，但他对德国人是否有能力兑现实行民主的新承诺仍心存疑虑。

但事实上，虽然他在美国要找份工作容易得很，而他的家人也催促他赶紧回家，基辛格还是选择了留在德国。那么，他为什么要留下？基辛格的回答充满激情：

你永远不会理解，而我除了付出热血、痛苦和希望之外，什么都不会解释。有时候，我循着会议桌望过去，好多优秀能干的战友座位都是空的，他们本该出席会议，一起明确我们的作战目标，这时我就会想起奥斯特贝格，想起宣布希特勒死讯的那个夜晚。那天晚上我和鲍勃·泰勒一致决定，无论发生什么，无论谁动摇，我们俩都会留下来尽绵薄之力，不能让所有牺牲的同胞的鲜血白流。为此，我们愿意长期留守。

因此，虽然泰勒去年 10 月就可以走了，但他仍和我在坚守。所以，我还会再待一段时间，不会超过一年，1946 年回家，但离开前我还想办几件事。

总而言之，基辛格发誓要在对德国的政治再教育中发挥作用。在接受奥伯阿默高的职位时，唯一令他犹豫的是“其实我是想直接做点儿实事，不是教书”。

4

然而到了1946年年初，在美国人心目中，一个新的敌人显得比纳粹秘密成员更为可怕，即便做不到宽恕的话，这个敌人也鼓励将激进的消灭纳粹政策转变为对既往罪行的遗忘。在西方盟国的领导人当中很少有人能像阿兰·布鲁克那样，很快就预见到打败德国后苏联就会从朋友变成敌人。罗斯福和他的一些顾问（尤其是哈里·德克斯特·怀特，布雷顿森林体系的草拟人之一，后来还被发现是苏联的一名可靠情报员）全都没能预见斯大林会极其冷酷无情地把进攻作为最佳防守，从政治上颠覆欧洲民主。

呼吁采取更现实政策的人士中最出名的自然是职业外交官乔治·F. 凯南，他于1946年2月22日从莫斯科向华盛顿发送了5 000字绝密电报——511号电报。凯南的电报令人一时难以接受，他在电文某处把国际共产主义比作一种“只寄生在病变的组织上的恶性寄生虫”。而这只是全文惊人比喻中的一种。仅仅两个星期后，丘吉尔在密苏里州富尔顿市的威斯敏斯特学院发表著名演讲，警告说一张“铁幕”正在欧洲大陆落下。“铁幕”后面是“苏联势力范围”，包括华沙、柏林、布拉格、维也纳、布达佩斯、贝尔格莱德、布加勒斯特和索非亚。3月10日，丘吉尔发表演讲后的第5天，乔治·奥威尔在《观察家报》上撰文称：“去年12月莫斯科会议后，苏联开始对不列颠和大英帝国发动‘冷战’。”

纳粹曾经抱有最后一丝妄想，希望西方盟国能及时意识到苏联威胁，与他们联合起来共同对付斯大林。纳粹宣传部部长戈培尔已经在宣传中做了铺垫，因此德国民众甚至更早就预见到了这场冲突。早在1945年圣诞节期间，伯格施特拉塞尔就已经谣言四起，比如“据说德军士兵已经武装起来准备对苏作战”，“苏联和西方列强今冬会有一战”。但冷战与“二战”的形式将会大不相同。正如我们所见，美国人毫无顾忌地让德国共产党党员在其占领区内任职。所有“反纳粹主义者”都被认为是有任职资格的。慢慢地人们才明白过来，德国共产党可能是苏联的代理人。反谍报部队1945年10月的一份报告称：“在伯格施特拉塞尔区，组织最严密的政党是共产党”，后面还忧心忡忡地加了一句，“他们的组织模式和纳粹非常像”。1946年年初，德国共产党自己改变了战术，这主要是因为他们在地方选举中落败，此后他们采取了成为议会外反对党的策略。据基辛格后来回忆：“从1945年12月到1946年6月，我们在伯格施特拉塞尔的任务逐渐变为全力防止外国势力渗透。”甚至在那之前，反谍报部队就已经试图阻挠共产党员威廉·哈曼出任大盖劳地区区长，理由是“滥用职权、搞一党独大”，最后没有成功。此后美国人还是对哈曼不依不饶，最终将其逮捕。（尽管有证据证明哈曼被关押在布痕瓦尔德集中营期间曾营救过100多名犹太儿童，美国有关部门却罔顾事实，指控他犯了反人类罪。由于国际社会的强烈抗议，该指控才被撤销。）

乍一看，奥伯阿默高一点儿也不像“冷战”的战场。小镇依偎在阿默河两岸，位于巴伐利亚阿尔卑斯山山脚。小镇一直以耶稣受难剧而闻名，那是一种古朴的戏剧剧种，由《新约全书》里的故事改编。从1634年起，奥伯阿默高的乡民每10年举行一次戏剧表演，祈求神灵保佑，消灾免祸。但到了维多利亚时期，这里成了一个旅游区。1860年，一个叫约瑟夫·阿洛伊斯·戴森伯格的神父对该剧进行了修改，删掉了一些中世纪的粗俗内容，摒弃了巴洛克时期矫揉造作的风格，让清高的新教徒也能够欣赏。访客既喜欢古雅别致、充满乡村气息的剧院，又喜欢镇上高高耸立的、秃顶的科菲尔山上美丽宜人的阿尔卑斯风光。但最重要的是，他们欣赏这种戏剧平实的品质。当地的金贝格山上有一座埃塔尔修道院，1900年坍塌后被修复成一座卢尔德风格的圣殿。耶稣受难剧、埃塔尔修道院和古老的维斯朝圣教堂成为奥伯阿默高三大旅游热点，游客既能登高望远，又能提升艺术素养。20世纪20年代，这里是托马斯·库克旅游公司最热门的欧洲旅游目的地之一，吸引着成千上万的英美游客。

但与耶稣受难剧紧密相连的是反犹太主义。传统上，这些剧是关于针对犹太人的暴力活动的，1770年该剧被巴伐利亚有关部门禁演，这也是原因之一，后来奥伯阿默高好不容易才获得了豁免。然而在戴森伯格修改过的剧本中，犹太人成为主要的反面人物。临近剧终，他们宣称对于基督的死他们都有罪，哭喊道："我们和我们的孩子身上都沾着他的血！"

70年后的1930年，一个叫菲利普·伯恩斯坦的美国犹太教教士看过该剧后想："这部剧认为犹太人该对耶稣之死负全责，它会不会影响基督教徒对犹太人的看法呢？"1934年，当地人为纪念该剧上演300周年而进行庆祝，一次，希特勒在观看演出后表示认可，乡民们为此大肆庆祝，可以说是"歇斯底里"。参加这次演出的有714名演员，当中有152人于1937年5月（盟军用这个日期来确定"纯正的纳粹分子"）以前加入纳粹党，当中包括耶稣、圣母马利亚和十二门徒中8个人的扮演者。

不错，奥伯阿默高人口中的大多数仍然忠于天主教巴伐利亚人民党和罗马天主教。当地的神职人员想方设法告诫他们的信众要反对"假先知"，成功抵制了耶稣受难剧内容的公然纳粹化。和其他地方相比，奥伯阿默高人对犹太人和"半犹太人"还是爱护的，在他们当中至少出现过一个反纳粹抵抗组织。然而最后，市长雷蒙德·朗毫不犹豫地接受了纳粹的反犹太主义思想，得意地称耶稣受难剧"最具反犹太教精神"。安东·普赖辛格是当时剧中基督的扮演者，并于1950年和1960年继续出演该角色。他参加了针对马克斯·彼得·迈耶的"碎玻璃之夜"袭击。马克斯是一位犹太作曲家，已经皈依基督教，为躲避迫害移居奥伯阿默高。

奥伯阿默高在双重意义上是罪恶滔天的第三帝国的共犯。位于奥格斯堡的梅塞施米特公司将其设计部门（"上巴伐利亚研究所"）建在附近群山中的建筑群里，该部门负责研发新型的Me–262和P1101–VI喷气式飞机以及伊兹恩火箭。普鲁士物理学家韦纳·冯·布劳恩（V–2

火箭和“美国人号”洲际导弹原型的设计者）以及其他400名科学家于1945年4月初被转移到奥伯阿默高。多拉集中营曾为中央工厂的火箭生产线提供奴工，布劳恩和他的同事搬离那里有他们的苦衷。虽然他们是纳粹空军成员，但也不得不听从党卫军副总指挥、奥斯维辛死亡集中营的建造者汉斯·卡姆勒工程师的命令，乘坐“复仇号”特快列车南行400英里来到奥伯阿默高。这有可能是纳粹领导层撤退至“阿尔卑斯山最后阵地”这个半真半假的计划的一部分，又或者卡姆勒希望这些火箭专家能够成为与胜方盟军谈判的筹码。不管怎样，当布劳恩劝说党卫军将火箭专家分散安置（那时候美军P–47雷电战斗机经常对该地区实施轰炸，布劳恩表面上说是为了降低被炸的风险，其实更有可能是怕党卫军把他们全部杀死，以防他们落入盟军之手）时，卡姆勒却不知所踪了。德意志帝国崩溃时一片混乱，很多专家得以逃往奥地利的蒂罗尔。

美国第7军的部队于1945年4月29日到达奥伯阿默高，冯·布劳恩、他的弟弟马格努斯以及他的几位核心合作伙伴（当中最有名的是火箭计划的军事总指挥沃尔特·多恩贝格尔）旋即投降。很快，他们和其他同事一起被提审，而作为“阴天行动”（1946年改称“回形针行动”）的一部分，当中118名最高级别的技术人员被美军吸收。此外，美军还收获了V–2火箭部件和一批埋藏在哈尔茨山一个矿井里的文件。虽然人们很快就知道冯·布劳恩过去既是纳粹党员又是党卫军成员，但这并不影响他随后成为美国中程核导弹的核心研发人员，后来他还成为美国国家航空航天局太空计划的主要负责人。

像本斯海姆一样，奥伯阿默高在战争刚刚结束的那段时期一片混乱，消灭纳粹行动的执行更是雪上加霜。美军从市长雷蒙德·朗和先后在1930年和1934年执导耶稣受难剧的乔治·朗身上入手，逮捕了当地的纳粹头领。犹太教拉比菲利普·伯恩施泰因战后作为军政府顾问回到巴伐利亚，他向一个联合国委员会反映说："如果美军明天撤走，第二天就会发生种族大屠杀。"1946年的一次调查表明，59%的巴伐利亚人被划为"种族主义者""反犹太主义者"或者"狂热的反犹太主义者"。然而像其他地方一样，由于经济、社会状况不断恶化，全面清除当地精英人物的行动难以开展。奥伯阿默高的强奸和侵犯财产案件频发，无家可归者和野孩子的不当行为难以控制，食品长期短缺，很多人营养不良，疾病横行。美国人感到有些吃惊：本该很虔诚的奥伯阿默高人居然在起劲儿地从事黑市交易，动不动就用当地有名的木雕制品和他们交换杜松子酒和香烟。最后，两位朗先生和其他被削职查办的人用一文不值的德国马克缴纳一笔罚款后迅速官复原职，消灭纳粹行动就此收场。当地人想在1946年恢复耶稣受难剧的演出，但后来放弃了，因为主要演员仍然被收押。1947年，美国官员给村子拨了一笔350 000美元的经费，支持他们上演新剧。第二年，雷蒙德·朗在前纳粹分子和被驱逐出境的苏台德地区德国人的强力支持下当选市长。到了1949年，一切又回到老样子。乔治·朗宣称："我们问心无愧。"当该剧委员会公布演员名单时，有人问了一句："是纳粹赢了吗？"虽然这部经过改编的剧得到了西方势力的大力支持，而且为美军士兵和出席首演的美英高级专员预留的座位达到3万多个，但旧观念很快就冒头了。据说有人看见女演员安妮·鲁茨和一个美国兵跳舞，后来她的角色就从圣母玛利亚降格为抹大拉的玛利亚。

出主意在这个不大靠谱的地方办所军事院校的不是别人，正是弗里茨·克雷默。欧洲战区情报学校，即后来的欧洲司令部情报学校，旨在"对未经充分训练以应对占领区问题的情报人员进行培训"。这意味着首先要教他们德语、德国历史和德国文化。这可不是件容易的事。

对于刚刚打完一场世界大战的人来说，要求他们遵守课堂纪律太难了。士兵们在课上吸烟，把脚翘到课桌上。他们热衷于在当地寻花问柳，很多人染上了性病。克雷默求助于德国著名的女权主义者和政治家、第一个获得博士学位的德国女性玛丽–伊丽莎白·吕德斯，请她为学校订立一套普鲁士式的纪律。她还帮助克雷默对他毫无经验的教师队伍进行了培训，这些教师当中就有克雷默非常赏识的亨利·基辛格。

在基辛格看来，这份工作实在是太吸引人了。3 640美元的年薪（加上25%的“国外补差”910美元，若每周工作超过40小时还有加班费）是当时美国人平均收入的两倍多：1945年美国人均年收入只有1 811美元。他要教两门课：“德国历史与思想”和“情报调查”。“情报调查”课主要以他在伯格施特拉塞尔做反谍报部队特工的经历为基础，尽管用克雷默的话说，重点是“情报工作中常常被忽略的心理因素”，“情报调查”课的主体内容还是基辛格在伯格施特拉塞尔做反谍报部队特工的实践经验。一份“德国思想”讲座的课堂笔记留存了下来，非常详细，从中可以清楚看出基辛格教授“德国历史与思想”时是多么踌躇满志。一开始讲“认识德国人与美国人之间心理差异的重要性”，接着讲了德国人的4个特点（“自私”“缺乏自信”“顺从”以及“没有分寸感”），然后介绍“普鲁士主义”（10分钟）、“民族主义”（10分钟）和“军国主义”（8分钟），最后提出两条建议：“兴办免费学校实行再教育”和“改革教育体系”。尤其引人注目的是这位年轻教师还讲到这个普鲁士国家“对个人的支配倾向”、它的“哲学基础”（路德、康德、费希特、黑格尔）以及显然是在克雷默帮助下总结出的它“依据外在成功而不是内在美德”的自我评价。对这些观点，哪怕是同时代更有经验的历史学家也无法辩驳。A. J. P. 泰勒写的那本著名的《德国历史进程》或许也给了他启发。基辛格的书教得太好了，校方很快便要求他增设一门“关于东欧的课，介绍波兰、捷克斯洛伐克、匈牙利、罗马尼亚、保加利亚、希腊及土耳其的背景知识和当前发展情况”。

新开的这门课暗示了政策的新动向。该校一名助理简·布里斯特认为，它反映了最高层的一个决策：“停止消灭纳粹行动，进入反苏阶段”。因此，基辛格发挥了双重作用：“除了教反谍报和谍报人员消灭纳粹，还要向他们灌输苏联威胁论”。基辛格对这项新任务似乎很感兴趣。凯南、丘吉尔和奥威尔一致认为“对苏联的一场冷战已经开始”，其他人不一定相信，但基辛格却深信不疑。他曾经替学校指挥官写过一篇很出色的报告，强烈批评奥伯阿默高的内部治安状况，警告说，“那里对美国的原则和指令置若罔闻”。

> 这体现在（德国雇员说的）一些刻薄话或者反占领言论中，表明政令的实施和文职人员的管理将会更加困难……防止远程渗透的唯一办法是继续盯紧关键的雇员……监视要更加深入，尽可能多地了解附近城镇的情况，尤其是奥伯阿默高。比方说知道谁是共产党员、他们当中谁对这个岗位上的雇员特别友好甚至建立了联系，这些都是非常重要的情报……甚至那些基本上不露声色的工作人员也可能会偶尔向外部势力通风报信。

基辛格防止共产主义者进行颠覆活动的提议是严厉的。他认为应该“对文职人员实行长期监视”，手段包括使用“线人”、“检查”信件和电话通话。对该地区的“临时工作人员”也应该“时刻盯紧”，特别是“共产党员”。他写道：“一般来说，这个岗位不应该聘用共产主义者。必须密切留意那些对共产主义者持友好态度的人。”这样做的目的在于“威吓那些虚弱、懦弱和冷漠的人”，从而“将安全漏洞限制在一小撮比较容易监控的狂热分子身上”。

像在本斯海姆一样，基辛格在奥伯阿默高并不局限于办公室工作，有时还被派往柏林、巴德瑙海姆、巴登-巴登（位于法占区）和威斯巴登等地讲课。基辛格到各地讲课之后，他和同事们“熟悉了当地反谍报部队办事处面临的问题”。在从巴登-巴登返回途中，他们发现了“共产主义者要对美国有关部门发动一次大突袭”的迹象，包括共产主义者在本斯海姆召开了一次“群众性集会”。在会上，他们把军政府成员“称为白痴”，很多反谍报部队线人“被点名，并被要求强调他们跟共产党没有关系”。同样，1946年10月，基辛格从威斯巴登返回奥伯阿默高，途中在达姆施塔特稍作停留，想在那里了解更多“当前苏联人的渗透方法及美国的应对措施”。他写了一份报告，清楚地阐明了反纳粹行动为什么那么快就让位于搜寻“床底下的赤色分子”。

> 直到 1946 年 6 月，反谍报部队的主要工作目标是对平民实行安保控制，而目前潜在的最大危险似乎是以苏联为首的集团，尤其是共产党人，企图否定我们的政策并公然从事间谍活动。他们主要采取两种方法。一种方法是企图控制重要职位并担当管理者，诋毁美国的政策，执行法律时故意歪曲，以显示美国政策制定者的无能。一个案例就是明证：他们利用了为摆脱纳粹主义而设立的特别法庭。在我到过的大部分地区，共产党人以各种各样的理由控制了特别法庭……另一种方法是把共产党人渗透到重要职位，尤其是德国警界，以此掩盖间谍活动。我们在三号区发现了一张间谍网，他们利用德国警界这条渠道向苏联人提供情报。

正如基辛格所言，反谍报部队面临的问题已经发生了改变，“原来的问题是技术性问题，可以通过强硬手段解决，对嫌犯进行突然搜查、逮捕和审讯是主要的武器，而现在我们的目的显得更机巧，要对颠覆组织进行观察，分析他们的行动模式，从国外势力的需要去推想某些看似没有意义的行为意味着什么”。奥伯阿默高的情报学校要更多地关注“德国国内影响外国势力政治策略的各种力量”，要留意“他们情报活动的趋势”，还要查清“颠覆组织的背景、历史和目的”。

5

奥伯阿默高情报学校不仅让基辛格发现共产党颠覆的幽灵，还让他初步体会到一种学术氛围，而未来20年中的大部分时间他都将在这种氛围中度过。克雷默慧眼识珠，欧洲战区情报学校的教员中还有另外三名才华横溢的年轻人，他们后来成为基辛格一辈子的朋友和同事。他们分别是：海尔姆特·“哈尔”·索南菲尔德（也是一名德裔犹太难民，后来成为美国国务院主要的苏联专家）、乔治·施普林格（一名来自捷克斯洛伐克的犹太难民，一位天才数学家）、亨利·罗索夫斯基，（生于但泽，父母是俄国犹太人，后来成为研究日本经济的专家）。虽然他们早年历尽坎坷，但后来都在经济领域和公共生活中成就了非凡的事业。

然而在1946年，他们还很年轻，刚刚摆脱军旅生活的那种管束。他们在奥伯阿默高的社交生活主要在位于康尼格–路德维希大街的富瑞德和旅馆进行。这家旅馆曾是德国著名作家托马斯·曼在20世纪20年代和家人经常出入的地方，战后仍然由施密德一家经营。克雷默和妻儿就住在旅馆里，基辛格则在位于帕森斯维斯路1号的施密德家租了一个房间。1946年出了一件事，让基辛格和他的朋友们知道了寻欢作乐要适可而止。基辛格、乔治·施普林格、施普林格的妻子玛乔丽，还有一个叫莉奥妮·哈伯特的德国文职教员因酒后飙车而被捕。他们跟宪兵发生争执的过程中有两件事值得一提。第一件事是基辛格对警察的举动反应激烈，他对逮捕他们的人说："请不要用这样的手段，你会惹上意想不到的麻烦。"尽管后来醉驾的指控被撤销，但当时值班的警官认为这是威胁，趁机把他锁在一间小地下室里关了一个小时。第二件事是，和基辛格一起被捕的莉奥妮·哈伯特实际上是基辛格的女朋友。同年10月，基辛格去了趟巴黎，还带了条狗，那是条两个月大的黄白杂色小猎犬。他回美国时是哈伯特安排把狗空运回去的。此前曾有人说基辛格在奥伯阿默高时有个德国女友，甚至还说他为那个女孩和别人打过一架。打架是假的，有女朋友倒是真的。

基辛格和哈伯特的关系显然不是那么认真的。相反，J. D. 塞林格就娶了他的德国女友，还把她带回了家，只是他们的婚姻并不幸福。但基辛格回美国后还是和哈伯特保持了多年的联系，实际上这种联系一直持续到哈伯特去世。还有一点很要紧，基辛格的父母不喜欢儿子和一个德裔非犹太人谈恋爱，他们更希望基辛格娶个犹太女孩，最好还是东正教教徒。基辛格坚决不接受。1947年2月他告诉父母："我不知道我回家后会有什么想法，但我肯定不想结婚或者订婚，绝不。"当他妈妈告诫他不要"草率地做决定"时，他变得不耐烦起来，说："我不可能那样做。别忘记我已经不是19岁了……无论我做出什么样的决定，都是经过深思熟虑的。我已经很长时间没有机会自己做主了。"

婚姻问题对任何信奉正统派犹太教的家庭来说都是非常重要的。基辛格对待婚姻的态度揭示了他的一个重大转变，这个转变是参军带来的：他丢掉了宗教信仰。后来他回忆说："在军队里没有什么机会履行东正教教义……犹太民族经历了千年的苦难，如果你对这个民族没有强烈的认同感，如果你对犹太教没有责任感，你就不可能成为这个社群的一员。但这也不等于完全不能履行任何犹太教教义。”他父母后来知道了这一点，显然非常生气，基辛格不得不写了一封信为自己辩解，其措辞之坦率令人吃惊。

对我来说，事情不是只有对错之分，中间还有大片灰色地带……生活中真正的悲剧不在于选择对错。只有那些最铁石心肠的人才会选择他们明知是错的……真正的两难选择在于灵魂的困惑，是它引起了我们的痛苦，这种痛苦你们这些生活在非黑即白的世界里的人根本无法理解。

基辛格并没有就此打住。他对父母说：“我跟别的孩子不一样，但这不是我的错，也不是你们的错，是我出生的这个世界的错。”在很长一段时间里，他的所作所为得不到父母的认同，这“把我逼成了今天这副样子——冷漠、有点儿愤世嫉俗，我用这种态度来使自己免受排斥”。

这番非比寻常的自我辩护深刻地告诉我们，移民和从军经历对基辛格的影响有多大。他像成千上万参加了第二次世界大战的年轻人那样，回家后发现美国并没有什么变化，而自己却变了很多。1947年4月初，他在一封信中写道：“三年充满希望、干劲十足的生活很快就要成为过去。我很快就要回归正常的生活。未来可能难以把握，但对此我充满信心……我现在非常清楚自己想要什么，我会奋力去追求。”他打算上大学，“因为无论我想做什么，都需要有大学学历”。但是上哪所大学好呢？

我不会在纽约上学，因为我讨厌纽约，但我希望离家近一点儿，周末可以回家。我给东部几所有名的大学递交了申请信，包括哥伦比亚大学，等有了回音再做决定。

另外，过去的12年教会了我们一个道理：不要对未来做过细的规划。我们必须在很大程度上立足现实。我对未来没有什么宏图大志，也不大可能会有。我会完成大学学业，我会写作，可能将来还会上课……我信心十足……

而且，不必担心重新调整。毕竟不是每个从这场战争中走出来的人都有精神性神经病（psycho-neurotic）。

现在基辛格非常清楚，他从德国寄回的每一封信都会让父母更加坐立不安。信的内容总令人担惊受怕：经常要香烟，对何时回家支支吾吾，计划用光退伍费和一个朋友之妻到巴黎、伦敦、尼斯、罗马、佛罗伦萨、威尼斯和的里雅斯特游玩两周。（“别大惊小怪，这事儿她丈夫知道，我和她纯属朋友关系。”）他对老朋友不感兴趣。（“我发现无论是在思想上还是其他方面，约翰·萨克斯都还是老样子……我不认为回家后那些所谓的朋友对我还有什么吸引力。”）他对钱满不在乎。（“今时今日钱算什么？如果一个人不能在有生之年尽情享乐，人生又有什么意义？人不能一辈子都劳劳碌碌。”）对那些不够“聪明”或者不够“出名”的大学，他一概不考虑.（有了这个想法，他便不会再回纽约市立大学了。）信写得一封比一封让人生气。

最后，1947年6月，他做好了回家的准备。像很多从战场上回来的年轻人一样，他知道这次回家不是件容易的事。他给父母写信说：

我只有一个希望，希望自己不会辜负你们的厚望。最近几年的经历在我身上留下了烙印。在某些方面，我已经变得相当固执，或许可以说是任性。未来我们会有很多需要相互适应的地方。请别忘记被你们称为“正常家庭生活”的概念在这几年里对我来说已经非常遥远。我们已经学会过一天是一天。我知道期望越高，失望越大。但这并不意味着我要么踌躇满志，要么萎靡不振。你们很有可能会认为我太过孤僻。我一直过着我行我素的生活，未必会自然而然地与别人交流。世俗中的某些关系对我来说没多大意义。我已经开始根据德行来评判一个人。我长期在一个相互合作的团队里生活，不知道充满竞争的平民生活会是什么样子。我知道了很多大事，也做了很多大事。日复一日的平常生活会是什么样的呢？这些都是我面临的问题。我只能向你们保证我做什么都会抱着好的意图，只希望你们对我要有耐心。

从欧洲寄回的最后一封信就此结束。应该说外面天色阴沉，山顶上乌云低垂。两年前的这个时节伯格施特拉塞尔鲜花盛开，我们那时都还年轻，这场战争给我们留下了不可磨灭的记忆。我们每天都在回忆往事的点点滴滴，幻想未来是什么样子。我们认为自己推动了世界前进，把青春献给了比我们自身更伟大的事业。今天，战争真的结束了，1947 年回家真让人扫兴。

即将回家的勇士收获良多。但有一个道理他还没学会：不会转弯的坦率往往不是避免冲突的好办法，至少对父母是如此。

KISSINGER

1923–1968 THE IDEALIST

卷二

KISSINGER
THE IDEALIST
1923–1968

第7章

—

理想主义者

思想家年轻时几乎总是很孤独……最值得人们怀着理性的态度去爱戴的大学应该是这样的：它能让孤独的思想家丝毫感觉不到孤独，能让他们觉得自己在不断提高，精神得到滋养。

——威廉·詹姆斯

独自工作的时候，感觉孤独就像一条幽黑的鸿沟围绕着你，与世隔绝的感觉比一个垂死之人还要强烈，是满怀希望还是灰心绝望，全看你的意志够不够坚定。你只有经历过这种状态才能感动。只有这样，你才能感受到思想家不为人知的孤独的快乐。他明白，百年以后自己将不在人世，被人遗忘，但那个时候，不认识他的人也会赞同他的思想。

——奥利弗·温德尔·霍姆斯

那时候哈佛对我来说是个新的世界，它的神秘隐藏在故意为之的不拘礼节中。我不知道如何理解以前的经历，也不知道哈佛的价值观会对我的人生产生什么影响。我从未想过自己再也不会真的离开哈佛。

——亨利·基辛格

1

有200多万美国退伍军人根据《退伍军人权利法案》的有关政策上了大学，亨利·基辛格便是其中之一。1944年通过的《军人安置法案》规定，愿意上学的退伍军人的学费由联邦政府支付。这是战后联邦政府为促进社会流动做出的最重大的贡献。若没有这个法案，基辛格除了找份工作，别无他选。若没有这个法案，哈佛只能是个永远无法实现的梦想。

1947年4月2日，基辛格向哈佛大学提交了一份非常自信的入学申请，上面写道："根据《退伍军人权利法案》，我希望在秋季入读贵校。我想知道从军经历是否可以加学分以及最快什么时候能知道被录取。若贵校能告知相关信息，我将不胜感激……我希望修读英语和政治学专业。"实际上这是不可能的，在哈佛每个学生只能"专修"一个专业，而且该校只设了行政学专业，没有政治学。此外，4月才提交这样一份申请已经很迟了 。基辛格申请的其他几所大学（哥伦比亚大学、康奈尔大学、纽约大学、宾夕法尼亚大学和普林斯顿大学）很快回绝了他。他意识到"机会非常渺茫，我能做的只有保持希望"。他非常紧张，催促父母"把我在华盛顿高中和拉法耶特学院的所有档案（分数、科目、成绩单）寄给哈佛。但纽约市立大学的不要，因为：第一，哈佛不承认夜校学历；第二，纽约市立大学的学历可能成事不足败事有余……一定要快"。基辛格的担心毫无根据。他的申请给哈佛留下了深刻印象，不仅被录取，还获得了哈佛国家奖学金。那年有两名纽约学生获得了该奖学金，基辛格是其中一个。那年7月他从德国回到美国后，当月就到哈佛大学所在的剑桥镇去参观，那是他第一次去那里。9

月，他开始在哈佛学习。事实上他插班进了二年级，因为哈佛还是承认了战前他在纽约市立大学的学历。

基辛格早年的学术生涯得益于他的部队导师弗里茨·克雷默的热情支持。克雷默也回了美国，但他去了华盛顿，先是当陆军部长助理的政治和经济顾问，后来又做了联合国善后救济总署首席历史学家的高级研究助理。克雷默在一封个性鲜明、言辞犀利的推荐信中这样写道："我毫不犹豫地声明，我认为基辛格具有卓越的资质。他能够耐心、勤奋地学习和做研究，没有这种能力，哪怕是最具智慧的人也注定只能做个聪明的业余爱好者。他是大学生中少有的那种会为了对现象有更深理解而学习的人，而不是为了拿个学位。知识分子往往要么愤世嫉俗，耸耸肩膀表示一切无可救药，要么持虚无的相对主义观点，或者在政治上非常激进，但基辛格不会成为那样的人。他相当无私，不像很多所谓的聪明男孩那样野心勃勃、精明过人。"克雷默总结基辛格唯一的弱点也许是"虽然友善，但稍欠朝气，过于严肃，缺乏一种积极的幽默感"。有一点克雷默忘了提：这个一本正经的年轻人尽管勤勤恳恳，又看似毫无幽默感，但他不是一个人到哈佛来的。和他一起来的还有他的狗"斯莫基"。

"斯莫基"是基辛格在巴黎心血来潮买下的一条小猎犬，他没有把小狗留在奥伯阿默高（基辛格反倒把女朋友留下了，她还闷闷不乐地承担起安排"斯莫基"飞往纽约的责任）。基辛格告诉父母："我知道有困难，但这不会动摇我把它带回家的决心。如果你们喜欢狗就会明白，一个人不会扔下他的狗不管。"基辛格知道狗会比自己先到，便不厌其烦地给父母列出了详细指引，教他们怎么照料狗，足足写了六张半纸。他解释说："'斯莫基'对我来说非常重要。你们可能认为它只是条狗，但另一方面它是我在这里的好朋友，还将连接起我过去和未来的生活，棒极了。所以请你们好好照顾它……要了解‘斯莫基’就要去爱它……千万别打它。”所幸他妈妈慢慢喜欢上了这条狗。基辛格回国一年后，有一次给家里回信，用的是“爱你们的孙子，斯莫基”的口吻。据说“狗狗”是这样写的：“当然，一般情况下我会亲自回信。但我相信你们会了解我，明白……我正一门心思研究化石（有的读者可能不知道，这里的“化石”指骨头）的原子结构。”

克雷默不无讽刺地说：“狗能有多可爱，‘斯莫基’就有多可爱。”但它始终是个问题。年轻的基辛格有时候被说成是个死板、循规蹈矩的人。但一个不仅以狗的名义写信，还带着狗上大学的人似乎与这样的描述格格不入，尤其是在学校明文规定宿舍禁养宠物的情况下。虽然他的舍友慢慢习惯了“斯莫基”跳到来客的腿上流口水，但可恶的女佣们告发了它，逼得基辛格“借了辆车，每天早上把‘斯莫基’送到剑桥镇里的养狗场去寄养，等女佣下班后再把它偷运回来”。

事实上，基辛格（初来剑桥）人生地不熟，哈佛令他望而生畏，“斯莫基”对他是个安慰。基辛格后来回忆说：“我离开军队后觉得自己又像个移民了。我入伍时是个难民，退伍后就成了移民。”最后，校方允许“斯莫基”留下来。这并不是因为（像它的主人后来开玩笑说的那样）哈佛有关部门“认为我患有弹震症”，而是因为基辛格属于特殊的一代人，这一代人的到来将永远改变哈佛。1950年那一届的学生中很多都是退伍军人，经历过战争的艰辛与恐怖。如果不是因为战争，他们当中的大多数人永远也不会有机会进入美国最顶尖的大学学习。军装穿了那么多年，要他们适应“哈佛人”的身份，适应这个身份所意味的一切，并不容易。哈佛必须适应他们。它很好地适应了基辛格，所以基辛格自此在哈佛生活了21年。

2

今天的哈佛可以自称世界上最好的大学，但并非一直如此。1940年，牛津大学政治思想史学家以塞亚·柏林访问哈佛时，就觉得那里没有什么特别的。他抱怨说："学生又蠢又世故，我很庆幸自己不用教他们。他们总是怀疑别人的意见，对事情的看法非常天真，不加分析就一股脑儿接受。这种学习方法是完全错误的。哈佛赶不上牛津，那里就是一片沙漠。"9年后，他的同事休·特雷弗-罗珀也同样对哈佛不屑一顾，当时亨利·基辛格上三年级。特雷弗-罗珀给他的朋友、艺术史学家伯纳德·贝伦森（也是哈佛毕业生）写信，说："他们的教育水平实在可悲！哈佛太让我失望了。"

万灵学院和基督教会学院是牛津大学最大的两个学院，傲视群雄，相比之下，哈佛看起来还真像是学术沙漠。万灵学院和基督教会学院分别成立于1438年和1546年，那时候还没有哈佛。1636年，哈佛大学在刚刚成为英国殖民地的马萨诸塞州成立，成立之初办学艰难，甚至可以说命运堪忧。它位于查尔斯河畔泥泞的牧场中，那时的空气可不像现在这样清新。起初的校舍非常原始（1720年之前建的都没能留存下来）。办学的资金主要依靠殖民地政府拨款，即便如此，满怀宗教热情的殖民者还经常推三阻四，他们更乐意把钱拨给教堂。

但哈佛还是坚持办下来，不断发展壮大，最后超越了古老的英国大学。它其实在20世纪40年代就超过了它们，如果柏林和特雷弗-罗珀看得更仔细些，可能就会发现这一点。它是怎么做到的？第一，哈佛成功避免了成为一所单纯的神学院，历任校长都坚持以培养绅士而不是神职人员为教育目标。1721年，哈佛的驻校研究员评论说："这所大学建校的主要目标是培养博学、虔诚的青年，对他们进行语言、艺术和科学教育，使他们形成正确的思想和行为。”约翰·莱弗里特（1708—1724年任校长）曾夸耀说，哈佛不仅出部长，还出学者、法官、医生、士兵、商人和“粗野行为被学术文化打磨和矫正了的”纯真的农民。他和他的继任者们（出名的有爱德华·霍利奥克）经受住了无数来自公理会和其他人指责哈佛“不敬神”的攻击，确立起学术自由的传统，后来的事实证明树立这个传统至关重要。第二，从1717年起，哈佛背离了原来沿用的牛津剑桥管理模式，原本被排斥在管理团队之外的舍监变得更像是外聘托管人，经常有富裕的波士顿贵族将财产捐赠给学校，捐赠数额越来越大，到1823年，哈佛再也不用州政府进行财力支持。19世纪，哈佛监事会改组，监事会成员从毕业生中选举产生，不再由“教会和州政府”代表担任，哈佛从此正式脱离政府管制，开始独立运营。第三，哈佛在独立战争中支持了胜利一方。有8名哈佛毕业生参加了《独立宣言》的签署，塞缪尔和约翰·亚当斯是其中两人。只有16%的哈佛毕业生反对独立。第四，哈佛效仿苏格兰的大学，紧锣密鼓地成立了一批专业学院，包括：医学院（1782年成立）、法学院（1817年成立）和工学院（1819年成立）。这些学院的成立使哈佛远远超过了牛津和剑桥。在牛津和剑桥，“导师”、研究员和教师组成了根深蒂固的守旧势力，扼杀了大多数创新改革。第五，因为相同的原因，哈佛比起英国的牛津和剑桥要开放得多，乐于吸收德国大学在19世纪全盛时期的长处。在化学家查尔斯·威廉·艾略特担任校长期间，哈佛引进了德国“学术自由”的理念，逐步取消对学生的种种要求，允许他们“选修”课程。1873年，哈佛授出了第一个德国式的博士学位。

得益于上述及其他改革，19世纪的哈佛事实上已远非知识界中的一潭死水。1837年，美国哲学家拉尔夫·沃尔多·爱默生为美国大学优等生荣誉学会哈佛分会做了题为“美国学者”的著名演说。他和星期六俱乐部的其他成员（纳撒尼尔·霍桑、亨利·朗费罗、小理查德·亨利·达纳、詹姆斯·拉塞尔·洛威尔、查尔斯·艾略特·诺顿）是当时美国最伟大的思想家。或许他们的后继者更加声名显赫，他们是法学家及后来的最高法院大法官奥利弗·温德尔·霍姆斯、哲学家威廉·詹姆斯和通才查尔斯·桑德斯·皮尔斯。皮尔斯成立的“形而上学俱乐部”虽然寿命不长，却是美国实用主义的诞生地。

实用主义这个词是从伊曼纽尔·康德的《纯粹理性批判》一书中借来的，被路易斯·梅南描述为知识界对美国南北战争双方血腥对立的反应。霍姆斯曾参加过南北战争，对他来说，实用主义意味着意识到“有些人并不知道我们具有认知能力”。对皮尔斯来说，这表明了人们对知识的一种逐渐形成的集体看法：“所有做过调查的人最终必然认同的观点就是我们所说的真理。”对詹姆斯来说，“真理会产生于理念。理念之所以成为真理，是因为它经受了事件的检验。它的真实性其实是一个事件、一个过程”。或者正如他在别的地方说过的那样，“信念……实际上就是行为规则……真理就是任何能够自证正确的信念……如果上帝存在的假设在实践中令人满意……它就是真理”。梅南认为，这一代实用主义者“希望避免那种他们发现的隐藏在抽象中的暴力”。

实用主义的影响范围远远超出了哈佛校园。这种观点鼓励詹姆斯把宇宙（和美国）看作“多元的”。19世纪90年代的芝加哥发展迅猛又冲突四起，实用主义启发约翰·杜威转而反对自由放任的资本主义和社会达尔文主义。在牛津，实用主义促使罗德奖学金获得者贺拉斯·卡伦和阿兰·洛克（一个是犹太人，一个是非裔美国人）开始思考在多族群并存的美国实现“文化多元”的可能性。詹姆斯有个学生叫W. E. B. 杜波伊斯，是第一个获得哈佛博士学位的黑人（博士论文题目是“制止非洲奴隶贸易”）。到第一次世界大战前夕，哈佛本身已经越来越多元化了。新闻记者沃尔特·李普曼和约翰·里德是哈佛社会主义俱乐部的成员，他们在俱乐部里积累了初步的政治经验。据里德回忆：

> 俱乐部成员为大学的刊物写文章，质疑大学生的理想，揭发学校欠发雇工工资……在这种焦躁不安的氛围下突然冒出“哈佛争取妇女选举权男子联盟”……和一个无政府主义团体。学生要求教员开设一门社会主义的课程……音乐、绘画、诗歌、戏剧，各个学科都涌现出激进分子。稍微严肃一点儿的学校刊物都染上了社会主义色调，至少是进步色调。

难怪年轻的英国社会主义者、新多元主义倡导者哈罗德·拉斯基更喜欢哈佛，而不是在政治上如一潭死水的母校牛津。

诚然，李普曼和里德还算不上典型的哈佛学生。作为一所培养未来绅士的大学，哈佛的学生文化与同期的牛津差别不大。刚开始招的是本杰明·富兰克林埋怨的那些“无所事事的纨绔子弟”（这些人醉酒胡闹，还成立各种秘密社团。这些秘密社团最早成立于18世纪90年代，包括为“哈佛的贵族血脉”而设的“坡斯廉俱乐部”和不务正业的“速食布丁剧团”），后来又招了很多“俱乐部会员和运动员”。他们都是健壮的新英格兰人，大多出自私立预科学校，其中有令人肃然起敬的老牌学校，像菲利普斯·安多佛中学和菲利普斯·埃克塞特中学，也有比较新的学校，如布朗和尼科尔斯中学、格罗顿中学、米尔顿高中及圣保罗中学。这些人酷爱足球（一种变相的橄榄球）。他们自创了一套不讲章法的哈佛橄榄球新玩法，允许向前传球和铲球。此外，他们还参加了更正统一些的牛津剑桥式划艇比赛。他们住在芒特奥本街上号称“金岸”的豪华房间里，那里离哈佛园简陋的宿舍只有几步之遥，住宿条件却有天壤之别。他们的社交生活围绕一堆金字塔式的俱乐部展开。塔底是1770研究所，这个俱乐部每年挑选100名男性新生入会，前80名成为兄弟会成员。这80人继而希望通过竞选成为“S. K.”或“易洛魁族人”等“等待性俱乐部”成员。这一级俱乐部中的少数幸运儿会被选进“坡斯廉”等“顶级俱乐部”。只有12%的哈佛学生能成为这些学生社团的成员，当中的精英人物会同时属于4个或以上的俱乐部。就连讽刺性杂志《冷嘲热讽》也演变成一种俱乐部。装腔作势开始盛行，精英社团的成员连讲话都带有独特的哈佛腔，把字母a发成英国音，“比如神父（father）这个词”。对于那些处在金字塔塔尖的学生来说，神父通常是布鲁克莱恩镇上的乡村俱乐部成员。

艾略特校长的继任者阿博特·劳伦斯·洛厄尔有时被人说成是这种等级森严的社会秩序的维护者。他试图让哈佛更像牛津而不是海德堡，这当然是真的。正如我们所见，他至少在一定程度上持有他那个时代普遍存在的种族偏见，这也是真的。但是在很多方面，洛厄尔坚定奉行现代化政策，实施了多项改革并终结了“金岸”的寡头统治。人们最怀念的是他率先建起了7座学生公寓（邓斯特、洛厄尔、艾略特、温思罗普、柯克兰、莱弗里特和亚当斯），公寓里配有舍监、餐厅和公共休息室，这使得大二到大四的学生能够享受到牛津剑桥式的大学生活。但同样重要的是，洛厄尔坚持所有一年级新生必须住进哈佛校园的学生宿舍。洛厄尔有意识地用这些创新举措来提升哈佛的“学术和团体凝聚力”。洛厄尔在任期间还增设了5个机构：商学院（1908年成立）、建筑学院（1914年成立）、教育学研究生院（1920年成立）、城市规划学院（1929年成立）和研究员协会（1933年成立）。是洛厄尔抵挡住了当时“学院哥特式”和“伊丽莎白帝国式”建筑风格的诱惑，赋予了哈佛校园朴素低调的外观。同样是洛厄尔，引进了集中和分散相结合的教学模式，提出“基于既要博又要专的原则，每一位学生都要选择选修课，以确保获得系统的教育”，从而对艾略特倡导的全体学生自由选课的选修制度施以某种学术上的约束。这就是实用主义作为一项教育策略的体现。

然而在增强哈佛内部凝聚力的过程中，洛厄尔关心的不仅是消除以“金岸”为典型的阶级划分，同时也对哈佛犹太学生人数的剧增感到不安。虽然哈佛成立之初开过希伯来语课，但在19世纪末以前，学校的犹太学生数量极少。实际上在1886年以前，从哈佛毕业的犹太学生还不到12个。到1906年，大量犹太移民从中欧涌入。这些移民的识字水平和计算能力参差不齐，他们的到来使情况发生了变化。很快，“从波士顿公立学校来了许多俄国犹太小伙子”，他们成立了一个“灯台会”，目的是“学习和发扬希伯来文化和理想”。从1900年到1922年，哈佛的犹太学生比例从7%上升到22%，是耶鲁的两倍多。艾略特校长希望把哈佛建成一所国际化的、“不受教派控制”的大学，所有这些趋势都与他的雄心壮志高度契合。这也正是他于1886年废止强制要求学生参加教堂礼拜的规定的原因，这一做法的提出比耶鲁早了整整40年。艾略特的观点是：“一所好大学要发挥凝聚人心的社会作用”，就必须向所有具备学术才能的年轻人敞开大门。不过，当时看不出洛厄尔在哈佛的犹太和非犹太学生之间发挥了“凝聚人心”的作用。只有很小一部分犹太学生被选进了社团。相反，犹太学生成立了自己的联谊会。犹太学生更像是从波士顿地区来的“通勤族”，穷一点儿的学生只能“在菲利普斯·布鲁克斯公寓的地下室里或者在怀德纳图书馆的台阶上吃自带午餐”。除了辩论和音乐，他们很少参加体育和其他课外活动。另一方面，在成绩优异的学生当中，犹太人显然占很大比例，并且越来越多的犹太学生拿到了艾略特创立的优秀学生奖学金。洛厄尔认为这些苗头会让“种族敌对”情绪滋长，因而建议“限制一切不能融入主流的群体”。

洛厄尔是移民限制联盟副主席，他不只对犹太人有偏见：“东方人”、“有色人种”，甚至是法裔加拿大人在他眼里也是危险的异己分子。从1922年开始，洛厄尔明确指示分配给犹太学生的奖学金名额不得超过犹太新生的招录人数，并公开表示要通过限制转校生，把犹太学生的比例从22%降到15%。洛厄尔曾经就录取标准问题（“筛选报考者的原则和方法”）和教员发生过激烈冲突。在为审查这些原则和方法而成立的委员会提交报告之前，一份新的入学申请表就出来了，上面有类似这样的问题：“你或者你父亲出生以来，周围发生了什么变化？（请详细回答）。”没错，洛厄尔给学生确定配额的主意最后被否决了，学校同时还放宽了入学的学术标准（试图终止哈佛对新英格兰和纽约的地区歧视），这使得1925年学校的犹太学生人数达到了最高峰，但比例也仅有27%。然而从1926年起，哈佛开始向领先的哥伦比亚大学、纽约大学、耶鲁大学和普林斯顿大学学习，将招生规模扩大至1 000人，增加了非学术录取标准，比如“性格”。相关数据并不十分准确，但结果显示1928年哈佛犹太新生的比例回落至16%。

20世纪40年代，哈佛犹太学生的地位太具争议性，起码有两篇毕业论文以此为题。布鲁斯·斯特德曼对1942届和1943届级犹太高年级学生所做的人类学研究在方法上存在缺陷，尤其是他用来辨别犹太人的部分依据是“犹太人的身体特征”。但他的论文在两个方面还是有价值的。首先，它证明了哈佛确实存在反犹太主义思想。1941年10月，他记录了以下这段自己和一名学生的谈话内容。

> 我对A－9说，D－9告诉我在某个学生委员会中（该委员会纯粹以学术成就为基础挑选成员），犹太人与非犹太人的比例为2∶1。
>
> A－9说："犹太人太多了。"
>
> 我说："但犹太人确实很聪明。我想我认识的犹太人中没有一个是笨的。"
>
> A－9回答说："他们可能聪明，但不那么有智慧。他们中的很多人在填一些特定的表格或者从事一般性的工作时还行，但遇到创造性的工作就不行了。"

其次，斯特德曼披露了他的犹太舍友对这些偏见的反应："他们结交非犹太朋友，或者声称自己不知道希伯来教，等等。出于同样的目的，他们还会取个非犹太昵称。"

相比之下，马文·克劳斯对1951届、1953届和1954届犹太学生所做的研究论文则要严谨得多，但他得出的结论实际上和斯特德曼是一样的。哈佛的犹太学生拼命想让自己同化。他们在宗教上没有父母那么虔诚了：超过一半的人每年只参加一次宗教仪式；29%的人不过犹太新年；49%的人在赎罪日不禁食；几乎没有人（5%）恪守犹太饮食教规或者安息日不干活的要求；多数人（79%）和非犹太人约会。但他们仍在很大程度上被隔离，将近半数人的舍友只有犹太人，一半人加入了希勒尔俱乐部，1/3的人称他们的"社交圈"里主要是犹太人。

1934年，白修德到哈佛念书，他的父亲是位贫苦移民，从白俄罗斯的平斯克迁到波士顿。他把自己说成社会最底层的"蠢材"之一。地位最高的是"白人，通常姓摩根、洛克菲勒、罗斯福和肯尼迪，他们都有汽车……参加波士顿的各种社交舞会、足球赛和每年6月对耶鲁的划艇比赛”。接着就是“灰色人……从公立高中进来，出身美国中产阶级家庭，非常健壮”，他们“热衷于打橄榄球、棒球，把持着校报《哈佛深红报》和校刊《冷嘲热讽》，还参加班委会竞选”。相比之下，“蠢材们来哈佛可不是为了参加比赛、和女孩约会、欣赏老霍华德的滑稽戏、结交朋友，也不是为了观赏榆树、秋叶和绿草如茵的查尔斯河畔。我们来这里是为了拿到哈佛的校徽。校徽上用拉丁文写着‘真理’这个词，但实际上它意味着一份工作……或者是在政府机构，或者是在研究机构，或者是在学校、实验室、大学，或者是在律师事务所……我们一心只想往上爬”。虽然“蠢材”中也有爱尔兰人和意大利人，但最有上进心的还是像白修德这样的犹太人。

1933年，洛厄尔卸任，詹姆斯·布赖恩特·科南特接任，犹太人问题开始缓和。科南特是一位训练有素的化学家，人们说他把哈佛变成了“精英社会，学生和教授都在争名夺利，丝毫不讲仁慈和善良”。虽然科南特不见得比洛厄尔更亲犹太人，但他看重的是学术能力和成就。是他提出了“非升即走制”，即未能获得终身教职的教师要被解聘。这条以及其他精英政策的出台对犹太学者非常有利。1939年的一份题为“人文和科学教师队伍中存在的若干问题”的报告承认，“反犹太主义的意味”阻碍了犹太学者的晋升，但这些歧视很快就失去了合法性。这一方面缘于人们对民族社会主义德国工人党政权越来越憎恶，另一方面缘于从中欧逃离的犹太学者接踵而至，他们个个才华横溢。

第三种力量开始发挥作用。在20世纪三四十年代那段动荡的岁月里，相较于种族歧视，意识形态成为冲突更主要的根源。小阿瑟·施莱辛格在一个哈佛家庭长大。爷爷是一位东普鲁士犹太人，在俄亥俄州定居，改信了新教，父亲是美国著名历史学家。祖孙三代都是新政自由主义者，朋友圈里有未来的最高法院大法官费利克斯·法兰克福特和左翼作家约翰·多斯·帕索斯。大学期间小施莱辛格参加了由共产党控制的美国学生联合会，在那里认识了共产党党员、历史学家理查德·施拉特和他的同道弗朗西斯·马西森。然而战后施莱辛格重返哈佛当上副教授，却和共产党决裂了。他的回忆录生动回顾了在开明的哈佛大学里，共产主义者（美国共产党党员）及其同情者与反共左派之间的严重分歧。施莱辛格认为这两派的斗争是当时哈佛的“斗争中心”。久而久之，这样的政治分歧逐渐超过种族分歧。

3

1950届是当时哈佛有史以来学生最多的一届，共有1 588名毕业生。亨利·基辛格并不是那届学生中唯一注定将获取公职的学生。詹姆斯·施莱辛格后来先后成为美国中央情报局局长、国防部部长和能源部部长。赫伯特·J. 斯皮罗后来任职于国务院政策规划办公室，之后任美国驻喀麦隆和赤道几内亚大使。另一位外交官是威廉·哈罗普，美国驻以色列大使。约翰·T. 贝内特是美国国际开发署西贡任务组副主任（1975年从西贡撤离），他还在首尔和危地马拉工作过。1950届毕业生还包括共和党议员塞奇威克·威廉·格林和埃默里·霍顿，纽约知名律师、民主党激进分子乔治·德怀特，马萨诸塞州参议员、大使、副总统候选人小亨利·卡伯特·洛奇的儿子乔治·卡伯特·洛奇，他本人也于1962年竞选参议员。这一届还出过新闻记者、作家和艺术家，比如《华尔街日报》记者乔纳森·斯皮瓦克、《国家地理》杂志记者威廉·格雷夫斯、作家劳伦斯·奥斯古德和艺术家爱德华·戈里。正如有些人预想的，这届学生中的确还出了些银行家和商人。但大多数人还是注定成为专业人士，或者像基辛格那样当上教授。

多数年轻人在大学期间交到了他们最好的朋友，但亨利·基辛格没有。新闻记者曾经找到他的哈佛同窗采访，发现他大学期间并没有特别要好的朋友，而且至少有一个人对他极其敌视（“他一点儿也不招人喜欢”）。不过这是有原因的。我们可能很容易把20世纪40年代末的哈佛想象得非常浪漫，认为乔治·韦勒在小说《既不为吃，也不为爱》（1933年出版）里描述的那种紧张状态已经过去，大学生活正变得像埃里奇·西格尔在小说《爱情故事》（1970年出版）里描述的那样浪漫。这真是大错特错。1947年秋天的哈佛乱七八糟，令人失望。首先是宿舍长期短缺。军队撤回来后，这所原来学生人数在8 000人左右的大学要竭尽全力应付将近12 500名学生。本科的教育设施尤为紧缺。在最后一刻被录取的基辛格分到的宿舍肯定很差。他和其他大约180名倒霉的新生一起，在室内体育场（现在的马尔金体育中心）住了好几个星期。体育场内的棒球馆被改成了临时宿舍。

基辛格受的委屈还不止这些。好不容易分到一个房间，却是在不招人待见的克拉弗利堂。正如《哈佛深红报》所说，那里“过去是金岸富家子弟的金库”，现在是“懒散学生的地牢”。克拉弗利堂建于1893年，是镀金时代建筑品位的代表之作，里面的房间比哈佛园和公寓里的大多了，但装饰华丽的壁炉和由大理石雕砌的洗手盆已经显现出岁月的痕迹。更重要的是那里缺乏用餐设施，因而各个楼层（叫作“入口”）的学生之间缺少真正的“亲密”。因此，克拉弗利堂在20世纪40年代非常不受欢迎，有人甚至称其为“芒特奥本街的西伯利亚”。总之，那里名声不好。人们能从一件事中猜到为什么那里名声不好：基辛格在39号房间的两个舍友（爱德华·亨德尔和阿瑟·吉尔曼）都是犹太人。基辛格的朋友亨利·罗索夫斯基，来自奥伯阿默高，后来当了克拉弗利堂的舍监，他的舍友也全是犹太人。犹太人被隔离居住的时代正在终结，但进展缓慢。

所以，就算基辛格希望拓展交际圈，哈佛也提供不了便利条件。他和当时的很多犹太学生一样，不愿参加希勒尔俱乐部来强调自己的犹太人身份，更不用说到贝特·希勒尔犹太会堂去参加犹太人集会了。进校头一年，他在哈佛大学联盟（现在的巴克人文中心）吃饭，这个组织专为没有参加任何俱乐部的学生而设，其组织环境是出了名的差。但基辛格显然没打算跻身社交场。他是来哈佛学习的，而且的确下了苦功，他学习的劲头吓坏了他的舍友。亨德尔回忆说："他学习比我们努力，学到的东西比我们多。他读书读到凌晨一两点，劲头十足，非常自觉。他花很多时间思考，吸收一切知识。"另一个舍友记得年轻的基辛格"非常严肃……坐在一张又厚又软的椅子上……从早学到晚，一边学一边咬指甲，指甲咬掉了就咬下面的肉，后来都咬出血了"。他不去拉德克利夫学院追求女孩，不注意自己的衣着，对学校的体育运动基本上不关心（当然也不会参加）。即便他后来搬进亚当斯公寓（就在克拉弗利堂旁边，社会地位却高了几级），也没有变得很外向。亚当斯公寓由"金岸"上的三栋宿舍楼合并而成，因"B"入口的游泳池、壁球场、周六晚上的舞会和活跃的政治生活闻名。比如1949年12月1日，基辛格应该是参加了一场公共休息室中的辩论，双方分别是曾经在亚当斯公寓住过的小阿瑟·施莱辛格和激进的历史学家H. 斯图尔特·休斯。但即便年轻的基辛格参与过该公寓中的政治生活，现在也无迹可寻了。他看起来"像个隐士"，好似"隐形人"。

年轻一些的学生不了解基辛格在哈佛之外的身份不止一个而是两个。第一个是退伍军人。同窗之谊固然珍贵，但对于那些参加过"二战”的人来说，战友间的手足之情要重要得多。读大学期间，基辛格仍然是反谍报部队的后备军官，他假期的很多时间就花在那上面了。他和部队上的朋友保持着经常性的联系，甚至还去华盛顿拜访过他的导师克雷默。基辛格仍然愿意向克雷默吐露心声，他在1949年11月的一封信里透露了这样一个想法：“人们用学究式的哲学方法可能永远也无法追求价值、确定更伟大的真理。我们需要诗人，诗人能参透生活的全部而不仅仅是它的表象。”（克雷默招牌式的回答是“把话里的‘可能’两个字去掉”。）基辛格在哈佛修完第一年课程后，去了马里兰州的一个军营。在即将返校开始第二年学习之前，他给一个在德国结交的朋友写了封信，信上说：

我常常愉快地回想起1945年至1946年那段非同寻常又令人振奋的日子。那时候似乎任何事情都有可能发生，一切充满变数。

回国后我的生活发生了很大变化。今年我有8个月时间又做回了学生，挺有意思的，但有时候又觉得有点儿受约束。你能从我的来信地址看出，整个夏天我又重新回到军营做事，这更贴近我早前（在德国）的生活，大学生活就不一样了。

基辛格在哈佛室友的眼里可能是个一本正经的书呆子。而在以前部队同事的眼中，基辛格却大不一样，我们可以从一封信中清楚看出这一点。大约也是在那段时间，他在反谍报部队的同事维克多·瓜拉给他写过一封非常滑稽的信，这封信显然是想用美国喜剧组合“马克斯兄弟”的风格来调侃反谍报部队成员间进行联络时打的那种官腔。

1. 请告知亦称亨利先生、反谍报部队特工先生、在本斯海姆为L先生工作的那个家伙的亨利·基辛格未来的行踪。希望具体得知此人是否会在本周末或者未来任何一个周末出现在纽约市附近。或者，如果通过正常渠道，可否得知 1948 年此人有无在本地出现过？

2. 档案核查显示两机构以往未有重要信函往来。请留意“后天反射”#0001.01 第 1 段第 3 行 76493a 这个词，它说明事实上，在一般情况下人们会以为这两个机构会偶尔保持联络，从而大大加剧了服务混乱。鉴于以上所言，假若你相信以上所言，征兵先生表示有意介绍以下情况，但不愿在电话中提及；反之，第二部分的党，以下称为第一部分的党，第一部分的党以下称为主体，亦称该党，亦称第一部分党，亦称第四党，以区别于第三党、民主党、共和党及所有其他此前及此后提及或被忽略之党派，全然是偶然和无意的。

基辛格是否接受了这次特别的邀请前往纽约，我们不得而知。但他在哈佛时经常回纽约倒是肯定的。像所有到这所位于查尔斯河畔的大学读书的纽约人一样，他一定也觉得周末待在剑桥有点儿无聊。无论如何，基辛格另外的生活（他的私人生活）在纽约，不在马萨诸塞州。他对“拉德克利夫学院的女孩”不感兴趣的原因很简单：1948年年末的某一天，他和安妮·弗莱舍尔晚上去剧院看完滑稽音乐剧《菲尼安的彩虹》之后，两人就订了婚。

弗莱舍尔一家和基辛格一家都是信奉正教的德裔犹太人。这户人家像基辛格一家那样，在华盛顿高地过上了新的生活，但也并非跟以前完全不同。可以肯定的是，安妮活得有滋有味。她在科罗拉多斯普林思生活过一年，一边在一家旅馆工作，一边旁听一些课程。她和家人一起学过记账，还在一家室内装修公司干过一段时间。1949年2月，她和亨利·基辛格结婚，这无疑代表基辛格的父母取得了胜利：在德国时，他们的长子和一个非犹太人，还是个德国人，谈起了恋爱，老两口吃惊不已。上文说过，起初父母强迫他和安妮订婚，基辛格强烈抵制。回美国后，他又回到了现实。结婚仪式还是由利奥·布雷斯劳尔拉比主持、在基辛格家的公寓举行的。利奥·布雷斯劳尔拉比是极端正统派，在1938年菲尔特大屠杀中捡了一条命，后来移民纽约，找到了其他幸存下来的会众。

基辛格为什么会改变主意呢？这当然不是因为他又找回了失去的宗教信仰。甚至在结婚当日还出现了摩擦：布雷斯劳尔坚持要安妮在婚礼开始前行浸洗礼，但基辛格反对。一个可以说得过去的答案是基辛格试图安抚他的父母，尤其是因为他弟弟当时正和父母对着干（最后居然不把父母放在眼里，和一个基督教女孩私奔）。另一种解释是，在哈佛一年的大学生活使基辛格突然觉得婚姻生活似乎更令人向往。他弟弟沃尔特回忆说："大学生活太轻浮，他适应不了。有一段时间我们俩都过得很狼狈，要适应跟一帮刚从预科学校毕业的毛孩子住一间宿舍。他跟安妮结了婚才能正经生活。"特别是，安妮能使基辛格从亚当斯公寓解脱出来，既能像成年人那样生活，又不用放弃学业。虽然婚礼很传统，但他们的婚姻很现代，至少在一个关键方面如此：安妮要养家。是她去找的房子。他们的第一个家安在阿灵顿的佛罗伦萨大街49号；第二个家安在牛顿的洛厄尔大道495号，在哈佛校园以西大约8英里的地方。安妮在莫尔登家具店当记账员，她700美元的存款和每年1 100美元的工资是一笔重要的家用补贴。当时基辛格只是在战争时期攒了点儿钱，拿了点儿退伍军人补助。而且，像20世纪50年代许多学者的妻子一样，安妮还为基辛格免费当秘书，帮他打印毕业论文手稿，还包揽了所有的家务活，把热饭热菜摆上桌。要弄清楚这段婚姻给基辛格带来的幸福持续了多久就更不容易了。如果他确实感到过幸福，那幸福的日子也并不长。

对于一个成年学生来说，婚姻可能是一种获得经济支持的手段。但婚姻同时也给了他一个明确的启示：将来找工作要找能赚钱的。有一个问题仍然没有得到解答：基辛格到哈佛来到底想学什么？学了东西又能怎么样？起初谁都没有料到问题的答案会是，基辛格留在哈佛政府学系从事学术研究。

4

正如艾略特校长所愿，哈佛的本科课程给了学生选择权，这使他们有机会去做尝试。亨利·基辛格抓住了这次机会。第一个学期，他选了法语、行政学、历史和数学等入门课程，每门课都拿了A。此外，他选修的第五门课化学也同样拿了A，但这门课是没有学分的。有段时间他曾经认真考虑过要深入学习化学。他的老师乔治·基斯佳科夫斯基是个了不起的人物，战争时期曾在洛斯阿拉莫斯国家实验室参与过曼哈顿计划。但是当基辛格征询他的意见时，他却回答说："如果你一定要问我，那我的意见是不要。"[①]基辛格还听过伟大的物理学家珀西·W. 布里奇曼的课，他凭借在高压物理学领域的突出贡献获得了1946年的诺贝尔物理学奖。1946年，基辛格开始跟亨利·M. 谢费尔学

① 基斯佳科夫斯基后来于1953年为美国弹道导弹咨询委员会服务，而后又服务于在斯普特尼克危机之后建立的总统科学顾问委员会。从1959年到1960年，他出任艾森豪威尔的科学与技术领域特别助理。基辛格后来开玩笑说，如果基斯佳科夫斯基当年建议他坚持科学研究，"或许我就成为一个平庸的化学家，这些年不会有那么多麻烦"。

习哲学。谢费尔身材矮小，还有抑郁症，因在形式逻辑学中引入“谢费尔竖线”而闻名。但谢费尔的课基辛格只拿了个B，这是他唯一一次拿低于A–的成绩，他为此很沮丧（但至少有一个对手很高兴）。（可能也正因如此，他才在毕业论文的末尾插了一段晦涩难懂、几乎跟论文内容没什么关系的哲学附录。）他虽然总体成绩优秀，但并不是最拔尖的。虽然他成绩很好，也找了一名资深教员做他的导师，但直到大四那年他才被选进学术精英团体：美国大学优等生荣誉学会哈佛分会。

基辛格的大学生涯有两件事让人捉摸不透。第一件是，为什么他选择了行政学专业而不是历史。鉴于他始终对历史抱有兴趣，他本该跟上小阿瑟 · 施莱辛格的步伐。当时有一帮著名的历史学家在哈佛任教，施莱辛格的父亲就是其中之一。保罗 · 巴克凭借《重聚之路，1865—1900》一书获得普利策奖，他是美国南部最具声望的历史学家之一。克雷恩 · 布林顿是研究法国大革命的专家，对塞缪尔 · 亨廷顿产生过重要影响，其著作《革命的分析》广为流传。埃德温 · O. 赖肖尔是美国研究日本史的顶尖历史学家，和哈佛首位研究中国史的专家费正清结成了一对强大的教学合作伙伴。后来有一个学生的本科毕业论文以“历史的真义”为题，而他之后的博士论文研究了维也纳会议，他肯定曾头一个到教室，听布林顿的热门早课“法国革命”。这个人后来将改变中美两国之间的关系，他至少会考虑上一上费正清和赖肖尔的“东亚概况”研究课（学生们亲切地称之为“稻田”）。但也许是听从了克雷默的建议，他选择了主修政治学，或者（用哈佛腔说）“专心学习行政学”。

第二件是，一旦基辛格做出选择，就成了威廉 · 扬德尔 · 艾略特的学生，而显然，更适合他的导师是卡尔 · 弗里德里希，这是为什么？弗里德里希是马克斯 · 韦伯的弟弟阿尔弗雷德的学生，1926年从海德堡大学来哈佛，成为研究现代德国尤其是民主宪政的首席权威。1949年，他刚从美国驻德国军事占领政府回来，被誉为“德国好人”，声望达到顶峰。弗里德里希在20世纪40年代最有影响力的著作是《民众的新信仰》（1942年）。1950年这本书出了增订版，书名改为《民众的新形象》。弗里德里希的这本书旗帜鲜明地反对极权主义，对奥尔特加·加塞特的大众反叛论和维尔弗雷多·帕累托的精英理论大加鞭挞。书中论述试图把典型的美国“民众”理想拔高为民主智慧的源头，从而在多元主义和“国家崇拜”之间找到一条中间道路。总而言之，弗里德里希认为民众的抉择是对的，但是也有例外。

在政府行为中有一个极其重要的领域，在这个领域，我们对民众判断的大部分看法不一定正确。这个领域就是外交事务。这个领域要做的决策一般人做不来，这是由它的特性决定的。这些决策跟一般人所遵循的习俗、传统和信仰也没有很大关系……由于普通人……回避外交政策，所以一个民主国家政府的外交政策常常摇摆不定，像美国民主那样，在孤立主义和国际主义之间游移。

即便弗里德里希最后鼓吹的“泛人文主义”不是那么有说服力，年轻的基辛格还是对这番言论非常赞同。而且，弗里德里希不是乏味无趣的老学究，他不希望自己的学生一辈子待在图书馆和教室。20世纪50年代，他的学生中有兹比格涅夫·布热津斯基。布热津斯基像基辛格一样，也是生于欧洲、于1938年移民美国，而且也沿着基辛格的轨迹于1977年当上美国国家安全顾问。

但弗里德里希和基辛格并不投缘。有一种说法是：有了克雷默，基辛格便不需要再找一个德国老师。另一种说法是：比起他的同事，弗里德里希对基辛格的才智并没有那么赏识。据弗里德里希本人说，基辛格直率地对他说："我感兴趣的是国际关系这种实用性的政治学科，而你感兴趣的是哲学和学术研究。"还有一种解释平淡无奇但更可信：如果基辛格是个研究生，那么弗里德里希和艾略特很可能会抢着要他；但他不过是个本科生，行政学系纯粹是出于官僚理由把他分给了艾略特。

威廉·扬德尔·艾略特的父亲是田纳西州的一名律师，在艾略特三岁时父亲去世了。母亲在纳什维尔的范德堡大学法学院当图书管理员，是她把艾略特带大的。艾略特自己也是在范德堡大学法学院念的书，成绩很好。他加入了一个名为"逃亡者"[①]的非正式青年南方诗人组织，这些诗人认为自己"正从人情日益淡薄的20世纪挽救……关于友谊、义气和阶级自豪感的理想"。1917年至1918年，艾略特在第114野战炮兵部队服役，是一名中尉。后来他在巴黎大学学习数月，1920年回范德堡大学拿到文学硕士学位，成为一名英国文学教师，开始了他的学术生涯。也是在那年，他获得了罗德奖学金，得以入读牛津大学。艾略特在牛津大学贝利奥尔学院读书期间，和罗伯特·格雷夫斯、叶芝一起混迹文坛。他显然受到了"圆桌会议小组"的影响，该组织由英国政治家、殖民地官员阿尔弗雷德·米尔纳创立，一些贝利奥尔学院的学生是组织成员。但对艾略特影响最深的还是苏格兰哲学家A. D.（"桑迪"）·林赛。他是研究柏拉图和亨利·伯格森的权威，是个温和左派。艾略特在伯克利做过很短时间的助理教授，后来被哈佛大学行政学系聘为讲师和导师。他在学术道路上稳步前进，1942年成为哈佛杰出教授，坐上了自己学术领域的头把交椅。

---

① 这个组织的其他成员还包括约翰·克劳·兰塞姆、艾伦·泰特、唐纳德·戴维森和罗伯特·佩恩·沃伦。尽管就像兰塞姆在《我坚持我的立场》中指出的那样，艾略特从未接纳过重农主义的立场，但他一直对他的这些南方朋友的亲英保守主义理想抱同情态度。

艾略特的成名作是《政治上的务实反抗：工团主义、法西斯主义与宪政国家》（1928年）。这本书是献给林赛的，今天再读这本书会感到有些奇怪。这本书啰啰唆唆、空话连篇、前后重复，从美国的实用主义哲学派别扯到当时欧洲政坛的运动，除了说内容充满偏见，实在让人不知说什么好。艾略特的出发点是"欧洲大部分地区的宪政和民主国家，在理论上和现实中都受到了可怕的攻击"。艾略特指出，这种攻击的形式从工团主义到法西斯主义，不一而足，"是根深蒂固的反智主义，与实用主义有关"。

艾略特有一点是对的，他认为大西洋两岸的很多知识分子思想狭隘，都不愿意面对狭隘的意识形态对两次大战之间的民主产生的巨大威胁，更不用说去面对以国际联盟为中心的集体安全体系所遭受的威胁。更值得质疑的是，他声称墨索里尼与威廉·詹姆斯之间是一脉相承的。仔细看就会发现，《政治上的务实反抗》是一本评论大杂烩，把乔治·索雷尔、哈罗德·拉斯基、G. D. H. 科尔、约翰·杜威和莱昂·狄骥这些人的观点，用根本站不住脚的思路贯串在一起。（到1928年，有一点已经非常清楚：比起社团组织的选民，墨索里尼更热切地相信国家的力量。）这不足为奇，今天已经没有人会记得艾略特的"联合有机国家"理论。艾略特认为该理论可以拯救"通过民主方式产生的民族国家的法定主权"，使其免受实用主义者可能发起的颠覆。但艾略特对时机掌握得很好。当时美国人正开始慢慢意识到意大利的局势非常严峻，詹姆斯的继承者们渐渐从实用主义倒向多元主义，民主国家本身的合法性似乎要受到挑战。《政治上的务实反抗》重申了前詹姆斯式的信念，为伍德罗·威尔逊提出的战后展望做了辩解，并且暗示美国最后将在富兰克林·罗斯福的领导下参战。在这几个方面，这本书达到了目的。艾略特毫不掩饰他对一个观点的赞同："用理性主义实现民主自由，创建像议会政府这样的政体，用法治促进社会进步，并逐步将这种政体由宪政民族主义扩展成一个世界联盟。”他像弗里德里希那样回归康德的思想，“相信法治政府表达了人们创造美好生活的共同道德目标”。

有人说艾略特是保守派，不屈不挠地和“范式转移”做斗争。这种倾向将多元主义确立为美国政治学领域中占主导地位的国家理论。他当然不是多元主义鼓吹者、康奈尔大学的英国学者乔治·卡特林等人的对手，卡特林的《政治学与政治学研究方法》为推动美国政治学从政治理论和政治史中独立出来做了很大贡献。但艾略特的历史价值不在这里。首先，我们可以看出，他（还有弗里德里希）是略显庸俗但又很有影响力的理想主义拥护者。当时哈佛的哲学研究还受A. N. 怀特海[①]思想的支配（他在基辛格来到剑桥镇的几个月前去世），但艾略特却要求他的学生回归康德的思想。从某种意义上说，正如他的学生路易斯·哈茨所言，艾略特是最后一个牛津派理想主义者，是“哈佛政治学研究的良心，不断促使这门学科回归它所涉及的伦理假设中去”。艾略特从林赛那里学到了T. H. 格林和F. H. 布拉德利的一些思想，并把这些思想带回了哈佛。“务实反抗”并不完全是虚幻的构想，艾略特当时正在哈佛领导一场反实用主义运动。

其次，艾略特不仅承担了他对罗德奖学金所负的责任，还成为大西洋联盟最早的支持者。继《政治上的务实反抗》后，他接着又写成了两部重要作品:《新大英帝国》（1932年）和《宪政改革的必要性》（1935年）。这两部著作简直就是英美趋同的宣言书：前者敦促大英帝国转型为“世界联盟内部的一个可行的国家联盟”，希望它“纯粹以协商与合作为基础，使自身脱离重商主义哲学的剥削”；后者建议设立一

① 怀特海曾与伯特兰·罗素合著《数学原理》，并著有《过程与实在》等书，怀特海促使哲学转向数学和物理学，而远离政治学。

个永久性的行政机构，赋予总统更多的原本属于总理的权力，并且效仿加拿大各省创建一个新的“区域性联邦”，从而实现美国政治体系英国化。简而言之，艾略特认为大英帝国和美国应该变得更像对方。这个观点带着他那个时代贝利奥尔学院派不可磨灭的印记。然而不同于一些米尔纳圆桌派的继承者，艾略特（和桑迪·林赛一样）坚决反对绥靖政策，“数次挫败克莱夫登帮试图改变（美国的）《基督教科学箴言报》的立场，以使其支持他们的绥靖和其他策略的阴谋”。甚至在美国参加“二战”之前，艾略特就已经跟马齐尼社的人有了合作。他们是一群反法西斯的意大利流亡者，当中包括加埃塔诺·萨尔韦米尼和卡罗·斯福尔扎。艾略特在很多方面确实跟丘吉尔非常相像。

第三点也许对亨利·基辛格最重要：艾略特开始向世人展示教授也能参政。诚然，他和一般的哈佛教授相比显得过于保守，然而他毫不犹豫地加入了罗斯福的行政管理委员会，为修订1939年颁布的《新政机构改组法》和设立总统行政办公室做了一些辅助性工作。1937年，商务部部长丹尼尔·C. 罗珀成立商业顾问委员会，艾略特被聘为顾问，为提升企业界在华盛顿的地位奔走呼号。他在该委员会主席、银行家（后来的外交家和政治家）W. 埃夫里尔·哈里曼手下工作了5年。艾略特正是在那个时候开始关注战略物资。作为《国际有色金属管制》（1938年）的作者之一，他主张英美联手对国际有色金属及其他战争物资的供应实施管制。

艾略特是个真正具有政治勇气的人。他直言不讳地反对美国中立，在德国入侵波兰后敦促国会废除《中立法》，给予芬兰经济援助，并做好军事准备抵抗德意日侵略。他的这些观点在哈佛大学的不干涉主义者那里非常不受欢迎。1940年年末，罗斯福总统为感谢丘吉尔允许他借用英国海军基地，送给丘吉尔50艘老旧的驱逐舰。哈佛的抗议者高举标语牌举行示威游行，标语牌上写着“把50个老朽的教授送给英国”。1942年7月，艾略特回想起20世纪30年代的那段日子，哀叹道：“1931年至1938年，法西斯主义和日本军国主义刚刚冒头，实施制裁的危险性不大，（英美两国）却在那个时候犹豫不决，这只能用无知来解释。他们看不到公众的冷漠，想不到某些利益集团会为了逐利向政府施压。事实证明，在战前的关键几年，这种无知比关心公共利益的力量都强大。”

事实证明这个“老朽的教授”是对的。1940年他得到了回报，被聘为美国国防顾问委员会顾问，还兼任生产管理办公室商品、库存与航运进口部副部长。他利用自己的优势向国务卿科德尔·赫尔建议，贷款给英联邦要有条件：贷款方必须把原材料集中起来，“设立历史上第一个真正可行的全球主要原材料国际管控机制，从长远保护和计划生产的角度，对其实行合理开发”。1941年9月，艾略特再次显示了他的先见之明，警告“美国还要几乎同等地关注太平洋之战”，还说在新加坡的英国海军基地的防守能力太弱，是美国防御计划中的“致命弱点”。珍珠港事件爆发和新加坡沦陷再次证明他是对的。之后，他胃口更大了，期望建立一个未来的“世界体系”，这个“世界体系”由美国领导，美国最终“注定要掌握世界领导权”。作为一个学者，他在战争时期仍笔耕不辍，著作颇丰，和贝利奥尔学院历史学家H. 邓肯·霍尔合著了《战争中的英联邦》（1943年），和普林斯顿大学经济学家弗兰克·D. 格雷厄姆合著了《英美战后经济问题》（1945年）。但当时他的主要精力还是用在了华盛顿而不是剑桥。在接下来的哈佛生涯中，他一直在两地间穿梭往返，有时候一个星期跑一次。

像大多数教授一样，艾略特经常被学生调侃和开玩笑。“又高又壮、眉毛浓密、五官突出、声音洪亮”，他的外貌特征、南方背景及亲英倾向使他经常成为学生们嘲讽的对象。在一些人眼里，他是“野蛮比尔”；在另外一些人看来，他是“田纳西州的参议员”。有关他在康科德家中的地下室玩斗鸡的传闻到处流传，但这当然不是真的。他的著作流传时间都不长，他也没有当上高官，一些人认为他热衷于做官。能在他的信件中找到种族歧视的痕迹毫不奇怪。1952年，他在一封信中这样描述一位求职者：“他是个犹太人，但怎么看他都是个身体健康、品行端正的人，感觉不像犹太人。”1956年，他在一封信中坦陈：“我接受不了废除种族隔离这件事中的某些部分。”但是，说艾略特对晚辈态度傲慢是不恰当的。那时候，多数美国教授愿意上大课，不愿和学生交流，艾略特却把牛津的导师单独指导法引入哈佛。虽然他经常要去华盛顿，而且授课任务很重（“行政学1”这门入门课他教了30年），但他仍然抽出时间和学生单独交流。对那些自己赏识的学生，他会用牛津那一套，列一份长长的书单让他们去看，并要求他们再写篇文章，大声朗读出来，然后和他辩论。艾略特很关心本科生，所以吸引了约翰·F. 肯尼迪、迪安·腊斯克和麦乔治·邦迪这样的高才生，更不用说皮埃尔·特鲁多。艾略特的门生有《美国的自由主义传统》（1955年）的作者路易斯·哈茨、非常有影响力的政治系统理论家戴维·伊斯顿，还有凭借《士兵与国家》（1957年）而一举成名的塞缪尔·亨廷顿。

基辛格第一次见艾略特是想请求上他的课。多年后这位当年的学生回忆道：

> 艾略特坐在桌前疲倦地整理文件，桌上的文件有一大堆，似乎随时都可能把桌子压垮。我趁他的秘书不在时溜进他的书房。我的目的是想问一个现在看来大不敬的问题：鉴于我有从军经历，

> 我是否有必要修“行政学 1”。这个问题似乎让比尔更加阴郁了。

艾略特很不耐烦地建议基辛格修另一门课“行政学 1a”，也是他教的。基辛格对课程的内容印象不深，对艾略特的讲课方式却记忆犹新。“显然，比尔·艾略特非常在乎。政治学理论对他来说不是一门抽象的学科，不能用研究历史的方法去研究它，也不能用它来证明辩证法有多么高明。它是一种冒险，正与邪在不断地斗争，以显示自身存在的意义。在这场斗争中，史诗般的壮举似乎是行动的秘诀。”由此来看，基辛格被分配给艾略特来指导绝无遗憾。

> 但是，当我告诉艾略特他是我的导师时，他却暗示我他的工作任务越来越重。他让我先看完康德的《纯粹理性批判》再回去找他。对于一个没有受过哲学训练的学生来说，这份作业太难了。结果我花了半个学期才完成论文。比尔要我念给他听，我念到中间某个地方，他看似冷漠的神情消失了。他之前建议我研究政治理论，不要像历史学家那样去研究，要像一个富有创造力的哲学家那样去研究。我之前从来没有过这样的想法。

这段往事基辛格讲过不止一次，每次讲的内容都不一样。有时候他说，这个近乎不可能完成的作业是比较《纯粹理性批判》和《实践理性批判》。艾略特对基辛格的论文（未能留存下来）印象深刻，宣称基辛格是“康德和斯宾诺莎的合体”。

像在他之前的克雷默一样，艾略特也发现了基辛格的才华。他让基辛格一头扎进经典著作中去，先读包括黑格尔著作在内的大量哲学著作，再读荷马、陀思妥耶夫斯基等人的文学作品。基辛格升到大四的时候，艾略特就叫他给自己的手稿提意见。1949 年 10 月，艾略特给美国大学优等生荣誉学会写了一封推荐信，信中说他的学生“更像一位成熟的同事而不是一名学生……”，“可以说在过去5年里，我从来没有一个学生，哪怕是成绩最优秀的学生，能有基辛格先生这样深邃的哲学洞察力”。艾略特当然还有他的保留意见，但他的批评与其说是指出了学生的缺点，不如说是暴露了自己的偏见。他写道：“基辛格的思想不够优雅，它有条不紊、详尽周到，是日耳曼式的。他偶尔会流露出某种情感上的倾向，这也许源于他的难民经历……他需要拓宽知识面，提高艺术和人文修养，尤其是美学素养。”值得一提的是，艾略特写这封推荐信的时候基辛格还没有提交毕业论文。后来，那篇论文成为他本科学习生涯最辉煌的成就，这是他深受威廉·扬德尔·艾略特影响的不朽证据。

5

《历史的真义》这篇论文已经被载入史册，它是有史以来哈佛大四学生所写的最长的一篇论文，现在哈佛的毕业论文篇幅限制（35 000字，或者大约140页，被称为“基辛格规则”）即由此而来。全文有388页，这还是删掉了讲黑格尔和施韦泽的章节之后的篇幅。据说弗里德里希[①]看到第150页时就不肯再往下看了。但这篇论文最了不起的地方倒不是它的篇幅。三年苦读没有白费，基辛格对其所读的经典做了精彩提炼，呈现给我们的不单有斯宾格勒、汤因比和康德，还有科林伍德、但丁、达尔文、笛卡儿、陀思妥耶夫斯基、歌德、黑格尔、霍

① 此处不知是否著者有误，应为艾略特。——译者注

布斯、霍姆斯、荷马、休谟、洛克、弥尔顿、柏拉图、萨特、施韦泽、斯宾诺莎、托尔斯泰、维柯、维吉尔和怀特海。他还按照逻辑意义将布拉德利、亨廷顿、约瑟夫、庞加莱、赖欣巴哈、罗伊斯、罗素、谢费尔、斯泰宾和凡勃伦引入附录。显然，这是一个年轻人写的书，是展示才学的一次演练，里面犯了一些低级错误，像是把萨特的名字“Sartre”拼成“Satre”，把“data”和“phenomena”这两个复数名词当作单数名词用，又把单数名词“polis”当作复数名词用。（这提醒人们基辛格在德国没有接受过正统教育。）论文用大部分篇幅详细阐述了斯宾格勒、汤因比和康德这三位主要作者的观点，但有时候人们很难分得清哪些是他们的观点，哪些是基辛格的评论，部分原因是基辛格为了节省篇幅，省略了像“如斯宾格勒所说”这样的措辞，结果不止一个读者把斯宾格勒的文化悲观主义错当成基辛格本人的观点。然而，尽管有种种瑕疵，这篇论文仍毫无争议地获得了最优成绩。同时，它也为人们了解艾略特对基辛格的影响提供了有价值的线索。这种影响远不是传统意义上的“曾经影响过”，而是“永久的影响”：基辛格继承了艾略特那种特有的浮夸文风。

奥斯瓦尔德·斯宾格勒、阿诺德·约瑟夫·汤因比和伊曼纽尔·康德至少可以被认为是三位“同床异梦”的哲学家。康德无论是当时还是现在，都被尊为西方哲学的泰斗之一。斯宾格勒是一位特立独行的辩论家，他在《西方的没落》（两卷本，1918年至1923年间出版）中所做的那些隐晦的预言因为涉及德国的权利而为人所诟病。（哈佛社会学系的创建人皮季里姆·索罗金视他为眼中钉。）基辛格在写论文的时候，汤因比12卷的讲述文明兴衰史的著作只完成了一半。选择汤因比（也是贝利奥尔学院毕业）也许是艾略特的意见，但这也反映出其前6卷《历史研究》广受欢迎，非常成功。该书的全一册缩略本于1947

年在美国出版，售出30多万册，这无疑得益于《时代周刊》当年3月刊登的一则封面报道。那篇报道的标题是“我们的文明并非注定会覆灭”，就像汤因比断言基督教对西方世界极其重要一样，这样的信息总让美国人很受用。汤因比被媒体誉为斯宾格勒的反对者，因此基辛格对论文中所涉人物及其思想的选择在事实上饱受热议。既然他所有的学术导师几乎都对康德的“永久和平论”抱有极大热忱，如果这位雄心勃勃的青年学者能够展示康德的思想在何种层面上比斯宾格勒和汤因比的高明，那自然是一着妙棋。

出人意料的是，基辛格决定不讨论显而易见的问题，比方说这三位作者对历史因果的看法有何不同。相反，他选择重点讨论一个更深、更难的问题：他们如何看待人类社会中，历史决定论和我们作为具有自由意志的个人的意识之间的基本矛盾。从论文的导言可以清楚地看出，基辛格对这个问题抱有浓厚的兴趣。

> 每个人的生命中都会遇到一个时间点，那时他会意识到青春看似充满无限可能，实际上自己已经变成一个现实体。生命不再是四周环绕着森林和山峰的广阔平原，他逐渐发现，他越过草原时其实走的是一条常规路线……我们遇到了“必然与自由”的问题、我们的行为所致的不可挽回的事、我们生活的导向问题……那种调和我们的自由经验与既定环境的渴望让诗歌扼腕而叹，让哲学左右为难……在自由模式中实现的因果关系有什么样的意义？

正如基辛格展示的那样，他选的几位权威对这个问题给出的答案各不相同。斯宾格勒是这三个人中最坚定的决定论者。在斯宾格勒看来，“历史体现有机文化的兴衰。这些文化的本质是个谜，人们需要从这些文化中吸取前进的动力，这些文化就是权力的表现”。这里无须赘述基辛格略显啰唆的注释。最重要的是，斯宾格勒坚信有一种普遍性的循环：从生物到文化，再到文明，最后又回到生物。这无法令基辛格信服，他说：“清醒的意识状态与生成过程之间、时间与空间之间、历史与因果之间的对抗表示了既定环境中自由经验的困境，但这些矛盾与对抗没有消除这种困境。”

汤因比也不如康德，说实话，差得太远。不错，汤因比看似肯定了合目的性在历史中的地位，以此反对斯宾格勒的宿命论。文明可以选择迎接环境的挑战，可以选择继续在历史的悬崖上攀爬。但如果历史的终极意义是由上帝的意志操纵的，那么正如基辛格所写，“我们丝毫没有真正超越斯宾格勒”。基辛格宣称“历史不是一本阐释《新约全书》的书”，对汤因比的大作不屑一顾，认为那不过是“在神学基础上多加了一种实证法”。

基辛格按艾略特所教，向人们展示康德是如何建立一个自由王国的。康德把现象世界和本体世界区分开来，现象世界可以通过理性和确定性来认知，而自在之物的本体世界则只能通过内在经验去认知。“因此，在既定环境中的自由经验终究还是有潜在意义的……合目的性无法在现象世界的现实中被揭示，但它可以坚定人的决心。在一个既定的体系中，自由确实占有一席之地。”基辛格还推崇康德的“绝对命令”理念。“绝对命令”不仅在道德领域意义重大，还“为康德的历史哲学搭建了框架”，因为“如果自由的先验代表了透过表象领悟更高主体性真理的能力，那么它的准则也必定会为政治领域制定规则；因此和平是人类最崇高的奋斗目标，是对人的道德人格的终极肯定”。

换言之，对和平的追求是自由意志下所有行为中最高贵的。但在这个问题上，基辛格相信自己找到了康德的错处。基辛格在讨论“永久和平”①的一篇文章中认为：“谋求和平的责任看似是绝对命令的体现，实际上只是左右历史事件的客观性原则。”对基辛格而言，这只是代表他还想像汤因比那样，“扩大历史哲学的范畴，保证道德法则的可及性”。“为确立他的绝对命令的正确性，使其成为永久和平的基础，康德必须展示他的理论是可行的。但他的可行性论证变成了必然性存在的宣言，似乎否定了绝对命令的道德基础。”

从这个意义上说，“康德也曾想过彻底解决所有历史哲学内在的困境……找出必然性和可能性之间的联系，但同样失败了”。虽然研究康德的学者可能会反驳说，基辛格将自然王国和目的王国混为一谈，康德却将两者分得一清二楚，但不容置疑，在《永久和平论》（还有他的《世界公民观点之下的普遍历史观念》）中，康德确实介绍了一种目的论版本的历史观，承认“有一个更高层次的理由决定着自然进程，引导它走向人类奋斗的最终目标”，即永久和平。

那么基辛格自己最终的立场是什么呢？答案是自由高于必然，选择是一种内在经验。他在关键的一段中写道：“自由不是一种明确的能力，而是一种内在的生命体验，一个做出有意义的选择的过程。”

> 这……并不意味着选择是没有限制的。每个人都是时代、国家和环境的产物。但除此之外，每个人都具有从根本上说难以分析的特质……历史的创造性本质，道德人格。然而，我们可以通过回顾来解释行为，行为是人们在内心做出选择后才发生的……人只能从自身找到对行为的约束。

他再次提出：“自由是……一种寻求自我激励的内在状态……自由

① 康德著有《永久和平论》，表述了对战争与和平的重要见解。——编者注

不依赖存在而依赖对选择的认知，不依赖外部条件而依赖内在经验。”

总而言之，“自由和必然之间的矛盾只有内在经验能够调和”。基辛格这么强调内在性，明确表示应当乐观看待他在论文倒数第二页提到的20世纪三四十年代发生的事件。

> 在布痕瓦尔德集中营和西伯利亚劳改营待过的一代人不可能像他们的父辈一样乐观。但丁追求的幸福在我们的文明里已经荡然无存。但这只说明文明衰落的事实，而不是它的必然性……诚然，那些年可能令人疲惫不堪。但……自由的经验能使我们从过去的苦难和历史的挫折中振作起来。这种灵性中包含着人类的本质，每个人都赋予这本质一种生命必然性的特质，这本质赋予我们那种将带来安宁的自我超越。

有人认为自1968年以后，“基辛格看待历史的哲学切入点和他制定、实施外交政策之间不存在隐性关联”。有人这么说：

> 基辛格看过奥斯维辛集中营之后，无法相信普遍的道德伦理和永恒价值，这些是康德信仰人类进步的基础……对基辛格而言，上帝死在了奥斯维辛……基辛格的现实政治和康德的理想主义之间形成了鲜明对比，说明这篇冗长的毕业论文只是一次智识上的训练，体现不出他成形的个性和价值体系。

这种说法至少是值得商榷的。写《历史的真义》的基辛格当然不是“变质的康德主义者”，他也不赞成斯宾诺莎消极的怀疑论，他的这种对权力的看法实质上和霍布斯是一样的。《历史的真义》中很少提到斯宾诺莎，对马基雅维利则完全没有提及，总有人说是马基雅维利影响了基辛格，其实不然。

对《历史的真义》正确的解读应该是：它是一本真正的理想主义宣传册。在艾略特的影响下，基辛格完成了他的作业：读了《永久和平论》，但他发现康德的推理有瑕疵。和平可能确实是历史的终极目标，然而，在内心直面选择从而真正体验自由后，从个体的角度看，任何这种决定论的模式都是不对的，“无论人们如何理解事件的必然性，当这些事件发生时，这种必然性都无法对行动做出任何指引”。

这一根本性的洞见对1950年的世界产生了重要影响。首先，基辛格在结论中说得很清楚，他对历史真义的认识使他对经济学界的主张深表怀疑，这个雄心勃勃的哈佛学生越来越认为这些主张是选择的集合：

> 当……冰冷的物质性思想取代浪漫的感性，生命便成了一个单纯的技术问题。人们拼命寻找解决社会问题的办法、解决经济问题的灵丹妙药，这证明了心灵的空虚。对他们来说，必然性是一种客观状态……他们总是认为再多一点儿知识、再多一个公式，就能解决物质世界中不断增加的困惑。

其次（虽然基辛格认为在不起眼的脚注里谈当代政治比较明智），物质主义的局限性意味着“任由关于民主的争论变成一场对经济制度效率的讨论”是危险的。“经济制度的效率是客观必然性层面的问题，因而是可以讨论的。”相反，“自由的内在直觉……会排斥极权主义，即便它在经济层面效率更高”。最后也是最重要的一个原因是，“认为和苏联开几次国际会议就能神奇地解决所有分歧，这种看法似乎很荒谬……似乎无法仅仅靠开会就能达成基于内部和谐的永久谅解，因为分歧不仅仅是误解造成的”。

行文至此，我们终于要谈到一个历史事件了，这个事件暗中渗透到基辛格毕业论文中关于个人自由的每一个字里，将成为他走向学术巅峰继而掌握政治权力的背景，这个事件在1950年使康德的“永久和平论”（即便在坚定的理想主义者眼里）看起来和汤因比所说的基督救赎时刻一样遥不可及。它就是冷战。

第 8 章

—

心理战

我们在“冷战”时期的目标不是武力占领或征服。我们的目标更微妙，更具有渗透性，更全面。我们要设法通过和平手段让世人相信一个真理。这个真理就是，美国人希望世界和平，世界上所有人都应有机会得到最大程度的个人发展。我们传播这个真理要使用的手段通常被称为“心理法”。不要因为这是个大词就害怕。“心理战”是要争夺人的大脑和意志。

——德怀特·戴维·艾森豪威尔，1952 年

的确，我们是想展示西方价值，但不是靠言语，而是靠行动。

——亨利·基辛格，1954 年

1

我们人类这个物种似乎天生就爱仪式。然而，现代社会似乎对传统仪式很刻薄，所以现代人一生中只会经历一些极为草率的仪式，比

如到死气沉沉的州政府登记处办理结婚登记，或者到消过毒的火葬场和死者道别。因此，大学毕业具有一种特殊的意义。毕业典礼不仅仅可以公开证明某人达到授予学位的要求，使他有资格找到待遇好的、需要高智商的工作，也为他参加不合时宜的节日活动提供了一个难得机遇。在这点上哈佛可谓独领风骚。

哈佛大学有许多怪招，其中之一就是把学生学术生涯中的毕业这一最后、最大的事件称为“开始”。但是这个名称还是为期一天的仪式中最不足为奇的一环。一些本科生宿舍一早就有风笛手吹响风笛，召集毕业班学生与教职工共进早餐。为了代表法律和秩序的力量，米德尔塞克斯县和萨福克县的行政长官会骑着高头大马来到哈佛校园。获得学位的学生和校友欢聚一堂，观赏校长仪仗队入场，仪仗队成员根据各自的职衔身着华丽的学位服：礼袍、兜帽、学位帽及其他古色古香的帽子一应俱全。引领仪仗队的是地方行政长官，他会身着晨礼服，佩带宝剑，后面跟着学校司仪、校长、前校长、哈佛大学本科学院董事、监察委员会委员、马萨诸塞州州长、荣誉学位获得者。走在这些人后面的是各学院院长、教授及其他教职工，按职位高低依次排列。

“早操”在哈佛园中庭举行，那里空间开阔，现在被称为“三百周年户外纪念剧场”。（毕业班学子只能祈求天公作美。）等到校长在那把古老的、谁都知道坐上去很难受的霍利奥克椅上坐定，大学司仪就请米德尔塞克斯县县长出面要求全场肃静，然后是三个学生轮番发言，其中一个人用拉丁语发表“学术演讲”。然后是集体授予学位，按学院轮流进行。学士学位获得者应邀参加“有教养人士协会”，然后是颁发荣誉学位。然后齐唱《哈佛赞歌》，这是整个仪式中仅有的两个使用拉丁语的环节之一。仪式完毕，校长仪仗队退场，哈佛校乐队开始演奏，纪念讲堂钟声响起。然后各学院、各宿舍用午餐，这个时候才逐一叫出每个学生的名字，给他们颁发毕业文凭。然而，这一天的压轴戏是哈佛校友会下午组织的聚会，校长和毕业典礼演讲嘉宾到时会发表演讲。

即便碰上雨天，毕业典礼也是一个欢乐的场合。现在看来可能还有点儿轻浮，不过在基辛格毕业的时候可不一样。在他入读哈佛的前一年，毕业典礼演讲嘉宾是美国国务卿马歇尔将军。那是1947年6月5日，马歇尔讲话还是保持其一贯的风格，面无表情，声音单调，正是在这次演讲中他承诺美国将给欧洲提供大规模的经济援助，史称“马歇尔计划”。因此，基辛格和他的同学毕业那年，当他们得到通知说当年的毕业典礼演讲嘉宾是马歇尔的接班人国务卿迪安·艾奇逊时，他们便料到绝不会听到什么轻率言论。

尽管基辛格学习成绩很好，毕业论文也很有分量，但他并没有在1950年6月的毕业典礼上唱主角，那年是历史悠久的哈佛大学的第299届毕业典礼。他不是五人永久班委会委员，也不是发言的学生代表。他不过是浩浩荡荡的分列式大军中3 000名即将毕业的学生之一。虽然他参加了美国大学优等生荣誉学会在哈佛举行的年度文学演习，成为为数不多的听到罗伯特·洛威尔现场朗诵的一首新诗的幸运儿之一，但他显然没能参加毕业典礼前的其他活动：洛威尔宿舍楼举行的“大四学生交谊舞会”、波士顿港月光游轮、美国后备军官训练团的任命仪式，更不用说哈佛–耶鲁棒球赛及哈佛乐队与合唱团联合演出的音乐会了。对这些青少年的活动，那些勤奋的已婚老兵一般都会回避。然而，毕业典礼又是另一回事。尽管典礼上人们的服饰古典花哨，年轻人情绪高昂，艾奇逊的演讲仍给现场带来一种庄严感。

1950年6月22日，星期四，初夏阳光普照，在这一天举行毕业典礼格外令人精神振奋。然而，哈佛校园上空也出现了云彩，那可不是普通的云彩。别具意味的是，那天的一个荣誉博士学位授予了约翰·冯·诺依曼。诺依曼仇视法西斯主义和共产主义（更不用说凯恩斯主义），这在他设计第一颗原子弹时发挥了关键作用，他后来还与人合作发明了氢弹、洲际弹道导弹以及数字计算机。虽然艾奇逊是毕业典礼的主要演讲嘉宾，但他前面还有一个演讲人卡洛斯·罗慕洛将军：菲律宾人，先后出任联合国大会主席、联合国安理会主席。虽然今天好多人都不记得罗慕洛曾担任菲律宾外交部部长近20年，但他当时的讲话极具预见性，令艾奇逊望尘莫及。罗慕洛宣称："用亚洲人的眼睛看亚洲是西方制定亚洲政策的首要前提。你制定针对欧洲的政策模式……以为在亚洲也管用，这是不行的。"

> 动不动就认为亚洲的什么民族主义运动是共产主义运动，这种倾向建立在另一种需要重新审视的观点之上……毫无疑问，亚洲存在共产党领导或煽动的民族主义运动，但是这也不一定能抹杀该地区真正的民族主义运动的固有特征……这些运动尽管原本是因一个民族向往自由而发起的，但后来由于缺乏西方朋友迅速有效的支持，胆小糊涂的自由党被政治上狡猾残忍的共产党夺走了领导权。

要是艾奇逊以及美国后来的国务卿能对这些话深思一番就好了。

艾奇逊出生在康涅狄格州，毕业于耶鲁大学，父亲是英国牧师，母亲是加拿大人（继承了一大笔遗产）。马萨诸塞州的人对他有疑心。(《波士顿先驱报》用怀疑的口吻说他"外表像英国贵族"。) 然而，他是哈佛大学法学院的研究生，一辈子都是民主党人。哈佛大学很同情他，特别是当时极端反对共产党、极其无耻的威斯康星州共和党议员麦卡锡一直污蔑他，因此为他特意举行了一次听证会；就在4个月前，麦肯锡公然指责美国国务院中“共产党分子活动猖獗”。其实，艾奇逊的对苏政策正越来越强硬。刚打完“二战”时他还比较迁就斯大林，但1950年他已经是美国政府中最坚定的鹰派人物之一了。因为他态度非常强硬，他访问剑桥时引起了几场居心叵测的游行示威，组织者是一个所谓的和平组织：马萨诸塞州和平行动委员会，为首的是罗伯特·穆尔神父，他是罗克斯伯里的一名圣公会牧师。（当天下午，穆尔因未经许可便给波士顿大学学生做演讲被捕。）一名示威者打出标语“艾奇逊，我们要和平不要炸弹”，另一名示威者强烈要求他“停止战争谈判”。

艾奇逊的强硬立场是针对来自麦卡锡的压力的，更是针对斯大林的行为。实际上，他在毕业典礼上主要讲的是1945年以来苏联的敌对行为。他说，苏联对伊朗和土耳其“重新施压，进行恫吓”，把“自己任命的政府”强加给保加利亚、罗马尼亚和波兰，援助“希腊共产党操控的游击队”，“对德国东部地区实施苏式管理”，“成功控制了匈牙利”，试图“通过罢工和其他破坏活动阻止法国、意大利政治经济复苏”。苏联的种种行为迫使杜鲁门政府于1947年先后增援希腊、土耳其以及西欧。之后共产党接管捷克斯洛伐克，美国不得不采取进一步行动签署共同防御协议，成立北大西洋公约组织。艾奇逊得意地将《北大西洋公约》比作英国《大宪章》或美国《独立宣言》。他的结论很明确：“除非苏联领导人真正接受‘共荣共生’的哲学，否则，无论自由世界施展什么妙招，无论共产主义运动出现什么特洛伊式的鸽派人物，都无法解决我们共同的问题。”也许特洛伊式的鸽派人物这个说法很令人费解，但媒体最关注的还不是这个。因为艾奇逊又找补了一句，或许是为了安抚外面主张和平的示威者吧，“战争不是不可避免”。

没过三天，1950年6月25日星期天的黎明时分，朝鲜战争爆发。

2

冷战已从记忆中消退成为历史，但有一件最重要的事我们要记住：冷战的确是一场战争，不是令人温暖的和平。第二点我们要记住的是，冷战跟众多预言家预测的根本不一样，“冷战”一词最先是记者赫伯特·贝雅德·斯沃普从作家奥威尔那里借用的，后来通过新闻评论家沃尔特·李普曼得到普及。从我们今天变形的后视镜往回看，我们看到的要么是两个对立帝国的经典故事，要么是两个不可调和的意识形态之间的殊死斗争，或者更确切地说，两者都有。更仔细地审视会发现发生的事情相当奇特。那些预测20世纪40年代末会出现一场美苏战争的人，多数认为到某个阶段会出现大规模的“第三次世界大战”，他们认为那可能是一场核战争，也可能是一场常规战争，又或者两者兼有，而欧洲将是主战场。的确，直到20世纪80年代，两国将军们都在为此而准备着。但是这场战争偏偏就没打起来。实际上，冷战体现为一系列的局部冲突，几乎遍及全世界，就是不包括欧洲，主要战场是亚洲。美苏军队从未正面交锋，但是1950—1990年的所有战争中至少有一方是（或者据说是）超级大国的代理人。

约翰·加迪斯认为冷战是最出人意料的必然事件。首先，美苏“二战”联盟的迅速破裂并不像今天看起来的那样不可避免。斯大林对战后建设似乎有多种打算。他说，社会主义可以通过其他途径来实现，可以“采用其他政治制度，比如说民主制、议会共和制甚至是君主立宪制”。1944年6月，他对“卢布林波兰人”说，苏联要“与西欧国家结盟，与英法结盟，与美国保持友好关系”。杜鲁门总统也有充分理由继续与苏联保持战时同盟关系。他与斯大林首次会晤后写信给妻子：

“我喜欢斯大林，他很直率，明白自己想要什么，得不到便会妥协。”

那么为什么战后盟国瓜分德国后不能继续保持和睦关系呢？1944年10月，丘吉尔和斯大林在莫斯科确立的“百分比协议”看似公平合理，两国差不多平分了巴尔干半岛。罗斯福总统在雅尔塔会议上暗中牺牲波兰的做法不大光彩，但也可以说那是为和平共处打基础。斯大林对米洛万·吉拉斯说：“无论谁占领一个国家，都会在那里施行自己的社会制度。”这句话也没什么不对，只要各自势力范围得到认可和尊重，超级大国间的冲突并非不可避免。问题是总有人心存疑虑，首先是美方，海军部部长詹姆斯·福里斯特尔怀疑斯大林不会满足于在欧洲或其他地区得到一些地盘。早在1945年10月27日，杜鲁门总统就（在一封信中）告诫自己：“除非苏联面临一记铁拳、一种强大的语言威慑，否则另一场战争在所难免。”4个月后这种情感被赋予战略性实质，乔治·凯南给美国国务院发了一封长电报，这也许是美国外交政策史上最著名的一次通信。

凯南是威斯康星州人，父亲是苏格兰长老会成员。他在美国驻莫斯科使馆任职期间，正值斯大林的大清洗运动进行得如火如荼，因此他得以近距离观察斯大林主义在苏联的施行。美国总统罗斯福及其继任者杜鲁门均未识破斯大林的真正图谋，凯南十分失望，于1945年8月提交辞呈，理由是“最近一战我们好不容易赢得的政治资本被肆意挥霍，政治上也未能乘胜追击，因此深感沮丧”。在他第二次任职于美国驻苏联使馆即将届满之前，国务院要求他对近期苏联的行动发表评论。他的答复是要为美国整整一代的战略家奠定基础，尤其是基辛格。如今再读这份长电报，考虑到它的电文风格，我们仍然会发现这是一份极其微妙的文件。凯南认为，“苏联依旧生活在敌对的‘资本主义包围圈’中，因此，长远来看，不可能存在永久的和平共处……苏联领导人对世界事务的看法有点儿神经过敏，从根源上来说是一种传统的……不安全感”。（凯南在1946年3月发回的一则新闻报道中不无调侃地写道：“只有美国进行全面裁军，把空军、海军移交给苏联，把政权让给美国共产党，才能消解斯大林‘险恶的疑惧心理’。”）因此，无论是从意识形态层面看，还是从历史来看，苏联政策都可总结如下：

> 必须千方百计提高苏联作为国际社会一员的相对力量。反过来说也不要错过任何机会，以削弱……资本主义国家的力量和影响……我们面对着一个政治力量，它狂热地坚信，它和美国之间不可能有永久性的妥协办法；如果苏维埃政权要得到巩固，那么搞乱我国社会的内部和谐，破坏我国传统的生活方式以及损害我国在国际上的权威，这种做法是可取的和必要的。

凯南非常清楚，苏联的意图不仅是把势力范围扩展到欧洲，而且还想称霸全球。他在长电文里提到几个潜在的目标，有伊朗北部、土耳其、中东，甚至阿根廷。在经济上讨好别国将一事无成，因为“在国际经济事务中，苏联政策将会真正实现专制”。苏联要应对的只有一样：武力。“对理智的逻辑无动于衷，但对武力的逻辑十分敏感。因为这个缘故，当它在任何地方遇到强大的阻力时，它可以轻易地退却，而且它经常这样做。”

任何战略争论上的成功干预之所以成功，是因为其体现了其他人已有的想法。丘吉尔在密苏里州富尔顿会议上吹响号角，告诫人们“铁幕”将降临全欧洲，凯南的观点恰好与之吻合。另外两位美国专家克拉克·克利福德和乔治·埃尔西更是危言耸听，几个月后他们说“苏联……一心要称霸世界”。在杜鲁门看来，这些分析之所以有一定道理，不是因为斯大林要求在东欧设置亲苏联政府，而是1946年8月他要求土耳其赠予领土乃至达达尼尔海军基地。杜鲁门总统派第六舰队前往地中海东部，结果真如凯南预言的那样，斯大林撤退了。至此总统才相信他的话。商务部部长亨利·华莱士发言反对“采取强硬政策”，随后被迫辞职。用凯南的话说，再也不能对苏联表现出任何“愚昧的绥靖姿态”。

然而，凯南并不是战争贩子。1947年1月7日，美国外交关系委员会在纽约开会，凯南在会上说，美国及其盟国可以“采用礼貌的、非刺激性的方式”遏制苏联，直到苏联国内出现变化为止。同年晚些时候他在《外交》季刊上发表文章，题为“苏联行为的根源”，阐明他所说的“遏制”为何意，文章署名“X先生”，轰动一时。他认为：“苏联……自身就蕴藏着腐朽的种子，而且……这些种子已经发育得很成熟了。”任何“神秘的、救世主式的运动都将会以某种方式自行调节”，要么是分裂，要么是“瓜熟蒂落”，这样它才能被有效挫败。因此，美国政策应该是“长期、耐心而又坚定、警惕地遏制苏联的扩张倾向……不断改变地理位置和政治立场，灵活警惕地运用反作用力，根据苏联政策的变动和策略来随机应变”。凯南是外交家，他所构想的遏制主要是一种外交策略，不是军事策略；其蕴含的坚定意志是用一封封电报传递的，而不是一个个装甲师或一枚枚导弹。然而，在1947年的世界形势下，不难读出他对新策略至少下了一个定义：“只要苏联露出侵犯这个和平稳定世界的迹象，就要随时随地用不变的反作用力与之对抗。”这个定义就是命令，只要苏联的侵略行为初露“端倪”，全世界都应该以武力还击。

实际情况是，起初遏制只限于经济领域。在财政紧张的英国政府宣布取消对希腊和土耳其的援助时，美国出台了“杜鲁门主义”，向国会说明在危难之际美国应挺身而出。这些国家其实真正需要的是钱，但杜鲁门在马歇尔、艾奇逊和助理国务卿威尔·克莱顿的怂恿下，将这一要求表达为世界范围内两种“不同生活方式”的斗争，在这场斗争中，美国应该“支持自由国家人民抵抗少数武装分子或外来压力的征服企图”。（实际上凯南并不赞同杜鲁门演讲时那种救世主式的措辞，但即便是对李普曼这样精明的评论员来说，杜鲁门的用词和凯南定义的“遏制”也并无二致。）第二阶段的遏制也是经济上的：马歇尔计划。同样，美国需要输送给欧洲的只是钱，这笔钱相当于从1946年到1952年美国每年国内生产总值的1.1%。但是这次凯南的计划玩了个小花招：邀请苏联及东欧政权参与“欧洲复兴计划”，他们早就预料到斯大林会拒绝，结果也确实如此。第二个花招是马歇尔坚持联邦德国不仅要经济复兴，还要政治重组。斯大林深思后认为，还是推动德国统一、去军事化更好，结果又中计了。他正要反戈一击，封锁通往西柏林的公路、铁路，但美国采取空运物资，斯大林第三次失利，美国的后勤工作获胜。

不难想象（欧洲、德国和柏林）一分为三的各种结局，这种划分在1949年5月德意志联邦共和国成立时已基本完成。凯南自己向往的是德国统一、中立（A计划），苏联也一再提议采用这种方案。其实，这很可能就是艾奇逊在哈佛毕业典礼演讲中所指的“特洛伊式鸽派”的观点。在东欧实行共产党的领导并非必然：只能通过残酷的方式强制实施，有些时候（例如1953年在东柏林、1956年在布达佩斯、1968年在布拉格、1981年在格但斯克）还需要重新强制实施。西欧共产党全都未能掌权的局面也不是无法避免：在法国和意大利，共产党可以拿到高达1/5的普选票，尽管做法比苏联巧妙得多，美国也还是通过见不得人的手段将它们排除。令人惊讶的是，除了芬兰（资本主义民主国家，如果不亲苏，就算中立国家）和南斯拉夫（共产党领导的非民主国家，但不是苏联集团国家），很少有欧洲国家最后成了“灰色地带”。

美苏对立之所以具有深远影响，是因为在1948年，遏制开始演变（为此凯南越来越沮丧）成为军事策略，而不再仅仅是外交、经济策略。其中一个原因是苏联悍然在布拉格发动政变。另一个原因是西欧各国采取了积极措施：北大西洋公约组织建立的前兆是《布鲁塞尔条约》，英国、法国、比利时、荷兰和卢森堡5国签署了有效期为50年的军事防御盟约。但主要原因是美国意识到一点，即欧洲殖民帝国纷纷出人意料地迅速瓦解，这让苏联轻而易举捡了个大便宜，比东欧还"肥"。在这种局势的启发下，斯大林1948年3月对苏联共产党中央政治局发布强制令："大力支持附庸的殖民地国家被压迫人民反对美英法帝国主义的革命斗争。"当然，在中东地区，尽管苏联竭力拉拢阿拉伯民族主义者，也很难阻止统治权由英法转移到美国手中。然而，亚洲共产主义运动的发展似乎不可阻挡。

1949年夏至1950年夏，战略天平似乎奇迹般地又倾向了斯大林一边，要夸大这一点实属不易。1949年5月，毛泽东领导的共产党军队夺取了上海；10月1日，毛泽东宣告中华人民共和国成立；12月10日，蒋介石逃到台湾。毛泽东已经表示要和苏联结盟；1949年12月，他动身前往莫斯科表明与斯大林保持同一阵营，回国之前签订了《中苏友好同盟互助条约》。而杜鲁门呢，1948年出人意料地再次当选总统，1949年在柏林大获全胜，但1950年上半年却倒了大霉。美国刚刚"失去"中国，阿尔杰·希斯就被判做伪证，克劳斯·福克斯暴露了其苏联间谍身份，于是麦卡锡粉墨登场，发起反共的女巫搜捕行动。艾奇逊与希斯私交甚密，得知其做伪证一事后颇觉尴尬，加上苏联威胁亦令他诚惶诚恐，于是急忙将遏制转变成一种军事策略，宣布了保护日本、冲绳和菲律宾的"防御圈"计划。（中国台湾地区和韩国居然不在保护名单之列。）过于敏感的凯南被调任政策规划部负责人，取而代之的是美国战略轰炸调查委员会前副主席保罗·尼采。下文将谈到，对尼采而言，名为“美国国家安全的目标和计划”的NSC–68号文件（美国国家安全委员会第68号文件）之所以提议进行大规模军事建设，主要原因并不是失去了中国，而是因为另一个更可怕的消息：苏联通过间谍活动和自行研制，已经有能力制造原子弹，说不定还能制造一种美国也在研制的杀伤力更大的热核弹。然而，NSC–68号文件是在呼吁生产常规武器和核武器。

NSC–68号文件是多年后基辛格担任国务卿时才解密的一份文件。文件提议“在自由世界迅速建立政治、经济和军事力量”。其前提是苏联“计划……彻底颠覆或武装消灭非苏联世界的政府机器和社会结构，代之以由苏联控制、对苏联言听计从的组织和结构”。美国是实现该计划的主要障碍，是“头号敌人”，“必须千方百计颠覆或破坏其完整性和生命力”。而且，苏联正在增加军费开支，不仅是在相对意义上，在某些方面甚至是在绝对意义上超出美国及其盟国。“苏联在备战，而自由世界却没有备战，两者距离越拉越大”，为此，美国必须大幅提高其国民生产总值用于国防开支的比例，尼采估计为6%~7%。该文件不仅详细说明了凯南构想的外交遏制的目标，也详细说明了杜鲁门总统“公平施政”的目标，后者旨在削减美国国防预算以支持国内计划。“公平施政”在政府部门内部遭到抵制一点儿也不奇怪，抵制的人有新任国防部部长路易斯·约翰逊、凯南本人以及美国国务院的其他苏联问题专家。但是这一切都是苏联支持朝鲜入侵韩国之前的事。

因此，哈佛大学1950届毕业生的毕业典礼是一个开端：不仅是3 000名毕业生职业生涯的开端，也是一个新的危险时代的开端。对基辛格和他的同学们来说，从今以后他们都将在“第三次世界大战”的阴影下生活，时间长达近40年。我们现在知道冷战并未升级到美苏公开交战的地步。然而，对哈佛大学1950届毕业生来说，“长期和平”的可能性微乎其微，谁能料到这种紧张状态一直到20世纪80年代末才告一段落，而且其结果就是凯南在长电文中预料的那样：苏联解体。在与德军和日军作战过的美国兵眼里，朝鲜战争很像是下一次世界大战的序曲。麦克阿瑟将军重返战场，指挥部队在仁川侧翼包抄朝鲜部队，将他们赶回三八线以北，一时间美军人员心头不由得涌上一种崇高的怀旧之情：曾几何时他们在欧洲战场也是如此这般地英勇杀敌。好景不长，接下来的几个月他们又极度恐慌，中国人民志愿军跨过鸭绿江，几乎将麦克阿瑟率领的美军全部歼灭。诚然，1951年5月，杜鲁门总统因麦克阿瑟不听指挥而撤了他的职，改任李奇微将军为美军总司令，及时制止了中国人民志愿军的进攻，苏联也在纽约首次试探性地提出签订和平协议。然而，20世纪50年代初美苏两个超级大国之间的关系极不友好，举个例子，1952年10月，凯南被苏联驱逐出境，颜面丧尽，成为驻苏时间最短的美国大使。的确，他在柏林对记者说“他现在在苏联首都遭受的孤立比在德国担任外交官被关押时还糟糕……那是在德国对美宣战以后”，这么说不大合适，也不符合他的一贯作风。但是，很多人都和他有同样的观点：冷战发展到了新阶段，后面的事显而易见，区域战争会引发世界战争。

3

今天很多学者都难以理解，更无法容忍冷战期间美国一流大学的学者潜心研究美国国家安全策略。很多学者在谈到学术界与负责对付苏联威胁的联邦政府各部门的关系时总是愤愤不平，好像教授效力国防是一种根本性错误。我还是要重申：冷战就是战争。当然，苏联从未入侵美国，但是它却把核导弹弹头对着美国，部署反美间谍，动辄恶语相加。苏联还善于将极不自由的意识形态和管理制度出口到其他国家，比如地理位置靠近美国的古巴等国家。如果有谁暗示哈佛大学不应该那么卖力地支持国防部或中情局，那是低估了苏共造成的重大威胁和大学支持国防的价值。

无论是对新科文学学士亨利·基辛格还是荣誉科学博士约翰·冯·诺依曼而言，有件事是分内之事：他俩都是遭到极权主义威胁而被迫离开欧洲的学者，应该为美国政府效力，何况美国政府是世界上最为直接公开承诺维护个人自由的政府。当然也不是说，只有逃难到美国的人才有这种想法。科南特校长在自己的毕业典礼演讲中谴责说“现在有一种哲学在迅速传播，它否认所有学者曾经认为是理所当然的一些前提。当然，我指的是那些接受苏式‘辩证唯物主义’哲学的人所持的一种态度……辩证唯物主义成了共产党中央委员会眼里的专制主义”。科南特是原子能委员会的总顾问委员会委员，也是联合研究开发管理委员会委员，是“二战”期间美国政府核技术军用和民用问题专家，地位仅次于奥本海默。然而，他和奥本海默不一样，在对待共产党的态度上无可怀疑：早在1948年9月，他就呼吁禁止聘用共产党员为哈佛大学教师。

说到为中情局卖力或与之合作，冷战期间最龌龊的事不是哈佛大学做的，而是耶鲁大学做的。凭借维芬普夫合唱团，还有其独特的耶鲁式思维方式，学校教师于战时在战略情报局和早期的中情局中所起的作用要明显大得多。据说耶鲁大学历史学家谢尔曼·肯特“比西西里人还会捅刀子”。耶鲁的其他历史学家，如沃尔特·诺特斯坦和诺曼·霍姆斯·皮尔森等，也是中情局的常客。普林斯顿大学也是中情局重要的人才备用库，组建了“普林斯顿顾问委员会”，这是一帮高级学术顾问，在顾问委员会主席是艾伦·杜勒斯（1914届毕业生）的领导下，每年在该校拿骚俱乐部召开4次会议。但是，如果低估哈佛大学在冷战早期情报工作上的作用也是错误的。哈佛大学柯立芝荣誉历史学教授威廉·兰格是战略情报局研究分析部主任，该机构后来发展成为中情局国家评估办公室，还是由他担任主任。麦乔治·邦迪虽然毕业于耶鲁大学，但他是在哈佛大学成为终身教授的，1953年担任哈佛大学文理学院院长。邦迪得意地说，哈佛大学的许多战后区域研究计划“得到战略情报局的哈佛大学校友的操控、指导和激励；战略情报局是一个卓越机构，一半是警察和强盗，一半是教授”。他在约翰·霍普金斯大学讲演时说，“有区域研究项目的大学与美国情报搜集机构之间”完全应该“多多相互渗透”。

现在回过头来想想，不难将这种相互渗透看作一场邪恶的勾当，因为堂堂的哈佛大学竟然沦为区区一个“政府扩展机构”，年轻、胸怀大志而又缺乏安全感的基辛格竟然为了个人发展而急切要求投身国家安全事业。但这是对证据的误解。基辛格学的是行政管理。和他关系最密切的两位教授对制定美国对苏策略极为热衷，学生受到老师这方面的指引也就不足为奇了。事实上，早在1941年11月，卡尔·弗里德里希就预测：

> 除非英国也变成共产党的天下（可以想象，但不太可能），否则战后世界将被划分为英美和苏俄两大势力范围……美洲和西欧的相当多的国家很可能会聚集在美国周围，而亚洲和东欧很多国家会团结在苏联周围……美苏对立的世界观会在世界各国的内部矛盾中反映出来，在边缘地区引起内战。

弗里德里希在著作《普通人的新形象》中提到冷战“史无前例的”特征。

> 历史上出现过几个国家构成的均势体系。历史上曾有过横跨大陆的帝国……历史上还从没有出现过两个各具防御和自治能力的洲际大国对立的情况。但是更为非凡的是两国都有一个信条。每个国家都像一个宗教派别，都像宗教一样希望所有人接受自己的教义：这些国家都是传教士，情不自禁地要传教。

基辛格读研究生的时候，弗里德里希曾给他布置过一项任务，让基辛格帮他编一本供美国军方使用的讲述民主德国状况的手册。

不过，对基辛格具有更大影响的始终是威廉·扬德尔·艾略特。艾略特渴望为国家安全尽一己之力。早在1946年，他就提议增强联合国权力以对抗苏联的“权力体系”。他是最早主张将核武器置于国际掌控之下从而避免“军备竞赛”的人之一。他认为联合国的《世界人权宣言》为实现康德的“永久和平”奠定了基础，可惜苏联拒绝投赞成票。20世纪40年代末，艾略特担任在伊斯坦布尔和巴尔干半岛功勋卓著的中情局计划处副处长弗兰克·威斯纳的“临时顾问”。然而，尽管他可以游说中情局副局长威廉·杰克逊，但也无法再升迁。1951年，艾略特只好接受他在中情局的“闲置身份”，“免费”提供将来所有的咨询服务。但无论遭受怎样的冷落他就是不离开首都。他成了密西西比州由民主党人威廉·科尔默任主席的众议院战后经济政策与规划特别委员会顾问。他还担任众议院外交事务委员会和众议院对外援助特别委员会的人事主管，后者的委员会主席是马萨诸塞州议员克里斯蒂安·赫脱（后曾短期担任国务卿），大部分战后欧洲局势报道都由他执笔，这些报道是马歇尔计划的重要支撑材料。该委员会为艾略特首次见到加州新任代表理查德·尼克松提供了机会，尼克松是贵格会教徒，性格腼腆，疑心重，很善于调动听众情绪，因为对阿尔杰·希斯穷追不舍，逐渐为国人所熟知。也是在赫脱领导的委员会，尼克松与弗兰克·林赛首次相识，当时林赛还在中情局，两人的交情在近20年后结出了意义重大的果实。

艾略特是个不知疲倦的人。他写过一篇美国援助发展中国家的文章，在朝鲜战争期间担任国防动员办公室助理主任，还担任伍德罗·威尔逊基金会与美国教育和共产主义委员会外交政策研究小组组长，该委员会推出一项计划，向美国青年人传授有关“国际共产主义的客观、基础、实实在在的知识”；他还（与邦迪、凯南和施莱辛格一道）是伍德罗·威尔逊基金会另一个研究小组的成员，该小组的任务是研究“如何改进美国政府的结构与实践才能充分有效地履行美国的职责和义务”。颇令人玩味的是，该小组提出的答案是要增强总统相对于国会和各行政部门办事机构的权力。在这一点上，艾略特比同事更为大胆，称赞英国“严格限制议会调查会影响外交事务的问题的做法”。同时他主张“赋予总统在任期间就自己提出的一个问题召集选举的宪法权力，并且总统和国会议员均应参选”，换言之，要赋予总统跟总理一样可按自己的意志“进行大选”的权力。

有时，艾略特对各种英国问题的热衷近乎一种自嘲，比如，他曾热心做过一次题为“英联邦精神”的广播讲话。他在牛津大学贝利奥尔学院做罗德学者时出席过圆桌会议，他花费十多年时间多方游说建立一个美国式圆桌会议却毫无结果。苏伊士运河危机期间美国决定不支持英国，他嗟叹不已，认为埃及总统纳赛尔将运河管理公司国有化是侵略行径。直到20世纪50年代末，艾略特依然敌视阿拉伯、亚洲和非洲民族主义，并向尼克松总统保证说殖民地国家还没有准备好承担“现代国家应有的职责”。然而，一般人察觉不到的是艾略特希望增强总统在外交事务领域的权力的观点后来产生了很大影响。杜鲁门总统任期将尽，下任总统正在思考如何改进战略决策的制定过程，艾略特提出急需“协调白宫各行政部门的工作……预算办公室、国家安全委员会、国家安全资源管理委员会、经济顾问委员会、现在的共同安全主任办公室以及国防动员办公室”。他最初的建议是“将预算办公室主任……提到最高级别，就像是参谋长或总统秘书长的级别”。但是后来他修改了这项提议，建议艾森豪威尔将国家安全委员会当作“参谋机构”而不是“秘书处”。

> 总统不可能下放足够的权力给任何其他政府官员，让那些官员在主要内阁官员之间存在强烈意见分歧时以强硬方式解决问题。他也不可能设一个有权做出决定的助理总统职位。但是他可以，而且在我看来也应当设一个高于秘书的国家安全委员会行政主管或人事主管的职位。如果能找到一个符合条件的、具有足够的外交技巧和安排职员能力的人，那么就能促进不同部门达成一致，就能为总统在真正可选政策方面提供合理评价……委员会行政主管应该……保证总统在委员会建议基础上提出的政策指令不仅仅是一种劝告……总统必须支持委员会行政主管或人事主管，这一点很重要，但是还有一点也很重要：人事主管应该能够始终以总统的名义进行管理。

下文将看到，16年后，艾略特的高足基辛格扮演的正是这一角色。还有一点很重要，艾略特的备忘录也考虑让副总统在决策上发挥更大作用，比如成为国家安全委员会的一员。这一点可谓正中被艾森豪威尔选为1952年大选竞选伙伴的尼克松的下怀。

艾略特满脑子都是点子。1955年，他负责领导另一个伍德罗·威尔逊基金会研究小组，该小组的报告（《美国外交政策的政治经济学》）

提议美国、加拿大应和欧洲经济共同体取得某种联系。6年后，美加两国成为总部设在巴黎的经济合作与发展组织的成员。艾略特骨子里是一个大西洋主义者，他和同事一道创建了宾夕法尼亚大学外交政策研究所。但是他也精明地意识到第三世界将会是“政治斗争的决战区，而那里现在是苏联的主战场”。跟美国20世纪50年代末许多纸上谈兵的战略家一样，艾略特极力要求美国开始“训练一支有能力‘支持’该地区一些国家的新兴政府的安全部队甚至是军队”。但是他极力主张打“心理战”。早在1950年年初，在提交给参议院的一份他为生产管理办公室起草的报告中，他就强烈要求在“和平时期打心理战”以替代军事干预。

心理战究竟是什么？艾略特的多种活动表明心理战的内涵颇为复杂。艾略特是1951年成立的美国解放委员会的创始人之一，参与开办了美国对苏广播“自由电台”（原名“解放电台”）。他还坚定主张实施“文化交流”计划，资助那些“开始为我国提供资源的”国家的学生来美留学。1960年，他在美国国防大学演讲时说：“我们要帮助发现、培养一些人来治理国家，这样他们才能发展自己的国家，才能做其他事。”但是心理战也包括赢得国内人民的同情和支持。1953年4月，就在查尔斯·道格拉斯·杰克逊被任命为总统顾问之前，艾略特给他写了一份备忘录，题目是“国内心理防御措施组织”。他的观点是“在自由市场和公开竞争环境下让人们坚持保有各种观念”是不可靠的。国务院需要更积极地成立“顾问小组”来对知识分子进行“教育，还可以让他们转变观念，接受国务院的看法”。

心理战的起源可以追溯到“二战”时期的战略情报局（战情局），当时战情局有一个单独的部门，专门负责最初所说的“鼓舞士气”。1947年这一观念再次付诸实施，美国国家安全委员会NSC–1/1号文件授意在意大利竞选中采取秘密行动对抗共产党，支持基督教民主党[①]。最初，根据美国国家安全委员会NSC–4–A号文件，只有中情局才有权开展“秘密心理行动抵制苏联及苏联驱使的活动”。但是几乎在转眼之间就成立了一个新的部门，即特殊项目办公室（后改称政策协调办公室，或OPC），弗兰克·威斯纳任办公室主任。该机构虽然设于中情局，但同时也能得到国务院政策规划办公室的信息。OPC专门设立前线组织：比如，负责自由欧洲电台的美国自由欧洲委员会、自由工会委员会、知识自由美国人协会、文化自由大会，仅举此四例。威斯纳把OPC比作“强大的沃利策”风琴，但是一开始它演奏的音乐就不够和谐。一个原因是心理战很时兴，不可能被哪一个机构所垄断，所有人都想参与其中。但是还有一个原因，积极支持文化自由大会等组织的人个个都特别热衷于争吵。自由党成员甚至是社会主义反共党员与那些原来信仰共产主义或麦卡锡思想的人几乎没有共同语言，只对苏联同仇敌忾。1951年成立了一个新的机构——PSB（心理战争署），目标是恢复原有的和谐。然而，不和谐之音依旧。PSB内部的某些人，尤其是执行秘书帕尔默·帕特南希望让“世界共产主义运动垮台”、苏联集团解体（“解放”），而政策规划办（和中情局）一些比较谨慎的人士建议“共存”。尼采气急败坏地对PSB主任戈登·格雷说：“我说，你怎么就忘了政策呢，政策由我们定，然后你再让该死的电台播出去。”然而，国务院和中情局开展的一些活动，包括“暗中支持‘友好的’外国分子、搞‘黑色’心理战甚至鼓励敌对国家的地下抵抗等”（凯南原话），成效并不显著。

---

① 凯南十分害怕共产主义威胁，1948年3月15日从马尼拉发出一封有欠考虑的“短电报”，建议取消意大利竞选，取缔意大利共产党，即便这样做会引发意大利内战、需要美军重新占领亚平宁半岛的军事基地也在所不惜。

4

从心理战的重大策略问题到具体实操事宜，这一切都让基辛格着迷，这毫不奇怪。这是一场新的“大博弈”，常春藤学校的尖子生都渴望一展身手。跟同学讨论苏联对中东的威胁或者杜鲁门总统承认以色列立国的危险是一回事，更重要的是如何参与其中，而不仅仅是做一个旁观者。我们不能说基辛格要走一条显而易见的权力之路，要是那样的话，他就应该去拿一个社会科学或法学的博士学位。

基辛格一开始是想沿着艾略特的足迹，申请到牛津大学读“政治学研究生”。艾略特不以为然。他写道，基辛格不具备“特别明显的申请诺克斯奖学金所需的个人资质”。再说他已经结婚了，这也是个不利因素。但是这还不是他放弃到牛津深造的主要原因。基辛格对贝利奥尔学院的资深导师是这么解释的：“很遗憾国际局势不允许我离开美国。我还是预备役队员，希望能够超期服役。”哈佛1950届毕业生中的很多人都是这种情况，大学毕业不久就要重回军营。有人也许以为基辛格害怕这种命运的安排，但若这么想就低估了他从军事活动中得到的满足，而高估了他对学术生涯的执着。这个哈佛的书痴看似矜持冷漠，只有老战友才知道他内心有一团火。在这方面最了解基辛格的莫过于弗里茨·克雷默。1950年9月，克雷默写道：“如果你突然心血来潮，很想挑衅滋事，深夜用石子砸我窗户，给我朗诵你的新诗，或者告诉我你情人的眼睛是多么美丽，我知道你成家了，不赞成找情人，但是试想我毫不犹豫地来到你门前，给我们俩各倒上一杯，悠然自得。”两人一直是铁哥们儿，克雷默推荐基辛格到情报部门工作，“他还可以到总部做些带点儿‘理论性的’案头工作，也可以执行实际任务”。基辛格也投桃报李，设法为克雷默的儿子斯文弄到一份上私立学校的奖学金。1950年3月，即朝鲜战争爆发前夕，基辛格自愿提出参加“为期三个月的现役军人训练”，地点是巴尔的摩市郊霍拉伯德营的反谍报部队学校。培训课程包括“侦察叛国、煽动叛乱与颠覆活动，预防、侦察破坏和间谍活动”。他的表现依然让反谍报部队的上司刮目相看。“基辛格有一种非常出色的、鲜活而客观的伦理价值观，”这是1950年7月一位上司对他的评价，耐人寻味，“他具有一种罕见的个性，他有一套自己的生活标准，但对于和他的标准截然不同的那些个人的或集体的生活方式，他也能容忍或者理解。”

> 基辛格效忠国家是因为他成功地、有意识地理解了国家的真正本质和真实目标。效忠归效忠，但他没有对国家的所有政策、所有做法不管好坏全数赞同。他的洞察力带有一种知识分子的勇气，常常能对国家的问题提出冷静的批评……我还没有听说过他的哪次批评是无效的，或者他提出的解决办法与最高国家伦理的字面意义或精神实质背道而驰。

基辛格在冷战期间的情报工作生涯，包括心理战，对他的军旅生涯影响至深，在哈佛大学读书期间倒未有体现。1951年年初，他成为ORO（陆军作战研究办公室）顾问，这是一个混合机构，其中一部分成员以前属于约翰·霍普金斯大学，但其总部是设在华盛顿麦克奈尔堡的国防大学。陆军对作战研究的定义是“对军事问题进行分析性研究，为掌权的指挥官和参谋机构制定行动决策提供科学基础，从而提高军队作战能力”。ORO的大部分工作都跟武器有关，多半工作人员是理科出身。不过C. 达尔文·斯托曾巴赫（此人从前做过空军计划分析师，后来在预算局和商务部工作过一段时间，现在又成为ORO高级作战研究分析师）希望下属能有不一样的技能。国防大学当时在研的17个项目之一的使者项目“旨在判定被占地区军事政府的行为”。具体而言，军方希望有人就美军占领对韩国人民的“心理影响”进行实地研究。尽管基辛格对东亚状况一无所知，尽管更有资格被派往朝鲜半岛的、参加过太平洋战争的老兵大有人在（比如他弟弟），最后被选中的却是他。这就是部队生活。

基辛格的朝鲜之行还有一段序曲：他去了趟日本。因为军用飞机的行程要求，他只好取道东京，在东京停留时会见了各界人士，有学者、记者，还有国会议员。绕道日本也很有意思：他见到的一个人“郑重其事地对他说，我们希望美国把中国和苏联分开”。但是如果他指望跟日本人的这些接触对他的朝鲜之行有所帮助的话，那就是低估了朝鲜半岛的反日情绪，要知道从1910年到1945年日本最终战败前，朝鲜半岛一直是日本殖民地。他顶多也就是比较一下美国占领日本和美国占领韩国有何不同。1951年夏末，基辛格抵达朝鲜半岛，跟往常一样，他一到就开始投入严谨的工作，和美方及韩方人员就各种问题举行会谈，从战区难民的食物配给到高水平译员的缺乏，再到大量韩国官员的腐败，不一而足，最终形成了一份49页的报告，就占领期间的治理问题，尤其是移民处置问题，提出多项具体改革措施。但是报告最后比较笼统地强调了几点：“军事指挥和民事责任不可分割，军队内部必须……集中精力做好民政工作”，需要有“在民政职能方面懂行的官员，包括能熟练使用该地区语言的官员”，需要“提醒指挥官和其他军事人员，要实现军事政治目标，处理好民政事务也很重要”。

这份报告具有双重意义。首先，有一点很清楚，部队的兴趣不在韩国本身，而在一般性的占领问题上，说明至少国防部有人希望美国在可以预见的将来，进行更多类似的军事干预，最可能的地点是法国正努力重新控制的印度支那。其次，基辛格跟斯托曾巴赫协商报告定稿时体现出他是一名很干练的部队文员。

> 我知道你不愿意提出我们的数据无法支持的建议。对此我百分之百同意。然而，从方法论角度来说，不可能提出一个完全可以用数据支持的建议，那样的话你就要进行描述。换句话说，建议总会带有一丝解释的成分，因此你总会处于某种孤立无援的境地。我认为我们要提的建议是最低限度的，如果再打折扣，当然无可挑剔了，但也就毫无意义了。随着研究的推进，我们可以修改某些结论。这么做没有任何问题。如果等到我们有十足的把握再发表意见，到头来我们就发表不了任何意见……如果我们写的报告让国防部的每一个上校都能看明白，那我们必须承认每一个上校都会认为自己同样能写出这么好的报告。

基辛格的焦躁所透露的不仅仅是他好斗的个性。他对斯托曾巴赫说："如果我们开始进行重大实质性修改，只怕到印度支那开战了我们还在争论不休。"

事情总是环环相扣。基辛格圆满完成朝鲜报告后大受鼓舞，紧接着给《前线无处不在》的作者威廉·金特纳[①]上校写信，自告奋勇起草一份"备忘录，大致介绍作为远东心理大战一部分的一个针对日本的计划"。与此同时，在埃夫里尔·哈里曼的鼓动下，基辛格原来的导师克雷默应征入伍，被抽调到PSB从事针对后来成为美国国家心理战争计划中F小组成员国的德国的工作。不久，基辛格也当上了顾问。从此出差的机会更多了，这次是到一个他再熟悉不过的国家。结果他就

① 基辛格在弗里茨·克雷默的引荐下结识了金特纳。

根据“在德国几个星期的生活”，撰写了一份备忘录，探讨新建的联邦德国“对美国的普遍不信任感”。

在基辛格看来，心理战就是透过不满言论的面纱看出人们心态的实质。表面上看，联邦德国人不满国家被永久瓜分的前景，不满对战争犯的处理，不满国家重整军备可能产生的影响。然而，基辛格认为“这些具体的牢骚不过是表现了一种更基本的愤恨，夸大它的严重性是错误的”，如果在具体问题上做出让步那错误就更大了。

> 这些牢骚还可以这么来看：它们说明美国人根本不懂德国人心里在想什么，德国人讲的是历史经验，而美国人却大谈特谈法律文件。
>
> 这样一来，美德关系就带有一种无法消除的可悲色彩。最近30年，德国经历了三次巨变：德意志帝国、魏玛共和国和纳粹德国的灭亡。年长的一代人玩世不恭，心里就想到一点，即下次要千方百计站在胜利的一方。年青一代还没看清时局，正在摸索。美国人口口声声说共产党危险，这很容易让他们联想到戈培尔的宣传，同时也让他们感到很肤浅，因为最近他们还跟苏联打过交道……1950年美国对德国军备问题的态度突变，多数德国人认为这不是宽宏大量，而是极大的讽刺。说来道去，德国人已经很疲惫了，神经兮兮的，无论谁来规劝都会招致反感。到处弥漫着一种恐慌心理：害怕再来一场战争，害怕再次遭到轰炸，害怕再次被占领。

基辛格引用了一些调查结果，调查显示德国西部地区的人认为美国人比苏联人还坏，比苏联人还残忍、傲慢，这一点倒是出乎意料。他写道：“夸赞苏联人实际上正说明他们很讨厌美国人。德国人逐渐产生了这么一种刻板印象：美国人傲慢、残忍、不通人情、不讲道理，明显表现出一种肤浅的玩世不恭。”这个问题怎么解决？他的答案解释了他的“心理战”理论。他认为：“德国赤化不存在任何危险。”真正的威胁在于“教条式的反美主义滋长了民族主义情绪，结果可能出现一个亲苏联的独立政府，其意识形态会与西方国家存在显著差别。这种倒退的铁托主义不是不可能出现的”。美国“试图建立一个法律关系框架”，但是它“忽略了让这些关系发挥作用的心理氛围”。与此同时，美国似乎将德国重整军备完全变成了自己的一个便利条件。苏联则反其道而行之，“只追求最低目标，试图把德国变成中立国，重视德国的有关利益”：“苏联人提倡德国统一，利用德国人害怕重整军备的心理，强调朝鲜被打败的现实，由此创造出一个中立主义的环境，要实现这样的环境，似乎只有一个办法，即反对美国。”

基辛格的结论很清楚。美国“如不强调其政治策略中的心理成分”，则将无法“修正自己的对德立场”。但是要做到这一点又不能通过“官方渠道或官方人员”。关键是要“在各个层次以非官方形式”开展工作，具体如下。

> 派几个经过严格挑选的人到德国，给他们一个身份做掩护，这样他们就可以到处跑，结识朋友。大学、大基金会、报社和类似机构都是很合适的目标……最重要的是要让德国人和美国人参加合作项目，在工作中建立一种利益共同体。可以采取多种形式，比如研究小组、文化大会、教授互访、实习项目，在非官方力量支持下，尽量广泛开展各种活动。

总之，虽然心理战（艾森豪威尔后来也承认）这个词并不中听，但其讲的其实就是文化交流，从表面上看起来也并非那么险恶。

基辛格回到德国，对故乡又产生了那种矛盾心理。离开奥伯阿默高才5年，这个县的经济恢复情况令人惊讶。他告诉父母："不管你们怎么看德国，这里的经济恢复情况真是太棒了！"然而很奇怪，德国人还是一点儿也没变，纳粹政府那些骇人听闻的事仿佛从来没发生过似的。"巴伐利亚人还是像往昔一样喝酒，黑森州的人还是那么讨厌。"在去克虏伯兵工厂途中，基辛格在杜塞尔多夫会见了一些实业家，他暗自思忖，他们"谁曾想到"自己会有朝一日举办宴会招待基辛格呢？

更可喜的是ORO为他提供了一个固定职位，接替被派去负责东京办事处的斯托曾巴赫。这么好的肥差怎能错过？基辛格根本不稀罕学术环境，他打心眼儿里高兴能重操旧业做军事情报工作。能回到朝鲜，在"作战区"附近工作真是太过瘾了！再说，回到这种工作环境中，既需要有过硬的沟通能力，又需要开些无伤大雅的玩笑，这是多么惬意！（基辛格要求补贴开支时还不忘跟斯托曾巴赫的秘书耍嘴皮子："我知道你的生活没有票根会多么空虚以及我的生活没钱会多么空虚。"）军队生活也有极为阳刚的一面。他曾向一位朋友坦言："男人不空谈，踏踏实实地干活，能和他们一起工作……我总会感到很振奋。"与之相反，回到哈佛则意味着回到"左一个如果、右一个假设的大本营"，"哈佛的氛围仍然让人感觉有点儿不大真实，尤其是认真讨论一些深刻的话题时，比如采取行动存在哪些前提。在这个问题上，我感觉在韩国的议政府美军基地[①]工作比参加剑桥的研讨会收获还大"。

1950年年初他在信中再次提到这种氛围的差别。1952年10月，他写道："我和部队很多部门打过交道，人们都很有活力，对国家忠心耿耿，我希望我们的一些知识分子能学习一下这种精神。"两年后他发牢

① 该地区位于韩国首尔北部，直到现在也有大批美军驻扎。

骚说:“不管霍拉伯德堡的工作人员有什么样的感情，都比哈佛的很多同事有人情味儿。”

既然如此，基辛格为什么要拒绝斯托曾巴赫提供的职位，放弃实打实的情报工作而选择“不切实际的”高校生活呢？为什么1952年年底他“在华盛顿的活动少而又少”，连ORO的顾问工作也放弃了呢？

5

成家以后不能什么都自己说了算。然而，很难让人相信基辛格决定继续留在哈佛工作是他妻子拿的主意。安妮似乎希望他申请读法学院研究生。这一步比较稳妥，华盛顿高地的犹太人一般都会优先考虑这样做。基辛格找到最关心自己的教授，想在他门下深造，拿到博士学位。基辛格对艾略特本科期间给予的教导表示感谢，这种情感是发自肺腑的，毋庸置疑。

> 我到哈佛求学时情绪比较低落，感觉战后那种天真、青春的道德激情已不复存在，需要从技术上寻求解决办法。对世界的所有希望在肤浅的经济承诺中化为乌有，虚无主义暗流涌动，年轻人可能会投入独裁的怀抱，只因为这样才能填补他们精神的空虚。
>
> 我很有福气，在这个节骨眼儿上，于我的人生中再次得到恩师的教导。您以身作则，不讲大道理；您是价值的化身，不是简单说说而已。三年来，我的精神世界在不断壮大，这主要得益于您的教导。这种教导对我影响特别大，因为它不是靠学术地位，而是靠您的循循善诱，为学生指明发展的方向，而能否做到这些

真正有价值的事，就看个人了。

但是，很难相信基辛格让艾略特指导论文、做自己的研究生导师，是真心实意渴望得到对方知识上的指导。从严格意义上讲，艾略特和基辛格二人的学术关系并不好，有一份研讨会的文字记录为证。当时基辛格是研究生，要在会议上宣读一篇题为“形而上学、认识论和经验知识之间的关系”的论文，会议主席就是他导师。虽经多次尝试，基辛格最终也只不过读了开头的几句话。艾略特不止一次打断他，而且打断的时候通常都说些无关痛痒的话或是跑题的话：

基辛格：本文探讨形而上学、认识论和经验知识之间的关系。本文不能说是想证实一种形而上的真理观念，也不是想批评经验主义。文章只想探讨……

艾略特：等等，亨利……我来问你一个问题，也想问研讨会的各位成员一个问题。请问，你们都很清楚19世纪孔德派的实证主义体现的就是逻辑实证主义和实证主义的差别吗？两者有相似之处，都认为形而上学对知识而言是不必要的，但也存在一些区别。你论文后面谈到这一点没有，亨利？

基辛格：谈到了，我是在布里奇曼与赖欣巴哈的差别当中分析这一问题的。

艾略特追问基辛格这个差异是什么，基辛格如实作答。但不等他说完，艾略特再次打断：

基辛格：例如，如果你对神有一种敬畏感，从逻辑实证主义角度来看这件事是无意义的……

艾略特：不对，这种说法不大正确。对不起……逻辑实证主义者其实很想在这个框架内做一点很必要的事。他想回答休谟的问题，至少康德是这样，我认为他想通过回答来挽救科学，挽救科学和自然主义。不是吗？

基辛格：我一会儿就会说到，他的观点其实很接近理想主义者的解释，因为这取决于你能否想到某种……

艾略特：是这样的，不好意思打断你了，我真的认为很有必要把这种理论框架作为我们研讨会的一个基本共识。

中间有一次艾略特开始讲解海森堡的不确定性原理，讲得比较乱，基辛格实在听不下去，客气地纠正了。但是更多时候是艾略特打断基辛格的话去纠正他的错误。几乎每一次被打断，基辛格都会简短地说一句："您说得对！"然后费劲地接着讲。从文字记录来看，基辛格只读了那篇文章的几个片段。给人的总体印象是艾略特有点儿盛气凌人，啰啰唆唆，基辛格只好一味迁就。

显然，这种师生互动毫无成效，但基辛格为什么会一忍再忍呢？原来两人都另有打算。上文提过，基辛格去了一趟德国之后发现，"心理战"最好是通过非官方的文化交流来开展。难道有比哈佛大学校园更理想的开展此交流的场所吗？1951年，艾略特在哈佛暑期学校基础上开设哈佛国际问题研讨会，就是基于这种考虑，事实证明其简单而富有成效。研讨会的目标很明确，"在世界许多地方，我们急需朋友，我们要让这些地方的文化领袖们更加理解这些问题，有更好的态度"，其形式是邀请三四十位"青年领袖"暑期来哈佛大学生活一段时间。无疑，国际问题研讨会的原动力是基辛格，艾略特只不过以教授身份予以批准。基辛格在《呈艾略特教授非正式备忘录》中非常详细地解释了活动的主要目标是"让精神的天平偏向美国"，消除苏联宣传在欧洲人心中造成的美国人“傲慢、物质至上、素质低”的偏见，让大家都能理解民主、反共等真正的价值观。正是基辛格最初提出目标应是欧洲（不包括英国、斯堪的纳维亚半岛和瑞士，因为这些国家都有“坚实的民主传统”）。同时，也是基辛格在负责严格的选拔程序，比如在剑桥设立一个审查委员会对成百上千封申请书进行筛选，他本人也亲自到欧洲参加了几十场面试。加拿大裔历史学家约翰·康韦①教授深信，基辛格之所以开展这个项目，目的是要“对已经在欧洲大行其道的中立主义建立起崇拜”。艾略特当然喜欢这个点子，他热情地说这“比任何宣传都有效得多”。但是他也并不讳言基辛格是“研讨会的指导天才”。他承认：“我的工作不过是让大家支持这个想法，在开始阶段筹集一些资金，抽出部分时间参加会议，让学生们乐在其中。”

任何组织过国际会议的人都知道，把世界各地优秀的年轻人召集到一个地方参加短短几天的会议可没那么简单。但是基辛格把目标定得更高：一年一次，每次两个月，兼具学术性和社交性。而且，一开始他就有意扩大研讨会的参与者范围。1952年举办第二届会议时，40名代表中有一半是亚洲人。代表们抵达剑桥后分为三组，一组讨论政治，一组讨论经济与社会学，还有一组讨论人文学科。每组讨论都由一位美国教授主持，同时还有一名美国代表任观察员。各小组每周开三次会，分别是星期一、星期二和星期四，每次上午开会持续一个半小时，代表们轮流宣讲论文。下午邀请嘉宾举行讲座，场场都由基辛格主持。

自然，一个难题就是要找到合适的人来演讲，因为这个时候大多

① 约翰·康韦在1944年为加拿大步兵团服役期间，在意大利战场上失去了一只手。他在1957—1963年担任哈佛莱弗里特楼的主管，还给本科生上课，是一名很敬业的教师。他出版了许多关于加拿大历史的著作。

数老师都外出度假了。在第一批演讲嘉宾中，有一位是多伦多大学俄国史专家列昂尼德·斯特拉科夫斯基。不过，基辛格很细心，尽量使研讨会上的讨论内容不仅限于学术范围。例如1954年，演讲嘉宾阵容中不仅有邦迪、弗里德里希和施莱辛格，还有创作著名卡通形象莱尔·艾布纳的漫画家艾尔·凯普。在研讨会上讲过两场以上的有埃莉诺·罗斯福[①]、工会领袖沃尔特·鲁瑟、作家桑顿·魏尔德和记者詹姆斯·赖斯顿。星期三晚上是公共论坛，两位代表就与各自国家相关的问题宣读论文；论坛之后是酒会，通常开到11点之后结束。1953年，基辛格本人写道，他“特别关注以对话的形式来组织这一学术活动……因为一些重量级人物知道自己的分量……希望能多讲讲，而不仅仅是听听而已”。除此以外，组委会还带与会代表去短途旅行：参观汽车装配厂、波士顿美术博物馆或者公共住宅建设区，认识包括当地黑人社区的居民在内的“一些外国游客通常难得一见的普普通通的美国人”

参加国际问题研讨会不可能是一件特别惬意的事。那些代表或许在自己的国家都是大名人，但到了这里都要在酷热难耐的本科生宿舍睡觉，在飞机库一样的哈佛大学联盟的楼里用餐。不过通常他们都会应邀到基辛格家里与基辛格夫妇共进晚餐，“他们一谈就是好几个小时，主要是谈政治”。史蒂芬·格劳巴德曾被基辛格请来协助，用他的话说，“参加研讨会的代表从到美国的第一天起……就知道他们暑期能来剑桥要感谢基辛格”。参加1954年研讨会的代表、印度文学专家P. S. 森德拉姆在全印广播电台感谢“研讨会执行主席基辛格先生”，称“他不仅很能干，而且很有个人魅力”。他参会之后发现，国际问题研讨会很快就不再那么欧洲化了，真的是更加国际化了。德国代表玛丽

---

① 一次国际研讨会期间，基辛格去纽约海德公园拜访罗斯福夫人，无意中把爱犬“斯莫基”锁在封闭的汽车里，结果爱犬中暑而死。

安·福伊尔森格记得基辛格和学生们无所不谈，连性和种族问题也不忌讳。“他对男女问题不感兴趣，只对你讲的内容有兴趣。我记得他做两件事很带劲儿，一是吃东西，二是讨论问题。”还有一位德国代表很佩服基辛格演讲的表现力。

1967年，《纽约时报》刊登了一则报道，标题是“哈佛项目得到中情局资助”。报道一出，众多历史学家对作为哈佛机构之一的国际问题研讨会得到中央情报局“资助”表示震惊。毫无疑问，是艾略特鼓动基辛格去中情局找熟人资助研讨会。更有甚者，他还设法让基辛格进入中情局的名册。早在1950年11月，艾略特就把弟子推荐给了小H.盖茨·劳埃德，他是银行家，普林斯顿毕业，刚刚被任命为中情局行政副局长。次年，艾略特给威斯纳写信，请求他给基辛格“跟我一样的闲职顾问身份，但可以根据需要变动”。那时基辛格已经见过劳埃德，甚至还提交了一份报告，里面有“一些我们项目的阶段时间点”（项目就是指研讨会），包括最急需的一笔开支：代表选拔活动预算。申请的总额是28 500美元。后来基辛格又写了封信，非常痛苦地强调了自己的看法，认为“美国需要在心理领域下功夫”。随后资金从以福特基金会和法弗德基金会为代表的各种渠道流向研讨会，其实这些基金会都是中情局经费的中转站。

《纽约时报》的报道有两个问题。首先，福特基金会内部讨论该研讨会时强调，“该项目的一大优点在于它的资助和实施过程完全没有政府插手。实际上，代表们的素质之所以很高，可能主要跟这一点有关。有些人职位特别高，如果是美国政府资助，哪怕是部分资助，他们也是不可能接受的”。基辛格表示同意，认为仅仅“出钱”是不够的。1952年10月，他跟艾伦·杜勒斯解释说：“我们的许多关键人物，包括对我们情报工作有极大价值的一些人，就直截了当地告诉我，如果是美国政府资助，他们肯定不来。”

其次，如果报道无诚意，那么为什么研讨会向福特这样的基金会拉赞助就那么难？首要问题是，福特基金会其实不支持国际问题研讨会，所以第一届会议办得很吃力，拉到的都是些小额资助。不错，1952年夏末，艾略特从福特基金会弄到66 000美元，但是他要的是两年的钱，这只有一半。艾略特诉苦说他在万般无奈之下“找朋友催讨”才凑够那些钱。1953年晚些时候，项目预算确定为64 780美元，基辛格和艾略特只好到处讨要，总算凑齐了。艾略特找了卡内基国际和平基金会，以及斯隆、惠特尼、梅隆、佩利等基金会。1953年年底，艾略特对邦迪诉苦说“已经厌烦了到处化缘”，寻思“举手投降了”。基辛格也很郁闷，对克雷默大吐苦水：

> 现在几乎可以肯定再也办不成研讨会了。大家根本不了解无形资产的价值，我到处募捐但没有一个人支持。艾略特各处集资，三个月过去了连一分钱的影子也没看到，他一副心不在焉的样子，好像不想管事，搞得我也不想卖力，到最近都是如此。那些所谓的“大”人物不明白我们在做什么，以为只要哪天他们高兴了，这种项目很快就能重新上马。

基辛格到处碰壁，最后还是回过头来找到福特基金会，这次是有最近被提升为哈佛大学文理学院院长的邦迪撑腰。1954年10月，福特基金会同意两年提供8万美元的资助，但是洛克菲勒基金会不愿提供等额资助，基辛格他们只好另想办法。到1954年，国际问题研讨会的年预算稳定在55 000美元。1955年，亚洲协会答应提供45 000美元的额外资助。基辛格慨叹，找福特基金会寻求资助的感觉“就像是卡夫卡小说中的一个人物，在人家门前坐等了许久，都忘了门里有什么人，只记得自己希望拿到这笔钱”。1956年9月，福特基金会彻底停止资助，鞭策研讨会“继续广开门路寻求支持”，基辛格只好到处撒网。11月，他写了将近30封信寄给不同的基金会、公司或富人，没有任何人愿意资助。一个运行正常的国家安全体系的附属机构竟然出现这窘境，真是少见。中情局的资金当然是给了福特这类基金会。但是，就像今天的科学家要争取联邦政府下拨的研究经费一样，国际问题研讨会必须争取福特基金会的资助。

基辛格跟自己过不去，不断给自己加压。组织研讨会还嫌不够累，又雄心勃勃着手一项新的计划，出版季刊《合流》。实际上这是殊途同归，按艾略特的说法，“是想给欧美知识界提供一个机会在我们所能达到的最高层次上讨论当代问题”。就像办研讨会一样，他和基辛格不遗余力地想在杂志上反映五花八门的（反共）意见。艾略特对福特基金会的弥尔顿·卡茨解释：“最好的宣传就是不宣传……因此，我特意邀请那些与我们持不同意见的人发表各具特色的言论。”《合流》杂志表面上严格要求学术化，但用艾略特的话说，杂志认为“尽管大家一个劲儿地想速战速决，但我们还是要痛苦甚至是缓慢地建立一种道德共识，没有这种共识，普通政策实际上是无法发挥作用的”。但是他和基辛格得到的反应却大同小异。洛克菲勒基金会一点儿也不爽快。福特基金会的谢泼德·斯通总算有一丝恻隐之心，安排基金会旗下的跨文化出版公司提供资助。但是跟筹办研讨会时一样，福特基金会的人不愿意全额资助杂志。

管理福特基金会的人并非外行。其主要决策者之一弗兰克·林赛曾在战略情报局工作，“二战”期间在南斯拉夫立过功。在中情局工作期间，他还一度（短期内）坚决主张将苏联从东欧“赶走”。他和同事不仅仅是在管理一个行贿基金。他们看了最初几期《合流》，有点儿不大满意，建议基辛格请一个“编辑顾问”来“提高一下刊物的水准”。只有出版商詹姆斯·劳克林（诗人埃兹拉·庞德的朋友、《新方向》创始人）对基辛格深信不疑，他认为基辛格“是一个地地道道的实诚人（是那种做事非常认真的德国人），在竭尽全力做一份理想主义的工作”。1954年，福特基金会决定不再资助出版物，基辛格的“第一反应是让《合流》就此消亡”，“因为老是扮演大检察官，我都有点腻味了”。只是架不住别人劝说他才把杂志办了下去，勉勉强强办到了1958年夏季，终于悄无声息地停刊了。

这一切对我们了解后来所谓的“文化冷战”不无启发。跟其他计划相比，尤其是与中情局资助美国全国学生联合会的计划相比，政府划拨给哈佛国际问题研讨会的资金可以说微乎其微。与《撞击》《党人评论》等刊物相比，基辛格主编的《合流》只是个小插曲，中情局自己都疑心它“打了水漂”。《合流》的头两期免费邮寄给近2 000人，邮寄名单是基辛格费尽九牛二虎之力编制的。他的目标是将发行量增加到2万份左右，并向读者收取征订费，但却从未如愿以偿。20世纪50年代，心理战的战线拉得很长，中情局的资金不仅用于学术机构和杂志，也用于工会、女性团体、天主教组织、现代艺术展览，甚至还用来赞助拍动画片。在这种环境下，基辛格在哈佛的活动算是文化冷战中最保守的。用现代术语来说，那是软实力中最软的实力。

经常有人指责基辛格，说他请人参加研讨会也好，给《合流》杂志约稿也罢，都是出于一己私利，都是想以后利用别人，这种看法未免有失公允。从1951年的首届到1968年的最后一届，参加国际问题研讨会的外国学生共有600名，其中有些人后来的确成了国家领导人，例如日本前首相中曾根康弘（1953）、法国前总统吉斯卡尔·德斯坦（1954）、土耳其前总理比伦特·埃杰维特（1958）、比利时前首相莱奥·廷德曼斯（1962）、马来西亚前总理马哈蒂尔（1968）。但多数研讨会代表后来都默默无闻。如果你认为基辛格成功地创造了“一群独立的冷战精英”，相信“他们打造了一个集体身份，即世界范围的具有威胁性的知识实践者和文明保护者”，那就是相信国际问题研讨会实现了它在募捐广告中提出的所有目标。如果你认为基辛格“使那些有权势、有魅力的富人无可救药地迷上了他”，那你就是美化了组织会议、编杂志这类活动，其实这些活动很单调。我们最多只能说基辛格在办研讨会、编杂志最初的那几年有机会接触了一些在一般情况下不会注意区区一名研究生的人。不过，1953年年初他去欧洲不是去见权力掮客，而是去见知识分子，例如巴黎的雷蒙·阿隆、阿尔贝·加缪、安德烈·马尔罗和让–保罗·萨特，牛津的马克斯·贝洛夫、以赛亚·伯林、艾伦·布洛克和威廉·迪金。再说了，担负这些繁重的职责之后，基辛格的研究生生活丝毫没有变得轻松。所以，我们可以得出一个更合理的结论：他打心眼儿里认准了反对苏共的心理战，他之所以双管齐下，既办研讨会又编杂志，是因为他真心实意认为这两项活动能对心理战起到最有效的促进作用。

的确，站在20世纪60年代末的立场去判断20世纪50年代初的局势是一件危险的事，如果以今天的眼光来判断则更加危险。参议员麦卡锡并不是什么孤独的变节者。1946年7月，参加民意调查的美国人有1/3认为国内的共产党应该要么杀掉要么送去坐牢。联邦调查局局长埃德加·胡佛曾对众议院非美活动调查委员会说，必须对共产党进行“辨别和揭露，因为公众会抢先一步将他们隔离起来，不让他们使坏”。1950年，这种辨别和揭露活动如火如荼地开展起来，几近失控。“迫害共产党的人”盯得最紧的目标之一就是哈佛大学。

1950年3月开始，《芝加哥论坛报》刊登了一系列由记者尤金·格里菲斯和威廉·富尔顿撰写的文章，核心思想是说哈佛大学是共产主义的温床。1951年4月7日,《芝加哥论坛报》刊登一篇报道，标题是“哈佛乃红色阵线乐园，左翼教授兜售共产党思想”，报道称哈佛是“共产党、左翼分子和各色激进分子的乐园”，暗示学校纵容“某些人助长颠覆性的外来理论”，泄露原子弹秘密。该文带有明显的诽谤和偏见色彩。(说阿尔杰·希斯“读过哈佛大学法学院”根本不是确凿的事实。)《哈佛深红报》反唇相讥，刊登了一篇报道，题为“《芝加哥论坛报》记者连续4次回哈佛寻觅赤党”。但是美国教育全国委员会援引的那篇《芝加哥论坛报》的报道不容小觑。“哈佛大学赤色教育家”名单登记的是哈佛教师参与的可疑政治协会，这份名单堪比非美活动调查委员会1951年3月炮制的《颠覆性组织和出版物指南》。其中所涉组织包括“千人委员会”(该组织曾为拒绝在麦卡锡委员会前做证的好莱坞艺人集资)和美国西班牙民主朋友会(20世纪30年代遗留下来的一个组织)。《芝加哥论坛报》称至少有68名哈佛大学教师是这种“赤面组织”的成员，尤其是卡尔·弗里德里希、建筑师瓦尔特·格罗皮乌斯(当时任教于哈佛大学设计学研究生院)和克莱恩·布林顿、塞缪尔·艾略特·莫里森以及小亚瑟·施莱辛格这三位历史学家。根据这则“赤色教育家”报道，施莱辛格参加的可疑组织少说也有10个。

施莱辛格当然根本就不是什么共产党，他是一个有进步倾向的自由派，他就像支持战前的西班牙第二共和国一样支持民权运动。然而，在朝鲜战争那种躁动的气氛中，麦卡锡主义者使出浑身解数，将自由主义甚至“国际主义”都说成是反美的。在《芝加哥论坛报》对哈佛口诛笔伐的同时，马萨诸塞州立法机构也想通过一项立法禁止共产党在该州活动。杰出化学家阿尔伯特·斯普拉格·柯立芝以“公民自由”之名反对这种做法，结果也上了《芝加哥论坛报》的可疑教授黑名单。

富尔顿甚至指责科南特校长支持全民军训，说科南特是“一个全球主义者和狂热的红色干涉主义者”。《芝加哥论坛报》还把矛头对准哈佛中国问题专家费正清：麦卡锡主义者多少还是知道如何把孤立主义和对“谁丢掉了中国”的关切结合起来的。在这个背景下，我们需要弄清1953年7月基辛格对一个事件的反应。当时国际问题研讨会的所有成员都收到同样一封信。基辛格拆开一封来看，心里顿时一沉，发现里面有写着“禁止核武器”的传单，很明显是为了攻击美国的外交政策。他立刻联系中情局。后来有些人认为此举不合法、不道德。但是在当时的局势下这当然不是草率行事。（同年，凯南暗自庆幸走了一着妙棋：在事先征得中情局局长埃德加·胡佛同意的情况下订阅了苏联《真理报》。）

这个时期基辛格的政治观主要体现在他写给小阿瑟·施莱辛格的一封信中，施莱辛格曾经给他寄过一篇有关麦卡锡主义的文章初稿。基辛格写道：

> 我发现，可能除了雷蒙·阿隆，欧洲没有一个人知道实际上美国存在共产党渗透的问题，尤其是在军队情报部门和某些关键机构。同样，阿尔杰·希斯案及罗森伯格案的真实含义大家其实一无所知……可悲的是，由于麦卡锡及其同党参议员帕特·麦卡伦批评共产党的方式应遭受谴责……有人就错误地认为美国不存在任何问题。

另一方面，基辛格深深懂得麦卡锡代表了什么，实际上，也只有他这种亲身经历过极权统治的人才能明白。基辛格邀请加缪撰文探讨“忠诚的道德准则”，就是想解释麦卡锡主义提出的问题。

问题是……如何将个人从集体的主张中拯救出来，将个人从集体道德与个人道德原则之间的冲突中拯救出来。我想，在一个美国人没有完全理解的问题上，欧洲撰稿人可以结合自己的经历给予我们很多启发。在我看来，欧洲人在忠于谁的问题上有着自己的深切体会，这种体会有的是因为外国占领产生的，有的是因为国内专制独裁产生的，有的是兼而有之……在这种情况下，关心自身价值的个人应该立即公开表示反对吗？或者，在机构内部表示反对能够达到最佳效果吗？很明显，是无赖还是英雄，常常不是看行动，而是看动机，这一点也许会在专制期间导致一切道德约束瓦解。

1954 年 3 月，基辛格再次给施莱辛格写信，探讨麦卡锡主义的话题：

无疑我们现在生活在一个关键时期。我感觉我们在见证一个远远超越麦卡锡的东西，即极权主义民主的出现。民主制度的根本特点就是失败者能够比较优雅地接受失败。极权制度的根本特点则是胜利者有权排斥对手……如果害怕竞选失败的危险，那么竞选就会非常激烈，这必定侵蚀民主进程。如果竞选从一个政治问题变成一个司法问题，那么即便实际冲突暂时被推迟……政治角逐也会带有内战的性质。由于极权运动具有强大内部力量的优点，多数人尤其是保守分子认为这种事不会发生。希特勒上台 6 年后，一些优秀的德国人才意识到治理国家的竟是一个罪犯，原来他们还因为这个国家崇尚道德而感到很骄傲，时隔 6 年他们才发现无法理解实际上所发生的一切……

我感觉当下真正的问题是……要说服保守分子，目前真正的保守主义要求我们至少要反对麦卡锡。

我们将会看到，基辛格想要《合流》杂志反映广泛的政治立场。但他还是坚决拒绝了几篇文章，有一篇是极端保守主义者小威廉·法兰克·巴克利为麦卡锡辩护的文章。（文章未被录用，巴克利也并未耿耿于怀。）

6

尽管《合流》停刊了，但这本刊物本身的品质是很高的。基辛格成立了一个阵容强大的顾问委员会帮助他争取支持：除了邦迪和施莱辛格，还有哈佛大学法学院的阿瑟·萨瑟兰、律师亨廷顿·凯恩斯、弗洛伊德学派政治心理学家哈罗德·拉斯韦尔及布鲁克林学院院长哈利·吉登斯。身为编辑的基辛格不遗余力地向西方世界的一些顶级作家约稿，但也不是每一条大鱼都上钩：加缪没写过一篇文章，格雷厄姆·格林也是，爱德华·摩根·福斯特甚至一口回绝。但是，一名研究生能拿到一些名流的原稿足以说明其绝不是等闲之辈，这些名流包括汉娜·阿伦特、雷蒙·阿隆、雷茵霍尔德·尼布尔等人，西摩·马丁·李普赛特、汉斯·摩根索、保罗·尼采和沃尔特·罗斯托等大家甚至也在其列。基辛格不仅成功地说服当时最有才华的公共知识分子为杂志写稿，而且还成功地让这些人写出了饶有趣味的稿件。基辛格当编辑时十分积极主动，经常要求投稿人重写，甚至连小阿瑟·施莱辛格也按他的要求重写了一篇关于美国保守主义的文章，因为他觉得写得不够好。的确，一位英国读者的批评并非毫无根据“这些文章通常非常笼统，不过是一家之言，堆砌词藻甚至绕来绕去，不知所云。”这位读者还说“贵刊某些文章总冒出一些反共的陈词滥调”，此话不无道理。另外，杂志还存在结构上的问题。有些作者的名字虽然令人肃然起敬，但未免出现得有点儿过于频繁；反映东亚形势的文章稀缺。因为总存在不能及时发稿的老大难问题，有些本来计划在一期当中讨论的主题结果拖了两期甚至三期。然而，尽管有这样那样的缺陷，阅读《合流》杂志还是给人一种奇妙的感觉，仿佛又回到曾经那个各抒己见、畅所欲言的英雄年代。

“西方文明的根基当中是否存在真正的公共价值？”艾略特在第一卷第一期开篇提出这个问题，尼布尔对此给出的答案最为深刻。第二期，基辛格给各位撰稿人布置的问题是：“民主的方法足以解决当前的问题吗？”这种考题式的问题很快就变成一些不那么有局限性的话题，例如“意识形态的传播”。在这个问题上，阿隆对美国人“通过积极改善生活条件的方式清除革命病毒”的雄心表现出法国式的怀疑。罗斯托则不以为然，他认为人们必须得到帮助才能认清采用美国模式后自己的生活能得到多大程度的改善。阿伦特警告，对付共产党“不能沿用靠‘宗教激情’来煽动公共政治生活的老办法”。施莱辛格在修改后的文章中对“美国新保守主义”表示不安。

基辛格很可能不想让《合流》被政治话题垄断。他还请人写文章讨论一些政治色彩不那么强的话题：“艺术和哲学的社会作用”“大众传媒”“科学的作用”“宗教的问题”“当今教育”“社会中的城市”。但是，他有自己关注的重点，再加上办杂志也有一个根本目标，所以重中之重难免还是政治话题：“少数民族问题”（经典民权小说《奇异果》作者丽莲·史密斯写过一篇文章）、“核武器时代的问题”（主要展示了年轻的劳动党鹰派领袖丹尼斯·希利）、“自由主义的问题”、“国际形势”及

1958年最后几期谈论的“社会党和劳工运动的前景”。然而，尽管基辛格自己都没想到，影响最大的还是他请人撰写的有关“忠诚的道德原则”的文章。

冷战的中心问题是，从一开始，反共就是个包罗万象的概念，涉及前共产党、社民党、古典自由主义者、进步分子、基督教民主党、保守分子、反动分子以及彻底的法西斯分子。和遏制苏联的政策一样，旨在平衡地反映各色观点的《合流》杂志很难对后面几种人置之不理。作为一个在德国出生的犹太人、一个在纳粹统治时期出走的难民，基辛格也许有一种比谁都强烈的愿望，想要给知识分子留下一片文字的空间讨论德国权利问题。他没有考虑杂志上若出现恩斯特·荣格尔和恩斯特·冯·萨洛蒙的名字读者会如何反应。

荣格尔是在“一战”中受过勋的英雄，1920年他在德国出版小说《钢铁风暴》，声名鹊起。他不屈不挠地反对纳粹主义，曾因与1944年企图刺杀希特勒的贵族阴谋家有联系而被部队开除，因为早先他鼓吹战争有让人脱胎换骨之效，而且具有强烈的反现代主义倾向，所以战后人们对他仍然持高度怀疑的态度。他在《撤入森林》一文中预言：“精英们将开始为需要付出巨大牺牲的新的自由而奋斗……与之相比……巴士底狱风暴，这起依然滋养着当今自由观念的事件，也仿佛只是周日到郊区散步一样。”他认同那些“准备好反对（现代世界的）自动主义”的“林中漫步者”。在文章结尾他希望“在数以百万计的毫无个性的芸芸众生当中能产生一个完人”。“二战”结束不到10年，能在美国期刊上发表这样的文章，也真够厉害的。

相比之下，萨洛蒙为德国抵抗希特勒所做的辩护就显得很温和了。这位作者本人的身份令人惊诧。他是一个杀人犯，曾因参与刺杀德国外长沃尔特·拉特瑙被判处5年监禁；拉特瑙是犹太人，实业家，支持

“实施”《凡尔赛条约》，是极右分子的眼中钉。1927年，萨洛蒙因企图谋杀政治领导人而再次锒铛入狱，尽管他拒不参加纳粹党，却绝不向民主妥协。其实，文章是为后殖民宣传片《卡尔·彼得斯》（1941年）撰写的，他战后出版的著作《调查问卷》对清除纳粹所用的官方表格悍然做出讽刺性回应。萨洛蒙的文章在《合流》杂志刊登后，读者纷纷来信表达愤慨之情，其中有福特基金会的谢泼德·斯通（他的信基辛格无法欣赏，更谈不上会发表）和历史学家亚当·乌拉姆。

在写给克雷默的一封信里，这位遭到围攻的编辑装出一副漫不经心的样子。他写道：“我忘了提一句，现在我和你一样，成了自由的魔鬼研究中的大坏蛋，以前也有很多类似的情况。我刊发了萨洛蒙和荣格尔的文章，似乎就说明我是一名极权主义者，甚至同情纳粹，惹得这里的一些民主价值的守护者向一些支持我们的基金会表示抗议。”但是，他说这番话是当真的。乌拉姆是社会主义、共产主义历史问题专家，后来又成为这一辈人当中顶尖的苏联问题权威。他和基辛格一样，也是犹太移民。而且，他还在基辛格所在的学系拿到终身教职。大家都知道乌拉姆有一个特点，他的同事塞缪尔·比尔后来称之为“神秘的正直”，一个年轻的研究生跟他作对岂不是鸡蛋碰石头？直到此时，基辛格一直在刻意扮演一个隐形编辑的角色，不评论，不表达杂志“立场”。用他的话说，在“用分贝来衡量”公共辩论的真诚性、“真实对话”逐渐消失的时代，他“力图反映尽可能多的不同的重要观点”，“因此，既不写编者按，也不用文章形式发表自己的观点”。萨洛蒙危机迫使他采取公众立场。结果是他给乌拉姆写了封回信，言辞恳切，同时又发人深省。

基辛格无意为萨洛蒙辩护。萨洛蒙曾经是杀人犯，现在是政论家，他文章“带有的倾向我个人也强烈反对，那是一种愤世嫉俗的虚无主义……所以他没有资格成为我们道德规范的高尚代表”。但是萨洛蒙也举例证明了一个重要现象：“价值观在‘一战’中崩溃了的”那代德国人的反应。有些人选择了“机会主义道路”，而有些人跟萨洛蒙一样从幻灭中得出一条结论：“一切信念都毫无意义，一切信仰都是虚伪的。”基辛格自己可能不会在意这些“虚无主义者……即便他们与天使为伍”，但是不容否认，他们让我们深入领悟了有关忠诚的问题：“他们的生活就是这样，其实这也是他们的困境，走到了这一步，他们已经无法从以道德标准为前提的责任的角度来考虑问题，只能从个人的忠诚角度来看待事物的关系。”总之，要讨论“忠诚的道德原则”这个话题，少了萨洛蒙就不全面。

基辛格发表萨洛蒙的文章，是想“阐明整个忠诚问题的一个方面”，了结此事之后，接下来他就答复乌拉姆。回信一开始他就出人意料地表现出让步姿态。他写道：“您也许会认为……我做得太过分了。不瞒您说，我甚至偶尔会犯错，表现得过于宽容。”乌拉姆格外反感萨洛蒙从未表现出悔悟之情。但是，基辛格写道：

> 我要回复一句，人们对有些事情是不可能悔悟的。我们许许多多的知识分子，无论是共产党员、精神分析学者还是宗教人士，其实总是在适应公众潮流，他们的道德情操不见得比一般人高。在我看来，萨洛蒙是一个被狂怒驱使而堕入地狱的灵魂。他厌恶他代表的一种政治和道德现象，但是，我心里非常清楚，他反映出的不是个人事件，而是我们时代的某些倾向。我会反对他所代表的立场，但不会像我们许许多多满怀恨意的信徒那样咆哮，这些人满怀激情，越来越像他们的敌人。

同样，乔治·凯南在长电文中也充满预见性地警告人们：“我们对付……苏联共产党时可能面临的最大危险，是我们会甘愿沦为像我们对手那样的人。”基辛格负责国际问题研讨会、编辑《合流》杂志的雄心恰恰是要避免这一点，“要展示西方价值，但不是靠言语，而是靠行动”。乌拉姆的批评让他亮出了编辑中立的慎重立场。基辛格找到了自己的声音。下一步他会怎么说？又会怎么做？

有人说基辛格不管他人死活，只顾顺着“冷战大学”这根滑溜溜的旗杆往上爬。如果真是这样，又该如何解释他写的第一篇重要学术文章不是谈“心理战”，也不是谈《合流》杂志中那些引人高度关注的话题，而是讲一个毫不显眼，甚至乏味的19世纪初欧洲外交方面的话题？

第9章

基辛格博士

我认为，我们如果对大多数伟大政治家的思想进行分析，就会发现他们大体上是一致的，这一点心理学家可能还不承认。

——亨利·基辛格

我问同事们："你们想要一个对梅特涅有所了解的政治学家吗？"他们说："绝对不要。"

——查尔斯·金德尔伯格

1

亨利·基辛格1954年的博士论文《和平、合法与平衡：卡斯尔雷与梅特涅政治才能研究》不仅足以为他赢得博士头衔，而且为他赢得了参议员查尔斯·萨姆纳奖，该奖每年由哈佛大学行政学系颁发给"从法律、政治、历史、经济、社会或种族角度讨论倾向于预防战争、建立普遍和平的手段或措施”的最佳博士论文。三年后论文出版，几乎只字未改，书名为《重建的世界：梅特涅、卡斯尔雷与和平问题，1812—1822》。长期以来，该书一直被视为基辛格本人政治生涯的序曲。弗朗西斯·福山称之为“政治现实主义的经典陈述”之一，说基辛格在书中“说明了均势外交的总体原则”，认为“后来他担任美国国家安全顾问和国务卿时所奉行的政策就具有这种特点”。按照福山的理解，正是在该书中，这位美国未来的国务卿首先“提出了他的一种观点：要实现国际和平不能靠法律或国际组织，只能靠权力分配来控制强国野心”。罗伯特·卡普兰认为该书“有关大屠杀的证据以及现代欧洲的历史叙述使基辛格成了一个‘现实主义者’”，他不是一个和事佬，不是只会“客观地、不加感情地”看待权力问题，必要时还会用“暴力”捍卫“切身利益”。后来给他立传的一些作家同样通过该书对传主将来的行为做出了五花八门的预测。有人说：“基辛格展示了那些想维护世界和平的保守政治家是如何通过巧妙地运用均势策略来对付闹革命的国家的。这样一来，他就为自己政治生涯中的现实政治哲学和保守世界观奠定了基础。”另一位作者写道：“在基辛格看来，外交史对于当代决策来说是一件有效工具。”

但事实完全不是那么回事。基辛格决定写这么一本基本上是历史书的著作（尽管它依据的完全是出版物而不是档案材料）时压根儿就没想过要在学术或公共服务领域有所成就。当时多数研究生都紧紧地盯着当代问题[①]，而他花了整整4年时间研究拿破仑从莫斯科撤军后10

① 1954年获得哈佛行政学博士学位的还有13人，其中6人关注的是当代国际问题：一人讲日本被占时期的劳工政策，一人讲伊朗民族主义，两人讲英国国民医疗保健制度，还有一人讲的是联合国维和行动与国际难民问题。唯一和基辛格一样关注19世纪的博士生是戈登·刘易斯，他的论文主题是1848年的基督教社会主义者。

年间的欧洲外交史，简直是自寻死路。尽管《重建的世界》出版时写明是献给他的导师的，但选题完全是由基辛格自己定的，跟他在哈佛大学最坚强的后盾威廉·扬德尔·艾略特的个人兴趣毫无关系。确定选题时他从未咨询（我们今天所想象的那种咨询）过该领域权威，比如其杰作《争夺欧洲霸权的斗争，1848—1918》于1954年出版的牛津大学历史学家A. J. P. 泰勒。（必须承认，泰勒这本书是比基辛格完成博士论文晚几个月出版，但大家都知道他这本书早在1942年就开始写了。）显然，基辛格也从未找过哈佛大学欧洲外交史专家威廉·兰格。证据显然表明基辛格的朋友斯蒂芬·格劳巴德的看法是正确的，他说“基辛格的写作目的主要是自我教育”。《重建的世界》的话题太神秘了，以致基辛格在出了第二本书小有名气之后，还是没有哪家美国大学出版社愿意出版这本书，后来书稿版权被雄心勃勃的伦敦出版商乔治·韦登菲尔德给抢走了，韦登菲尔德也是从纳粹德国出逃的难民，他别具慧眼，发现基辛格是个人才（也把书中的美式拼写改为英式拼写）。

但就博士论文而言，这的确是一部杰作，想想从1950年夏开始动笔到1954年年初基本杀青，基辛格碰到了多少闹心的事啊！诚然，论文的时间跨度比原计划要短，本来他是要写从维也纳会议到“一战”爆发的整个“将近100年的和平时期”。1953年年底，基辛格计划好的俾斯麦那一章还没写一个字。然而，谁都不会质疑他对出版文献和二手历史著作有着深刻的了解。最具学究气的学术评论家也不过从基辛格的参考书目当中发现少了两条文献。尤为令人敬佩的是基辛格文采斐然，堪称散文文体家。每讲到一位关键人物时都会妙笔生花，令人难忘。奥地利外交大臣梅特涅亲王“是一位洛可可式人物，性格复杂，五官俊美，面庞光洁，犹如一面精心打磨的棱镜。他的面部精致但不够深邃，谈话时妙语连珠但骨子里并不严肃”。英国外交大臣卡斯尔雷爵士“遭国人误解，为人内敛，办事有条有理，不善言辞，表达能力不足，但一向直觉敏锐”。说到俄国沙皇亚历山大一世的生活，写道“只有在期待中他才感到满足”。法国外交家塔列朗“之所以最终声誉不佳，是因为他的行动总是为情绪所左右，是因为没有什么事会让他彻底投入、愿意牺牲个人发展。也许这是因为他衷心希望留在外交大臣的职位上以延缓事态的发展；不明就里的人会以为这是一种机会主义的表现，我们就原谅他们吧”。

基辛格像A. J. P. 泰勒一样，不知不觉沾染了19世纪外交家偏好的那种警句式的写作风格。比如：“庸才的根本特点是喜欢在职位上捞到有形的便利，而不喜欢无形的好处。”“一系列悖论也许会令哲学家着迷，对政治家却是梦魇，因为后者不仅要思考这些悖论，还要解决这些悖论。”“如果无限是通过有限的阶段来实现，无限就不那么可怕，不那么具有诱惑性了。”“运气，无论是在政治上还是在其他活动中，不过是蓄意设计的残余。”“在没有创见的人眼里，所有问题都一样困难，也一样容易。”尽管放在博士论文中有些不合适，但这些内容和其他一些附带论述是构成《重建的世界》这部具有永恒魅力的作品的重要因素。

最引人注目的一些表述跟外交艺术有关，值得列举，因为这些文字有助于我们了解基辛格的早期（此时全然是理论性的）外交观。当时还是业余外交家的他写道：“能在外交中做到百分之百的变通是外行的幻觉。”“抱着所有可能出现的情况都有同样的出现概率的思想规划政策，那就是把政治才能和数学混为一谈。要想事事准备周全是办不到的，所以假设对手能达到百分之百的变通只会引起行动的瘫痪。”这种自我瘫痪的概念基辛格后来不止一次提到。他写道：“算计绝对权力会引起行动瘫痪……实力取决于各国的相对地位。”他对耽于算计的危害洞若观火，深知遭遇危机有弊也有利：“在平静的海面预测方向可能比在波涛汹涌的水域计划航线更难，因为风大浪高的时候你要求生，自然会急中生智。”他高度赞扬从梅特涅等人身上学来的心平气和：“谈判的时候热情高涨可能坏事……因为谈判者一旦热情高涨，就无法装作有选择的自由，而这种假装是最有效的谈判武器。”

本书的中心话题是武力在外交中的作用。欧洲之所以取得某种平衡，不仅是因为梅特涅才智过人，也是因为拿破仑除了打仗，别的方面都不行。基辛格写道：“习惯发号施令的人很难学会谈判，因为谈判意味着让对手掌握一定的权力。”要在战争与和平这两种政策模式之间做好转换并非易事，这耐人寻味：

> 战争有自身的合法性，那就是胜利而非和平。在战火纷飞的年代谈和平条件简直是亵渎神灵，打小算盘。当权力主宰一切的时候，任何条件都会对施行普通行动的热情构成限制和威胁……只有后人能理解在胜利的时刻保持节制，处于其中的人很少能理解，他们会觉得这个时候保持节制简直就是无谓的投降。

基辛格当过兵，对战士去实现政治目的的能力总有一丝怀疑。他写道：“纯粹基于军事考虑的政策有一个特点，即胜利了就会变得过激，而在逆境中变得惶恐。”他很本分地承认“无论如何谈判，大家都知道最终靠的是武力”，不过他补充说：

> 要让这种危险仅仅变成一种可能性，让它的范围不是那么明确，让它仅仅是最后一招，那就只能靠外交艺术了。因为一旦权力变成现实，真正意义上的谈判就不复存在了。如果你威胁动用武力不奏效，那么谈判是不会回到你威胁之前的那一步的。这样

> 你就完全失去了谈判地位，相当于你不是承认自己权力有限，而是承认自己无能。

而且，不能像这样去威胁对手的弱国也能通过“建立道德共识”来达到“不用耗尽资源也能保持现状”的目的。换句话说，心理因素最终比纯粹的军事能力重要，这是基辛格当时的核心思想，之前已提过。

因此，如果你以为《重建的世界》是一部未来实践家预先写下的某种治国术指南，那就错了。这本书的真正意义在于它与时代背道而驰。基辛格的首要目标是政治学本身。他写道：“社会决定论的研究把政治家贬为‘历史’机器上的一个工具、命运的代理人，认为政治家也许能模模糊糊地察觉到这种命运，但这种命运不以他的意志为转移。”在跟达尔文·斯托曾巴赫就1952年的朝鲜报告通信时基辛格就表明，自己对所有社会科学当时的宣告都深怀敌意，因为它们认为唯物主义，准确地说是实证数据高于思想。他在《重建的世界》中写道：“说政策不能创造自己的实质不等于说实质可以自我实现。”在19世纪初，这也是一般性规则：“在政策之间进行选择不是看‘事实’，而是看你怎么解释事实。它涉及什么样的行为在根本上是道德行为的问题：这种评价合理不合理，既取决于你怎么看待目的，也取决于你怎么理解现有物质，要以知识为基础，但又不同于知识。”

基辛格的反唯物主义哲学有一个关键例证，那就是他对待国家身份以及一个民族在理解自身利益时历史对其产生的影响的态度。

> 国家记忆能检验国家政策是否真实。体验越是初级，则人们在根据过去理解今天时它产生的影响越深刻。甚至可能发生这种事：一个国家有过非常惨痛的历史之后再也无法从过去走出

来……有谁会对已成为民族记忆的历史大加批评？这是它们面对未来的唯一方式，“实际上”发生了什么固然重要，但想象中发生了什么常常更加重要。

对“局外人”（或者说美国政治学家）而言，“国家也许只是安全事务中的一个因素”。但是，所有国家都“自认为是历史力量的体现”。“它们关心的不是作为目的的平衡，而是在相对安全的环境下作为实现它们历史抱负的手段的平衡”。

基辛格的博士论文最重要的主题之一是保守主义的本质。有必要强调一点，这段时期基辛格毫不隐讳地自称保守派。他就是以保守派身份与公然承认是自由派的小阿瑟·施莱辛格辩论当代美国政治的。需要对基辛格投身保守派稍作解释：那个时候，大多数犹太移民一般都偏向民主党，这主要是因为共和党的很多成员都不同程度地公开反对犹太教。从《重建的世界》中就能看到。其核心问题就是革命提出的挑战，其中不仅涉及法国革命的继承者拿破仑，还涉及革命式人物俄国沙皇亚历山大一世。基辛格从未明确表态为何反对革命，但文中有一个强烈的暗示，那就是革命与杂乱或“混乱”有关。有一段文字很关键，基辛格清晰地分出两种不同的自由：“没有节制的自由还是自愿接受权威的自由。前一种自由存在于权威势力范围之外；后一种自由是权威的一种品质。”读者毫无疑问会以为作者喜欢第二种定义。基辛格接着又补充了第二点区别：动机不同。在革命时期（即自由被认为是没有节制的时期），主要动机是“忠诚的观念，这时屈服于意志的行为具有一种象征性甚至仪式性的意味，因为似乎同时存在大量的选择”。相反，保守性的动机在于“责任的观念……因为其他的行动方案不是遭到拒绝，而是难以想象”。

“我的国家是对是错”是忠诚派的语言。“行动起来，让你的行动通过意志变成普遍的自然法则”是责任派的语言。责任表达了普遍性的一面，而忠诚表达了偶然性那一面。

这里毫无疑问能看出基辛格在重复他在康德思想启迪下所撰写的本科毕业论文的思想。

然而，这里有一个悖论。现代保守派的“基本观点”是“否认权威本质问题的有效性”。因此，一旦他回答了这种问题，我们就可以说他暗中承认了这些问题的有效性。基辛格写道：“保守主义的困境就在于它必须靠行动，而非语言，匿名反对革命。”在另一篇文章中，他说这种困境有三重含义：“保守派的任务不是打败革命，而是制止革命的发生；一个无法预防革命发生、革命的事实已然展现出其价值观崩溃的社会，是不能以保守方式打败革命的；秩序一旦被打乱就只能通过混乱来恢复。”无论是像伯克一样以历史力量的名义抵制革命，还是像梅特涅一样以理智的名义抵制革命，保守主义都一定主要是一个行动问题，而不是一个语言问题，因为革命者杜撰了太多有关的词语。有一点很重要，基辛格似乎倾向于赞同伯克的观点，他注意到梅特涅“很死板”，而多次谈到伯克的国家和人民是在历史中被塑造的观点。下面我们将看到，这种保守主义根本不是美国本土的思想。基辛格与更为常见的美国式保守主义之间的关系，是永远都说不清楚的。

《重建的世界》的第三个与众不同的主题是它体现了一种明显过时的历史观，认为历史基本上是一个悲剧性学科。基辛格写道：“ 历史与复仇女神尼弥西斯联系在一起不是无缘无故的，女神有时是以不同方式满足人类的愿望来打败人类的，有时是以有求必应来打败人类的。”

如果他完成原计划，把书写成关于1815—1914年这100年历史的三部曲，那么很显然它的主题将是：正是因为维也纳会议上政治家们成功地在欧洲建立了持久的均势，所以1914年灾难性的世界大战才不可避免。问题的核心，即1914年7月危机的核心就在奥地利。基辛格写道："就像希腊悲剧一样，克莱门斯·冯·梅特涅成功后，他长期奋斗力图保护的国家到头来却不可避免地瓦解了。"

> 一个古老的帝国，还没有从两次灾难性战争中恢复过来，当务之急是力求生存，这个时候是无法进行改革的。梅特涅选择外交政策时并非所有道路都同样可行。奥地利是多民族国家，打不了民族战争；它已经财力枯竭，打不了持久战。"时代精神"不允许这个多语种帝国延续下去，但若要求这位政治家将民族自戕上升为政策原则也未免太强人所难。

基辛格的结论是，评价梅特涅外交政策的一个更公正的标准不应该是它最终的失败，而是"在避开无法避免的灾难时支撑了多久"。他以梅特涅这个特例概括出一条结论，认为政治家一般都具有一种"悲剧性"，因为人们指责他们是在与"不以人的意志为转移、一生都无法改变的因素"较量。基辛格认为（而且他永远也不会忘记），制定外交政策必须带有一种"会发生灾难的预感"。刚刚经历过灾难的国家自然会想到这点，因为那些记忆依旧鲜活。"国内政策的动力来源于直接的社会经历，但外交政策的动力不是实际经历而是潜在经历，即战争的威胁，这一点政治家们都不会说破。"然而，有一条总的原则："成功的政策都有一个特点，即后代会忘记事情很容易就变得面目全非。"对于灾难记忆比较少的国家，这是一个长期存在的问题。

反事实，即有可能出现或可能已经出现的事实，总会活跃在基辛格所说的政治家的脑海里。这种由政治家实现的和平严格来说是避免了一场灾难。“因此，政治家就像是古典戏剧里的英雄，他能预见将来但又不能把这种能力传给同胞，他也无法证实这种预感的‘真实性’。国家只能从经验中学习，只能到了很晚、连行动也无济于事的时候才‘知道’是怎么回事。但是政治家不同，他们行动的时候必须感觉自己的直觉已经变成经验，感觉自己受到的启发就是既成事实。”更不幸的是，通常政治家们不能透露自己的意图，因为“说出自己的目的会招致灾难”。比如，一个国家缺乏抵抗力就只好安抚敌国，这个时候可能需要假装与对方合作。但是，基辛格又重拾他首次在《合流》杂志中谈到的话题，“这个时候很容易分清无赖和英雄、卖国贼和政治家，方法不是看行动，而是看动机”。换句话说，政治家不得不忍辱求全。同样道理，革命时期的很多外交活动也可以装装样子。跟一个革命的国家进行会谈只在心理上有一定价值：“意在确立一种行为动机，主要是针对那些立场还不够坚定的国家……革命时期的主要困难在于要说服那些不坚定的国家，革命者其实就是革命者，其目标是无限的。”

《重建的世界》的第四个（也许是最重要的）观点是冷战世界并非史无前例，我们研究19世纪的欧洲可以触类旁通，得到有益的启发。他的历史视角最容易引起同时代人的反对，因此，基辛格先发制人，迅速承认“拿破仑不完全等同于希特勒，卡斯尔雷也不完全等同于丘吉尔”。当然，他做的类比并不意味着碰到的“问题百分之百对等”，而是“很相似”。

> 历史教导我们用的是类比，而不是等同。这就是说历史教训从来都不是自动产生的，因此只能通过一个容纳多种经验意义的标准来理解，我们得到的答案永远不会超出我们提出的问题……

外交事务研究，即对一个个整体的国家进行研究，如果意识不到历史环境，就不可能得出任何重大结论。

因此，历史具有双重重要性：一是政治家进行类比的源泉，二是国家认同的决定性因素。诚然，“实证主义学者”可以咬定“任何时候国家都不过是个体的集合”。但实际上一个国家的人民在界定自己的身份时“看的是对共同历史的认知……历史就是国家的记忆”。

所以，在《重建的世界》中，基辛格同时阐述了理想主义方法论、保守主义思想、历史哲学和悲剧感受力。现代读者很难通过类比充分把握其观点的丰富内涵，因为很多时候他都说得很含蓄。

基辛格明说的内容直截了当。维也纳会议体系成功创造了1815年后的“合法秩序”，而《巴黎和约》却没有带来1919年后的合法秩序，两者形成鲜明对比。革命领袖希特勒和斯大林“崛起”后挑战合法秩序，犹如拿破仑和后来又出其不意冒出来的俄国沙皇挑战1789年前的旧秩序。19世纪的英国和美国相似，都是近海国家，封闭孤立。在下文中还将看到，有着很强历史直觉的基辛格认为，美国应该尽量扮演英国在1815年后所扮演的那种角色：能发挥制衡作用的近海国家。然而实际上美国扮演的角色与梅特涅时期的奥地利很像，积极参与大陆争斗，不遗余力地维持一个联盟，与革命国家做斗争。这个关键点我们要把握好，因为它能说明基辛格在谈到梅特涅时为什么总是摇摆不定，而这种矛盾心理往往被人忽略。

基辛格认可梅特涅吗？显然他敬佩梅特涅。“他无论参加哪个联合政府，最后都会成为主导者，两位外国首脑都认为他比自己的大臣可靠，实际上他担任了三年‘欧洲总理’，这样的人可不能小觑。”但是下面这段话想来大家也不会误解：

> 梅特涅决心玩的游戏……不是那种大手笔的游戏，不是孤注一掷、希望很快把对手置于死地的游戏。他玩的是一种很费心思、很诡诈的游戏，高明之处就在于逐渐转变对方立场，在对方调兵遣将之际找到机会先让其动弹不得，最后再一举歼灭。玩这种游戏必须耐得住寂寞，只有耐得住寂寞才能面对敌友的不解和谩骂；必须将勇敢无畏与沉着冷静相结合，因为一旦走错一步就可能招来灭顶之灾，一旦失去信心就可能陷入孤立状态；这种游戏的过人之处不在于给人多大启发，而在于其蕴含的技巧性。

以为外交家都善于隐藏和编瞎话的记者慢慢就会把基辛格跟这种策略联系起来。在基辛格看来，缺乏创意是梅特涅战略观的一个致命缺陷。基辛格在另一段关键文字中写道：“梅特涅喜欢说自己外交上的成功主要应归功于自己奉行的准则在道德上高人一筹，但其实那些成功更多时候是得益于他卓越的外交技巧。他的天赋在于能推进事态发展，不在于创新；他的强项是操纵，不是建设。”

> 梅特涅既刻板……但也会绕弯子，他信仰坚定，所以选择手段时极其灵活；遇事冷静，处之泰然；冷静地追求治国艺术。他的特点是机敏、体察入微……他是个平庸的战略家，但在战术方面造诣非凡，在既定框架下，或者当目标是外部强加的时候，他的固定战打得非常漂亮。

他的优点“不是创新，而是在别人看来似乎随随便便就能很好地适应环境”。《重建的世界》中有一点很重要，基辛格强调“梅特涅才干的局限性”：“因为对政治家的评价不能只看行动，还要看其对其他方案的理解。那些最终被认为是伟大的政治家不管结局看上去多么确定，都不会听天由命。”他的最终结论其实非常明确：

> 梅特涅自以为是、沾沾自喜，但外交技巧精湛，所以他的声誉还不至于那么可悲……梅特涅身上缺少一种让人的精神在历史中众多危急时刻绝处逢生的禀赋，即一种认真思考险境的能力，但不是像科学家那样超然物外，而是不成功，便成仁。

《重建的世界》中真正的英雄不是梅特涅，而是在追求均势的过程中殒命的卡斯尔雷。这位贵族出身的托利党外交大臣虽然性情冷漠，行为笨拙，无人爱戴，但他心里明白“欧洲的宁静重于一切”，“任何政治教条必须服从于国际安宁”。卡斯尔雷跟梅特涅不同，他是一个实实在在的悲剧性政治家，原因就在于他不寄希望于说服他狭隘的同胞只有永久的欧洲联盟才能“巩固和平”。“他通过诚信实现欧洲统一的设想……不过是海市蜃楼，这种设想注定要破灭。”然而，这还不主要是个性问题。书中一些非常犀利的文字将两位外交家的境遇做了对比。基辛格是研究地缘政治的，他清楚地阐述了卡斯尔雷的英伦三岛和梅特涅的中欧帝国在地理上的根本差异。但同时他也非常清楚两个政治体系之间的差异：

> 每一个政治家必须在公正的和可能实现的东西之间进行调和。被认为是公正的东西取决于本国内部结构；被认为可能实现的东西取决于资源、地理位置和决心以及他国的资源、决心和内部结构。卡斯尔雷深知英国是孤立的安全岛国，因而一般只会反对明目张胆的侵略。但是，梅特涅的国家位于欧洲大陆中央，他的重中之重是防止叛乱。英国深信国内制度坚不可摧，所以在对待别国内务时提倡“不干涉”主义。多语种的奥匈帝国在民族主义时

代迫于国内结构脆弱不堪，坚持行使普遍干预权，只要出现社会动乱马上镇压。

2

基辛格深知很多读者会认为《重建的世界》这本书不合时宜。他在该书前言的开头这样写道："在面临热核武器灭绝威胁的时代，我们抚今思昔，研究那些外交不会带来严厉惩罚、战争鲜有发生、简直无法想象会有灾难存在的历史时期，这不足为怪。"是啊，1815—1914年这段时期并不是无可挑剔的，但它是"正常的""平衡的"："它也许没有满足理想主义一代的所有愿望，却给了这代人或许最宝贵的东西，即一段稳定的时期，让他们实现自己愿望的时候没有大战，没有长久的革命。"何以至此？在基辛格看来，答案具有一种讽刺性："回过头来看那些看似很和平的时期，人们很少去追求和平。那些人似乎在无休止地追求和平的时期却难得安宁。"基辛格认为，卡斯尔雷和梅特涅时代的实际意义在于：他们追求的是可以实现的稳定而不是永久和平。全书最值得背诵的或许是这么几句话："一旦和平，即人们想象的不打仗，成为某个国家或某些国家的主要目标，那么国际体系就只能任由国际社会中最残忍的成员来摆布了。如果国际秩序认可即使是为了和平也不能做出一些原则性让步的话，那么至少可以想象一下均势基础上的稳定。"这里暗指20世纪30年代绥靖政策的失败，我们可以推测20世纪50年代必须有所不同。但是究竟体现在何处呢？

《重建的世界》中与早期的冷战最直接有关的观点是怎样才能结束革命时期以及重建稳定。稳定的关键在于它源于"一种被普遍接受的合法性……这种合法性意味着所有大国都接受国际秩序框架（至少没有国家很不满意）……要通过一种革命性的外交政策表示出来”。1815年以后的100年能一直稳定，这本身就证明一种合法的秩序得以建立。基辛格写这本书的时候情况可不是这样。1954年，苏联仍然让人感觉是个革命国家。基辛格指出：“革命国家的动机也许只是防御性的，它遭到威胁的惶恐之情也许是发自肺腑的。”

> 但是一个革命国家的显著特征不是它总是感到遭到威胁（这种威胁感是建立在主权国家基础上的国际关系固有的本质），而是什么也无法消除它的疑虑。只有绝对安全（让对手无能为力）才足以让它放心。所以一个国家希望得到绝对安全就意味着所有其他国家得到绝对的不安全……外交这种限制使用权力的艺术无法在这种环境下发挥作用……因为在革命形势下，竞争体系双方不关心调整彼此的差异，而更关心颠覆忠诚，因此外交要么被战争取代，要么让位于军备竞赛。

这里，基辛格虽然说得很隐晦，却批评了20世纪30年代和20世纪50年代的政策。他给某些抱有幻想的人泼了一瓢冷水。这些人认定与苏联对话会取得很多成果，用他自己的话说，不会是“毫无作用地重复基本立场，指责对方不讲信义，或者指控对方‘不可理喻’，妄图‘颠覆’美国”。只要有一个革命国家逍遥法外，会谈只能是“设法让那些摇摆不定的国家加入我方或者敌方阵营的精致的舞台剧”。尤其是他嘲讽有些人赞成“善待革命国家，好像它的声明只不过是一种策略；好像它真的接受现有的合法性，只是出于谈判目的才夸大了自己的不利处境；好像有限的让步可以减轻它心中特殊的悲痛”。1956年他写过一篇文章，用当代美苏超级大国会谈进行类比，态度非常明确地指出

“维也纳会议的谈判者并没有将谈判桌上的气氛与国际体系的稳定因素混为一谈”。

然而，不管是凯南最初倡导的那种遏制，还是后来尼采提倡的更军事化的遏制，都与基辛格的观点无甚区别。我们只有认真解读基辛格叙述1812—1822这10年的方式，才能发觉他真正的创意所在。

《重建的世界》的前半部分主要讲述梅特涅是如何在奥地利势力最弱小的时候与法国合作，后来转向结盟、调停、中立直至彻底对抗的。梅特涅的目标是要在自由主义本身并不合法的情况下重建合法秩序，这跟卡斯尔雷的目标有着本质的区别，后者的根本计划是建立五国均势，由英国扮演“平衡国”的角色。英国跟奥地利不同，它打仗“是为了安全，不是为了主义，是要反对普遍占领，不是要反对革命”。交战双方都要劝说其他参战国家这也是它们的利益所在，交战者要力求做到一点：“本来可能被人理解成在追求一己私利，现在要让人家认为这是在宣扬一种纯粹的正义。”要达到这个目标，梅特涅只有一个办法，即通过“曲折而老谋深算的外交”建立一个“联盟的道德框架”。梅特涅跟卡斯尔雷不同，他最为关心的是“怎样让解决争端的协议合法化这个根本性的道德问题”。

基辛格对梅特涅“八面玲珑的本事”叹服不已。但梅特涅成功的根本原因在于拿破仑没有自知之明：拿破仑万万没想到，奥地利皇帝，他的岳父大人，竟然跟自己兵戎相见（见第5章）。本来梅特涅的政策就面临不小困难，偏偏又杀出个在拿破仑兵败俄国之后，满心指望自己成为“欧洲事务的仲裁者”的沙皇。一来拿破仑自取灭亡，二来沙皇虎视眈眈，面对此情此景，梅特涅和卡斯尔雷要将一个温和的和平协议强加给法国，必须百般小心。在此，基辛格把1814年的维也纳会议和1919年的巴黎和会进行了明确对比，这对他如何看待1945年波茨坦会议后的欧洲格局有着重要的影响。全面战争的逻辑是和平条约会带有惩罚性，要么选择对过去念念不忘的报复性和平协议，要么选择放眼未来的宽宏大量的和平协议。前者，就像在凡尔赛订立的协议一样，“试图镇压敌人，叫他无法再战；反之则宽待敌人，叫他不愿再进攻”。一个对过去念念不忘的和平协议会无意间制造新的革命形势，“因为战败国除非彻底四分五裂，否则绝不会善罢甘休”。相反，一个放眼未来的和平协议认为“治国任务不是要惩罚，而是要整合”：只有和解协议为战败国所接受，才有望为合法的国际秩序奠定基础。在这种秩序中，无论是战胜国还是战败国，谁都无法得到“绝对安全”，绝对安全不过是一个妄想。

> 稳定秩序的基础是成员国的相对安全，也就是相对的不安全。这种稳定性反映的并不是不存在未得到满足的索求，而是说不满的程度还不是特别强烈，没有强烈到通过框架内调整也无法修正，非推翻现有的和解协议不可。一个被所有主要国家接受的秩序结构才是“合法的”。

合法的国际秩序靠的不是机械的、数学的平衡，也不是各方追求和谐的共同愿望。这种秩序需要在多个行动者之间不断进行调整，每个行动者都受到各自历史观的驱使，他们只能在游戏的大体规则上达成一致。

正因如此，《重建的世界》的主角是卡斯尔雷，不是梅特涅。基辛格认为，在波兰和萨克森问题上达成妥协使得和解协议得以签署的正是卡斯尔雷。正是卡斯尔雷违背伦敦指令解散了战时联盟（见第9章）。同样是卡斯尔雷在拿破仑从厄尔巴岛回到法国后，在其他国家众口一词要求瓜分法国的时候，努力推行克制政策（见第10章）。而梅特涅则恰恰相反，变得越来越教条主义，妄想恢复旧的秩序（见第11章）。最终，即便梅特涅怂恿俄国沙皇相信那是他自己的主意，英国也无法捍卫他希望建立起的反对革命的欧洲秩序。在梅特涅看来，西班牙、那不勒斯以及后来的皮德蒙特都会极大地威胁到新秩序；而在英国人眼里，这些不过是不起眼的局部问题，一旦干预便会打乱现有秩序的平衡。在梅特涅将外交手腕运用得出神入化的特拉波会议上，他居然将他注定失败的“反对民族主义和自由主义之战”说成是欧洲的事，不是奥地利的事（见第14章）。卡斯尔雷心里清楚得很，如果是像在巴尔干地区一样，针对的是奥斯曼帝国，那么俄国也会同样愿意站在民族主义立场上进行干预（见第16章）。但是，1822年8月12日，卡斯尔雷心力交瘁，彻底失望，用一把小刀割喉自尽，结束了他悲剧性的一生。维罗纳会议之后只留下既反对革命又反对法国的“合法化原则”，这成为了奥地利、普鲁士和俄国三国建立“神圣同盟”的基础。

在很大程度上，《重建的世界》其实是基辛格对“一战”后各种和平协议的回顾和批评。国际同盟（也暗指接替它的组织联合国）所代表的“集体安全”就是基辛格严厉批判的两次世界大战之间的国际秩序的种种弊端之一。但是该书也旁敲侧击地批评了美国“二战”后的政策。说到这里，大家应该都清楚了基辛格希望从维也纳会议中得出的教训：美国的目标应该是建立这样“一种国际秩序，其中没有一个国家非常不满，以致不愿在和解框架下对事情加以补救，而只想推倒重来……建立一种不包含‘革命’国家的政治秩序，各国自发地维护好彼此关系，因为存在一种日渐明显的趋势：不可能出现灾难性的动乱”。但是只有将梅特涅的技巧和卡斯尔雷的智慧结合起来才能实现这一目标。一个错误已经酿成，即要求第三帝国和分裂的德国无条件投降。因此存在这么一种危险：怀有复仇之心的德国会以革命国家的形象再次登场，一心想要推翻现有国际秩序。不能仅仅因为我们现在知道没有发生这种事，就认为基辛格及其同时代的人可以对这种危险置之不理：有一点很清楚，当时基辛格打算在下一部历史著作中用大量篇幅探讨“德国问题”和俾斯麦对这个问题的回答（第13章已有预示）。更重要的是，有一点是不可想象的，即我们能以可接受的代价在苏联问题上取得同样的成功。因此，要建立国际秩序唯一的办法是将苏联从一个革命国家（斯大林领导下的苏联当然是革命国家），转变为一个维持现状的国家。这里就埋下了将来所说的缓和政策的种子。这粒种子之所以能在基辛格心里生根发芽，是因为有越来越多的证据表明，在斯大林去世之前，苏联的很多领导人就不再是什么真正的革命者了，更谈不上是基辛格眼中不共戴天的“预言家”。

3

基辛格在《重建的世界》一书的最后用一篇文章讨论了政治家和两种革命者（征服者和预言家）的差异。跟他的本科毕业论文一样，他在这篇学术论文中倾注了发自肺腑的个人信仰。他写道：“预言家的声明是一种完美的建议，完美意味着整齐划一。但是乌托邦是无法实现的，除非采用一刀切或错位的方式，这就必须损害一切责任模式……而完全依靠个体的道德纯洁就等于放弃了限制的可能性。”基辛格反对预言家，支持政治家，因为“政治家必须永远对人们的行为怀有疑心，这不是因为他喜欢耍些小手段，而是因为他必须做好最坏的打算”。政治家有一个可悲的地方，即他们总是少数，因为“给人激励的不是平衡而是普遍性，不是安全而是不朽”。人们渴望超越，所以很容易受到预言家的影响。再者，人们对自己国家所主张的“正义”都有一种强烈的认同感。在此，基辛格很显然是带有美国人思维的，他跟美国人一样，一般在判断世界大事的时候用的是他们自己所谓的普遍标准，其实这种标准带有个性色彩。

> 如果一个社会用所谓的既有普遍性又有排他性的原则让自己合法化，简言之，如果“正义”观不能容忍不同合法原则的并存，那么这个社会和其他社会之间的关系就会建立在武力的基础上……很多国家对外国政策持有一种强烈的或许是下意识的反感，这是情有可原的……因此，政治家往往与预言家遭遇同样的命运：在自己的国家得不到尊重。如果政治家远远走在本国人民的前面，那么无论其政策多么睿智，也不会得到国人的一致认可。

但是，政治家的可悲之处还在于其政策必须被兜售给政府官僚机构。这里首次展示出基辛格政治生涯中的另一个主旋律：杰出政治家与为他落实政策的办公室文员之间的矛盾。

> 政策精神与官僚机构的精神截然不同。政策的精华在于其偶然性；政策能成功靠的是准确的估计，而估计有时候得靠猜测。官僚机构的精华在于追求安全，其成功是可以计算出来的……以官僚的方式施行政策会使你费神计算，勉力计算你就容易被外部事件捆住手脚。

基辛格眼里的理想政治家是一个美国式的卡斯尔雷：一个在追求合法的、自我强化的、以内部存在分异的国家间的均势为基础的国际秩序时，不得不既要教育具有狭隘理想主义观念的公众，又要激励疏于进取的、不愿承担风险的官僚机构的保守主义政治家。

今天，我们知道了历史的真相，可以把《重建的世界》看作基辛格未来职业生涯的序幕。自然，该书首次出版的时候读者可不是这么想的，人们主要是把它当一本纯粹的历史书来读。英国历史学家查尔斯·韦伯斯特爵士（研究卡斯尔雷的顶尖权威）犯了严重错误。他认为基辛格的论述“很矫情”，尤其是基辛格居然对梅特涅“大言不惭地”声称的“一切都预见到了，一切都做好了手脚”信以为真。

> 他受梅特涅的影响太大了，有时候他的说法都带有偏见，他的解释也不能令人信服。他甚至模仿梅特涅的晦涩风格，经常在分析问题时套用梅特涅使用的那种行话，三言两语就能说明白的道理偏偏要用几页纸的篇幅叙述。

德国历史学家恩斯特·比尔克对基辛格比较尊敬，但还是（像韦伯斯特一样）忍不住指出他的参考书目里少列了一本书。只有寥寥几位美国学者能理解基辛格的真实目的。《世界事务》的评论员认为这本书“很有启发性”，讲治国术的最后一章“尤为重要”。历史学家汉斯·科恩也在《纽约时报》上撰文表示肯定。最具洞察力的一篇书评出自芝加哥大学的昆西·赖特之手，发表在《美国历史评论》上。他独具慧眼，发现基辛格想对梅特涅时代和早期冷战做一种类比，便热情地把这本书推荐给“国际政治的研究人员和参与其中之人”。

对这位初出茅庐的作者来说，赖特的评论自然很受用。不过就基辛格的学术生涯而言，更为重要的是他最初的博士论文在哈佛受到了好评。论文获得萨姆纳奖表明，至少行政学系的一些高级教职人员对其是赞许的。看过这篇论文的有大权在握、时任文理学院院长麦乔治·邦迪。他的评论没有保留下来，但从基辛格的反应来看，邦迪同意韦伯斯特的意见，认为基辛格受梅特涅的影响太深，特别是他的文风。

基辛格反驳道："要想在梅特涅身上做出点儿文章来极其困难，因为一方面他的治国理念毫无新意，另一方面他的外交技巧又非常高超。"他认定自己并没有被梅特涅所迷惑。梅特涅的成就"不过是一个绝活"，"就像是一个纸牌屋，吹口气就倒"。

> 但为了证明它的脆弱，我要先展示它的成功之处。在我看来，梅特涅治国艺术的问题不在于短期内没有创新，而在于缺乏长远眼光。他之所以失败是因为没有认清时代潮流，要说明这一点易如反掌，但仅仅如此又难免过于简单化了。他认清了时代潮流，但又竭力阻止。

邦迪还反对基辛格论述卡斯尔雷和梅特涅时所提出的一种假设：政治家的性格是单一的。

> （基辛格回复时说）我……同意您认为没有一个政治家是完全"单一的"这一命题。然而，在任何既定情况下，这可能说不通。我认为，我们如果对大多数伟大政治家的思想进行分析，就会发现他们大体上是一致的，这一点心理学家可能还不承认……艾奇逊这样的人跟我所考虑的政治家的差别不在于后者更智慧，而在于他们任职时间长，国内压力小，因而他们实施准则能一以贯之。

4

那么，研究19世纪初的欧洲究竟对基辛格关于迪安·艾奇逊等人的看法产生了怎样的影响呢？得益于基辛格创作博士论文期间所写的大量书信和未出版的备忘录还保留至今，我们可以非常准确地回答这一问题。第一封信是基辛格在朝鲜战争刚刚爆发时写给导师艾略特的。

当时的事态很蹊跷。朝鲜得到苏联准许悍然入侵韩国。杜鲁门总统受到20世纪30年代的记忆和遏制政策的启示，设法取得联合国同意后进行了干预。但是，美军最初的行动没能阻止朝鲜的进攻。基辛格写这封信是在1950年7月，当时他还没有开始做博士研究。他在信中起笔就给了官僚机构一击。他写道，美国方面出现了“非常严重的情报障碍”，“对苏联意图的预测相当模糊，完全不能具体预测存在什么明确的威胁”。

> 任何熟悉官僚机构运作的人都知道，在替代选择明显有限的情况下，安全方案也会预测出许许多多的可能性，对这些可能性来说根本不需要什么特殊信息，因而这些可能性大多数是不相干的。安全意识一般就成为平庸的托词，想象力也就淹没在肤浅之中。

然而，朝鲜危机更大的问题在于“我们结盟的方式从道义上说是一败涂地”。基辛格的观点“不是基于目前的战况（我认为这种状况将会逆转），而是基于一种事实：几乎完全靠美国主力部队作战，韩国到头来还会是老样子”。韩国抵挡不了朝鲜的进攻，很快就失败了。

> 这凸显了一个常常被人忽视的外交政策观：美国援助的接受者更需要美国，而不是美国更需要他们，通过一味迁就的方式来赢得“朋友”并不能代替某种内在的韧性和基本目标意识……美元不能提供道义上的控制，而任何政府若没有道义上的控制都难以长期存在下去。无论我们在朝鲜取得什么样的成功，希望大家都不要误解这种成功的本质。军事胜利不应该被看作我们唯一的

目标，应该把它视为一个条件来重新评估以前的工作。有些政府因为自身无能，受到一丁点儿压力就会垮台，我们老是认为这样的政府让步是毫无意义的。我很担心联邦德国和西欧的抵抗能力不会比韩国强多少。

一个刚刚拿到学士学位的大学毕业生能说出这番话来，也真是坦率无惧。基辛格的意思是说，如果接受国不能自保，那么经济援助几乎毫无战略价值。

5个月后，1950年12月时，麦克阿瑟将军已经在仁川和汉城（现已改称首尔）击败朝鲜军队，越过三八线，占领了平壤，不幸的是他低估了中国人民志愿军，后来又被打回三八线以南，于是基辛格旧话重提，对遏制政策进行了影响更为深远的批评。年轻的基辛格信心满满地写道："我国外交政策之所以出现重大失败，原因是对苏联的意图和战术估计不足，误把聪明的公式当作现成的办法。"

有关"和谈""会议""谈判"的种种说法表明，目前的危机反映了一种特殊的误解或者说不满，需要理智的人本着妥协的精神来化解。然而，局势非常明朗，苏联扩张主义针对的是我们的存在，不是我们的政策。因此，任何妥协只会引发新的诡辩说辞。

基辛格承认，遏制"包含了一个深刻思想的萌芽"。但是在实际运用时，它"暴露出一种根本性的怯懦，时而暴露出观念的肤浅，实际上已经成为苏联政策的一种工具"。

要让遏制发挥作用意味着要控制苏联行动，威胁他们说美苏之间会有一场大战。不是说（就美国人力情况而言不可能是说）无论在苏联外围出现什么威胁，美国都会现身予以反击。我们把苏联行动当作军事问题，苏联就能通过选择干预那些让美国极其不安的地区，分散美国兵力，使美国只能顾及那些战略上无意义的地区。我们的反应是试探性的，把世界舆论的规劝作为一种定义美国政策的手段，把所有措施都限制在大众可以接受的范围内。种种现象都让苏联领导人相信一点，任何探索过程都可以按照他们的意愿加以地方化，就算美国主动强制性地在根本问题上与苏联进行对决也不可能引发美苏大战（这是唯一真正具有威慑作用的威胁）……由于我们总是把苏联行动当作孤立的突击，而不是一个模式中的组成部分，头痛医头，脚痛医脚，而不是强制执行一个完整的方案，因此我们实际上是在让苏联总参谋部在战略上调配我们的资源，在战术上引诱我们的部队进行无休止的冒险。

在此，基辛格重复了沃尔特·李普曼等人对遏制的批评。有所不同的是，他在这里首次提出“全面重新评估苏联战略”。他认为，美苏之战“不可避免，不是因为美国政策有问题，而是因为美国象征着资本主义民主”。苏联不愿“争取虚幻的和平”，而要“在最佳条件下开战”。因此，美国必须如法炮制，谋求在有利的条件下开战，利用“控制海域、科技优势及外部沟通渠道”带来的优越机动性，避免发生任何可以让苏联利用其“大规模人力”和“极度的残忍”的冲突。如果苏联妄图引诱美国进行大规模陆地战，美国的回击措施应该如下。

一、应该明确划出一条线，一旦越界就意味着要打一场大仗，不一定就在苏联军队行动的地方开战……

二、一旦开战，美国应该设法（至少等欧洲打完头阵之后）迫使苏联到这样的地方作战：地势不开阔，让人多势众的大部队占不到便宜，而科技知识又极端匮乏，比如中东。如果在冲突初

> 期（或者在似战非战时期苏联故意分化美军致使其部署受限时）能避免惨重损失，就应该有可能（1）在苏联外围取得局部优势（尤其是通过阻断其通信系统），（2）通过一系列“打了就跑”的行动打击苏军士气，（3）分散苏军兵力，这样最后决战时我们的敌人就不会那么强大。

就1950年12月来说，这一建议可谓令人惊叹：实际上就是要划出一条红线，莫斯科一旦越线就将引发超级大国的全面战争，而战场最好选在中东等美国占有优势的地区。这段话说明，在这个阶段，基辛格跟很多人一样认为苏联这个革命国家绝不会妥协，休想和它达成任何和平均势。这也说明基辛格是多么悲观。他和很多同时代人一样，认为朝鲜事件是下一次世界大战的序曲，这场战争的直接对手只能是苏联。令人深思的是，他对艾略特坦言自己“从去年8月以来就预感到要出大事”。

1951年3月，基辛格给艾略特写了一封信，再度谈及这些观点，并不断加以完善。他之所以写信，是因为受到了美国空军部部长托马斯·芬勒特对所谓“灰色地带”（地理位置远离美国、没有美国地面部队驻扎的地区）的评论启发。基辛格再次将“遏制”定性为“在苏联外围的所有地点集结优势兵力，对之进行有形遏制”。他再次主张，外围的有限战争达不到有效的制止效果，只有“威胁说要跟美国打一场大仗”才能有效阻止苏联侵略。他再次表明观点，“如果把在苏联外围的每一个地点都营造一种强势环境，作为我们政策的一个条件，那我们实际上是让苏联参谋部调配我们的部队，引诱我们的军队进行无休止的冒险”。他再次强调美国正被卷入苏联外围的局部冲突，苏联因为其内部通信线路而有得天独厚的优势，他还补充说这些冲突中的随便哪一个都有可能升级为世界大战。他再次敦促划一条“明确的”线，“一旦越线就会卷入一场大战”。他再次敦促美国把中东及土耳其建成“美国集中的、高机动性的战略储备”基地，使“苏联的中心地带都在其打击范围之内”。基辛格在此引入一个新观点：在见证朝鲜半岛的破坏之后，没有几个“灰色地带”愿意充当超级大国军事力量的试验场。艾奇逊的遏制政策产生了一个意想不到的后果，它“增加了被威胁国家的精神压力，促使它们通过寻求中立来将苏联行动转移到其他地区”。因此，最好的方法是鼓励美国的盟国，尤其是欧洲盟国，“坚持大幅度地增强防御力量”，这样又会“反映出一种心理条件，一种斗志”，而“这种斗志可以通过有限的美国地面支持、一贯自立的美国外交政策的确定性及其他心理措施来增强”。

在这种坐而论道的决策过程中，大多数情况下历史语境是隐晦的。有一个明显的例外：1951年11月基辛格给中情局心理战主要理论家之一的威廉·金特纳写的信。当时，朝鲜战争已陷入僵局，不像是“二战”，更像是“一战”。信中他表述得比写博士论文时要大胆得多，他阐述了1951年与1815年的相似性（但同样重要的是，他也阐述了两者的差异）。他写道，“均势的先决条件如下”。

> （1）一个地理上确定的地区；（2）那个地区各方实力均衡；（3）一个外来的平衡方，它对国家战略有深入了解，不受意识形态的妨碍；（4）在“大国协调合作”中各方就基本价值达成广泛一致……要想取得均势，首先要有能被制衡的各方。平衡方自身不能是均势的一部分，因为这会让天平倾斜。首要的一点是，必须把政策想象成一个连续的过程，而战争不过是实现确定目标的一个工具。均势与宣称绝对价值是不兼容的。

但是，基辛格强调，“当前局势不符合以上任何条件”。不仅全球均势（而不单单是欧洲均势）几乎无法实现，而且美国也无法发挥传统上英国发挥的那种平衡作用。

也许欧洲会恢复士气，成为一股独立的势力。或许新兴的东方会出现另一个权力中心。如果是这样，美国就应该对欧亚大陆起到一个岛国对大陆所起的那种作用：阻止大陆在单一统治下联合。但是，目前美国不是一个平衡者，而是世界和平格局中的一个竞争者，再者，这也不是美国自己的选择。

基辛格认为这是一个重大差异。美国在欧洲和亚洲已经与其军事盟国紧密纠缠在一起，无法选择像19世纪的英国那样开展行动。再说，此时的世界是一个多极世界，那种“英式”战略不管用了。

要突然发挥英国传统上的那种作用，对美国智慧来说将是一个相当大的考验。但是等待我们的还有更可怕的责任。如果将意识形态因素纳入政策当中，自我限制将会是一种几乎无法实现的理想。那样的话，政策一开始就会被想象成达到绝对态度的手段，而不是被定义为一种持久关系。这样难免会出现一种不信任的氛围，各方都想达到绝对安全，这就意味着对手的绝对不安全（中立）。哪怕只有一方引入意识形态因素也会出现这种情况。

在这封信的结尾，基辛格思考了美国前途，其观点令人惊讶。

我知道会有人指着宗教改革战争后的宗教宽容说，这可以代替意识形态冲突。但无疑一个重要的问题在于，这种平衡只有在“三十年战争”之后才有可能实现……我认为现在的世界不会再走

17世纪那条路。我认为我们会最终扮演迦太基战争后的罗马那种角色，所以我用了“可怕”这个形容词来描述我们的将来。

换句话说，基辛格信心十足，期待美国式的罗马战胜苏联式的迦太基。他真正担心的是下一步，“在一代人的时间内，我们会发现在自己处于一个必须从自身内部提供挑战的世界。这是一个需要长期思考的大问题，要解决这个问题需要一种深刻的原则”。1951年的时候，有一件非同寻常烦心事：美国战胜苏联之后帝国主义就开始衰落。

尽管读过乔治·凯南发表的文章，但基辛格和凯南不同，他不是苏联问题专家。他在1951年12月题为“苏联战略——美国可以采取的对策”的备忘录中表述的观点相当传统。由于历史和意识形态原因，苏联一般会认为战争不可避免，因此出于防御性考虑，它会设法扩大自己的安全带。迫于全面战争的威胁，它暂时会有所收敛，但将来的情况不太好说。随着战略空军力量和核战能力的增长，有朝一日它会谋求与美国在西欧一决雌雄。如此看来，朝鲜危机就像是先来虚晃一招，意在分散美国在全球驻扎的地面部队。因此，美国必须紧急转换政策，放弃艾奇逊实施的“有形遏制”，采取基于“心理”考虑的“全面军事战略”，包括建立基辛格所说的中东机动战略储备。

5

此后将近两年，基辛格在这个问题上没有写过一篇文章。等到他重新研究当代战略领域时，情况已经发生了很大变化。哈里·杜鲁门卸任总统，20世纪唯一一个当上美国总统的将军德怀特·艾森豪威尔继任。人称艾克的艾森豪威尔并不是很想当总统。1952年，艾森豪威尔已经是北约总司令，而且也是“二战”期间盟军胜利的主要策划者之一，足以名垂青史，本可以彻底退出政界。但是，共和党总统候选人的头号人物、俄亥俄州参议员罗伯特·塔夫脱仇视北约（实际上是受彻头彻尾的孤立主义驱使）迫使艾克参加竞选。虽然艾克对外表现出一副和蔼可亲的祖父形象，打打高尔夫球，看看西部片，画画，但他一直都是个坚毅的战略家。他不想让朝鲜战争出现任何升级，于是向苏联和中国暗示也许会动用核武器打破僵局。结果是各方通过谈判解决问题，朝鲜半岛一分为二。在国内问题上他同样很果断。当约瑟夫·麦卡锡想拿美国军队作为他的反共迫害运动的下一个目标时，艾森豪威尔让副总统谴责他的“鲁莽言论和可疑方法”。

苏联方面也出现了变化。1953年3月1日凌晨，斯大林中风，4天后逝世。继任的是“三人执政集团”：拉夫连季·贝利亚、格奥尔基·马林科夫和维亚切斯拉夫·莫洛托夫，他们迫不及待地要缓解国际矛盾。斯大林逝世的消息宣布才9天，马林科夫就在最高苏维埃发言说：“没有任何具有争议性的、未解决的问题不能通过有关国家的相互协定进行和平解决。这适用于我们跟所有国家的关系，包括美国。”苏联宣传的语气也变了，由此开始所谓的和平攻势。这就出现了新的威胁：不是真枪实弹的打仗，而是心理战，采取的是建议德国统一的那种形式，1952年3月斯大林提过一个类似的建议，这种建议在美国决策者看来不够真诚，但却深受普通德国人的青睐。强烈要求德国重整军备的美国人低估了营造恰当“心理氛围”的必要性。他们低估了基辛格所称的“反向铁托主义”的危险，所谓反向铁托主义是指民族主义政府为了证明自己不依赖美国，选择逐渐依靠苏联。因此，基辛格认为“苏联的和解态度”“比继续实施冷战更加危险”。

可喜的是，斯大林不在了，冷战不再像以前那样具有强烈的意识形态色彩，而又回到人们更为熟悉的地缘政治模式。因此，基辛格来了个一百八十度的大转弯，认为他1951年批驳的那种类比有其潜在的适用性。

> 美国与欧亚大陆的关系，就像19世纪的英国与欧洲的关系一样。它是一个岛国，资源不足，目前仅仅是人力资源比较欠缺，以后还会在工业产能上出现欠缺[①]。因此美国不能允许欧亚大陆在一个国家的统治或控制之下进行联合，无论这个国家采取的政府形式如何……为了保护自己的资源，美国的战略应该是设法在欧亚大陆建立均势。这就是说绝不能允许苏联势力范围扩张。实际上，我们应该缩小苏联势力范围，因为中－苏－东欧卫星集团的巩固有朝一日必定对美国安全造成致命威胁。

这是一次重点的重大转移：现在美国可以希望像一个英式平衡国家那样发挥作用。但是究竟该怎么办呢？要强制性削弱苏联集团核心显然做不到，因为这就意味着爆发战争。然而，“分裂苏联和其卫星国家”显然是“可以做到的”。这里就埋下了另一种战略观的种子，过了整整20年，这粒种子才结出果实。

基于这种分析，基辛格提出一个具体建议。他认为，斯大林之死为美国外交提供了“天赐良机”，借此可以“大胆挫败和平攻势”，办法是召开四国会议讨论欧洲问题，尤其是两个德国的问题。会上美国应该提出“出台一个和平协议并召开所有德国人参加的选举”，换言之，促使德国统一。基辛格认为，对于这样的前景“我们不怕而苏联

① 在冷战的大多数时间里，绝大多数的美国专家，包括基辛格，都一直高估了苏联体制的经济能力和潜力。1953年，苏联的经济体量仅为美国的1/3。

怕”，当然有一点很明确，必须保证1925年《洛迦诺公约》规定的德国边界线。诚然，这一举动即便不会阻挠也会延缓各方正在讨论的成立欧洲防务共同体（EDC）的计划，但基辛格的话很对，欧洲防务共同体“获批的前景渺茫”。相反，如果美国这一步成功了，就会在亚洲得到实实在在的好处：“这样一个牺牲苏联一个卫星国的四国会议对中国可能具有深远影响，尤其是如果下一次亚洲会议没有成效的话……如果将四国（不包括中国）互相确保各自的边界提到议事日程上来，这种不信任有可能加深。”基辛格承认苏联很可能不会同意召开这种会议。但是，“一旦会议失败，欧洲防务共同体和冷战将会在一种更健康的政治气氛下重新开始”。

基辛格的“苏联和平攻势”备忘录广为流传，几乎同样广受称赞。邦迪对此赞赏有加，对基辛格说“你的文章很短，内容却非常丰富”，并把它推荐给政策规划办的朋友罗伯特·鲍伊。但他以前的同事、作战研究办的乔治·彼得并不完全信服。他的批评很有说服力：“你对过去的情况和知识运用得出神入化，但有时候你把适用于过去但也许不适用于将来的特征拿来讨论将来。我是指你说洛迦诺这类公约可能很重要的这种情况。”

基辛格辩护时咬定他的意思不是想重复20世纪20年代的错误，人们之所以对条约有看法，不过是因为条约会产生“深刻的心理影响”。用他的话说，“无论如何，我提出所有这些建议只是想重新夺回主动权。按理说如果苏联政府机构跟我们的相似（没有理由认为政府机构在实质上有什么重大差别），我们往漏斗里扔的想法越多，他们进行创造性思考的时间就越少，他们可调整的空间就越小”。然而，彼得表明了一种想法，其他人无疑也会有这种想法：基辛格过于喜欢跟过去比较，很不情愿承认某些方面今非昔比。

到1953年夏，基辛格开始感到沮丧，所有业余战略家迟早会有这种感觉：他满脑子的点子，可就是没人听。鲍伊可能见过他写的有关德国统一的文章，实际上可能还读过。说实话，东柏林事件发生后他及时发表了这篇文章。当时，1953年6月13日开始出现的罢工潮被苏军镇压。然而，没人召基辛格去首都。万般无奈之下，他只好跟志同道合的人私下通信，比如施莱辛格。施莱辛格是左派，但更重要的是他也是历史学家。很多人以为冷战初期美国的心理战取得了前所未有的成功，基辛格却不以为然。就像1948年的情况一样，基督教民主党赢得1953年意大利选举是中情局帮了大忙。但是基辛格认为这个结果只不过“再次证明靠耍花招来实施外交政策是白费功夫”。“可惜，外交政策不能像打官司那样：陪审团决定一经宣布，你说过的谎言便不会再回来纠缠你。”再说了，民主党总统竞选人阿德莱·史蒂文森似乎也不比艾森豪威尔好多少。

> 我同意史蒂文森的观点，如果意大利赤化，我们也不能轰炸莫斯科，但是我认为事前就宣布我们绝不会轰炸莫斯科，这种做法同样毫无道理可言。我认为再攻打朝鲜这样的国家也不明智。
>
> 我也希望候选人最终都不要谈什么“将赢得和平”，似乎某一天“和平会突然出现”，矛盾会奇迹般地消失。我不知道历史上除了罗马帝国时期之外，还有哪个时期出现过这种现象。即便将来克里姆林宫由大天使掌管，我也无法想象与苏联达成任何协议能让我们说将来不再存在矛盾。因为只要世界上存在两个拥有主权的超级大国，矛盾就不可避免。

这种观点跟卡尔·弗里德里希10年前的观点没什么大的差别。问题是基辛格拿罗马帝国来说事，真有这个必要吗？

6

1954年的哈佛大学能否在一个顺利毕业的博士生完成博士论文后不久就给他一个助理教授职位，这一点不得而知。尽管导师艾略特为他陈情，学校还是没有给予基辛格这种职位。基辛格申请加入哈佛大学研究员协会也未获成功，这个协会是一个类似于牛津大学万灵学院的精英机构。基辛格为何处处碰壁？众说纷纭。有的教员说他太世俗，有的认为他不务正业，不好好做他的助教，在帮塞缪尔·比尔教授上“社会科学2”这门课时，投入了太多精力办什么国际研讨会、编《合流》杂志。我们知道1953年春季学期，他没答应做邦迪教授的助教，帮他上“行政学180”。或许我们不应该过多地相信他原来同事的这种认为他不务正业的回忆，这些回忆显然居心不良，因为这些人20世纪70年代成了他的政敌。还有一种可能：有些接近同时代的人（尤其是亚当·乌拉姆）已经开始不喜欢他了。还有一种说法更有道理。据麻省理工学院的杰出金融历史学家查尔斯·金德尔伯格说，艾略特“问我们能不能给基辛格一个职位，因为哈佛没有空缺。于是我问同事，‘你们想要一个对梅特涅有所了解的政治学家吗？’他们说，‘绝对不要。’”基辛格只好像许多刚毕业的博士那样靠博士后基金勉强度日：他拿到了洛克菲勒基金会4 000美元的资助，“让亨利·A. 基辛格先生研究1870—1914年关于政治准则的遵守是如何走向式微的”。项目资助来源于洛克菲勒基金会的法律与政治哲学新计划。哈佛大学只需聘用基辛格为政治学研究员即可。

毫无疑问基辛格很失望。1954年6月8日，基辛格做出惊人之举，饱含深情地致信麦乔治·邦迪，谈论“高等教育以及哈佛大学面临的一个主要问题：研究生和初级教员的心态”。这封信虽然措辞笼统，但无疑是一曲个人悲歌。这封信一开始便引人入胜且发人深省地定义了研究生的心态。

> 这些人的心态是一种奇怪的混合物，既有不安全感，又自以为是；既彬彬有礼，又有极为狡猾的操纵；既有紧张的运用，又有懒散的放任自流。没有诙谐，没有欢乐。貌似潜心学问，却总是处于歇斯底里的边缘。说是具有普遍性，实则几乎完全孤立。偶有力作问世，只能说明个人有能力超越环境，而非从环境中得到动力。这对创造性、自发性和灵感的培养毫无用处。所有压力都是教人循规蹈矩，达到一种高度的平庸和安全的状态。

他接着写道，学术生活毫无“乐趣”可言，“我也曾好好想过放弃学术生涯去上法学院”。这不是出于经济原因，而是因为“除非开始改变目前的态度，否则不管工资有多高，学术这一行都是很枯燥的”。

> 没有哪一行像搞学术这么依赖同行认可，但也没有哪一行这么需要自我创造。无论哪一行的创新与接受之间的差别都没这么显著。因此，搞学术研究需要有一种特殊的献身精神。这一行跟其他行业不同，必须为学术而学术。它在很大程度上依赖一种不约束灵感的氛围。它的核心问题在于，很多势力都想消除它的标准，而它必须维护自己的标准。但是，正因为不存在任何“客观”标准，正因为真正的创造性常常超越现有规范，萎缩或平庸的危险总是潜伏在其表面下。问题不在于质量会被有意压制，而在于质量意识会丧失。

基辛格强烈谴责哈佛“日益狭隘甚至了无生机”的氛围，以及它致人衰弱的“原子主义精神”：“谁都不在意别人的工作，甚至连自己人性的发展也很少关注。”一个难得的例外是他年迈的导师艾略特，“他对我的成长高度负责，他这么做主要不是因为学问大，而首先是因为他有仁爱之心，他让我感觉到一个我尊敬的人在关心我的成长”。但是，在他透露的下一个怨言中显然艾略特也未能幸免，那就是研究生的生活主要是围绕行政学系的“老鹰们”（资深教员）在转。因为哈佛的研究生都梦想将来成为哈佛的终身教授，他们只能像仆从一样对这些人百依百顺。在长篇大论的最后，基辛格提出三点具体建议：在哈佛大学建立像普林斯顿高等研究院那样的机构，鼓励高层次的交叉学科研究；聘用权从系里转到院长（比如邦迪）手上；提早授予终身教职。

退一步说，一个刚刚毕业的博士生敢给文理学院院长写这样一封信可谓不同凡响，要知道邦迪在很多方面可是仅次于校长的二号大人物啊！即便基辛格跟院长的关系比较亲密（这特别要归功于他主编《合流》杂志），像这样袒露心迹也很危险，甚至可以说很鲁莽。他不可能真的以为院长会采纳他的建议，因为这些建议显然带有个人目的。然而，既然博士论文终于写完了，他也就情不自禁要发泄一些怨气。哈佛的档案里找不到邦迪的任何答复，也许他以口头形式表达了自己的看法。两人继续保持着友好关系，邦迪继续接受基辛格的邀请，给暑期学校的学员做演讲，基辛格也继续应邀与来访嘉宾（例如明尼苏达州前州长、连续4次获得共和党总统候选人提名的哈罗德·史塔生）共进午餐。然而，如果基辛格希望他的信帮他获得终身教职的话，那他只能感到失望。1954年秋，邦迪似乎给基辛格提供了某种职位，可能是“教员”吧，即最低一级的学术职位，但是基辛格反应冷淡，那显然没有达到他的期望。即便基辛格后来拿到了芝加哥大学的教职邀请函，他还是没能拿到母校相应职位的邀请函。1954年年底，这位在哈佛大学曾经红极一时的人物似乎就要悄无声息地结束自己的大学生涯了。

7

近20年以后，基辛格再次反思了学术生活的病态。那是1972年3月，他和尼克松总统坐在白宫的椭圆形办公室里。“这些人究竟是怎么回事？”尼克松问道。他指的是美国学者，他们许多人都批评自己的外交政策。下面这番对话显示在时隔多年以后（自己也功成名就以后），基辛格的看法依然没怎么改变。

基辛格：但是学术生活很郁闷的，所以他们都……

尼克松：怎么会郁闷呢？他们不是都取得了谁都看得见的成就吗？

基辛格：这个，首先，因为你是在陪一群青少年，总统先生。毕竟，他们不仅没有帮助青少年成长，自己也因为与这些人朝夕相处而变得没有责任心。其次，这不是一份稳定的职业。对于高层人士来说不是……

尼克松：是啊。

基辛格：那些全国知名人物，嗯，例如小阿瑟·施莱辛格和我。不过就连一般的哈佛教授日子也不好过，因为他要过10年极不稳定、叫人发疯的生活才有可能拿到终身教职。假如得不到一个好的职位，就会意识到自己不够好，但不像在法学院，第二年你就知道自己好还是不好。

尼克松：是的。

基辛格：你还不能造假。

尼克松：没错。

基辛格：而且你能很清楚地从现在能去的律师事务所来预测你能升到什么职位。

尼克松：是的。

基辛格：在学术生活中，你完全要依靠某个极端个人主义者的个人推荐。谁都不知道你多优秀。真的，我于 1954 年在哈佛毕业，我一直是个古怪的人，在那个意义上一直是个局外人。那段时间真是糟透了……我的第一本书……写的是 19 世纪外交，一般人不怎么感兴趣……这是一本思想性很强的书。讲的是 1815 年是怎么实现和平的，而且……

尼克松：没错，是这样。

基辛格：那是，那是一本带有思想性的书，但是学术这一行很不稳定。那时他们受社会主义理论的影响很大。而且……

尼克松：这是怎么回事？我就是要说这个问题。为什么？他们一直都是这样，但是……

基辛格：他们信奉操纵，总统先生。因此，他们觉得很难受。在我们这个社会，学者这个阶层并不是很受人尊敬，所以他们很恼火。

学者们对学术政治的厌恶可谓司空见惯。哲学家乔治·桑塔亚纳在哈佛念书，毕业后留校教哲学，从1890年一直教到1912年。他说："我没交到一个当教授的真朋友。"于是他问自己："这是出于像女人一样的嫉妒，因此暗中就是不愿真心接纳对方，还是爱认为教授或女人就是要假模假样，因此大家对这种可怜虫就会既鄙视又同情的观点影响？”这种情绪不光是哈佛大学教授才有。有人编了这样一句话，说“学术政治中的争论之所以如此激烈，是因为所争之事无关紧要”。这句话是哥伦比亚大学公共管理教授、《管理纽约市》（管理纽约市的危险性显然比较大）的作者华莱士·斯坦利·塞尔说的。但是，不用说基辛格喜欢经常使用塞尔“定律”：“不管讨论什么问题，情感的强烈与问题的价值成反比”，并把哈佛学术政治作为典型例子来引用。

但是，在基辛格看来，学术政治的危险性并非那么小。1954年夏季的某一天，他黯然神伤地走在哈佛校园，寻思着一度辉煌的学术生涯眼看就要告一段落。他见到好友小阿瑟·施莱辛格，打了个招呼；瞧人家多好，已经稳稳坐上了历史系终身教授的宝座，还得了个普利策奖。但是，他压根儿也没想到接下来的一番谈话将改变他的人生道路。这位“对梅特涅有所了解的政治学家”马上就要搞核武器了。

第 10 章

—

奇爱博士?

基辛格先生认为:(1)我们必须像准备面对有限侵略一样面准备对全面进攻;(2)对全面进攻必须还之以全面反攻;(3)有限侵略必须用有限战争来还击。无论哪种情况,我们都应使用最恰当的武器。最恰当的武器通常就是核武器。

——爱德华·特勒,1957 年

当然,基辛格从国家角度考虑政策规划和战略问题是对的,这大致类似于 19 世纪的国家斗争。但是,我有一种感觉,世界上还有一些深刻问题,有朝一日会对上面考虑的这些斗争形成侧翼包抄之势。这种现象今天不会出现,只要苏联保持强大,一直不变,这种现象也不会轻易出现。但是我认为将来我们文化中的跨国家共同体将开始在世界政治格局中发挥显著作用,甚至会影响各国行使权力。

——J. 罗伯特·奥本海默,1957 年

1

1954年夏，基辛格拿到了19世纪初历史研究的博士学位，除此之外，乏善可陈。他满以为可以拿到哈佛的初级教职，但事与愿违。他得到芝加哥大学的教职邀请函却不想去。宾夕法尼亚大学“钱给得多但名气不大”。他只好靠洛克菲勒基金会的微薄资助勉强度日，把博士论文的一些章节整理出来在学术期刊上发表，但论文发表后几乎没什么影响。然而，三年之后，基辛格却成为美国最重要的核战略专家、畅销书作家、电视谈话节目的明星嘉宾、华盛顿的话题人物，以及莫斯科谴责的对象。到1964年，别人谈起他时，都说他是一些电影邪恶人物的原型，比如联邦德国尼·吕美特导演的《核子战争》中沃尔特·马修饰演的冷血政治学家格罗特斯勒教授、斯坦利·库布里克导演的《奇爱博士》中彼得·塞勒斯扮演的疯狂到底的核战略家奇爱博士（有点儿牵强）①。怎么会这样呢？话还得从《奇爱博士》开机10年前哈佛校园的一次邂逅说起。

虽然远非政治上的同道，小阿瑟·施莱辛格和基辛格两人却是朋友。基辛格每年都会参加施莱辛格夫妇和他们的邻居加尔布雷思夫妇举办的毕业鸡尾酒会，酒会上唯一的饮料是鸡尾酒②，香烟放在碗里随便拿。玛丽安·施莱辛格后来回忆，作为回礼，她和丈夫经常应邀到基辛格家用膳，“风度翩翩的教授先生”及其夫人用“丰盛的美食、丰富

① 《奇爱博士》的主要灵感来源实际上是赫尔曼·卡恩，而他的许多主意都体现在了库布里克的剧本里。像基辛格一样，卡恩也是犹太裔，不过他在美国出生。奇爱博士很明显曾经是个纳粹分子，这一点倒是和火箭科学家韦纳·冯·布劳恩很像。

② 有一点需要注意，尽管基辛格本人不嗜酒，但几乎20世纪50年代的所有其他美国人都饮下了大量的酒，那种量在今天看来是很夸张的。

的思想”款待他们……“什么都是白的。菜是白的，连饭也是白的”。除了弗里茨·克雷默，施莱辛格是基辛格最乐意倾诉其最重要（即便不是最隐秘）思想的对象。施莱辛格很乐意将这位聪明的朋友介绍给他认识的自由派政要，有埃莉诺·罗斯福、阿德莱·史蒂文森，还有肯尼迪兄弟。在那次哈佛校园不期而遇的简短交谈之后，基辛格（下面是他的原话）“被小阿瑟·施莱辛格拖入一场三角讨论，有他，有奥尔索普兄弟（哥哥约瑟夫和弟弟斯图尔特）①，还有保罗·尼采”，尼采是NSC–68号文件的起草者。起因是前空军部部长托马斯·芬勒特给施莱辛格写了一封信，恰好施莱辛格兜里揣着这封信，一时兴起，便建议基辛格看看。基辛格不同意芬勒特为政府靠大规模报复战略威胁敌方所做的辩护，匆匆写就《美国政策僵局与预防性战争》一文，从此开启他在新兴领域“战略研究”的政治生涯②。

文章的出发点是，艾森豪威尔任职一年半以来，政府的外交政策未见成效。

> 东南亚的失败（指法国在印度支那的失败，以4个月前奠边府战役的失利而告终）、美国西方联盟犹豫不决、日本怨声载道、武器平衡出现变化，这些现象表明美国面临着一场严重危机，而华盛顿政府的正式声明却对此一口否定。近15个月以来，苏联成功地发动了和平攻势，从全球局势来看，美国似乎日益成为和平

---

① 从1945年到1958年，奥尔索普兄弟为《纽约先驱论坛报》每周刊登三次的专栏“事实”供稿。哈佛那些完美继承了盎格鲁–撒克逊裔新教徒精神的人们，自诩为“继承了精神和被认可的共和党人，以及……有着政治信仰的保守派”。

② “是的，阿瑟。”基辛格多年之后告诉施莱辛格，“你是促使我进入公共领域的那个人，对于你对这个国家造成的损害，你只能怪你自己。”基辛格此后一直对施莱辛格心存感激，就像施莱辛格的儿子在自己那些未经发表的日记中表达的那样（不止一篇），而基辛格自己也在2007年发表的一篇悼词中明确表达了感激。

的障碍；苏联的核武器研发取得了长足进展，因此至少可以说欧洲中立迫在眉睫；苏联在世界各地掌握了外交主动权，而美国时而夸夸其谈，时而态度软弱，总之相对而言没有发挥任何作用。

至于欧洲防务共同体，它已成为“美国声誉的一种抵押”，而有争议的东南亚条约组织（SEATO）只会让美国更加“脆弱不堪”。基辛格认为出现这一连串的失利有三点原因。首先，美国“一心盯住苏联威胁，策略正确”，但却没有充分估计到其他国家也需要和平，它们“不愿……相信有不可弥合的分裂”。谈到心理战，斯大林去世之后苏联发动了“和平攻势”，美国一时慌了手脚。其次，美国决策者很看重与其他国家的联盟，这种心理很幼稚。在此不妨引用一句名言：“如果结盟之后就以为统一是自身的目的，那么结盟就弄巧成拙了。因为如果结盟等同于成员国的共识，那么其政策就会受到最薄弱部分的影响。”美国是霸权国，必须领导其盟国。

这些观点基辛格以前就发表过，施莱辛格当然不陌生。但是第三点原因基辛格以前没讲过。它谈的是实际战争，而不是心理战：“如果遭遇可能出现的中立，我们可以把战争视为……上策，在我们处境不利、毫无回旋余地的情况下将预防性战争作为一种手段，强迫对方一决高下。但是战争是一件很严肃的事，不能因一时恼怒，说打就打。”问题是政府口中的“新面貌”防御政策无法确定“这是一种发动冷战的策略还是赢得实战的手段”。如果是前者，那就是误解。如果是后者呢？基辛格没有明说，但读者能领会。他给一位读者写信说：“我实际上是说可能出现局部战争。”这么说是种双重挑衅。艾森豪威尔的观点是朝鲜战争赤裸裸地暴露了局部战争的危险。用全面战争，即核战争的威胁阻止苏联侵略不仅更有效，而且成本更低。基辛格似乎想说美国可以从两种策略中占大便宜：进行一种既是局部战争也是核战争的战争。

施莱辛格是自由派乐观主义者，更愿意相信莫斯科会采取新的更“灵活的”行动。尽管如此，他看了基辛格的文稿后还是极为兴奋，称之为“在我读过的所有讨论外交僵局的文章中最有意思、最有用的文章”，并主动发给一些名人传阅，例如阿德莱·史蒂文森（他两年前参加总统竞选时败给艾森豪威尔）和托马斯·芬勒特[①]（正是他写给施莱辛格的信促使基辛格写这篇文章的）。基辛格的老朋友、作战研究办的乔治·彼得也发表了看法，但他比较保守和悲观。

> 这篇文章的问题在于没有为任何人说好话。所有人都想要艾奇逊或杜勒斯这两个热门人物垮掉（比如出于党派的原因）。他们都是贤才，搁在 20 世纪任何时候看起来都会很优秀，而你说得对，他们（在核武器问题上）都没有抓住要点。你的文章在某种意义上是一个很好的试验，因为它的理性主义 – 法治主义 – 理想主义外交的虚伪立场不会吸引任何党派人士。因此，要是有谁喜欢你这篇文章，这个人就值得我们了解。

但是对基辛格影响最大的是芬勒特的反应，因为芬勒特明确质疑基辛格分析中的军事因素，即基辛格为“全面战争”威胁是阻止苏联进一步扩张的最佳办法这一思想辩护。基辛格回复时冷不丁提到经济作用。他说：“说老实话，从军事角度考虑，说钢产量不到500万吨的国家（即苏联）具有无限潜力是根本讲不通的。”然而，撇开苏联的真正实力不说，基辛格仍然怀疑芬勒特的推理方式：“愿意打一场全面战争本身不

① 在接替斯图尔特·赛明顿成为美国空军部部长之前，芬勒特是杜鲁门政府的空军政策委员会主席。

足以制止侵略，因为只有苏联集团了解美国的决心有多大，它才有可能采取某种试探性行为，而这种行为可能导致一场本可以避免的全面战争，之所以可以避免，是因为如果苏联人能完全理解我们的意图，就有可能不采取试探性行为。”基辛格认为，真正的问题在于信任。

> 假定关键地区已经确定，并且美国会坚定地保护这些地区，那情况会怎样？有两种可能似乎难以避免：要么苏联集团相信我们，这样它就会得出一个结论，即所有没被美国确定为重要地区的土地多数可能会在局部抵抗中被吞并；要么苏联集团认为我们的声明是虚张声势，鉴于我们喊了两年的“大规模报复”计划并未落实，这也不是没有可能的，这样我们将又回到奠边府战役。

基辛格不是军事专家，他研究的是外交史。他也不是首个提出这种观点的人。但是，他对艾森豪威尔政府的威慑原则的批评受到军方要员的欢迎。据理查德·G. 史迪威将军说，在美国陆军军事学院，“每一个有幸细读过这篇文章的教职员都深受启发”。时任美国空军研究与发展司令部副司令的空军将军詹姆斯·麦考马克也有同感。基辛格得到这种正面鼓励后，也开始思索自己是否无意中产生了一个重要的洞见：动用核武器进行有限战争是全面战争威胁以外的又一个可行办法。当时种种裁军计划甚嚣尘上①，基辛格不以为然，他对施莱辛格说，这些计划是错误的：

> 由于苏联人无法将各种战争分清，便认为局部战争和战略性地使用核武器必然会导致全面核战争。我看这是把逻辑推理和战略现

① “除了裁军计划对人们心理造成的影响，我并不会对其过分关注。在历史上，裁军通常伴随着缓和政策的进行，并不会在那之前就发生。如果各国能够同意裁军，那么它们也能同意其他事，而这样的话，对军备的需求就不存在了。”

实混为一谈。苏联人要把战争概念弄清楚会有很大压力。我认为我们应该相信他们知道摧毁莫斯科和原子弹在战场上爆炸有什么区别。

基辛格谈到这个新话题更带劲了，他认为“当前的核武器（战略核武器）的破坏性”非常大，以致只有“官僚机构的惰性”才能使它们用于战争。

我看战略空军司令部的主要用处也就是允许我们按照自己的意愿打局部战争，不妨这么说吧，核武器的破坏性很大，它们唯一能做到的事就是不让对方使用核武器。因此，有常规武器系统的一方就能保留这种终极武器威慑对方，不让对方发动全面战争。所以，如果我们有一种可以战略性地利用核武器的武器系统，让我们能打局部战争，并且把这种系统融入外交政策，表明我们只对局部改造有兴趣，对无条件投降没有兴趣，那么战略空军司令部便有机会制止苏联挑起大战。

这就是后来让基辛格声名显赫的立场鲜明的“反直觉”观点的精髓。1955年4月，基辛格以公共知识分子的形象在新兴战略研究领域崭露头角，在《外交事务》上发表文章《军事政策和“灰色地带”的防御》。《外交事务》创刊于1922年，由美国外交关系协会主办，兼具新闻与学术价值，雅俗共赏。基辛格很快就掌握了期刊的独特风格。本来是一个匆匆写给施莱辛格看的备忘录，现在却发展成一篇批评美国战略思想的大胆而入时的文章，当然这仅仅是两年后将出版的一部杰作中的第一部分内容。

基辛格开篇口吻冷静：“要不了几年苏联就有能力用核武器对美国施以重击，美国的战略思想却不为所动。”除了想到某种防御性的首次打击（“这个计划与美国意识和美国外交政策不能超越的宪法限制完全背道而驰”），艾森豪威尔政府能拿出的可行办法就是约翰·福斯特·杜勒斯提出的“大规模报复”的灰色威胁，即“主要靠发展战略空军，不断增强美国核军火库”。这就是所谓的“新面貌”战略背后的理论支撑。然而，实际上美国政府希望不要陷入芬勒特（在《权力与政策》一书中）所说的“灰色地带”的消耗战（“灰色地带”是指欧亚大陆外围非北约成员国领土）。

基辛格的回答分5个部分。第一，苏联核能力的快速增长令美国发动全面战争的潜在成本急剧增加。第二，像朝鲜战争那种有限战争，虽然打得很不痛快，但“与全面核冲突相比要更好”，“是美国未来战略的理想模式”。除非苏联核能力增强到能直接打击美国本土，不然美国冒险卷入全面核冲突的可能性会越来越小。第三，苏联对全面战争也毫无兴趣，它可以靠“逐渐侵蚀外围地区来达到最终目标，即中立美国，这样危险性也小多了，这种办法会神不知鬼不觉地改变针对美国的均势，根本不会对我们提出任何明确挑战”。

> 如果因为存在有限战争可能变成全面战争的危险，我们就不愿意乘苏联核能力较弱时在印度支那作战，而我们更不会为了缅甸、伊朗甚至南斯拉夫冒险进行核轰炸。

第四，完全靠大规模报复来威胁苏联势必会削弱美国的联盟体系，因为，“要么我们的盟国会觉得它们的军事行动没有必要；要么它们会坚信，为了寻求和平、避免战争，几乎可以不惜一切代价”。第五，还存在一种荒谬的危险，即威慑之物起不到威慑作用。

> 如果对方深信……我们威胁他们会立即报复不过是虚张声

> 势……那么随着自己核能力的增长，敌方会决定去兼并那些“灰色地带”，到一定时候再让出这些地盘，或者冒险摧毁美国城市。由于到那时，中苏领导人很可能错误估计我们的反应，所以即便其本来目的是防止战争，但美国目前的军事政策可能最终会引发全面战争。

于是，在基辛格看来，艾森豪威尔政府虽不大可能遭遇末日大战，但很可能变成孤家寡人。在此，他乘机给《外交事务》的读者介绍他钟爱的历史类比，不过措辞有所更新。

> 与欧亚大陆相比，美国是一个岛国，资源不足，目前仅仅是人力资源比较欠缺，以后还会在工业产能上出现欠缺。因此，我们面临“岛”国过去所面临的问题，就像迦太基之于意大利，英国之于欧洲大陆，要想生存，必须防止对面的陆地落入单一国家之手，尤其是公然敌对的国家之手。如果某个单一国家或国家集团统治了欧亚大陆，并得到充足的时间开发其资源，那么我们就会遭受极大的威胁。最后我们只好发起与现在的“美国生活方式”不一致的军事行动。更有甚者，如果苏联在“灰色地带”的扩张极其猖獗，我们的盟友完全无心抵抗，那么，与美国对垒的将是世界 3/4 的人口以及将近 3/4 的资源，我们人民的生存因此将危机四伏。

如此说来有何办法？答案分两方面。其一，美国应做好准备再打一场朝鲜战争那样的有限战争，而且必须打赢。毕竟朝鲜是可以拿下来的：“要是我们再投入4个师的兵力，即便我们给停战协议规定一个时限，我们也能在朝鲜取得重大军事胜利。”再者，朝鲜“的位置对中国有利”，东南亚则不然。基辛格推断：“在印度支那，如果美国要打全面战争，仍然可以至少保住老挝和柬埔寨。”关键问题在于要有“足够稳定的本地政府，这样苏联的侵略就只能是公开的，还要有能打阻滞战的本地军事力量”。如果能够满足这些条件，美国只需维持一个“能恢复平衡的战略储备（比如在菲律宾、马来西亚或巴基斯坦）和一个能将美国技术优势转化为当地优势的武器体系”。打这种局部战争，明显的好处在于能给苏联集团施加压力。在冷战刚刚开始的这个阶段，已经有美国战略家希望中苏两国传统的对抗能让中苏关系自行破裂；基辛格未卜先知，行文中插了几句，认为这种破裂“不会自行发生”。

> 团结起来将能得到很多好处，现在仍可以赢得很多的战利品，克里姆林宫对于铁托仍然记忆犹新，我们不能指望苏联犯错误。苏联和其卫星国的分裂，尤其是和中国的分裂，只能通过外部压力来实现，只有通过制造偶然事件才可能让其意见分歧公开化。

朝鲜战争的另一个教训是：“要是在1951年的朝鲜战争中我们打败中国军队，那么苏联就会进退两难，不知要不要孤注一掷增强中国的实力。要是我们打了胜仗，给北京提供一项安抚性政治建议，那么北京可能会考虑，与盲目地追随苏联相比，美国的善意是否可以提供更好的保护。”而且，“如果中国在跟美国的首次军事接触中遭到决定性逆转，那么中印问题就不会出现目前这种紧张局势”。朝鲜战争的最后一个教训是不要被盟国束缚了思想：“打局部战争，我们不需要它们，如果它们没有直接利益，则不应坚持要它们支持。”

这种观点大胆、新颖；别的不说，它说明基辛格在其政治生涯中很早就开始思考中苏关系可能破裂的问题，也在思考该如何处理法国统治结束后的印度支那。但是，基辛格说的第二点才是人们以为会引起轰动的。在核灾难和投降之外提倡第三种中间办法是值得注意的。

“提高我们打局部战争的能力”这种建议本身不会特别具有争议性；巴斯尔·利德尔·哈特爵士早在1946年就提出了这种观点，根据是“用原子能打无限战争……双方将会同归于尽”。罗伯特·奥斯古德当时已经在埋首写一本名为“有限战争”的书。但是基辛格的观点是我们所讨论的能力应该包括“战术核武器”。这个玩意儿可厉害多了。诚然，可用小型核弹对付纯军事目标（即不是大城市圈）的想法以前也有人公开谈论过。伯纳德·布罗迪就此曾发表过两篇文章（但说得比较含混）。下面我们会看到，艾森豪威尔政府内部也就此进行过讨论，不过总统一直持拒绝的态度。因此，哈佛毕业、学外交史的学生在《外交事务》上发表文章主张使用战术核武器，不免令人感到惊讶。

几乎同样引人注目的是基辛格一个月后在美国自由思想阵地《新共和》发表的另一篇文章。《外交的局限性》一文展望了1955年7月将在日内瓦举行的四国峰会，作者的心里很矛盾[①]。基辛格潜心研究外交史多年，谈到峰会可能取得的成果时很直率，也很不以为然，“国际会议关起门来缓和甚至消除矛盾的画面”也许“很诱人”。1955年的世界外交受到两方面限制，一是“两国世界……固有的死板”（即便英法两国领导也会出席），二是一个革命国家的代表就坐在会议桌对面，质疑国际体系的现有框架。“我们不应抱有一丝幻想，以为与中苏的谈判会直接彻底改善现有局势。”基辛格最后说道。因为拒绝会议提议可能会“推迟我们实现达成互助协议的近期目标”，而完全拒绝谈判会最终“瓦解我们的联盟体系”，因此最可能的结果是它们就如何影响我们的

① 这是自波茨坦会议10年之后，美苏两国领导人首次在这样的“峰会”中会面，当年参加会议的还有英国首相克莱门特·艾德礼。1955年的日内瓦峰会上，法国总理埃德加·富尔促成了艾森豪威尔、苏联部长会议主席尼古拉·布尔加宁、时任英国首相安东尼·艾登的会面。那时四国峰会已经过气了。自1959年之后，冷战的关键性会面就是双边的了。那段时间一共举行了20多次“超级大国”峰会，与会者仅有美苏两国领导人。

盟国和亚洲未表态国家澄清一些问题。这种认为与苏联和谈比日本歌舞伎表演好不了多少的观点跟他在《外交事务》上的那篇文章的主张截然相反。那篇文章认为，有限核战争是美国决策者必须考虑的一种办法。

基辛格作为公共知识分子的首次亮相一鸣惊人。他对比自己年轻的同事塞缪尔·亨廷顿承认他“对这种反应有点儿害怕”。

> 《外交事务》刊登的这篇文章成了空军军事学院、陆军军事学院和美国国防大学的必读文章；约翰·麦克利斯将军把它发给了美联社；副参谋长詹姆斯·加文将军把它作为国防部的指定读物……这篇文章是怎么炮制出来的我太熟悉了，所以我对于怎么在美国成名深感不安。

值得一提的是，包括亨廷顿在内的一些哈佛同事也喜欢这篇文章。更重要的是邦迪也说好。邦迪广受好评的课程“行政学180：世界事务中的美国”的核心内容就是谴责慕尼黑危机中的绥靖政策；邦迪认为，谨慎使用武力会更有成效。因此基辛格的观点与他不谋而合。同时，他也借机帮基辛格走出了工作未定的困境。邦迪到哈佛任职以前曾在外交事务委员会工作，时间并不长。基辛格见到自己的名字上了《外交事务》而信心大增，表示有意到外交事务委员会供职，邦迪给予了大力支持。虽然杂志主编不愿聘他为副手，但还是安排他当人事主管，让他负责一个研究小组，专门研究核武器对美国外交政策的影响。

2

基辛格从剑桥来到纽约时，有道难题他百思不得其解。杜鲁门政府的核武器一时独领风骚，美国怎么就没占到什么便宜？从美国在“二战”期间往广岛、长崎投放原子弹到1949年8月苏联首次进行原子弹试验为止，世界上只有一个掌握核武器的国家。在1953年8月之前美国垄断着氢弹，而直到1955年美国还是唯一能生产百万吨级炸弹的国家。即便苏联的技术赶上了，但数量还落在后面。1947年4月，精明的乔治·凯南就察觉到美苏差异，认为“实打实地投10枚原子弹”就足以彻底摧毁苏联工业。他的结论是：“我认为我们和我们的朋友目前在世界上具有实力优势。”事实上，这种优势后来并没起到什么作用。这段时期，苏联取得了一系列无可争议的地缘政治胜利：几乎掌控了整个东欧（只有南斯拉夫是个明显的例外）、帮助共产党统一了中国、通过代理人战争的方式在朝鲜跟美国打持久战。华盛顿一点儿也不自信，反倒越来越害怕。早在NSC–68号文件发布时，尼采等人就想象苏联裂变式原子弹的存储量很大，莫斯科可能“不由得要偷偷地迅速出击”。

军备竞赛并非不可避免。罗伯特·奥本海默和戴维·李林塔尔早就在谋划国际原子能控制计划，但是苏联不接受伯纳德·巴鲁克的计划。1949年7月杜鲁门只好死了这条心。他说：“我们再也不搞国际控制了，搞不了国际控制就必须有最强的原子武器。”这一观点基本上得到了由奥本海默任主席的专家组的支持，并落实为一份报告。这份报告比较悲观，建议美国退出联合国裁军委员会，理由是该委员会的工作是“徒劳”的。事后看来，可以说，“冷战演变成了一种自我调节的体系……没有人想到它会持续很长时间，它不是由道德和正义产生的，而是由武断的、甚至是人为的将世界分成不同势力范围的行为产生的，其中包括了一些现代战争史上为数不多但非常激烈、非常顽固的对抗”，但是它持续的时间比精心设计的“一战”多出一倍。根据事实我们可以猜测原因何在：两极体系固有的简单化；两个超级大国基本上是分离的；两者都受到国内因素的制约；“偏执与谨慎”共存，这是相互威慑的核心；侦察手段（更不用说猖獗的间谍活动）给彼此提供了一点儿透明度；双方拒不接受无条件投降；一系列试图尽量减少冲突的“游戏规则”在不断演变。由于大家都不想进行核武器大决战，因此，历史学家不禁得出结论：“恐怖均势”就是一种互相威慑体系。

然而，当时即便是最明智的人也认为超级大国的对抗极不稳定，因此几乎没人料到最终是一个良性结局。早在“二战”期间，艾森豪威尔就不无恐惧地预测，战后世界“共产主义和无政府状态迅速蔓延，但凡打过仗的地方都会遭殃，犯罪不断，一片混乱，人们没有人身自由，生活贫困凄惨”。这位美国总统心里非常清楚全面战争的后果是怎样的。1954年他对韩国总统李承晚说：“我跟你说，一打仗就惨了。原子弹战争将摧毁文明……将会有成百上千万的人死亡……后果不堪设想。我简直无法想象。”一年半后进行的一次绝密评估令他相信，一场全面战争之后，“约有65%的美国人需要某种医疗救治，大多数人根本没机会得到……那真的就相当于从废墟中重建，从头再来”。

在尼采及其他人的影响下，杜鲁门总统最后采取“以上所有策略”，不仅加强核储备，而且投入大量经费进行常规军队建设，甚至打响了朝鲜战争。艾森豪威尔认为这种办法从根本上说是不可持久的，尤其是这意味着财政必然会过度紧张：国防预算要翻两番。他在日记中写道：“精神力量，乘以经济力量，再乘以军事力量，大致等同于安全。”如果军备竞赛损害了美国生活方式和国家经济健康，那么结果只会适得其反。还有，苏联知道这个情况，“成心想用军事威胁……将一种无法承受的安全负担强加给美国和自由世界，把它们的经济搞得一团糟”。无论如何，艾森豪威尔亲身经历过全面战争，对于可以跟苏联打有限战争（常规战争、核战争都行）的说法，他深表怀疑，因为任何这类冲突必定会升级。这也可以说明他为什么一贯强调采用大规模报复战略：他不仅想制止敌人，劝说“所有对手，任何这类冲突都可能升级，到时候无人会占优势”，而且他也想制止手下那些顾问。表面上看，根据约翰·福斯特·杜勒斯那种对抗性风格的表述，新面貌战略其实基本上就是大规模报复威胁外加“边缘政策”。实际上，艾森豪威尔的战略既微妙又精细。艾森豪威尔战略的七大支柱（由改组过的国家安全理事会①多次开会讨论得出，所有的会议几乎都由他主持）包括：必须防止核浩劫；制止方式要灵活；必须要有安全的“二次打击”能力；放弃强制性让苏联帝国“倒退”的美国目标；承认冷战的长期性；加强美国在欧洲和亚洲的联盟；寻求切合实际的武器控制形式。再者，实现这些目标的手段远远超出战略空军司令部的管辖范围，其包括外交、心理战和秘密行动。

所有这一切都反映了一种改良的遏制。与此同时，艾森豪威尔竭尽全力应对苏联在斯大林去世后的“和平攻势”。1953年4月16日，他发表了题为“和平机遇”的演讲，发自肺腑地哀叹军备竞赛成本之大。（一架现代重型轰炸机的成本相当于给30多座城市盖上一所现代砖房学校。）英国想分一杯羹，所以丘吉尔呼吁召开四国会议。艾森豪威尔在演讲中直截了当地指责苏联要对“8年的恐惧和武力”负责，提议“启动政治讨论，目的是在统一的朝鲜半岛举行自由选举”，并“停止对印度支那和马来西亚安全问题的直接与间接攻击”。要想苏联同意这些提议，可能性很小。的确，莫斯科新的领导人愿意让步，比如说

① 在此事上，安德鲁·古德帕斯特将军扮演了重要角色，他曾任艾森豪威尔总统的国防事务联络官兼军事秘书。

放弃对土耳其的领土要求。但是，“二战”后的核心问题，即德国问题一直远未得到解决。无论是美国还是苏联都不是真正热心于德国统一；相反，华盛顿最关注的是将一个重新武装的联邦德国纳入北约和新的欧洲防务共同体。

实际上，华盛顿的态度一点儿也不温和。艾森豪威尔总统发表“和平机遇”演讲两天后，国务卿杜勒斯对报纸编辑协会发表演说，语气远不像总统那么温和。总统成立了三个任务小组来评估他的战略选择，最温和的构想基本上是维持现状，其他设想是建立防御外围以包围苏联集团或者（这是最极端的想法）逼苏联倒退，减少其领土面积。尽管仍可动用美国其他部队和盟国部队在关键地区反击苏联的侵略，但“日光浴室工程”的最终报告，即后来的NSC–162/2号文件，还是明文规定将“运用进攻性战略打击力量施行大规模报复性破坏的能力”作为艾森豪威尔战略的基石。前面说过，关键问题是这些其他部队是否会使用核弹。美国政府高层以外无一人知晓艾森豪威尔并没有完全排除使用核弹的可能性。其实，这届政府最早的行动之一就是在西欧秘密部署战术核武器。1953年10月7日召开的一次美国国家安全委员会会议通过了NSC–162/2号文件定稿。里面有这样一句话：“在战争状态下，美国将不仅考虑使用常规武器，而且会考虑使用核武器。”6天后，总统本人确认了这句话的意思。他回答参谋长联席会议主席亚瑟·雷德福上将提问时说，如果中国“再次进入朝鲜，我们应该使用原子弹”。（参谋长联席会议以为这也包括中国境内的目标。）同年12月，艾森豪威尔亲自劝说安东尼·艾登：

> 美国公众不再特殊看待原子弹和其他核武器……它们也没有任何逻辑上的差异……他们何须局限于烈性炸药？要攻打中国基

地需要成千上万的飞机投放炸药，如果用原子弹则既便宜又省事。小型原子武器的使用及原子炮的使用会使这种区别不复存在。

1954年副总统尼克松也发表过类似观点：他甚至准备动用核武器支持法国在印度支那问题上的立场。1955年年初，艾森豪威尔声明："在使用核武器能迅速、主动地结束侵略，并且从政治和军事角度看，有益于美国的安全的情况下，美国不排除在局部地区使用核武器。"他继续坚持任何有限战争都有可能升级为全面核冲突的观点。("如果靠武力来仲裁人类问题，你不知道会走到哪里……如果你越陷越深，那就没有限制，只能靠武力自身的局限性。")然而，他又反复对美国军队表示："我们的规划应该根据战术核武器的使用来进行，在美国可能卷入的任何小型战争中，我们都可以对军事目标使用战术核武器。"

艾森豪威尔政府遇到的难题令历史学家至今还不得其解的原因在于其公开说明经常与私下考虑不一致。在艾森豪威尔向艾登兜售其用原子弹打击中国的观点的当月，他对联合国大会以及世界①宣称，美国和其他拥核国家应当"从现在开始，以后也要继续，用自己的普通铀和裂变材料储备共同"为联合国支持下的"国际原子能机构做贡献"。这篇名为"原子能为和平服务"的演讲似乎也并不自相矛盾。美国兑现了总统承诺，用裂变材料在国外建设核反应堆。但是，总统演讲的时候，适逢美国施行三年防御计划，这个计划不仅增加了战略空军司令部预算，而且还要投资多种防御系统，包括旨在探测、拦截苏联核打击的北极雷达预警网络和能在7 000英尺的高空飞行的洛克希德U–2侦察机。一个月后，杜勒斯在外交事务委员会上发表演讲，赤裸裸地阐述

① 艾森豪威尔所做的《原子能为和平服务》演讲是历史上宣传力度最大的演讲之一。当时的美国报纸、广播、电视节目和新闻纪录片对此的报道铺天盖地。"美国之音"用30多种语言对这场演讲进行了直播。甚至还有一枚纪念此演讲的邮票。

了大规模报复原则，连尼采也感到惊诧不已。苏联反驳《原子能为和平服务》演讲，呼吁“无条件禁止原子武器和氢武器”，美国政府猝不及防，慌了阵脚。杜勒斯刚刚相信禁止核试验对美国好处多多，艾森豪威尔也觉得这个想法不错，但马上又改变了主意。

真正的问题在于到1955年，战略不仅是复杂官僚机构的产物，也是学术领域超负荷的产物。核武器一度是研制核武器的物理学家的领地。这些人依然发挥着重大作用：技术潜力委员会的影响无处不在，该委员会主席是后来成为艾森豪威尔总统首位科学特别助理的麻省理工学院校长詹姆斯·基里安。但是科学家们之间的分歧越来越大。作为麦卡锡的反共政治迫害目标之一的奥本海默因有人指控他是“苏联特务”，而被没收了高级政府通行证。还有一个极端案例：物理学家爱德华·特勒认为所有提倡减少武器、禁止核试验的人都头脑不清楚、胆小怕事。与此同时，陆海空三军也有不同观点；这不足为奇，陆军和海军不喜欢大量资源都落入空军的口袋，尤其是大规模报复战略实际上就是战略空军司令部的事。对哈罗德·史塔生等职业政治家来说，这个领域越来越凶险难测：他作为总统的特别裁军助理（“和平部长”），对国务卿杜勒斯来说显然是一个明显的挑战。很难有人公开反对裁军，但对于如何阻止军备竞赛，专家们并未达成共识。到1955年春，总统正不安地准备日内瓦峰会，裁军问题一时陷入僵局。在联合国，苏联提出的裁军建议听起来越来越有道理。美国的反应能否兼有科学上的可能性、军事上的灵活性和政治上的可行性呢？职业专家组成的第四组人马可以借此机会把自己的意见加入决策过程。要是科学家、军人和艾森豪威尔政府的政治家看法一致，那么战略研究这门独立学科必然会推迟诞生。

3

哈佛的人很难追踪华盛顿的核战略论战。当然公开发表的演讲可以被读到，但是公众以及哈佛的教授对美国国家安全委员会的人讨论的问题几乎一无所知。泄密和“信息自由”时代还要过10年才能到来。基辛格能做到的最多就是邀请这些事务中的主角来给他和艾略特组织的国际研讨会演讲。1955年7月，副总统尼克松谢绝给研讨会做首场演讲，尼克松和基辛格多次错失了相见的机会，这是第一次，好在史塔生来了。基辛格认为他的演讲“大获成功，唯一美中不足的是大陆酒店的空调不好”。邦迪认为史塔生是“一个很令人费解又很有意思的人”。哈佛的人怎么可能知道白宫的机密呢？

是邦迪让基辛格有机会休息。外交关系协会的这份工作不仅将他从哈佛解救出来，而且还让他投身到一个迄今为止他仅仅在报纸上读到的世界。外交关系协会在1918年刚成立的时候还是一个商人俱乐部，1921年改组，成员都是伍德罗·威尔逊的战后规划“调查组”的前成员。外交关系协会这个美国机构基本上就相当于设在伦敦查塔姆研究所的皇家国际事务研究所。该协会的“战争与和平研究”为美国的新国际秩序思想做出了重大贡献。其成员清一色是男性，通常都是常春藤大学的毕业生，在不用直接到华盛顿或国外制定美国外交政策的时候[①]，他们就在派克大街和68街交界的格调颇高的俱乐部优哉游哉地消磨时光。尽管不像有些人说的那么无所不能，但外交关系协会还是很有影响力的，当然也不像有些人说的那么险恶。

---

① 一项针对502位身居高位的美国政府官员的调查表明，自1945年至1972年，有超过一半的人是外交关系协会成员。在这段时期的任何时候，该协会成员占政府官员的比例都接近1/5。针对纽约协会成员的调查显示，协会成员大多活跃于金融、媒体和学术领域。

1955年5月5日参会的核武器研究小组成员几乎个个都是“局内人”，在管理和军事方面都有相当丰富的第一手经验。主席是原子能委员会前主席戈登·迪恩。保罗·尼采原来是政策规划办公室主任，现在常驻约翰·霍普金斯大学高级国际研究学院，他与人创办这所学院是为了等待下一位民主党总统入主白宫。弗兰克·佩斯曾任杜鲁门总统时期的陆军部部长，而弗兰克·C. 纳什曾在杜鲁门政府担任负责国际安全事务的助理国防部部长。此外还有三位军政要人。詹姆斯·加文将军曾在“市场花园”行动中指挥第82空军师。他是陆军研发部主任，率先提出空运士兵以及装甲大炮的想法，（下文将谈到）他成功地向基辛格兜售了这一观念[①]。“二战”中理查德·C. 林赛将军曾任陆军空军总部联合参谋部部长，后来担任南欧地区的北约空军司令。威廉·金特纳上校已出版了一部心理战专著，而在1953年他出版了《陆地战中的原子武器》。最后，研究小组的学者有生物学家、哈斯金斯实验室创始人卡里尔·哈斯金斯和研究辐射心理影响的权威希尔兹·沃伦。卡罗尔·L. 威尔逊虽不是科学家，却是原子能委员会的首任总经理。在国际关系方面，有耶鲁大学史特林国际关系教授阿诺德·沃尔弗斯和后来的哈佛大学肯尼迪政治学院创院院长唐·K. 普赖斯[②]。

---

① 加文因为酷爱跳伞而获封了一个“跳跃的吉姆”的绰号，他于1958年退伍，退伍时他就认为美国在军备竞赛中落后了。

② 参与者还有通用美国投资者公司的弗兰克·阿尔茨契尔、《纽约时报》的汉森·韦特曼·鲍德温、本·穆尔、查尔斯·诺伊斯二世，以及亨利·罗伯特。研究小组的其他未出席成员还有:《外交事务》的编辑汉密尔顿·菲什·阿姆斯特朗、纽约现代艺术博物馆馆长威廉·伯登、空军部部长托马斯·芬勒特、律师罗斯韦尔·吉尔帕特里克（曾任杜鲁门总统时期的空军部副部长）、卡内基国际和平基金会主席约瑟夫·约翰逊、接替奥本海默成为原子能委员会主席的物理学家伊西多·艾萨克·拉比、历任中央情报局局长和副国务卿的艾森豪威尔的前参谋长沃尔特·比德尔·史密斯，以及曾为原子能委员会成员，但后来在奥本海默被剥夺安全特许权后，便退出了委员会的亨利·德沃尔夫·史密斯。

到底基辛格要做什么?外交关系协会执行主管乔治·富兰克林向奥本海默简单了解了这名新职员的情况后跟他说,基辛格的工作是“花15个月的时间思考研究小组提出的一些问题”,然后“写本书,我希望这本书既有趣又重要”。他和同事非常清楚他们找的是个外行。富兰克林承认:“基辛格先生在这个领域的经验不是很丰富,我们本可以找个经验丰富的人。但是我相信跟他见上一面你就会感觉他的能力和客观性完全可以弥补经验的不足。”基辛格本人也很快承认自己缺乏专业知识。他对奥本海默坦言:“有的人找到工作后说自己面对这份工作很谦逊,我一般不相信这种话。尽管如此,我得知这个题目很大时,真有点儿被吓倒了。”邦迪带着一丝嘲讽的语气宽慰道:“这个题目常常会提醒研究者他是个凡夫俗子,它的高度叫人肃然起敬。所以在这个领域你可以大有作为,不会以为什么事都研究过了。有了这种内在的谦虚诱因,你才会充分相信所有的任务。”然而,基辛格第一次跟外交关系协会研究小组接触后是否感到那些人特别谦虚,还要打一个问号。名人云集远远抵不上部分之和的情况实属罕见。

研究小组已经是第六次开会了。基辛格根据读过的会议记录和与参加者的谈话,斗胆做了一个关于迄今“会议趋势”的开场小结。他提出三个观点和一个问题。首先,美国军队已日渐依赖核武器。其次,在有限战争中使用战术核武器已逐渐被认为是不可能的,因为一来,很难分清什么是战术使用,什么是战略使用,二来,一个即将战败的国家若不完全释放其破坏能力是不会甘愿失败的。再次,存在“一个非常重大的危险,即苏联对美国核潜能的畏惧可能导致克里姆林宫先发制人”。最后,基辛格提出一个问题,美国政府“开始采取任何必要的有限军事行动之前该如何整理政治方案,才能让人明白美国的目标是有限的”。接下来出现了外交关系协会前所未有的混乱场面。

尼采对基辛格的多数看法不以为然。他“不同意小组成员都认同的美国军队越来越打不了常规战的观点”。由于美国的对手苏联很不可靠，因此他（和其他人）还怀疑是否能事先确定好有限战争的规则。随后，阿诺德·沃尔弗斯描绘了一幅图景，即欧洲的有限战争会迅速升级，最终双方必须使用战略武器。《纽约时报》记者汉森·鲍德温认为由于欧洲大陆人口密集，要想将有限战争的规模控制下去实属不易。

军人的看法不一样。林赛将军认为未来战争的战线会被拉长：“出于进攻和防守目的会使用一切手段。”加文将军还进一步说了如下的话。

> 在他看来，美国有优势火力，无须动用任何原子武器就能打败苏联。因此，他最后说美国使用常规力量，而不动用原子武器可能对自己更有利……加文用社区警察的角色进行类比。巡警可能在警局放了把冲锋枪，但是实际上他用警棍就能制服犯罪分子，不用向平民老百姓开枪。同样的道理，美国必须展示自己有能力、判断力去赢得局部摩擦而不至于破坏欧洲文明。

加文认为，同样的观点也适用于人口较少的中东地区。不过林赛将军“不同意可用常规办法解决问题的说法”。而且，他认为中东比欧洲更有可能限制核战。加文承认美军有“一个齐备的核武器库”，“只要不引发核战尽可放心使用其中的武器”，还说“地方部队使用小当量核武器……攻击军事目标时会感到很受限”。然而，他并不觉得美国应该大张旗鼓地表态说愿意用核武器保护盟国所在地区。

研究小组至少有两个“外行”成员认为这种战术核武器必不可少，至少可用来保卫中东不受苏联侵略。其中一位（查尔斯·诺伊斯）“指出如果即便是为了当地人的利益或应当地人的请求，美国也决定不能用战术核武器打击从人烟稀少地区公然入侵伊朗的军队或是高加索人，那么美国将永远也使用不了核武器”。讨论的结论是冷静的。尼采认为“总而言之，政治领导人必须问军队一句话：‘如果美国被迫攻打苏联，情况会怎么样？’如果答案是现在的美国会被摧毁，那么政治家必须做好准备，接受撤军的耻辱”。这显然是一个打败仗的建议。如果说开始讨论的时候基辛格愿意接受尼采的意见（“一旦战争中使用核武器就很难设定有效限制”），讨论最后他却更注意倾听军人的意见。除了大规模报复战略外，必须想出一些其他的办法，尤其是因为威胁人家要搞大规模报复实际上只是说说而已，将来可能要承受奇耻大辱。

基辛格后来在给小阿瑟·施莱辛格的一封信中一本正经地描述了这些讨论：“只能称之为潜移默化的研究。似乎委员会的人认为，靠近伟人，或者至少说靠近名人，这本身就会产生奇效。”仿佛为了进一步验证这一命题，基辛格马上就将更近地接触一个人，美国最为大名鼎鼎的人物之一：洛克菲勒。

4

很难想象有哪两个人会像亨利·基辛格和纳尔逊·洛克菲勒那样有着差距悬殊的背景。基辛格十多岁就逃难来到美国，在切尔西的一家血汗工厂谋到第一份差，之后先是在美国陆军步兵营当兵，后来因为《退伍军人权利法案》而拿到奖学金上大学，一路艰苦打拼才在派克大街谋到一份工作。他除了机灵、胆子大和父母疼爱，可以说一无所有。相比之下，纳尔逊·洛克菲勒继承了数不尽的金银珠宝。他祖父是石油大亨约翰·D. 洛克菲勒（外祖父是美国联邦储备系统的设计师之一的参议员纳尔逊·奥尔德里奇），可以说他成长在豪门大户。洛克菲勒读完菲利普斯埃克塞特学院，上完达特茅斯学院，家人就给他在家族商业帝国安排了工作，洛克菲勒先后任职于大通银行、洛克菲勒中心、克里奥尔石油公司、标准石油公司委内瑞拉分公司等机构。实际上，洛克菲勒的主业是政治，其次是慈善，最后才是经商。不过这样排序关系不大。他是洛克菲勒家族的人，所以也是华盛顿的风云人物。罗斯福总统先任命他为南北美洲事务联络人，后来又请他出任美洲事务助理国务卿（他一生关注拉美即始于此）。杜鲁门总统任命他为国际发展顾问委员会主席。他又在该委员会提议成立的新部门卫生教育福利部并中短期担任副部长。然而，1954年，艾森豪威尔总统说服洛克菲勒到白宫担任特别总统助理，委托他"加强各族人民之间的信任与合作"，并任命他为行动协调委员会（1953年替代了心理战争署）总统代表。他的上任查尔斯·道格拉斯·杰克逊是总统的心理战顾问，而他得到的授权更为广泛。实际上，总统希望他解决苏联"和平攻势"带来的问题。这样一来，他马上发现自己与政府的一些大人物的意见不合，尤其是国务卿杜勒斯；也难怪，半路杀出来一个富豪，杜勒斯怎能不疑心？

洛克菲勒虽然身世显赫，但有自知之明。母亲鼓励他找学术领域的"高人"寻计问策，正中他下怀，因为他一贯认为读一本书不如见见书的作者。为了在新的岗位上发挥最大影响力，洛克菲勒召集了各行各业的智囊来到弗吉尼亚州匡蒂科军事基地海军陆战队预备军官学校，其中既有经济学家、社会学家，也有国防专家和情报人员。经过5天的精心思考，小组提出了很多想法，包括"开放领空"，即提议对军事设施进行互惠空中侦察。这一提议尽管杜勒斯不同意，洛克菲勒自己也持保留意见，但艾森豪威尔却在日内瓦峰会上提了出来，时值一场大雷雨，这增强了提议的效果。（洛克菲勒办事的一个特点是他从匡蒂科军事基地到私人企业都有朋友。当时参会的有前中情局特工弗兰克·林赛，此人后来成为艾泰公司首席执行官，而这家公司得到洛克菲勒集团的支持，后为美国侦察卫星生产照相机。）

美国想把“开放领空”当王牌。美国认为世界舆论将会欢迎它的透明，苏联一旦拒绝这一提议将会遭到谴责，而苏联一定会拒绝。美国感到苏联还是在日内瓦峰会打赢了心理战，极大改善了它在西方选民眼中的形象，于是又生一计：成立“未来美国战略的心理议题”研究小组。基辛格应邀参加的正是这个有时被人误称为“匡蒂科二号”的第二研究小组。他的哈佛导师艾略特后来表功说“主意是我想出来的，也是我暗示纳尔逊用基辛格的”。但事实上，基辛格的名字最早是4年前就认识他的威廉·金特纳提起的，国防部内部的弗里茨·克雷默可能也推荐了他。

尽管这份报告原定的读者显然是总统及其他官员，但专家组本身得到了纳尔逊·洛克菲勒和三个兄弟于1940年成立的洛克菲勒兄弟基金会的资助。所以，跟外交关系协会研究小组一样，这也是一个非官方组织，但是它再次让基辛格直接接触了一些政治方面的重要局内人，这次还是华盛顿的人。主席是“二战”期间驾机轰炸过德国的空军将军弗雷德里克·安德森。其他成员还有之前在洛克菲勒手下负责“心理战”事务的查尔斯·道格拉斯·杰克逊，杰克逊1955年回到了《时代生活》杂志社；乔治·A. 林肯上校，林肯上校曾为罗斯福和马歇尔准备了雅尔塔会议，现在是西点军校社会科学系系主任。基辛格在行动研究办公室工作时，已认识了埃利斯·A. 约翰逊、保罗·林百克和乔治·彼得。他当然也接触过麻省理工学院的经济学家马克斯·F. 米利根和沃尔特·罗斯托，还和菲利普·E. 莫斯利在外交关系协会打过交道。但跟奥地利出生的战略思想家斯特凡·波索尼打交道这很可能是头一回①。1955年8月底，专家组在华盛顿召开首次会议，参谋长联席会议主席和中情局副局长致辞。虽然这还不是严格意义上的政府工作，但基辛格参加洛克菲勒研究小组后，又向权力中心迈了一步。

基辛格对洛克菲勒的第一印象不大好。他“进屋时拍打那些来开会的学者的背部，咧着嘴笑，凭记忆叫着每个人的名字（想不起来就叫‘计’）”。而且，让基辛格做的事都不像核武器委员会的工作那么难。前面说过，基辛格已经研究了好几年心理战。洛克菲勒研究小组开完第一次会后，他对罗斯托说，他“好几年来一直认为美国外交政策最重要的部分是心理问题”。不用说，核武器话题是专家组考虑的中心问题。专家组曾听过基辛格做的一次军事问题报告，报告明确指出，“核武器将在不是全面战争的情况下被使用……大家一致认为，如果战术核武器用于小型战争，而小型战争不扩大为大型战争，那么世界可能更加和谐”。这无疑促进了他核武器思想的演变。不过，基辛格被要求写的两篇文章是讨论其他人们更熟悉的话题：“德国统一问题”以及“和苏联谈判的心理与压力问题”。

德国问题是冷战的中心问题，柏林又是中心的中心。德国分裂代替了“二战”结束时的和平协议，这种事实上的分裂反映并延续了第三帝国灭亡时的军事现实。实际上，这种局面正中美苏下怀，但以德意志联邦共和国的社民党选民为代表的多数德国人并不买账。美国想让联邦德国加入北约，苏联以此为把柄，说美帝国主义者和潜伏的纳

① 约翰逊是专业物理学家；林百克是一位亚洲问题专家（被称作“鞋匠史密斯”），工作之余还写科学小说；波索尼未来会为罗纳德·里根设计战略防御计划；米利根和罗斯托（他似乎不是正式的小组成员，但仍然被纳入了）成了经济援助的热情支持者，以此作为制衡冷战的杠杆。

粹战争贩子狼狈为奸；莫斯科方面知道如果自己冒险提议德国统一并保持中立的话，它在东柏林的傀儡是会听任摆布的。更糟糕的是，西柏林根本无法防守，这块西部飞地完全被民主德国领土和苏军包围。然而，从政治上来看，西柏林对苏联傀儡政府是一个威胁，这个宣传自由的广告比任何中情局资助的展示都有效。就事论事，德国分裂后可能会稳定，但柏林分裂后显然不可能稳定。正是1953年的东柏林工人起义，让苏维埃共产党中央委员会的政治枭雄赫鲁晓夫有机可乘，一举推翻早先主张德国统一但保持中立的贝利亚。下次柏林危机可能会在德国国内和国际社会都产生政治影响。

据基辛格分析，美国必须重新掌握主动权，否则太多联邦德国人会认为“与苏联直接交易”胜过“以德国统一为代价换来的美苏缓和”。下文将看到，统一的幽灵很多年都一直纠缠着基辛格。因此，华盛顿应该提议实现“基于全德选举的统一……和某种基于削减双边武力的安全部署”。如果（一定会这样）苏联拒绝，那么美国就再提议“经济统一”，“首先”在中立的柏林“设立全德经济议会”。如果这个统一计划也遭到拒绝，那就提议在民主德国、联邦德国之间实现自由流动。所有这些提议的目的当然不是指望苏联接受，而是通过苏联拒绝来巩固美国在德国的地位，从而巩固德国总理康拉德·艾德诺在国内的地位。这就是心理战外交，跟1957年乔治·凯南以为莫斯科能接受而提出的在去军事化基础上（见下章）实现的统一构成鲜明对比。

基辛格第二篇文章的范围要宽泛得多，一开始他就极其大胆地比较了1955年的世界和他念念不忘的1815年的世界。“这个国家三十多年来声称不仅具有社会正义的排他性，而且具有社会正义的普适性，它把国内控制机器建立在与外部世界永远敌对的幻觉上，因而摩拳擦掌地建设核能力要对我们施以灾难性打击，因此，面对这样一个国家”，美国不能仅仅依靠传统外交。问题“不再是主人公在已达成统一的基本框架上协调局部争议，而是基本框架本身”。在他看来，他所称的“新外交”“最大的问题”在于“心理问题”。想想苏联“和平攻势”是来真的也不是没有可能，但更可能莫斯科“只是在拖延时间”，拖到其核能力“差不多与美国相当”，“拖到非共产党世界的一批武装力量”有所增强。这种情况下，“听苏联奉承几句就马上解除警惕”将会造成灾难性后果。问题在于，苏联“泛泛谈和平”而重点关注联邦德国重整军备的具体问题，这种战术把美国塑造成侵略性超级大国，有效夺取了道义制高点。要解决这个问题，美国总统应提议“苏联领导人和自己一道声明四大国反对武力解决争议”，应召开“会议讨论解除铁幕的措施，或许可以先提议在德国内部实现自由旅行”。关键是要向南斯拉夫领导人约瑟普·铁托学习，“苏联每示好一次，都要求他们拿出实际行动，最后赫鲁晓夫就在贝尔格莱德露面了”。不过，基辛格在文章最后禁不住思考一个问题：他建议的外交战略对核武器军备竞赛会产生何种影响。

有人可能认为，我们的国防开支总是这么大，而且苏联不让步就不跟它谈判，这样也许会诱使苏联先发制人。但是，除非苏联自以为稳操胜券，否则它发动“预防性战争”的可能性更值得怀疑，不过我们的实力应该始终足以制止这种情况的发生……

热核武器的真正意义也许在于鼓励将使用该武器的危险转移到对方身上的策略……如果我们采取孤注一掷的军事政策赌一次，必然出现两种结果：要么我们的盟国会认为几乎可以不惜一切代价追求和平、避免战争；要么他们会减少军费开支，以为这么做不会对事态造成什么影响。

基辛格只写了两篇文章，而1955年11月洛克菲勒呈给艾森豪威尔总统的文章共有20篇，文集定名为“美国战略的心理问题”，最基本的建议是必须增加国防开支。对基辛格而言，这是（他大概是这么跟洛克菲勒说的）“我这几年最满意，也许是最劳身劳心的经历之一”。他也小小赚了一笔钱：他的顾问费是1 530美元（按2013年的美元价值计，约合60 000美元）。但是当时还不好说专家组的此番“忙碌”产生了很大影响。特别助理的职位缺乏制度性的权力基础。洛克菲勒已经遭遇来自国务院和财政部的阻力。洛克菲勒任主席的规划协调小组成立以后，艾伦·杜勒斯和他的兄弟一起开展了一场消极抵抗运动。目的达到了。艾森豪威尔在中风康复以后明确表态，不采用“匡蒂科二号”建议。12月，基辛格得知洛克菲勒辞职，“悲从中来”。他内心很是沮丧，感到自己的努力付诸东流。他对施莱辛格抱怨道：“前几天史塔生做报告，列举了共和党取得的成就：印度支那停战、朝鲜停火，自1912年以来头一年世界无战事。”

> 在我看来，这种讲话只有在一切理性讨论标准全部破灭的环境下才有道理。我想我们需要一次这样的讲话，分地区一一解释我们是怎么失败的，我们的政策怎样才能改进。再有，说句实话，我很反感“我们正在谋求和平”这样的说法，因为这给人的印象是在某个神奇的一天，和平会突然降临。

也许基辛格比较保守，但在政治生涯的那一阶段，他对共和党的外交政策意见很大：“安全计划言不由衷，竞选时对外交事务的承诺与现实完全不符。”基辛格对施莱辛格抱怨，艾森豪威尔被“宣传机构”说得神乎其神，但如果有谁敢实实在在地对艾森豪威尔批评上几句，就会揭示总统“道貌岸然、装腔作势的”一面。

然而，基辛格还是在设法为艾森豪威尔构思一套合理的政策。他草拟的备忘录《苏联策略——美国可能采取的对策》一开始就重申凯南旧时的遏制思想，再次阐述自己这一段时间以来的观点。杜鲁门政府的遏制政策已经让美国卷入亚洲及其他地区的“外围行动”，而这样会使苏联领导人发挥苏联的优势。艾森豪威尔政府的政策，过于依赖全面战争威胁反而加大了“世界陷入战争”的危险。基辛格主张：“应当清楚地划出一条线来，一旦越线就会爆发大战，尽管不一定是在入侵地点。”他再次勾勒出一个计划，要建一个“具有高度机动性的美国战略储备，而且必须是在苏联核心地区打击范围以内，因为那些地区的地形能让美国的技术优势发挥最大作用”，中东就是个特别合适的地点。他考虑或许英国和南非（为什么是南非？有点儿奇怪）可以出兵建一支这样的部队，驻扎在约旦或（利比亚）昔兰尼。为了更好地实现这一目标，甚至可以重新武装日本。

这一切仍在进行中。

5

在总统竞选年对外国敌人进行心理战并非易事。1956年，政治家们为了拉选票发表了很多言论，却总令基辛格感到失望。他对施莱辛格抱怨道：“我认为约翰·福斯特·杜勒斯在接受《生活》[①]杂志采访时

① 在这次访谈中，杜勒斯将“那种（带领国家）走向一种边缘状态而同时不引发战争的能力”描述为“必要的艺术”：“如果你无法掌握这种艺术，你将无可避免地陷入战争。如果你试图远离它，你害怕那种边缘状态，你就输了。”因此，杜勒斯的名字总是与“边缘政策”联系在一起。

说的那番话很可怕。”

> 但我也发现共和党挑战者阿德莱·史蒂文森和想得到副总统提名的休伯特·汉弗莱也没什么优势。说打金门、马祖（中国台湾占领的岛屿，1954 年被中华人民共和国炮击）不值得用核武器是一回事，声称我们绝不会以开战相威胁是另一回事。（艾森豪威尔在日内瓦峰会上喊的）“没有什么能替代和平”的口号相当于至少在他竞选这年给苏联开了一张空头支票。

基辛格的反应是半年内在《外交事务》上发表了两篇文章：一篇题为“核时代的武力与外交”，另一篇题为“美国外交散论”。第一篇开头就直截了当地攻击竞选腔调：“大规模报复”“没有什么能替代和平”等说法都很危险，前者的“危险在于我们心有余而力不足”，后者危险是因为撤除了苏联采取试探性行动的强大制动，这样它就没有任何让步的动机。于是，基辛格接着介绍了自己正在迅速明朗化的观点：有限核战争具有合理性。他首次明确指出：“核武器，尤其是小当量的那种，似乎是天赐宝物，可以弥补我们人力资源的不足，也能最大限度地发挥我们的科技优势。”苏联恼羞成怒，不愿接受这种说法，坚持认为有限核战争是不可能的，强烈要求全面裁军（即“禁止核武器”）。不过，这只是苏联不想让美国抓住机遇使用战术核武器而玩的一种手法。苏联考虑的是用高度集结的部队打长久消耗战，但“在核战场，分散将是生存的关键，机动性是成功的前提”，更不用说“在高级指挥艺术、个人主动性和机械方面的能力，从各方面而言我们的军事组织实力很可能都胜过苏联”。

防止有限核战争升级的关键在于“我们的外交运作要给苏联集团传递一个信息，即除了全面战争和不作为，我们有能力采用其他办法，而且我们打算运用这种能力”，当然不会是想无条件投降。这个信息不仅要传递给苏联，也要传递给美国的盟友以及不结盟国家。对前者我们要让它们放心战争并不意味着“不可避免的……国家灾难”，对后者主要是“向它们表个态……让它们知道我们有能力采取行动”。最后基辛格重申其观点如下。

> 要建立一种武器体系，以解决很可能在中立地区出现的不至于引起大规模热核武器应用的矛盾：例如内战，外围战或中立国之间的战争。当然，这种办法是吃力不讨好的，实际上还不得人心。但是我们无法避免不得人心。短期来看，我们只希望受人尊重。

艾森豪威尔重申大规模报复是“生存的关键”，基辛格却提出了另一条思路。

《美国外交散论》的语气更加自信。基辛格坦率声明，美国外交政策已经陷入“僵局，因为我们特别偏爱大团圆的结局”。美国人不仅急切地相信苏联宣传，还“特别喜欢临时想办法”，他们天真地以为外交政策可以像科学一样（精确）实施，殊不知它是一种“权衡各种可能性的艺术……把握各种可能性的细微差别的艺术”。此外，尽管艾森豪威尔重新改组了国家安全委员会，但美国的决策议程还是被官僚机构糟蹋得不成样子：委员会多如牛毛，部门之间心存芥蒂、讨价还价，决定很难做出，做出后也很难重新评估。更糟糕的是，美国人太乐观了，他们缺乏“悲剧经历”。

> 对我们许多职高位重的人来说，尤其是商界人士，你警告说危险即将来临、灾难近在眼前，在他们听起来就像是心不在焉的

"书呆子"的胡言乱语……(国防部部长查尔斯·威尔逊和财政部部长乔治·汉弗莱)就是不相信核时代一旦失算有可能全民遭殃。他们可能头脑清楚，但就是在感情上不能接受，他们建设的这个国家虽然在民众看来似乎会天长地久，但也可能像罗马、迦太基和拜占庭一样消亡……那种无可挽回的过错目前美国人还没有经历过。

凡此种种，基辛格认为在他所谓的革命时期，美国人在心理上还不适合制定外交政策。他们不明白"在革命时期，参加会谈的人不是对彼此讲话，而是对整个世界讲话"。可笑的是，"我们这些经验主义者在世人眼里显得思维僵硬、缺乏想象力，甚至有点儿玩世不恭，而刻板的布尔什维克反倒表现得灵活、大胆和敏锐"。其结果只能是"我们的联盟体系存在危机……而苏联则在世界中立国阵营占了大便宜"。冷战成为一场"争夺人们忠诚的竞争"，美国眼看要败下阵来。

在这篇文章里(应当指出，它对艾森豪威尔治下运行得井井有条的国家安全委员会的批评有不实之词)，基辛格提出的补救办法是从外交层面出发的，而不是从军事层面出发的。美国要说服盟国"它们能避免热核战争的最大可能性建立在我们有能力让局部侵略代价高昂的前提下"，这意味着可以从盟国那里得到有效支持。至于"中立地区"，美国不应寻求得人心，而应该寻求受尊敬。基辛格最后稍带傲慢地说道:"美国跟中立国交往，不要表现出更多的同情，而要表现出更多的威严。"他还提出"我们希望别人喜欢我们是自发的，我们期望成功不是通过实力而是通过道义获得"。

曾在本科时期迷恋康德的基辛格已经今非昔比了。在他1956年写的一篇文章中可以察觉出一丝马基雅维利的痕迹。在《君主论》第17

章中，马基雅维利问："是别人爱你胜过怕你好，还是别人怕你胜过爱你好？"他回答："应该希望别人既爱你又怕你，但是一个人身上很难两者兼顾，所以叫人怕你比叫人爱你要保险得多，这时两者都应摒弃。"如果说曾出版过一本叫人怕美国胜过爱美国的书，那就是《核武器与对外政策》。

6

1956年的整个秋天，基辛格都在埋头写这本书，其他的事一概不问（其中包括编辑《合流》杂志、为国际研讨会筹资以及洛克菲勒的一个新项目）。他对邦迪解释说："写书的时候，其他事一概抛到脑后。"他接着写道："这本书……很难写。虽然这个话题很重要，但我们知之甚少，不管写什么几乎全凭猜测。而且还有心理压力，委员会所有人出于好意都指望我写出本杰作，我也不知道论述这个话题的杰作是什么样的。"当初写《重建的世界》时倒没有这么大压力。到11月中旬，他对斯蒂芬·格劳巴德诉苦说这本书让他"恶心"，这个时候还有5章没写。到了年底，"书快写完了，人也快疯了"。他妻子很少见到他，从书房门把饭递进去就离开。

基辛格觉得《核武器与对外政策》难写，一个原因是里面的想法不全是他自己的。他不仅要把研究小组各不相同甚至互相矛盾的观点综合起来，还要千方百计对从奥本海默到克雷默的该领域的其他专家进行咨询。他对克雷默说："里面的内容你一点儿也不会觉得奇怪，实际上，里面很多段落中的观点我们都想不起来是谁先想到的。"他对爱德华·特勒解释，他故意和研究小组保持着半疏远状态，"问题是他们也从未想要达成共识。大家一直都明白，写这本书是我一个人的事，研究小组主要是起顾问作用。后一半内容从没在研究小组讨论过，原稿所有章节也从未提交小组讨论”。

此外，书中相当多的内容以前发表过，有些发表在《外交事务》上，有些发表在其他地方，甚至有些段落是基于《重建的世界》的内容改写的。尽管如此，这本书最值得称道的一点是行文与思路很连贯。基辛格知道这本书很厚，共482页，很多人都会望而却步，只有专家肯读，于是绞尽脑汁总结书中的观点。难得的是，他写完后两个月，书就出版了。1957年4月15日，他应邀到底特律经济俱乐部做一个主题为“武器革命会怎样影响我们的战略和外交政策”的报告。报告基本上就是全书的内容梗概。同时，他在《外交事务》上又发了一篇文章，《战略与组织》。约翰·艾森豪威尔在写给父亲的一封信上说，这篇文章是“这本书的概要的概要的概要”。

任何总结当然都是选择性的。因此，具有启发性的是，基辛格在《战略与组织》一文中没有怎么探讨其论点的核心，即有限核战争，而是更多地探讨前面的决策问题以及中间过程中的外交问题。他的第一个观点是美国缺乏核时代的“战略原则”，有的最多是在“能在主权部门间达成的共识”。部门之间、军种之间的讨价还价“只能将原则困境的出现推迟到某个危机或预算过程因为外部压力而被强制要求重新考虑时”。因为“财政问题在国防规划中占支配地位……原则只能根据预算要求来制定，必要时还要新拟定……追求数字是放弃原则的一种表现”。结果是，美国把握不了热核战争的全部含义，即“由于弱的一方也能对任何国家施以无法承受的某种破坏性打击”，因此全面冲突中没有赢家。

可将基辛格的有限核战争原则概括如下：

> 在热核破坏的不幸背景下，战争的目的不再是我们熟知的那种军事胜利。实际上，战争的目的应该是达成某种具体的、对手完全理解的政治条件。有限战争的目标是给敌方造成损失或制造与有争议的目标不成比例的威胁。目标越温和，战争就越不会很暴力。

这有几个方面的实际意义。第一，美国需要“了解对手盘算威胁的心理，需要有一种在每个层面都给它和解机遇的能力，这种和解应该看起来比继续打下去有利”。即便在战争进行过程中，也应该在双方一轮轮的战斗与谈判之间有“盘算的间歇”。第二，敌人的报复性（第二次打击）核力量必须作为目标加以排除，否则任何战争都必定升级。第三，美国军事力量必须重组。陆海空三军可以作为行政单位和训练单位继续存在，但是它们要隶属于两个支配性的组织：战略军和战术军。第四，国防预算周期将从一年延长到两年。

这份概要显然没有认真讨论有限核战争可能的面貌。关于这个话题，基辛格明确表示，“战斗会接近封建时期那种程式化的较量，既是一种实力的考验，也是一种意志的检验”，这甚至给人感觉似乎未来战争比前核战时期那种常规冲突的破坏性还小。基辛格一向说话严谨，这次含糊其词自有其道理，下面再交代。从修辞目的来看，其重点是强调全面核战争的可怕影响。基辛格在该书的另一个“预告片”，即《记者》[①]杂志上刊登的一篇短文里说，由于“现行战略原则”的缺陷，灾难性全面战争爆发的可能性比人们想象的要高得多。

---

① 《记者》杂志由马克斯·阿斯科利和记者詹姆斯·赖斯顿于1949年创立，阿斯科利是从法西斯意大利逃亡的难民。这一刊物因其给鹰派反共评论提供了广阔空间而影响深远。它于1968年被《哈珀斯杂志》兼并。

就目前形势来看，相信即便大国不情愿，它们也有可能被拖入战争。苏伊士运河的冲突西方国家事先根本就没想到，也许连苏联也没想到。而匈牙利革命爆发也让克里姆林宫猝不及防，深感震惊。两次剧变导致的军事行动在现行战略原则指导下很容易扩大为全面战争。如果苏联在民主德国或波兰采取类似行动，危险性可能更大。

然而对基辛格而言，大决战还不像噩梦那么可怕。实际上，害怕大决战才可能像噩梦般可怕。他警告道："缺乏对战争局限性的一般性了解，会削弱抵抗共产党活动的心理框架。如果大家知道战争相当于灭国，投降也许就是下策中的上策。"

《核武器与对外政策》于1957年6月26日出版。尽管麦乔治·邦迪反对书中的"语气和……对关键优势的态度"，但多数读者还是给出了好评，认为作者对艾森豪威尔的国家安全战略的批评很权威。尤其是观点体现出的强硬吸引了读者。基辛格认为："核时代的挑战在于庞大的现代武器库叫人想到战争就厌恶，但不愿冒风险就相当于给苏联统治者开了张空白支票"。他大胆主张热核威慑就好比是20世纪30年代的法国马奇诺防线。虽然这条可悲的防线没能阻挡纳粹国防军入侵，但17年以后旧事重提依然具有震撼力。但是基辛格认为，"二战"期间美国防御设施多处受制。现在依然有人以为下一场战争会像在珍珠港一样，以突袭拉开序幕，而美国空军会还以颜色，对敌方城市施以毁灭性轰炸。唯一区别在于这一次所有炸弹都将是核弹。与此同时，海军、陆军都将配备各自的核武器投入行动。然而，这些想法到了核时代完全落伍了，美国将面对全然不同的苏联战略（就像在朝鲜战争中一样）：攻打外围国家，始终保持很低的风险，使敌方的大规模报复战略根本无用武之地。美国需要“一种中间目标战略”。

虽然已经有其他作者在尝试描述核战争的样子，但基辛格敢为人先，在《核武器与对外政策》的第三章和第四章就谈到了，比内维尔·舒特的畅销小说《在海滩》早两年，比赫尔曼·卡恩的《论热核战争》早三年。基辛格一开始就估计一枚10兆吨当量的核弹投到纽约会产生什么样的破坏，接着推算出苏联全面进攻美国50个大城市将造成1 500万到2 000万人丧生，2 000万到2 500万人受伤，另有500万到1 000万人因放射性沉降物死亡，或许还有700万到1 000万人会因此患病。幸存者将面临“社会解体”。即便如此，美国还能对苏联施以同等程度的破坏性打击：“由此看来，全面战争的唯一后果是交战双方两败俱伤。”然而，基辛格跟后来的许多作者不同，他不主张核裁军。事实上，他态度很明确，“核战的恐怖不会因为削减核装备就消失”，也不会因为建立武器视察体系而消失。基辛格问道：“如果全面战争不再是一个有意义的政策工具，那么还能想象使用杀伤力不如全面热核战争的武力吗？”上文说过，他的答案是肯定的：有限核战争其实就有这种可能。

冷战期间没有发生有限核战争并不足以证明基辛格的观点是错误的。恰恰相反，这本书的观点显然是正确的，因为书出版以后两个超级大国就开始寻求强大的战术性核能力，直到20世纪80年代初，双方还在增强这种能力。核武器未加使用无关紧要，重要的是双方都认为这种武器是可以使用的。《核武器与对外政策》的缺点比较微妙，它反映了一个实际情况：尽管作者是基辛格一个人，但从根本上说本书还是委员会集体的产物。

行文至此，我们对基辛格批评艾森豪威尔政府战略的很多观点都已经很熟悉了。我们谈过他的一个观点：依赖大规模报复威胁必定会削弱美国区域性联盟体系，尤其是欧洲的联盟体系。我们也知道他对苏联和中国战略思想的分析，其中大致勾勒出他早先对革命国家行动方式的看法、对苏联“和平攻势”的分析以及合并陆海空三军、建立新的严格分离的战略军和战术军的建议。一些有新意的章节谈到了有限核战争的本质。就是在这些地方基辛格对外交关系协会研究小组的军人们依赖性最强，因此这也是他论述最薄弱的环节。

在“论证有限战争的可能性”时的第一个薄弱环节是，基辛格声称“双方都有共同的、强烈的兴趣防止战争发展”到越过“会引发全面战争的门槛”。的确，他表示中苏领导人相信马克思主义思想，“只要国家生存不受到直接影响”，他们便断然不会“孤注一掷以阻止不利的改变发生”。但是基辛格在论述中加入了大量限定词。需要有“不会遭受攻击的避难地区，因为只要威胁到对方的战略打击力量都会招致热核大屠杀”。例如，战略空军基地和超过一定规模的城市必须被排除在外。还必须有可以识别的各种“不会被误认为是战略力量的运输机制”。基辛格甚至对可以调度的武器规格也进行了规定，有一次他建议最多不超过500千吨。如果说这种规定让有限战争听起来像是游戏，不像是暴力斗争，那么基辛格的外交间歇观点也是如此：

> 每一场战役都应该被设想成由一系列独立的阶段构成，每个阶段都带有一个政治目的，每两个阶段之间都有足够的间歇使政治和心理压力得以应用……必须放弃军事行动中不进行外交接触的观念。实际上，开战以后更需要进行直接接触，这样才能保证双方明确了解战争升级的后果，并提出政治和解方案。

现代读者不禁好奇，如果真正爆发这种有限核战争，这种限制措施究竟会有多大功效。世界战争经验并不是很支持他关于战事爆发后外交通道仍会保持畅通的看法。实际上，《核武器与对外政策》出版之际，托马斯·谢林已着手撰写一本经济博弈理论方面的书；该书对任何部分基于威胁的双边博弈是如何能轻易避免升级的提出了一系列疑问。

第二个相关问题关系到有限核战争的真正性质。基辛格认为，这种战争应该由“具有高度机动性和强大火力的部队来发起，因为它们能够快速开赴出事地点，并能实施精准打击”。书中第6章拿常规海战做类比，“海战中火力强大的独立部队不必实际攻占领土、设置前线就可以歼灭敌军、占据上风”。这种未来战争中的部队将被“运兵直升机”运送到战场各个地点；实际上，“甚至某些部队的士兵个人也将具有通过‘飞行平台’空运自己的初步能力”。目标将不是城市、机场或工业产能，而仅仅是敌方的移动部队。这些说法中有些具有历史虚构的特点，有些则纯属科幻。

第三个问题是，他说美国在这种冲突中将具有天然优势，因为“其工业潜能优越，技术面更广，我们的社会制度有适应能力……还有高层次的领导艺术、个人主动性及机械上的能力，这些特性在管理死板的苏联少见，在美国却很普遍”。如果真是这样，苏联怎么会有动力接受有限战争的这些规则？实际上，基辛格在第11章中也承认苏联已经在大肆宣传有限核战争打不起来的观点。

简言之，《核武器与对外政策》的核心观点，即在战斗中用空运部队调度战术核武器令人难以置信。那么，为什么这本书好评如潮、购者如云？一种答案在于书中批评艾森豪威尔总统和杜勒斯国务卿的文字深得人心。另一种答案在于书里面有一种潜在的悲观情绪：我们将看到，该书出版之际，恰逢美国民众中间涌动着一股担心苏联在军备竞赛中赶上美国的思潮。不过还有第三种说法。《核武器与对外政策》的哲学基础在于，如果其他选择都是无效的或者是可能引发毁灭的，那么像有限核战争这种貌似令人深恶痛绝的事物可能是坏事中的好事。在该书的最后一章，基辛格详细阐述了两害相权取其轻的一般性理论，可以将此视为其整个政治生涯的一种信条。

> 除非我们至少维持住均势……否则我们不会有任何机会采取积极措施。而维持这种均势可能需要做出某些极其困难的选择。我们必然会遭遇性质极为模糊的局势，比如内战或国内政变……无疑我们应未雨绸缪。不过一旦出现不利局势，只允许我们从坏事中加以选择，我们要敢于行动，敢于冒险。我们不应放弃原则，但也必须意识到，如果生存不下去就无法维护原则……如果只有当我们的道德、法律、军事立场完全一致，合法性与生存的要求高度吻合时，我们才采取行动，那将是一件幸事。但是，作为世界头号强国，虽然最近还能坚持仅从道德角度做出选择，以后可能永远不会再有这种机会……处理这种性质模糊的问题，首先要采取道德行动：甘愿在一知半解的情况下，在无法完全运用自己原则的情况下铤而走险。坚持绝对真理……只能一事无成。

这就是我们更为熟悉的骨子里“很康德”的基辛格：他认为两害相权取其轻是一种固有的道德行为。

7

“如果不能为协会竭尽全力，我会寝食难安。”《核武器与对外政策》出版前一年基辛格写道，“这不仅仅是写一本书的问题，而是要完成一本真正一流的书。”很少有作者确切地知道自己的书是不是一流的；大多数人会如坐针毡，等待包括出版商招揽的写手在内的他人的裁决。不难想象，基辛格读到下面的广告词后会感到如释重负：

> 基辛格博士的划时代著作内容极为丰富，就此而言可谓是核军备领域史无前例的力作。该书事实严谨，论述合情入理。他的中心思想是，战争远非“不可思议”的，实际上战争是可以思考筹谋的，如果要防止、限制、指挥战争为美国利益服务，如果要规划战争来避免难以想象的灾难，那么必须进行清晰的、清醒的、创造性的思考。希望所有自认为对美国未来负有责任的人都来阅读此书。

这些文字出自“原子弹之父”罗伯特·奥本海默之手，基辛格放心了：自己科学知识的欠缺无伤大雅。私下里，奥本海默的评价也是热情洋溢的：“这本书有大家风范，对你的生涯将是一个非常重要的开端……是我见过的最好的公开出版物，这些年我看过很多官方报纸上的文章，你的书比它们强多了”。至于本章题词中引用的他的警告，我们可以轻易认定那是乌托邦式的幻想：1957年，在国家政治领域，国家共同体取代单一民族国家的可能性微乎其微。《核武器与对外政策》出版前还有其他人对其表示了认可，比如卡里尔·哈斯金斯和克莱尔·布思·卢斯[①]，但最重要的是奥本海默的评价。

正如基辛格所说，第一波评论都“相当好”。《华盛顿邮报》的查莫斯·罗伯茨称之为“1957年最重要的一本书……具有探究性、思想性和挑战性……美国每一位优秀国民和军事领导人都应该阅读”。罗伯特·奥斯古德在《芝加哥论坛报》发文称赞作者“洞察力敏锐、想象力

① 她是《时代周刊》创始人亨利·卢斯的夫人，睿智迷人，刚卸任美国驻意大利大使从罗马回国。正是她创造了“一切善举都将招致惩罚”的说法。

丰富、分析技巧令人佩服”。《纽约先驱论坛报》的评论员认为该书“具有很强的思想性，务实，坦率”，而《基督教科学箴言报》称基辛格是“逻辑大师”，又补充一句，这本书“很难，在一个比较新的领域谈论高度理性的思想必定难懂”。爱德华 · 特勒也认为这本书“不仅篇幅相当长，而且有点儿难读”，但是他在《纽约时报》（通常一本书在美国是否成功由它说了算）中发表的评论是正面的。还有一个重要认可（“才华横溢、知识面广、判断力强”）来自汉斯 · 摩根索。此人 1948 年出版了《国家间政治》，被公认为美国外交政策现实主义的元老。伦敦方面，《经济学人》认为该书“长篇大论，时而相当含糊，但又很有创意、发人深省”。首篇对此书带有一丝怀疑的文章刊登在《先驱论坛报》上，作者拉尔夫 · E. 拉普是核科学服务部主任，他对有限核战争的可能性表示怀疑。

真正的抵制始于《新共和》。小詹姆斯 · E. 金首先发难，质疑基辛格对核战问题的探讨似乎没有道德原则。他表示，该书的“出发点”是“现实主义的”。书中没有一个地方能使“读者发现其结论建立在道德前提之上”。然而论述中有两个关键点丝毫不现实：首先，有限核战不会迅速升级为全面战争；其次，有限核战争的打法将会像航海时代的海战一样。保罗 · 尼采发表在《记者》上的评论更尖刻，认为书中的论述“简单化、夸大其词”，特别是书中批评尼采直接参与的杜鲁门政府的决策的文字更是如此。书中有“好几百段文字要么事实比较可疑，要么逻辑比较可疑，又或者表述不清”。基辛格低估了核弹造成的破坏，断言核武器的爆炸效果和热效应只是以它们加速爆炸力的立方根加强，而实际上是以其加速爆炸力立方根的平方加强的。

1 兆吨当量的核武器的爆炸效果是 1 吨炸药的 1 万倍，不是基

> 辛格立方根原则认为的100倍。基辛格以为有限核战略的武器库有500千吨当量的武器就够了，就能使作战地区的居民免受灭顶之灾，其原因可能就在这里。100比1这么大的出入可能对原则的制定产生重大影响[①]。

基辛格的"开放城市"（即宣称无核武器的城市）会免于一切军事行动或正义的核行动吗？如果答案是肯定的，那些城市就有动力在任何冲突来临之前建设常规部队；如果是否定的，"那么就可能演变成一场常规战，旨在控制不受核打击的地区"。总之，在尼采看来，基辛格低估了一种可能性：即便不是所有的未来战争，也是大多数的未来战争实际上都将是常规战。最后他说道：

> 在核时代，如果战争不会自动消失，那么每个人都必须赞成对战争进行限制。但是如果这种限制要经受住哪怕是一场"小"战争的巨大压力，那么除了一张煞有介事的关于武断限制的计划表，轻武器，没有燃料需求的飞行平台以及建立在没有攻击的目标、没有需要保护的后勤或通信漏洞情况上的战术外，我们似乎还需要点儿别的什么。

这种猛烈抨击出自基辛格在某种意义上所代表的研究小组的同事之手，怎能不叫他心烦意乱？（据尼采说，基辛格后来开玩笑，他"翻看了147页处的反驳，心想如果一个反驳就占了这么多页，那么肯定是我的观点有问题"。）

跟广受关注而且热销的学术著作一样，《核武器与对外政策》还在其他学术期刊上遭到评论者的强烈抨击。那些思考核战问题比基辛格

① 令人惊讶的是，奥本海默竟然忽视了这个错误。

花的时间多得多的人或许难免对他的野心存有反感。例如，尼采就抢先发难，说实话，他自己对怎么打核战争的看法（发表在《外交事务》1956年第一期）和基辛格的书一样漏洞百出。但是屋漏偏逢连夜雨，基辛格这本书是由外交关系协会出版的，这可是美国最有声望的专门研究国际事务的机构，因此这本书也就成了急于出名的新的智囊团的最佳攻击目标。兰德公司（RAND，“Research and Development”的缩写，意为研究与发展）是道格拉斯飞机公司于1946年建立的，但两年后独立。其他新的竞争对手还有普林斯顿大学于1950年建立的世界政治机构研究中心（CRWPI）和一年后同样在普林斯顿成立的国际研究中心。成立时间最短的是1955年成立的宾夕法尼亚大学的外交政策研究所。这些机构的作者比金和尼采的语气更强烈，志在推翻基辛格的论断。世界政治机构研究中心主任理查德·瓦根纳认为区别有限核战和全面核战“有创意，但不可靠”（汉斯·摩根索后来也提到这一点，不过其评论是友好的）。兰德公司的伯纳德·布罗迪明确表示自己是有限战争问题的先驱，但基辛格的书中没有充分强调。将加盟斯坦福大学胡佛研究院的斯特凡·波索尼批评基辛格两耳不闻窗外事，认为该书完全没有把握住“现代战略的复杂性”，并且忽略了一点：美国已经拿出国防预算的60%左右“用于基辛格博士声援的事业”，即可用于有限战争的非战略能力。

然而，最具敌意的评论出自布罗迪在兰德公司的同事威廉·W. 考夫曼。考夫曼认为，基辛格蜻蜓点水般地谈到了三个至关重要的问题：战术核武器究竟能造成什么样的破坏、采取有限核战争战略的成本究竟有多大以及美国这么做其盟国会有多惊讶。在考夫曼看来，基辛格对这三个问题全都估计不足。

> 基辛格认为500千吨当量是不会产生重大辐射危险的最大当量，因而也是可以被允许用于有限战争的最大规格。暂且不谈如何强制执行这种最大规格的问题，我们不禁要问，这种核弹（即便前提是用量很小）不会产生重大辐射的观点他是从哪里听来的。同时我们还要问，由于一枚在空中自由爆炸的500千吨当量的核弹会对15平方英里[①]范围内的钢筋混凝土建筑等产生严重破坏，而遭受非常严重的热效应的地区面积则更大，那么他为何认为可以在使用该武器的过程中将目标区分开来。

同时，基辛格比较温和的有限核战观是建立在对当前和未来军事技术完全不切实际的看法上的：

> 只要对军事技术有一定了解的人都知道，垂直起降的飞机在20世纪60年代中期以前还不可能投入使用，我们需要的绝不是内燃机的替代品，运送核弹的卡车在近一二十年中还不可能出现，因此陆军还不能完全离开后勤基地和通信线路……阅读基辛格讲有限战争的章节就等于要相信一个军事方面的天方夜谭。

8

既然威廉·W. 考夫曼这样的专家给予了这么糟糕的负面评价，那么《核武器与对外政策》是怎么依然大获成功（精装本首印就是7 000册），还入选每月读书会榜单的呢？部分原因是《世界政治》这种杂志

① 1平方英里≈2.59平方千米。——编者注

的读者比较少。但是一个更重要的原因在于，基辛格的著作为艾森豪威尔政府内外批评大规模报复战略的人提供了有用的弹药。甚至更重要的是，该书问世不到几个月，美国以外和美国上空发生的事件出人意料地增强了基辛格观点的可信度：美国战略出现了危机。

不可避免的是，官方不把他的书当回事。国防部部长查尔斯 · E. 威尔逊毫不客气地说："美国不可能跟苏联打什么小仗。" 参谋长联席会议主席亚瑟 · W. 雷德福上将也是这种看法。空军军事学院负责评估的副校长伊弗雷姆 · M. 汉普顿上校称区分有限战争和全面战争是一种"逃避法"：就像是在苦涩的真理外面裹一层糖衣。但是华盛顿的当权派并非意见一致。詹姆斯 · 加文将军是外交关系协会研究小组成员中基辛格最敬重的一位，他当然不会否认自己称基辛格的书是"一本很棒的书……即便不是唯一，也是我们时代最重要的著作之一"。加文的上司陆军部部长威尔伯 · M. 布鲁克也出面表态支持有限战争的想法。据《华盛顿邮报》报道，基辛格的著作引起了"国防部、国务院和国会的深刻反思"。也许还可以加上白宫。小亨利 · 卡伯特 · 洛奇是密西西比州前参议员，曾受艾森豪威尔委派出任联合国代表。他把基辛格的书推荐给总统，说它"思路清晰、思想深刻、有建设性"。艾森豪威尔总统的心腹秘书安德鲁 · 古德帕斯特将军及时准备了一份详细摘要，艾森豪威尔看完后相当欣赏，就把书推荐给杜勒斯。

> 我不是说你会同意他所有的观点。我认为他的论述也有毛病，但至少如果我们按照他提的方案组织、维持军队，我们将会拥有（刚下台的财政部部长）乔治 · 汉弗莱总在说的"新的与旧的两手"。这么做无疑要比我们眼下实施的军事行动开支大。
>
> 然而，作者在论述中谈到一些普遍的或流行的观念和误解，

而且……我想你会发现至少这方面的内容很有意思，值得一读。

8月11日，《纽约时报》头版报道“政府最高层官员”在读基辛格的书。这一点无可否认。

1957年夏，艾森豪威尔政府出现人事变动。不仅汉弗莱离任，在基辛格的著作出版后不久威尔逊也离开了国防部，宝洁公司的尼尔·麦克尔罗伊出任国防部部长，而雷德福的参谋长联席会议主席之职由内森·F. 特文宁接任。《曼彻斯特卫报》知名记者阿里斯泰尔·库克察觉到这不仅仅是一次改组，他把基辛格的影响跟遏制战略诞生时凯南的影响相提并论。《时代周刊》也刊登了类似报道。

这些变动之前出现了一系列外交政策危机，正因为这些危机的出现，基辛格对美国政府的批评才适逢其时。1956年10月29日，英法以（色列）三国不征求美国意见，悍然侵略埃及，不仅想扭转贾迈勒·阿卜杜勒·纳赛尔总统将苏伊士运河收归国有的形势，而且要推翻纳赛尔总统本人。不到一周，11月4日，苏联红军入侵匈牙利，打算摧毁纳吉·伊姆雷领导的修正主义政府。艾森豪威尔想方设法对阿拉伯领导人示好，生怕他们转向苏联阵营。他像许多英国左派一样，既想谴责苏联入侵匈牙利，又想支持英法侵略埃及，左右为难。此时出来一位消息灵通的局外人嘲讽一下美国政府并非难事，基辛格就站了出来。他在写给斯蒂芬·格劳巴德的一封信中厉声怒喝：

对最近发生的事，我最反感的还不是在我看来已经接近叛国的愚昧的政策，而是政府处理问题时极其迂腐、缺乏大国风范。华盛顿那群小官僚对苏联火气大，对英法两国火气更大，因为英国更坏事。他们对匈牙利也有点儿不满，因为匈牙利迫使他们做出决定，如果不用面对那些决定，事情就简单了。要是基督有一个政策规划办公室，他一定不会上十字架。

基辛格为什么对政府外交政策的法律途径批判得越来越频繁，这里有一条线索。

> 我们有一个显著特点，总是很迂腐地否认生活的悲剧性，因此我们很可能遭受厄运。操纵我们政府的聪明律师们似乎什么问题都能解决，唯独不能解决内心信念问题。但是，如果西方总是缺乏一种使命感，总是追求最小风险，那它依然会是野蛮欧亚大陆无足轻重的附庸。在我们现在的情况下，坚持纯粹的道德性本身就是最不道德的行为。而匈牙利已经告诉我们美国的道德境界不高。欧洲人也不是毫无过错，因为他们长期以来一直在宣扬和平主义，麻痹了我们也麻痹了自己，但我认为他们的反应比我们的更健康。

1957年2月初，英法早已服从联合国决议从埃及撤军，但基辛格依然痛斥美国在对危机做出反应时“迂腐、自以为是”。他对邦迪说：“我们可能已经向人证明了侵略不得好报，但是这些人最不可能扰乱和平，而且我们还损害了人家的民族自尊心，这一点要过一段时间才会体现出来……如果具有高尚道德原则的职业不是那么过于频繁地与最小风险政策保持一致，我会更开心。”

认为很多美国人跟基辛格一样，对在遥远的匈牙利和埃及发生的事件表示愤慨的观点值得怀疑。1957年年初，多数人依然对核战威胁表现出某种冷漠，这种情绪在五星乐队的杜沃普摇滚歌曲《原子弹宝贝》中得到了很好的体现。然而，国会有许多人都支持艾森豪威尔1957年1月提出的措辞含糊的决议，该决议承诺美国将保护“中东”

不受“国际共产主义控制下的任何国家的公开武装侵犯”。毫无疑问，越来越多的人认同大规模报复战略不足以阻止苏联悄然壮大。然而，1957年10月4日，基辛格一夜成名。苏联成功发射人造卫星“斯普特尼克一号”进入地球轨道，美国人一直担心的事终于发生了：苏联不仅正在军事上追赶美国，而且在技术和经济上也是如此。“斯普特尼克”（在俄语中这个名字是“初级卫星”的缩写）只有两个篮球那么大，绕地球一圈需要96分钟，晚上人们不仅能看见它，而且还能听见它哔哔地向地球发射短波无线电信号。这个东西本身没有危害，但是苏联能够发射人造卫星说明它也能生产远程导弹，从而打击美国本土的目标[①]。结果，媒体添油加醋大肆宣传，公众一片恐慌。《波士顿环球报》宣称：“苏联科技打败美国科技。”由于美国卫星计划远远落后于苏联，中情局挖空心思希望短期内玩出能与苏联媲美的花招。（有人建议用氢弹制止台风。）耐人寻味的是，危机出现时艾森豪威尔说那只是个“噱头”，但经过深思熟虑后，他做出的反应是强调美国在武器上的优势，而如果不存在有限核战的可能性，那么武器优势就没有多大意义了。

人造卫星将基辛格送入一个新的轨道。突然之间，到处都看得见他的身影，听得见他的声音。用《纽约先驱论坛报》的话说，他是一个“值得一看的人”。苏联卫星升空10天后，《纽约先驱论坛报》专门刊发了一则“紧急”社论，标题是“基辛格说”，内容主要是他政治生涯中的首次访谈。他说话毫不留情。社论援引他的话说：“苏联超过了我们。我们现在真的有麻烦了。我们被逼得渐渐后退，一点点后

① 这实际上是正确的：运送“斯普特尼克”进入轨道的R7是第一个洲际弹道导弹，而它的出炉是为了向美国目标发射氢弹的。而在美国，同样用途的导弹（阿特拉斯D）直到1959年7月才试验成功，那是在“斯普特尼克”发射成功近两年之后。就此而言，这是20世纪50年代美苏两国在导弹研发上的差距。

退……基本趋势对我们不利。”尤其是人造卫星显示出“苏联实施军事计划的方式。他们有本事缩短交付期，但我们做不到”。

> 苏联现在处于一个技术增长阶段。每项发明都暗示还有其他发明有待展示。很难阻止他们进步……卫星发射后有件事很让人担心，它向我们展示了苏联火箭发动机的状况，也展示了我们自身的智力状况……他们的经济体量只有我们的一半，他们训练有素的人力储备也不如我们，但在不断增长。这说明他们在组织上、原则上比我们强。

相反，“国防部这个组织不是用来打仗的，是用于内部管理的”。基辛格并未就此打住，他声称：“如果情况继续这样发展下去，美国从欧亚大陆被赶出去是必定无疑的……8年前说苏联会成为中东地区的大国好像还是不切实际的想法。我们现在谈到1938年的鲍德温和张伯伦还会发笑，但当时他们也以为自己是坚定的现实主义者。”基辛格看到有些话见报后显然有不同想法，但他后来带着相当学究的口吻所补充的话（“在有限时间内安插相当长的谈话，传达出一种教条主义的语气，跟我的观点不完全一致。”）无法抹去原来讲话时引发的惊恐情绪。苏联人发射卫星之前，他只参加过一次图书发布会，10月4日以后邀请函如雪片般飞来，邀请方有美国研究所，有美国陆军协会，还有能让全国人民都看到他的哥伦比亚广播公司的星期天访谈节目《面对全国》（1954年开播的这档节目一直播出了60年，真是了不起）。

1957年11月10日，基辛格的首次电视访谈有三位记者参与对话：《美国芝加哥》的约翰·马迪根、哥伦比亚广播公司新闻部的理查德·C.霍特利特以及《华盛顿邮报》的查莫斯·罗伯茨。《面对全国》的节目通常都一样，节奏激烈，常常突然转换话题。基辛格的电视首秀很出彩。他批评了艾森豪威尔的政策："我们在很长时间以内都以为跟别人比我们是无敌的……我们更关心和平，而对手更关心胜利，这样就造成了心理上的不对等。"他提出自己著作的中心思想："我认为有可能用核武器打有限战争。"他还举了一个具体的例子：美国应该准备好打有限战争，制止苏联入侵中东。他声称："我认为，要有一个比较坚定的态度、一个比较坚定的愿望、一个比较强烈的愿望，才能冒险。"他再次阐明一点："苏联镇压匈牙利"时，美国本该"让苏联付出最大代价"，本该空运物资给反苏部队，"即便苏联击落飞机也在所不惜"。有人问他隶属民主党还是共和党，他简洁（而谨慎地）答道："我是自由派。"

也许对于任何美国冷战时期知识分子而言，最高荣誉就是被对手谴责。据美国对外广播情报机构称，虽然节目中没有提到基辛格的名字，但"就在《核武器与对外政策》出版后不久，不管是对内广播还是对外广播，每天都有大量的宣传攻击美国'小型'核战的观点"，这种现象绝非巧合。然而，关键问题在于，美国政策究竟在多大程度上能因为基辛格的观点而有所改变。表面看来是有改变。1958年1月，艾森豪威尔放弃了早先反对在韩国部署280毫米原子炮和762毫米"诚实约翰"火箭的观点。一年后，美国空军增加了一个中队的核弹头斗牛士巡航导弹配给，这种导弹不仅能打击朝鲜境内的目标，还能打击苏联和中国境内的目标。然而，上文说过，这并非新开端。艾森豪威尔即便公开咬定任何冲突都会升级为全面战争，但一直悄悄留了一手：使用战术核武器。在这方面以及其他方面，我们可以看出公共知识分子可发挥作用的局限性。基辛格通过外交关系协会和纳尔逊·洛克菲勒，前所未有地接近了美国政府的制高点。但是，他依然是局外人，极少有机会接触机密文件。他是在远离首都的剑桥通过读报纸来抨击美国政府官僚机构的。即便是坐在哥伦比亚广播公司明亮的演播厅里侃侃而谈，他哪里知道，就在他首次参加《面对全国》访谈节目的几天前，一份批评政府战略的非常全面的绝密文件已经呈交给总统。报告的题目是“核时代的威慑与生存”，因为起草报告的委员会主席是H. 罗恩 · 盖瑟，又称“盖瑟报告”。报告里面的分析和建议比《核武器与对外政策》中的任何分析和建议都可怕得多、令人胆寒得多。

《核武器与对外政策》出版后基辛格一举成名，他是实至名归。即便书中设想的将来，即战术武器用于有限核战的战场从未出现，也无损该书对艾森豪威尔政府战略批评的有效性。与其说苏联人造卫星上天证明了基辛格的正确（尽管时机再好也不过如此），不如说在知识分子争先恐后条理清晰地批评美国战略的过程中，基辛格做到了先发制人。

第 11 章

奔波双城

你自己才智过人，品格超群，将来一定声名显赫，权高位重……我常想，哈佛给予了她的儿子（她的毕业生）在自己挚爱的事物影响下成长的机遇。这种机遇你这位哈佛学子得到了。对她的教职员来说，哈佛保留了一种危险或许致命的机遇：被他们厌恶的东西伤害。

——约翰·康威，1956 年

从某些方面看，社会对知识分子的需求从来不像现在这么大；知识分子的贡献比较小不是因为其观点无人接受，而是因为其作用被人误解。人们对知识分子的追捧是出于错误的原因，是为了追求错误的目的……我们见得太多了，决策者希望从知识分子那里得到的不是思想而是支持。

——亨利·基辛格，1959 年

1

亨利·基辛格在外交关系协会的时光就要结束了。现在怎么办？

哈佛看不上他，尽管以前的同事约翰·康威和塞缪尔·亨廷顿同情他，但芝加哥大学发来的一份新的“非常优厚的”邀请函不可小觑。芝加哥大学成立于1890年，由洛克菲勒基金会资助建立，在政治学及经济学领域都享有国际声誉。不过，虽然“麦克”·邦迪建议他接受邀请，但基辛格还是很不情愿去芝大。他对邦迪说，“除了对芝加哥大学审美上的反感”，这个大学“理想的学术生活与实际情况之间的差距”似乎“尤其令人心酸”。他说“对芝加哥大学审美上的反感”，可能是指海德公园一带环境的恶化：自20世纪50年代中期开始，这里犯罪率高已不是什么秘密。但是基辛格不接受这份工作的真正原因不在这里。芝加哥大学的学术地位很高，这一点自不必说。但芝大教授跟哈佛教授相比，在美国的公共生活尤其是政府部门中发挥的作用太小了。在基辛格看来，在与基辛格同时代的许多学者看来，通往首都华盛顿的道路必经剑桥，准确地说，必经哈佛校园。直到1965年，赫尔曼·卡恩和安东尼·维纳才发明了波士华（波士顿–华盛顿）这个词，描绘从新英格兰延伸到弗吉尼亚的这个新兴大都市圈。不过自1956年起基辛格就已经是波士华的市民了。他后半生的大多数时间都将在那条连接起波士顿、纽约和华盛顿，同时也连接着才智、金钱、权力的狭长通道来回穿梭，有时坐飞机，有时坐火车，必要时也坐汽车。

即便是在纽约的公寓里赶写《核武器与对外政策》的时候，基辛格也紧紧拽住东海岸不放。可以说纳尔逊·洛克菲勒搭救了他。洛克菲勒对他的工作很满意，1956年5月邀请他参加匡蒂科聚会，后来给他在洛克菲勒兄弟基金会安排了一份全职工作，主管自己新的“专题研究项目”，这个项目很大胆，旨在发现、解决美国20世纪后半叶面临的战略挑战。这超出了基辛格的期望，他还是坚定地想走自己的学术道路，怀疑（这种怀疑是对的）完全投身于洛克菲勒的怀抱将失去一切学术、政治自由。但是洛克菲勒很高明。基辛格推托说有其他事情要做：不仅是外交关系协会那本书还没写完，还有芝加哥大学也发来邀请，但令人诧异的是洛克菲勒都一一考虑到了。他对斯蒂芬·格劳巴德诉苦道："给我的压力真是太大了，简直令人难以置信。"

> 不是他，就是他的兄弟瞒着我去找了协会和芝加哥大学，让他们给我三个月的时间。后来芝大校长给我写信劝我为洛克菲勒效力。芝大自动给我三个月不在岗时间，我也不好再坚持说学校要我干活。

结果是他和洛克菲勒都退了一步。基辛格接受了洛克菲勒兄弟基金会"专题研究项目"主任一职，工作到1957年3月，此后，如果其他都没戏的话，他就去芝大。

基辛格对这种含糊的决定自有其解释，耐人寻味。他对格劳巴德说："说实话我并不觉得对学术生活有什么亏欠。我在学术界内外的名声相差太大了，简直荒唐好笑……我看不出以后还会有什么特别的挑战，唯一的挑战就是有人以小人之心度君子之腹。"然而，情况有变。

> 4月，我就去芝加哥大学，再次体验学术生活是好还是不好……对这两种情况我只有一个要求。要么它直接给我挑战，要么它允许我自行挑战。要我在学术阶梯上拼命往上爬，拿一点没有尊严的工资，身边都是些我不喜欢的人，我觉得这不是什么特别的挑战，不过到了芝大也许不一样，因此，4月我就走人。

相反，不想替洛克菲勒卖力都做不到。基辛格认为"尽管洛克菲勒有他的局限性，但他投入大量的资源、高度的威信做这件事，而个人得不到一点儿好处，这点令人尊敬。"基辛格和格劳巴德"经常说到美国没有贵族。”

> 我想，对有着洛克菲勒这种心地的人，我们不能叫他太气馁……洛克菲勒项目是个极为有趣的项目，不光是内容有意思，从社会学的角度看也是如此。这个家族的权力叫人难以置信，他们做事的方法也极其迷人。另一方面，我感觉他们就像在履行好贵族的职责，远远胜过德国作家桑巴特笔下的一些法国贵族[①]。

基辛格做两手准备的策略奏效了。真是赶巧了，他无奈之下正要“走人”去芝加哥大学时，邦迪从哈佛扔给他一条救生索，邀请他回来“帮忙筹建”哈佛大学的一个新机构：国际事务中心。邦迪发现基辛格“有点儿不确定是否要回到一个一年前还有人对他怀有敌意的地方”，但他“设法在这个问题上给他打气”。行政学系全体投票通过，同意基辛格任讲师“3到4年”（这可是个好兆头，当初邦迪回哈佛得到的就是这种职位）；同时，聘任他为新中心的副主任。也许邦迪还暗示基辛格要不了多久他就会提升为终身教授。然而，冒险的事基辛格不干！洛克菲勒基金会有份工作，哈佛有个职位，基辛格还不满足，他要在履历上再加一笔：跟宾夕法尼亚大学新建的外国政策研究所签了一份年薪4 000美元的工作协议。完成洛克菲勒项目后他又跟卡内基公司签约出任顾问，每月工作两天。似乎他嫌这还不够，至少有一家报纸报道他同时还给参谋长联席会议当顾问。1959年基辛格唯一放弃的一份工作是预备役军官委员会委员，理由是“其他职责压力大，相信一旦出现紧急情况，我能在更高的层次提供更大的帮助”。

---

①　这里提及的尼古劳斯·桑巴特，是著名的历史社会学家维尔纳·桑巴特放荡不羁的儿子。老桑巴特的博士论文是写圣西门的，而圣西门是个半社会主义、半精英工业乌托邦精神的贵族预言家。

常年埋头苦干、默默无闻的年轻学者突然发现自己有了市场，通常会接很多活，应接不暇。此时的基辛格正是如此。他的日程总是安排得满满的，1957年秋季学期甚至推掉了带本科生的工作。格劳巴德回忆说这段时期“他的生活越来越混乱”，“他似乎总是一路小跑，总是迟到，常常疲惫不堪”。他经常不来哈佛上班，这可能就是他和国际事务中心主任罗伯特·鲍伊发生摩擦的起因。更糟糕的是，他没有给外国政策研究所做任何工作，斯特凡·波索尼跟他狠狠吵了一架，结果弗里茨·克雷默不得不干预。克雷默在争论中站在基辛格一边，但他用德文写了封信，私下告诫他的弟子“你有点儿不对劲。身为你的朋友，身为一个也许下意识都能了解你的人，我必须对你说你都快忘记一个人不应该忘记的一些事了”。基辛格不仅仅疏远了同事波索尼等人，据克雷默说，他也忽略了自己的父母。“你现在这么做都不再有什么人性了，仰慕你的人都开始认为你很冷漠，甚至冷酷……你没日没夜地工作，很快就会心力交瘁。你见了那么多‘要’人，但见的‘真’人却不够多”。这不是克雷默最后一次跟他讲大道理，也不是克雷默最后一次把基辛格刻画成那个把灵魂出卖给魔鬼换取世俗权力的杰出学者浮士德博士。然而，克雷默有什么可抱怨的呢？他最近被美国国防大学聘为教员不是也多亏了基辛格的支持吗？基辛格现在主管的专题研究项目他不也是参与者，不也拿到了洛克菲勒的资助吗？

2

基辛格主管的洛克菲勒兄弟基金专题研究项目的出炉是基于这样一种看法，用基辛格的话来说，就是“美国出现的许多问题，国内问题也好，国外问题也好，不是因为缺乏好的思想，而是因为我们无法找到合适的观念和态度应付局势，局势变化越来越快，变化的方向跟国家经验引导我们去预计的也不一样”。1957年，也就是基辛格的书完成大半的那年，美国面临的挑战自然是新的。在核军备竞赛中，苏联似乎赶上了美国，甚至还超过美国。欧洲殖民帝国在亚洲、非洲、中东纷纷消亡，但似乎很少有“新国家”急于跟西方资本主义国家结盟。美国国内也有骚动：阿肯色州州长出动国民警卫队到小石城中心中学维护秩序，阻止黑人学生进校，艾森豪威尔总统只好调派联邦军队，护送“小石城9名黑人学生”安全入学；猫王埃尔维斯·普雷斯利参加电视综艺节目《小城名流》，但仅露出上半身；歌舞电影《脂粉猫王》引爆电影院；《西区故事》在百老汇上演；杰克·凯鲁亚克的《在路上》问市；艾伦·金斯伯格的《嚎叫》被禁。

必须承认，专题研究项目很少谈到民权，更少谈到摇滚乐。洛克菲勒和基辛格召集了6个小组和一个协调性的“全面小组”。从布置的题目和排序来看，外交政策是他们主要考虑的问题，具体如下：

一、美国国际目标与战略

二、美国国际安全目标与战略

三、20世纪对外经济政策

四、美国经济与社会政策

五、美国人力资源的使用

六、美国民主进程——挑战与机遇

经济学家罗伯特·海尔布罗纳提议组建的第7小组要研究国家目标的道德问题，但仍在筹备之中。单是小组的组织工作就令人望而生畏。所有的事务加起来，基辛格必须管理108位小组成员和102位顾问、作者的来稿（和自尊心）。（唯一大到足以召开1955年5月首次会议的场所是无线电城排练厅。）全面小组的26名成员包括：在小组筹办期间被任命为财政部部长的罗伯特·B. 安德森、后来接替杜勒斯任国务卿的马萨诸塞州州长克里斯蒂安·赫脱、后来当上艾森豪威尔总统科学顾问的麻省理工学院校长詹姆斯·R. 基里安、时代出版公司总编亨利·卢斯、洛克菲勒基金会主席迪安·腊斯克。为了给这些大佬找些原始材料磨磨牙，基辛格首先找到两位自己曾经的导师：找克雷默写了几篇有关德国的初稿，邀请艾略特撰文两篇，一篇是《将总统外交政策控制纳入联邦政府》，另一篇是《美国民主进程》。起初，基辛格自己动笔写了大量文章，但到1957年他的角色就转变了，先是做编辑，最后只负责管理工作。

6篇报告准备妥当就出版了。由于基辛格同时在写《核武器与对外政策》，所以现在的题目为"国际安全：军事问题"的第二篇报告率先完稿也在所难免。另外还有一个原因，爱德华·特勒是第二小组的成员。特勒不愿迁就中等智商的人，蠢人就更不用说了。他和基辛格一拍即合，两人在有限核战问题上的态度"几乎完全一致"。（有一次特勒竟然用手表砸了新政老兵阿道夫·伯利。）他们的观点得到艾泰总裁西奥多·沃克维茨的支持，沃克维茨有篇非常悲观的文章《技术竞争时代的生存》也深深打动了基辛格。胆敢表达不同意见的小组成员最终也只是螳臂当车。然而，这篇军事报告之所以得到垂青，外部势力也功不可没。首先，上文说过，苏联人造卫星上天，公众一片恐慌。然后有消息说出了一份"秘密报告"，《华盛顿邮报》称这份报告描绘美国目前正"处于历史上最严重的危险之中"。

报告认为美国的长远前景充满灾难性危险，因为当前苏联军事力量突飞猛进，苏联经济和技术实力强大，并在不断发展，将在全球范围内攻击自由……报告剥去了我们的自满，将令人极为不快的真相暴露无遗。

盖瑟报告的确令人心惊胆战，实际上，跟它相比，基辛格的《核武器与对外政策》是小巫见大巫。报告认为，如果美国不加速生产洲际弹道导弹和潜基弹道导弹，进一步保护自身报复性的“二次打击力”（方法是让它分散得更广泛以及“加固”发射场地），建设更多掩体保护美国人民不受核辐射伤害，那么美国很快就会在苏联核打击面前变得脆弱不堪。就连分析中的财政影响也令人胆寒。如果按照盖瑟报告的建议来实施，费用将达到190亿~440亿美元，而现有国防预算才330亿美元。艾森豪威尔认为这种军费开支的增长不仅会带来通货膨胀，而且也可能将美国变成“极端军事化国家”，但他也不可能对报告完全置之不理。同样，他虽然坚决拒绝将它公开，但也无法否认其存在。这可谓是洛克菲勒专题研究报告登台的最佳时机。洛克菲勒嗅到公共关系转向的气息，给研究小组施加巨大压力，基辛格只好争分夺秒写完报告；1957年12月，基辛格每天只要一睁眼就写报告，根本顾不上享受假期。

这份报告完全顺应了公众情绪。人类面临“两种严峻威胁……要统治世界的共产主义威胁……和能够摧毁文明的新武器技术”。美国不仅在军费开支上落后，而且在“重要技术领域也落后。在克里姆林宫那些优先发展的领域中，苏联在质量和数量上都超过美国”。国防预算必须增加（尽管只增加了30亿美元，远远低于盖瑟报告提议的巨额增量）。国防部需要全面重组，增加国防部部长的权力，减少三军之间的竞争。小组建议建立一支大型“立即战斗型报复性力量”，并配备核武器。报告认为，“必要时愿意打核战争是保障我们自由须付出的必不可少的代价”。基辛格甚至放言可以使用“非常强大的核武器，对民众造成的影响可以忽略不计”。

1958年1月6日，《洛克菲勒报告》发行，效果远超创作者的期望。委员会编写的著作很少畅销，但这本书做到了。洛克菲勒到美国国家广播公司的《今日秀》节目担任嘉宾，主持人说想看报告的观众只需把自己的姓名告知广播公司即可。一位制片人开玩笑说：“每本书必须配送一辆福特V–8。”这句话实在是说得太满，使得后来出版社在收到25万多份申请之后，只得结束派送。此书不到三年共计售出60多万册。该书热销部分应归功于基辛格这位好作者、好编辑。小阿瑟·施莱辛格原来还抱怨他读过的一些初稿“枯燥乏味”，但出版后的报告则“鲜明有力”，令他很是欣赏。然而，跟《核武器与对外政策》的出版一样，时机的把握很关键。《费城问询者报》认为：“跟未公开发表的盖瑟报告不同，洛克菲勒报告公开发行了。但是这两个高人云集的小组都大体上断定美国落后于苏联，处境很危险……对于这个问题所有美国人都要高度关注。”第二小组报告出版后仅4天，洛克菲勒就被召到参议院防范小组委员会开会。2月3日，康涅狄格州共和党参议员普雷斯科特·布什签署了将该报告用于统一军事指挥的建议。

相比之下，其他报告没有引起这么大轰动。第四小组的报告于1958年4月发表，没有什么新内容，只提到“（最好是每年5%的）增长对实现国家目标很重要”（不过报告审议中有一点值得一提：小组中女性成员很少，有一位叫安娜·罗森伯格的成员反对第二小组建议的增加国防开支，因为这会对经济产生负面影响）。两个月后，马歇尔计划的前负责人米尔顿·卡茨主持的第三小组建议，将自由贸易和私有（而非公有）国际资本流通结合起来。1958年6月发表的还有第五小组的报告《教育和美国未来》。但是直到1959年12月，第一小组研究美国外交政策的报告才总算得见天日，而第六份报告《民主思想的力量》直到1960年9月才发表。虽然洛克菲勒评论第六份报告是“从我个人经历来看最激动人心、最启发思维”的，但并非人人都有同感。《国家评论》杂志记者小威廉·巴克利本能地提防任何有洛克菲勒名字的出版物，他将这些报告斥为“现有自由主义蓝图”的大杂烩。也许是吧，不过它们的影响力是无可否认的。显然，艾森豪威尔是看了第二小组的报告以后，才宣布重新评估国防部的组织架构的，后来参谋长联席会议费了九牛二虎之力才按下此事。洛克菲勒的口头禅“国家目标”很快就随处可见：启发奥斯卡·汉德林和汉斯·摩根索写书，《时代周刊》也发表了一系列文章。有人说这些报告的目的是“让纳尔逊在新闻中保持一个严肃的政治学者的形象”。当然，通过耗时两年半才发表完的这些报告，以及之后的单行汇编本（《美国的前景》），洛克菲勒真正做到了让自己成为始终活跃在国家舞台上的人物。但是，下文将看到，后面就出现了莫大的讽刺：受专题研究影响最大的竟然是由一位民主党总统领导的政府。

对基辛格而言，管理专题研究项目是一次蜕变。除了在哈佛组织国际研讨会外，他头一次被委以重要的行政职责；头一次，他需要管人，而不是专注于书或文章。许多学者喜欢独立工作，因为他们对做学问信心十足，但待人接物却不够老练，基辛格也是，举步维艰。大学里没有很严格的等级结构，院长不是老板。现在到了洛克菲勒基金会，基辛格有了老板，这个老板习惯于别人都听他的。到底两人的关系怎么样，给洛克菲勒写传记的作者有两种说法。一种说法是“他们在外交政策上是知己，关系很浪漫”；另一种说法是两人虽然有默契，但也有矛盾，偶尔还大动干戈。根据后一种说法，基辛格“当面对洛克菲勒一味逢迎讨好”，但背后“嘲笑……鄙视……还不以为然”。这种说法并不真实。实际上，两人的友谊是复杂多变的。有一次洛克菲勒宴请宾客，基辛格居然“退席”，因为席间基辛格得知，洛克菲勒居然不顾自己“任何人不得编辑我的手稿”的警告，把稿子交给助手评论、修改。基辛格怒气冲冲地质问这位艺术收藏家：“下次你买画时，会找个专家看手，再找个专家看脚吗？”第二天基辛格回办公室收拾桌子，发现老板在等着他。洛克菲勒说：“你强势，我也决绝。听好了，我们有两个选择。要么两败俱伤，要么好好合作。”洛克菲勒很欣赏基辛格的才智，所以基辛格偶尔耍脾气他也就忍了。“我认为基辛格这个人在美国大有前途。”1957年8月，他对民主党前参议员威廉·本顿说道。

虽然基辛格谢绝为洛克菲勒做全职工作，但他的劳动还是有报酬的。例如，1958年他收到酬劳3 000美元，但这只不过抵消了他从哈佛抽空给洛克菲勒干活少挣的那笔钱。挣钱不是他的动机；如果真谈挣钱，他还觉得给得太少，因为自己“忙得要命”，连理发的时间都没有。当然，能跟美国头号大亨那最有活力的孙子交朋友，而且交情一天比一天深厚，基辛格也心满意足了。1956年11月，他给格劳巴德写信，说“即便什么收获也没有，这也是一项令人着迷的社会学研究”。过了三个星期，他的评价更高：“我对洛克菲勒家族的敬意与日俱增……我感觉他们在发挥上层社会最有益的那种作用：鼓励优秀的人，而且他们也不采取官僚的那套做法，即每做一件事都假模假式地评估一番。”

给洛克菲勒工作还有一些意想不到的特别待遇。作为圣诞节礼物，洛克菲勒送给基辛格一幅法国后印象派画家让–爱德华·维亚尔的石版画。基辛格则回赠了杜鲁门·卡波特的新作《缪斯为人们所倾听》（这本书以幽默的笔触叙述一家美国歌剧团访问苏联的文化之旅）。1957年，洛克菲勒已经让基辛格住进韦斯特切斯特县波坎蒂科山的一栋房子，那里还有洛克菲勒家族的一座庄园，占地面积3 000英亩[①]。一年后，洛克菲勒还将曼哈顿的公寓交给基辛格使用，公寓像宫殿一样富丽堂皇，摆满精美绝伦的艺术品。无疑，因为基辛格与收藏大王洛克菲勒过从甚密，所以他入选世纪协会也顺顺当当，这可是深受作家和艺术家青睐的男性俱乐部。这一切自然会让一个父母仍然在华盛顿高地凌乱不堪的公寓里过着寒酸生活的人感到美滋滋的，不过同时也令他心力交瘁。1958年3月，基辛格向母亲诉苦道："纳尔逊·奥尔德里奇·洛克菲勒，这个好心的疯子总要我帮他写文章，结果写他的文章比写我自己的文章花的精力都多。我在纽约住了三天，住在纳尔逊家里。他们夫妇俩待人很和善。但是现在希望他让我一个人安静一会儿。"

因为自己的老板生性挑剔，就对自己的下属要求更严，自然在历史上基辛格并非头一个这样的人。正是在洛克菲勒专题研究项目办公室工作期间，基辛格表现出其个性的另一面，而以后在他手下的政府部门工作人员都会对其司空见惯：他学会了大吼大叫。20世纪50年代亲见亲闻基辛格吼叫最多的女性是南希·汉克斯，她是专题研究项目的行政秘书，也是项目规划委员会委员。汉克斯出生于迈阿密海滩，从杜克大学毕业，她在洛克菲勒起初任艾森豪威尔政府组织顾问委员会主席时就为他工作，后来在他短期担任卫生部部长时又任他的私人助手。她给父母写信全都是在抱怨"跟基辛格吵架"。有一次吵得特别厉害，她在信中写道："在我看来，基辛格让我，让每个人都很失望。他都快成精神病了……他就像是个孩子，虽然是项目主管，但什么都不管。什么都怪到洛克菲勒和奥斯卡（·吕布豪森）[②]头上，就连不跟他

① 1英亩≈4047平方米——编者注。

② 吕布豪森是洛克菲勒在达特茅斯上学时的室友。基辛格觉得吕布豪森人微言轻，并不待见他。两个人之间常剑拔弩张。

联系这种傻事也怪他们。奥斯卡和洛克菲勒简直烦透他了。”1961年，最后一份报告发表，南希·汉克斯回顾了“很多‘幸福’的经历”，“但当时说那是‘你死我活的争斗’可能更合适”。吕布豪森后来回忆基辛格“遭了很多罪，什么事都往心里去，都是些小事，比如要不要派车去机场接他，派凯迪拉克还是别的车。稍有怠慢就趴在别人肩上哭鼻子……既坦诚又诡计多端”。

然而，专题研究项目中的人际关系实际上更复杂。20世纪50年代的职业女性会面对什么样的挑战，聪明、漂亮的南希·汉克斯以亲身经历回答了20世纪50年代的职业女性会面对什么样的挑战这个问题。有一段时间，洛克菲勒与妻子及5个孩子分开住，她就委身于洛克菲勒做了他的情人，满心以为洛克菲勒会跟老婆离婚。后来情况逐渐明朗，她的希望要落空了①，这时基辛格证明他发火是因为自己很敏感。1960年，汉克斯对父母说出心里话：“亨利再不像以前那么讨厌了。纳尔逊唯一愿意交谈、询问意见的可能就是他了。只要我能鼓励亨利走正道，大家就相安无事……只有通过他的努力我们才能有一个和谐共事的‘团队’。最近情况糟透了，我们的朋友（洛克菲勒）谁的话也不听了。”两个人的通信表明，洛克菲勒疏远她以后，基辛格和她走得越来越近。基辛格对自己发火感到惭愧，让她安慰项目组工作人员“我这种令人不快的举止说明我性格有问题，不是说他们办事不力”。他还说对不起洛克菲勒基金会人力部主管弗朗西斯·贾米森，喜欢“自寻烦恼”。到1960年，基辛格给汉克斯发电报时都署名“爱你的亨利”。而

---

① 洛克菲勒在成为纽约州州长之时结束了与汉克斯的关系。不过，他很快又与一位叫玛格丽塔·墨菲的女士有染，她是为他的竞选之事工作的一位家族的朋友，加入了他在奥尔巴尼的团队。与汉克斯不同，墨菲已婚。1962年，洛克菲勒的妻子提出离婚，次年墨菲和丈夫也离婚了。一个月之后，他们便结婚了。在这段时间，汉克斯被诊断出患上癌症，接受了乳房和子宫切除手术。

即便是生他气的时候，她回电报时也如此署名。1960年3月，基辛格给她送了花，一朵“特别漂亮的玫瑰”。这个时候两人就完全是调情了：“我真是太开心了，逢人就讲我的玫瑰，结果彻底毁了你的名声。全世界都会认为你是个善良的人、体贴的人。你造成的‘损害’要很多年才能弥补。啊，你把我害得好苦！……我要永远保存你送的花。”

但是这显然不过是调情，带着一丝对汉克斯的同情。两人通信的语气更像是怪诞喜剧，不像是爱情小说。汉克斯给他寄了专题研究最后一份报告的副本，上面有纳尔逊和劳伦斯两兄弟的签名。他写道：“我知道你能伪造洛克菲勒兄弟当中一个人的签名，不过要仿造两个人的签名可是大手笔。”1960年6月，他取笑她说听到一些“报道”说她“非常迷人”。他还说：“你一定变得很温柔了……专题研究项目组可不能这么温柔，否则我要回来了。”

这个时候基辛格已经回到哈佛，看上去婚姻美满，在35岁那年当上了父亲。起先他和安妮很知足，养了一条宠物狗（斯莫基死后他们又养了一条叫赫比的可卡犬），他们住在弗罗斯特街一座半独立式的房子里，隔壁住着历史学家克劳斯·爱泼斯坦[①]和太太伊丽莎白。这时基辛格在学校的地位已经很稳定了，但他感觉还可以再晋升。根据《波士顿游客》的描述，位于贝尔蒙特市弗莱彻路104号的基辛格宅邸是典型的哈佛教授住宅，屋内四壁尽是书，客厅很大，可以招待同事、学生以及访问学者。这篇文章报道，安妮生活得很幸福，“打理丈夫的个人信函”，整理“跟丈夫工作有关的剪贴簿”，为来客备好鸡肉和米饭。第一个孩子伊丽莎白于1959年3月出生，两年后儿子戴维又降生了。尽管基辛格和安都不再信犹太教，还是让戴维接受了割礼，基辛

① 爱泼斯坦也是一位从纳粹德国逃难至美国的移民，当时他刚出版了自己的著名传记作品《魏玛政治家马提亚·埃茨贝格尔》。

格不由得“满怀自豪地回顾了那些艰难的岁月”，想到“现在这一切几乎都归功于家风，是它让我们同甘共苦、相依为命”。然而就在他写下这些文字的时候，弗莱彻路104号的家风却摇曳不定、近乎衰落。安妮已经回剑桥，并打算定居。然而，对基辛格而言，哈佛是通往波士华大都市其他地区更大事业机会的补给站。在给洛克菲勒工作期间，他已经初步领略了那些华丽的世界：财富中心曼哈顿、权力中心华盛顿特区。他要挤进这样的世界，只能把安妮抛在身后。

《核武器与对外政策》出版后，基辛格声名鹊起，现在的他更自信了。根据一份早期的报纸简介可知“基辛格博士身高大约175厘米，身体结实，戴一副角质框架眼镜。他说自己网球打得‘不赖’，象棋下得‘很好’”。据他弟弟说，他现在对安妮的“控制”已经不正常了。沃尔特·基辛格本人则走了一条不同的美国道路，这有两层含义。他成了一位知名商人，能让一个濒临破产的公司起死回生。他先是在俄亥俄州阿克伦城通用轮胎公司工作，后来跳到斯佩里·兰德公司，即制造美国第二台商用计算机通用自动计算机的公司，他的公司管理水平日益完善。同时，他也越来越自信。1958年，他跟尤金妮娅·范德鲁吉私奔，令父母目瞪口呆；当年尤金妮娅26岁，从拉德克利夫学院毕业，在基辛格经营的半导体公司实习时结识了他。尤金妮娅是圣公会教徒。不久大家都清楚了，小夫妻俩无意按犹太传统抚养孩子。

3

1960年1月，基辛格写信给纳尔逊·洛克菲勒：“实话对你说，年轻教员也不比资深教员有趣多少。”关于基辛格回哈佛任教至少有两种说法。第一种说法强调基辛格的“反哈”倾向，因为他不仅疏离于哈佛残存的白人精英优势，而且厌恶教员的学术研究曲高和寡。另一种说法则把他描绘成典型的“冷战公共知识分子”，充分利用了这所著名的“冷战大学”提供的各种机遇。当然，这些年哈佛大学变化很快。内森·普西任校长期间，威尔伯·本德主管招生工作，学校招生政策对学术要求很严格（尽管并不像科学家乔治·基斯佳科夫斯基希望的那么严格）；课程设置更国际化、多元化；科研基金更多依赖联邦政府，尤其是在化学、工程和医学领域。1953—1963年，联邦政府拨给哈佛的各类经费，从800万美元至3 000万美元不等，每年增长5倍。战前，绝大部分教师都有哈佛的学位，但该比例迅速降低到1/3，“因为由校长本人任主席的临时委员会认定有些人在各自领域很杰出”，便又新聘任、提拔了一批教授。普西本人虽然是研究英国文学和古代史的学者，却在一个功利主义时代主事。各式各样的区域性或学科性研究“中心”激增，其中著名的有苏联研究中心（1948年成立，主任是人类学家克莱德·克鲁克霍恩）和东亚研究中心（1955年建立，主任是费正清）。20世纪50年代初，基辛格和恩师艾略特曾被迫各处筹资支持国际研讨会及其相关杂志《合流》。国际事务中心成立后，这种低三下四的活儿就不用再做了。国际研讨会还在运行，用艾略特的话说像是一种“爱的付出”，但《合流》杂志既没时间办也没有经费支撑，只好悄然消亡。1959年决定将其从季刊改为年刊，但后来再也没出过一期。

建立国际研究中心的决定可以追溯到1954年，当时福特基金会主动提出成立一个委员会，来评估哈佛大学行为的适宜性。当时开设了13门国际政治方面的课程，但国际研究领域一般都被斥为仅仅是“时事的一个分支”或“对昨天《泰晤士报》的评论”。邦迪首选的中心主任是当时的国务院政策规划办公室主任、助理国务卿罗伯特·R. 鲍伊。

鲍伊在大学时学的是法律，在1955年12月被任命去国务院工作之前，他是哈佛大学法学院反托拉斯法的专家。但是，之前他在战后德国的美国占领区担任过卢修斯·克莱将军的助手，又当过美国驻德高级专员约翰·J. 麦克洛伊的总顾问，所以在西欧问题上也有着相当丰富的经验。他很想谢绝哈佛的邀请而留在政府部门，但是架不住邦迪的劝说。邦迪引诱他说，只要回哈佛就让他当国际事务中心主任和行政学系兼职系主任，还说能干的基辛格会当他的副手。

尽管鲍伊和基辛格的关系很快就闹僵了，但刚开始两人的意见还是一致的。从行文来看，1958年发表的中心活动计划书中至少有一部分是由两人共同执笔的：

> 如今，没有一个地区是孤立的，没有一个地区可以被忽略；远方的行动和事件可能立即产生世界范围的影响……与此同时，各种势力在急速影响着世界。在战争、民族主义、技术和共产主义的影响下，旧的秩序已经被摧毁；一度占统治地位的国家被迫适应影响力衰退的新形势。一些新国家出现了，正在力求生存……而且原子弹遍布全世界，带来了希望，也造成了威胁。

研究领域包括5个：欧洲关系、经济与政治发展、武力作用与武器控制、国际组织以及远东问题。中心不招本科生和研究生：鲍伊和基辛格将作为行政学系教授在其他地方开展教学活动。中心“把外交事务的基础研究和资深专家的高级研究结合起来……不存在日常问题的压力”。

基辛格始终注意到机构争夺地盘的可能性，他担心这个中心最后会变成“现有各系的附属品”，尤其是“政治（行政学）系”，因为“政治系习惯把国际关系当作政治的一个分支”（如果政治系没有实际上“否认国际关系这门学科的有效性”的话）。他告诫鲍伊，中心必须“不懈地坚持构想和执行的独立”。这“不仅仅是发展一个项目的问题”，还“有必要创造一种态度、一门学科。这种目标会让哈佛很多的主流群体深恶痛绝。然而，只有走这条路才能有所建树”。他和鲍伊一开始都认为“再做一遍其他研究机构和国际事务中心正在做的事毫无意义……因为人才供应不足，要讨论的问题……太有限”。他俩唯一的分歧在于，鲍伊提议“从政府部门、学术界、商界、专业领域和新闻界招收正处于职业生涯中期的研究员”，让他们到中心做半年到两年的研究。基辛格则认为最好采用普林斯顿高级研究所的那种专门学术组织架构。

鲍伊和基辛格的关系迅速恶化，这俨然成为两人研究关系“冷战”的荒谬缩影，掩盖了两人合作初期的成就。国际事务中心起初位于神学街6号，即哈佛闪米特博物馆旧址，成立后发展很快。除了主任和副主任能力极强，新聘的两位资深研究员水平高也是一个原因。一位是发展经济学家爱德华·梅森，他是公共管理研究生院院长，刚调过来；另一位是博弈论专家托马斯·谢林，1953年离开杜鲁门政府以后就一直在耶鲁任教。基辛格与谢林后来也反目成仇、关系疏远，但两人在学术上一直互相尊敬，多年来在欧洲事务和核战略问题上保持沟通。由于福特基金会（10万美元）、洛克菲勒基金会（12万美元）、洛克菲勒兄弟基金（10.5万美元）、狄隆家族、标准石油、国际商业机器公司以及学校自身提供了充足的经费支持，因此鲍伊和基辛格不用花大量时间筹资。基辛格没想到，研究员项目办得很好，尤其是经常举办研讨会减少了学科壁垒，加强了团队精神。餐厅里摆放着鲍伊挑选的长条桌，鼓励大家在午餐时间进行学术交流，那里很少出现空无一人的现象。特别是中心成功吸引了一批一流学者，尤其是兹比格涅夫·布热津斯基、莫顿·霍尔珀林、塞缪尔·亨廷顿、约瑟夫·奈等人。时隔不久，中心就成为讨论美国外交政策的主要场所。早在1960年，中心就拿出了两份重要报告，一份是关于意识形态与外交事务的，提交给了参议院外交关系协会，另一份是关于北大西洋国家的，提交给了赫脱国务卿。

那么问题出在哪儿？是两人意见上的微妙分歧引起了双方关系的恶化似乎说不通。诚然，鲍伊主张建立一支多边核力量，也就是建立一支多国参与、由北约控制的海运（主要是潜艇）核力量，基辛格就是不听。但是，这是学术论争，不涉及个人恩怨。两人关系不睦跟政治也无关。两人在学校都是比较保守的人物，那时的学校里，如果是右派，则需要“以寡敌众”（艾略特曾经这样说过）。一种假设是鲍伊正是基辛格20世纪50年代末、60年代初所写文章中一再嘲笑的那种“爱计较法律条文的公务员”。另一种假设是，鲍伊是“那种狡猾的美国佬，典型的白人精英派”（实际上他来自古老的切萨皮克家族），所以对年轻的（犹太）同事带有根本的敌意。实际情况是，这个问题跟组织结构有关。鲍伊在政府部门高级职位上干过几年，便自然地指望国际事务中心是一种层级机构，他把基辛格看成他手下的助理主任。基辛格却有不同看法。出畅销书的是他，纳尔逊·洛克菲勒看重的是他的建议，上电视访谈节目的也是他。他是大忙人。他有两个办公室，剑桥的这个是其中之一，另一个在纽约的洛克菲勒兄弟基金会。专题研究项目一直占用着他大量的时间，直到1961年出了最后一份报告才算了结。除了完成纽约的工作，基辛格还不停地收到全美各地的演讲邀请。这些演讲一般都要跟他在哈佛两三周上一次的课错开。他在哈佛的新助手说，“自己没有任何怨言，就是很少见到他，没有办法”。很快，鲍伊对他的各种不满爆发，而基辛格很少来中心上班也是其中一个原因。鲍伊指责基辛格“写文章就是为了上报纸”，“能发文章主要是因为名气”，还说他干的活“达不到可以接受的标准”。两人先是激烈争吵，最后关系破裂。“我和这个居心不良的疯子鲍伊疯狂地吵了一架，搞得我一时筋疲力尽。”1958 年 3 月，基辛格给母亲写信，解释母亲生日那天自己为何不去看她。最后两人关系冷淡，互不搭理。谢林回忆办公室挨着的两人“有时要先跟秘书核实才肯出门，这样就不会碰见对方”，这话当然带有诗意的夸张。

然而，邦迪信守协议，说到做到。1959 年 7 月，他用福特基金会提供的一笔资金在行政学系设了两个兼职系主任的职位，一个是指定给基辛格留的，另一个是给法国学者斯坦利·霍夫曼的。得到这两个职位都会有终身副教授头衔，需要在系里投票（由已获得终身教职的教员投票），还要由特别委员会投票。尽管有人持保留意见（尤其是苏联问题专家亚当·乌拉姆，他认为基辛格的《核武器与对外政策》不是学术著作），但对这两个人的聘任决定都通过了。基辛格现在有了最终的职业安全保障。当了哈佛的终身教授实际上就等于不会被解雇。的确，他有了一份可以做一辈子的工作了，只要他愿意做。

这份工作到底都需要做些什么呢？作为教师，基辛格喜欢组织研究生开研讨会，先让这些比较成熟的学生听来访专家宣读论文，再让他们参加基辛格组织的讨论。基辛格和霍夫曼、亲法的贵格会教徒拉里·怀利一起主持了一次西欧问题研讨会。他还办过作为国防研究项目部分内容的国防政策研讨会，并努力解决哈佛商学院的学生中退伍军人比例过高的问题，提高外来讲座嘉宾的质量（邀请的嘉宾有密歇根州大急流城的一位共和党国会议员，名叫杰拉尔德·福特，还有华盛顿州的年轻鹰派参议员亨利·“勺子”·杰克逊）。哈佛–麻省理工联合军备控制研讨会是一种仅由教师参加的特别的高层研讨会，这个研讨会从1960年开始举办，此前美国艺术与科学学院资助中心做过两次同类话题的研究。军备控制研讨会由国际事务中心与麻省理工学院国际研究中心联合举办，经常两三周举行一次，事先向与会者发送一位或多位会议代表的论文，开会时讨论。研讨会都是晚上开，通常是在昆西街哈佛教师俱乐部楼上的某个昏暗的会议室。室内是复古装潢，更不用说有些人还穿花呢外套、抽烟斗，但是讨论却新意迭出。基辛格和谢林是会议常客，此外还有科技专家，如生化学家保罗·多蒂、艾泰公司的理查德·莱格霍恩、麻省理工学院林肯实验室的卡尔·奥佛哈格等人。年轻的莫顿·霍尔珀林担任文书（他同时也是基辛格国防政策研讨会的助教）。讨论的水平很高，与会者全都是这个新兴领域的专家。1960年12月的那次研讨会很典型，一些刚在莫斯科参加完第6届帕格沃什会议①的代表描述了参加会议的感受。

但是基辛格也教本科生。他的“国际政治原理”（课程编号为行政学180）很受欢迎，尽管课程的4页书单令人望而生畏，但每次还是有100多名学生选课。（据教学大纲说）课程“涵盖国际政治的主要概念和问题，侧重讨论权力的基本问题，例如‘强权政治’的性质、策略与控制”，第一轮有10篇“必读”文本，包括修昔底德的《伯罗奔尼撒战争史》、马基雅维利的《君主论》、柏克的《法国革命论》、丘吉尔的《风云紧急》、摩根索的《国家间政治》以及基辛格自己的《核武器与对外政策》。（后来，修昔底德和马基雅维利被换成更贴近当代的学者，大多是英国历史学家，如艾伦·布洛克和迈克尔·霍华德，但1963年这两位又为美国国际关系理论家约翰·赫兹和肯尼思·华尔兹所替代。）“建议”阅读书目包括一大堆过去和当前的国际关系方面的书，

① 组织帕格沃什会议是为了回应于1955年发布的、旨在呼吁科学家们共同评估和反击由“大规模杀伤性武器”引发的危险的《罗素–爱因斯坦宣言》。

明显偏重19世纪和20世纪的欧洲历史。1963年版学生“课程保密指南”体现了基辛格的教学风格：“那真是一道风景，他在讲台上来回踱步，趾高气扬，时而赞扬梅特涅，时而责骂肯尼迪，时而给基辛格戴上桂冠，歌颂他解决了困扰美国的不良外交政策的问题。”《哈佛深红报》亲切地用一段讽刺性对话总结了基辛格和同事霍夫曼的特点：

问：既然我们在谈个体的问题，请问你对基辛格怎么看？

答：研究复杂性。

问：什么的复杂性？

答：形势的复杂性。

问：明白。那霍夫曼教授呢？

答：做出困难的区分。

基辛格像他自己的本科生导师艾略特一样，经常“出城”，因此选课的学生很难见他一面。他见过艾略特怎么安排自己的日程，便也如法炮制，而且有过之而无不及。但这不等于说他的课不受学生欢迎。恰恰相反，上过“行政学180”这门课的学生普遍喜欢他随时回答时事问题，很欣赏他回答问题时的犀利妙语。对大多数人来说（现在的哈佛通常仍然如此），听一个名气很大、能上《面对全国》电视节目的教授讲课还是会感到小小的兴奋。也有少数认真的学生对这个脚踏学术、政治两条船的人表示疑虑。当时还是个大三学生的查尔斯·迈尔在校报发表了文章《教授的政府顾问角色》，文章配上了基辛格的一张照片，很是显眼。他警告说：“教授顾问这个新阶层的发展是好事，但也有危险。”主要危险是这个“新的教授阶层”可能会变得非常“浮夸和傲慢”，陶醉于新来的名气，结果“志得意满、学术退化”。一个很大的影响是教授顾问有可能“一改传统的批评家角色，变成政府的发言人”。那是1960年6月。三年后，《哈佛深红报》刊登了一篇文章，说基辛格和谢林是不可理喻的“平民军国主义者”，不知道“如何用理智阻止冲突”。他们在国际事务中心办公室只不过是“收集资料并输入电脑，然后思考哪一天是往苏联投炸弹的最佳时机”。这个10年还没过完，这种对哈佛教师与“国家安全状态”之间关系的疑虑就转化成暴力抗议行为。

4

虽然有些学生认为这位“教授顾问”跟政府走得太近，但从另一个方面来看他却跟政府相隔万里。冷战并非博弈论专家所说的那种公开的史诗般对决。公开的大多是假的，就像那种让我们幻想美苏之间子虚乌有的导弹差距的宣传，而真实的大多是暗藏的，就像情报机构之间的秘战。即便是消息最灵通的局外人也不过是对冷战的谎言与秘密略知一二。只有当基辛格进入政府内部，得见“机密”文件后，他才明白20世纪50年代自己对外交政策的评论大多是幼稚的，才明白自己大大低估了艾森豪威尔政府的奸诈狡猾。

世界范围的冷战更是如此：不妨将超级大国为统治第三世界发生的冲突称为“第三世界大战”。即便双方信誓旦旦地要摧毁对方的威胁足以为美国、苏联和分裂的欧洲带来“长期和平”，但非洲、亚洲、拉丁美洲和中东的大部地区却并非如此。在这些地区，超级大国之间的战争通常是以代理人的形式进行的，人员伤亡惨重，令人触目惊心。我们现在知道的情况比当时任何局外人知道的都多得多。不错，谁都知道，“二战”后大家竞相“去殖民化”，欧洲那些帝国灭亡的灭亡，解体的解体，苏联没少捞到好处。艾森豪威尔抱怨道：“世界上几乎每一个新生国家都很愿意接受共产主义或其他形式的独裁，不承认其他政府的政治统治。”这些“新国家”让他联想到一排多米诺骨牌即将接二连三地纷纷倒塌[①]。有时，这一过程似乎比20世纪30年代“横扫独裁者”还要来得迅猛。侵略朝鲜，鼓动菲律宾虎克党起义，全力推翻越南政府，试图颠覆老挝、柬埔寨和缅甸，几乎成功占领伊朗，在意大利动荡地区的里雅斯特浑水摸鱼，对危地马拉进行渗透……种种事例表明，苏联处处施压，妄图在它能够影响的每一个国家加速实行共产主义占领。艾森豪威尔和杜勒斯上任时可能还在讨论“解放”问题，仿佛可以用某种方式让苏联退回到过去，但他们很快意识到（凯南也这么说过，因为他曾被苏联这个另类国家驱逐出境，所以说的时候完全是幸灾乐祸的）只能遏制，别无选择。艾森豪威尔任职期间只有古巴和越南民主共和国倒向了共产主义，而且也不是因为苏联方面没有下功夫。1961年1月，赫鲁晓夫明确许诺苏联支持“争取自由的民族战争”。他想借助去殖民化的浪潮把苏联塑造成所有革命者的盟友，把美国诬蔑为新帝国主义。我们太容易忘记这一策略是多么成功。美国不能再打几次朝鲜战争那样的战争，只能通过声势浩大的“灰色”和“黑色”宣传攻势以及隐秘的行动，去延缓苏联扩大影响的步伐。“二战”期间产生的心理战思想现在被运用到每一个易受影响的国家。

世界性冷战的地理范围十分辽阔。越南共和国充斥着美国新闻署[②]打造的反共文学；越南民主共和国遭到中情局培训过的破坏者和挑衅

① 艾森豪威尔第一次提到多米诺理论是在法国于奠边府溃败之后的一次记者会上：“你搭起了成排的多米诺骨牌。之后你推倒了第一块……那么对最后一块骨牌而言，它必然会很快就倒下。”这有些奇怪，因为他并没有做什么去阻止法国的多米诺骨牌倒下。

② 美国新闻署（USIA）成立于艾森豪威尔总统任职期间的1953年，当时其海外的分支机构为美国新闻处（USIS）。

者的渗透；印度尼西亚、老挝和泰国成了宣传的海洋。同时，美国下大力气把巴基斯坦（与土耳其、伊朗和伊拉克一道）打造为“北部”亲西方世界国家，打击印度的中立主义势力。安插在埃及担任纳赛尔总统公共关系顾问的詹姆斯·艾克尔伯格其实是中情局特工。这是一场多媒体运动，不仅涉及经济军事援助，还涉及商贸交易会、交换项目、文化旅游、图书馆、移动影院和无线电广播。在这个方面，心理战与当前的商业广告潮流如出一辙：“托儿”在外交政策中跟在销售中一样有效。这样做的结果无疑有好有坏。美国力图在国外施加影响，但不仿效欧洲殖民主义，这种现象被一些作家捕捉，成为他们书中讽刺挖苦的对象，例如格雷厄姆·格林的《文静的美国人》（1955年）、莱德勒和伯迪克合著的《丑陋的美国人》（1957年）等。总统手下的国外信息活动委员会起草的一份报告抱怨道：“尽管我们提供了大量经济援助和军事支持……尽管我们有反殖民主义的传统，我们的好意得到别人的认可，我们的社会自由而多元，但我们却似乎越来越被人们与过去和现在境况中的一些负面形象联系起来，尤其年轻人更是这么认为的。”的确，要让独立国家接受美国的意愿很难。开罗电台拿了美元居然还谴责美国在欧洲的主要盟友。更糟糕的是，第三世界领导人（比如马来人、柔佛邮政工人工会秘书塞瓦·拉加）参加交换项目访问美国时，经常受到种族歧视。

劝说无效，自然采取颠覆手段。艾伦·杜勒斯及其同僚在“二战”期间学过颠覆之术，后来又观察了苏联无情颠覆东欧各国政府的情形，惊慌失措，认为美国可以如法炮制。因此，在杜勒斯的领导下，中情局“组织推翻了两个外国政府……推翻另外两个政府的企图未能得逞……至少考虑过（如果没有参与的话）谋杀几位外国领导人”。推翻穆罕默德·穆沙德实际上是英国的主意，因为他将英控盎格鲁–伊朗石油公司收归国有，但中情局很快介入，大大拓宽了政变所需经费的来源。由于1951年民选总统哈科沃·阿本斯上台后，将美资联合果品公司收归国有，因此美国出于商业利益考虑对危地马拉进行了干涉。中情局组织军变推翻阿本斯，还煞费苦心捏造他是克里姆林宫傀儡的谣言，到处扩散。这类行动被NSC–5412号文件证实，该文件于1954年3月15日被艾森豪威尔总统批准，授权艾伦·杜勒斯负责策划秘密行动，但必需保证获得白宫、国务院和国防部通过所谓的“特别小组”给予的批准。1959年1月古巴的卡斯特罗上台，很自然中情局又要着手实施推翻他的行动。精力充沛的理查德·比塞尔是策划组副组长，时刻准备采取刺杀手段，刺杀对象不仅有卡斯特罗，还有多米尼加共和国的拉斐尔·特鲁希略和刚果总理帕特里斯·卢蒙巴。虽然1960年刺杀特鲁希略和卢蒙巴的凶手不是中情局特务，但刺杀武器是中情局提供的。中情局可能很少考虑这种种秘密行动一旦公之于众（在一个新闻自由的社会，这种现象自然难以避免）会造成什么样的“反冲”。举证苏联克格勃在冷战期间也采取了同样卑鄙的手段恐怕也无法证明美国行为的正当性，尤其是美国瞄准的许多目标既是共产党国家，也是民族主义国家。

5

20世纪50年代末的基辛格对第三世界大战知之甚少。他并不知道艾森豪威尔政府为了阻止共产主义蔓延采取了哪些或公正或龌龊的手段，而且还低估了自己的无知。但是，冷战的这一面越来越重要，他不是没有察觉。1958年7月，基辛格在美国广播公司和迈克·华莱士做了一档半小时的访谈节目，内容非常好。访谈中两人先谈到1957年有关大规模报复战略和有限战争相对优点的争议，后来主持人引开话题。这次谈话展示了基辛格在成功后变化有多大。他比第一次上电视时自信得多，在华莱士的问题比较尖锐的时候，基辛格间或露出狡黠的微笑，但讲到那些比较惊险的内容则一般都面无表情，沃尔特·马修在《核子战争》中饰演格罗特斯勒教授时将这种特质刻画得淋漓尽致。

华莱士：为了让大家更好地了解您对有限战争的建议，或许您能定义一下您理解的目前美国的军事政策。美国的军事政策是什么？

基辛格：美国目前的军事政策基于大规模报复原则，就是说如果苏联发动任何侵略，我们就威胁对其发动全面战争。这意味着我们的政策基于要毁灭全人类的那种威胁。这样做太危险，我想代价也太大。

华莱士：您显然认为这不对，认为其会危及美国安全。能否请您展开谈一谈。就因为您认为有危险，就因为代价大，就不值得吗？

基辛格：不值得。这将意味着每次出现危机，美国总统就要考虑某个目标的实现是否值得毁坏美国的城市。总统就要考虑是否值得用 4 000 万美国人的生命攻打贝鲁特或解决其他什么问题。实际上恐怕美国总统会认为不值得，而这样就会鼓动苏联侵略，一点一点地占领全世界。

华莱士：因为您认为苏联认为我们不愿或不能（当然是不愿）打全面战争？

基辛格：苏联会明白我们越来越不情愿进行这种战争，因而他们的任务就是向我们挑战，这种挑战似乎不值得我们跨出最后那一大步，但是这样日积月累下去会摧毁自由世界……我不建议美国主动开战。只有苏联先进攻才会出现要不要打仗的问题。然后，其实我们比苏联更怕全面战争，如果苏联先发动战争，他们会逐渐抓住自由世界的软肋而借机提条件，最后叫自由世界投降。我这些话都是基于一个假设，即我们愿意和苏联一样冒险。如果不这样，我们就输了，我认为我们必须面对这种现实……

华莱士：那么您认为应该重新进行评估美国战略，从而恢复战争这种可用的政策工具吗?

基辛格：美国战略必须面对一个事实：它可能遭遇战争，如果苏联对我们发动侵略战争而我们不愿抵抗，那将意味着我们要失去自由。所以说到底这是一个价值选择问题。从这个方面看，是的，我认为我们必须把战争当作一种可以使用的政策工具。

然而，后来华莱士追问基辛格，问他喜欢的那种有限战争究竟会是怎么个打法，能不能举例说明，这时谈话出现了新的突破。基辛格不失时机地提出了一个人们眼下关注的场景，“以苏联侵略，比如入侵伊拉克为例”。这个时候离泛阿拉伯军官推翻伊拉克哈希姆王朝恰好24小时。基辛格认为，伊拉克正是那种没有美国常规军防守的地方。“如果我们能多几个师的兵力，如果我们有空运能力，那么……我们可以空运几个师过去，跟当地部队一起防守”。华莱士指责他只会提出“战争政策”，提不出任何“积极的和平政策”，基辛格严厉批评说这种二分法是错误的。

基辛格：防守政策对维护和平非常重要。当然，它们不会解决世界上的政治问题。它们只能给我们提供一种掩护，有了这种掩护我们才能采取建设性的办法。眼下有件事很重要，我们认同席卷全世界的声势浩大的革命，我们对建设自由世界有一种观念，而这种观念不仅仅建立在保卫世界、反对共产主义上，还有其他的动机。我们必须让大家明白的是我们赞成什么，而不是我们反对什么。如果我们更清楚想要创造的世界是什么样的，如果我们能让别人也知道这种观念，那么我们就不会总显得那么固执、好战，那么我们就会认同积极的措施，而不是仅仅搞什么军事结盟。

华莱士再次追问具体问题，提到新闻里的另一个国家：法国殖民地阿尔及利亚。当时已经是该国暴动的第四年，其再经过4年的流血牺牲终将实现独立。基辛格的回答依然是发人深省的：

基辛格：一般来说，我们应该反对殖民政权。另一方面，我们应该想出一些办法……独立的阿尔及利亚很难作为一个纯粹的独立国家存在。这个时期有个很可笑的地方，一方面你希望出现越来越多的主权国家，另一方面，不再有完全独立的国家这回事。因此，有件事一直吸引着我：我们可以倡导建立一个在经济上或是在其他发展项目上联合起来的北非联邦，阿尔及利亚可以在这个联邦中找到自己的位置，而不是成为一个纯粹的独立国家。

可以邀请纳赛尔新成立的阿拉伯联合共和国（1958年早些时候通过合组埃及和叙利亚而成立）加入吗？基辛格认为不能，补充说“美国政策对纳赛尔还没有亲善到跟他交朋友的地步，但也没有排斥到镇压他……，然而，我想说伊本·沙特不能代表我们在中东认同的那种势力”，他说的是沙特国王，此君喜欢伊斯兰教法，不喜欢世俗的泛阿拉伯主义，就是这种信仰曾让他下令暗杀纳赛尔，不过行动最终失败了。

在很多问题上，洛克菲勒对基辛格的影响显而易见：他不仅对殖民政权充满敌意，绝不妥协，而且对建立联邦政府的解决方案充满热情。但是，毫无疑问，基辛格同时也展示了自己独特的理想主义观点。华莱士问他是否认为美国能“在一个实现完全社会主义革命的世界”生存，基辛格发自肺腑地回答道：

基辛格：这个嘛，你看，你可以认为认同社会主义和革命不是件很好的事。你完全可以认为一个资本主义社会，或者我觉得更有意思的是，一个自由社会比 19 世纪的社会主义更具革命性，这恰好说明我们现有的一个问题。我认为我们应该在世界上发动精神攻势。我们应该认同革命。……即便是我们已采取了建设性措施，我们也应该说如果自由得到解放的话，它可以实现很多的目标……我们总是根据共产主义威胁而不是我们受内心驱使想做的事来证明这些目标的合理性。比如，我认为我们对拉丁美洲的暴乱所做的回应是非常不合适的（他是指 1957 年 5 月，副总统尼克松访问秘鲁和委内瑞拉引起当地人游行示威）。我们不应说“这些是共产党挑拨的，我们必须防止拉丁美洲赤化”，我们应该这么说：“这让我们想到了自己的职责。我们就是想做这些事，出于我们所代表的价值，而不是因为我们想打败共产党”。

这绝不是现实主义的语言。事实上，基辛格特意严厉斥责了杜勒斯国务卿，说他“在外交政策的操作上毫无定性，在外交政策的协商问题上起伏不定，没有成功地展现我们所代表的深层价值，经常在国外造成严重的不信任”。

访谈中只有一次基辛格语焉不详，那是在即将结束讨论而转向国内政策的时候。华莱士援引基辛格对另一位美国广播公司记者说的一句话：“我们的政府是老人政府，对现在的生活很满意。”基辛格则面带微笑坚持自己的立场。

基辛格：我说过这个话。我认为我指的这些群体成员都是很善良、很真诚、很爱国的人。他们的问题在于，他们认为自己成长的世界是正常的世界。他们倾向于在出现危机的时候让局势缓和，然后等待……期待正常势力再次显现。因此，他们执行政策就有点儿像，嗯，也许像小城市的银行家，以为形势好的时候总能赚点儿利息。

但是华莱士问他认同下一代的哪个政治家时，基辛格却闪烁其词，只是说在两个政党中都没有察觉出“任何了不起的道德活力”。于是有了以下对话。

华莱士：基辛格博士，公共领域中有谁是您崇拜的、指望其将来领导美国的？

基辛格：这个嘛，我要说，首先，我今天是作为无党派人士来这里的，我是个自由派。在这个问题上我不代表任何派别。这要具体而论。史蒂文森先生说的很多话我都很尊敬，尽管我在其他一些问题上与艾奇逊先生的看法很不相同但对他的许多话我也很尊敬。这个……在野党很难证明它的能力。

华莱士：但是您没有马上想到哪个共和党人，具有我们需要的那种理解力在当前领导我们。

基辛格：我不喜欢谈名人。我认为尼克松先生最近的讲话表现出他对当前的局势有一定认识。但是如果你问我，我还是不愿意谈名人。

一个在公众心目中已经跟纳尔逊·洛克菲勒关系很深厚的人居然说出这种话来，着实奇怪。亨利·基辛格的政治教育才刚刚起步，并且前路漫漫路漫漫。

KISSINGER

1923–1968 THE IDEALIST

卷三

KISSINGER
THE IDEALIST
1923–1968

第12章

—

双重身份

如果你去西班牙买一幅毕加索的画，带回来挂在州长府，你是不会请油漆工来补漆的。

——亨利·基辛格对纳尔逊·洛克菲勒说的话

一段时间以来，我一直在想，我做这件事最好不要经过亨利·基辛格。我觉得他这个中间人渠道不可靠。

——威廉·艾略特对理查德·尼克松说的话

1

到1958年，亨利·基辛格已经不仅仅是一位“教授顾问”了，他还是著名知识分子。总统候选人在演讲时会提到他的名字[①]。美国青年

① 具体例子可见约翰·肯尼迪于1958年8月14日在参议院所做的演讲：“我们已经培养了基辛格提出的马奇诺防线精神。”在此，肯尼迪认为并无解释基辛格是谁的必要。

商会将他评为1958年“十大杰出青年”，他发现上榜的还有流行歌手帕特·布恩。一下子成名基辛格当然满心欢喜，但他也非常清楚在波士华大都市圈两端来回奔波是多么辛苦。1959年，基辛格在《记者》杂志上发表了一篇很长的明显带有反思性的文章《决策者和知识分子》，试图说明这种辛苦，而且还提出了一个解决办法。

当然，从理论上说，愿意踏出校园的知识分子可以对付“日益专业化、官僚化的社会”上的不良倾向，即造就受各种委员会掣肘、一心“避免风险而非大胆创新的”领导人。然而，正是出于这种原因，很多机构争相聘用像基辛格这样的知识分子。但是存在两个问题。首先，这些知识分子“很快发现自己负担很重，他们的生活节奏跟行政主管没什么两样。他们跟决策者一样疲惫不堪，无法提出什么新思路”。结果是失去了那种创造性，而创造性正是知识分子的王牌。其次，“如果你挑战官僚机构的预设，不管是政府的还是个人的，那么很难保住顾问职位”，而那些愿意“在现有话题上做文章、不愿冒险另起炉灶”的人就可以保住地位。能够续签顾问合同的知识分子提供的“不是创见，而是支持”。

这也不是说回归超然的学术圈会更好。基辛格早已在哈佛大学发现这种超然物外会带来什么结果。

> 追求普遍性虽然结出了许许多多伟大的学术成果，但可能会在国内事务上产生某种类似教条主义的东西。结果可能是，要从众多选项里做出选择的时候就会退缩，而做选择是决策不可分割的一部分；就会忽略决策的悲剧性，而悲剧性正是猜测不可或缺的成分……有些专家给人感觉冷战的目的就是冷战，而有些专家在言谈之中似乎是在表达只要重新定义“冷战”一词就可以结束冷战。

基辛格的结论是，唯一的办法是既参与又独立。知识分子不能回避决策过程，当进则进，当退则退。但是，他必须保留“从独立立场应对决策者的自由”，“保留用自己的标准评估决策者需求的权利”。

这篇文章将对我们追踪基辛格担任纳尔逊·洛克菲勒顾问的轨迹有所启发。要知道，从1958年到1968年，洛克菲勒多次就差那么一点点便能当上美国总统。

2

1958年7月，当政治风险已经很大的时候，洛克菲勒让基辛格“准备好两三个简短的关键性演讲”。在这个节骨眼上，洛克菲勒正在争取共和党对其纽约州州长一职的提名，同年8月他如愿以偿。但是有关人士心里清楚，这不过是参加总统竞选的跳板。外交政策根本就不属于州长的职能范围，他凭什么要讲新的、更积极的外交政策？

洛克菲勒的政治随从几乎像他的私生活一样具有分裂倾向。有些人，像弗兰克·贾米森和乔治·欣曼等老将劝他等待时机，巩固在奥尔巴尼的职位更要紧。有些人，比如他忠实的看门人比尔·罗南和言辞浮夸的演讲词撰稿人埃米特·J. 休斯却一个劲儿怂恿他。基辛格不失时机地确立了自己在撰写外交政策演讲稿方面的主导地位，反对洛克菲勒一直坚持的集体改稿的想法（“不应该经过25个人的手”），极力要求洛克菲勒“提升外交政策讨论的高度，不要停留在纯粹战术的层次”。然而，写出来的演讲稿却有好有坏。至少一份基辛格自己起草的稿子彻头彻尾地失败了：内容对于“事先至少已参加了两场鸡尾酒会”的听众而言太学术化了。小阿瑟·施莱辛格问洛克菲勒，如果他当上州长，是否会提名基辛格当他的州务卿，可能是开玩笑吧。（基辛格完全不够格担此要职。）

洛克菲勒最大的挑战在于他叫板在共和党内拥有坚实支持基础的现任副总统。理查德·尼克松虽不受党内保守派待见，但洛克菲勒却被这些人深恶痛绝。而且，在1960年总统竞选之前的一段时期，尼克松在美国外交政策方面发挥的作用越来越明显，1959年7月在莫斯科举办的美国国家博览会开展期间，他还在著名的电视直播的"厨房辩论"中与赫鲁晓夫面对面交锋。与此同时，美苏超级大国之间的关系出现了改善迹象，这在一定程度上削弱了洛克菲勒专题研究报告的权威性。

艾森豪威尔政府晚期，有两个问题在外交政策辩论中占据了主导地位。一个是禁止核试验运动：由于公众对核辐射危险的了解越来越多，因此禁止核试验运动开始兴起。由于著名科学家及政治家（尤其是任期满一届后输给洛克菲勒的纽约州前州长埃夫里尔·哈里曼）都在支持，再加上苏联在人造卫星上天后立即正式提出了"禁止核试验"（尤其是1958年3月苏联已提出单边禁止核试验），因此美国很难表示反对。第二个同样很有争议的问题是德国问题，其中涉及去军事化、无核化、中立化、统一等议题。从中欧"脱离"的观点也有很多知名支持者，较出名的有遏制政策的设计师乔治·凯南，他于1957年在英国广播公司的节目《里斯讲座》中发表声援脱离的演讲。这一点也很难反对，因为苏联也开始主张脱离，并说到做到，1958年将红军裁军30万。恐怖的"二战"刚刚结束不久，谁会一本正经地责怪赫鲁晓夫反对德国重整军备呢？

基辛格在这两个问题上都绝不妥协。"现在有人在愚蠢地谈论'峰会''脱离'和'中立'，而凯南先生的演讲虽然听起来头头是道，但难掩其潜在的危险性以及可能引起冲突的特性"，此时此刻绝不能心慈手软。禁止核试验的想法不好，在德国问题上做出任何让步更是糟糕。在1958年《外交事务》上发表的《导弹与西方联盟》一文中，基辛格力劝读者不要把这些概念当回事，而应当重温他先前提出的有限核战主张，其中包括计划建立一个“主要优点是可以不断改变位置的可用汽车转移的北约导弹系统”，目的“主要不是想摧毁苏联国土，而是造成跟苏联军队有可能在欧洲得到的好处不相称的威胁”。旨在推动中欧无核化的“拉帕茨基计划”（1957年由波兰外交部部长阿达姆·拉帕茨基提出）会实际上消除美国在欧洲的核力量，而让苏联核势力与其西欧目标的距离仅600英里。基辛格提出，更好的方案是引入视察机制而不是裁军。基辛格的文章时而晦涩难懂，《纽约先驱论坛报》的标题一语道破天机：“基辛格敦促欧洲同意建立导弹基地”。私下里，基辛格严厉批驳了凯南“歇斯底里”“自以为是”的提议。他对小阿瑟·施莱辛格说，困难在于要为艾森豪威尔总统设计出既特别又可靠的选择。麻烦在于两个问题（禁止核试验和德国问题）都具有内在的复杂性，指望这个方法不可能竞选成功。

对公众而言，禁止核试验的想法很诱人。当时由约翰·麦科恩任主席的原子能委员会表示反对。科学家们意见不一：伊西多·拉比支持禁止核试验，而爱德华·特勒和刘易斯·斯特劳斯强烈反对。1958年8月22日，艾森豪威尔迫于“世界舆论”，宣布美国从10月31日开始停止核试验一年，由此拉开了与苏联谈判的序幕。滑稽的是，那个时候两个超级大国料到要禁止核试验，便抓紧时间进行了不折不扣的核试验狂欢：1958年的前10个月，世界各地已进行了81次核爆炸。更为复杂的是，科学证据表明很难将地下核试验和天然地震活动区别开来。基辛格竭尽全力寻找平衡。“我一直认为，必须对裁军问题进行冷静的、谨慎的研究。”1958年10月，在一篇文章说他反对军备控制后，他对《哈佛深红报》记者说道：“我一直认为，必须对裁军问题进行冷静的、谨慎的研究。”美国应该“始终准备就这一问题进行谈判”。问题是没有某个具有强大视察力和执行能力的超国家权威，要想从对方那里得到具备约束力的承诺极其困难。基辛格警告：“如果我们只有两个选择，战争或世界政府，我们可能先有战争，后有世界政府。”他就禁止核试验写了篇文章，刊登在同期的《外交事务》上，文章认为，禁止核试验只有作为“包括常规武器的普遍裁军协议”的一部分才有意义。如果单单禁止核试验，只能削弱美国的技术产能，而苏联则会耍花招。那些人真有可能信守协议吗？要知道，“1956年，他们一方面跟匈牙利商谈停战协议，一方面却逮捕匈牙利的革命领导人，尽管其承诺要保证人质安全，但最终却把这些人处死了。”基辛格因此提出自己的建议。美国应该邀请苏联加入一个联合国委员会。这样就能设置一个远低于目前水平的被允许的最大核辐射量。然后，联合国委员会“按50 ： 50给美国及其盟国一个配额，再给苏联集团一个配额”。在两年内双方同意在联合国登记两年内的所有涉及核辐射的试验，双方同意不超过配额。这两年内逐步减少配额，最终达到配额为零。此后，唯一可被允许的试验就是地面“清洁”武器试验、地下试验和外太空试验。基辛格最后说道：“双方技术专家应当就建立一个合理的视察机制达成共识，这应该比较简单。”

这个文明的方案得到了憎恶禁止核试验计划的爱德华·特勒（或许是因为他相信一贯偷偷摸摸的苏联人会拒绝最后关于视察的那部分内容）的热情支持。然而，基辛格的提议很复杂，跟早年的“开放天空”建议相比，政治上的优势明显少得多。结果，艾森豪威尔政府改变了立场，提出一个限制协议，禁止所有大气层核试验和那些超过某个门槛的地下核试验。要监督协议实施需要建立大量视察站，对此苏联有点儿畏缩，美国做了让步。迄今为止，艾森豪威尔的观点是有份协议“总比没有协议强”。

基辛格最鄙视的正是这种为达成协议而达成的协议。一次，他在内布拉斯加的奥马哈市演讲前接受采访，抨击政府说：“大多数美国人就像看一场事不关己的表演……我们就要输掉冷战了，全世界的人都转向了共产主义。”他还认为冷战开始时的朝鲜就是这样。1951 年他亲历了朝鲜战争，看到美国带领的军队没能赢得决定性胜利，他“伤心欲绝”。“都是从朝鲜战争开始的。我们完全丧失了勇气。从那以后我们就胆小怕事，毫无想象力。”1959 年 2 月他给洛克菲勒写信，表达自己的信念：“我们在奔向一个绝望的境地，跟敦刻尔克之后的英国没什么两样。”洛克菲勒回信感谢基辛格增进了他“对那些不仅影响我们生活的未来，而且能引起美国人民深刻思考的力量的广泛性和关联性的理解”。

3

基辛格不仅在美国名气越来越大，在国外也越发知名。1959年6月，他出访英国参加庆祝北约成立10周年的大西洋会议，在英国外交部见到了时任英国国务大臣戴维·奥姆斯比–戈尔，还见到了劳工反对派三盏明灯：主席休·盖茨克尔、副主席安奈林·比万及其助手理查德·克罗斯曼。但是，基辛格发挥最大影响之地还是他的故土德国。1958年年底，基辛格应联邦德国政府邀请飞往德国做巡回演讲，演讲城市包括慕尼黑、波恩、汉堡还有他的故乡菲尔特。在慕尼黑，他到了成立于1948年的类似于美国外交关系协会的外国国情研究会发表演讲。也是在那里，他首次会晤时任德国《时代周报》副主编玛丽昂·登霍夫伯爵夫人①。两人相谈甚欢，其间基辛格说道："(我想)尽管我对凯南有看法。"他也许可以再补一句：尽管他俩的社会阶层出身有云泥之别。

他的时机把握得很好。柏林危机正在酝酿。正如艾森豪威尔警告的那样，冷战进入了"一个很可能爆发世界大战的时期，可能比以前任何时期都危险"。那年11月，赫鲁晓夫要求西方军队离开柏林，并将进出柏林的控制权交给民主德国政府。艾森豪威尔和美国驻联邦德国大使戴维·布鲁斯都不喜欢西柏林的地位……它"就像一个西部岛屿，被敌对领土包围"。如果有办法不向苏联压力投降，让柏林中立并成为一个"自由城市"，他们也许会这么做，就像如果苏联不是公然企图颠覆西部羽翼未丰的民主政府，他们也许就会同意德国统一一样。柏林显然不能用常规部队防守，因此，美国只能再次威胁苏联要打全面战争。(正如这位爱打扑克牌的总统所说："为了避免一开始玩白筹码，后来再玩蓝筹码，我们应该通知他们我们的整副牌都放上去了。")正因为西柏林的特殊脆弱性以及德国问题的独特敏感性，西柏林成为冷战最终的导火索。联邦德国政府很高兴请到基辛格(他生在德国，现在又是哈佛的教授)来讲讲为什么任何西方军队的"脱离"都会增加而不是减小战争的可能性。他的观点得到好战的巴伐利亚人、德国国防部部长弗朗茨·约瑟夫·施特劳斯的公开支持。

然而，美国立场有一个根本性的弱点。《明镜周刊》(现已成为中欧批判性最强的政治周刊)记者鲁道夫·奥格斯坦和康拉德·阿勒斯对

① 基辛格与伯爵夫人建立了一生的友谊。直到夫人75岁生日时(那时他们已经认识30年了)她才建议他用更亲切一点儿的称谓"你"来取代"您"。

基辛格做了一个时间较长的访谈，从访谈中可以很清楚地看到这一弱点。基辛格认为如果苏联封锁西柏林，那么美国应派遣一支护卫队经由民主德国领土进入西柏林。如果苏联攻打护卫队，那么北约会防守。如果苏联将北约部队赶出民主德国领土并占领西柏林呢？如果是那样，基辛格回答："我将支持向苏联发出最后通牒，如有必要，发动全面战争。"《明镜周刊》记者问："为柏林和德国打全面战争？"基辛格答道："是的，如果没有其他办法捍卫西柏林的自由。"还有，如果西欧其他盟国不愿打这种战争，那么美国和联邦德国就单独与苏联打。这个回答成了《明镜周刊》的头条新闻。果不其然，民主德国媒体就此大做文章，斥责美国胆大妄为、穷兵黩武。当然，基辛格只不过详细阐述了美国政策的影响。然而，这也说明他在《核武器与对外政策》中表述的观点是有问题的。因为就连他也不可能认为可以在西柏林打有限核战争。

基辛格回到美国，脑子里满是不祥的预感。有一次在哈佛的一个场合讲话时，他和年轻同事兹比格涅夫·布热津斯基（一位有才华的波兰移民，当时还是行政学系助理教授）辩论柏林问题。布热津斯基现在是小有名气的苏联政治专家，在他看来莫斯科不过是虚张声势。他认为"苏联不想打仗"，"他们的要求只是一种假象，他们的真实意图是不让难民离开民主德国"。基辛格比较悲观。他预计"苏联还会添乱"，又说艾森豪威尔对这件事的处理让他"不高兴、不开心"。当时，另一个四国会议正在筹备中。这种会议以前在很多地方都召开过，有伦敦和莫斯科（1945年、1947年）、纽约（1946年）、巴黎（1946年、1948年、1949年）、柏林（1954年）、维也纳和日内瓦（1955年，即"开放天空"策略提出的那年）。每次开会各方都未能就德国问题达成一致。但是基辛格担心这次艾森豪威尔会像禁止核试验那次一样屈服于民众的压力，为了不空手而归而接受一个对己方不利的协议。会议期间他又完成一篇文章《寻求稳定》，刊登在《外交事务》上，文章详细解析了苏联希望在中立基础上统一德国的最新提议。

《寻求稳定》一文值得注意，它不仅有助于解决柏林问题的争议，而且可以说明基辛格此时在何种程度上仍然把自己视为外交政策现实主义的批评者。基辛格认为："如果我们对于德国分裂的接受表现出过多的'现实主义'，那么苏联就会把阻挠统一的责任推到我们头上。"在这个问题上，毫无疑问基辛格自以为是理想主义者，他提倡统一、在德国问题上好好赌一次。

> 西方……必须提倡德国统一，尽管我们已经有两次世界大战的教训，尽管我们害怕德国的好战本性死灰复燃。西方可以默认德国分裂，但不能容忍。任何其他方案都会最终导致我们最害怕的东西出现：欧洲大陆中部出现一个好战的、不满的强国。争取德国统一不是谈判的手段，而是欧洲稳定的条件。

德国统一涉及的民族自决原则，美国总统中的头号理想主义者伍德罗·威尔逊40年前已做过明确说明。基辛格问道："我们在亚非捍卫过的原则如今要在欧洲否认吗？在苏伊士运河危机期间，哪怕遭到盟国反对，我们也坚持捍卫自己的原则。现在我们要给人留下一个只在盟国反对时才捍卫自己原则的印象吗？"作为对德国统一的补偿，基辛格准备将北约和华约[①]部队从某种"中间地带"撤出。为此他甚至提

---

① 1955年，苏联、阿尔巴尼亚、保加利亚、捷克斯洛伐克、民主德国、匈牙利、波兰和罗马尼亚针对美英法决定吸收联邦德国加入北约一事，在华沙签订了《友好互助合作条约》。本来，联邦德国是要加入欧洲防务共同体的，但是法国国民议会拒绝批准1952年的《欧洲防务集团条约》，此事便作罢。

出过5种不同方案[①]，有点儿像凯南提出的一个观点的变体。不过，细看就知道基辛格的提议经过精心设计，就是要让苏联拒绝。基辛格写道，“要让中间地带成为可能，必须要有两个条件……第一，要拿出一个令人满意的、基于自由选举的德国统一计划，而中间地带必须是这个计划的一部分；第二，细致调研表明，相当多的美军和英军可以驻扎在低地国家[②]和法国”。

正如基辛格所言，苏联“可能拒绝任何符合我们价值和利益的提议。在那种情况下，我们必须做好认输的准备，无论协议还是谈判都不是我们的目的”。他主张美国政策必须建立在“强大的信念”之上，不计较外交失败的后果，这种态度与现实主义背道而驰。

应当如何理解基辛格对德国问题的理想主义回答？一个答案是他访问联邦德国数次（1960年又去过一次）以后，思想受到的触动很大，不过还没有在文章中表达出来。联邦德国领导人（阿登纳和柏林市市长维利·勃兰特两人）在他看来都是有“威望”的人。阿登纳的指导原则是“在有生之年将德国与西方紧紧联系在一起，使得即便是后来最平庸的继承人也无法将德国和西方分开”。阿登纳和勃兰特决心不对苏联做半点儿让步。在美国政府某些官员看来，他们似乎有意要在“峰

① 5种方案是：1）美、英、法力量撤回到威悉河一线，而苏联军队撤到维斯瓦河。在威悉河与奥得河之间，德国只准保存防御性军备，而波兰力量得限制在奥得河和维斯瓦河之间；2）……应当对处于莱茵河与联邦共和国东部边界之间的北约力量进行一定限制，同样应当对华约力量中的东德卫星国进行限制，这样就能使双方的军事实力大体上在数量上一致；3）或者，北约和苏联力量可以从易北河附近回撤，比如说，100英里。可以在莱茵河与奥得河之间建立起控制体系；4）……德国的中立可以与波兰、捷克斯洛伐克和匈牙利的中立化同时推进；5）我们应当在奥得河沿岸划定一条分界线，让华约与北约力量同时撤退同样的距离，这样可以留出一个由平衡的德国与波兰-捷克斯洛伐克防御力量控制下的缓冲区，从而使该区域处于监控体系之下。

② 是对欧洲西北沿海地区的荷兰、比利时、卢森堡三国的统称。——编者注

会上行使否决权”。然而，基辛格“无论如何也看不出德国人为什么不能在一个德国城市的命运问题上行使否决权”。不难预料，他不满意四国达成的一致意见：一个有关柏林的5年“临时协议”，包括西方力量承诺不在柏林从事“颠覆”活动。在基辛格看来这是“一场闹剧”，是暗中承认苏联有权干预西柏林政治。

然而，美国在德国问题上采取如此绝对的立场还有一个原因。很简单，如果基辛格的总统候选人指望从尼克松手上夺走共和党提名，他必须在国家安全问题上战胜对手。

4

洛克菲勒认为可以击败尼克松。他还认为基辛格可以帮他击败尼克松。艾森豪威尔曾说，“洛基”是个“牛虻”，他继承了巨额家产，习惯“自己不动脑子，请别人动脑子”。对于核武器基辛格自然比洛克菲勒懂得多。他可能比任何美国人都了解德国。问题是他对德国了解得多，对美国了解得少。即便是在20世纪80年代末，美国50个州一般人只去过一半，去过39个州的不到总人口的一半。1959年，基辛格去过的州可能都不到10个。

基辛格成年后大多数时间都生活在纽约和马萨诸塞州，纳尔逊·洛克菲勒与他的主要共和党竞争对手相比对公众的吸引力有多大，基辛格必然会有所夸大。1958年洛克菲勒漂漂亮亮地赢得了纽约州州长职位，那年经济衰退，大多数共和党候选人都表现不好，“就将党派失败的这笔账”（这是后来副总统说的）记在了尼克松身上。比较而言，尼克松已经成为纽约自由派人士的痛恨对象。在《纽约邮报》东家多萝西·希夫看来，“今天，尼克松主义已取代麦卡锡主义，构成对美国声誉最大的威胁”。洛基似乎风头正劲。接下来的两年基辛格才知道，在纽约受欢迎远远不能保证在全国竞选中获胜。也许是因为感觉到把所有筹码压在洛克菲勒身上有危险，因此直到洛克菲勒正式宣布有意同尼克松竞选前，基辛格都一直谢绝洛克菲勒的邀请去当他的全职顾问。1959 年 5 月，他对洛克菲勒说，这是“我一生中最困难的选择之一”，但是他只能首先考虑“在哈佛站稳脚跟……我看最艰巨的任务还在前面……在合适的时候我会准备好抛下这里的一切”，“合适的时候”也许是指洛克菲勒获得共和党提名的时候。

洛克菲勒可不喜欢别人拒绝他。起先，他只能满足于这位教授顾问给他起草的演讲稿。例如，1959 年 7 月，基辛格在演讲词中用了一些“相当尖锐的”语句谈论苏联威胁，以“缓和目前的狂喜状态”。一个月后，洛克菲勒再次行动，邀请基辛格“将外交政策方面的文件以及国防方面的文件分包出去，并负责协调”。他需要的是“对影响国家政策有用、有效的事实，不管是以私人谈话的形式……还是有朝一日他成为全国候选人，公开声明自己的立场”。这一次基辛格答应“帮忙”。实际上，专题研究项目（后易名为国家研究计划）将重新启动，作为洛克菲勒竞选活动的政策翼。由于基辛格坚持保留自己的哈佛立场，他将和律师罗斯威尔·“罗德”·柏金斯一起负责这次竞选活动；斯泰西·梅负责应对经济政策方面的问题。

1959 年夏，在国家安全问题上战胜尼克松的策略看来大有希望。1959 年 7 月尼克松访苏，与赫鲁晓夫面对面进行了“厨房辩论”，这令某些共和党人心生疑窦：美国政府本该对苏联态度强硬，怎么还跟他们“厮混”？ 9 月，赫鲁晓夫访美，这些人疑虑更重。基辛格对苏联人这次来访的态度极其暧昧。1959 年 9 月，他对洛克菲勒说：“（他们来访）不会引起什么变化。”

> 我无法想象成功会以何种形式出现……从长远来看，互访很可能削弱联盟关系。我并不看好大家给予总统的热烈掌声。慕尼黑以后也是如此……而且，我相信明年这个时候我们将会在柏林问题上遭遇重大危机……到某个时候……赫鲁晓夫先生会宣布，既然谈判失败，他别无选择，只能与民主德国签订和平协议……那些现在想方设法利用眼前趋势的人，不会比1940年的英法领导人风光到哪里去。

洛克菲勒跟赫鲁晓夫会晤后，基辛格建议他做的声明当然不会像这样具有煽动性。基辛格建议他放下架子接待这位苏联领导人，不要与之对抗，不要傲慢。苏共总书记可能在职位上高于纽约州州长，但是，“像赫鲁晓夫这种野心家和布尔什维克主义者面见洛克菲勒，恰似当年拿破仑迫不及待想得到正规君主的认可一样。而且……有一天您可能就是总统”。基辛格更喜欢用书面形式与赫鲁晓夫对抗。赫鲁晓夫访美，他在《纽约时报》上发表题为“危险与希望”一文，就是要泼冷水。冷战不是“美国领导人和苏联领导人之间的误解造成的”。是苏联的种种政策造成的：抑制东欧自由、在军备控制问题上不肯妥协、“对所有外围地区施加压力”以及“平白无故威胁柏林”。赫鲁晓夫在这些问题上不做丝毫妥协，这也罢了，反而得到嘉奖，“受到美国总统接见，接见时美国盟友一律不得参加”。事已至此，“可谓登峰造极，西方联盟岌岌可危，濒临破灭”。

赫鲁晓夫偕夫人在美逗留数日，走访各地，途经纽约（他在联合国大会发言，提出了一个普遍裁军的大胆计划）、加利福尼亚、艾奥瓦、宾夕法尼亚等地。跟“厨房辩论”一样，这次访美也闹了些笑话：

赫鲁晓夫去迪士尼乐园游玩，据说出于安全原因没让他进，他十分恼火。但是，从苏联角度看，这次访问总体来说显然很成功，最后赫鲁晓夫和艾森豪威尔在马里兰州卡托克丁山的总统度假地戴维营进行了为期两天的会晤。赫鲁晓夫同意对柏林问题的谈判不设时间限制，于是艾森豪威尔答应次年再参加一次四国峰会，会后访问苏联。在剑桥的一个论坛上，基辛格出语讽刺："如果赫鲁晓夫把他今天的地位与一年前做个比较，他一定会得出一个结论：对付西方的最佳办法是恐吓。我们一直在跟自己玩猜字游戏。"媒体引用了他的话，并说他是在指柏林问题。

问题是人家都在兴高采烈地谈论"戴维营精神"，而他的发言却大煞风景。他性急地告诉《哈佛深红报》编辑："我不反对峰会本身。我不是反对妥协。"洛克菲勒本人也发表声明，否认反对邀请赫鲁晓夫。同年 11 月，洛克菲勒又碰到类似问题，因为他似乎认为美国应单方面恢复地下核试验。他跟艾森豪威尔作对，强烈要求政府提高国防开支，但也无济于事，因为总统已看出他的"大政府"倾向，知道他想在纽约提高税收，增加开支。这个策略行不通，洛克菲勒其实也知道行不通。1959 年 11 月，他决定即便不退出，至少那时也不参加党内初选。基辛格心急如焚，承认"得知你要退出，我几乎感到绝望"。

> 我绝望不是为你，而是为国家，为世界的自由事业。4 年对于这个年代而言是漫长的，现在还有的大把机会再过 4 年就消失殆尽了。现在我们必须经受本可以避免的深重苦难。我深信，我们将走向黑暗的，也许是绝望的时代，而且更糟糕的是，我担心现在的平静是暴风中心的那种平静。

或许他明智了一回，没有死心塌地效忠洛基。

5

1960年的竞选注定是各方实力旗鼓相当的。要不是9年前第22号修正案（具有讽刺意味的是，这是共和党支持的一项法案）提出了总统任期限制，艾森豪威尔可能会禁不住劝说再次参加竞选，而且有可能获胜。未能参选使艾森豪威尔的支持十分宝贵，但是他对洛克菲勒和尼克松两人都抱有很大的疑心，多次拒绝支持。民主党呼声最高的候选人、马萨诸塞州很是上镜的年轻参议员约翰·F. 肯尼迪比较希望尼克松做他的竞争对手。但是，他自己也要首先得到民主党提名。他的对手、得克萨斯州的林登·约翰逊有些方面比他强：约翰逊是新教徒，又是南方人，而当时东北部的自由派人士与南部各州民主党党员之间的分歧开始扩大，情况紧急，尤其是在民权问题上两派分歧很大。同时参加竞争的还有密苏里州参议员斯图亚特·赛明顿，他曾在杜鲁门政府任职，有前总统的支持。

在这种情况下，即便是在给洛克菲勒写演讲稿的时候，基辛格也许都要慎重考虑是否承认他是政治自由派。他听说邦迪告诉一个哈佛学生“基辛格偏向共和主义”，便赶紧尝试消除这种看法。

> 我不认为你对我有什么恶意。我对两党的看法是这样的，就像有人说1945年世界大赛一样，哪个党都不该赢，尽管民主党可能比对手要好一点点。在这些候选人当中（你觉得扭捏也好，不扭捏也罢），我比较喜欢洛克菲勒，但这也不妨碍我与对方阵营的几个很有希望的选手保持良好关系。而且我有充分理由认为洛克菲勒是共和主义的最佳人选。
>
> 这么说也许不够严肃，但我已经相当强烈地捍卫了我的独立立场。

如果洛克菲勒不参加竞选，有个办法很简单：赶紧换人。上文曾提过，迈克·华莱士要基辛格说出一个共和党人的名字，这个人“具有在当前领导我们所需要的那种理解力”，基辛格出人意料地提到了尼克松，而不是洛克菲勒。他好几次邀请尼克松到哈佛国际研讨会上演讲，尼克松就是不去。说实话，两人之间的共同点比基辛格与那个花花公子富豪、未来的副总统洛克菲勒还要多。既然两人终将结成美国外交政策史上最非凡的合作伙伴关系，我们不禁要问，为何这种伙伴关系迟迟到1968年才开始？

理查德·米尔豪斯·尼克松跟基辛格一样（与洛克菲勒不同）并非出生于富裕人家。尼克松的父亲在洛杉矶东南部的惠蒂尔开了个百货店和加油站，他有三个兄弟，大学毕业前有两个去世了。尼克松的父母跟基辛格的一样，都信教，很保守。他记得他那“严守教友派教规的”父母是怎么在他上大学四年级时“往他脑子里灌输”圣经的字面主义的：他们“警告我不要学科学”。他像基辛格一样，人很聪明，学习好；实际上，要不是父亲需要他在家里的百货店帮忙，只好就近入读惠蒂尔学院，他也会去哈佛上大学。他也像基辛格一样，当过工人，“很能吃苦，这是他的原则……误以为把自己累得筋疲力尽就能发挥最佳水平，实际上他是操心过度了”。而且，他也像基辛格一样在年轻时出现过信仰危机。上大学时他看休谟、穆勒等哲学家的书，终于在20岁那年他突然喊出自己的心声：“我不再信基督教了……我不再是忠实的基督教徒。我没有抵制大学教授的异端思想。”

更引人注目的是，尼克松年轻时也自认为是理想主义者，甚至说康德哲学将哲学知识与上帝存在融合得最好。尽管他像20世纪30年代初的大多数美国人一样，认为美国参加“一战”是“一个可怕的错误”，“不过是启动工业的车轮滚滚向前，驶向另一场更大的战争”，但他却无比崇拜伍德罗·威尔逊。在具有反思性的大四论文《我能相信什么？》中，尼克松呼吁在国际上推行基督教。

> 废除《凡尔赛和约》那些可恶的特征……在力所能及的范围内尽快解除世界所有国家的武装。重建国家联盟，建成一个所有国家都参与的国家联盟，并在现有国际法庭基础上，增加一个处理经济纠纷的世界法庭。启动一个负责大型教育、科学宣传项目的机构，将全世界各国人民紧密联系在一起。为最终废除关税和移民限制而奋斗……我认为世界上所有的问题都能通过调查庭来解决，调查庭将审议个人冲突，提出咨询决议……我看见一个国家之间没有壁垒、没有种族仇恨、没有武器装备的世界；我看见一个每个国家尽最大努力在经济、艺术、音乐等领域进行创造的世界；我看见一个所有民族的男男女女一起出行、一起吃饭甚至一起生活的世界。我看见一个合作的世界，一个奋力向上、争取实现人生最终和最高价值的世界。

年轻的尼克松有许多令人震惊的自由主张，这只是其中之一。他还赞成对经济实行“民主控制”以减少不平等、放宽移民限制，甚至主张不同种族通婚（这在当时大多数州是禁止的）。然而，尼克松依然是个保守派，在外交政策上尤其保守。上文说过，他一贯反共好战，他的名字在国会已经变成阿尔杰·希斯那样的灾难。正是因为他在20世纪60年代的一些关键问题（尤其是非裔美国人民权问题）上采取自由立场，同时又用强硬的外交政策安抚保守派，所以尼克松成了一个非常可怕的共和党候选人。在这个问题上，尼克松也跟基辛格有很多共同之处，他俩甚至在性格上也有某些相似之处。两人都对别人的怠慢极为敏感，尤其是权力机构的局内人。遇到压力时两人都会对下属大发脾气。即便基辛格已经学会在聚会上巧用自己的机智，但他的内心仍和尼克松的一样孤独。两人都被视为永久的局外人，就连他们自己也这么认为。两人都不大会放松。

所以，尼克松写信给基辛格，说自己有多么喜欢他发表在《纽约时报》上的那篇讲赫鲁晓夫访美的文章（“好极了”），还在演讲中引用了他的话，此时，基辛格已感到对方不仅仅是在恭维了。尼克松向他保证：“在很多方面，我的观点和你的意见完全不谋而合。”当然，这种奉承话也不能全信；给他对手的主要顾问写这种溢美之词完全是他个性的流露。另一方面，两人显然有一些共同的看法。此外，从哈佛到共和党呼声最高的候选人那里还有一个明显的交流渠道。就在基辛格培养洛克菲勒的时候，他昔日的导师比尔·艾略特（此君一直梦想进入华盛顿并平步青云）也在孜孜不倦地培养尼克松，不仅经常邀请他来哈佛，而且投其所好地提供许多政策方面的文章。1958年，尼克松提到艾略特时会说“我的好朋友”。尤其值得注意的是尼克松相信自己遭到自由派媒体的迫害，艾略特掌握了尼克松的心理，一旦发现《国家报》《纽约时报》攻击他，就经常写信安慰。同时，艾略特还发挥了一个关键作用，说服尼克松全面整顿行政机关，增加总统相对于官僚机构和立法机关的权力。克里斯蒂安·赫脱被任命为国务卿后，艾略特在权力中心弄到一个新的隐蔽场所：国务院的一间办公室。就在基辛格抱怨峰会外交的罪恶之时，艾略特正和尼克松同机飞往莫斯科见赫鲁晓夫。1960年3月，艾略特写道：“如果我真是迪克·尼克松的主要顾问之一，我将非常荣幸。我只是尽我所能，为他服务。”

两人的星盘似乎是对上了。基辛格在哈佛的导师正在给尼克松当顾问；他甚至劝谏，要他向纳尔逊·洛克菲勒伸出橄榄枝，考虑招募一些哈佛优秀人才帮助竞选。但是，基辛格还不能在这个时候见迪克。

一个原因是艾略特不希望如此，但是主要原因是基辛格彻底拒绝了。

在艾略特看来，基辛格正迅速变成巫师的门徒；10年后，被理查德·尼克松任命为心腹外交政策顾问的不是老师，而是其门生。更令人难堪的是，尼克松和基辛格后来定义的国家安全顾问之职跟艾略特多年来敦促艾森豪威尔设立的那种"助理总统"之职出奇地相似：1959年年初总统还真的好好考虑过采纳艾略特的建议，当时他的兄弟弥尔顿设了两个"超级顾问"职位，一个负责外交政策，一个负责国内事务。（无论尼克松在理论上多么喜欢这个主意，但只要他还是副总统就会坚决反对：他担心这两个新职位可能削弱自己本已衰弱的权利。）[①]艾略特已经感觉到他的哈佛弟子今非昔比，太自大了。1960年1月，他建议尼克松设法"跟纳尔逊达成某种共识，从他那里得到最大的帮助，但又不至于让你将来的行动自由大打折扣"。但是他在提议时特意将基辛格排除在外：

> 尽管如你所知，我帮他设立了他的专题项目，但我不确定我会不会是你和纳尔逊最好的中间人……一段时间以来，我一直在想，我做这件事最好不要经过亨利·基辛格。我觉得他这个中间人渠道不可靠，更何况现在纳尔逊很明智地决定退出竞选，亦叫他大失所望。

在艾略特强烈建议尼克松为他的竞选班子招募的哈佛教师名单中，他以前的学生很明显不在其列。可怜的艾略特一个劲儿想帮尼克松，但到了1960年春前功尽弃，因为尼克松的竞选主管实际上让他靠边站了。在1960年的竞选大戏中，他的最后一场"戏"就是在基辛格背后

---

① 尼克松很精明，他说设立两个"超级顾问"职位，公众会越发以为"这个总统不像其他总统那么勤政"。而这一点就足以扼杀这个提议了。

捅刀子。（尼克松的冷落令艾略特痛苦万分，1961 年尼克松巡回演讲时他拒绝担任顾问。）

然而，即便是艾略特背叛也没关系。因为基辛格无论如何都坚决不跟尼克松共事，后来更是长期一再重申对尼克松的厌恶之情。个中缘由耐人寻味。最合理的解释是基辛格在没见到尼克松本人之前就听说他名声不好。“美国中产阶级”的大多数人都认同“尼克”尼克松是局外人，一个白手起家的人，拼命工作的人，一个普通人，他的休闲活动就是在船上和另外两个像贝比·雷博佐、鲍勃·阿普拉纳尔普这样的普通人喝啤酒（这两位也是移民的儿子，也都是白手起家）。剑桥和纽约只看到“耍心计的迪基”。部分原因当然是尼克松在社交场合总是陷入窘境。他自己说是“内向的人干外向人的活”。尼克松异常害羞，最自在的事就是一个人坐着，在黄色的律师便笺簿上涂涂写写，从没学会让别人感到自在。第一次接触他的人无一例外都觉得不快。但一般人绝不会有这种体会，因为他们压根儿就见不到他。他们“见”他只是在电视里、讲台上，事先他拼命地准备，拼命地背演讲稿，这样才会在有针对性的精心打造的政治表演中取得成功。只有波士华大都市圈的居民才有机会跟台下的尼克松聊聊天，因为总统候选人必须参加不计其数的社交活动和筹款活动。然而，东海岸自由派堡垒不信任尼克松的主要原因是他很阴险：希斯案中他否认在关键目击者惠特克·钱伯斯的农场住过；1952 年的筹款丑闻几乎让他失去共和党总统候选人提名；他涉足负面的选举活动和其他种种神秘的政治艺术却表现出很享受的样子；他有一种难以言喻的特点（用艾森豪威尔的私人秘书安·惠特曼的话来说就是），“行为像好人，实际上不是好人”。尼克松年轻时当过业余演员。他永远摆脱不了扮演莎翁剧中恶棍的那种二流演员的气质，就像一个“面带微笑的该死的恶棍”：如果不是伊阿古，就是那个一心只想复仇、恨不得天下大乱的克劳迪亚斯，在《奥赛罗》第一幕就宣称：“我不是我自己。”[①]基辛格从未见过尼克松，也不知道两人有很多共同点，但就是不想跟这个人有任何关系；有一个撰写尼克松传记的人称他为“仇恨者尼克松、世俗者尼克松、愤怒者尼克松、无耻的棒球手尼克松”，总之，这就是那个一次次出现在《华盛顿邮报》漫画家赫布·布洛克笔下的令人憎恶的尼克松。

也许基辛格拒绝尼克松最有力的证据是他更喜欢与尼克松的民主党对手合作。他跟邦迪暗示过，1959年，民主党的主要竞争者肯尼迪等人已经来找过他了。洛克菲勒公开退出后，他们又来联系他。的确，1960年2月，林登·约翰逊特意在参议院记录中加入基辛格写给《纽约时报》的一封信，这封信似乎认为艾森豪威尔过气了（从“‘二战’以前以及‘二战’中获得的知识几乎与当前的战略问题完全无关”，甚至“在导弹和核武器时代……很危险”）。基辛格老老实实地通知了奥斯卡·吕布豪森和罗德·珀金斯。民主党最初来找他时，他还没有重新为洛克菲勒效力，他告诉吕布豪森和珀金斯他的回复如下。

> 回答具体问题，但不会写任何材料，也不会做义务顾问。到6月之前我一直都是这么做的。从那时起我没和他们任何人联系，直到纳尔逊退出。此后，肯尼迪和赛明顿又来找我，但我闭口不谈此事。
>
> 我的观点如下：我国主要的公共人物中我唯一信任的就是纳尔逊。为了他，我已准备好放弃自己珍视的独立立场。至于其他人，我想我会做出很多贡献，但不会向任何人承诺什么，不会参

① 马克·菲尼曾明确暗示过，尼克松是莎翁笔下伊阿古、马伏里奥和查理德三世的结合体，但是这些人格特征在1960年表现得不是很明显。问题是，“水门事件”和主动请辞已经让尼克松声名扫地，因此人们很难记住堕落之前的尼克松是什么形象。

与党派政治。如果纳尔逊不竞选，我计划不参加竞选活动；实际上我计划夏天离开一段时间，至少这样他们就找不到我了。

请放心，只要我与纳尔逊共事，选举前我与其他主要人物的任何谈话，我都会如实相告。报纸上的任何报道，如果跟我上面讲过的内容不一致，请不要相信。在忠诚问题上我相当执着，不用担心。

然而，基辛格并没有把路封死。他规劝洛克菲勒即使被“天打雷劈”，也不要考虑重新进入1960年的候选人名单。如果他暂时跳出这场政治角逐，“1964年别人几乎必然会选”他。1960年3月，他表示有意退出特别研究项目，反正项目也快结束了。问题是洛克菲勒也没有把路封死。他希望民众的支持率激增，或者艾森豪威尔总统表示支持，因为那样他就可以再度参与竞选共和党党内提名。基辛格左右为难。只要洛克菲勒抱有希望，他就无法弃而不顾，潇洒走开。这件事过去两年后，他写信给小阿瑟·施莱辛格总结自己的立场。

如果洛克菲勒1960年参与竞选，我一定支持他。如果他竞选成功，我无疑会为他效力。直到1960年选举活动开始，我一直是他的主要外交政策顾问。（我退出竞选活动，是不希望和尼克松参加竞选有任何关系。其实，你可能记得我曾竭尽全力帮助肯尼迪，有时通过你，有时通过沃尔特·罗斯托。）……1960年我支持洛克菲勒，跟党派没有任何关系。据我估计，他隶属共和党是个缺点。我从未接触任何其他共和党人，也从未支持任何其他共和党人。我支持洛克菲勒是因为我同意他的信念，相信他的目的。

尽管信中措辞严谨、用语讲究，但基辛格的立场还是比较复杂的，跟美国激烈的政治生活不易调和。他是支持纳尔逊·洛克菲勒还是不支持呢？实际上，这位教授的答案是：看情况。

6

艾森豪威尔对裁军是动真格的。1960年，国防部出台了SIOP①–62方案，这是美国首个统一战略计划，集合了陆海空三军，确定的苏联目标有2 500多个。最终的国家战略目标清单确定了1 050个核武器的爆心投影点，其中包括151处城市工业资产。该计划的最小数目版本也包括650个爆心投影点，而用于打击这些目标的是总当量超过2100兆吨的1400枚核弹。用艾森豪威尔新上任的科学顾问（也是基辛格以前的化学教授）乔治·基斯佳科夫斯基的话来说，这是“没有必要的、不可取的过分杀戮”。总统坦言基斯佳科夫斯基就这个问题所做的发言“快把我吓死了”。给人感觉就像陆海空三军什么先进战略都没有，只会向苏联扔武器，有多少扔多少。艾森豪威尔早就疑心国防预算过高，生产的很多武器都没有必要，这下他疑心更重了。

巴黎四国会议即将召开，这次看似可以实现的目标就是签订禁止核试验协议。苏联接受了美国暂停大气层核试验和地下大型核试验的建议。尚需商讨确认的只有冻结期限和现场视察的次数。但是这次巴黎会谈最终失败，因为5月1日（公共假日，天上几乎什么也看不见）中情局派加里·鲍尔斯驾驶U–2侦察机从巴基斯坦起飞前往苏联领空侦察，被苏联军方击落。艾森豪威尔是对的，这真是“愚蠢、一团糟”。

① SIOP为Single Integrated Operational Plan的首字母缩写，意为“统一作战行动计划”。

基辛格忙得不可开交，一方面要让洛克菲勒了解仍未平息的柏林危机的最新进展，一方面还要解释禁止核试验的一些技术性问题。巴黎会议失败又为基辛格提供了反对艾森豪威尔政策的新机遇。基辛格暗中支持“导弹差距”论，他告诉洛克菲勒，“导弹上的劣势不值得担心，值得担心的是整个报复性武力体系的脆弱性”，具体来说，就是不够分散、防备不严、难以阻止苏联突袭。即便差距补上了，也会因为“相互的脆弱性”而产生不稳定的平衡。在早先的批评言论中，基辛格拿20世纪30年代做了对比，现在他要再往后退，谈谈“一战”的起源。

> 如果经过若干年后，大家清楚地看到我们的威胁与反威胁僵局总是通过某方的退让来打破的，那么这种安全意识有可能引起最后的摊牌。毕竟，引发“一战”的危机跟无数其他通过战争威胁解决的危机相比，似乎一开始并没有任何区别。而一旦战争爆发，则意味各方决定为一个比较琐碎的问题发动全面战争，而不去考虑其他办法。

解决办法大家都熟悉：将“投降与末日大战”之间军事方案的范围最大化，加强美国与北约其他国家之间的联系，将部分英美报复性力量交给北约控制。到1960年6月，基辛格不再讨论“‘导弹’差距会不会在1960—1964年出现”，唯一的问题是这会导致苏联的突然打击还是仅仅“逐步侵蚀自由世界……柏林危机不过是这种侵蚀的先兆”。

这时，基辛格的时机把握得比较好。巴黎峰会失败，公众情绪又回到人造卫星上天后的那种惊恐。现在，洛克菲勒和肯尼迪双双对观众和记者说，必须提高国防开支才能弥补导弹差距、找到大规模报复以外的办法。尼克松遭到两面排挤，他说自己已成为“众矢之的”，但如果不委婉指责艾森豪威尔，他就无法承认批评者是对的。洛克菲勒的问题更大：他要在共和党召开大会之前一下子蹿到尼克松前面是必须得到艾森豪威尔同意的，但如果他在总统自认为最擅长的领域上严苛批评，他怎么能如愿以偿？有件事让基辛格很恼火，1960年6月他本来要到德国做一次报酬优厚的巡回演讲，可是为了能给洛克菲勒介绍情况，只好取消。洛克菲勒要向他"就外交政策事务做最后的咨询"，因此基辛格被安排和珀金斯一道管理一个研究团队，温习团队拟定的一些立场文件。基辛格怂恿洛克菲勒考虑一些想法，其中之一是建立北大西洋联盟，这是爱德华·特勒给他的建议。6月8日，洛克菲勒扔出炸弹：对尼克松的竞选资格提出浮夸的"铅弹控诉"，演讲稿主要由埃米特·休斯起草，有些句子看得出来是基辛格的手笔（"如今美国的地位比15年前"二战"结束时不知差到哪里去了"），要想惹恼艾森豪威尔，再也没有比这更好的说辞了。洛克菲勒火上浇油，问艾森豪威尔自己要不要竞选，对方未予理睬，过了两天才不客气地告诉他，"他不认为"在国家安全问题上"给民众造成不必要的恐慌是正确的"。他忠告洛克菲勒不要再去参加竞选；别人会嘲笑他"一会儿走，一会儿留，留了又走，何时是个头"。

凭借这些好笑的错误，基辛格费尽心机保护自己的公开独立立场。不管是上埃莉诺·罗斯福的节目《人类的前景》还是接受《纽约时报》采访，他都不是以洛克菲勒顾问的身份，而是以他个人的身份。1960年7月是一个关键时期，共和党大会在芝加哥召开，同月基辛格在《外交事务》上又发了一篇文章《武器控制、视察与突袭》。这篇文章反对裁军，主张加强遏制，"不是通过数字，而是通过机动性或强化美国报复性武力"。基辛格认为："可靠的武器控制措施"，其目的"必须是不带感情色彩地决定不去消除报复性武力，而要保持报复性武力之间的平衡"。减少核武器数量这个办法并不像主张裁军者想象的那样绝对可靠。就连视察系统或监督系统也有其局限性：任何这种系统都必须“足够可靠，能阻止有可能破坏战略平衡的逃避发生，但也不能拥有强到足以破坏报复性武力安全的渗透性”。最后，如果一方在导弹防御上取得技术突破，那么，基辛格自己喜欢的办法——“稳定进攻性武器数量”（换言之，互相遏制）也将失去作用。如果有哪个政治家用这篇论述晦涩、论调极其悲观的文章做他的竞选演讲稿，那他很快就会发现听众全跑光了。

事实上，基辛格真心实意地想保留自己作为一个学术思想家的独立性。美国艺术与科学学院院刊《代达罗斯》编委会无视美国总统竞选，邀请了20位顶尖权威（大多是哈佛–麻省理工武器控制研讨会委员）给“核武器与武器控制”专号写稿。基辛格也在其中，他借机玩了一个最不具政治特色的花样：180度大转弯。他写道：“有几件事促使我改变对常规武力和核武力的看法，相比之下现在我更看重常规武力。”其中一件是“我国军队内部和联盟内部对有限核战争本质的分歧”，这种分歧让我“怀疑我们是否知道如何限制核战争”。

> 由于没有任何国家有过战术使用核武器的经验，因此判断失误的可能性很大。不由自主地使用和常规战一样的目标系统因而导致惨重伤亡的情况极有可能发生。军事行动的步伐可能快过谈判的步伐。由于没有先例指导，双方将在黑暗中摸索行动。

这是基辛格立场上的一个相当大的转变，等于否定了自己三年前出版的畅销书的中心思想。其实这种调整不无道理，因为现在情况不同了，出现了远程导弹，苏联军火库也在迅速发展。基辛格显然也在一直倾听联邦德国政治家的观点。他承认：“如果苏联攻打联邦德国，造成德意志联邦共和国灭亡，就算它在某个时候退回到出发点，那也已经大赚一把了。”就德国而言，如果战争消除了争议地区，回到原来状况对共产党或许更有利。无论怎样，公众对使用核武器的厌恶程度在提高，而非降低。在这种情况下，唯一合理的行动方案就是增加西方的常规武器产能。基辛格再次提出一个新的指挥结构，但这次不是像原来说的分成战术军和战略军，他提议分成常规战指挥和核战指挥。现在核武器成了有限战争的最后一招，而不是在有限战争最早的策略。

有时候大转变是学术诚信的一种证明。据说约翰·梅纳德·凯恩斯曾说过："我得到的信息一变，我就改变我的结论。先生您呢？"1957年以来核武器竞赛的事实的确发生了变化。尽管对于一个兼职政治顾问来说，这种前后矛盾有其不利的一面，但至少增加常规军必然导致的军费开支增长是基辛格现在希望看到的。这种观点的显著优势在于其与两位总统候选人的观点都不谋而合；如果尼克松不受到忠于艾森豪威尔的约束，很可能他也会接受。

基辛格回到哈佛后为洛克菲勒耗费了大量时间，做了大量工作。他写稿，请人写文件表明立场，待他们写好了自己再编辑，而且在洛克菲勒需要他时随叫随到。但是到20世纪60年代中期，洛克菲勒成为共和党候选人的机会一天比一天小。这一切的努力就都白费了吗？少数学者（有些是完美主义者，有些是胆小鬼）习惯留着草稿不发表。下文将谈到，基辛格后来有一整部书稿都扔在抽屉里沾灰。但1960年，他还不愿意将三年来积攒的这些文章和表明立场的文件搁置一旁、不闻不问。结果就出了一本书，即《选择的必要》，书名很合适。表面上看，这本书是他最近就美国外交政策各方面情况所写文章的汇编，但它不仅微妙地说明了历史进程与政策制定的关系，而且还委婉地劝诫下任总统从不同行动方案中做出选择。不受任何候选人影响、独立提出自己建议的基辛格当然可以不用做出选择。事实上，基辛格坚持以国际事务中心"赞助"的名义出版著作，而不是直接以国际事务中心的名义（后者意味着跟哈佛大学出版社签订的出版合同中的稿费会更少），他对独立性的坚持有些过头了，罗伯特·鲍伊十分恼怒。

任何把过去的文章整理成连续章节出版的著作都有前后不连贯的可能，任何以前出过畅销书的作者都知道评论者这次又会说些什么。沃尔特·米里斯在《纽约时报》发文批评基辛格“用不复存在的愚蠢现象指责我们，有点儿过于喜欢白费力气”。米里斯认为这本书“用很长的篇幅展示美国无法‘为自己’定义一种与我们价值观一致又足以保证我们安全的和平”，最后说道，“他强调‘选择的必要’，却没有提供任何可选之物”。L. W. 马丁在《政治科学季刊》发文指出，该书对“近期战略争议做了有时虽显冗长但却合理的阐述”，还说“他需要攻击一些人，零散的鸣谢主要也是针对那些他要打压的人”。埃斯蒙德·赖特在为查塔姆研究所撰写的报告中写道：“火花飞溅，照亮了天空。但是无论对学者还是对政治家而言，书中都没有一个清晰的蓝图。尽管作者呼吁分析要敏锐、行动要灵活，但他的立场是固定的、僵硬的，就像马基雅维利向君主陈述思想与观点，保护共和国不受顽敌侵犯。”该书也许可说是“思维敏锐、思想深刻”，但同时也“相当沉闷”。

这些评价现在看起来很离谱。当然，《选择的必要》是“导弹差距”时代的产物。其出发点是惊人地声称无论杜鲁门还是艾森豪威尔都没能巩固美国的战后立场，“如果我们的立场再这么退化下去，再过15年……我们就会沦为美国堡垒，在这个世界上可有可无”。美国缺乏战略原则和连贯的军事政策；其武器控制行动与其核战略矛盾；其联盟支离破碎；对发展中国家的援助项目没有发挥作用。结果，其“生存的边缘”“进一步缩小，非常危险”；说实话，真的存在一种“悲剧”的可能——引发“国家灾难”的可能。美国存在遭受苏联突袭的“致命危险”。西方世界“麻烦大了”。这些言论在那时似乎是危言耸听，尤其是近期又出现一些关于艾森豪威尔的研究成果。事实上，参谋长联席会议主席特文宁将军在参议院外交关系协会的一次秘密会议（而基辛格出席了）上说，1959年2月还没有出现美苏导弹差距——这是根据U–2侦察机航拍照片做出的判断。到1961年，中情局已经近乎完全确定苏联不太能会有洲际弹道导弹，在核武器竞赛中仍然稍落后于美国。同时我们也知道，虽然苏联很乐意在第三世界，如古巴、刚果等国家，寻找推行边缘政策的机会，但是赫鲁晓夫并非真心实意想为这些落后闭塞地区打全面战争。但在下文中我们将看到，基辛格丝毫没有夸大危险，两个军备实力日益强大的超级大国有可能最后因为外交上的错误估计，就柏林问题发动战争，正如1914年列强向波斯尼亚和比利时发动战争一样。而且基辛格对西方许多评论员的嘲讽也相当正确：有些人抱有不切实际的希望，以为苏联体制会很快自由化；有些人则天真地看待与苏联的谈判，好像这样苏联就会最后让步，或者很容易在两国初始立场之间的某个点上达成妥协。

从现在来看，基辛格的具体政策建议更引人注目，因为几乎所有的建议在20世纪60年代都被采纳了（尽管我们要补充一句，那些建议不全都是他一个人的主意）。他再次主张，要应对苏联导弹突袭的可能性，必须通过“分散、强化，尤其是机动性”来增强美国的二次打击能力。这一点被采纳了。还有，基辛格否认了自己先前有关有限核战争的观点，主张美国增强常规力量，这样非核部队就能被用于对抗苏联在局部地区的“诡计”。这个建议也多多少少被采纳了。他主张美国应强烈要求在稳定的东部边界奥得河–尼斯河线基础上实现德国统一[①]，沿线双方

① 从当时的情况来看，民主德国-波兰边界线大体上是沿着奥得河和尼斯河划定的。这意味着民主德国将失去历史上为普鲁士王国属地的大片土地。对许多德国人（不仅是前纳粹分子和影响甚大的“流亡者联盟”成员，而言，这是不可接受的。

军事力量同等削减。尽管到1990年才最终实现，但这也成了美国的政策目标。他主张签署国际核不扩散协议，对拥核国家和非核国家都有约束力，由国际原子能机构下属的一个世界观察机构来实施，国际原子能机构对所有裂变物质负责。实际上，该协议于1968年首次签署。而且，“他敦促超级大国通过谈判削减核产量、减少核储备，当然前提是设计出合适的控制方案”，正是这一路线引出了后来的战略武器限制谈判。唯一打了水漂的建议是“增强北约政治凝聚力，开始采用一种联邦制度”，然后将核武器储备置于其单独掌控之下。具有讽刺意味的是，这是基辛格出版《核武器与对外政策》之后着力宣传的观点（也许是因为这是洛克菲勒最中意的观点吧）。

然而，《选择的必要》最精彩的章节不是聚焦于政策的部分，而是探讨哲学的部分。在颇具启发性的一章“论政治演变：西方、共产主义与新国家”中，作者先跟经济学家约翰·肯尼思·加尔布雷思和亚瑟·刘易斯论战，然后与卡里尔·哈斯金斯对话：基辛格针对经济学家提出的苏联制度将因经济发展朝自由化方向演变的假设，阐述了他的新式历史哲学。他同意共产党领导的社会一定会变。

> 但是这种转变的性质绝不是预先注定的。它能朝自由化发展，但也能带来小说《1984》中的那种灰色梦魇。它能提升自由，也能完善奴隶制工具。而且，单纯的转变本身还不是我们这代人唯一关心的问题。同样重要的是时间尺度，即何时出现。毕竟，迦太基灭亡150年后，罗马转变成一个和平的现状型国家对于迦太基来说没有丝毫安慰作用。

基辛格明智地指出：“演变过程并不像后人以为的那样进行得很顺利，方向也不是那么清晰。西方多元主义是成百上千个选择的结果，任何选择的改变都有可能导致完全不同的结果。”16世纪宗教改革运动强调个人良知，当然无意鼓励多元主义。实际上，欧洲最终出现民主是个性多样化的结果：希腊–罗马遗产、基督教的政教分离、国家的多样化以及“宗教战争的僵局强制将宽容作为一种实际需要”。用基辛格的话来说：

> 工业化绝不是这些因素中最重要的。如果缺少其他因素中的任何一个，西方政治演变的道路可能彻底不同……只有在后人看来演变才不可避免。历史学家……只研究成功的因素，而且是那些明显的成功因素。他们无从得知对当事人来说最重要的是什么，即决定成败的选择因素。

在基辛格看来，历史过程与自然的历史有着根本性区别。

> 演变不是走直线而是经过一系列复杂的变化。在道路的每一步都有转折点和交叉路口，无论好坏都得选择。控制决策的条件可能非常微妙。事后看来，那种选择可能是近乎随意的，或者在当时情况下是唯一的。不管是前者还是后者，选择都是所有以前的转折，即对历史、传统或价值观的反思与需要生存的直接压力相互作用的结果。

基辛格同样意识到演变有可能引起“僵硬”和“僵化”，那是衰落的先兆。他认为“国家的衰亡”，是因为“内部僵化，同时那种改变周边环境的道德能力和物质能力衰退……如果在图尔打败阿拉伯人的武士们因为相信历史上基督教必胜而投降，西方历史又会是什么样的光景？中欧今天就将是伊斯兰教的天下”。

严肃的历史思想家应该像基辛格一样相信“选择的必要”，因而相信反事实的合理性。那些更相信历史决定论的人不是过于倚赖意识形态就是想象力贫乏。然而，该章节最突出的内容还不是坚持偶然性在历史演变中的作用，而是基辛格对美国在第三世界的政策所做的推测。他写道："除非我们让新国家理解自由和尊重人的尊严等观念，否则我们在中立地区大肆吹嘘我们和共产党的经济竞争将毫无意义。"基辛格跟许多同时代的人一样，夸大了苏联赢得产出增长竞赛的能力。但是他说得极其夸张，西方宣称优越性必须基于人的尊严而不是生产力。民主之所以能在西方发挥作用，是因为西方对政府权力有某些特殊的限制，比如法治，比如普通人"相信政治不重要"。因此，"除非我们努力维护保护人的尊严的制度，否则自由的前途将十分暗淡"。这再次表明，写作时的基辛格不是现实主义者而是自由主义者。第三世界冷战竞争的目标不是赢得对立经济发展模式的竞争，而首先是"填补……精神空虚"，因为"被共产党用自夸的马克思主义物质性改造思想的人不少，被共产党用马克思主义神学性改造思想的更是大有人在"。

7

通常都是这样，说来说去最后都归结到财政政策。洛克菲勒和肯尼迪两人都强烈要求提高国防预算、增加对外援助开支，他们阐述的理由经常跟基辛格《选择的必要》里谈的差不多。尼克松也按捺不住，想表达同样的观点，但又说不出口，只怕更加疏远艾森豪威尔。可以想象这个时候基辛格有多么困惑，他得到尼克松的国家安全顾问罗伯特·库什曼将军透露的一份文件：白宫发布的一份1961年财政年度国防预算指令。文件承诺减少国防开支，库什曼抱怨道，看起来"像是峰会惨败从未发生过”。他把文件送给基辛格“是因为我从心底里相信，你能够影响这个人；尽管他有一些毛病，但他有很多的优秀品质，能够领导我们走出现状。如果他用这种材料予以狠狠反击，他就会当上总统，或许民主党也会投他的票”。文件不是密件，但盖有“仅供官方使用”的印戳，可以从副总统办公室职员那里查到记录，说明基辛格可以引用但不能给任何人看。

基辛格不可能知道这是为他和洛克菲勒设下的陷阱，还是真心实意的示好。结果证明是后者。早在5月尼克松就得出结论：轻轻松松通过无人竞争的初选拿到共和党提名实际上是件坏事；报纸对肯尼迪在与休伯特·汉弗莱激战中获胜的报道永远多于对自己的报道。洛克菲勒后来又要重新竞选共和党提名，对尼克松根本构不成严重威胁。过去党派大会上出现过几次支持大潮让提名竞争翻转（最近一次是1952年阿德莱·史蒂文森被“选”为民主党候选人），但让他也体验一次这种支持大潮怕是纯属空想。但是现在尼克松想到，让洛克菲勒做他的竞选伙伴将巩固他在民众思想开明的美国东北部的地位；至少，在党派大会之前让洛克菲勒参加竞选能在最后跟肯尼迪一决胜负之前，展示尼克松团结内部的能力。7月22日，芝加哥召开共和党大会前两天，副总统尼克松秘密飞往纽约，与洛克菲勒在第五大道的寓所共进晚餐。尼克松坦率说明自己对选举的估计，表明愿将副总统的位置留给对方，并承诺一旦他获胜，将增加副总统职位的分量。洛克菲勒后来告诉基辛格，尼克松承诺如果他愿意做竞选伙伴，就让他：一、口授政治纲领；二、完全控制外交政策；三、负责纽约州的赞助事宜。不出客人所料，洛克菲勒拒绝接受，然后拿出一份“原则”声明，并说如果尼克松要得到他的支持，这份声明必须出现在党纲里。洛克菲勒有阅读障碍，埃米特·休斯从芝加哥打来长途电话帮忙解释附属细则。

尼克松决心要争取到洛克菲勒的支持，什么条件都答应，就连大西洋联盟的提议也答应。关键是国防预算，洛克菲勒希望增加35亿美元或提高9个百分点。尼克松知道艾森豪威尔无论如何都不会答应。他们没能确定数额，最后就这样的措辞达成了一致："美国能够承受而且必须提供所增加的开支，以充分实施这个必要项目，增强我国国防实力。美国安全没有价格上限。"到凌晨三点半，"第五大道协议"的最后四点得到了纲领委员会主席查尔斯·珀西的认可。事发后这成了重大新闻，但这次幕后交易对双方都没有多大好处。艾森豪威尔指责洛克菲勒的行为是"个人背叛"，指责尼克松"否认"政府记录。保守派煽动者巴里·戈德华特看到大纲里竟然加入了民权方面的自由派言论而大惊失色，谴责这是"共和党的慕尼黑"。尼克松迁就了艾森豪威尔，但没有向戈德华特低头。民权方面的条目还在，但对国防方面的措辞进一步温和了。定稿写道："美国可以而且必须提供所需一切来保证自身安全，提供必要增长的开支以满足新形势的需要……提供多了是浪费，提供少了将造成灾难。"这时轮到洛克菲勒不得不低头。他的当选梦破灭了，共和党大会上他半是不甘地投了"理查德·米尔豪斯·尼克松"的支持票。

对这种结局，基辛格毫不奇怪。他没有参加芝加哥大会是明智之举。然而，8月，他去了一趟位于缅因州海豹湾的洛克菲勒避暑山庄，"向他解释秋季选举为什么不能帮他"。施莱辛格记了日记，原因很清楚："亨利说他不会干任何有助于尼克松的事。"洛克菲勒跟基辛格一样很厌恶尼克松："就像亨利说的那样，把一个词断成两个部分说，'他讨——厌尼克松'。"但事情已成定局。他必须代表这个他讨厌但不得不支持的人参加竞选，洛克菲勒"显得情绪低落、意志消沉……"，因为"芝加哥方面反应不热烈叫他很失望"。基辛格才不会勉强自己。共和党国家委员会和尼克松的竞选班子找他咨询，他跟他们说第二天去日本，所以没空。1960年时他对尼克松的反感由此可见一斑。

基辛格对洛克菲勒忠心耿耿，依然认为自己是他最杰出的顾问。（1960年11月，他对罗德·珀金斯说："我记得外交政策方面一有问题，州长必然首先联系我。"）他继续忙活区域联盟的事，不过他越来越怀疑实际上要建的是两个联盟，一个是北大西洋联盟，一个是西半球联盟。而且他反复规劝洛克菲勒要开始为1964年更好地获得提名奠定基础，甚至提到"几个祝你好运的人"的名字：有纽约参议员雅各布·K.贾维茨，还有中西部报业老板约翰·考尔斯。实际上，基辛格对美国国内政治的机巧机制感兴趣可以说是从这个时期开始的。到1960年12月，他就每周到奥尔巴尼跟洛克菲勒的高级职员一起开会，"制定未来4年的战略"。早在1961年1月，他就建议洛克菲勒，面对民主党有可能对他的州长职位提出挑战，应该先行一步，"周密思考肯尼迪可能采取的各种行动、他可能联系的机构、他可能以何种方式动用家族势力、老家伙肯尼迪在金融界有何影响等"。

1961年2月末，基辛格给洛克菲勒写了封长信，教他如何为1964年总统竞选做最佳准备："到那时你也许会选择不竞选总统，要么因为肯尼迪要施行的政策和你的基本一致，要么因为共和党候选人可能不过是一只要牺牲掉的羊羔……然而，我大胆猜想我们不妨置身于危机之中，国家将迫切需要你的贡献。"这一次，洛克菲勒必须吸取1959—1960年的教训：当时有人批评他这个纽约州州长玩忽职守，实际上是花在建设国家机构上的时间不够。这封信可不同寻常：正好19天以前有新闻报道，基辛格正考虑进入自己向洛克菲勒说的三年后要竞争的对手、去年11月险胜讨厌鬼理查德·尼克松的肯尼迪的政府任职。

在基辛格看来，洛克菲勒似乎是民主社会贵族精神的化身。正如他对卡里尔·哈斯金斯所说（为了在《选择的必要》中发表，这一段语气明显改得缓和了）：

> 在我看来，非常成功的民主社会基本上就是贵族社会（我们可以证明长期以来我们一直是靠建国先贤们的道德资本在生活，我们还有一部书面的宪法，它本身就是一种保守力量）。贵族社会，更恰当地说是一个社会价值观受到贵族观念影响的社会鼓励自我节制，而其原因并非是贵族的道德水准更高、更无私。实际上是因为他们的关系结构和精神促使他们反对个人卓越，因而反对专制统治。而且他们通过与平等民主主义的专制相对的素质观念让自己的言行合理化。

基辛格像他昔日的导师弗里茨·克雷默一样，对在华盛顿见到的大量现象深恶痛绝，尤其是政府官僚机构的那种僵硬化倾向。1956年克雷默几乎是歇斯底里地在信中谈到自己的失意，比如坐在五角大楼写一些"刨根问底的分析性研究、深刻的政治评论甚至是'绝顶聪明'的文章"，而年轻的匈牙利人却在布达佩斯的街道上与共产党作战。对此基辛格自然深有同感：

> 我们非常了解历史并非真是用钢笔写出来的、用印刷机的墨印出来的。是啊，没错，我们可以把我们的所作所为非常漂亮地文饰一番。我们的记录、我们的评论文章不正是争取他人支持的重要武器吗？是的，将心比心，我们知道，事实上别人采用我们希望他们采用的大胆而有想象力的政策，不是因为他们在思想上被我们充分的论据说服了，而是因为他们的心被我们打动了。而我们就这么坐着，我们这些训练过度的政治学家，不是冒着生命

> 危险宣扬新的信仰，而是像律师和教授一样辩论。我们兢兢业业地抱着一种干巴生涩的文风，我们写出的文字不带一丝一毫的感情。

即便受干巴生涩的文风影响，理想主义者基辛格仍然渴望追随英雄领袖。正如他对施莱辛格所说：“我们需要有人带我们往前跳出一大步，不仅仅是对现有倾向进行改善，而是创造出一种新气氛、一个新世界。”

然而，克雷默比基辛格更担心自己的爱徒为了给那个他称为“纳洛”（即纳尔逊·洛克菲勒）的贵族当顾问，已经做出了让步。1957年12月，克雷默给基辛格写了一封语重心长的长信，规劝他要记住自己“保持自我的利他的（绝非以自我为中心的）职责”。

> 纳洛……不明白你在20世纪中期……代表什么。他收藏珍稀绘画；他绝不会想到去烧毁；这种野蛮行为于他是难以想象的。但是人类身上并没有被专家贴上标签，说他们价值几何，因此在这个用事实和数字来衡量价值的时代，危险是那么的严重，那些无可替代的人被烧成灰，轻易拿来做燃料，尤其是那些已经被大自然点燃的人，反正他们已经身处烈焰之中。资产阶级者的危险不大，因为他们很难烧得着；但是其他人——那些少数派，稀有者燃烧起来会是多么壮观啊！

克雷默再清楚不过了，他要写的内容会刺痛基辛格。也许他会想，要是多年前两人没有在克莱本营见面会更好。他写道：“我为你的成功感到骄傲。不光是我，还有其他许多人都指望你。你代表的已经远远不是你自己。”

但是你的成功不能毁了你的内心、你的身体……有价值的人不能让自己被“别人”给毁了，无论这些人多么“好心”，多么和蔼可亲，各方面多么超乎常人，也无论他们的“崇拜”、他们善意的不解是不是毁灭你的主要动机……

我已经在克莱本营和帕伦堡营跟你说过，独立的秘诀在于独立行动；人甚至不用志在成功。你不要，你永远都不要指望事情最终会变“好”。只有当你真的不“算计”了，你才会享有一种将你跟小人区别开来、让你不受到任何欺骗的自由。到目前为止你一直在坚持这一点，所以我非常地信任你。不过现在事情又简单了。你要抵制胸怀大志者最常遇见的诱惑，比如贪婪，还有学术阴谋。现在陷阱就在你自己的性格里。可以说，现在诱惑你的是你自己最深刻的原则：全心全意、恪尽职守。不过，还有其他更重要的任务在前面等着你。

1961年年初，当基辛格准备回应盼望已久的权力中心的召唤时，真该回忆、深思克雷默此番告诫的含义。

第 13 章

—

灵活反应

我希望铁幕不要存在于实用主义者和教条主义者之间，我也希望如果铁幕存在于实用主义者和教条主义者之间，实用主义者不会赢得无条件胜利……我们要自问的不是我们正在做什么，而是我们必须做什么，不是我们处于何方，而是我们要去往何方。有可能出现这种情况，那些不易用证据展示的东西最终正是指导国家安全政策实践的东西，而我们用来解决日常问题的那些聪明分析在某种意义上就如同柏拉图洞穴中的影子一样虚幻。

——亨利·基辛格，1963 年 7 月

我对柏林计划的贡献就像是看球的人在边线上大喊大叫、说三道四。

——亨利·基辛格对阿瑟·施莱辛格说的话，1961 年 9 月

1

约翰·F. 肯尼迪在美国人的集体记忆中占有独特地位。2013年11

月进行的一次盖洛普民意测验显示，74%的美国人认为他是杰出或中等水平以上的总统，而罗纳德·里根的支持率是61%，德怀特·艾森豪威尔为49%，林登·约翰逊为30%，理查德·尼克松的支持率最低，仅为15%。在2011年的一次民意测验中，11%的美国人提名肯尼迪为最伟大的美国总统，而艾森豪威尔的支持率仅为1%，约翰逊和尼克松更是不到0.5%。尽管肯尼迪遇刺令公众极为感兴趣，但他名气大不全是因为此事。大多数美国人坚信肯尼迪政府是理想主义的政府，而理查德·米尔豪斯·尼克松的政府过于讲究现实主义，已经到了没有原则的地步。肯尼迪在就职演说中宣称："让所有国家知道，我们将不惜一切代价，承受一切负担，面对一切困苦，支持一切朋友，反对一切敌人，确保自由之存在与成功。"肯尼迪慷慨激昂的演讲内容至今仍有人引用；相比之下，没人记得尼克松首次就职演说中那崇高的誓言："带领世界最终走出混乱的山谷，踏上文明曙光初现以来人类梦寐以求的和平高地。"肯尼迪和尼克松，这两个政敌的命运可谓有着天壤之别：一个被刺杀、举世震惊，一个辞职、颜面丧尽，两人代表了美国政治的两个极端。令人费解的是，有个人，基辛格，曾为这两位总统都效过力。再有，至少在基辛格看来，肯尼迪不是理想主义者，他自己才是理想主义者。

曾有相当多的哈佛学者到华盛顿为肯尼迪效力，基辛格不过是其中之一。不同之处在于他一直对洛克菲勒忠心耿耿。这样就带来两个明显的后果。首先，基辛格不能得到政府其他成员的全部信任，包括他的直接上司麦乔治·邦迪。其次，在关键外交政策问题，尤其是欧洲外交政策问题上，他跟大多数人的意见显然不同。引人注目的是，（先是私下，后来在公开场合）批评肯尼迪政府的现实主义的是基辛格，敦促纳尔逊·洛克菲勒在肯尼迪任期的两个最易激化矛盾冲突的外交政策问题

（德国和古巴问题）上采取更加理想主义化立场的，也是基辛格。

很难想象有哪两个城市像1961年的柏林和哈瓦那一样大相径庭：一个是寒冷的普鲁士工业大都市，16年前的那场全面战争让它至今满目疮痍；另一个是热带殖民地首都，只有几栋新的苏式高楼和几门高射炮能彰显出政府的革命性。然而就是在这两个迥然不同的地方，肯尼迪总统就职演说中那漂亮激昂的承诺将得到最终检验。

2

大卫·哈伯斯塔姆称哈佛学者是“最优秀的、最聪明的”，无意间引用了雪莱的诗。当时媒体喜欢说他们是“神童”或“智囊团”。副总统林登·约翰逊毕业于得克萨斯州西南师范学院，他只把这些人称为“哈佛的人”。哈佛大学有50多名教师跑去为艾森豪威尔政府效力，其中不仅有邦迪、基辛格，还有阿奇博尔德·考克斯、约翰·肯尼思·加尔布雷思、卡尔·凯森、亨利·罗恩和阿瑟·施莱辛格。难怪总统的母校被有些人视为“第四政府部门”。要是鲍伊和谢林也接受邀请到华盛顿工作，国际事务中心就几乎见不到一名资深研究员了。但是，即便是那些留在剑桥市的人也感到自己获得了权势。正如邦迪所说：“哈佛的人实际上比就在华盛顿特区工作的很多人还接近政府的执政过程。”艾森豪威尔在离职演说中告诫美国要防止“军事–工业复合体”[①]的崛起。在肯尼迪政府，压倒一切的则是“学术–知识复合体”。

① 艾森豪威尔本来是打算提出“军事–工业–国会复合体”，以表明自己对某些国会议员（包括后来接替他而成为美国总统的人）坚持不惜一切代价也要追上与苏联之间的“导弹差距”这种想法的沮丧情绪。但在最后一分钟，他还是删去了“国会”。

尽管大家都知道基辛格和洛克菲勒过从甚密，但早在1958年12月，肯尼迪竞选班子就去找了基辛格。是给肯尼迪写演讲稿的内布拉斯加州律师特德·索伦森邀请他（按肯尼迪随后致信基辛格所说）“谈谈接下来几个月必须解决的长期问题和立场问题……尤其是武器的重新评估问题以及淡化处理中程弹道导弹、海外军事基地问题等”。基辛格回复他将“很高兴为公共政策发展建言”，但要求见面“交流思想”以便“明确问题”。1959年2月15日，两人在波士顿哈佛俱乐部见面共享午餐，“谈了一下国防和外交政策问题”。后来肯尼迪征求基辛格关于一篇谈“导弹项目”的文章的意见，文章认为建造30艘装备了北极星导弹的核潜艇可以缩小美苏导弹差距。（基辛格表示怀疑。）后来，肯尼迪问基辛格怎么看待德国问题，他颇具先见之明地说他“感到德国问题非常重要”。

迟早这种示好会公之于众。果然，一年后，1959年12月11日，《波士顿环球报》爆料说肯尼迪正在招兵买马成立“一个大学智囊团”，成员是哈佛、麻省理工和阿默斯特三所大学的15名学者，基辛格是其中之一[①]。哈佛法学院的艾布拉姆·蔡斯后来回忆，报纸报道只有一个错误，即夸大了该组织的架构和凝聚力。上文讲过基辛格匆忙宽慰他那些奥尔巴尼的朋友说自己不会抛弃洛克菲勒。他也许还可以加一句，还有两位共和党教授也参与了。但是，基辛格对《波士顿环球报》东家的乘龙快婿萨利·考克斯·泰勒承认：

---

① 其他的哈佛教员还包括：萨姆·比尔斯（行政学）、艾布拉姆·蔡斯（法学）、阿奇博尔德·考克斯（法学）、约翰·肯尼思·加尔布雷思（经济学）、弗雷德·霍尔伯特（行政学）、小马克·德沃夫·霍韦（法学）、巴顿·里奇（法学）以及小阿瑟·施莱辛格（历史学）。这篇文章里还提到5位麻省理工的教员——戴维·弗里施、马丁·迈尔顿、卢西恩·派伊、沃尔特·罗斯托和罗伯特·伍德。此外还有来自阿默斯特的厄尔·莱瑟姆，他当时在哈佛大学访学。不过，《波士顿环球时报》还漏掉了一位肯尼迪咨询过的哈佛法学院教授：小阿瑟·萨瑟兰。

报纸的报道基本正确……去年我跟肯尼迪派的一些人见过两次面，就一些重要问题发表了看法。

我有异议的不是报道，而是我认为肯尼迪想把我和他连在一起。我跟他和他的工作人员说过无数次，如果纳尔逊不参加竞选，我不会支持任何人。他们好几次邀请我到政府任职，我都拒绝了。

一个新的时代即将来临。一场巨大的社会文化动荡已经开始萌动，基辛格和同时代人很难视而不见。他在《选择的必要》一书中简洁地写道："我们这一代人将生活在变化之中。我们所处的常态就是现实动荡。我们行动的成功不能用短期的平静来衡量……20世纪60年代需要英雄壮举。"基辛格与那些已经开始建立"反主流文化"的人有一个区别：他认为即将到来的动荡可能是地缘政治的剧变。

1960年年初，罗伯特·齐默曼即将从明尼苏达大学退学，改名为鲍勃·迪伦，搬到格林尼治村。大约与此同时，亨利·基辛格警告说新时代"可能是一个有重大危险的时代"。迪伦很快将在他的歌曲《暴雨》中唱出同代人对核辐射的极度恐慌。基辛格更爱使用安全研究的直白语言，警告说导弹差距扩大将会导致苏联突袭。在此将这两人相提并论看似风马牛不相及，但他俩的恐惧不是如出一辙吗？《答案在风中飘扬》这首歌也写于1962年，迪伦在歌中用非常简单的语言说明了时代的中心问题："有些人要生活多少年，才能过上自由的生活？"反对殖民主义的人经常唱这首歌，主张黑人民权的人也经常唱。但是基辛格也能传达基本相同的思想，不过他用的是散文，不是诗歌："为人为己我们不仅有志于物质进步。我们还希望我们信仰的民主原则得到运用。我们尊重一个政府，不主要是因为它治理有效，而是因为它保证人民的自由和尊严。"基辛格在和哈佛大学最忠实的肯尼迪支持者阿瑟·施莱辛格讨论临近的大选时，表示希望肯尼迪的胜利将意味着“往前跳一大步……一种新的氛围、一个新的世界。如果肯尼迪只说自己在操控现状上胜过尼克松，他就输了。”

就普选而言，1960年总统竞选中两位候选人的得票数是20世纪竞选人之间最接近的。竞选还剩两周时，基辛格就说肯尼迪“必定”获胜，这话也说得太满了。不错，肯尼迪在电视辩论中的表现远胜尼克松，肯尼迪在下午的欢爱之后，容光焕发，而尼克松则胡子拉碴、冷汗直冒。但在实质问题上两人旗鼓相当。肯尼迪指责尼克松所在的政府“丢了”古巴，但又认定政府应将金门、马祖归还北京，难以自圆其说。而尼克松则一个劲儿地挖苦想侵略古巴的观点，尽管他此前一直力劝艾森豪威尔支持这种观点。外交政策方面谁也没有明显胜出，但有件事影响比较大，当被问到为何在亚特兰大关押黑人民权领袖马丁·路德·金时，尼克松支支吾吾，结果失去了相当多的黑人选票。（竞选伙伴亨利·卡伯特·洛奇发誓将来会有一位非白人内阁成员，但信者寥寥。）即便如此，尼克松赢的州数多于肯尼迪，最终仅以不到113 000张选票（不足0.2%）的微弱劣势输掉普选。在伊利诺伊和得克萨斯等关键州，弄虚作假之风猖獗，理应对相关人等进行长时间法律质疑甚至刑事定罪。不过，尼克松虽然在政治上是出了名的心狠手辣，却并未对选举结果加以反驳——正如他拒绝在竞选中打宗教牌一样，因此，肯尼迪以极微弱的优势成为美国首位罗马天主教总统。

数日之后，肯尼迪的过渡团队联系基辛格，向他征求国务卿人选的意见。基辛格再次感到左右为难。这是先前示好的延续，还是在全国范围内发出的多封征求意见的信之一呢？难道肯尼迪真的想不出一个人来担任政府中这个最重要的职位？基辛格在回信中先是啰里吧嗦讲了一大堆，警告肯尼迪政府可能面对“美国历史上一些最严重的外交政策危机”。

会出现柏林危机。伊朗等国家随时会垮台。非洲新国家在独立的过程中还会遇到新的动荡……卡斯特罗主义可能在拉丁美洲蔓延……我跟哈佛同人的看法不同，我认为新政府的任务不仅仅是在世界范围内实施新政准则，要复杂得多……世界主要地区不仅经济、社会秩序紊乱，而且缺乏一切政治框架。有争议的不仅是经济问题，还包括政治合法性。

他最后推荐了三次都未得到民主党总统候选人提名的阿德莱·史蒂文森。然而，基辛格经过思考，决定不寄出这份文件。于是，他写了封短信，推荐了已经是肯尼迪外交政策顾问之一的切斯特·鲍尔斯。最终，鲍尔斯被任命为副国务卿，成为国务院的二号人物；肯尼迪选用迪安·腊斯克为美国国务院所在地雾谷[①]的最高长官。

腊斯克曾在杜鲁门政府任助理国务卿，负责远东事务，但在艾森豪威尔任职期间主要管理洛克菲勒基金会。肯尼迪让他主持国务院、道格拉斯·狄龙掌管财政、罗伯特·麦克纳马拉掌管国防，这么安排是在发出一个信号：他的幕僚既业务熟练又能代表两党。（狄龙和麦克纳马拉都是有私企经营经验的共和党人。）这在学术上和政治上都讲得通。毕竟，肯尼迪和洛克菲勒以很相似的方式批评过艾森豪威尔，说他不仅过于依赖“全面”核战争威胁，而且在许多国内问题上有疏忽的罪责。的确，政府与哈佛的关系重要，但新政府与洛克菲勒特殊研究项目的联系也几乎同等重要：对政府的很多批评首先就是从该项目传出的。负责撰写洛克菲勒特殊研究报告的210名专家、顾问和作者中至少有26人成了肯尼迪政府的官员，其中不仅有腊斯克和鲍尔斯，还有罗斯韦尔·吉尔帕特里克（他当了国防部副部长）、哈伦·克利夫

① 华盛顿的美国国务院所在地，原计划作为陆军部办公楼。

兰（任助理国务卿）、沃尔特·罗斯托（任副国家安全顾问）。因此，特殊研究项目的主持人也应邀出任政府官员就不足为奇了。说来也巧，肯尼迪就职第二天，政府机构仍在组建中，《纽约客》发表了一篇热烈的书评，评价《选择的必要》。书评人是撰写该杂志每周一封“华盛顿来信”的理查德·罗维尔，他介绍基辛格“可能是对美国军事外交政策最有影响力的批评家”，介绍说这本书是决策者的“基本文本”。肯尼迪本人直到1963年才有空看这本书，但他显然看到了书评。而基辛格也很佩服肯尼迪的就职演说。他对阿瑟·施莱辛格说：“我认为很棒。从私心出发，尽管你去政府任职会使我成为一名正式登记的民主党人，但我还是希望传言是假的。”

虽然基辛格在听说施莱辛格得到白宫任职后心中涌起一股妒意，但时隔不久他就等到了白宫的召唤。讽刺的是，收到邀请信的时候他正下榻于洛克菲勒宫殿：维尔京群岛肯尼湾，这是由劳伦斯·洛克菲勒开发的一处豪华别墅。信是1961年1月28日写的，写信人是基辛格的哈佛老板、文理学院院长邦迪。

> 总统让我跟你尽早讨论你来任职的可能性。在他看来，当前情况下只有一个难题，想要你的政府部门不止一个。他不想干预任何具体部门的需要，但他想让你知道如果你有兴趣，他本人希望你加入一个由我和沃尔特·罗斯托建立的小组，直接听命于他。

2月5日出了新闻。《波士顿环球报》报道：“基辛格博士星期五面见总统，并在城里过夜。”对他的“重要任命”将是“负责国际政治与战略领域”。

正如邦迪在信中暗示的那样，政府内部各部门①的确有点抢儿着要他的意思。腊斯克也主动提出给基辛格安排个国务院的职位，但是邦迪已经明确提出要安排他当白宫顾问，对他说“将来可以直接与你共事”，所以基辛格很快谢绝了腊斯克的邀请。然而基辛格似乎犹豫了，原因下面再说。2月8日，他对邦迪说：“你和总统考虑的委任既有挑战性又很微妙。”问题不在于参与不参与，而在于如何参与。尽管他感到“很荣幸……应邀加入政府部门，政府的氛围、任命和行动都令我深为佩服”，尽管他“相信我最感兴趣的领域——外交与国家安全政策领域，在接下来的4年将决定国家，或是民主思想的未来”，他还是借口说哈佛的工作“可能会导致我突然离开”。因此，他要求做兼职。这样他也有时间“整体考虑一下环境，做出卓有成效的贡献”。

刚过一个星期，基辛格就回到华盛顿和邦迪研究细节问题。他们最后同意“任命他为顾问……总体负责武器和政策领域，具体负责考虑德国问题的所有环节”。邦迪说这份工作有点儿像总统科学顾问委员会委员做的事，“遇到特殊问题就把委员们召来提出建议，有事才需要来，不用事先安排”。最后达成一致，基辛格在春季学期每月来华盛顿工作约一星期，暑期从5月中旬到8月底都留在这里，6月除外，因为他已经定好去欧洲访问。假如兼职行不通，他们就“重新考虑全职问题”。2月27日任命宣布。洛克菲勒的得力干将似乎就这么叛变到了民主党那边。

由于后来基辛格和邦迪的关系恶化了，所以人们不禁要问邦迪为什么这么做。出任总统国家安全事务特别助理，即国家安全顾问后，邦迪

① 原文中的“Beltway”，是美国第495号州际公路，是环首都华盛顿市的高速公路，于1961年12月开通。在此以这条路代指政府部门。

完全有理由相信自己能在制定外交政策时发挥主导作用[①]。那么，为何还要引进一个洛克菲勒当上总统后将会发挥同样作用的人，而且这个人无疑对当时的至少一个重大问题了解得更深入？答案是想要基辛格并且希望他做专职的是肯尼迪，而不是邦迪。事实上，正是邦迪说服基辛格要求只做兼职。

然而，基辛格谢绝全职也有自己的道理。他和洛克菲勒关系这么深厚，显然不可能全心全意效忠这个他希望洛克菲勒在1964年总统竞选中挑战的人。由于媒体已经报道，基辛格别无选择，只能将自己和肯尼迪的谈判和盘托出。没想到洛克菲勒反倒责怪他婆婆妈妈，基辛格又是钦佩又是震惊。（他后来告诉施莱辛格："他劝我什么职位都接受，只要能真正出力。他还说，尽管我离开他对他个人而言是个打击，但他希望肯尼迪成功，因为肯尼迪的成功就是我们大家的成功，而且他不愿猜测国家灾难的后果。"）因此，基辛格若做兼职，他自己和邦迪皆大欢喜。在做兼职还是做专职的谈判过程中，基辛格写信给洛克菲勒，热情洋溢地感谢他"对最近几星期我不得已做出的决定……表示理解"。由于总统本人有可能向他咨询，同时他还可以为这个大家希望在下次竞选中挑战肯尼迪的人出谋划策，因此他得以亲身体验在最高领导层工作的挑战。担任白宫顾问期间，基辛格仍然会为洛克菲勒的事务献计献策。

当然了，对于洛克菲勒纽约市研究所里绰号为"娘子军"的女研究员们来说，这段时期非常艰难。琼·戈德思韦特和同事们因为1961年的大部分时间里洛克菲勒对她们的工作几乎完全不理不睬而十分失望。戈德思韦特和基辛格依然经常琢磨建立大西洋联盟的事，这也一直是洛基热衷的话题。但是，1961年4月，洛克菲勒决定"将进一步行动……搁

① 然而，这一点毫无疑问是无法保证的。这个职位是在保罗·尼采拒绝之后才给邦迪的，因为尼采误以为在一个主要部门的高级职位上会有更大的影响力。

置起来”，似乎当纽约州州长要应对的事就够他忙活的了。然而，洛克菲勒的研究人员依然在诸多事情上追踪肯尼迪的所作所为。实际上，洛克菲勒还在招募新“娘子军”，例如当时刚到加州大学伯克利分校读博士（研究维希法国的天主教）的南希·马金尼斯就是夏季招来的。基辛格新官上任，很少在纽约，但他依旧监督外交政策方面的工作，指导戈德思韦特及其同事准备“两个月一次的总结，内容涉及……国防、柏林、拉丁美洲、民防、北约、伊朗、对外援助、武器控制以及越南共和国”等问题。

在白宫兼职后，基辛格依然对洛克菲勒忠心耿耿，其忠心的程度可以从一次会议笔记看出。1961年4月30日，在塔里敦洛克菲勒的住宅召开了一次头脑风暴会议，基辛格和洛克菲勒演讲稿的起草人、特别助理休·莫罗想研究解决洛克菲勒最广泛意义上的外交政策立场问题。尽管是莫罗做的笔记，但无疑大部分话都是基辛格说的。讨论中出现了三个明显的主题：第一，重新将有限核战争视为一个可选方案；第二，无论苏联侵犯何处，都要与之对抗；第三，也是最重要的一点，制定美国外交政策需要奉行理想主义。这份文件突出说明基辛格坚持认为外交政策必须具有道德基础，值得详尽引用。

按照新兴的和平运动，或者库布里克导演的《奇爱博士》的标准，认为准备使用核武器是一种道德行为的观点自然是奇谈怪论。但是，这种看法忽略了一个基本假设：如果不使用核武器，苏联可能将不可避免地赢得冷战胜利。

> 核武器只起到平衡作用。大谈核浩劫相当于抽我们的脚筋。我们必须准备使用核武器，但也要建设常规部队……
>
> 如果没有核武器，民主的犹太－基督教力量今天将不会存

在。核武器，并不一定会变成核威胁，它保护了文明。

恢复核武器试验——让核武器纯净、可用于战术目的。

根据莫罗的笔记，反对试验中子弹[①]是基于“完全建构出的道德观念”。一个月后，基辛格写信给洛克菲勒说：“西方最大的难题是追求能保护我们价值的那种和平。当然，我们也能靠投降来换取和平。然而，为了保护我们的价值，我们可能需要面对一种看似自相矛盾的现象。我们必须尽可能光明正大地全力避免战争。同时，我们也不能将核武器污名化，为共产党创造核讹诈的条件。”

同样，塔里敦的第二次讨论（将古巴、老挝、越南共和国、柏林和伊朗视为国家政策层面的试验点）很难赢得反战歌曲的作者们的共鸣。然而，笔记清楚地表明，将这些地方输给共产党政府将是比反击还大的罪恶。

我们无法允许自由地区进一步缩小。我们必须守住这里。我们快到了无法回头的地步——就像一个人在滑雪道上滑了一半即将起跳时因滑得太快而停不下来……

如果我们不守住古巴、老挝和柏林，我们会大大打击自由世界团体的信心，到头来会没有人支持我们……

我们必须在全世界组织和培养民主领导人……

在西半球警察力量缺乏的情况下，我们必须在美国行使警察权力，直到这样的力量出现……

我们不能要求万事俱备才开始行动。我们不能首先把所有人

① 中子弹于1958年开始研发，是一种“加强辐射”武器。经过核聚变而释放出的中子对于中子弹爆炸范围内的人而言是致命的；由于与氢弹相比，中子弹爆炸的效果和释放出的热能较小，因此中子弹对建筑物和基础设施的毁坏程度也较小。

都变成民主人士……让我们面对我们该支持谁的问题；让我们保卫那些混蛋，以后再慢慢改造他们……

单单去年一年越南就有 9 000 人伤亡……

对政府内部的颠覆行动比公开军事威胁更危险。共产党从内部建立了权力堡垒，然后说如果你们进去，我们就进去——同时又输送游击队和保障物资。恐吓民选政府。赫鲁晓夫告诉我们他会这么做。我们怎么就不当回事呢……

我们没有把这一全套技术（共产党的渗透和颠覆）用于国内政治问题和外交政策。因为不涉及公开军事行动，所以我们依照道德观念就不予反对，然而我们应该反对。

这里，尽管这些话朴实无华，但是莫罗的笔记说得很清楚，扮演警察的角色必然要跟一些讨厌的“混蛋”结盟，尤其是统治越南共和国的那些人。不过，这种妥协与共产党的胜利相比是一种小恶。这里就是问题的关键。如果共产党统治意味着数以千万计的死亡，那么战争中出现数以万计的死亡从道德上讲就是合理的。

我们不要再拿自己开道德玩笑了。消除癌细胞就像警察逼近一伙歹徒、像大夫开刀切除恶性肿瘤一样，谈不上什么违背道德原则。

我们不要再拿美国人民开玩笑了……我们的军事行动不是一个战争与和平的问题，而是保护法律、秩序和正义的问题……

尊严与人性——我们没有一种尊严感和人性感；我们见谁骗谁，然后搬出一条道德声明。这种超级正直的道德导致我们的社会变得小气、内向、神经质……

画一幅画吧，瞧瞧世界是怎么看我们的：我们是不道德的。苏联人在干的事我们统统也在干，还想给自己找道德借口，说我们做得还不够漂亮……

世界上大多数人认为我们是咏唱赞美歌的伪君子，他们讲得很有道理……我们认为 1 000 人进攻而战败是道德的，但是 10 000 个人进攻而打胜了则不道德……我们经常把自己置于一种位置，保证我们获得安全和自由所需的东西被看作不道德……

“信仰、希望和爱，这三样里面最伟大的是爱。”

我们需要一种更深刻的道德目标，我们需要甘心冒险。

价值、主张、支持观念的政策，还有起支持作用的机制与工具……外交政策不是自身的目的……我们必须制定政策，不要到谈判的时候再讨价还价。

这是一种信念，尽管这是一个写演讲稿的人为未来的总统匆匆勾勒出的一种信念。即便基辛格收了肯尼迪的顾问费，他还是力劝洛克菲勒“扮演国家的良知”，向他保证“为了帮你，你需要我做什么，我就做什么……如果一个民主国家的领导人不愿面对人民、完成必须完成的任务，那么这个国家就无法生存”。当然，在冷战时期这样的思想并不是非主流思想。赫鲁晓夫本人在肯尼迪就职前两星期就公然主张，第三世界民族解放战争将是在世界上传播共产主义的最佳途径。1963 年，肯尼迪在盐湖城演讲时说明，自己的核心目标之一是“支持民族独立，这样一个集团就无法赢得足够的权力并最终战胜我们”。这实际上是他就职演说的核心思想[①]。沃尔特·罗斯托也从“原则上”反对

① “对那些我们欢迎加入自由阵营的新国家，我们恪守自己的誓言：绝不让一种更为残酷的暴政来取代一种消失的殖民统治……让我们所有的邻国都知道，我们会和它们一道去抵抗在美洲任何一个地方发生的侵略和颠覆活动……最后，对于那些成为我们敌人的国家，我们以要求取代誓言：双方都努力开启新的寻求和平之旅……我们不敢以示弱去诱惑他们。只有当我们的武器装备无疑很强大之时，我们才能毫无疑问地确信永远不会使用武力。”

"一种不对等，即让共产党进入自由社区而不做出任何回击"。然而，基辛格非常怀疑肯尼迪政府能否说到做到。下文我们将看到，他在很多方面低估了肯尼迪这位总统。不过，他的根本性见解后来被证明是正确的：实用主义一般会支配教条主义。

3

表面看，肯尼迪政府比上届政府更精简、灵活，有利于肯尼迪制定政策、做出决定。肯尼迪看了哥伦比亚大学的学者理查德·纽斯塔德的新著《总统的权力》和参议员亨利·"勺子"·杰克逊领导的国家政策机制小组委员会提交的中期报告，受到了启发，轻巧地解散了艾森豪威尔的复杂官僚机构。计划委员会和行动协调委员会也双双被废除，由此消除了计划与行动在军事上的区别。邦迪是国家安全顾问，要密切配合总统工作，他主要依靠自己的小工作班子，也就是十多个"神童"。这些人又按区域分为若干个小组，对应国务院的机构设置，一旦有需要就撰写简练的分析性的国家安全行动备忘录。肯尼迪本人不大喜欢跟全体国家安全委员会委员开会，而更喜欢和邦迪、国防部部长、国务卿、中情局局长以及副总统开例会。遇到特殊问题就设立跨部门"工作组"，这个时候国务院常常靠边站。如果出现危机，如1962年古巴危机，总统点名成立的国家安全委员会执行委员会就成为肯尼迪的"厨房内阁"。邦迪想象得到，在艾森豪威尔的任期内，一个臃肿的官僚机构将一些共识性的立场交给老朽的总统核准是什么情形，于是着手为肯尼迪提供一些有意义的选择。

肯尼迪的白宫实际运作情况跟纽斯塔德和杰克逊宏伟的重新设计

有相当大的出入。新体制实际上让国家安全顾问借靠近总统之便而比国务卿享有更大优势，尤其是腊斯克坚持“国务卿的工作就是按总统意见办事”，而邦迪的位置大大有利于他去揣度总统的心思。他和那帮“神童”虽然不够老练，但一开始他们就力图建立起自身对中情局和国防部的支配地位。白宫本身也是个忙乱场所，并不是所有部门都行事有效。白宫新闻秘书皮埃尔·塞林格曾生动描述他和工作人员挤在“比两个车库大不了多少”的小办公室里，把通信用的电传打字机“装在卫生间的水管中间”。两天一次的新闻发布会就像是“纽约地铁的晚高峰”，而白宫记者办公室就在大厅对面，真是“丢人”，桌子上“乱七八糟地堆放着旧报纸、扑克牌和药瓶”，地板就像是“刚举办过抛彩带迎宾式的百老汇”。这种脏乱的场景与总统办公室仅相隔约23米。然而，尽管记者团与椭圆形办公室仅一步之遥，但他们对总统出格的风流行为却睁一只眼闭一只眼。

从表面看，肯尼迪的婚姻像是童话故事。他和美丽的杰姬于1953年结婚，而她正是杂志编辑的梦中佳偶。他们育有一儿一女，是战后完美的小家庭。实际上完全不是这么回事。肯尼迪有无数的婚外恋。情妇包括：中情局特工科德·迈耶的前妻、本·布拉德利（时任《新闻周刊》华盛顿办事处主任）的弟媳玛丽·平肖·迈耶，19岁的白宫实习生米米·奥尔福德，很可能还有影星马琳·迪特里希和玛丽莲·梦露。肯尼迪最具争议的情妇是朱迪·坎贝尔：坎贝尔另外的情人还包括芝加哥犯罪团伙头目山姆·詹卡纳及其死党约翰尼·罗塞利。这些人及其他“新潮宝贝”都是总统的所爱。内阁秘书弗雷德·达顿抱怨道：“我们是一帮处女，他就像上帝，想睡谁睡谁，想什么时候睡就什么时候睡。”这一切中情局局长J. 埃德加·胡佛都知道，而肯尼迪核心集团的人也都知道，尤其是他的秘书伊芙琳·林肯[①]。报纸却一个字都不报道。

自然，那是20世纪60年代，人们的观念刚开始发生变化。离婚率在战后跌至2.1‰的低点，随后又开始出现为期20年的上升，至1979年达到5.3‰。20世纪50年代跟随纳尔逊·洛克菲勒工作的人也很难对他的风流韵事视而不见。1962年3月，基辛格当然知道洛克菲勒和哈皮·墨菲有染，当时洛克菲勒刚跟第一位妻子玛丽离婚不久。基辛格没料到一年后墨菲竟和丈夫离婚，也没料到她第一次婚姻宣告无效后才一个月就和洛克菲勒结了婚。基辛格忧心忡忡地对阿瑟·施莱辛格肯定地说，墨菲“跟纳尔逊结婚会很失望、不开心；他这个人表面看起来和蔼可亲，实际上很孤独、清高、冷漠，她会发现自己像第一位洛克菲勒太太一样不能走进他的生活”。

基辛格的判断不可能不受到自己也几乎同时经受的婚姻破裂的影响。基辛格夫妇虽然于1961年9月生了第二个孩子戴维，但是两人已经疏远多年。结婚这么多年，安妮总是动不动就吃醋，丈夫经常去华盛顿和其他地方更加深了她的不安全感。她认定基辛格有外遇，翻他的衣服口袋找证据，但没找到，基辛格可不是肯尼迪。为了减少摩擦，基辛格说自己“在自家的车库上面修了个书房，远离一切烦恼”。到1962年11月，他经常不在剑桥，父亲开玩笑说：“用德国军人的话说，这叫‘不宜服役’。”孩子们和妈妈第一次去纽约的爷爷奶奶家时，爸爸也没去。1963年秋天的一个晚上，安妮怀疑他不忠，两人又吵了一架，基辛格情绪失控。一气之下，基辛格离家出走，再也没回去。不久，夫妻二人决定分居，安妮带着子女还住剑桥，基辛格搬到波士顿风景最优美的贝肯山的一套单身公寓。

---

① 对于林肯夫人，总统曾这样讲：“如果我打电话告诉她，我刚刚砍下了杰姬的头，想要扔掉，这位忠实的秘书会立即带着一个尺寸合适的帽盒出现。”

基辛格跟弟弟不同，想过一种传统的家庭生活，娶一位华盛顿高地正统德裔犹太人社区的姑娘。基辛格从被占领的德国返回美国之前决心要做许多事，而他这么做，那些决心算是白下了。他这么做是因为他爱父母、尊敬父母，尽管他已失去自己的宗教信仰。这种妥协失败了——这样的妥协往往都会失败。

4

肯尼迪总统任职的头一年，白宫处处纪律涣散，他的行动磕磕绊绊或许也就在所难免。绊脚石正是离佛罗里达海岸90英里的古巴岛。1959年年初，菲德尔·卡斯特罗领导的游击队夺取了古巴政权，而古巴自西奥多·罗斯福当政以来就是美国非正式的附属地。卡斯特罗是一位很有个人魅力的民族主义分子，那年春天访美，尤其是他在哈佛大学军人球场对万名观众发表了洋洋洒洒的演讲，受到媒体追捧。（邦迪在演讲前代表法学院论坛和哈佛大学介绍了卡斯特罗，简直无法掩饰对这个加勒比海盗煽动分子及其胡子拉碴的随行人员的厌恶。）然而，随着越来越多的证据表明卡斯特罗打算和苏联结盟，加上古巴前政府流亡海外的支持者游说成效越来越明显，中情局的艾伦·杜勒斯和理查德·比斯尔决定必须使卡斯特罗下台。说到秘密行动，比斯尔对自己的一套技巧信心十足。他起草了一份颠覆古巴政权的计划，包括建立一支政治反对势力、组织一场持续的宣传活动、派一支准军事部队入侵古巴，最好能争取古巴内部反对卡斯特罗的武装力量的支持。对多数美国选民而言，古巴问题不是1960年大选的关键问题，但是10月，古巴问题却成为竞选辩论的焦点；有报道称，肯尼迪赞成“美国干预古巴”，尼克松虚情假意地斥之为“可能是他在竞选过程中提出的最危险的不负责任的建议”。肯尼迪赶紧公开否认打算使用“赤裸裸的武力”。然而，竞选胜利后不久，他就听取了比斯尔发动“冥王星行动”计划的建议，尽管心存疑虑，但也并未打算取消。

该行动后来改名为萨帕塔，部队决定在猪湾登陆，不在古巴的特立尼达港登陆，但行动最终失败了，注定失败的原因有四点。首先，中情局和参谋长联席会议无法就可行的入侵计划达成一致。（前者主张使用游击队，后者想调用常规部队。）其次，这本该是“秘密”行动，但无论是卡斯特罗政权还是美国媒体却早就得到消息、全程知悉，因此毫无突袭可言。再次，美国政府内部那些心存怀疑的人，尤其是阿瑟·施莱辛格和切斯特·鲍尔斯，没能使公众信服，因为支持比斯尔的人腊斯克、麦克纳马拉、莱曼·莱姆尼策（参谋长联席会议主席）都比他们职位高。应肯尼迪要求，施莱辛格还要起草白皮书以解释干预的合理性。最后，这一点也很关键，有相当多的证据证明行动失败的可能性很大，但总统本人却视若无睹，坚持相信艾森豪威尔政府遗留下来的那些专家，相信自己迄今为止的好运。那些有疑心的人完全可以放心，这次行动考虑不周，火力指向哪里都达不到目标，根本不可能成功。最后还是肯尼迪总统本人拒绝考虑美国部队直接参与入侵行动，取消了对卡斯特罗空军的第二次打击，拒绝在行动失败后予以空中支援。4名美军飞行员在行动中丧生。三天激战下来，100多名古巴流亡分子被击毙，1 200人被捕，其中很多人在偷袭失败后被处死，被一起处死的还有一些当地支持政变的卡斯特罗反对者。前总统艾森豪威尔告诉《新闻周刊》记者，他不认为美国对这次惨败负有任何责任：“武力在这个世界上是一种赤裸裸的残忍的东西，如果你要使用武力，就必须准备好坚持到底。”

最优秀的、最聪明的人造成了令人沮丧的灾难。肯尼迪气冲冲地说："这次我们真的搞砸了。中情局和国防部的那帮人怎么会出这么大的错？"施莱辛格在日记中写道："说明这届政府不过是艾森豪威尔–杜勒斯那段过去的延续。我们不光看起来像帝国主义者，我们还像是无能的帝国主义者，这更糟糕；而且我们还像是愚蠢的、无能的帝国主义者，这是最糟糕的。"尽管肯尼迪公开为这起惨败承担责任，但幕后还是有很多人被牺牲了。在麦斯威尔·泰勒将军的研究小组提交了一份证据确凿的报告之后，杜勒斯和比斯尔被逐出中情局，原子能委员会主席约翰·麦科恩被任命为中情局局长。1962年10月，泰勒接任莱姆尼策成为参谋长联席会议主席。受之有愧的赢家是邦迪，他最大的过错是没有说明一个重要问题：失败的危险远远超出干脆取消行动。正是他一意孤行解散艾森豪威尔的"文件作坊"，正是他一口咬定用不了十几个"神童"就能取代老的国家安全委员会，更不要说国务院。然而，事情过后，邦迪的权力反倒有增无减。国家安全委员会搬到了白宫西翼的地下室，从今往后要找总统，谁也不如它的成员方便。国家安全委员会隔壁的保龄球场被改成了形势分析室（实际上有两间办公室），意在强调决策过程，这是以前所没有的，打造一个"漏斗，让全国所有安全机构的一切机密情报都流入其中"。

正是在这场旋涡之中，基辛格走马上任，做兼职白宫顾问，他几乎对古巴事件浑然不觉，大多数时间住在远离华盛顿的剑桥。偶尔会有中情局通讯员送来绝密资料，存放在他神学街办公室那个专门购置的保险箱里。邦迪给他下达第一个任务后，他就埋头对美国国防政策进行全面修订，这是他多年的主张，也是肯尼迪竞选的重要内容。基辛格应邀到首都去"一两天"，他感到很诧异的是，有人来问他怎么看待补充军事预算这件事。他像一下子就被扔进深水区里，后来他回忆道：

> 我一到……就给我一大堆材料，里面有50份不同的建议，还有一份说明性文件。两个专门工作组做的工作都在这里，每个小组都忙活了一个半月。我拿到的这份报告是要讲两个小时的，每次连续讲半小时。他们让我半小时内准备一份评论备忘录，并和邦迪见面进行初步评审。我没法跟报告作者讨论他们的想法，也不知道里面什么内容是总统关心的问题。最后，我一直熬到凌晨4点，写了一份报告备忘录，后来给人拿走了。

在这种情况下写作，基辛格必须讲究学术细节。国防部承认克劳塞维茨式的全面战争和有限战争的传统区别，这很好。但似乎没有把握住有限遏制和反击力的差别：有限遏制理论断言“有些形式或所有形式的侵略……可以通过用苏联不可接受的破坏方式来威胁它以进行遏制”，这样“传统意义上的胜利就避免成为惩罚能力”；反击力则要么是指“遭受首次打击后仍然能赢的强大报复性力量（基辛格认为这毫无意义），要么是指“一种能先发制人取得胜利的报复性力量”。

如果华盛顿的人读到哈佛–麻省理工武器控制研讨会发出的这份公文，没有人会认可。于是基辛格又接到第二个任务：评论特德·索伦森对“灵活反应”概念所做的备忘录，准备提出肯尼迪政府新的国防战略。在此，基辛格再次采取强硬路线：为什么总统要提议放弃“预防性战争、先发制人的战争或任何其他大规模首次打击策略”？为什么要不求回报地排除这些选择？

为了掌握主动权，基辛格就“主要国防选择”给肯尼迪起草了一份篇幅很长、内容很复杂的备忘录，详细说明为什么反对二次反击力战略，为什么支持或反对首次打击，以及为什么支持或反对有限遏制。跟往常一样，他的主要论点是过分依赖核遏制是危险的，因为除了毁灭性的苏联首次打击以外，鲜有问题似乎值得发动全面战争。需要“大幅加强自由世界的有限战争实力”，这样美国及其盟国就依然能够“在局部进行干预”。但是他换了一种方式来说明这个问题。不错，进一步强调常规部队建设必定带有危险。它可能“引起盟国恐慌，或者诱使苏联鲁莽行事……我们必须小心，不要给人留下一种印象：我们宁愿意被常规部队打败，也不愿使用核武器”。但是，不建设常规部队则危险更大：发生冲突后，总统会“失去决定使用核武器的控制权”，让喜欢开枪的军队掌握主动权。在此，基辛格拿“一战”爆发进行比较，说明“让军队制定基于‘纯粹’战略考虑的计划是很危险的……‘一战’之所以不可避免，部分原因是谁都不懂该如何结束动员状态”。没有任何证据显示基辛格读过这份文件。不过，如果他读了，很可能表示同意。尽管芭芭拉·塔奇曼的《八月炮火》还未出版，但猪湾事件已经让肯尼迪尝到受军事策划者摆布的滋味了。到下次古巴危机出现的时候，他一定心事重重，担心泰勒将军后来所称的“按时间表打仗”这种意向。

20世纪60年代学者型战略家的最大缺陷在于喜欢抽象思维，在博弈论的逻辑上走极端。基辛格恰恰相反，渴望将核时代的窘境化抽象为具体。他抱怨道：“我们的规划大多考虑的是末日之战的那种军事力量，希望毕其功于一役。如果上述分析正确，我们应该更多地考虑局部危机在一段时间内是如何发展的，尤其是半个月后局势会怎么发展，一个月、一个半月……之后又是什么局势。”然而，对基辛格来说，古巴和老挝（美国怀疑老挝也会倒向苏联）都是未知领域。在他看来，超级大国争斗的主战场在欧洲、具体而言在德国是不证自明的。在德国问题上他感到自己最有发言权。因为在那些“神童”当中没人比基辛格更了解德国问题。

5

1961年柏林危机人们到现在都还记得，但不如次年古巴危机那么影响深远。然而，从诸多方面看，柏林危机更严重。因为美国在德国问题上的立场相当软弱。正因如此，肯尼迪政府更愿意在柏林问题上进行核威胁。不过，赫鲁晓夫认为，德国前首都的地位只不过是稍有变化，美国不一定会铤而走险。1961年6月，赫鲁晓夫和1958年11月一样，发出最后通牒，限令三个西方国家在三个月内从柏林撤军。他想和民主德国单独签署和平协议，从此控制人们在该市的出入权。这位苏联领导人有两个主要考虑：第一，阻止移民从东柏林流入西柏林，因为这种流动威胁着德意志民主共和国的存在；第二，阻止联邦德国的军事力量复活，他担心联邦德国自身会变成一个核大国。至于他的第一个考虑是不是想检验美国的决心还很难说清楚。

肯尼迪在竞选后很快得知苏联“压力很大，要解决柏林问题，以及阻止难民从铁幕之后移往西方”。但是美国的立场比较复杂，因为欧洲的一些（虽然不是所有）盟国不肯让步。英国支持柏林成为自由城市，但法国不同意。戴高乐在巴黎对肯尼迪说：“任何从柏林的撤退、任何地位的改变、任何撤军、设置任何交通通信方面的新障碍，都意味着失败。”正如欧洲盟军最高司令诺斯塔德将军所言，问题是任何“因柏林问题而发动的战争都将是核战争，或者迅即成为不光彩的失败”。理由似乎是明摆着的：西方根本没有机会就柏林问题打常规战争，因为周边的苏联红军人多势众，数量远远超出西方军队。

柏林危机的处理和猪湾事件很不一样。美国国务院、国防部和参谋长联席会议官员联合组成了柏林问题小组，协调人是助理国务卿福伊·科勒、助理国防部部长保罗·尼采以及参谋长联席会议代表戴维·格雷少将。但是柏林本身的局势不同寻常。美国驻柏林的指挥官在政治上要向美国驻西德大使汇报，但对于军事问题得向海德堡的一位四星上将汇报，再由上将向驻巴黎的诺斯塔德将军报告。诺斯塔德将军不仅是欧洲盟军最高司令，还是1958年11月西方三国为保卫柏林建立的秘密军事组织“活橡树”的指挥官。令局势更为复杂的是，1961年8月，肯尼迪派卢修斯·克莱将军（战后德国美占区前总督）作为自己的私人代表出访柏林。美国驻苏联大使卢埃林·汤普森及时向肯尼迪总统传递信息：他敏锐地发现民主德国有可能“封锁扇形边界，防止他们认为不可容忍的持续不断的难民穿过柏林事件的发生”。然而，在华盛顿，他很快感受到了压力，反对势力在这件事上也不让步。极力要求美国采取强硬立场的就有基辛格。

3月10日星期五，基辛格列席国家安全委员会会议；第二周的周一、周二他一连两天旁听国务院专家乔治·麦吉、亨利·摩根、查尔斯·波伦、马丁·希勒布兰德以及中情局、国防部的有关人员介绍柏林情况。根据邦迪的建议，他们请来前国务卿迪安·艾奇逊指导评审小组。艾奇逊的结论（基辛格在各部门协调小组就柏林应急计划召开的一次会议上听过他初步的想法）是形势很严峻。柏林问题是一场“意志的冲突”，无法通过谈判来解决。苏联已经不再相信“美国情愿为柏林发动核战争”。我们必须让他们明白华盛顿“的确准备好使用核武器保卫柏林，美国的信誉已经全部压上去了”。艾奇逊建议核力量和常规军都要建设，做好苏联一旦阻止难民从柏林西移就最后摊牌的准备。同时，他还敦促美国计划针对整个苏联集团的制裁项目和秘密行动。但他明确指出：“在还没有同意打核战争而拒绝赫鲁晓夫现在的要求的情况下，采取这份文件所列的那种行动方案是最危险的。”基辛格的看法大致相同。4月4日他对罗斯托说："我们可以……再大胆一点儿，说双方都不应该强行提出只有通过战争才能满足的要求。当然，另一种可能性是，如果苏联在柏林问题上苦苦相逼，我们就采取极端行动。"他主张："最佳办法是态度强硬，制定军事计划要强硬，明确表达我们维护柏林地位的决心时也要强硬。"

对联邦德国政府而言，决定采取何种立场是件很痛苦的事。这不仅是因为前首都的命运危在旦夕，而且还因为当时德国处于分裂的状态。然而，做关键决定的不是波恩，而是华盛顿、伦敦和巴黎，莫斯科就更没有话语权了。在柏林这个具体问题上，联邦德国总理康拉德·阿登纳其实非常矛盾。阿登纳在住民主要信仰罗马天主教的莱茵区长大，耄耋之年的他（当年84岁）还记得俾斯麦政权是如何歧视非新教教徒的。实际上，他半开玩笑地说，开往柏林的火车跨越易北河时，他喜欢拉上车厢的窗帘，这样就不会看到普鲁士的"亚洲大草原"了。从个人感情来看，他也不是强烈反对德国分裂，因为这比德国统一后有可能不是共产党掌权就是社会主义者掌权要强多了。他其实很愿意考虑一次慎重的交换，用整个柏林和民主德国来换萨克森和梅克伦堡的部分地区。不过，阿登纳的主要目标在于保证西方（尤其是美国）保卫联邦德国的承诺不动摇。

在阿登纳总理访美之前，基辛格力图分析他的复杂动机。他认为："跟阿登纳抽象地谈论灵活性智慧，就像跟一个嗜酒者互诫协会的人说饭前来一杯马天尼没什么坏处一样。阿登纳宁可因对盟国保持忠诚而犯错，也不愿利用德国的重要位置挑拨邻国关系。"这位联邦德国领导人最担心的是新一届美国政府强调建设常规军"会预示美国要放弃欧洲"，接下来"美国会撤回核武器，致使德军任由苏联战术核武器摆布"。他的重要洞见是遏制的核心假设（美国愿意为了联邦德国的自由铤而走险，跟苏联打全面战争）不大可信。因此，一旦美国在欧军事姿态稍有变化，阿登纳必然认为那是脱离和撤退的序曲。（毕竟，20世纪20年代他做过科隆市市长，西方列强就那样最终离开了德国。）

不要以为基辛格在德国问题上的建议是他依然眷恋故乡的结果。当然，从宪法上来看，联邦德国是真正的民主国家，起主导作用的基督教民主党和社会民主党反对希特勒的记录可谓完美无瑕。但是这种情况不适用于相当一部分掌管联邦德国政府和工业界的第二梯队成员。私底下，基辛格不会抨击实业家库尔特·比伦巴赫[1]这种“德国好人”。再有，他在正式场合说德语也不像原来那么自如了。他对邦迪坦言：“也许有点儿奇怪，我现在的德语词汇量不够大，无法即兴讲述复杂话题。我上中学、上大学都用的是英语，所以我思考国际问题、军事问题全也都是用英语。（谈到足球，我的德语词汇量特别大，也许有的观众对这一点感兴趣。）[2]”联邦德国必定对基辛格有疑心。他有那么多亲人死在这些人手上，内心能不反感吗？阿登纳的一名助手交代“老头子”最担心的两个美国人就是亨利·基辛格和阿德莱·史蒂文森。他和同事无法决定基辛格头脑里为德国秘密设计的命运：是用有限核战争将它夷为平地，还是取消全面核战争威胁，让它任由苏联摆布。

实际上，基辛格5月5日就此事所做的备忘录里说得很清楚，他主要考虑的是美国外交政策的信誉。他重复艾奇逊的观点说：“柏林命运是北大西洋共同体将来的试金石。美国如果在柏林问题上失败，即

① 1962年5月25日，基辛格（曾对施莱辛格）形容比伦巴赫是“那种常常指责他人、脾气暴躁的德国人”，但是，“仍是一个有些影响力的人。他管理过蒂森集团。尽管当年老蒂森资助过希特勒，但在纳粹统治期间，比伦巴赫一直在流亡。他是总理的朋友，总理曾派他去往英语国家，探听它们的态度，总理误以为比伦巴赫对付美国人有一套特殊办法。”

② 基辛格曾经因玛丽昂·登霍夫“以极大的耐心坚持听完了我的德语演讲”而向她表示祝贺。

侵蚀柏林获得自由的可能性，无疑将导致联邦德国意志消沉……如果西方表现出无能，那么所有其他北约国家必定会从中得出应有的结论。对世界其他国家而言，这将强调共产主义运动势不可当。”

但是，如果苏联试图改变柏林现状，无论是破坏盟军卫戍部队的供给线，还是阻断民用交通，结果都将意味着“摊牌”。而摊牌必须包括有可能打核战争：

（1）苏联几乎可以阻止我们用北约现有军事力量对柏林方向发动的任何规模的常规进攻，也许还能打败我们。

（2）发动全面核战争可能无法摧毁苏联的报复性力量。

（3）如果苏联准备紧逼，我们将有必要在局部或某场控制性报复战中使用核武器。

因此，如果我们要采取任何局部行动，必须首先决定如何回答这个问题：我们是准备接受常规战失败还是在必要时使用核武器？

基辛格非常清楚，这种思路不合国家安全委员会专职成员的胃口。与此同时，麦克纳马拉主张“先使用大量常规军事力量再考虑用核武器”，包括采取秘密行动引发民主德国起义。基辛格同时发觉邦迪摇摆不定，因为邦迪不愿确定如果有三个选择，自己指望基辛格选择哪一个：选择包括“从政治影响来分析美国现有的作战计划”和就“北约方面的几乎任何话题”提出建议。然而，1961年4月底，哈佛春季学期即将结束时基辛格有两个优势。首先，邦迪及其团队还在为猪湾事件心烦意乱。除了打字机打的备忘录，基辛格还给邦迪写了封亲笔信，谴责《纽约时报》对他的批评“不公”。邦迪很受用。他回信时说：“当一个人感到自己做了错事，要保持正直并不容易。这时单纯的友谊能给你安慰。”

其次，基辛格已经答应访问波恩，这时他已因其在核战略等方面的表现颇具名气，并且已经约好与阿登纳和他好战的国防部部长弗朗茨·约瑟夫·施特劳斯会面。基辛格和这位国防部部长的会面有点儿戏剧性：在三位将军的陪同下，施特劳斯痛斥美国来宾，他认为美国加强常规军建设对德国安全有害。基辛格知道德国地面部队实际上比美国的强吗？他知道像赫尔穆特·施密特这样的社民党人不过是“断章取义地引用基辛格的书以证明肯尼迪总统的顾问支持社民党的国防路线吗”（即反对用大规模报复威胁来保护西欧）？在当天，美国驻德使馆的晚宴上，“施特劳斯更是高门大嗓，也不像下午那么反应机敏。也许部分是因为他多喝了几杯吧”。

> 他说在柏林问题上，美苏关系就像是他与自家狗的关系。如果他要狗到厨灶下面去，狗却钻到了桌子底下，他就马上补一句：“你钻桌子底下也行。”这样就能保持一种事态在掌控中的幻觉……最后，他失控了，暗示无论谁说什么，尤其是无论德国方面的人说什么，柏林都会丢失……不知怎么的，后来谈到民主德国会起义这个话题。施特劳斯说只要他当国防部部长，德国军队就按兵不动，哪怕眼看界线那边的德国人在大街上被打死。这时德国外交部的理查德·巴尔肯说，他如果是师长，不管施特劳斯怎么说他都会行动。施特劳斯叫道：“那我就逮捕你。事实上，也许我现在就应该逮捕你。”虽然他是在开玩笑，但他这个人可能说到做到。

一周后，基辛格再次会晤阿登纳，对德国人的想法有了进一步了解。尽管基辛格一再安慰（“我说，柏林不仅是德国城市，而且是世界各地对自由的一次检验……大家不会再把德国看成外国”），德国总理还是满腹狐疑。美国领导北约出台集体核计划的努力最终“失败了”。现在，不仅美苏之间存在导弹差距，而且阿登纳还以为由于苏联在所有核武器方面都领先，面对这种局势，艾森豪威尔不得不秘密承诺“将柏林交给”赫鲁晓夫。麦克米伦准备在这种“极其软弱”的情况下默许。唯一可以依赖的是戴高乐，就因为法国具有独立的核能力。

> 阿登纳说美国必须设法理解欧洲的恐惧。他们担心美国总统在战斗中牺牲，没有人领导美国去报复。而且，他问我能不能老实告诉他美国竞选年会出现什么情况，艾森豪威尔会不会在竞选前一个月用氢弹报复。我说：“说实话，会。”他问：“欧洲真的能完全依赖一个人的决定吗？”

这里提到法国最近获得了核地位[①]，个中深意基辛格并非没有察觉。法国外交官弗朗索瓦·德罗斯刚刚跟他原原本本地介绍过情况，明确表示只要美国提供技术支持，法国将考虑把核打击力量交由北约指挥。美国决策者开始领会核时代的新挑战：防止核武器扩散，核武器即便掌握在盟国手里，也必定会提高爆发一场谁也不愿见到的末日大战的可能性——除非美国可以通过某种形式的否决权制止它们使用。基辛格在会晤施特劳斯、阿登纳和德罗斯之后，无比深切地感到美国迫切需要加强北约的凝聚力，哪怕只是为了制止戴高乐（或许还有施特劳斯）一时冲动而擅自行动。如果法德真的认为“我们强调常规部队是虚，而想从欧洲脱身是实”，那么，它们想要有自己的核遏制力量又何罪之有？还有一点欧洲人很少明说，那就是从政治上看，走这条路比扩大常规部队规模更容易。

---

① 法国于1960年2月13日在阿尔及利亚南部成功引爆了核弹。

基辛格的德国之行大大提高了他在华盛顿内外的声誉。他和施特劳斯都公开发表了自己的不同看法，不仅德国媒体做了报道，《纽约时报》和伦敦的《观察家报》也予以报道。“总统最近在国会演讲，要求迅速加强‘常规’军备，那演讲稿就像是基辛格写的，”《纽约时报》6月初热情洋溢地报道，“而且美国承诺在必要时为柏林开战也主要是基辛格的观点。”基辛格情不自禁地给《华盛顿邮报》写了一句俏皮话：“约翰·福斯特·杜勒斯政策的问题，不在于错误地看待共产党，而在于在其他事情上难得正确。”基辛格的谈话记录也许很有趣，但很难相信邦迪读到这些会莞尔一笑。更重要的是，邦迪的看法已经开始跟自己这位心直口快的门生出现分歧。

基辛格跟艾奇逊一样，认为事态一清二楚。6月初赫鲁晓夫和肯尼迪在维也纳会晤时，赫鲁晓夫咄咄逼人，基辛格丝毫不感到惊讶。基辛格（跟总统不一样，总统比较乐观）早就料到了。基辛格认为，为柏林问题摊牌在所难免，只要苏联想这么做。关键是要决定美国在不同阶段的反应——特别是要保证总统始终要控制升级过程。另一条策略是悄悄向苏联让步：具体的做法是放弃坚持平民可在柏林自由流动的立场，容忍关闭东西柏林之间的边境通道以及西柏林与周围德意志民主共和国边境的通道。这就是卢埃林·汤普森在莫斯科正确预测的一步棋，也是苏联和民主德国7月初就已经决定的一步棋。然而，华盛顿没有一个人明确讨论过这种结局。不过强硬派和温和派的分歧已经很清晰了。在7月19日国家安全委员会的重要会议召开之前，邦迪就明确区分了以艾奇逊和尼采为代表的科勒小组强硬派和暗含他本人在内的温和派；温和派赞成“现在明确表示，无论是和平协议还是用民主德国人替代高速公路沿线的苏联人都不值得开战”，并“谨慎地试探苏联以了解最终解决危机需要哪些因素”。

阿瑟·施莱辛格着重规劝总统“应该把基辛格放在柏林规划的中心位置”。但并未如愿。一开始，基辛格不大明白邦迪的想法为什么捉摸不定，不愿跟他说明情况。他写道：“我相信为了真正做出贡献，我必须在一段时间内跟踪某个问题或一系列问题。”实际上，邦迪只把他当作“一个出主意的人”，今天给他这份文件，明天给他那份文件，只给一个下午时间就要求他发表意见：“我为美国外交政策的某些特点感到不安，这种心理必定表现在我的评论中，那些一直参与撰写政策文件的人看了一定会感到无足轻重、心生厌倦。就像是一盘棋下到一半，你也没对棋局的发展做过研究，就要你支招下一步该怎么走。”

尽管基辛格非常了解德国，但柏林问题的主要工作却被交给了亨利·欧文和卡尔·凯森。基辛格很失望，打消了整个夏天为邦迪做全职工作的想法，提出还是回去做他的“临时顾问”。邦迪初步接受了，还假模假样地表现出一脸茫然。他还东扯西拉地说“北约文官控制的专门研究……会是一个临时问题”，并说将来还有机会对政府在裁军方面的初步立场予以强烈抨击。（用基辛格的话说：“最好是全都废除，从头开始。”）两人又是写信，又是打电话，又是开会，却都没有明确结果，过了几周才真相大白：“他说我对柏林问题的看法太固执，说我认同‘强硬’路线会令总统和沃尔特·李普曼、参议员威廉·富布赖特等人难堪。”为了避免难堪，邦迪就建议基辛格“在柏林问题上做总统的个人顾问，并另外找人，也许是一个年轻的工作人员来承担正式责任”。基辛格无奈之下只好同意，但他心里一直感到疑惑，就跟罗斯托说了实话。

邦迪同意我出席所有跟柏林问题有关的会议。以什么身份？毫无疑问我要联系各个部门。以什么角色？坦白说，如果我对国际局势不是那么上心，我就退出了……我做普通民众的时候，对军事政策和北约战略所做的贡献比现在当白宫顾问不知多到哪里去了。如果柏林问题的处理流程可以重新开始，我情愿回去做我的教授。

基辛格教授接受了一堂白宫政治课，一生难忘，而这堂课远远没有结束。

时至今日，最优秀的、最聪明的人不再光鲜。《时代周刊》杂志大肆讽刺肯尼迪的“白宫教授神童小组”，其中就包括“特别总统顾问亨利·基辛格”。杂志宣称，“现实的严峻考验”表明，“约翰·肯尼迪系统无法发挥作用。在外交政策领域，记录乏善可陈。一旦碰到问题，肯尼迪的解决办法似乎只是活动，没有行动。”这么说未免过于苛刻。柏林问题是个非同寻常的复杂问题。再说，肯尼迪眼下得到的大量情报和分析通常都是互相矛盾的。基辛格并未意识到，或许最令人困惑的是总统意识到的问题：如果从“日冕计划”提供的情报来看，实际上美苏之间是不存在导弹差距的，即便有差距也是美国领先。这样看来，赫鲁晓夫表面上决心在柏林问题上和美国对峙（其信号是 7 月宣布增加 1/3 的国防开支）就更令人摸不着头脑。与此同时，肯尼迪从托马斯·谢林那里得知有一份新文件，内容是说似乎要全面拒绝使用“战术”导弹的有限核战观。肯尼迪正确意识到艾奇逊的办法可能过于狭隘，要求施莱辛格“就柏林问题中一些未曾探讨的事宜”准备“一份不签名的备忘录”。施莱辛格于是找来基辛格和阿贝·蔡斯。结果，他们在短短两小时之内匆匆起草了一份文件，提出了一系列令人担忧的问题，试图扩大政府讨论柏林战略问题的范围，然后肯尼迪就带上直升机飞往了海厄尼斯港科德角的总统静养所。

“为了目前柏林的移民进出问题我们准备焚毁全世界，除了这个目的”，还有“其他政治目的吗”？肯尼迪期望德国统一的“真实意图”何在？如果苏联不像艾奇逊强调的那样拦截北约部队进入柏林怎么办？核战争“具体”是指什么？如果出现对峙，美国的盟国将扮演何种角色？在核武器问题上逼迫最紧的是基辛格。他一直很害怕军队会在危机中逼总统下手，而总统实际上连“核战争是什么”都不知道。突然，基辛格似乎一下子明白了几个月来一直想让邦迪给的是什么职位：类似于罗恩和凯森的那种角色，设计一个进阶式的军事反应计划以应对苏联挑衅——不排除威胁使用核武器，但要慎重校准目标，避免发生第三次世界大战。不错，能接触总统的依然是邦迪，但至少他传递的信息带有基辛格的烙印。实际上，邦迪又给总统送了一份基辛格5月写的那份“极具感染力的”柏林问题备忘录。基辛格终于发现自己在行政办公大楼自己的办公室（399房）里做了一件有意义的事，哪怕现在还是每周只在华盛顿待两三天。

在柏林危机期间，基辛格不止一次说过：“我不喜欢用‘强硬’、‘温和’或‘坚硬’等形容词来形容政策。”就柏林问题而言，这些区别尤其没有意义。在7月13日的国家安全委员会会议上，艾奇逊在副总统林登·约翰逊的支持下，极力要求宣布国家进入紧急状态、组建预备军、增加国防开支和采取其他经济措施。基辛格则恰恰相反，建议在外交上采取主动措施，哪怕只是为了避免造成美国不妥协的印象。他反对宣布进入紧急状态。实际上，他准备考虑在事实上认可民主德国政权，如果另一种选择是打核战争的话。他相信军方还没有给出界定明确的选择让总统来选，所以他一直在琢磨“谈判失败后的军事后果”。这些观点也不是说了等于白说。7月25日晚，肯尼迪在电视上发表全国讲话，称柏林是“对西方勇气和意志进行考验的伟大场所”，罗斯托则提到电影《正午》。但是当总统阐述美国立场时，艾奇逊很沮丧，因为总统就是没有宣布进入紧急状态，而是跟赫鲁晓夫最近提高国防开支的措施针锋相对，宣布给陆军增加6个师，同时暗示美国现在的兴趣只是想保留驻守西柏林的权利。

赫鲁晓夫得到了信息。他和约翰·J. 麦克洛伊在索契附近的别墅谈话时，咚咚地敲着军刀，说他将“签署和平协议，无论是什么协议；占领权就此收回，不让进出，需要的时候再恢复和德意志民主共和国谈判；如果你们以武力相逼，我们也以武力反抗；战争必定是热核战争，美国和苏联也许能幸存，但美国所有的欧洲盟国都将完蛋”。但是他还“重新声明愿意保证西柏林的自由和独立……还口出狂言，说西方提出任何这样的保证都可以接受。”

肯尼迪一方面加强常规部队建设，一方面还是为谈判留了一道门，这么做是因为在某些方面听从了基辛格的建议。但是他接受建议的方式是间接的，需通过邦迪。基辛格对施莱辛格发泄了他“被邦迪排除在外的极大愤慨之情”。以下是施莱辛格的记录。

> 尽管总统要他来做全职工作，邦迪却强烈要求他不要做全职；邦迪从来不征求他对任何问题的建议，对亨利就西柏林问题写的一系列高明的备忘录的任何反馈也从不告知；当总统表示想见他时，邦迪却从来不说清楚总统为什么要见他，因此基辛格准备得很不好，很紧张，没有发挥出真实水平；整个经历真是太丢人了。

基辛格被排斥在总统核心集团之外，无法知晓美国已经做出的关键（最为实用的）决定：如果苏联决定封锁柏林边境（这一点参议员威廉·富布赖特曾公开预测），美国会默许。肯尼迪亲口告诉罗斯托，赫鲁晓夫“必须采取某种行动阻止难民流动。也许是建一道墙。而我们将无法阻止”。在莫斯科，卢埃林·汤普森几乎是细致入微地向赫鲁晓夫阐明，如果苏联采取某种形式限制难民从民主德国外流，美国是可以接受的。到8月，华沙条约组织的其他成员国也同意了该计划。民主德国政权也秘密备好混凝土支柱、带刺的铁丝网、木材和隔离西柏林所需的其他材料。两天后路透社报道民主德国议会通过了“‘一项神秘决议’，决议说议员们同意采取民主德国政府希望采取的措施来处理柏林呈现的‘复仇主义的’局面”。1961年8月13日凌晨1点，民主德国领导人沃尔特·乌布利希的农奴开始修建柏林墙。美国驻柏林指挥官看在眼里，但毫无反应。肯尼迪得知这一消息，冷静地让腊斯克去看垒球比赛，而自己则回到科德角的游艇上。他已做好准备，大不了派卢修斯·克莱和约翰逊副总统一道去趟柏林，命令西柏林的美军加强守备。

从一个角度看，事态一步步发展，最后走到修筑柏林墙这一步，这是一种灾难，是“行动不连贯、决策不果断、政策矛盾”的结果。然而，从约翰·F. 肯尼迪偏爱的实用主义角度看，这种结局是最佳的。第一，核战争没打起来。（肯尼迪曾在柏林危机中怒斥国防部副部长罗斯韦尔·吉尔帕特里克：“他妈的……动动脑子，我们讨论的是7 000万美国人的性命问题。”）第二，也避免了一次常规冲突，否则，不是爆发核战争，就是西方颜面丧尽。正如肯尼迪所说：“一堵墙比该死的一场战争好一万倍。”第三，苏联及民主德国原形毕露：他们都是铁了心对抗自由的。不过，肯尼迪有一点错了：他以为“柏林危机到此结束”。

或许我们会感到惊奇，基辛格总是考虑采取什么样的行动，根本没想过让民主德国听天由命。的确，修了柏林墙只不过是堵上了铁幕的最后一道裂口。严格说来，这堵墙包围的是西柏林，不是东柏林。但是，当民主德国边防军枪杀企图从墙东翻到墙西的平民时（第一位受害者冈特·利特芬于8月24日被枪杀），人们才惊讶地发现究竟谁被监禁了。在基辛格心里，这种愤慨之情是双倍的。首先，柏林墙的建立暗示德国可能在不久之后就统一的假象彻底破灭。其次，看起来美国再一次向苏联让步了。在这一点上，又可以看出基辛格是理想主义者，肯尼迪是现实主义者。

基辛格希望的是美国能够声明40年前伍德罗·威尔逊总统阐述的民族“自决”的普遍原则应该用于解决德国问题，尤其是整个柏林问题。美国政策应该明确规定苏联必须“履行保持德国分裂的职责”。这就意味着从字面意义上看，联邦德国政府拒不承认德意志民主共和国的合法性（即便阿登纳私下一直对德国实际上的分裂感到满意）。1961年夏，基辛格就该问题起草了大量文件，他在一份文件中写道：“我知道有人会说阿登纳不会反对美国政策。然而，我不明白为什么盟国就不能在影响自己国家未来的决定上发出最强音。”在另一份文件中，他明确拒绝这样的观点：“现实主义应该迫使我们接受无法改变的现状”，因而美国应该“接受德国分裂这一既成事实”。相反，他认为西方“必须支持德国统一，尽管曾经出现过两次世界大战”。说实话，基辛格主张德国统一的观点并不天真。他相信如果西方同意德国分裂，那么联邦德国就可能采取“拉巴洛政策”[①]，采取不同的方法对付民主德国。正如他所言，“如果西方正确理解自己的利益所在”，那么西方将继续主张德国统一，前提是首先实行联邦制，然后进行自由选举，同时有两点永远不变，一是去军事化，二是认可德国与波兰的奥得河–尼斯河边界。这么做不是因为莫斯科会接受，而恰恰是因为莫斯科会拒绝。

基辛格是对的，华盛顿低估了联邦德国公众对修筑柏林墙的深恶

---

① 这里是指魏玛共和国与苏联于1922年签订的《拉巴洛条约》。这是在两次战争之间的德国政府为摆脱《凡尔赛条约》的约束而与莫斯科方面达成的协议之一。基辛格后来还提出了反对维利·勃兰特“东方政策”的相似观点。

痛绝之感，这种心理柏林市市长维利·勃兰特曾非常激昂地表述过。但是，如果他认为“邦迪先生”（基辛格已开始这样称呼邦迪）会听取他的意见，在德国问题上采取原则性立场，那他就错了。基辛格私下里给马克斯韦尔·泰勒写过一封信，明确表达了自己的厌恶。

> 戴高乐是对的。
>
> 苏联对我们就像逗弄猴子似的，好像我们已是不中用的猴子，迫不及待地要展示我们是受虐狂，爬回去乞求他们行行好，谈判吧！这样我们好把其他东西拱手相送。
>
> 我们不应抱怨柏林分裂多么不合法，我们应该宣布谈判的前提条件是拆除水泥墙，结束分裂。
>
> 如果苏联没有反应（他们很可能不会有反应），谈判就会无限期地拖延下去。那时我们就告诉他们，我们将兵戎相见，以后再放弃驻军柏林以及出入柏林的权力，冷静地继续进行我们的军事建设，让他们忐忑不安地等候变化。
>
> 法国会百分之百支持我们，我认为我们让阿登纳加入这个阵营也是轻而易举的。这样一来自然将孤立英国，但是科勒和欧文之流对目前法国孤立似乎不是很苦恼。至于印度、达荷美、上沃尔塔及其他中立地区，到时候我们再去操心吧；这次1961年的柏林问题是美国的问题，我们不要再当它是一场争夺人心的竞赛了。

这封信充满了火药味，可以看出基辛格与对方现在到了剑拔弩张的程度了。对他而言，柏林危机远未结束；毕竟，柏林墙修好之后，苏联又会采取其他行动侵犯美国在柏林市内的权利。基辛格气愤地警告泰勒说，“国务院那些人”很快就会“对某种胆怯的谈判立场守口如瓶，那将是四方会谈中的美方立场，也许最初会是在大使论坛上……

那时总统还来不及表明他对我们的谈判应确立何种总路线所做出的决定”。重要的是，肯尼迪将在美国对柏林墙的外交反应及可能采取的军事反击措施上面临更为艰难的选择：“他必须站在恼人的历史障碍前，从那些被审慎而明确地展示出的选择中进行选择。”如果苏联有任何限制进入滕珀尔霍夫机场的空中走廊的企图，美国绝不答应。实际上，“从很多方面看，最好是共产党被迫击落一架飞机”。到9月初，基辛格预计“会有一场持久危机”。显然他不知道导弹差距的新情报，于是他警告说苏联恢复核试验恰恰是因为“他们和我们实力相当，说不定还比我们强”；如果他们预计这种优势是暂时的，那么“我们必须预计到年内要摊牌”。

基辛格已经在考虑摊牌的事了。9月8日，他给施莱辛格写了一封长达11页的信，表示了对邦迪的不满。他写道：“我看事态很明显，我无法再做什么有益的贡献了。起初我打算提交一份正式辞呈，但后来决定最好不要公开断绝关系，因为此时此刻辞职可能被外国人视为‘强硬’路线失败。”因此，他决定“只是不再去华盛顿。如果刚过去的一个月代表着某种标准的话，他们将不会要求我做什么……如果我认为能办成事情的机会很小，我对事态发展的顾虑就应该促使我加油，而不是成为离开的理由。但是，我的贡献实在是微不足道，甚至是误导，我别无选择，只能后退”。我们说过，基辛格的兼职顾问角色从未被好好地明确过职责。也许是因为邦迪认为他的哈佛同事是威胁，也许是因为他的观点太“教条主义”，所以邦迪一直和基辛格保持着一段距离，不请他参加白宫真正重要的会议。

对基辛格来说，那段时间就像是过着卡夫卡式的生活，深感压抑。邦迪推三阻四，最后还是请基辛格处理柏林问题，尽管其身份不是正式的“白宫‘柏林专家’”。据说，邦迪在给柏林问题领导小组做报告时还引用过基辛格的话；但是自春季以来基辛格就没参加过一次国家安全委员会的会议；柏林问题工作组中有10个小组，他却从来没有受邀参加过任何小组；他的各种备忘录从未有人过问；一些重要职务“分配时都把我排除在外——有时让人感到特别屈辱”；他想方设法（罗斯托建议他这么做）为解决“民主德国情报活动问题”出谋划策，结果又是自讨没趣。柏林墙建好以后的那个星期，他“大部分时间都在看从世界各地发来的电报”，因为邦迪没有给他安排任何工作。（“到现在为止，我一定是消息比较灵通的白宫工作人员之一，”他苦笑道，“尽管我的英语恐怕是彻底给毁了。”）邦迪不让他参加战情室的活动，几乎根本就不联系他，他感觉自己就像是“看球的人在边线上大喊大叫、说三道四”。不过，这还不是基辛格头脑中最突出的意象。谈到美国政策的实质，尤其是美国处理柏林危机的方式时，他把自己比作“汽车正驶向悬崖，却被要求检查油箱是否加满、油压是否正常的靠司机坐着的乘客”。

我们很容易把这封信看作一个华盛顿新人出师不利的痛苦心声，如此而已。施莱辛格为人仗义，把信的部分内容给肯尼迪总统看了，肯尼迪于是劝说邦迪安抚基辛格那颗受伤的心。后来两人见了面，都不大自在，邦迪劝基辛格放心，说他们“采取的很多行动都是基于”基辛格夏天起草的那些文件。邦迪说了一大堆恭维话，说基辛格“有能力，做事尽心尽力，笔头能力强，等等”。邦迪还举了个例子：“嗯，你知道吧，我们刚刚谈到选调预备军人的问题（基辛格对此持反对意见），知道吧，亨利，你负责不让5万人上前线……我们也许没有说什么，当然是因为太忙了，不过你放心，所有你强烈反对的问题我们都会慎重考虑。”

邦迪希望将来在需要的时候还能得到基辛格在专业上的帮助。事后基辛格挖苦道：“邦迪极尽卑躬屈膝之能事，他讲的内容几乎跟给施莱辛格的信一模一样，一点儿不差，显然事先有人教过他。”但是，他只能对邦迪说他“都可以参加竞选了，竞选的口号是不让5万士兵上前线”。邦迪宽宏大量，没把基辛格的讽刺当回事。他把基辛格送出门时说：“而且很多当兵的也是马萨诸塞州的人。”根本不清楚基辛格究竟是否辞职。

据施莱辛格的儿子斯蒂芬说，基辛格曾经回忆“邦迪……总在肯尼迪政府中排挤我，尽管肯尼迪总统多次向我承诺会重用我”。施莱辛格问为什么。基辛格回答：“显然他感到我给他造成了威胁。我本来可以在肯尼迪政府中得到一个职位，他从中阻拦，把我推给了尼克松。而一旦我成为肯尼迪政府的一员，尼克松绝不会聘我。”不过，基辛格的哀叹既道出了实情，也说明他的自尊心受到了伤害。正如他当时对小施莱辛格的父亲所说：

> 我担心的不是那些“温和的”与“强硬的”口号。我担心的是缺乏全面战略，到头来处处被动。我苦恼的是官僚机构的态度以及我们对待官僚机构的态度，结果出台的很多政策都是前一届政府的政策，换汤不换药。因此，我们的政府总是过于担心战术问题，缺乏一个指导性观念，我们碰到的大部分问题都是因此而产生的……我们所做的规划似乎大都不能用于化解我们将要遭遇的危险。我们将要面临一场重大危机，或许会是一次灾难，但官僚机构依然按部就班，以为这就是管理的主要目标，他们呈报给总统的计划也不能恰当说明他应该做出什么样的选择，因此那计划终将变成一纸空文。

基辛格既是在批评过程，也是在批评结果。艾森豪威尔时代的官僚习气悄悄地死灰复燃，因此总统“再次遭遇官僚机构造成的既成事实，他可以批准，也可以调整，但就是不能真正考虑做出什么选择”。结果，军事政策“缺乏总统所需的那种灵活性”。这届政府的裁军计划基本上就是对艾森豪威尔政府政策的翻新。美国对德国问题的谈判立场“尚有待阐明”。最重要的是，柏林问题一直没有得到准确界定。

> 问题不仅仅是通常人们认为的自由进出柏林，而是事关柏林人民、德意志联邦共和国人民和西欧人民的希望与期盼。如果他们对我们失去信心，即便我们能为柏林争取到某种出入权利上的保证，当前的危机也会变成一场重大失败。如果目前趋势持续下去，其结果将会是出现一个衰落的、意志消沉的、出入有某种保证的城市，一个建立在中立主义立场上的德国，一个实力遭到重大削弱的北约。与此同时……苏联的不妥协一直被纵容，最终总统很可能面临他一直想避免的局面：要么忍气吞声，要么发动全面核战争。

到底基辛格的理想主义发展到了何种程度，后来他跟施莱辛格的一次交流明白地展示了出来。施莱辛格是美国历史学家，说道：“我对盲目崇拜民族自决感到些许不安，今年正好是我国决定制止该原则100周年。”他是指1861年在萨姆特堡爆发的美国内战。基辛格是欧洲历史学家，他迅速质疑对方暗中（很不恰当地）把美国南部联盟和德意志民主共和国做类比。如他所言：“如果法国违背南方各州意愿，在里士满建立政府，如果北方在英国压迫下接受这一事实，那么情况还可以比较。你认为这对未来30年的英美关系会有何影响？”而且他重复先前的观点：他的“梦魇”是“德国民族主义的复活和苏德在国家层面上的交易，因为它们将使15年的欧洲一体化成就毁于一旦”。虽然他“愿意在安全问题、柏林出入程序问题及类似问题上采取灵活的处理方式”，但是他坚信“解决德国问题时放弃民族自决原则将产生灾难性后果”。

基辛格与邦迪的争执不仅仅是吃不到葡萄说葡萄酸的问题，因为柏林危机并未结束。实际上，两人的争执也没有明确结果，此后不到几周，柏林问题加剧，各方矛盾达到顶点，而原因差不多就是基辛格所担心的那些事情。

6

冷战期间美苏公民之间的接触很少。绝大多数美国人从没有见过一个活生生的苏联人，而苏联人也一样不怎么见得到美国人。例外是两国科学家之间还有交流。上文说过，1955年以后，研究核裁军的学者每年都在帕格沃什开会。1961年的大会地点是佛蒙特州绿山的斯托村。毫无疑问，基辛格为了逃避潮湿的天气以及在华盛顿所受的屈辱，也参加了这次大会。会议期间他从苏联代表那里得知一些情况，证实了他的想法：德国问题距离解决时日尚久。

全体会议期间，一位美国代表、曾经参加“曼哈顿计划”的专家、《原子科学家公报》创始人、俄裔物理学家尤金·拉比诺维奇抱怨：“美国政府在用19世纪的政治思维解决柏林问题，这个时候采取这种措施完全是疯狂之举。结果……政府说‘如果他们在柏林问题上欺人太甚，我们就开战’，这样的话不过是虚张声势，不会有一个美国人当真的。”基辛格赶紧发言，他的哈佛同事兼敌人罗伯特·鲍伊也随声附和。基辛格向苏联代表保证：“我见识过我国政府的一些运作情况，我可以向你们保证美国在柏林问题上提出的威胁绝对是认真的。如果苏联以为美国是虚张声势，且据此制定自己的政策，只会导致灾难。”苏联历史学家弗拉基米尔·赫沃斯托夫回答，这“证明苏联恢复核试验的政策是正确的”。基辛格反驳道：“如果苏联单方面阻断美国进入柏林的通道，那么他们恢复核试验是正确的，因为任何人阻拦我们进入都将导致战争。”在苏联代表提议下，这次会谈后的第二天晚上双方举行了一次时间更长的会谈，与会代表有基辛格、赫沃斯托夫、生化学家诺赖尔·斯萨克雅安和红军总参谋部的尼古拉·塔伦斯基将军。会上双方先就柏林问题交流了各自现已非常熟悉的立场，基辛格惯用的讽刺和幽默为谈话增色不少，后来话题转到德国东部边界这个更宽泛的问题上。在基辛格的提示下，塔伦斯基问道：“我想是否有这种可能，即美国和苏联达成协议，美国承认德国东部边界（奥得河–尼斯河边界线仍被许多联邦德国保守派反对），为此苏联保证美国可进入柏林，以及美国进入柏林可以纳入苏联单独与德意志民主共和国签订的和平条约呢？”基辛格强调他只是代表个人发言（苏联代表无疑不相信这种免责声明），他认为有这种可能性，随后又补充了一点，民主德国将代理苏联接手美国进入西柏林的问题，但又坚持必须由莫斯科主动提出这种协议，而华盛顿方面不会主动。

第二天美苏代表没有再交流，但是会议最后一天，当苏联代表即将登上开往机场的大巴时，又有人来找基辛格，这一次是赫沃斯托夫和物理学家伊戈尔·塔姆，两人接二连三地问了一些新问题。这些问题包括他是否坚决主张西柏林不能有任何苏联军队以及是否可以接受由联合国保证美国在西柏林的权利。基辛格回答美国“不会同意其地位每年都要由联合国大会的大多数人来改变”。于是“塔姆问保证期5年怎么样。我说5年太短。他又问10年怎么样。我回答如果我们一点点往上加，我建议干脆150年，也许我们中间可以开一次会。他笑着说我们相互理解了。我说‘我没把握我们做到了相互理解’”。最后，塔姆谈到正题：苏联以何种形式就德国问题主动表态美国可以接受？让一位科学家致信《真理报》行吗？基辛格表示异议，说必须是政府发言人表态。这时“此前一直沉默不语的赫沃斯托夫，突然说作为研究历史的学者，他想告诉我，我的历史学得很好”。

这是基辛格首次通过“侧面渠道”与苏联代表进行交流，以后这样的交流还有很多。这种会谈在冷战期间很重要，恰恰因为双方可以声称不代表官方立场，即便各方假定对方所代表的正是官方立场。（这种非官方性也为基辛格式机智提供了用武之地；基辛格钟爱黑色幽默，“苏维埃人”亦乐在其中。）由于苏联代表无法自由发言，因此塔姆像他的弟子安德烈·萨哈罗夫一样对帕格沃什会议的价值半信半疑。不过，他刚才通过基辛格传递给华盛顿的信号很重要。9 月25 日，肯尼迪在联合国大会发言，谈到柏林问题时表现出一种十分愿意接受调解的姿态，连民主德国官方报纸《新德国》也赞扬他“特别……愿意和谈”。相反，苏联外交部部长安德烈·葛罗米柯丝毫不肯让步。基辛格重复艾奇逊的观点，心情烦躁地表示苏联依然怀疑美国的决心。显然，只有采取某种军事行动才能让苏联相信自己不会再在柏林问题上取得进展这种焦虑不无道理。毕竟，谁也无法保证柏林墙建好之后，苏联下一步不会对进入西柏林设置限制。问题在于，一旦在柏林采取军事行动，很可能会迅速升级为全面核战争。实际上，诺斯塔德将军认为任何常规战争都“几乎完全可能引发核武器的使用”，对此基辛格表示怀疑。

整个柏林危机期间，基辛格频频被人指责立场太过强硬。《哈佛深红报》刊登了一篇报道《基辛格警示裁军可能引致苏联胜利》，基辛格不禁怒火中烧。其实，他一直都坚持认为，他在柏林问题上的立场极其微妙，很难简单归结为“强硬”或“顽固”。上文说过，他赞成在德国自决问题上采取不妥协态度。他坚信美国必须向莫斯科表示一种决心，不会在出入西柏林的问题上再做让步，为此可能有必要采取军事措施，包括恢复在大气层进行核试验。但是，基辛格在斯托会议期间与苏联代表的交流表明，他愿意同苏联在广泛问题上谈判，包括西柏林地位和民主德国边境等问题。而且，他内心非常害怕诺斯塔德的军事计划会“带来过多的危险，要么引发全面战争，要么带来某种形式的屈辱”。10月16日，基辛格起草了一份措辞激烈的备忘录，戳穿诺斯塔德最近提交给总统、参谋长联席会议、腊斯克和麦克纳马拉的一份声明，该备忘录指责诺斯塔德“越权做出本该由总统做的决定”，即“要求总统授予他在危急时刻采取他认为合适的行动的权力，而不用说明突发事件是什么，或者下一步采取什么行动”。“活橡树计划”的主要内容是在通往西柏林的高速公路沿线进行“一些探测”，一旦遭遇苏联或民主德国抵制，行动马上升级，大概（尽管具体时间还不是很清楚）涉及核武器。有趣的是，一想到有朝一日要就柏林问题在军事层面摊牌，基辛格现在又回到原来《核武器与对外政策》中的主张：可以用战术导弹打一场有限核战争。不过，在他看来，如果“活橡树计划”暗示的那种选择是冲突不可阻挡地升级为涉及两个超级大国战略武力的全面战争，那么并不能算作“强硬”政策。这一切都是白费心思。基辛格的备忘录无人问津。他无事可做，只能看看报纸，读读常规部队建设的新闻。

基辛格以前试过辞去顾问职务，但没辞掉。10月19日，他再次辞职。施莱辛格还是一如既往地表示同情。（“我看这件事是奇耻大辱、可怕的失败。”）邦迪还像往常一样劝他坚持做下去。基辛格也像往常一样表示，如果将来“需要他的建议”，可以找他。然而，这次他决心提出正式辞呈，直接致信肯尼迪总统，请施莱辛格转交，生怕邦迪再次“展示其卓越技巧，花言巧语让我上当”。即便在这个时候，邦迪还是有最终发言权。他写道：“白宫方面希望能从你的建议中受益，这种想法不会有丝毫变化，所以你宣布辞职似乎没有任何特殊意义。”

这局棋输了。基辛格气得发疯。他十分恼火地对施莱辛格表示，邦迪的唯一动机就是“让总统以为我在参与，但实际上即便是鸡毛蒜皮的小事也不让我沾边”。基辛格“满腔愤怒”，因为他未料到“在这种关键时期，个人竞争居然采取这种残酷的形式”。不过他已经提出“不会……公开或私下讨论我被隔离的事实和原因”。当《新闻周刊》要求他证实“和白宫在柏林问题上存在尖锐分歧”，而这种分歧“会导致我辞职并与政府公开决裂”时，基辛格只好转弯抹角地否认：

> 我说对他的问题最好的答复就是我下周去华盛顿参加几次德国问题座谈会。柏林问题很复杂，势必众说纷纭，但是如果我不想支持我国政策的主要路线，我是不会跑到首都去的。至于我和白宫合作的程度，这主要是一个技术问题，跟我在哈佛的义务和我能在华盛顿承担何种责任有关。

看来，基辛格在白宫的首次表现就这样在一片抱怨声中结束了。他也无法再接触到机密材料了，中情局放在他剑桥办公室的保险箱也被搬走了。柏林危机最危急的时候，他依然离白宫战情室很遥远——确切地说，他是在杜克大学做报告。然而，由于没有任何公开声明，世人依旧认为他是“肯尼迪的助手”和“总统特别顾问”。

柏林问题的高潮发生在1961年10月27日，星期五。正如基辛格所料，苏联授权民主德国边防警察要求盟国居民出示证件之后才能驱车进入苏联占领区。克莱为了掌握主动权，决定抵制这种有违常规的做法，安排武装人员护送外交官进入东柏林。于是双方都在柏林中心部署了坦克。27日夜，在弗里德里希大街查理检查站破烂不堪的哨所两边，美苏各自调集了10辆坦克，美军是M48坦克，苏军是T55坦克。双方部队均荷枪实弹，相距仅约146米。午夜时分，肯尼迪守在华盛顿的电话旁，克莱向他报告又有20辆苏联坦克开过来。柏林城内的美军坦克总共只有30辆。这是冷战时期决定性的时刻之一，也是冷战时期最离奇的时刻之一，因为从弗里德里希大街地下车站出来的柏林人发现他们很可能就处在世界大决战的中心。

克莱对亲身经历的柏林空运记忆犹新，他肯定苏联此番行动是虚张声势。从我们现在对赫鲁晓夫了解的情况来看，他的猜测八九不离十。然而，肯尼迪及其顾问再次退却。总统秘密地派他的弟弟、司法部部长罗伯特·肯尼迪通知温和的苏联间谍格奥尔基·博利沙科夫："如果苏联坦克开走，美国坦克也将在20分钟内开走。"与此同时，迪安·腊斯克指示克莱，"美军进入柏林不是美国的重大利益之所在，不必坚决诉诸武力并提供保护"。第二天上午10点30分，苏联坦克撤退，半小时后美军坦克也撤退。在苏共第22届代表大会上，赫鲁晓夫不失时机地宣布他要取消对柏林的最后通牒。大家心照不宣，美英法三国官员依然享有出入柏林苏联占领区的权利。

柏林危机结束了，同时也给后人留下一个重要的先例。肯尼迪不愿冒险打核战争，而是准备通过侧面渠道做出让步，只要没人看见他公开退缩就行。这就是活生生的现实主义。

7

柏林危机过后，肯尼迪调整了他的外交政策团队，史称"感恩节大屠杀"。切斯特·鲍尔斯卸任，腊斯克的副手换成了乔治·鲍尔；罗斯托调任政策规划办公室主任；卡尔·凯森调到国家安全委员会做邦迪的副手；迈克尔·福雷斯特尔和罗伯特·科默成为国家安全委员会成员，分别负责越南和中东事务。这里出现一个问题：即便美国的生死存亡看来系于柏林问题之上，邦迪偏偏很少真正倚赖他的哈佛同事、一位地道的德国问题专家，为什么？真的像基辛格对施莱辛格抱怨的那样，这只是一个“个人竞争”问题吗？答案是，邦迪决定从一开始就让基辛格与总统保持一段安全距离，这其实另有原因。基辛格辞职时施莱辛格曾无意中透露过。原因在于他们还是把基辛格看成洛克菲勒的人——而纳尔逊·洛克菲勒依然是1964年最有可能挑战肯尼迪总统职位的人。

基辛格为了否认对肯尼迪不忠，煞费苦心。他力劝施莱辛格对肯尼迪说：“尽管基辛格过去给洛克菲勒州长做过顾问，但他在担任白宫顾问期间从未给洛克菲勒提过建议，现在也不打算这么做。他认为外交政策由民主党政府处理比共和党政府处理要好。”罗德·珀金斯让他为洛克菲勒起草一份演讲稿，“评论、批评肯尼迪政府的外交政策”，基辛格拒绝了，因为“只要我还是白宫顾问，和政府保持着一种关系——无论是多么微弱的关系，那么要我攻击政府是不合适的”。然而，他对洛克菲勒的解释却极为清晰地表明了他对肯尼迪是多么失望：

> 我深深感到国家灾难迫在眉睫。我们的德国政策削弱了阿登纳的地位，要不了几年，德国不是民族主义就是中立主义。15 年来的大西洋区域合作的成果也岌岌可危。我们的道德资本惨遭挥霍，北大西洋共同体很快就会变成一场虚幻的梦。我们不果断，没有目标，所以苏联就不妥协。我们的裁军立场也只是装装样子，徒有其表。我们的行政手段混乱不堪，冷酷无情，所以许多工作人员没有工作

> 热情。我们在不发达地区的言论变来变去，叫人难以摆脱美国犹豫不决、国势衰落的印象。如果这种趋势继续下去，我预计美国不仅要遭遇外交政策上的挫折，而且还要出现惨败。在东南亚、刚果、伊朗和拉丁美洲，我们的优势极其微弱，稍有不慎就会彻底失败。

此外，基辛格表明“一旦现有的柏林决定不可改变，而这些决定跟我想象的一样”，他马上就“割断”与政府“所剩无多的联系”。尽管他不能起草直接攻击肯尼迪政府的演讲稿，但他准备在其他各个方面助洛克菲勒一臂之力。

> 我将很开心能和你随时见面，告知你我对时事的看法。我将很高兴为你的研究团队核查事实的准确性。我会很乐意浏览戈德金讲座的讲稿（洛克菲勒答应在哈佛大学做讲座，讲他最喜欢的题目：联邦政治）。只要我们最杰出的公民之一、和我友谊深厚的人需要我的判断，我什么都可以做……共和党没有提名你做总统候选人真是可悲。我相信你，期待不久之后便能够毫无保留地与你合作。

第二天，他答应“11月中旬以前”，将“我们讨论过的两份备忘录”寄给洛克菲勒，“一份是讨论自由世界的政治结构问题，一份讨论该采取何种措施让自由这个概念有意义”。

基辛格11月3日致信肯尼迪正式提出辞职以后，又开始心安理得地为洛克菲勒效力。一个月后，他为洛克菲勒起草了一份核试验的文件。之后，在同一个月，他草拟了一份有关“自由本质”的文件，很可能就是洛克菲勒的戈德金讲座讲稿。到1962年年初，他又重新开始就所有外交政策问题为洛克菲勒做顾问。他不在，纽约研究办公室的士气便一落千丈。琼·戈德思韦特抱怨她一点儿也不清楚，自己的工作目标是否有两个:“一个只是为纳尔逊·洛克菲勒提供政治弹药击败肯尼迪，赢得1964年大选；另一个是除此以外，还要帮助他了解一旦当选必须应付的一些问题，以及在某种程度上帮助他积极发展项目、提出建议。”(她补充道:“说实话，能不能做到第二点我深表怀疑。”)为了提高工作效率，珀金斯和基辛格决定任命一名新的研究小组负责人，先是让《哈佛深红报》前执行编辑杰伊·艾斯林来做，后来又请纽约州代表、国会女议员杰西卡·韦斯做。戈德思韦特和玛丽·博兰见没有提拔自己，便双双辞职。直接后果是基辛格的工作量激增。到1962年3月，他经常“就整体国家政策……与州长谈话”。

但是又出现一个问题。基辛格回到洛克菲勒阵营不到一年，邦迪和凯森请求他恢复原先作为华盛顿和波恩之间交流渠道的角色。于是基辛格只好再度写信说明自己为谁尽忠职守，这次是写给珀金斯。他在信中解释，邦迪希望他承担“与我们的北约规划相关的一份特殊使命”。

> 不过除了那份我一个星期就完成了的使命，从 10 月底以后我就与政府没有任何关系了。
>
> 我在履行上述使命期间，又以顾问身份成为政府一员。其中的情况非常复杂，很难解释他们是怎么操作的。他们对“新边疆”(这是肯尼迪在 1960 年民主党大会上做总统提名演讲时提出的一个口号)的政治技术问题进行了相当有趣的评论。
>
> 我讲得这么详细是想让你完全明白一点，尽管这种事只出现过一次，但是我感到以后白宫再有什么具体问题找我，我可能有责任回答。而如果出现这种事情，碰到同样的具体问题，我将不能参与为州长起草立场文件的工作。
>
> 这不是什么迫切问题，因为我说过，我和政府的联系很薄弱，

我打算就让它这么薄弱下去。但正因为现在不存在任何问题，所以我必须表明：只要涉及我接触过政府情报的问题，在此后一段合理的时限内，我将无法为州长效力。当然，以后当我须判断要不要为白宫承担任何具体任务时也会谨记这一点。

我想表达的主要观点是，我相信我们处于深重的国家危机之中，只要国家征求我的意见，只要我认为自己的话有点儿作用，我都会责无旁贷地知无不言、言无不尽。有一点我几乎不必补充，纳尔逊始终都能向我提出特殊要求，因为我和他有着深厚的友谊，因为我对他忠心耿耿。

“灵活反应”是肯尼迪政府的标志性思想之一。这个词语用在基辛格身上也很恰当，因为他一方面试图在肯尼迪政府中发挥作用，另一方面也与其最知名的政敌之一保持着联系。灵活反应作为军事战略的缺点在柏林危机中暴露无遗；最终肯尼迪就是不信可以跟苏联打有限战争，而这种战争不会很快升级为全面核战。由于缺少可靠的军事选择，他和赫鲁晓夫达成的协议不止一份，而是两份——致使柏林被一堵可怕的墙一分为二，这堵墙构成的“死亡地带”在其28年的历史中夺去了122~238人的生命。

柏林危机也表明，想在美国联邦政府行政部门立足，靠灵活反应是靠不住的。在此，区别现实主义和理想主义（或者用基辛格这个时候喜欢的说法，实用主义和教条主义）再次显示了其重大意义。前文说过，在德国问题这个核心问题上，基辛格是理想主义者，他坚持运用威尔逊总统所倡导的民族自决原则。肯尼迪是实用主义者：虽然基辛格强烈反对修筑柏林墙和由民主德国控制西柏林的出入权，但肯尼迪却一再让步。现在看来，我们可能要感谢我们的幸运星，当时在战情室占主导地位的是实用主义，而不是理想主义。无疑，肯尼迪愿意在柏林城里筑道墙，而基辛格更愿意为柏林问题打一仗。

然而，基辛格也有他实用主义的一面。他像自己的导师比尔·艾略特一样渴望进入权力中心。但是，他一方面想应民主党总统之邀进入权力中心，另一方面口袋里又揣着一张门票，打算他日进入共和党政府，这一招也太现实了，所以行不通。邦迪给基辛格好好上了一课，让他知道了白宫里是怎么玩弄权术的。这也无可厚非，我们可以说他是不想让自己的门生发挥重要作用。邦迪这么做教会他一点：接近总统不是美国政治中最重要的事，而是唯一的事——不能接近总统，就算是哈佛最优秀、最聪明的神童也注定无能为力。不幸的是，基辛格的下一个教训，即记者提问这一政治中最具欺骗性的危险也几乎同样令其痛苦不堪。

第 14 章

生活现实

当我说我是以普通公民的身份在这里发言时，我刚意识到自己就像是禁酒联盟的成员，有人发现他喝酒，就问他："你说你是禁酒联盟的一员，这种行为如何解释？"他说，我是以普通人的身份在喝酒。（笑声）

——亨利·基辛格，1962 年

如果不改变美国的态度，我们全都要下地狱，那是我们唯一共同的事业。

——弗朗索瓦·德罗斯，1962 年

1

基辛格的成熟作品中有一个反复出现的主题，即国内政治和外交政策是两种截然不同的活动。这一点肯尼迪兄弟并未轻易察觉。他们在家里就学会了现实政治。在肯尼迪家族中长大本身就是一门高级课程。肯尼迪的爸爸是走私犯，惯于玩女人，擅长息事宁人。约翰·肯尼迪和罗伯特·肯尼迪的大姐于1941年因脑手术失败而“死亡”[①]，大哥1944年在战场上牺牲，二姐1948年遇空难身亡。杰克·肯尼迪是战斗英雄但又是高明的骗子。他屡屡对妻子不忠，难以改邪归正，而这还只是他的诸多欺骗行为之一。在整个政治生涯中，他一直对外隐瞒自己严重的疾病（他患有急性背痛、甲状腺功能低下症以及艾迪生氏病，这种状况致使他肾上腺分泌的类固醇激素不足，需要不断接受可的松治疗）。他故意缺席参议院会议，不投麦卡锡的不信任票，就因为麦卡锡不止一次成为他们家的座上宾。1960年，他决定选林登·约翰逊做他的竞选伙伴，却对亲兄弟撒谎。那年总统竞选他击败尼克松很可能得到了黑帮的帮助。代表在押的马丁·路德·金干预民权问题也为他赢得1960年竞选助了一臂之力，但这也未能阻止司法部部长罗伯特·肯尼迪三年后授权中情局监听金的电话。

约翰·F. 肯尼迪当上美国总统靠的是暗箱操作，州州不落。无论他在就职演说中说得多么高尚，他的假设是冷战也必须同样进行，下黑手，一个国家一个国家地来。他不光对古巴和德国下黑手。正如基辛格1961年所说，苏联及其同伙也在对“东南亚、刚果、伊朗和拉丁美洲”施加压力。如果要让灵活反应作为一个战略概念具有任何意义，那么它必须能够让美国在上述一个或几个地方采取军事行动，又不至于把世界炸得粉碎。如果事实证明有限战争太危险（柏林问题就是一个明显的例子），那么还可以采取其他方式。就在1961年1月17日肯尼迪就职之前，刚果共和国首任民选总理帕特里斯·卢蒙巴被行刑队枪

① 她在手术后活了下来，但因为手术造成了永久性脑损伤，在医院里度过漫长余生。

决；虽然中情局没有直接责任，但也一直在密谋暗杀他。4个月之后，多米尼加共和国军事独裁者拉斐尔·特鲁希略遭枪击身亡，凶器是中情局批准提供的M1卡宾枪。尽管肯尼迪是从前任总统手上接过这两桩命案的，但如果说肯尼迪政府对暗杀这种政策工具不是更为热衷的话，至少也是同样热衷。暗杀名单上的下一个目标是菲德尔·卡斯特罗，再下一个后面将谈到，那就是越南共和国领导人吴庭艳。最后，如果杀手办不了，总能再跟人家谈协议。

这种对待"第三世界大战"的办法有两大不利。首先，存在一种夸大对方实力的倾向。民主党和共和党在总统竞选中总体上是势均力敌、旗鼓相当的，就选民支持率而言是不相上下。通常情况下不会出现一方选票占压倒性多数的情形。美苏竞争却不是这么回事。一开始美国经济就比苏联强大得多：从国内生产总值来看，苏联大致是美国的1/3。整个20世纪五六十年代，大部分时期美国的核武器规模都远超苏联[①]。然而，整个冷战期间，美国一般都在夸大苏联实力，无论是经济实力还是军事实力。肯尼迪本来可以光明正大地显摆一番，却老想和赫鲁晓夫谈交易，主要原因也在这里。其次，把外交政策当作国内政治游戏来玩的问题在于不明真相。古巴不是犹他，越南也不是马里兰。古巴和越南都是外国，外国人做事的方法和美国人不一样。如果连这点儿简单的真相都看不到，现实主义根本就谈不上是现实。

要说明这个问题，最好的例子就是基辛格。他一辈子没去过东南亚，更不要说刚果、伊朗和拉丁美洲。他唯一造访过的加勒比岛屿是

① 具体而言，1962年，苏联有20枚洲际弹道导弹，而美国至少有180枚。苏联有200架远程轰炸机，而美国有630架。苏联仅有6艘潜艇，可以在海上发射最多3枚弹道导弹，而美国有12艘北极星潜艇，每艘皆可运载12枚战术核导弹。可见，20世纪50年代末的"导弹差距"恐慌是多么可笑，至少从远程导弹来看是如此。

圣约翰岛，他那时正好住在肯尼湾的洛克菲勒度假山庄。实际上，基辛格除了1951年访问日本和朝鲜半岛、1961年访问日本，还从未去过欧洲和美国以外的国家。当然，这种障碍是可以克服的。然而，访问不熟悉的国家不是没有风险，尤其是对于一个依然被世人视为美国总统顾问的人来说。

2

基辛格与拉丁美洲复杂而具有争议性的关系始于1962年5月，那时根据国务院建议，他访问了巴西，在那里的国防大学做了一场报告。当时巴西由一个很不稳定的、倾向于左派的政府领导。雅尼奥·奎德罗斯这位中间偏右派的巴西全国民主联盟领导人刚刚当选总统，但他决定与苏联和中国建交，并将米纳斯吉拉斯铁砂矿收归国有，结果他上台仅7个月就被迫辞职。基辛格到访时，副总统若昂·戈拉特接任，但是此前巴西国内又经历了漫长的危机，最后建立了一个旨在限制总统权力的议会制度。由于洛克菲勒多方联络，美国驻巴西大使林肯·戈登热心协助，基辛格会晤了各色巴西大人物，包括著名慈善家吉尔贝托·弗雷尔。他的第一感觉其实比较茫然。他写道："很多巴西人一直对他说，等着吧，要不了多久就会出现一场重大政治危机，或许会是一场暴乱。但是，他们无法解释问题究竟出在哪里。"美国大使馆的看法很明确：戈拉特跟他的前任奎德罗斯一样，企图向左倾斜。再仔细一看，"巴西短期的前景比较令人失望"，基辛格最后说道，尤其是在社会主义者赫尔墨斯·利马被任命为总理以后。基辛格告诉克雷默："《纽约时报》一向眼光敏锐，说利马是一个'温和的社会主义者'。如果他真是这样的人，我倒想见识见识共产党长什么样。”

许多美国人得知古巴经验后，都以为所有拉丁美洲国家即将“沦为”共产党统治的国家。这就是艾森豪威尔的“多米诺效应”思想在发挥作用。问题在于似乎只有一种可靠的解药，那就是实行军事统治。访巴期间，基辛格会见了第二军司令官纳尔逊·德梅洛将军和圣保罗州州议员安东尼奥·西尔维奥·达库尼亚·布埃诺。基辛格问达库尼亚·布埃诺，雅尼奥·奎德罗斯是否会当选圣保罗州州长而卷土重来。

> 达库尼亚·布埃诺回答，雅尼奥就是当选了也绝对无法就任，因为军队会干预，他们宁愿要一个安全的独裁统治者，也不要奎德罗斯重新就任总统后出现难以预料的结果。德梅洛将军显然听到了，却既没肯定也没否定。达库尼亚·布埃诺议员告诉基辛格，部队的将军们除了一两个著名的特例，一般都信仰民主，对美国很友好。

1964年3月底，果不其然，戈拉特推行“基本改革”，包括将巴西的炼油厂收归国有、实施房租管制，军队强烈反对，把他推翻了。在后来的20年中，巴西一直是军事独裁国家。

虽然有极多的美国观察家担心共产党在拉丁美洲搞颠覆活动，但这不能证明共产党真的在搞颠覆活动；然而，这也不能证明共产党没有搞颠覆活动。当然，克格勃在巴西很活跃：20世纪60年代初克格勃在拉美主要国家都很活跃。然而，我们可以很公正地说美国决策者过分夸大了克格勃的影响，同时也低估了当地人民对政治秩序中不公平、腐败和压制的不满。在一个反抗冷战的人眼里，每一个极端分子看起来都像是苏联人的工具，每一场革命看起来都像是克格勃组织的政变。同样地，1962年9月北也门爆发革命，宗教领袖被推翻了，基辛格马上察觉这开启了一场更广范围内的“中东危机”。

> 也门革命政府已经开始进逼英属亚丁和酋长国地区。埃及军队也对沙特阿拉伯构成了威胁。
>
> 由于在伊朗同时出现了动乱，因此很可能近几年内沙特阿拉伯，以及约旦等国家也会有动乱。一旦约旦国王被刺，约旦王国就不可能存在下去。在那种情况下，如果继任政府与约旦的一个大邻国联合，必然又会发生阿以战争。

这种分析最多只对了一半。也门新共和政府无疑威胁到英属殖民地亚丁的前哨，而埃及纳赛尔政权希望将它作为该地区的桥头堡。海湾地区的君主制国家，至少是沙特阿拉伯，察觉到危险，与英国政府和英国秘密情报局联手反击。基辛格还有一点也说对了，他预测会再次出现阿以战争，尽管这场战争到1967年才爆发。但是，沙特阿拉伯和约旦都没有仿效伊拉克和也门而走上革命道路，实际上是叙利亚和伊拉克发生了变化，1963年复兴社会党上台执政。这也很好地说明了，熟悉部分国家的专家学者自以为可以将他们的见解照搬到完全不同的环境中，这种心理是很危险的。

然而，1961年年底，基辛格访问的不是中东而是南亚。看起来他初次涉足华盛顿，结局不妙。他的婚姻濒临破裂。虽出现种种烦心事，但这次应邀出访印度、巴基斯坦正好可以缓解一下，更何况他的哈佛同事、现任美国驻印度大使的约翰·肯尼思·加尔布雷思还会热情款待。毫无疑问，这次印巴之行收获良多，但是如果他出发时抱着休息、休养的目的，很快就会感到失望。

基辛格抵达德里时，距印度军队占领果阿飞地不到两周；450年来，果阿一直是葡萄牙的殖民地。这一单边行动遭到肯尼迪政府的谴责，但印度国防部部长、喜怒无常的V. K. 克里希南·梅农反唇相讥，说西方不满不过是"西方帝国主义的残迹"。这起事件耐人寻味，尤其是因为亚洲还残存着其他一些欧洲殖民地遗迹，例如葡萄牙殖民地东帝汶、荷兰殖民地西新几内亚，而印度尼西亚声称两地都是自己的领土。基辛格访问印度是美国新闻处的文化交流项目，他将到印度公共管理学院等机构做美国外交政策方面的报告。不过，他还利用总统顾问的身份与一些印度高级官员和政治家进行了会晤，他们都急于向他请教核裁军问题。他首先与印度外交部永久部长R. K. 尼赫鲁会面。他还会见了建议将西新几内亚问题提交联合国大会讨论的外交部部长M. J. 德赛。1月8日和10日，基辛格两次会见当时被人视为地位仅次于贾瓦哈拉尔·尼赫鲁总理的克里希南·梅农。通过以上几次会晤，他首次领教了南亚政治中装腔作势的作风。

> 他的所有助手似乎都诚惶诚恐。我被带到他的办公室，弯腰鞠躬。他在门口迎接我，和我握手，带我到一张安乐椅上坐下。印度空军参谋长陪同接见。克里希南·梅农转身朝他大声吼叫着发出一些指令。我不由得感到这一切都是为了达到一种戏剧效果……
>
> 自始至终，克里希南·梅农都极力表现出迷人的风度，极力表现他是个讲道理的人。然而，他似乎又在努力自我克制，每次开始谈一个问题，他都声音低沉，控制语速，但说着说着几乎就狂热起来。

他对基辛格说，美国反对印度占领果阿，"表明英国大家庭对美国政策产生了影响"。有些外国人，克里希南·梅农没有点名是谁，怂恿印度就东北边境的一块"毫无价值的"土地与中国开战。他们的动机是削弱“印度的进步分子”，因为反对“任何先进社会政策”的人……“都可能以共产主义之名”忍气吞声。但是这么做“注定会失败……你不可能到喜马拉雅山上去打仗吧，这谁都知道”。（实际上，当年10月由于中国果断挫败了印度提出在中国边境设立前哨的“前进政策”，双方爆发了战争。）让基辛格感到不安的还不是梅农“那种说了一大堆细节，每一个细节都有点儿歪曲，就是想制造一种美国不公、印度克制、共产党颇具智慧的图景的讲话方式”。他在发给国务院的会议备忘录中补充道：“尼赫鲁就是从这个人身上得到了大量的外交政策和美国方面的情报，念及此，真叫人心惊胆战。”

相比之下，基辛格与尼赫鲁的会晤却平淡无奇，尽管交谈中有一段话很有启发性：“我……问他印度是否会签署一项共产党领导的中国不参与的裁军协议，他说他觉得印度可能做不到。我反问他涉及核裁军是否也一样，他回答时语焉不详，但表示也可能这样。”印度日益担心中国的核武器项目，早在1958年中国就开始核武器建设，到1960年苏联取消技术援助才放慢脚步。基辛格后来在德里参加的活动（尤其是与印度原子能委员会主席的会面），主要是暗中评估印度会如何反应以及美国是否应提供技术援助。

这一切无疑都能说明一些问题。不幸的是，对基辛格来说，文化交流项目还有一个任务：答记者问。这种考验他在美国经历过几次；其实，他很喜欢美国记者招待会上的那种唇枪舌剑、针锋相对的状态。但是他对华盛顿和德里的区别估计不足。他也陷入一个哈佛教授们以前和之后再熟悉不过的圈套：这个圈套就是以为记者问某个话题，肯定是因为他相信你对这个话题有所了解，因此，你必须对话题有所了解。

实际上是一名以色列记者捅的娄子，他提了个有关埃及的问题。根据《华盛顿邮报》刊登的一则美联社报道，基辛格（报道中说他是

“肯尼迪外交政策私人顾问”）回答：“贾迈勒·阿卜杜勒·纳赛尔最近的行动和苏联–阿拉伯联合共和国①的军火交易引发了中东危机。”此言一出，马上引起开罗方面的抗议。事实上，根据在场其他记者的说法，基辛格是说埃及从苏联进口武器是一个“紧张因素”，“引人关注”；他还反复强调这番话是以个人名义说的。但是，埃及政府要求基辛格公开收回自己说过的话。

更糟糕的是，记者还让基辛格就印巴长期以来的克什米尔边境争端发表评论。基辛格回答美国的态度是不同问题不同对待；华盛顿不会“因为果阿问题刁难印度”。有记者请他谈谈对果阿问题的看法，基辛格认为葡萄牙无权声称果阿是自己的领土，甚至大言不惭地贬斥葡萄牙加入北约是美国患上了“条约症”的产物（条约症是个新名词，意在讽刺杜鲁门政府热心建立国际联盟）。这些言论引起巴基斯坦外交部的正式抗议，他们谴责基辛格是一名“到处走动的伪外交官”。中国也涉足其中，对基辛格提到中国有可能入侵印度表示愤慨。基辛格使尽浑身解数却百口莫辩，一件小事就这样酿成一场大风波，数日未能平息。巴基斯坦的《黎明报》戏称他是“扔砖头的人”。叙利亚政府要求有人澄清一些言论，发言者“是肯尼迪总统的一位高级美国顾问，名字好像叫基辛格”，他“最近访问以色列，讨论了以色列国防问题”。基辛格被迫承认自己的正式身份仍然是美国国家安全委员会顾问，但也无济于事。

基辛格抵达白沙瓦应邀访问巴基斯坦公共信息部时引起一阵轰动，他若无其事地一笑置之。他在巴基斯坦空军总部做报告，开场白是一番自嘲：“我首先要说明，我在这里发言不是以任何官方身份，而是以

① 阿拉伯联合共和国是1958年由埃及与叙利亚合组的泛阿拉伯国家。1961年，叙利亚退出，而埃及仍保留了这个国名直到1971年。

一个不负责任的哈佛教授的身份。实际上，美国有一派观点认为，如果你说自己是哈佛教授，形容词‘不负责任的’就完全没有必要加了（观众笑了）。”

然而，事实再次证明他很难只讲自选的题目“美国战略思想”。1月29日，基辛格会晤巴基斯坦总统阿尤布·汗以及外交部部长S. K.德拉维。两人都认为巴基斯坦在克什米尔问题上的立场得到了美国支持，两人都威胁如果华盛顿现在支持印度（因为基辛格似乎暗示了这一点），巴基斯坦将不得不重新考虑其立场。实际上，阿尤布暗示如果巴基斯坦不和苏联、中国结盟，有可能保持中立。阿尤布毕业于英国桑赫斯特皇家军事学院，1958年上台执政，他在某些方面是美国的理想盟友：说一口标准的英语，他的政权虽然不民主却是世俗政权，还能恪守联盟义务，因为他愿意让美国的U–2侦察机从巴基斯坦空军基地起飞。基辛格承认，他“很看好”阿尤布的“直率和真诚”。但是，基辛格在德里记者招待会上的评论被视为中伤美巴联盟。有记者问他用“条约症”这个词是什么意思，他再次轻松愉快地回答：

> 我读印度次大陆的报纸从不感到枯燥，因为我发现即便是我参加过的活动，登报以后也会面目全非（笑声）……我发表过的声明，因为巴基斯坦和印度的报纸版面有限，报道不够全面，内容如下：我说任何“相信联盟工具本身是一种安全保障”的国家都患有一种叫作“条约症”的疾病。要想让联盟发挥作用，必须有自我保卫的意愿，必须准备努力保卫自己，必须有人民拥护的政府。这些条件达到了，联盟就可以发挥作用，就能够发挥作用；这些条件达不到，那只是用一纸文件代替真正国防的演习。如果联盟只是停留在一纸文件上，没有达到其他要求，你就患有我所

说的条约症。这就是我在印度说过的话，这就是我在这里说的话，我在印度没有说过的话，我在巴基斯坦也没说，反之亦然。

观众听了还嫌不过瘾。很快基辛格发现自己要解释美国为什么要援助印度，还要回答一些假设性问题，比如如果印度攻打巴基斯坦，美国怎么办。出了会议厅观众也不放过他。在回酒店的路上，他再次被“不肯轻易放过一个问题也不想回答的基辛格”的记者们团团包围。国务院随行人员以略带幸灾乐祸的口吻报道：

最后，他很有风度地同意回答几个问题，但那些问题都很复杂，新闻官……不得不几次出面干预。问得最多的问题是基辛格博士访问开伯尔山口时是否见过“普什图尼斯坦人作战特技”的证据，暗指阿富汗在该地区的活动。基辛格指出，他只在那儿逗留了一小时，是首次访问，然后不情愿地说刚才提到的东西他一概未见。

第二天《黎明报》刊登报道，标题是“亲喀布尔煽动活动无迹可寻……基辛格博士访问部落区”。等基辛格到达拉合尔按计划去旁遮普大学演讲时，他的巴基斯坦之行已沦为闹剧。在最后的问答环节，“他首先做了一番对哈佛教授来说是历史性的声明，大意是我不是百事通”。

对这趟经历，基辛格后来称之为“巴基斯坦的歇斯底里”，他这一行算是大开眼界：如果漫不经心地回答一个复杂问题，那么很容易引起外交骚乱。他的遭遇白宫并非一无所知。邦迪很恼火，斥之“捅了大娄子”，规定将来“新闻处只能宣传政府的全职官员与政府有重要关系”。

3

基辛格对记者发表的那些考虑不周的评论激起轩然大波，相比之下，他在白沙瓦做的演讲《美国战略思想》也许并未引起高度关注。然而，读一读他的演讲稿不无裨益，因为他避免了跟美国观众讲演时可能用到的比较专业的术语，非常清晰地说明了灵活反应这个中心问题。首先，他承认遏制仍然是美国的根本战略，因为“遏制是试图阻止对手采取某些行动……要通过尚未发生的事……来检验”。这就意味着“你只是虚张声势而别人很当回事的威胁”比“你很当回事而别人以为你虚张声势的威胁”管用。美国的立场是，一旦苏联攻打柏林就将意味着全面战争。到目前为止，这种战略发挥了作用，苏联后退了。

> 不过，一味依靠全面战争，对一个国家的外交政策要求太高，因为表示你决心的唯一办法，我想就是实施一种很不理性的政策。你必须证明你在某些情况下可能失去控制，不管你冷静考虑的时候表现得多么好，有时候你可能就是太紧张，于是枪走火了。一个手握手榴弹的疯子讨价还价会占很大的便宜。

不幸的是，“鉴于有关西方民主的舆论，这种政策无法推行”，而对于赫鲁晓夫，这种竟敢在联合国大会上用鞋子敲桌子的人（1960年他就这么做过），显然这是一种选择。因此，美国在战略体系上又加了一条，“发展能够”用常规武器“帮助美国朋友保卫自己领土的力量”，“增强自身战术核力量”。总之，华盛顿是想将联盟从“实际上是依靠单边的美国保障”转变为“真正齐心协力防止盟国被侵占”。

> 因此，任何分析美国战略问题的人必定得出一个结论：从军

事角度看，美国和盟国有责任下更大力气审时度势，确保守住遭受威胁的地区。我想强调一下，这并不是说，必要的时候美国不会参加全面战争……不过，全面承诺和非全面承诺之间还存在很多阶段，正因如此，也需要常规部队，更灵活的反应也就很重要。

这种观点1962年在巴基斯坦并没有引起争议，因为南亚和东亚的竞争对手还没有获得核武器。反之，西欧却深表怀疑。上文说过，尽管邦迪对基辛格的疑心越来越重，说他是威胁也好，是洛克菲勒的卧底也罢，但只要谈到向欧洲尤其是向德国兜售“灵活反应”战略，邦迪依然把基辛格当人才看。1961年10月基辛格提出辞职，邦迪一再搪塞，唯一的原因也就在这里。实际上，他特别要求基辛格下个月在阿登纳总理访美期间来华盛顿一趟（肯尼迪任总统时基辛格只见过他三次，这是其中一次），并要求他此后继续研究“东西德谈判问题”。基辛格访问印度，邦迪又写信问他是否“愿意在我回国以后尽快……去趟德国，让阿登纳对美国政策放心”。基辛格尽管坐飞机回国已累得够呛，而且人们都知道他“9月以后就没有再接触美国对德政策”，但他还是一口答应了。基辛格在华盛顿听了一天的情况汇报，邦迪又让他签了份担任顾问的新合同，他这才坐飞机前往欧洲。邦迪跟他讲的关键机密情报是在U–2侦察机和“日冕计划”搜集的情报基础上发现的一些新证据，这些让他大吃一惊：原来美国跟苏联不仅不存在导弹差距，而且在核军备竞赛中真正落后的是苏联。

飞机抵达波恩前，基辛格在巴黎短暂停留。他已经开始察觉到欧洲政治的核心问题。理想的世界是这样的：美国希望西欧大体上统一，由英国来领导，欧洲所有的核武器被集中管理，对手如何使用这些武器美国有某种否决权，欧洲各国都要扩军。而在现实中，行使否决权的是法国，即法国不让英国加入欧洲经济共同体。法国和英国同时对核产能的集中管理具有否决权，因为它们各自都希望有自己独立的核威慑武器，都不想让德国在核产能上分一杯羹。从经济上看，英国的谈判地位在迅速被削弱；再过几年，谁都能一眼便看出英国是妇孺皆知的“欧洲病夫”。但是，经济快速增长的德法两国的领导人不想增加国防开支；英国的收支平衡问题不正是它残留而昂贵的帝国义务导致的吗？

2 月 5 日，基辛格与法国空军司令保罗·斯特林将军共进午餐，他这才意识到北大西洋公约组织在如何防御苏联的核心问题上分歧很大。基辛格认为斯特林是“目前法国高级军官中最不偏不倚、最不恐外、无疑也是最亲美的”，[①]但斯特林本人却意志消沉。戴高乐认为“一个国家的核武器储备和其国际影响力直接相关”。他将法军撤出阿尔及利亚主要是想释放资源，提高打击力。他“对上将们发表了严厉讲话，说北约是美国政策的附庸”，企图“阻止任何人再将法国部队整合”到北大西洋公约的指挥框架下。斯特林怀疑法国能单独发展有效的核力量，但在北约问题上他同意戴高乐的观点。这些观点当天晚些时候为法国将领（皮热和马丁）和外交官弗朗索瓦·德罗斯、让·拉卢瓦和让–丹尼尔·于尔根森所证实。晚宴上，德罗斯直言不讳，毫不留情。

> 美国必须意识到法国不是一个任人摆布的小不点儿国家。为什么要用德国核武器来威胁法国？法国采取现有的政策是考虑了后果的，美国喋喋不休地议论德国核武器威胁，不是幼稚就是怀有二心。美国要动动脑子好好想想，如果不能增强自己国家的力量，法国会对北约力量感兴趣吗？如果美国继续破坏法国力量，

① 斯特林将军退休之后，成为美国诺思罗普防务公司的顾问。

> 法国将对北约核力量问题坐视不理……法美关系现在已经走到历史最低点。他说两国关系差到不能再差了，虽然经验教会他愚蠢的深渊深不可测。

基辛格问：“这样下去我们会怎么样？”德罗斯回答：“如果不改变美国的态度，我们全都要下地狱，那是我们唯一共同的事业。”基辛格“听了这番激愤的话，心惊胆战”。但是，当他们两人单独谈话的时候，德罗斯并不那么愤愤不平，而是一副无可奈何的样子。他诉苦道：“多年来一直在为大西洋组织的团结而奋斗。”但是，一无所成。“老头子（戴高乐）固执己见，美国又不理解法国人的想法，到头来只会一事无成”。更有甚者，第二天上午，拉卢瓦来到基辛格下榻的酒店，再次强调“法美关系陷入僵局”。

10天后基辛格来到联邦德国，带了一大包简报文件和一份安排得密密麻麻的日程表，他将会见德国政治领导人，还有一批实业家。南亚的不快经历还记忆犹新，基辛格告诉驻联邦德国大使馆方面，他“不想召开任何记者招待会、情况介绍会，希望不要宣传这次访问”。很快他就摸清了两个情况。首先，人们强烈反对就民主德国与波兰边界问题达成确定性和解，除非有一个可以接受的德国统一协定，将这种和解纳入其中。很少有德国政治家准备放弃索回“失地”，而借此仅仅是换取跟苏联达成交易，能够进入西柏林——当时效力联邦德国总统海因里希·吕布克的资深外交官汉斯·冯·赫瓦尔特就这一立场向基辛格解释得非常详细[①]。基辛格从自由民主党领导人克努特·冯·库尔

① 汉斯·海因里希·赫瓦尔特·冯·比滕费尔德是一位贵族出身的德国外交官，他自1927年起便为自己国家的外交事务奔忙，直到1977年退休。吕布克在战争期间替阿尔贝特·施佩尔工作，他肯定很清楚在佩内明德空军基地使用奴隶的情况；当吕布克在第三帝国的真实身份被曝光后，他不得不在1969年辞职。

曼–斯图姆、埃里希·蒙德、厄恩斯特·阿肯巴克（基辛格说他是“当今德国政治生活中最无耻的投机家之一、最讨厌的一种人”）[1]和很多实业家那里听到的说法大同小异。但是，也并非只有右翼人士才持有这种立场。2月17日，基辛格会见社民党副主席弗里茨·埃勒尔，埃勒尔说“德国年青一代不会无限期地接受父罪子偿的观点”，“我建议接受奥得河–尼斯河分界线，从而保证我们进入西柏林。但他们强烈反对，说这是为柏林付租金，只会让苏联得寸进尺”。

基辛格从波恩的多次会晤中明白的第二件事，是阿登纳极不信任肯尼迪政府的战略[2]。阿登纳坦率地怀疑，美国声称即便是苏联先发制人，美国剩下的武器和运载工具也比苏联多。在他看来，美国的计划“是把美苏变成庇护所，把冲突负担转嫁给西欧和卫星国”。他旧事重提，担心“总统被刺或交流出现其他障碍”。而且，在苏联部署在东欧的常规力量问题上，他也不同意美国情报部门的估计。

> 他自己的估计是苏联在这个地区，包括在苏联边境地区，部署了将近80个师，而不是26个师。因此他认为常规行动必定会导致灾难、屈辱或者核战争。所以他提议用海军进行海上封锁，这在最后的对峙之前将是一个重要阶段。他补充说美国常规部队的装备远远不如苏联部队的精良。所以，采取常规行动极不明智。

末了，阿登纳不禁补充道：“他很担心美国威信下降。这一点在欧洲、拉丁美洲和亚洲都很明显。在世界很多地区，美国似乎不具备与

① 基辛格是对的。与库尔曼–斯图姆和埃里希·蒙德不同，阿肯巴克自1937年起便是纳粹党成员。在战争期间，作为驻巴黎的德国大使馆政治部门的负责人，阿肯巴克直接参与了将法国的犹太人驱逐并送往死亡集中营的行动。

② 基辛格后来想起阿登纳曾问他：“你在政府部门工作了多长时间？”基辛格回答说大约是一生中1/4的时间。“那么，”阿登纳说，“我可以说3/4的时候你会跟我说实话。”

共产党对抗的意识形态力量。”

外交艺术的一项重要内容就是懂得如何在谈话中争取一个好斗者。基辛格是兼职顾问，他完全有理由对华盛顿的上司不抱幻想，对他们的欧洲战略持很大的保留意见。但是，这位业余外交家从容不迫，面对对手，动之以情，晓之以理，对以上观点一一反驳，收到异乎寻常的效果，这一切美国大使都极为惊奇地做了记录。基辛格表示，美国战略不是让欧洲听天由命，并且美国“反对各国核力量的扩大也并非旨在让欧洲始终做二等国家”。

> 其实，这反映了一种观念，跟基辛格刚才说的那种武力相比，欧洲各国的武力发挥不了作用。解决办法不是让北约四分五裂，而是要将大西洋共同体的成员紧密团结在一起，遵循总理在极其明智的思路下为欧洲国家选择的那条道路……美国在原则上准备建立一支多边控制、多国参与的北约部队，如果美国的北约伙伴认为可行的话。

总理担心美国常规部队也是没有根据的。

至此，基辛格的回答一直都是在安抚甚至奉承对方。但从这一刻起他棋出险着，改用攻击性的口吻。阿登纳主张一旦苏联挑衅，便可以进行海上封锁，对此“基辛格回答说他想直陈己见，但这样也许在外交对垒中显得不够成熟。我们可以将总理的这一建议视为联邦共和国试图将一切对策的负担和风险转嫁到其他盟国身上。这可能表示如果出现阵地战或核战争，联邦德国不准备为柏林而战”。基辛格走这步棋就是要刺痛阿登纳的民族自尊心，果真奏效了。起初，总理“竭力……否认”基辛格的指控。但他说的第二句话就开始引用基辛格的话反驳自己（“不准备打核战争就不要采取常规行动”），赞扬“美国过去做得漂亮，帮助战败国重拾自尊”。最后，基辛格在这局精彩的外交博弈中使出制胜的一招：

> 我们面临的选择跟总理本人 1949 年面临的选择很相似。我们可以确定一个宏观的理论目标，也可以采取具体步骤，和我们的欧洲朋友一道建立一个共同行动框架，只要存在这种可能就行。在基辛格看来，更明智的方案就是总理本人为欧洲统一制定的方案，即为共同行动采取一步步具体措施，而不是在理论争议上耗尽精力。本着这种精神，我们北约内部的种种提议才具有生命力。

基辛格以子之矛攻子之盾，说得阿登纳心服口服。总理忙于论争，把美国客人的午餐也耽搁了。美国大使沃尔特·道林的记录如下：

> 有两次我和基辛格打算离开，他请我们再坐一会儿，再给他一个机会表达他对基辛格谈话的感激以及他的强烈认同。他说他感到安心了，美国有力量保卫自由，主要任务是确保不要有任何人员伤亡。离开的时候基辛格说希望总理明白一点，我们谈美国实力和美国忠于大西洋共同体，这些都不仅仅是空话。总理答道："那就谢天谢地了！"于是会谈到此结束。

基辛格在亚洲时笨嘴拙舌，到了德国却灵感满溢。在华盛顿的总统还是迷惑不解。他对德国驻美大使威廉·格雷韦抱怨道："总理表示担心的那些问题我们以为早就说得一清二楚了。基辛格强调的那些观点我们自去年6月以来一直都在谈。"为什么"需要不断宽慰德国人"？"美国的政策、美国的战略立场我们以为11月总理来访时就解释得非常清楚了"，为什么"要一而再、再而三地反复说明"？腊斯克国务卿同样不明就里。他说："基辛格去德国也没有带着任何特殊的指示。他谈的问题都是我们认为已有共识的问题，但总理听了他的话就是感到很宽心，好像里面有什么新信息。”实际上就像格雷韦说的那样，全职外交官没有做到的，基辛格做到了。德国总理亲自向道林详细解释，他11月在华盛顿听到的跟他从基辛格那里听到的有何区别，实际上“前者很笼统，而基辛格说的要具体得多，他讲到一些具体情况，因此信息量大得多，给人的安慰也大得多”。难怪苏联驻美大使阿纳托利·多勃雷宁①刚到美国，就点名要和包括基辛格在内的4位政府官员建立关系，其他三位是邦迪、施莱辛格和索伦森。

同时，基辛格比他的白宫首脑们都清楚，欧洲的一切现在都系于法德关系之上。“二战”后的私人关系中最重要、最易变的莫过于阿登纳和戴高乐之间的关系。有时候（比如两人1958年在戴高乐的乡村别墅的那次著名会晤）他们似乎象征着法德和解了。更多的时候则是互生龃龉：阿登纳深信只有北约才能保护西欧不受苏联威胁、只有欧洲统一才能保证他能不俯首于美国的唯我独尊；而戴高乐却渴望法国与英美平起平坐，总想限制法国加入北约和欧共体。2月15日，在会晤基辛格的前一天，阿登纳在巴登-巴登会见了戴高乐和法德两国外长。两国领导人除了讨论欧洲政治联盟计划外，还就安全事务，尤其是减少欧洲对美国依赖的必要性交换了意见。基辛格在与阿登纳见面后的第二天飞往巴黎，会见斯特林。斯特林告诉他，戴高乐逐渐意识到法国必须在其防御政策上增加一项欧洲方针。基辛格的理解后来被直接转述给腊斯克国务卿，那就是“如果我们强迫德国，德国就会走法国那条路”。问题是“德国内部那些亲西方联盟的党派都反对谈判，而支

---

① 多勃雷宁的父亲是一个管道工人，他于1946年开始了自己的外交生涯，1957年短暂地担任过联合国副秘书长。他担任苏联驻美国大使直至1986年，历经6位美国总统，或许是基辛格唯一最重要的外国对话者。

持谈判的党派，如社民党，基本上都主张民族主义。只要这种态度一直不变，法国就有一定的影响力”。因此，必须“让德国参与进来，让他们在柏林问题谈判时承担责任”。与此同时，美国必须下大力气说服法国，“如果不把北约地区作为一个整体，则该地区的防御就不会有效”。

基辛格给国务院上了一堂外交艺术课。但是他还想给国家安全委员会上一堂战略思想课。1962年4月，基辛格起草了一份很有眼光的报告，批评美国的欧洲潜基“多边核力量计划”，因为这样欧洲在其大陆核防御上就有了更大的筹码。基辛格认为，从军事上看这么做的理由不充分，因为多边部队可以打击的所有目标已经被美国战略空军指挥部覆盖①。从政治角度看，表面上“可以让欧洲国家参与北约部队的规划、控制和目标定位，这样它们就不会太担心我们可能不愿为了它们而使用核武器”；实际上“可以孤立法国，最终令其核能力萎缩”。但是，基辛格不大明白，一支“军事上无用的部队”怎么可能“在政治上是可取的”。在德国鹰派施特劳斯等人看来，建立一支这样的部队就是要真正使其在军事上派上用场。

> 最终如何决定，有两种可能：一、我们保留对北约核力量的否决权；二、我们建设一支不设否决权的北约核力量。
>
> 如果我们保留否决权，那么我们的欧洲盟国就不能在我们做出决定时真正发表意见。我们将要建设两股军事力量，一股非常大，隶属于战略空军司令部，我们可以自行调用；一股小的力

① 在此基辛格的确错了。自1959年以来核潜艇的发展在国际局势从冷战一触即发转向平衡的过程中发挥了重要作用，而这种平衡在后来被哈得孙研究所的唐纳德·布伦南称作“确保相互摧毁”。关键在于核导弹潜艇事实上是不可能被发现和摧毁的。任何先发制人的打击必然会遇到来自海浪之下的毁灭性反击。

> 量，作用将小得多，除了美国有否决权，其他一些国家也有否决权……北约核力量如果让美国行使否决权，会大大提高枪支的保险系数，但不会增加扳机的数量。
>
> 然而，如果我们准备放弃否决权，会出现一个严重的宪法问题。那样的话，我们就成了一股军事力量的一部分，这股军事力量不用得到国会或总司令的批准就能命令美国作战。虽然这跟现实情况出入不太大，但我认为还是会在国内引起宪法上的争议，减小我们可能从中得到的好处。

基辛格的结论很极端。美国应该支持独立的欧洲核力量，但那就意味着结束美国支持英国独立核力量、反对法国核力量的反常立场。他深刻分析了多边核力量的症结所在，只不过不如汤姆·莱勒的反德《多边核力量摇篮曲》[①]那么俏皮。

但是，报告发出后石沉大海。

4

亨利·基辛格受够了。“去年我发表的‘最后’声明比前半辈子都多”，他愤然执笔，又给施莱辛格写了封长信控诉邦迪。“即便如此，我还是要无休止地走同样的程序，就像是B级电影的胶卷不知怎么地卡住了一样。”他把上次想离开肯尼迪政府的事又痛苦而详尽地说了一遍，之后才谈到正题。他机敏地与阿登纳周旋，他在多边核力量的事

① 这首歌谣的原词为“Sleep, baby, sleep, in peace may you slumber,/No danger lurks, your sleep to encumber, /we’ve got the missiles, peace to determine, /And one of the fingers on the button will be German.”

情上富于洞见，不过这又能怎么样呢？谁都不搭理他：

> 自从……2 月 15 日以来，我实际上跟白宫就没有任何联系了。我去了一趟欧洲（是邦迪强烈要求我去的，就我一个人，遭了很多罪），没有人会认为这趟旅行是愉快的。我访问欧洲和亚洲时，至少给邦迪发了 10 份备忘录。一份都没有得到回复，更不要说评论了——可以说保持了去年 5 月以来的记录。有好几次我到白宫办其他事，都提前几天跟邦迪的办公室打招呼，但他从来都不回个电话。

原因很明显。邦迪再次“耍心眼让我按他建议去接手那个我去年10月放弃后就没做过的工作”，“我实际还是做顾问的事，但放弃一切继续行使职责的标志，例如我的办公室。我一直都是被人操纵，只是装个样子，基本上是骗人的：说穿了我就是被人用来装装门面、兜售政策的，政策制定我沾不上边，政策内容有时让我很不安”。

这种情形叫人难以忍受，原因有三：“爱摆布人”、“缺乏人性关怀”还有“我眼中政府最大的弱点，即过于关注战术”。基辛格感到再交一份辞职信“很荒谬”；无论如何，他不想“启动又一轮花招”，也不想再跟邦迪有什么交往。他“只想让目前的安排到期作废”。从那以后，“再征求他的意见，他也会力所能及地回答”，“可以自由地采取公共立场，进行任何自己坚信的活动”。邦迪指责他“在处理与白宫的关系时，总是首先考虑保持1964年的行动自由”——换句话说，一旦洛克菲勒要挑战肯尼迪的总统职位，他总想为纳尔逊·洛克菲勒所用，基辛格非常愤慨，给施莱辛格单独写了封同样长的信加以驳斥。他在信中宣称：“我给总统当顾问不是为了自保，到1964年再伺机而动，而是想逐步了解总统的思想，也让总统看看我的水平。”

> 邦迪的主张表明了他对抱负本质的态度，体现了他的礼节观，这种观念也许是问题的根源。因为我“仅仅”是顾问——尤其是如果我像自己一直希望的那样密切参与决策过程，我就真的可以在1964年攻击我的同事吗？谁会真正相信，无论我的正式身份是什么，到了1964年我就会攻击与我共事4年而且其中很多和我已经是10年朋友的人们呢？我认为人的荣誉不是取决于这种法律差别……我和白宫建立关系的初衷是帮助政府成就一番事业——并没有先想到要自保而等它垮台……我的唯一目标是效力国家于危难之际。我的忠心、我的精力一直任由白宫调遣。我最想要的结果是最终能让我全职为国效力。

基辛格最后悲观地说：“只有发生一场重大危机，政府才有可能在1964年出现变化；这场危机将使我尊敬的许多人声名扫地，使我希望实现的许多价值观念遭到怀疑。”他衷心希望能化险为夷，却一次次遭到冷遇。从此以后，他只能“以普通的独立公民的身份”为自己的信仰而奋斗。

当然，基辛格没打算完全退出公共领域。他给施莱辛格写了两封信之后，过了一周，又起草了一份柏林问题的立场文件，发给洛克菲勒。他还给洛克菲勒提了一些政策上的建议：建立一支中央管理的北约核力量，或者在北约内部建立一个欧洲核指挥部，还可以在北约内部建立一个其决策权对联盟有约束力的新的部长委员会。然而现在可好，洛克菲勒也开始对他不理不睬。他邀请洛克菲勒在1953年东柏林起义周年纪念那天到美国委员会演讲，后者却谢绝了。基辛格给洛克菲勒寄了一篇在《外交事务》上发表的最新文章，收到的却是洛克菲勒办公室每天大批量发出的那种标准回复。基辛格一本正经地要南希·汉克斯告诉洛克菲勒的助手："下次我给他寄文章……答复应该是请转交处理外交政策事务的基辛格先生。"直到1962年7月，两人在洛克菲勒的新宅见面以后，他们之间原有的私谊加合作者关系才得以恢复。

在这个意义上，基辛格的文章《欧洲防御未解决的问题》的确是出自一个普通的独立公民之手。基辛格最近访问了法国和德国，又跟巴兹尔·利德尔·哈特通过信，有些新的想法，于是着手重新评估灵活反应问题。他追溯了美国在西欧常规驻军的起源，分析了北约地面部队22个师与针对苏联执行"反击"战略的、由美国战略空军司令部统领的核部队之间的关系。根据艾森豪威尔时代末期的情况来看，常规部队基本上就是一个标志性存在；一支规模很小的部队就足以确定"发生了比边境冲突大的事"，并且发出信号表示需要动用导弹和轰炸机。这样一来，欧洲各国受到刺激，都想要有自己的核报复力量，因为美国原则清楚地"说明那些才是最终的决定性武器"。灵活反应战略旨在增强常规部队建设，"使我们能够面对任何暴力水平的苏联挑衅"。但是美国政府设想的北约部队30个师的目标"对于真正的局部防御可能太少，让人相信这是反击战略又嫌太多"（因为如果发生全面核战争，任何美国的欧洲驻军都会被消灭）。如果北约真的想靠单纯的常规部队抵抗苏联入侵，那么"目标必须是大幅增加30个师"。如果那在政治上行不通，那么北约就必须回到《核武器与对外政策》的观点："一旦明了苏联已开始大规模进攻……就要在作战地区"使用战术核武器。不错，经常有人（例如国防部副部长吉尔帕特里克）反对说，使用战术核武器交战有可能使战争升级为全面战争。但是，如果纯粹靠反击战略，这种升级就不只是可能，而是必然。

然而，基辛格重提有限核战争还不是文章中最有争议的观点。他同时建议"统一单独指挥欧洲大陆的原子武器"，他甚至为法国追求自己的核能力辩护，说“不像人们常说的那样毫无意义”。政府似乎想让欧洲“将常规军统一起来进行联合指挥，更多地依赖常规防御；只有一个伙伴国对回应苏联核威胁的手段保持垄断，且能在使用核武器上自由行动”。他重申先前的观点，政府设想的多边核力量“会大大提高枪支的保险系数，但不会增加扳机的数量”（换言之，在使用武器问题上只会增加大量障碍），表示强烈支持“将欧洲原子力量和现有的英法核力量合并”，不用美国行使否决权。最后他说支持法国打击力可能是促成此事的最佳途径。

作者可能没有对这篇内容庞杂的文章发表之后会引起多大的反响抱期望。他对施莱辛格几乎是赔礼道歉地说，“这是我写得最辛苦的一篇文章，之所以费劲写，是因为我以其他方式表达意见都徒劳无益”。《华盛顿邮报》记者查默斯·罗伯茨慧眼识珠，马上发了《肯尼迪助手建议支持法国发展原子力量》。这无疑给白宫新闻秘书出了一道难题：如何确认基辛格的身份？皮埃尔·塞林格很尴尬，他否认基辛格是总统的“兼职顾问”（《华盛顿邮报》是这么报道的），但也只好承认基辛格还是国家安全委员会顾问。然而，“今年他还没见过总统。年内他完成了一项秘密使命。那项使命跟他在《外交事务》上发表的文章毫无关系。在（法国原子力量）这个问题上，他没有向国家安全委员会提过任何建议”。

政府内部一片惊慌。一份对基辛格文章的官方评论认为，如果就柏林问题打常规战，组建30个师的目标有一定道理，预计有限核战争仅限于欧洲范围在政治上是一种危险的看法，因为欧洲会认为美国想“从核攻击的危险中脱身，让伙伴国当炮灰”。无论如何，这种战争即便不升级为全面战争，也需要比欧洲现有核力量规模大得多的核力量。

这件事不仅仅是个学术问题。1962年4月，美国建议将进入柏林问题国际化（从而结束战后的四国共管格局）的消息被透露给联邦德国媒体。建立一个国际进入机构，让民主德国和联邦德国平起平坐，这种想法遭到强烈反对，结果计划胎死腹中。7月5日，赫鲁晓夫致信肯尼迪，要求将西柏林的西方驻军一半换为华沙条约国或中立国部队。三周后，卢埃林·汤普森最后一次以美国驻俄罗斯大使身份会见赫鲁晓夫，对方告诉他此事如再拖延，“莫斯科无法接受……事关苏联声誉……柏林问题必须很快解决，必须很快就签署和平条约”。白宫更是乱作一团。总统想知道，为什么“在战术核武器使用上美国和我们的盟国分歧”如此之大？肯尼迪“会同意欧洲看法：如果苏联对欧洲发动大规模进攻，我们无疑将对首批越界苏军使用核武器”。但如果就柏林问题打起来，小规模冲突中不可能使用核武器。肯尼迪前思后想，建议通知欧洲盟国“如果它们能组建30个师，我们就答应提前使用战术核武器”。但麦克纳马拉提出异议。如果美国“答应提前使用核武器，我们的盟国会说那就没必要建30个师，就像基辛格在《外交事务》7月号那篇文章中说的那样”。他和腊斯克同意基辛格的看法，“盟国不愿建设常规部队出于两个基本考虑：它们认为核战略最有希望起到遏制作用，而且它们也不想花钱”。基辛格可能很少在白宫露面——这是邦迪一直以来的心愿，但这不等于白宫忽视了他。

在德国，基辛格也掀起了轩然大波。德国国防部部长施特劳斯亲自写信对基辛格说，他的建议不“实际”（“他还是老一套。”基辛格说）。基辛格到巴德戈德斯贝格的战略研究所开会，见到德国联邦议会的外事发言人卡尔–特奥多尔·楚·古滕贝格，他坚决反对增加75 000名联邦国防军人，说这“在政治上是不可能的”，并表示了和施特劳斯同样的担心：美国“在削弱”战术核武器。一场危机正在德国酝酿，尽管最终证明那不是地缘政治危机，而是国内政治危机。社民党议员赫伯特·维纳预感前景不妙，忧心忡忡。他对基辛格说："柏林输掉了。这几年政策的结局意味着柏林迟早会完蛋。"他解释说，问题的根源在于美国对柏林的兴趣"必定……纯粹是法律上的"，而德国的兴趣是道义上的。"我们绝不会接受这堵墙，"他几乎叫了起来，"我们绝不会接受东边的集中营。"他预料"未来两三年德国的民族主义情绪会增长"。

> 很多现在自称亲美派的人将会反对我们。他说，这也是阿登纳倒台后不可避免的后果。他唯一的希望是看到基督教民主联盟和社会民主党联合起来。他说尴尬的是基督教民主联盟一旦（与其他组织）联合可能就毁了，社民党如果继续对立也会垮掉。无论如何，如果两党继续分裂，德国民主势力将终结。他认为在美国建议走漏风声以后，德国的反应表明民族主义在复苏。他说右派不可能掌握所有的民族感情。

至于民主德国，维纳认为联邦德国要尽一份责任。基辛格回忆说："如果他能做主，他会呼吁所有民主德国人不计后果放弃苏占区领土。我问这是否意味着波兰边境会移至易北河。他说人的问题更重要。"前文说过，基辛格自己一直很担心德国内政出现这种变化，所以他必然能够理解维纳的担忧。然而，他的一个重要见解是基督教民主联盟和社会民主党之间的"大联合"即将出现。由于《明镜周刊》①报道了施特劳斯的国防政策，年底之前维纳就要开始就这种联合进行谈判，谈判对手正是楚·古滕贝格。

① 1962年10月8日，该杂志报道联邦德国国防军几乎做好了应对苏联最终进攻的准备，这使得施特劳斯下令逮捕杂志的发行人、总编辑和撰写这篇报道的记者。当最终证明施特劳斯的行动是非法的之后，德国自由民主党威胁推翻阿登纳政府。施特劳斯被迫辞职；而大联合在接下来的4年中也没有实现。

总之，基辛格的情报质量很高。然而，这些情报没有再送给邦迪。美国驻联邦德国大使馆迷惑不解。邦迪的那些驻德国侦察兵抱怨道："虽然基辛格教授找使馆要车、要秘书，要这要那，而且会见了很多德国要人，他却从不把活动信息报告给大使馆。"事实上，基辛格的确把会议纪要让一同出席大会的赫尔穆特·索南费尔特[①]转交给了国务院。但是在其他很多方面他现在是前顾问了。9个月前他还与总统共进午餐。现在他只能找施莱辛格，请其安排肯尼迪在玫瑰园接见他的国际研讨会代表。1962年8月19日，施莱辛格亲临国际研讨会，发表演讲。他一脸苦笑地告诉与会代表，美国总统现在的权力不如以前了，因为现在有四个政府机构：立法、司法、总统和"行政（官僚机构）"。新的机构，即官僚机构，有"无限能力削弱、拖延、阻止、抵制和破坏总统旨意"。施莱辛格已经在怀念肯尼迪总统府早期的岁月，言语都有失检点了。"1961年是随心所欲的一年……一旦有什么想法就可以自由行动，一旦发现有什么问题就赶紧干预。但是现在政府又开始出现僵化的情况了；媒体、国会和（不言而喻）官僚机构开始伏击支持新边疆政策的人，将他们一个个干掉。而旧的延续性，即艾森豪威尔–杜勒斯延续性开始卷土重来"。

仿佛是要说明这个问题，一个月后基辛格收到一封措辞讲究的信，写信的正是邦迪。信中提议"友好分手"："我对你所处之位的印象是，老是聘你当顾问让你的处境有些尴尬。我知道你为了走一条谨慎之路付出了很大努力，但实际上也存在这样一个情况，偶尔也有人问我们你公开声明的那些意见是否也多少反映了白宫意见。"然而，如果"你

---

① 索南费尔特像基辛格一样，出生于德国的一户犹太人家（1926年），他1938年离开德国，而后为美国军队服役。他1952年进入国务院。1963年，他被任命为国务院情报研究局苏联分部的领导。

想随时私下表达某些具体观点”，而他没有“为你留着白宫的门”，那么他就不是邦迪。此外，他补充道：“我们希望能够不时征求你的非正式意见。”

基辛格的回答直截了当。他“很久以来都担心自己对美国政策某些方面的公开声明可能被误解为白宫的‘试探性言论’”。正因如此，前一年他才三番五次想要辞职：“那个时候，你的看法有所不同。在你的极力要求下，我答应完成两件事，有一件根本就没做。当时你认为我的顾问身份和公共争议参与者的身份有区别，而这种区别显然不起作用，所以现在你同意我的看法，我也就安心了。”邦迪的最后一句话可谓是官僚委婉语的杰作。他写道，他们分手是“生活现实发展到特定情况下的一种必要认可”。今天重读这封信，你怎么也不会猜到，从邦迪的第一封信开始，到他的第二封信为止，肯尼迪政府就将美国带到了核灾难的边缘，冷战期间的美国从未离核灾难这么近过。

第 15 章

—

危机

美国总统之位……令人生畏，因为这是美国政治系统中做出终极决定的环节。这个职位是在众目睽睽之下的，因为决定不是在真空中做出的：总统职位是国家压力、利益和思想共同作用的中心；它就是一个旋涡，国家决定的所有因素都不可避免地卷入其中。而且，这个职位很神秘，因为终极决定的精髓总是令旁观者捉摸不透——其实，决策者本人常常也捉摸不透……决策过程中始终存在着神秘、纠结和劳神费心——就连那些深陷其中的人也会感到神秘。

——约翰·F. 肯尼迪，1963 年

那几年我在肯尼迪手下工作，杜鲁门问我从肯尼迪那里学到了什么。我说："我得知总统不能想做什么就做什么，因为官僚机构是政府的第四大机构。"他就说："屁话。"（他呵呵一笑）……他说："肯尼迪的问题是他的意见太多。总统必须知道自己想做什么。"

——亨利·基辛格，1992 年

1

我们现在知道，最糟的情况没有在冷战期间发生。美苏这两个超级大国虽有碰撞，但也没到进行有限核战争的地步，更不用说全面冲突。虽然过程中不无波折，时而虚惊一场，倒也没有灾难性后果。但这不等于说整个时期爆发热核战争的可能性为零，也不等于说双方若能做到同归于尽，世界就一定长久和平。相反，冷战期间人类不止一次处境危险，走到末日大战的边缘。编辑《原子科学家公报》杂志的科学与安全委员会每年调两次的“世界末日钟”表明，“技术引起的灾难”出现的可能性在1953~1959年达到最高点，时钟上显示午夜零点差两分。也许是为了反映他们的政治偏见，科学家们在肯尼迪任职期间把时钟调回到23点48分。实际上，1962年秋，人类文明……核弹午夜的丧钟差一点点就敲响了。肯尼迪认为发生导致一亿美国人、一亿苏联人及数以百万计的欧洲人丧生的热核战争灾难的可能性是在“1∶3与1∶1之间”。阿瑟·施莱辛格后来干脆称之为“人类历史上最危险的时刻”。

古巴导弹危机就是基辛格前一年在柏林危机中警告过的那种“深重危机”。这场危机之所以深重，是因为这不仅仅是古巴的事。苏联决定将导弹运到这座加勒比海岛上，这种威胁与决定挑战柏林现状迥然不同，更何况古巴离美国很近。但是本质上这种威胁是一样的。面对这种挑衅，美国似乎只能有两种回应方式可以选择：要么屈服，要么采取军事行动，谁也说不准军事行动最后是否会失控。此外，赫鲁晓夫一次会提出不止一种这样的挑衅，叫肯尼迪更难以应对，因为从一开始，就地理位置而言发生有限战争的可能性很小。哈瓦那危机和柏林危机相互作用，因为如果一个升级，另一个几乎必然也会升级。

古巴危机也说明了一种危险，游戏双方不一定能找到博弈论假定的最优合作方案。只要稍加考虑就知道美国政府和苏联政治局都不是很理性的玩家。双方做决定的方式都反映了各自组织机构的个性，两边的官僚机构都会急切要求做出“满足”自身近期利益、不一定满足国家长远利益的决定。还有，两国最高领导人都会受到国内政治压力的影响，这种影响不是来自公众舆论，因为他们在决策过程中大多不考虑公众舆论，而是考虑关键决策委员会所代表的不同利益集团和竞争对手。

2

亨利·基辛格没料到会出现古巴导弹危机，尽管他早在1962年2月7日美国对古巴实施进口禁运（本书写作时依然如此）时就开始追踪肯尼迪政府对卡斯特罗政权施压的情况了。基辛格哪里知道，1961年11月，肯尼迪即已授命采取秘密行动削弱卡斯特罗政权，最终推翻卡斯特罗统治。“猫鼬计划”是一项跨部门行动，由罗伯特·肯尼迪挂帅的司法部负责、爱德华·兰斯代尔将军指挥。邦迪反对美国公开干预，因为“公开行动会在全世界引起严重后果”，但是，1962年8月，中情局局长约翰·麦科恩已说服肯尼迪采取更积极的战略，“故意设法挑起一场反对卡斯特罗的大规模叛乱，这样可能就需要美国成功干预”。此前情报部门的报告显示，苏联正往古巴运送地对空导弹和未组装的IL–28轰炸机。9月，此事已经公开：参议院通过了共和党纽约州参议员肯尼斯·基廷和印第安纳州议员霍默·凯普哈特提交的一项决议，批准对古巴使用武力，“阻止古巴建立……一种由外部支持、威胁美国安全的进攻性军事能力”。此时，尼克松示意自己将重返政坛，极力要求将古巴“隔离”，洛克菲勒征求基辛格的意见。基辛格告诉他，不要介入古巴争议；其实是“不要介入外交领域，到11月再说”。然而，他还是为洛克菲勒起草了一份立场文件，谴责“将古巴改造为由苏联武器维持的共产党国家”违背门罗宣言，也违背1947年在里约热内卢签订的《美洲国家间互助条约》第六条。

基辛格曾精明地指出，美国会发动一次行动以干预一个加勒比国家或中美洲国家。不久前，1954年，“危地马拉共产党统治的政府被推翻了，没有谁说苏联在哪里搞报复，这件事对西半球也没有造成重大影响。今天，在总统看来，这种事不复存在”。这表明美国的地位在“衰落”，令人担忧。因此，古巴遇到的“危机”“不仅仅是加勒比海上的一个小岛上出现共产党，而是西半球出现混乱”。但是，基辛格的看法毫不含糊。跟柏林问题一样，采取军事行动，无论是海上封锁还是武装进攻，只能有两个结果：要么让苏联摊牌，要么出现武装冲突。一旦决定采取哪种措施，我们必须接受冲突有可能升级为大战的后果，我们必须在军事上承诺将措施贯穿到底，不能再敷衍了事。

赫鲁晓夫的用心不只是保护古巴搞社会主义试验，尽管卡斯特罗非常乐意这么解释。苏联领导人也不仅仅是想打赢一场心理战。其战略考虑有两个方面。第一，把古巴变成对准美国目标的中程导弹发射场，这样就能缩小苏美核能力上的差距，对这种差距的真正本质苏联一清二楚。苏联计划往古巴运送40枚弹道导弹：24枚中程R–12导弹（射程1 050英里，足以打击华盛顿特区）、16枚射程是R–12导弹两倍的中程R–14导弹。两种导弹都携带1兆吨当量的弹头。这样，苏联能打击美国的导弹数量翻倍，而且比制造新的洲际导弹便宜得多。

赫鲁晓夫从格鲁吉亚皮聪大的度假别墅抬眼望去，远处就是土耳其；苏联第一颗人造卫星上天后，美国以为两国之间存在导弹差距，赶紧采取行动，1961年在土耳其部署了15枚PGM–19木星导弹。赫鲁晓夫只要望一眼土耳其，便对苏联往古巴运送导弹心安理得。“你看到什么？”他问客人，说着把望远镜递过去。“我看见美国部署在土耳其的导弹，正对着我的别墅。”客人答道。（木星导弹其实布置在爱琴海沿岸的伊兹密尔附近。）苏联在古巴部署导弹，只不过是让美国尝尝自作自受的滋味。但显然赫鲁晓夫考虑的不是土耳其，而是德国。他的第二个目的是在柏林问题上将美国一军。肯尼迪起先没领会到，后来才茅塞顿开：“不管我们在古巴采取何种行动，他都会在柏林如法炮制。”美国封锁古巴，苏联就可能封锁西柏林。美国攻打古巴，苏联就可能攻打西柏林。

从一个方面看，“阿纳德尔”行动是苏联战略的胜利。除了导弹，苏联还运送了4个机动步兵团、2个坦克营、1个米格–21战斗机编队、几个高射炮炮兵连、配备有144个导弹发射器的12个SA–2地对空导弹分队以及42架装备有原子弹的IL–28中型喷气式轰炸机。他们还给以前提供给古巴的“火山”海岸防御巡航导弹送来了核弹头。最终，古巴的苏联驻军人数达到5万余名。这是一次大规模行动。但是，从9月8日首批核弹道导弹运抵古巴，到10月15日美国情报部门确定导弹位置，美国政府全然不知苏联运往古巴的是核武器。其实，如果古巴的苏联驻军想到隐藏发射地点，或者击落发现导弹地点的U–2侦察机，那么美国被蒙在鼓里的时间可能更长，也许要等到赫鲁晓夫按计划访问美国，打算透露他的杰作的那一天。

然而，被抓现行并不是苏联最大的失误。“我认为这次行动我们会胜利。”6月8日，最高苏维埃主席团签署这项计划时，赫鲁晓夫对他的同志们说。但是，只有美国默许了（这是绝不可能的）或者只是空谈报复性威胁，苏联才可能“胜利”。赫鲁晓夫实施这种危险方案，表明他对于肯尼迪拿柏林问题相要挟一事，完全没放在眼里。仿佛这位苏联领导人自己逐渐相信了杜勒斯所说的边缘政策，殊不知美国人正设法将之抛诸脑后。但是，苏联驻美大使和外交部部长都明白，从美国内政角度看，古巴和柏林根本不能画等号。一个在4 000英里之外，另一个却在美国后花园。

基辛格批评肯尼迪政府，一部分原因是政府没有让人们相信灵活反应政策。这种批评不无道理。9月4日，就在苏联弹道导弹运抵古巴前4天，美国国家安全委员会的人开会，罗伯特·肯尼迪强烈要求兄长宣布美国不会容忍苏联在古巴部署进攻性武器。弟弟跟不动声色的多勃雷宁会谈，没有得到明确结果，于是总统按照弟弟的要求做了。三天后，白宫要求有关部门征召150 000名预备役军人。事已至此，白宫依旧认为苏联在古巴部署核导弹是一种假想。有件事苏联不能确定，但非常怀疑，那就是美国已经开始考虑攻打古巴，在他们对苏联的行动规模尚不知情的时候就已经开始打算了。9月，美国已经在讨论空中打击和海上封锁事宜。其实，10月1日，U–2侦察机拍到苏联导弹位置前两周，麦克纳马拉就命令大西洋舰队总司令罗伯特·李·丹尼森上将准备进行海上封锁。当晚，丹尼森命令各舰队司令准备10月29日进行空中打击。同时，还考虑了全面入侵。

赫鲁晓夫显然认为美国不太可能采取这种对策。然而，他也没有完全排除这种可能性。美国不知道，9月7日，赫鲁晓夫吩咐国防部部长给古巴的苏联机动步兵团划拨12枚名为月神的战术核导弹，这种导弹射程不到40英里，但爆炸力在5千吨和12千吨当量之间，足以炸出一个130英尺宽、130英尺深的大洞，1 000码之内不留活口。他打算美国一旦入侵就使用。他采纳了比较谨慎的军事顾问的建议，没走空运，而是连带着中程导弹弹头一起海运。他还下令由装备着核武器的狐步潜艇护送运输核武器的船只。9月11日，苏联新闻社塔斯社发表正式警告，攻打古巴或攻打开往古巴的船只的行为将被视为攻打苏联。

基廷参议员早在10月10日就断言古巴装有“能够打击‘美国腹地’目标的”导弹，但是直到6天后总统才得知U–2侦察机发现哈瓦那附近有导弹。苏联胆大妄为，一时间肯尼迪和他的主要顾问们[①]不知所措。中情局已经报告，有多达8枚中程导弹可以从古巴飞往美国。6至8周内，两个中程导弹基地也将准备就绪。一旦所有导弹安装完毕，只有15%的美国战略部队可以顶住苏联进攻。“就像是我们突然要开始把大部分中程弹道导弹运到土耳其。”肯尼迪气呼呼地说。“是啊，没错，总统先生。”有人提醒道。一开始，什么样的建议都有，有的说空中打击，有的说海上封锁，还有的说找卡斯特罗走外交路线。但是，尽管参谋长们轰炸古巴心切，但是他们无法保证这样一来，导弹被全部摧毁的苏联不会用核武器报复。此外，除了一向好战的空军参谋长柯蒂斯·李梅，谁也不敢否认一种可能性：美国打古巴，苏联就会打柏林。如果是这样，根据他们前一年了解的情况，唯一可行的反应就是要么屈服，要么打全面核战争。最后，李梅冒失地谈到慕尼黑事件，肯尼迪未予理会，决定两条路线并行。经麦克纳马拉提议，他决定实施部分海上封锁（即“防御隔离”），阻止苏联往古巴继续运输军事硬件。但是，他拒绝了麦克纳马拉同时跟苏联谈判的建议。10月22日晚7点，

① 这些主要顾问后来集中在一个名为国家安全委员会执行委员会的机构，其核心成员包括：肯尼迪总统、约翰逊副总统、国务卿腊斯克、财政部部长道格拉斯·狄龙、国防部部长麦克纳马拉、司法部部长肯尼迪、中央情报局局长麦科恩、参谋长联席会议主席马克斯韦尔·泰勒，大使卢埃林·汤普森，以及特别助理邦迪。并且，还有超过20位其他官员会在必要时也参加国家安全委员会执行委员会的会议。

他在电视上发表演讲，发出最后通牒，要求苏联撤回导弹，谴责这是一种“对世界和平秘密的、鲁莽的、挑衅性的威胁”。如果苏联置之不理，肯尼迪将命令组建一支大规模入侵部队。塔斯社很快回应，指责美国“违反国际法，发起海盗行动，煽动核战争”。

与肯尼迪任职早期相比，1962年10月的美方决策过程大有改进。由12人组成的国家安全委员会执行委员会规模比较小，便于管理，同时又没有小到受“小集团思维”的影响。邦迪尽其所能为肯尼迪提供有意义的选择，甚至给空中打击也留了“一条活路”，也不顾大多数成员表示拒绝（自己给他人留下一个优柔寡断的印象）。然而，最终肯尼迪还是背着国家安全委员会执行委员会的大多数人，把弟弟当作跟苏联交流的侧面渠道，才算解决了这场危机。跟柏林问题几乎完全一样，肯尼迪兄弟俩和对方做了笔交易。

所幸赫鲁晓夫愿意妥协。首先，他响应联合国秘书长吴丹的提议，命令苏联开往古巴的船只不得越过美国设立的离古巴岛海岸500英里的隔离线。其次，一开始他似乎对肯尼迪在电视上发表的最后通牒不以为然，后来却提出两种可行办法，一是给肯尼迪写了封长信，二是在莫斯科电台发表广播讲话。前者在10月26日星期五早上9点送达国务院，只是表示希望撤走导弹后美国保证不入侵古巴。后者传递的信息于13小时后国家安全委员会执行委员会开会时送达白宫，同意撤回古巴导弹，但美国要撤回（“就在我们身边的”）土耳其的木星导弹（“类似武器”）。一手暗一手明，把局势搅得很复杂。用总统的话说，拿古巴导弹换土耳其导弹可能对“任何一个……理智的人来说”是“一项很公平的交易”，但是在大多数国家安全委员会执行委员会成员看来，这种交易对北约的影响令人反感。

1962年10月27日这个星期六可能是离世界毁灭最近的一天。早晨10点22分，一架美国U–2侦察机在古巴上空被一枚苏联SA–2火箭弹击落，命令开火的是苏联驻古巴指挥官，并未得到莫斯科授权。飞行员被击毙。古巴高射炮连随即向其他低空飞行的美军侦察机开火。与此同时，另一架U–2侦察机无意中误入白令海峡附近的苏联领空。苏联出动米格战斗机截击，美国阿拉斯加空军基地的F–102A战斗机慌忙应战。其他地区，意外事故频发，眼看就要引致世界末日。一头迷路的熊闯入德卢斯空军基地，明尼苏达州配备有核武器的F–102A战斗机马上出动。卡纳维拉尔角的一次常规试验被新泽西州的雷达部队误认为是苏联发射了一枚导弹。当天下午，国家安全委员会执行委员会开会，每个参会的人都如坐针毡。下午4点，传来被击落的U–2侦察机的消息。只要看看那天下午肯尼迪让人秘密录制的会议录像，就知道他对这个爆炸性新闻是何反应。“这件事的影响我们如何解释？”他问道。东一句，西一句。他又说：“昨天晚上赫鲁晓夫的这个信息和他们的决定……我们怎么——我是说这是……”他想说又没说出来的那句话可能是“我们不能置之不理的一个挑衅”。当天晚上，国家安全委员会执行委员会再次开会之前，副总统林登·约翰逊趁肯尼迪兄弟不在内阁会议室，痛骂“后退”主张，强烈要求采取军事行动，应对击落美军侦察机一事，并且反对苏联用在古巴部署的导弹换美国在土耳其部署的导弹的任何交易，言辞非常激烈。总统回到会议桌，约翰逊对他说：“那么你的全部外交政策就化为泡影了。你把所有东西都撤出土耳其：两万士兵、所有的技术人员、所有的飞机、所有的导弹，还有崩溃。”当晚晚些时候，麦克纳马拉讲话，似乎国家安全委员会执行委员会已经决定开战。

麦克纳马拉：你还有疑问吗？

罗伯特·肯尼迪：这个，没有。我想我们做的事是我们唯一能做的，这个，知道吧……

麦克纳马拉：博比，我想我们在行动之前必须认真做好一件事，那就是千万要保证大家都明白后果。换句话说，我们需要真正告诉大家我们现在的处境，因为我们要准备好两样东西……一个是古巴政府，因为我们马上就需要一个这样的政府——我们带着轰炸机进攻；第二，计划好苏联在欧洲动手我们该如何反应。他们绝对会在欧洲生事。

狄龙：你要弄清楚他们可能闹什么事。

麦克纳马拉：这个嘛，我想，那是自然……我建议我们以牙还牙。

狄龙：这是我们的使命。

罗伯特·肯尼迪：我要把古巴拿回来。

不明身份者：我要把古巴从卡斯特罗手上拿回来。

不明身份者：如果我们让博比当哈瓦那市市长会怎么样？

这是一种最沉痛的幽默。似乎到了世界毁灭的前夕。总统特别助理戴夫·鲍尔斯在楼上家属区和总统一道吃鸡，以为这是自己最后的晚餐。麦克纳马拉还记得自己走出白宫，欣赏苍茫夕照。他回忆道："用眼睛看，用鼻子闻，我以为这是我一生中最后一个星期六。"就在同一时间，在莫斯科，克里姆林宫资深顾问费奥多尔·布尔拉茨基和妻子通电话，告诉她"什么都别带，赶紧离开莫斯科"。

要是约翰逊当总统，第三次世界大战可能就爆发了（当然这是博比·肯尼迪的看法）。然而，约翰逊哪里知道，总统已秘密命令弟弟和多勃雷宁谈判，同意古巴–土耳其导弹互换计划（史称“特罗洛普手法”）。[①]弟弟罗伯特坐在司法部办公室，显然已经筋疲力尽，一阵咆哮之后，还是巧妙地谈成了这笔交易：

> 我们必须最晚明天得到承诺，迁走那些基地。我说，这不是最后通牒，不过是在陈述事实。他应该明白一点，如果他们不把基地搬走，我们就去搬。他的国家可以采取报复行为，但他应该知道，不等战争结束，虽然会有美国人死，但也会有苏联人死。然后他问我，对于赫鲁晓夫对迁走美国布置在土耳其的导弹的其他建议有什么看法。我回答说不可能有什么交换条件，我们不可能做这种交易……如果过一段时间……我提出再过四五个月，我敢保证这些问题就能圆满解决。

关键问题是总统无法“在这个方面公开讲土耳其的问题”。博比无须详细说明他哥哥和民主党在这个问题上的弱点。前面说过，共和党多次指责本届政府在古巴问题上过于软弱，而下个月就将进行国会选举。罗伯特暗示多勃雷宁，他哥哥费了九牛二虎之力才劝服了内阁中的强硬派。

然而，内政还不起决定作用。更重要的是，美国的盟国怎么看。国家安全委员会执行委员会关键成员以及副总统事实上拒绝跟苏联谈这个交易，理由是这样会削弱北约。如邦迪所言，“他们应该早就看出来了，我们这是为了自身利益出卖盟友。北约所有国家都会是这种观点。说起来很不理智，很疯狂，但这就是铁的事实”。土耳其政府虽然

① 这是指在安东尼·特罗洛普的两部小说《美国参议员》和《约翰·卡尔迪加特》中，有一个随意的姿势被有意误解为求婚。在这件事情上，肯尼迪兄弟在回应赫鲁晓夫的两个提议时采取了最利于自身的方式，但最终还是忽略了第二个提议。

知道木星导弹已经过时，要用地中海的北极星潜艇替代，但还是希望撤走导弹的决定不要被泄露。因而，特罗洛普手法是严格保密的。除了肯尼迪兄弟二人，只有国家安全委员会执行委员会的其他8名成员知道内情。约翰逊和麦科恩都不知情。实际上，这个秘密直到20世纪80年代才正式得到确认。

这些事发生的时候，赫鲁晓夫正在克里姆林宫的沙发上睡大觉。苏联驻美大使的报告（居然是西联公司邮递的，令人匪夷所思）第二天（10月28日星期六）上午才送达苏联外交部。赫鲁晓夫听人讲完博比·肯尼迪的来信内容，马上对苏维埃主席团成员说："我们现在遭遇战争危险和核灾难危险，说不定会毁灭全人类……为了挽救世界，我们必须撤退。"他们又起草了一封公开信，赶在莫斯科时间下午5点、美国东部时间上午9点通过广播发布。（本来可以早些播出，但送信员赶上交通堵塞，耽搁了一点儿时间。）这次赫鲁晓夫只是说要把古巴的导弹拆除、装箱，运回苏联。

事情结束了。国家安全委员会执行委员会的一位成员如释重负，他回忆道："我都想大笑大叫，手舞足蹈。"英国记者阿里斯泰尔·库克看到头顶飞过一只海鸥，心想怎么不是只鸽子。不过也许是海鸥就对了。因为与此同时，赫鲁晓夫给肯尼迪发了两封私信。第二封信说苏联导弹正在回撤，只不过是"因为你们答应了土耳其的事"。后来有人指控美国驻联合国大使阿德莱·史蒂文森提出用美国撤回在土耳其的导弹换苏联撤回在古巴的导弹。这纯属污蔑，肇事者是肯尼迪兄弟。古巴危机也没有完全结束。美国国防部继续准备入侵古巴，他们还不知古巴岛上的苏军比他们估计的多4倍，而且装备了战场核导弹。直到11月20日赫鲁晓夫答应撤回IL–28轰炸机，古巴危机才算真正了结。

3

古巴导弹危机是胆小鬼博弈，但是急转弯的不仅仅是赫鲁晓夫。归根结底，肯尼迪能取胜有多重因素：运气、会规避风险、灵活的公关策略。幸运的是，有人强烈要求两栖进攻时，他没有听取这伙人的建议，因为赫鲁晓夫于10月22日至23日的那个夜晚对古巴苏联驻军司令官伊萨·普利耶夫将军下的命令毫不含糊："如果美军登陆，就使用战术原子武器；没有命令不能使用战略武器。"的确，迫于比较谨慎的副总理阿纳斯塔斯·米高扬和国防部部长罗季翁·马利诺夫斯基的压力，赫鲁晓夫后来将命令改为使用不带核弹头的导弹。即便如此，一旦面临美国入侵，他还是有可能改变主意，或者如遇通信中断，普利耶夫会替他改变主意。

拿土耳其的木星导弹换古巴的苏联导弹，肯尼迪是同意了，但态度并不坚决，因为政府里沃尔特·罗斯托等人强烈反对。总统准备做多大的让步，只要看一件事就清楚了。10月27日，肯尼迪让腊斯克联系哥伦比亚大学国际事务学院院长、联合国秘书长吴丹的前执行助手安德鲁·科迪尔，口授了一份声明，建议美国从土耳其撤走木星导弹、苏联从古巴撤走导弹。如果其他办法都行不通，科迪尔就将这份声明交给吴丹，然后由吴丹以联合国倡议形式提议双方撤军。赫鲁晓夫其实不需要像10月28日那样乖乖就范。这再次说明肯尼迪是运气好。

赫鲁晓夫私下接受了土耳其导弹换古巴导弹的交易，而没有公开接受，让肯尼迪赢了一场公关战。苏联急急忙忙拆卸导弹，美国却摆出一副"面不改色心不跳"的硬汉架势。反之，赫鲁晓夫在国内遭受了无可估量的损失：他打赌权力天平将决定性地倒向有利于莫斯科的一边，结果并未发生。11月23日中央委员会开会，他还想狡辩：苏联导弹不是击落了一架美国飞机吗？美国不是声称不入侵古巴了吗？但他的同志们认为他鲁莽行事，几乎没占到什么便宜。1964年10月，古巴导弹换土耳其导弹两年之后，赫鲁晓夫自己也被勃列日涅夫取代了。实际上，卡斯特罗是这次危机的唯一受益者——也是三国领导人中唯一对和平结局深感失望的人，要不是米高扬采取强制手段，他才不会答应苏联撤走几乎所有武器。

从某些方面看，古巴导弹危机的结果表明心理战比灵活反应策略有效。赫鲁晓夫只说对了一半。有人向肯尼迪提出采取常规军事措施，以解决苏联在古巴的威胁，但肯尼迪最多只愿意进行“防守隔离”。然而，古巴危机得以解决，肯尼迪在心理上占了很大优势。弗朗索瓦·德罗斯几个月前还在严厉批评美国政策，这时却兴高采烈地给基辛格写信，恭喜他这次肯尼迪解决“整个问题”的“手法”很巧妙。德罗斯写道：“你们一定都很自豪吧！”不过应该被祝贺的是其他的人。基辛格恭恭敬敬地把信转给白宫的施莱辛格。残酷的现实是，1962年10月，《核武器与对外政策》的作者完全是局外人，他必须解决的唯一危机是洛克菲勒手下研究部门的秘书人事危机。他以前的同事正在跟第三次世界大战的危险做斗争，基辛格却在跟“娘子军”就工资问题谈判。邦迪正在回味他建立的国家安全委员会取得的卓越胜利，基辛格却在听出租司机讲一个明尼苏达的女孩想在纽约找份打字员工作的伤感故事。（尽管他不认识那个女孩，但还是把她的名字告诉了琼·戈德思韦特，因为“有时候别人发生意想不到的事你会感到开心”。）

真正发生的意想不到的事当然是肯尼迪赢了，基辛格在《记者》杂志就古巴危机发表评论时，坦率地承认了这一点。总统“打破了一个神话，即在所有情况下苏联都准备比美国冒更大的险”。但是总统究竟何以成功？基辛格认为答案有两方面。首先，赫鲁晓夫犯了一个军事上毫无意义的“天大错误”：

> 如果苏联认为部署在古巴领土的导弹足以改变总体战略平衡，那么苏联的洲际火箭储备一定比大家想象的少得多。另一方面，如果苏联认为自己的洲际火箭储备充足，那么他们在古巴的核基地对古巴安全问题就无足轻重。

其次，苏联的退让证明的确不存在导弹差距，反倒是美国占有核优势：

> 这场危机能够这么迅速果断地结束，说明了一个事实：如果美国先发制人就能打赢全面战争，即便遭到苏联突袭，也能给它造成难以承受的损失。无论你对麦克纳马拉国务卿阐述的长期反击力战略持有什么保留意见，这次古巴危机证明这个战略是有效的。我们实行封锁，苏联领导人却不敢以核战争相威胁……至少从这场危机来看，我们威慑的可信度要比他们的高。

基辛格担心导弹差距，还指责肯尼迪总统在柏林问题和很多其他问题上心慈手软，这些都是错误的，他也毫不犹豫地认错。

然而，基辛格和总统权力集团外的几乎所有人一样，还以为“苏联让我们拆除土耳其基地的要求被拒绝了”。如果他知道事实上两国做了交易，一定会批评得更凶。尽管不知道这件事，他还是禁不住私下里挖苦。他对洛克菲勒说：“古巴危机说明共产党自不量力，也说明他们反感本届政府。而且，即便是这样，政府也不知道强调自己的优势。”正因如此，可能洛克菲勒后来才不合时宜地借题发挥，指责肯尼迪允许苏军继续驻扎古巴岛。然而，1963年7月，他和基辛格已经研究出一个更有说服力的立场。他在1963年州长会议上提出的旨在吸引影响力越来越大的古巴移民群体的提案呼吁政府使用一切可以使用的手段让苏军撤出古巴，支持门罗主义。1963年11月，基辛格写道："我认为古巴危机并不标志着苏联帝国主义的终结。"问题是，如果美国不在离佛罗里达海岸不远的古巴岛打击苏联帝国主义，那么究竟准备在什么地方打击呢？

4

"正教授必须很有威严吗？"1962年4月，南希·汉克斯听说哈佛将基辛格提升为教授后，调皮地问道。在基辛格看来，正教授职称一度是最金光灿灿的奖杯。然而，现在教室和研讨室已经不再有那么大魅力了。在白宫工作一段时间以后，他感觉国际事务中心的生活太平淡了。写了那么多机密会议纪要后，再回过头去和卡尔·凯泽合著一本联邦德国政治的好书实在太难了。国家安全委员会执行委员会的决策强度那么高，相比之下，谢林在哈佛–麻省理工研讨会上讲的抽象理论似乎枯燥得要命。1963年7月，有关方面为他的大学导师比尔·艾略特召开了一个会议，基辛格应邀投稿，结果他写了一篇非常没有学术性的发言稿，乍一看，几乎全都在谈国家安全实践，没讲国家安全理念。然而，仔细一看，那却是他对亲历高层决策的深入思考。

基辛格的主题是"外交政策中的猜测问题"，这个说法他在1959年的文章《寻找稳定》中首次使用。

> 一方面，制定政策需要小心谨慎，需要善于利用已知信息。

> 同时，也需要能够在已知信息基础上预测。如果你处在一个新的领域，那么你会觉得很为难，因为几乎没有什么能指导你决策，只能靠你的信念……每位政治家在某个时刻都必须做出选择，他会在究竟是希望有绝对把握还是希望依靠自己对形势的估计之间摇摆不定……这不是说每次你在一个不确定的情况下靠估计来行动就能做得对，只是说如果你想拿到可以展示的证据，在某种意义上你就会被环境束缚住手脚。

为了说明观点，基辛格举出一系列反事实的例子。比如，1936年，如果民主国家起来反对纳粹，“我们今天就不知道希特勒是个被误解的民族主义者，还是他的目标很有限，抑或他其实是个疯子。民主国家后来得知他其实是个疯子。他们确定了这件事，却为此搭上了几百万人的性命”。同样道理，我们“并非不能想象，赫鲁晓夫一生都渴望提高消费品产值，他实际上是一个不得志的中西部商人（虽然他选择了一条奇怪的职业道路来突显这种欲望）”。

> 我想说的是，我们无法知道。我想说的是，其他假设同样可以想象，但也无法证实……也可能这与苏联战术是一致的，扩大期之后存在一段巩固期。可能这段时期苏联想鼓励莫斯科开展竞赛（让欧洲领导人竞相追求双边交易）……我们面临一种危险，我们以为……自己的物质主义引起了苏联革命；因为我们喜欢拥有很多冰箱，就以为那些能够在斯大林统治下生存的人心目中的首要目标也是如此。

联邦主义者和戴高乐主义者之间就欧洲统一的争论也可作如是观。基辛格的主要观点是这种选择无疑会有不确定性。正因如此，“对现实本质的理论假设、对你所面临的历史趋势本质的理论假设”，必定是“外交政策实践的决定性因素”。“知识分子一般不记得对已知的物质起作用的纯粹分析法，没有考虑时间因素；而决策者是历史过程的一部分，他做的选择不可逆转，每一个决定都是下一个决定的事实根据”。

古巴导弹危机之后，冷战明显进入放松阶段，有人甚至看出了缓和的苗头。比如腊斯克就已经在到处宣扬这种看法。但是，1963年甚嚣尘上的“实用主义”在基辛格看来很危险。

> 这些实用主义者为自己的灵活性扬扬自得，总是说他们不偏不倚，走的是两极之间的中间道路，说左右两边采取的立场都是错的，中间这个人一定是对的——这样来褒扬中间立场必然产生人人谴责的两极，因为如果你跟一个地道的实用主义者打交道，你想达到目的只有一个办法：制造压力逼他调整，而每个人制造压力时都很积极……非常灵活的人和非常“讲实用的”人，从全世界来看都是绝对靠不住的人，因为除非你知道具体情况，否则你无法确定他们会采取什么行动。

这番话正是对肯尼迪政府及其灵活反应实践的委婉谴责。

自然，基辛格绝对不可能在剑桥长期潜伏。1962年11月，洛克菲勒再次当选纽约州州长，但还没有宣布有意参加1964年总统竞选，他请基辛格“负责准备……国际和安全领域的立场文件，安排与学术界……及外国领导人的联系”，让他能够“熟悉各种负责任的意见”。基辛格安排洛克菲勒随后几个月内会见的人有欧洲盟军最高司令诺斯塔德将军、《记者》编辑麦克斯·艾斯克利、《国家评论》编辑弗兰克·迈耶、联合国秘书长吴丹、坦桑尼亚总统朱利叶斯·尼雷尔以及多米尼加共和国新当选的总统胡安·博什。到了秋季，研究人员就开始手忙脚乱地就各种料想到的外交政策问题编写引语，供洛克菲勒使用。这种活儿大多是苦差事。尤其令人难忍的是，基辛格要日复一日地代洛克菲勒就国际事务给公众机构成员回信。然而，他还是咬牙坚持了下去。1963年1月，邦迪找到他，请他再以半私人的身份访问德国，基辛格断然拒绝——他对洛克菲勒的另一位顾问乔治·欣曼说，“就像伟人的妻子一样”，他必须洁身自好。他告诉邦迪：“要我以普通公民的身份访问，德国人只会感到困惑。”如果问他个人的意见，“这件事又会引起尴尬，就像去年9月一样，必须决定消除我的暧昧身份”。基辛格准备顶多在1963年年初访问法国和意大利时，把主要会议的会谈纪要发给邦迪。

给一个志在总统职位的政治家当顾问既能畅所欲言，又需有所节制。这下好了，基辛格可以随心所欲地撰写演讲稿和立场文件，严厉批评肯尼迪政府。发言的是洛克菲勒，又不是他自己，不存在任何不忠问题。另一方面，基辛格写的话只能是洛克菲勒说得出口的、别人信得过的话，所以万不可认为这段时期的文件都清楚地表明了基辛格个人的意见。话虽如此，但他对肯尼迪的强烈批评还是令人震惊。1963年1月8日，基辛格写了一份长达25页的备忘录，猛烈抨击他一度效力过的肯尼迪政府。说该政府“令官僚机构和大部分军人意志消沉”。它对“政府部门的管理具有临时性和操纵性”。它依靠“公关噱头和……肤浅的、牵强的媒体报道”。它的指导思想就是“表达我国主要报纸社论中的公众舆论观点”。“这届政府毫不尊重个人尊严，视人民为工具。固执己见的知识分子陶醉于初尝的权力滋味，强力推行自己的理论，也不管对官僚机构或职业军人的士气有何影响”。此中明显透露出基辛格对邦迪的仇怨。

然而，肯尼迪政府不仅是令美国“意志消沉”，也令美国的盟国

“意志消沉”。

> 其操纵性让所有对美国有感情的人感到这届政府特别危险：唯一相对不受影响的是我们的敌人，他们可以利用其机会主义将我们从一个不利位置赶到另一个不利位置……我们在北约、在西新几内亚、在刚果虐待我们的盟友，在一些无关紧要的问题上争强斗胜……我们似乎分不清谁是朋友，谁是对手。从老挝到也门，再到刚果，我们采取的立场是，如果朋友不完美，我们就和敌人联手把他们摧毁。

不仅如此。巴西“处于无政府状态边缘”，伊朗“随时会垮掉”。越南共产党的攻势“越来越强”。政府正在败坏美国的可靠声誉，而声誉可是“任何国家最大的一笔财富”。这些在一定程度上都是拜政府制定政策的方式所赐。国务院就是“一个士气低落的屠宰场”，因为“国务卿软弱无能、白宫横加干涉”。政府“卓越的实用主义”不可避免地导致“政策极不稳定”，“一段时期懒懒散散，一段时期又突然行动，往往是强制性地要求我们的盟友快速解决某个问题”。但是还存在一个根本性问题，即战略不够清晰，而“变革时期”最需要的就是战略清晰。总之，肯尼迪外交政策“基本上就是一个纸牌屋”。“其弱点只是为三种因素所掩盖：一、我们的实力依然很强大，即便是错误政策也可以在世界很多地区实施；二、对我们来说，很偶然的是，一些国家的共产主义运动被其内部分裂所牵制……三、极为高超的公关技巧平息了争议，叫人无法集中精力去反对这些政策”。基辛格的结论令人沮丧：“如果目前的政策不走上绝路，1964年肯尼迪就将是不可战胜的。但是他们迟早会走上绝路。到那个时候将急需那些能及时发出警告的人，就像是1940年的丘吉尔、1958年的戴高乐。”

要说基辛格只是希望洛克菲勒在1964年的总统竞选中获胜会显得太保守，其实他还迫切希望肯尼迪失败。这份备忘录中不乏精彩言论，有些主要讲的是肯尼迪家族的政治手腕，基辛格认为其堪与拿破仑“策划周全、细致，行动灵敏，善于迷惑对手”的权术媲美。

> 肯尼迪家族也是如此。老派政治家凭借真挚友谊和临时盟友达到有限的目的。他们一般凭直觉行事，多方尝试，看哪种办法行得通。说到底，连全职政治家也都是彻底的门外汉。
>
> 肯尼迪家族不一样。他们从不靠真挚友谊，从不凭直觉行事。他们成功是因为胸有成竹。他们知道运气是精心设计的结果。他们的研究细致入微，他们的策划无所不包。在每一个州，甚至马萨诸塞州的每一个县，他们都知道哪些人是关键人物、选民关心哪些问题、要做哪些交易和可以采取哪些强制性措施。

基辛格认为，洛克菲勒要在与肯尼迪兄弟中的老大的较量中取胜，必须“悉心准备”，“极其灵活”（灵活性似乎在内政上更为稀缺）。具体而言，基辛格建议“在你的顾问们当中成立一个小组，让他们为你推荐更具政策性的立场”，并且“任命一位主管国家事务的办公室主任，规划具体组织、战略并办理事务”。最重要的是，洛克菲勒需要其顾问“提供一种清晰的战略概念……教你如何取胜”。否则，他警告道：“每位顾问将继续设法让你同意一些虽有价值但彼此缺乏联系的具体方案。”

这份带有抨击性的备忘录不仅在批评肯尼迪，实际上也是在批评洛克菲勒，虽然批评后者缺乏战略时比较委婉（而且其实表面上主要是批评乔治·洛奇在马萨诸塞州竞选中败给爱德华·肯尼迪）。南希·汉克斯担心基辛格“会因为这份备忘录而掉脑袋”。而看过初稿的弗里茨·克雷默更是忧心忡忡。克雷默认为备忘录写得很诚恳，表示欣赏，不过他还是怀疑洛克菲勒是否真是当总统的料。实际上，他坦言在阅读过程中心里“有一种悲剧感”:“你这26页纸就像是为李尔王敲响的长鸣警钟:‘老爷，你要做个伟大的人！’但是，他可能还‘不够伟大’或者过于伟大”，以致打不了肯尼迪家族擅长的那种残酷的政治战。克雷默真是眼光敏锐。经常有人说基辛格为追逐权力残酷无情、工于心计，但他一次又一次效忠洛克菲勒，殊不知自己支持的这个人永远也当不上美国总统。

5

约翰·F. 肯尼迪能当选总统，部分原因是美国民众彼时担心苏联即将在核军备竞赛中取胜。这种担忧在上文中说过是言过其实，情况并没那么严重。而且即便确有其事，到肯尼迪首次任期将满时，这种心理也应该完全消除了。尽管国际社会大谈裁军，但到1964年美国可用的核武器数量已经增长了150%，“可以发射的百万吨级”导弹增长了200%，主要是因为启用了10艘北极星潜艇，外加400枚民兵导弹。然而，美国的武器库越大，美国的欧洲盟国就越不安。基辛格对洛克菲勒说:“我们与欧洲的关系出现了惊人的恶化。欧洲……有可能成为我们最棘手的外交政策问题。”

其中部分问题在于，美国技术进步了，英法却越来越难以维持独立的核能力。美国原本答应给英国提供一种AGM–48闪电导弹，以增加英国战略轰炸机的战斗性能，后来又决定取消，弄得哈罗德·麦克米伦政府不知所措。为了安抚英国，1962年12月，肯尼迪在拿骚会见麦克米伦，提出给英国提供一些北极星导弹，但只能等到将来北约内部成立多边核力量以后才兑现，并且只有当“至高国家利益”受到威胁时英国才能独立使用。在基辛格看来，这是肯尼迪政府令其盟友反感的一个极佳事例。这也是“夸大现代战争的战略理论”的产物；这种战略理论是一种所谓“纯粹的”战略，“让所有心理、政策、三军士气方面的问题服从于抽象的、技术性的指挥和控制问题”。

基辛格访问法国时，美国也提出给法国提供北极星导弹，条件跟英国的一样，因此听到各方人士都在批评肯尼迪政策，毫不惊讶。法国北约事务副主席让–丹尼尔·于尔根森说，拿骚协议不仅证实英国“宁愿置与欧洲的共同行动于不顾，不惜一切代价与美国达成协议”，而且证实美国战略意在将欧洲变成“战场”。法国外交部部长莫里斯·顾夫·德姆维尔反对“我们推行的……欧洲统一或多边主义”，认为这一点“无法接受”。据德罗斯说，戴高乐将新一轮的缓和会谈视为超级大国推进共管状态的序幕，认为法国甚至欧洲将沦为二等公民。让·拉卢瓦也持同样观点。德国也同样强烈抗议。美国每次行动无一例外都被他们视为“原子武器脱离管控的第一步”。1963年1月10日，基辛格会见汉斯·斯派达尔将军，这位将军参加过两次世界大战，现在是北约驻中欧地面部队总司令。斯派达尔透露德国不安的根源：德国不能依靠法国支持（因此他建议阿登纳提防戴高乐秘密提出的核武器合作）；北约目前的常规部队“只能用于防范现在部署在民主德国威悉河沿线的苏军……一开始就要使用战术核武器……平均只能防御9天”。意大利同样人心惶惶。基辛格会见的意大利人包括总统安东尼奥·塞尼、总理阿明托雷·范范尼、国防部部长朱利奥·安德烈奥蒂和外交部部长阿蒂利奥·卡塔尼，他们现在都知道，美国从土耳其撤回木星导弹，是因为其和苏联就古巴问题做了秘密交易。下一步会不会撤走意大利的导弹呢？建立多边核力量的事虽然意大利比法国热心，但建起来之后实际会如何运作，意大利人也心存疑虑。用范范尼的话说，“美国也许会建议把意大利厨师安排在潜艇上，美其名曰联合控制”。像这种微妙的事还有很多，说明美国为结束古巴危机和苏联谈交易给北约造成了负面影响。事实证明，各国对美国领导地位的信心减弱了。

尽管基辛格已经与邦迪分道扬镳，但意大利媒体依然宣传他是“肯尼迪总统军事事务特别顾问”。事实上，前面提到，基辛格不过是给邦迪发一些会谈纪要，其中包括与斯派达尔谈话的细节，虽然据基辛格自己说，将军讲的内容都“非常机密”，“请我绝不要外传”。基辛格访欧归来，给邦迪写信时还是带着一种积极的口吻。他承认：“我在很多情况下和政府的看法不一致。但是，我相信美国在拿骚会谈时提出给法国提供北极星导弹是经过认真考虑的。当然，会有很多技术问题有待解决。然而我看只要法国在会谈时开诚布公，有所妥协，问题终究是可以解决的。”相反，基辛格给洛克菲勒写信时措辞非常激烈。说肯尼迪政府的欧洲政策“一团糟”，因为它“稀奇古怪、摇摆不定”。他现在把握十足地得出结论，多边核力量注定失败，因为欧洲人知道，在“多边”这个字眼背后，美国对北约战略的掌控程度在日益提升。故而，“我们应该将欧洲核部队的内部组织交给欧洲人自己去设计，我们的目标应该是让自己的核部队和欧洲的这支部队协调起来”。

这一次，基辛格又像往常一样借《外交事务》的版面阐述自己的新立场。他的文章《联盟承受的压力》从独具特色的心理角度，解释德法为何对美国外交政策不再抱有幻想。就德国而言，柏林问题很严峻，“不仅仅是因为柏林这座城市外表上很脆弱，而且因为整个德国在心理上很脆弱”。肯尼迪政府实际上是让民主德国和联邦德国平起平坐，由此在进入西柏林的问题上和苏联达成交易。但是“没有一位德国政治领导人会永久接受共产党用枪支镇压1 700万德国人民”，所以即便美国的建议切实可行，德国人也不会接受。法国的情况也一样，“一个本质上的政治、心理问题，我们却主要当作技术问题来对待……这表明我们根本不懂我们的一些欧洲盟友的心理，它们担心自己的生杀大权竟然完全掌握在3 000英里之外的决策者手里”。对德法两国人民心理的误导产生了一个意想不到的结果，那就是“鼓励法德达成友好协议”。在这种情况下，政府设想的多边核力量目标不可能实现。最好是“敦促欧洲为各国部队建立一个政治控制机构，然后让我们的战略部队与之协调”，同时，建立某种形式的“大西洋协调组织”。

基辛格在描述阿登纳和戴高乐战略思想特征的过程中，再次谈到理想主义和现实主义的差别。显而易见，这两人都不是理想主义者。（实际上，基辛格还记得，德罗斯对他说过：“戴高乐认为，国家是没有感情的魔鬼，做什么都只顾自身利益。”）戴高乐和阿登纳都是极端现实主义者。不过，“他们的现实是对未来的设想，或者是对他们希望实现的世界结构的设想”。

> 我们许多决策者的做法过于实际，在很多欧洲人看来具有潜在的不稳定性。正如欧洲人的概念倾向在美国官员眼里都显得太刻板、太理论化一样……阿登纳和戴高乐的下一代人会和他们在美国的同代人一样陷入一种危险：颂扬技术、贬低目标。但是，大西洋两岸的我们都要记住，实际上存在两种现实主义者：一种人操纵事实，一种人创造事实。西方需要的正是能够创造自身现实的那种人。

与这种有远见的现实主义思想背道而驰的是麦克纳马拉支持的技术简化论。在《记者》上发表的一篇类似文章中，基辛格在自己的思想战役中开辟了一个新前线：攻击兰德公司，尤其是艾伯特·沃尔施泰特。沃尔施泰特主张，核恐怖均势是"微妙的"，即便苏联突袭美国，美国也能取胜，只要美国仍然具有摧毁苏联剩余核力量的能力。麦克纳马拉和吉尔帕特里克两人都持这种观点，他们推定的结论是，唯一重要的就是美国的战略报复力。所有其他核力量，无论战术导弹，还是英法核威慑，统统无关紧要。因此，"联盟的所有核武器都要置于严密的掌控之下，实际上就是单一指挥之下，其实也就是由美国指挥"。在基辛格看来，北约的"核困境"有两方面问题。第一,一段时间以后苏联可能采用、实施同样的原则，这样就减少了麦克纳马拉所声称的优势。第二，坚持美国垄断核武器会出现美方不想看到的后果：疏远美国在欧洲的主要盟国。呼吁建设多边核力量，但实际上是想让所有核力量归美国指挥，这只能说明美国没有诚意。与此同时要求欧洲国家建设常规部队是毫无意义的。基辛格讽刺道："欧洲到处都是证明人类预见不可靠的遗迹，生活在这样的大陆上，他们从骨子里感到历史要比系统分析更复杂。"

基辛格"呼吁接受英法两国的努力，鼓励先开展一个法英项目，最终开展一个欧洲项目"，此言一出，引起广泛争议，众说纷纭。他的哈佛同事、亲法派斯坦利·霍夫曼很开心。他热情洋溢地说："你举世无双、天下无敌。华盛顿那里的人能听你的意见就好了。"但是，基辛格写道，"华盛顿那里"，读过他文章而跟他"交朋友的人不是太多"。亨利·欧文向国家安全委员会提交了一篇评论，认为建设多边核力量的要义就是抵抗德国"想扮演一个核国家角色"的压力，而基辛格的计划只会加大这种压力。公众中反驳声最高的是罗伯特·鲍伊，他是基辛格在国际事务中心名义上的老板，坚决反对建设多边核力量。欧文和鲍伊两人似乎都没有理会基辛格的核心观点。鲍伊对施莱辛格说：

“我们的方法目前还没能在欧洲建立真正的信心，这是大事，我个人的具体办法算不了什么。”他准备为以前的同事辩护，反驳法国关于美国“撒谎、不诚实”的指控。他甚至准备把自己1963年5月访问波恩的谈话通报给国务院。正如他对邦迪所言，“我和政府的分歧不出国门”。但是他一直相信政府的欧洲政策从根本上说“考虑欠妥”。

基辛格说的话能够被理解为洛克菲勒说的话吗？伦敦《观察家报》记者如是问道。基辛格傲然否认：

> 我发表的公共声明我一个人负责。洛克菲勒州长和他的所有助手都不知道我在写文章。先前的文本，无论是初稿、校样还是打印稿，他们都没见过。文章发表后他们也没跟我讨论。
>
> 在这方面，我们只是按程序来，我们长达 10 多年的友谊都是这么过来的。洛克菲勒州长和他的所有助手从未直接或间接影响我写文章。文章发表我也从不提前通知他们。双方都认为，操纵思想是一种耻辱，教授的主要责任是说真话。

一个月后，在美国商会的小组讨论上出现了类似的一幕。对阵双方一方是基辛格和明尼苏达州共和党国会议员沃尔特·贾德，另一方是康涅狄格州民主党议员托马斯·多德。电视节目《面对新闻界》主持人劳伦斯·斯皮瓦克介绍基辛格是“洛克菲勒的发言人”，基辛格生硬地回答：

> 我今天来录节目是以哈佛大学教授的身份，而不是洛克菲勒州长发言人的身份。洛克菲勒州长是我朋友，我崇拜他。他征求我的意见，我会说出我的意见。然而，我在商会前亮相是以我国际关系教授的身份，我说的任何话都不应被视为反映他人观点。

这种疏远似乎与事实不符。到目前为止，洛克菲勒在大多数外交政策问题上都是严格依据基辛格草拟的文件来执行的。他4月25日对报纸出版商协会做的报告基本上就是基辛格两篇讨论欧洲的文章的摘要，因为他主张“建立一个最高层次的永久组织，探讨增强北大西洋周边国家凝聚力的方法”。这段时间他常对记者说的一番话也带有基辛格风格：“人可以被理想和价值观打动，仅仅是冷冰冰的算计打动不了人。将来不会自己走来，而要用现在的眼光、胆量和勇气组合而成。”他和洛克菲勒经常联系。1962年4月，他对州长说：“我们要直面这个问题，无论我们是否准备接受欧洲出现一个独立的核问题决策中心，并通过政治协商途径使他们的行动与我们的保持一致。我们现在的路线……倾向于让欧洲去除核武器。我担心这终究会产生中立主义。”基辛格现在是下大力气研究洛克菲勒的政策立场，为计划中的1964年总统竞选做准备。

不过，从战术上说，这么早就公开承认是洛克菲勒的人没有意义。保守的亚利桑那州议员巴里·戈德华特对洛克菲勒的挑衅已经开始越发猖狂①。威斯康星州国会议员梅尔文·莱尔德是戈德华特的支持者，但“未对外宣布”，他邀请基辛格给论文集《保守派文献》投稿，基辛格就把写欧洲的两篇文章糅合起来并加以精简，写成《西方联盟的团结要素》一文。而且，无论是洛克菲勒，还是戈德华特，在1964年总统竞选中击败肯尼迪的可能性似乎都很小。1963年5月，基辛格再次访问波恩，对阿登纳说：“实际上，总统的任期是8年。如果不出现难以

① 尽管戈德华特并非强硬的社会保守派——他后来抵抗基督教教徒要求禁止堕胎和同性恋带来的压力，但他在竞选中获得共和党提名是受益于洛克菲勒被离婚和再婚丑闻缠身。更为本质的是，戈德华特的反新政经济的自由主义立场与洛克菲勒作为纽约州州长的税收和开支政策针锋相对。

想象的灾难……肯尼迪总统会再次当选。”

无论如何，尽管基辛格继续被人称为白宫顾问，但他照样在大西洋彼岸的权力中心穿行。哈佛的课一上完，他又回到欧洲，会见德国、法国、比利时和英国的主要决策者。人们对多边核力量的意见还是众说纷纭。比利时国防部部长保罗–威廉·塞格尔表示，比利时愿意加入，“这样德国就不会发展自己的核武器”。阿登纳说，德国会加入，“这样就不会跟美国失去联系”。但是，因为《明镜周刊》事件引咎辞职的弗朗茨·约瑟夫·施特劳斯却另有看法：在他看来，多边核力量是“骗人的玩意儿”。英国上任印度总督、现任国防部部长蒙巴顿爵士更直率，他对基辛格说，多边核力量是“一句屁话”。具体而言，“他一辈子指挥过那么多舰艇，知道要把不同国籍的船员编排在一起完全是异想天开”。劳动党的影子国防部部长德尼斯·希利也毫不留情。然而，最负面的是法国人的意见。斯特林和德罗斯警告说，戴高乐正采取果断措施，减少法军中加入北约的士兵人数。这些看法及其他一些看法基辛格都转达给了邦迪，只加了一句评语，让他处理法国情报时要“特别谨慎”。

虽然有人攻击约翰·F. 肯尼迪，但是他依然能在战略失败的险境中夺取政治胜利。美国政府对柏林问题的处理不够理想；它向苏联让步了；它任由柏林在过时的四国协议中一分为二，直到1989年才结束分裂局面。然而，1963年6月，肯尼迪应维利·勃兰特邀请访问柏林，没想到却做了一场他政治生涯中最伟大的演讲。像数百万德国人一样，实业家库尔特·比伦巴赫听了6月26日肯尼迪在西柏林议会所在地舍恩贝格市政厅发表的演讲，被深深打动了。肯尼迪对那些视共产党为“未来浪潮”的人发出挑战，“让他们到柏林来吧！”那种激动人心的效果在洛克菲勒以前的演讲中从来没有，以后也绝不会有。主要观点可谓表达得淋漓尽致。他对柏林墙的鄙夷散发着活力。他谈到古罗马，实际上是在巧妙地称赞跨越大西洋的美式和平。他宣称他的最终目标不仅是柏林统一，而且是德国统一，这不仅具有煽动性，而且显然是发自肺腑的。比伦巴赫对基辛格说，“这场演讲深深打动了大众，这种场面他几十年就见过这一次”，而且，“对法国人的诱惑起到一种免疫作用”。（基辛格在给施莱辛格的信的附言中嘲讽地写道：“我不是很确定自己是否喜欢这种‘几十年一见’的影响，但我们应该是不能样样如意吧！”）

肯尼迪的所作所为别人很难仿效，但洛克菲勒还是仿效了，几个月后，他踏上了为期两周的欧洲之旅，这是基辛格的建议，这次访问基辛格也随行。（这次旅行时间恰逢哈佛开学，基辛格请求媒体不要报道，“免得学校管理委员会好奇，一名教员和一位政界人物到欧洲公费旅游是怎么回事”。）然而，令人玩味的是，两人没去德国。实际上，他们是特意回避见到基辛格在当白宫顾问时见过的那些人。（基辛格后来对腊斯克说明原因，这么做是“避免给政府带来任何可能的尴尬”，“也涉及某种微妙的荣誉问题”。）

洛克菲勒的问题不仅仅是肯尼迪比他会演讲，也不是肯尼迪更善于利用基辛格在欧洲的关系。问题是肯尼迪将一些重要的外交问题处理得很成功。1961年8月，苏联恢复大气层核试验以后，肯尼迪不听邦迪的建议，也恢复了大气层核试验。然而，与此同时，肯尼迪提议禁止由国家监察制度监督下的大气层核试验。基辛格起初力劝洛克菲勒不要就此表态，但经过思考，他和特勒决定最好支持肯尼迪的提议。从1962年8月到1963年7月，洛克菲勒和团队一直在这个问题上苦苦挣扎。1963年1月，洛克菲勒发布了一则声明，警告人们当心长期单边禁核，但是引来大量带有敌意的回信，因此感到很伤心。4个月后，基辛格又提出一种方案，“设置核辐射上限，给各个国家设定配额”，但这样显然太过复杂，政治上行不通。除了特勒，洛克菲勒又提拔了一些人才，如兰德公司的斯坦利·霍夫曼、伯纳德·布罗迪和马尔科姆·霍格，甚至还提拔了沃尔特·罗斯托。最终，等赫鲁晓夫出乎意料地不再反对肯尼迪的提议之后，洛克菲勒勉强决定支持部分禁止核试验，即禁止大气层、外层空间和水下核试验，但不禁止地下核试验。

各方除了签订《部分禁止核试验条约》外，还开通了美苏领导人热线，恢复了在日内瓦举行的裁军会谈，至此，缓和的想法已然成为现实，很难再反对。在《美国新闻与世界报道》记者的采访中，洛克菲勒将肯尼迪的问题和盘托出，有古巴问题、北约问题、拉丁美洲问题、海外援助问题，甚至越南问题，指责他“优柔寡断、摇摆不定、软弱无能”。然而，下文将看到，肯尼迪似乎并非是在美国对越南共和国的承诺问题上打退堂鼓。情况恰恰相反。此外，洛克菲勒还攻击肯尼迪在意大利“向左派敞开怀抱”：范范尼试图让左派分子进入自己国家的和美国的政府，肯尼迪表示支持。但是他声称此举为共产党夺权打开方便之门，“会引发灾难”，这也是夸大其词。洛克菲勒唯一向前看的办法似乎是“打击政府整体上的玩世不恭和含糊其词”。11 月21 日总统竞选的“宣传资料”表明，“洛克菲勒州长认为肯尼迪政府‘不知所措，万事都靠权宜之计’”。“政府有那么多博学之士，怎么还步履维艰、危机频繁？”答案是，“对国际政治本质缺乏理解”，“倾向于看重权宜之计，不讲原则”。

现在不必再遮遮掩掩的了。基辛格在《华盛顿邮报》上已经被称为“洛基的军事顾问”。但是竞选活动进行得极不顺利。特勒从加州发来消息说洛克菲勒“完了”，基辛格得知后只能回答，“对现在出现的情况我和你一样非常厌恶”。距共和党在新罕布什尔州的首轮初选还有

4个月，基辛格的生活已经“乱作一团、无法形容”。不过，根据基辛格的判断，在加州这个大州，洛克菲勒“几乎完全不为人知，私生活除外”。西岸的共和党人大多数“支持戈德华特”，“但如果他们知道州长支持谁，也不是无法改变”。基辛格希望在总统竞选正式开始之前，自己能和洛克菲勒核心集团一道完全确立洛克菲勒的真正立场。不过，目前还没做到。

6

1963年11月22日，约翰·F. 肯尼迪在达拉斯被李·哈维·奥斯瓦尔德刺杀，改变了美国历史进程，究竟有哪些改变，谁也无法确定。肯尼迪在第二个总统任期内可能不会像约翰逊政府那样让越战升级——甚至可能撤兵而不是增兵，让情况出现逆转；肯尼迪去世的时候，越南已经有1.2万名美方人员。政府很可能不会大胆通过民权法案和“大社会”立法这两项约翰逊政府在内政上最重大的成就①。在其他方面，肯定会有连续性。肯尼迪突然死于非命，肯定未来若干年都很难再有人批评他在总统任期内所做的工作。同时，那些老是批评他外交政策的人也会三缄其口，尽管是暂时的。基辛格得知噩耗，给邦迪发电报：“值此悲痛时刻，希望你知道我在想念你，此致深切同情。”当然，这些话语很平淡，甚至很虚假。不过有件事也许值得一提：三

① 那种更不激进的内政项目最终的命运更是难以想象。在史蒂芬·金的虚构历史小说《11/22/63》当中，再度当选的肯尼迪发现自己正领导着全国反击民权运动，结果亚拉巴马州州长乔治·华莱士1968年当选美国总统。华莱士随后因使用核武器而导致越战升级，造成了灾难性后果。

年来，虽然邦迪让基辛格承受了许多挫折和失望，但基辛格依然认为有必要发唁电。

肯尼迪逝世后，竞选活动暂停了一个月，基辛格有时间来思考洛克菲勒的最佳应对策略。有意思的是，他在起草的文件中明确声称支持民权运动。基辛格写道："对我们共和党的成员们，我要说……我们必须走在民权斗争的前列。我们必须当排头兵，为每个人争取更好的教育条件、一个安定的家、一个健康的身体。"总统遭受"无谓的暴力攻击"，全国人民"深感震惊"。但是，"我们知道，人可以消亡，但制度会继续存在。任何子弹都无法摧毁我们的宪法进程……我们遭受了损失，但是生活仍将继续"。基辛格认为形势已经很明朗了，在外交政策问题上，洛克菲勒无法压过强烈反对"倒退"、与一切共产党政权不共戴天的强硬派戈德华特。不过这样就会在公开辩论阶段产生具有决定性的重大差距。如果至少一时之间还无法批评肯尼迪，那么就没有机会对灵活反应战略的成绩进行评估。基辛格对灵活反应战略缺陷所做的分析，不管是战略性的还是战术性的，只能搁置起来；美国就柏林问题和古巴问题做出的让步只能置之不理；反击力原则涉及的矛盾只能放置一边。

肯尼迪在位期间，担心常规战争升级为核战争的美国没有为柏林问题打常规战争，也没有为古巴问题打常规战争。但是缓和政策降低了这种升级的风险。可笑的是，美国要打的常规战争，即约翰 · F. 肯尼迪已经准备要打的、20 世纪 60 年代后面几年将残酷地升级的常规战争的地点，既不是具有战略枢纽地位的柏林，也不是美国的近邻古巴，而是遥远的、战略意义不大的法国前殖民地：越南。

KISSINGER

1923–1968 THE IDEALIST

卷四

KISSINGER
THE IDEALIST
1923–1968

第16章

出兵越南

我反对越战，而基辛格支持越战。

——汉斯·摩根索，1969年

奥里娅娜·法拉奇：但您不觉得越战毫无作用吗，基辛格博士？
亨利·基辛格：这一点我同意。

——1972年访谈

1

1975年，美国灰溜溜地从西贡撤走了最后一名士兵。10年后，记者约瑟夫·莱利维尔德敏锐地评论道："我们在谈论越南的时候，很少谈论越南这个国家，或越南人民的生活状况。我们通常都在谈论自己。这些年很可能都是这么回事，我们国家的领导人之所以难以制定一个适合美国和美国活动范围的策略，这是一个显著原因。”美国在越南令人吃惊的失败，个中缘由不一而足，但事实使人感到震惊。当时，美国人口是越南的6倍，经济总量更是达到越南的77倍。1964年，从人均国内生产总值来看，除了撒哈拉以南非洲，全世界仅有十几个国家比越南贫穷，而美国是全球第二富国，仅次于瑞士。美越两国技术上的差距，特别是军事领域的差距，可谓难以填平，简直就无法衡量。难怪不仅参加过越战的官兵认为越战是一次创伤，而且那一代所有的美国人都有同感。

罗伯特·麦克纳马拉在整个军事升级阶段担任美国国防部部长，回首往事时他羞愧难当：在至少6个美国没有处理好的问题上，他难辞其咎。东南亚条约组织1954年就成立了，美国却没有与这些盟国协商；美国没有想到一个武装起来的民族居然能抗击装备精良的美军并赢得胜利；美国没有看到国家建设时期对经济、军事的援助是有限的；美国没有捍卫越南共和国政权的民主原则；没有理解动用武力和达到政治目的之间错综复杂的关系；最要命的是，美国决策过程本身失败了。决策者们“没有提出根本性问题，没有解决政策选择的问题，没有处理好这些问题却浑然不觉”。之所以会这样，麦克纳马拉认为一是时间紧迫，二是政府内部缺乏制度记忆，三是“对越南进行干预的决策过程逐步推进，一旦决策已定，便没有机会打退堂鼓”。

在先前的肯尼迪–约翰逊时期，另一位饱受诟病的官员是麦乔治·邦迪。1967年5月，在卸任国家安全顾问、出任福特基金会主席一年后，邦迪写了一份备忘录，信心满满地对约翰逊总统说：“越南共和国没有输，也不会输。这是事实，一个在亚洲、太平洋地区和美国历史上具有重大意义的事实。”将近30年后，邦迪在这句话边上加了一个简单的注释：“麦乔治·邦迪大错特错。”他对美国失败的解释是从根本上低估了“敌人的耐性”。

正如约翰·加迪斯所说，对越南的这次干预是美国“灵活反应”战略的必然结果。不必对艾森豪威尔的“多米诺理论”照单全收，美国方面“真心以为”（1961年8月沃尔特·罗斯托就是这么对博比·肯尼迪说的）“要拯救东南亚、尽可能地降低美国卷入深度军事纠纷的概率”，办法只有一个，那就是让“总统尽快做出大胆的决定”。此外，灵活反应意味着使用武力要精准：如果威胁不大，干预的力度也不用大，如果威胁比想象的大，可以径直增加军事压力，就像调高越战时期家家户户都有的晶体管收音机的音量一样。但实际结果呢，“不是‘微调’，而是笨手笨脚、反应过度，不是协调，而是失调，不是战略精确，而是最终的战略真空”。

五角大楼养着一大批技术专家，都学过系统分析，深信战争胜利的步伐是可以精确计算的，就像计算通用汽车公司工厂的汽车产量一样。像沃尔特·罗斯托一样的顽固分子奉行让美国军事卷入升级的策略，他们有严重的“证实性偏见”（行为心理学术语），即“脑子里有一种自动过滤的机制，只接受强化现有观念的数据，对相反的证据，无论多么有说服力，都会无一例外地完全拒绝”。毫无疑问，以后会不断有人著书来说明美国其实是有能力打赢越战的。书中会重点介绍军事行动的胜利，而对一次次行动背后的重大战略性误判闭口不谈。克劳塞维茨教导我们，“战争不仅仅是一种政治行为，而且是真正的政治工具，是政治交往的继续，也是一种实现政治交往的手段”。（《战争论》第一篇第一章）。由此看来，在越战问题上，说美国政治上失败但军事上胜利了的这类观点统统站不住脚。

很久以来有这样一种说法（汉斯·摩根索在1969年首次提出），基辛格在20世纪60年代是“支持”越战的，这也是尼克松总统之所以任命他为国家安全顾问的一个重要原因。这种观点是不正确的。诚然，起初基辛格像麦克纳马拉、邦迪和罗斯托一样，认为美国需要帮助越南共和国政府抵抗共产党入侵，但与这些同僚们相比，他很早就意识到肯尼迪和约翰逊政府弄巧成拙了。在为数不多被要求露面的公开场合，他是捍卫约翰逊政府的。但在私底下，档案记录表明他对政府的批评非常严厉。为什么不公开批评？因为他不喜欢当旁观者，说风凉话。基辛格去过越南三次，第一次是在1965年。每次去越南，他都想加深对越战的理解，想挽救越南局势。起先，他建议完善美国反叛乱战略，后来还寻求在越南共和国和越南民主共和国之间达成某种平等条约，动用了许多可间接影响河内的交际渠道，比如法国和苏联，而学者们以前从未认识到这一点。

2

越战起源可追溯到1956年。当然，我们始终要记住一点，美国的行动路线在1956年至1965年间可能随时改变。1965年很关键，因为就在那一年，约翰逊总统增加了驻越美军的数量，而如果不增派部队，美国单方面撤军的代价不会太大。

艾森豪威尔上任后，决定不支持1954年签署的日内瓦协议①，同时又害怕共产党取得胜利，于是对越南共和国政府取消原定于1956年7

① 根据在1954年日内瓦会议上最终达成的协议，法国同意从印度支那撤军，该地区划分成三个国家：老挝、柬埔寨、越南。越南以北纬17度线为临时军事分界线，直到举行民主选举，在其后实现统一。然而，美国并未签署协议，因此选举最终也未进行。尽管日内瓦会议的美方代表沃尔特·比德尔·史密斯表面上承诺华盛顿会予以支持，但实际上美国支持吴庭艳宣告越南共和国成为独立国家。

月的选举的决定睁一只眼闭一只眼。这实际上意味着美国可以无限制地在军事和经济上支持越南共和国总统吴庭艳和他的主要顾问——他的弟弟吴廷瑈。兄弟二人联合操纵全民公决，把保大皇帝拉下了马。而在美国人看来，此二人控制的天主教保守政权极为腐败、极为落后。

美国决策者在越南问题上畏首畏尾，部分原因是大家都知道，艾森豪威尔对越南的邻国老挝的态度过于温和。对老挝，美国不必施加很大压力，只要不让共产党领导的巴特寮执政就够了，不必制止梭发那·富马首相领导的中立政府接受大量包括武器在内的苏联援助。老挝接受苏联武器，主要目的是“想肃清该地区的各种国际干预，保持该国中立”。于是，出现了常见的冷战僵持局面，两个超级大国都往老挝投入大量资金，苏联支持富马，而美国则支持反对派富米将军。1960年，老挝发生军事政变，眼看富米就要取代富马，不料越南民主共和国频频入侵，很快将老挝的大部分国土变成一条援助越南共和国共产党的物资通道（“胡志明小道”）。艾森豪威尔总统在即将卸任时告诫肯尼迪，老挝解体是“美国面临的最大问题”，可能需要军事干预。

1961年春，美国已着手向老挝派遣一部分以美军为首的维和部队。但这只是一种假象。刚刚经历过猪湾事件的肯尼迪心有余悸，所以，当英国提议在日内瓦召开国际会议，讨论在老挝建立一个还是以富马为主但又吸纳巴特寮成员的具有广泛基础的中立政府的问题时，肯尼迪满口答应。虽然麦克纳马拉和邦迪持保留意见，但是埃夫里尔·哈里曼说服总统，即便由共产党领导，成立中立政府也比打内战强。归根结底，肯尼迪认为老挝“对大国而言不值一提”，而赫鲁晓夫则气定神闲地等待老挝“像熟苹果一样落入怀中”。

1961年1月9日，肯尼迪就老挝问题咨询副国家安全顾问沃尔特·罗斯托，罗斯托告诉他，“我对情况还不十分了解，无法判断”。

也不知为什么，罗斯托对越南问题信心十足，跟总统谈起来毫不拘谨。同年晚些时候他又说："当然，我们在越南脱不了身；当然，我们要信守对东南亚条约组织的承诺。"罗斯托早就有一种看法，如果炮轰越南民主共和国，这个经济弱国必败无疑。国家安全委员会委员罗伯特·科默也有同感："面对越南民主共和国的不断入侵，美国必须认真调整自己的反应，警告共产党，美国坚决支持由非共产党掌权的越南共和国，若共产党对越南共和国增加哪怕一丁点儿压力，美国都愿意而且能够进行军事报复；如果共产党坚持施压，我们将加强军事报复。"1961年5月，国家安全委员会达成共识：美国坚决支持非共产党执政的越南共和国的立场是根本的，不可改变的。5月11日的美国国家安全局52号备忘录明确指出，美国的政策目标是"制止共产党占领越南共和国；在该国建立一个独立的、逐步民主化的社会；为实现这一目标，加速开展一系列隐蔽而相互支持的军事、政治、经济和心理行动"。该备忘录同时授权国防部，"一旦需要出兵越南，可全面调查驻越部队的人数和结构"。

1961年10月，罗斯托与马克斯韦尔·泰勒将军访问越南，由此成为"主战派"魁首。助理国务卿埃夫里尔·哈里曼提议像对待老挝问题一样，通过谈判方式解决越南问题。罗斯托厉声答道：

> 如果我们推迟对越行动，和共产党谈判，那么越南和整个东南亚必定会说我们胆小怕事。上次处理老挝问题时，就有人说美国不愿对抗共产党，再这么做，我们的懦弱形象就板上钉钉了。世界将会出现恐慌和混乱……况且共产党还在不断渗透，如果我们现在谈判，别人会说我们比处理老挝问题时还软弱。

当时，一大帮顾问、专家和军事教官即将被派往越南帮助吴庭艳的西贡政府，泰勒和罗斯托联名建议派遣8 000名士兵随行，这得到麦克纳马拉和一些国防部官员（尤其是罗伯特·约翰逊）的支持。国务卿腊斯克费了九牛二虎之力才阻止了这一建议。麦乔治·邦迪也逐渐认为，“有必要出于军事目的而不是为了鼓舞士气，派遣少量美国作战部队援救越南共和国”。他对肯尼迪说，这件事已经“成为考验我们意志的一块试金石”。在古巴导弹问题上，美国直接对抗的方式取得了明显的成功，给主战派壮了胆，腊斯克承受的压力越来越大。罗斯托想用实施空中打击的好处来说服腊斯克，他解释道：“冷战经验说来说去就一条，最近的古巴危机也不例外：我们升级行动，而共产党不会。”

简言之，干预越南体现了灵活反应策略。在“国家安全基本政策报告”（1962年3月）中，罗斯托向肯尼迪总统表明，“共产党的思想和工作习惯中有一个根深蒂固的东西——危言耸听，如果想让他们捞不到一点儿好处，就要多考虑对策，明的暗的都要有。”反之，他说如果丢失大量领土，“美国要创造出一种理想的世界环境就比较困难……会在非共产党政权和人民中间滋生一种失败思想，或者会令美国人民灰心丧气”。当然，美国也有不同的声音。J. K. 加尔布雷思说：“后果很危险，如果美国取代法国成为越南的殖民者，最终会像法国一样付出血的代价”。就连麦克阿瑟将军也告诫肯尼迪总统：“亚洲问题永远也解决不好，就算派去100万美国步兵，依然会发现自己四面受敌，寡不敌众。”但反对也没用，在肯尼迪遇刺、约翰逊继任总统之前，美国已经占领战略村，毁掉林木上的树叶，准备好对越开战了。

基辛格是一个坚决反对共产党当权的理想派，提倡“有限战争”，所以外界可能以为他在越南问题上会支持走强硬路线。起初他评论越南问题时确实是一副强硬口吻。早在1961年6月，基辛格就斥责沃尔特·李普曼“言不由衷”，说“我们不应卷入东南亚事务，否则会削弱金门、马祖和柏林的防御力量”。1962年2月，他谈到老挝问题时“发表了一种离经叛道的看法，连许多军界人士都不同意……他说，老挝是个打常规战争的好地方”。

如果我们的空军还有些能力，我看不出中国怎么能在唯一可用的大路上布下重兵。我有一个个人的观点，如果你问我什么地区可以打常规战争，那我认为首先侵略者在这个地区只能有一两条交通线路，而可用的工业资源又遥不可及，并且这个地方不适合大规模作战，因此老挝倒是一个不错的地方。

说这番话的时候，基辛格已经离开肯尼迪政府，重操旧业，当上纳尔逊·洛克菲勒的顾问。1962年2月，在洛克菲勒还没上电视发表讲话之前，基辛格发过一份简报，再次表明其立场是有条件的。有人问到一个老套的问题：“您同意美国在越南共和国的行动吗？”基辛格写道：

人类历史证明，想打败游击队根本没有省钱又省事的办法。越南共和国自1954年独立以来，一直遭受越共攻击，饱受其苦。要想打败越共，只能靠出动足够的兵力。希望我们明白这一点，并且已经下定决心：只有动用足够的兵力才能消灭游击队；我们不能满足于仅仅维持不安宁的和平。

然而，仅靠外在的安全还不能解决问题。要想实现政治经济稳定，越南共和国人民必须对政府怀有长久的信念……

肯尼迪政府主张先改革政府，再提供额外援助，很遗憾他们似乎在反其道而行之：现在政府正在提供援助，我们却看不到重大改革的迹象。

洛克菲勒准备再次竞选美国总统，很多人为他起草重要的立场文件，但显然基辛格对1962年4月起草的越南问题文件提出了一些重大修改，再次强调打游击战的困难：

> 1. 美国目前的军事计划好像并非全心投入，也不够完备，可以说是行动方案的漏洞大全。这个计划会把我们一步步引入战争的泥潭，如果现在采取果断行动，战争是可以避免的。
>
> 2. 加大对越南共和国的军事压力会有风险。但是，有可能出现这种情况：如果我们不在越南共和国使用武力，就必须到东南亚其他地区开辟战场，而那些地区的条件可能更糟。
>
> 3. ~~许多人~~有人~~担心~~说如果美国大幅增加对越军事援助，将会引发一场大战。然而，~~我们必须要考虑，当前不断增加的使用小规模军事力量的次数会导致冲突升级~~。只控制游击队而不打败游击队才是最糟糕的方案。这么做十有八九会酿成一场大战。

同样，基辛格建议洛克菲勒强调一点：在老挝问题上，苏联已经占了上风，老挝现已沦落为“往越南共和国运送物资的过道”。1962年5月的一份立场文件甚至建议“美国承诺出兵老挝”，这种观点跟基辛格对越南问题的看法如出一辙，“……如果我们不保卫老挝，那么可能以后我们必须在其他国家、在更为恶劣的条件下开战……要么必须下决心保卫老挝，心甘情愿地投入足够的兵力，要么必须愿意后退，在越南共和国、柬埔寨和泰国划定我们的防线”。基辛格在此提出警告，如果现在行动不力，会导致将来另一个地方在“更恶劣的条件下”发生一场“大战”，这与全盘支持肯尼迪政府的立场不可同日而语。

1963年秋，肯尼迪的政策遭遇危机。当时，肯尼迪已经认识到，正如10月2日他的新闻发言人所说，“到1965年年底，美国在越主要军事任务可以结束……今年年底，1 000名军事人员可以撤离”，当时驻越美军共计16 700余人。这就是麦克纳马拉建议的“撤离越南的办法”，麦克纳马拉是在与马克斯韦尔·泰勒（时任参谋长联席会议主席）访越后提出该建议的。10月11日的国家安全局263号备忘录明确提到“实施”从越南“撤军的计划”。问题出在哪儿？“肯尼迪遇刺了”的回答过于简单，因为它忽略了1962年8月就已开始在西贡发生的一系列灾难性事件。当时，美国国务院掌管东亚事务的罗杰·希尔斯曼起草了一份发给美国驻越大使的电报，电报声明吴庭艳总统必须“除掉”弟弟吴廷琰，否则将失去美国的支持。埃夫里尔·哈里曼审查通过了电文，里面还有一句威胁的话：“如果你使尽浑身解数，吴庭艳还是顽固不化、拒绝行动，那么我们必须面对‘除掉’吴庭艳的可能性。”

当时正值盛夏。肯尼迪总统在海厄尼斯港。腊斯克在联合国。麦克纳马拉、邦迪和麦科恩都不在华盛顿。腊斯克手下的二号人物乔治·鲍尔正在和亚历克西斯·约翰逊打高尔夫球。不过哈里曼和希尔斯曼还是找到了他们俩，希望鲍尔能批准电文。尽管鲍尔是肯尼迪政府中的主和派，但他根本不把吴氏兄弟放在眼里。他草草给腊斯克打了个电话，然后打电话向肯尼迪请示，话说得轻描淡写，两人在电话里“从头到尾研究了一番”。肯尼迪指示，这份电报可以发，前提是罗斯韦尔·吉尔帕特里克要代表国防部同意。吉尔帕特里克以为总统已经同意，便毫不犹豫地同意了。麦克纳马拉和泰勒得知后火冒三丈，腊斯克马上发电报给越南要求撤回总统指示。（肯尼迪恼羞成怒，对记者查尔斯·巴特利特感叹道：“天哪！我的政府要垮台了。”）然而，这位刚刚到任的驻越大使原本就看不起吴氏兄弟，自会从中推断出政府的态度。

小亨利·卡伯特·洛奇1960年曾任尼克松的竞选助手。肯尼迪想了很多办法向共和党温和派示好，任命洛奇为驻越南共和国大使就是其中之一。这个决定是错误的。基辛格喜欢洛奇，但也知道他的思维和脾气有缺陷。在西贡，洛奇喜欢向来访者显摆其随身携带的手枪。他得知吴廷瑈吸毒感到很震惊，在得知吴廷瑈的夫人专横跋扈后更是惊诧不已。洛奇总想找机会下手，如果对吴庭艳来一场政变，岂不正好了此心愿？8 月24日电报撤回之后，洛奇向腊斯克抗议，强烈要求尽快取消对吴庭艳政府的援助。政变的谣言在西贡不胫而走，肯尼迪总统计上心来。10月6日，他发电报给洛奇，“美国不会阻止政变”。

11 月1日，吴庭艳打电话给洛奇，说手下的将军们威胁他。洛奇回答说，华盛顿现在是凌晨四点半，“美国政府不可能表态”，不过如果“我能为您的生命安全”效犬马之劳，“请打电话给我”。吴庭艳、吴廷瑈双双被击毙，他们的双手被绑在背后，尸体被肢解。政变策划者称两人是自杀，真是可笑！泰勒说，肯尼迪总统得知这一消息，“腾地一下站了起来，冲出办公室，满脸写着震惊和沮丧”。真会演戏！肯尼迪的国务卿承认，发动政变的命令差不多就是总统下的！事隔两年，洛奇在西贡见到基辛格，跟他说政变的事肯尼迪总统不光早就知道，而且一手策划。基辛格直白地回答：“我想现在的许多困难就是在那个时候埋下了祸根。”

推翻吴庭艳不仅是彻头彻尾的犯罪行为，而且在战略上也是一大败笔。这次政变根本没有让越南共和国更坚挺，恰恰相反，越南共和国对美国的依赖性更强了。肯尼迪最后采取了一些决绝行动，把原来说要减兵的话撤回，现在他实际上表明了一种态度：西贡政府完全是美国的一个工具，就像布达佩斯政府就是苏联的工具一样。现任政府之所以掌权，是因为他们在超级大国支持下发动了血腥政变。

政变发生后，跟大多数观察家不同，基辛格认为这个错误很严重。早在1963年9月，基辛格便恳求洛克菲勒谴责肯尼迪“公然怂恿军变，不然就削弱现任政府”。一个月后，基辛格斥责道，“政府有一种可怜的做派：用新闻稿指挥政策，将公关把戏与外交手段混为一谈”，“肯尼迪政府几次公开抨击吴庭艳政府”，不过是为这种做派提供了几个新例子而已：

> 任何游击战的主要目的都是想杀杀现任政府的锐气。我们削弱吴庭艳政权实际上是帮了越共的忙。还有，我们一方面反对世界上的兵变，一方面又怂恿越南共和国对吴庭艳政府搞军变，这说得过去吗……
>
> 国防部部长麦克纳马拉发布公告，说今年年底美国将撤军1 000人，到1965年撤回全部军队，越共一定很开心。共产党以为这肯定证实了一个道理：只要他们坚持的时间够长，就一定能取得最后的胜利。

显而易见，基辛格并不主张在这个阶段从越南撤军。他依然坚信一个策略：在游击战中打败越共。但是，他比肯尼迪政府的任何官员都更明白一个道理：这场战争并非仅靠火力便可以取胜，这是一场心理战，从这点来看，削弱吴庭艳政府无异于自讨苦吃。

吴庭艳被害的消息传来，基辛格很愤慨。一气之下，1963年11月6日，他给洛克菲勒写信表明自己的几点看法：

> 1）关于越南问题，存在一种隐隐的道德不安，我感到必须有人加以澄清。
>
> 2）我们的政策很可耻，你这个国家领导人如果能头一个站出

来抗议，那将是大功一件。

3）据我看越南局势会恶化，这一点千万要告诫国人。

4）你不仅能伸张正义，同时还能团结许多共和党人。

你可以反驳说洛奇无疑会支持肯尼迪政府。但如果我们真把这当回事，以后就再也无权谈论越南问题了，要知道，越南问题是我们最有发言权的问题之一。

基辛格深信这次美国犯了一个大错，于是急匆匆地为洛克菲勒起草了一份如果发表了一定会重新定义人们对越南问题的争议的声明。

一个最初是在美国的大力支持下建立的盟国政府被我国政府暗中支持的军变推翻了。两位领导人遇害……一个军事独裁政府堂而皇之地成立了。美国政策居然引致这种手法，对此我深感忧虑。美国的尊严和道德观要求做事不能不择手段……试想在我们不知情的情况下这些军事集团有可能发动军变吗？如果我们让这些军事集团领导人明白美国对不到一个月前国防部部长麦克纳马拉与他们会谈时说的军变的厌恶并非局限于拉美地区，他们还会进行颠覆活动吗？

基辛格是在拿越南和在苏联支持下成立了中立联合政府的老挝做比较。两国局势都不能令美国的其他盟国感到振奋，但越南问题更令人揪心。“因为吴庭艳政府不是一般的政府。1955 年吴庭艳政府得以成立主要归功于美国，美国也一直支持该政府在国家分裂的情况下奋力建设一个独立国家”。但现在吴庭艳下台了，有人却说“吴庭艳政府是和共产党游击队打仗打败了，而美国政府却一再喜气洋洋地报道吴庭艳政府如何战胜越共，两种说法正好相反，叫人听了好生奇怪”。基辛格是“局外人”，不想“判断吴庭艳政府会不会打仗”，但他能明确指出“不论谁执政，美国对越南共和国采取有效政策时都会遇到的那些客观障碍”。一是开放老越边境有利于“游击队的渗透”，二是游击队有“特权庇护所”提供的外部支持，打起仗来有先天优势。现在可以再加上第三个——吴庭艳未曾面临的障碍：“美国傀儡”的形象，因为“这种形象会削弱民众的支持，而要想打赢游击战民众的支持是必不可少的”。事实上，奇怪的是，“新政府比旧政府强大多了，却很难打交道”，因为“谁都知道美国跟越南政府有牵连，但是我们却无法对新政府施加压力”。总而言之，美国解决了一时之急，却牺牲了原则。基辛格最后写了一段话，再次表明他是理想派，不同于肯尼迪政府那些厚颜无耻的实用派：

> 和美国正式结盟的两位领导人遇害了，如果美国政府与这一事件有关，没有一个美国人会感到骄傲。我不希望别人认为美国是为了一己之利而动用武力。我们的优势是恪守原则，不是操纵别人。我们的历史作用向来是认同人类的理想和最深切的希望。如果我们丧失这一优势，暂时的成功将会毫无意义。

3

林登·约翰逊可不是什么好人。在1960年民主党总统候选人的排名中，肯尼迪把他排到二号，殊不知他已经让手下去摸清了近100年有多少总统在任职期间死亡。结果是18个里面有5个。他对克莱尔·布思·卢斯说：“克莱尔，我查过了，总统在任职期间死亡的比例超过

1/4。亲爱的，我就喜欢赌，这次是我唯一的机会。”约翰逊不仅卑鄙而且腐败，这是记者们调查他的朋友博比·贝克的商业活动时发现的。他还是个酒鬼，跟他父亲一样，他最爱顺风威士忌加冰块，堪比他对咖啡、雪茄的癖好。直到1955年他心脏病发作后才戒烟。政治生涯早期，他喝的酒比较淡，说是会“喝酒乱性”。但是他的其他爱好照样也会乱性。在他的办公室，客人喝的酒水始终是寻常度数的，他的则不然。只有到了得克萨斯州自己的牧场他才会豪饮。然而，当他爬到事业顶端后，他在华盛顿的饮酒量又增加了。一名记者回忆道，“我以前也见过别人吃饭时抽烟喝酒”，但是约翰逊“就像是不要命似的”。有朝一日会有人好好研究一下午餐时间饮酒在越战升级中的作用——尽管至少有一个和约翰逊共进午餐的人说，他平常星期二中午和资深顾问进餐时滴酒不沾。

约翰逊最大的特点就是有本事让人就范，这是在参议院中练出来的。诺曼·梅勒接触过很多人，他对约翰·F. 肯尼迪那种冷静或超然印象很深。约翰逊身上没有丝毫的冷静或超然，他喜欢把意志强加于人，见面就死命握手，恨不得把你的手握碎。博比·肯尼迪越来越恨他，认为约翰逊“下流、残酷、歹毒——怎么看都像是禽兽”。但是，即便是那些崇拜他的人一定也很好奇，这个横行霸道的家伙怎么就能做到那么谨慎，居然身居总统高位也没被神枪手给打死。

起初，约翰逊满足于继续推行肯尼迪口是心非的政策。在越南问题上他最早的声明含糊其词，这一点谁都清楚。美国对越南共和国的政策，“重点”和“首要目标”依然是“帮助那里的新政府打赢越共叛乱分子”，但同时还有一个目标，撤回1 000名军人。这也是273号国家安全行动备忘录的精要所在，尽管这样一来，“在离老挝境内50英里的区域发生军事行动”的可能性会更大。肯尼迪的外交政策团队完好无损，政府甚至动员邦迪的老母亲说服儿子留在国家安全委员会。乔治·鲍尔认为约翰逊对肯尼迪总统遗留的国内立法计划比较上心，不大关注“突然冒出来的越南问题”。但是，1963年12月，越南共和国方面传来的消息越来越糟糕，麦克纳马拉警告说越南共和国“最多保持中立，很可能变成共产党的天下”后，约翰逊才开始焦虑不安。与肯尼迪相比，约翰逊更加认为外交政策是国内政策的一种延续。他问道：“你希望看到另一个中国吗？”1949年毛泽东打败蒋介石成立了中华人民共和国后，共和党曾奚落杜鲁门总统，对约翰逊而言，那一幕还历历在目。他对奈特–里德报业的约翰·奈特解释道：“如果我决定逃跑，让多米诺骨牌一张张倒下去……我的天啊，那他们当年说我们对中国见死不救的话今天就真的兑现了”。

说句公道话，约翰逊考虑内政也无可厚非。1964年是竞选年，选民投票的日子离肯尼迪遇刺还不到一年，但他不想靠同情票取胜。他最希望共和党内部出现分歧，乱作一团，结局果真如此。洛克菲勒再次成为具有自由倾向的东北部地区所谓的“当权派”的总统候选人。挑战者巴里·戈德华特，原本是亚利桑那州的一名飞行员，1952年入选参议院，至多就是个冷酷无情的保守派。（他曾主张“到克里姆林宫的男厕所游说”，希望废除新政。）戈德华特跟尼克松不同，是右派意识形态的宠儿。戈德华特草案委员会的发起人有三位：得克萨斯州共和党主席彼得·奥唐奈、青年共和党领袖F. 克利夫顿·怀特和《国家评论》的威廉·拉什。这三人都认为尼克松是个见风使舵的投机者。

共和党呼声最高的两位竞选者各有所长。洛克菲勒有钱，戈德华特有一大帮急不可耐的年轻“郊区勇士”：他们准备在美国各地挨家挨户敲门游说，人手一份请人代笔的戈德华特竞选宣言《一个保守派的良心》，里面有很多令人兴奋的东西，例如精简政府、加强各州的权力

（反对民权）[①]以及与共产党“不共戴天”。但是，两者各有严重的弱点。戈德华特习惯信口开河——被记录在案，无论对民权还是冷战，他都喜欢发表极端的甚至是荒诞不经的言论。洛克菲勒的软肋是他的私生活。如果参与竞赛的只有两个选手，洛克菲勒有可能获胜，尽管他离婚之后又结婚，还刚添了个小宝宝。但是，事情绝非那么简单。尼克松虽已主动放弃竞选，但又像洛克菲勒4年前那样频频暗示如果共和党领导人指派，他也会接受提名。亨利·卡伯特·洛奇虽人在西贡，但由于受艾森豪威尔怂恿，也入围了共和党候选人名单。宾夕法尼亚州州长威廉·W. 斯克兰顿同样入围，也是因为艾森豪威尔的鼓动；其实艾森豪威尔从不支持任何候选人，他也没这个资格。最后，密歇根州州长乔治·罗姆尼也同样入围。直接结果是，这些额外的候选人对洛克菲勒造成了致命影响。

为了赢得共和党内部总统候选人提名，洛克菲勒做了大量工作，但大多考虑不周。1963年夏，他强烈谴责“极端分子”——“伯奇主义者和其他极右分子”包括“写恐吓信、写文章宣泄诽谤和仇恨、采取暴力和怪诞战术、以爆炸相威胁并实施爆炸、用共产党和纳粹的手段渗透和颠覆现有政权”在内的可耻行径。总之，这些人采取的都是极权主义战术。但他对极端分子的谴责不起作用：戈德华特的得票率在上升。洛克菲勒同时完全低估了自己的婚姻闹剧对核心选民的影响。第一轮初选的重镇新罕布什尔州的乡村地区还没有进入“60年代”，这里的人还抱着老观念，认为“男人喜新厌旧”是不可靠的。而且，他还错在担心尼克松——尽管基辛格建议“完全不用管尼克松，除非他宣称参加竞选”，殊不知他真正的威胁是不在国内的洛奇。热心的支持

① 戈德华特对1964年的《民权法案》投了反对票，理由是第二章和第七章不恰当地扩大了联邦政府在商业领域的权力。

者为洛奇举行的补提名投票非常成功，最后洛奇以巨大优势赢得该州初选，洛克菲勒从此一蹶不振。(基辛格后来"责备洛奇没有退出新罕布什尔州的竞选，强烈要求其支持者支持洛克菲勒"。洛奇说没想到自己会赢得那么多选票。)

常识告诉我们所有政治都是地方性的，而新罕布什尔州这种地方的党派初选可谓是最具地方性的政治现象。的确，在选民的优先事务清单上，与社保和民权等国内经济事务相比，外交政策问题是排在末位的。但是，戈德华特却不遗余力地在国际事务上挑衅洛克菲勒。他说洛克菲勒支持政府把麦子卖给苏联是政治上的"跟风"。他做客《面对新闻界》时表示，美国应该收回外交上对苏联的支持。他主张将古巴流亡分子武装起来再次入侵他们的祖国。他呼吁政府撕毁禁核条约。他建议危急时刻北约指挥官应该有权使用战术核武器，不用请示总统。他提出修改《联合国宪章》，让苏联无权否决安理会决议。他甚至诽谤美国核导弹的"可靠性"。

洛克菲勒的首席外交政策顾问基辛格忙不迭地一一予以迎头痛击。这活儿可不那么省心。他费了九牛二虎之力终于找到乔治·基斯佳科夫斯基这样的重量级专家给洛克菲勒介绍太空竞赛等国际事务。不过戈德华特似乎找到《幽默》杂志的阿尔弗雷德·E. 诺伊曼了解科学情报。("什么？我有什么担心的？")问题是，基辛格发现有些问题两人其实持同样的看法。不过，两人不一致的地方是，洛克菲勒和《纽约时报》看法相同。洛克菲勒说戈德华特的较极端立场"不负责任""危险""激进"，共和党选民不大买账。他对《纽约时报》记者说："我认为本届政府外交政策的失败不应该到贸然交战中去找答案。"然而，1964年，很多共和党人就是相信要交战。

基辛格认为，洛克菲勒应该在越南问题上亮明立场。右有戈德华特，他主张“扩大战场，打到越南民主共和国去”，他思及要是10年前美国在河内扔一枚轻型原子弹就好了。左有约翰逊，依然奉行明显自相矛盾的政策，一方面加强对西贡的控制，一方面又承诺撤军。选民们举棋不定。1964年年初进行过一次针对共和党和有共和党倾向的选民的民意调查，结果显示虽然有46%的人认为在越南已经做得差不多了，但12%的人还想再推进一些，22%的人认为可以缓和一点，20%的人不知如何是好。就全体选民而言，只有大约1/3的人希望美国加大力度。好笑的是，林登·约翰逊在“让美国停战”问题上的净支持率是68%。

早在1963年10月，基辛格就开始不停地向洛克菲勒灌输越南问题新主张，规劝他跟其他候选人区别开来，利用公众举棋不定的心理。他应该主张在这个时候迫使中国“对越南民主共和国的进攻性政策施以限制”。洛克菲勒应该指出老挝和柬埔寨之间存在令人不安的相似性；柬埔寨这个弱国正在被用来为越共提供给养，有可能最后“中立”。1964年1月16日，罗德·珀金斯和基辛格拿出一份声明草案，声明中洛克菲勒将呼吁约翰逊“坦白地告诉美国人民，美国在东南亚的政策和目标到底是什么”。这一次也不是呼吁撤退，恰恰相反，其指导思想依然是“如果我们不在越南打败共产党游击队，共产党将会遍及整个东南亚”。不过，基辛格此时冒着暗示战争将进一步升级的危险，希望洛克菲勒能让约翰逊承认战争进展不顺利，并希望洛克菲勒指出战争之所以进展不顺利，是因为越共具有先天的优势：游击队能得到外来支持。

基辛格说得一点儿没错，洛克菲勒要想在共和党提名竞选中胜出悬而又悬。在越南问题上采取更为批判性的立场是否有用还另当别论，但这不是问题的关键所在。最要命的是基辛格早在吴庭艳被政变推翻前就和肯尼迪、约翰逊两人分道扬镳了。可惜，支持洛克菲勒竞选活动的专业政治人士却认为他的建议过于冒险。1月16日的越南问题声明八易其稿，1月29日发布后却被付之一炬。第二份更正式的声明改了两稿，不顾基辛格的“明确反对”，于2月23日发表。第三份没用上。直到4月26日，洛克菲勒才发表了一份基辛格满意的越南问题声明。早在三个月之前，基辛格就深信这是对民主党政策很具前瞻性的批评。他坚信，无论从竞选战略还是宏观战略来看，拖延都是一种失误。基辛格说道：“外交政策领域是你和政府差别最明显的地方，要利用好这点，这样戈德华特说你像民主党的企图便无法得逞。”

1964年2月初，基辛格和洛克菲勒共进晚餐时，就竞选问题进行了一次推心置腹的谈话。基辛格回到餐桌，决定用朴实无华的方式袒露心迹。他说：“你的主要对手不是戈德华特，而是几匹所谓的‘黑马’：斯克兰顿、洛奇、尼克松。戈德华特会自行毁灭。”至于约翰逊，“他的软肋是外交政策。在这方面他没什么天赋。他继承的遗产一团糟。很多危机他都无法控制。他的顾问正是造成现有危机的那帮人”。然而，尽管基辛格多次想“谈谈越南问题声明”，但洛克菲勒的其他顾问却处心积虑地阻挠。竞选小组随意发布了一些联合国、太空竞赛等方面的文件，全然不顾整体战略。基辛格抱怨道：“目前的做法过于强调短期公关问题，牺牲了基本的道德关怀，道德关怀才是你的主要目标。你若极其在意明天的头版头条，那么能否在从今以后的半年内一马当先就很成问题。”“你对美国能做的最大贡献，就是提倡那些代表你深切信仰的计划。你的职责履行得好不好，明天的社论说了不算，三五年后的社论说了才算。只有抱着这样的态度才能扭转价值观和思想上的失败，这种失败我们战后的许许多多政策都遭遇过。”

这份备忘录数天之内几易其稿，每次重写都会标明“高度私密与机密”，每次最后都建议洛克菲勒成立“一个负责协调战略、实务和形象的高级顾问小组”。最后定稿时，基辛格附上一封信，请求洛克菲勒不要给手下任何人看，还附上一份有关罗德·珀金斯的含糊其词的材料[①]。洛克菲勒采纳了他的建议，很快成立了一个6人“核心小组”，基辛格和珀金斯都是成员。

基辛格现在是一门心思打共和党提名战。他主动提出代表洛克菲勒到西海岸演说（尽管他警告说“一般说来，我在无政治倾向的环境下讲得好，在有政治倾向的环境下讲得不好”。）他反对聘用记者唐·怀特黑德（“这个一流的政治妓女”）于最后关头在马萨诸塞州发起挑战。他主张抓住约翰逊敏感的弱点，说如果能“彻底激怒他”，就能在政治上占很大优势。不过，在内容问题上他始终如一。1月24日他写道:“我认为越南局势一团糟，不过我想，要不了多久约翰逊就会采取行动。我强烈建议我们在这方面确立领先地位。”洛克菲勒比他了解拉丁美洲，出于对洛克菲勒的尊重，他愿意把对政府政策的批评扩大到古巴、巴西甚至巴拿马等拉美国家，宣称政府整体上存在“领导力差距”。不过，在竞选小组为洛克菲勒于新罕布什尔州举行的记者招待会准备的答词中，越南问题是一个笑点:“古巴是共产党的堡垒，巴拿马乱作一团。老挝在竹幕统治下日益衰退，柬埔寨可能亦步亦趋，而越南共产党显然就要打胜仗了。”

然而，基辛格在这个问题上一直是孤军作战。一直到1964年3月17日，洛克菲勒阵营还没有就越南问题达成一致，只不过强调“越南共和国对整个东南亚很重要”，“美国政策混乱……造成人心涣散”。早在2月24日，基辛格就不耐烦地声称他不再相信“所谓正确政策的理

① “他优先考虑的东西常常非我所思。他的自由派倾向十分明显，而且在执行那些他以为是你想做的事情的时候非常咄咄逼人。他的坚持有时候让我十分紧张。”

解和批准这些声明的人的想法会不谋而合”。4月，基辛格宣称，竞选都进行半年了，洛克菲勒却还没有对越南和古巴这两个“我们最大的外事问题”发表重大声明，沮丧之余，他派道格·贝利去找美国海外情报局的道夫·德勒格和唐纳德·罗克兰了解越南方面的情况。两人对越南局势的看法更加坚定了基辛格的信念：对越共的作战出了很大问题，越战已经演变成一场区域性冲突，老挝和柬埔寨两国也卷入其中，而越南民主共和国则成功地在苏中争斗中坐收渔利，以最小的代价换取最大的援助。

这么做无济于事。4月26日，在越南问题辩论中，洛克菲勒呼吁美国对越共在老挝、柬埔寨的供给线予以空中打击（基辛格早就认为必须采取这一军事行动），但这种迟来的干预收效甚微。4月14日，戈德华特在伊利诺伊州获胜，一周后洛奇拿下新泽西州，28日又拿下他的家乡马萨诸塞州。同一天，斯克兰顿在宾夕法尼亚州取胜。戈德华特势如破竹，一连拿下佐治亚州、得克萨斯州和田纳西州，接着又将印第安纳州和内布拉斯加州收入囊中。洛克菲勒首战告捷是在西弗吉尼亚州，没想到千万富翁居然能在这个州获胜。至此，洛克菲勒在选举代表人票数上已远远落后，言谈之间已经开始表示他参加竞选的唯一目的是让戈德华特居于“主流”。尽管5月15日他又赢得了俄勒冈州（这对洛奇而言是一个大逆转，因为直到4月中旬他都似乎锐不可当），却在6月2日具有决定性的加州初选中以微弱劣势被戈德华特击败。

从一个方面看，洛克菲勒之所以失败，是因为戈德华特那成百上千的保守派志愿者打出了一张王牌：按照乔治·欣曼的策略编制了一份无懈可击的加利福尼亚精英代表名单。但问题是饱受争议的洛克菲勒再婚事件刚过一年，5月30日小纳尔逊就出生了，如果竞选重来一次，老纳尔逊的候选人提名照样会让别人拿走。（正如洛奇后来所言，“只有洛克菲勒这样的富翁才会以为一年当中既能拥有甜蜜的爱情，又能获得总统候选人提名”。）几周后一名资深记者告诉基辛格：“洛克菲勒输掉加州初选，一方面是因为生了个儿子，一方面是因为其竞选内容华而不实。”第二个缺陷基辛格曾设法纠正，却没能做到。

4

洛克菲勒认输后，基辛格很动情。他亲笔写了一封信寄给洛克菲勒，说“我最钦佩你在那痛彻心扉的几周，独自一人为原则而战。如果共和党和我们的两党制度得以保全，主要功劳归你”。这可能看起来有些夸大其词，也许只是给他战败的恩人打气。然而，如果你低估了这时的基辛格的紧张和兴奋之情，那就错了。7 月，共和党 1964 年全国代表大会在旧金山的牛宫举行，基辛格还是头一次参加这种盛会。他还从未与美国民主进程如此近距离地接触过，会议室里烟雾弥漫，会议厅中人头攒动。这次经历给他留下了刻骨铭心的印象，记录在一篇标注着“私密加机密”的日记中。

离大会还有一个星期时基辛格就来到旧金山。他和洛克菲勒竞选团队的成员都不抱多大希望，但他们的老板一直满怀信心，以为自己可以多少制约一下戈德华特，想着要是能在共和党的这个平台上将这个思想比较极端的候选人肃清该多好。严格来说，还必须投票确认戈德华特为候选人，因为斯克兰顿还在竞争，不过结局已确定无疑。开完第一场会，基辛格写道：“整体气氛比较沮丧。洛克菲勒的表现令人失望。事实上，会议没开好，每个到场的人都有自己的遗憾和说法。”他对其他落选者的表现并不上心：斯克兰顿没有章法、不够果断；罗姆尼衣冠楚楚，但空虚、自负；洛奇妄自尊大、腹中空空。“这些人没有一个……有道德勇气讨论原则问题，一个个都觉得能来这里要么是意料之外的，要么至少也是因为1968年在戈德华特之后成了假定后继者”。基辛格全力主张摆明立场，敦促洛克菲勒“表示不希望人们鼓掌通过将林肯总统的党派交托给戈德华特的提议”，如果大会不满足他的最低要求，就强行要求在会上举行辩论。要求有三：“一、维护美国在联合国的成员国地位；二、继续认可苏联；三、不能授权决定使用核武器。”他对反应冷淡的珀金斯说：“反对戈德华特的团队不是在为共和党代表大会竞选，而是在为历史竞选。”基辛格这次最大的贡献，是设法要求大会修改戈德华特提出的建议，即授权北约指挥官控制核武器的政纲条款。他花费大量时间打电话、跟人见面，力图团结艾森豪威尔政府中原来的那批官员，尤其是艾伦·杜勒斯、托马斯·盖茨、克里斯蒂安·赫脱、约翰·麦克洛伊，甚至还有艾森豪威尔的弟弟弥尔顿。结果，前总统退出了对峙，斯克兰顿临阵畏缩，而罗姆尼则彻底倒戈。

这次大会的几乎每个环节都让基辛格感到害怕。梅尔·莱尔德主持政纲草拟委员会，满以为戈德华特会取胜，“不停地把玩他的指节铜环”。还有些“无为、无能、自私……的所谓的温和派”，最糟糕的是，各方意见不统一。还有艾森豪威尔政府的那些老家伙，狡猾透顶，根本不搭理基辛格提出的任何原则。最可怕的是戈德华特的支持者。基辛格发现，这些人根本不是“穿网球鞋的老女人和退休上校”，而是“聪明的、充满激情的年轻人”，他们“特别讲究语义纯粹……紧张、能干、毫无幽默感、极其不安”。基辛格有一种不祥之感，想起了自己小时候在德国参加的政治活动。7月9日他写道：“温和派今天的行为就是典型的摇摆不定。他们的整个做派让人想到面临希特勒的民主党派——不愿相信他们的对手是认真的，一般下小赌注，忽略基本问题。”相反，“戈德华特的支持者都是中产阶级，‘值得尊敬’。他们感到被人威胁，有一种不安全感。他们渴望那种全情投入的安全感。无论戈德华特的‘真实’观点是怎样的，他的活动从表面看类似于欧洲纳粹主义”。最让基辛格心惊胆战的是，7 月13 日那个周一的上午他见到了戈德华特的一个支持者。头天晚上，基辛格和洛克菲勒、斯克兰顿、洛奇等人开会开到很晚，想就核武器条款修改稿的措辞达成一致。基辛格在日记中写道：“我们离开会议室时，戈德华特手下的一个人清点人数。名单上没有我的名字。但是他认识我，说‘基辛格，别以为我们会忘记你的名字’。”一个从纳粹德国出来的难民听了这话真是感到阵阵寒意。①

当天晚些时候大会开幕。会场一片混乱，这里以前叫加利福尼亚州家畜展示场，真是名不虚传。温和派虽然败下阵来，但还是坚持提议修订纲领中的三项条款：总统控制核武器、民权（戈德华特拐弯抹角地表示反对）以及“极端主义”。但每次交锋都败北。大会的计划也变了，结果修正案的辩论直到晚上 9 点才开始，东海岸的电视观众压根看不到。洛克菲勒的支持者寡不敌众，他们分配到的座位都在离大会主席台很远的角落里。据基辛格估计，负责门迎和引路的 3/4 的人都是“明目张胆地戴着戈德华特徽章的支持者”；甚至有警察公然到场支持“巴里”。大会主席、肯塔基州州议员思拉斯顿 · 莫顿对任何阻挠预定候选人的人公开表示蔑视。最可笑的是，戈德华特手下那帮人的滑稽举动，都是由其竞选活动策划人克利夫 · 怀特在会议厅后面的绿白相间的通信拖车里用对讲机统一指挥的。

① 还是在那一天，晚些时候，基辛格“在街上被共和党人克莱格 · 霍斯默搭讪，他是美国原子能联合委员会内部资深的共和党成员。他走到我面前，说‘我注意到你转向了敌人那一边’”。而基辛格此前从未见过霍斯默。

但是，让基辛格最害怕的是众人的自发行为。他拿到一张票坐在斯克兰顿的包厢里，占了两个座位，目睹了现代党派大会最不规矩的一次会议。

> 我即刻感到大部分代表以及所有观众的疯狂、激情和热切。那气氛更像是一场复兴布道会，而不是政治大会。显然，一场革命正在酝酿。观众和代表都不是来参加一种传统意义上的胜利集会。他们是来庆祝胜利。他们希望打垮对手，而不是团结对手……今天晚上的牛宫真是险象环生、难以言喻。巴里、巴里的呐喊声响彻会议厅。

艾森豪威尔在开幕词里用种族歧视的口吻提到携带弹簧小折刀的罪犯①，“大多代表以为这是在委婉地批评民权运动，这样一来，后来再有谁谈到民权运动，他们都会狂热地鼓掌”。约翰·古德温·托尔议员念出党纲里那些呼吁“解放”波罗的海国家、解散南斯拉夫的条款时，会场上发出疯狂的欢呼声。但是，当洛克菲勒朗读在那天上午达成一致的发言稿支持极端主义修正案时，会议气氛跌到了谷底：

> 共和党完全尊重负责任的批评，捍卫民主进程中的异议权。但是，我们拒绝约翰·伯奇协会、三K党和共产党等组织的言行，因为它们试图渗透到我们党内的责任岗位，或者依附于党的候选人，从而败坏我党名声。

洛克菲勒演讲时，不少人在那里喝倒彩。他讲到“打手队和纳粹

① 艾森豪威尔说道：“不要对那些罪犯同情心泛滥，这些人带着弹簧小折刀和非法枪械走在街上，目标是无助的‘猎物’，这些罪犯竟然突然就被谅解了，他们成了那种贫苦的弱势群体，因为社会的同情或太多法庭的松懈和软弱，他们获得了原谅。”

手段”这个词组，嘘声一片，盖过他的声音。有好几分钟，人群中不停地高喊“我们需要巴里！”那声音几乎完全淹没了他的发言。洛克菲勒毫不畏惧，继续发言，谴责“包括共产党、三K党以及约翰·伯奇协会成员在内的一切激进和迂腐的少数派”，呼吁共和党“不仅要拒绝左派的极端主义，也要拒绝右派的极端主义”。这番话赢得了纽约州和新罕布什尔州代表的忠实掌声，但当洛克菲勒批评“外来”右翼“少数派”、声明自己相信“共和党的自由主义”时，会场上其他人喝倒彩的声音越来越大。最后，他说出“极端主义威胁”这个词语，支持戈德华特的人简直发狂了，又是摁喇叭，又是喊口号，一片喧闹，那声音震耳欲聋。演讲末了，洛克菲勒对那些闹事者丢下一句“公然以个人暴力相威胁”，愤然离开讲台。好在大多数美国人这时已关掉电视。这种广告对一个政党来说真是太糟糕了，反对者正求之不得。事实上，克利夫·怀特也控制不了自己的人。

基辛格被吓呆了：

> 后来我看了电视重播，几乎都看不到当时牛宫里弥漫的那种恶毒、邪恶、歇斯底里的仇恨。主持人介绍纳尔逊·洛克菲勒时只说他是州长，没加任何形容词，他还没开口，起哄声、嘲笑声和嘘声已经持续了几分钟，主持人根本不制止。洛克菲勒发表声明的时候，每说几个词都会被一阵恶心、卑鄙而恶毒的喧闹声打断，主持人根本控制不了局面。

后来的场面也是闹哄哄的，反极端主义的修正案被否决也就毫不奇怪了。罗姆尼提出的比较缓和的修正案也被否决，民权修正案也被否决，基辛格劳神费力、精心措辞的核管理局修正案同样被否决。

大会的高潮是戈德华特发表的浮夸的提名演讲。观众听了演讲大多热血沸腾，给人印象最深的是为戈德华特量身定制的词句。演讲稿的作者哈利·雅法，是一位从保守角度重新解读林肯的著名学者。戈德华特厉声说道："我要提醒大家，捍卫自由的极端主义不是坏事。请允许我提醒大家，追求正义的时候节制不是好事。"（对此并不是人人叫好。一名记者听了很惊讶，嘟囔道："天啊，巴里·戈德华特就这样去参加竞选吗？"而理查德·尼克松一脸木然，没有鼓掌。）从很多方面来看，这次演讲意味深长。戈德华特关于"集体主义泥沼"和"共产党恃强凌弱"的讽刺毫无新意。不过，他在外交政策方面讲的几句话正是有意刺激林登·约翰逊："昨天是朝鲜，今晚是越南……我们已经在越南开战了。（掌声）然而，总统虽然是三军总司令，却不愿说……我们的目标是不是要打胜仗。"会议厅外面的敌对群众也值得注意。多达4万的民权示威者占领了市政厅广场，谴责戈德华特是又一个希特勒。

自由派媒体是戈德华特的支持者最中意的炮轰对象。报纸对大会的报道也予以还击。有些报纸显然不知道戈德华特家族具有犹太血统，居然报道他即将在会后去贝希特斯加登——希特勒在阿尔卑斯山的避暑休闲之地。《生活》杂志说会上出现了"一股狂热潮流"。专栏作家德鲁·皮尔森察觉到"法西斯主义气息"。一个在场的共和党成员比较认同这种说法。基辛格对自己目睹的一切毫不怀疑：

> 牛宫那种欢呼的狂热令人联想起纳粹时代……那些支持戈德华特的人都是中产阶级，活动十分猖獗：他们是技术官僚，被一种近乎狂热的热情所驱动。他们是自由暴露那一代人，是许许多多自高自大、自以为是的知识分子……他们有信仰，没有党派。

那些佩戴亨特利和布林克利①徽章的代表在场内到处走是一种新现象。有一个代表对我说："不好意思，我的徽章不够大，不能把霍华德·K. 史密斯和东部所有报纸都印上去。"这是一种新型代表。这种组织一旦成立便很难清除。它会成为后10年很可能出现的所有危机的剩余遗产继承者……戈德华特的胜利是美国政治中的新现象，它是欧洲意义上的意识形态政党的胜利。谁也无法预测其结局，因为没有先例。

报纸纷纷对这出"悲喜剧"进行报道，引起了基辛格父亲的警觉。老先生当时在瑞士的阿尔卑斯山度假，他给儿子写信，警告说如果"此人"在"不满分子"和"反动分子"的帮助下获得11月大选的胜利，那"将是美国的悲剧，也是全世界的悲剧"。不过，他儿子明白同时还会有其他危险。一股同等的对立势力也有可能汇聚到政治左派。他富有前瞻性地写道："我们前面可能出现的情况已经在牛宫有所体现。"室外有纠察队呼吁越南中立、解散北约，还有争取种族平等大会的示威者。室内是右派极端分子。

几天后他对英国历史学家迈克尔·霍华德说，参加这次会议"是一种惨痛的经历……任何新闻报道恐怕都难以尽述"。霍华德表示同情。这种亲身政治经历值得人们"引以为戒"。他写道："我们这些学者只是在理论上对非理性的力量有所了解，实际生活中碰上了会叫人非常难受。对那些成功掌握这种力量的政治家，你会更加尊敬。"但是霍华德把戈德华特的支持者与当时在英国进行得如火如荼的核裁军运动相提并论并不恰当。美国发生的事情比较特殊，基辛格仔细一想，

① 戴维·布林克利和切特·亨特利是美国全国广播公司的《亨特利–布林克利报道》的自由派主持人，这是一档晚间新闻节目。《霍华德·K. 史密斯：新闻与评论》这档节目在周日早晨通过美国广播公司播出。

认为这跟肯尼迪时代知识分子背信弃义不无关系。那时候，常春藤高校最优秀、最聪明的人对华盛顿趋之若鹜，以为自由派计划具有不可动摇的正确性。

> 每个民主国家都要尊重多样性。但是它们必须明白多样性的意义何在。宽容不能等同于道德中立。相反，如果相对论四处蔓延，伪价值会取代被毁灭的真价值。人不能靠陈旧的口号和自以为是的祈祷来生活。20 世纪 30 年代人类还没有明了全部真相。我的很多同事（我可能也是如此）对那些不如我们见多识广的人采取一种自鸣得意、居高临下的态度，这样必然会产生一种感情真空……发生戈德华特现象之后，两党都有责任深刻反省。两党都应扪心自问的是为什么有了和平和繁荣还不够以及为什么在生活富裕时期中产阶级会出现极端行为。他们必须考虑一点，如果民主社会对多样性的尊重不是建立在强烈的目标意识之上，那么这样的社会不可能存在下去。

可悲的是，20世纪60年代美国的那些统治者深信越南战争可以提供这种目标意识。约翰逊政府引起的越战升级带来了灾难性后果，正因如此，在后来的15年中，即便从选举角度看，戈德华特支持者的人数大大超出左派极端分子，在美国政治剧中饰演主角的似乎也不是牛宫里面的极端分子，而是牛宫外面的极端分子。

5

政府宣传者及政府左派辩护者常说，越南民主共和国政府根本不是美国侵略的无辜牺牲品。1963年12月，也就是约翰逊总统做出往越南大规模发兵的重大决定前一年半，越南工人党中央委员会第九次全体会议通过如下决议："如果我们不打败敌军，我们无法……取得革命的胜利。因此，武装斗争具有直接而决定性的作用。"1964年9月，河内政权派遣越南人民军正规军南下胡志明小道；6个月后，约翰逊才派海军陆战队登陆越南岘港。这次战争的目的，在1965年3月第十二次全会决议中被提及，是"打败……美帝国主义者，保卫北方，解放南方，完成全国的民族民主革命"。因此，也就不难理解1964年8月2日和4日，美国驱逐舰"马多克斯"号在北部湾遭到越南民主共和国鱼雷艇攻击了。约翰逊总统指责越南民主共和国"公开侵略"也不无道理。他要求国会"授权自己采取一切必要措施击退对美国军队的任何武装进攻，以预防进一步侵略"，这么做也合情合理。

约翰逊总统向国会隐瞒了一点，"北部湾事件"的直接起因是34–A作战计划——越南共和国突击队在越南民主共和国沿岸发起攻击的计划（该计划由美国国防部策划，得到中情局支持），同时美国海军执行侦察任务。1964年8月2日，美国驱逐舰驶入国际海域，的确遭到了越南民主共和国巡逻的鱼雷艇攻击，航空母舰"提康德罗加"号派出的空中支持可以为证。因此，约翰逊完全有权派美国驱逐舰"特纳·乔伊"号与"马多克斯"号一道巡逻。比较令人怀疑的是8月4日约翰逊和其他政府要员在得知互相矛盾的报道后所采取的处理办法。两艘军舰都报道再次遭到越军鱼雷艇的攻击，它们也还以炮击，而美军执行空中支持的飞行员"却什么也看不见，只见到黑水和美军火力"。"马多克斯"号司令官迅速给火奴鲁鲁指挥部发送了紧急电文，"责备天气反常，影响雷达和心情迫切的声纳兵"，尽管他后来又换了一套说辞。只有一条截获的信号情报表示越南民主共和国军队真的发动了攻击。

然而，约翰逊和麦克纳马拉却以此为由，针对约翰逊所说的“对美国武装部队多次采取暴力行动”施加报复，进行了首次空中打击。

约翰逊就是约翰逊。他本来不希望在竞选中谈论越南问题，实际上他打算削减1965年的国防开支。但是计划不如变化，良机不可坐失。那天他正跟国会领导人一道用早餐，突然收到越军第二次攻击的初步报告。他厉声道：“告诉你我的想法是什么，我不但要把炮轰‘马多克斯’号的那些鱼雷艇摧毁，还要把码头上的一切全部摧毁。我要把整个工程给摧毁。我要让他们好好尝尝我的厉害。”机会来了，他要令人信服地反驳戈德华特在旧金山提出的指控：政府在越南问题上很软弱。在8月4日对全国人民演讲的前夕，他打电话给戈德华特，请他支持“尽可能将所有鱼雷艇除掉，将它们所有的基座都清除”。一个非常爱国的人怎么会说不呢？从狭隘的选举角度看，约翰逊做得一点儿都不错。从宪法上看，他不需要北部湾决议。不过这样一来他更有力量对付国会。正如约翰逊亲口所言，它“就像奶奶的睡衣，无所不包”。只有俄勒冈州议员沃尔特·摩斯和阿拉斯加州议员欧内斯特·格伦林投票反对总统在越南问题上搞一言堂。这也是共和党的一种聪明的竞选策略，即让约翰逊代表“正面反应”，而戈德华特则代表“负面反应”。结果是约翰逊大获全胜，获得美国竞选历史上最多的选票。就连基辛格也投了他一票。他上个月参加共和党大会后满腔怒火，竞选前夕还发表了一篇文章严厉批评戈德华特。

约翰逊不费吹灰之力就把戈德华特描绘成“一个就像水果蛋糕一样古怪的疯子”、“一个狂热的疯子和”和“一条疯狗”。这位共和党候选人有充足的证据证明自己判断力很差。约翰逊声称“想往每个人身上扔原子弹”，实际上，有人就根据这句话拍了一条历史上最成功的批评广告——那条著名的广告，描述的是一个叫黛西的小女孩在原子弹轰炸中被焚烧。不过，1964年共和党输掉的不光是总统竞选。他们在众议院也失去了36个席位，让民主党赢得了1945年以来众议院数量最多的多数席位。共和党在参议院也丢了两个席位，结果又是民主党赢得了多数席位（68 ∶ 32），这也是民主党战后参议院席位最多的一次。此时共和党的命运跌至低谷。就连共和党的自由派成员，例如纳尔逊·洛克菲勒，此时也很容易偏向左派：博比·肯尼迪辞掉了司法部部长一职（因为他请求约翰逊把自己提升为副总统或国务卿，遭到拒绝），洛克菲勒很担心他会来竞选纽约州州长。民主党在竞选中取胜，在两方面加强了约翰逊的权力。一来他颁布了一系列自由派法律：选举法、医疗保健法、医疗补助法以及消费者保护法和环境保护法。二来他在越南政策上的所有政治限制似乎被悉数解除。越南战争最惨烈之时，也就是民主党最强大之际。可笑的是，约翰逊之所以往越南增派援兵，其中一个原因是害怕人们会因他曾镇压的一场保守运动而说他“软弱”。

踏上地狱台阶的理由千千万，通往地狱的台阶万万千。9月7日，约翰逊下令，只要越南民主共和国攻打美国部队，美国部队就“以牙还牙”，进行报复性空中打击。然而，当越共攻打美国在越南边和市的空军基地时，他要求国家安全委员会工作组（组长是时任负责东亚和太平洋事务的助理国务卿、麦乔治·邦迪的兄弟威廉）考虑另外两种方案：李梅属意的那种猛烈的空中打击或者沃尔特·罗斯托提倡的那种地毯式轰炸。第二种方案轻易胜出，于是1965年3月开始了“滚雷行动”的第一阶段——这场对越南民主共和国的轰炸战持续了8年，中间偶有停顿。同月，美军第一批部队在越南岘港附近登陆。4月1日，国家安全委员会决定调用这些部队直接攻打越共。到1965年5月，47 000名美军战士已抵达越南。6月7日，威斯特摩兰“要求”将在越美军增加到44

个营，这样在越美军总人数年底将增至175 000人。尽管麦克纳马拉称之为“鲁莽到愚蠢的地步”，但仍然支持将美军总数提高到100 000人。

决定让越南战争以一种“缓慢上升的节奏”（国安局328号备忘录的原话）升级而没有设计退出战略，这是美国在冷战期间犯下的最大战略错误。从一开始，约翰逊对此就有疑虑，政府的其他成员，尤其是乔治·鲍尔，也对这一点表示怀疑。首先，美国的直接行动似乎是对付越南共和国长期不稳定局面最简单的办法，越南共和国的那些“争论不休的政客”似乎很难仅凭自己的力量打胜仗。阮庆将军试图夺权，但因为学生和僧人上街游行，未能得逞。不过出动军队后他又很快上台。政府经受住又一次政变，成立了国家高级议会，起草了宪法，建立了以西贡前市长陈文香为总理的平民政府。正如鲍尔后来所言，“那里出现了一系列肮脏的政变，感觉越南共和国的整个政治体制行将崩溃，如果我们不想让这个破玩意儿垮掉，必须采取非常公正、非常积极的措施”。美军轰炸越共算是“帮了越南共和国大忙”。

其次，威廉·威斯特摩兰将军指挥的军队向约翰逊承诺“只打有限战争、达到有限的目标、使用有限的手段、动用有限的资源”。约翰逊认为如果付出太多（尤其是如果入侵越南民主共和国）有可能把中国牵扯进来，他总是担心朝鲜战争再度上演。事实上，也正因如此，李梅认为全力以赴便毫无希望。但是，威斯特摩兰中意的“搜索–歼灭”战略实际上损耗性大，结果美军伤亡惨重，士气低沉①。陆军参谋长哈罗德·K. 约翰逊及其副手克赖顿·艾布拉姆斯提出另一种方案，支持美军清剿、占领一些重点村，而将大部分作战任务留给越南共和国，但该方案没有引起足够的注意。

① 在越南战场，每月的死亡人数大致为469人，而朝鲜战争的月死亡人数为909人。

再次，现在美国国内项目发展很快，为了不危及国内项目，约翰逊只能让军事力量“缓慢增长”。事实上，尽管民主党把持了国会，但政府在福利和民权事务上的行动太快，他都有些力不从心了。6月30日，他建议给贫困家庭发放租房补贴的提案险些被否决；7月底要开会审议的投票权和医保法案看起来也不堪一击。财政上保守的共和党和南部各州的民主党结成联盟，威胁着“大社会”蓝图。因此，约翰逊不敢要求国会答应越战升级必须满足的条件：一项新决议、授权他征召预备军人、一笔巨额追加拨款以及增加税收。约翰逊没有在黄金时段上电视发表讲话，而是在一次中午召开的记者招待会上非正式地宣布将调动更多部队，一口咬定这样做“不意味着政策会出现任何变动”。正如他对麦克纳马拉解释时所言，如果他“对国会……提出更多要求……我们的国内立法计划就会化为泡影”。约翰逊决定不让国会有机会在枪炮和黄油之间做选择，因为他们很可能选择前者。在此问题上，他得到参议院多数派领导人麦克·曼斯菲尔德的支持。

最后，也是最关键的，可怜的是那些对战争升级持怀疑态度的人没能证明自己有理。有人说是约翰逊不让在国会辩论，其实不然。根据近几任总统的标准，1965年的国会辩论是相当自由的，大家都能畅所欲言。1965年4月2日的国会备忘录中记载，约翰·麦科恩准确预言“各种因素会增加军方的压力，以期制止轰炸，其中包括美国民众、媒体、联合国和世界舆论”，并准确推测越南民主共和国就“指望出现这种情况”。他还警告道，即便“美国保证不断增加人员”，政府也将发现“这项军事行动让自己陷入丛林战的泥淖，无法取胜，要从中抽身也极其困难”。另一个早就对此持怀疑态度的是国防部副部长约翰·T.麦克诺顿。1965年春，他访问西贡后回国，郁郁寡欢。他认为“美国是一名‘良医’，而越南这位病人已经无可救药，治不了了”。1965年

6月，他直言不讳地说："黄种人的问题应该由黄种人解决。"早在1965年5月17日，克拉克·克利福德就警告过，如果投入大量地面部队，那么美国会"陷入泥潭"。7月23日，他在戴维营对约翰逊总统说："我讨厌这场战争。我认为我们赢不了……它会毁了我们。5年牺牲5万人，耗费数千亿美元——这还不仅是美国的事。"乔治·鲍尔战后在法国生活过，他比大多数美国官员都了解法国人的感受。他认为越南完全是个"很差劲的国家"。他也怀疑"逐渐升级"的提法。7月21日，在白宫举行的一次重要会议上，鲍尔毫不含糊地主张"减少我们的损失"，道理很简单，因为"大国打不过游击队"。往越南增派部队犹如"给癌症晚期病人进行钴放射治疗"。的确，这将意味着失去越南。但是，"最沉重的打击莫过于让世人知晓世界头号强国居然打不过游击队"。

种种预测后来一一成真。不过，鲍尔事后承认："我当时有一种宿命感，因此不会制止事态发展。该发生的终究会发生。这种事一旦开了头，就像人喝了点儿酒一样，之后肯定还想喝，你都身不由己。"相反，罗斯托一直都很乐观，不断安慰约翰逊美军会打赢越战。而麦克纳马拉却踏上一条错误道路，不仅名声遭受致命打击，下半辈子也不得安宁。正是他在1965年7月的重要辩论会上力排众议，重新推出多米诺理论，预言美国在越南的失败将导致"共产党统治"不仅横行"老挝、柬埔寨、泰国、缅甸和马来西亚"，也可能殃及日本和印度。他悲观地警告："巴基斯坦将进一步靠近中国。希腊、土耳其将趋向中立。共产党在非洲的活动将变本加厉。"

因此，很多人预言美国一旦失去越南，便将失去第三世界。在这种心态下，美国出手了。

6

基辛格对越战升级的重大决定也负有不可推卸的责任。他是纳尔逊·洛克菲勒的主要外交政策顾问，而洛克菲勒两次竞选共和党候选人提名都失败了，那次参加共和党大会发表演讲抨击极端主义时甚至被一帮暴徒的咆哮声所淹没。这显然是基辛格的错。林登·约翰逊总统跟肯尼迪总统不一样，像基辛格这样忠于竞争对手的顾问他压根就不用。

无论如何，即便约翰逊不会考虑将美军从越南撤回的脱身战略，基辛格却一直在盘算自己的脱身战略。1964年8月，他和安妮在内华达州的里诺办完离婚手续。即便他们这么“快速地”结束了婚姻，但也难免耗时费神。这段时期前后，他曾抱怨自己的生活“极其忙乱”，“叫人难以相信”，因为“既存在个人问题，工作上也前途未卜”。基辛格原来住在剑桥的家里，现在要搬出来，要从特意在车库上面建的书房里搬走所有的书和文件，这可不是什么令人愉快的事。最大的问题自然是孩子，两人离婚的时候大的孩子5岁，小的才3岁，但他们也知道父母之间出现了难以弥合的裂缝。事实上，有时生活就是这样，离婚后他照顾孩子更周到了，因为他现在跟伊丽莎白和戴维住在一起，不能不全心全意地照料他们。

离婚后基辛格和父母的关系也更近了。1964年2月，他父亲写信感谢他买的寿礼：“我喜欢你字里行间流露的那种温暖。”

我很开心你似乎对我和你妈妈不再有怨恨之情了，以前有一段时间你显然是怨我们的。

亨利，请你相信我，我和你妈妈都能体会你现在的不幸。做父母的不希望你为了我们做出一个不能让你最终幸福的决定。这么漂亮的一栋房子、那么棒的一个书房，家里的一切都舒舒服服的，现在要放弃，心里一定很难过，难以割舍，这一点我们非常能够理解……

只有你自己才能判断，你最需要什么。老天啊，求求你，但愿你能很快想办法过上一种内心满足、幸福的生活。

你负担很重，目前经济很拮据……我们对你深表同情，但求能帮上你。

尽管当父亲的在经济上帮不上忙，但路易斯·基辛格却设法在感情上支持两个儿子。尤其是他设法让两个孩子继承德国犹太人的习俗。光明节到了，父亲一般都会给儿子们买些德国作曲家的黑胶唱片：有由卡拉扬指挥的柏林爱乐乐团演奏的贝多芬第八、第九交响曲；有舒伯特第五、第八（未完成）交响曲；有舒曼的莱茵河交响曲；还有伯恩斯坦指挥、纽约爱乐乐团演奏的马勒第二交响曲。第二年，又给他俩买了录制了两部海顿的交响曲和莫扎特的交响协奏曲的唱片。与此同时，父亲还规劝两个儿子让子女“到希伯来语学校接受犹太教教育”。但是，令老父亲极为伤心的是，兄弟两人（弟弟更甚）毅然决然地要过世俗的美国生活。

离婚的确代价不菲，但也的确值得。基辛格现在搬到了波士顿灯塔街419号的一套雅致公寓里。他还经常往纽约、华盛顿跑，有时候也就是想换换环境，并不都是去办事。父亲知道基辛格喜欢音乐，无疑希望他能去卡内基音乐厅，不料他却买票去观看泽罗·莫斯苔主演的音乐闹剧《春光满古城》。这个时候，基辛格的幽默感越来越外露了。他对洛克菲勒新招的一位助手说：“我只讽刺我很喜欢、很尊敬的人。”这种俏皮话在聚会时很受欢迎。他现在频频出入社交场合，他父亲不以为然。基辛格42岁生日的前两天，父亲写信说很遗憾他不能来和父母吃饭，因为以前他们家孩子过生日一般都会和父母在家吃饭。父母原想给他打电话，但“我猜你不希望我给你打电话，让参加鸡尾酒会的客人都知道那天是你的生日”，于是作罢。其他人也发现这段时期基辛格变了。托马斯·谢林曾在伦敦向一位同事介绍基辛格，说他“肥胖、个子矮、面色苍白、病恹恹的”。但是，一次基辛格去伦敦国际战略研究所开会，抵达希思罗机场时，人们看到的远不像谢林所言。他瘦了，面庞黝黑，西装笔挺，完全可以拍广告了。弗兰克·林赛的夫人玛戈特也看到他了。原来基辛格“并不爱笑”，现在瘦下来了，“很风趣、爱聊天”。

父亲虽然对基辛格新的生活方式颇有微词，但谈到儿子的成就时却抑制不住自豪的情绪。父亲开心地说道“上次安息日布道，我们社区教堂的哥德堡拉比提到你，还引了你新书中的几句话。”1965年12月，基辛格出席哥伦比亚广播公司主办的越南问题电视辩论会，父亲更是赞赏有加：

> 不管是在街上，在家里，还是在地铁上，总有人打来电话，或者主动跟我说话。德国犹太人都很骄傲，“他们”中的一分子居然能代表美国，有些人很欣赏你能解释美国政策，但所有人都佩服你的表现，连那些不同意美国出兵越南的人也佩服你。今天就有个律师跟我说：你儿子太棒了！我也很高兴，你说话很有节制，不像是那种战争狂。

基辛格回信向父母保证，二老去瑞士度假一定会享受隆重礼遇。

前面说过，几乎无论怎么看，基辛格参加1964年共和党大会都是一次惨痛的经历。虽然会场被戈德华特之流弄得乌烟瘴气，但基辛格却得到一个意外的惊喜：正是因为这次大会，在旧金山的一个夏日，基辛格首次邂逅了南希·马金尼斯。她美丽、聪明，而且相对于基辛格而言身材更修长，她是法国历史专家，三年前就开始为洛克菲勒做些兼职工作。两人的激情在旧金山点燃，慢慢地燃烧。到了1967年1月18日，基辛格写信请她做外交政策研究员的全职工作。他在信尾写道："现在请允许我说一句，如能再次与您交往，我将很高兴。"现在我们知道，实际上在1964年共和党大会召开后不久，两人就擦出了爱的火花。基辛格被迷得神魂颠倒，开会时在会议厅一排排地找她。然而，基辛格刚刚离婚，再说，若自己这个大儿子将来跟不信犹太教的女人结婚，父母可能不喜欢，所以两人决定暂时对这段感情保密。

7

1965年12月，父亲路易斯·基辛格看到儿子上电视，压根儿没想到基辛格能再次参加美国外交政策的公众辩论多么不容易——不仅仅是再次参加公众辩论，而且是再次参加决策过程。有人可能会想，基辛格在越南问题上对肯尼迪和约翰逊两届政府都持强烈的批判态度，要重新进入决策层一定很艰难。其实不然，从一个方面看反倒是更容易了。1965年7月的几场重要辩论会上，麦克纳马拉的关键立场实际上是多米诺效应的翻版：美国在越南打败仗会产生连锁反应，世界各地的共产党会更加有恃无恐地起义。无独有偶，基辛格也得出类似结论。1964年9月，他为洛克菲勒起草了一份发言稿，依然是以批评的形式指责政府"误解共产党挑衅"，在越南问题上"糊里糊涂，摇摆不定，不够坦率"，不料这为他在华盛顿的重新崛起铺平了道路。

艾森豪威尔的多米诺效应暗示共产党会越过边界，像部队一样从一个国家行进到另一个国家。不过基辛格现在提出了一个不同的构想、一个更新的想法，更适合这个有洲际飞机和导弹的时代。

> 面对共产党在老挝、越南的发展，美国优柔寡断，不敢展示出强硬和毫不动摇的一面，因此我们的东南亚条约组织盟国中立化的趋势就越发显著……但有一点应该也很清楚，印尼总统苏加诺侵略他国，美国没能让他付出代价，所以后来才冒出个纳赛尔。我们在柏林墙问题上表现软弱，结果，古巴导弹危机又对我们的实力进行了一次检验。
>
> 孤立的问题、孤立的国家不复存在。再不会有单一的、简单的解决办法。每一个事件都会产生世界性影响。

这种全球化的暗示引人注目，因此在后来的政治生涯中，基辛格多次提到一种悖论：“现代科技创造了由不同民族组成的共同体，而政治观念和工具却依然局限于民族国家……世界历史发展到今天，民族国家已经无法独立存在下去，而偏偏此时迎来了民族自决的胜利。”易言之，后殖民世界的政治分裂与增进国际团结、加强国家间联系的科技、经济趋势背道而驰。基辛格认为，这意味着必须建立国际秩序的新的“更宽泛的结构”。

基辛格始终比那些他批评的人理想化。原则上说，他跟威尔逊总统一样支持建立“一个包含安全与发展的世界体系”。但是这却遭到“敌对势力的阻挠”。因此，“我国外交政策面临的巨大挑战”必须是建立一个“自由国家联盟”。为此，第一步是“建立一个负责为西方的未来研究制定共同的谈判立场和共同政策的北约中最高层次的永久性组织”。这样的机构可以“向全世界宣告，无论是马来西亚、越南共和国、泰国、委内瑞拉的受害者，还是中东的受害者，都能期望得到我们的支持”。毫无疑问，这个机构也会促进这些国家的经济发展，不过基辛格明确表示，他的期望远不止于此：

> 效率绝不是自由国家人民追求的唯一目标。
>
> 无论观念有多么虚妄，我们都不能空谈物质财富来跟它们斗。所有人都希望拥有价值观，因为只有有了价值观他们的生活才有意义。
>
> 我们应该大大方方地宣称，我们要矢志不渝地追求一个目标，让民主成为未来的潮流。
>
> • 我们要让它对于美国国土上所有公民而言成为现实；
>
> • 我们要向世界昭示一个信仰，一个有益于实现世界各地人类价值的信仰；
>
> • 我们要用精神而不是物质衡量它的价值；
>
> • 我们要在它里面找到它赋予我们祖先想象力、主动性和勤劳品质的缘由。

这种夸大的言辞自然是为洛克菲勒准备的[①]，但至少表面上跟约翰逊及其国家安全团队为越战升级的辩护之词是吻合的。（这里有一个明显区别：他们的行动没有得到任何欧洲国家的支持。不过，这个暂时不说也罢。）

1965年春，基辛格开始行动，频频邀请政府前任和现任官员讲演，

① 读者可能会疑惑这份演讲草稿是被基辛格用于表达自己的观点，还是反映了基辛格解读出的洛克菲勒想表达的东西。但是，基辛格可不仅仅是个演讲稿写手。虽然有些语句明显是他用来贴合洛克菲勒那种讲究的讲话风格的，但观点却显然是基辛格自己的。洛克菲勒邀基辛格来显然是为了利用他的观点，而不让他来写就华丽的文章。

请他们吃饭，给他们写信表示鼓励。他邀请麦克纳马拉到国防政策研讨会就反叛乱战争做一个“比较随意的互动”。①他邀请时任纽约州议员的罗伯特·肯尼迪吃饭。3 月30 日，基辛格写信宽慰邦迪说：“我认为我们目前在越南问题上采取的行动在根本上是正确的，政府敢作敢为，我深表敬佩。”两个星期后，邦迪回信致谢，并说基辛格这么支持政府，恐怕“在我们那些哈佛的朋友当中有点儿曲高和寡”。基辛格发现时机到了。第二天他回信说：

> 就算被人误解，我还是要说，我认为总统在演讲中提到的越南计划完全正确：刚柔并济，恰到好处。我这么说是因为您以前在哈佛的一些同事喜欢挑毛病，这会引起误导，让人以为你们全都是一个想法。我会找机会尽早陈述自己的观点。

话说到这个份上，前嫌尽释。4 月30 日，邦迪在信中写道：“少数人想知道是不是有些德高望重的教授支持我们，我经常提到你，但他们似乎不信。”基辛格适时重申自己“坚决支持政府的越南政策”，谴责美国大学优等生荣誉学会成员的“无礼批评”。该荣誉学会曾邀请邦迪参加一个极端的“讨论会”，遭到拒绝，于是就指责邦迪“鄙视外行的、学术性的批评”。

然而，自从基辛格担任肯尼迪政府兼职顾问惨遭失败以来，为他谋得一份政府工作的是一位共和党人，不是民主党人。亨利·卡伯特·洛奇虽然未能成功获得共和党总统候选人提名，还是再次被约翰逊任命为美国驻越大使，对此决定基辛格表示热烈欢迎。基辛格发动魅力攻势，邀请洛奇给国防政策研讨会演讲，但由于越南内政局势再

---

① 哈佛国防政策研讨会最初是由巴顿·利奇在法学院组织起来的，由基辛格接手后，研讨会仍在那里举行。

度恶化，他被迫取消演讲。然而，还有一个洛奇可以演讲，那就是美国驻越大使的长子乔治，他当时是哈佛商学院的一名年轻教授，出版过一部发展中国家劳工方面的著作。1962年，基辛格曾支持洛奇家的长子与30岁的爱德华·肯尼迪竞争马萨诸塞州的两个参议院席位之一，不过后来事情没成。（当时，基辛格半开玩笑地对南希·汉克斯说，跟肯尼迪家族的人作对恐怕“我8年的政治生涯会玩完”。）现在基辛格想找一个优秀的年轻学者到国际研讨会做几次演讲，题目是“美国国内迅速加剧的代际冲突”，他一下就想到了洛奇。两人中午在世纪俱乐部吃饭商量。不料，洛奇还有更好的想法，他和基辛格主动要求去越南工作，比如给洛奇的父亲当顾问。

基辛格不假思索，一口答应。他马上向学校申请了一年的学术假，校方批准了。（要不是邦迪恳求他推迟一个月，洛奇也发电报说10月“很好”，他可能立刻就动身去了西贡。）然而，我们还不能简单地说他这么做是因为胸怀大志，因为驻越大使的特别顾问根本不是什么高位。再说了，下文也会谈到，这份工作不无危险；这段时期，越共对西贡的攻击一天比一天频繁，他父母为此十分担忧，祈祷他平安无事。一些哈佛同事公开表示怀疑。托马斯·谢林嘲讽地对《哈佛深红报》记者说：“哈佛的人谁都不知道基辛格是要穿行在西贡市外的丛林里，还是龟缩在航空母舰上。”有少数同事，比如斯坦利·霍夫曼，显然很好奇，基辛格从越南回来后追着他问这问那。但是，大多数人深信越南民主共和国（用基辛格自己的话说）是“贫穷的、被人利用的、无辜的牺牲品”，到西贡工作是与魔鬼打交道。1965年夏，人们的情绪是何等黯然，看看三位参加国际研讨会的法国学员在《哈佛深红报》发表的谴责美国政策的文章即可见一斑。文章认为，美国像20世纪50年代的法国一样，认定自己是在为自由而战，纯属自己骗自己。实际上，它们是在有效捍卫“地方政府的封建制度、对农民的压迫及领导阶层的腐败”。

> 我们应该考虑一个现象，越南遭受战争蹂躏长达20多年，原因只有一个：国外列强不支持大多数越南人民所期待的社会制度的变革……一些大国必须承认，无论形式如何，每个国家必须自行选择自己的命运和政治形式。

基辛格帮助美国政府在越南共和国的代表可能是带有目的的，但不是想在马萨诸塞州剑桥市的那些哈佛同事当中扬名。他的真实动机似乎很直接。到1965年夏，越南问题不仅是美国面对的最大的外交政策挑战，而且是唯一挑战，他渴望深入了解。

基辛格从未去过越南。他对越南历史知之甚少，对越南语一窍不通。但是，1965年8月，他着手准备踏上前往西贡的漫长而艰辛的旅程时，已经明白一件事：这场战争靠军事手段是打不赢的。唯一值得讨论的问题是如何谈判以达成和解。

他注定要苦战8年时间才能解决这个问题。

第 17 章

不文静的美国人

基辛格建议的讨论框架如下：

（1）实施与谈判有关的军事行动。

——1965 年 8 月哈佛大学的一次讨论会记录

我们面对现实吧。如果走这条路，某一天我们必须把现在支持的那些越南人的睾丸割下来，所以如果你真的想做建设性研究，就好好考虑怎么把这些人的睾丸割下来。

——1965 年 9 月，约翰·麦克诺顿对基辛格说

1

格雷厄姆·格林写过一部小说《文静的美国人》，在他写作期间美国还在半真半假地支持注定灭亡的法国在印度支那的殖民政权。小说

主人翁奥尔登·派尔就是冷战期间美国困境的化身。故事的叙述者是一位久经沙场的英国战地记者，在他看来，派尔很可笑，很天真：

> 他在谈论老牌殖民国家英国和法国，还说你别指望赢得亚洲人的信赖。眼下美国人就在亚洲，一身清白。
>
> 我说："夏威夷、波多黎各、新墨西哥。"……
>
> 他说……总会发现存在没有受共产主义感染、没有丝毫殖民主义气息的第三方势力，他称之为国家民主；你只需找到一位领导人，并且不让他跟老牌殖民国家来往。

派尔哪里知道，像这样去寻找本土的合作者在根本上就是一种帝国主义行径。他也预料不到安置这种"第三方势力"却不给其长期承诺的结局一定是一场灾难。为了说服派尔相信这一点，小说叙述者把印度的英国人和缅甸的英国人进行了明确对比。

> 派尔，我去过印度，知道自由党会做什么坏事。我们现在再也没有自由党——自由主义已经感染了所有其他党派。大家不是自由保守派，就是自由社会主义者：我们都有良知……我们去侵略这个国家，当地部落支持我们，我们打胜仗，但是……在缅甸我们讲和……让我们的盟友上十字架，被锯成两半。他们是无辜的。他们以为我们会留下来。但是我们是自由主义者，不希望做亏心事。

后来派尔不像刚开始那样天真了。然而，他参加的中情局行动又不是那么隐蔽，结果惨烈送命。《文静的美国人》是一部先知先觉甚至是预言式的作品：约翰逊总统命令作战部队和B–52轰炸机行动前10年，格林已经觉察越南对美国有所防备。

1965年11月，基辛格乘飞机前往越南，我们很容易把这时的基辛格描绘成又一个“文静的美国人”：明知道美利坚帝国摆不平却又希望它能摆平，愿意千方百计取得胜利。基辛格首次访越有很多问题值得一谈，但最大的问题是他完全不具备派尔所代表的那种令人难以忍受的自信。基辛格此番去西贡是带着问题，不是带着答案。

2

时间为1965年8月4日，地点是哈佛大学的一间研讨室。参加研讨的是哈佛–麻省理工武器控制研讨会的一些没去度假的成员，其中包括生化学家保罗·多蒂、中国通费正清、政治学家塞缪尔·亨廷顿、国际法专家米尔顿·卡茨，以及在肯尼迪政府担任了三年副国家安全顾问后又回到学校工作的经济学家卡尔·凯森。讨论的主题是越南问题，主持人是基辛格。他提议的议程令人震惊。第一项是“实施与谈判有关的军事行动”。在这个标题下面，基辛格又提出三个问题：

（1）谈判应该静候军情出现变化吗？

（2）能否调整军事行动以配合实现谈判这一目的？

（3）在军事行动中，能采取哪些非军事措施配合实现谈判这一目的？

下面还有第四个问题，更引人注目，打了括号：“（如果西贡政权垮台了，我们该怎么办？）”议程第二项是一些程序上的问题，也跟谈判有关：

（1）由谁主动提出谈判事宜？美国不占主动，而让其他国家占主动，共产党国家是否更容易接受？

（2）谁参与谈判？

第三项，也许也是最要紧的一项，基辛格就“谈判内容和目标”提出一些问题：

（1）标准——我们想达到什么目的？为了说明民族解放战争行不通？为了遏制中国扩张？还是为了利用中苏冲突？（这些问题并非互相排斥。）约翰逊和腊斯克说我们是想为越南人民保留自由选择的权利。我们是在反对某种方式的变革（民族解放战争），还是反对变革本身？

（2）我们能明确“自由独立的越南共和国”这个说法的内容吗？谈判主题是否只有越南共和国这一个问题，还是要包括其他问题？

（3）需要什么样的担保？必须由什么人来参与担保？

换句话说，基辛格认为讨论越战的出发点（实际上也是后面要开展的有关越战的一切工作的前提条件），就是用和谈解决越战。约翰逊手下的指挥官们一个劲儿地承诺会打胜仗，但他觉得那不过是痴心妄想。

当时，越战即将引起北美和西欧全体年轻学子的大反抗。在此紧要关头，了解研讨室接下来的讨论，自然会大大加深我们对哈佛大学“最聪明、最优秀的”关键教员对越战看法的理解。三件事是明摆着的。首先，研讨室的所有人根本没想到即将爆发学生反战示威浪潮。实际上，他们讨论时对美国舆论只字未提。其次，参加研讨的大多数人都很悲观，当然最悲观的要数麻省理工的政治学家诺曼·帕德尔福德，他只谈了一点，说越战是“在错误的时间、错误的地点发动的错误的战争”。最早说这话的是奥马尔·布拉德利将军；1951年，布拉德利将军反对将朝鲜战争扩大到中国说的就是这番话。最后，关于下一步美国在越南该怎么行动，众人自说自话，根本达不成任何共识。

讨论围绕三个主要问题展开。首先，谈判目标是什么？麻省理工的白鲁恂是个乐天派，他提出“谈判的首要目标是让越南民主共和国停止援助暴乱分子”。他认为越共是可以打败的，事实上对越共作战现在已经到了一个“真正的攻坚期”。亨廷顿提议，或许“谈判目标应该是把越共与河内分隔开来，跟他们谈判在西贡建立一个政府，可以让共产党参加，但不受共产党领导”。凯森最世故，在场的人属他的政治经验最丰富。他认为“既然我们无法为越南共和国找到一个合适的自由政府，恐怕最佳办法是‘不停地和谈’——这种情况比较复杂，要一边谈，一边采取一些暴力手段，就像在老挝那样”。哈佛大学苏联研究中心的马歇尔·舒尔曼表示同意。“为谈判而谈判”事不宜迟，“我们想达到什么目的恐怕最好也不要说得太明确”。但白鲁恂表示异议。他说，“我们应该考虑各方将采取强硬路线的可能性”，尤其是谈判之外会连带出现某种轰炸。米尔顿·卡茨强调：“如果我们不知道目标就去谈判，那么我们会出洋相，摔个嘴啃泥。”

就像一位与会者说的，研讨会讨论的第二个问题是在越南共和国建“一些可以让指望我们保护的人得到保护的飞地”。凯森以白宫那种惯有的自信口吻反驳道，美国可以做得更漂亮：“如果我们愿意付出代价，完全可以把越南共和国围起来。很简单，在越南共和国、越南民主共和国边境和老挝、越南边境摆上七八个师。”但大家都认为这样太劳民伤财。在多蒂看来，显然“我们只能采取建立飞地的办法”。那就是“我们的目标”。费森登法学教授戴维·凯弗斯反驳说美国在越南建飞地只会“加深……矛盾”。他建议最好请联合国出面解决问题。

第三个争论的焦点是中国的作用。费正清基本上持失败主义观点。他说:“越南和朝鲜一样，位于中国文化区。越南民主共和国和越南民主共和国政府都是按中国模式建立的。重要的不是共产党，而是中国。历史上有很多先例，现在中国模式正在向中国文化区外围输出。”在费正清看来，比较明智的办法是“把共产党的扩张目标限制在”马来西亚和泰国。即便让越南永久“分裂”，美国恐怕也难以维持这一局面。他最后指出:“主要问题是要设法让中国也参加越战，让中国明白自己也要为世界负责，让中国加入联合国，尽可能在多个层次上、多种条件下和中国建立联系。”

卡茨基本赞同。他说，美国在越南没有“重大战略利益”，“美国在越南驻军只不过是因为中国这个威胁，这可是美国内政中一个让人心惊胆战的因素……如果我们分出轻重缓急，就会明白如果实在支撑不住，也可以减少损失”。有几个人也表示有同感。就连白鲁恂也愿意考虑让中国代表参加“和谈”。

大家议论纷纷，基辛格细心倾听。他只在讨论过半时插过一次话，但这次插话很重要。他说:“如果我们不知道自己的目标是什么，哪怕是广义的目标，我们便不能开始谈判。我们必须知道：第一，我们满意的是什么，第二，我们可以容忍的是什么。”至于“建立飞地”，基辛格“没有兴趣”，这种地方“只会成为永久性的刺激因素”。“如果事情发展到那一步，我们应该离开”。

3

什么是人们期待的？什么是可以容忍的？哈佛大学的教授们不知

道约翰逊政府已经着手寻找一个借和谈解决越南问题的办法。问题是，美国政府有自己的一套答案，而越南民主共和国政府也有自身的考虑。1964年12月，约翰逊总统成立的工作组报告，美国应该“准备探索一些和谈解决办法，以一种可以接受的方式实现美国目标”。但是，这些目标包括结束越南民主共和国支持和越共指导，“重建一个带有合适的国际防护措施、必要时能自由接受美国援助和其他外来援助的独立安定的越南共和国”。越南民主共和国认为这些目标无法接受。第三方试图调停时这一点更为明显。布莱尔·西伯恩是联合国设立实施1954年日内瓦协议的国际控制委员会的加拿大代表。1964年6月至1965年6月，西伯恩5次访问河内，每次都把自己的所见所闻转达给华盛顿。意思很直白：越南民主共和国希望越南统一。1964年秋，联合国秘书长吴丹试图启动和谈，媒体广为宣传，结果以失败收场，主要原因也在于此。

即便是授权轰炸越南民主共和国，约翰逊也摆出一副愿意和谈的姿态，企图安抚国内不断增长的反对轰炸的情绪。1965年3月25日，约翰逊发表演讲，说他“只要有可能推进光荣的和平，愿意随时随地会见任何人”。4月7日，他在约翰·霍普金斯大学讲话时重申了这一立场，说愿意参加“无条件的会谈”。第二天，河内提出四点声明，这是越南民主共和国首次正式发表的和平目标（或称战争目标）声明，跟约翰逊政府的目标几乎正好相反：美军必须撤出越南共和国、越南统一之前不和任何国家结盟、越南共和国共产党组织民族解放阵线应该在西贡成立临时政府以及越南统一应在民族自决基础上进行。出于白鲁恂正确质疑的内政原因，约翰逊看了这份态度强硬、无可妥协的文件后，决定将滚雷轰炸行动暂停5天。

约翰逊政府为了把军事和外交结合起来，做了很多考虑不周的糟糕之事，签订《五月花协议》是头一件。说政府考虑不周，是因为约翰逊似乎以为得州酒馆的那套做法在越南也能用：先把人打倒，然后停下，说“服不服？不服老子还揍你”。说政府考虑不周，还因为约翰逊依然担心右派批评，所以他做的事根本没进行宣传：只有河内和莫斯科知道他开出了条件，即如果美军停止轰炸以后，越战和谈有成效，而且河内没有借机报复，那么美军就一直不轰炸（所谓的“甲阶段–乙阶段”提议）。同时，这件事也做得很糟糕，因为越南民主共和国回复时在第三点上松了口，不再提民族解放阵线，只说美国应该“让越南共和国人民决定自己的内务”，美国情报分析家却疏忽了这一点。还有一点也很糟糕，威廉·邦迪压根儿没理会法国外交部负责亚洲事务的主任艾蒂安·马纳克从巴黎传来的一条可能很重要的消息：他已经让越南民主共和国驻法大使接受了美国能否“实实在在地”撤军就“看谈判结果”的观点。《五月花协议》失败两个月后，约翰逊还对鲍尔、克利福德、麦克纳马拉和腊斯克说：“我们要继续推动和平协议的签订，这就好比是职业拳击，我们右手是军事力量，左手必须是和平协议。”他根本不懂外交跟拳击不一样。很多时候，约翰逊挥右拳时却不知道左拳该干什么。他对河内一手硬一手软，这往往就相互抵消了。

4

邦迪和洛奇推迟了基辛格的回程时间，这件事算是做对了。这样基辛格才有时间深入了解越南，尤其是可以向非哈佛教授讨教。了解到的情况出乎他意料。在踏上越南领土之前，基辛格领教了约翰逊政府极其混乱的战略，感到十分震惊。

首先是洛奇的前助理约翰·迈克·邓恩给基辛格做了一个不无嘲讽

意味的军情通报，让他初尝政府战略的滋味。9月13日，基辛格在华盛顿与负责东亚和太平洋事务的助理国务卿威廉·邦迪吃午饭。基辛格问邦迪，情报说越共渗透了政府控制地区，你认为有几成可靠？邦迪回答说这些情报“有三成不可靠”。然后，基辛格去中情局听两个人介绍情况，一个是副局长雷·克莱因，一个是远东部主任、前西贡站站长威廉·科尔比。两人都比较乐观（他们对基辛格打包票说，能轻易在省级都市找5万名越南共和国密探在政府成立前担任干部），基辛格觉得无法理解，而两人对爱德华·兰斯代尔将军做出的“一致的负面”评价又让基辛格深感不安。兰斯代尔将军是反暴乱大师，已经回越南共和国任美国大使馆公使。

后来，基辛格跟中情局局长威廉·雷伯恩上将谈了一次，对局长所言惊愕不已。

> 雷伯恩局长向基辛格全面介绍了国际局势……讲得非常简单明了，估计大二学生也能听懂。他讲到南非时说，在南非，“他们设法让我们把政权从白人手里拿走，转交给黑人，因为黑人证明白人什么也管不好”，他不懂“为什么南非有反共的白人能够治理国家，还要把政权交给黑人”。最后我（指基辛格）请他重点介绍东南亚的情况。他谈到越南时，经常混淆重要人物的名字。比如，他以为越南总理阮高祺将军是第一兵团司令，而任第一兵团司令的阮文绍将军是越南政府的头号人物。他也不知道那些僧侣的名字。总之，这位中央情报局局长在一个重大的外交政策问题上显得特别孤陋寡闻。

然而，雷伯恩确实知道中情局在老挝的行动比美国海军陆战队的划算得多。有件事中情局怎么也想不通：“东南亚找不到一个老实人。”

他对基辛格说，他和J. 埃德加 · 胡佛认为越南是个“该死的乱摊子”。

第二天，基辛格巡视国防部，情况也好不了多少。麦克诺顿黯然神伤地介绍了局势。如果亚洲再出什么乱子，美国将很难应付，它在越南共和国的投入实在太大了。即便有20万兵力，麦克诺顿还是认为打胜仗的可能性不到一半。

> 他给我看了一些文件，是特意为停火准备的，上面谈到越共可能做什么事，不可能做什么事。我告诉他我感觉他称为妥协计划乙的一系列计划……实际上等于分裂越南，承认民族统一战线是合法组织。他说是这么回事。

此前基辛格读过的所有文件都不是这么说的。不过还有新的情况：

> 接着他给我看了一份他准备的文件，对不同级别的军事干涉的不同后果做了估计。无论是何种情况，无论是何种级别的武力干涉，他认为胜算率都不超过40%。在所有情况下，他认为可能性最高的就是最终达成妥协，其要点是承认越共控制区。

基辛格气急败坏地说：“在这些情况下，越共很可能占领越南全国。”麦克诺顿的答复令人震惊。他说：“我们面对现实吧。如果走这条路，某一天我们必须把现在支持的那些越南人的睾丸割下来，所以如果你真的想做建设性研究，就好好考虑怎么把这些人的睾丸割下来。”

基辛格见过麦克诺顿之后，下午再应约到国务院见沃尔特 · 罗斯托，他感觉就像做梦一般；麦克诺顿谈到越战，最后都感到绝望了，而罗斯托则很乐观，口若悬河，滔滔不绝。越共“主力”必须要被“粉碎”。越南民主共和国必须“停止”对越共的“指挥和供应”。这些事情办好了，游击队“终将偃旗息鼓”。然后，民族统一战线可以一分为二，让共产党“以个人形式”而不是以组织形式参与越南共和国政治。后来基辛格去见伦纳德·昂格尔，才感到又回到现实中来。昂格尔刚从老挝回来，领导国务院的越南问题工作组。他警告说：“任何谈判都将极其困难，因为越南共和国政府领导各怀心思，而且，越南人脑子很复杂，他们一定认为美国又要开始背叛了。”更糟糕的是，他们“根本不知道”美国人谈判时葫芦里卖的是什么药。

总之，基辛格无论去政府的哪个部门，总会听到不同程度的恶意中伤。马克斯·泰勒现在是总统特别顾问，但同时又是参谋长联席会议主席和驻越南大使。他止不住地挖苦麦克纳马拉，“他想统治整个国家”，“让美国卷入一场帝国主义冒险，不知道哪年才是尽头”。

基辛格也没指望各部门能亲密无间地合作。毕竟，朝鲜战争陷入僵局时各部门互相指责的事也时有耳闻。但是，最让基辛格感到沮丧的是，高级官员互相隐瞒情报。一次午饭时威廉·邦迪承认“主要文件……在我办公室保管，不在国务院流通”。他还听麦克纳马拉的助手亚当·亚尔莫林斯基说过类似的事。亚尔莫林斯基主动给他看麦克纳马拉写的一份被“收纳甚严的”越南问题报告。他去见麦克诺顿，对方也拿出“一份严禁被带离他的办公室、从未给国务院的人看过的活页笔记本卷宗”。实际上，卷宗副本也只有麦克·邦迪、麦克纳马拉和麦克诺顿见过。当时基辛格还年轻，觉得好笑，心想大家都这么神神秘秘，也太奇怪了吧。这时候基辛格已经开始记笔记了，他在笔记中写道：“我不知道，国家政策是怎么制定的，每个部门的重要官员都守着自己的文件，只是自己看，不给部下看，也不给国务院的人看。”

为何部门之间要相互隐瞒情报呢？麦克诺顿谈过自己的看法。虽然麦克纳马拉“在一定程度上介绍过自己对妥协的一些观点”，但这些观点也得“极其严密地把握好”，因为“参谋长联席会议强烈反对任何妥协言论，因此，他请求我千万不能在军队领导人面前提一个字”。基辛格由此领悟到美国的越南政策并非伟大战略思考的产物，而是“官僚机构争斗”的产物。没有整体规划，没有中心理念，只有“基本上各自为政的行动”炮制出的“一份份文件”。因此，“不同机构遵循不同理念、避免公开竞争是完全有可能的”。基辛格断定，雷伯恩上将讲了很多废话，但有件事他说对了：“政府需要采取一种管理+顾问的工作方式，先研究各个零部件，再把整个玩具拼起来。”他跟洛奇讲了，洛奇认为不足为奇。基辛格说：“华盛顿似乎没有把许多正在进行的行动纳入长远的统一考虑。有些行动名义上是不同部门共同规划的，其实基本上是各自为政，所依据的观念和假设可能互不相同。”

如果华盛顿都是这种状况，西贡又会怎样？9月7日，基辛格向洛奇递交了一份初步报告，试图总结自己的初步想法。首先，越南共和国政府必须加强，不能削弱；不要再说什么政变，以“轻蔑态度”对待越南这种话也要尽量少讲；同样，也不要抬高越共，宣传它是民族解放阵线。其次，政府如果不说明“谈判”到底是什么意思，则必须停止谈论“谈判”二字；美国急需“一个具体计划”，这具有双重意义，太宽泛地提出谈判，越南就可以进行自由选择：“如果他们知道始终可以坐到会议桌前，而谈判条件基本上一成不变，那么他们一定会希望继续采取军事行动。”无论如何，指望共产党带着“解决问题”的意图参加谈判是错误的想法，他们来谈判，“目的就是想把战场上得不到的战利品通过谈判桌拿走”；与此同时，老是讲谈判这件事会让越南政府和人民失去斗志。对于这种和平进程，基辛格从柏林危机中吸取了许多宝贵的教训：

“无条件谈判”“停火”“心照不宣的相互让步”这些说法，如

> 果能赋予它们以具体含义，都很有用。否则，只会对我们不利，让我们的朋友困惑不解、意志消沉。诚然，我们无法事先知道谈判立场的所有要素，但是我们的确知道必须对民族解放阵线采取某种态度；我们必须知道是要寻找一个越南统一的方案还是只保越南共和国的方案；我们必须知道协议签订后该怎么监管。如果我们无法明确这些问题，就存在一个重大危险：谈判将主要围绕我们肯做出多大让步来进行……我们必须认识到，这样一来，斗争不是结束了，而是开启了新的阶段。

最后，这也可能是最重要的一点，基辛格动身去西贡之前悟到越战首先是一场内战。这一点关系重大，因为“内战最难以谈判方式结束，只能勉强维持平衡的‘和解’有可能很脆弱”。

> 这绝非偶然。内战往往会引发最强烈的激情。谈判涉及具有同样背景和文化、生活在同一地区的人们，要执行那些条件极为困难。因此，“二战”以来结束的那些内战往往最终都是一方统治另一方，而战败方不会正式承认，希腊、马来西亚、菲律宾和中国都是如此。老挝、塞浦路斯的内战各方达成了正式和解，却几乎无一例外又开启了新一轮冲突。

经过分析，他得出一个令人震惊的结论，即“我们不用正式和解也能基本平定越南战局，这可能不算是越战最坏的结局”。

正如洛奇所说，“基辛格的报告出自一个从未去过越南的人之手，难能可贵”。不过更难能可贵的是这份报告事先就表现出一种悲观情绪。约三周之后基辛格写了第二份报告，也乐观不了多少。到他打点好行装之前，基辛格又约谈了政府内外的17位专家，了解的情况无所不包，既有宏观战略，又有打击越共的行动真相。尽管这些访谈只留下支离破碎的记录，有些接受访谈的人也无法再确认（基辛格在笔记中都是用一个字母表示一个人），但很多观点影响了他的思考。受访者“A”显然是一名高级军官，他强调有件事要“打问号”，即“能够维持对农村的控制”和“美国不同部门在越共的竞争”。受访者“B”问了两个难题：“我们为什么不多控制一些道路？当地人都无处安身，你在万里之外却说准备留下来，谁会相信？”受访者“C”是亚历克西斯·约翰逊，刚从西贡回国，即将担任负责政治事务的副国务卿。他警告基辛格当心越南共和国的5个显著问题。

> 至于那些将军，任何谈判他们都会参与，不懂也照样参与。他们最担心的是和平。他们的想法没错……
>
> 越南领导人根本没有政治经验。他们的经验就是搞阴谋诡计……
>
> 越南人有参孙情节：我不好你也休想好，咱们同归于尽……最大的问题是地方主义……中央政府的统治力微乎其微。军团司令和省长随心所欲地发号施令……
>
> 美国不应平定越南（例如清剿游击队活动猖獗的地区，剿灭游击队后占领该地区）。这种事外国人干不了。

约翰逊还具体提到三件事，说基辛格要尽量避免：一是举办“着正装的日内瓦式”会议，因为这种国际会议的结局无疑会比1954年那次还糟；二是谈判第一步就订立停战协议，这就相当于主动认输；三是提交换条件，坚持要求越南民主共和国不再派部队向越南共和国渗透，因为这很难证实。

最后，基辛格准备去越南时还有一点很突出：官员们给了他很多好的忠告。受访者“D”（国务院的中国通艾伦·怀廷）敏锐地指出，1965年美国犯了个错误，“越南民主共和国正在考虑的当口，我们却加强空中打击——他们就感觉美国是想以轰炸手段逼他们谈判”。他补充道：“共产党从不怀疑我们短期内的决心。对我们能不能坚持5年却表示怀疑。”国家安全委员会的切斯特·库珀显然看出必须控制好美国的期望值：

> 需要公众来支持一个观点：这种战争没有胜利一说，能进能退就是打了漂亮仗。
>
> 必须认识到即便是和解也意味着：
>
> （1）越南民主共和国会继续存在
>
> （2）越共会继续存在

基辛格在笔记中写道：“必须意识到唯一可能的结果也是受限的……越共会在里面发挥某种作用。”这种妥协办法是唯一可行的好办法。要在越南共和国取得彻底胜利是办不到的，因为“我们完全不懂建设国家”。有个难题（这也不是历史上最后一次）一直无人解答得了，那就是，有这么多熟悉问题本质的高官，怎么美国战略还是出了差错，落得一败涂地？

因此，基辛格抵达西贡时绝不会是以一个天真汉的形象，因为他从华盛顿回家时，已经对越南问题了解了很多，想法也比较悲观。他最受感触的是副国务卿亚历克西斯·约翰逊的看法，他估计最乐观的前景是，越南民主共和国和越南共和国政府代表可能举行一次“专门的军事会议”，会上越南共和国要求越南民主共和国从其领土撤走“主力”部队。但要办成这件事必须有两个条件：越南共和国政府有能力，越南民主共和国政府被打败。1965年秋，两个条件都不大可能实现。

基辛格对约翰逊说："我的唯一问题在于，我完全同意你的观点，真不知道还能对你的报告做什么补充。"洛奇的政治事务顾问菲利普·哈比卜从西贡写信强调，基辛格的使命极为艰巨。总统声明的美国"最终长期目标"说到底是"建立一个有安全保障、能自由发展外交关系的独立的越南共和国"。如果要通过和谈实现该目标，必须极大改善有关条件，包括"撤回越共部队、撤销公开的民族解放阵线机构、恢复当地政府及其自卫能力"。

哥伦比亚广播公司的电视剧《碟中谍》于1966年首播，长映不衰；剧中描述身着平民服装的理性的中年男子与昏聩的专制政权交战。1965年基辛格出使越南的任务多少也带有这种况味。

5

旅途漫长。10月7日基辛格离开波士顿。行程很紧张，中途至少需要经停5站：纽约、匹兹堡、旧金山、火奴鲁鲁（他要在此稍作停留，到太平洋司令部总部听取情况汇报）和香港。他是国务院顾问，只能全程坐经济舱，但后来有几段时间比较长的旅程，他自己出钱升级了舱位。他在越南的计划逗留时间就三个星期。不过，正如他对洛奇所言，"我不介意，其实我喜欢在越南期间每天工作15个小时（包括周末）"。从他会晤的要人详细清单来看（其中有美国人也有越南人，有老百姓也有军人），他果真说到做到。他的使命或许难以完成，但基辛格决定竭尽全力。

这个文静的美国人喜欢问一些令人不安的问题。在火奴鲁鲁，基辛格听取了太平洋司令部参谋长保罗·埃姆里克中将所做的美国对越行动计划报告。1965年年底，美军的主要任务是摧毁越共“主力”部队。基辛格提的问题很简单：“如果越共不用营级单位作战怎么办？”“那么，”将军回答，“问题就变成了‘平定’而不是作战。”基辛格又问：“但是，1961年越南共和国面临的不正是这种挑战吗？”

> 于是埃姆里克将军说，越南所有的美军都在接受训练，要当友好使者，给老百姓散发糖果、保卫村庄。美军和法军的区别很明显，因为法军持一种冷淡的殖民者态度，而美军是越南人的朋友。我（指基辛格）说也许不仅是友谊问题，还是保护人身安全的问题。美国城市中的很多人出钱请人保护自己不受歹徒欺负。这不是说他们爱歹徒，只能证明警察无力保护百姓。

基辛格跟格林笔下的派尔不一样，他从未幻想在越南的美军和在印度支那的法军在道义上会有什么重大区别。

埃姆里克为美国轰炸越南民主共和国辩护，说轰炸将可以派到越南共和国的敌方兵力减少了一半。但对轰炸做出最令人茅塞顿开、最惊人的分析的是以前在哈佛国际事务中心做研究员的约翰·W. 沃格特。他告诉基辛格，B–52轰炸机“根本没炸到任何东西”是绝对不可能的。无论如何，轰炸的目的不是要摧毁敌方部队。“用B–52轰炸机进行轰炸是运用美国武力最廉价的一种办法。炸弹的供应几乎毫无限制。反正B–52轰炸机要进行这么长时间的训练，这次为它们在近乎完美的条件下瞄准目标提供了极好的实践机会……换句话说，为了支持越战，战略空军司令部只不过花了个训练费而已”。实际上，这种轰炸“并非真的是要支持越南共和国当时的战术局势，而是要达到政治目的，迫使越南参加谈判”。

基辛格离开火奴鲁鲁时，只对一件事感到放心：中国像在朝鲜战争中那样干预越战的可能性微乎其微。尽管中国人民解放军在中越边境一带布署了重兵和飞机，但美军只要一反击就能将其轻易击败（基辛格说，尤其是“如果使用核武器”）。但除此以外，军情汇报都让他烦躁不安。问题是“没有人能真正跟我说清楚，即便是在最有利的假定下，越战会如何结束”。谁也没有一个真正的平定计划。谁也不知道越共是如何渗透的。他的结论既有先见之明，也很悲观：

> 我深信太多的政府计划和大量的军事计划都是假定对手很愚蠢，会打那种我们最有准备的仗。然而……游击战的精髓就在于从来不打对手期待之战。我们往越南派了那么多的大部队……不能受到大部队作战心理的束缚。否则，我认为我们到头来会心力交瘁。

或许最让基辛格胆怯的是沃格特警告说，要待在美国大使馆和其他安全设施里，因为“西贡恐怖活动造成的伤亡比实际公布的要大得多”。

6

20世纪60年代的西贡就是座地狱。至少很多美国记者喜欢传递这种印象。《基督教科学箴言报》记者贝弗利·迪普·基弗1962年第一次来这里就心醉神迷，这里有巴黎式的林荫大道，尖顶高耸的教堂，“天气闷热，因而生活节奏很舒缓”。然而，随着战争升级，西贡的生活变得“日益紧张、朝不保夕、危机重重”。日子过得浑浑噩噩，“熟人见面也是匆匆打个招呼，似乎危机四伏、前途未卜”。很快，难民像潮水般涌来，大街小巷“到处都是要饭的、卖黑货的以及出卖肉体的贫困女子……就像是多出了个贫民窟，顿时这座令人迷醉的法国化城市黯然失色……豪华宾馆外面蜷缩着许多破衣烂衫的孩子，人送外号‘生活的灰尘’”。《纽约客》撰稿人弗朗西丝·菲茨杰拉德写道：“到了雨季，整座城市沦为沼泽。有些地区简直就是大阴沟，脏水遍地，人们就住在破木板搭建的吊脚屋里。有些地方来不及建吊脚屋，阴沟的污水直接淹到屋子里。”一时间出现大批孤儿，街头帮派从中招了不少新成员，他们“像狼群一样在街头游荡，晚上从不在同一个地方落脚，靠捡破烂、盗窃为生”。

当时迈克尔·赫尔为《绅士杂志》撰写越南方面的文章。（毋庸讳言，虽然他比基辛格晚两年到西贡，但短短两年城市不会发生很大变化。）他感到自己就像在阴曹地府：

> 到上午7点30分，到处涌动着自行车，那里的氛围感觉就像是架在短的管道之上的洛杉矶一样，越战中微妙的城市大战又开始了新的一天……成千上万的越南人……将进食管插进胸口，狼吞虎咽；年轻的美国人因为临时任务从郊区进城，他们对越南人恨之入骨又怕得要命；成千上万的美国人坐在办公室里，百无聊赖、异口同声地叫道：“别指望这些人给你干该死的活儿，别指望这些人给你干该死的活儿。”

有些难民家庭住在纸箱里，有些住在垃圾堆上。有些找不到工作的“学生”常去宝塔等咖啡馆，阅读七星诗社版的普鲁斯特、马尔罗和加缪的作品，拿美利坚帝国和罗马帝国进行比较。蓝山广场不时出现凶狠的歹徒抢劫背包和手表，“他们一把拽走你手腕上的劳力士手表，就像老鹰扑田鼠一样”。洲际酒店的酒吧里常有些喝得醉醺醺的土木工程师，在他们眼里当地人就是“黑鬼”。“在西贡–华埠地区有4个大名鼎鼎的工兵营，这些工兵很吓人，都是游击队巨星，只要这些人一露面，不用做什么，大家立马就心惊胆战”。还有一位“驾驶一辆本田摩托车到处活动、用点45手枪专打美国军官的一本正经的虎妞”。赫尔希望读者明白西贡不仅有异国特色，而且还有致命的危险：

> 坐在西贡，就像坐在含苞未放的罂粟花里，里面有一种根深蒂固的毒性，任你跑多远也摆脱不掉……西贡……呼吸着，就像是排毒，排出粪便尿液，也排出腐败。沼泽上铺了砖石，湿热的空气黏糊糊的，什么也吹不走；厚重燥热的环境中尽是柴油味、霉味、垃圾味、粪便味，无法消散。在这样的空气里走 5 个街区，可能就不觉得那么难受了，回到宾馆，头部就像是那种巧克力包裹的香橙，在合适的地方啪地一敲，就全都散开了。西贡……有时你会一动不动地傻站在路上，不知道要干什么，什么也看不见，心想，我他妈这是在哪儿？

这种书在20世纪60年代很畅销，再次说明自由媒体在传递一条越来越明确的信息：越战是件彻头彻尾的坏事。

基辛格在给自己看的个人日记中用很大篇幅描写了西贡，他笔下的西贡根本没那么糟糕，而且也更加真实。基辛格参加过规模大得多、性质也残酷得多的“二战”（也见过战地记者“在行动”），根本没工夫搭理那些妄想成为下一个汤姆·沃尔夫的记者。实际上，他“在越南波来古机场见到一群极其可笑的新闻记者，他们刚坐直升机去了战场，那里非常安全，但看他们的举止仿佛是劫后余生。一个个看起来脏兮兮的，衣衫不整，胡子拉碴，他们一定花了很多时间往彼此身上铲土，因为作战部队的军人看上去又干净又整洁”。见到这些人，他简直难以掩饰自己的轻蔑。他可没工夫理睬那些“可笑的漫画版的厄尼·派尔”

（厄尼·派尔是“二战”期间美国最著名的战地记者）。

在基辛格看来，西贡不是地狱，“倒像是8月的华盛顿……只是不知怎么的那里潮湿的空气不像美国的热浪那样叫人打不起精神”。他感觉“夏末的热气很温和，笼罩着整个城市……几乎让人感到触手可及”。只有一个问题，“一间间办公室都装了空调，而外面的空气有点儿热腾腾的，人们经常屋里屋外地跑，几乎没有一个不感冒的”。基辛格到“可称得上西贡高级游泳俱乐部的”运动俱乐部游泳。“感觉这里什么都……不景气，有点儿破败”，但却是避暑的好地方。游泳时他听一个法国姑娘说，西贡北部漂亮的沙滩已经不安全了，被越共征用，“成了他们的休息和康复区”。基辛格很失望。1944—1945年，他见过北欧的好多个城镇成为废墟；20世纪50年代初他在朝鲜也目睹了类似的荒凉场景。在他看来，西贡的环境根本不像在打仗，真叫人百思不得其解。

> 我在“二战”期间打仗的时候，还有1951年访问朝鲜陆军部的时候，对于到没到危险区很清楚，而到了危险区遭到攻击的可能性也差不多是固定的，比如说10%~20%。在西贡，在整个越南，人好像总是在危险区，但又根本看不见任何实际的危险。在“二战”前线，在朝鲜，你能听见枪声，几乎能感觉到危险在一步步逼近。在西贡，一切看上去完全正常，除了干你的活儿之外别无选择，就像在纽约商业区一样。如果真的出现危险，那就是突然的、出其不意的危险，成功的可能性几乎是百分之百。结果呢，根本就没有什么好怕的，真是匪夷所思。

抵达西贡的头一天，他只发现一个不安全迹象。“汽车在路口停下的时候，大家都朝附近的车里看，如果有人走过来就开始紧张……因为，当然，往你车里扔个手榴弹很容易，谁知道越南司机是不是故意把你带到了伏击点。”基辛格倒是觉得很安全，其他人都感到心惊肉跳。一天晚上，他被“一阵激烈的枪声”惊醒，其实是虚惊一场，是使馆的一名警卫不小心让枪走了火，“于是所有的警卫，尤其是使馆外面的所有越南兵也发疯一般地开火，根本就没有目标”。他很惊奇使馆的安全措施布置得非常不均衡，正门防卫森严，街的另一端却毫无防备。“要架一门迫击炮打击使馆肯定易如反掌”。不过没人这么干。他这次去西贡碰到的最倒霉的一件事，是被人偷了装有247美元现金的钱包。其他人离开西贡，带走的都是梦魇般的回忆。基辛格带回来一个漆盒、一个“难看的”顺化花瓶（他要做个台灯），还有几样“山里人用的小东西”，总计40美元。（他承认自己“品位比较俗气”。）

尽管许多美国平民觉得待在西贡会更安全，基辛格却不想再待下去。10月26日，基辛格飞往顺化。从1802年到1945年，顺化一直是越南首都，也是东南亚最美的城市之一。它坐落在香江沿岸，位于谷地，四周崇山峻岭环绕。他们步行去市里逛，他发现街上只有他和国务院的随从是美国人。顺化在分隔越南共和国和越南民主共和国的非军事区以南仅60多英里的地方，就在北纬17度以南。基辛格不敢蛮干，至少一开始是这样。顺化大学的一位院长极力邀请他参观城外不到3英里的一处皇陵——越共在那里布有重兵，别人劝他带3个排前去，他谢绝了。他在日记里写道：“事实上，我没工夫检验是真是假，再说，我恐怕也没那么勇敢。”但是没人否认他的勇气。他想见一位方丈，方丈执意在离市中心比较远的一座佛塔见面。基辛格很发愁，他在日记中写道：“如果越共真的无孔不入，他们会轻易在半路上把我们撂倒。”使馆随从、年轻的约翰·内格罗蓬特答复说：“越共从不会滥杀无辜，如果他们向我们开枪，我们一定会事先知道已经被他们当成特定目标的。”

此外，基辛格在一个雷雨天里乘坐双引擎比奇18型飞机去了“令人毛骨悚然”的波来古机场，那年早些时候，这里就是重型迫击炮攻击的现场（也是约翰逊政府论及越战升级的一次重大事件）。波来古是沿海战略要道19号公路的终点，越南共和国第二兵团总部所在地；基辛格访越期间，占据此地的有两个越南共和国师、一个美国师和一个韩国师。这里基本上被包围了：离市中心仅10英里的直线距离，晚上开车通过非常危险。美国使馆区周围有沙袋、铁丝网和迫击炮掩体。正如基辛格记录的，它看上去“就像是电视上西部片里用围栏圈住的一个边陲小镇”。基辛格访越时，波莱梅刚刚发生过一场大战，大约在其南部25英里处，越南民主共和国33团和320团攻打特别部队营地，越南共和国军队在美军空军第1骑兵师的支持下将其击退。基辛格觉得还不过瘾，在一名中情局随从的陪同下，继续前往在波来古以北70英里、离老挝边境20英里处的特别部队前哨，他就想亲眼看看越南共和国是怎样对付越南民主共和国的渗透的。

短短三个星期，基辛格走访了越南很多地区。他还会见了许多重要决策者，最早的一次是10月16日会见美国驻越南共和国军事援助指挥部司令威廉·威斯特摩兰将军；1968年将军任满前手下兵力增加到50多万。就威斯特摩兰将军而言，基辛格只需提一个问题：“按计划我们的军队需要多长时间才能平定越南？”将军回答，19个月之内（不是18个月，也不是20个月），60%的人口将由政府统治，再过18个月，该比例将提高到80%。基辛格从其他高级军官那里也听过类似说法。他对洛奇说：“如果我听到这些人说他们会如何成功，我就不会轻易看到越南民主共和国还在苟延残喘。”到了波来古，也听到他们在这么说：“越南共和国第二兵团总部的人介绍情况时声称，已有68%的人口归政府统治。”基辛格听烦了。他嘲讽地写道：“自从上次跟这支部队打交道，他们已经退化了。他们找来一帮专家汇报情况，主要是想用一大堆毫无意义的统计数字镇住你，自己骗自己，或者故意骗你。”他问波来古的信息情报官，“真正归他们管的人有多少人在晚上也归他们管”，对方说只有30%。这个数字基辛格也不信，但即便这是真的，“说明问题很严重。这还说明我们可以取得一个又一个技术胜利，但在控制人口的重大问题上却没有真正的进展”。

事实上，基辛格交谈过的大多数美国人远不如威斯特摩兰将军和他军事援助指挥部的发言人们那么乐观。兰斯代尔显然受到排斥，但至少他很坦率，可能也正是这个原因他才遭到排斥的吧。他对基辛格说：“我认为越南的情况比自己料想的糟糕得多。”越南政府“完全不能称作任何正常意义上的政府”——他们的令状“几乎都出不了西贡”。至于军队的那些平定报告，“都是基于形式主义的标准，跟争端数量和大部队作战有关”。现在还没有解决的真正问题是，“组织严密的越共政治机构渗透到了越南生活的方方面面，像事实政府一样存在于每一个乡村”。按照兰斯代尔的看法，消灭越共政治机构至少需要5年。基辛格从中情局越南站站长戈登·乔根森那里听到的分析也大致类似。虽然官方报道表示只有1/4的人口归越共统治，但实际上这个比例接近一半，“因为越共是晚上在村子里行动，而且是有选择地强加自己的意志”。基辛格还是提了那个经常让人不愉快的问题：是否有“任何迹象表明，在美国建立基地的地区，越共统治在遭到冲击”。答案是没有。要想在村子里赢得对越共的政治斗争，还需要“采取谨慎、艰苦、细致的行动”，但这也至少要3年。基辛格天真地问，越共成员到底是什么人？“他们说知道省一级的越共，但不知道区一级或作战时越共的名称，很多时候只知道番号。”基辛格在顺化见到一些中情局特工，他们更悲观。据他们掌握的情报，省里80%的人口晚上归越共统治，而在被认为已平定的村子里，“当局者和保护他们的部队躲在家里，祈祷越共不要打他们”。无法核实到底有没有基于结束渗透的和平协议。签订停火协议只能意味着失败。

在华盛顿，政府各部门互相指责，西贡也是。中情局“指责部队太迂腐……行动迟缓得很，谨慎得很，从越共方面看也很容易预测”，而大使馆指责中情局“花时间搞什么农村重建工作以证明自身存在的合理性”。然而，使馆政治处的人大多一致同意中情局的观点：跟越南谈判是错误的，会事与愿违。哈比卜和他的20人小组对基辛格说：“如果阮高祺要谈判，三天之内就会发生政变……如果民族解放阵线得到正式认可，很快就能取代政府……如果越共实行任何大赦，可自由参政，那将导致失败……至少需要9个月才能成立一个比较稳定的政府，我们才能够跟他们提谈判的事……需要三到五年才能让政治机构强大起来，有能力跟共产党和平竞争。”低级军官也不那么乐观。波来古的一名军官对基辛格说：“他们设法从20英里外的波来古往波莱梅调了6个营或者说2个团。待他们打过来我们才知道。那里地形很复杂，根本控制不了渗透路线。我问信息情报官，他们认为制止渗透需要多长时间，他们说少则5年，很可能要10年。”

动身之前，基辛格就不满美国人对越南有很大偏见，到了越南也是如此。在中情局越南站站长眼里，“越南人是世界上最阴险的人”，相比之下，“中国人规规矩矩，直截了当，堪为楷模”。美国大使馆哈比卜的团队认为，“你跟越南共和国人说什么他们都不信，总以为什么事都有点儿不光明正大”。总是一脸疲惫的美国驻顺化领事沃尔特·伦迪干脆说在越南“什么事都会发生”，用基辛格的话说，“他已经认同越南人的态度……生活中无奇不有”。但是，基辛格也见过一些越南人，他的反应完全不同。他说道：“一般越南人都很有尊严。从未见过印度人那种肮脏和……狂热。从未见过粗野的越南人。这个国家的人很强悍，不一般，虽说不一定长得很好看。”只要见到越南人，基辛格都表示敬意，这一点大家都看在眼里。回国那天，越南共和国外长主动到机场送行。（可惜送行的人多，基辛格没看见。）

基辛格之所以对越南印象好，是因为他和政府官员、非共产党反对派成员见过十几次面。他们跟基辛格谈话都很坦诚，很少耍滑头。有一个人说出了越南共和国很多人的心声：“如果实现了和平，你们会突然对我们失去兴趣，让我们自己顾自己；你们会减少援助，把美国人撤走，那我们怎么办？”教育专员陈玉宁不客气地问，“美国政府正设法成立一个愿意跟越南民主共和国谈判的平民政府，现在美国政府施加经济压力，就是为了造成这种转变”，有没有这回事？这些问题都问得很好。甚至在早期阶段，越南共和国政府就知道（麦克诺顿说过这话），谈判对他们不会是什么好事。

一次，阮高祺总理在芽庄陪基辛格吃午饭，对他说越南共和国一直在两个方面很薄弱。首先，国家在政治上分裂，这是“多年的地方主义和宗教差异”造成的。（当然，唯一能弥合这些分裂的就是军队。）其次，“政府还没有想出办法在农村大部地区和越共竞争，不是因为越共得人心，而是他们的组织很残酷”。因此，即便是“宣布接受谈判也会大大削弱抵制共产党的勇气和意志，甚至最后越南共和国军队会无心交战，‘很多士兵卷铺盖回家’”。而且，如果签订停火协议，“越共只会进一步巩固对现有管辖地区的统治”，实际上是隔离了越南共和国。

越南部长当中基辛格印象最深的是外交部部长陈文滚，“人很瘦小，像受过良好教育的越南人那样很秀气，简直可以说很轻灵”。他也强调越南共和国内部存在分歧，尤其是南方人和北方人不和，他担心只有像印度国大党那样的组织才能消除这种分歧。基辛格问他“是否认为民族解放阵线中有一些民族主义成员可以争取过来”。陈文涂毫不隐晦地回答：“民族解放阵线就是越共，两者毫无区别。”基辛格又问：“跟他们谈判究竟有没有意义？”，而“对方完全拒绝跟他们谈判，说一谈判越南就完了”。

> 我问陈文涂战争的结局会如何。他说现在绝对不是谈判的时候。越南还没有做好谈判的准备，而且……越南共和国政府在政治竞争中也无法面对越共。他们需要很多年才能恢复被击碎的整个社会结构。

陈文涂后来又和基辛格见过一面，那是基辛格回美国前不久。他明确表示，越南政府不受《日内瓦协议》约束，绝不会承诺通过竞选实现统一。他说，“统一是很遥远的事……在一段时间内，应该维持越南分为两个独立国家的局面”，意思是说“越南共和国必须保留监管自己领土的权利……有权对境内的叛乱分子采取行动，不受越南民主共和国阻碍。如果越南民主共和国撤走自己的部队，不再支援越南南方的共产党，事情就好办。那么我们就可以考虑停止轰炸越南民主共和国”。

还有一次见面的时候，负责农村重建的部长详细说明了在农村“恢复民政统治”的困难。“问题是越共10年前就往农村渗透，已经在越南全国各地建好基础设施。现在政府需要从越共10年前开始渗透的地方着手，设法把农村从越共手里夺回来。”出现难民危机以后，解决这件事情并没有那么简单。第一步兵师师长阮文川将军在顺化告诉基辛格，那些逃避战乱跑到南方的人正变成越共招募的对象，被用来“煽动骚乱和暴动”。

基辛格与范春诏少将会晤时发现，越南共和国军人政权对自己的目标认识不清，只知道大体上维持现状。范春诏认为，政府需要“提出一个‘新的主义’，与共产主义并立，供老百姓选择”，但他“很坦率地声明，希望在基辛格离开越南之前从他那里得到一些启示，因为很显然他在考虑如何制定自己的政策原则”。要想从美国大使那里得到一点儿启示显然希望渺茫。一次，洛奇宴请外交部部长陈文淦，席间基辛格听了大使的谈话感到简直难以置信。洛奇喋喋不休地说：“美国竞选制度在越南同样可行，即便目前是南北分裂的状态，美国也不是没听说过。”哈比卜表示，韩国的竞选制度可能更好。（尽管朴正熙发动军变夺权，议会选举也已经在1963年举行了。）基辛格在笔记中写道，谈话过程中，“陈文淦就坐在那里，一脸顺从的表情，而洛奇和哈比卜则不停地争论越共是否已经控制了越南一半以上的人口，以及究竟是实行马萨诸塞州的选举制度好，还是实行韩国的选举制度好”。

这就引出一个明显问题：如果现存越南军事政府一致反对任何形式的谈判，那么越南共和国是否有其他人愿意妥协？答案好像是否定的。资深平民政治家潘辉括那年曾短期担任过总理，他“非常强烈地表示，完全、绝对相信越南共和国非共产党势力完全没有准备和共产党少数派进行和平的政治对抗”。他对和平没有丝毫兴趣，敦促美国“加强”对越南民主共和国的空袭和在越南共和国的地面战争。“当我们的军事行动粉碎了共产党最后一丝胜利的希望，他们就会讲和。”基辛格追问该如何谈判，潘辉括“很干脆地说他首推越南共和国政府和越南民主共和国政府进行双边会谈，尽量不要大张旗鼓”。但如果所有可识别的越南民主共和国军队不从越南共和国撤走，美国就不应停止轰炸。社会福利部前部长陈光顺也不大肯妥协。越南共和国根本没有通过谈判签订和平协议的社会凝聚力。必须进行一场“社会革命”才能改变这种局面。基辛格会晤过很多人，只有陈光顺接受美国与河内进行秘密双边谈判。对此基辛格回答说："我强烈反对美国这么做，不能像这样把小国家当枪使，和另一方的任何讨论都必须有越南政府参与。"越南共和国一定会以为基辛格很天真（或者很虚假）。前副总理陈文轩对基辛格说，河内和西贡已经在保持经常性接触了。

> 西贡以外……他肯定双方有很多交流。在巴黎也有许多通过第三方进行的联系。（他不排除自己有可能以这种方式与民族解放阵线的代表接触，而且，实际上他的一些朋友也有这种联系。）在巴黎，与双方都是盟友的越南人可以自由见面，从而"交流思想"。对这种交流没有实际限制，这种交流一直都在进行。

的确，这番话令人深思。

基辛格并不局限于会晤政治家和将军。他了解到越南共和国社会的宗教构成很复杂，所以也会见了一些天主教、佛教领袖。胡文愉神父对越南政治和越战都不看好，认为根本不可能打败越共。越南共和国佛教研究协会主席的预测让基辛格大吃一惊："要么共产党会同意签署一项类似于1954年《日内瓦协议》的和平协议，要么越战会愈演愈烈，爆发第三次世界大战。"（毕竟越战终未演变成第三次世界大战，只有在这一点上约翰逊的政策才算是成功的。）另一位佛教领袖释智广提出忠告，"美军轰炸越南不如轰炸中国"，后又补充，"越南共和国什么事都涉及腐败，都凭关系，这个社会烂透了"。有时候基辛格走马灯似的访谈就像是一场竞赛，他要看看到底哪个专家最悲观。头号种子是一家日报的老板邓文充，他说西贡政府"是一帮军阀，只能代表自己的人"，"没有任何群众基础，不亲民"。

基辛格准备离开越南了，心情十分沉重。美国在越南的整个困境在顺化大学校长裴祥训的长篇大论的批评中总结得很好。基辛格在笔记中写道：

> 大学是美国出资修建的，他却从不领情。相反，他抱怨建筑风格和越南传统不一致……有一次我们谈到美国援助这个大问题，我说有些美国人认为，美国对越南的资助应该主要是在经济领域，经济援助将促成相互理解。此时，校长就说普通越南人现在得到的唯一美国援助就是子弹和炮弹。美国造成的破坏那么大，再怎么出钱建设和重建都是理所应当的。

基辛格马上就要动身了。

7

最好不要讥笑记者。同样，最好不要跟他们说真心话。1962年基辛格访问巴基斯坦，初次尝到媒体的厉害。他有几句话没说好，捅了娄子，被狠狠教训了一顿。所以，1965年访问越南，他想方设法避开记者。不过，11月1日，洛奇大使和使馆主要发言人巴里·佐西安苦苦相求，基辛格心软了。他答应中午到佐西安家吃饭，佐西安也邀请了驻西贡的主要美国记者。出席午餐会的有《芝加哥每日新闻》记者凯斯·比奇、美国广播公司的马尔科姆·布朗、《巴尔的摩太阳报》的彼得·孔帕、《纽约时报》的查尔斯·莫尔、《华盛顿邮报》的约翰·马弗尔、《纽约客》的罗伯特·沙普利、《新闻周刊》的威廉·图伊。最后到场的是《洛杉矶时报》的杰克·图伊。图伊是迪安·腊斯克的小舅子，而基辛格在腊斯克掌管的国务院当顾问，按理说这个人最不可能造成什么威胁。但事实上，偏偏就是这个图伊险些断送基辛格回政府部门工作的大好前程。

午餐过后，图伊立即撰写了一篇报道，第二天见报，标题是“约翰逊特使发现越南政权岌岌可危”。

> 据最近来访的白宫使者报道，越南共和国政府现任领导人在政治上几乎是完全不成熟的，缺乏无私的政治动机。
>
> 这种情况越南领导人自己不会说，是著名政治学家亨利·基辛格教授和华盛顿律师、总统顾问克拉克·克利福德调查的结果。两人最近访问了西贡。
>
> 美国对越南共和国的政治政策将何去何从？克利福德和基辛格受约翰逊总统委派，来此开展独立评估。
>
> 有权威报道称，基辛格将告知白宫，这里还没有一个有凝聚力的国民政府，主要原因在于国家领导人中无人真正效忠国家。基辛格的研究表明，这里的人忠于家庭，忠于家族，但对国家却毫无责任感。

然后，报道详细批评阮高祺政府执政腐败、错误处理难民问题、鄙视农民。图伊使尽浑身解数，把自己的意见强加在基辛格身上。他写道：“尽管基辛格目前尚未表明对当前美国援助趋势的反应，但他已经知道，这里的许多美国决策者认为，现在将自己的意志强加给越南政界正当其时……据悉，基辛格已经听到大量希望改变美国态度的建议，各方都在施加压力，旨在纠正越南政府的某些错误。据说，他不辞劳苦听取了大量不同意见。”

> 基辛格倾听着。自从他应约翰逊总统要求来此访问，外交观察家们就在观察他，见他乐意倾听，都表示佩服……
>
> 基辛格来访期间，和他交往最密切的人认为他会把一个结论

带回国……越南政府工作不力，只是表面上很稳定。

同样的报道也发表在《华盛顿邮报》上，标题是“约翰逊总统特使发现西贡在政治上几乎完全不成熟”。

基辛格惊呆了。从西贡动身之前，他怒气冲冲地给华盛顿拍了两封电报，强烈否认这篇报道正确反映了他的观点。但是后来的情况更糟。一到旧金山，他“惊奇地”读到一篇由白宫发出的有关他访问越南的声明（撰稿人是比尔·莫耶斯）。声明否认他此行具有官方身份。基辛格忍无可忍，匆匆给邦迪写了封两页的信：

> 我是下定决心悄悄地、谨小慎微地执行三年来的第一个官方任务。因此，在越南期间我拒绝与媒体见面。最后，倒数第二天，在大使和佐西安的执意要求下，我还是见了几名记者，说好了由他们告诉我对越南的看法。我怀疑那顿午餐我总共只说了三句话……报道说那些观点是我的，纯属……捏造。
>
> 在越南逗留期间，我千方百计执行政府政策。出于对西贡政府的尊敬，我竭力强调政府稳定的重要性……我在批评一些现象时，并未说白宫可能无意中削弱了我所说内容的可信度。我去越南是政府委派的，在越南期间，我是在大使馆的办公室里办公的，我不知道越南人看到我是以非官方身份访问越南的声明会怎么想。

基辛格承认，他对越南局势的看法不像他去之前想象的那么“令人振奋”。但是，问题不在于西贡政府很软弱，那只是“一个表象”。不管怎么说，当前政府“跟任何有可能出现的政府一样好”。他弄不懂为什么转眼之间白宫要跟一个“一贯支持政府越南政策的”人断绝关系。他很气愤，也很伤心，要求白宫发表声明正式更正。

我们无从得知为什么基辛格认为自己能不受约翰逊政府不正之风的影响。他在白宫和西贡不是耳闻目睹了吗？尤其是不同政府部门之间互相推诿，认为越南局势恶化与己无关的现象。邦迪无疑心想："瞧瞧，又来了！"他把基辛格这封"气愤的批评信"转给弟弟威廉，也不表态。好在基辛格在越南和所有人见面时，西贡大使馆的人都在场，随后洛奇发来电报为基辛格的行为辩护。不过，要白宫发表更正声明，休想！于是，基辛格决定自己公开发表声明予以否认。他还强迫邦迪替他洗刷"至少是不谨慎，或许是不忠实"的罪名，要求邦迪跟他尊敬的一些人谈话，包括《外交事务》编辑汉密尔顿·费什·阿姆斯特朗。（邦迪帮了他这个忙。）其他方面只有一点他感到满意，他收到莫耶斯的一封信，信中说他的声明给基辛格造成了"尴尬"，对此表示"遗憾"。11月11日，基辛格去了趟华盛顿，他向洛奇汇报说"图伊的报道风波已经平息"。

图伊在报道中也提到了克拉克·克利福德的名字，似乎想暗示克利福德也认同基辛格的那些负面意见。约翰逊简直都要"发疯了"，因为谁也无法否认克利福德是要直接向总统汇报的。基辛格给克利福德写了封长信为自己辩护。不过两人有一个根本区别：基辛格和媒体的那些人吃过午饭，克利福德并没有。据基辛格说，他在佐西安家是这么开始讨论的：

> 我觉得在没跟大使汇报之前就说出任何结论不妥当。实际上，我还在整理自己对这里的印象。然而，如果那些经验丰富的人能谈谈对越南局势的看法，尤其是有关加强政府法制性和延续性的看法，我将非常感谢。后来，整个午餐期间，我的的确确什么也没说，只是听那些记者在那里高谈阔论，记者在一起通常都是如此。

他甚至连克利福德的名字也未提。他回忆午餐时说：“媒体大骂西贡政府，我感到震惊。”他“深表歉意”，“也很灰心，被震动了，因为我想帮帮政府，帮帮洛奇大使，却落得如此尴尬的下场。这几天我一直在苦苦问自己，如果不那么办又能怎么样？我依然弄不明白这到底是怎么回事”。

究竟是怎么回事呢？有两种说法。克利福德说，基辛格参加的那次午餐会图伊去晚了，没人跟他说谈话内容不宜公开发表。然而，佐西安回忆的却不是这样。他后来跟沃尔特·艾萨克森说：“亨利说了很多话，对西贡领导人的态度很悲观，说他们不得人心，很腐败。要我说，图伊的报道是准确的。亨利也的确很悲观。”换句话说，基辛格这次又失误了，跟媒体人讲话太坦率。这个解释似乎比较合理，因为尽管他告诉克利福德，说他在给洛奇大使的报告里说过，他自己的看法跟图伊强加给他的观点“完全不同、截然相反”，但实际情况并非如此。前文提到，基辛格写文章谈到越南之行，几乎没有一个字表示“深信西贡政治稳定”。情况恰恰相反。他犯了一个常见错误：先向记者透露自己的真实想法，然后拼命否认，结果只能是欲盖弥彰。

8

究竟该怎么处理越南问题？回国后基辛格向各部门汇报了情况，听取情况汇报的有国务院的威廉·邦迪、亚历克西斯·约翰逊和伦纳德·昂格尔，有国防部的麦克纳马拉、麦克诺顿和亚尔莫林斯基，还有中情局的雷伯恩和他手下的高层工作人员。一开始，他感觉是在和入职白宫比他早的克利福德较劲。基辛格向洛奇报告说：“克利福德动身前，是极端的温和派。回国以后，他总是说‘无条件谈判’这个说法从外交上看不明智，从政治上看不慎重。克利福德认为，我们需要一个更加强调结果、强调共产党让步的口号。套用一句俗话：剽窃是最真诚的恭维。”听越南共和国政府曾这么劝过基辛格：一味跟越南民主共和国方面谈和谈是不够的，实际上肯定还有危险。华盛顿尽管口头说希望谈判，但“思想上并没有做好准备”。他出访越南还得出一个主要结论，中情局的平定计划（说得好听，实际上那就是想将越共从现在占领的村庄赶走的平叛战役）需要逐步展开，如果仓促扩大人民行动队，即忠于西贡的反越共干部，可能“破坏整个计划”。

基辛格现在把自己看作西贡安插在华盛顿的人。他发给洛奇的报告很受欢迎，“睿智而有益”。威廉·波特极力劝他“密切关注这个问题”，还说“我们需要你”。菲利普·哈比卜说他的访问“带来了一阵凉爽的清风”，请他第二年夏天再来。他写道：“其他项目连一半的精彩程度都赶不上，包括你负责的那场好戏，”这可能是指基辛格操办的国际研讨会。“这就是一个赌场，赌钱的人谁也舍不得离开。”哈比卜迫切希望看到基辛格写给洛奇的最终报告——“还是这份报告很可怕，老板不让我这种爱打听的人看到？”答案是基辛格写的越南问题报告十分可怕，他都不敢送给洛奇。基辛格手上只留了一份“草稿”，清楚表明他首次访问越南之后，他的看法是多么消极。报告强烈控诉了美国的艰难处境，唯一比较缓和的地方就是基辛格希望有办法叫洛奇能够接受。

基辛格写道，军事局势可以改善，甚至军方“过于乐观的”预测也有可能兑现。然而，越南打了20年内战，越共分步骤地暗杀高官的行动持续了10年，两年来西贡的政治动乱从未消停，目前是百废待兴，要想成功必须“有能力建立一个政治机构来填补种种空白”。西贡政府“岌岌可危”，缺乏凝聚力，在农村的威信“还很低”，中央官僚机构“臃肿”。

> 在越南的各个省份，内战和西贡的政治动乱都让人意志消沉，了无生气。暗杀、各方的无能和政府变更都看重规避风险。从西贡到各省份，如果你了解项目的执行情况，会惊讶地发现很多项目已草草收场，而对于那些还没有完成的项目，从它们残余的部分来看，根本无关紧要……很多动静很大的项目启动后却失败了，结果全国上下都是一种放任消沉、士气低落的局面。

这一弱点是越南问题的关键，因为它说明了为何打败越共极其困难；基辛格现在认为越共夜间控制的农村地盘占全国面积的85%。实际上，基辛格怀疑“政府现在能在许多地方存在下去，只不过是跟越共有个心照不宣的协议：双方和平共处，你不犯我，我不犯你”。在这些地区，平叛就像是“一场职业摔跤比赛”。在其他地区，越南共和国的军团司令“享有自治权，各霸一方，就像军阀一样”。省级政府是“链条上最薄弱的环节”。

在这种情况下，美国说是在帮忙，实际上更可能是在帮倒忙。基辛格写道：“我们的官僚机构爆炸式地发展，援助项目也就一再增加。”结果是压制、削弱了越南共和国政权自己的计划。按亚历克西斯·约翰逊的设想，美国援助是消防栓，越南共和国的国家治理能力就像是花园里的水管。基辛格浏览了美国涉及越南共和国事务的所有机构名单，并根据自己的观察来排名，首先是隶属于美国国际开发署的美国援外使团。他认为该机构的高层“很棒”，但各省的那些办事员团队是“最无能的美国团队”，其“不断扩大的”官僚机构在全国实施雄心勃勃的开发项目，这些项目不仅越南官僚机构无法承受，而且，在越共控制地区，简直就是“为共产党增加税收”。中情局越南站站长给基辛格留下了很深的印象，但是凭借“越共机制的渗透力整体很弱……仅有30%左右的平定部队在真正发挥原定的作用”这样的言论。美国驻越南共和国军事援助司令部，也就是威斯特摩兰将军指挥的军事组织，正设法“同时开展很多工作”；该组织的作风极为官僚，并且过于注重“可以量化的”结果。因此，也就“忽视了无形素质方面的一些工作，比如发掘当地领导小组”。尤其是该组织缺乏有效实施平定的能力，或者按基辛格客气的说法就是，“10多年作战训练中培养的特殊素质，不包括在不稳定的复杂环境下鉴别政治判断的能力”。

相反，基辛格很欣赏兰斯代尔，称赞他“是一位对付亚洲人的艺术家……很有耐心，有感召力，想象力丰富”。对他的年轻团队也称赞有加，其中包括哈佛博弈论专家丹尼尔·埃尔斯伯格，他最早对国家安全问题感兴趣是因为参加了基辛格主办的国防政策研讨会。不过，“他们的气质带有艺术性，很个性化”（基辛格的措辞很漂亮），跟其他机构合不来。同时，他精明地发现兰斯代尔夸大了60年代的越南和50年代的菲律宾（他协助菲律宾政府平定了虎克党暴乱）之间的相似性。最后，基辛格分析了美国大使馆。可能也难免吧，考虑到他预计的读者，他对美国大使馆的评价比较积极，说这是“我见过的不是最强也是最强之一的美国使团”。不过，他也提出批评，尤其是驻西贡大使馆偏向开展多个不同的项目，这些项目“设计时彼此孤立，跟国家小组所有成员普遍接受的总体标准不是完全相关”，而是根据“西贡个别人或某个省级官员的个人偏好”。

基辛格对美国援助的整体评价不仅精明，而且犀利。很简单，可悲的是部门之间缺乏合作：

因为各机构首先急于推行自己的项目，所以实际上它们一般都通过一系列非侵略协议来运作。除非一个机构的项目直接侵犯到使团的另一个项目，否则大家都会注意不去发难，怕自己的宝贝项目遭到大会审查。这么做可以避免直接竞争，但同时也导致官僚机构臃肿，造成一种倾向：设法回避选择，能上马的都上马。由于可用的资源稀缺，尤其是缺乏训练有素的人，这样一来，结果必然令人失望。

美国的一大难题是要设法“在内战期间在一个分裂的社会基础上建立一个国家”。但是知行之间总有差异，因为“越南平民政府在各省毫无统管作用，而美国总想在太短时间、太大范围内开展太多工作”。基辛格竭尽全力，最后提出几点积极建议：更细心地调整一些试点项目；项目一旦上马就要善始善终；彻底盘点各省人力；成立一个由各机构副职领导组成的项目审查委员会。不过他的最佳想法最为简单。现在该有人绘制一份越南共和国地图，“一份关乎平民人口而不是军队的安全形势图”。现在也不宜再提“平定”二字。基辛格认为：“这个字眼听起来有一种极其消极甚至居高临下的味道，很容易让人想到殖民战争时期对‘当地人’的平定。”这的确太容易让人抚今思昔，格雷厄姆·格林早就预见到了。

基辛格的报告草稿总体来看批评得太激烈，不好意思公开。两天后他把修改稿发给洛奇，这次他大刀阔斧地改了一遍，删除了一些比较严厉的批评，结论也略有不同，其中有一份恪尽职守的声明，显然是初稿中没有的：“我深信越南问题是我国大业的关键，成败与否将决定我国未来几十年在世界上的作用。”改完报告，基辛格又补充两点：能否建一个越南的和平工作队来解决“学生和知识分子整体上对越战不够投入的问题”，送他们到农村协助平定工作？为了达到同样的目的，难道就不能在越南共和国和美国大学之间建立“密切关系”吗？

基辛格说对了一点：“美国面临的一个‘根本问题’”就是“提出一种能赢得公众尤其是知识分子支持的理念……一个大家能肯定、不会拒绝的东西”。眼看1965年接近尾声，如果他真的以为借助哈佛大学和顺化大学之间的学术交流能诞生出这种理念，那他就是痴人说梦。两所大学都已经严重偏离了方向。

第 18 章

—

风中浮尘

我们这是在风中搅动灰尘。

——1966 年 7 月，丹尼尔·埃尔斯伯格对基辛格说的话

我从不怀疑越南能把复杂的事办好。我只是拿不准他们能否把简单的事办好。

——1966 年 9 月，亨利·基辛格对迈克尔·伯克说的话

1

1966年春季学期，基辛格在哈佛–麻省理工武器控制研讨会上发言，他像是变了个人似的。1965年8月，基辛格负责提问，由同事回答。1966年1月12日，他就成了那个回答问题的人。他跟会场上的几乎所有人都不一样，只有他去过越南，亲身经历过美国在越南的困境。

他侃侃而谈，口若悬河，令人肃然起敬；要知道这可是学术场合，没有任何真正的机密可言，况且1965年11月，他在西贡畅所欲言还造成了一段不快的经历。

他对听众说，好消息是“很明显军事上我们不会吃败仗，不会出现奠边府战役那种灾难，因为我们的空中力量和其他技术装备具有很大优势”。可惜，好消息到此为止。坏消息很多，他在给洛奇大使的报告里也做过概括。首先，不知道越共是要和美军打常规战争，还是要完全占领一个重要省会，然后等美军把他们赶走。他解释道：“我们的部队一般指望打那种常规战争，因为他们在莱文沃斯堡军校学的就是这些内容，但越军根本不会打这种仗。我们遵循的还是很传统的军事标准，而越共采用的却是政治、心理标准。”实际上，他越来越担心“我们会上别人的当，扮演斗牛中的公牛，总是逼迫对方让步，但与此同时也耗尽力气”。只要美国部队将重点放在按军校教的那种方式打仗，在农村的平定工作就不会有进展。这么打仗美国不会输，但也无法结束越战。

其次，越南共和国完全是“四分五裂、组织混乱”，政府没有实施任何具有连贯性的积极项目，部门之间常常窝里斗，成事不足，败事有余。同时，省一级政府人员间“纪律涣散、没有凝聚力”，有些地区的人民政府甚至串通越共，搜刮民脂民膏，甚至从美国经济援助中渔利。

最后，美国“缺乏整体意识，不知采取何种军事行动对付游击队，也不知道如何建设一个国家”。国家现有资源充沛，但官僚机构复杂，两者极不协调。

基辛格公开承认，他展示的是“一幅可怕的图景”。同样可怕的是，听众提到的一些幼稚的问题。米尔顿·卡茨问道，为什么美国就不能“完全占领越南，建立一个越南共和国军事政府”，“二战”后的德国和日本不就是这样吗？基辛格指出，越南没有一个行政机构能让美国来取代，即便在军事上可以想象，但实际上也办不到。西摩·马丁·李普塞特想知道美国有直升机，为什么“就不能包围越共而要追着他们打”。基辛格耐心解释说，越南丛林密集，便于隐藏。托马斯·谢林尽量往好的一面看，说道：“基辛格描绘的情景对越共来说其实也很惨……无论是痛苦还是代价等，我们要记住越共的日子也很难过。现在河内也跟华盛顿一样日子不好过……我们不应忘了对方也是走投无路”。事实上，双方都无法通过军事力量达到目的，但战争升级对越共的威胁相对更大。这很好地说明了理论和实践知识有天壤之别。基辛格反驳道，真正的问题在于冲突延长，不在于冲突升级。“也许他们比我们有耐性，或者觉得在斗争期比打完仗更过瘾。他们以为能熬过我们，我们必须挫败他们的这种思想，向他们展示我们有能力坚持下去，不会一味追求快速紧急方案。”然而，说来容易做来难，他前面已经说明了这一点。

从越南回国的那一刻起，基辛格就感到左右为难，说话会招人反感。私下里，跟剑桥和华盛顿的专家们聚在一起，他可以表达对越战进程的深切忧虑。然而，在公开场合，比如对邦迪、洛奇等政府官员，他始终坚定不移地捍卫政府立场。1965年12月，参谋长联席会议主席厄尔·惠勒就说，基辛格“私下和聪明的、有学问的人在一起时能言善辩”，但“上电视可能不合适”。在1965年和1966年那种情况下，这个评价是正确的，因为无论基辛格在公开场合如何为美国的对越战略辩护，都必定不是全心全意的。虽然经常有人说基辛格两面三刀，但谈到美国在东南亚的惨败，他特别不善于撒谎。例如，回国后不久，基辛格发现自己和汤姆·沃尔夫、尖刻的《纽约客》撰稿人玛丽亚·曼内斯有共同语言。汤姆·沃尔夫刚出版杂文集《糖果色柑橘片——流水线婴儿》，他笔下服食致幻剂上瘾的肯·克西[①]也即将上路；玛丽亚·曼内斯的反战诗歌《任务》[②]将于翌年发表。突然有一天，基辛格极为一本正经，将头发理得短短的，领扣扣得严严实实的，对曼内斯说："越南问题的决策者们极度痛苦，你批评他们是大错特错。"他坚持认为，知识分子可以舒舒服服地谈论理想政策，但"那些焦虑而窘迫的官员可没那么幸运"。三个星期后，基辛格在波士顿的一个公众论坛上讲话，他对听众说："我们没能保护越南，其他国家会以为这标志着我们无力保护它们免遭这种共产党攻击。"但是，如果说多米诺理论以前对美国观众还有说服力，这次再讲却毫无作用。

一名观众提了一个简单问题："基辛格博士，您访问越南之后，认为可以达成最终和解吗？如果不行，您建议采取什么行动？"

基辛格耸耸肩，微微一笑，说："很抱歉，这个问题实在无法回答。"

美国大学生们的情绪越来越悲观，哈佛大学也是。1964年，哈佛成立美国"学生争取民主社会"组织分会，到1965年秋，分会代表到处呼吁反对征兵。那年，一些学生和少数教员前往华盛顿，参加声势浩大的反战示威。无论他私下对越战多么疑惧，但随着反战运动越闹越凶，基辛格一直笃信自己的立场。在他这样一个参加过"二战"的老兵看来，这就是失败主义。1965年12月10日，他和其他189名知识

---

① 克西是沃尔夫之后的作品《令人振奋的兴奋剂实验》中的主人公。在1965年秋天，沃尔夫就越南问题写了一篇内容不甚连贯的随笔，该文是这么结束的，"只有一件事需要去做。只有一件事是一点儿用都没有……那便是所有人就只是看着事态发展，注视着这场战争，然后转过身说……见鬼去吧"。

② 这首诗的原文为："show us the wombs/of village mothers, seeded to replace/the small lives spindled, folded stapled mutilated/by this war"。

分子联名在《纽约时报》发表公开信，表示支持政府政策，担心“知识分子界这个少数派”的喧闹战术可能致使“中国和越南民主共和国政府严重低估美国的大规模投入”，从而延长战争。引人注目的是，来自哈佛大学的其他联名者只有山姆·比尔和莫顿·霍尔柏林。正如哈佛大学未来的校长德里克·博克后来所说，教师队伍开始分化成左派、“退缩者”、保守派以及极少数“没有迷失方向”的人。

11天后，基辛格在公开场合为政府立场辩护遭遇低谷。那天电视上播出了哈佛对牛津的辩论。哈佛一方是基辛格、哈佛大学法学院的两名研究生罗伯特·施勒姆（后成为乔治·麦戈文的演讲稿撰写人）与劳伦斯·特赖布（后来成为哈佛法学教授），牛津一方是工党议员迈克尔·富特和两名年轻的牛津大学研究生：牛津联盟的新任主席、在巴基斯坦出生的塔里克·阿里和牛津工党俱乐部前主席斯蒂芬·马克斯。当时美国普遍存在着“美国应该履行其在越南问题上的承诺”的情绪。虽然这是哥伦比亚广播公司《小镇论世界》系列的一个节目，但辩论采取的却是牛津联盟规则，而且不幸的是，对基辛格来说，对手当中有两位反方辩论高手。他上来就声明官方路线：美国承诺给越南共和国人民“一个不受外来干预的决定自己未来的机会”。现在放弃这一承诺将意味着“让千千万万人惨遭不幸”。诚然，战争是一场“可怕而绝望的斗争”，但“我们到越南不是我们想留在那里。我们到越南是希望撤走，一旦能保证越南共和国人民可以自由选择自己的命运，我们就撤军”。英方反驳美国违背1954年《日内瓦协议》，回避与越南民主共和国谈判。第二点很容易驳回。越南民主共和国频频拒不接受联合国调停，“通过吴丹试探”并非“明确表示要谈判”；而且“从那时起美国提出的提议已经不止15个，完全可以借此机会开启另一轮会谈”。

但是，谈到《日内瓦协议》时基辛格说错了话。他说：“我认为，美国应该认同《日内瓦协议》是解决目前战争的基础……在我的印象中美国政府已经表示乐意这么做。”富特借机猛扑：

富特：我认为基辛格教授这么卓越的专家说他印象中的美国是认同《日内瓦协议》的，为什么美国没有非常明确地说愿意接受整个《日内瓦协议》？

基辛格：我说“在我的印象中”是尊重我们的英国辩友的辩论技巧。我完全有理由认为美国政府接受《日内瓦协议》，无论过去出现什么情况。只不过我面前没有文件，怕万一你们要我一字不差地说出那些话。

此时，富特明白英方胜了。正如他扬扬得意地指出，迪安·腊斯克就在几天前还说“美国仍然希望在越南问题上进行和平谈判，但有一个条件，要让越南共和国的独立和领土完整得到保障”。富特自鸣得意地说，这“与《日内瓦协议》精神背道而驰”。基辛格表示美国将接受《日内瓦协议》（该协议设想越南统一），在此基础上进行越南问题和谈，但他出了一个真正捍卫约翰逊政策的人不应该出的差错。

跟迈克尔·富特和塔里克·阿里辩论无甚乐趣。他们防守灵活，巧舌如簧，简直无懈可击，更何况是在众目睽睽之下。不久他们又遭遇美国对手。1966年6月，基辛格在北卡罗来纳大学的一次活动上与乔治·洛奇辩论，发现对手是一个“很讨厌的反战主义者”。问题是他为美国的越南政策辩护，观众却无动于衷。几个月前，基辛格在北卡罗来纳的温斯顿–塞勒姆演讲，他对观众说：“我们现在别无选择，只能维持自己的承诺，阻止共产党占领越南共和国。”他安慰观众：“只要我们有足够的耐力，就能无限期地制止共产党占领。”正如当地报纸报道：“于是，我们不再用‘捍卫自由’这种冠冕堂皇的字眼解释我们为什么去越南打仗了，只能说在坏事当中做出选择，可以说是选择损失最小的结果。”这话太对了！不过，那年 8 月，基辛格在《展望周刊》发表的一篇文章中指出，“越南战争现在是对美国成熟性的一个重大考验……我们无权决定只应对那些最贴合我们道德偏见的挑战”。在他看来，暗示美国可以从越南一走了之并不是理想主义。这是不负责任的表现，是背叛美国理想。

2

基辛格首次访问越南的报告明显少了一样内容，在他惊人的初稿中也没提到，那就是讨论以谈判的方式结束战争。实际上，基辛格根本没考虑谈判这回事。如他所言，他只有一次提到是否有可能用外交手段解决冲突，但是越南共和国政府本来就很脆弱，“再给它提出一个建议”只怕会让它更加脆弱。他在哈佛大学演讲，想回避这个问题可没那么容易，谁叫他去越南之前公开声明，只有靠谈判才能结束战争呢。

> 他赞同……如果可能，我们大概要谈判。但是，我们也必须看到问题的复杂性……如果政府比较稳定，就不会出现这种复杂性……哪些领土完全由越南民主共和国控制，哪些领土完全由我方控制，如果两者的分界线不明确，简单地谈停火可能引起极大混乱。

唐纳德·布伦南（他与赫尔曼·卡恩联合创办了哈得孙研究所）问为什么不能谈判，基辛格说可能是“越南民主共和国要求美国先撤军，但有时他们也说得不清楚，因此也可以就此谈判”。第二个拦路虎是“我们双方都有一个问题，要不停地安慰盟友”，言外之意是越南共和国对美国有限制，同样越南民主共和国也有类似限制。不过，短期来看，主要障碍在于美国似乎无法“详细说明我们谈判要达成何种条件”。再者，如果美国“让人们觉得越共的占领很快就会发生”，那么“有可能导致越南共和国政权垮台……危险在于如果我们本来是跟越共说慢慢撤退，这样一来或许我军就会惊慌失措，迅速撤退”。

这就像第22条军规：谈判很有必要，因为越南共和国政府很脆弱，但同时又不能谈判，因为越南共和国政府很脆弱，经不起谈判。基辛格在《展望周刊》发表的文章（这是篇整体上亲约翰逊政策的文章，同时杂志上还刊登了两篇批判性较强的文章，一篇的作者是阿瑟·施莱辛格，另一篇的作者是汉斯·摩根索），提到两条：“不可能撤退”，“谈判不可避免”。不过，他补充了一个重要的附加条件。要谈判必须等到“越南民主共和国意识到自己在农村的政治机构在逐步萎缩，而且战争拖得越久，机构萎缩得越快”。据此，他现在主张“军事行动的主要目标应该是建立安全地区”。毕竟，“在全国40%的地区有100%的控制权，比在全国100%的地区有40%的控制权要好”。与此同时，积极的外交途径不是要“召开一个同时讨论所有问题的大型会议来达成和解”，而是“把大问题分解成小问题，每个小问题由主要责任方来解决”。如果你把这种构想与1965年8月基辛格访问越南前的立场进行比较，会感到很吃惊。访越之前，基辛格断然拒绝在越南共和国建立由美国控制的飞地。这也与他在其他场合的声明格格不入：他说越南民主共和国掌握着时间上的主动权。

这个时候，基辛格还是华盛顿的小人物。不过，约翰逊政府明知越战难以取胜，却硬着头皮顶，此时此际，提到基辛格名字的人倒是越来越多。美国情报研究局副局长乔治·丹尼曾在腊斯克前面援引基辛格的看法以支持自己的观点。他说，美国面对的是马克思主义者，是越南人，而“外交观察家早就说过（最近基辛格教授也说过），这些人生性多疑，对‘真理’持一种功利主义态度”……他们绝不会真心实意地跟你谈判。参谋长联席会议主席希望基辛格“向曼斯菲尔德议员和富布赖特等人”解释，为什么停止轰炸不起任何作用。洛奇相信“绥靖”政策进展顺利，也反对停止轰炸越南民主共和国。

对美国下一步该怎么走，政府内部展开了激烈讨论，对此基辛格全然不知。一方是将军们，他们一味希望增加在越南共和国的美国地面部队，加强对越南民主共和国的空袭。1965年11月底，麦克纳马拉到西贡视察，见到威斯特摩兰将军，将军“要求”到1966年年底增派40万部队，也许到1967年再派20万。另一方是怀疑者。1965年12月初，克拉克·克利福德问道，“我们究竟要干什么？我感觉我们是越陷越深，没有回头之日。我们进行这种战争正中毛泽东下怀。我同意我们必须打，对此我深信不疑。但难道就不能只动用空军，让地面部队多防守吗？我们能不能不送60万人去深山老林中打仗？我们必须尽量减少打仗的成本。”麦克纳马拉现在也是疑虑重重，出人意料地主张“应该准备在战争间歇的对话中，在谈判中或者单边情况下向敌方提出停火”。12月18日，他对约翰逊讲了几句话，让总统大吃一惊。他说：“用军事办法解决问题不一定成功——我估计胜算是1/3或者1/2。”约翰逊问道：“你是说无论我们在战场上的表现如何，都没有必胜的把握？”麦克纳马拉回答：“是的。”

麦克纳马拉有些消沉，但当他在失望之中发现约翰·麦克诺顿日益鄙视越南共和国，又很受鼓舞。（“我们脚下的地面软塌塌的……越南共和国政府……完全不守规矩，我们把他们一脚踢开毫不为过。”）麦乔治·邦迪也是这种看法。不过，1965年12月，邦迪离开了白宫，他很失望约翰逊竟然选了政府里最强硬的文职人员替代自己，那就是沃尔特·罗斯托，此人认为（邦迪后来这么说他）碰到问题必须先决定而“后思考”。用约翰逊一句谁也学不来的话说，“罗斯托将成为我手下该死的知识分子，我要让他乖乖听我的话……我们这里不需要邦迪那种人”。换句话说，不需要政治上依旧忠于约翰·F. 肯尼迪的人。约翰逊将罗斯托任命为国家安全顾问，就可以放心大胆地继续把越战当成拳击比赛；只要用足够的力量重击对手，然后往拳台给他扔块白毛巾，就能赢得比赛。

这根本不是拳赛，还涉及其他各式各样的人物，谁都有可能影响河内。约翰逊政府的反应有点儿迟钝，刚开始还不知道苏联和中国对河内的支持态度都不大明确。越南民主共和国不屈不挠地妄想在共产党领导下统一越南，苏联显然既喜且忧，如果能以谈判达成和解，他们不会不乐意。1965年5月轰炸暂停期间，迪安·腊斯克想请苏联到河内做信使，苏联坚决拒绝，但暗示他们的一个东欧卫星国家愿意扮演这种角色。4个月后，腊斯克与匈牙利外交部部长彼得·亚诺什接触过一次，感觉不错，不过匈牙利代办亚诺什·劳德瓦尼变节后透露，其实，彼得“也没有和河内进行实质性联系”。周恩来谨慎地表示，中国不会直接干预越南问题，除非自己的领土遭到攻击。

然后还有法国。法国不敢相信，当年他们那么熟悉印度支那也在越南问题上栽了跟头，美国居然敢再蹚这浑水。到目前为止，西方国家当中，法国是跟河内关系最密切的。（毕竟，越南民主共和国领导人从胡志明以下大多是在法国接受教育的。）熟悉越南的资深外交家埃德蒙·居利翁（代号X）曾想恢复那些奄奄一息的日内瓦机构，联络人就是越南民主共和国驻巴黎代表马文保，可惜这个代号“XYZ”的行动失败了。

1965年圣诞节前夕，又开始了新一轮轰炸“暂停”。约翰逊做事一向更多考虑国内民众的情绪，不顾国际地缘政治现实，此时宣布开展“和平攻势”，派遣埃夫里尔·哈里曼访问布达佩斯和华沙，后来目的地里又加上贝尔格莱德、开罗和德里。受命参加这种四处进击事宜的还有休伯特·汉弗莱副总统和G. 门嫩·威廉姆斯助理国务卿。美国现在有自己的联系人——共14人，派往越南民主共和国的有4人，用腊斯克的话说是“把一切都放在和平这个篮子里，除了让越南共和国投降”。这时轰炸暂停的意义通过两种渠道传达：一是美国驻缅甸大使亨利·拜罗德和越南民主共和国驻缅甸大使武友平进行交流，一是波兰特使耶日·米哈沃夫斯基经过苏联和中国到河内访问。

但是河内毫无兴趣。米哈沃夫斯基从河内报道，民族解放阵线的代表“很好战”，“无心谈判”，他们认定可以给美国这个新的外敌再来一次奠边府之战。越南民主共和国外交部发表声明，谴责这次轰炸暂停是要花招，而1966年1月28日，胡志明的一封信在全国广播中播出，指责美国诡计多端、虚伪，要求美国撤军，坚持任何和解必须以越南民主共和国四条为基础，包括认可民族解放阵线是“越南人民的唯一代表”。1月31日，轰炸暂停持续37天之后，告一段落。3月，加拿大退休外交家切斯特·A. 朗宁再度调解，依然毫无进展。越南民主共和国总理要求美国“完全无条件地”停止轰炸，然后才能开始谈判。华盛顿回答要求河内承诺互相减少军事行动。乔治·鲍尔后来说，“所有这些策略都注定白费功夫，因为我们没有准备真的让步。那个时候的谈判还是很像对河内说，‘我说，我们签订一个协议，你来认输吧’”。不过河内“差不多也是在说”同样的话。

五花八门的外交方案轮番登场。美国驻老挝大使威廉·沙利文建议联合国分别给越南民主共和国和越南共和国成员国席位，同时接受中国大陆和中国台湾地区双双参加联合国大会，并考虑再给民主德国一个席位。麦克·曼斯菲尔德建议跟中国“面对面”谈判。这些想法无一付诸实践。连罗斯托也不得不承认，有一点似乎日益明朗，“要想谈判有进展，最好的办法是跟河内密谈”。但切入点在哪儿？1966年4月底，麦斯韦尔·泰勒提出交换条件。美国可以停止轰炸越南民主共和国，但“要求越共和……越南民主共和国在越南共和国的活动有所减少或彻底停止，或者越南民主共和国停止向越南共和国渗透，最好两点都做到”。双方交换“绩优股”（这是后来的说法）似乎是最佳方案。事实上，这种设想具有潜在可行性，得到前法国内阁大臣让·圣特尼认可；法国总统戴高乐和胡志明、范文同总理几次会晤后，就派圣特尼去了河内。圣特尼对美国驻法大使查尔斯·波伦说，“搞定这种事必须由个人通过秘密渠道来进行，这个人名气不要太大，在巴黎也行”。

然而，基辛格不以为然。1966年5月，他到英国狄启立公园[①]参加国际关系会议，有幸和时任英国哈罗德·威尔逊首相内阁外交大臣的迈克尔·斯图尔特探讨越南问题。基辛格说话很坦率，斯图尔特不免有些吃惊，他报告说：

> 基辛格对越南共和国当前的政治形势深表忧虑，他说阮高祺政府没有远大前途，嘲笑沃尔特·罗斯托的乐观，说阮高祺就是……越南共和国的朴（正熙）将军[②]。基辛格认为，越南选举不可能说明任何问题。美国苦心经营，希望建立一个对自己有利的政权，将来不会有好结果……
>
> 基辛格说他还担心一件事。他强调美国政府感到有必要甘愿

---

① 在牛津郡的查尔伯里附近，是丘吉尔在战时的休闲寓所，它最初建于18世纪早期，为利奇菲尔德伯爵而建，后来由戴维·威尔斯爵士于1958年将其打造成一个用于开展国际关系（尤其是英美关系）相关会议的中心。

② 指韩国的朴正熙总统，他自1961年至1979年遇刺前统治韩国。

> 开展一种涉及面广的、像日内瓦会议那样的谈判。显然，这种公共立场很好，有利于宣传，但是如果对方真的愿意谈判，美国政府会遭遇严重问题。首先是越共代表的问题……然后，越南共和国内部当选越南共和国政府和越共之间还要进行谈判……他显然比较希望选举之后能出现某种形式的国际谈判，这样美国也可以比较体面地最终撤军，不用举行大规模的日内瓦会议式的会谈。

这跟基辛格在电视辩论中舌战迈克尔·富特和塔里克·阿里说的话形成了鲜明对比。辩论中他暗示支持某种形式的新日内瓦和谈。

同时，基辛格对麦斯韦尔·泰勒提出的“绩优股”设想也深表疑虑，因为那实际上就相当于提议“用全面停火替代美国单方面停止轰炸”。这么做很可能适得其反。显然，只要开始谈判，华盛顿就会面临巨大压力，尤其是国内舆论和盟国政府都会要求停止轰炸。毫无疑问，美国空中打击因此就必须停止。相反，是否有可能设计一种能监督越共暗杀、破坏等战术的检查制度？停火岂不是让越共实际上控制越南共和国大部分地区，实质上意味着越南分裂？基辛格建议，要美国停止空袭，条件最好是“越南民主共和国（1）发誓不向越南共和国渗透，（2）同意在胡志明小道沿线和越老边境双边设立控制站”。他补充道，“这么做有一个好处，轰炸停止了，事先声明的封锁越共补给线的目标也达到了”。

3

基辛格反对谈判的主张在一个地方很受欢迎，那就是西贡。洛奇看了基辛格对泰勒建议的批评言论，赞叹不已，写信说他俩“得出的结论有太多的相同之处”。早在1966年4月，两人就开始商议基辛格再次访问越南共和国的事，国务院的伦纳德·昂格尔表示支持。昂格尔告诉威廉·邦迪，“基辛格打算调查三个问题：一是绥靖方面的进展……二是越南国内政治形势……三是宪法起草问题”。实际上，国务院的正式指令是让他和洛奇讨论谈判“方案”和“如果开始谈判可能出现的例如停火、停止敌对、各自立场、国际管制委员会或其他组织的检查等问题”。这是书面上的一套。实际上，基辛格将继续扮演在华盛顿的西贡人角色。他对哈比卜（这次访问越南他俩住在一起）说：“你知道，我的看法和大使馆的其实非常接近（可以说难以区别）。”洛奇和基辛格都不相信现在谈判是明智之举，两人依然认为越南共和国根本没有做好谈判准备。因此，基辛格将花费大部分时间重新评估越南共和国政权的现状及负责协助该政权的各种美国机构的现状。

1966年7月16日，基辛格抵达越南。再次来到越南共和国，他兴高采烈，这里“古怪而迷人”，街道脏兮兮的，交通不可救药，但人们都很“优雅”。跟上次相比变化不大。“洛奇兴致勃勃，他又跟我说战争其实已经打赢了，去年10月他就说过这个话”。威斯特摩兰“身材高大，彬彬有礼，说话声音不大，架子不小……但很高贵、正派”。他告诉我不仅在轰炸边境附近的越南民主共和国军队，而且“还让越南民主共和国主力军手忙脚乱”。

> 去年他主张把兵力增加到目前的水平，现在又说要把兵力增加到新的水平，理由都是一样，我听了很吃惊。去年，他对我说如果能拥有现在这样的兵力，一年，最多两年就能打胜仗。现在，他却说凭现有兵力可以不打败仗，但只能保证进展很缓慢。

美国驻越南军事援助司令部的情报官滚瓜烂熟地介绍老一套的绥

靖数据，将越南分为四类地区："安全区"、"正在清剿区"、"正在获取区"与"越共控制区"。中情局新团队宽慰基辛格说："越共士气开始动摇，后几个月渗透会比较容易。"这时有一个广为人知而"完全不切实际的"假设，说和解之后"美国重兵"将留在越南共和国。兰斯代尔手下的"流氓和冒险家"——"那帮不知道如何对付越南人、没有耐心和奉献精神的人"，"遭到排挤，被排除在行动之外"。华盛顿其他访问者动不动就来一车，这些人"完全脱离实际"。

与此同时，越南共和国的部长们个个都不如从前，对腐败无能现象只是耸耸肩而已，仿佛这种事"司空见惯"。乡村重建部部长似乎一门心思利用绥靖计划建设自己的私家部队。基辛格第一次来访跟外交部部长陈文涂交上了朋友，陈文涂抱怨他"就像有10个丈母娘"，这指的是政府的10个将军习惯单独和他见面，而不跟文职部长一起开会。基辛格现在明白陈文涂只不过是挂名负责人：实权掌握在国务卿、"阮高祺总理的麦乔治·邦迪"、"狡猾的人精"裴艳手上[①]。至于乡村形势，丹尼尔·埃尔斯伯格"描绘了一幅严峻的图景"。干部计划"几乎完全无效"。基辛格到一个地方视察，总"看见他们神志恍惚地躺在吊床上"。实际上，由于培养干部的专项资金被用于支付地方保护费，"又一帮掠夺者"开始侵害村民。越南共和国军队"与越南民主共和国主力军交锋时，几乎毫无还手之力"。没有较好的省级政府，"我们不过是在风中搅动灰尘"。

基辛格从不回避前线，经常亲自到前线视察。头一站他去了边和，

---

① 裴艳以一种间接的恭维回应。在他第一次和基辛格吃饭会面之后，"其他越南客人好奇他在乡村到底做了什么，他用他那口音奇怪的英语问了尽可能多的问题。无论他的理由是什么，通过观察在宴席间基辛格和阮高祺总理的交谈，我认为他是十分厉害的。对某些相对而言不熟悉越南事务的人来说，他的问题实际而尖锐，一点儿也不像我想象的那种学术圈的人会提的问题"。

这里是美国主要军事基地所在地，离西贡仅16英里。虽然距离很短，他想开车去的要求却遭到拒绝，因为“路上有狙击手……开车去太危险”。叫人很紧张的是“局势的另一种表现”：他坐的直升机“配有三挺机枪，左右各一挺，前面架一挺。我们走向飞机跑道时……机枪手还在地面用机枪训练”。基辛格在边和找了些美国国际开发署和中情局的密探谈话，他们都确认干部制度是瞎胡闹。这些干部不“游手好闲”的时候，就对村民强取豪夺，一见麻烦事就溜之大吉。“一旦村里的干部走掉，越共立马就杀回来，大肆报复”。中情局派到边和的工作人员的话尤其令人寒心：“他会说在一般情况下，全省没有一个村子他敢晚上一个人睡觉。尽管有一半的村庄被列入绥靖名单，他敢睡一觉的村子不超过1/4。”

至于越南共和国军队，他们和越共之间“似乎达成一种非同一般的、心照不宣的和解”。在一个野战部队指挥所，基辛格听取作战情况汇报，这种汇报他现在已经听熟了：“有人主张要迫使对方不停攻击，这样就可以首先耗尽他们的供给，同时还能破坏他们计划中的行动，据此……我问如果越共不跟你打，而是采取拖延战术，怎么办？他们说这不可能，因为我猜这种情况完全不在他们的计划之列。”

基辛格回到直升机上，继续旅程，下一站是第1师总部，设在离柬埔寨边境30英里的一座橡胶园里。基辛格纵目俯瞰，看见丛林中的一条条小径、越共设置的一道道路障、南北公路13号线上被炸毁的一座座桥梁。

也许有人会问，一名国务院的顾问，本来是要到西贡探探当地人对和谈的口风，有必要这么拼命吗？但基辛格就是这么拼命。几天后，基辛格在55号山第9陆战队过夜[①]。这里在岘港西南10英里处，是一片

① 这片地雷密布的山地也被称作“缪尔营”，是以陆军中校约瑟夫·缪尔之名命名的，他是海军陆战队第三师第三营的指挥官，于前一年9月在此地丧命。

“深15英里、长约30英里”地带的中心，可以说是美国控制区。这里进行的战争跟威斯特摩兰描述的不一样，这是一场平叛战役，目标是剿灭小股游击队，而不是要“搜索并歼灭”大股越共部队。然而，基辛格在日记中写道：“这里的活儿又缓慢，又肮脏，没完没了。”慢得很：早餐时两名陆战队上校承认，“从一开始，陆战队占领的地区就发现很多地雷，不比新平定的地区少”。接着，基辛格飞往沿海的归仁。那是“一个可怜的小渔村”，自打成为越南北部的主要供给基地，就变成“一家偌大的酒馆”。他本来是要坐比奇飞机前往的，但飞机坠毁了，就改坐了一架喷气式飞机，险些送了性命——“就差那么3英尺”，因为海上刮来了龙卷风。

回首过去，基辛格承认当晚决定坐飞机回西贡是“疯了”。真相在于越南唤醒了教授体内长期潜伏的实干家精神。与死气沉沉又枯燥乏味的剑桥相比，越南涌动着一种近乎死亡但却真实的活力。哈佛园乏味至极，而美国大使馆里却是悲剧和闹剧同时上演。基辛格急急忙忙赶回西贡，到底为什么？原来是赶到洛奇家里，和那些完全无足轻重的荷兰大使、朝鲜大使、意大利大使共进晚餐。餐后洛奇的一名副官表演节目，一下子气氛便活跃起来。副官“拿起吉他，弹唱他在顺化创作的两首歌曲”。“歌词非常俏皮，但也极其伤感，因为歌词里既有美国人提交的乐观报道，又有报纸上反映现实生活的头条新闻。这些歌曲实在太动人了”。

才过了两天，基辛格就乘坐一架全副武装的直升机回来了。为躲避狙击手攻击，飞机在3 000英尺的高空飞行，这次是去往隆安省第25步兵师总部。这里基本上是美国在越共“匪乡”的一块飞地，就在胡波丛林和臭名昭著的“铁三角”以南。他参观了省会——“一个被围困的要塞”，根本不像他想象中被平定的城市，回来后正好赶上与兰斯代尔将军共进晚餐。基辛格又圆满度过了梦幻般的一天，将军为他放了“一些越南民歌录音带和越南人用越南语唱美国民歌的录音带”。他开始明白媒体记者怎么会认为西贡有那么大吸引力。基辛格甚至建议他和弗朗西斯·菲茨杰拉德“成立一个研究越南流浪汉故事的协会”。

回到西贡，基辛格恪尽职守，采访了一些当地政治家和宗教领袖。因为国民大会选举定在9月11日，因此谈话的主题是谁将出任越南下届总统。本来基辛格是要听取越南共和国政治精英对谈判事宜的意见，但是收获甚微。有些政府成员提出一些完全不切实际的条件（“所有越南民主共和国部队撤至北纬17度以北；最终清除残余越共分子”），佛教领袖却越来越不满，听他们的口气是迫不及待地要把权力交给民族解放阵线。仿佛是要强调政治空气一点就着，基辛格报道了一起冲突：“一名神色狂野、眼珠乱转的僧人，袈裟里面携带着一个汽油罐”，后来引火自焚。同样令人心惊胆战的还有他和秘密警察头子阮玉鸾上校的见面。基辛格在日记里写道：“他几乎没长下巴，笑起来很沉闷。我提出一个尴尬的问题，他会笑弯了腰，整个人像是要瘫到地上，仿佛是油灰做的。”其他接近权力中心的人也一样，比如副总理阮友寿。阮玉鸾预计下任总统是阮文绍将军，此人是天主教徒，在法国受训，善于策划政治阴谋。性格外向的阮高祺总统像是在念华盛顿准备好的稿子，说阮文绍将是“韩国那种类型的”总统。然而，在基辛格看来，越南共和国想奇迹般地变成韩国是一天比一天困难了。

总之，基辛格认为形势比去年糟糕。也许他第二次访问越南得到的最重要的情报，是外交部部长陈文涂“已经几次在巴黎会见民族解放阵线代表”，因为他认为“巴黎……是越南共和国与民族解放阵线联系的最佳场所”。根据这一点以及其他新闻，基辛格推测出两点，有一点证明是对的。第一点，就是后来事实证明是错的那一点：美国也许可以离间越南民主共和国和越共。第二点，如果说有一条通向和平协议之路，这条路必须指向巴黎。不幸的是，基辛格返回华盛顿途中更看重第一点。

进行和平试探的重任压到埃夫里尔·哈里曼肩上，他现在是新一轮和谈委员会主席。8月1日，基辛格就是向他和他的助手丹尼尔·戴维森汇报。他讲了三条建议。第一条（据戴维森所做的会议纪要记载）是从根本上改变军事战略：

基辛格认为越南民主共和国和越共可以几乎无限期地接受10：1的伤亡率……他认为越共还远未到弹尽粮绝的地步……

我们的战略是错误的。"我们消耗自己的最佳办法，就是花工夫到柬埔寨边境附近追着他们的主力部队打。"只有陆战队知道，要赢是赢游击队，而不是赢主力部队……不过这个活儿很慢，很艰苦，西贡那些将军没兴趣……他们刚刚开始学习怎么打游击队。打这样的战争我们的军队还缺乏训练和经验。

这相当于要求换掉威斯特摩兰——这个想法自然很有道理，但说了等于白说。基辛格的第二条建议是延长军人在越南的服役期，同样不无道理，但在政治上行不通：将服役期限定在18个月，必然无法积累地方经验，"因为需要一年半左右才能比较熟悉形势，然后才能谈左右形势"。谁都不会延长海外驻军的时间。基辛格说到第三条，哈里曼这才竖起耳朵：

基辛格说，如果我们想让世界相信美国是真心想和解，就应该不再说什么"无条件"谈判……我们应该……公开声明我们的条件是什么……基辛格认为，在日内瓦协议框架下和越南民主共和国谈判或搞多边谈判，不如和民族解放阵线－越共谈判胜算大……

他同意中心问题是要在越南共和国进行谈判，这样就不会被民族解放阵线占领。

在此，基辛格放弃了“华盛顿的西贡大使”的角色，因为（他很坦率地向哈里曼承认）“要让洛奇大使接受跟民族解放阵线–越共谈判极其困难……因为洛奇对阮高祺百依百顺，不喜欢让他为难”。

在华盛顿这座城市传递信息，容易变调。基辛格以为哈里曼对即将举行的越南共和国选举寄予厚望。哈里曼却以为基辛格的意思是不仅有可能把越共从越南民主共和国分裂出来，还可能让越共成员完全背叛共产党。两天后，洛奇接到腊斯克发来的电报，心里很不愉快。电文说：“最近西贡发来的报道引起这里高层的强烈兴趣，大家在考虑是否有可能让越南共和国主动在越共/民族解放阵线中进行分化，激起更大规模的变节，最终为越南共和国–越共/民族解放阵线和谈铺平道路，从而以有利条件和平解决越南冲突。”真奇怪，腊斯克说的是基辛格和越南前副总理陈文宣的一次谈话，其实两个人都没提到变节这回事。（他们主要是讨论共产党是否渗透进了佛学院。）无意间，基辛格让政府的人白费了一番力气。突然，华盛顿找到答案：要结束越战，就劝说越共/民族解放阵线成员变节。实际上美国已经在推行一个“沼海计划”[①]，鼓励越南民主共和国人叛变。但该计划的重点是在战场，现在哈里曼设想的该计划的涉及面更广，“这样最终越共大部分成员有可能与越南共和国和解”。他对约翰逊和腊斯克提议“竞选过后，也许是10月初条件成熟时，越南共和国政府提议大赦，让投诚的人拥有完全

① 这一计划可大体被译作“开放武器”。那些劝说人们叛变的材料被装在携带着M–16弹药的防水袋里，然后被广泛投向战斗区域。到1967年，有近75 000份叛变记录，尽管其中非全都是真实的。

的社会、经济、政治地位”。“我们的目标是那些不是共产党的越共成员”。真是异想天开！

4

> 我始终认为访问越南是件鼓舞人心的事。我无法想象在今天的世界上还有什么更重大的任务。越南已成为美国事业的关键点。如果我们处理不好越南问题，我预计未来几十年危机将日益严峻。处理好了，那将是战后时代的一个历史转折点。正如古巴－柏林抵抗可能让苏联相信，想用军事手段寻求政治突破是徒劳无益的。针对越南问题可以通过使用武力或武力威胁来制止中国扩张。

1966年8月，基辛格写下这些话，并不是宣告一种发自肺腑的信念。其实，他是要给亨利·卡伯特·洛奇一丝慰藉，然后再讲一些痛苦的不快的现实。首先，美国想在越南“重建政治机构”，这纯属不可为而为之。“欧洲从封建主义转变为现代国家用了300年”，而且那里还不存在“一个世纪的殖民主义”的复杂问题。其次，美国没有殖民者的优势却勉为其难。他最近访问越南，“几乎没有见到一个人了解1965年10月的形势”。“根本就没有集体记忆……新人做事热情十足，但一点儿也不老练。等到他们学会怎么做了，就该回国了”。第三，绥靖是一种幻觉：“我们的地图显示有一个省的70%的地方已实现绥靖，我们的地区顾问却告诉我……80%的人还要给越共纳税。”

这且不说。哈里曼和同事起草了一份“谈判讨论稿”，但他们依然没有回答最重要的问题：“我们能用什么让越南民主共和国上钩？”到

8月底，他们又回到原来的想法上，要美国停止轰炸越南民主共和国，河内必须“保证”不再向越南共和国渗透。问题是现在阮文绍当上了总统，他二话不说就拒绝谈判的设想。越南共和国竞选过后5天，迈克尔·伯克兴奋不已，从西贡写信给基辛格，说“这次非常复杂的政治演习……大大超出我的预计”。基辛格回信中语带讥诮，意味深长，可以想见他对越南局势的真正态度：“我从不怀疑越南能把复杂的事办好。我只是拿不准他们能否把简单的事办好。”

就连基辛格的学生也明白他对越南的真实看法。他讲授的课程“行政学180”（“国际关系原理”），因其“强烈批评肯尼迪和约翰逊政府的外交政策”，在哈佛大学尽人皆知。然而，情况越糟，基辛格越是渴望再回越南看看。1966年10月，基辛格三度出访越南，为期仅10天，但他离校必须得到文理学院院长富兰克林·福特的批准。他说这次出访的目的是协助大使馆实施“越南调解计划”，计划制定初期他就跟哈里曼说过有可能与民族解放阵线谈判。尽管外型粗犷，但这次他坐的飞机很气派，是麦克纳马拉飞长途时喜欢坐的那种改装的波音707飞机，双层床一应俱全。同机的除了国防部部长，还有要回到兰斯代尔身边的丹尼尔·埃尔斯伯格和副国务卿尼古拉斯·卡岑巴赫。卡岑巴赫深情地回忆，基辛格穿着一件鲜艳的橘黄色连体裤，滔滔不绝地谈论苏联、冷战和其他问题。不过，尽管他尽力安慰哈里曼，但基辛格很清楚这次行动又将注定失败。不仅是策动越南民主共和国人变节绝不会进展顺利，以达到改变越南政治平衡的程度，也不仅是阮文绍和拥立国王的裴艳反对（他们反对就可能引发新政府和国民代表大会一决高下），而是美国多个机构明争暗斗，难成大事，基辛格此行就是要做些协调工作。

基辛格辛辛苦苦忙活了9天，一事无成。他对哈里曼说：“我越来越觉得，在越南办事，要弄明白怎么做事很难，弄明白做什么比较简单。”理论上看，越南调停计划一旦成功，就能“将越南内部机构问题和国际问题分离开来”，“极大地改善我们的外交立场”。实际上，现有的沼海计划被“美国国际开发署、美国联合公共事务处[①]、美国驻越南共和国军事援助司令部（又下设两个部门[②]）和近距离空中支援部四家单位瓜分”。“分工根本不明确。”其他项目的“实施都是随意的、不成系统的，更是支离破碎的”。基辛格恪尽职守，制定出一个改善部门间协调方式的计划，但他报告的口吻一点儿也不乐观。他从越南回来向哈里曼汇报时总结说：“军队有组织但没有思想，大使馆有思想但没有组织。”这仅适用于外向的哈比卜，洛奇还谈不上，他还是“习惯说民族解放阵线–越共是土匪杀人犯”。11 月底，基辛格听说阮文绍推迟原定的全国和解声明，并且美国政府让佐西安而不是哈比卜负责部门间协调，并不感到奇怪。事实再清楚不过了，美国提出的越南和解计划（不管还剩多少工作要做）已经变为公关事务，不再那么重要了。

圣诞节快到了，哈里曼送给基辛格一张亲笔签名的照片，题词如下：“和蔼而坚定的老师亨利·基辛格惠存，谨致谢忱，学生。此致热情的问候。”短短几个月，基辛格给他上了一课：不要对越南抱有幻想。

---

① 这个机构是为了协调军事和文职部门以推进“信息作战”。

② 一个部门是由负责“心理战”的特种部队和中央情报局行动组组成的，活动包括对民族解放阵线成员进行暗杀的凤凰计划；另一个部门是 J–33，是司令部的业务部门、J–3 的革新发展部门。

KISSINGER

1923–1968 THE IDEALIST

卷五

KISSINGER
THE IDEALIST
1923–1968

第 19 章

反对俾斯麦的人

我……有点儿不大明白为何你建议我们退回到俾斯麦时期的那种外交方式。我一度计划写一本关于俾斯麦外交的书，而且实际上已写了一半，我想不出还有什么政策更容易在目前形势下招致灾难。

——1961 年，亨利·基辛格对迈克尔·霍华德说的话

法国所有政策都是为了和莫斯科保持友好关系。法国官方认为……世界分为三极。一个中心在华盛顿，一个在主导东亚的北京，第三个就是莫斯科和巴黎支配的欧洲……戴高乐跟柯西金说过："因为越南战争，美国在欧洲一天比一天不受人待见。我们就是要这样来一起建设欧洲。"

——1967 年，让·德拉格朗维尔对基辛格说的话

1

就连最敏锐的基辛格作品研究者也犯了个错误，断定他非常认同

德意志帝国首任首相奥托·冯·俾斯麦的理念。但是基辛格“从未雄心勃勃地想做一个美国的俾斯麦……在冷战搭建起来的世界舞台上‘运用政治现实主义的原理’”。1961年夏，基辛格的朋友、英国军事历史学家迈克尔·霍华德建议，美国应考虑更多地像俾斯麦一样制定外交政策。当时，英国的很多人，尤其是首相哈罗德·麦克米伦很担心，（错误地）认为约翰·F. 肯尼迪总是理想主义地感情用事。霍华德解释：

> 我选择俾斯麦是因为他经常可以跟格拉德斯通顿抗衡，因为他这个人相信强权政治，不相信世界事务中的道德领导权；他在担任首相的大部分时间里，使用强权保护、调整了欧洲和平赖以存在的均势，实现了严格限定的目标……我说我们需要冷静地估计利益就是这个意思，其他国家也更容易理解，如果你提倡“道德领导”，一定会在国外遭到误解……我们希望在美国那里看到的不是道德热情，而是一种放松、礼貌、自信的力量，看起来基辛格正在朝这个方向摸索。

基辛格承认霍华德的观点让他“有点儿不大明白”。他答复说：“我一度计划写一本关于俾斯麦外交的书，而且实际上已写了一半，我想不出还有什么政策更容易在目前形势下招致灾难。”

要理解基辛格对俾斯麦的那种很重的矛盾心理（他从未质疑俾斯麦的天赋，但认为其所作所为存在致命错误），我们不能光看基辛格1968年夏发表的那篇著名文章。那篇题为“白色革命家”的文章虽然写得很漂亮，却并没有说出基辛格全部的想法。他对霍华德说，到1961年，“关于俾斯麦外交那本书……”已经“写了一半”，大部分很可能还是20世纪50年代末写的。（1967年2月，他把未完稿寄给玛利昂·登霍夫看，总忘不了提醒她“记住这是十多年前写的”。不过，他也表示还想“接着写”。）原计划这本书是《重建的世界》两部续集中的第一部，第二部主要讲从1890年俾斯麦免职到“一战”爆发期间的世界局势。换言之，基辛格的三部曲主要是讲“如何通过基于均势的联盟制度维护欧洲百年和平”，而写俾斯麦的这部书是核心。无论怎样，基辛格的伦敦出版商乔治·韦登菲尔德就是这么指望的。第一部书“销量极低”，此后他就“没见到”基辛格，《重建的世界》出版12年之后两人才再次见面，那时基辛格已经被任命为尼克松的国家安全顾问。韦登菲尔德回忆道：“我听他的美国出版商透出风声，俾斯麦这本书可能快写完了。”但是基辛格的说法令他很失望。他说：“我要把手稿烧掉。我在权力中心周边工作了短短几个星期，就意识到在真正的决策过程中还有很多东西需要学习。”

这不全是实话，就像韦登菲尔德所说，这只是“他不想把书写完的优雅借口”。事实上，基辛格这本写俾斯麦的书从未完稿，但他也没烧掉。这部未完稿一直保留在他的私人文件里，半个多世纪无人问津。如果你仔细阅读草稿的章节，就能确定基辛格发表的《白色革命家》一文只说出了他的部分观点。

当然，我们知道基辛格后来是怎么看俾斯麦的，因为他在《大外交》和《世界秩序》两本书中用大量篇幅讨论了这位铁血宰相。根据基辛格后来成熟的观点，俾斯麦开创德意志帝国之后，卡斯尔雷和梅特涅在维也纳大会上建立的欧洲秩序就分崩离析，因为“德国统一了，法国依旧是对头，这个制度就没有灵活性可言”。1871年以后，一个更严格的大国政治体系（这是利奥波德·冯·兰克的说法，大国指的是奥地利、英国、法国、德国和俄国）完全靠外交大师俾斯麦保持平衡。19世纪七八十年代俾斯麦如何叱咤风云、维护和平，这里无须详细讨论。然而，有一个策略在基辛格退出政坛后似乎变得尤为重要，那就是1887年6月俾斯麦与俄国外长尼古拉·吉尔斯签署的《秘密再保险条约》。条约规定，德俄同意当对方和第三方交战时自己保持中立，除非德国攻打法国，或者俄国攻打奥匈帝国。根据协议，如果俄国试图占领黑海海峡，德国必须保持中立。但是，最大的问题是不让俄国和法国签订双边防御协议，而俾斯麦下台后《秘密再保险条约》没有得到续签，于是俄国和法国乘机签订了双边防御协议。基辛格后来写道："可笑的是，恰恰是那种模棱两可保护了欧洲平衡的灵活性。以透明度为由放弃模糊性，所以引起了一系列日益严峻的对峙，最终爆发'一战'。"基辛格认为，俾斯麦下台后，大国制度让争端"加剧了"，而不是"缓和了"。一段时间以后，"政治领导人失去了对自己战术的控制"，最终，军事计划跟外交斡旋一起溜之大吉"。然而，基辛格年轻时对俾斯麦政治生涯最感兴趣的地方，还不是他晚期高超的外交艺术。

跟《重建的世界》一样，《代达罗斯》杂志发表的文章《白色革命家》妙语连珠。基辛格这么描写俾斯麦眼里的欧洲："新的秩序对保守派来说太民主，对自由派来说太独裁，对正统派来说又太看重权力。这个秩序是为一个天才量身定制的，他提出要想限制国内外针锋相对的力量，就要操控它们的对立面"。还有，"不是俾斯麦撒谎——他撒谎会感到很难为情，而是任何最微妙的环境动态他都能完美地适应，根据实际需要拿出最恰当的解决办法。俾斯麦之所以成功，关键在于他始终都很真诚"。由于反对者无法相信他们的目标，俾斯麦设想德国在普鲁士领导下实现统一不是革命者成功的头一例。俾斯麦是投机者吗？当然是啦！"任何想影响局势的人都必须在某种程度上投机取巧。真正的区别在于，有些人是让自己的目标适应现实，有些人则试图根据自己的目标改变现实"。俾斯麦否认"任何国家有权为了原则牺牲机会"。但是，"革命家（包括'白色'革命家）的盲点在于，他们认为自己为之奋斗的世界既有新设想的所有优势，又有被推翻制度的所有优点”。

这里的每句话都引人入胜。但这些都是主要观点的陪衬或者说装饰。他的主要观点有三。第一，俾斯麦不仅是天才，而且是魔鬼（他频频用“恶魔般的”来形容俾斯麦）。正因如此，基辛格才花费大量时间研究俾斯麦从自然神论、泛神论到虔信主义的精神之旅——这一点乍一看似乎跟主要观点没有明显关系。基辛格说得很清楚，俾斯麦的宗教觉醒是一个假象，在这个假象的掩护下他逐渐变成一个地缘政治上的达尔文主义者：

> 梅特涅的制度是受到 18 世纪宇宙像个大钟观念的启发：各个部件互相啮合，极为精密，一个部件受到干扰就会打乱其他部件的平衡。俾斯麦代表了一个新时代。平衡不再被视为和谐与机械的平衡，而是一种流动力量的统计平衡。其相应的哲学就是达尔文的适者生存观。俾斯麦标志着政治理性主义到政治经验主义的转变……俾斯麦宣称一切信仰都是相对的，他将这些信仰转变为力量，可以用各自产生的能量来评价。

由此可见，“白色革命家”这个由1867年犹太银行家路德维希·班贝格尔首创的名词，只是用来表现俾斯麦表面上的保守。

基辛格的第二个主要观点是，俾斯麦提出新欧洲秩序的关键在于他有能力“操纵其他国家的承诺”，“这样普鲁士与其他任何竞争方的关系都胜过竞争方相互之间的关系”——基辛格的这种洞见尤为重要，独具特色，下文再谈。俾斯麦之所以能这么做，是因为梅特涅式的合法观对他不再有任何约束力。他想和谁结盟就和谁结盟，想打谁就打谁。但是，这需要沉着冷静，因为要达到目的，普鲁士必须坦然接受巨大风险、孤立或者突然和解。

第三个观点是俾斯麦虽然成就显赫，但这些变革却不可持续，因为无法制度化。基辛格写道："制度只适用于一般办事标准，很难包容天才或鬼才。一个社会如果每代都要产生一个巨人，维护自身的国内国际地位，必然在劫难逃。"反之，"具有长远建设眼光的政治家，会把个人创造行为转变为可用普通办事标准来维护的制度"。基辛格认为俾斯麦的悲剧就在于他没有实现这种转变。"正是因为他成功了，德国就要永远表演绝活……也留下了一笔难以继承的巨大遗产……要求每代都产生伟人的制度给自己提出了一个难以攻克的挑战，尤其是伟人一般都会压制有个性者的产生。"特别是俾斯麦的继承者不能"恰当分析……国家利益的需要"："因为他能很好地把握强权关系的细微之处，所以俾斯麦知道自己的理念中有一种自控原则。这些细微之处在其继承者和模仿者看来并不明显，所以他们学以致用的结果是出现军备竞赛、爆发世界大战。"

的确，俾斯麦是吞并了阿尔萨斯–洛林，但他自己和继承人却错失良机，一个普鲁士首相可以拥有的良机：和法国结盟，哪怕是很短暂的结盟。1871年后，德国希望结盟的只有三个大国，其中之一的英国已经打算"光荣孤立"。然而，俾斯麦颇具雄才大略，依然有可能让国家起死回生。可惜后来者只看到权力政治而忽视了自控因素。为了击败"联盟梦魇"，他们耀武扬威，四处殖民，建设海军，结果却是巩固了法俄联盟。"因此，德国最担心的局面反倒是自己一手促成的。"正是在这个意义上，"德国现代最伟大的人物……播下了20世纪德国悲剧的种子"。

由此可见，《白色革命家》一文的意义肯定不是基辛格认同俾斯麦。基辛格的家庭遭受了大多数家庭不曾遭受的"种种悲剧"，在文中基辛格称之为俾斯麦赐予德国的高傲遗产。恰恰相反，基辛格虽然很钦佩俾斯麦，但至少也同等程度地谴责他。有一点很重要，基辛格认为他与戴高乐是一类人：

> 正如戴高乐冷酷无情、玩世不恭是因为他对法国历史使命抱有一种近乎浪漫的想法，俾斯麦这种讲求实际的权术主义者认为，普鲁士具有一种独特的团结意识，可以将此强加于对德意志人的统治之上。俾斯麦跟戴高乐一样，认为要走政治统一之路，重点不能放在法律条文上，要重视历史国家的自豪感和完整性。俾斯麦极力主张外交政策不能建立在情感上，必须建立在实力评估上……政策取决于计算，不是感情。国家利益就是客观命令，高于个人偏好。

基辛格那些见多识广的同代人在1968年读了这些话，无不知晓其中的道理。俾斯麦和戴高乐都是超级现实主义者：他们认为自己国家的“大国要求”重于一切其他力量，尤其是意识形态，不管是19世纪的自由主义还是20世纪的共产主义。俾斯麦像戴高乐一样，“认为国际关系具有高度灵活性，制约因素只有一个：国家利益需要”。

基辛格对俾斯麦的态度就是如此，无可辩驳，如果把上述观点跟他的未完稿联系起来看自然会明白（发表出来的《白色革命家》不过是文稿的一小段）。全书共保留下来6章，有的写过不止一稿，《代达罗斯》杂志的那篇文章主要就是在前4章基础上写成的。基辛格可能写出一本什么样的书，看了第5章（“克里米亚战争”）和第6章（“合法的意外性”）就很清楚了，可惜他热心于当前的行动，不能坐下来安静地研究过去。这两章比压缩了的论文说得清楚，基辛格显然认为现实政治很危险，很不道德。基辛格写道：“他从克里米亚危机中得到的结论始终不变，那就是只有冷静地计算权力关系，而不是感情上的依附，才能让普鲁士勇于担当。因此，从危机开始以后俾斯麦的所有奔走都可视为对实力的筹算。”然而，在他那构想的恶魔般的新世界中有一样东西令人非常不安，“在那个世界只有误算是恶，只有失败是罪。那里没有幻想，只有巨人或虚无主义者能活下来”。他写道，“俾斯麦是科学家，他衡量各种因素，考虑各种可能的组合，试图通过操控建立一种能反映真实权力关系的结构”。德国统一后，“如果有欧洲共识，这种共识是从力量运算而来的，合法与否取决于计算是否精密”。

这里还有很多地方讲到可选性的重要。基辛格写道，“俾斯麦有一个政策，开放所有选项，直到最后一刻”，于是他身上就存在矛盾，“既坦率又叫人捉摸不透”，“大胆又谨慎”。说实话，有时候基辛格对他崇拜得五体投地。“政治家最终是因其选择观念而与众不同。过了一代多人的时间，只有俾斯麦有本事在别人认为不可能的组合中看到可能。”无原则的德国贵族地主似乎神话了100年后才出现的基辛格原则：政治家必须始终在“知情不够充分”的情况下行动，“因为如果所有东西都齐备了，想改都来不及”，治国艺术就是“伺机而动的艺术”。然而，归根结底，基辛格站到了真正保守派一边，没有站到白色革命家一边。在未完成的最后一章“合法的意外性”中，基辛格力图讨论他所称的“保守派与俾斯麦之争的难解之谜”。基辛格显然是辛辛苦苦地用了两大段的篇幅（这里照录原稿的删除号和手写[①]添加成分，它们很有启发意义）来说明他支持俾斯麦批评者的理由：

> 俾斯麦是从旁观者的角度看问题，细心地评估本质，严密地推导结论，无情地运用这些结论。相反，保守派的信念则几乎全

① 这些手书的添加成分在原稿中实际上全为英文大写。

> 凭直觉，因而陈述得很笨拙：分析的准则不一定就是行动命令。因为分析的力量跟个人对分析主体的态度无关，但行动的动力涉及个人承诺。对分析而言，人是多种力量之一，是可以操控的手段。对直觉而言，他代表目的。~~声称自私自利始终是人的动机，这是老生常谈，因为重要问题恰恰在于人自私自利的本质。宣扬承诺的价值同样很空洞，除非承诺被赋予某种内容~~。分析的矛盾在于，它有可能~~回避~~损害可激活行动的信念，加深理解只会导致意志麻痹。行动的矛盾在于，无法将人和人身外的诸多力量联系起来；人可以看到这些力量的形成，但只能通过类比来把握其动机。保守派始终认定人类行为的这面源于一种尊敬感，~~一种对超越人的力量的认~~识这正好跟一种认识相反：个人对现实的了解是有局限的。大叛乱分子~~否认这一点~~，认定在其自身魔鬼般的本性中可找到足够的承诺动机。在保守派看来，社会能联系起来是个神话，用一种高于分析性真理的类比调和了把人当作手段的观点和其自身体验。在叛乱分子看来，神话是弱者的工具。

第二段基辛格也接着划了两条对角线，不过也很值得转录：

> 但是无论叛乱者的教训在他自己看来是多么不证自明，它仍然预设了一种几乎是超出人类认知的抽象能力，那种把别人和自己都看作~~一种力量、一个局外者~~一个局外者的能力，以免人的偏好破坏最精确的计算。~~俾斯麦的革命性精华在于他所有的结论都源自一种怀疑：所有信念在他看来都是可以操控的因素。因此有一点就绝非偶然~~：因此俾斯麦越是宣扬他的原则，他就越是离人类更远；他越竭力运用自己的教训，同代人就越无法理解。保守派逐渐在他身上听到魔鬼的声音也就不足为怪了。因为魔鬼就是

> 堕落的天使，要用各种虔诚来毁灭天使。无论俾斯麦的分析多么高明，社会都不敢讥讽他。只要认定人是一个个的原子，社会代表着一种种力量，就能漂漂亮亮地~~回避~~破坏所有的自制。因为社会运行靠的是近似值，不能做出精细的区别，所以权力是手段这一原则最后可能会把权力变成目的。因此，尽管俾斯麦在思想上更有道理，但有可能保守派代表了更多的社会真理。

基辛格痛苦地否定了俾斯麦，这跟他迄今为止所写的提倡战略不应仅仅建立在实用主义基础上的文章一脉相承。理想主义者依然坚持反对现实主义。然而，这一段被删除自然意味深长；基辛格写文章一般不会出现犹豫不决的增删现象，而俾斯麦这本书的撰写工作竟然就到此为止，自然也耐人寻味。

2

乍一看，欧洲统一时代的德国问题和越战时期的美国问题几乎没有什么可比性。有人也许认为，俾斯麦和胡志明的共性比他和林登·约翰逊的共性要多。因为俾斯麦和胡志明都是以铁血手段统一国家的。然而，20世纪60年代，基辛格重新关注俾斯麦有助于他从4个方面思考越南问题。

首先，显然约翰逊政府最基本的错误是自甘在外交上被孤立、颜面尽失。除了韩国和遥远的澳大利亚，几乎无一盟国在越南问题上给予实质性帮助。（菲律宾、泰国和中国台湾地区的贡献也很微薄。）越战升级说明“二战”后美国联盟体系的衰落。不仅东南亚条约组织近乎毫无作用，越南民主共和国也是如此。相反，河内乐得坐山观虎斗，让苏联和中国相互争斗。

其次，基辛格知道，是俾斯麦冷静地计算自我利益，才帮助普鲁士走出19世纪四五十年代那种长期不利的局势；如今，美国也要采用同样的方式脱离困境。白宫其他人都认为，美国为了证明越战的合理性而大肆宣扬一些理想，在欧洲领导人中间对此最为不齿的是戴高乐。然而，基辛格知道，就国家利益而言，法国比西方任何国家都更了解越南，只有法国才最有能力支持美国。

再次，研究俾斯麦让基辛格重拾他的毕生兴趣——德国统一问题。美国大多数人认为戴高乐是美欧和谐关系的头号威胁，基辛格则不然，他认为真正的威胁是德意志联邦共和国所谓的东方政策，即和包括德意志民主共和国在内的苏联集团恢复邦交。不能脱离地缘政治来看待统一问题，越南如此，德国亦如是。两种情况下，如果统一最终扩大了苏联卫星国范围，就必须加以抵制。

最后，基辛格通过研究俾斯麦的成功及其后继者的失败，或者说俾斯麦的成就无法持续的本质，得到了一个教训：在大国关系体系中维持一定程度的灵活性至关重要。俾斯麦担任德国首相时走了一步妙棋，完成了两个不可能的任务：一是在共同防御基础上和奥匈帝国结盟，二是和俄国签订《秘密再保险条约》。美国可否与其他大国建立类似关系来巩固自己的地位，即便有可能做出矛盾的承诺呢？基辛格渐渐认为答案是肯定的。他在20世纪60年代中期设计的大战略分三个阶段。首先，他想恢复、弘扬美国与西欧的联盟——北约，通过重新修复美国与法德英三个欧洲大国的双边关系，来对抗欧洲统一的强大力量。其次，他想给缓和注入实质性内容，从越南入手寻找美苏合作的实质性内容。最后，他开始察觉，尽管中华人民共和国带有明显的革命性，也可以将其纳入均势范围。在这一点上，在很多问题上，基辛格受到戴高乐及现实主义实践者俾斯麦的影响。

为了学习戴高乐，基辛格要跟20世纪60年代的美国外交政策背道而驰。在肯尼迪和约翰逊两届美国政府决策者看来，戴高乐是问题的部分根源——尤其是越南问题，因此不可能从他身上找到解决办法。前面说过，戴高乐对美国提出的多边核力量等计划表示反对。同时，他也拒不实施1963年签订的禁止大气层核试验的《部分禁止核试验条约》。在肯尼迪政府看来，戴高乐似乎就是想挑拨离间，搞垮欧美联盟，一方面疏远法美关系而加强法德关系，一方面否决英国加入欧洲共同体的提案。这还不算狠的。早在1963年8月，戴高乐明确表示法国希望看到越南“摆脱……外来势力，实现国内和平统一，与邻国和谐相处”。1964年4月，他吓唬美国驻法国大使、资深外交家查尔斯·波伦，对他说“只有中国同意才可能出现军事稳定，若中国同意了就可能出现真正的中立”。很显然，戴高乐不顾美国抗议，设想只有越南共和国中立，而不是整个越南中立。两个月后，戴高乐又对乔治·鲍尔说：“我认为美国赢不了越战，尽管美国有军事上的优势，哪怕它还想打全面战争。”日复一日，戴高乐迫切要求召开国际会议解决越南冲突。他声明，会议的目标是使中、法、苏、美四国承诺不干预东南亚局势。他的意图显而易见，要承认法属印度支那以前的领土属于中国势力范围。（早在1964年1月，法国便正式承认中华人民共和国。）戴高乐不同意支持开启越美谈判，除非美国明确承诺撤军。他对美国最大的侮辱，是1966年9月在柬埔寨金边发表的演讲，指责美国不肯休战。那时，戴高乐已下令让法国退出北约指挥机构，也完全退出东南亚条约组织。在几乎所有美国决策者眼里，这显然是一种惊世骇俗的不忠行为。

如果说戴高乐和肯尼迪的关系比较紧张，那么戴高乐和约翰逊之间则不存在什么联系。两人只见过三次面，每次都是参加国家元首的葬礼：肯尼迪、阿登纳和艾森豪威尔。（1966 年 1 月基辛格报道说，曼斯菲尔德议员建议两人在巴黎会晤，但爱丽舍宫的反应一点儿也不热烈，尤其是曼斯菲尔德议员说戴高乐和约翰逊一起在阳台出现将会是美丽风景的时候。）法国总统一再呼吁越南中立，约翰逊总统的高参，尤其是腊斯克、邦迪兄弟和洛奇，一直不予理睬。只有大卫·内斯（1964 年总统选举时洛奇大使被召回国，此前此人短期担任过洛奇在西贡时的二号人物）慢慢意识到戴高乐提出了一个比军事升级更好的选择。

前文说过，基辛格几乎是从一开始就批评肯尼迪和约翰逊政府没有处理好美国与西欧主要国家的关系。1964 年他为纳尔逊·洛克菲勒写了很多演讲稿，其中一篇写道："北大西洋联盟一团糟。民主党政府……不能理解欧洲发生的重大变化。政策也不具备连续性，时而呼吁联盟统一，时而又强调单边行动。"一方面，华盛顿行动时也不好好跟盟国协商（例如，在荷属新几内亚争议上选择支持印尼、反对荷兰）。另一方面，美国从根本上误解了欧洲对核安全的态度，热衷建设多边核力量。尤其是肯尼迪和约翰逊政府倾向于在双边基础上与苏联谈缓和，难怪欧洲主要国家担心"美苏和解"（弗朗索瓦·德罗斯的说法）会牺牲自己的利益。基辛格在波恩同样听到有人抱怨，一个是德国情报局前副局长克劳斯·里特，一个是北约地面部队前司令汉斯·施派德尔将军。在这种情况下，美国不成熟地呼吁欧洲国家在越南问题上予以支持必然无人搭理。

基辛格心中的欧洲地图跟俾斯麦设想的一样。他现在每年都去欧洲，通常是五六月哈佛大学春季学期结束以后，只要越洋出行必定去波恩和巴黎，再就是伦敦，然后是布鲁塞尔、海牙和罗马。他很少去欧洲其他国家的首都。斯堪的纳维亚是未知领域，伊比利亚半岛也是。基辛格对1957年《罗马条约》签订以后推动西欧统一的经济力量兴趣不大，基辛格心中的欧洲依旧是兰克学派所谓的大国政治体系：英、法、德、作为失败者的意大利，以及成为死火山的中立的奥地利。在留存下来的三个大国中，他最感兴趣的是德国，最不感兴趣的是英国。然而，很快局势就很明朗了，通往河内的道路要走巴黎，而不是柏林。

这条路自然不经过伦敦。基辛格和迈克尔·富特、塔里克·阿里的电视辩论表明，美国国内反对越战的呼声在迅速变高，英国几乎也是如此。1966年2月，基辛格出访伦敦，"以受人尊敬的独立观察家身份发表演讲"，他会晤了一众议员和公务人员，竭力阐明政府主张，但遭遇左右两派甚至中间派的反对（左派中最明显反对的是副总理乔治·布朗，右派是影子国防部部长伊诺克·鲍威尔，中间派是自由派领袖乔·格里蒙德）。只有少数"或许还记得英国人在丛林战中打败了共产党游击队并赢得越南的马来亚战争的"中层公务人员"认为美国"应该更强硬"。基辛格装出一副英勇的样子向伦纳德·昂格尔报告说："英国人几乎无一例外愿意支持我们在越南问题上的政策和行动，尽管他们对要做的事还不是很热心。甚至左翼工党分子也声援我们，即便是负面意见最多的英国人也比哈佛那些做研究的同事好交流得多。"不过这也不是高标准，因为校园里的反战情绪已经愈演愈烈。事实上，就连保守派反对党也开始反战。一次基辛格吃早餐，保守党新领导人爱德华·希斯对他说："虽然我整体上很乐观……但我们在越南问题上的军事战略我不怎么明白。"影子国防部部长伊诺克·鲍威尔"反对得最激烈，提倡我们现在就撤出越南"。虽然基辛格可以在伦敦主张越南问题很重要，"不仅是对其自身环境很重要，而且事关美国的世界地位及印度、日本的未来走向和作用"，但是，他宣称进行越战"是为了防止共产主义在全世界蔓延”，这一点谁都不买账。鲍威尔后来宣称，哈罗德·威尔逊想出兵越南，“显而易见，谁都能看出来他成了美国的附庸”，此言一出，公众纷纷喝彩，险些让威尔逊打消出兵的念头。

3

20世纪60年代中期的德国争论有所不同。一方面，大多数德国人看得出来他们的处境和越南的有相似之处。两个国家都分裂了，越南民主共和国像民主德国一样是共产党统治的国家，对其非共产党邻国有潜在的军事政治威胁。但即便如此，德国也不想帮助美国。基辛格就此会晤了许多德国的政治军事领导人，他们认为德国分裂已经把他们搞得焦头烂额，因此无暇也无力担心越南问题。

对于联邦德国的发展前途，基辛格总有点儿杞人忧天，不过他大体上能正确判断联邦德国前进的方向。早在1964年11月，他就警告麦乔治·邦迪说，“美国强推多边核力量计划，事态发展已到严重关头”，有可能“毁灭基督教民主党”。他预测：“这又会促使社会民主党转向更左、更民族主义的道路。”“我最担心的不是多边核力量，而是三四年后德国会出现今天意大利的这种形势”——换句话说，政治中心会彻底转向左派。两年之后，社会民主党和基督教民主党成立了大联盟，维利·勃兰特被任命为联邦德国外长和副总理。

1965年4月，基辛格首次会见勃兰特的新闻发言人：后来成为“新东方政策”设计师的埃贡·巴尔。巴尔出生在铁幕对面的图林根州，1956年加入社民党，他不是社会主义者，而是民族主义者。他怀疑（一点儿不错）无论是基督教民主党还是美国，希望德国统一的动机都不纯。在勃兰特的教唆下，巴尔急不可耐地要见基辛格，专程跑到波士顿。（基辛格其实一直都躲着他。）据基辛格报告，巴尔兴高采烈地跟他解释，社民党一上台他的老板意欲何为：

勃兰特决定全速前进。我（指基辛格）问朝哪个方向？巴尔说要大大加强与东方的联系，包括民主德国。他补充说一个重要目标就是研究出一份和平协议草案。他和勃兰特考虑的计划包括下面几条：德国统一后将离开北约；德国将不再拥有核武器；外国部队将撤出德国领土；德国军队将保留目前规模；四国将保证德国领土完整。此外，四国将签署互助条约，一旦德国发动侵略，四国将互相支持。

基辛格听后惊恐不已。“我问巴尔就不担心四国协议签署之后，共产党会不断干预德国？巴尔说我还在用冷战时期的思维考虑问题。”巴尔的意思是基辛格还以为“苏联贪得无厌，总想扩大自己的范围”，而“柏林社民党的看法是，苏联的民族特色将越来越显著”，会“逐渐重视苏德友谊，而不是想给德国施加压力”。然而，如果苏联真的施压，那么“现有的德国军队可以采用缓兵之计，等候北约救援”。

完全是一派胡言！基辛格忍无可忍：

我指出，如果巴尔的计划是希望北约强大，那恐怕是痴心妄想。如果出现巴尔所说的那种情形，不仅德国要离开北约，而且北约自身也可能解散。似乎难以想象同时存在两种情况，一方面跟苏联签订互助协议，另一方面建立一个针对苏联威胁的联盟。巴尔回答，他不认为这样的北约很可靠，最重要的是美国保证，如果美国说到做到，有没有北约根本无所谓。

情况越来越糟。基辛格问巴尔打算如何实现德国统一。巴尔的回答是“通过紧密联系东方，包括民主德国”。德国统一需要等到民主德国和联邦德国的经济差距消除之后，因为这样民主德国就不会感到“难以忍受的耻辱”，而实现这一点可能要等到“5年之后”，“5年之内联邦德国要对民主德国予以大量经济援助，拉近两地人民的生活水平”。基辛格反对说，“那时民主德国在不发达国家中将更活跃，”但巴尔回答“我准备冒一次险”，因为“柏林社民党的总体思路是民主德国首先是德国，其次才是共产党国家”。

听了巴尔的一席话，基辛格吓坏了，赶紧撰写了一篇很有份量、有预见性的文章，题为“德国统一的代价”，发表在《记者》上。基辛格是研究俾斯麦的专家，深知德国是“欧洲均势的关键”。正如他在《白色革命家》中所言，“如果德国太中央化，太强大，结果会是法国和俄国扩张，联合起来对付它。如果德国分裂太严重，就会引致法苏不断施压”。德国必须“足够强大，能抵挡东西部来的打击，但又不能太强大，让邻国不得安宁；比较团结，能够动员力量自卫，但又不要太中央化，想到攻打邻国，给它们造成威胁”。巴尔的设想可能表面上听起来很诱人。实际上，很多美国人接受一种观点：“民主德国和联邦德国加强联系，有助于削弱民主德国政权。”但实际上，新东方政策必然推动德国不仅朝统一方向发展，而且会朝“民族主义、中立或民族主义加中立”等几个方面发展。如果是第一种情况，巴尔的办法将提高民主德国政权地位。要么德国分裂越来越稳定，要么各方将会“逐渐以一种几乎难以察觉的方式接受苏联为德国统一提出的框架：德国统一直接由民主德国和联邦德国两国谈判解决”。

基辛格则主张采用常见的北约方式解决问题。如果联邦德国和民主德国要搞联邦制，必须满足一定的条件，例如保证通过自由选举选出政府、德国领土彻底实行非军事化、15年后就统一问题进行全民公决。两个德国必须承诺接受奥得河–尼斯河线为德国东部边境。总之，基辛格认为，德国统一只能在跨洋、泛欧洲统一的大框架下进行：

德国统一的长远希望在于联邦德国的演变，联邦德国演变可以像吸铁石一样吸引东欧国家。如果西欧实现政治统一，任何国家都不会很担心。而且，欧洲统一了，就会像一个强力吸铁石一样吸引东欧国家。东欧和西欧关系增强了，民主德国卫星国会逐渐成为过去时代的残迹。进而，这个统一的欧洲应该成为紧密、自信的大西洋关系的有机组成部分。因此，一个有远见的欧洲政策，应该设法将所谓的德国问题转变为建设欧洲和大西洋机构，联邦德国可以凭受人尊敬的平等的成员国身份加入其中。

从2015年的立场来看，这段话几乎就是一种预言。新东方政策的确经过勃兰特的检验；苏联的确试图颠覆它，把它变成一种工具；20年以后在一位基督教民主党总理的领导下，的确实现了德国统一，而且完全是在一个重新确认了的大西洋联盟和一个内部联系更紧密、更广泛的欧盟基础上实现的。

然而，如果你不是一个大乐天派，20世纪60年代中期你绝不会相信以后很可能出现这么美妙的结局。1965年6月，基辛格听社民党主席赫伯特·魏纳讲自己的预感，更是觉得毛骨悚然。这位坚定的前共产党人一开始就数落联邦德国主要政治领导人，包括他自己的总理候选人：

艾哈德——糕点师，喜欢烤大蛋糕，上面插蜡烛。施罗德——迷恋干净的马甲，出于美学追求而不是道德原因成为反纳粹者。如果我们碰到麻烦，会发现他又穿了件干净的马甲。勃兰特——一旦情况不妙，他就随便抓住一个意志坚定的人，在人家肩上大喊大叫；埃勒尔——他很随和，什么事都说两遍。蒙德——魏纳听说美国媒体赞扬那个虚无主义者很灵活。这证明美国人是政治白痴①。

然后他继续点评欧洲其他国家的政治家：比利时前首相保罗-亨利·斯巴克“是一只气球，不用绳子系好就会飞走，轻轻一扎就破”，而刚刚去世的英国工党领袖休·盖茨克尔“是一个书呆子，把走上讲台和历史进程混为一谈”。至于戴高乐，他是“过去几个世纪遗留的残迹”。这些都还是铺垫。魏纳像巴尔一样，原来是民族主义者，后来成了社会主义者。他狂热地认为“德国如果保持分裂，道德上就崩溃了”，还说西方其他国家谈德国统一，不过是耍嘴皮子说得好听。然而，魏纳跟巴尔不同，对苏联极度不信任。他同意基辛格的看法：

任何人接受民主德国政权，只会导致两个民族国家你争我斗。不过，如果联邦德国不愿失去所有道德凝聚力，不愿看到极左或极右党派再次出现，必须实施非常积极的统一政策。他说新一代人不再极度惧怕共产党，他们可能会开始跟民主德国耍弄一番。“那个半吊子”巴尔等人已经开始打这种主意了。

基辛格在德国期间，走到哪里听到的都是这些话。魏纳对他说：“越战不是战争，是深不见底的沼泽。”老先生（已经下台但依然活跃的康拉德·阿登纳）表示同意：“越南战争是个祸害。欧洲是起决定作

① 这里提到的人有德国总理路德维希·艾哈德、外交部部长格哈德·施罗德、柏林市市长和社民党总理候选人维利·勃兰特、社民党的议会领袖弗里茨·埃勒尔、自由民主党领导人和副总理埃里希·蒙德。

用的地区，而我们却在东南亚的沼泽里越陷越深。我说我们是在东南亚保卫欧洲。阿登纳回答，如果我们保持目前的步伐，欧洲、亚洲一个也保不住。”

德国人抱怨美国像联邦德国联邦议院主席欧根·格斯登美尔说过的那样，不停地让他们“在法国和美国之间二选一”。对此基辛格想回答说：“选择之后法国就从欧洲消失了吗？”基辛格曾设法向麦乔治·邦迪解释，“国务院老是拿联邦德国说事，固执地对法国抱有一边倒的偏见，这么做毫无意义。如果总是让德国在美国与法国之间二选一，德国终究会用一种破坏性方式实现统一……为了阻挠法国而拉拢德国……最后会把巴黎和波恩两边都得罪了”。

基辛格听说麦克纳马拉终于放弃多边核力量，准备提议成立一个“核问题执行委员会”，如释重负地呼了一口气。（多边核力量计划后来彻底被搁置了，1965年12月，约翰逊会晤艾哈德，告诉他，“路德维希，我愿为你效犬马之劳，但别找我要核武器，否则我的生活就复杂了”。）但是他指责“北约早期那些大佬们”试图破坏这一想法，误以为“欧洲长期的危险”在于“欧洲人过分自信的意志”。基辛格正确地预见，真正的危险“正好相反，是倾向于放弃一切责任……再过10年，欧洲就会陷入意大利目前的局面：迫不及待地把外交决策权移交给我们，但在任何紧张时期都不可信赖。我无法相信成为西方唯一实施严肃外交政策的国家符合美国利益”。

这个话题基辛格一年后又提到了，那时美国政策出现了新变化，提出所谓的“硬件解决办法”，把美国核潜艇卖给北约，由最终配备了各国人员的北约联合检查组管理。这基本上是把多边核力量重新重视起来，基辛格毫不留情地讽刺了一把。大西洋联盟的真正问题不可能用过于狭隘的军事化的、毫无意义的整合形式来解决。真正需要的是欧洲要“为其政策和防御承担更大的责任”：

> 让欧洲成为我们罗马眼中的希腊——文化上有趣却无法发挥积极作用的政治上的一潭死水，这既不符合美国利益，也不符合欧洲利益。这对我们来说不是好事，因为霸权长远来看是会令人丧失信心的。我认为维持美国影响只有一条路：减少形式上的统治……目前的体制纵容了太多的盟国将共同防御的开销和责任推卸给美国。

美国必须不再反对欧洲将自己的防御产能，包括核产能，集中使用。有一种主张尤其必须放弃，那就是德国不能有一丝一毫的核威慑力。“总是认定联盟的一个主要功能是限制一个主要成员国的潜在威胁，这对联盟的团结能有什么好处？”

基辛格的呼吁无人理睬。约翰逊政府不是按照基辛格赞成的方向（建设一个政治上更统一、军事上更平衡的北约）行动，而是继续走缓和之路，似乎更信赖苏联，而非德国。1967年，约翰逊政府宣布美国将接受《核不扩散条约》的想法（最早是爱尔兰提出的），德国又是一阵群情激动。美国国防部前副部长吉尔帕特里克做过一项穷尽性调查。根据这项调查，美国认为到20世纪70年代中期，没有更好的办法防止世界拥核国家数量从4个跌跌撞撞发展为15~20个。弗朗西斯·加文表示，美国对核不扩散问题的思考既有全球观又很复杂：“美国需要在与其主要对手（苏联）的关系既缓和又合作的时期，在一个战略意义不大的地方（越南）打一场常规战争，需要说服一个盟国（日本）和一个中立国（印度）不要发展核武器，因为如果它们发展核武器，联邦德国的压力就会增加，与苏联的矛盾就会升级，缓和将会延缓。”从约翰逊的角度看，不用说还可增加一条，《核不扩散条约》在国内具有政治吸引力；只要博比·肯尼迪对条约表示兴趣，约翰逊也必须喜欢。联邦德国对美国的复杂思维不感兴趣，他们只看到，虽然自己是忠实盟国，但不知何故和中国一样被排除在外——中国说什么还在1964年成功进行了一次核试验。1967年1月，德国负责裁军的资深外交官对基辛格说，“这是德美关系的一个转折点，在很多方面损失已经无法弥补”。现已重回政府担任财政部部长的弗朗茨·约瑟夫·施特劳斯，还跟以前一样说话时火药味十足：“不扩散条约就像是一个超级雅尔塔协议……美国的行为让我想到一个大酒鬼对那些不饮酒的人说，如果他们喝一点儿酒就判他们死刑。核不扩散条约相当于让美苏在核问题上享受永久霸权。”91岁高龄的阿登纳倚老卖老，极为直白地对基辛格说：

> 约翰逊总统建议和苏联建立一种与世界为敌的霸权关系。两个大“富翁”想不顾全体“穷人”的意愿瓜分世界。美国正在亚洲忙活。美国的重点首先是亚洲，然后是缓和；欧洲不添乱的时候也就是提供点儿便利……美国甚至考虑签署条约，永久性地将联邦德国置于一种歧视性地位，是可忍孰不可忍！

老先生警告，他要“公开发表讲话对你们表示抗议”。

美国政府的几位老江湖，尤其是约翰·麦克洛伊和罗伯特·鲍伊比较同意德国人的看法，但基辛格在核不扩散问题上还有点儿摇摆不定。他跟施特劳斯交谈时，想把这个问题和德国统一联系起来，立马遭到冷遇，施特劳斯说：“别人老跟我说德国统一将是缓和的结果，我都烦透了。实际上德国统一对谁都没有一丁点儿好处。俾斯麦很幸运，因为所有周边国家都误以为奥地利比普鲁士强大，竟让他如愿以偿，建立了统一的德意志帝国。”这当然是巴伐利亚人的观点，不过也不无历史价值。

基辛格想跟阿登纳打越南这张牌。他问，德国真的会受益吗？“如果美国声誉彻底毁灭，共产党的最顽固分子会感到欢欣鼓舞吗？如果美国败在越南民主共和国手里，而乌布利希想给柏林施加压力，苏联会如何反应？”

阿登纳看着我说，你以为我相信美国会保护德国？我说当然。他说，我不再相信美国会保护德国。美国近几年的行动表明，你们把缓和看得高于一切。我认为美国哪一个总统都不会冒险为柏林打核战争，能挽救德国的只有一样：苏联对美国打不打核战争还没有把握。

基辛格又问到德国统一的事。阿登纳没好气地回答，在他看来，“靠美国或有美国插手就不可能实现德国统一”。事实上，“美国人在政治上最不可靠”。他认为更有可能“也许是法国会为了联邦德国实现德国统一”，至少“从国家层面来看，法国必须把共产党从欧洲中心赶走，赶得越远越好”。

美国正在竭尽全力破坏大西洋地区的政治后方，摧毁那些它赖以建立西方安全体系的国家的自信。他说几周后将拜访戴高乐，强烈要求他推进欧洲政治联盟的成立。单纯的经济联盟远远不够，单一民族国家也是不够的。

很难得的是，基辛格听到来自这么多政党、这么多年龄层的人的观点。埃贡·巴尔基本上跟施特劳斯和阿登纳一样，对不扩散条约很悲观，只是在他看来，这不过是又在主张把联邦德国作为“东西方之间的桥梁”①，给该条约明显针对的瑞典、日本和印度等国家增加一个伙

---

① 当基辛格回复说“总存在一种危险就是桥梁是人人都能走过的东西”时，巴尔有充足的理由来取消这一点。

伴。德国联邦议院社民党新任主席赫尔穆特·施密特也持同样观点：在他看来，美国“为了自身利益希望缓和，但有可能牺牲一个关系最密切的盟国……北约的目标正在加速实现”。如果美国着手设计一项政策，巩固基督教民主党和社会民主党新联盟（该联盟是两个月前随着总理库尔特·格奥尔格·基辛格领导的大联盟的成立而成立的），《核不扩散条约》可能就是最佳政策了。

总之，联邦德国不能为美国提供任何帮助，至少是在越南问题上。基辛格在德国会见了那么多人，结果只落得心灰意冷。他回国后向约翰·麦克诺顿报告：“我不确定这些谈话是否真实反映了今天波恩的那种自怜和初期民族主义的情绪。”

4

基辛格只在一个方面赞同联邦德国发展的方向。正如他首次会晤埃贡·巴尔时所言，“新东方政策的整个想法让我感觉很像是戴高乐的想法。巴尔回答，勃兰特迷恋戴高乐”。这再次说明巴黎是关键。谈到德国问题以外的事情，柏林和波恩的政要说得很少。1965年，联邦德国部长海因里希·克罗内（基辛格称之为“阿登纳的最亲密的知己、德国‘国家安全委员会’主席”）“提出那种典型、乏味的担心……美国在东南亚投入太多资源，可能不会对欧洲很感兴趣”。正如基辛格对玛利昂·登霍夫所言，有一段时间他“对美国这么重视纯粹的德美关系感到疑虑”。联邦德国过多地考虑自己的事，不可能给美国很多回报。因此关键还在于法国。

早在1964年7月，基辛格就与众不同地开始对戴高乐表示同情。

那年，他在《外交事务》上发表了一篇深刻的批评文章，分析大西洋联盟的问题何在，文章中就阐述了戴高乐主义。近20年来，核武器发展突飞猛进，现存核武器数量更多、毁灭性更强，但从未被使用过，在这种形势下，政治独立的“新精神”和“多中心主义”完全可以理解。遏制的一大成功就在于不可避免地让美欧关系更松弛，因为世界末日大战的威胁似乎变小了。基辛格认为：“戴高乐根本不怀疑美国对欧洲的军事承诺，其实他信心百倍，不去考虑政治独立的威胁。”无论如何，法国要批评约翰逊政府的政策合理合法。多边核力量是个噱头。这个计划“从根本上讲是一个手段，目的在于让大家接受美国的核霸权”。根据灵活反应理论，欧洲应该默许“美国独家控制核战略”，只能建设自己的常规部队。但是，“戴高乐却染指北约这个关键问题。在没有共同外交政策（至少是一个各方都接受的分歧范围）的情况下，设计一个共同战略可能徒劳无益”。基辛格不仅同意戴高乐早先的提议，整理一份大国“名录”，也赞同法国提出的欧洲统一观，前提是召开外长和内阁各部门官员参与的制度化会议，而不是搞德国式联盟制，尤其是因为后者“最便于英国参与”。这些评论表明，尽管洛克菲勒计划建立欧美联邦制以解决北约问题，基辛格却从未完全信服。

基辛格写了一篇故意挑衅的文章，题为“幻想家”，指责美国人“误解”戴高乐。就连玛利昂·登霍夫这种与他志趣相投的人看了也很不舒服。（她很厌恶这篇文章，读了一部分就搁下了。）他对她说：“尽管我很不赞同他的一些答案，但是他提了一些极为重要的问题。”基辛格试图自己找答案，1965年就出了一本书《麻烦的伙伴关系》。这本书的献词页上说献给他的两个孩子，而本书是在基辛格于1964年3月外交关系协会所做的三个系列演讲的基础上写成的，由该协会赞助出版，同时出版的还有两本书，一本是兹比格涅夫·布热津斯基的《分裂的另一种选择》，另一本是蒂莫西·W. 斯坦利的《转型期的北约：大西洋联盟的未来》。基辛格的这本书写得很仓促。即便年轻的彼得·罗德曼提供了“特别巨大的”研究帮助，托马斯·谢林提出了“犀利的高见”，也无法弥补行文的仓促（有几处把“英国人”拼错了，至少有一个地方明显是要说“法美”，却写成“法德”）。好几个章节都脱胎于早先发表的文章，所以谈论大西洋联盟的部分不能完全自圆其说。不过，有一个重要观点讲得很好：美国必须更加郑重其事地看待戴高乐主义。“美国称霸、欧洲无能”的日子已经结束，却留下了遗产，一方面是美国“自以为是、没有耐心”，另一方面是欧洲“爱发牢骚、缺乏安全感”。现在美国控制了核战略，美苏玩起了缓和，在这种现实条件下，“政治独立风险小，潜在的好处相当大”：戴高乐是头一个意识到这一点的欧洲领导人。

基辛格专门讨论戴高乐的那一章表明，这个时期他在思想上把戴高乐与俾斯麦相提并论是多么重要。美国人（尤其是国务院的乔治·鲍尔）已经开始认识到应该把欧洲统一为欧洲联邦合众国，因为这样的政治实体才能更好地成为美利坚合众国的伙伴，但是戴高乐已经把它看穿了。他虽然诚心希望欧洲统一，但他只想看到民族国家联盟：一个不再依赖美国来保护自身安全的联盟。基辛格赞成这种远见：

> 尽管戴高乐做事经常给人感觉他是为反对美国政策而反对，但是他其实有更深的教育目的：教育法国人民或许还有欧洲人民要有一种独立自主的态度……他的外交风格跟俾斯麦一样，因为俾斯麦就是在锲而不舍地寻找他认定的普鲁士的应有地位，但找到以后又通过谨慎、克制和节制来保护新的平衡。

基辛格在书中对戴高乐总统的所有行动都表示支持，包括那些激怒华盛顿的举动。因此，戴高乐拒绝英国加入欧共体做得对，1963年签订法德合作协议确立法国是“联邦共和国利益的保护者”做得对，坚持法国寻求独立核遏制力量做得对（“拿出火险保单并不表示喜欢火灾”），拒绝多边核力量计划做得对。基辛格新近提出成立“北约理事会执行委员会，由美国、英国、法国、德意志联邦共和国、意大利和小国轮值代表组成”，基本上就是对戴高乐正在酝酿的三方名录思想的一个改进。唯一的隐患在于，戴高乐可能像俾斯麦一样，人一死，建立的机构也就消亡了。

> 政治家必须从现有材料开始。如果他有很多好的想法，但环境无力接受，他的见解再有效也终究会失败。如果他的做派叫人难以接受，那么他是对是错都无关紧要。伟人只有铭记他们的成就必须靠可能跟随他们、天赋不如他们的个人来维持，才能真正有所建树。如果一个机构只有每代都出一个伟人来保护，那么这样的结构天生就很脆弱。这可能就是戴高乐成功的报应。

有些书成功，是时机把握得好。《核武器与对外政策》就是这样。但是，《麻烦的伙伴关系》的时机把握得很不好。他父亲用地地道道的德国式不够得体的语气写道：“可惜这本书出版的时候，人们所有的注意力都在亚洲那边，不在欧洲这边。”不过，书评倒是很友善。《纽约时报》的书评出自资深记者德鲁·米德尔顿，他驻德国6年，刚刚期满回国。他以万事通那种老练的倒拍马屁的口吻写道：“基辛格先生是专家，很多时候他似乎是写给其他专家看的。”不过，整体上他支持基辛格对多边核力量的批评和对德国困境最新说法的分析。伯纳德·布罗迪很喜欢这本书，写了两篇书评，称之为“可能是到目前为止基辛格最好的一本书，也是我知道的有关大西洋联盟的最好的一本书”。另一位评论者赞扬基辛格“对政治现实很敏感”。最严重的批评也许是说基辛格似乎完全忽视了美欧关系中的经济问题。书中只字未提总部在巴黎的经合组织，完全不提诸如“对不发达国家的援助、国际货币流动性的复杂性、贸易关系和关贸总协定”等内容。然而，这本书最明显的弱点很多人都没有注意到，那就是基辛格的设想和戴高乐在他那宏伟但日渐被孤立的爱丽舍宫中设想的现实根本不相容：基辛格设想的是“能让内部的北大西洋沿岸的所有国家都能实现愿望的大西洋联邦”。等到基辛格被叫到参议院外交关系委员会为大西洋联盟作证时（那时书已出版整整一年），《麻烦的伙伴关系》已经过气，伙伴关系也变得更麻烦。

5

欧洲对大西洋联盟的绝望有各种表现。1965年巴黎各界的普遍情绪都带有总统那种傲慢的色彩。5月，法国外交部全权公使让·德拉格朗维尔告诉基辛格：

> 戴高乐决心削弱美国对北约的统治，也许要把北约变成老式传统联盟。今年大部分时间他将为德拉格朗维尔担心的更持续的攻击建立基础……在他的印象中，戴高乐想要扰乱欧洲的美国驻军，直到我们减少兵力，只需能维护眼下的安全就行，不想让我们建立一个戴高乐认为的旨在政治上统治欧洲的机构……简言之，戴高乐政策目前的主要目的就是降低美国在国际社会的地位。他听戴高乐说“我们要在越南刺破美国气球”。

德拉格朗维尔承认“对西方的趋势感到绝望”，“尤其是法国政策”。

戴高乐不仅很想“刺破美国气球”，他还决定阻止欧洲向联邦制方向进一步发展，最惊人的是，他还要直接跟苏联谈“两个德国”问题（戴高乐特意跟葛罗米柯说过）：“两个德国……对不起，我是指美国占领的德国地区和苏联占领的德国地区。”基辛格惊呆了。他对德拉格朗维尔说：“只要我认为戴高乐是个西方人，我就会同情他的所作所为，甚至认为他的行为符合所有盟国的长远利益。现在我有些怀疑。”

上文说过，一年之内，戴高乐将法国拽出了统一的北约指挥部。不难预测他会拒绝在《核不扩散条约》上签字。1967年1月，基辛格再访巴黎，德拉格朗维尔又跟他说戴高乐如何发疯，基辛格听得津津有味：

> 正式文件中记载的法国官方说法是世界将分为三极。一个中心在华盛顿，一个在主导东亚的北京，第三个就是莫斯科和巴黎支配的欧洲……因此，柯西金来访，戴高乐跟他说：“我们必须不断地观察德国，如果有必要我们一天见两次都行……美国在欧洲一天比一天不受人待见。我们就是要这样来一起建设欧洲。”柯西金回答：“我听说你是这么想的，但我要当面听你说出来。”

然而与此同时，戴高乐正设法利用“一种如有必要也可以煽动的厌美情绪建设一个自治的欧洲……戴高乐告诉联邦德国总理库尔特·格奥尔格·基辛格，他不过是提早一步走在了一条基辛格迟早要走的路上。”在德拉格朗维尔看来，“疯了，因为法国将是德国这种政策的第一个牺牲品”。最后是亚洲，“法国政策不会采取任何行动挑衅北京在东亚的地位”。

> 德拉格朗维尔说，我们必须面对现实，法国在越南问题上不

> 会保持中立。他听法国外长顾夫·德姆维尔说必须要在东南亚教训一下美国，这样美国就不会在其他地区装腔作势了。法国官员频频会晤胡志明，强烈要求他采取更灵活的方式，这让美国人难以应付。同时，法国极力要求民族解放阵线成立正式政府以寻求认可。

于是，在此就能发现为何基辛格最终重拾对这位法国俾斯麦的崇拜。不仅是因为他坚决反对美国的缓和大战略，设法重建“一战”以前的老式法俄联盟，也不仅是他坚决引诱联邦德国离开美国怀抱，同时制止英国加入欧共体。最可怕的是，他积极帮助越南民主共和国打败在越南的美军。他这么做的动机就是要地地道道地推动俾斯麦式的世界分裂出现，让中国主导东亚、美国困守西半球、法国在泛欧洲伙伴关系中与苏联重掌霸权。如果通往河内之路不经巴黎而经北京怎么办？

戴高乐虽然对意识形态漠不关心，但他比大多数人都精明，早就预见到中苏会分裂，想到法国可以浑水摸鱼。亨利·基辛格也想到了。在1961年出版的《选择的必要》一书中，基辛格直接谈到“一个经常提到的看法”，即“我们开展外交工作要制造共产党治下的中国和苏联不和”。然而，他还是持怀疑态度：“当然，不能忽视两国有可能出现不和。如果真有此事，我们应该善加利用，不用固执地强迫往昔的伙伴建立新联盟。不过，这跟主张我们可以促成他国不睦有天壤之别。”

> 渐渐为人所知的恐怖均势可能在领导6亿人口的中国领导人看来没那么可怕。即便是在人口中心地区公开开战，中国也会觉得可以承受，或许还认为这是称霸世界的最佳手段。

1962年2月，有人问基辛格："哪一个对和平威胁更大——苏联还是中国？"基辛格的回答模棱两可：

> 我想说从长远来看中国可能比苏联更容易扩张。与此同时，最近大多数危机都是苏联一手指挥的……我的看法是两者都会威胁世界和平，有一部分原因是因为共产主义思想……
>
> 从战术来看，中国可能更危险；从潜力来看，苏联更危险，两者之间的争议有点像是两个人争论是先杀人后拿走钱包，还是不用给你当头一棒就拎走钱包。总之你的钱包没了。

两个月后，人们撰写纳尔逊·洛克菲勒的立场文件，文件这样开头："我们的政策……应该是检验共产党领导的中国是否有意改善美中关系。"基辛格修改了语句，设法让表达变得强硬起来：

> ~~我们要设法~~如果共产党领导的中国同意放弃在台湾海峡动用武力，我们可以考虑开放非官方联系渠道……记者、学生、游客，等等。
>
> 如果使用这些手段有进展，我们~~要设法~~可以建立商务联系，~~首先放弃武器禁运~~现在对苏联集团成员国实行什么限制，将来也对共产党领导的中国实行什么限制。
>
> 如果共产党领导的中国证明自己是一个有责任心的国际社会成员，同意武器控制，中国加入联合国的问题就可以（在"两个中国"方案基础上）重新讨论。

这就成为洛克菲勒的路线。除非北京放弃在东南亚和台湾海峡实行"好战的扩张主义外交政策"，不然美国不会同意中华人民共和国加入联合国。基辛格认为，法国决定承认中华人民共和国应该"遭到谴责"。

后来，基辛格和尼克松都意识到，美国对中国开放能带来冷战时期的外交革命，基辛格也有了新的想法，不过在20世纪60年代中期，“基辛格的立场是西方在共产党内部分裂上捞不到什么好处……实际上，这种分裂有可能简化我们的问题，也容易让我们的问题更加复杂”。1964年10月，基辛格为洛克菲勒起草一份演讲稿，他认为“中苏分裂削弱了共产主义，世界各地都建立了敌对派系……‘大西洋世界’可以针对不同的共产党政权采取不同的办法，加深共产党世界的分裂”。然而，新形势也有新危险。“从今以后，西方面对的将不再是时而敌对、时而和平共处的局面，而是同时面对两种局面。”再者，共产党分裂后，“对西方双边办法也产生了很大诱惑”。这可能“让共产党坐山观虎斗，乘机逃避困难”。很难相信基辛格看了赫伯特·魏纳的报告无动于衷。报告中说，“苏联驻民主德国大使告诉魏纳，中国不再是共产党国家，而是‘纳粹’国家——这是苏联词汇里最恶毒的一个词。”当时中国正在搞“文化大革命”，出自中国的报告没有一份能让人对中国领导人在国际关系中的未来作用表示乐观。

唯一暗示基辛格未来立场的，是他1966年发表的论文《国内结构与外交政策》中的一段话。他说：

> 尽管中国依然比苏联“在意识形态上狂热”，但有趣的是，他们的权力结构可能对新的违背常规的做法更宽容。战术固执和思想活力不应与结构僵化混为一谈。因为领导层的制度是建立在超越官僚权力的威望之上，所以还不至于处处听任行政结构的摆布。如果领导层有变，或者领导层态度调整了，共产党领导的中国有可能比那些制度更健全的共产党国家出现大得多的政策变化。

这就是基辛格常说的“猜测问题”的一个典型例子，他再次用

1936年希特勒的例子加以阐述。

> 如果行动范围很广，行动时牵扯的知识就很少，很模糊。如果能得到有关知识，影响事态发展的能力常常又降到最小。由于在制定外交政策时必须根据估计来采取行动，而估计的时候又无法证明估计对不对，因此猜测因素在革命时期最为重要。那时，旧秩序显然在解体，而新秩序是什么样子也很不确定。因此，一切都取决于对未来的某种构想。

但是中国的未来是什么？戴高乐也许是法国的俾斯麦，而中国领导人的行为在1966年很难预料。

6

基辛格研究俾斯麦和戴高乐之后，发现自己的理想主义遭到挑战。平生第一次，他不得不考虑一种可能性：只有采取现实主义策略，以纯粹的权力关系计算为基础（纯粹的意思是在道德上冷漠、思想上中立），才能将美国从荒谬的越南困境中解救出来。历史上最强大的国家竟然不能战胜第三世界的一个小小的共和国。目前还有一个限制——俾斯麦超越了，但戴高乐却因之在1969年陷入低谷，那就是内政。1966年，基辛格在《代达罗斯》杂志上发表文章《国内结构与外交政策》，提出决策过程的几点洞见，他要是坐在哈佛大学的书房里，想破脑袋也想不出来。

基辛格认为，第一个问题是官僚机构。官僚机构"故意将一个问题的有关因素简化为普通作业的标准"。只有"当官僚机构认定日常的工作不能解决一些重大问题，或者它规定的行动模式不能用来解决某个问题时”，官僚机构才成为问题。此时，官僚机构开始吸收高层管理者的能量，“调和预期和现实的差异”。注意力“从选择行为（治国术的终极考验）转移到积累事实”，而计划则沦为“将熟悉的情况投射到未来”。

第二个问题是应该取得结果的时间段越来越短，或者用基辛格的话来说，“衡量政府成功的时间段比决定历史成就的时间段要短得多”。领导人做决定都很仓促，有压力，决策者如何决定往往跟情况通报是否具有“戏剧性”成效有关。但是，“并不是听起来合理就正确，很多正确的事情第一次讲时可能听起来并不合理”。

第三个问题也引发了“官僚机构竞争”成为做决定的唯一手段的倾向，或者说“官僚机构的不同分支制定一系列非侵略性条约，因而决策者也就沦为仁爱的宪政君主”。因此，总统外交政策演讲的主要意义可能就是“平息华盛顿的内部争议”。同样，总统可能将职责移交给特使或公使，从而绕开官僚机构。

第四个问题，也是最后一个问题，基辛格是在一年后的一篇文章中补充的，那就是许多国家在当高官的要求和当好官所需要的素质之间出现了一条鸿沟：

> 如果身居高位必须经过无休止的斗争，那么领导人可能到了高位就不行了、创造性枯竭了，或者他们倾向于在位时仍然使用爬上高位的那些手段。一旦政治领导人将主要精力放在争权上，一旦他们决定当官第一、办事第二，那么他们维护权力的技能必然是短期的、操纵他人的。

如果每一个现代国家大体上沿着这种路线制定外交政策，即便不存在思想分裂，“跟其他国家进行有意义的洽谈”的可能性也不大。“官僚实用型”国家（例如美国）想与“意识形态型”国家（苏联和中国）、“革命魅力型”国家（例如古巴）做生意，最终能达成一致，真是匪夷所思。

虽然是以拐弯抹角的方式，基辛格还是说出了结论：由此就出现了越南问题。一边是美国，美国谈判者一般“对谈判桌上的要求极其敏感——有时都不顾长远打算”。在内部讨论中，“美国谈判者经常会提倡最大程度的让步，他们的法治背景诱使他们在华盛顿和正在谈判的国家之间充当调解人”，奉行“如果双方出现分歧，通常真理是在中间某个位置”的准则。这种墨守成规与“低估历史因素的作用”齐头并进。（“美国领导集团处理技术问题能力很强，但把握历史进程则低能得很。”）另一边是越南。与罗斯托这种乐天派相反，“河内领导人不是很想提高国民生产总值……因为这只能通过缓慢、痛苦、技术性强的手段才能实现，不像独立斗争那么具有英雄气概”。“他们相信冒险的外国政策不会危害经济发展前景，甚至还可能促进经济发展”，原因之一是超级大国之间的竞争必然导致一方不提供经济援助也会有另一方提供经济援助。（“他们的外交政策越冒失，主要竞争者就越有可能拉拢他们。”）

场景已布置停当。两个对手的行动方式天差地别，跟各自声称的目标也大相径庭。现在该想办法把他们撮合到一起了。基辛格现在总算明白，要实现这一目标，再去西贡没有意义。为了寻求越南和平，他四处奔波，跑华沙，跑越南，跑布拉格，不过头一站是巴黎。

第 20 章

—

等待河内

亨利最后说:“我不信暂且不炸这座农业实力为五级的首都 10 英里以内的范围的目标，美国安全就会受到威胁。”约翰逊怒目而视，说:“好吧，我们就按教授说的办。不过（他瞪着基辛格）要是这招不管用，我就亲手割掉你的睾丸。”

——1967 年 12 月，阿瑟·施莱辛格日记

攀登高峰足以令人热情满腔。大家一定能想象西西弗很幸福。

——阿尔贝·加缪,《西西弗的神话》(1942 年)

1

可以说阿加莎·克里斯蒂的《捕鼠器》和塞缪尔·贝克特的《等待戈多》是冷战时期戏剧的两极。两剧首演就相隔几个月——《捕鼠器》

于1952年10月在诺丁汉首演，《等待戈多》于1953年1月在巴黎首演，但两部作品似乎处处对立。不错，两者都是神秘剧，上演后都经久不衰，不过相似之处也就到此为止。在克里斯蒂那部戏里，杀害莫林·里昂和博伊尔太太的凶手到底是谁的真相，直到第二幕末尾才出现令观众满意的“转机”，谜底才被揭开。在贝克特的戏剧里，我们从未明白为何爱斯特拉贡和弗拉基米尔（或者“戈戈”和“狄狄”，戏里两人是这么相称的）等待戈多。其实，两人是什么人，有什么关系，也没有交代。《捕鼠器》有动作，包括一次谋杀（尽管是在场景中灯光暗淡时出现的）。而《等待戈多》呢，《哈佛深红报》评论员抱怨说：“几乎没什么动作，只有等待、谈话，谈话也是为了让等待过得更快……戈戈说，‘我不能再这么等下去’，狄狄回答，‘你就是那么想的’。那就是戏剧要表达的观点。”

1967年的外交史乍一看很像贝克特的戏剧，而不是克里斯蒂的戏剧。一天又一天，基辛格干坐在巴黎等待，不是等待戈多，是等待越南民主共和国在巴黎的代表马文保。不过两人从未谋面。尽管那段时间出现的对话不像贝克特剧中那样都是废话，但有时候也跟剧中差不多一样晦涩。基辛格发了无数封电报，打了无数个电话，会见了无数人，到处寻觅能让马文保上台的咒语，好开始华盛顿与河内之间的直接谈判——或者说“会谈”；在他看来，要结束越战只有这个办法。东南亚和平一度仿佛系于两个法语词的差别之上，一个是*pourraient*（他们也许可以），一个是 *peuvent*（他们可以）。

然而，现在我们可以看出，1967年在巴黎上演的那部戏其实是部旧式侦探小说，杀人者到底是谁，观众一直蒙在鼓里，谜底是什么不仅剧终时还不知道，大半个世纪过去了人们也还是不知道。这段时间的大多数时候，历史学家在罗伯特·麦克纳马拉等人的鼓动下，倾向于认为是美国"干掉了"那个史称"宾夕法尼亚"的和平计划，还有此前的"金盏花"计划（见下文）。林登·约翰逊总统出言不逊、性格粗鲁，自始至终都是主犯，而过于自负的沃尔特·罗斯托和过于刻板的迪安·腊斯克则是双手沾满鲜血的帮凶。杀人武器就是B–52轰炸机，偏偏在最不合时宜的时候竭尽全力对越南民主共和国狂轰滥炸。基辛格曾在《重建的世界》中说明，外交艺术就是"保持武力威胁的可能性，保持其范围的模糊性，万不得已才诉诸行动"，因为一旦"兑现"而证明无效，谈判立场就彻底毁灭了。人们通常认为约翰逊及其顾问是罪魁祸首，但这种看法是错误的。事实上，这出戏里的恶棍正是英俊潇洒的马文保先生。

根据《时代周刊》的描述，"越南民主共和国驻巴黎代表头发花白、穿着入时、稍显肥胖；因为他性感迷人、和蔼机智，女主人们都很开心，经常好吃好喝地招待他"。他很有艺术品位，说一口标准的法语，动不动抛出几句巴尔扎克的话。马文保"烟瘾很大、爱喝浓茶"，在韦里耶街的办公室招待来客。办公室位于巴黎六区，环境宜人，临近卢森堡公园，"走不远就到了爱丽丝·托克拉斯和格特鲁德·斯坦招待众多粉丝的房子"。马文保是一个非常典型的现代马克思列宁主义者。他参加过将法国赶出印度支那的越南独立同盟会战役，宣传经验丰富，否定西方帝国主义而肯定专制残忍的法国政府是他的拿手好戏。基辛格在研究俾斯麦、崇拜戴高乐的过程中，一直在下功夫深入了解玩弄权术者的心理。但是，他怎么也想不到马文保是那么狡猾奸诈。目前这种停滞要么会让美国陷入没完没了的僵局，要么会让美国铤而走险扩大战况，基辛格想结束这种局面，压根儿没察觉到越南民主共和国一开始就在以一种嘲笑的心理玩弄他。

现在我们从越南方面得知，1967年河内政权根本无意讲和。同时，我们还知道马文保及其同伙不仅仅是在拖延时间。他们召开长达几个月的所谓的“有关会谈的会谈”，实际上是在和约翰逊政府打心理战，是想借强硬派和温和派的分裂来浑水摸鱼。不仅如此，他们还在娴熟地掩盖一场精心酝酿的大战计划，希望这一战越南大获全胜。

2

从1965年秋开始，基辛格三访越南共和国，其间不乏惊心动魄的时刻，一年时间下来，他就成了越南问题专家。经过三进三出，他深信美国必须通过外交手段才能脱身。显然，美国不能指望在越南游击队有外援的情况下，在可以接受的时限内，以可以接受的代价打赢这场战争。更糟糕的是，鲜有迹象表明美国设法保护的越南共和国政府有能力接受保护，实际上它根本不值得保护。因此，基辛格的作用要改变了。刚开始他的问题是：美军的作战能力可以提高吗？西贡能够强大吗？现在问题变成：美国怎么样才能不受羞辱地撤出？从1966年8月到将近9年后西贡沦陷，基辛格在这个问题上投入了大量时间和精力。应该承认，一开始这就是个无法完成的任务。但是，体面和平的主要绊脚石不是有时大家想的国内的反战运动，而是越南民主共和国不屈不挠的反抗：无论伤亡多么惨重，不大获全胜、不在共产党领导下统一两个“越南”决不罢休。

1966年8月17日，基辛格开始了他西西弗式的苦差事。首先，虽然他现已不担任正式顾问之职，但威廉·邦迪及其特别助理丹尼尔·戴维森给他派了个苦差：西方和苏联集团学者即将在波兰召开帕格沃什会议，基辛格要在会上说明美国与河内会谈的理由。第二天，埃夫里尔·哈里曼任主席的谈判委员会得出结论，基辛格也是与法国前部长让·圣特尼[①]谈判的“合适人选”，因为据说此人见过越南民主共和国总理范文同。约翰逊政府的立场初看直截了当：“一旦越南共和国获得独立，美国立即撤军。”当年10月亚洲领导人峰会在马尼拉召开，会上约翰逊总统明确表示，他不希望保留美军在越南共和国的永久基地。基辛格逐渐意识到，问题是哪个或哪些主要国家在多大程度上能说服或诱使越南民主共和国在此基础上接受和平协议。初步证据显示美苏“都有兴趣制止中国大陆势力在东南亚扩张”。还有一件事很明显，法国跟河内的关系非常好，很难想象戴高乐会向美国伸出援手。

基辛格逐渐发现，进行和平试探不是件容易的事。第一，找到合适的中间人很难。找到不止一个中间人从理论上虽说很高明，但实际上一个渠道有可能被另一个渠道抵消或堵塞。第二，必须保密——除非事情办成了，否则谁都不愿意《纽约时报》大肆报道，但保密也会碍事，要在战事牵涉的所有美国部门之间进行协调比较费劲。第三，正如基辛格在文章《国内结构与外交政策》中所说，所有参与者都要考虑自己的内政：不仅涉及公众舆论，还涉及对立党派、派系或利益团体。第四，会出现外交的常见病：参与谈判的人运用多种语言（捷克语、英语、法语、波兰语、俄语和越南语都有），一些重要概念有可能在翻译时丢失。第五，谈判文件会引出许许多多的利益博弈，这些文件必须精心拟定，不光要供谈判使用，还要影响将来的历史学家并通过他们影响子孙后代，所以有些话说出来是为了存档，不是为了眼前的迫切原因。最后，事实证明也很重要，还有一个未知信息量的问题，用威廉·邦迪的话来说就是“河内在想些什么”。尽管中情局动用

① 但这并不妨碍让·圣特尼的妻子成为基辛格最喜爱的学生之一：她加入了哈佛大学的国际研讨会。

了各种资源，美国还是很难发现实情。由于缺乏可靠信息，他们一般都会从赤裸裸的事实（他们自己的破坏力远远大于敌人）中推导出错误的结论。

3

索波特是波罗的海海岸的一个比较荒凉的度假胜地，原属普鲁士，现归波兰。1966年帕格沃什会议就在此地召开，也是在此地，一次乘船去往格但斯克港的途中，基辛格得知了中苏分歧到底有多大。苏联数学家斯坦尼斯拉夫·埃梅尔雅诺夫对他说，红卫兵一下子就让他想到了希特勒青年团。美国和苏联都有防止中国扩张的兴趣。基辛格乘机插话："我说如果真是这样，我就不明白苏联怎么不情愿帮忙结束越战。"埃梅尔雅诺夫说我们要有耐心。自从赫鲁晓夫发表去斯大林化演讲以后，他还没见到苏联政府像现在这么困惑过。有些斯大林分子看到越战来了，他们就有机会卷土重来，有些斯大林分子则不知如何是好。基辛格会后跟苏联代表团其他成员也谈过，他们的说法也大同小异。9月16日，尼古拉·塔连斯基将军对他说：

> 世界上真正的危险是中国。美国和苏联为越南打起来岂不是笑话？真正问题在于不要让东南亚落入中国手中。"如果他们有两枚核弹可用，是都用来打我们呢还是用一枚打你们？"……的确，还是有些军人以为会打起仗来；苏联人想到党派之战就会不由自主地同情越共。然而，美苏和平依然很重要，可以阻止中国独霸天下，也可以让苏联继续发展消费工业。

不过，两天前苏联外交官弗拉基米尔·舒斯托夫承认，美国“太高估莫斯科对河内的影响了”。而且，“中国局势让莫斯科步履维艰”。这就不难明白为什么在帕格沃什会议上，苏联发言人改用他们传统的“过激的、很情绪化的语言”谴责美帝国主义在东南亚和其他地区的行径了。舒斯托夫对基辛格明确表示，莫斯科在缓和阶段的当务之急是推进《核不扩散条约》的履行，他们打算通过该条约将德国永远排除在拥核国家名单之外。越南问题他们看得很轻。其实，美国立场之所以时不时显得很软弱，正是因为苏联觉得越南微不足道。苏联往河内运送武器、派顾问不是因为在意越南，而是因为以这种方式牵制美国的资源成本不高，因为不这么做越南就有可能成为中国的附庸国。

苏联早先暗示他们东欧的一个卫星国可能更有条件帮助越南民主共和国。基辛格还记在心上，从索波特来到华沙，在美国使馆和波兰驻美国使馆的前参赞马里安·多布罗谢尔斯基共进午餐。多布罗谢尔斯基现在是类似于美国国务院政策规划办公室的波兰机构的负责人。他是研究查尔斯·皮尔士哲学的权威，他宽慰基辛格说“河内需要和平”。他重复了苏联代表在索波特说的那番话，认为河内执意将越共当作越南共和国的唯一合法代表（四条中的第三条）不过是“讨价还价的第一招”。更重要的是，他说“如果美国逐渐减少对越南民主共和国的轰炸，最终彻底停止，河内会礼尚往来，停止向越南共和国渗透”。具体而言，基辛格在自己的会谈纪要中写道：“我们应该一连两个星期停止轰炸，也不用宣布。然后我们可以观察路上所谓的渗透停止了没有。如果没有就重新轰炸。他认为渗透会停止。”

第二天基辛格在布拉格又听到一些消息，更有意思。捷克斯洛伐克科学家在帕格沃什会议上表现出的强烈同情心，给基辛格留下深刻印象。著名微生物学家、中央生物研究所所长、捷克斯洛伐克共产党中央委员会委员伊万·马利克在午餐时对他说："捷克斯洛伐克做梦都想越战结束，因为战争只会妨碍欧洲矛盾的缓和。"但是形势"艰难"。去年2月，捷克斯洛伐克政府曾悄悄敦促越南民主共和国谈判，结果遭到"断然拒绝"。基辛格、保罗·多蒂和马歇尔·舒尔曼以参加"中欧问题讨论"为由，前往布拉格会见捷克斯洛伐克驻德国情报站前站长、时任捷克斯洛伐克国际政治与经济研究所所长的安东尼·什奈达雷克。19日晚餐之后，什奈达雷克告诉基辛格，一个捷克斯洛伐克高层代表团第二天去河内，意在"尽最大努力迫使河内接受一个和平解决方案"。然而，他也坦言捷克斯洛伐克政府的行动自由很有限：

> 捷克斯洛伐克最多只能在越南问题上让苏联不开心。在罗马尼亚布加勒斯特举行华沙条约会议期间，捷克斯洛伐克强烈要求制约越南，和苏联闹僵了。他跟我说的一切都可能被苏联否定，因为捷克斯洛伐克不能因为越南问题失去苏联在中欧的支持。捷克斯洛伐克根本拿不准苏联想不想和平解决越战。矛盾缓和了，苏联对中欧的控制也许就松动了，对这一点苏联很不安。
>
> 至于河内，捷克斯洛伐克所有的外交报告、党派报告都说它极其顽固。

捷克斯洛伐克想知道美国寻求和平到底有多诚心——"还是说提出和谈只是放烟雾弹，其实是想继续升级战争？"还有就是中间人能起什么作用。基辛格回答华盛顿"是毫无疑问诚心寻求体面和平"，"一定要用到"第三方。什奈达雷克于是又抛过来三个问题，显然是从捷克斯洛伐克共产党中央委员会直接搬过来的：

> （1）如果美国肯停止轰炸，越南民主共和国也会停止渗透，

那么美国在越南共和国集结的军队怎么办？

（2）除了成立联合政府，还有什么其他手段保证不会让民族解放阵线成员遭受印尼共产党那样的命运？

（3）捷克斯洛伐克如何将河内之行的结果通报给美国？

基辛格显然无法回答这些问题，只能现编。他说，虽然美国“无法停止重新补给、轮换人员”，他倒真的觉得“对部队数量增长问题提出一些限制”是“一个合适的讨论话题”，国际担保问题也是。但当基辛格建议到美国驻捷克斯洛伐克大使馆进一步交流时，什奈达雷克纠正说，捷克斯洛伐克注意到苏联态度暧昧，“中央委员会不希望和美国进行任何正式联系，这方面的谈话知道的人越少越好”。换句话说，他希望基辛格做捷克斯洛伐克和美国的秘密交流渠道。

10天后，基辛格和什奈达雷克在维也纳又见面了，两人都出席了总部设在伦敦的战略研究所的年会[①]。捷克斯洛伐克代表团经过莫斯科访问了河内，结果很灰心。他报告说，苏联“似乎极为困惑”。起初他以为“越战妨碍了苏联想看到的缓和局面”。现在他开始琢磨“苏联是不是真的想缓和矛盾，即他们对结束越战是不是真的很感兴趣”。

苏联以为，美国在越南这滩烂泥里越陷越深。美国迟早会厌倦，到那时美国能接受的条件将比现在想象到的多得多。我打断说越战无论是在经济上还是军事上对美国都没有任何压力，我们可以无期限地打下去……然而，苏联答复说就算到情况明朗的时候，美国也从未打过这么长时间的仗。他们指望美国人会产生心理疲惫。

① 这一年会由基辛格的朋友迈克尔·霍华德、工党政治家丹尼斯·希利和记者阿拉斯泰尔·巴肯于1958年组织开展，战略研究所（后来更名为国际战略研究所）的成员来自两个党派，就像帕格沃什会议一样，这是突破铁幕的一种方式，尽管它不只是针对学术领域的。

因此，捷克斯洛伐克代表团访问河内，想让越南民主共和国“朝更和平的方向”发展却遭到冷遇，也就可想而知了。“布拉格代表团感觉，民族解放阵线内部亲河内派和亲北京派之间正在展开一场重大较量……显然苏联想利用越南民主共和国阻碍中国扩张，不想看到越南民主共和国被削弱得太惨。”

基辛格指出：“在这方面，美国和苏联的利益似乎并不矛盾。”什奈达雷克解释：“这就是苏联左右为难的另一个问题；他们不愿承认和美国有相同利益，怕因此经常遭到攻击。”的确，东南亚危机可能最终成为“莫斯科进一步控制东欧的方便借口”。捷克斯洛伐克已经在酝酿改革，因为1963年亚历山大·杜布切克被任命为共产党中央委员会第一书记。基辛格何曾想到，他和什奈达雷克推心置腹的谈话暗示着“布拉格之春”即将到来，捷克斯洛伐克已经怀疑苏联不会接受这场政治解冻。

到1966年年底，至少有4组人马在各自行动，由于哈里曼依然认为苏联是“启动谈判的最大希望所在”，因此有3组人马将重点放在苏联，所有行动都是秘密进行的。正如基辛格在维也纳会议上对一位英国代表所言，“知道谈判前景的人越多，尤其是有能力提供帮助的朋友好心提供的帮助越多，出现真正谈判的可能性就越小”。实际上，基辛格“暗示华盛顿目前的倾向是秘密进行小规模的谈判”。问题在于，有人知道全盘活动但他不知情。他知道什奈达雷克，知道圣特尼，但对代号“金盏花”和“葵花”的和平行动一无所知。

“金盏花”行动始于1966年6月，当时国际管制委员会的波兰代表雅努什·莱万多夫斯基找到意大利驻越南共和国大使乔瓦尼·D.奥兰迪，声称受人所托传达范文同的一条“非常具体的和平建议”。11月，奥兰迪在意大利与哈里曼见面，赞扬莱万多夫斯基“是个可靠的渠道和报道准确的记者”。因此，那时依然是美国驻越南共和国大使的亨利·卡伯特·洛奇得到总统授权，在奥兰迪住所与奥兰迪和莱万多夫斯基会晤，详细介绍了美国最新提议的“甲阶段–乙阶段”计划，据此，华盛顿和河内将同意采取一种“合理的降级措施”，分两步走。第一步是美国暂停轰炸。第一步走完了，过“一段合适的时间”再走第二步，就是采取事先商量好的一系列步骤。洛奇一五一十地讲给莱万多夫斯基听，希望对方把他的话忠实、准确地传达给河内。按照预定计划，这条渠道走莫斯科，更确切地说是走索菲亚，在那里波兰外长亚当·拉帕茨基向苏联新任领导人列昂尼德·勃列日涅夫汇报了情况[①]。然后，勃列日涅夫把谈判事宜告诉越南民主共和国外长阮维桢。勃列日涅夫神采飞扬地对阮维桢说：“这可是美国提出的最佳条件。”“很难预料结果会怎么样，不过形势很好：美国处在十字路口，越南处在十字路口，中国忙着搞‘文化革命’。”

越南民主共和国似乎有兴趣。阮维桢对拉帕茨基说：“得知提议内容的人都情不自禁地表达某种惊奇感。”他取消原定去布达佩斯的访问，直飞莫斯科，会见另一位政治局委员黎笋。莱万多夫斯基回到河内，又会晤范文同，范文同告诉他，如果美国政府现在“准备好确认洛奇大使和莱万多夫斯基大使会谈时表达的意见，他们也将直接与越南民主共和国驻波兰大使会谈予以确认”。莱万多夫斯基兴冲冲地赶回西贡给洛奇报信，洛奇又把这个明显突破转达给华盛顿。

美国历史学家，尤其是詹姆斯·赫什伯格，责备美国“谋害了”金盏花计划。要是国务院不对洛奇要求莱万多夫斯基告诉越南民主共

---

① 勃列日涅夫是整个计划中的领导人之一，要在1964年时摆脱赫鲁晓夫的影响。勃列日涅夫接过了更有权势的第一书记一职，而阿列克谢·柯西金成为部长会议主席（总理）。形式上，在赫鲁晓夫下台后，苏联似乎形成了某种集体统治；而实际上，苏联的政权逐渐向勃列日涅夫手中集中。

和国的有点儿自由而随意的“十条”吹毛求疵，硬说“有几个具体问题会出现解释上的重大差别”，情况可能就不一样了。如果约翰逊不下令重新轰炸，打击河内郊外的文奠车辆站和安远铁路调车场，“金盏花”没准就开花了。的确是美国加大了波兰行动的难度。首先，他们把雅努什·莱万多夫斯基误认为是波兰负责联合国事务的外交部官员波格丹·莱万多夫斯基。其次，华沙会晤显然也出现了混乱。12 月6日，美国驻波兰大使约翰·A. 格罗诺斯基理应会晤两名越南民主共和国代表，一位是越南民主共和国驻波兰大使，另一位是特使阮庭芳。不过，格罗诺斯基以为越南没准备好，根本就没到场。总之，事情已经很清楚，秘密谈判的最大问题在于，正因为是秘密谈判，所以实情无法被告知身在越南的威斯特摩兰将军和他手下的指挥官。

然而，我们有理由怀疑华盛顿谋害了“金盏花”的说法。谈到洛奇的看法，他阐述美方理由时语气简直缓和得不能再缓和了，这从波兰人的记录上看得很清楚。他对莱万多夫斯基说：

> 我知道开始前必须停止轰炸，而且停止轰炸还不能讲条件。如果美国确定停止轰炸后能真正向谈判迈进，美国将“随时”停止。美国明白河内不会接受一种情形：把停止轰炸说成美国胜利，因为若那样的话，越南民主共和国就会把轰炸视为迫使越南谈判的手段。因此，美国会准备接受无条件停止轰炸，过一段时间之后再开始会谈……
>
> 美方知道民族解放阵线和河内完全有理由不信任美国。美国准备考虑，也有可能采取某些具体措施，让越南相信他们真的希望结束这场冲突。

第二天洛奇透露了更多信息，他告诉莱万多夫斯基，美国即将明确6个月的撤军期限，因为“一位‘东欧人士’告诉他们这样谈判会更容易”。只要越南保持中立，美国不会干预将来越南共和国的选举，会把“越南统一问题……留给越南人自己决定”。洛奇最后说道，华盛顿准备“慎重考虑所有正式与非正式但却具体的建议。大家不要以为美国对越南民主共和国提出的4条说一句‘可以！’就完了”。

苏联同意了。波兰也同意了。拉帕茨基写道：“可以公正地得出一个结论”，美国“这次表现出的弹性前所未有，也许他们最多也只能做到这一步了”。然而，他们跟越南民主共和国讲谈判的事却毫无结果。勃列日涅夫抱怨他跟河内政府的一个个官员谈起来，他们“都表示理解”，但“集体决定”却“与个人意见相左”。同时还存在“一个非常严重而我们知之甚少的越南民主共和国与越共的关系问题”。波兰也插进来要求越南民主共和国详细提出他们“在目前战争阶段都有哪些具体而实际的……目标”。但阮维桢还是不肯明确表态，只说他会“把信息和我的补充评论转告河内，以进行更深入的分析”。在河内的范文同谈到自己的意图时还是比较坦率的。他和同志们“很耐心”。只要美国撤出越南共和国，“没必要慌里慌张。他们做好了等待的准备”。不过“停止轰炸”依然是“任何和谈开始的必要条件”。

事实上，无论是河内还是北京，都有很多人反对开始和谈。越南副外长阮基石“声称坚决不接受”美国建议，周恩来对黎笋说时机“不成熟”。12月7日，即华沙会议应该举行的第二天，范文同对波兰驻越南民主共和国大使“怒斥美国最近的行径傲慢、具欺骗性”。沃尔特·罗斯托的话并不是句句都错。他怀疑“共产党根本不愿意做出必要让步来促成谈判”，这话说得很在理。这一次越南民主共和国心不诚，1967年整整一年都是如此。事情过了不到一个月，河内对《纽约时报》记者表示有意开始商谈，这就是明证，不是反面例子，因为越南民主共和国在整个“金盏花”计划的实施过程中一直坚持保密。后来，迪安·腊斯克倾向于不把这出戏当回事，因为匈牙利投诚者亚诺斯·劳德瓦尼声称“莱万多夫斯基是一个只代表他本人的波兰特工，金盏花计划是个骗局”。不过，还是谈判委员会这时做出的评价比较准确：“在金盏花行动中，河内是想在非谈判不可之前，看看到底能让美国做出多大让步。”1968 年 1 月，两国驻苏联大使馆的人员在交流时更是如此。美国代表团副团长约翰·格斯里提出讨论全盘问题，越南民主共和国公使衔参赞回答，只有华盛顿“立即无条件停止轰炸及其他所有针对越南民主共和国的军事行动”，河内才会与华盛顿“交换意见”。

1967 年 1 月底，基辛格返回布拉格和安东尼·什奈达雷克进一步探讨有关问题，上面这些事他一概不知。这时弗拉基米尔·卡赞–科马雷克一案让美捷关系复杂起来。卡赞–科马雷克是捷克斯洛伐克裔美国人，碰巧又是哈佛大学旅行社负责人，他乘坐一架从莫斯科开往巴黎的苏联飞机，在飞机临时停留布拉格时被捷克斯洛伐克当局逮捕[①]。什奈达雷克对此案的解读很清楚：是苏联强迫捷克斯洛伐克所为，“意在阻止东西关系解冻”。他解释说：“东欧国家的行动自由不断增强，尤其是捷克斯洛伐克在努力减少经济上对苏联的依赖”，苏联“对此日益敏感”。接着什奈达雷克问了基辛格一个他不得不承认（这个说法不是很准确）的自己“从未想过的”问题：他有没有想过一个“美中交易正在酝酿”。基辛格只好虚张声势，“我决定不动声色，说每个国家总想和尽可能多的国家建立外交关系。他们休想从我口里探听到未经公

① 卡赞–科马雷克被指控在 20 世纪 40 年代犯下叛国罪、谋杀罪并从事间谍活动，因为他那时帮助一些人从捷克斯洛伐克逃离。1967 年 1 月 30 日他的审判议程开始，在那一天基辛格抵达布拉格。迫于美国方面的外交压力，卡赞最终被指控犯有更轻一点儿的颠覆罪行，随后被驱逐。5 年之后，他的尸体在西班牙的乡村被发现，已经腐烂，离他在埃斯特波纳的沿海村庄的房子不远。

布的美国举动”。什奈达雷克根本不信，接着解释为何中国是哈里曼通过莫斯科和平解决越南问题的方案中的关键因素。这可是地缘政治的大师班：

> 苏联对中国的攻击（这是毛泽东发动的“文化大革命”的一个重要特征）极其重视。他们不会轻易接受社会主义阵营瓦解，更不甘心自己是列宁主义主要解释者的地位受到挑战。因此，我们始终不明白他们有多想去影响中国内部的发展。他们用两种方式支持中国共产党的反毛势力，这两种方式都与越南有关：一是他们想呼吁党员在越南问题上成立一个反对美国的社会主义联合阵线。苏联特别讨厌做任何结束越战的事……是一个原因。第二，他们以向越南输送武器为由来壮大那些赞成这一观点的军队。
>
> 进而就能解释两种连带情况：一是苏联政策摇摆不定，只要有机会利用越南重新巩固社会主义团结，苏联就不愿支持和谈，甚至会缓和欧洲矛盾。（第二个局限是担心东欧国家独立性太强。）

这真是让人又沮丧又着迷。苏联一直支持中国共产党内部的反毛势力，但是阴谋没有得逞。而毛泽东现在“急于将苏联彻底赶出中国，不与苏联彻底决裂便坐卧不安”。的确，“文化大革命”像是一场思想分裂，中国人是更彻底的马克思主义者。

> 不过无论毛泽东的思想有多激进，他手头可用的人都将迫使他朝民族主义方向发展——他以为“文化大革命”运动还在自己的掌控之中。尽管毛泽东的追随者大话连篇，但他们对美国的态度可能比苏联更灵活。他们必须让中国置身事外、重建政权，和美国签订某种非侵略协议可能正中他们下怀。当然他们也恨美国，

不过……任何共产党人都不会忘记希特勒和斯大林签订的协议。

从捷克斯洛伐克的角度看，这种“约翰逊–毛泽东协议”的设想令人恐慌，因为“如果中美和解，苏联对欧洲的压力就会加大”。苏联担心被孤立，势必压制什奈达雷克委婉提出的“东欧民族发展的前景”。

基辛格有点儿懵了。在他的政治生涯中，不管是以前还是以后，跟他谈过话的人中很少有看得这么远的。尽管后来他认为什奈达雷克观点的政治意义没那么大，但对方那番话的深刻战略意义却不可小觑。东道主捷克斯洛伐克显然很真诚，他们“似乎真的很担心美国和毛泽东达成协议”。基辛格“以教授的口吻”，用华盛顿官方路线反驳道，“关键在于莫斯科”，因为“如果让美国选择是与莫斯科和解还是与北京和解，美国很可能选择前者，至少莫斯科的行为更好预测”。他书面上就是这么主张的。不过他又顿了一下：“话说回来，如果莫斯科想组织世界各国给我们施加压力，拿越南问题羞辱我们，把我们赶出欧洲，我们也只好采取基本自卫措施设法孤立它。”

什奈达雷克说服了基辛格。现在基辛格总算明白捷克斯洛伐克代表团从河内回来为何两手空空：因为他们提出的很多要求都遭到拒绝。他对越南民主共和国的立场是这么总结的：“河内和民族解放阵线都声称自己必胜。说什么如有必要可以打上20年。他们说美国是打来的，必须被打走。”河内无心谈判，因为此时两大靠山都对和平不感兴趣。美国在苏联身上做文章是白费功夫。什奈达雷克对基辛格说，如果美国还有什么救星，救星就在“文化大革命”正在如火如荼地进行的北京。

说句公道话，基辛格如实转述了什奈达雷克的观点，虽然这时他听到这话感到不很顺耳。没有任何迹象表明华盛顿得到了这个消息。（尽管理查德·尼克松2月访问布拉格时很可能知道了，因为东道主也是什奈达雷克。）相反，5个月后麦乔治·邦迪（不再供职白宫了，但还是顾问）几乎是把基辛格听到的话完全倒过来了。他对腊斯克说："捷克斯洛伐克声称，如果美国停止轰炸，河内不一定不知回报。"给总统提建议的圈子在不断缩小，这些人自以为苏联会在越南问题上给他们一个喘息的机会，将所有反对证据都筛除了。结果就有了"葵花"计划，把英国政府拉进来向莫斯科兜售"甲阶段–乙阶段"计划，不过到头来全都是白忙活。

哈罗德·威尔逊是个聪明人，从政以前在牛津大学当过老师，但也因此很傲慢。他对苏联总理阿列克谢·柯西金说："我们必须开动脑筋，在讲话时把停止轰炸和必然行动分割开来。不过你我都知道，如果我们停止轰炸，他们的必然行动很重要。"的确，华盛顿这次又犯了错误，罗斯托想反悔。原来的立场（洛奇说得很明白，切斯特·库珀现在还在重复）是大家都知道越南民主共和国的任何回报行动将在第二阶段出现，所以美国要首先降级。2月8日，约翰逊接受罗斯托恳求，给胡志明写了一封私人信件，保证"一旦我能确信水陆两路对越南共和国的渗透停止了"，美国就停止轰炸。在最后一刻，华盛顿给伦敦发电报说就这么措辞。威尔逊这位牛津高人对美国的意见得到政府认可，他心里别提有多高兴了。[①]

无论是唐宁街还是历史传记，都认为葵花计划的失败是美国的责任。不管华盛顿怎么说，谁都不会想到河内应该回答一句："不是这样的。"整个事件的可笑之处在于，约翰逊其实已经答应在越南春节期间暂停轰炸，一直停到2月13日，到那个时候越南民主共和国占了不少便宜，这一点不可小看。然而，事情常常如此，预言未来的人不一定

---

① 正如乔治·布朗所言："唐宁街10号与白宫之间的'热线'在那段时间里'热'到了巅峰，前无古人，后无来者。"

是在场最聪明的人。威尔逊那位嗜酒如命的外交部部长乔治·布朗最后说道:“我认为苏联把所有人都带上了歧路，包括我们。”腊斯克说“已经停止”这一表述无关紧要:“如果河内诚心诚意和谈，这种误解是可以消除的。”他是对的。

如果莫斯科出局，布拉格和华沙也会出局，更不用说伦敦，北京也不能进入，那就只剩巴黎了。到1966年12月，让·圣特尼已经被哈里曼说成基辛格的“巴黎朋友”。圣特尼主动请缨去河内探个究竟，弄清范文同要开出什么“高价”才肯做越南共和国这笔买卖。问题在于戴高乐，基辛格说得好，大家都知道这个人“做事见利忘义，心狠手辣”。法国总统在金边发表演讲后，“法国就做不成正式调解人”了。他“显然是在实施一种强求我们和解的路线，而且，为了达到目的他有可能利用一切正式手段”。问题是圣特尼这样的高官未经戴高乐准许是无法前往河内的。戴高乐可不会那么轻易批准。结果，法国派博比·肯尼迪回华盛顿捎信，美国无条件停止轰炸，然后开始谈判（这是《新闻周刊》的报道）。真是欺人太甚！约翰逊对肯尼迪咆哮道:“半年后我要把你那些懦弱的朋友全部消灭。半年后你们在政治上就一命呜呼了……要我做那种事是不可能的，门都没有！”肯尼迪对一位朋友说:“他跟我都发这么大火，怎么可能跟河内谈判？”不过，实际上约翰逊所做的跟法国建议的极为接近。他之所以勃然大怒，是因为他不能跟任何人讲他做了，而且没做好。

4

我们进行了十多种探索。我们联系过教皇，联系过秘书长吴

> 丹，也联系过联合国。我们的立场清清楚楚，在我们已经公布的包含14条内容的文件中做了总结。对方不感兴趣。我们得不到对方的回答。我们动用了第三方，不见成效……我们的一切努力都遭遇沉默。我们没有得到任何严肃答复，无论是私下的还是公开的……没有证据表明河内准备好停战。越南民主共和国希望得到北方的避难所，但又不肯付出，同时继续与越南共和国作战。

1967年2月8日，迪安·腊斯克在国家安全委员会的一次会上讲了这番话。句句是真。但这番话对他和他的同僚有何影响？约翰逊政府的不同成员对跟河内谈判这件事是能形成共识的，但谈判却一直无法推进，大家都快要崩溃了。早在1966年11月10日，约翰·麦克诺顿就发觉国防部部长和总统在要不要进一步轰炸越南民主共和国的问题上产生了分歧，“麦克纳马拉手上的权力变小了，其影响力变小了”。麦克纳马拉正在迅速转变成温和派，建议美国单方面降低轰炸河内的力度。麦克纳马拉尖酸地说：“世界上最强大的超级大国，每天有1 000名非战斗人员牺牲或受重伤，为了一个争议不断的问题，要把一个落后的小国家打得服服帖帖，这样的画面并不好看。”与此同时，罗斯托却变得越来越强硬，敦促约翰逊用水雷炸毁海防港，总体上对越南民主共和国“施加更大的压力”。他有意要激起总统的男子汉气概，宣称“他们应该感觉到警长正在向他们缓缓走来，而不是我们突然变得焦躁或绝望了”。在中情局和威斯特摩兰将军的怂恿下，约翰逊同意扩大美军行动，首次瞄准老挝境内的渗透路线，但不会像罗斯托那样过火；而罗斯托此时已准备入侵越南民主共和国——约翰逊一直反对这一方案，担心引起中国干预和又一场朝鲜战争，那样的话他就成了杜鲁门了。

事到如今，约翰逊的决策似乎要在强硬派和温和派之间的分歧上下手了。从5月22日开始，他接受麦克纳马拉的建议，暂停对河内周边10英里以内的目标进行攻击，暂停行动将持续到8月9日。接着他同意对“几个重要目标”再轰炸两周，然后在8月24日再次停止在河内地区行动。与此同时，他同意再次增兵，让越南共和国美军总数首次超过50万人。“这场战争我们能打赢吗？”他问麦克纳马拉，后者又去越南摸了一次情况，刚回国。威斯特摩兰将军的回答不是那么叫人宽心：“现在不是僵局。虽然缓慢，但是迈向胜利的步伐是坚定的，如果加大力度，还能加快步伐。”

然而，白宫外面的形势在转变。3月2日，博比·肯尼迪披露了一个结束越战、撤出美军的三点计划，第一点就是无条件停止轰炸。腊斯克准确地回应：“在越南春节休战之前、之中和之后，我们探讨过非常类似的一些提议，全都毫无结果。”而约翰逊则怒斥肯尼迪计划“表面看起来是要达到宣传目的，实际上是不光彩的和解”，还告诉《华盛顿邮报》专栏作家德鲁·皮尔森，肯尼迪这么做是心里有愧，因为他密谋暗杀卡斯特罗，“事与愿违，反而牵扯到他故去的哥哥”。

时值1967年。那是水瓶座时代，是英语国家的文化创造力喷涌的鼎盛时期，此间一枚音乐热核弹引爆了文化的繁荣，包括凯尔特民间音乐、密西西比三角洲的12小节布鲁斯以及源自拉维·香卡、具有大英东方主义传统的西塔尔琴即兴演奏。在大西洋两岸，4个越来越不修边幅的利物浦人的两首歌雄踞音乐排行榜榜首，一首是《佩珀军士孤独心俱乐部乐队》，一首是《你需要的只是爱》。非主流文化音乐剧《头发》被搬上了百老汇舞台，里面有露骨的反战情节、裸体场面、涉及毒品的内容以及有关不同种族性爱的歌曲。安迪·沃霍尔赞助的纽约地下丝绒乐队高唱《等待那个人》。平克·弗洛伊德发行专辑《黎明之门前的风笛手》。大门乐队首张同名专辑破门而出，主打歌就是《点燃我的火》的催眠般的扩展版。

不错，首轮反战抗议早在1965年年初就出现了，但现在反战之火才在美国各地熊熊燃烧。反对越战的声音越来越大，其他迫切问题使得这场全国性的反战大火越烧越旺。4月4日，马丁·路德·金在纽约河滨教堂谴责越战，因为政府“带走被社会残害的黑人青年，把他们派到8 000英里之外保护东南亚自由，而他们在佐治亚州西南部和哈莱姆东区却找不到自由”。就在三周之后，世界重量级拳王穆罕默德·阿里（他加入伊斯兰民族组织后改名）“因为伊斯兰牧师的良知和我个人的信仰”拒绝入伍[①]。反战游行示威此起彼伏，4月在纽约和旧金山，6月在洛杉矶，10月在华盛顿。（华盛顿游行示威令政府忧心忡忡，麦克纳马拉甚至建议约翰逊总统弃城出走。）7月，纽瓦克、明尼阿波利斯、底特律和密尔沃基等地爆发种族骚乱。年轻人川流不息地涌入旧金山的海特–阿什伯利（又名海什伯利）地区，宣告“爱之夏”，“激发热情，向内探索，脱离体制”。（后面这句话是蒂莫西·利里编的，他原是哈佛大学心理学系的讲师，因为吹捧神奇的迷幻蘑菇而被学校开除。）

河内也没有爱之夏。如果嬉皮士没有被迷幻药弄乱了脑子——如果反战抗议者不是那么肯定是约翰逊在拖延越战，他们可能会觉察到是越南民主共和国而不是美国击垮了吴丹的三月和平计划。瑞典和挪威驻中国大使也先后介入调停，同样没有结果。1967年6月，约翰逊与柯西金在新泽西州葛拉斯堡罗会晤，给苏联渠道最后一次机会。越南民主共和国的反应还是那么消极，他们让美国深信：“任何插手越南与美国关系的行为都是徒劳。”

① 阿里被判处5年监禁，并处1万美元罚金，被剥夺了世界冠军头衔，而且在美国禁止再打拳。

反战抗议者甚至约翰逊政府哪里知道，1967 年 6 月越南民主共和国政治局同意了阮志清将军提出的“总攻总起义”计划，设想在 1968 年大规模攻打越南共和国政权，赢得越战。准备新年攻势的重任落到武元甲将军肩上。1967 年 7 月、10 月、12 月，河内政权体系中剩余的亲苏战略支持者在黎笋和黎德寿精心策划的一系列肃清运动中遭到无情杀害。只有那些习惯与亚洲共产党较量的人才能估计对手。1967 年 10 月，新加坡总统李光耀访问刚刚更名的哈佛大学约翰 · F. 肯尼迪政治学院，他与资深教员一见面就请他们对越战发表看法。基辛格后来回忆道：“那些教员（也包括持不同意见的我）的主要分歧在于约翰逊是战犯还是精神变态。”在座的人没完没了地批评约翰逊政府的政策，主要观点是美国要赶紧离开越南。李光耀听完就说了一句话：“你们这些人真恶心。”他对《哈佛深红报》记者说，美国在越南共和国周围支起了一把“军事保护伞”，为亚洲地区做了一件好事。他主张：“新加坡做的事西贡也能做。”他对在邓斯特楼听讲座的学生说：“你们若走了，我们继续干。我只是想告诉大家撤退会有什么样的可怕后果。”

5

有关“宾夕法尼亚”和平计划（基辛格就是凭借该计划赢得了实践外交家的美名）的传统看法毫不含糊：开始谈判的主要障碍是美国轰炸越南民主共和国。河内明确表态，要谈判，必须先停止轰炸，而美国则要求一旦停止轰炸，河内必须采取行动，结束、减少或至少不增加向越南共和国进行的人力和物资渗透。有人说 1967 年和平指日可待。但是，每次眼看和平近在咫尺，美军就来轰炸河内。

另一种看法是，根据越南民主共和国及其他渠道的证据，1967年连和平的一点儿影子都看不见，因为河内政权正在潜心准备新年攻势。美国以为要演的是《等待戈多》，马文保饰演的戈多迟早会出现。越南民主共和国知道两国要演的是《捕鼠器》，他们自己就是肇事者。

这场戏主要在巴黎演出。1967年6月，基辛格前往巴黎出席帕格沃什执行委员会扩大会议。会议召集人是帕格沃什会议秘书长、波兰裔物理学家约瑟夫·罗特布拉特和法国微生物学家、巴斯德研究所所长赫伯特·马尔科维奇①。虽然会议的第一项议程是以色列同其阿拉伯邻国刚刚打完的六日战争，但会议还是决心找到一个“阻止越战升级的办法”。实际上，基辛格已经胸有成竹，办法就是在“甲阶段–乙阶段”计划上稍作修改：“通过合适渠道向对方（河内和莫斯科）传达我们有意暂停全面轰炸越南民主共和国（可能除了涉及渗透行动的有限地区）的信息，不需要对方采取积极回报行动，但我们会根据他们的后续行动重新考虑。”

会议决定，传达任务交给马尔科维奇，他将以重建巴斯德研究所与东南亚下属机构科研关系为由，途经柬埔寨前往河内。马尔科维奇采纳了艾蒂安·鲍尔的建议，将与鲍尔的老朋友、身在罗马的联合国粮农组织高级官员雷蒙德·奥布拉克一道前往越南民主共和国。1946年，胡志明住在奥布拉克家里，还是他女儿芭贝特的教父。因此，美国的办法可以在拜访越南民主共和国主席时谨慎传达。

这里先特别强调三点。奥布拉克是一名坚定的共产党员，越南文献中称之为“抵抗组织英雄”。他从素有“里昂屠夫”之称的克劳

① 除了罗特布拉特、马尔科维奇和基辛格，与会者还有苏联经济学家鲁本·安德烈奥森、艾蒂安·鲍尔（在法国原子能委员会工作）、保罗·多蒂，麻省理工学院物理学家伯纳德·费尔德、苏联科学院副院长米哈伊尔·米利翁希科夫，以及法国物理学家弗朗西斯·佩兰。

斯·巴比魔爪下逃脱的故事至今在法国流传，尤其是他妻子露西在里面上演了娇妻释夫的浪漫戏码。奥布拉克原名雷蒙德·塞缪尔（战争时期他用过好几个别名，“奥布拉克”是其中一个），学生时代就参加了左翼政治组织，后来打仗了，法国沦陷后加入“解放”抵抗组织。他妻子早就是一名狂热的共产党员，1935年就被共产国际选派到莫斯科受训。有人声称奥布拉克是1943年出卖抵抗组织领导人让·穆兰的告密者，但没有真凭实据，不过无疑他最先效忠的是法国共产党。他父母和很多朋友都死在纳粹手里，他一心报仇亦情有可原。但战后肃清运动（主要是针对以前勾结德国的人）期间他在马赛担任“委员”时的举动不像只是算旧账。实际上，戴高乐开除了奥布拉克，指责共产党搞“匿名独裁”。奥布拉克是“胡志明叔叔”的私人朋友并非偶然。他在整个战后期间都是一名忠诚的共产党员，他在回忆录中表明，最多是对“传达美国政府的提议”有点儿犹豫不决，即便他认为这个提议“很得体”。

第二点值得注意的是，“宾夕法尼亚”计划是基辛格提出的。他向迪安·腊斯克通报过自己正在做什么，但国务院置之不理。总统也是如此。总统和腊斯克都认为，“这只不过是又一条死胡同，解决不了问题。我们都走过了。就别提了”。是麦克纳马拉给了基辛格所需的官方支持，那是基辛格将原来发给腊斯克的一份电报抄送给他以后，他或多或少感到美国现在要减少在越南的伤亡。

第三点是美国突然进行轰炸的时机就“宾夕法尼亚”计划而言具有附带意义，因为两位调解人的确去了河内，正打算从那儿返程。美国又犯了一个可怕的错误，美国飞机轰炸河内和海防是在8月20日，而马尔科维奇和奥布拉克计划抵达越南民主共和国首都是在第二天，头一天国防部部长还授权基辛格说“从8月24日开始，为了保障人身安全，也为了表示我们的友好，河内一带的轰炸模式会有明显变化”。1967年8月似乎是约翰逊左手外交和右手打仗的协调性最差的时候。有这么好的条件，河内更容易玩两面三刀了。

奥布拉克和马尔科维奇抵达柬埔寨是在7月19日。两人花了两天时间才说服越南民主共和国驻越南共和国大使馆给他们办好去河内的签证。21日，两人乘坐国际管制委员会的飞机飞到河内。24日下午，两人会见了范文同和年迈的胡志明。第二天，他们会晤了范文同和卫生部部长范玉石（此人在场可能是为了装装样子，证明这是一次科技访问）。他们还抽出时间亲见了美军轰炸河内的惨状。两个法国人一回巴黎就跟基辛格见面，汇报他们在河内会谈的情况，还提交了奥布拉克的会议记录。基辛格赶紧小心地把听到的情况转达给华盛顿方面。

从多方面看，这的确像是一个突破。经过一番可以预料的准备工作（法国向越南民主共和国转达最新的“甲阶段–乙阶段”计划时，范文同把美国奚落了一番），谈话变得有意思了。奥布拉克问范文同，他“是希望美国发表一个已停止轰炸的正式声明呢，还是美国实际上停止轰炸就行了”，越南总理回答“实际上停止轰炸就可以了”。于是奥布拉克问轰炸结束后是否要拖延一段时间再谈判。范文同比较委婉地说：“这个不是问题。”奥布拉克接着问应该采用什么渠道，范文同回答“这不是问题，但应该是某个获得双方授权的人”。他对法国代表说，初步谈判可以“谈些影响美国和越南民主共和国两个当事方的问题”，只有提到影响越南共和国的问题时才需要民族解放阵线出席。奥布拉克和马尔科维奇由此推测，“范文同设想的前景是美国停止轰炸，过不了几天就可以在可接受的举办方支持下开始谈判”。范文同明确地给他们打气：“两位或许以为这次是白跑了一趟，但其实你们谈的内容很丰富，值得我们思考。”

谁知第二天开会，范文同奉上一份带有挑衅意味的越南民主共和国军方声明：

> 白宫和美国国防部似乎决意继续与越南民主共和国作战。因此我们认为美国对越南民主共和国的攻击有可能加强。我们已经做好准备在堤坝上迎接攻击，我们已经准备好在国土上迎接战斗。因为苏联和其他社会主义国家援助我们，我们的军事潜力在增长……战场上的局势一直在好转……我们想打的时候才打，我们会节省资源，我们打仗只是出于政治目的……我们可以轻而易举地在西贡内加强行动。但是我们只采取那些有政治意义、节省人力的行动……4 000 年来，我们一直在为独立而战。我们三次打败蒙古。美国军队虽然强大，但也没有成吉思汗可怕。

不过这只是个序曲，后面还是重申了头一天的主要内容：河内“愿意和解，只要美国在实际上停止轰炸”，美国也不用公开承认停止轰炸。如果美国停止空中打击，“我们知道他们愿意和谈”，那么就“不存在拖延问题”。谈判可以秘密进行。只要谈判不涉及越南共和国，民族解放阵线就不用参加。这时，范文同补充了一点原来没有的内容：他“意识到一些美国部队必须一直留存到完成政治和解之时……我们不希望美国蒙羞”。下面还有：

> 我们的立场是：越南民主共和国是社会主义国家，希望维持现状。至于越南共和国，我们的目标是国家独立、民主、和平、中立。有人以为我们想把社会主义强加给越南共和国。我们深信民族解放阵线不会犯这种错误。民族解放阵线设想的是一个广义的联合政府，包括所有重要组织和宗教，不追究过去傀儡政府成

员和傀儡军官等的活动……重要的是要忘记过去。

至于统一，我们认为重要的第一步是实现越南共和国政治和解。我们同意不强行推动和平。一旦越南共和国战争平息，我们将与越南共和国讨论以寻求最佳办法。

基辛格坐在马尔科维奇位于圣克鲁区的家里，聚精会神地听着每句话。法语不是他的强项，所以不时需要有人给他翻译成英语。两人讲完，他只说了一句话："你们带回了一些新情况。"他发完报道，就坐飞机回国了。谈判委员会的反应更为兴奋，他们认为与范文同的谈话"可能具有相当大的意义"，理由至少有4条。麦克纳马拉更兴奋，称之为"我们目前得到的最有趣的谈判信息"。必须承认，约翰逊、罗斯托和威廉·邦迪都有疑虑（尤其是当他们得知奥布拉克的"政治倾向"时）。实际上，约翰逊更多考虑的是计划好的轰炸升级。然而，他还是派基辛格回到巴黎，并让切斯特·库珀以某种国务院保护人的身份随行，"讨论他们报告中的某些问题，也许提出一些问题请他们说明"。

基辛格带给奥布拉克和马尔科维奇并要他俩转达给越南民主共和国的回复初稿非常明确：

美国愿意停止对越南民主共和国的空中和海上轰炸，如果这样能迅速推进美国和越南民主共和国代表就解决两国之间的问题开展富有成效的讨论的话。我们假定无论会谈是公开还是秘密进行，会谈期间越南民主共和国都不会借停止或限制轰炸渔利。

然而，基辛格谨慎地解释：

（1）"渔利"一词是指"加大力度往越南共和国运送人员和物资"；

（2）“富有成效”的讨论表示有决心在军事行动力度不减弱的情况下避免朝鲜战争中那种漫长的谈判；

（3）轰炸停止后，谈判保密的时间可能最多不会超过三个星期，但我们自然会对谈判内容保密。因此，也许可取的办法是在轰炸机的吨位、轰炸频率和范围受到限制时进行初步谈判，待轰炸完全停止以后再进行最终谈判。

两名法国人回答愿意再去一趟河内，不过他们希望把美国答复的法语版中的“如果……的话”换成“基于……的认识”。经过一番翻译上的讨论，基辛格同意了。

现在“等待戈多”开演了。奥布拉克和马尔科维奇告知越南民主共和国使馆他们打算再访河内，但对方告诉他们美国又在轰炸，无法成行。法国合情合理地催促基辛格要美国政府保证至少暂停轰炸。前文说过，8 月18 日，约翰逊同意在河内周边10英里以内的范围停止轰炸。腊斯克表示：“这些人25 日到那儿，我们在他们到的时候打不大好。”他现在以为基辛格建立“秘密联系”的概率是1/50，麦克纳马拉认为是1/10。（那是一个虚假概率满天飞的时代。）因此，国防部部长授权基辛格说“从8 月24 日开始，为了保障人身安全，也为了表示我们的友好，河内一带的轰炸模式会有明显变化”。基辛格故意把范围和“轰炸模式变化”的时间说得很模糊，从而“避免给人一种最后通牒的印象”（奥布拉克和马尔科维奇都知道最后通牒是越南民主共和国的一个痛点），但麦克纳马拉硬是要基辛格具体说明对河内的空袭将在9 月4 日重新开始。至此，麦克纳马拉和哈里曼私下同意美国应该准备接受越南共和国成立“一个包括越共在内的非共党的中立政府”。

这些都是纸上谈兵。越南民主共和国断然拒绝给两人发签证，虽然明摆着两个法国人身上带有重要信息，但越南民主共和国使馆就是不签发。麦克纳马拉认为，他们这么做是因为8月20日到8月23日越南民主共和国上空天气好转，美国进行了新一轮空袭。不过说轰炸不是拒发签证的借口很可疑。8月25日，马文保会见奥布拉克和马尔科维奇，对华盛顿最近的信息以及基辛格的作用表示出“明显兴趣”，但他送走两人时什么也没说，只是宽慰他们说会把情况发电报给河内。接下来的一周，马文保几乎每天都要和两人交谈，但两人听到的始终是那个“没有回复的回复”。8月29日，马文保没有得到河内的消息。8月30日，与河内的通信联络出现技术故障。他俩拿不到签证是因为美国轰炸升级，不过奥布拉克还是要留在巴黎（8月31日和9月2日）。9月2日，马文保要求再延长“几天”对河内的暂停轰炸，基辛格得到授权说“停火”可以延长72小时。9月4日，马文保又开始搪塞，说都是因为美国空袭才迟迟发不了签证。9月6日，马尔科维奇见到马文保，感觉对方认为“暂停轰炸河内”延长三天带有一种“最后通牒的性质”，不过这只是从马文保“冷冰冰的”反应中所做的推测。事实上，就算暂停轰炸的时间延长两三倍，他还是会拖着不办。

基辛格没有在巴黎等待戈多。他放弃蒙塔朗贝尔街皇家港景酒店那俗套的舒适环境，回到了剑桥，准备哈佛大学新学期开学。奥布拉克回到罗马。这就带来一个奇怪的交流问题，因为他担心自己的独立性会打折扣，马尔科维奇不肯用美国外交邮包寄送他与马文保的会议记录，所以至少有一个关键信息走的是普通航空信。然而，8日晚基辛格飞回巴黎，中途在德国做了几场事先安排好的演讲。有一点很重要，马文保跟马尔科维奇说过，如果基辛格回巴黎，他就征得河内允许见他一面。

“宾夕法尼亚”计划现在动真格的了，引起了总统的关注。9月5

日，约翰逊要求查看“基辛格计划的所有文件”，然后请罗斯托出面让中情局局长理查德·赫尔姆斯评估一下。评估结果有好有坏。越南民主共和国拖延给基辛格回信“可能反映出时机和理解等各种因素，这些又因为他们对美国在该地区的动机有一种根深蒂固的怀疑而更明显”。另一方面，“河内继续坚持无条件停止轰炸，并在他们提出的4点基础上和解。没有任何迹象表明他们准备在这些目标上妥协”。威廉·邦迪一样很矛盾。美国的信息“叫河内太为难了”，因为“如果哪天交流记录被曝光，很多人都会认为这条建议很合理，反映出我们过去的公开立场出现重大变化”。还有，他无法“完全排除一种可能”，即“河内是把我们当傻瓜玩，只不过想延长停止轰炸河内的时间”。约翰逊现在对基辛格这个渠道“很感兴趣”，但罗斯托和腊斯克提醒他，“虽然楼梯上还传来很嘈杂的脚步声，就是不见一个人进来”。大家一致同意基辛格现在应该增强施压力度，通过马尔科维奇传达“美国因为没有收到河内任何答复，因而已经越来越不耐烦了，要他们对比一下美国在越南共和国遭受那么多攻击却至今一直很克制”。基辛格加强语气，对奥布拉克（在基辛格的要求下，他从罗马回到巴黎）说：“我国官员感到与河内的交流是单向的。河内不能要求我们长期表现出单边克制而对我们的友好表示不发出任何信号。”不过他加了点儿甜头，责备8月底对河内的空袭是官僚机构笨手笨脚造成的，并说“可能唯一能完全理解我们决策过程复杂性的就是苏联了”——这么挖苦一下苏联，无疑让马文保很受用。

仔细研究马文保接下来几天的行为就能看出，这次又让邦迪说着了：河内的确是把华盛顿当傻瓜玩。8日晚，马文保问马尔科维奇基辛格在巴黎住几天，马尔科维奇说10天。马文保回答说如果美国不再轰炸河内，这几天“也许会出点儿什么事”。9日，奥布拉克和马尔科维奇警告马文保美国越来越不耐烦了，马文保“问沃尔特·罗斯托把信息讲清楚了没有”。法国人并不知道沃尔特·罗斯托是谁。马文保解释道，他其实是问8月25日的信息是否“还有效”。然后他警告，只要美国想划一条“麦克纳马拉”线（越南共和国和越南民主共和国之间像朝鲜半岛上的一条边界线），那就是一种“永久拆散兄弟的政治行为”。他说这两点显然是想告知美方河内消息很灵通——显然也是想拖延时间。

9月11日，马文保终于将正式答复交给了两名法国人。答复全都是否定的，指责美国发最后通牒，提出我们现在很熟悉的要求：无条件停止轰炸、撤走军队、承认民族解放阵线。

6

过了6年，“斯德哥尔摩综合征”这个词语才被创造出来。这源自1973年瑞典首都信贷银行发生的一起抢劫案，人质被劫持后，行为出现异常，后来竟然对劫匪产生依赖感，不过现在它已经成了进化心理学中一个人们耳熟能详的概念。说实话，基辛格有非常强烈的个人原因待在巴黎，待多久都行：他在和南希·马金尼斯谈恋爱，她在巴黎大学念书。其实，她就住在王子先生街，与马文保所在的越南民主共和国公使馆相隔几个街区。然而，1967年身为谈判者的基辛格在行动上已经表现出斯德哥尔摩综合征的症状。蹊跷的是，这次人质从未见到劫匪。基辛格心心念念要与马文保见上一面，渐渐对他产生了依赖感——或者说对自己设计好的外交程序产生了依赖感。马文保拒绝见面。越南民主共和国回复了美国8月25日的函文，从基辛格对回复的评价中可以看出，他已经患上纯粹的斯德哥尔摩综合征：

> 最后一段说明事情有进展，以前的情况我很熟悉，进展体现在三个方面：（1）这是破天荒头一回河内答复美国提议，没有把门关死，还有进一步谈判的余地；（2）河内要求认可民族解放阵线，但似乎不再像原来那样坚持要我们同意民族解放阵线是“最有资格的代表”……（3）越方声明轰炸停止之后就谈判。

基辛格“没有只看表面，中止奥布拉克和马尔科维奇这条渠道”，而是敦促华盛顿“把该信息视为复杂谈判程序的第一步”，抓住机遇“更充分地探寻河内的情绪和意图”，“完善公共档案”。

这里可以看出他外交上的不成熟。因为9月11日他就要离开巴黎。罗斯托有言，若要说基辛格认为河内的回复是“第一步”这话没说错，“简直难以想象”。基辛格“善于分析……但到了节骨眼上可能有点儿发软”。腊斯克也有同感。他说，基辛格“在根本上是为我们好”，但他被人给骗了。两人是对的。不停地祈求河内安排基辛格与马文保见面，不停地为轰炸海防港找借口，这些都明显是软弱的表现。现在基辛格想见马文保都想疯了，心生一计，让马尔科维奇交给越南民主共和国公使一封信，“用普通信纸写的，未签名，用信封封好了”。信上说基辛格不仅捎来一条美国政府的新信息，而且还有他的评论，“因为评论涉及与河内的其他会谈内容，我们答应过不会透露”，所以他“得到指令，要亲自送到”。马文保显然觉得这一招很好笑。他告诉马尔科维奇虽然他无法与基辛格会面，但他很高兴能够“保持这条渠道”畅通，需要的话会用到这些封好了的未签名的信。基辛格总是满怀希望地给华盛顿报信，“我们可以慢慢地跟他们进行某种交流”。也许美国这时慢下来，隐瞒“主要信息”，马文保就会在好奇心的诱使下跟基辛格见面了。或许让马尔科维奇跟马文保说基辛格即将离开巴黎……那样的话，高度敏感的越南人会不会以为这是一种变相的最后通牒？基辛格越是对华盛顿说不要给河内“一种我们极为焦虑的印象”，他自己就越像热锅上的蚂蚁。

困难出在两个方面。不仅马文保压根不愿见基辛格，而且法国的一些骨干分子也开始不受管束了。13日，早就威胁要把谈判的事透露给法国政府的马尔科维奇对基辛格叫苦：“每次我要送信，美国就轰炸越南民主共和国某个城市的中心。这种事如果再次出现，我便准备不再当这个信使了。”奥布拉克一直是两个法国人当中比较强硬的一个，基辛格每次去罗马都会想念他的“政治头脑”。他回到巴黎以后，他们会谈的水平显著提高了。（“奥布拉克评论说在他看来，如果河内答应谈判华盛顿就提出停止轰炸，而如果华盛顿首先停止轰炸，河内就提出谈判。”）不过，9月26日，奥布拉克和马尔科维奇带着“主要信息”来访，马文保见到胡志明叔叔的老朋友再次光临，像受了刺激一样，又是递酒，又是端茶送点心。奥布拉克警告说他和马尔科维奇已经走投无路了，但马文保矫情地暗示很快就会安排和基辛格见面。马尔科维奇一会又威胁把他们的会谈透露给爱丽舍宫（他这是有点儿不合情理地暗示法国政府居然对眼皮底下的事不闻不问）。马文保以安抚的口吻劝他不要这样做，宽慰他说：“您的渠道还没到山穷水尽的时候。”因为奥布拉克准备回罗马，马文保更是开导他说：“事情也许进展得比较慢。实际上，像这种交流进展的速度算是‘正常’的。”奥布拉克听了之后感到又有希望，“为了和美国对话”，河内实际上在“痛苦地摸索”。不过，9月20日奥布拉克飞回巴黎，建议他、马文保、基辛格三个人一起吃顿饭，马文保却一笑置之。即便基辛格要离开巴黎去汉诺威，然后回剑桥，他顶多只想说，这条渠道“对我们很方便”。

美国最初的信函交到马文保手上之后，转眼已过了25天。两位法国信使已经疲惫不堪，最后马文保只对他们说了下面这番话：

> 美国明一套暗一套。一边跟我们提和谈，一边却加强轰炸……不过我会随时接受来函。一有话说我就联系你们……别担心。如果我们最后决定不想走基辛格这条交流通道，会告诉你们的。如果我们一旦认为你们俩不用继续下去，我们会毫不犹豫地告诉你们。不过我们希望你俩和基辛格能继续下去。

两天后，马文保再次强烈谴责美国行径，指责美国不停轰炸河内以外的目标，实施“两面三刀的政策”，一边寻求谈判一边实际上将冲突升级到“灭绝”的地步。9月30日，他再次重申美国的8月25日函是暗含条件的，因此无法接受。只有美国彻底停止轰炸，基辛格才能“立即戴上帽子来巴黎”。威胁说“美国越来越不耐烦了”就像水洒到鸭子背毫上无影响。马文保可以轻易避开他们，说“只要轰炸停止，几乎可以立即”开始“会谈”（不能与“正式谈判”混为一谈）。

在马尔科维奇的提议下，10月2日马文保和这位法国人见面了，这似乎预示着戈多即将登场。马尔科维奇将马文保讲话的内容写了封信，用专递寄给基辛格，就是不肯使用官方邮寄渠道。罗斯托承认，信的内容的确看上去表示“我们走出了第一步”。信中表示，在三种可能的前景中，如果“美方在停止轰炸前起草一份正式而非公开的声明”，那么河内将认为这表示美国将无条件“停止”轰炸，声明“可以通过（非官方的）基辛格渠道或奥布拉克–马尔科维奇渠道传递——不用很官方”，马尔科维奇说“不用很官方”也是为了反映基辛格半官方的身份。他还推测“无论是公开还是非公开的官方联系，一旦轰炸停止，很短时间内就可以开始”——也许三四天就行。这次还有人怀疑也是完全有道理的。正如赫尔姆斯所言，“一个不大懂法语的美国人，和一个不大懂英语的法国人通越洋电话，情况就是这样”。马尔科维奇给基辛格的信刚刚寄出，马文保就反悔了，否认自己用过“郑重约定”这个说法，马尔科维奇发誓他说过。马文保还拒不承认马尔科维奇提到的三种前景中的两种。难怪罗斯托也转变了观点：最近的巴黎来信如果不是“瞎胡闹”，那也“内容晦涩，没什么信息”。腊斯克抱怨“他们还在跟我们耍花样”。至于约翰逊总统，外交上失利时通常都对麦克纳马拉说“能打的目标只管打”，这次也一样。他执意将外交和战争视为两种不同手段，而不是一个政治进程中的两种因素。（有一次他抱怨说：“就因为两个教授在会谈，让他们逃脱了一次轰炸。”）然而，再细心、再有学问的人也不可能让事态有半点儿好转。

塞缪尔·贝克特在散文集《最糟糕，嗯》（1983年）里有一句名言：“努力过。失败过。没事。再努力。再失败。失败得漂亮点儿。”这句话多少概括了“宾夕法尼亚”计划的最后阶段。巴黎又寄来一封内容东扯西拉的信，收信人是“亨利”，由马文保口述、马尔科维奇笔录，时而英语，时而法语：

> 我不知道在此阶段我说的话是否合适，你比我清楚。
>
> 贵政府……应首先通过我们发送一条信息，毫不含糊地宣布无条件停止正在发生的行为。
>
> 一旦实际完成以上行动，再发一条信息，还是通过我们，表明在所需时间和地点开始对话。

白宫，深夜。约翰逊、麦克纳马拉、罗斯托和腊斯克绞尽脑汁起草复信函，复信要考虑到一种可能性：一旦美国停止轰炸，越南却背信弃义升级军事行动。结果几人草拟了下述回复，并指令基辛格交给马文保：

> 美国政府理解越南民主共和国立场如下：一旦美国无条件停止对越南民主共和国各种形式之轰炸，越南民主共和国应迅速开始与美国进行富有成效之会谈。会谈目的应为解决美国与越南民主共和国之间的问题。
>
> 美国政府假定以上对越南民主共和国之立场的理解正确，准备根据 8 月 25 日的提议，事先向越南民主共和国转达停止轰炸越南民主共和国之确切时间，并建议会谈开始之时间与地点。

然后，在此基础上约翰逊准备停止轰炸越南民主共和国。他敦促麦克纳马拉向将军们兜售新的暂停时间——“如若不然，我就失去美国了”。腊斯克还是有疑虑。会议结束时他宣称：“我只想跟大家说，我的探子还没有嗅到和平气息。”不过，当人们讨论这次历史性的和谈在哪里举行时，他还是比较乐观地参加了。奇怪的是，国务卿建议到莫斯科。罗斯托想到仰光。麦克纳马拉是和谈时代表美国的最佳人选，他赞成不让高龄的哈里曼参加，代之以风云人物亨利·基辛格。

当然谈这些都为时尚早。奥布拉克和马尔科维奇一见到美国的回复函就抱怨，“根据我方8月25日之提议”的说法，马文保不会接受，因为河内已经拒绝该提议。1967年10月8日上午，两名法国人见到马文保，马文保即刻反对，说“美国开头一句声明愿意无条件停止轰炸，后面的话实际上都是条件。马文保认为‘迅速’‘富有成效的’‘根据8月25日的提议’等看上去尤其像‘条件’”。他断然否定10月8日的信息有“任何新内容”。10月17日，他对马尔科维奇一字一顿地说，美国要重新起草：美国的“和平建议”是“两面三刀”的。

罗斯托厌烦了。他对约翰逊抱怨道：“我们的中间人……就像两颗墨西哥跳豆，希望他俩能安静待一会儿。”基辛格本来计划去巴黎，这下也推迟了。庆祝的香槟放回了冰箱。白宫方面再次悲观了。现在他们是否应当不管三七二十一暂停轰炸，哪怕这只是一个“内政优势”？

中情局局长赫尔姆斯：我认为宾夕法尼亚渠道不会有任何成效。它会把信息传回河内，但我估计不会有任何结果。

国务卿腊斯克：我们向他们提出的建议简直太合情合理了。

总统：我们如何取胜？

国防部部长麦克纳马拉：我们正在推进，但进展很慢。不知道一年之后能不能赢。

我们必须想办法让更多国人支持越战。除了暂停我不知道还有什么更好的办法。

总统：暂停可能就输了。我认为暂停不会让这些人转变态度。

似乎再没有别的办法了，只能将巴黎方面的行动透露给媒体，以得到社会各界认可。

然而斯德哥尔摩综合征简直威力无穷！10月17日，基辛格打电话给罗斯托，想在挽救宾夕法尼亚计划上最后一搏。他“完全不同意”对巴黎方面最近的来函“做完全否定的……理解”：

罗斯托问他信中有什么肯定的内容。他说：里面说“可以进行商谈”，不是“有可能”进行商谈。他接着说，如果你认为越南民主共和国是个不稳定的小国，政府分裂，它面对的是一个偌大的国家，而这个国家的意图它不明白也不相信，那么他们的信息可做如下解读：如果你们无条件地结束轰炸，我们就谈判；如果你们降低军事行动强度，我们可能会进一步探索你们的意图。

基辛格建议告知马文保：

> 我们理解你们的信息是说，一旦轰炸无条件停止，你们愿意开始富有成效的商谈；你们愿意把军事行动降级期视作探讨商谈时间和地点的时机。在此基础上，我们将轰炸范围退至比方说北纬 20 度。如果你们确认我们的理解正确，我们准备无条件停止轰炸。

他的假设是“局外人以为是故意拖延，实际上可能反映出北京和莫斯科在引导未来走向问题上的不安，同时谈判的压力也让它们不大相信内部一致性（尤其是北京不同意的时候）”。越南民主共和国政策是“个人谋求政治生存的一系列妥协”，必然“痛苦而复杂，不会说得一清二楚”。

10 月 18 日晚，基辛格应邀来到白宫，出席约翰逊总统权力中心的一次重大会议。到会的有克拉克·克利福德和最高法院法官艾毕·福塔斯，还有卡岑巴赫、麦克纳马拉、罗斯托、腊斯克和麦斯韦尔·泰勒。基辛格证明“马文保急于让目前这种状况继续下去”，“他们的立场稍有进展”。总统的反应还是如往常一样不够细致，但是很可能是正确的：

> 我判断他们让这条渠道继续下去就因为我们不轰炸河内。我知道如果他们轰炸华盛顿，打击我们的桥梁、铁路和公路，那么我会很乐意请中间人跟他们商谈，要他们在轰炸上有所收敛。他不用花一分钱。这样做的好处是让领事跟两位科学家谈，两位科学家再和一个美国人谈，而河内就成了他的庇护所。

在接来下的讨论中，腊斯克、泰勒、克利福德和福塔斯主张放弃“宾夕法尼亚”计划，而卡岑巴赫和麦克纳马拉要求保留，再次暂停轰炸。罗斯托出其不意地转而支持保留巴黎这条线，这不是因为他认为会有什么突破，而是因为他感到暂停轰炸是一个重要的内政原因。（如他所言，“内政领域现在是一块很活跃的阵地”。）最后约翰逊打出一张王牌，麦乔治·邦迪手上的一份备忘录（没有透露作者是谁），表示总统一直打算给基辛格最后一次机会。然而，约翰逊就是约翰逊，会议末了他还粗野地威胁基辛格。阿瑟·施莱辛格在日记中记下了基辛格所回忆的当时的交谈：

> 亨利最后说：“我不信暂且不轰炸这座农业实力为五级的首都10英里以内的范围，美国安全就受到威胁。”约翰逊怒目而视，说“好吧，我们就按教授说的办。不过（他瞪着基辛格）要是这招不管用，我就亲手割掉你的睾丸”。[①]

7

显然，对马文保来说，“宾夕法尼亚”渠道的一大“便利”在于可以掩盖河内的真正用意，同时还有机会从一个有影响力的美国人身上吸取精华，尽管他们之间隔着一段距离。眼看美国总统选举一年多之后就要开始了，河内对美国内政局势越来越感兴趣。马文保仿佛是有意在嘲弄基辛格，这段时间频频接受美国记者采访，尤其是联合专栏作家约瑟夫·克拉夫特的。原因很简单，他面带笑容对马尔科维奇解释，他没有得到河内授权会见任何“有官方背景的美国人”。马文保也许没意识到自己对华盛顿政局正在产生间接而巨大的影响。

① 基辛格也向施莱辛格描述了相似的场景，他在“内阁会议室目睹了约翰逊折磨着麦克纳马拉，不断地问他：‘到底我该怎样（对越南民主共和国）一击即中？告诉我怎么才能击其要害？’”作为肯尼迪虔诚的追随者，施莱辛格是这类逸事最完美的听众。

从华盛顿的角度看，“马文保先生和基辛格先生之间这支复杂的舞蹈”基辛格跳得……“很正确”，这是罗斯托说的。麦克纳马拉赞扬基辛格对这场非谈判处理得“很漂亮”。卡岑巴赫对约翰逊说：“要和越南民主共和国开展对话，我们至今做得最到位的就是这件事。”约翰逊致信基辛格表示“崇高的敬意”，“你在寻求和平道路的过程中表现出很强的能力和献身精神”。但是，大家也越来越强烈地意识到约翰逊在任的时间不多了。正如卡岑巴赫所言，“能不能在1968年11月之前解决越南问题，取决于我们有没有能力启动谈判”。不幸的是，总统最贴心的顾问能想到的大概也仅此而已。麦克纳马拉越来越相信，要让谈判开始，除了无条件停止轰炸别无他法，而且美方必须同意越共参与西贡的联合政府。卡岑巴赫也赞同全面暂停轰炸，哪怕只是为了“消除与基辛格谈判有关的所有可能的疑虑”。罗斯托和腊斯克坚决反对这两种做法。冷酷无情的得克萨斯人约翰逊在经受缓慢而痛苦的煎熬。直觉告诉他要支持强硬派，看看巴黎方面有什么蹊跷。不过，有证据表明进一步加大军事打击就管用吗？此时在民主党内部，就连那些老资格的拥护者都在造反，抵抗的声音一天比一天高，他怎么制止？美国政府年鉴中的这段话可谓最恰当地说明了一个举棋不定的领导人当时的处境：

总统：我看不出这有什么用。

罗斯托：我看不出轰炸和谈判之间有什么联系。

卡岑巴赫：我认为如果我们轰炸就不可能让他们接受谈判。

总统：我看不出有什么理由再次停止轰炸。到目前为止我们没轰炸他们又怎么样？

卡岑巴赫：我们已经和他们交流过了。今年 2 月以来还没有任何交流……我同意从现在开始到明年 2 月停止轰炸。

总统：我也同意。不过我们操之过急，一时还领会不了任何教授的行动意图。我想我们现在应该拿下这些目标。

暂停不会改变政局。暂停期间他们会找到答案，当然我们准备走完最后一程。

但我的确希望先拿下所有这些目标再暂停。

麦克纳马拉：如果军队说还有要打击的目标我们就不能暂停。

卡岑巴赫：不要加大轰炸力度，然后再暂停。

赫尔姆斯：我不认为不轰炸某个地方会对谈判有什么影响。

总统：这件事历史也许会让我们出洋相。

我们一个半月不轰炸河内让他们来谈判，他们就是不来……我认为他们在把我们当傻瓜玩。我们不打算让步，同样他们也不打算谈判。我看随便打哪里都行，他们会更难受。

比较少的人控制着很多人。我认为我们应该把他们打倒，不让他们起来。如果他们愿意，我们可以给他们机会说话、谈判。

如果我们认为应该轰炸，那么就应该炸他们的桥梁、他们的电站以及我们排除在外的其他战略目标。

我们付出了很多却没有得到任何回报。不过我想停一天也不是坏事，反正天气不好。不过我真的希望把我们有底气通过的所有目标全部炸掉……如果他们还不谈判，我们只好采取更极端的措施。

我们正在失去国内的支持。他们根本不懂越战。但再停五周谁也说不出个理由。我们必须非常谨慎地研究这个问题。

我同意迪克·赫尔姆斯的意见。我们打哪里对他们来说没什么区别。

河内单方面做不到。他们还是希望我们永久停止轰炸，满足他们的四条，达到他们的要求。

如果这条渠道没有任何作用，你怎么把它了断？

卡岑巴赫：马文保可以说我会跟基辛格谈判。我们的言行会起作用。我们应当调整我们的信息，这样他们就好采取某种行动，或者取消某种行动。

总统：尼克，给我一份材料，说说你们国务院认为这件事有没有希望。反正我看不到什么希望。但是我希望你们写份材料，你已经给他们暂停了 5 个星期。

卡岑巴赫：但我们也没什么损失啊！

总统：你给他们撑起了一顶大伞，让他们有机会重建。我不会给他们这个机会。不过让我再考虑一下。写份材料，看看我们必须得到什么……我希望卡岑巴赫准备一份备忘录，谈谈为什么他认为我们要继续使用这条渠道，将来怎么了断，因为他们两次都断然回绝了。

约翰逊就是在这种可怜而矛盾的状态下发表他的圣安东尼奥演讲的。罗斯托在演讲稿中强人所难，用一种得克萨斯式的自吹自擂表达出美国新的让步——也就是基辛格一个多月前对马文保说的那番话的首次正式声明："美国愿意停止对越南民主共和国的空中和海上轰炸，如果这样能迅速带来富有成效的会谈。当然，我们假定会谈进行期间，越南民主共和国不会从停止或限制轰炸中渔利。"（马文保说约翰逊的演讲是"侮辱人"。）

10月3日争论重新开始，这次更激烈，因为从巴黎刚刚传来虚假的肯定回复。罗斯托和麦克纳马拉对要不要停止轰炸再次争论不休。约翰逊听了，问了一句："如果我宣布不参加下任总统竞选对战争有何影响？" 顾问们大吃一惊。"他说今天无论决定炸还是不炸，他都决定不参加竞选。”腊斯克吓呆了，大声叫道：“您不能下台，您是总司令，我们在打仗。这会对美国产生非常严重的影响……河内会认为他们做成了这件事。”麦克纳马拉还是像往常一样不动声色地算了一笔账：

> 当然，经费和人员都不用担心。这些都能找人支持。我不知道美国人心里怎么想，对老百姓的精神面貌有什么影响，对河内有什么影响。
>
> 我真的认为无论在什么情况下他们都不会谈判，他们会等到1968年美国选举。

会议纪要表明约翰逊主要还是担心内政。他在国会上就谈到民主党的人说“如果我们不赶快对越南问题采取行动，竞选就输了”，其实这（就像腊斯克冷冷地说过的一样）跟反战抗议关系不大，跟最近增加税收关系很大。然而，约翰逊愿意考虑退位也反映出他很绝望，似乎无法“赶快对越南问题采取行动”。这种绝望感正是马文保一直以来挖空心思想达到的效果。

从河内角度来看，“宾夕法尼亚”计划真是太精美了。约翰逊及其顾问们渐渐意识到，他们伸出了真诚的橄榄枝，但由于一直在坚持秘密、保守秘密，由于有朝一日巴黎渠道还有一丁点儿再用上的可能性，如果昭示天下，他们就无法从中得到内政上的好处。约翰逊心里痒痒的，想要公之于众。他的“政治直觉”告诉他就是要这样回敬反战抗议，把他的提议和越南民主共和国的回答“清清楚楚地说出来”，“……把发生的事告诉农民，让农民也能明白”。但是腊斯克又说了：“如果我们公开信息，温和派就会找麻烦。此外，我们还希望等以后什么时候利用这条渠道谈点儿重要的事。”再者，“宾夕法尼亚”计划里有“很多可能叫人难堪的材料”。

约翰逊可怕的困境以及美国困境的悲剧性现在已经一览无余，他前言不搭后语地对麦克纳马拉、罗斯托、腊斯克和参谋长联席会议主席惠勒哀叹道：

似乎我们无法从军事上打赢这场战争。我问参谋长联席会议该如何缩短战争周期，但他们所有的建议都跟越南共和国无关。

外交上我们也赢不了……各位的建议都试遍了。最近两个月，我们几乎在所有公共舆论场合吃了败仗。那些示威者还有其他人想说明我们需要换一个人接手这个国家。

希望我们停止轰炸的人应该知道在这次交流中我们所经历的一切。今天开会的人中有些还不知道事情的真相。我们没见到他们的立场有丝毫变化。他们这种宣传闹得沸沸扬扬……强硬派要扔白毛巾了。所有人都说你的不是。圣安东尼奥的演讲他们也不信。我无法做出更好的解释。

如果我们不能让他们接受谈判，为什么就不能炮轰所有的军事目标？何必管中国、苏联高兴不高兴。

虽然出了这么多事，但我们在越南的官兵还是士气高昂，这让我惊叹不已。

我们必须在公众舆论方面采取一些行动。

我想确认基辛格上了飞机。我们必须找到一句让每个农民都能明白而敌人会拒绝的话。

我们必须让美国人民看到，我们走完最后一程，努力过，失败了。

我们的后备军呢？

这跟《克拉普最后的录音带》不完全一样，但很接近。

8

"宾夕法尼亚"计划很难咽气。10月20日，基辛格带着国务院又冗长又充满怒气的一套指令再次抵达巴黎，指令大意为：美国"两个月来单边克制轰炸河内邻近地带"，但是其间越南民主共和国政府从未"试图通过这种渠道或其他渠道表示，即便是按照美国建议停止轰炸，它也会和美国开展商谈；或者提出任何实质性回应建议，以进一步开展和平解决分歧的商讨"。对于马尔科维奇"表现出一种相当欢愉的状态"，基辛格感到很惊讶。

> 据他看来，收到马文保上次的信让所有的沮丧都变得值得。我问他何以如此乐观，他请我注意升级和轰炸的区别以及最后一句时态的变化。我马上给他泼冷水。我说事情其实很简单。如果河内希望谈判，应该能找到其他方式表达这一想法，犯不着使用时态上的细小变化，说一些语带双关的委婉语。

奥布拉克从罗马来到巴黎，似乎同样带有错觉。罗斯托讥笑道："他（基辛格）跟两个外行打交道有问题。"奇怪的是，他和约翰逊似乎都没考虑到一种明显的可能性，即奥布拉克和马尔科维奇都不是他们外表上看上去的那种中立调解人。看看奥布拉克身为忠实共产党员的记录就知道，他根本不是中立的：从一开始他就没有隐瞒对河内的同情。当然有可能他和马尔科维奇是真心希望马文保能最终答应会见一个美国政府代表。更有可能有一个人是与河内沆瀣一气的，至少这个人一直在向苏联通风报信。雷蒙德·奥布拉克真的希望"宾夕法尼亚"计划成功吗？或许他和马文保一样谙熟他们上演的这出戏的本质？我们不得而知。既然基辛格不肯停下来问自己这个问题，不难看出，如果这出戏里有一名业余演员，那就是基辛格。

最后一场戏也带有贝克特戏剧的那种味道。当天（10月20日）晚上，奥布拉克和马尔科维奇又带上一份精心起草的文件去见马文保。马文保竟然不肯见面。两人打电话过去，他一再搪塞。

> **奥布拉克：** 我们有急事要见你。
>
> **马文保：** 没有什么新情况好谈。形势在恶化，没必要再谈。
>
> **奥布拉克：** 我有非常重要的新情况。
>
> **马文保：**（还是刚才那几句话，又说了一遍）。
>
> **奥布拉克：** 有一个非常重要的情况，也许是我们交流以来最重要的关头。
>
> **马文保：**（还是那几句话，一字不变，不过后来加了句：有什么重要的事？）
>
> **奥布拉克：** 事关你上一封信最后一句话的意义，还有几个步骤的顺序。
>
> **马文保：** 我们的立场非常明确[①]……（然后他逐字逐句地重复了原话）。

基辛格向华盛顿汇报的时候，两位法国人心烦意乱："马尔科维奇都快落泪了，奥布拉克也是极其消沉。"

---

① 马文保在一篇文章中引用了这些观点，该文由澳大利亚记者维尔弗雷德·伯切特撰写，发表于《公民卫报》。这篇文章基于对阮维桢的采访，文中提到"河内无意让步或谈判，不会针对停止轰炸这件事提供任何方案——除了对话。这里的关键词是'和谈'，而不是'谈判'……在这里不断被重申的一点是，河内政府和民族解放阵线的坚定目标是在各个层面上获得完全独立，以及美国全面从越南共和国撤军。他们计划通过10年到20年的抗争达到这一点，从而让现状被改变"。伯切特不仅是一名共产党员，还是一名克格勃特工。

> 此时此刻，我只能感谢他们尽心尽力的细致工作。这条渠道行不通，不是因为我们缺乏善意或想象力，而是河内不能或不愿谈判。马尔科维奇说至少我们知道河内说无条件是什么意思。我回答没有一个严肃的人会相信绝对的无条件关系。

罗斯托给约翰逊写了封短信，这是他的拿手好戏："随信并告基辛格让马尔科维奇和奥布拉克更了解生活现实了。"他认为"巴黎渠道到此为止了"。他猜想有两种可能性：要么"他们认为美国政治和世界外交太迷人了，现在还无法开始谈判"，要么"他们和共产党领导的中国的谈判涉及一笔新的支持交易，甚至有可能中国答应出兵"。第三种可能性起初他还没想到，那就是整个事件是一场无聊的游戏。他翻检了有关文件，估摸越南民主共和国拒绝与基辛格会谈少说也有15次：这说明他们的"政策很明确——如果不是其他问题的话"。赫尔姆斯用奥卡姆剃刀原理解释：河内从未真正行动，基辛格一直在忙活着"找一个子虚乌有的东西"。他对约翰逊说："总之，总统先生，您忙来忙去最后还在起点。"

成功有很多父亲，有时失败也是如此。奥布拉克和马尔科维奇认为错在约翰逊。他们感到"很难相信"他们访问河内正好碰上美国持续轰炸是"巧合"，因为"这两个'投递物'是由同一个'发货人'发出的"。马尔科维奇始终固执地认为基辛格被约翰逊身边的强硬派给骗了。当然，后来奥布拉克也批评基辛格，说他不该把"宾夕法尼亚"计划的全套故事泄露给《洛杉矶时报》，为自己增光扬名。（实际上，奥布拉克也是老糊涂了，竟然说他"不知道基辛格和国务院或白宫之间有何关系"——也许是记忆上惊人的失误或者是无耻谎言。）但是全世界还是责备约翰逊引致的和平失败又导致了爱之夏爆发。

内情当然被泄露了。两位记者（一位是考克斯报业集团的戴维·克拉斯洛，一位是原《纽约先驱论坛报》驻莫斯科记者斯图尔特·H. 卢里）东拼西凑地写了本书：1968年出版的《暗寻越南和平》。两人追踪马尔科维奇。他们盘问了美国驻法国大使馆一秘约翰·甘瑟·迪恩。结果他们调查后发现“基辛格和两名法国左派分子有往来，让他们今年秋天给马文保捎信”，“有一封信保证，为了证明我们有诚意、愿意展开商谈，河内在一段时期内不会遭轰炸”。然而，跟奥布拉克的说法相反，基辛格不肯见克拉斯洛和卢里，尽管两人曾四次请求采访他。政府感到寒心的是，这两位记者的主要意思是说“总统和腊斯克国务卿在越南问题上误导美国人民……越南民主共和国政府愿意接受美国提议开展谈判，政府却对这一点矢口否认”。他们的报道真是大错特错。当然，他们的理解与反战情绪正好吻合。富布赖特议员和曼斯菲尔德议员甚至得到肯塔基州的约翰·谢尔曼·库珀等共和党人支持，强烈要求彻底停止轰炸，殊不知这是约翰逊手上最后的谈判筹码，而河内一再拒绝谈判。

与此同时，河内采取“灭绝”战略，准备发起猛攻。1967年10月，正当基辛格在个别文字上煞费苦心寻求和平之时，越共政治局做出决定，实施新年攻势，两个月后由越共中央委员会第十四次全会通过并发布的决议称此时为在越南共和国“赢得决定性胜利的阶段”。“大攻势大起义”旨在发动越共全力猛攻越南共和国主要城市西贡、顺化和岘港。用民族解放阵线成员张从东的话说，即“美国打败了我们或者我们打败了美国就开始谈判。一切在战场上见分晓”。这表明1967年河内诚心和谈的说法是不实之词。无疑有这么回事，正如越南民主共和国外长阮克黄后来对麦克纳马拉所言，“此刻我们在河内制定谈判战略的人”听说“宾夕法尼亚”计划之后“很受鼓舞”——他们以为新年攻势之后真正的和谈就会轻易开始。因此，说基辛格的努力“为巴黎和平进程启动奠定了基础”会引起误解。用当时越南民主共和国驻中国外交官刘团黄的话说，越南民主共和国一直在“创造最有利的谈判条件，不过那是在新年攻势之后！”

因此不难理解1967年年末出现的和平试探，例如罗马尼亚出面协调和解的“包装工”计划，为何未遭到粗暴拒绝。用乔治·赫林的话说，“‘包装工’计划应当被理解为一场欺骗演习，旨在哄骗美国产生一种军事安全错觉，在新年进行军事打击前夕加大国内外的谈判压力”。这话不仅适用于阮维桢12月29日发表的声明和马文保1968年1月1日发表的声明，也自然适用于“宾夕法尼亚”计划。麦克纳马拉的回忆有些出入，实际上，与法国方面的联系一直到新年攻势前夕都在进行。1967年12月初，基辛格请马尔科维奇最后一次“联系保罗”（这是他们用的代号，指马文保）。马尔科维奇回答，他可以联系，但必须让他带去两个日期：“第一个是不折不扣地宣布何时停止针对越南民主共和国的轰炸及一切军事行动；另一个是在合理期限内稍晚的某一天，约好届时商谈。”他以笛卡儿式的优雅口吻补充道：“‘有成效的’一词必须严格避免，因为说话要完全符合逻辑，我们无法提前知道将来的商谈会不会有成效。”1月16日晚上9点，马尔科维奇接到马文保的电话，大吃一惊，应邀进去谈话，一谈就是两个小时。马文保说：“去年10月……终止谈话是大环境使然。”他还表示，越南民主共和国政府依然“非常敬重你们两位（奥布拉克和马尔科维奇）”。实际上，河内准备“在轰炸停止后的一个合适时间……就在轰炸停止生效之日”开始会谈。那么现在马文保终于同意会见基辛格了吗？马文保用他惯常的模糊口吻回答：“现有情况下，任何类似请求都会得到考虑。”马尔科维奇打电话给基辛格转达了这个新的非邀请式的邀请。基辛格唐突地回答说，如果马文保希望“直接见我”，“尽管我时间表排得很满，我还是会设法去一趟巴黎”。1月18日上午，马尔科维奇又用一个封好的信封把这个消息传递给马文保。马文保拆开信看了，只说了一句，希望“这次事情有些进展”。马尔科维奇汇报说，会见的气氛很“诚恳”。

新年攻势12天后打响了。

9

生于斯死于斯，这就是帕格沃什。1967年12月28日，基辛格来到世界共产主义的虎穴之地莫斯科，参加苏美科学家会议，会议代表大多经常参加帕格沃什会议。实际上，此次出席的科学家阵容跟15个月前索波特的会议代表基本相同。然而，除此之外，这一年其他许多事情变化很大。苏联代表谴责美国政策时明显克制了许多。基辛格呢，现在他对越南的美国敌人的本质也比1966年，要了解得多。正如他对苏联代表所说，“河内不愿放弃固执而凶残的姿态。河内只会从局部看问题。双方的不信任非常之深”。就不能让苏联出面调解吗？苏方最资深代表米哈伊尔·米利翁希科夫责无旁贷地提出一项新的调解计划（由科学院翻译伊戈尔·波奇塔林传达给基辛格）。这是一个极为复杂的五步计划。首先，米利翁希科夫将会见基辛格和保罗·多蒂，告知二人“河内准备同意迅速进行富有成效的谈话”。10天内，美国将“大幅减少对越南民主共和国的轰炸，最后停止打击河内和海防”。此后10天内，“将通过这一渠道，开始对会谈技术上的准备，如日程、时间、地点等事项”进行初步商谈。这些技术性商谈顺利结束10天内，美国将彻底停止轰炸。最后，再过30天，“再和河内进行正式官方会谈”。

科学院一名疑似克格勃线人的代表宽慰基辛格说：“莫斯科肯定希望和解”，也许这是实话，但也许不是。或许苏联不过是在新年攻势前的烟幕上制造新的紧张空气。苏方立场最诚恳的说明出自世界经济与国际关系研究所经济学家斯坦尼斯拉夫·缅希科夫之口。缅希科夫没有在正式会议上谈越南问题，他开车带基辛格在莫斯科宽阔空旷的马路上逛了三小时，那个时候苏联最接近私密空间的地方也就是小汽车了。正值新年前夜，是披露真相的大好时机。缅希科夫解释，“从纯粹个人的角度来看”，真相是苏联对河内几乎毫无影响力。他说，越南民主共和国“不容易对付”。再者，“他们对我们在河内的动机很不信任，加上中苏关系不大稳定，所以苏联领导人做事非常谨慎”。

苏联政府十分害怕被人欺骗。它根本不能确定美国的意图……而且，苏联的困难也不比我们少。越战以后中苏关系变差了……他所在的研究所正在对目前到1980年的趋势做预测。研究结果是这段时间中的任何时候中苏关系都不会变好，尽管到那时毛泽东无疑已经去世了。

这个消息非同小可，几乎跟基辛格一年前在布拉格从安东尼·什奈达雷克那里听到的消息一样。不过缅希科夫又扔了一枚炸弹：

他问我们是否在意苏联干预越南问题。我说当然，大家……很担心和苏联发生冲突。与此同时，看看地图就知道苏联在东南亚的军事行动并不简单。缅希科夫说：“在形势比较有利的地方，比如柏林，我们可以制造麻烦。”我回答：“只是有可能引发全面战争。”缅希科夫说：“你知道我们也有我们的诚信问题。”

学者们长期以来都在猜测是哪位美国战略家想到1972年对中国开放，这一开放大大改变了地缘政治格局。不过最先想到这个主意的不是美国人（尽管我们知道基辛格早在1964年年初也动过这个念头，只是后来搁下了）。是苏联集团的战略思想家（也许是因为他们一般喜欢国际象棋而不喜欢业余戏剧的缘故吧）预见中苏分裂会生发出一个新世界。照缅希科夫的理解，除非爆发美中战争，否则没什么办法恢复社会主义阵营原有的团结，而且形势越来越明朗，越南又不是朝鲜，这种可能性正在一点点降为零。莫斯科与北京不睦为美中条约带来了可能，什奈达雷克解释，这就类似于1939年的纳粹德国–苏联条约，不过这次是针对苏联，这种对立方伙伴关系说明现实主义战胜了理想主义，实用主义战胜了意识形态。然而缅希科夫认为这种条约不会排斥莫斯科和华盛顿之间继续保持缓和状态。

美国可能在越南这个泥潭里凄惨地蒙羞受辱。美国最优秀、最聪明的群体的一分子可能被当傻瓜耍弄，走上了巴黎那条最长的歧路。不过，基辛格误把《捕鼠器》当成《等待戈多》还不算致命错误，因为他在空等马文保的时候，瞥见一个更加宏伟的戏剧剧本——这台戏不是在某个俗气的巴黎沙龙里上演，而是5年后在一个宽阔的北京宴会厅上演。

第21章

—

1968

每次我去那里（华盛顿），都感到您在那里的位置非常独特，无论是采访共和党还是民主党，无论是采访政要还是政府工作人员，我都有这种感觉。实际上我感到您的名气在每个人眼里总是那么大——也许更令人赞叹的是，在每个阶段都是那么大。在这个似乎只注重新奇的世界上，这一点实在太重要了。

——1968年3月，玛利昂·登霍夫对基辛格说的话

不可能组合在一起。

——理查德·尼克松，1978年

1968年是美国现代历史上的“大灾之年”。在越南农历新年发起的新年攻势（尽管对美国军事策划者来说不可怕，但在电视观众看起来却很可怕）打响第一炮，接下来又发生了一连串的灾难。越共19名工兵闯入西贡的美国大使馆杀害了5名美国士兵。一连数周，顺化遍地都

是血腥巷战。埃迪·亚当斯拍下一名越南共和国警官冷酷地处死被俘越南民主共和国军官阮文敛的场面，从中可以看出反击战的残酷。暴力事件似乎从电视屏幕中蔓延到美国本土。4月4日，詹姆斯·厄尔·雷杀害马丁·路德·金，当时这位民权领袖正站在孟菲斯一家酒店房间的阳台上。两个月后，罗伯特·肯尼迪穿过洛杉矶国宾大饭店厨房时，遭到巴勒斯坦移民瑟翰·比沙拉·瑟翰枪击，身负重伤。一个名叫瓦莱丽·索拉纳斯的精神错乱的极端女权主义作家甚至要谋害安迪·沃霍尔。

学生抗议席卷美国各地高校，最早是加州大学伯克利分校，然后蔓延到纽约大学和哥伦比亚大学；到12月，反战“静坐罢课”热已波及哈佛大学。在奥兰治堡，南卡罗来纳州立大学的两名黑人学生参加反对种族隔离游行，被警察开枪打死。在芝加哥民主党全国代表大会外面的街头巷尾，警察和青年国际党（雅皮士）、美国争取民主社会大学生协会以及结束越战全国协调委员会等组织领导的抗议者之间展开激战。马丁·路德·金被害后，一些非裔美国青年责备这是政府阴谋，上街游行，引发新的种族骚乱。在加州的奥克兰和俄亥俄州的克利夫兰，黑豹党及其他黑人军事组织与警察发生枪战。

国外，转眼之间天下大乱。尽管新年攻势已结束，越共及其盟友越南民主共和国伤亡惨重，但美军和越南共和国军队却纪律涣散，掀起一场屠杀平民的狂潮。6月，马来亚共产党发动第二次暴乱。8月，一支苏联领导的大军入侵捷克斯洛伐克，镇压布拉格之春，推翻杜布切克的修正主义政府。伊拉克、巴拿马和马里也发生政变。即便是宁静的英国也出现喋血预兆：（北爱尔兰）皇家警察部队棍击伦敦德里街头的天主教游行队伍；伊诺克·鲍威尔预言，英国前殖民地移民涌入将引起种族暴乱。虽然鲍威尔引用了《埃涅阿斯纪》（“我似乎看见‘台伯河被鲜血染红，翻着血红的泡沫’”），他的演讲却是有感于美国种族骚乱的经历而发。世界各地美式和平的说法听起来都很矛盾。美国大使在危地马拉市街上遭枪杀。朝鲜部队强行登上美军的“普韦布洛号”并占领了军舰。美军核潜艇“天蝎号”在亚速尔群岛沉没。即便是天空也不太平。1968年11月，泛美281号航班从纽约肯尼迪机场飞往波多黎各的圣胡安，被人武装劫持，由此掀起劫机狂潮。1961—1967年美国飞机劫机事件仅7起，1968—1971年飙升至71起。几乎所有飞机都被要求掉转机头飞往古巴，结果“送我去哈瓦那”成了那个时代的一句流行语。

难怪林登·约翰逊担心罗伯特·麦克纳马拉自尽。难怪在国务卿迪安·腊斯克看来，1968年是一片“模糊”。他后来回忆道，“我筋疲力尽了”，每天就靠“阿司匹林、苏格兰威士忌和4包云雀牌香烟”度日。他对儿子说：“那年发生的事记不太清了。”不过，他儿子这代人正是当时世界上主要的祸根。战后生育高峰期出生的人正好20多岁，这样的人在北美尤其多，20世纪70年代中期发展到鼎盛期，15岁到24岁年龄层的人占到总人口的19%。然而，也不只是美国青年人上街游行。在波恩、巴黎、罗马、斯德哥尔摩和联邦德国都爆发了大规模学生抗议活动。这一现象已不仅限于西方民主国家。墨西哥城和牙买加金斯顿也出现学生骚乱。独裁国家如西班牙、巴西等也出现抗议活动。而且共产党领导的国家同样出现学生抗议，1月和3月是华沙，7月是贝尔格莱德，与此同时，毛泽东领导的中国发动了“文化大革命”。

对正在寻找下手目标的激进学生来说，迫切需要对哈佛大学国际事务中心（亨利·基辛格还是中心副主任）采取直接行动，仅仅是静坐罢工不能解决问题。1968年10月，马克思主义十一月行动委员会针对神学街6号这座“帝国主义建筑”发起了一场持久的、愈演愈烈的运动。翌年9月，美国“学生争取民主社会”组织的二三十名成员，即后来组成地下气象台的一群人袭击了中心，强行驱逐里面的工作人员，致使一人身上被划出了一道伤口，缝了7针。看看这帮人散发的一页纸传单，可以大致回望当时的情景：

> 把持国际事务中心的人是雇佣杀手。他们就知道为政府写报告出主意，想方设法让少数美国人富得流油，让大多数美国人穷得要死。你也许以为这些恶棍会赶赴越南作战，你看他们多喜欢越战啊！但是这群猪精明着呢！他们更喜欢待在哈佛，让罗克斯伯里的黑人和多尔切斯特以及牙买加平原的白人工薪家庭的孩子去送死。

另一个类似的宣传册指责中心尽出一些“牺牲世界大多数人利益、维护美国国际权力的点子”。国际事务中心是“大学串通美国政府在国外搞经济渗透、剥削被压迫者的一个尤为明显的例子”。

国际事务中心办公室屡遭攻击，尤其是1970年4月，一间间办公室被砸毁，同年10月14日，一枚炸弹在三楼爆炸。1972年4月，有人抗议“美国对印度支那人民发动种族屠杀战争”，办公楼再次被洗劫。

1968年，基辛格完全有理由到华盛顿任职。在他这位曾经的纳粹德国少年眼里，这些自命为新左派的人似曾相识，令人忧心忡忡。1968年3月出了一本有关纳粹纽伦堡集会的书，基辛格写过一篇书评，明确谈到这种相似之处：

> 有这么一种危险，现代群体社会满足不了个体的情感需要。在事事都精打细算的官僚体制国家，通常没有丝毫残余的忠诚。但是，一旦所有正常的忠诚途径被堵死，归属感可能会以一些基本的方式爆发出来。所以，一开始纳粹党特别能吸引学生这个感

到自己的需要越来越得不到现代社会满足的群体，绝不是偶然的。所幸纽伦堡党派集会已成过去。然而，我们还是应该将其视为……一种警告。

罗伯特·肯尼迪遇刺后不久，基辛格为纳尔逊·洛克菲勒起草了一份演讲稿，阐述这一观点，从中我们可以看出基辛格的历史想象力绝非仅限于外交领域，马克思主义者把唯物主义奉为圭臬，而他的理想主义却是从根本上摒弃唯物主义。他写道，青年动乱问题是“高度工业化、严重官僚化的社会”的一种病态。这种现象尽管在最发达的社会尤为突出，但在世界各地也都存在。

一个问题是世界变化太快，这是前所未有的。处处都在摧毁人们熟悉的模式，但没有新的整合模式取而代之。现代社会崇尚特殊化。工业过程是建立在个体功能精细化的基础之上的。大多数人的日常生活注重具体的东西，而我们问题的复杂性却表明当下需要的是一些一般性原则。个体的日常生活和他的道德、心理需要脱节……

对个人的敬畏感往往遭到大规模现代生活的威胁。我们的年轻人以为行政机构在高效运行。但是这种表面看起来自动化的运作显然对个体的需要、创造性及其关心的问题造成了挤压。它们满足了效率上的需求，但没有解决个人忠诚方面的需求……真正的问题就是，在一个似乎阻碍个体发展的环境下，如何赋予生活意义。

问题的答案不是给现代病开出的良方：发展和就业。正如基辛格所言，“当代的不安，尤其是年青一代的不安”，一定程度上是在“反抗生活的空虚，因为空虚的生活只知道‘实际’问题和物质利益，缺乏更深层次的目标……当代人的焦虑至少证明，人不能仅靠经济而活；人除了物质上的幸福，还需要生活的质量和目标”。这位理想主义者非常鄙视愿意支持河内和哈瓦那的年轻人的那种假理想主义，几乎也同样鄙视同辈物质主义者落于俗套的权宜之计。

2

然而，对很多美国人来说，时至今日，1968年发生的一件最糟糕的事跟上面这些事毫无关系。那就是理查德·米尔豪斯·尼克松当选美国总统。

有人把尼克松的崛起妖魔化了，他们认为基辛格在其中发挥了独特而重要的作用。一开始是记者西摩·赫什，后来有不少人接二连三地撰文声称，基辛格使用阴谋诡计，将5月开始的巴黎美越正式和平谈判的秘密和重要情报泄露出去，以帮助尼克松赢得1968年总统选举。据赫什称，洛克菲勒第三次竞选共和党总统候选人提名失败后，基辛格主动请缨为尼克松的总统竞选活动效力。据赫什说，1968年9月10日，基辛格打电话给尼克松的一名外交政策顾问理查德·艾伦，说他“有办法联系”参加越南和谈的政府部门的朋友①。然后他向尼克松“传递情报”，背叛了丹尼尔·戴维森和约翰·内格罗蓬特等和他一起参与越南和谈的人员。实际上，9月17日，他前往巴黎就是要尽可能多地了解谈判情况。基辛格很清楚自己在泄露机密，所以向艾伦传递情报时打

① 艾伦后来说基辛格“主动通过一名他之前的学生向我们传递他在巴黎和谈过程中得到的信息”。而人们并不清楚那是谁。

的是投币电话，有时还说德语。为掩盖行踪，他同时给以前哈佛大学的同事兹比格涅夫·布热津斯基（他以前在腊斯克领导的政策规划办公室干过，现在是汉弗莱总统竞选班子的成员）提供洛克菲勒手上能证明尼克松有罪的“该死的文件”，他对布热津斯基说：“你瞧，这么多年我一直都特别讨厌尼克松。”

报道说，基辛格是上了双保险：无论是尼克松当选，还是民主党总统候选人、副总统汉弗莱当选，他都有指望当上国家安全顾问，因为他也曾为汉弗莱效力。其实，也正因如此，基辛格才给戴维森安排了一份白宫的工作。不过，他帮尼克松帮得更多。9月26日，他对艾伦说：“越南问题马上就有大动作了。”几天后他又说：“很有可能约翰逊会在10月中旬前后下令停止轰炸。”10月12日，他报告说“很有可能政府会在10月23日前采取行动”，而且还“不能仅看表面”。10月31日，就在约翰逊下令停止轰炸越南民主共和国前12小时，基辛格对艾伦说，他有“重要情报”，即哈里曼和他的副手、国防部前副部长赛勒斯·万斯“开了香槟”，庆祝与河内做成了一笔交易。据我们所知，这一情报对尼克松简直太重要了，因为尼克松听过H. R.“鲍勃”·霍尔德曼（他后来的参谋长）和约翰·米切尔（未来的司法部部长）的情况汇报。尼克松知恩图报，于是任命基辛格为国家安全顾问。

赫什的说法已经成为经典。沃尔特·艾萨克森说得比较委婉，但依然认定基辛格“通风报信讨好”尼克松。克里斯托弗·希钦斯说得更离谱，说基辛格是“现任政府的告密者”，尼克松再把他给的情报通报给越南共和国政府，由此“破坏了巴黎和平谈判”。尼克松所谓的欺骗有两方面，一是基辛格泄密，一是陈香梅在尼克松和越南共和国驻法国大使裴艳之间充当信使。最近，尼克松阴谋里基辛格是同谋的说法又有了新证据，举证人是肯·休斯。

很显然，尼克松急于知道巴黎谈判的进展。比较有争议的是克拉克·克利福德的说法。他说："尼克松的竞选活动对国家安全事务构成严重的甚至有可能是非法的干扰。"然而，有一种看法牢不可破，尼克松"通过在政治中打和平牌而赢得了1968年竞选"。一项对该年度竞选所做的研究表明，"共和党行动推迟了1968年的扩大谈判，有助于阻止民主党获胜，而如果民主党获胜，1969年就会出现和解"。安东尼·萨默斯称，鼓动越南共和国总统阮文绍相信跟尼克松政府做交易更划算的是尼克松，实际上恳请阮文绍抵制和谈的也是尼克松。

下文将看到，有一点很值得怀疑：如果尼克松重新信仰贵格会，失去获胜意志，取消最后两个月的竞选活动，阮文绍总统就会采取不一样的行动。而且，还有一点也似乎同样令人生疑：即便阮文绍决定不抵制1968年和谈，即便休伯特·汉弗莱当选总统，越南民主共和国同样会妥协，接受和解。目前来看，倒是赫什-希钦斯的说法需要我们审视一番。

基辛格密谋向尼克松泄密的说法有两个明显漏洞。首先，像基辛格以前的同事斯坦利·霍夫曼这样富有同情心的评论员也不忍忽视一点，赫什根本"不能证明是基辛格先生把巴黎和谈的秘密透露给尼克松阵营的人"。威廉·邦迪（他到20世纪90年代已不再是基辛格的朋友了）同样怀疑基辛格在9月18日到20日访问巴黎期间会得到"内部情报"。下文会谈到，没有任何文件证据证明基辛格设法弄到了巴黎和谈的机密情报，当时这种情报都会自由披露给媒体。

下面我们再谈赫什-希钦斯说法的第二个漏洞。这种说法几乎完全依据事情过去一段时间以后一些人的访谈或言论，而这些人显然是想把基辛格说成坏人。比如说丹尼尔·戴维森，1968年基辛格的确请戴维森到政府部门任职，但此人没有被任命为国家安全委员会成员；

后来戴维森到华尔街当了一名律师，事业上小有所成，不过任职政府部门的希望就彻底破灭了。这件事的关键证人理查德·艾伦后来接受赫什采访，更不可能说基辛格的好话。那是2002年，赫什对艾伦做了一次比较长的访谈，访谈中艾伦声称，“我推荐任命基辛格为国家安全顾问，因为我对这份工作没有任何企图，尽管有人常说我有企图……我丝毫没有这种想法。我想回帕洛阿尔托”，他是位于该市的胡佛研究所的研究员。也许是这么回事吧，不过尼克松任命他为副国家安全顾问，他也接受了，但有个条件：由总统任命，不是由基辛格任命。这种安排他不是很乐意。

> 马上……我感到自己几乎到处受挫。我的备忘录明明是写给总统的，但亨利在安排国家安全委员会的工作时要求任何人都不能写材料给总统，别人写的备忘录却落的是他的名字……后来，亨利又安排一帮人到国家安全委员会来工作，这帮人说好听点儿是尼克松的批评者，说得不好听都是尼克松的仇人，叫人百思不得其解。所以我到了国家安全委员会，成了这里的二号人物，生活在敌意的海洋里。

艾伦的工作是充当“倾听者”，接待希望游说总统的底层人士，但他的报告“从未送达”总统那里，都被基辛格“拦截”了。他在政府里干了不到一年，1969年12月，因为在美军秘密基地问题上和同事产生严重分歧而离职了。

艾伦后来投靠罗纳德·里根，他很喜欢里根处理冷战的方法——“打赢”而不是“打完”。艾伦是两党制的当前危险委员会创始人之一，不论是对基辛格这个人还是基辛格继续推行缓和的做法他都竭力批评。(“基辛格对世界上大部分国家一无所知。他了解梅特涅和卡斯尔雷，也了解越南，但了解得不多。”）1981年，艾伦被里根任命为国家安全顾问，算是报仇雪恨了。然而，第二年他就被迫辞职：有人指控他拿了一名日本记者的钱，安排这名记者采访第一夫人。约翰·F. 莱曼也是两朝重臣，为尼克松和里根都效过力。他是国家安全委员会的一名工作人员，对基辛格与艾伦的龙虎之争看得分外明白。他后来回忆基辛格是这么排挤这位多余的副手的：把艾伦安排到行政办公大楼的一间偌大的办公室里，远离西翼国家安全委员会的主要办公室，然后把亚历山大·黑格安排进来做他手下实际上的二号人物。基辛格打赢了官场之战，却与艾伦终生结怨。

赫什–希钦斯公案的第二大证人是尼克松本人。两位作者从业生涯中的大部分时间都在谴责尼克松是骗子，然而两人在这个问题上都认为尼克松是可靠的权威，经常引用他的话。关键的文本是尼克松备忘录[①]。尼克松谈到1968年事件时，实际上承认“力劝”他让基辛格当外交政策顾问的是洛克菲勒，不是基辛格自己。他还写道，基辛格“在竞选中给我们提建议时谨小慎微。如果他的确了解谈判内情，也没有向我们透露”。不错，基辛格费尽周折“保守自己的秘密”，这一点尼克松很佩服。不过，这也不难理解，毕竟世界上权力最大的职位还不知道花落谁家，何况，基辛格还多次批评过这个自己做顾问来服务的人。这个时候两边都疑神疑鬼。尼克松问自己一个体现他狡猾个性的问题：“如果约翰逊的人知道基辛格向我通风报信，因而告诉他一些

① 有一点不得不提，这份备忘录发表之后引发了广泛抗议，主要来自抵制尼克松备忘录的委员会（口号：“别买克鲁克斯的书”）。约翰·加尔布雷斯的判断也是相似的。“尼克松是卑鄙的这种看法已经被大众接受。但是，因为……这本书确信，他是会一直很卑鄙的，而他要么会自认是个道德操守极高的人，要么在最低层面上，相信他能说服所有听众……尼克松深信，美国联邦调查局、美国国税局和其他联邦机构滥用权力是可以接受的众多职权失职中的一种。”出自《昔日的美好时光》，载《纽约书评》，1978年6月29日。

虚假消息，怎么办？”他还表明他和他的竞选小组设法多方探听巴黎和谈情报，其中包括联系参议院共和党少数派领袖埃弗雷特·德克森、迪安·腊斯克、安德鲁·古德帕斯特将军以及10月20日找到“约翰逊核心领导层的某个人”（显然不是基辛格）。此人非常准确地报告，总统计划在电视黄金时段宣布和河内达成协议，“帮助休伯特·汉弗莱顺利参加竞选”。

其实，巴黎发生的事毫无秘密可言。基辛格走的是奥布拉克和马尔科维奇这条暗线，而1968年巴黎和谈是公开进行的，媒体云集，名副其实。尼克松回忆，到10月中旬，“盛传巴黎要出大事”。依然秘而未宣的是华盛顿、河内和西贡三方各自的决策进程，这方面的消息基辛格知道的也不比一般记者多。尼克松回忆录明确表示，约翰逊10月31日要发表停止轰炸公告的关键密报也不是基辛格提供的，而是政府的一个内奸提供的。基辛格也根本没有怂恿越南共和国政府做出被邀时不参加谈判的决定。尼克松的讲述给人一个突出的印象，基辛格不止一次“警告尼克松，不要发表任何在谈判中可能留下话柄的声明，我对谈判可一无所知”。由此可知，基辛格不过是帮助本党派的总统候选人使其免遭不测，下文将说明，基辛格有充分理由担心约翰逊会攻其不备。或许尼克松的话根本不可信，但是赫什和希钦斯希望我们相信，两人显然没有意识到尼克松的说法跟他们对基辛格的主要指控是矛盾的。

如果说指控基辛格不是好人的证据既不可靠又子虚乌有，那么这项指控本身的逻辑也有问题。如果基辛格真的很急于在1968年大选后在政府谋一份差事，那么他把越南谈判的敏感信息泄露给理查德·尼克松（谁也不能保证他必胜）就一定能心想事成吗？另一条更明显的路当然是从一开始就支持共和党呼声最高的候选人，设法打造自己熟悉外交政策、能力强、值得信赖的声名。毕竟这些才是总统希望国家安全顾问具备的素质。不错，他渴望找份政府部门的差事，20世纪60年代为此白费了大量时间。不错，哈佛大学已经沦为喧闹之地，他完全有理由出走。而且这样也不错，他深以为自己最有资格接替沃尔特·罗斯托，成为下任国家安全顾问。但是他从不采取理智的方法谋求这一职位。事实上，1968年年初他对自己的职业前景表现得非常淡漠，居然再次担任纳尔逊·洛克菲勒的外交政策顾问，要知道洛克菲勒已经两战两败，哪里还有可能阻止尼克松获得共和党总统候选人提名呢？

3

洛克菲勒喜欢“转租”他的顾问。初步决定不参加1968年总统竞选以后，他让基辛格和竞选小组成员去帮最有希望打败尼克松的人。这个人就是乔治·罗姆尼，在所有共和党州长中洛克菲勒最喜欢的就是他。据罗姆尼在密歇根州的一位生意合伙人比尔·塞德曼回忆，基辛格被洛克菲勒派去给罗姆尼介绍越南问题，因为这位共和党公认的候选人对此有疑问。这并没有丝毫作用。1967年8月底，罗姆尼接受底特律一家电台访谈表示，他1965年11月访问越南时，“美国军方发言人给他做了一次最彻底的洗脑”。这句话可能不无道理，也正因如此他在竞选时遭到重创。罗姆尼并未知难而退，但他的支持率从此一蹶不振。

任何真正有志参加1968年总统竞选的人显然必须对越南问题有自己的看法，这种看法还必须跟4年前有所不同。尽管洛克菲勒嘴上说不参加竞选，但显然也已经在确定自己的立场。罗姆尼的自贬式的访谈节目播出9天后，基辛格为洛克菲勒起草了一份模拟访谈稿，期待“洛克菲勒呼吁采取对越新政策”。尽管这档节目从未播出，但这份文件对约翰逊政府政策挑战的幅度之大可谓非同凡响。基辛格建议洛克菲勒这样说，问题在于：

> 在一个最终看政治和心理因素的环境里，我们却运用常规作战方法。越南问题不可能通过采取任何单纯的军事方法解决。普通越南农民的不安心理首先是游击队造成的。“搜索并歼灭”行动成本太高，美国兵从一个地方跑到另一个地方，也不留下来保护当地居民，保障他们的安全。应该替换成“清除并守住”行动，设法给那部分我们军队可以保护的人口尽可能长久的安全感。

在这样一个国家，只提供经济援助也不够，因为“它缺乏政治合法性观念，即在合法程序和有效行政基础上接受政府职权”。在这种环境下，“在经济发展的同时若不建立政治机构”只会“乱上加乱”。怎么办？单边撤军显然“不可思议”，但要美国大获全胜也似乎“无法实现”：“因此，我们的道路就在两极之间——有限地使用武力，妥协式地解决问题。”基辛格写道：“很难相信同样的军事用药再多一点儿就能奇迹般地药到病除，因为这两年军事打击规模一直在升级，却不见形势好转。”他的结论是：

> 美国应该专门轰炸通往越南共和国的道路，明确表示如果河内限制其渗透活动，我们就减少轰炸……
>
> 除了轰炸，设法采取其他途径削减越南民主共和国供给……
>
> 高度重视在农村发展政治稳定概念并予以实施……
>
> 全力争取以谈判方式实现和平……详细阐述我们在……越南共和国的未来状态，以及美国在越南共和国的驻军、民族解放阵线的作用等问题上到底要达到何种目的。

或许这份未发表的文件最突出的一点是，基辛格主张不仅对越政策有缺陷，而且政策研究和实施的方法也有问题：

> 我们指挥越战的机构根本无法胜任……遇到压力就崩溃。除了总统，没有核心部门协调不同部门的行动，但总统无暇面面俱到，只能处理重大决定。因此，各部门各行其是，缺乏统一的指导原则或计划。于是，我们想谈判，有时却被军事升级给打乱，我们的外交行动偶尔带有一种焦虑感，最终达不到效果。

因此，他提出一个关键性建议，进行制度改革，旨在建立“一个把各种行动联系起来的核心部门”。因为“我们的外交、军事和经济行动应该是一盘棋”。这盘棋应该包括对莫斯科和北京采取更聪明的政策。

4年前，基辛格劝洛克菲勒在越南问题上采取更具批判性的立场，但洛克菲勒不听。1967年他再次失败。《纽约时报》刊登一篇推测性报道，引用了基辛格拒绝被引用的话（“一个做顾问的人不应该说他帮人分析的事”），洛克菲勒马上发表声明否认他在（据《时代周刊》说）“转而采取一个比较温和的立场”。然而，这件事还没完，这不仅是罗姆尼和洛克菲勒要解决的问题，也是共和党呼声最高的候选人要解决的问题。

理查德·尼克松没有完全放弃政治去当律师。1962年竞选加州州长失败后，他虽然不再当政，却依然在写政治方面的文章，谈论政治方面的问题。实际上，1965年，基辛格还代表洛克菲勒写信感谢尼克松寄来至少三份越南问题声明（我们怀疑洛克菲勒没读过）。后来，1966年选举日，洛克菲勒在等候是否能再次连任纽约州州长的消息时，突然收到尼克松的一封非同寻常的来函，用洛克菲勒自己的话说，就是一位“真心大盟友”的来函。尼克松声称，尽管局势“迫切需要采取新的行动，约翰逊政府却没有提出一条新思路，令人深感沮丧”。

> 我想说的是我看民主党出不了新的领导人，因为第一，他们党内出现了分裂，第二，约翰逊完全不能从理想主义角度规划政策。就共和党而言，众议院和参议院那些人似乎都提不出新点子。我的建议很离谱，也许成不了气候，不过我还是感到很兴奋、很有趣：如果我们俩能像过去那样坐下来，在外交领域提供一些急需的领导力该多好！

尼克松写这封信的动机暂且不论，后来两人并没有见面。但是，尼克松居然有这种想法，这说明约翰逊外交政策方面的失误为共和党重新布局创造了机遇。

从表面上看，洛克菲勒和尼克松还是竞争对手。1967年11月底，基辛格重新进入工作状态，因为洛克菲勒准备再次挑战尼克松，冲击共和党候选人提名，他再次晚一步参加竞选，再次希望在共和党大会上被指定为共和党候选人。还是那些单调乏味的苦差：回复支持者和怪人的来信、阅读演讲稿、煞费苦心地安排专家在早餐和午餐时间做情况通报。专家很多，包括伯纳德·布罗迪、麦乔治·邦迪、斯坦利·霍夫曼、赫尔曼·卡恩、理查德·诺伊施塔特以及年轻的约瑟夫·奈，更不要说法国左派新星弗朗索瓦·密特朗。然而，表象背后，洛克菲勒和尼克松在联手。很多时候是越南问题将两人联系到一起，其中起重要作用的（尽管不是直接作用），就是基辛格。

竞选期间，基辛格一直在逐步瓦解洛克菲勒在越南问题上的立场（即保卫越南共和国的政策原则上是正确的。实际上，批评总统是冒失的，因为只有总统才能完全掌控军事和外交事务）。一次阿瑟·施莱辛格和基辛格在世纪俱乐部吃午饭，基辛格宽慰他说，“纳尔逊的看法跟我的一样”：

> 基辛格说得非常明确，他反对战争进一步升级，怀疑政府对谈判的态度。这年冬天他无意中深陷河内和平计划，为此和约翰逊见过几面；经过接触，基辛格深信林登·约翰逊对谈判的抵制已近乎某种疯狂的程度。亨利认为，谁当总统都比约翰逊强。

后来施莱辛格应邀与洛克菲勒面谈，证实了这一点，感到很开心。“尽管纳尔逊没有表明对越南问题的立场……对话大多时候都在回避这个话题，但这次谈话有一点心照不宣，那就是他跟我和亨利都认为，当前的政策和约翰逊政府的幻想都是徒劳”。

此前两个月还举行过一次更重要的会议。1967年12月10日，克莱尔·布思·卢斯决定安排基辛格和尼克松见面，邀请他们到第五大道933号自己雅致的寓所参加圣诞节前的鸡尾酒会。（她后来回忆）基辛格到的比较早，“又不大会聊天，当时的‘客观环境’（这是基辛格常用的一个字眼）表明他想赶紧脱身”。他正要走，尼克松来了。他们谈了“不到5分钟”，没谈政治，谈的是基辛格的著述，尤其是《核武器与对外政策》（前文提到，该书出版时尼克松读过，很欣赏）。这是1968年12月25日前两人唯一一次见面。至于两人是否也谈到尼克松的著述，特别是他刚刚在《外交事务》上发表的那篇文章，没有记录。基辛格没有读过这篇文章，或者不理解文章的意义是不可想象的。

《越战之后的亚洲》发表于1967年10月，读过的人不少，引用的人更多，他们认为文章预示着1971年到1972年尼克松和基辛格要对中国开放。文章的内容远远不止于此。实际上，尼克松的主要观点是中国对亚洲其他国家是一种重大“威胁”，越战之后，美国单凭一己之力无法控制这一威胁。尼克松写道：“本世纪最后的30多年，造成最大的对峙威胁、可能引发第三次世界大战的是亚洲，不是欧洲或拉丁美洲。”“美国对越南问题的承诺是印尼转变的关键因素……也让北京无暇顾及其他潜在目标，例如印度、泰国和马来西亚。”据尼克松所说，他打的比方不是很恰当，“跟中国打交道，就像设法处理我国更具爆发性的少数族群问题一样。两种情况下都要遏制一种潜在的破坏性力量，两种情况下都要对非法因素进行抑制，两种情况下都要启用对话通道，两种情况下都要制止进攻，同时开展教育”。不错，尼克松写过这些名言，“我们绝不能将中国永远遗弃在世界大家庭之外，让它心存幻想，心怀仇恨，威胁邻国。地球很小，中国这10亿可能大有作为的人民绝不能生活在愤怒与孤独之中”。不错，他谈到“莫斯科、北京和西方这三股力量争夺在第三世界的势力”。但尼克松的建议不是和中国建立外交关系。美国不应该“急于认可中国，承认中国在联合国的合法地位，给中国提供贸易优惠”，而是要“说服中国必须改变”，在中国发展道路上……安置其他一些国家，并做它们强大的后盾。这就意味着逐步建设亚太理事会，亚太理事会现已包括澳大利亚、日本、马来西亚、新西兰、菲律宾、韩国、泰国和中国台湾地区，当然还有越南共和国和老挝。除了马来西亚，其余国家及地区都和美国建立了军事关系。

亚太理事会沉没了，沉没得无影无踪。但在一个重大问题上，尼克松的观点很高明、很敏锐。如他所言，日本、新加坡、韩国、中国香港和中国台湾等国家及地区的经济高速发展，反映了“西方胜利的新篇章”，“……关于西方技术、西方组织的承诺在东方兑现了”。亚洲这些迅速实现工业化的国家和地区实际上“发现、运用了美国经济成功的经验”。美国最终越战失败其实并不很紧要，其关键原因也就在这里（尽管尼克松并未说明原因何在）。共产党在中国、朝鲜和越南民主共和国建立起了政权，越南共和国、柬埔寨和老挝的局势尚不明朗，但其他地方已经不再是共产党的地盘。不仅如此，资本主义在后来被称为“亚洲四小龙”的国家和地区不断发展，盛况空前，因为有了西方科技，东方的职场传统如虎添翼，于是经济出现了前所未有的高速发展。基辛格虽然很固执，反对唯物论，但也不能无视尼克松引用的统计数据。经济快速增长也许不能带来精神上的满足，尤其是对青少年而言，但是他们的父母记得1945年整个地区是多么悲惨和贫困，在他们眼里，经济发展比生活贫困要好得多。尼克松是对的：这可是亚洲方面的一个天大的好消息，美国执着于越南问题，结果对此竟视而不见。

然而，基辛格和尼克松能走到一起有两个原因，重新思考美国对亚洲的政策只是其中之一，可以说这个原因不是那么重要。另一个原因是，两人都认为约翰逊政府在东南亚一败涂地，不过是反映了一个更深刻的问题：外交政策制定机器一贯处于出故障的状态。1968年，正是在这个问题上，而不是在貌似陷入僵局的巴黎谈判上，基辛格投入了更多的时间和精力。这个问题在他1965年访问越南之前听汇报时就初步显现了，后来越来越明显。华盛顿主要部门和机构间交流不畅的问题也发生在越南共和国的政治中。还有一次，约翰逊政府日薄西山时，基辛格参加了一个有关国家安全问题的会议，会场一片混乱，极为恐怖。1968年1月，基辛格为洛克菲勒撰写了一份非常棒的文件，试图从技术专家的角度说明问题。他认为，存在两个基本问题：“一是政府机器接收、吸收或提取有关数据的能力，二是将可用信息与当前问题、更重要的是与长远规划联系起来的能力。”信息超载是一个比较新的问题：“以前政府大多苦于信息不足。”

> 美国政府现在不堪重负……高层决策者可用的信息太多，在

危急时刻简直难以应付。至于规划，理论上是要严格按信息办事，实际上高层决策者是以行动为导向，缺乏相关标准，根本管不了那么多……我们国家决策中的一个主要问题是，如何不等危机出现并剥夺考虑的空间，就先让决策者自然而然地接触我们最关心的问题。

基辛格确定了三方面的需要。第一，他认为，“如果高层决策者能不断听取汇报，了解哪些是可能的动荡地区，就能在整体概念框架内应对危机局势。现在用于决定我们处境的时间就可用来决定我们希望的目的地。这么办我们就能避免同时遭遇许多危机。目标可以影响技术，但不能让技术影响目标”。第二，“这个系统……应该可以显示潜在的动荡地区有哪些，即便它们的问题没有迫在眉睫。另外一个几乎和搜集信息、监控问题地区同等重要的问题是，能够‘实时’，即在实际可能的时间内向高层决策者汇报，汇报的方式要便于他们吸收信息”。第三，决策者“应能得到一系列的行动选择……简要说明针对可预见的情况能采用哪些主要办法，并且评估每种办法可能引起什么样的国内外后果”。基辛格指出，要满足这些需要就必须在编程、储存、提取和图表方面加大投入。所幸实现这四种功能的“硬件技术”现在都有了。

我们现在可以在一条2 400英尺的磁带上储存美国每个人的好几百条信息……第三代计算机现在只要几纳秒（一纳秒等于10亿分之一秒）就能完成基本的计算……实验时间共享系统现已表明巨型数字计算机的多重存储能力很强，可以在位于世界各地的执行站和运营站进行信息输入和输出处理……要不了多久，彩色阴极射线管显示器就能用于计算机输出。

现代读者自然会佩服基辛格这么具有先见之明，佩服他这么早就对用磁带存储数据感兴趣。但他更关心的是数据分析，不是数据存储。当时缺少的是一种概念框架，有了这种概念框架，他建议的信息提取系统和显示系统就能真正用上了。哪些与高层外交政策决定相关的信息能真的输入？所有信息系统的“核心原则”，即无用输入和无用输出原则，怎样才能执行？显然，需要进行试验性研究。（他建议拿柏林、塞浦路斯和海地做试验。）不过，很难想象这种做法不会改进“个人记忆、立场文件档案、临时小组讨论等的现行体系”。

20世纪60年代毕竟不仅是嬉皮士的年代，也是计算机处理能力勃兴的年代。4年前，国际商业机器公司（以下简称“IBM”）首推System/360，首次将多台兼容计算机联网。IBM公司纽约总部的计算机已经能够处理美国航空公司的订票业务和“阿波罗计划”的前身、美国国家航空航天局“双子星座”计划的“SABRE”系统。到1968年，IBM System/4Pi已经是B–52轰炸机上的标配，其动态随机存取存储器芯片能大大提高程序设计能力。也许你感到很奇怪：通过博士论文“恢复了”一个被遗忘的手书外交公文世界的基辛格竟然这么早就提倡外交政策计算机化。但是他的观点恰恰是官僚机构、打字机和电报三管齐下造成的信息流通过剩，反倒扼杀了梅特涅那种战略思维。

当然，基辛格没那么天真，不会真以为信息技术可以解决美国政府所有的问题。1968年春，基辛格首次在加利福尼亚大学洛杉矶分校的一次研讨会上提交一篇论文，题目是“官僚机构与政策制定”，描述了一个补充性观点，认为必须转化决策的体制性结构。他在文章开头说道，“不存在美国外交政策这个东西”，只存在“产生了某个结果的一系列行动”，“可能原本没计划生产”这个结果，有了这个结果之后，国内外的研究所和情报机构就设法证明它的合理性和连贯性……其实它根本没有这个性、那个性的。政府部门中“依然保有思考能力的最高层”，“是官僚体制的中层，即助理国务卿和他身边的顾问……再往上，日常的行政机器运作消耗了人们大部分的精力”。基辛格认为，官僚体制是美国政府最主要的体制，比任何总统或国务卿都强大得多。这个问题以前也有人说过（尤其是阿瑟·施莱辛格），但有几点是基辛格的首创。第一，“决定只有作为一个行政问题出现的时候才会得以形成”。因此，“我看不存在越南政策这回事，只存在涉及越南的各个机构的一系列项目。情况可能是这样，这些项目是否协调，就看实施机构之间是否有矛盾”。有两个对立机构，一边一个，系统才能运行；如果是一个很专注的、没有对手的小组织做，就做不好。第二，不可能存在规划，因为谁都没时间规划。（“规划需要猜想未来和假设的情况。他们整日忙于现实，不愿意考虑理论问题。”）第三，决策者苦于一种“先天性的不安全感”，因为他们不具备手下顾问的专业知识。因此，他们要在“寻求行政共识”中求得保护。通常是那些具有表演天赋的情报通报官怎么说，他们就怎么做。为了避免上当受骗，有些决策者会把关键问题拿出来在小组中决定，或聘请外面的专家讨论决定。然而，谈到外交政策，始终有一种诱惑是不做决定，只等谈判开始后看“对方提什么条件”。

> 因此，在外交行动初期，我方立场非常强硬、坚定，不过一旦指定了谈判者，情况很快就变了，因为谈判者会充当对方的发言人。他不用担心整个局面。他担心的是谈判成功与否，只要认真考虑对方要说的话，谈判就会成功。

前文说过，基辛格在这方面有些亲身体验。然而，对此他断言，“如果你没有目标，只是看什么可以协商，你其实是在鼓励对方采取非常极端的立场”。因此，他认为，“新总统上任，如果希望改变某些领域的现状，在开始的4个月就必须动手。他…… 必须下相当大的力气整治官僚机构，表示他希望向新方向发展，他必须相当冷酷地表明自己会说到做到”。基辛格明确表示，新总统应该下大力气整治国务院。

基辛格最有说服力的一点是专门探讨艾森豪威尔高度程式化地使用国家安全委员会有何得失，把艾森豪威尔和肯尼迪、约翰逊进行对比，肯尼迪是想用一种充满活力和重要智识性的活动取代国家安全委员会，而约翰逊的模式既有“肯尼迪那种混乱且缺少智力兴奋的感觉，又有某种附加的对总统的恐惧感”——更不用说约翰逊自身“强迫性的隐秘”。诚然，艾森豪威尔领导的体制制定的政策也（或听起来）不过是“老生常谈”，但那也还是比1968年的强。基辛格建议，理想的体制是“一个由麦乔治·邦迪那种素质的人组成的国家安全委员会”或者“是类似于麦克纳马拉在国防部做的那样，即要设立某种判断成败的标准”。

最后一点，基辛格认为越战表明判断国家利益的标准有问题，因为“大多数传统的均势标准根本用不上”。

> 所有均势思想都与领土控制有关。你可以根据哪个国家改变了它效忠的对象来判断是否存在平衡。我们生活在一个奇怪的时期，领土控制也许不是那么重要。我们有充分理由抵制所谓的侵略。撇开我一直不认可的认为越战是中国煽动的这个判断是对还是错，我们还是可以认为，无论中共在越南得到多少领土，或者在东南亚得到多少领土，在实力增强方面，都无法与它得到核武器对世界形势造成的影响相比。我们判断一些问题时有标准，判断另一些时却没有标准。

不幸的是，最不可能做出这种判断的人会成为总统候选人，因为“当前管理社会最典型的政治领导人有坚强的意志、很强的能力，足以当选总统，但一旦上任却对他将要做的事却没有伟大的设想”。因此出现一种“怪现象”，即“有些人决定首先竞选高官，然后四处争夺一些知识分子来告诉自己应该持什么立场”——这种现象基辛格再熟悉不过了。

正是在这个时间前后，哈佛大学采取了一项新的重大举措，在新建的政治研究所成立了1968—1969总统过渡期研究小组。小组成员有法学院的菲利普·E. 阿里达[①]、基辛格、艾泰克防务公司的弗兰克·林赛，以及曾因出版一部研究美国1917年前孤立主义的书而获奖的历史学家欧内斯特·梅。小组的运作模式是邀请专家到哈佛大学做讲座，并向他们请教相关问题。1968年春季学期做讲座的有安德鲁·古德帕斯特将军（艾森豪威尔的国家安全委员会之所以运转得好，很多人都说是他的功劳）、麦乔治·邦迪、李奇微将军和亨利·卡伯特·洛奇，秋季学期是劳里斯·诺斯塔德将军、亚当·亚尔莫林斯基和理查德·诺伊施塔特。尽管基辛格春末因忙于洛克菲勒的竞选活动而“退出”了，“后来还是加入我们讲座嘉宾行列”，林赛对一个人这么解释。1968年所有研究小组的报告都送到一个人手上，此人与基辛格于20年前在赫脱委员会共事时就认识。这个人就是理查德·尼克松。

4

剖析林登·约翰逊总统的为官之道，能很好地说明基辛格及其同

① 阿里达曾是艾森豪威尔第二个任期内的白宫特别顾问助理。

事有关美国从政之道的言论全都是错的。这一点至关重要，原因有二。首先，有助于识别尼克松选基辛格当国家安全顾问的真实动机。其次，说明在1968年要快速简单地结束越战没有丝毫可能性。

要阐明赫什–希钦斯指责基辛格案的历史意义（两位作者对尼克松的指责也是如此），必须要说明：（1）1968年越南和谈的可能性比1967年高得多；（2）如果不是基辛格和尼克松采取了行动，越南和谈就大功告成了。表面上看，1968年越南和谈成功在望。越南民主共和国新年攻势没能一举获胜，越南民主共和国政府同意到巴黎开展和谈。不过有三个问题。其一，即便是去巴黎谈判，越南民主共和国也没放弃大获全胜的希望。他们甚至一边谈判一边继续打仗，事实上他们把和谈视为跟美国打心理战的新阵线。其二，约翰逊政府也并未彻底改变做法。一会儿强硬派抛出这个说法，一会儿温和派又丢出那个说法，弄得约翰逊摇摆不定，他还是很希望停止轰炸后越南民主共和国有所回报，他们故意拖延，约翰逊就恨不得“把他们脑袋炸开花”。其三，也是最重要的一点，越南共和国一旦发现美国出卖他们，便有充分理由破坏和谈。说他们完全依赖尼克松找到这种出卖的证据（在这个方面尼克松完全依赖基辛格）无疑是不可信的。西贡政权岌岌可危。裴艳在巴黎的工作就是想方设法从各种渠道了解事情的进展，那里的渠道比通过尼克松竞选活动打探消息好得多。纵然裴艳一无所获，也依然很容易猜测会出什么事。尼克松对于西贡最大的意义，不是他能提供什么情报，而是他将当上美国总统。只要他有希望打败汉弗莱，越南共和国就无需急急忙忙去谈判，因为很显然，他对越南民主共和国会比约翰逊出手更狠。如果汉弗莱获胜，越南共和国的前景便没那么光明，但也不会明显比约翰逊当总统时黯淡多少。

约翰逊没有和谈成功不是尼克松的原因，他是自食其果，因为他没能动摇越南民主共和国政权的决心。基辛格在那篇讲官僚机构的文章中说过，麦克纳马拉这个“神童中的神童”失手了。他充分意识到委托别人做一项大型的、涉及47卷的国防部内部文件的“越战背景”研究是一个多么大的失误：那些文件后来被丹尼尔·艾尔斯伯格泄露给《纽约时报》，就是著名的“五角大楼文件”。该研究完成之前，麦克纳马拉就深信该适时停止增加美国作战部队，该停止轰炸，该提高越南共和国参与军事行动的比重，因而也就加大了其伤亡比重。他这个国防部部长没当好，关键在于他没能说服任何其他要人：参谋长联席会议成员一致和他作对，不听他的；总统也不听他的。尽管约翰逊让腊斯克把麦克纳马拉的建议传给他的6个心腹顾问看，但约翰逊连一个字的回复都没有给，更别说转达那些消极的评论了。总统认为，这个阶段停止轰炸，或者是规定美国部队的上限，会“在河内、在国内被理解为意志软弱的标志”。他还不由分说地宣布麦克纳马拉将出任世界银行行长，还是一贯地含糊其辞，也不说具体时间。

越战期间美方出现过无数次的情报工作失误，美军惊讶于越南民主共和国发动新年攻势就是其中之一。但是也存在战略失误，表现之一是威斯特摩兰将军和惠勒将军要求增兵206 000人。他们占了国防部部长的上风，现在又来占总统的上风，如果总统不肯增兵，那就是总统的责任，战争输了与他们无关。约翰逊现在似乎身陷绝境。有一点必须强调，大学校园里胡作非为的嬉皮士和雅皮士根本代表不了美国普通民众：这个时代美国能上大学的人数只略高于全国人口的3%。1968年3月，也就是越南民主共和国发起新年攻势之后，洛克菲勒找人做了一项调查，去调查任何美国政治家要放弃越南共和国的困难程度。接受调查的人中只有24%赞成“放弃勉强打胜仗，近期开始逐步从越南撤军”。近乎相同比例的人（25%）支持“逐步扩大和加强我们的军事行动”，而28%的人“支持全力猛攻，希望快速打赢越战，即便中国和苏联有可能参战也在所不惜”。共和党似乎比民主党强硬，不过49%的民主党人依然支持两种升级方案。令人震惊的是，20多岁的人中有59%支持战争升级。大部分接受调查的人说，跟一年前相比现在更趋向于战争升级。只有非裔美国人强烈支持和谈，足足有45%的人支持完全“撤出”。但是关键的还是民意测验最后的几个问题。“从美国开始在越南打仗直到现在的情况来看，你认为美国出兵越南是错误的吗？”将近一半的人回答：是的。近乎3/4的人说希望战争结束，但不是要美国争出输赢，而是以“妥协和谈”的方式。参与洛克菲勒这项民意调查的工作人员正确推测，大多数接受调查的人支持战争升级，“不是因为全国上下杀气腾腾，而是因为升级是尽快结束战争的一种方式”。然而，有一个方案约翰逊和他的顾问们已不再相信，那就是威斯特摩兰将军请求的那种进一步升级。

基辛格对洛克菲勒的建议依然如故：明确表示一种新的得民心的立场。他预测，新年攻势加大了“7月以前”实行和谈的可能性，因为越共攻势受挫，伤亡惨重。河内将从谈判中受益，“尤其是和谈同时出现停火，甚或敌对行动减少”，因此和谈之后，西贡政府很难重新占领农村。洛克菲勒应该借机“单边做出战略上的某些改变”，向选民解释他会怎样“通过谈判解决越战问题”，从而“逐步体面地结束战争”。然而洛克菲勒还是犹犹豫豫。3月19日，《时代周刊》报道他的顾问们在越战问题上“分歧很大”，加文和贾维茨支持“适度的温和派”立场，不同于尼克松，也有别于罗伯特·肯尼迪。与此同时，尼克松即将采取基辛格建议的那种行动。

尼克松无须行动。约翰逊已经决定采取上一年说过的那种过激行动。不顺心的事接二连三。其一，是新任国防部部长克拉克·克利福德递交的报告拒绝军队再次增兵的要求。其二，欧洲银行将储备的美元兑换成黄金，引发大众抢购。其三，威斯特摩兰将军警告越共马上会对平民再次发起攻势。总统显然不胜其烦，上电视发表讲话，公布三件事：在北纬20度以北地区停止轰炸，诱使河内开始和谈；任命埃夫里尔·哈里曼为代表，尽快开展谈判；他本人退出总统竞选。

这个决定谁也想不通。在越南民主共和国看来，这再次证明“美国一定碰到了巨大困难”，这种想法让他们在新年攻势失败后得到了些许慰藉。决定同意初步会谈很简单。黎笋认为约翰逊提出退选，如果断然拒绝和谈，有损河内在国际上的形象，但无须在和谈上下大力气；他们可以像以前一样，主张在美国无条件停止一切轰炸之后再开始和谈。由于这时已启动代号为“基利”的另一项秘密行动，请意大利做调解人，所以这次主要是将已经秘密进行的活动公之于众。越南共和国领导人阮文绍、阮高祺非常害怕形势急转直下，美国很快撤军。如果他们知道美方计划向越南民主共和国谈判代表提出多少难以接受的条件，恐怕就会比较心安了。正如腊斯克所言，“我们希望越南民主共和国同意停火，接受越南共和国政权参加和谈，商谈美国和越南民主共和国共同撤军问题，尊重非军事化地区，停止攻打越南共和国城市，释放美国战俘，遵守1962年签署的《老挝协议》”。他后来承认，这么说“有点儿天真”。单就和谈地点达成一致就花了好几周：日内瓦、维也纳、新德里、雅加达、仰光，这些选择都被河内一一拒绝。最后，腊斯克提议巴黎。对方同意了，于是哈里曼准备坐飞机去巴黎，赛勒斯·万斯随行。不过，那些去年在巴黎努力促成和谈但最终失败的人士并没有被遗忘。哈里曼给基辛格写信道：“我要告诉你，我认为你付出的所有辛劳为我们现在可能开展的商谈奠定了坚实基础，特致深切谢意。”

选择1968年5月在巴黎进行和谈，尤其是和一个共产党政权进行和谈，可谓糟糕至极。3月，巴黎市郊已开始出现学生暴乱，事发于巴黎第十大学丑陋的混凝土校园，学校就男生能否进入女生宿舍展开了一场可笑的讨论。5月，动乱蔓延到巴黎大学，也就是市中心。5月5日晚，扔石头的学生和手挥警棍的警察在圣日耳曼德佩教堂发生冲突，街上到处可见被掀翻的小汽车和被砸烂的公共汽车。5月13日，学生和工会联合举行大罢工，巴黎似乎即将爆发真正的法国大革命。真是太不凑巧，那天正是越战和谈的头一天。巴黎大学和共和国广场到处红旗招展，河内代表团一定感到特别惬意。所幸，从首次和谈的会场——克莱贝尔大街大华酒店，驱车至主战场足足要15分钟。然而，这种氛围根本不利于和谈。法国总理乔治·蓬皮杜把当时法国的氛围与15世纪那种衰落的中世纪氛围相提并论。戴高乐将军连招呼也不打，就仓皇越过边境，逃往德国巴登-巴登，召集部下。一时间人们仿佛觉得，哈里曼和万斯飞抵巴黎之日，正是法国内战风云初起之时。

不难预测，和谈一无所获。还是老一套。越南民主共和国希望美国无条件停止轰炸。哈里曼得到授意，表示停止轰炸可以，但必须有回报。实际上是重新上演了基辛格与马文保那种没有会晤的会晤，最后是美方提出强制性的两阶段建议，双方唇枪舌剑地争论了一番。5月4日越南民主共和国发起第二轮新年攻势（持续到8月17日，然后第三轮开始，9月30日结束），双方却开始商谈减少军事行动，怎么看都滑稽可笑。如今我们知道，河内领导人根本不是真心打算和美国达成协议，实际上不过是把谈判看作“绿地毯上的战争”，不到最后战场上伤亡惨重的地步，他们不会认为美军停止轰炸是一种有价值的让步。裴艳满腹狐疑地关注着这场谈判游戏，“深信不会有什么实质性结果”。于是他忙于接受记者采访，百无聊赖，也只好跟媒体谈话。6月23日，基辛格在前往波恩途中探望了哈里曼。很奇怪，这次访问欧洲，基辛格似乎没有留下任何谈话记录，也许是遗失了或者毁了，或者也许没有什么值得记录。

华盛顿也还是老样子。约翰逊苦于和谈没有进展，又往强硬派立场上靠拢，开始考虑加强轰炸。万斯和克利福德表示反对。温和派中原来就有人希望苏联能给予某种帮助，但希望落空，这次又有人寄希望于苏联。罗斯托采取报复手段，想切断国防部和巴黎之间的电缆交通线。克利福德反戈一击，无凭无据地声称有“苗头”预示巴黎和谈有进展，对这种无耻谎言，越南民主共和国谈判者春水和何文楼理所当然地表示反对。6月26日，万斯设法与何文楼在郊区的一座安全的屋子里秘密会晤。毫无作用。7月过半，媒体抱怨和谈的公开会议“是两个人的独角戏，而不是谈话”，或者说是“两个聋人的对话”。用《新共和》记者的话说，“双方像两个做爱不成但依然有爱欲的情人一样——尽管表面上没有做出成效，也还是心照不宣地坚持下去”。与此同时，约翰逊、克利福德、罗斯托和腊斯克等人漫无目的地跑到火奴鲁鲁会见阮文绍，此行也不足以让他们认清西贡根本无意接受一个不利的条约。哈里曼老是希望约翰逊完全停止轰炸，但在白宫谁都不吃这一套，因为苏联红军的坦克正在布拉格街道上耀武扬威。8月19日，约翰逊在海外退伍军人协会的年会上咆哮道：“我们不能停止轰炸，否则他们的大屠杀只会愈演愈烈。”罗斯托敦促他考虑“轰炸柬埔寨……轰炸河内–海防，用水雷轰炸海防……对非军事化地区以北区域发起地面攻击”。

7月17日，仿佛是要给哈里曼打气，基辛格给他寄了一份自己新出的有关俾斯麦的文章。那年夏天，两人在巴黎至少吃过一顿午餐，但是因为基辛格后来很晚才写感谢信，无法得知他们吃饭是在哪一天。

8月9日，哈里曼得知尼克松赢得共和党候选人提名、基辛格准备从党派政治的旋涡中抽身，开玩笑地写道，“既往不咎，欢迎归队”。但是，除了表示下次（9月17日前后），来巴黎时再一起吃午饭，基辛格没有跟哈里曼或巴黎美国代表团的其他成员联系。即便他知道哈里曼、万斯14日和15日（那时越南民主共和国终于答应让越南共和国参加巴黎和谈）与春水和关键人物黎德寿的私密谈话，但也没有留下任何记录。这段时间，基辛格得到的美国外交官方面的唯一实质性信息是亨利·卡伯特·洛奇提供的，他还是那句老话，让越共加盟越南政府就好比“把狐狸放进鸡窝”。不过洛奇是在美国驻联邦德国大使馆给基辛格写信的。他和基辛格一样，现在都是越南和谈的局外人。

5

基辛格对巴黎和谈不感兴趣有三方面原因。第一，很明显他没有受邀参加。第二，南希·马金尼斯现已回美国。第三，从1968年4月到8月，基辛格的主要精力都花在准备洛克菲勒第三次争取共和党总统候选人提名上。

4月10日，《纽约时报》报道洛克菲勒“聘用”埃米·休斯为办公室主任，聘奥斯卡·吕布豪森、经济学家理查德·内森和基辛格负责外事。换句话说，如果罗姆尼不能坚持到底（看起来有这个可能），他就参加竞选。基辛格愤愤不平，对取笑过他的克雷默说，“我的地位完全是老样子，一个外部顾问，干多干少自己说了算”。事到如今也的确如此。《时代周刊》报道洛克菲勒将要发表一个温和的对越演讲，演讲稿由休斯起草，于是基辛格决定他要亲自起草。洛克菲勒又畏首畏尾，发表了一个城市危机方面的演讲，讲得很枯燥，休斯·莫罗称之为“自美国用原子弹轰炸广岛以来最大的一枚原子弹”。4月30日，距约翰逊总统让他“放弃腼腆姿态、做一个积极的候选人”（哪怕就是不让尼克松入主白宫）后一个星期，洛克菲勒宣布参加总统竞选，并迅速赢下马萨诸塞州的初选。第二天，他发表题为“建立一种公正的世界秩序”的演讲，一听就知道是基辛格那一套。他认为越南危机是世界普遍性危机的一部分，原因有三。一是美国的核实力和经济实力都在相对下滑，二是共产党的世界在分裂，三是大家有一种意识越来越强烈，“世界上最大的分歧不是东西分歧，而是南北分歧、贫富分歧”。在这种环境下，现在该“冷静评估”越战。军事上，美国“使用的是胜利取决于领土控制的准则”。但是敌人在越南的目标“不是攫取土地而是扰乱政府秩序”。“我们这种错误的想法导致无限度的升级和……僵局，暴力问题越来越严重”。与此同时，越南共和国的军事行动日益“美国化”。政治上也没做好：绥靖行动根本没让越南农民得到足够的安全感。“由此看来”，洛克菲勒声明，“大多数美国人民理智地得出一个结论，即不可能纯粹地用军事手段解决问题。这一点昭然若揭”。不用说，接下来的一长串建议没有什么新鲜内容或惊人之谈。不过演讲结束时用了几句花哨的话，尼克松一定认为是对自己的肯定。

至于共产党领导的中国，我们援助这个泱泱大国，鼓舞它自我孤立，但我们一无所获，什么都证明不了。其实，我们应该鼓励联系和交流，这对我们双方都有利。

这会极大地影响我们与共产党世界关系的未来走向。因为在美中苏这个微妙的三角格局中，我们可以最终改善与两国的关系——同时我们可以考验两者的和平意志。

竞选之路自有其酸楚。对一个不到一年前还在巴黎蒙帕纳斯街道上行色匆匆、偷偷为越南和谈奔走的人而言，“候选人唱名”（由马萨诸塞州青年世界事务委员会组织，5月29日在波士顿拉丁学校进行）不可能是件很开心的事。然而，打青年牌是洛克菲勒策略的一项重要内容，尤其是博比·肯尼迪遇害以后，大量肯尼迪的支持者，包括马丁·路德·金的父亲也转而支持他。基辛格热情地投入竞选活动中。基辛格意识到他的候选人应该再添一把火，于是暗中出招拉选票，建议采用一个“新的受欢迎的标签，跟‘新政’‘让美国再行动起来’‘大社会’等类似”。这个“标签”不仅要表达“信赖或诚实”（这是针对尼克松，因为很多人认为他不可信，不够诚实），而且要表达“一种新的公平政治（这是针对民主党的不良记录）”。基辛格明白选举政治不是他的强项（“其他人无疑在这方面比我强”），但他仍然抛出“公平社会”的口号，这实质上是杜鲁门的“公平政治”和约翰逊的“大社会”的混合。他还建议制作一个“大众广告”，“一上来可以引用桑塔亚纳那句话：忽视历史的人注定要重复历史”——哈佛大学哲学家的话被写进共和党政治口号，这一定是头一回。

也许大家都不会惊奇，基辛格主要还是负责起草洛克菲勒外交政策演讲稿。6月15日，他又起草了一份重要演讲稿，题目是“实行外交政策的政府组织”，阐述改进华盛顿决策过程的具体建议。他认为应该在总统执行办公室下设一个新的国际政策与项目办公室，接手死气沉沉的国家安全委员会在长期规划、协调和项目评估方面的工作。还应该仿照美国情报评审理事会建立一个新的美国安全评审理事会，“保证让战略指导战术，而不是让战术指导战略”。同时，他还在原有演讲稿主题的基础上详细设计了洛克菲勒外交政策平台。基辛格认为，20世纪60年代末情况出现变化，必须清楚了解5点：

1. 我们不应当充当世界警察。只有国际上真正出现和平威胁、美国利益受到直接牵连的时候，美国才应挺身而出。

2. 我们必须根据精心确定的重点仔细衡量和分配我们的资源。我们的承诺不能是无限制的、单边的、不可终止的。

3. 即便是投入小股部队之前，我们也必须面对行动引起的一切深远影响——我们在越战上没有做到这一点。我们不能做出为某件事寻找正当理由的承诺。

4. 我们必须坚持最大限度地利用地方资源，坚持支持盟友而不是取而代之。

5. 我们必须尽可能通过联合国实行最广泛的国际合作。只有在万不得已的时候，只有在遭遇极大威胁的时候，美国才应进行单边干预。

至于越战（上面五点就是在隐晦地反对越战），美国现在必须“实现体面的和平”，奉行“任何愿意遵守民主进程的组织应可自由参加越南共和国政治生活”的原则。与此同时，美国应“尽快消除越战中的美国因素”。

我们很快就会发现，这个项目的很多内容后来都变成尼克松政府的政策。不过，有必要强调一点，即便在这个时候，基辛格还是死心塌地地效忠洛克菲勒，而不是尼克松，而且两位候选人依然是迥然不同的。有一个少见的例子（可能是与人合作吧）①，基辛格居然参与拟定了《外交经济政策》，这份演讲稿明确谈到国外对美元信心下降的问题，提出一些明显不是尼克松式的建议。洛克菲勒发表演讲时应该这

① 洛克菲勒的讲稿撰写人约瑟夫·珀西科或许也参与了，同时还有经济顾问理查德·内森，内森是哈佛大学博士，是布鲁金斯学会的研究员。不过，内森的专长是国内经济政策，而非演讲中所涉及的国际事务。

样说："有一点我们怎么说都不为过，那就是我们能否解决好国内财政和社会问题，将决定我们能否担任自由社会领导者的角色……因为国内、国际因素是密不可分的。"但是，"造成国际收支差额问题的根源"是"通货膨胀"，通货膨胀导致"大家对美元失去信心、美元管制现象逐步发展"。他列举的具体解决办法有"减少公共开支、所得税至少增加10%的附加费、评估美国在世界各地的责任，避免进一步的控制和限制"。"采取这些基本措施以后，我们就能避免一些极端的不利行为，例如控制工资和物价、直接补贴出口以及美元贬值"。

除此之外，洛克菲勒还将建议征收欧式增值税，"一方面收缴企业所得税，另一方面减少出口税、增加进口税"。演讲稿还同意当时一个时髦的提法，将用美元做世界储备货币改为使用国际货币基金组织的特别提款权。虽然改用特别提款权的理由不是很充分（美国拥有世界储备货币的净收益将在未来几十年变得越发明显），洛克菲勒外交经济政策的其他内容跟尼克松上任后的滞胀、保护主义、价格垄断等混乱现象相比还是要有利得多。

显然，在特别提款权上是没有人投票的，也没有大会代表支持，提高所得税的境遇更是如此。一切都可以归结到越南问题上。在1968年这就是美国外交政策。7月13日，共和党大会开过之后才两个星期，洛克菲勒揭开了他四步计划的神秘面纱，他要"6个月左右"结束越战；前面提到，这也是4年来基辛格与其他顾问之间断断续续互相倾轧的结果。第一步是美军和越南民主共和国部队"共同后撤"，在两军之间插入"一支中立的、主要由亚洲国家部队组成的国际部队"作为缓冲来推进停火。一旦越南民主共和国部队撤回自己的领土，美国也开始撤军，"表示说话算话"。第二步，美国撤走"主要部队"，只留少量部队驻守基地，同时一支规模扩大的国际部队将进驻越南人口稠密地区。民族解放阵线如果放弃武力就能参政。第三步，在国际观察团监控下进行自由选举，美国撤走最后的部队。第四步，越南共和国与越南民主共和国直接就统一问题进行谈判，谈判之后国际部队撤走。

越南民主共和国政府很快指出，这项计划的缺陷显而易见，根本没有提到美国对越南的空袭何时停止。然而，计划公布之后，批评得最凶的竟然是外交政策现实主义大师汉斯·摩根索，说这是“迄今为止主战派想掩盖自己行踪的最精致的把戏”。这种说法让基辛格很痛心。但是摩根索，这个自1956年起就一直批评美国印度支那政策的人，这个付出沉痛代价、1965年被免除了国防部顾问职务的人，就是不依不饶：

> 你们俩（即洛克菲勒和基辛格）公开支持越战，用你们很高的威望支持越战。你们俩现在意识到了，其他所有人几乎也都意识到了，越战是打不赢的，必须结束。但如果要维护原来发动战争的理由是无法结束的。
>
> 越南共和国的真正问题在于，谁来统治，是共产党还是它的对手？你们俩都认为西贡政府是越南共和国合法政府，吃了外国侵略的亏，受了国内颠覆的苦……但是，越共自然不会打算在谈判桌上拱手交出在战场上能够保卫的东西，那就是对越南共和国大部分领土的军事和政治统治。

摩根索像很多被事实证明是正确的评论者一样，急于大声嚷道：“我早就有言在先！”基辛格像很多不是那么具有先见之明的人一样，急于选择性地记事。“我从未公开支持越战”，1968年11月他回敬道，这时他已经忘了与迈克尔·富特和塔里克·阿里的辩论以及他在《展望周刊》上发表的文章。

> 1963年以前，那是因为我了解得不够多，因为我比较相信官方声明。吴庭艳被暗杀以后我认为越南局势无可救药。1965年我首次访问越南，深感我们所做的事无药可救。于是我决定从政府内部入手设法结束战争。这个决定对不对，我们不得而知，但是没有成效。

基辛格补充说，他现在的看法和摩根索的“差别不是很大”——“尽管实际上因为国际反响太强烈，我可能会拖延一下”。这种辩解摩根索是不会接受的，尽管我们现在可以看出，从他自己的角度他是怎么看待越战的，当然不是通过他就此发表的公开声明，他的说法是准确的。然而，最令人瞩目的一点是，两人在这个冷战时期唯一最大的外交政策失误上竟然分歧这么大。不仅仅是摩根索在公开场合大肆批评①，而基辛格同时在权力中心内部下手。摩根索说得对，因为他是现实主义者，能够察觉越南共和国政权错在哪里，为什么北京和河内虽然有旧恨，却因为美国政策又走到一起，为什么弱不禁风的游击队居然打败了系统分析和B–52轰炸机。基辛格一开始就弄错了，错就错在他是理想主义者，一度真心以为越南共和国的自决权值得用美国人的性命去换。

6

8月不是去迈阿密的最佳时节。1968年8月5日，星期一，共和党

① 在1965年3月为《旧金山纪事报》所做的一次访谈中，摩根索表示，“如果要我总结对越政策的话，我绝对是对它毫不留情地大加鞭挞”。

全国大会开幕，气温有近30摄氏度，空气又闷又潮，“就像床垫一样”令人窒息，一位资深记者这么回忆说。小威廉·巴克利毫不奇怪基辛格要和他见面。这位《国家评论》编辑（他因为主持电视节目《火线》现在已闻名全国）知道基辛格是为洛克菲勒卖力。实际上，同年春天三人见过一次面，洛克菲勒大讲特讲自己在成立联合国时发挥的作用。这次见面谈的事更重要。基辛格解释道：“即便洛克菲勒被大会提名为共和党总统候选人，要是右翼有很多人倒戈，他也不可能竞选获胜。”基辛格认为，“巴克利的责任就是要向美国保守派说明，如果洛克菲勒当选总统，不是民主党候选人当总统，美国会发展得更好”。

世界上有理想主义，也有天真。巴克利谙熟美国内政，知道什么是理想主义，什么是天真：

> 我挖苦他说，这完全是一个学术问题，因为尼克松会获得共和党候选人提名。我对他说如果尼克松突然从地球上消失，获得提名的会是里根，不是洛克菲勒。我还跟他说，尼克松告诉我，准确地说是我认为，即便尼克松站出来支持洛克菲勒，大会也不会接受他，只有一个人可能影响这种提名，那就是巴里·戈德华特，而戈德华特无意于此。无论如何，尼克松已经稳操胜券。基辛格告诉我话不要说得那么满，但……我知道……他的临时行动……要么是走形式，要么（这一点可能性更大）证明他向来都不懂美国政治。

巴克利是对的，迈阿密大会开完，洛克菲勒根本没有机会成为共和党候选人。就在4年前，他在旧金山大会上发言，戈德华特的支持者还起过哄。4年过去了，共和党的保守骨干对洛克菲勒的看法没有丝毫变化，认为他不过是个养尊处优、喜欢强势政府的风流男子。白修德倒是对洛克菲勒有恻隐之心，但他也是个明白人，知道大势已去。第一轮投票尼克松即获得提名，票数是692票，洛克菲勒277票，右翼新宠、加州州长里根182票。有人问他失败的原因，洛克菲勒酸溜溜地回答：“你见过共和党大会是怎么开的吗？”其实，1968年迈阿密大会和1964年旧金山大会正好相反。在戈德华特获得提名的混乱之后，共和党的忠实分子希望见到“一个作风谨慎、性格沉静、能当上总统的人”。而“理查德·尼克松就是这样的人”。

然而，在一个方面基辛格和洛克菲勒的作用也很有意义。在越战问题上，尼克松一直很谨慎，不表态。他们俩不一样，胸有成竹——显然越战问题将成为选举中的关键外交政策问题，尤其是一旦巴黎和谈在竞选日之前出现新的契机。也许基辛格对美国内政了无头绪，但他是共和党越南问题的智囊，这一点尼克松心中有数。跟基辛格相比，他的外交政策顾问理查德·艾伦是小巫见大巫。共和党大会召开之时，艾伦预测的苏联入侵捷克斯洛伐克还没有成真；与此同时，媒体还在嘲笑他为尼克松起草的一份轻率的声明，那是在一架美国客机误入苏联领空迫降后写的，里面用了“飞翔的普韦布洛”这个说法（暗指1967年1月朝鲜截获的美国海军的“普韦布洛”号）。

在这种背景下，我们应该对艾伦活灵活现地叙述他和基辛格在迈阿密的隐秘会晤打个问号。自然，在大会开始前的周末，党纲中关于越战的条款草案都进行过讨论。很可能艾伦希望不要让记者撞见他和基辛格交谈，他们正观望尼克松和洛克菲勒会不会做一笔像1960年《第五大道协议》那样的交易呢！两人见面被《芝加哥太阳报》记者罗伯特·诺瓦克发现，想逃之夭夭，结果又撞上哥伦比亚广播公司的丹尼尔·肖尔，这是一段很有趣的往事，不可不信。（诺瓦克不认识基辛格，肖尔不认识艾伦——艾伦装作基辛格的学生，结果两人安然脱身。）但其实艾伦不是主事者，而且再怎么说《纽约时报》已经得知此事。越南问题条款是基辛格等人周末在洛克菲勒的“指挥部”、枫丹白露酒店1083号房激烈商讨的结果。洛克菲勒一方有基辛格、奥尔顿·马歇尔（洛克菲勒的另一位助手）、纽约州议员雅各布·K. 贾维茨和新泽西州国会议员彼得·弗里林海森；另一方有尼克松的支持者得克萨斯州参议员约翰·古德温·托尔和埃弗雷特·德克森议员。德克森是纲领起草委员会主席，但洛克菲勒一派认为他们起草的初稿太强硬，难以接受。争执不下，最后各退一步，主张共和党要“实施越南和解计划”，而这一计划“既不是不惜一切代价的和解，也不是伪装放弃美国和盟国的利益，而是在自决原则基础上实施的一项积极的、对各方公正公平的和解计划”。这跟8月末在芝加哥大会上通过的民主党大纲的对应条款形成鲜明对比。民主党的条款授权汉弗莱“停止对越南民主共和国的所有轰炸”，“只要这一行动不危及我野战部队成员的生命”。

对基辛格来说，尼克松获胜他心里很难受，大会上的妥协并不能给他多少安慰。他离开迈阿密，心里不是滋味，他对纽约电台主持人卡斯帕·西特伦说：“我不是共和党人。我认为自己是独立人士。我深信洛克菲勒是此时唯一能将全国团结起来的候选人。”他说，他“非常怀疑”尼克松。他跟奥斯卡·吕布豪森和埃米·休斯说的话也差不多。他对休斯说：“这个人当然是个祸害。现在共和党就是个祸害。幸运的是，他不可能当选，否则全国都完了。”基辛格对尼克松的看法还跟1960年时一样，那年他甚至不愿意回答尼克松提出的有关国家安全最佳组织的问题：“那个人不适合当总统。”上文说过，这方面基辛格跟剑桥和曼哈顿的常规看法不谋而合：尼克松根本没什么信誉可言。因此，他8月15日写给哈里曼的信似应从字面上理解：“我再也不想和共和党政治打交道了。这个党无药可救，不适宜执政。”他在巴黎对丹尼尔·戴维森说的基本上也是这番话。他说："一周我有6天支持汉弗莱，但第七天我认为两个人都不行。"有人说这不过是障眼法，想掩饰他暗中打算为尼克松效力，这种说法也站不住脚。相反，迈阿密大会之后，基辛格第一个直觉就是想投奔休伯特·汉弗莱。毕竟，他以前的两位关系好、观点一点也不温和的同事塞缪尔·亨廷顿和兹比格涅夫·布热津斯基已经在汉弗莱竞选小组里了。夏末，基辛格带着两个孩子到马撒葡萄园岛看望亨廷顿，谈到洛克菲勒文件中一些有损尼克松形象的报道（他留了副本）。他对布热津斯基说："你瞧，我这么多年都很讨厌尼克松。"基辛格主动提出帮助民主党候选人的话显然让对方知道了。汉弗莱在竞选日那天的日记中写道："亨利·基辛格应该到白宫工作。萨姆·亨廷顿也是……那帮波士顿人很聪明。我明白为什么约翰·肯尼迪用他们。"

然而，与此同时，我们从赫什等人处得知基辛格在向尼克松竞选小组示好。这个说法也不是很准确。是艾伦邀请基辛格"到尼克松外交政策顾问委员会工作"，基辛格拒绝了。据艾伦说，他最多只能"私下提建议……不会公开提"，他说，"如果我在幕后工作，可以给你更多的帮助"。吃午饭时基辛格对巴克利说，他认为他有几个想法，"尼克松在构思外交政策竞选稿时会感兴趣"，但是这件事做起来要"很谨慎，因为他刚离开洛克菲勒解散的竞选小组，不希望让人以为他是在求职"。巴克利把话传给作为尼克松竞选活动新总部的皮埃尔酒店的弗兰克·莎士比亚，莎士比亚又把基辛格的名字报给约翰·米切尔。巴克利补充道："毫无疑问尼克松对他想转告的建议毫无兴趣。"实际上也正是如此，证据是尼克松主动向洛克菲勒提出捐弃前嫌，也没明说是什么事，于是8月20日基辛格给洛克菲勒写了封信。基辛格同意"最近两周无事发生的话，能够改变大家认为这位候选人适合当总统的看法”。但是，洛克菲勒不得不反思基辛格跟他说过的话：“所有温和的共和党人，包括支持你的大多数人，同意候选人名单。”其次，“下任总统可能很惨。没有任何迹象表明哪一个有希望的候选人能把美国团结起来，或者恢复美国在世界上的地位。危机在未来4年有可能不断升级——国内混乱，国外矛盾加剧”。

在此条件下，洛克菲勒的当务之急必须是“保护”好自己这份“国有资产”，因为“你在整个公众生活中代表着一个宏大的、仁爱的、有远见的项目”。当然，他不应只是甘当“尼克松的工具”。另一方面，他不应“表现出一副暴躁失败者的姿态而让人说三道四”。洛克菲勒应该要求尼克松“放弃瑟蒙德参议员和南方战略（为了在南方拉选票，尼克松接受种族隔离主义者瑟蒙德的建议，提名马里兰州州长斯皮罗·阿格纽为副总统）”，否则就不支持他吗？基辛格不建议这么做。这么做洛克菲勒就进了政治死胡同。于是，他“强烈建议洛克菲勒不要让尼克松抢占先机”，应该说明自己“准备大力声援”他和他的手下为之做出“重大贡献”的“纲领”。基辛格在说明信中补充道：“随信所附备忘录虽有别于在下之见解，然仍深以为然。”如果基辛格决定帮助尼克松参加竞选，基辛格将随时施以援手。他最后说道：“不用说我和你的看法很相似。”我们应该在这封信的基础上理解基辛格后来在尼克松竞选活动中的所作所为。他和洛克菲勒决定耐着性子支持尼克松，因为他们已经对共和党的纲领进行了重大改造，他们相信这个纲领，用基辛格的话说，相信“只有共和党候选人当选才能实施这一纲领”。他们可能甚至开始考虑，如果尼克松击败汉弗莱当选总统，洛克菲勒可以接受到内阁任职。

基辛格手头没有留下任何材料[①]记录他9月的巴黎之行、证明他从巴黎发回情报说“约翰逊很可能会在10月中旬前后下令停止轰炸”。下面这段引文出自霍尔德曼9月17日的一份报告，报告中只提到“一位高级外交人士与我们暗中保持联系，有办法打听巴黎和谈及其他情报”。

> 我们的消息灵通人士认为，约翰逊很可能会在10月中旬前后下令停止轰炸。因此，巴黎将出现一派外交忙乱景象，没有任何实际意义，但给人感觉意义重大。
>
> 他还认为林登·约翰逊有可能采取行动，在选举之前实施在牧场上和洛克菲勒讨论过的那个项目。在欧洲地区，苏联正力推约翰逊实施某个有助于提升苏联世界形象的项目，我们这位外交人士认为约翰逊会就范。该项目事关中东局势和裁军……
>
> 我们的消息灵通人士认为，约翰逊有强烈的冲动去做这种事，他一定会做。他认为这也许与乔治·鲍尔辞职有关，鲍尔辞职可能就是让约翰逊有机会亲自出面在联合国指导我们的行动。
>
> 我们这位人士的确认为反对停止轰炸具有实际意义，但他也的确认为我们应该考虑到这件事有可能发生——我们可能想期待它发生，一旦发生我们自然希望自己能做好准备。
>
> 他非常怀疑尼克松和阿格纽实际上是否会召开情况通报会，两人应该召开一个这样的会。（他同时认为汉弗莱没有听取足够的情况通报，尽管鲍尔有很多情报要向他通报。）
>
> 他说苏联当前在中东问题上的态度比以前灵活得多，他们急

---

① 当然可以想见，基辛格后来销毁了相关材料，或者甚至根本就没有记录他在巴黎的活动。

> 于传播自己愿意采取裁军行动的消息。
>
> 我们这位人士极为担心约翰逊会采取什么行动，他希望约翰逊在选举前采取一些行动。

霍尔德曼的消息源肯定是基辛格，米切尔可能是中间人。但关键问题在于这些情报没有一条是哈里曼巴黎和谈代表团成员泄露的。这正是基辛格擅长的那种分析，比尼克松从艾伦或其他人那里得到的情报还准确。正如后来基辛格提醒霍尔德曼时所说，“我没有参加和谈……我不过是看到了哈里曼得到的指令”——可能是指约翰逊下达给大使的指令，再加上他对停止轰炸的一些推论，具体内容基辛格没有透露。还有一点值得注意，尼克松知道约翰逊在谋划10月使出奇招，为了避免被打个措手不及，尼克松使出浑身解数利用外部各种信息渠道，基辛格只是其中一条渠道而已。

可以说尼克松不应该与巴黎和谈中的越南共和国代表裴艳联系，他们7月12日在纽约见过面。借由精力过人但手法不够巧妙的“悍女”陈香梅[①]两边传话，对于这种做法或许要存疑。自然，尼克松希望西贡知道他的立场比汉弗莱还强硬。不过这一点读《纽约时报》的人都能看出来。很难说美国国家安全局在裴艳发给西贡的电报中发现了什么罪证甚或令人惊异之处。而且，让尼克松了解和谈最新进展的还有中情局前局长约翰·麦科恩、德克森参议员、迪安·腊斯克，甚至还包括林登·约翰逊本人，因为他10月16日给三位候选人都打过电话。有件事是明摆着的，尼克松几乎能得到所有情报——至少约翰逊16日宣布越战出现突破，他并没有过多地依赖基辛格从巴黎方面得到的见解。

---

① 陈香梅，飞虎队队长克莱尔·陈纳德将军的遗孀，这支战队是“二战”时期志愿成立的帮助中国国民党抗击日军的空军部队。陈夫人与中国台湾的蒋介石当局的关系亲厚。她和艾森豪威尔夫人一道被任命为共和党全美妇女支持尼克松竞选总统委员会主席。

从某些方面来看，没有内部情报，事态的发展也可以预料。首先，汉弗莱转向左派，提出“为了和平可以适当冒险”，只要“无论是直接证据还是间接证据，无论是通过行动还是通过言语，能证明共产党愿意恢复非军事区”，美国就停止轰炸越南民主共和国。到10月他已开始谈到“分阶段地减少”在越南共和国的“美军”，同样还是基本上在单边条件下。的确，约翰逊对汉弗莱参加竞选感到很矛盾。然而，由于汉弗莱开始占据上风，约翰逊对民主党的忠心又开始发挥作用了，更不用说他有一股想拿内政跟外交政策事务一搏的冲动。同时，可以预测的是，汉弗莱越来越温和、越来越得民心，因之，阮文绍和阮高祺也越来越焦虑，而华盛顿方面对两人施加的压力也越来越大，要求他们二人做出让步助其竞选成功。不好预料的是河内会有何进展。越南民主共和国方面决定同意哈里曼的“我方你方”方案——如果美方停止轰炸，越南共和国（以及民族解放阵线）就能参加三方和谈，这一行为颇具深意，反映出越南民主共和国在战场上和苏联供给上都吃紧。但是这真的预示着和平降临吗？

发起政治进攻的是总统，尼克松是守方。这一点在白宫尽人皆知，听听10月22日人们在午餐时的调侃就一清二楚：

总统：尼克松会问我这是不是像把狐狸扔进鸡窝？（笑声）

国防部部长克利福德：感觉如果越南共和国参加和谈，阮文绍会占大便宜。

总统：实际上让民族解放阵线一起参加和谈，我们都会接受。

国务卿腊斯克：有点儿像让黑豹党领袖斯托克利·卡迈克尔参加内阁会议。

国防部部长克利福德：还是看起来利远远大于弊。

总统： 事实上是这么回事。

国务卿腊斯克： 情感上不是这么回事。

沃尔特·罗斯托： 越南共和国怕我们在和谈会上戏弄他们——把他们逼上绝路，把他们塞进联合政府。

这种更衣室玩笑的口吻很能说明问题。4天后，尼克松自然使用了卑鄙的手段，那时他暗示约翰逊“最后一刻使用了充满恶意的方法……挽回汉弗莱的候选人身份”。但是有确凿的证据证明约翰逊就是这么干的。而且，约翰逊认为授权联邦调查局监视、窃听陈香梅没什么要紧。另一点同样很明显，越南民主共和国让步不过是个噱头而已，他们根本就没有放弃吞并越南共和国、剿灭越南共和国非共产党分子的目标。如果尼克松袖手旁观，就能达成永久和平协议吗？答案一定是否定的，因为即使阮文绍没有得到陈香梅从尼克松阵营传来的密报，他也会在和谈中设法阻挠。如果《基督教科学箴言报》刊登了记者贝弗利·迪普说阮文绍决定等待尼克松当选的报道，事态就会有所改变吗？可能也不会。华尔街上有一个公开的秘密，尼克松“就是要让总统心慌意乱，煽动西贡提高要求，让河内知道他当政后‘什么条件都接受，从而‘把屎盆子扣在前任头上’”。阮高祺对美国驻越南共和国新大使埃尔斯沃思·邦克是这么说的：“尽管美国希望停止轰炸是为了给汉弗莱副总统拉选票，但如果越南共和国政府不同时参加和谈也没戏，总不能为了成就一个人而毁灭另一个人吧。”

10月31日晚，约翰逊对美国公众发表电视讲话，讲话内容正是大部分选民希望听到的内容：美国将立即停止轰炸越南民主共和国，正式会谈在竞选结束的第二天启动，西贡可“自由参加”。同一天，在约翰逊的电视讲话播出之前，阮文绍对邦克明确表示，他不会依计行事；

11月2日，越南共和国全国代表大会召开，他在大会上发布了同样的大胆信息，全场掌声雷动。美国国防部部长承认西贡“不愿行动”至少有5点动机。国务卿认为“阮文绍有足够理由怀疑河内参加巴黎和谈的目的”。国务卿也有充分理由怀疑约翰逊。阮文绍不必借由斯皮罗·阿格纽或约翰·米切尔告诉陈香梅，再由她告诉裴艳，最后由裴艳告诉他本人要“坚持住”。11月2日，约翰逊指责尼克松的竞选活动是“卖国”也说不过去。听听两人11月3日的通话会令人感到很滑稽：

尼克松：天哪，我绝不会怂恿河内——我是说怂恿西贡不参加和谈……

约翰逊：这样啊，我跟你说我怎么看，我看这么干没用——对竞选没什么影响。

尼克松：我认为不会有影响。

约翰逊：……我认为不会有人多投你一票。

尼克松：是啊，管他呢，等着看热闹吧（笑声）。

约翰逊：谢谢你，迪克。

尼克松：回见。

有人说如果约翰逊透露他知道陈香梅在活动，公众会对尼克松弄虚作假表示强烈反感，这样汉弗莱就有可能当选总统。这种说法不可信，因为这恰恰说明约翰逊同时也在弄虚作假。正如腊斯克所言，“我们天天都收到这种情报，有些对美国政治人物的影响很糟糕。我们的观点一向是，就这种消息来源而言，公众没有‘知情权’。搜集这种情报纯粹是出于国家安全的目的……即便是消息捅出去，也为时已晚，对竞选没有重大影响”。陈香梅后来可怜兮兮地表示：“政治是非常残酷的游戏。”尼克松一竞选成功几乎就与她断绝往来。1969年1月《波士顿环球报》披露真相，谁也不当回事。后来白宫旧话重提，意思是说尼克松手上有证据，证明约翰逊“利用停止轰炸达到政治目的”，以此敲他的竹杠。后来水门事件败露，而且看来尼克松要深陷险境，尼克松第一个想到的就是曝光约翰逊“1968年窃听我们”的证据。

7

坏人相争，尼克松胜出。但是他在1968年总统竞选中获胜不是因为基辛格透露了巴黎和谈的机密情报。他获胜也不是因为陈香梅（这里可以补充一句，基辛格和她素不相识）教唆阮文绍抵制和谈。下文将谈到，尼克松之所以获胜，部分原因跟乔治·蓬皮杜6月大选获胜，以及戴高乐重返巴黎、一年后又体面地退隐科隆贝双教堂村一模一样。世界各地，就像都有某种政治物理学原理在起作用一样，1968年，年轻人的暴力行动产生了同样的反作用。正是在这种反作用的推动下，基辛格年底前被任命为尼克松政府的国家安全顾问。我们现在可以看出这一任命跟某些人杜撰的巴黎和谈泄密毫无关系。然而，尼克松何以选择基辛格，基辛格又何以决定接受任命，个中缘由仍有待揭晓。要知道，前文交代过，尽管两人很少见面，但彼此之间关系不睦。正如尼克松亲口所言，两人搭档不可能。的确，就在前不久于迈阿密召开的共和党大会上，基辛格也没有发现有什么事态会表明自己将成为尼克松政府的一员。他的这部成长小说，45年来经历了个人的、哲学的、政治的教育，终于出现真正的转机。

第22章

不可能的组合

你必须懂得什么样的历史是有关联的。你必须懂得什么样的历史可以汲取经验。

——1968年9月，亨利·基辛格

1

到1968年，基辛格比大多数人都了解公共知识分子与政府官员的区别、局外人与局内人的区别。如果他料到自己会被任命为尼克松政府的高官，很可能就不会写那两篇具有争议的文章，再说文章必定会在高度敏感的两届政府过渡期内发表。

第一篇文章内容广泛，题为“美国外交政策核心问题”，1968年12月由布鲁金斯学会发表，这篇文章无疑会被视为尼克松政府的外交政策宣言[①]。《经济学人》杂志傲慢地指出作者一旦忙于“应付眼前的问题”，他对“哲学秩序的渴望”很快就会烟消云散。该文实际上更具回顾性，不具前瞻性。文章内容显然表明，作者根本不知道自己写完这篇文章，发表不到三周就会被任命为国家安全顾问。

在1968年写作，基辛格不可能对“当代的动乱”视而不见，他一开始就提出一个发人深省的观点，20世纪60年代的危机虽然不像引发它的两次世界大战那样具有很大的毁灭性，但“在本质上却具有更深刻的革命性”。然而，基辛格这么说并无意恭维当时的学生极端分子。正好相反，他是要借机直指“认为权力管理无关紧要甚或不道德的年青一代”，“其新的自由伦理不是‘公民的’，而是不关心，甚至是敌视秩序制度和秩序观念”。基辛格认为：“抗议运动将新专制国家的领导人奉为英雄”，这种做法在某些方面不可饶恕，他们不知道“将自由主张建立在极权国家领导者切·格瓦拉、胡志明等人的基础上是多么滑稽”。不过，这些人的革命不是他想象中的革命。基辛格又回到《重建的世界》中首次谈到的话题，他是指对“二战”后国际秩序发起的革命性挑战，这种挑战建立在20世纪40年代末以来世界上的美苏两极分裂之上。基辛格宣告：“超级大国时代行将就木。”这是一场和法国大革命一样深刻的革命。正如18世纪90年代和19世纪初一样，这场革命之后急需一个“公认的秩序概念”，否则，“极大的可用权力在合法性上就不能得到共识的约束”。特别是在“人口占世界总人口2/3的地区……”一直存在一个“政治合法性问题”。第三次世界大战也许看起来像内战，但战事频繁，破坏性大，国际秩序将难以维持。

① 这篇文章最乏味的部分便是那些老生常谈的呼吁，令人生厌，比如追求“看待美国国家安全政策的新视野”，美国和其他北约盟国分担责任，以及“建立跨大西洋的共同政治框架的迫切需求”。而基辛格的这些论调已经谈了许多年了。

基辛格分析的一个显著特征是他觉察到的这场革命本质上与个人无关。革命的原因远远不能归结为“切·格瓦拉、胡志明”的所为，而是一些“深刻的”“结构性的”倾向。一个倾向就是前面已经偶尔提及的全球化：欧洲各帝国崩溃后出现大量民族国家，加之由战后的贸易自由化和大量的集装箱货轮引起的经济一体化趋势；同时，“所有现代国家”面临一些新的问题……“国家层面不考虑的……官僚化、污染、环境控制、城市发展等问题”。

第二个特征是后殖民世界的多极格局与冷战时期顽固的军事两极格局之间出现矛盾，同时核技术的创新造成破坏力“极大”增强，可笑的是这样一来超级大国对小国的影响也会减小。这不仅因为超级大国似乎越来越不可能动用它们的庞大核武器库，也因为拥有核武器的国家每增加一个，核武器成员国的价值就大打折扣。（新的核不扩散条约也许会管用，但有可能会催生一个明显的超级大国集团。）在这个后超级大国的世界，“一台无线电发射机可能比一个B–52轰炸机中队带来的压力还大”，而吞并领土不如获取核武器重要。无论如何，核威慑已经越来越不可靠。

> 核威慑是由没有发生的事来进行消极检验的。但是绝不可能解释为何某事没有发生。是因为我们在实施最佳政策还是因为我们只是在实施一个成效甚微的政策？和平维持的时间越久，或者说遏制越成功，那些反对国防政策前提的人就越有话说。也许压根儿就无须做什么准备。

因为人们总是不愿从反事实的角度思考问题，即考虑没有实际发生的事情的重要性，因此“禁止核弹”的言论会一天比一天多，尤其是在核弹的破坏性不断增强的情况下。超级大国之间的“长期和平”

持续时间越长，它们的人民就越不懂得感激恐怖均势。

这个世界就是美国第37任总统要接手的世界，如果他1972年获得连任，就能在共和党庆祝其200周年华诞之际入主白宫。基辛格没有给同胞提供任何肤浅的解决方案。他只敦促他们回答两个简单的问题："我们要防止什么才对我们有利？我们要设法实现什么目标？"即使越战一无是处，至少它证明这两个问题的答案不可能是"一切"，因为美国如果"托管一切非共产党地区"，很快就会"殚精竭虑"。然而，答案也不可能是"什么也没有"。不管存在不存在代沟，现在"美国人的情绪"要停止"在两个极端之间可怕地摇摆"，不应"时而羞于掌权，时而贪图大权在握"。

了解以上情况有助于我们开始理解尼克松何以选择基辛格做他的国家安全顾问。基辛格那位老毕不了业的研究生圭多·戈德曼[①]（读了9年还没毕业）曾经开玩笑说："亨利是纳尔逊手上尼克松唯一买得起的东西。"不过，情况并非如此。

2

如果1968年秋基辛格有一丁点儿意识，知道尼克松当选后会邀请他加入政府，似乎同样不可能写出另一篇经典文章《越南谈判》；该文就在尼克松发表就职演说的同一个月发表在《外交事务》上，应该是在总统竞选前后写的。实际上，当他意识到尼克松希望他到白宫工作

① 当时，戈德曼主持哈佛国际事务研究中心的德国研究项目，同时也负责肯尼迪学院的德国项目。一天基辛格问他："你在研究生院多久了？"戈德曼说第九年了。基辛格尖锐地说："我的研究生还没有超过10年毕不了业的呢。"

时，曾想办法阻止文章发表，但结果还是发了，他这么做很显然也还是不想让人误以为这是政府政策的蓝图。实际上，该文带来了令人意想不到的效果，证实尼克松的判断是准确的。事实证明，这是迄今为止分析美国在越困境最精彩的文章之一。

自从《重建的世界》出版以来，基辛格很少像写这篇文章一样得这么生动地进行表述。文章一开始就定义了他所谓的“越南综合征”：“时而乐观、时而迷惘，这一刻欢快、下一刻又沮丧”，因为这里存在一个问题，“军事胜利……无法转化成永久政治优势”。何以至此？他承认部分原因在于文化上的“鸿沟”：“很难找到哪两个国家像越南和美国这样完全不希望理解对方”。但是，主要原因在于美国战略从一开始就制定错了。从肯尼迪政府军事干预之初，美国就“没有充分分析越南的地缘政治意义”，基辛格这番话微妙地暗示越南并不是那么重要。然后存在一个根本问题，美国部队总是和游击队打常规战，遵循胜利取决于占领敌方领土、消耗敌方实力的常规作战原则”。将军们以为“只要打败越共主力军，游击队就会像藤条的叶子一样枯萎”。他们希望“让对手遭受比我方惨重得多的伤亡，直至河内感到伤亡‘不可接受’”，从而取得战争胜利。但是这种战略有两个毛病。首先，它误解了游击战的性质：

> 游击队很少去抢占地盘，他们的战术是用恐怖和恐吓不让你与合法政府合作……西贡方面白天控制了大部分国土……越共晚上统治了大部分人口……游击队的目标主要是负面的：不让你巩固政权……
>
> 我们打的是军事战，我们的对手打的是政治战。我们想消耗他们的体力，我们的对手是要拖垮我们的心理。在这个过程中，

我们忽视了游击战的一个主要原则：游击队不输就是赢。常规军不赢就是输。越南民主共和国使用他们的主力军就像斗牛士使用斗篷——不停地让我们在政治意义不大的地方猛打猛冲。

其次，美国对越南民主共和国的“伤亡比率”虽然在国防部的系统分析师看来很不错，却是“不可靠的指标”。“即便数字很准确也微不足道，因为离家几千英里作战的美军认为‘不可接受’的水平比在本土作战的越军认为‘不可接受’的水平要低得多”。

“游击队不输就是赢”这句话成了基辛格被人引用最多的一句话，这也合情合理。不过他的文章就美国对越南共和国援助的性质发表了一个同样令人深思的观点，这也是他过去常讲的一个观点：经济不是万能的。

越南和大多数发展中国家一样，主要问题不是加强政治框架，而是发展政治框架。削弱现有责任模式（这种模式一般是个人的或封建的）的经济进步恰恰强调有必要完善政治制度。越战一个可笑的地方在于，我们自称相信理想主义哲学，但我们败就败在过多依赖物质因素。共产党则相反，尽管坚持唯物主义世界观，他们的很多成功却有赖于能够回答政权的性质和基础等问题。

基辛格还暴露了美国外交的一个主要缺陷，说明“我们的外交和战略在实施过程中是彼此孤立的”，即约翰逊想象的拳赛中左拳和右拳没有协调好。相反，河内没有“把战争和谈判视为两个互不相关的过程”。约翰逊总统误以为战争和外交是一个连续统，战争是战争，外交是外交，不经意间犯了很多错误。第一，“约翰逊反复宣布我们将准备无条件地在任何时间、任何地点进行谈判。这实际上是把谈判的主动权交给了对方”。第二，他老是在那里数点数：“河内宣布了4点，民族解放阵线提出5点，西贡提出7点，美国呢，或许是因为官僚机构更庞大吧，制定出了14点”，仿佛把和谈议程拉长会有助于启动和谈。第三，约翰逊派人进行和平试探，却没能预料越南民主共和国会戏弄他——“我们和河内的很多接触对我们而言似乎都‘流产’了，但可能（从河内的角度来看）起到了确定地形的作用”。第四，受自身体制的限制，美国没能构思出一个清晰的谈判立场。正如基辛格所说，“实用主义和官僚主义结合产生出一种独特的外交风格：正式谈判前很刻板，一旦开始谈判又过多地依赖战术上的考虑”。美国准备谈判的时候把前提条件一一刻在石头上，但一坐下来谈判又开始妥协。第五，约翰逊这个人太不细腻，无法理解河内在交流中言语上的时态、语态变化的含义。第六，约翰逊同意暂停轰炸越南民主共和国，但有个（河内绝不能接受的）条件：和谈要有成效。但是如果和谈没有成效，国内也不出现政治骚乱，可以恢复轰炸吗？最后，约翰逊让西贡参加和谈，无意中暴露了“华盛顿和西贡之间潜在的利益冲突”，让敌人拿到新的把柄。

现在怎么办？基辛格毫不含糊地排除单边撤退，明确了未来4年美国的外交政策：

> 美国政府承诺发兵50万，说明越南问题很重要。因为现在牵涉的是别人是否相信美国说话算话。不管现在多么时兴去取笑“可信度”或“信誉”等词语，这些词也并非空话。其他国家只有相信美国稳定了，才能采取相应行动。如果美国在越南的行动失败，很多批评家并不会感到宽慰；大多数批评家只会落井下石，除了指责美国判断力差，还会指控美国不可靠。那些安全目标或

> 国家目标依靠美国承诺的盟友只会感到心灰意冷。在世界许多地区，例如中东、欧洲、拉丁美洲甚至日本，稳定取决于它们对美国的承诺是否有信心。因此，单边撤退或者无意中采取相当于单边撤退的解决办法，都会削弱限制因素，致使国际局势更加严峻。任何美国决策者都不能对这些危险置之不理。

不难想象西贡方面看到这些话是多么开心，当然我们也必须承认日本、韩国和中国台湾看了同样会满心欢喜，以色列，还有联邦德国某些地区也会如此。因此，有一点很清楚：基辛格不会落荒而逃。他同时表示，他支持双边谈判，不想让民族解放阵线和西贡参加和谈（即不讨论越南共和国政治前途这个恼人的问题）；他不同意停火，因为目前领土割据就像“百纳被”一样，停火会“注定使最终解决方式倾向于国家分裂”；他不会“参与强制西贡成立”一个包括民族解放阵线在内的“联合政府”，因为这样有可能“破坏越南共和国现有的政治结构，从而让共产党统治越南”。另一方面，他非常支持“分阶段撤出外来的越南民主共和国和美国军队”，这也是去年7月他就为纳尔逊·洛克菲勒阐述过的立场。至少他暗示不愿恢复轰炸。他还重申洛克菲勒的建议，即在越南共和国“建立一支国际部队维护诚信”，并且“建立一支国际部队”……“监视”该国的“出入路线”，最好配备“电子路障”，“制止”边境对面的“行动”（这是麦克纳马拉原有的典型的技术官僚幻想）。

然而，基辛格最积极的建议是后退一步，在更大的环境下明确越战谈判的性质，同时也考虑到中东和东欧的危机。这样的话至少还有一些理由让人感到有盼头：“苏联有一项原则，莫斯科有权出面干预，以保护社会主义国家内部结构，因此至少可以想象有可能爆发中苏战争。因为莫斯科对北京的指责甚至比对布拉格的指责还尖锐。不过一旦出现中苏冲突，河内就孤立无援了。”乌苏里江一带两个月之内爆发战事，很大程度上证实了基辛格和尼克松的战略方向。基辛格最后写道：“不管我们是以何种方式进入越南，不管别人怎么评价我们的行动，体面地结束越战是保证世界和平的重要条件。采取任何其他办法都可能引发某些力量，让国际秩序的前景更加复杂。我们必须让新一任政府尝尝怀疑的甜头。”基辛格哪里想到他写文章就是在为自己争取这个甜头。

《越南谈判》可以说是基辛格写得最深刻的一篇文章。后来的事态发展会说明他的建议在多大程度上足以实现他寻求的那种体面和平。[①] 然而，如果你认为基辛格1968年主要关心的问题是越战，那就错了。从他个人的文件可以非常清楚地看出，他最关心的是如何改善华盛顿的决策过程。近三年来基辛格一直在设法理解越南混乱的局势，也动了些脑筋想解决越南问题，他的看法是美国之所以一团糟，是因为制定、实施国际安全战略的制度存在根本缺陷。1968年年底他的主要精力正是花在这个方面，尼克松之所以任命他为国家安全顾问，关键也就在这里，而不是因为他看越南问题思想敏锐，更不是因为他“渴望建立哲学层面上的世界秩序”。

---

① 这里可能是暗指本杰明·迪斯雷利在1878年7月27日的演讲中用到的“我所希望的体面的和平”，他从柏林议会胜利归来，随后发表了演讲。在那里，他不仅避免了与俄国开战，而且在很大程度上削减了俄国从攻击奥斯曼帝国中获取的好处，并在讨价还价的过程中为大英帝国赢得了塞浦路斯。若说基辛格使用这个词是想提醒人们张伯伦在慕尼黑会议之后使用它这件事，颇为可疑；若说基辛格深知埃德蒙·伯克在1775年支持美国的演讲中使用这个词的用意，也令人怀疑。而实际上，这个词第一次在英语中出现是在莎士比亚的《科利奥兰纳斯》的第三场第二幕中。

3

1968年11月尼克松竞选获胜，不是因为他在巴黎和谈上耍了什么阴谋诡计，而是因为民主党内部由于约翰逊急于全速制定民权法案而引起根本性分歧。其实，两个候选人的票数很接近——汉弗莱在宾夕法尼亚州、密歇根州、纽约州和康涅狄格州获胜，选票比预期的多，尼克松在普选中仅以0.7个百分点的微弱优势获胜。直到11月6日中午12点30分，即汉弗莱认输之后半小时，尼克松才现身华尔道夫酒店的舞厅，宣布竞选胜利。关键是种族隔离主义候选人乔治·华莱士赢得选举人团的45张选票，如果不是在民权问题上闹分歧，这里面的大部分选票都会被投给民主党候选人。事实上，民主党仍然控制着参众两院，这样尼克松就成为自1848年扎卡里·泰勒以来首位连一个院都控制不了的总统。同时，民主党依然雄霸州议会。

1964~1968年出现的情况对美国历史上的选举格局产生了重大影响。尽管新老两代人的冲突是一个因素，但种族问题是关键。两次都参加选举投票的白人中足足有1/3改了党派。1968年，支持戈德华特的选民中的1/5要么转而支持汉弗莱，要么转而支持华莱士，华莱士赢得了他们当中的3/4的选票。与此同时，1964年支持约翰逊的白人选民的3/10的人，到了1968年转而支持尼克松或华莱士，尼克松获得4/5的选票。支持尼克松的选票有2/5在1964年是投给约翰逊的。整整97%的黑人选民投票支持汉弗莱，而支持他的白人不足35%。越战问题的重要性在于，针对美国政府过多征募非裔青年的现象，很多黑人都报以简短的一句话："去个鬼，我们不去！"这种情况在马丁·路德·金以及斯托克利·卡迈克尔干预此事后更加明显。看法恰恰相反的是华莱士的竞选伙伴、美国战略空军指挥部前司令柯蒂斯·李梅将军，他巴不得扔一颗原子弹到河内结束越战。击败汉弗莱的不是尼克松，而是华莱士，华莱士在普选中获得13.5%的选票，在南方5个州获胜，这个结果比他希望的差，但也足以决定战果，淘汰汉弗莱。

这意味着尼克松入主白宫时底气特别不足，注定要跟位于宾夕法尼亚大道另一端的敌对国会至少共事两年，跟关系疏远的美国大城市的黑人社区也是如此。因此，他很幸运，从8月开始，一小批哈佛教授就在为他效力，让他顺顺利利地登上总统宝座，在美国历史上，总统上任过程最顺利的就是他。这批人中的一员就是基辛格。

前文说过，基辛格是哈佛大学总统过渡研究小组的一名创始成员，其他成员包括菲利普·阿里达、弗兰克·林赛和欧内斯特·梅。在整个过程中，基辛格支持洛克菲勒竞选时曾临时退出过，但洛克菲勒在迈阿密出局后，基辛格又重新回到小组，这时小组开始更悉心地根据尼克松的需要开展调研。1968年8月15日，林赛直接写信给共和党候选人，主动提供研究小组对过往总统过渡所做的全部调查结果、接下来的最佳行动的建议，或许还有尼克松可能考虑任命的一些“（尤其是比较年轻的）成员的名字”。林赛指出，如果尼克松竞选获胜，到他正式就职前就只有两个半月安排政府中的20多个最重要职位的人选，这个时间比一般公司或大学安排类似管理人员的时间还要紧张。因此，他应该考虑马上任命一位人事顾问，起草一份可用人员名单；他还应委托研究机构“就新政府第一阶段可能出现危机的问题开展大量研究”。他应该任命一个筛选委员会为关键职位准备一些候选人名单，鼓励委员们不要只盯着政坛，可以到基金会、大学和投资银行去物色人选。候选人来了不搞面试，要举行研讨会，看这些人在小组环境中表现得怎样。他的目标应该是在12月中旬以前安排好所有关键职位。

但是关键职位到底有哪些？研究小组8月的报告列出了尼克松应首先考虑的三个办公室职位：聘任事务秘书、新闻秘书和“国家安全联络与顾问”——“类似于约翰逊身边的罗斯托、肯尼迪身边的邦迪以及艾森豪威尔身边的格雷和古德帕斯特那种角色”。在安排第三个岗位的时候，尼克松应该留意这个岗位上的人和国务院之间可能出现摩擦：用报告上的话说就是，“肯尼迪–约翰逊政府国务院上层缺乏信心、交流和团队精神，这个先例不大好”。未来的总统即便尚未当选，也要选择由谁担任他的“负责军事、金融、经济领域的外交政策问题的主要顾问”。是国务卿，还是国家安全顾问？报告作者指出：“这一决定不仅影响你希望国务卿具备的素质，也影响你授予国家安全顾问的权限大小。”研究小组没有断然声明应该选后者，但有一点他们说得一清二楚，他们认为国务院承担不了这份比较大的职责，因为它“常年存在组织结构上的问题”，过去“对总统没有起到应有的积极作用”。

不仅如此，两个月后，林赛又写了一份很长的报告，内容是“如何对待旧有的政府”，强调必须要有一个风格强硬的国家安全顾问。研究小组的第二份报告建议尼克松，“你在过渡期有一个很艰巨、很关键的问题，那就是要（尽量）把握好国际安全事务”，越南民主共和国谈判的“绝密”文件一定不能让林登·约翰逊夹在行李中运出白宫大门。尼克松必须抓紧行动：“你的国家安全顾问不能像肯尼迪手下的麦乔治·邦迪那样，应该早日任命，尽快开始工作。”当然，可以想象基辛格与同事为尼克松起草报告时把自己代入其中。不过他更有可能是在根据过去的经验提出公正的建议。

11月1日，离普选投票只剩4天了，研究小组给尼克松提交了第三份报告，专讲国家安全方面过渡期的组织问题。这份报告跟前两份不同，上面有基辛格的名字和带有寓意的指纹。研究小组设定尼克松要

“在始终掌控政策方面给自己当国务卿”，任命谁当国务卿就让谁“调动和管理外交使团及相关组织”。他应该力求“保持对军队的中央控制”（这可是罗伯特·麦克纳马拉的一大功劳），继续严格控制预算（这一点麦克纳马拉手下的国防部做得很好）。尼克松不用担心中情局，中情局“效率比较高”。“给您的政府带来迫切问题的”还是国务院，“办事效率不如中情局和国防部”，似乎就擅长“不停地炮制让人看了昏昏然的书面材料”。研究小组建议尼克松“加强国务院”，是说让他增强总统相对于国务院的权力，比如让国务卿和副国务卿“可以互换”位置，让两人都有权任命副部长和主要大使，让他们在职业外交官和部门官员的任免上都有一定发言权。

然而，哈佛大学研究小组11月1日的报告还有一条最重要的建议，尼克松应该考虑重新恢复国家安全委员会，不用邦迪和罗斯托这种不受约束的特别助理。肯尼迪和约翰逊政府不重视国家安全委员会，结果办事极其随意。不错，报告作者指出，约翰逊政府设法重新设立了某种国家安全官僚机构，1966年成立了协调部门——高级跨部门小组，成员有副国务卿（任组长）、国防部副部长、参谋长联席会议主席、特别助理以及中情局、国际开发署和美国新闻署长官。还有由负责地区性事务的各位国务卿助理任组长的若干个跨部门区域小组。这个机制一开始似乎“完全不行”，后经尼古拉斯·卡岑巴赫整顿，现在已运转得非常顺畅。因此，研究小组不反对“先试试高级跨部门小组和跨部门区域小组这种做法，然后再重新组建国家安全委员会或其他正式咨询机构”。但是报告“强烈警告不要走另一个极端——将协调权集中在某个特别助理手中”，除非尼克松愿意考虑安排一个能力很强的助手（就像邦迪手下的卡尔·凯森和罗斯托手下的弗朗西斯·巴特）。关键是要保证不管怎样组织白宫国家安全办公室，都要有足够的人手和资源应对大量的电报往来，还要有比较多的研究人员。

报告的几位作者最后写道："我们研究20多年来的总统任职史发现，没有真凭实据的决定很少，被误解、被曲解、有意无意未予执行的决定很多。"尼克松"千万不能过于拘泥于人们常说的那条原则——总统应该在尽可能长的时间内持续做出尽可能多的选择"（前文说过这是俾斯麦式的恶习）。肯尼迪和约翰逊以为这是美德。然而，"他们到最后一刻还给人一种可以从大量方案中选择一种方案的印象，这样就助长了官僚游说集团的形成"——这在越南轰炸暂停和多边核力量等问题上表现得尤为突出。总统必须经常尽早采取行动，不能安步当车。总之，总统必须说明决定背后的战略观，这一点约翰逊从未做到。

> 19世纪欧洲的大政治家——梅特涅、卡斯尔雷、帕默斯顿、俾斯麦、索尔兹伯里，全都要对自己的行动做出书面解释，因为他们要对君主负责。自然，你也面临同样的需要，因为你要回答记者的问题，要把消息传达给国会和公众，但是，如果你的声明要昭示天下，千万不可像你私底下说的那么直白、那么坦率。未来4年，不仅赢得选民的理解会关系到你的重大利益，而且赢得官僚机构管理者的理解也关系到你的重大利益。

是研究小组哪位成员主笔写的这段话，大家无疑一看便知。

哈佛大学研究小组把针对白宫人员配备的最后一份报告留到了11月6日，即尼克松竞选成功的第二天，才提交。报告起草者们再次利用自身谙熟近几届政府的优势，建议不要任命一个强势的办公厅主任来管控别人接触总统，因为成功的主管需要兼顾"单线见面和分散见面"。总统急需在白宫西翼安排一些忠诚的助手。这些助手不能说自己的观点就是总统的观点，不能在“任何问题上”施行他们“自己的政策”。他们只能匿名对媒体通报情况，因为以前出现过“一些情况，上电视的工作人员夸大了自己的作用”。他们应该准备想出一些“有效的鬼点子”，抵制群体思维①的诱惑。这些人不能够太专于某项事务，但尼克松要杜绝罗斯福那种喜欢复制任务的嗜好，促进属下之间的竞争。最后，报告起草者提出建议：“我们就把顾问称为‘特别助理’，指派他负责国家安全事务，而不说他是‘负责国家安全事务的特别助理’。”他们之所以主张采用这种笼统的称呼，有一个重要的理由，那就是“外交关系顾问应该在思考问题和提出建议时，考虑到国会和内政因素，之后再向您汇报”。

哈佛大学研究小组提交的几份报告向尼克松政府机构（尤其是在是否恢复国家安全委员会这个问题上）悍然宣战了，这场战斗一直持续到1969年。小组邀请的专家评论员包括以前在政府任职的资深高官约翰·艾森豪威尔（他细致描述了安德鲁·古德帕斯特担任德怀特·艾森豪威尔军事秘书时所发挥的作用）和罗斯韦尔·吉尔帕特里克（他曾任肯尼迪的国防部副部长，自然反对恢复国家安全委员会）等人。结果这对肯尼迪的执政方式产生了深刻影响，尤其是在头两年。这里，我们仅需反思一点：这对尼克松决定任命基辛格有何意义？基辛格或许没有完全意识到，他和同事共同执笔了美国外交政策史上最高明的一份求职信。他不仅在《外交事务》上谈越南的那篇文章中阐述了自己的战略宏图（如果我们说文章发表前尼克松见过似乎也合乎情理），而且更重要的是，基辛格及其哈佛同事以极其敏锐的眼光，向当选总统说明了他究竟该如何实施国家安全战略。

---

① “群体思维”一词最初由小威廉·怀特使用，该词出现在1952年发表于《财富》杂志的一篇文章中。怀特因其著作《组织人》而广为人知。

4

基辛格没想到尼克松会直接任用他。他倒是想过尼克松有可能任用洛克菲勒，很可能是让他当国防部部长，然后洛克菲勒再任用自己。选举刚结束，很多人都以为洛克菲勒会进入尼克松的内阁。记者吉恩·斯帕尼奥里向尼克松表示洛克菲勒很适合当国务卿。尼克松的演讲稿执笔人威廉·萨菲尔甚至建议让洛克菲勒的弟弟戴维·洛克菲勒当财政部部长，纳尔逊本人当国务卿。萨菲尔思索片刻，说道："不行，洛克菲勒兄弟俩不能都进内阁。"尼克松甩出一句话，"哪部法律规定内阁必须有一个洛克菲勒？"

洛克菲勒不知道尼克松根本无意任用自己这个长期对手，正忙不迭地召开顾问会议，商讨如何应对尼克松的邀请。大家你一言我一语地讨论得正带劲，突然电话铃响了。打电话的是尼克松刚刚任命的事务秘书德怀特·查平，他是霍尔德曼的年轻助手，后来做伪证的就是他。他希望请基辛格听电话。除了基辛格，在座的所有人都感到这太出乎意料了，谁都不会真的以为尼克松有可能请基辛格出任。其实，基辛格本人也就是认为当选的总统不过是想和他商讨自己的一个假设：克拉克·克利福德盘算在总统就职之前在西贡发动军变。这个想法不久前他跟巴克利提过。

尼克松后来说他做这个决定是因为他和基辛格心有灵犀。当然，他知道基辛格原来"诋毁"过他"在外交政策这个领域的能力"，不过他"认为洛克菲勒的人说这种话可以理解，这笔账应该算在政治头上"。11月25日星期一上午10点，他与基辛格在皮埃尔酒店39层总统过渡办公室见面，谈的是将来的战略，不是以前的政治恩怨。

我知道我们俩在总的看法上很相似，因为我们都相信孤立的重要性，以及有必要影响那些左右世界性均势的因素。同时我们一致认为，外交政策无论如何变化，它必须得坚定才可靠，而且只有可靠才能成功。我对通过巴黎和谈解决越战不抱很大希望，我认为我们需要重新思考整个对越外交军事政策。基辛格也同意，只是他对巴黎和谈没有我那么悲观。我说我决定避开约翰逊失足的陷阱，他几乎是把所有应对外交政策方面的时间和精力都投到越南问题上了，其实越南问题是一个短期问题。我认为如果处理不好长期问题，会危及美国的安全与生存，就此我谈到要恢复北约联盟的活力，还谈到中东、苏联和日本。最后，我提到觉得有必要重新评估对华政策，劝他看看我在《外交事务》上发表的那篇文章，我在文章中首次提出这个想法，认为有这个可能和必要。基辛格说他很高兴我能这么考虑问题……我对基辛格有一种很强的直觉，当场决定他应该来当我的国家安全顾问。

基辛格的回忆不大一样。尼克松给他的印象“几乎可以说是腼腆的：举止有点儿令人捉摸不透，跟言语关系不大，仿佛言语和姿势是两套不同的机制在指挥。他说话声音很小、很轻，边说话边喝咖啡，喝了一杯又一杯。他没要咖啡，但有人往里送”。当选总统，他没有谈战略，谈的是他面临的“巨大组织问题”：

他对国务院没什么信心。工作人员根本不忠实于他……他决定让白宫来负责外交政策。他认为约翰逊政府忽视军队，决策程序没有给总统任何真正的选择余地。他认为必须杜绝中情局参与政策制定的现象：那些人都是从常春藤盟校出来的自由派人士……这些人始终在政治上反对他。

基辛格不痛不痒地回答说“有主见的总统始终都能控制外交政策”。他也认为约翰逊政府办事太草率，尤其是让决策讨论都沦为尽人皆知的周二午餐会。他说，“我感觉要更有章法”，但是要避免艾森豪威尔时代那种“严格的形式主义”。这个时候，话题才转到外交政策上来。基辛格自己说，他提了一个比较模糊的想法，政策必须“跟超越任何特殊政府的某些国家利益基本原则挂钩”，这种措辞更容易让人想到现实主义，而不是他一贯主张的理想主义。

从这以后基辛格就犯糊涂了。尼克松似乎邀请基辛格“以某种规划者的身份”加盟新政府，但让他担任什么职务却说得不具体。基辛格以为如果邀请他当内阁成员，那就是当洛克菲勒的手下。谈话戛然而止。基辛格很惊讶，尼克松竟命令霍尔德曼给他的哈佛大学办公室装一部直拨电话。然后，霍尔德曼告诉基辛格，他的职务类似于参谋长，还说“总统特别助理”头衔中的“特别”二字将会拿掉。基辛格有点儿不明就里，回到哈佛大学，正好赶上下午4点钟的研讨课。

很明显，基辛格真的以为总统是让他去当洛克菲勒的下手。面见尼克松的当天，可能是在研讨课课后，他给洛克菲勒草书一封，概括说明他设想可以如何重组国防部，保留麦克纳马拉当部长时的优点，尤其是不经过国家安全顾问这道中间环节，直接接触总统，与此同时修复与军队首长的关系，“因为麦克纳马拉部长留下了长久的创伤”。信中委婉地建议为自己设立一个新的职位：负责政策与项目的副部长，职责是“（1）在跨部门非正式顾问团委员会上代表部长处理国家安全和情报问题；（2）代表部长在应急规划和准备设定武力级别的总统备忘录草案方面跟参谋长联席会议打交道”。这些全都是白费功夫。第二天洛克菲勒打电话告诉基辛格，尼克松不要他了；还是要他留在奥尔巴尼当他的纽约州州长。一小时后约翰·米切尔来电话请基辛格回纽约讨论“他在新政府的职位”。基辛格还是不知道尼克松请他担任什么职务，就咨询曾经当过他的导师、现在主管福特基金会的麦乔治·邦迪。邦迪还是那副居高临下的德行，他认为他们不过是让基辛格在国务院当个助理秘书之类的小官，建议他争取乔治·凯南原来的职位，政策规划办公室主任。这也没说到点子上。27日，基辛格来到纽约，米切尔一见面就问：“国家安全顾问你决定干还是不干？”基辛格说他还不知道要让他当国家安全顾问。米切尔喃喃自语道：“啊，我的天哪，又让他给搞砸了！”他大步流星地走过大厅，进入尼克松办公室，一会又回来请基辛格进去。最后当选总统总算痛快说出口，他希望基辛格当他的国家安全顾问。

如果基辛格一直在密谋争取这个职位，也许他会毫不犹豫地接受，尤其是大家都知道至少还有另外三个人也在考虑之列①。不过，他要求给他一点儿时间找同事谈谈，对于这个“非分之请”基辛格后来想想都感到脸红。（尼克松出奇的谦逊，建议基辛格找哈佛大学卡特法理学教席教授朗·L. 富勒谈谈，尼克松在杜克大学法学院念书时听过他的课——好像当选总统需要出具一封推荐信。）然而，基辛格一时犹豫其实反映出他一直对尼克松心存疑虑，这个人“20多年来在政治上始终令人反感”。他预计过在国防部洛克菲勒手下当差会遭遇什么困境，为此甚至找到格洛丽亚·斯坦娜姆发表在《纽约杂志》上的一篇文章《合作问题》；这是一个老问题，20世纪50年代基辛格办《合流》杂志的时候就在考虑。约瑟夫·克拉夫特听到尼克松要任命基辛格的风声，

① 其他被考虑的人还有外交政策研究所创始人罗伯特·斯特劳斯–休普，心理战专家威廉·金特纳，威斯康星州的防务承包商、利顿工业公司的总裁罗伊·阿什。斯特劳斯–休普成为美国驻斯里兰卡大使，不过他对自己没能受到尼克松及其幕僚的重视而感到惋惜。金特纳在外交政策研究所大展拳脚。阿什继续担任管理与预算办公室主任，他也曾被建议任命为尼克松顾问委员会执行机构的主席。

基辛格惶恐不安，恳求他不要跟别人说，更不要写文章发表。尽管洛克菲勒手下的工作人员得知消息后感到很沮丧（有人还挖苦地唱道："我不知道基辛格现在是何许人也。"），洛克菲勒规劝他立即答应——8年前肯尼迪主动邀请基辛格时洛克菲勒也是这么劝他。阿瑟·施莱辛格也是同样的话。11月29日星期五下午，基辛格打电话给查平说愿意。接下来那个星期一，尼克松把他介绍给在皮埃尔酒店急切等待的一群记者。

当选总统明确表示，基辛格的职责和以前的罗斯托和邦迪都不一样。他的首要任务是"彻底重整国家安全委员会的工作"，让国家安全委员会做好更多应急规划，"不要等到事发之后再采取行动"。尼克松宣称："基辛格博士深知他不能把自己当作一堵墙，横在总统与国务院或国防部之间。我希望国务院很强大。"接着尼克松详细说明他设想的新国家安全委员会是什么样子。

> 我这个人喜欢听取广泛意见，我相信，基辛格博士已经制定了，正在制定一套很令人激动的新程序，保证美国总统不仅仅能听到想听的话，这对白宫工作人员来说始终是一种诱惑……岗位责任重的人、真正有能力进行创新思考的人，经常困于没完没了的电报中，这些电报大多跟他们考虑的问题没有真正联系。我不希望他（基辛格）躲进白宫战情室，耗费太多时间一份一份地看电文。

"基辛格已经制定了……正在制定……"从尼克松的口误可以大致看出事情的真相。尼克松不仅读过基辛格的《核武器与对外政策》，还读了他的大量其他著作和文章，为他所折服。尤其让他佩服的是哈佛研究小组提出了如何最好地管理总统过渡期的建议。他们的工作做得很漂亮。尼克松揭晓基辛格任职消息（地点在瑞吉酒店，离皮埃尔酒店仅6个街区）的头一天，研究小组又开了一次会（这次基辛格没有参加），商讨起草一份新文件《振兴、简化国家安全委员会》。第二天阿里达写信给霍尔德曼阐述研究小组的想法，说有必要在白宫设立中央项目规划办公室。前大法官、马萨诸塞州的艾略特·理查森这次也应邀参加讨论。（尼克松后来任命他为副国务卿。）11月4日，研究小组有关《振兴、简化国家安全委员会》的一份重要文件送到了基辛格手上。尽管其他事情也比较重要，但其实尼克松的当务之急是复苏国家安全委员会。

基辛格的任命状当然可以被理解为他和尼克松心有灵犀，但也不仅仅如此。任命他为国家安全顾问也是为了彻底整治外交政策制定机构，为此基辛格亲自参与了整治蓝图的起草工作。新闻发布会上显然是尼克松唱主角，那些记者都不知道他是在背诵基辛格写好的脚本。

或许这幅蓝图最有意思的地方是它深邃的历史性。研究小组成员欧内斯特·梅执笔的一份报告题为“历史学家与外交政策过程”绝非偶然。该文主张引入英式自动解密制度（但只要12年或20年就自动解密，不像英国需要30年），便于学者研究近期历史。基辛格批评约翰逊政府时一再提到其对历史的无知，上自总统本人，下至到越南打仗的“小兵”，莫不如此。整个指挥链似乎没有一个人有丝毫的意识可以从历史中吸取教训，哪怕是从刚刚过去的历史中吸取教训。这一方面反映出学习过程没有制度化，另一方面说明军人在越南的服役期太短。同时，这也反映出美国官僚机构崇尚法律训练的先入偏见。基辛格与塔夫茨大学政治学家约翰·P. 罗奇[①]（此人1966—1968年任约翰逊总统

① 此事发生的背景是美国政治学会于1968年9月举行的一次会议上，进行了主题为“知识分子与白宫决策者”的小组讨论会，两人有所交流。

的特别顾问）的冲突耐人寻味。罗奇声称“如果苏联决意救助那些被保护国，整个世界历史对我们没什么影响”。基辛格对此非常不屑。

> （基辛格回敬道）你必须懂得什么样的历史是有关联的。你必须懂得什么样的历史可以汲取经验。我肯定种苹果的人会对牛顿说，苹果方面的知识他也不是无所不通。历史不是食谱，无法随意翻阅。有些历史和很多形势都有关……（律师是）政府中最重要的群体，但是他们的确有缺陷——历史知识不足。

尼克松政府没有吃不懂历史的亏，却吃了别的亏。

5

基辛格被任命的消息于11月29日见诸报端，前文说过这一点于12月2日得到证实。总统任命官员很少像这次一样引起广泛的热烈反响。美联社喜欢基辛格的相貌，说尼克松提拔上来接替沃尔特·罗斯托的人“身体结实、下巴方正、为人谨慎”。《纽约时报》记者詹姆斯·莱斯顿称这次任命“是一个令人宽心的迹象”，“说明新政府将对安全方面的重要问题重新进行评估”。基辛格“很聪明、善于表达、特别勤奋”。该报对基辛格的描述是“干练、有条理、要求严格”，有一种“自嘲式的幽默感”，而一篇重要文章特别赞扬他“在思想和意识形态上不刻板”。巴克利打趣道：“自从弗洛伦斯·南丁格尔以来，还没有哪一个公众人物被如此广泛称颂。”

国外的媒体也表示欢迎，但说法有褒有贬。伦敦《泰晤士报》称赞他是“一位提倡美国进行军事武装的主要知识分子”，“在东西关系研究中以强硬、客观、现实著称”。但是这份英国当权派的报纸不指望“基辛格博士……会像罗斯托那样有影响力”，因为“他不会对自己很有信心。他有可能制定政策，更有可能暴露困难，提倡谨慎”。《经济学人》表示不敢苟同。该杂志在基辛格的作品中发现“他对当今的陈词滥调有一种卓越的抵抗力，间或还能承认自己有可能说错话，这一点做得得体，招人喜欢……他的确为新政府带来一种思想上的霸气，难能可贵”。左派方面，《卫报》说他是“走强硬路线”，“是和他的两个前任一样略带强硬的风格”。该报一向同情移民，很得意地指出基辛格的母亲是“一位和蔼的德国女性”，“纽约有钱人家举办宴会她会偶尔去帮厨”。《法国世界报》称赞基辛格“是一个好说话的人，善于倾听，不会有先入之见”。德国《时代周报》认为可喜可贺，因为尼克松这次聘用了两位知识分子，除了基辛格外，还有丹尼尔·帕特里克·莫伊尼汉，莫伊尼汉将负责城市事务（说明美国城市的种族暴乱在加剧）。然而，在铁幕的另一边，基辛格因其“冷战哲学”而遭到谴责，这也在预料之中。

无可否认，美国媒体对新政府的任命表示热烈欢迎，这只不过是尼克松和新闻界宿敌的出人意料（而短暂）的蜜月期的一种表现。不过，学术界对基辛格高升同样感到高兴。亚当·亚尔莫林斯基似乎表达了所有哈佛教师的心声。他说：“基辛格到白宫工作，我睡觉都香一些。”斯坦利·霍夫曼称他的同事是“大德大智之人”，“不是那种甘愿任人摆布的人”。约翰·肯尼思·加尔布雷思、卡尔·凯森和乔治·凯南也很兴奋。尽管施莱辛格对尼克松最初任命的几位内阁成员吝于褒扬——“没有特色但也不会引发灾难性后果”，但他无疑表示“最佳任命”是基辛格。12 月初，普林斯顿大学举办了一个题为“美国：问题、影响及其世界形象”的大型政治学会议，基辛格迈着矫健的步伐出席大会，受到东海岸知识界的广泛赞誉。普林斯顿大学左翼历史学家阿尔诺·迈尔是新政府官员任命之初少有的一个表示异议的人，他批评基辛格“总是对苏联政治行动者的外交政策行为抱有成见，依然强调包括拉美在内的非西方世界的共产党政权‘无疑会成为反对西方政策的中心’，因此必须加以阻止”。这番话跟约翰·伯奇协会的罗伯特·韦尔奇的抱怨相映成趣。韦尔奇说尼克松的新顾问“有一种强烈愿望——可能是一种理想的强烈愿望，希望美国、德国及其他所有国家都只不过是一个世界性帝国的具体地域实体…… 这个世界性帝国掌握在共产党手里”。总之，只有那些处于政治边缘的人才会真正反对基辛格被任命为国家安全顾问。

12月16日，基辛格在哈佛大学上最后一次研讨课，课堂上真正呈现出一派喜庆气氛。哈佛大学比大多数学校都热爱权力，在这个人人高兴而自信的上午，似乎亚瑟王的智囊团又重操旧业了。基辛格讲完，全场听众竟然起立鼓掌。(“这会奇迹般地治愈我的自大症”是新时代的第一句俏皮话。) 最后这堂研讨课上的演讲嘉宾莫顿·霍尔珀林讲的是《越战后的亚洲安全》，已经开始为新官上任的基辛格效力了。霍尔珀林曾在国防部部长麦克纳马拉手下任职，后来又回到国际事务中心。说到“如何将麦克纳马拉用于国防的技巧运用到外交政策领域，解决外交政策问题”，他似乎最有发言权。他引用一张典型的国防部示意图，图上总统的国家安全助理位于金字塔顶的格子里，金字塔上还包括国家安全委员会成员、规划助理及规划办工作人员。他建议将副国务卿负责的高级跨部门小组替换成由国家安全顾问负责的新型评审小组。霍尔珀林是一批有待提拔的智囊之一：麻省理工学院校长杰罗姆·威斯纳在通报军备控制情况时提出过一个12人的名单，霍尔珀林就在名单之列。这些人大多是老朋友、老同事以及哈佛–麻省理工联合武器控制研讨会的资深成员，如保罗·多蒂、卡尔·凯森、伯尼·费尔德等。弗兰克·林赛的研究小组的规模现在已经扩大了很多，很快赶出了最后一份报告，为行政机构改革这部碾磨机提供了更多的原料。兹比格涅夫·布热津斯基提出了国务院改革的“浅见”。到圣诞节前夜，基辛格还听取了安德鲁·古德帕斯特对艾森豪威尔政府国家安全委员会运作内幕的介绍。到新年前夕，基辛格给欧内斯特·梅写信表示歉意，因为对方向他推荐了一些拉美事务专家候选人，而基辛格没有及时回复。他坦言：“不说你也知道，在纽约工作比我刚接手这份工作时所想象的要繁忙混乱得多。希望20日之后事情会安定下来”——尼克松就职定在20日。基辛格真的就忙得这么焦头烂额吗？不是，他眼下风头正劲，说这话不过是想让这位被怠慢的同事心里好受一点儿罢了。

对这一切，即将离任的政府成员都看在眼里，他们都带有偏见，不肯承认自己的工作模式有待改进。11月3日，在约翰逊的最后一次午餐会上，大家不知不觉地就谈到新任命的国家安全顾问：

总统：你觉得基辛格怎么样？

国务卿腊斯克：理论上有一套，实践上不怎么样……不过他在巴黎和谈问题上很诚实。

沃尔特·罗斯托：……亨利这个人很正直、正派……但他对亚洲的紧急情况不大了解。

其他人比较仁厚。如果说埃夫里尔·哈里曼怀疑基辛格透露了巴黎和谈的机密，但他也没有任何表示。12月3日，他主动提出如果基辛格在政府过渡期间有工作上的需要，可以搬到他纽约的公寓去住。可是没过几天他又要回了自己的住房：1969年1月5日，尼克松宣布让亨利·卡伯特·洛奇代替哈里曼主持巴黎和谈。赛勒斯·万斯也退出和谈，他对基辛格的临别赠言是“要避免出现一种情况，即谈判者希望采取的每一步行动都必须征得华盛顿和西贡的同意”。这种希望也很渺茫。卡岑巴赫的离职也很体面，不仅给了基辛格一份他要的“12人左右的杰出外交官”名单，而且额外给了基辛格他一直在酝酿的计划的材料，里面有他“设计的恢复美中关系的一些细小而积极的步骤”。与此同时，尼克松宣布菲利普·哈比卜留任巴黎和谈小组成员、提拔亚历克西斯·约翰逊为副国务卿，这样基辛格在国务院这边就有三位重要盟友。基辛格很早就计划将国务卿边缘化，这时已经开始做一些准备工作。尼克松任命几乎毫无外交政策经验的司法部前部长威廉·P. 罗杰斯为国务卿无关紧要。无论谁当国务卿基辛格都会让他靠边站（当然律师败在他手下他感到更痛快）。

华盛顿在召唤他。自从给肯尼迪当助手起，他就开始了解华盛顿，不过1961年以来这里发生了很大变化，1967年他来过一趟，那是给约翰逊汇报“宾夕法尼亚”计划，也没人带他参观一下。邦迪倒是给他写过一封信，信的口气有点儿冷淡，但内容不无裨益，白宫西翼能用到哪些设施，里面都提出了详细建议。他说，基辛格的办公室设在地下室，“靠近战情室，里面有值班员，堆满文件和信函……战情室真的是个情报和报告中心，间或也用作指挥中心”。室内可以看到一部“热线”电话，是古巴导弹危机后装的，危急时刻可以直接从白宫拨通克里姆林宫的电话：不是一部红色电话机，是一个电传系统，由一帮“年轻聪明的观察员”昼夜操持（天天都测试）。邦迪写道，热线曾经是他可动用的最重要工具，但用得最少。他说战情室“真正的用途是通报绝密情况……里面有很好的屏幕和内置式黑板”，但他表示肯尼迪和约翰逊都没这么用过。总而言之，邦迪一定会报告说基辛格的新工作环境尽管有各式各样的优越条件，“但很多办公室没有窗户，在地下，出入不便”。然而，特别助理以及战情室是“总统履行和平与战争职责的贴身行动工具”。邦迪提出的一条最具建设性的建议，是“在国务院7楼”加装“一个快速文件传输系统”，“让助理与国务院众人之间的交流快速而广泛”，对此，基辛格毫不犹豫地不予理睬。

邦迪的后任沃尔特·罗斯托一向踌躇满志，他建议基辛格什么都不改变。在离任总统欢迎基辛格重返白宫之前，罗斯托为约翰逊起草了一份备忘录，为周二午餐会的随意性辩解。他写道：

> 午餐会是原先国家安全委员会的一种随意形式，实际上是经过工作人员悉心准备的例行国家安全委员会会议，它有一个优点，为总统和主要国家安全顾问创造了一个人性化的环境。这个组织最重要的一点是大家关系要密切；每个成员都能在总统面前自由公开地辩论；大家对彼此都忠诚而且都忠于总统……总统的国家安全顾问如果能让这个极为重要的组织中的成员彼此忠诚、忠于总统，他就发挥了非常重要的一种作用……

他补充了几乎是事后才想到的一点：“这份工作很难但很有意义”。他对基辛格的最好建议是不要忘记平凡事务会消耗大把大把的时间：“不能完全反映与有关部长充分协商的玫瑰园演讲、和媒体的非正式会晤、规划外国元首访问白宫及总统出访、给国会议员等人草拟信函，等等。”他最糟糕的建议是“抓住整个老挝，避开越南共和国”。即将离任的总统有一个典型的愤世嫉俗的观点，他对此自鸣得意：“看看专栏作家写的文章，如果他们说你团队中的一个成员善于思考，忠心耿耿，或者用了其他一些善意的形容词描述他，立马把他开除。他会泄密。”

基辛格没有低估自己肩负的重任。谁都不会允许他低估。洛克菲勒出手大方，同时表示基辛格从此获得解放，给了他一张5万美元的支票，“表示我对你的友谊，也表示我对你在我手下为美国人民所做工作的感激”。（基辛格问询后发现接受礼金是合法的，就收下了。毕竟他是离婚教授，休了那么长时间的学术假，现在拿的是政府工资。他需要这笔钱。）阿瑟·施莱辛格始终很好奇：

我问基辛格尼克松是不是他想象的那种人。基辛格的回答令人很费解，他说有些事以前他很担心，但现在放心了，不过又碰到其他出乎意料的事，也许将来会有麻烦。我说得知他被任命的消息我特别开心，他可怜地说：“我只能说希望你一年后会同样开心。”

加尔布雷思说的话也大同小异。他对《纽约时报》记者说，要真正检验基辛格受不受欢迎，“得看4年后亨利回来大家是什么反应”——加尔布雷思很狡猾，他的言外之意是尼克松只能干一届。

但是，扮演御夫座角色的是弗里茨·克雷默，他在罗马战斗胜利时在胜利者耳边低语谏言：你不过是凡夫俗子。1968年12月9日，在新政府越堆越高的任命推荐信中又增加了一封克雷默的推荐信，信中把一位44岁的军官好生夸赞了一番。这位军官是刚从越南归来的英雄，但克雷默在国防部工作时就认识他。克雷默很聪明，委婉地表达了自己的看法，赞扬这位年轻军官身上的素质，暗中希望自己以前的门徒能在新的岗位上也表现出这样的素质：

这位中校（在一个等级森严的世界里获得这个头衔可不容易）能以极为非凡的勇气坚持自己的立场，通过书面和非正式谈话孜孜不倦地对上级进行反驳。因为他不咄咄逼人，性情沉静，你说怪不怪，他这么做并不会引起别人的反感。后面这种本事或许比他思想行动的独立更引人注目。

而且，他在国防部一路升迁，最后当上麦克纳马拉部长的军事助理，由于他具有这种完美品德，因此官职高了，但人没变坏。

最后他被安排到麦克纳马拉的里间办公室办公，通常陪国防部部长到白宫和国家安全委员会开会的就他一名军人。身居这种对年轻军官尤其有诱惑力的高位，他依然能保持高度正直，甚至连麦克纳马拉也不能不佩服他，一般情况下你要他佩服别人，没门儿。麦克纳马拉……说过……“敢当面顶撞我的军官只有两个，他是其中之一”。然而，他就是能无所畏惧地提意见，同时又能得到一个极难相处、极其独断的人的尊敬与信任。

克雷默写道，具有这种品性的人如今是凤毛麟角。他用一种能引起基辛格共鸣的语言写道：“我们这个人云亦云的时代不是培养这种人的沃土。”

接下来他谈到正题：“你这个新的岗位责任重大，你会很孤独，你至少需要依赖少数几个非常可靠、为人正直、思想深刻的人。”克雷默举荐了亚历山大·黑格，基辛格毫不犹豫地任命他为军事顾问（12年之后，黑格接过其衣钵成为国务卿）。对基辛格而言，黑格满足了他的需要。他自己的哈佛大学研究小组曾特别建议尼克松“白宫至少要有一个工作人员应对国防部了如指掌”。不过，克雷默谈的不仅是黑格，也是在谈基辛格。（他写信说明不是找基辛格帮忙：“事实上，我们俩不是很好的朋友，只是相互尊敬而已。”）

我认识你有一段时间了，我深信这个人不仅仅能为你立下汗马功劳。此刻人人都想从你那里得到点儿好处，因为你的职位这么高……然而，国家形势非常艰难危险，我们少有的人才必须走上能在客观上发挥最大作用的岗位，能在自己的岗位上忠诚有效地辅佐你这样的人，国家前途全靠你们了。

基辛格的前半生到此为止。成长期结束了，成熟期终于开始。最终谆谆告诫他的是他的启蒙老师——他的靡菲斯特。

一部成长小说

每一件发生在我们身上的事都会留下痕迹，每一件事都在不知不觉中塑造我们。

——歌德，《威廉·迈斯特的学习时代》

亨利·基辛格前半生的经历是一部真正的成长小说。它像歌德那部影响深远的小说《威廉·迈斯特的学习时代》一样，是一个关于亲身经历的教育的故事，有时候这种经历还很痛苦。

基辛格所受的教育分为5个阶段，而威廉·迈斯特经历的阶段有7个。第一阶段是基辛格年轻时经历德国暴政，领略美国民主，参加第二次世界大战。第二阶段是他在哈佛大学初步接触哲学上的理想主义和历史知识，首次在“波士华”将这些学术见解应用于核战略这个新领域。第三阶段是在肯尼迪执政的那些令人眼花缭乱、危险重重的年月里，他从华盛顿特区的政治现实中吸取了惨痛教训。接着是他全身心投入在越南进行的新型战争。最后，基辛格在巴黎学会了外交欺骗。

他在前4个教育阶段取得的进步都有良师相助：首先是弗里茨·克雷默，一个戴单片眼镜的靡菲斯特，穿一身橄榄绿军装；接着是威廉·艾略特，来自美国南部的牛津派理想主义者；然后是麦乔治·邦迪，白宫里的白人盎格鲁–撒克逊新教徒；最后是纳尔逊·洛克菲勒，他有意成为一名艺术收藏大家，支持基辛格反对马基雅维利主义，基辛格给他的建议有多理想化，他追逐权力的表现就有多天真。他们每个人都以不同方式鼓励和发展了基辛格的理想主义，使之从哈佛岁月里曲高和寡的康德哲学演变成洛克菲勒渐入佳境的演讲中更加切实可行的口号。然而在最后一个阶段，基辛格孤身作战，全力应付越南困局，学着尊重俾斯麦、戴高乐和摩根索等人身上体现的现实主义范式。

从1945年到1969年，基辛格经历了4位占据世界权力巅峰之位的人物：杜鲁门，遏制战略的坚定执行者；艾森豪威尔，推行核威慑和边缘政策的冷静管理者；肯尼迪，魅力超凡但两面三刀的灵活反应战略大师；约翰逊，不择手段、把有限战争理论变成无限政治灾难的牛皮大王。初出茅庐的基辛格作为一名政策顾问，把他们逐个批判。那段时期，他一直希望纳尔逊·洛克菲勒能当选总统。他把纳尔逊理想化为美国的贵族、温和的共和党人和开明的领导人。基辛格万万没想到自己最后成为暗地里阴险狡猾的理查德·尼克松的国家安全顾问，这个人无论在理论上还是实践中都是一个十足的现实主义者。因此，任何把基辛格的一生描述成在通往美国政坛巅峰的艰难道路上爬行的言论都歪曲了他的纯真和对洛克菲勒的忠诚，虽然有足够的证据证明这位纽约州州长从不肯屈尊为确保获得党内总统候选人提名而做一些必要的事。没错，洛克菲勒的对手们络绎不绝地来请教基辛格，通常基辛格也会给他们一些建议，在所有来访者中，他最抗拒的就是尼克松。基辛格从没想过自己会被任命为国家安全顾问，直至尼克松做出明确表示。直至那时，基辛格仍在犹豫接还是不接，即便尼克松是所有候选人中最乐于接受改革国家安全政策制定体系建议的，而基辛格是这些建议的草拟人之一。

在每一个学习阶段，基辛格都能学到一些有关外交政策本质的新知识，逐渐确立起自己对国际关系的一套看法，直至20世纪60年代末，几乎无人能出其右。一个曾经在希特勒政权下生活的犹太人，逃难逃出德国，后来又以美军士兵身份回到德国，感受到大屠杀的恐怖。从这些经历中，他学到了什么？早前的作家缺乏回答这些问题的知识，所以他们猜测基辛格要么是痛苦的，要么是压抑的。但正如基辛格本人对父母所言，“不是每个从这场战争走过来的人都是神经质的”。这些经历彻底改变了他，但用尼采的话说：杀不死他的，只会使他更坚强。他父亲曾强烈要求他“强硬”地对待德国人，他对父亲说：“对那些参加了纳粹党，对造成这场苦难负有责任的人，我很强硬，甚至残酷无情。但到了一定时候，我们应该摒弃这种负面态度；到了一定时候，我们应该做出一些积极的行动。或者我们必须永远留下来守卫这里，防止出现混乱局面。”或者，正如得知希特勒死讯的那个晚上，他对朋友罗伯特·泰勒说的话：“我们俩都会留下来尽绵薄之力，不能让所有牺牲同胞的鲜血白流。为此，我们愿意长期留守。”作为一名肩负消灭纳粹任务的反谍报部队军官，他告诉他的队员：“我们还必须行动坚决，决策公正，快速执行决策，向德国人证明民主确实是一个可行的解决方案……一有机会就用语言和行动证明我们理想的力量。”

其他从“二战”战场回来的人都精神崩溃了，但基辛格却像个胜利者——不仅战胜了德国人，还摆脱了正统犹太教传统的束缚。他告诉父母：“世俗中的某些关系现在对我来说没多大意义。我已经开始根据德行来评判一个人了。”在战争中，基辛格不但获取了力量，受克雷默影响，他还学会了如何生活。无论是审讯纳粹嫌疑人还是给美国同胞当老师，他都能兴致勃勃地投入工作。但他同样学会了抽空享乐：“如果一个人不能在有生之年尽情享乐，人生又有什么意义？”

但他从战争中学会的最重要一课还不是这些。1948年7月，基辛格从德国回到美国一年了。他在一封信中解释说：“事情不只有对错之分，中间还有大片灰色地带”；“生活中真正的悲剧不在于选择对错”；因为“只有那些最铁石心肠的人才会选择认为他们明知是错的……真正的两难选择在于灵魂的困惑，是它引起了我们的痛苦”。1941年之后，“二战”本身即是一场邪恶势力之间的战争，一边是希特勒，一边是斯大林。人们要在两股势力之间选择，左右为难。要认清较之纳粹德国，苏联危害较小，并非易事。在迥然不同的势力之间做选择有个好例子，那就是欧洲德占区的人们，或者说还有那些独裁大国内部所面临的抉择。“在这种情况下，那些在乎个人价值的人是否应该马上公开反对？或者，是不是来自该组织内部的反对才是最有效的？”年轻的基辛格相信这个问题可以交由阿尔贝·加缪回答。正如基辛格所说，这一疑问引发了“一系列微妙的问题”，“这些问题只有那些经历过外国占领或者极权统治的人才有道德权利去讨论”。当然，他在希特勒的魔爪下生活过，所以他能冒天下之大不韪回答说：“区分恶棍和英雄往往不能看其行为，要看其动机。在极权统治时期，这可能会瓦解所有的道德约束。”他在博士论文中又重提了这个话题，认为有时候“暴露自己的目的会招灾惹祸”。有时候一个国家由于无力抵抗，不得不安抚敌人，这就有必要寻求外部合作。同样在这种情况下，“区别恶棍和英雄、卖国贼和政治家不能看行为，而要看动机”。

基辛格终其一生都认为大多数的战略抉择是在邪恶势力之间做出的。例如，他在《核武器与对外政策》一书中写道：“为维持最起码的均势……可能要做出一些非常艰难的选择。”

> 我们肯定会遭遇一些非常不明朗的局势，像内战或者国内政变……毫无疑问我们应该防患于未然；但一旦事情发生，当只能在邪恶势力当中择其一的情势下，我们就必须下定决心去行动和冒险。我们不能放弃自己的原则，但我们也必须认识到，在生死关头不能死守原则。

如果这些东西基辛格甚至在从德国回来之前就已经懂了，那他在哈佛又学到了什么呢？首先，他懂得了个体自由的实质。他在毕业论文里记录了自己的认识，说他年轻时“一切看似无限多的可能”中只剩下了“一种现实”，他第一次遇到了“必然与自由的问题、我们的行为无可挽回的问题、我们人生的导向问题”。1945年的节节胜利令人欢欣鼓舞，随之而来的却是一段“令人疲惫不堪的日子”。在这段日子里，他欣慰地认识到自由“作为在有意义的选项中做决定的过程，是一种生活的内在体验”，正是它使个体能够“从过往的痛苦和历史的挫折中振作起来”，实现“能够带来安宁的自我超越”。

在哈佛，基辛格还了解了历史本身。他学着用历史类比法去分析历史事件，时刻牢记“两个历史事件之间存在的任何关联依靠的不是精确对应，而是面临问题的相似性”，因为“历史教训要通过类比得出，而非寻求一致”。研究外交事务，对历史背景的认识不可或缺。尤其是因为一个民族要“通过对共同历史的认知”来识别身份，历史可以被理解为“国家记忆”。因此，历史研究是认识其他国家的指南。基辛格在这个基础上进行研究，洞悉了1815年和1945年世界局势的异同。两次世界大战对重建一个合理的国际秩序都势在必行。两次世界大战的主要障碍都在于出现了一股（1949年以后变成了两股）革命力量。历史教训是美国当时与整个欧亚大陆的关系就像英国一度与欧洲的关系一样。仅仅充当协调者是不够的，还必须通过削弱革命势力的危险力量，建立一个合理的国际秩序。

在《核武器与对外政策》中，基辛格承认世界格局已经被广岛事件改变，但这种改变并没有当时大多数人所认为的那么大。正如1815年后克劳塞维茨开始意识到，未来并非所有的战争都会和拿破仑发动的那些完全一样，基辛格认为在超级大国和热核武器时代，有限战争仍会打响。无论在当时还是今天，这一观点的惊人程度不容小觑。我们同样不能忽略它在战略上存在的根本缺陷：无论是基辛格还是后来的北约战略家，都无法为使用核导弹可能会引发全面的世界大战这一巨大风险开脱，无论使用核弹的意图是什么、使用规模多大。但比起发动有限核战争，基辛格历来更关心这样一条原则——一个国家更需要有有效威慑使用武力的能力。这才是其观点中最核心的弱点。

基辛格是一个康德式而非威尔逊式的理想主义者。威尔逊认为，美国应该“在我们的道德、法律和军事立场完全协调的情况下采取行动”。对此，基辛格的一贯答复是：“要处理这样模棱两可的问题，前提是采取一个合乎道德的行动——对原则退而求其次并甘愿为之冒险。”天真地咬住原则不放是美国外交政策中自由主义传统的鲜明特征，“为不作为找借口”。正如他在1956年对斯蒂芬·格劳巴德所言，“一味坚持合乎道德的立场本身就是最不道德的”。但基辛格更提防的是现实主义者，或者用他更为准确的称呼——实用主义者。那些人宁愿悄悄地把古巴、东柏林、老挝和越南共和国拱手让给共产党也不愿意冒险与莫斯科或者北京发生正面冲突。虽然基辛格没有过多地与20世纪30年代做比较，但他深知在外交政策上，斯大林和他的继任者们可不是希特勒；然而，他还是指出：鲍德温和张伯伦自认为是20世纪30年代“强硬的现实主义者”。基辛格绝不是马基雅维利主义者。的确如此，他在哈佛的职业生涯有一个很明显的特点：对佛罗伦萨那一套以及像以赛亚·柏林那帮试图为现代观众对其进行重新解读的人不屑一顾。从这一点看，基辛格没读过的书（众所周知，列夫·托尔斯泰的《战争与和平》他也没读过）跟他读过的那些几乎同样重要。

作为一个政治原则，基辛格的理想主义在他1958年接受迈克·华莱士采访时说得再清楚不过。在那次采访中，他呼吁美国“在全球发起精神攻势”，这场攻势会让人们认识到美国是认同当时的后殖民革命运动的，而不是反对：

> 应该说自由，如果它是毫无拘束的，可以实现很多目的……即便我们已经着手采取建设性的措施……我们总是说这么做是因为存在共产主义的威胁，极少会说这样做是因为我们有内在的动因……我们应该这么说：“我们做这些事是为了我们所代表的价值观，不是为了打败共产党。”

这样的话公共知识分子也会说，一点儿也不难。但在基辛格受教育的第三阶段，他开始意识到作为一名决策者除了会说漂亮话，要懂的事情还有很多。那是在20世纪60年代，他形成了或许是他对政治家风范的本质最为重要的认识，他称之为“猜测问题”。首先，基辛格会区分两个选项，“一个是最省力的，另一个是要多花些力气的”。如果一个政治领袖图省事，“那么随着时间推移，结果他有可能是错的，并将为此付出沉重代价”。但如果他“在猜想的基础上”选择更难的选项，“虽然他当时无法证明自己的努力是必要的，但他可能会避免日后很多的伤心事”。问题的症结在于，“如果他及早行动，他并不知道这样做是否有必要；如果他再等等，他就有可能走运，也有可能倒霉。这是个很糟糕的两难选择”。

在后来的一次描述中，基辛格的说法稍有不同。他说，制定政策要有“在已知基础上预测的能力”。

> 但是，如果你处在一个新的领域，那么你会觉得很为难，因为几乎没有什么能指导你决策，只能靠你的信念……每位政治家在某个时候都必须做出选择，究竟是希望把握十足呢，还是希望依靠自己对形势的估计……这不是说每次你在一个不确定的情况下靠估计来行动就能做得对，只是说如果你想拿到可以展示的证据，在某种意义上你就会为环境束缚住手脚。

对基辛格来说，关键在于不确定性，它不可避免地伴随着所有的战略抉择。为此，“一个人对现实的本质、对其面临的历史潮流的本质所做出的哲学假设”必定会成为“外交政策实践的决定性特征”。和知识分子不同，“政策制定者是历史进程的一部分，他们做出的决定是不可逆转的，每一个决定都会成为下一个决定的事实基础”。本质上，事前“正确”的决定所得到的回报与事后证明是错误的决定所受的惩罚相比，实在是微不足道。如果1936年民主国家起来反对希特勒，也许“二战”就能避免。但那时候没人经历过“二战”，所以他们也就不知道要避免什么。相形之下，如果1936年在莱茵兰一决胜负，任何无意中造成的不利后果都会被归咎为“支持先下手为强”。相反，如果1965年约翰逊听从乔治·鲍尔的建议，对越南共和国放任自流，使整个东南亚像李光耀担心的那样，全部落入共产党之手，其后果可能会比打越战更糟。然而，今天几乎没有人对约翰逊逐步升级对河内的战争心怀感激。

基辛格清楚地认识到，外交政策中的猜测问题同样也是历史学家面临的最大哲学问题。正如基辛格所说，“历史学家……一味研究成功的因素，尤其是那些显而易见的。他们并不知道对历史参与者来说什么才是最重要的，那就是决定成败的决策因素”。就像决策者一旦选择甲方案便无法得知选择乙方案会发生什么一样，历史学家对此同样不得而知；但为了重构决策者过去的想法，历史学家必须想象决策做出之前的情形。当时两种选择摆在面前，各有各的好处，各有各想得到和想不到的后果。因而历史的进程“并非沿直线前进，而是要经历一系列复杂的变化”。路上的每一步都会遇到转弯和岔路口，选择走哪条路，“结果必定要么更好，要么更糟”。

> 制约决策的条件可能是最微妙隐晦的。事后看，一个选择要么近乎是随意做出的，要么就是在当时情势下唯一可能做的。无论哪种情况，都是此前所有的曲曲折折互相作用（反映出历史、传统或者价值观）再加上谋求生存的紧迫压力的结果。

最佳例证莫过于曲折的越战之路。最初，艾森豪威尔只是对越南共和国做出小小的承诺，后来约翰逊却进行大规模军事干预。基辛格从他在越南的经历中学到了两件事。首先，战争完全不像在白宫的午餐桌上所设想的那样。如果1965年他去越南是为了提高美军的作战能力，他很快便会赞同唯一可行的办法是找到一条外交途径，把美国拉出泥潭。正是在越南，基辛格体察到美国政府是多么无能。那里的情况既不像1945年的德国，也不像1951年的朝鲜。缺乏对付游击战术的能力、过度依赖轰炸、部门之间没有合作，再加上越南共和国政权长期羸弱，这场战争明摆着是没有胜算的。这点基辛格早就看出来了。然而不可否认的是，汉斯·摩根索比他更早。最终，他的现实主义战胜了基辛格的理想主义，成为对越政策更好的指南。这个教训非常关键。当基辛格在寻找战略组合试图把美国从越南的困局中解救出来时，他发现自己的思维方式越来越像俾斯麦了。戴高乐一贯反英，但通过巴黎能否把美国领出西贡？苏联是意识形态上的敌人，但通过莫斯科能否找到回家的路？最后，抱着试一试的心态，基辛格开始考虑一个最为大胆的解决方法——光荣的和平之匙可能掌握在北京的毛泽东手里。

没人能确定这个理想主义者在什么时候转变成了现实主义者。正如约翰·加迪斯在看本书初稿时向我建议的那样，“在传记中不要把理想主义和现实主义等同于电荷中的正负两极，非此即彼。要把它们看成一条光谱的两端，我们沿着这条光谱，根据形势需要采取行动。这样去理解可能更妥当”。

> 有的人一辈子非此即彼地走极端；有的人忽左忽右，摇摆不定；还有的人达到了斯科特·菲茨杰拉德所说的“头等聪明”的标准，懂得逆向思维，能够因应生活中出现的意外情况做出调整。我认为最后一种就是策略的精髓所在——你做出调整的技巧有赖于为短期行为确立长期目标。或者，就像在托尼·库什纳为电影《林肯》写的剧本里，林肯对泰迪尔斯·史蒂文斯说的那

样：要看指南针，还要避开沼泽。[①]

作为学者和公共知识分子，基辛格非常不愿意面对这样的现实，更别提他还是一名“二战”老兵。然而在越南，他发现起初对肯尼迪和约翰逊政策的支持已经使自己深陷泥沼。确实，如果当初他针对柏林的毫不妥协的建议获得肯尼迪和邦迪的首肯，他会陷得更深（虽然也有人说如果1961年对柏林采取更强硬的态度，次年的古巴危机或许就能避免）。理想主义有它的风险。这也许能在一定程度上解释为什么基辛格在他那本写俾斯麦的、尚未完成且出版的书稿中删去了对这位铁血宰相最尖锐的批评：

> 俾斯麦革命才能的实质在于他从他的怀疑论中充分认识到，所有信仰对他来说只是可供操纵的因素。因此，俾斯麦越是宣扬他的信条，就越变得没有人情味，越是严格地执行他的主张，就越让当时的人觉得他不可理喻，这绝非偶然……无论俾斯麦的分析多么高明，世人没有愤世嫉俗的勇气。一味把人看作原子弹、把社会看作军队，结果总会导致一场强权之旅，将所有的自我约束消磨殆尽。因为社会的运转是粗放的，无法对各种情形进行准确区分，你把权力当作手段最后可能就会把权力变成目标。

权力最后落到基辛格手里。早在1953年，比尔·艾略特就说过，总统身边需要有个类似于副总统的角色，由他担任“国家安全委员会的执行总管或者幕僚长”，“权力在国务卿之上”。这个人必须具备高明

① “我在调研的过程中明白了，指南针会帮你指出正北方向，但它无法告诉你前路上何处会出现沼泽、沙漠和深坑。如果你为了追求目标义无反顾，忽视种种障碍，那么毫无疑问你会陷入沼泽而失去一切，此时就算知道正北的方向又有什么用呢？”

的外交手段，善于在机构间居中斡旋，向总统提供“对可行政策选项的公正评估”。1973年甚至更早，历史的曲折之路最终把术士学徒亨利·基辛格领到了理查德·尼克松麾下，扮演起这个角色。但是，正如基辛格在批判俾斯麦的思想遗产时所预见的那样，他即将得到的权力是要付出代价的——他行使权力时越像俾斯麦，被美国同胞疏远的危险就越大，因为他似乎要“把权力变成目标了”。

弗里茨·克雷默一直有种直觉，认为那样的情况有可能发生。虽然他充当了靡菲斯特的角色，把基辛格往浮士德的路上引，但他所能提供的只有计策，而不是实实在在的权力。他确实曾劝诫基辛格不要追逐权力。克雷默在他们交往之初就说过：“独立自主的秘诀在于行动独立。一个人甚至不需要志在成功……只要不‘算计’，你就会有自由，使你有别于其他小人物。”克雷默不止一次警告过他的门生，追逐权力可能会腐蚀他，即便他的动机是高尚的。1957年，他对基辛格说：“一直以来，你要抵制胸怀大志者最常面临的诱惑，比如贪婪，还有学术阴谋。现在陷阱就在你自己的性格里。现在诱惑你的是……你自己最深刻的原则：全心全意、恪尽职守。”半年后，诱惑果然奏效，基辛格跟他的赞助人洛克菲勒走得更近了。克雷默提醒基辛格说：“你做事变得有点儿不近人情，让那些爱戴你的人开始觉得你冷漠，也许甚至是冷酷。任由激情在无休止的工作中燃尽，那你就危险了。你接触的人当中，‘大人物’太多，‘有真性情’的人太少。”正是出于这种担心，1968年年底，克雷默在准备前往华盛顿时给基辛格写了封信，最后一次劝诫他：“这个时候人人都想从你身上捞点儿好处，因为你位高权重。你诚惶诚恐地走上新的位置，将感到孤独。”他唯一能做的就是保持“绝对正直”并寻找同路人。

因此，这部成长小说的结尾出现了奇怪的一幕——靡菲斯特警告浮士德，让他注意不要被权力腐蚀。当然，就像很多成功人士的导师常常会遇到的那样，克雷默是在用诚心诚意的告诫来掩饰他的痛苦。这种痛苦如果不是源于妒忌，就是源于基辛格对自己的疏远。他觉得自己正眼睁睁地看着弟子摆脱自己的重力场，远走高飞[①]。但他的话还是有几分道理的。45年来，亨利·基辛格学会了很多东西。他明白了一个很不简单的道理：决策者具有自由的意志，尽管他要在不确定的情况下行使自己的意志，而且常常要在两害之间择其一。他明白了在世界舞台上，演员可以通过研究历史增进对自身的了解，用历史来做比较可以成为政治家的最佳行动指南。他还明白了实用主义和实利主义的思维习惯——世界正如人们所看到的那样，所有的决策都以“数据”为基础。这轻则滋长肮脏交易，重则导致政府瘫痪。更好的做法是承认并接受猜测的问题。如果你的猜测从历史的角度看是可行的，那么大胆地先发制人在道义上就优于消极拖延，即使后一种做法收到的政治回报会更大。基辛格尚未学会的是如何回答克雷默提出的、同时也困扰着他自己的一个最大难题——理想主义者能否置身于现实的权力世界并依然坚守理想？

基辛格是第一个认识到智力世界和权力世界之间区别的人。正如我们所见，他进驻白宫后不久便告诉乔治·韦登菲尔德：“我正在烧毁写俾斯麦那本书的手稿。我接近权力中心才几个星期就意识到，关于政策实际上是如何制定的，我还有很多东西要学。”但我们很快就会看到，他即将学会的一课不是阿克顿勋爵的陈词滥调：“权力使人腐败，

① 正如基辛格后来所言，语气中多少带着不屑，说克雷默“就像一位犹太母亲，十分忧虑我会脱离他的控制”。

绝对的权力产生绝对的腐败"[①]。对于那些永远在学术政治的低风险领域做研究、不敢越雷池半步的学者来说，这个理念一直很有诱惑力。相反，从1969年至1977年（基辛格在华盛顿特区度过了喧嚣纷乱的8年，于1977年离开），基辛格学到的是：他的父亲实在是太聪明了，回到儿子的出生地，讲讲阿里斯托芬的剧作《和平》里的故事。

在那出剧里，令人哭笑不得又为人和善的特吕盖乌斯成功终结了雅典和斯巴达之间长达10年的伯罗奔尼撒战争。为了促成此事，他坐在一只巨型甲虫的背上飞到奥林波斯山（像《伊索寓言》里的一个故事那样）。他找到了众神的家，却发现除了赫尔墨斯，其他神的住处都人去楼空。赫尔墨斯告诉他，和平女神被战魔投进了一口深井。她被抓去那么久全归咎于一帮雅典政客，他们是战魔手中的人体"捣杵"，被用来把希腊人碾碎在血淋淋的研钵里。特吕盖乌斯在一众同胞和赫

① 阿克顿1887年致信曼德尔·克赖顿，认为历史学家评判过去"伟人"（他指的是宗教改革运动之前的教皇）时遵循的标准，至少要像维多利亚时代的法律那样严苛。他写道："您认为我们对教皇和国王不能一视同仁，总以为他们毫无过错，这种标准在下难以苟同。恰恰相反，我们应该认为掌权者是有过错的，权力越大，过错越大。历史责任感应该弥补法律责任感的不足。权力使人腐败，绝对的权力产生绝对的腐败。伟人几乎都是坏人，即便他们施加的是影响而不是权威。有权易于腐败、必然腐败，加上这一条就更是如此。"克赖顿是主教，而阿克顿除了在平凡年代短期担任过议员，一向都不过只是一介学者和公共知识分子。克赖顿回复，"但凡做大事者都会担任要职，这一点我们必须予以特殊考虑。为了某个观念、某种制度，为了维护对社会基础的既定看法而自私自利甚至行为不端，这不能不算是作恶，但跟个人犯罪还不完全是一码事……掌权者也是身不由己，他们不过是背后势力的鼓吹者……真心以为异端邪说是罪恶的人，我们不一定说他犯了道德罪，但可以说他犯了知识性的错误……我是无可救药了，总是轻易承认自己犯过大大小小的罪，不然人类历史就成了一部无聊的邪恶史。我很赞同您的看法，历史上的英雄好汉寥寥无几，懿行善举屈指可数；但是行动者都是像我这样的人，一心只想执掌大权，一旦大权在握又处处受制（受掣肘最严重的是教皇），特别是16世纪的人看待问题还很抽象……当代政治家怎么做我就怎么做，在道义上我已经感到十分心满意足了。过去我觉得他们很可怜——我有什么资格指责他们？"这两位谁更睿智？毕竟，阿克顿在美国内战期间力挺英国首相格莱斯顿，支持南部联邦，后来南方失败此君还曾痛惜一番。

尔墨斯的帮助下，成功救出了和平女神。虽然特吕盖乌斯后来娶了收获女神（象征着战后的繁荣），还有重返土地的农民为他们庆祝，但他的成功算不得圆满，因为阿里斯托芬真正的主题根本不是和平，他想说的是终止一场战争有多难：

合唱：是的，这样的人对全体公民有好处。

特吕盖乌斯：你们把佳酿全拿出来，会更了解我是什么样的人。

合唱：即便是现在也看得清清楚楚，因为你已经是全人类的救世主了。

特吕盖乌斯：你们干掉一杯新酒再说这话吧！

致 谢

KISSINGER
THE IDEALIST
1923–1968

本书的写作离不开贾森·罗基特在研究上的协助，他致力于历史哲学和历史实践研究，其敬业精神无人能及。是他不辞劳苦地从世界各地的档案馆为我搜集材料。他在爬梳公开出版材料的战斗中得到莎拉·沃林顿的鼎力帮助。我给自己出的技术难题是搜集尽可能多的材料以建立一个数据库。这项工作得以完成，有赖一群本科生的努力。他们花费了大量时间校对文件，确保光学字符识别软件识别出来的文字与原文一致。我要感谢纳尔逊·巴雷特、艾博妮·康斯坦特、泰勒·埃文斯、温斯顿·史、吉尔·海特、金丹阳、基思·麦克劳德、萨拉·皮尔森、威尔·奎因、贾森·施尼尔、科迪·西蒙斯、利利娅丝·孙、萨拉·唐、布雷特·罗森伯格、涂海伦和埃斯特·易。

基辛格咨询公司的咨询顾问、职员以及基辛格博士的朋友和顾问为我提供了多方面帮助。我要特别感谢已故的威廉·D. 罗杰斯、他的妻子苏珊娜·“苏琪”·罗杰斯和他们的儿子丹尼尔·R. 罗杰斯。比尔·罗杰斯去世后，理查德·维茨大使扮演起作者和传主的中间人角色，有时还要充当调停人。我还要感谢基辛格的助手们，尤其是特蕾莎·阿曼泰亚、露易丝·库什纳、杰西·拉波林和乔迪·威廉姆斯。在关键时刻帮助过我的还有丹尼斯·吉什、罗斯玛丽·尼赫斯、约书亚·库柏·拉莫、J. 斯泰普尔顿·罗伊、斯凯勒·斯考滕和艾伦·斯蒂帕克。在本书写作过程中，我要特别感谢丹尼斯·奥谢所做的工作。

贾森和我曾走访过100多家档案馆，限于篇幅，无法向所有的档案员和图书管理员一一致谢。谨在此向在资料来源中列举的所有人表示感谢。义务帮助过我们的人包括：肯尼迪图书馆档案负责人卡伦·阿德勒·艾布拉姆森，曾在美国国家档案局工作、现任职于耶鲁大学的萨尔·康韦·兰茨，尼克松图书馆的格雷戈里·卡明，国会图书馆的约翰·E. 海恩斯，尼克松图书馆前馆长蒂莫西·纳夫塔利，纽约公共图书馆多罗特犹太分馆的阿曼达·西格尔，拉法耶特学院特藏部负责人戴安娜·肖和北卡罗来纳大学的图书馆研究员马修·图里。

我在调研过程中得到过不少历史学家的帮助，他们是托马什·布鲁塞维奇、桑德拉·布彻、彼特·W. 迪克森、胡贝图斯·霍夫曼、马克·克雷默、斯蒂芬·林可、查尔斯·梅尔、欧内斯特·梅、艾伦·米特尔曼、阮连航、卢克·尼克特、格伦·奥哈拉、丹尼尔·萨金特、劳拉·蒂勒、尼古拉斯·汤普森、莫里斯·韦斯、肯尼思·韦斯布罗德、杰里米·耶伦和珍妮弗·辛。其他帮助过我的人还有塞缪尔·比尔、克里斯托弗·巴克利、阿比盖尔·柯林斯、阿雷拉·达吉、戴维·艾略特及其夫人麦·艾略特、沃德·艾略特及其夫人默娜、弗兰克·哈里斯及其夫人贝里·哈里斯、茨波拉·H. 乔希博格、罗伯特·麦克纳马拉及其夫人戴安娜·马塞利·拜菲尔德、戴维·豪普特、犹太教教士摩西·克洛德尼、史蒂文·洛温斯坦、埃罗尔·莫里斯（和他的助手乔什·卡尼）、赫尔曼·皮尔克纳、爱德华·罗尼、亚历山大·施莱辛格、阿瑟·施莱辛格、詹姆斯·蒂施（以及他的助手劳拉·拉斯特和他的洛斯酒店员工）、贾斯汀·韦斯和杰拉尔德·李·沃伦。

我要特别感谢以下人士同意接受我的采访，他们是德里克·波克、兹比格涅夫·布热津斯基、圭多·古德曼、莫顿·霍尔珀林、沃尔特·基辛格、玛格特·林赛、爱德华·尼克松、罗斯韦尔·珀金斯、亨利·罗索夫斯基、托马斯·谢林、安德鲁·施莱辛格、玛丽安·坎农·施莱辛格、史蒂芬·施莱辛格和乔治·舒尔茨。

本项目得到哈佛大学多方协助。我要感谢史蒂芬·布卢姆菲尔德，作为魏德海国际事务中心的行政主管，他不断鼓励我，为我提供源源不断的研究资金。还要感谢他的同事安妮·汤斯。在过去10年中，我还得到了欧洲研究中心的洛丽·凯利、扎克·佩莱里蒂、莎拉·苏梅克和米歇尔·韦策尔的大力帮助。保罗·祖斯扮演了重要角色，他是我的信息技术指导老师。在他之前的乔治·卡明斯也同样如此。为我提供过帮助的欧洲研究中心的其他职员还有菲洛梅娜·卡布拉尔、埃米尔·米卡卡、伊莱恩·帕普利亚斯、安娜·波皮耶和桑迪·塞勒斯基。还要感谢该中心的历任主管。

我要感谢哈佛历史系的所有同事，尤其是我的好朋友查尔斯·S.梅尔。协助我上基辛格治国理论和实践课程的助教格雷格·阿菲诺格诺夫和巴纳比·克罗克罗夫特做出了宝贵贡献。还要感谢所有参加课程学习的学生。

斯坦福大学的胡佛研究所始终是我写作的安乐窝。我不仅要感谢国务卿舒尔茨，还要特别感谢约翰·雷森、康多莉扎·赖斯、理查德·苏萨、西莉斯特·司徒和黛博拉·文图拉对我的鼓励和帮助。

采访亨利·基辛格本身并非易事。我在中美媒体电视制作公司的朋友梅拉尼·福尔、艾德里安·彭尼克、维维恩·斯蒂尔和夏洛特·威尔金斯，以及技术一流的电影摄影师德瓦尔德·奥克马成就了令我难忘的采访经历。同时要感谢我在绿斗篷咨询公司的同事，特别是皮耶尔保罗·巴比里、约书亚·拉克特和狄米奇·瓦拉特萨斯。当我把此书的撰写放在头等重要的位置时，他们都表示谅解。夏洛特·帕克在本项目的最后阶段提供了宝贵帮助，艾博妮·康斯坦特也帮了大忙。

安德鲁·威利以及威利代理公司的全体人员，尤其是詹姆斯·普伦，非常专业，一如既往。非常庆幸负责此书的两位企鹅出版社的编辑是业界最出色的编辑，他们分别是纽约的斯科特·莫耶斯和伦敦的西蒙·温德。

倘若有一位历史学家堪称冷战史专家，他一定是约翰·加迪斯。他对本书初稿提出的意见对我帮助极大，不仅改正了一些错误，还帮助我形成了后来的结论。我还要感谢我的同事格雷厄姆·阿利森、查尔斯·梅尔、埃雷兹·马尼拉和乔·奈，他们在春季学期异常忙碌的时段抽出时间阅读本书第四稿并做出反馈，我的朋友罗伯特·佐利克也是。此后几稿得到了特雷西塔·阿尔瓦雷茨–比耶兰、艾曼纽·罗曼和肯尼思·韦斯布罗德的审读与指正。吉姆·迪克森拨冗审读了书稿校样。

最后，我要衷心感谢我的家人。他们有十几年时间不得不生活在一个前国务卿的影子之下。苏珊·道格拉斯会记得这项艰巨任务是如何开始的。虽然我们已成陌路，但希望不会心怀怨恨。我也希望我的孩子菲利克斯、芙蕾雅、拉克伦和托马斯有一天能读到这本书。他们的爸爸因为写书常常不能陪伴他们左右，希望借此稍作补偿。最后我要感谢我的妻子阿雅安，她给予了我莫大的鼓舞。

谨以此书献给我在牛津大学莫德林学院的老师们，是他们教导我成为一名历史学家。

注　释①

KISSINGER
THE IDEALIST
1923–1968

序　言

1. Boswell, *Life of Johnson,* 1f.
2. Jorge Luis Borges, "A Lecture on Johnson and Boswell," *New York Review of Books,* July 28, 2013.
3. Cull, *Cold War and USIA,* 294.
4. Henry Kissinger [henceforth HAK] to the author, Mar. 10, 2004.
5. Collingwood, *Autobiography,* 111–15.
6. Isaacson, *Kissinger,* Kindle location [henceforth KL] 2200–203.
7. Ibid., KL 6932.
8. Lee Dembart, "80 Toast Kissinger for 50th Birthday," *New York Times,* May 28, 1973, 8.
9. Judy Klemesrud, "Kissinger's Dinner Honors U.N. Colleagues," *New York Times,* Oct. 5, 1973.
10. "Doctor Weds, Nixon Delays Test," *New York Times,* Dec. 22, 1973.
11. "Prince Charles Goes to Sea," *Washington Post,* Jan. 4, 1974.
12. "Ducking Out to Dine," *Washington Post,* Jan. 5, 1974, D3.
13. "Kissinger Weds Nancy Maginnes," *New York Times,* Mar. 31, 1974, 1.
14. Marilyn Berger, "Kissinger, Miss Maginnes Wed," *Washington Post,* Mar. 31, 1974, A1.
15. Isaacson, *Kissinger,* KL 7214–24.

导　言

1. Oriana Fallaci, "Henry Kissinger," in *Interview with History,* 42, 44. For the original, see "An Interview with Oriana Fallaci: Kissinger," *New Republic,* Dec. 16, 1972.
2. Fallaci, "Henry Kissinger," 17.
3. Mazlish, *Kissinger,* 3f.
4. Fallaci, "Henry Kissinger," 18.
5. Eldridge, "Crisis of Authority," 31.
6. "Episode 70: Carousel," *You Miserable Bitch,* http://bit.ly/1HAIitm.
7. "Freakazoid Episode 21—Island of Dr. Mystico," *Watch Cartoon Online,* http://bit.ly/1EntSvb.
8. "$pringfield (Or, How I Learned to Stop Worrying and Love Legalized Gambling)," tenth episode of the fifth season of *The Simpsons,* first broadcast on Dec. 16, 1993.
9. "April in Quahog," http://bit.ly/1Gpo2Jc.
10. Fallaci, "Henry Kissinger," 40f.
11. Barbara Stewart, "Showering Shtick on the White House: The Untold Story; Woody Allen Spoofed Nixon in 1971, but the Film Was Never Shown," *New York Times,* Dec. 4, 1997.
12. Lax, *Woody Allen,* 112–14. See also Day, *Vanishing Vision,* 224–26.
13. "Men of Crisis: The Harvey Wallinger Story," http://bit.ly/1z1ezrV.
14. Lax, *Woody Allen,* 114.
15. "Did Tom Lehrer Really Stop Writing Protest Songs Because Henry Kissinger Won the Nobel Peace Prize?," *Entertainment Urban Legends Revealed,* Dec. 5, 2013, http://bit.ly/1CWjcOS.
16. David Margolick, "Levine in Winter," *Vanity Fair,* Nov. 2008.
17. Heller, *Good as Gold,* 38.
18. From the album *Monty Python's Contractual Obligation* (1980), http://bit.ly/1aYjqyv.
19. Idle, *Greedy Bastard Diary,* KL 1827–32.
20. Fallaci, "Henry Kissinger," 25–27.
21. Those interested can find many examples of the genre at http://theshamecampaign.com and http://www.globalresearch.ca, just two of many such websites.
22. Quigley, *Tragedy and Hope;* Quigley, *Anglo-American Establishment.*
23. Lyndon H. LaRouche, Jr., "Sir Henry Kissinger: British Agent of Influence," *Executive Intelligence Review* 24, no. 3 (Jan. 10, 1997): 27f.
24. Lyndon H. LaRouche, Jr., "Profiles: William Yandell Elliott," *Executive Intelligence Review* 24, no. 49 (Dec. 5, 1997): 29–33; Stanley Ezrol, "William Yandell Elliott: Confederate High Priest," ibid., 28f.
25. Allen, *Kissinger.*
26. Schlafly and Ward, *Kissinger on the Couch.*
27. Marrs, *Rule by Secrecy.*
28. Wesman Todd Shaw, "Henry Kissinger: Architect of the New World Order," Nov. 12, 2012, http://bit.ly/1JQkC3k.
29. Len Horowitz, "Kissinger, Vaccinations and the 'Mark of the Beast,'" Dec. 12, 2002, http://bit.ly/1DrKi1Z.
30. Alan Watt, "Kissinger, Depopulation, and Fundamental Extremists," http://bit.ly/1FkhFbq.
31. Brice Taylor, *Thanks for the Memories: The Memoirs of Bob Hope's and Henry Kissinger's Mind-Controlled Sex Slave,* http://bit.ly/1KcZkgy.
32. David Icke, "List of Famous Satanists, Pedophiles, and Mind Controllers," http://bit.ly/1HA9PuD.

① 此为英文原书注释。——编者注

33. Zinn, *People's History of United States,* 548.
34. Zinn, *Declarations of Independence,* 14.
35. Stone and Kuznick, *Untold History,* KL 7983.
36. Hunter S. Thompson, "He Was a Crook," *Rolling Stone,* June 16, 1994.
37. Kevin Barrett, "Arrest Kissinger for Both 9/11s," Sept. 10, 2014, http://bit.ly/1aYk4Mi.
38. Hitchens, *Trial of Kissinger,* KL 348–59.
39. Shawcross, *Sideshow,* 391, 396.
40. Bass, *Blood Telegram.*
41. Ramos-Horta, *Funu.*
42. Haslam, *Nixon Administration and Chile;* Kornbluh, *Pinochet File.*
43. Chomsky, *World Orders,* 209f.
44. Bell, "Kissinger in Retrospect," 206.
45. William Shawcross, "Chronic Terror: The New Cold War," Hoover Institution Retreat, Oct. 28, 2013.
46. Peter W. Rodman and William Shawcross, "Defeat's Killing Fields," *New York Times,* June 7, 2007.
47. Christopher Hitchens, "A War to Be Proud Of," *Weekly Standard,* Sept. 5–12, 2005.
48. Kalb and Kalb, *Kissinger,* 13.
49. Blumenfeld, *Kissinger,* 232.
50. National Security Archive, Memcon Elekdag, Esenbel, Tezel, Yavuzalp, Barutcu, Kissinger, Sisco, Hartman, Rodman, Mar. 10, 1975.
51. Kalb and Kalb, *Kissinger,* 10.
52. Fallaci, "Henry Kissinger," 43.
53. Kraft, "In Search of Kissinger," 61.
54. "Henry Kissinger, Not-So-Secret Swinger," *Life,* Jan. 28, 1972.
55. Evans, *Kid Stays in the Picture,* 228. See also Feeney, *Nixon at the Movies,* 168.
56. Feeney, *Nixon at the Movies,* 167.
57. Kraft, "In Search of Kissinger," 54.
58. Thomas Schelling, interview by author.
59. Shawcross, *Sideshow,* 150.
60. Isaacson, *Kissinger,* KL 5476; Mike Kinsley, "Twelve Professors Visit Washington," *Harvard Crimson,* June 11, 1970.
61. Suri, *Kissinger,* 125. See also Mazlish, *Kissinger,* 113.
62. Blumenfeld, *Kissinger,* 14.
63. Stanley Hoffmann, "The Kissinger Anti-Memoirs," *New York Times,* July 3, 1983.
64. Safire, *Before the Fall.*
65. Lasky, *It Didn't Start.*
66. Dallek, *Nixon and Kissinger.*
67. Haldeman and Ambrose, *Haldeman Diaries,* 8.
68. Anthony Lewis, "Kissinger in the House of Horrors," *Eugene Register-Guard,* Apr. 21, 1982.
69. Ball, *Memoirs,* 173.
70. Garthoff, *Détente and Confrontation.*
71. Morgenthau, "Henry Kissinger," 58.
72. "Morgenthau Accuses Kissinger of Two-Faced Diplomacy; Says U.S. Seeking to Woo Arab World," Jewish Telegraphic Agency, Mar. 14, 1974.
73. Stoessinger, *Henry Kissinger,* 224, 217.
74. Falk, "What's Wrong with Kissinger's Policy?"
75. Landau, *Kissinger,* 130.
76. Suri, *Kissinger,* 2f., 38, 44, 47, 50.
77. Ibid., 222.
78. Mazlish, *Kissinger,* 36f., 46.
79. Heller, *Good as Gold,* 348–49.
80. Mazlish, *Kissinger,* 128; Suri, *Kissinger,* 97.
81. Anthony Lewis, "The Kissinger Doctrine," *Telegraph,* Mar. 6, 1975.
82. Kalb and Kalb, *Kissinger,* 6f.
83. Stanley Hoffmann, "The Case of Dr. Kissinger," *New York Review of Books,* Dec. 6, 1979.
84. Stanley Hoffmann, "The Kissinger Anti-Memoirs," *New York Times,* July 3, 1983.
85. Isaacson, *Kissinger,* KL 242.
86. Gaddis, *Strategies of Containment,* 297.
87. Suri, *Kissinger,* 43f.
88. Ibid., 128.
89. For an early example, see I. F. Stone, "The Education of Henry Kissinger," *New York Review of Books,* Oct. 19, 1972; "The Flowering of Henry Kissinger," *New York Review of Books,* Nov. 2, 1972.
90. Courtois et al., *Black Book of Communism.*
91. Dikötter, *Tragedy of Liberation;* Dikötter, *Mao's Great Famine.*
92. Rummel, *Lethal Politics.*
93. Applebaum, *Iron Curtain.*
94. See Williams, *Tragedy of American Diplomacy;* Williams, *Empire as a Way of Life.* Also influential in this vein, Kolko and Kolko, *Limits of Power.*
95. Andrew and Mitrokhin, *Sword and the Shield;* Andrew and Mitrokhin, *World Was Going Our Way.*
96. Westad, *Global Cold War.*
97. Lundestad, *United States and Western Europe.*
98. Magdoff, *Age of Imperialism,* 42.
99. Lundestad, *American "Empire,"* 54.
100. Ibid., 65.
101. Pei, "Lessons of the Past," 52.
102. "X" [George F. Kennan], "The Sources of Soviet Conduct," *Foreign Affairs* 25, no. 4 (July 1947): 566–82.
103. Kaplan, "Defense of Kissinger."
104. Mazlish, *Kissinger,* 92f.
105. Starr, "Kissinger Years."
106. HAK, *White House Years* [henceforth *WHY*], 27.
107. Quoted in Mazlish, *Kissinger,* 50.
108. Stoessinger, *Kissinger,* 3.
109. Fallaci, "Kissinger," 39f.
110. Dickson, *Kissinger and Meaning,* 52, 57.
111. Ibid., 129.
112. Ibid., 156f.
113. HAK, *World Order,* 39f., 258.
114. Osgood, *Ideals and Self-Interest.*
115. U.S. Department of State, Office of the Historian, *Foreign Relations of the United States* [henceforth *FRUS*], *1969–1976,* vol. 38, part 1, *Foundations of Foreign Policy, 1973–1976,* Doc. 17, Address by HAK, "A Just Consensus, a Stable Order, a Durable Peace," Sept. 24, 1973. All *FRUS* documents cited below are available online at http://1.usa.gov/1GqRstv.
116. Max Roser, "War and Peace After 1945" (2014), published online at OurWorldInData .org, http://bit.ly/1Jl60eO.
117. Dickson, *Kissinger and Meaning,* 149f., 154, 157.
118. Ferguson, *Cash Nexus.*
119. Ferguson, *Colossus.*
120. See, e.g., Niall Ferguson, "A World Without Power," *Foreign Policy,* Oct. 27, 2009, http://atfp .co/1PvdH2D.

第1章 故乡

1. "Fürth ist mir ziemlich egal," *Stern,* June 7, 2004.
2. Mazlish, *Kissinger,* 29, 32.
3. Suri, *Kissinger,* 20, 30, 146, 198, 221, 252.
4. "Der Clausewitz Amerikas hatte in Fürth Schulverbot," *Fürther Nachrichten,* Nov. 22–23, 1958, 9.
5. Blumenfeld, *Kissinger,* 3.
6. HAK, *WHY,* 228f.
7. "Fürth ist mir ziemlich egal," *Stern,* June 7, 2004.
8. HAK, interview by author. Cf. Kasparek, *Jews in Fürth,* 46f.
9. "Kissinger besucht Fürth," *Fürther Nachrichten,* Dec. 30, 1958.
10. "Grosser Bahnhof für Henry Kissinger," *Fürther Nachrichten,* Dec. 15, 1975.
11. "Henry A. Kissinger in Fürth," *Amtsblatt der Stadt Fürth,* Dec. 19, 1975, 338.
12. Kissinger family papers, Louis Kissinger, Rede anlässlich die Verleihung der "Goldenen Bürgermedaille" an Dr. Henry Kissinger, Dec. 15, 1975.
13. "Beide Parteien distanzieren sich," *Fürther Nachrichten,* Dec. 15, 1975.
14. "Henry A. Kissinger in Fürth," *Amtsblatt der Stadt Fürth,* Dec. 19, 1975, 339.
15. HAK to Bürgermeister of Fürth, Dec. 18, 1975, *Amtsblatt der Stadt Fürth,* Jan. 9, 1976.
16. Wassermann, *Life as German and Jew,* 5.
17. Ibid., 242.
18. Ibid., 26.
19. Ibid., 242.
20. Ibid., 27.
21. Baedeker, *Süd-Deutschland und Österreich,* 171f.
22. Bell and Bell, *Nuremberg,* 153.
23. Anon., "Dragon of Fürth."
24. Strauss, *Fürth in der Weltwirtschaftskrise,* 261.
25. Schaefer, *Das Stadttheater in Fürth.*
26. Strauss, *Fürth in der Weltwirtschaftskrise,* 8–16.
27. Schilling, "Politics in a New Key." See also Mauersberg, *Wirtschaft und Gesellschaft.*
28. Barbeck, *Geschichte der Juden,* 45–48.
29. Kasparek, *Jews in Fürth,* 6.
30. Israel, "Central European Jewry."
31. Ophir and Wiesemann, *Die jüdischen Gemeinden,* 179.
32. Ibid.
33. Kasparek, *Jews in Fürth,* 10f. See also Ferziger, *Exclusion and Hierarchy,* 84.
34. Mümmler, *Fürth,* 125.
35. Ophir and Wiesemann, *Die jüdischen Gemeinden,* 13f.
36. Edgar Rosenberg, "Kristallnacht Memories," http://bit.ly/1DrLCSu.
37. Wassermann, *Life as German and Jew,* 5.
38. Ibid., 6f.
39. Ibid., 12f., 14f.
40. Ibid., 17.
41. Ibid., 22.
42. Ibid., 24.
43. Ibid., 11.
44. Ibid., 64.
45. Ibid., 220f.
46. Hellige, "Generationskonflikt, Selbsthaß und die Entstehung antikapitalistischer Positionen."
47. Kissinger family papers, Martin Kissinger to Charles Stanton, Jan. 27, 1986.
48. Ibid., Martin Kissinger to Charles Stanton, July 3, 1980.
49. Stadtarchiv Fürth, Biographische Sammlung Henry Kissinger, Herkunft der Familie Dr. Henry A. Kissinger, Friedrich Kühner to E. Ammon, June 24, 1974.
50. Kurz, *Kissinger Saga,* 45–49.
51. Ley, "Die Heckmannschule," 68.
52. Stadtarchiv Fürth, Biographische Sammlung Henry Kissinger, E. Ammon to Dr. W. Mahr, Jan. 18, 1974.
53. See the 1932 photograph of him at the Handelsschule Fürth preserved in the Stadtarchiv Fürth.
54. Kurz, *Kissinger Saga,* 50f. Cf. Strauss, *Fürth in der Weltwirtschaftskrise,* 103f.
55. HAK, interview by author. See also Isaacson, *Kissinger,* KL 285, quoting interviews with Paula and Arno Kissinger.
56. Kurz, *Kissinger Saga,* 92.
57. On Zionism in Fürth, see Zinke, *"Nächstes Jahr im Kibbuz."*
58. New York Public Library, Dorot Jewish Division: P (Oral Histories), Box 90, no. 5, Paula Kissinger interview, 13. See also Kurz, *Kissinger Saga,* 92.
59. New York Public Library, Dorot Jewish Division: P (Oral Histories), Box 90, no. 5, Paula Kissinger interview, 5.
60. Ibid., 3, 11.
61. Strauss, *Fürth in der Weltwirtschaftskrise.*
62. Stadtarchiv Fürth, Biographische Sammlung Henry Kissinger, E. Ammon to Wilhelm Kleppmann, June 12, 1973.
63. New York Public Library, Dorot Jewish Division: P (Oral Histories), Box 90, no. 5, Paula Kissinger interview, 6.
64. Stadtarchiv Fürth, Biographische Sammlung Henry Kissinger.
65. "Kissinger's Boyhood Buddy," *Hadassah,* no. 35, Mar. 1974.
66. "Als US-Henry Noch Heinz Alfred war," *Wiener Kurier,* Aug. 12, 1974.
67. "Kissinger's Boyhood Buddy," *Hadassah,* no. 35, Mar. 1974.
68. Ibid.
69. Isaacson, *Kissinger,* KL 400.
70. Blumenfeld, *Kissinger,* 4.
71. "Henry A. Kissinger in Fürth," *Amtsblatt der Stadt Fürth,* Dec. 19, 1975, 342.
72. Kilmeade, *Games Do Count,* 63f.
73. "Kissinger's Boyhood Buddy," *Hadassah,* no. 35, Mar. 1974. Lion's parents went to Palestine in 1938. The former friends met again in 1963, when Kissinger came to lecture at Israel's Foreign Ministry.
74. Kissinger family papers, Paula Kissinger to HAK, Mar. 3, 1964.
75. Mazlish, *Kissinger,* 24.
76. Walter Kissinger, interview by author.
77. Ophir and Wiesemann, *Die jüdischen Gemeinden,* 19, 179.
78. Ibid., 20.
79. Zinke, *"An allem ist Alljuda schuld,"* 89–94.
80. Strauss, *Fürth in der Weltwirtschaftskrise,* 381f.

81. Zinke, *"An allem ist Alljuda schuld,"* 96ff.
82. Strauss, *Fürth in der Weltwirtschaftskrise,* 165–206.
83. Ibid., 207, 223.
84. Ibid., 457ff.
85. Ibid., 263, 275.
86. Ibid., 280.
87. Ibid., 289–94. See also 400, 408 for examples.
88. Mierzejewski, *Ludwig Erhard,* 2f.
89. Strauss, *Fürth in der Weltwirtschaftskrise,* 393–96.
90. Zinke, *"An allem ist Alljuda schuld,"* 100.
91. Ibid., 94f.; Strauss, *Fürth in der Weltwirtschaftskrise,* 402f.
92. Mümmler, *Fürth,* 11–15.
93. Strauss, *Fürth in der Weltwirtschaftskrise,* 419.

第2章　逃难

1. HAK to his parents, 1945, quoted in Isaacson, *Kissinger,* KL 899.
2. Mümmler, *Fürth,* 105.
3. Ibid., 49–52.
4. Ibid., 95–104.
5. Ibid., 21, 23, 80.
6. Strauss, *Fürth in der Weltwirtschaftskrise,* 439.
7. Ophir and Wiesemann, *Die jüdischen Gemeinden,* 22.
8. Grete von Ballin, "Chronik der Juden in Fürth," ed. Hugo Heinemann (n.d.), 5.
9. Strauss, *Fürth in der Weltwirtschaftskrise,* 442.
10. Ballin, "Chronik," 19.
11. Mümmler, *Fürth,* 86, 138–43.
12. Ballin, "Chronik," 5–9, 19.
13. Mümmler, *Fürth,* 215.
14. Ballin, "Chronik," 11.
15. Ibid., 12f.
16. Suri, *Kissinger,* 41.
17. Ophir and Wiesemann, *Die jüdischen Gemeinden,* 182.
18. Ballin, "Chronik," 13.
19. Strauss, *Fürth in der Weltwirtschaftskrise,* 444.
20. Ophir and Wiesemann, *Die jüdischen Gemeinden,* 182.
21. Mümmel, *Fürth,* 122; Kurz, *Kissinger Saga,* 89.
22. Walter Kissinger, interview by author.
23. New York Public Library, Dorot Jewish Division: P (Oral Histories), Box 90, no. 5, Paula Kissinger interview, 8. For a different view see "Sie kramten in der Erinnerung," *Further Nachrichten,* n.d., c. 1974, describing Louis's return to what was now the Helene-Lange-Gymnasium. Louis is quoted as saying, "Even those who had sympathy with the then [political] tendency were always friendly to me."
24. Stadtarchiv Fürth, Biographische Sammlung Henry Kissinger, E. Ammon, Betreff. Schulbesuch von Henry A. Kissinger, July 19, 1974.
25. HAK, interview by author.
26. Thiele, "Leben vor und nach der Flucht aus dem Regime des Nationalsozialismus," 10f.
27. New York Public Library, Dorot Jewish Division: P (Oral Histories), Box 90, no. 5, Paula Kissinger interview, 7.
28. Kalb and Kalb, *Kissinger,* 33.
29. Ballin, "Chronik," 21.
30. Kilmeade, *Games Do Count,* 63f.
31. Jules Wallerstein, "Limited Autobiography of Jules Wallerstein," MS, n.d.
32. Thiele, "Leben vor und nach der Flucht," 12.
33. National Archives and Records Administration, RG 59, Box 7, Folder "Soviet Union, May–Sept. 1976," 02036, Memcon HAK, Sonnenfeldt, Rabbi Morris Sherer, Aug. 23, 1976.
34. For details on the Jewish youth groups Esra and Zeirei Agudath Israel, see Breuer, *Modernity Within Tradition.*
35. Agudath Israel of America, Orthodox Jewish Archives, Herman Landau Papers, HAK handwritten note and transcriptions, July 3, 1937.
36. For a good recent account, see Sinanoglou, "Peel Commission," in Miller, *Britain, Palestine and Empire,* 119–40.
37. New York Public Library, Dorot Jewish Division: P (Oral Histories), Box 90, no. 5, Paula Kissinger interview, 8.
38. Isaacson, *Kissinger,* KL 415.
39. Ibid., KL 459.
40. New York Public Library, Dorot Jewish Division: P (Oral Histories), Box 90, no. 5, Paula Kissinger interview, 9; Kurz, *Kissinger Saga,* 96.
41. Staatsarchiv Nuremberg, Bestand Polizeiamt Fürth, Nr. 441, "Personal-Akt über Louis Kissinger," Bescheinigungen, Apr. 21, 1938.
42. Ibid., Louis Kissinger to Polizeiamt Fürth, Apr. 24, 1938.
43. Ibid., Geheime Staatspolizei to Polizeipraesidium Nürnberg-Fürth, May 5, 1938.
44. Ibid., Finanzamt Fürth to Geheime Staatspolizei to Polizeipraesidium Nürnberg-Fürth, May 6, 1938.
45. Ibid., Zollfahndungsstelle to Geheime Staatspolizei to Polizeipraesidium Nürnberg-Fürth, May 9, 1938.
46. Ibid., Polizeiamt Fürth, May 10, 1938.
47. Isaacson, *Kissinger,* KL 466-67.
48. HAK, interview by author.
49. Kurz, *Kissinger Saga,* 98.
50. HAK, interview by author.
51. Ophir and Wiesemann, *Die jüdischen Gemeinden,* 25.
52. Edgar Rosenberg, "Kristallnacht Memories," http://bit.ly/1DrLCSu.
53. Mümmel, *Fürth,* 150ff.
54. Edgar Rosenberg, "Kristallnacht Memories."
55. Ibid.
56. Thiele, "Leben vor und nach der Flucht," 14.
57. Ophir and Wiesemann, *Die jüdischen Gemeinden,* 183f.; Ballin, "Chronik," 27–41.
58. Wiener, *Time of Terror,* 252.
59. Yale Fortunoff Archive for Holocaust Testimony, Alfred Weinbeber interview, HVT-2972, Mar. 29, 1995.
60. Rosenberg, *Stanford Short Stories 1953,* 163.
61. Mümmler, *Fürth,* 184.
62. Gregor, "Schicksalsgemeinschaft?"
63. Mümmler, *Fürth,* 89.
64. Baynes, *Speeches of Hitler,* 1:741.
65. Ballin, "Chronik." This chronicle was compiled in 1943 at the orders of the Gestapo. When it

ended (with the author's own deportation) only 88 Jews remained, of whom 55 were originally members of the Fürth Jewish community. For somewhat different estimates, see Mümmler, *Fürth,* 89, 156, 220. A complete list of all the deported can be found at Leo Baeck Institute, 7, List of 1841 and Lists of Jews who were deported or emigrated, Oct. 7, 1974.

66. Kasparek, *Jews in Fürth,* 34.
67. Thiele, "Leben vor und nach der Flucht," 20.
68. Ophir and Wiesemann, *Die jüdischen Gemeinden,* 186.
69. New York Public Library, Dorot Jewish Division: P (Oral Histories), Box 90, no. 5, Paula Kissinger interview, 9.
70. HAK, interview by author. Kissinger remembered that she was sent to Auschwitz, but Bełżec seems more likely.
71. Yad Vashem Central Database of Shoah Victims' Names. See also *Gedenkbuch: Opfer der Verfolgung der Juden under de nationalsozialistischen Gewaltherrschaft in Deutschland, 1933–1945,* 2 vols. (Koblenz: Bundesarchiv, 1986). Cf. Kurz, *Kissinger Saga,* 103f.
72. Stadtarchiv Fürth, Biographische Sammlung Henry Kissinger, Überreichung der Goldenen Bürgermedaille seiner Vaterstadt an Herrn Aussenminister Professor Henry A. Kissinger, Dec. 15, 1975.
73. Isaacson, *Kissinger,* KL 487.
74. HAK, interview by author.
75. Ibid.

第 3 章 哈得孙河上的菲尔特

1. Kissinger family papers, HAK to Hilde, July 29, 1939.
2. Moore, *At Home in America,* 30, 86.
3. Appelius, *"Die schönste Stadt der Welt,"* 30–34, 151, 127.
4. David Kennedy, *Freedom from Fear,* KL 6342–441, 13940–41.
5. Ibid., KL 3543.
6. Ibid., KL 13515–16.
7. Ferguson, *War of the World,* 273f.
8. David Kennedy, *Freedom from Fear,* KL 5964, 6207.
9. Ibid., KL 6332–33.
10. Ibid., KL 5655–57, 6326.
11. "Mayor Arranges Trucking Parley as Tie-Up Spreads," *New York Times,* Sept. 18, 1938.
12. "Bombs Shatter Windows of 7 Fur Shops," *New York Times,* Sept. 12, 1938.
13. Bayor, *Neighbors in Conflict,* 41–45.
14. Milton Bracker, "Football Comes to the Gridiron of Asphalt," *New York Times,* Nov. 6, 1938.
15. Horowitz and Kaplan, "Estimated Jewish Population of the New York Area, 1900–1975," 14f.
16. Ibid., 22.
17. Moore, *At Home in America,* 30.
18. Leventmann, "From Shtetl to Suburb," in Rose, *Ghetto and Beyond,* 43f.
19. Moore, *At Home in America,* 36ff.
20. Ibid., 65, 85.
21. Strauss, "Immigration and Acculturation of the German Jew."
22. Lowenstein, *Frankfurt on the Hudson,* 47.
23. Appelius, *"Die schönste Stadt der Welt,"* 30–34, 151.
24. Moore, *At Home in America,* 8, 13.
25. Bayor, *Neighbors in Conflict,* 20.
26. Moore, *At Home in America,* 5.
27. Bayor, *Neighbors in Conflict,* 10–13, 20.
28. Ibid., 25f. See also ibid., 127, 130, for the Jewish vote in 1933.
29. Moore, *At Home in America,* 215.
30. Bayor, *Neighbors in Conflict,* 51.
31. Ibid., 33ff., 137, 143, 147.
32. Ibid., 29, 31f.
33. Ibid., 39.
34. Ibid., 89, 92f.
35. Moore, *At Home in America,* 204.
36. Bayor, *Neighbors in Conflict,* 41.
37. Moore, *At Home in America,* 223.
38. Ferguson, *War of the World,* 527.
39. David Kennedy, *Freedom from Fear,* KL 7478–79, 7499–500, 7505–6, 7503–4, 7507–9.
40. Ferguson, *War of the World,* 527.
41. "Asks Red Inquiry at N.Y.U., Hunter," *New York Times,* Oct. 6, 1938.
42. Appelius, *"Die schönste Stadt der Welt,"* 23–29.
43. Bayor, *Neighbors in Conflict,* 97f.
44. Ibid., 61.
45. Ibid., 57.
46. Ibid., 71–78.
47. Ibid., 113, 116, 121.
48. Epstein, *Oblivious in Washington Heights,* 1f.
49. Lowenstein, *Frankfurt on the Hudson,* 107, map 5.
50. Ibid., 178; Appelius, *"Die schönste Stadt der Welt,"* 177.
51. Appelius, *"Die schönste Stadt der Welt,"* 23–29.
52. Lowenstein, *Frankfurt on the Hudson,* 66. Cf. Moore, *At Home in America,* 82. See also Yeshiva University Museum, *German Jews of Washington Heights;* Lendt, *Social History of Washington Heights.*
53. Lowenstein, *Frankfurt on the Hudson,* 86.
54. Moore, *At Home in America,* 66, table 4.
55. Appelius, *"Die schönste Stadt der Welt,"* 171.
56. Bayor, *Neighbors in Conflict,* 150f.
57. Stock, "Washington Heights' 'Fourth Reich,'" 581.
58. Ibid., 584.
59. Appelius, *"Die schönste Stadt der Welt,"* 165f.
60. Stock, "Washington Heights' 'Fourth Reich,'" 582.
61. Ibid., 583.
62. Lowenstein, *Frankfurt on the Hudson,* 49.
63. Ibid., 126.
64. Appelius, *"Die schönste Stadt der Welt,"* 162f.
65. Moore, *At Home in America,* 124–47.
66. Ibid., 178–99.
67. Lowenstein, *Frankfurt on the Hudson,* 152f., 158, 163–67.
68. Ibid., 148, 149, tables 25 and 26.
69. Ibid., 19.
70. Stock, "Washington Heights' 'Fourth Reich,'" 584. For good images of Washington Heights in this period, see Stern, *So war es.*

71. Lowenstein, *Frankfurt on the Hudson,* 75, table 4, 78, table 6.
72. Ibid., 32–38.
73. Appelius, *"Die schönste Stadt der Welt,"* 185.
74. Ibid., 187.
75. Bloch, Marx, and Stransky, *Festschrift in Honor of Congregation Beth Hillel.*
76. See for insights into Breuer's thinking, Breuer, *Introduction to Rabbi Hirsch's Commentary;* Breuer, *Jewish Marriage.*
77. See for example *Mitteilungen: Organ der K'hall Adass Jeshurun und der K'hall Agudath Jeshorim,* [henceforth *Mitteilungen*], Jan. 1940.
78. Joseph Breuer, "Zur Jahreswende," *Mitteilungen,* Sept. 1940, 1. See also "Der 'zionistische' Aufruf des Propheten," *Mitteilungen,* July–Aug. 1943, 1.
79. Lowenstein, *Frankfurt on the Hudson,* 114–18, 122, 130. See also Appelius, *"Die schönste Stadt der Welt,"* 190f.
80. Lowenstein, *Frankfurt on the Hudson,* 141, 154.
81. HAK, interview by author.
82. Fass, *Outside In,* 73–79.
83. Moore, *At Home in America,* 96.
84. Fass, *Outside In,* 81, 92, 87 table 3, 94.
85. Greenspan, *Age of Turbulence,* 19–24.
86. Bayor, *Neighbors in Conflict,* 155f. Cf. Appelius, *"Die schönste Stadt der Welt,"* 174f.
87. Lowenstein, *Frankfurt on the Hudson,* 39–46. See also Appelius, *"Die schönste Stadt der Welt,"* 21, 52ff., 62ff., 104–9.
88. Appelius, *"Die schönste Stadt der Welt,"* 171.
89. Bayor, *Neighbors in Conflict,* 155f.
90. Lowenstein, *Frankfurt on the Hudson,* 241.
91. Appelius, *"Die schönste Stadt der Welt,"* 179–82, 204.
92. *WHY,* 229.
93. Mazlish, *Kissinger,* 7.
94. Suri, *Kissinger,* 44–47.
95. Appelius, *"Die schönste Stadt der Welt,"* 169.
96. Museum of Jewish Heritage, HAK interview by Louise Bobrow, Jan. 11, 2001.
97. New York Public Library, Dorot Jewish Division: P (Oral Histories), Box 90, no. 5, Paula Kissinger interview, 14.
98. Isaacson, *Kissinger,* KL 582.
99. Appelius, *"Die schönste Stadt der Welt,"* 167.
100. Greenspan, *Age of Turbulence,* 24.
101. Library of Congress [henceforth LOC], HAK schoolwork samples, June 6, 1939. Unless otherwise stated, all LOC references are the Kissinger Papers housed at the LOC.
102. Ibid., HAK school grades, Jan. 4, 1940, and June 27, 1940. Unless otherwise stated, all LOC references are to the Kissinger papers housed when I used them at the Library of Congress.
103. HAK, interview by author.
104. Museum of Jewish Heritage, HAK interview.
105. Kalb and Kalb, *Kissinger,* 36f.
106. Lowenstein, *Frankfurt on the Hudson,* 187.
107. Abraham Goldstein, "Our New Home," *Mitteilungen,* Apr. 1941, 5a.
108. Stock, "Washington Heights' 'Fourth Reich,'" 585.
109. Moore, *At Home in America,* 105. See also Mazlish, *Kissinger,* 39–41.
110. Isaacson, *Kissinger,* 37f.; Kalb and Kalb, *Kissinger,* 37.
111. Blumenfeld, *Kissinger,* 23, 42.
112. Isaacson, *Kissinger,* 35f.
113. HAK, interview by author.
114. Stock, "Washington Heights' 'Fourth Reich,'" 588.
115. Kissinger family papers, "Voice of the Union: *Eine Zeitung im Aufbau*!" May 1, 1939.
116. Ibid., HAK to Hilde, July 29, 1939.
117. Lowenstein, *Frankfurt on the Hudson,* 55, 56.
118. Blumenfeld, *Kissinger,* 249.
119. Kissinger family papers, HAK to Hilde, July 29, 1939.
120. Appelius, *"Die schönste Stadt der Welt,"* 130ff.
121. Kissinger family papers, HAK to Hilde, July 29, 1939.
122. Ibid., HAK to Dept. of Parks, New York City, July 9, 1942.
123. Isaacson, *Kissinger,* 35ff.
124. Kissinger family papers, HAK to Edith, Mar. 14, Mar. 31, 1940.
125. Ibid., HAK to Hilde, July 29, 1939.

第4章　出人意料的二等兵

1. Arndt Gymnasium Dahlem, Fritz Kraemer, "Der Pakt zwischen Mephistopheles und Faust (nach Goethes Faust)," Deutscher Aufsatz, Feb. 3, 1926.
2. LOC, G-14 Supp. (Kraemer), Kraemer to Prof. Robinson, Nov. 8, 1940.
3. Charles Lindbergh, "Des Moines Speech," PBS, http://to.pbs.org/1bAMey9.
4. Museum of Jewish Heritage, HAK interview by Louise Bobrow, Jan. 11, 2001.
5. HAK family papers, HAK to Dept. of Parks, New York City, July 9, 1942.
6. Isaacson, *Kissinger,* 38.
7. Breuer, "Our Duty Towards America," *Mitteilungen,* Jan. 1942, 1.
8. Franklin, "Victim Soldiers," 46.
9. Walter Kissinger, interview by author.
10. Franklin, "Victim Soldiers," 48, 52.
11. Appelius, *"Die schönste Stadt der Welt,"* 213.
12. Ibid., 211ff.
13. David De Sola Pool, "Immigrant and U.S. Army," *Aufbau,* Jan. 30, 1942, 1.
14. Samson R. Breuer, "A Pessach Message from Afar," *Mitteilungen,* Apr. 1944, 2.
15. Grailet, *Avec Henry Kissinger,* 8.
16. Isaacson, *Kissinger,* 39.
17. Ibid. For details on Camp Croft, see http://bit.ly/1z17fNd.
18. Franklin, "Victim Soldiers," 48.
19. Suri, *Kissinger,* 58.
20. Isaacson, *Kissinger,* 40f.
21. "Soldier Column," *Mitteilungen,* Apr. 1945, 2.
22. See Mailer, *Naked and the Dead.*
23. Suri, *Kissinger,* 62.
24. Keefer, *Scholars in Foxholes,* 81n.
25. Ibid., 221.
26. Ibid., 69. Elsewhere (ibid., 270) the total of men who entered the program is given as 216,000.
27. Ibid., 93.
28. Reid, *Never Tell an Infantryman,* 31.

29. Ibid., 36.
30. Charles J. Coyle, "Roommate Recalls Kissinger's Days at Lafayette," *Lafayette Alumnus* 44, no. 3 (Feb. 1973), 24f.
31. Ibid.
32. LOC, MCD-101, HAK Certificate of Attendance, Apr. 1, 1944; ASTP Student Record—Lafayette College.
33. Ibid., John H. Yundt letter of recommendation, Mar. 13, 1944.
34. Keefer, *Scholars in Foxholes,* 170.
35. Kalb and Kalb, *Kissinger,* 38.
36. Keefer, *Scholars in Foxholes,* 190, 157, 87n, 205, 215, 217, 218, 271.
37. Coyle, "Roommate Recalls," 24f.
38. Isaacson, *Kissinger,* 42.
39. *Camp Claiborne News,* http://www.campclaiborne.com.
40. Mazlish, *Kissinger,* 41f. Cf. Reid, *Never Tell an Infantryman,* 36.
41. Edwards, *Private's Diary,* 2.
42. Draper, *84th Infantry Division,* x.
43. Matson and Stein, *We Were the Line,* 9.
44. Ibid., 22.
45. Reid, *Never Tell an Infantryman,* 37–42.
46. Edwards, *Private's Diary,* 8.
47. Isaacson, *Kissinger,* KL 695.
48. Grailet, *Avec Henry Kissinger,* 7.
49. Isaacson, *Kissinger,* KL 755–57.
50. Coyle, "Roommate Recalls," 24f.
51. Isaacson, *Kissinger,* KL 726–29.
52. "Fritz Kraemer," *Daily Telegraph,* Nov. 10, 2003.
53. Arndt Gymnasium Dahlem, Fritz Kraemer, "Der Pakt zwischen Mephistopheles und Faust (nach Goethes Faust)," Deutscher Aufsatz, Feb. 3, 1926.
54. Frankfurt University Archives, Fritz Kraemer, "Lebenslauf," 1931.
55. Drucker, *Adventures of Bystander,* 141f.
56. Sven Kraemer, "My Father's Pilgrimage," in Hoffmann, *Fritz Kraemer on Excellence,* 80f.
57. Drucker, *Adventures of Bystander,* 141f.
58. Ibid., 142–47.
59. Ibid., 147.
60. Harley, *International Understanding,* 188.
61. London School of Economics Archives and Rare Books Library, C. A. Waterfield to E. V. Evans, July 24, 1926; Kraemer admission application, 1926; Kraemer certificate, Apr. 11, 1927; W. C. Dickinson to P. N. Baker, Dec. 3, 1926.
62. Frankfurt University Archives, Fritz Kraemer, "Lebenslauf," 1931. Cf. Link, *Ein Realist mit Idealen.*
63. Kraemer, *Das Verhältnis der französischen Bündnisverträge,* 92–95. See also 106, 123.
64. Ibid., 128.
65. Ibid., 41.
66. Luig, *Weil er nicht arischer Abstammung,* 244–47. See also Bergemann and Ladwig-Winters, *Richter und Staatsanwälte jüdischer Herkunft.*
67. A facsimile of his death certificate can be seen at "Krämer Georg," Holocaust.cz, http://bit.ly/1DYouxi. See also "Krämer Georg," Memorial Book, Das Bundesarchiv, http://bit.ly/1d9lXrn.
68. Drucker, *Adventures of Bystander,* 147f.
69. Ibid., 148.
70. Ibid.
71. *American Philosophical Society Year Book 1941* (1942). For what may have been part of this project see LOC, G-14 Supp. (Kraemer), "Territorial Changes in North Europe," n.d.
72. LOC, G-14 Supp. (Kraemer), Philip Jessup to Kraemer, June 6, 1943.
73. Ibid., Kraemer to Prof. Robinson, Nov. 8, 1940.
74. Ibid., Kraemer to Mr. Cornelison, n.d., c. 1952.
75. FBI, Fritz Kraemer file: 100-3778 [1942 investigation]; WFO 118-5366 [1951 investigation]; WPO 161-15133 [1981 investigation].
76. LOC, G-14 Supp. (Kraemer), "Story of Contacts with OSS, 1943/1944," n.d.
77. "Fritz Kraemer," *Guardian,* Nov. 12, 2003.
78. LOC, G-14 Supp. (Kraemer), Kraemer to Mr. Cornelison, n.d., c. 1952.
79. Ibid., Lt. Austin O'Malley to Prof. Fritz Marti, Feb. 28, 1944.
80. "Fritz Kraemer," *Guardian,* Nov. 12, 2003.
81. Isaacson, *Kissinger,* KL 772.
82. HAK, "The Prophet and the Policymaker" [eulogy for Fritz Kraemer, Oct. 8, 2003], in Hoffmann, *Kraemer on Excellence,* 10.
83. Mazlish, *Kissinger,* 47f., 50f.
84. Suri, *Kissinger,* 80.
85. Mazlish, *Kissinger,* 50.
86. Kalb and Kalb, *Kissinger,* 39.
87. HAK, interview by author.
88. Roberts, *Masters and Commanders,* 514–25.
89. Ibid., 511, 519.
90. Beevor, *Second World War,* 633–43; Hastings, *All Hell Let Loose,* 577–89.
91. Kershaw, *The End.*
92. Matson and Stein, *We Were the Line,* 24.
93. Edwards, *Private's Diary,* 19.
94. Ibid., 28.
95. Matson and Stein, *We Were the Line,* 25.
96. Ibid., 29, 35, 31.
97. Reid, *Never Tell an Infantryman,* 48–54; Matson and Stein, *We Were the Line,* 34–37.
98. Matson and Stein, *We Were the Line,* 43.
99. Edwards, *Private's Diary,* 61.
100. Kissinger family papers, HAK to his parents, Nov. 25, 1944.
101. Reid, *Never Tell an Infantryman,* 54f.
102. Edwards, *Private's Diary,* 64.

第 5 章 生者与死者

1. Kissinger family papers, HAK to his parents, Nov. 25, 1944.
2. LOC, A-19(b), HAK, "The Eternal Jew," n.d. [April or May 1945].
3. Matson and Stein, *We Were the Line,* 49.
4. Reid, *Never Tell an Infantryman,* 63.
5. Kissinger family papers, HAK to his parents, Nov. 25, 1944.
6. Draper, *84th Infantry Division,* 10.
7. Edwards, *Private's Diary,* 133.

8. Matson and Stein, *We Were the Line,* 56.
9. Draper, *84th Infantry Division,* 22, 34f.
10. Edwards, *Private's Diary,* 203.
11. Kissinger family papers, HAK to his parents, Oct. 16, 1944.
12. Draper, *84th Infantry Division,* 4f.
13. Ibid., 20.
14. Ibid., 74f.
15. Ibid., 40.
16. Matson and Stein, *We Were the Line,* 62f.
17. Draper, *84th Infantry Division,* 49–71.
18. U.S. Army Military History Institute, 335th Infantry, 2nd Battalion, HQ Company, "A Company Speaks," 5.
19. Matson and Stein, *We Were the Line,* 74.
20. Ibid., 73.
21. Ibid., 75.
22. Ibid., 77.
23. Edwards, *Private's Diary,* 171.
24. Ibid., 241.
25. Ellis, *World War II Databook,* 228, 255f.
26. Edwards, *Private's Diary,* 577, appendix 1.
27. Matson and Stein, *We Were the Line,* 207ff.
28. HAK, "The Prophet and the Policymaker." Isaacson has Kissinger becoming a driver-cum-translator for General Bolling, which seems improbable: Isaacson, *Kissinger,* KL 845.
29. LOC, MDC-101, HAK Application for Federal Employment, Nov. 17, 1945.
30. Kissinger family papers, HAK to his parents, Nov. 29, 1944.
31. Edwards, *Private's Diary,* 153.
32. Draper, *84th Infantry Division,* 77f.
33. Grailet, *Avec Henry Kissinger,* 9. See also Matson and Stein, *We Were the Line,* 84.
34. Draper, *84th Infantry Division,* 86.
35. Ibid., 87.
36. Ibid., 89.
37. Ibid., 86.
38. Grailet, *Avec Henry Kissinger,* 10f.
39. U.S. Army Military History Institute, 335th Infantry, 2nd Battalion, HQ Company, "A Company Speaks," 7.
40. Matson and Stein, *We Were the Line,* 92f.
41. Railsplitter Society (84th Infantry Division), Capt. Roger K. Taylor, 335th Infantry After Action Report, Dec. 31, 1944, http://www.84thinfantry.com.
42. Ibid., 335th Infantry After Action Report, Dec. 31, 1944.
43. Draper, *84th Infantry Division,* 95–103.
44. LOC, A-19(b), HAK to Walter, "On the Western Front," Feb. 5–8, 1945 [Jan. 1947], 1.
45. Edwards, *Private's Diary,* 266f.
46. See, e.g., ibid., 276.
47. LOC, A-19(b), HAK to Walter, "On the Western Front," Feb. 5–8, 1945, 2.
48. Draper, *84th Infantry Division,* 86.
49. Franklin, "Victim Soldiers," 69f.
50. LOC, A-19(b), HAK to Walter, "On the Western Front," Feb. 5–8, 1945, 3.
51. Ibid., 4. According to Kissinger, this passage of the letter was written by Kraemer. The worldly-wise comment about "the art of seduction" certainly sounds more like him than like Kissinger.
52. Ibid., 5.
53. Ibid., 6–7.
54. Ibid.
55. Ibid., 8.
56. Ibid., 8f.
57. Isaacson, *Kissinger,* KL 852.
58. LOC, A-19(b), HAK to Walter, "On the Western Front," Feb. 5–8, 1945, 10.
59. Draper, *84th Infantry Division,* 95–103.
60. LOC, A-19(b), HAK to Walter, "On the Western Front," Feb. 5–8, 1945, 11.
61. Edwards, *Private's Diary,* 284.
62. Matson and Stein, *We Were the Line,* 106f., 132.
63. Grailet, *Avec Henry Kissinger,* 19-21.
64. Ibid., 15f. Cf. Matson and Stein, *We Were the Line,* 103.
65. Edwards, *Private's Diary,* 284.
66. Matson and Stein, *We Were the Line,* 117.
67. Grailet, *Avec Henry Kissinger,* 36.
68. Ibid., 22ff., 27.
69. Ibid., 40.
70. Ibid., 420f.; Matson and Stein, *We Were the Line,* 140–48.
71. Draper, *84th Infantry Division,* 132–60.
72. Edwards, *Private's Diary,* 431ff.
73. Ibid., 443.
74. Draper, *84th Infantry Division,* 174f. Cf. Matson and Stein, *We Were the Line,* 148–53.
75. Draper, *84th Infantry Division,* 187; Matson and Stein, *We Were the Line,* 156.
76. Bommers, "Kriegsende," unpublished ms., 1–3, 11–15.
77. Draper, *84th Infantry Division,* 161–67.
78. Ibid., 183.
79. Matson and Stein, *We Were the Line,* 161.
80. Isaacson, *Kissinger,* KL 862. The story is repeated by Suri, *Kissinger.*
81. See, for example, the case of Eric W. Lange: "97-Pointer Gets Job That May Delay Him," *New York Times,* June 6, 1945, 3.
82. LOC, HAK, A & P, Kraemer letter of recommendation, Mar. 7, 1949. Cf. Elsässer, "Kissinger in Krefeld und Bensheim," 15–19.
83. Kremers, *Lucky Strikes,* 18f.; Bommers, "Kriegsende," 44.
84. Bommers, "Kriegsende," 5.
85. *Parade,* Mar. 24, 1945.
86. Pocock, *Alan Moorehead,* 197.
87. Stadtarchiv Krefeld 70, 565, "Die Verhältnisse im Bahnhofsbunker Krefeld während der letzten Tage des Krieges 1945," Nov. 1, 1946.
88. Bommers, "Kriegsende," 16.
89. Matson and Stein, *We Were the Line,* 153.
90. Ibid., 196.
91. Edwards, *Private's Diary,* 499f.
92. Kremers, *Lucky Strikes,* 8–10, 15, 16.
93. Bommers, "Kriegsende," 28.
94. Stadtarchiv Krefeld, 70, 565, "Aus dem Kriegstagebuch eines Linners," Mar. 3, 4, 26, 1945.
95. Ibid., Apr. 9, 1945.
96. Stadtarchiv Krefeld, 70, 565, "Aus dem Kriegstagebuch eines Krefelders," Mar. 7, 1945.
97. Ibid., 70, 565, "Aus dem Kriegstagebuch eines Fischbelners [Franz Heckmann]," Mar. 1, 1945.
98. Ibid., Apr. 1, 1945.
99. Ibid. Cf. Kremers, *Lucky Strikes,* 11.
100. LOC, MDC-101, HAK to Wesley G. Spencer, May 10, 1947.

101. Kickum, "Strukturen der Militärregierungen," 110f.
102. See in general Kershaw, *The End*.
103. Padover, *Experiment in Germany*, 284ff.
104. Stadtarchiv Krefeld, 70, 565, Heuyng to Lorentzen, Mar. 1, 1945.
105. Kickum, "Strukturen der Militärregierungen," 108; Bommers, "Kriegsende," 18–20.
106. LOC, A-19(b), 94–116, HAK and Robert S. Taylor, Memorandum to the Officer in Charge: Investigation of City Officials in Krefeld re: Political Fitness for Office, Mar. 17, 1945.
107. Stadtarchiv Krefeld, 70, 565, "Aus dem Kriegstagebuch eines Linners," Mar. 28, 1945.
108. National Archives and Records Administration, RG 319.270.84.[84.]20, Krefeld Gestapo XE 019212, Apr. 18, 1945.
109. Ibid., RG 319.270.84.20, 37, Darmstadt Gestapo XE 003411, July 26, 1945.
110. Hangebruch, "Emigriert—Deportiert," in Rotthoff, *Krefelder Juden*, 137–215.
111. Johnson, *Nazi Terror*.
112. Schupetta, "Die Geheime Staatspolizei."
113. Suri, *Kissinger*, 72. See also Mazlish, *Kissinger*, 41f.
114. Colodny and Schachtman, *Forty Years War*, 25.
115. Kissinger, "Prophet and the Policymaker." Cf. Colodny and Schachtman, *Forty Years War*, 25.
116. Matson and Stein, *We Were the Line*, 170f.
117. Draper, *84th Infantry Division*, 202ff. See also Edwards, *Private's Diary*, 516f.
118. Kershaw, *The End*, 280.
119. Matson and Stein, *We Were the Line*, 177.
120. Ibid., 181.
121. Kissinger family papers, HAK to his parents, May 6, 1945.
122. LOC, A-19(b), 86–88, Memorandum to the Officer in Charge: Chronological Activities of Investigation of Underground Activities, Members of the Gestapo and Gestapo Plot in Hanover, Apr. 16, 1945. For more details about Binder, see Paul and Mallmann, *Die Gestapo*.
123. LOC, A-19(b), 70–72, Translation of Life History and Underground Activities, Adolf Rinne, Member of the Gestapo, Hanover, Apr. 16, 1945.
124. Ibid., 90–93, Major General A. R. Bolling, General Orders No. 81, Apr. 27, 1945. For further details, see LOC, MDC-101, Paul H. Wyman, Report of CIC Activities of Special Agent Henry Kissinger, Nov. 18, 1945.
125. LOC, MDC-101, Letter of Recommendation Regarding Special Agent Henri [*sic*] Kissinger, Aug. 28, 1945.
126. Ibid., "Promotion of Enlisted Men," Aug. 28, 1945.
127. *Mitteilungen*, Dec. 1942, 1.
128. Breuer, "Der jüdische Hilferuf," *Mitteilungen*, Feb. 1944, 1.
129. Tott, "Ahlem Concentration Camp," unpublished ms., 140.
130. Gutmann, "KZ Ahlem," in Fröbe et al., *Konzentrationslager in Hannover*, vol. 1, 331–406.
131. Tott, "Ahlem Concentration Camp." More details are given in Anschütz and Heike, *"Wir wollten Gefühle sichtbar werden lassen."*
132. Tott, "Ahlem Concentration Camp," 11. See also Tott, *Letters and Reflections*.
133. Edwards, *Private's Diary*, 528f.
134. Ibid., 534.
135. Ibid.
136. Ibid., 528.
137. Tott, "Ahlem Concentration Camp," 4–7, 12–38. Tott's ms. assembles many survivors' accounts of their appalling mistreatment at Ahlem.
138. Tott, *Letters and Reflections*, n.p.
139. Edwards, *Private's Diary*, 532.
140. HAK, interview by author.
141. Anschütz and Heike, *"Wir wollten Gefühle sichtbar werden lassen,"* 33.
142. LOC, A-19(b), HAK, "The Eternal Jew," n.d.

第 6 章 在第三帝国的废墟上

1. Harry S. Truman National Historic Site, Oral History #1992-3, Interview with HAK, May 7, 1992.
2. HAK, Kent papers [these are private papers in Dr. Kissinger's possession that he keeps at his house in Kent, CT], HAK to his parents, July 28, 1948.
3. Burleigh, *Moral Combat*, 539.
4. Ferguson, *War of the World*, 555ff., 581.
5. Ibid., 585.
6. Smith, *Papers of General Clay*, 143.
7. Backer, *Priming the German Economy*, 188, table 6.
8. Selby, *Axmann Conspiracy*, 141.
9. Wolfe, *Americans as Proconsuls*, 103.
10. See, e.g., Smith, *Papers of General Clay*, 174.
11. Wolfe, *Americans as Proconsuls*, 112f.
12. HAK, interview by author.
13. Blumenfeld, *Kissinger*, 59f.
14. Fussell, *Boys' Crusade*, 151–58.
15. Museum of Jewish Heritage, HAK interview by Louise Bobrow, Jan. 11, 2001.
16. HAK, interview by author.
17. LOC, A-19(b), HAK to Mrs. Frank, Apr. 21, 1946.
18. HAK, interview by author.
19. Kissinger family papers, HAK to his parents, May 6, 1945.
20. Museum of Jewish Heritage, HAK interview by Louise Bobrow, Jan. 11, 2001.
21. HAK, interview by author.
22. Museum of Jewish Heritage, HAK interview by Louise Bobrow, Jan. 11, 2001.
23. Yale Fortunoff Archive for Holocaust Testimony, HVT-4425, Harold Reissner interview, Apr. 24, 2009.
24. Kilmeade, *Games Do Count*, 63f.
25. Mümmler, *Fürth*, 194. See also Fritz, *Endkampf*.
26. Kissinger family papers, HAK to his parents, Feb. 10, 1946. The newer Jewish cemetery in Erlangerstrasse had not been destroyed by the Nazis.
27. Draper, *84th Infantry Division*, 247. See also Edwards, *Private's Diary*, 571.

28. "Fritz Kraemer," *Daily Telegraph,* Nov. 10, 2003.
29. Draper, *84th Infantry Division,* 248.
30. U.S. Army Military History Institute, Carlisle Barracks, CIC School, "History and Mission of the Counter Intelligence Corps," MS, n.d., 1–9.
31. Jensen, *Army Surveillance,* 227.
32. Ibid., 228.
33. Ibid., 218.
34. CIC School, "History and Mission," 46.
35. For further insights, see Koudelka, *Counter Intelligence,* esp. 121–49.
36. Selby, *Axmann Conspiracy,* 50.
37. Slawenski, *Salinger,* esp. 131–34, 143f.
38. Selby, *Axmann Conspiracy,* 83.
39. Ibid., 84. See Melchior, *Case by Case.*
40. Selby, *Axmann Conspiracy,* 208f.
41. Ibid., 94.
42. LOC, George S. Patton Papers, 51, 8, Eisenhower, "Removal of Nazis and Militarists," Aug. 15, 1945.
43. Oppen, *Documents on Germany,* 20.
44. Kalb and Kalb, *Kissinger,* 40f.
45. Suri, *Kissinger,* 75.
46. Elsässer, "Kissinger in Krefeld und Bensheim," 29f.
47. Ibid., 18f.
48. Kissinger family papers, HAK to his parents, June 24, 1945.
49. Elsässer, "Kissinger in Krefeld und Bensheim," 28.
50. LOC, Rental agreement, Mar. 23, 1946. A photograph of a white Mercedes convertible does survive among Kissinger's papers at Yale, but he is not the proud owner pictured beside it.
51. Kissinger family papers, HAK to his parents, June 24, 1945.
52. LOC, HAK, MDC-101, Order issued by Charles Roundtree, July 10, 1945.
53. Ibid., Order issued by Frank Logan, Aug. 20, 1945.
54. Ibid., Capt. Frank A. Logan order, Dec. 3, 1945.
55. Ibid., Capt. Frank A. Logan order, May 22, 1946.
56. Kilthau and Krämer, *3 Tage fehlten,* 17.
57. Ibid., 19–21.
58. National Archives and Records Administration, 37, Darmstadt Gestapo XE 003411, HAK, Memorandum for the Officer in Charge, July 26, 1945.
59. Kilthau and Krämer, *3 Tage fehlten,* 27.
60. LOC, HAK, A-19(b), HAK report, Mar. 9, 1946.
61. Kissinger family papers, HAK to his parents, May 6, 1945.
62. LOC, HAK, MDC-101, HAK to Wesley G. Spence, Office of the Counselor for Veterans, May 10, 1947.
63. Ibid., Lieut. Paul H. Wyman, Report of CIC Activities of Special Agent Henry Kissinger, Nov. 18, 1945.
64. LOC, HAK, A-19(b), C.I.C. Team 970/59, Bensheim, Weekly Report, Dec. 24, 1945.
65. Ibid., "Promotion of Enlisted Men," Aug. 28, 1945.
66. LOC, HAK, MDC-101, Lieut. James A. Forsyth letter of recommendation, Apr. 29, 1946.
67. Ibid., HAK to Adjutant General (Civilian Personnel Section), Mar. 6, 1946.
68. Ibid., Lieut. James A. Forsyth letter of recommendation, Apr. 29, 1946.
69. Ibid., Lieut. Paul H. Wyman, Report of CIC Activities of Special Agent Henry Kissinger, Nov. 18, 1945.
70. LOC, HAK, A & P, Kraemer letter of recommendation, Mar. 7, 1949.
71. Smith, *Papers of General Clay,* 172.
72. Sayer and Botting, *America's Secret Army,* 296.
73. Douglas Porch, "Occupational Hazards," 37.
74. LOC, HAK, A-19(b), HAK report, May 16, 1946.
75. Ibid., Lieut. Col. Dale M. Garvey to 2nd Lieut. Irwin R. Supow, Nov. 16, 1945.
76. Ibid., HAK report, Jan. 8, 1946.
77. Stadtarchiv Bensheim, 16, 1, Klapproth to Kiesewetter, Sept. 22, 1945.
78. LOC, HAK, A-19(b), C.I.C. Team 970/59, Bensheim, Weekly Report, Oct. 13, 1945.
79. Ibid., Oct. 26, 1945.
80. Ibid., Oct. 13, 1945.
81. Ibid., Oct. 26, 1945.
82. Ibid., Dec. 24, 1945.
83. LOC, HAK, A-19(b), HAK report, Feb. 5, 1946.
84. Ibid., C.I.C. Team 970/59, Bensheim, Weekly Report, Oct. 26, 1945.
85. Ibid., Dec. 24, 1945.
86. Elsässer, "Kissinger in Krefeld und Bensheim," 26.
87. Stadtarchiv Bensheim, 16, 1, Wien to Lehmann-Lauprecht, Aug. 11, 1945.
88. LOC, HAK, A-19(b), Klapproth to Kiesewetter, Aug. 31, 1945.
89. Ibid., Klapproth to Kiesewetter, Sept. 1, 1945.
90. Ibid.
91. Ibid., HAK report, Jan. 8, 1946.
92. Ibid., Klapproth to Captain Leggatt, Sept. 10, 1945.
93. Stadtarchiv Bensheim, 16, 1, Klapproth to Leggatt, Sept. 17, 1945.
94. Ibid., Klapproth memorandum, Sept. 14, 1945.
95. Ibid., Klapproth to "Herr Henry," Aug. 11, 1945.
96. Ibid., August, Luise and Martha Sprengart, Eidesstattliche Erklärung, Nov. 5, 1945.
97. LOC, HAK, A-19(b), Polizeipräsident Dessau to Klapproth, Feb. 8, 1946.
98. Stadtarchiv Bensheim, 16, 1, Letter to Kiesewetter, Jan. 19, 1946. Cf. Elsässer, "Kissinger in Krefeld und Bensheim," 21ff.; Manfred Berg, "Bensheim nach dem Zweiten Weltkrieg," in Maaß and Berg, *Bensheim,* 390ff.
99. LOC, HAK, A-19(b), HAK report, Feb. 22, 1946.
100. See Ferguson, *High Financier,* 417–21.
101. Stadtarchiv Bensheim, 14, 1, Testimony of Otto and Minna von Humbert, Jan. 25, 1946; Klapproth to Capt. Nagy, Jan. 31, 1946; Klapproth to HAK, Jan. 31, 1946.
102. Elsässer, "Kissinger in Krefeld und Bensheim," 23f.; Berg, "Bensheim nach dem Zweiten Weltkrieg," 392f.
103. Berg, "Bensheim nach dem Zweiten Weltkrieg," 387.
104. Stadtarchiv Bensheim, 14, 12, Treffert report to CIC, Apr. 5, 1946.
105. LOC, HAK, MDC-101, HAK Application for Federal Employment, Nov. 17, 1945.
106. Ibid., HAK to Adjutant General (Civilian Personnel Section), Mar. 6, 1946.

107. Kissinger family papers, HAK to his parents, Feb. 10, 1946.
108. LOC, HAK, A-19(b), D. Donald Klous to HAK, July 22, 1946.
109. Ibid., Rosemary Reed to HAK, Apr. 8, 1946.
110. Stadtarchiv Bensheim, 14, 12, Treffert report to CIC, May 20, 1946, and July 5, 1946. Cf. Elsässer, "Kissinger in Krefeld und Bensheim," 25; Berg, "Bensheim nach dem Zweiten Weltkrieg," 389.
111. Kissinger family papers, HAK to his parents, Feb. 10, 1946.
112. Gaddis, *Kennan*, 221.
113. LOC, HAK, A-19(b), C.I.C. Team 970/59, Bensheim, Weekly Report, Dec. 24, 1945.
114. Ibid., Oct. 26, 1945.
115. LOC, HAK, A-19(b), HAK report, Feb. 5, 1946. Cf. Berg, "Bensheim nach dem Zweiten Weltkrieg," 391.
116. LOC, HAK, MDC-101, HAK to Wesley G. Spence, Office of the Counselor for Veterans, May 10, 1947.
117. LOC, HAK, A-19(b), HAK report, Oct. 16, 1945; Raymond L. Patten report, Oct. 26, 1945.
118. Duffy, "Third Century of Passion Play."
119. Shapiro, *Oberammergau*, 17.
120. Duffy, "Third Century of Passion Play," 669f.
121. Waddy, *Oberammergau in the Nazi Era*, 3–12.
122. Shapiro, *Oberammergau*, 57.
123. Ibid., 70.
124. Ibid., 76f.
125. Ibid., 147.
126. Waddy, *Oberammergau in the Nazi Era*, 153f.
127. Shapiro, *Oberammergau*, 149.
128. Waddy, *Oberammergau in the Nazi Era*.
129. Ibid., 141–44, 176f. See also 207f.
130. Ibid., 211, 217, 221.
131. Ibid., 184.
132. Shapiro, *Oberammergau*, 142.
133. Waddy, *Oberammergau in the Nazi Era*, 213.
134. Ibid., 223.
135. Piszkiewicz, *Nazi Rocketeers*, 221.
136. Ibid., 234.
137. Heaps, "Oberammergau Today," 1469.
138. Shapiro, *Oberammergau*, 148.
139. Heaps, "Oberammergau Today," 1469.
140. Waddy, *Oberammergau in the Nazi Era*, 243f.
141. Ibid., 235.
142. Shapiro, *Oberammergau*, 180f.
143. Waddy, *Oberammergau in the Nazi Era*, 250.
144. Shapiro, *Oberammergau*, 183.
145. Ibid., 6. Cf. Heaps, "Oberammergau Today," 1469.
146. CIC School, "History and Mission," 83.
147. Lüders, *Fürchte Dich nicht*, 151.
148. U.S. Bureau of the Census, *Statistical Abstract of the United States: 1962* (Washington, DC: U.S. Government Printing Office, 1962), 336, table 453.
149. LOC, HAK, A & P, Kraemer letter of recommendation, Mar. 7, 1949. Cf. LOC, HAK, MDC-101, Outline for Lectures: Role of Intelligence Investigator, Aug. 30, 1946.
150. LOC, HAK, MDC-101, European Theater School of Intelligence Lesson Plans, May 28, 1947.
151. Ibid., Col. Raymond letter, June 20, 1947.
152. Betty H. Carter Women Veterans Historical Project, University of North Carolina, Greensboro, Digital Collections, Interview with Jane Brister, 1999, http://bit.ly/1EyZQ9U.
153. LOC, MDC-101, HAK to Lieutenant Colonel Veazey, Oct. 1, 1946.
154. Ibid.
155. Ibid., Jane G. Brister special orders, Aug. 8, 1946.
156. Ibid., HAK and Springer report, Aug. 22, 1946.
157. Ibid., Oct. 26, 1946.
158. Ibid., HAK to Director of Training, Academic Division, U.S. Army, Mar. 5, 1947.
159. Mazlish, *Kissinger*, 44. See also Saalfrank, "Kissinger in Oberammergau," 36f., and Saalfrank, "Kissinger und Oberammergau."
160. LOC, HAK, MDC-101, HAK statement, Oct. 5, 1946.
161. Ibid., Capt. Edward F. Esken to Lieut. Col. Veazey, Feb. 9, 1947.
162. Ibid., HAK to Chenil de la Bergenne, Paris, Feb. 20, 1947, and reply dated Apr. 4, 1947.
163. LOC, HAK, A-19(b), Pan-Am Airway Bill, July 7, 1947.
164. Suri, *Kissinger*, 81. See also Saalfrank, "Kissinger in Oberammergau," 39.
165. HAK, interview by author. See also Henry Rosovsky, interview by author.
166. Kissinger family papers, HAK to his parents, Feb. 10, 1946.
167. Ibid., Apr. 2, 1947.
168. HAK, interview by author.
169. HAK, Kent papers, HAK to his parents, July 28, 1948.
170. Kissinger family papers, HAK to his parents, Apr. 2, 1947.
171. Ibid.
172. Ibid., HAK to his parents, Apr. 12, 1947.
173. Ibid.
174. Ibid., HAK to his parents, June 22, 1947.

第 7 章　理想主义者

1. James, "True Harvard," in Bentinck-Smith, *Harvard Book*, 12.
2. Quoted in Menand, *Metaphysical Club*, 60.
3. HAK, "Epics Are Prescriptions for Action," in Anon., *William Yandell Elliott*.
4. Kissinger family papers, HAK to his parents, May 12, 1947.
5. Ibid., May 28, 1947.
6. LOC, HAK, MDC-101, HAK to the Registrar, Harvard, Apr. 2, 1947. See also HAK to Wesley G. Spence, Office of the Counselor for Veterans, May 10, 1947. Cf. Blumenfeld, *Kissinger*, 81; Mazlish, *Kissinger*, 44; Kalb and Kalb, *Kissinger*, 42.
7. LOC, HAK, MDC-101, Spence to HAK, June 13, 1947.
8. Ibid., Spence to Louis Kissinger, May 23, 1947.
9. UNRRA, Office of the Historian, Staffing Authorization, July 16, 1948.
10. LOC, HAK, A & P, Kraemer letter of recommendation, Mar. 7, 1949.

11. Kissinger family papers, HAK to his parents, Apr. 12, 1947.
12. Ibid., June 18, 1947.
13. Ibid., Aug. 12, 1948.
14. LOC, HAK, A-18(a), Kraemer to HAK, Oct. 3, 1949.
15. Blumenfeld, *Kissinger,* 82–86.
16. Ibid., 81.
17. Ibid., 80.
18. Kalb and Kalb, *Kissinger,* 42.
19. Isaiah Berlin to his parents, Mar. 15, 1941, in Berlin, *Letters,* 1:367.
20. Trevor-Roper, *Letters from Oxford,* 34.
21. Morison, *Three Centuries of Harvard,* 1–19, 23.
22. Ibid., 22f., 60, 69ff.
23. Menand, *Metaphysical Club,* 6, 77, 61, 219, 227, 229, 350–57, 441.
24. Morison, *Three Centuries of Harvard,* 435.
25. Ibid., 419ff.
26. Rosovsky, *Jewish Experience,* 72.
27. Feder, "Jewish Threat," 45f.
28. Eaton, "Here's to the Harvard Accent," in Bentinck-Smith, *Harvard Book,* 13.
29. Feder, "Jewish Threat," 10.
30. Morison, *Three Centuries of Harvard,* 446, 449.
31. Feder, "Jewish Threat," 70.
32. Rosovsky, *Jewish Experience,* 7, 11.
33. Ibid., 9.
34. Feder, "Jewish Threat," 5.
35. Rosovsky, *Jewish Experience,* 55.
36. Feder, "Jewish Threat," 13.
37. Rosovsky, *Jewish Experience,* 15.
38. Ibid., 20.
39. Ibid., 23.
40. Stedman, "Born unto Trouble."
41. Ibid., 106.
42. Ibid., 104.
43. Ibid., 110. See also 36, 44, 61ff.
44. Kraus, "Assimilation, Authoritarianism, and Judaism," 19f., 35; tables 3, 4, 5, 6, 7, 8, 9, 13, 15.
45. White, *In Search of History,* 43f.
46. Ibid., 41.
47. Rosovsky, *Jewish Experience,* 31.
48. Schlesinger, *Life in the Twentieth Century,* 37, 54f.
49. Ibid., 510.
50. "Harvard College Class of 1950," Harvard Alumni, http://bit.ly/1yWyOGX.
51. See, e.g., Blumenfeld, *Kissinger,* 82.
52. "Housing Tight Again in Fall," *Harvard Crimson,* Aug. 15, 1947; "College May Discard 5400 'Limit' on Fall Enrollment," *Harvard Crimson,* Aug. 28, 1947. See also "President's Report," *Official Register of Harvard University* 46 no. 30 (Dec. 1, 1949), 5f.
53. "Gym Houses Students Overflow of 180," *Harvard Crimson,* Sept. 22, 1947.
54. "Entry System Boosts Appeal, Erases Stigma of Claverly," *Harvard Crimson,* Apr. 1, 1954; "Large Percentage of Claverly Hall Students Will Not Move to Houses," *Harvard Crimson,* Mar. 30, 1955.
55. Mazlish, *Kissinger,* 56.
56. "The Union United," *Harvard Crimson,* Oct. 15, 1947. See also Harvard Archives, HUB XXX, Box 30, 023.B.5, The Harvard Union.
57. See, e.g., Blumenfeld, *Kissinger,* 82.
58. Anon., *Gold Coaster.*
59. "Adams Presents Good Food, Pool, Location Near to Yard," *Harvard Crimson,* Mar. 24, 1950.
60. "Adams Forum to Discuss Schlesinger's 'Vital Center,'" *Harvard Crimson,* Dec. 1, 1949.
61. Graubard, *Kissinger,* 5; Mazlish, *Kissinger,* 57.
62. LOC, HAK, A-1(a), HAK to CIC Reserve Affairs Section, Mar. 26, 1950.
63. Ibid., A-18(a), Kraemer to HAK, Oct. 3, 1949.
64. Ibid., G-14 Supp. (Kraemer), Kraemer to HAK, Nov. 17, 1949.
65. Ibid., MDC-101, HAK to Hans-Joachim Hirschmann, Sept. 9, 1948.
66. Ibid., Victor Guala to HAK, Sept. 8, 1948.
67. Blumenfeld, *Kissinger,* 84.
68. Ibid., 90.
69. Isaacson, *Kissinger,* KL 1253–56.
70. LOC, HAK, A-18(a), Ann Kissinger to HAK, Sept. 26, 1949.
71. Isaacson, *Kissinger,* KL 1257–80.
72. Ibid., KL 1109–13.
73. See Kistiakowsky, *Scientist at the White House.*
74. LOC, HAK Kent 9, Harvard Report Card, July 21, 1949. Cf. Blumenfeld, *Kissinger,* 83.
75. White, *In Search of History,* 44f.
76. LOC, HAK, A & P, Kraemer letter of recommendation, Mar. 7, 1949.
77. Friedrich, *New Image of Common Man.*
78. Ibid., 117.
79. Ibid., 315.
80. Mazlish, *Kissinger,* 61. See also Isaacson, *Kissinger,* KL 1165–68.
81. Blumenfeld, *Kissinger,* 87.
82. Michael W. Schwartz, "On Professor Elliott's Retirement," in Anon., *William Yandell Elliott.* See Purdy, *Fugitives' Reunion.*
83. Stone, "New World Order."
84. Elliott, *Pragmatic Revolt in Politics.*
85. Ibid., 423, 469.
86. Gunnell, "Real Revolution in Political Science," 48. I am grateful to David Elliott for sharing some of his own research on his father's career.
87. Gunnell, "Political Science on the Cusp." For a critique, see Dryzek, "Revolutions Without Enemies."
88. Louis Hartz, "Elliott as a Teacher," in Anon., *William Yandell Elliott.*
89. Mazlish, *Kissinger,* 64.
90. *Dictionary of American Biography,* 214.
91. Hoover Institution Archives, William Y. Elliott Papers, Box 161, Elliott to Samuel Beer, Aug. 25, 1961.
92. Stone, "New World Order," 57.
93. Lincoln Gordon, "A Desire to Convey Understanding," in Anon., *William Yandell Elliott.*
94. *Dictionary of American Biography,* 214.
95. Harris, "Footnote to History," 8.
96. Harvard Archives, William Y. Elliott Papers, Elliott to Cordell Hull, Control of Raw Materials Through Joint Holding Companies, Sept. 29, 1941.
97. Harris, "Footnote to History," 7.
98. Harvard Archives, William Y. Elliott Papers, Elliott, Control of Strategic Materials in War and Peace, Institute of Public Affairs, July 7, 1942.
99. Heard Library, Vanderbilt, RG 300, 162, 21, Elliott to Harvey Branscombe, Apr. 14, 1952.
100. Ibid., RG 519, Elliott to Avery Leiserson, July 3, 1956.

101. Gunnell, "Political Science on the Cusp."
102. HAK, "Epics Are Prescriptions for Action," in Anon., *William Yandell Elliott.*
103. Ibid.
104. Blumenthal, *Kissinger,* 86ff. See also Kalb and Kalb, *Kissinger,* 43.
105. LOC, HAK, A & P, Elliott, letter of recommendation, Oct. 31, 1949.
106. Ibid.
107. "A Guide to Writing a Senior Thesis in Government," 36, http://bit.ly/1DrBetP.
108. Blumenfeld, *Kissinger,* 92.
109. Suri, *Kissinger,* 29f.
110. Weber, "Kissinger as Historian," 3.
111. HAK, "Meaning of History" [henceforth MoH].
112. MoH, 1f., 4.
113. MoH, 10.
114. MoH, 112.
115. MoH, 142, 213.
116. MoH, 276.
117. MoH, 260f.
118. MoH, 288.
119. MoH, 321.
120. MoH, 123.
121. MoH, 123.
122. Dickson, *Kissinger and Meaning,* 59f.
123. MoH, 127f. Emphasis added.
124. MoH, 249.
125. MoH, 321.
126. MoH, 348.
127. Dickson, *Kissinger and Meaning,* ix.
128. Ibid., 8, 43, 72f.
129. Curley, "Kissinger, Spinoza and Genghis Khan," in Garrett, *Cambridge Companion to Spinoza,* 315f.
130. MoH, 323.
131. MoH, 333.
132. MoH, 348.

第8章 心理战

1. Lucas, "Campaigns of Truth," 301.
2. *Confluence* 3, no. 4 (1954), 499.
3. John H. Fenton, "'Live and Let Live,' Acheson Bids Reds: Acheson at Harvard Yard for Commencement," *New York Times,* June 23, 1950.
4. "Peace Group Pickets Acheson at Harvard," *Boston Traveler,* June 23, 1950.
5. "Acheson Hits Reds' Trojan Moves," *Boston Evening American,* June 22, 1950.
6. "The Secretary Speaks," *Harvard Alumni Bulletin,* 760ff., 767.
7. Gaddis, *Kennan,* 404.
8. Leffler, *Soul of Mankind,* KL 540–41.
9. Ibid., KL 594–95.
10. Ibid., KL 603–4.
11. Ibid., KL 853–55.
12. Ibid., KL 928–40.
13. George F. Kennan to Secretary of State, telegram, Feb. 22, 1946, http://bit.ly/1DHuLu6.
14. Gaddis, *Kennan,* 203.
15. Gaddis, *Strategies of Containment,* 20.
16. Kennan to Secretary of State, telegram, Feb. 22, 1946, http://bit.ly/1DHuLu6.
17. Leffler, *Soul of Mankind,* KL 1078–79.
18. Ibid., KL 1014–19.
19. Gaddis, *Kennan,* 243f.
20. Ibid., 250.
21. Ibid., 260.
22. Ibid., 261.
23. Ibid., 273.
24. Ibid., 329.
25. See in general May, *American Cold War Strategy.* The full text is on 23ff.
26. Ibid., 34.
27. Chomsky, "Cold War and the University"; Robin, *Making of Cold War Enemy,* 57–71.
28. President James B. Conant, "Report to the Alumni," June 22, 1950.
29. "Conant, Eisenhower, 18 Educators Urge Ban on Communist Teachers," *Harvard Crimson,* June 9, 1949.
30. Winks, *Cloak and Gown.*
31. Ibid., 119, 247ff., 450, 453, 457ff.
32. Wilford, *Mighty Wurlitzer,* 128f.
33. Winks, *Cloak and Gown,* 447.
34. Suri, *Kissinger,* esp. 93–99, 109f.
35. Friedrich, *New Image of Common Man,* 319f.
36. Ibid., 330.
37. Elliott, "Time for Peace?"
38. Ibid., 166. See also William M. Blair, "Declares Russia Plans Atomic War: Prof. Elliott of Harvard Says Loans and Scientific Data Should Be Denied to Soviet," *New York Times,* June 15, 1946.
39. Hoover Institution Archives, Elliott Papers, Box 110, Elliott to William Jackson, Oct. 11, 1950.
40. See Winks, *Cloak and Gown,* 54.
41. See, e.g., Hoover Institution Archives, Elliott Papers, Box 110, Jackson to Elliott, Dec. 27, 1950; Joseph Larocque to Elliott, Jan. 15, 1951.
42. Ambrose, *Nixon,* vol. 1.
43. Lindsay, *Beacons in the Night,* 330. On the Herter Committee, see Chris Barber, "The Herter Committee: Forging RN's Foreign Policy," *The New Nixon* (n.d.), http://bit.ly/1aYeZnj.
44. Elliott, "Prospects for Personal Freedom," 182.
45. Elliott and Study Group, *United States Foreign Policy.*
46. Stone, "New World Order," 187.
47. Hoover Institution Archives, Elliott Papers, Box 30, "How Can We Have an Effective Coordination for Foreign Policy Under the Constitution of the United States?," May 22, 1951.
48. Truman Library, Psychological Strategy Board, Box 7, Sidney Sulkin to Raymond Allen, Feb. 14, 1952.
49. Hoover Institution Archives, Elliott Papers, Box 14, Elliott to Frank Barnett, Mar. 28, 1956. See also Elliott, "Proposal for a North Atlantic Round Table."
50. Hoover Institution Archives, Elliott Papers, Box 77, Elliott to Samuel Beer, Aug. 25, 1961.
51. Ibid., Box 166, Elliott to Richard M. Nixon [henceforth RMN], Sept. 11, 1958.
52. Eisenhower Library, NSC Series, WHO OSANSA: Records, 1952–1961, Box 6, Elliott to Charles Stauffacher, Nov. 19, 1952.

53. Ibid., Elliott, "NSC Study," Dec. 23, 1952; Memorandum for Arthur S. Flemming, Dec. 23, 1952. See also Edwin B. George to Elliott, Jan. 5, 1953.
54. Just three weeks after Eisenhower's inauguration, Elliott sent Nixon a proposal to "build up . . . U.S. airlift capabilities by the subsidy of a commercial fleet": Nixon Library, General Correspondence 239, R. E. Cushman, Jr., to Robert Cutler, Feb. 11, 1953.
55. Elliott et al., *Political Economy of American Foreign Policy*, 322f.
56. Hoover Institution Archives, Elliott Papers, Box 93, Elliott, Memorandum for Under Secretary of State Christian Herter, Some Suggested Areas for the Development of Policy Planning in the Department of State, n.d., 5.
57. Ibid., Box 112, Elliott to Under Secretary Robert Thayer, June 10, 1960.
58. Elliott, *Mobilization Planning*, 35–40.
59. Hoover Institution Archives, Elliott Papers, Box 93, Elliott, Memorandum for Under Secretary of State Christian Herter, Some Suggested Areas for the Development of Policy Planning in the Department of State, n.d., 4.
60. Eisenhower Library, Elliott to C. D. Jackson, "Organization of Psychological Defense Measures at Home," Apr. 24, 1953.
61. Ibid.
62. For a skeptical view of its efficacy, see Schlesinger, *Life in the Twentieth Century*, 297.
63. Gaddis, *Kennan*, 295.
64. Wilford, *Mighty Wurlitzer*, 7.
65. Lucas, "Campaigns of Truth." See also Lucas, *Freedom's War*, 128–62.
66. Lucas, *Freedom's War*, 131.
67. Wilford, *Mighty Wurlitzer*, 25.
68. Mazlish, *Kissinger*, 59.
69. LOC, A-18(a), HAK to Advisor to Overseas Students, Oxford, Nov. 5, 1949.
70. Isaacson, *Kissinger*, KL 1282–89.
71. LOC, A-18(a), HAK to "Head Tutor," Balliol, Aug. 30, 1950.
72. LOC, G-14 Supp. (Kraemer), Kraemer to HAK, Sept. 13, 1950.
73. LOC, MDC-101, Kraemer letter of recommendation, Feb. 16, 1951.
74. LOC, G-14, HAK to George van Santwoord, May 4, 1954; Lawrence Noble to Kraemer, June 10, 1954.
75. LOC, A-1(a), HAK to Commanding Officer, Camp Holabird, Mar. 26, 1950.
76. Defense Technical Information Center, Fort Belvoir, VA, "History of Fort Holabird: December 1917 to 29 June 1973," MS.
77. LOC, MDC-101, Hirsch to Assistant Commandant, Evaluation of MRA (66th) for June 1950, Jul. 6, 1950.
78. Ibid., George Springer to George S. Pettee, Apr. 19, 1951, and Apr. 30, 1951.
79. Schrader, *History of Operations Research*, 1:v. The ORO relationship with Johns Hopkins persisted until 1961, after which it became the Research Analysis Corporation.
80. LOC, D-4, HAK to Darwin Stolzenbach, July 17, 1951.
81. Kalb and Kalb, *Kissinger*, 49.
82. LOC, K-69, More Korea Diaries 1951. For details of the interviews, see ibid., MDC-101, HAK to Stolzenbach, Nov. 17, 1951.
83. HAK and Darwin Stolzenbach, Technical Memorandum ORO-T-184: "Civil Affairs in Korea, 1950–51" (Chevy Chase, MD: ORO, [Aug.] 1952).
84. LOC, D-4, HAK to Stolzenbach, Feb. 7, 1952. Two years later, Stolzenbach was able to say that their report had proved very valuable in practice and was widely regarded as a benchmark by ORO.
85. LOC, G-14 Supp. (Kraemer), HAK to Kintner, Nov. 20, 1951.
86. For Kraemer's 1951 memo "U.S. Psychological Warfare Campaign for Political, Economic, and Military Integration of German Federal Republic into Western Europe," see LOC, G-14, Kraemer to Rentnik, Dec. 9, 1951; Truman Library, Psychological Strategy Board, Box 24, 334 Panel "I," Harriman to Allen, Apr. 16, 1952.
87. Truman Library, Psychological Strategy Board, Box 6, Folder 1, Kissinger's Analysis of Germany, July 11, 1952. See also ibid., James W. Riddleberger memorandum, July 30, 1952. This paper may later have acquired the title "The Moral Failure of the Military Occupation of Germany."
88. Isaacson, *Kissinger*, KL 1513–17 [HAK to his parents, June 4, 1952].
89. LOC, D-4, HAK to Nancy Sweet, June 24, 1952.
90. Ibid., HAK to Richard Sherman, Oct. 19, 1951.
91. Ibid., HAK to Maj. A. M. Sears, Oct. 10, 1952.
92. Ibid., HAK to Otte Pribram, July 21, 1954.
93. Ibid., HAK to Stolzenbach, July 31, 1952.
94. Ibid., HAK to Stolzenbach, Nov. 12, 1952. See also Robert Sorensen to HAK, Oct. 22, 1952; HAK to Sorensen, Oct. 31, 1952.
95. LOC, A-18(a), Ann Fleischer to HAK, July 25, 1950.
96. LOC, A & P, HAK to Elliott, July 10, 1950.
97. LOC, A-1(a), transcript of a Harvard Government seminar, Mar. 2, 1953. See also the following week's transcript: Mar. 9, 1953. The later meeting was essentially taken over by Elliott for a reprise of the argument of his book *The Pragmatic Revolt*. Among the participants in the seminar was the young British political theorist Bernard Crick.
98. Wilford, *Mighty Wurlitzer*, 124f.
99. Ford Foundation Archives, Reel R-0492, John Conway to HAK, Apr. 19, 1951.
100. Ibid., Elliott to Carl B. Spaeth, Oct. 8, 1952.
101. Hoover Institution Archives, Elliott Papers, Box 2, HAK to Elliott, Aug. 22, 1951.
102. Ibid., Elliott to James Perkins, Oct. 20, 1953.
103. Ford Foundation Archives, Reel R-0492, Bernard L. Gladieux to Joseph M. McDaniel, Aug. 13, 1952.
104. Eisenhower Library, WHO–National Security Council Staff: Papers, 1942–1961, OCB Secretariat Series, HAK to Edward Lilly, Sept. 8, 1953.
105. Hoover Institution Archives, Elliott Papers, Box 2, Elliott to James Perkins, Oct. 20, 1953.

106. For grumbling on these scores, see Anne Cameron, "Seminar Is Crossroads for Diverse Ideas, Interests," *Harvard Crimson*, Aug. 6, 1963.
107. Graubard, *Kissinger*, 57f.
108. Ford Foundation Archives, Reel R-0492, Report by P. S. Sundaram, Nov. 22, 1954.
109. Blumenfeld, *Kissinger*, 98.
110. Ibid., 101.
111. Isaacson, *Kissinger*, KL 1310–16. Cf. Suri, *Kissinger*, 120ff.
112. Hoover Institution Archives, Elliott Papers, Box 110, Elliott to H. Gates Lloyd, Nov. 15, 1950.
113. Ibid., Elliott to Wisner, July 16, 1951.
114. LOC, HAK to H. Gates Lloyd, Apr. 20, 1951. Cf. Wilford, *Mighty Wurlitzer*, 123.
115. Ibid., HAK to H. Gates Lloyd, May 7, 1951.
116. Ford Foundation Archives, Reel R-0492, Bernard L. Gladieux to Joseph M. McDaniel, Aug. 13, 1952.
117. Kent papers, HAK to Allen Dulles, Oct. 28, 1952.
118. Ford Foundation Archives, Reel R-0492, Melvin J. Fox to Carl B. Spaeth, Aug. 1, 1952.
119. Hoover Institution Archives, Elliott Papers, Box 2, Elliott to Julius Fleischmann, Jan. 7, 1953, and Fleischmann's reply, Jan. 21, 1953.
120. Harvard Archives, 1953 Harvard International Seminar, Oct. 9, 1953.
121. Hoover Institution Archives, Elliott Papers, Box 2, Elliott to James Perkins, Oct. 20, 1953.
122. LOC, Kent 64, Elliott to Bundy, Nov. 3, 1953.
123. LOC, G-14 Supp. (Kraemer), HAK to Kraemer, Dec. 31, 1953.
124. Ford Foundation Archives, Reel R-0492, Elliott to Don K. Price, Feb. 13, 1954.
125. LOC, D-4, HAK to Stolzenbach, Feb. 25, 1954.
126. Ford Foundation Archives, Reel R-0492, Excerpt from docket, Oct. 29, 1954.
127. Harvard Archives, International Seminar, Elliott to John Marshall, Dec. 1, 1954.
128. Ibid., UAV 813.141.10, Robert Blum to HAK, Oct. 21, 1955.
129. Ibid., International Seminar, HAK to Don Price, Dec. 10, 1955.
130. Ford Foundation Archives, Reel R-1057, Elliott to Katz, Mar. 17, 1952.
131. Harvard Archives, Elliott to Rusk, Apr. 30, 1952; Elliott to Marshall, May 12, 1952.
132. Ibid., International Seminar, Bowie to Stone, Mar. 5, 1953.
133. Ford Foundation Archives, Reel R-0492, Stanley T. Gordon to Shepard Stone, Sept. 1, 1954.
134. See Lindsay, *Beacons in the Night*.
135. Thomas, *Very Best Men*, 70–73.
136. Ford Foundation Archives, Reel R-1057, Shepard Stone to James Laughlin, May 13, 1953.
137. Ibid., Laughlin to Frank Lindsay, July 16, 1953.
138. LOC, Kent 64, HAK to Bundy, May 20, 1954.
139. Ibid., Marie Carney to Bundy, Aug. 20, 1952.
140. See in general Wilford, *Mighty Wurlitzer*. See also Cull, *Cold War and USIA;* Saunders, *Who Paid the Piper?;* and Von Eschen, *Satchmo Blows Up the World*.
141. Isaacson, *Kissinger*, KL 1328–32.
142. Suri, *Kissinger*, esp. 124. See also Mazlish, *Kissinger*, 71.
143. Isaacson, *Kissinger*, KL 1378–79.
144. LOC, Kent 64, Bundy to Lippmann, Feb. 20, 1953; Harvard Archives, International Seminar, Bundy to Byron Dexter, Feb. 25, 1953. See also HAK to Stone, Mar. 17, 1953.
145. Leffler, *Soul of Mankind*, KL 1344–45.
146. Ibid., KL 1347–51.
147. William Fulton, "Harvard Makes It Easy to Air Red, Pink Views," *Chicago Tribune*, Apr. 10, 1951.
148. Boston Athenæum, National Council for American Education, "Red-ucators at Harvard University," ms.
149. William Fulton, "'I Am a Red' He Said; 'Also a Harvard Grad,'" *Chicago Tribune*, Apr. 8, 1951.
150. Isaacson, *Kissinger*, KL 1310–16; Sigmund Diamond, "Kissinger and the FBI," *Nation*, Nov. 10, 1979.
151. Diamond, *Compromised Campus*, 138–50. See also Suri, *Kissinger*, 127f.; Gaddis, *Kennan*, 496.
152. Kennedy Library, Schlesinger Papers, Incoming Correspondence, 1945–1960, Box P-17, HAK to Schlesinger, Mar. 16, 1953.
153. Harvard Archives, International Seminar, HAK to Camus, Jan. 26, 1954.
154. LOC, Kent 63, HAK to Schlesinger, Mar. 10, 1954.
155. Isaacson, *Kissinger*, KL 1358–61.
156. Kennedy Library, Bundy Papers, Harvard Correspondence, Box 14, HAK to Bundy, May 8, 1952.
157. LOC, E-2, HAK to Schlesinger, Sept. 28, 1953.
158. "Letters," *Confluence* 3, no. 3 (1954), 360.
159. William Yandell Elliott, "What Are the Bases of Civilization?," *Confluence* 1, no. 1 (1952).
160. Harvard Archives, International Seminar, HAK to Hessenauer, Jan. 3, 1952.
161. *Confluence* 2, no. 1 (1953), 10.
162. Ibid., 42.
163. *Confluence* 2, no. 3 (1953), 126.
164. *Confluence* 2, no. 4 (1953), 61–71.
165. *Confluence* 3, no. 3 (1954), 131f., 136.
166. Ibid., 295–306.
167. *Confluence* 3, no. 4 (1954), 497f.
168. LOC, G-14 Supp. (Kraemer), HAK to Kraemer, Nov. 19, 1954.
169. *Confluence* 3, no. 4 (1954), 499f.

第9章 基辛格博士

1. LOC, Kent 64, HAK to Bundy, Jan. 28, 1954.
2. Blumenfeld, *Kissinger*, 93.
3. LOC, MDC-101, Sargent Kennedy to HAK, June 2, 1954.
4. Fukuyama, "World Restored."
5. Kaplan, "Kissinger, Metternich, and Realism."
6. See, e.g., Kalb and Kalb, *Kissinger*, 46ff.
7. Isaacson, *Kissinger*, KL 1403–5.
8. Suri, *Kissinger*, 129.
9. Graubard, *Kissinger*, 17.
10. LOC, ORO & CIC-HAK Misc. Corr. (N-Z), HAK to George Pettee, Jan. 4, 1955. Cf. Weidenfeld, *Remembering My Friends*, 384–87.
11. Kalb and Kalb, *Kissinger*, 46.

12. Isaacson, *Kissinger,* KL 1445–50, citing HAK to Louis Kissinger, Jan. 31, 1954.
13. See, e.g., Birke, "World Restored."
14. HAK, *World Restored* [henceforth *WR*], KL 237–38.
15. *WR,* KL 3679–82.
16. *WR,* KL 3664–65.
17. *WR,* KL 2810–14.
18. *WR,* KL 349–50.
19. *WR,* KL 494–95.
20. *WR,* KL 2867–68.
21. *WR,* KL 3509.
22. *WR,* KL 4302.
23. *WR,* KL 1546–50.
24. *WR,* KL 1646–47.
25. *WR,* KL 1725–27.
26. *WR,* KL 1159–61.
27. *WR,* KL 948.
28. *WR,* KL 2300–2307.
29. *WR,* KL 2567–68.
30. *WR,* KL 3434–37.
31. *WR,* KL 5442–43.
32. *WR,* KL 6565–84. Emphasis added.
33. *WR,* KL 662–64, 747–48.
34. *WR,* KL 3472–74.
35. *WR,* KL 3939–76.
36. *WR,* KL 254–55.
37. HAK, "Conservative Dilemma," 1030.
38. *WR,* KL 230–31.
39. *WR,* KL 1701–5.
40. *WR,* KL 3521–24.
41. *WR,* KL 3802–3.
42. *WR,* KL 1803–4.
43. *WR,* KL 5741.
44. *WR,* KL 453–56.
45. *WR,* KL 1537–43.
46. *WR,* KL 2237–41.
47. *WR,* KL 281–85.
48. *WR,* KL 558–63.
49. *WR,* KL 281–85.
50. *WR,* KL 295–99.
51. *WR,* KL 1336–37.
52. *WR,* KL 4336–39.
53. *WR,* KL 6526–39, 6542–45.
54. *WR,* KL 719–20.
55. *WR,* KL 5621–26.
56. *WR,* KL 181–95.
57. *WR,* KL 172–81.
58. *WR,* KL 102–19.
59. *WR,* KL 172–81.
60. *WR,* KL 140–48.
61. *WR,* KL 119–40.
62. HAK, "Congress of Vienna: Reappraisal," 280.
63. *WR,* KL 702–8.
64. *WR,* KL 847–48.
65. *WR,* KL 1188–92.
66. *WR,* KL 1248–54.
67. *WR,* KL 1270–71.
68. *WR,* KL 1606–8.
69. *WR,* KL 2837–61.
70. *WR,* KL 2923–33.
71. *WR,* KL 2974–3022.
72. For a sympathetic modern account, see Bew, *Castlereagh.*
73. *WR,* KL 4178–85.
74. *WR,* KL 5377–78, 5389.
75. *WR,* KL 5396–99.
76. *WR,* KL 6398–400.
77. Most obviously in this passage: *WR,* KL 3685–98.
78. *WR,* KL 3478–505.
79. *WR,* KL 3812–19.
80. *WR,* KL 6416–43.
81. *WR,* KL 6633–53.
82. *WR,* KL 6604–29.
83. *WR,* KL 6633–53.
84. Fukuyama, "World Restored"; Kaplan, "Kissinger, Metternich, and Realism."
85. Webster, "World Restored."
86. Birke, "World Restored."
87. Maxwell, "World Restored."
88. Hans Kohn, "Preserving the Peace," *New York Times,* Oct. 13, 1957.
89. Wright, "World Restored."
90. LOC, Kent 64, HAK to Bundy, Jan. 28, 1954.
91. LOC, A & P, HAK to Elliott, July 10, 1950.
92. LOC, Kent 63, HAK to Elliott, Dec. 12, 1950.
93. Ibid.
94. LOC, Kent 63, HAK to Elliott, Mar. 2, 1951.
95. LOC, G-14 Supp. (Kraemer) HAK to Kintner, Nov. 20, 1951.
96. Ibid.
97. Ibid.
98. LOC, Kent 63, HAK, "Soviet Strategy—Possible U.S. Countermeasures," Dec. 1951.
99. Leffler, *Soul of Mankind,* 91f.
100. LOC, Kent 63, HAK, "The Soviet Peace Offensive and German Unity," June 3, 1953.
101. LOC, Kent 64, Bundy to HAK, June 23, 1953.
102. LOC, D-4, George Pettee to HAK, June 10, 1953.
103. Ibid., HAK to Pettee, June 12, 1953.
104. LOC, E-2, HAK to Schlesinger, June 10, 1953.
105. LOC, Kent 63, HAK to Schlesinger, Mar. 10, 1954.
106. Isaacson, *Kissinger,* KL 1518–23. According to Henry Rosovsky, it was the economist Carl Kaysen who blackballed him.
107. Mazlish, *Kissinger,* 50, 78f.
108. LOC, Kent 64, HAK to Bundy, Dec. 31, 1952.
109. Isaacson, *Kissinger,* KL 1456–99.
110. Blumenfeld, *Kissinger,* 93.
111. Harvard Archives, International Seminar, Leland DeVinney to Nathan Pusey, May 20, 1954.
112. The award is recorded in a card index held at the Rockefeller Archive Center.
113. LOC, Kent 64, HAK to Bundy, June 8, 1954.
114. Ibid., HAK to Bundy, Sept. 26, 1954.
115. National Archives, Nixon Presidential Materials, White House Tapes, Oval Office, Conversation Number: 699-1, Mar. 31, 1972.
116. Bentinck-Smith, *Harvard Book,* 24.

第 10 章　奇爱博士?

1. "A New Look at War-Making," *New York Times,* July 7, 1957.
2. LOC, Box 43, Oppenheimer to Gordon Dean, May 16, 1957.
3. Isaacson, *Kissinger,* KL 1536.
4. Marian Schlesinger, interview by author.
5. Stephen Schlesinger's diary, Oct. 6, 2008.
6. LOC, Kent 64, HAK to Bundy, Sept. 16, 1954.

7. HAK, "Eulogy for Arthur M. Schlesinger, Jr.," Apr. 23, 2007, http://bit.ly/1yWzxbl.
8. LOC, Kent 63, HAK, "The Impasse of American Policy and Preventive War," Sept. 15, 1954.
9. Ibid., HAK to Schlesinger, Dec. 8, 1954.
10. LOC, E-2, Schlesinger note on Harrison Salisbury's articles from Russia in *New York Times,* Sept. 23, 1954.
11. Ibid., Schlesinger to HAK, Sept. 22, 1954.
12. LOC, D-4, Pettee to HAK, Oct. 12, 1954.
13. LOC, Kent 63, HAK to Schlesinger, Dec. 8, 1954.
14. Ibid., Memorandum to Schlesinger, Dec. 8, 1954.
15. LOC, D-4, R. G. Stilwell to HAK, Feb. 25, 1955.
16. Ibid., HAK to Pettee, Mar. 1, 1955. Kissinger found McCormack "absolutely brilliant."
17. LOC, E-2, HAK to Schlesinger, Feb. 16, 1955.
18. HAK, "Military Policy and 'Grey Areas.'"
19. LOC, E-2, HAK to Schlesinger, Feb. 16, 1955.
20. See also HAK, "American Policy and Preventive War," *Yale Review* 44 (Spring 1955).
21. Finletter, *Power and Policy.*
22. HAK, "Military Policy and 'Grey Areas,'" 417.
23. Ibid.
24. Ibid., 418.
25. Ibid., 419.
26. Ibid., 428.
27. Ibid., 423f.
28. Ibid., 421.
29. Ibid., 422.
30. Ibid., 425.
31. Ibid., 426.
32. Ibid., 427.
33. Hart, *Revolution in Warfare,* 99. See also Hart, "War, Limited."
34. Osgood, *Limited War.*
35. See, e.g., Richard Leghorn, "No Need to Bomb Cities to Win War," *U.S. News & World Report,* Jan. 28, 1955.
36. Bernard Brodie, "Unlimited Weapons and Limited War," *Reporter,* Nov. 18, 1954; Brodie, "Nuclear Weapons: Strategic or Tactical?," esp. 226–29. See Brodie's later article "More About Limited War." However, Brodie's book *Strategy in the Missile Age* did not appear until 1959. See in general Larsen and Kartchner, *On Limited Nuclear War.*
37. HAK, "The Limitations of Diplomacy," *New Republic,* May 9, 1955, 7f.
38. LOC, G-13, HAK to Huntington, Apr. 29, 1955.
39. Ibid., Huntington to HAK, Apr. 24, 1955.
40. Bird, *Color of Truth,* 107.
41. Ibid., 142. See also Isaacson, *Kissinger,* KL 1550.
42. Gaddis, *Kennan,* 374.
43. NSC-68, 56.
44. Gaddis, *Kennan,* 377.
45. Rosenberg, "Origins of Overkill," 22.
46. Bowie and Immerman, *Waging Peace,* 224ff.
47. John Gaddis, "The Long Peace: Elements of Stability in the Postwar International System," in Lynn-Jones and Miller, *Cold War and After,* 1f.
48. For a compelling critique of this view, see Gavin, *Nuclear Statecraft,* 60f.
49. Chernus, "Eisenhower: Toward Peace," 57.
50. Gaddis, *Strategies of Containment,* 171ff.
51. Ferrell, *Eisenhower Diaries,* 210.
52. Gaddis, *Strategies of Containment,* 137.
53. Gaddis, *Cold War,* 68.
54. Gaddis, *Strategies of Containment,* 174. Cf. Craig, *Destroying the Village,* 69.
55. Bowie and Immerman, *Waging Peace.*
56. See Soapes, "Cold Warrior Seeks Peace."
57. Fish, "After Stalin's Death."
58. See Osgood, *Total Cold War,* 57ff.
59. Bowie and Immerman, *Waging Peace,* 193.
60. Rosenberg, "Origins of Overkill," 31.
61. Jackson, "Beyond Brinkmanship," 57.
62. Ibid., 60.
63. Ambrose, *Nixon,* vol. 1, KL 12757.
64. Gaddis, *Strategies of Containment,* 147f.
65. Ibid., 133.
66. Thomas, *Ike's Bluff,* KL 2772–75.
67. Parry-Giles, "Eisenhower, 'Atoms for Peace.'"
68. Hixon, *Parting the Iron Curtain,* 223.
69. Thomas, *Very Best Men,* 165–69.
70. Paul H. Nitze, "Limited War or Massive Retaliation?"
71. Osgood, *Total Cold War,* 167.
72. Greene, "Eisenhower, Science and Test Ban Debate."
73. For the panel's report, see http://1.usa.gov/1OkG4DA.
74. William L. Borden to J. Edgar Hoover, November 7, 1953, http://bit.ly/1ICqWfN.
75. Tal, "Secretary of State Versus the Secretary of Peace."
76. Hoover Institution Archives, Elliott Papers, International Seminar, HAK to RMN, May 12, 1955.
77. LOC, Kent 64, HAK to Bundy, Aug. 17, 1955.
78. Ibid., Bundy to HAK, Aug. 23, 1955.
79. Grose, *Continuing the Inquiry.*
80. Wala, *Council on Foreign Relations,* esp. 229–43.
81. Shoup and Minter, *Imperial Brain Trust.* See also G. William Domhoff, "Why and How the Corporate Rich and the CFR Reshaped the Global Economy After World War II . . . and Then Fought a War They Knew They Would Lose in Vietnam," http://bit.ly/1DFjoUG. For an especially fatuous version of the conspiracy theory, "Stuff They Don't Want You to Know—The CFR," http://bit.ly/1JEm63t.
82. LOC, Box 43, Franklin to Oppenheimer, Mar. 28, 1955.
83. Ibid., HAK to Oppenheimer, Apr. 1, 1955.
84. Kennedy Library, Bundy Papers, Box 17, Bundy to HAK, Apr. 14, 1955.
85. Harvard Archives, Bundy Papers, UA III 5 55.26 1955–1956, CFR Study Group meeting, unedited digest, May 4, 1955.
86. Kennedy Library, Schlesinger Papers, Box P-17, HAK to Schlesinger, Oct. 3, 1955.
87. Smith, *On His Own Terms,* KL 5699.
88. Ibid., KL 5894. See also Reich, *Life of Rockefeller.*
89. Lewis, *Spy Capitalism,* 21.
90. Rockefeller Archive Center, Gen. Theodor Parker to Nelson Rockefeller [henceforth NAR], Draft of Letter to Eisenhower, July 29, 1955. See also Parker to NAR, Aug. 4, 1955; Aug. 8, 1955; NAR to Charles Wilson, Aug. 9, 1955; Memorandum of Conversation with John Foster Dulles and Allen Dulles, Aug. 11, 1955.

On the failure of "Open Skies" as propaganda, see Osgood, *Total Cold War,* 194.
91. Hoover Institution Archives, Elliott Papers, Box 166, Elliott to Raymond Moley, Mar. 30, 1960.
92. Reich, *Rockefeller,* 614f.
93. Smith, *On His Own Terms,* KL 5995.
94. Rockefeller Archive Center, Panel Members, Aug. 16, 1955.
95. Ibid., Open Remarks to Panel by NAR, Aug. 23, 1955.
96. HAK, "Eulogy for Nelson Rockefeller," Feb. 2, 1979, http://bit.ly/1DHvpb1.
97. Harvard Archives, International Seminar, Sept. 9, 1955.
98. Rockefeller Archive Center, Fourth Session, Aug. 28, 1955.
99. Gavin, *Nuclear Statecraft,* 57.
100. LOC, Kent 63, HAK, "The Problem of German Unity," Oct. 10, 1955.
101. Eisenhower Library, HAK, "Psychological and Pressure Aspects of Negotiations with the USSR," NSC Series, 10, "Psychological Aspects of United States Strategy" (Nov. 1955).
102. LOC, E-2, HAK to NAR, Nov. 8, 1955.
103. Ibid., HAK to Operations Research Office, Dec. 21, 1955. Here, as elsewhere, I prefer to adjust relative to GDP rather than simply using the consumer price index: details in Lawrence H. Officer and Samuel H. Williamson, "Explaining the Measures of Worth," http://bit.ly/1I4ygkz.
104. LOC, E-3, HAK to NAR, Dec. 21, 1955.
105. Kennedy Library, HAK to Schlesinger, Dec. 15, 1955.
106. Ibid., Schlesinger Papers, Box P-17, HAK to Schlesinger, Jan. 25, 1955.
107. Ibid., HAK, Soviet Strategy—Possible U.S. Countermeasures, Dec. 15, 1955. See also LOC, Kent 13, HAK, Notes on the Soviet Peace Offensive, Apr. 4, 1956.
108. Kennedy Library, Schlesinger Papers, Box P-17, HAK to Schlesinger, Jan. 24, 1956.
109. HAK, "Force and Diplomacy," 350ff.
110. Ibid., 357.
111. Ibid., 360.
112. Ibid., 362.
113. Ibid., 365f.
114. Rosenberg, "Origins of Overkill," 42.
115. HAK, "Reflections on American Diplomacy," 38.
116. Ibid., 41.
117. Ibid., 46f.
118. Ibid., 40.
119. Falk, "National Security Council Under Truman."
120. Ibid., 53, 42.
121. Kennedy Library, Bundy Papers, Box 19, HAK to Bundy, Nov. 1, 1956.
122. LOC, Kent 64, HAK to Bundy, Nov. 8, 1956.
123. Harvard Archives, International Seminar, HAK to Graubard, Nov. 12, 1956.
124. Ibid., HAK to Graubard, Dec. 31, 1956.
125. Isaacson, *Kissinger,* KL 1627.
126. LOC, A-2, HAK to Kraemer, June 24, 1957.
127. Ibid., HAK to Teller, June 5, 1957.
128. LOC, Kent 69, HAK speech, "How the Revolution in Weapons Will Affect Our Strategy and Foreign Policy," Economic Club of Detroit, Apr. 15, 1957.
129. HAK, "Strategy and Organization."
130. Eisenhower Library, Papers as POTUS, 1953–1961 [Ann Whitman File], Box 23, Eisenhower note, Apr. 1, 1957.
131. HAK, "Strategy and Organization," 380.
132. Ibid., 383, 386.
133. Ibid., 387.
134. Ibid.
135. Ibid., 388.
136. Ibid., 390–93.
137. Ibid., 389.
138. HAK, "Controls, Inspection, and Limited War," *Reporter,* June 13, 1957.
139. LOC, A-2, HAK to Bundy, Feb. 7, 1957.
140. HAK, *Nuclear Weapons and Foreign Policy* [henceforth *NWFP*], 7.
141. *NWFP,* 60.
142. *NWFP,* 84.
143. Ibid.
144. *NWFP,* 211, 214, 219.
145. *NWFP,* 128, 131.
146. *NWFP,* 144, 170.
147. *NWFP,* 360.
148. *NWFP,* 227f.
149. *NWFP,* 183f.
150. *NWFP,* 226.
151. Schelling, "Essay on Bargaining"; Schelling, "Bargaining, Communication, and Limited War."
152. *NWFP,* 157.
153. *NWFP,* 180–83.
154. *NWFP,* 194–201.
155. *NWFP,* 427–29.
156. LOC, F-3(c), HAK to Oscar Ruebhausen, June 11, 1956.
157. LOC, Box 43, Oppenheimer to Gordon Dean, May 16, 1957.
158. LOC, Oppenheimer Papers, Box 262, Kissinger Book, RO Statement, June 14, 1957.
159. Harvard Archives, International Seminar, HAK to Graubard, July 8, 1957.
160. "A Recipe Against Annihilation," *Washington Post and Times Herald,* June 30, 1957.
161. "An Atom Age Strategy," *Chicago Daily Tribune,* July 7, 1957.
162. Book Review, *New York Herald Tribune,* July 10, 1957.
163. "On the Problems of Preparedness in Today's World," *Christian Science Monitor,* June 27, 1957.
164. "A New Look at War-Making," *New York Times,* July 7, 1957.
165. *American Political Science Review* 52, no. 3 (Sept. 1958), 842–44.
166. "War Without Suicide," *Economist,* Aug. 24, 1957.
167. "Dilemma of the Nuclear Age in a Keen, Many-Sided View," *New York Herald Tribune,* June 30, 1957.
168. James E. King, Jr., "Nuclear Weapons and Foreign Policy, I—Limited Defense," *New Republic,* July 1, 1957, and "II—Limited Annihilation," ibid., July 15, 1957.
169. Paul H. Nitze, "Limited War or Massive Retaliation?"
170. Isaacson, *Kissinger,* KL 1682.
171. Nitze, "Atoms, Strategy, and Policy."

172. Morgenthau, "Nuclear Weapons and Foreign Policy." See also the journalist Walter Millis's somewhat similar critique: *Political Science Quarterly* 72, no. 4 (Dec. 1957), 608ff.
173. Brodie, "Nuclear Weapons and Foreign Policy."
174. Possony, "Nuclear Weapons and Foreign Policy."
175. Kaufmann, "Crisis in Military Affairs," 585, 593.
176. William H. Stringer, "State of the Nation: Is Limited War Possible?," *Christian Science Monitor,* July 24, 1957.
177. "USAF Policy Theorist Brands Limited War Escapist Language," *Globe and Mail,* Sept. 16, 1957.
178. LOC, A-2, Gavin to HAK, July 15, 1957; HAK to Gavin, July 27, 1957.
179. "Can War Be Limited?," *Des Moines Sunday Register,* July 21, 1957.
180. Chalmers M. Roberts, "Headaches for Ike . . . ," *Washington Post and Times Herald,* July 24, 1957. See also Roberts, "Kissinger Volume Stirs a Debate," ibid., Sept. 1, 1957.
181. Nixon Library, Pre-Presidential Papers, General Correspondence 414, RMN to HAK, July 7, 1958.
182. Lodge, *As It Was,* 202.
183. Eisenhower Library, Papers as POTUS, 1953–1961 [Ann Whitman File], Box 23, Lodge to Eisenhower, July 25, 1957.
184. Ibid., Box 25, Eisenhower to Acting Secretary of State Herter, July 31, 1957. In a private memorandum, however, Eisenhower made his own objections more explicit: "This man would say, 'We are to be an armed camp—capable of doing all things, all the time, everywhere.'" Thomas, *Ike's Bluff,* KL 7243–45.
185. Russell Baker, "U.S. Reconsidering 'Small-War' Theory," *New York Times,* Aug. 11, 1957.
186. Alistair Cooke, "Limited or World War? U.S. Debates the Odds," *Manchester Guardian,* Aug. 12, 1957.
187. Russell Baker, "The Cold War and the Small War," *Time,* Aug. 26, 1957.
188. Harvard Archives, International Seminar, HAK to Graubard, Dec. 5, 1956.
189. LOC, A-2, HAK to Bundy, Feb. 7, 1957.
190. Gaddis, *Strategies of Containment,* 178f.
191. Osgood, *Total Cold War,* 336f.
192. Ibid., 344.
193. Mieczkowski, *Eisenhower's Sputnik Moment.* For the text of Eisenhower's Nov. 7 speech, see http://bit.ly/1EnogkR.
194. "Man to Watch," *New York Herald Tribune,* Mar. 21, 1958.
195. "Kissinger Speaks," *New York Herald Tribune,* Oct. 14, 1957. See also "Dr. Kissinger Amplifies," ibid., Oct. 17, 1957.
196. Eisenhower Library, Records as POTUS—White House Central Files, Box 7, Leo Cherne to executive members of the Research Institute, Oct. 24, 1957.
197. "U.S. Warned to Prevent More 'Syrias,'" *Los Angeles Examiner,* Oct. 30, 1957.
198. LOC, *Face the Nation,* Nov. 10, 1957, transcript.
199. Eisenhower Library, CIA, Foreign Broadcast Information Service, Current Developments Series, Radio Propaganda Report, CD.78, Oct. 1, 1957.
200. Jackson, "Beyond Brinkmanship."

第 11 章 奔波双城

1. LOC, Kent 9, John Conway to HAK, Feb. 17, 1956.
2. HAK, "The Policymaker and the Intellectual," *Reporter,* Mar. 5, 1959, 30, 33.
3. LOC, G-13, Huntington to HAK, Apr. 14, 1956.
4. Ford Foundation Archives, Reel R-0492, Elliott to Don Price, n.d.
5. LOC, Kent 64, HAK to Bundy, June 14, 1956.
6. LOC, Kent 13, Rockefeller to HAK, Apr. 28, 1956.
7. LOC, F-3(c), HAK to Oscar Ruebhausen, June 11, 1956. On the genesis of the Special Studies Project, see Smith, *On His Own Terms,* KL 6096.
8. Harvard Archives, International Seminar, HAK to Graubard, June 25, 1956.
9. LOC, Kent 64, HAK to Bundy, Aug. 9, 1956.
10. Harvard Archives, International Seminar, HAK to Graubard, June 25 and July 9, 1956.
11. LOC, Kent 9, HAK to NAR, May 22, 1957.
12. Atkinson, *In Theory and Practice,* 18. Cf. Isaacson, *Kissinger,* KL 1762–70.
13. LOC, Kent 9, Robert Strausz-Hupé to HAK, July 24, 1957. On Strausz-Hupé, see Wiarda, *Think Tanks and Foreign Policy,* 14ff.
14. LOC, Kent 64, HAK to Bundy, Aug. 6, 1957; Bundy to HAK, Aug. 15, 1957. For evidence of Bundy's unease at the extent of Kissinger's extracurricular commitments, see HAK to Bundy, Sept. 11, 1957.
15. "Kissinger Talk Views U.S. Gov't Defense Program," cutting from unidentifiable newspaper, May 31, 1958.
16. LOC, E-2, HAK Resignation as Reserve Office (1959), Mar. 6, 1959.
17. LOC, G-13, HAK to Stanley Hoffmann, Sept. 13, 1957.
18. Graubard, *Kissinger,* 115.
19. LOC, HAK Papers, D-9, Kraemer to HAK, May 17, 1958.
20. Rockefeller Archive Center, Kraemer, Trends in Western Germany, June 1, 1958.
21. Ibid., HAK to Lt. Col. Robert Ekvall, July 7, 1956.
22. Andrew, "Cracks in the Consensus," 551.
23. Rosenberg, "Prospect for America," 2f.
24. Smith, *On His Own Terms,* KL 6096.
25. Rockefeller Archive Center, Special Studies Project, Oct. 31, 1956.
26. Ibid., Elliott draft, Nov. 1, 1956. See also the revised and retitled draft, Elliott to Robert Cutler, Nov. 2, 1956.
27. Hoover Institution Archives, Elliott Papers, Box 88, United States Democratic Process—The Challenge and Opportunity, Nov. 9, 1956.

28. See, e.g., Rockefeller Archive Center, HAK to Rusk, Nov. 27, 1956.
29. Reich, *Life of Rockefeller,* 653, 658f.
30. Smith, *On His Own Terms,* 6156.
31. Lewis, *Spy Capitalism,* 58.
32. Rosenberg, "Prospect for America," 20. Cf. Snead, *Gaither Committee.* See also Halperin, "Gaither Committee."
33. Gaddis, *Strategies of Containment,* 182f.
34. Osgood, *Total Cold War,* 345.
35. Lewis, *Spy Capitalism,* pp. 79ff.
36. Rockefeller Brothers Fund, *Prospect for America,* 96, 104.
37. Reich, *Life of Rockefeller,* 665.
38. Andrew, "Cracks in the Consensus," 541.
39. Rosenberg, "Prospect for America," 2f. See Isaacson, *Kissinger,* KL 1739–42.
40. Rosenberg, "Prospect for America," 2f.
41. Kennedy Library, Schlesinger Papers, Incoming Correspondence, 1945–1960, Box P-17, HAK to Schlesinger, Jan. 13, 1958.
42. LOC, HAK Papers, E-2, Schlesinger to HAK, Jan. 28, 1958.
43. Rosenberg, "Prospect for America," 22.
44. Ibid., 27ff.
45. Andrew, "Cracks in the Consensus," 544f.
46. Ibid., 542.
47. Ibid., 538, 548.
48. LOC, Kent 13, NAR to HAK, July 2, 1958.
49. Andrew, "Cracks in the Consensus," 549.
50. Rosenberg, "Prospect for America," 7, 27ff.
51. Collier and Horowitz, *Rockefellers,* 195.
52. Rosenberg, "Prospect for America," 5.
53. Persico, *Imperial Rockefeller,* 77.
54. Reich, *Life of Rockefeller,* 661.
55. Ibid., 663.
56. Smith, *On His Own Terms,* KL 6514.
57. HAK, interview by author.
58. Harvard Archives, International Seminar, HAK to Graubard, Nov. 12, 1956.
59. Ibid., HAK to Graubard, Dec. 5, 1956.
60. Rockefeller Archive Center, HAK to NAR, Dec. 27, 1956; NAR to HAK, Dec. 31, 1956.
61. Ibid., HAK to NAR, Jan. 9, 1957; LOC, Kent 9, HAK to NAR, May 22, 1957; LOC, Kent 64, HAK to NAR, Aug. 10, 1957.
62. LOC, Kent 69, Milton Katz to HAK, Jan. 6, 1961.
63. Isaacson, *Kissinger,* KL 1812–14.
64. Straight, *Nancy Hanks,* 57f.
65. Reich, *Life of Rockefeller,* 662.
66. LOC, F-3(c), Hanks to HAK, Sept. 22, 1961.
67. Isaacson, *Kissinger,* KL 1730–32.
68. On the relationship with NAR, see Straight, *Nancy Hanks,* 47–55. She went on to serve as the second chairman of the National Endowment for the Arts (1969–77).
69. Ibid., 57.
70. LOC, HAK Papers, E-1, HAK to Nancy Hanks, Nov. 6, 1958.
71. Ibid., E-2, HAK to Jamieson, Nov. 7, 1958.
72. LOC, F-3(c), HAK to Hanks, Jan. 12, 1960.
73. LOC, E-1, Hanks to HAK, Mar. 17, 1960.
74. Ibid., HAK to Hanks, Mar. 21, 1960.
75. Ibid., Hanks to HAK, Mar. 23, 1960.
76. LOC, F-3(c), HAK to Hanks, Sept. 26, 1961.
77. LOC, E-1, HAK to Hanks, June 16, 1960.
78. "Summertime . . . Busiest Season of All. Traveler Visits One of Nation's Outstanding Young Men," *Boston Traveler,* July 7, 1959.
79. Isaacson, *Kissinger,* KL 1907–18, citing HAK to his parents, Sept. 8, 1961.
80. "Man to Watch: Dr. Kissinger—Foreign Policy Expert," *Tribune* [?], March 21, 1958.
81. Walter Kissinger, interview by author.
82. LOC, Kent 64, HAK to NAR, Jan. 6, 1960.
83. Mazlish, *Kissinger,* esp. 84–88.
84. Suri, *Kissinger,* 133–37.
85. Smith, *Harvard Century,* 215f.
86. Schlesinger, *Veritas,* 209.
87. Smith, *Harvard Century,* 219f., 227.
88. Harvard Archives, International Seminar, Mar. 26, 1958. See also HAK to Don Price [Ford Foundation], Dec. 10, 1958.
89. LOC, Kent 64, Elliott to Bundy, Mar. 25, 1959.
90. Atkinson, *In Theory and Practice,* 7–10.
91. Bird, *Color of Truth,* 143. Cf. Kalb and Kalb, *Kissinger,* 57; Mazlish, *Kissinger,* 75f.
92. Bowie and Kissinger, *Program of the CFIA,* 1.
93. Atkinson, *In Theory and Practice,* 28f.
94. Bowie and Kissinger, *Program of the CFIA,* 4.
95. Atkinson, *In Theory and Practice,* 28–32.
96. Ibid., 28.
97. Ibid., 48.
98. Ibid., 44.
99. Ibid., 118.
100. Ibid., 119f.
101. Hoover Institution Archives, Elliott Papers, Box 166, Elliott to Raymond Moley, Mar. 30, 1960.
102. Mazlish, *Kissinger,* 77f.
103. Isaacson, *Kissinger,* KL 1807–10.
104. LOC, HAK Papers, E-1, Hanks to Corinne Lyman, Feb. 28, 1958.
105. Ibid., Corinne Lyman to Hanks, Mar. 3, 1958.
106. Kent papers, HAK to Bowie, n.d.
107. Isaacson, *Kissinger,* KL 1785–87; Thomas Schelling, interview by author.
108. Bird, *Color of Truth,* 143.
109. Isaacson, *Kissinger,* KL 1827–44.
110. LOC, Kent 64, HAK to Bundy, June 17, 1958; LOC, G-14 Supp (Kraemer), HAK to Kraemer, Dec. 22, 1961.
111. Atkinson, *In Theory and Practice,* 78.
112. See, e.g., Kennedy Library, Bundy Papers, Harvard Years Correspondence, Box 22, Joint Arms Control Seminar: Abstract of Discussion, Oct. 4, 1960; Second Meeting, Oct. 24, 1960.
113. Kennedy Library, Bundy Papers, Harvard Years Correspondence, Box 22, Joint Arms Control Seminar: Abstract of Discussion, Dec. 19, 1960.
114. Isaacson, *Kissinger,* KL 1844–52.
115. Fred Gardner, "The Cliché Expert Testifies on Disarmament," *Harvard Crimson,* Jan. 16, 1963.
116. Charles S. Maier, "The Professors' Role as Government Adviser," *Harvard Crimson,* June 16, 1960.
117. Charles W. Bevard, Jr., "Two Professors Called Militarists," *Harvard Crimson,* May 29, 1963.
118. Westad, *Global Cold War;* Ferguson, *War of the World,* 596–625.
119. Gaddis, *Strategies of Containment,* 128f., 179f.
120. Ibid., 138.
121. Gaddis, *Kennan,* 487.
122. Osgood, *Total Cold War,* 96–113, 124f.

123. Ibid., 118ff.
124. Ibid., 132, 136.
125. Ibid., 138–40.
126. Frey, "Tools of Empire."
127. Osgood, *Total Cold War,* 124.
128. Frey, "Tools of Empire," 543.
129. Gaddis, *Strategies of Containment,* 156.
130. Ruehsen, "Operation 'Ajax' Revisited."
131. Osgood, *Total Cold War,* 146ff.
132. Leary, *Central Intelligence Agency,* 62f.
133. Thomas, *Very Best Men,* 229–32; Grose, *Gentleman Spy,* 723f.
134. HAK, interview by Mike Wallace. The interview can be viewed at http://cs.pn/1GpkMou.
135. American Broadcasting Company, in association with The Fund for the Republic, *Survival and Freedom: A Mike Wallace Interview with Henry A. Kissinger* (1958), 3–7.
136. Ibid., 5.
137. Ibid., 9f.
138. Ibid., 10.
139. Ibid., 11.
140. Ibid., 11, 13.
141. Ibid., 14.

第12章 双重身份

1. Smith, *On His Own Terms,* KL 9499–500.
2. Nixon Library, Pre-Presidential Papers, General Correspondence 239, Elliott to RMN, Jan. 11, 1960.
3. LOC, Louis Kissinger newspaper cuttings collection. See also "Kissinger, Among Top Ten Men, Real Expert," *Boston Traveler,* Jan. 7, 1959; "Harvard's Kissinger Worked Days, Studied Nights," *Boston Sunday Globe,* Jan. 11, 1959.
4. HAK, "Policymaker," 31, 33.
5. Ibid., 34.
6. Ibid., 35.
7. LOC, Kent 13, NAR to HAK, July 2, 1958.
8. LOC, Kent 64, HAK to NAR, Aug. 26, 1958.
9. Ibid., HAK to NAR, Sept. 19, 1958.
10. LOC, E-1, HAK to Nancy Hanks, Oct. 6, 1958.
11. LOC, Kent 64, HAK to NAR, Oct. 6, 1958.
12. Smith, *On His Own Terms,* KL 7353.
13. LOC, E-2, Schlesinger to HAK, Nov. 5, 1958.
14. Gaddis, *Kennan,* 522–27.
15. Osgood, *Total Cold War,* 199–205.
16. HAK, "Missiles and Western Alliance," 383–93.
17. Ibid., 398.
18. "Kissinger Urges Europe to Accept Missile Bases," *New York Herald Tribune,* Mar. 19, 1958.
19. Stephen S. Singer, "Limited War Concept Defended by Kissinger," unidentified newspaper from Hanover, NH, Mar. 19, 1958.
20. Kennedy Library, Schlesinger Papers, HAK to Schlesinger, Mar. 28, 1958.
21. Rubinson, "'Crucified on a Cross of Atoms.'"
22. Osgood, *Total Cold War,* 207.
23. Thomas, *Ike's Bluff,* KL 3995–4000.
24. Gaddis, *Strategies of Containment,* 191f.
25. LOC, G-15, HAK to *Harvard Crimson,* Oct. 27, 1958.
26. LOC, *Harvard Crimson,* HAK to Richard Levy, Oct. 2, 1958.
27. HAK, "Nuclear Testing and the Problem of Peace," 7, 16.
28. LOC, E-2, Teller to HAK, Nov. 5, 1958.
29. Osgood, *Total Cold War,* 208f.
30. "Truth Kept from Public," *Evening World Herald,* Oct. 23, 1958.
31. LOC, Kent 64, HAK to NAR, Feb. 9, 1959.
32. Ibid., NAR to HAK, Dec. 17, 1958.
33. LOC, E-2, HAK to Schlesinger, July 6, 1959.
34. "So wenig wie möglich vernichten," *Die Welt,* Jan. 12, 1959.
35. "Atomare Abschreckung genügt nicht mehr," *Süddeutsche Zeitung,* Jan. 14, 1959.
36. LOC, D-4, HAK to Dönhoff, Feb. 2, 1959. See also Dönhoff to HAK, Feb. 26, 1959. *Die Zeit* ran a version of his piece on "The Policymaker and the Intellectual."
37. Gavin, *Nuclear Statecraft,* 58.
38. Ibid., 65.
39. Trachtenberg, *Cold War and After,* 25, 32.
40. "Der Theoretiker des 'begrenzten Krieges,'" *Frankfurter Rundschau,* Jan. 17, 1959.
41. "Kissinger sprach vor Generalen," *Die Welt,* Jan. 24, 1959.
42. "Mit Panzern nach Berlin?," *Der Spiegel,* Feb. 11, 1959. See also "Harvard Professor Favors Total War as 'Last Resort' to Keep Berlin Free," Reuters, Feb. 10, 1959.
43. "Mr. Kissinger ist für den Krieg," *Berliner Zeitung,* Feb. 10, 1959; "Westberlin ist Zeitzünderbombe," *Neues Deutschland,* Feb. 10, 1959; "Wer bedroht wen?," *Nationalzeitung,* Feb. 14, 1959.
44. "Professors Express Varied Views on Current State of Berlin Crisis," *Harvard Crimson,* Mar. 13, 1959. This was shortly before the publication of Brzezinski's reputation-making book *The Soviet Bloc: Unity and Conflict.*
45. For an early draft, see LOC, A-1(a), HAK, Beyond the Summit (Office Copy), Apr. 20, 1959.
46. HAK, "Search for Stability."
47. Ibid., 542.
48. Ibid., 543, 549, 551, 555.
49. Ibid., 556.
50. LOC, Kent 64, HAK to NAR, Mar. 7, 1960; Mar. 23, 1960.
51. LOC, C-1, Hobbing/Kissinger, Position Paper A-5, Rev. 2 (Preliminary), Berlin, June 14, 1960.
52. Ambrose, *Nixon,* vol. 1, KL 7601–2.
53. *Telegraph,* Apr. 25, 1988.
54. Nixon, *RN: Memoirs,* KL 3860–61.
55. Ambrose, *Nixon,* vol. 1, KL 10161–64.
56. LOC, Kent 64, HAK to NAR, May 7, 1959.
57. LOC, E-1, Nancy Hanks to HAK, Apr. 14, 1959.
58. LOC, Kent 64, HAK to NAR, July 22, 1959; July 27, 1959.
59. LOC, F-3(c), Roswell B. Perkins to HAK, Aug. 18, 1959.
60. LOC, Kent 64, HAK to NAR, Aug. 21, 1959.
61. LOC, F-3(c), Perkins to HAK, Gertrude Hardiman, and Tom Losee, Oct. 22, 1959.
62. LOC, Kent 13, HAK to NAR, Sept. 3, 1959.

63. Ibid., Statement After Meeting with Mr. Khrushchev [draft], Sept. 3, 1959.
64. LOC, Kent 13, HAK to NAR, Sept. 4, 1959.
65. HAK, "The Khrushchev Visit: Dangers and Hopes," *New York Times*, Sept. 6. 1959.
66. Ambrose, *Eisenhower*, vol. 2, KL 10735. Cf. Gaddis, *Strategies of Containment*, 195.
67. *Harvard Crimson*, Nov. 30, 1959.
68. LOC, G-15, HAK to Michael Churchill, Nov. 30, 1959. The letter was published as "Clarification," *Harvard Crimson*, Dec. 1, 1959.
69. Ambrose, *Eisenhower*, vol. 2, KL 10735.
70. LOC, F-3(c), HAK to Perkins, Nov. 5, 1959; HAK to NAR, Nov. 9, 1959.
71. LOC, Kent 64, HAK to NAR, Dec. 28, 1959.
72. Ibid., HAK to Bundy, Oct. 14, 1959.
73. See, e.g., Nixon Library, Pre-Presidential Papers, 414, Kirk, RMN to HAK, June 10, 1959.
74. Nixon Library, RMN, "What Can I Believe: A series of essays prepared by Richard M. Nixon during his Senior year of study at Whittier College during the 1933–1934 School Year in the course 'Philosophy of Christian Reconstruction,'" Oct. 9, 1933–Mar. 29, 1934, 1.
75. Wills, *Nixon Agonistes*, 31.
76. Nixon Library, RMN, "What Can I Believe," 2, 32.
77. Ibid., 30f.
78. Frank, *Ike and Dick*, 213ff.
79. Safire, *Before the Fall*, 275.
80. LOC, HAK Newspaper Collection, RMN to HAK, Sept. 15, 1959.
81. Hoover Institution Archives, Elliott Papers, Elliott to RMN, Jan. 29, 1958; Nixon Library, Pre-Presidential Papers, Box 239, RMN to Elliott, Feb. 25, 1958.
82. Nixon Library, Pre-Presidential Papers, Box 239, RMN to George Caitlin, Feb. 21, 1958.
83. Ibid., General Correspondence, 239, Elliott to John F. Fennelly, Mar. 29, 1960.
84. Ambrose, *Nixon*, vol. 1, KL 10319–59.
85. Nixon Library, Pre-Presidential Papers, General Correspondence, 239, Elliott to RMN, Jan. 11, 1960.
86. Ibid., Elliott to RMN, Apr. 24, 1960.
87. Hoover Institution Archives, Elliott Papers, Box 166, Unlabeled, Elliott to RMN, Apr. 24, 1961.
88. Aitken, *Nixon*, 341.
89. Reeves, *President Nixon*, 11f.
90. Stans, *One of the President's Men*, 268.
91. Aitken, *Nixon*, 161.
92. Donovan, *Confidential Secretary*, 158.
93. Black, *Richard Milhous Nixon*, 221.
94. Aitken, *Nixon*, 334.
95. HAK Newspaper Collection, "Debating Military Policy: Extension of Remarks of Hon. Lyndon B. Johnson," *Congressional Record*, Feb. 16, 1960. Cf. "The Nation," *Time*, Feb. 15, 1960.
96. LOC, F-3(c), HAK to Perkins, Jan. 19, 1960.
97. Ibid.
98. Ibid., Laurance Rockefeller to HAK, Mar. 25, 1960.
99. LOC, A & P, HAK to Schlesinger, Re. NAR, Apr. 9, 1962.
100. Rosenberg, "Origins of Overkill."
101. Osgood, *Total Cold War*, 210.
102. Thomas, *Very Best Men*, 218.
103. Gaddis, *Strategies of Containment*, 195f.
104. LOC, F-2(a), HAK to NAR, May 23, 1960.
105. LOC, Kent 64, HAK to NAR, May 20, 1960.
106. LOC, F-2(a), HAK, Thoughts on Our Military Policy, May 28, 1960, 15.
107. Ibid., 19.
108. LOC, F-2(a), HAK, Additional Note on Military Affairs, June 1, 1960.
109. Ambrose, *Nixon*, vol. 1, KL 10831–45.
110. LOC, F-3(c), HAK to Perkins, June 8, 1960.
111. LOC, Kent 13, Perkins to NAR, June 17, 1960. Cf. LOC, F-2(b), Foreign Affairs: Summaries of Position Papers, July 1, 1960.
112. LOC, Kent 64, HAK to NAR, Sept. 26, 1960; LOC, E-2, HAK to Teller, June 1, 1960.
113. Smith, *On His Own Terms*, KL 8030–31.
114. Ibid., KL 10916–28.
115. HAK, "Do the New Nations Need Our Kind of Democracy?," *New York Post*, June 19, 1960.
116. "A 'New Look' Plan on Arms Opposed," *New York Times*, June 19, 1960.
117. HAK, "Arms Control, Inspection," 559, 568, 571f.
118. Atkinson, *In Theory and Practice*, 72f., 76.
119. HAK, "Limited War: Conventional or Nuclear?," 806f.
120. Ibid., 808.
121. Isaacson, *Kissinger*, KL 1990–95.
122. Walter Millis, "The Object Is Survival," *New York Times*, Jan. 15, 1961.
123. Martin, "Necessity for Choice."
124. Wright, "Necessity for Choice."
125. HAK, *Necessity for Choice* [henceforth *NFC*], 1.
126. *NFC*, 2–6, 32, 98.
127. Fursenko and Naftali, *Khrushchev's Cold War*.
128. *NFC*, 23.
129. *NFC*, 257, 122.
130. HAK, "For an Atlantic Confederacy," *Reporter*, Feb. 2, 1961.
131. LOC, Box 7, HAK to Caryl Haskins, Nov. 12, 1959. See also Haskins's reply, Nov. 25, 1959.
132. *NFC*, 122.
133. *NFC*, 300ff.
134. *NFC*, 303, 308.
135. *NFC*, 311, 318, 328.
136. LOC, Kent 64, Cushman to HAK, June 28, 1960.
137. Schlesinger, *Journals*, Aug. 30, 1960.
138. Ambrose, *Nixon*, vol. 1, KL 11155–97. See also Smith, *On His Own Terms*, KL 8159; Black, *Richard Milhous Nixon*, 396.
139. Schlesinger, *Journals*, Aug. 30, 1960.
140. LOC, Kent 64, George Grassmuck to HAK, Aug. 29, 1960.
141. Ibid., HAK to Grassmuck, Sept. 1, 1960.
142. LOC, F-3(c), HAK to Perkins, Nov. 30, 1960.
143. Ibid., HAK to Adolph Berle, Jr., Oct. 17, 1960.
144. LOC, A & P, HAK to NAR, Nov. 18, 1960.
145. LOC, F-3(c), HAK to Cort Schuyler, Dec. 20, 1960. See also Dec. 23, 1960.
146. Ibid., HAK to Schuyler, Jan. 11, 1961.
147. LOC, Kent 64, HAK to NAR, Feb. 24, 1961.
148. LOC, HAK Papers, Box 7, HAK to Haskins, Nov. 12, 1959. Cf. *NFC*, 313f.
149. Rockefeller Archive Center, Kraemer to HAK, Nov. 1, 1956. See the paper Trends in Western Germany, Nov. 1956.
150. Schlesinger, *Journals*, Aug. 30, 1960.
151. LOC, G-14, Kraemer to HAK, Dec. 2, 1957.

第13章 灵活反应

1. Hoover Institution Archives, Elliott Papers, "Conference on the Marriage of Political Philosophy and Practice in Public Affairs in Honor of Professor Elliott," Harvard Summer School, Program and Proceedings, July 22, 1963.
2. Kennedy Library, Subject File, 1961–1964, Box WH-13, HAK to Schlesinger, Sept. 8, 1961.
3. Andrew Dugan and Frank Newport, "Americans Rate JFK as Top Modern President," Gallup, Nov. 15, 2013, http://bit.ly/1d9qLNh.
4. Frank Newport, "Americans Say Reagan Is the Greatest U.S. President," Feb. 18, 2011, http://bit.ly/1DYtthB.
5. Halberstam, *Best and Brightest,* 42.
6. Schlesinger, *Thousand Days,* 728f.
7. Caro, *Passage of Power,* KL 6294–98, 6301.
8. Smith, *Harvard Century,* 13.
9. Atkinson, *In Theory and Practice,* 126f.
10. Dwight D. Eisenhower, "Farewell Address," Jan. 17, 1961, *PBS American Experience,* http://to.pbs.org/1DYtEcw.
11. Atkinson, *In Theory and Practice,* 127.
12. LOC, J-10, John F. Kennedy [henceforth JFK] to HAK, Dec. 13, 1958.
13. Ibid., HAK to JFK, Dec. 23, 1958.
14. Ibid., JFK to HAK, Jan. 23, 1959.
15. Ibid., JFK to HAK, Feb. 6, 1959.
16. Ibid., HAK to JFK, Feb. 13, 1959.
17. Ibid., JFK to HAK, June 4, 1959.
18. "Kennedy Moves to Organize Campus Braintrust," *Boston Sunday Globe,* Dec. 11, 1959.
19. John F. Kennedy Library Oral History Program, Abram Chayes, recorded interview by Eugene Gordon, May 18, 1964, 39-45. See also Archibald Cox, recorded interview by Richard A. Lester, Nov. 25, 1964, 39.
20. LOC, F-3(c), HAK to Perkins, Jan. 19, 1960.
21. LOC, D-4, HAK to Sally Coxe Taylor, Feb. 10, 1960.
22. *NFC,* 6.
23. LOC, Kent 13, HAK to Happy Murphy, Jan. 21, 1960.
24. Arthur Schlesinger, *Journals,* Aug. 30, 1960.
25. LOC, F-3(c), HAK to Adolph Berle, Jr., Oct. 25, 1960.
26. LOC, J-10, HAK to JFK, Nov. 14, 1960.
27. Ibid., HAK to JFK, Nov. 16, 1960.
28. Rosenberg, "Prospect for America," 57ff.
29. Richard H. Rovere, "Letter from Washington," *New Yorker,* Jan. 21, 1961, 108f.
30. William Manchester, "John F. Kennedy: Portrait of a President," *New York Post Magazine,* Mar. 22, 1963.
31. Kennedy Library, Schlesinger Papers, Incoming Correspondence, 1945–1960, Box P-17, HAK to Schlesinger, Jan. 23, 1961.
32. LOC, Kent 64, Bundy to HAK, Jan. 28, 1961.
33. "Kennedy Expected to Name Dr. Kissinger to Key Post," *Boston Sunday Globe,* Feb. 5, 1961.
34. Kennedy Library, Staff Memoranda, Box 320, Bundy to JFK, Feb. 8, 1961.
35. LOC, Kent 64, HAK to Bundy, Feb. 8, 1961.
36. LOC, J-10, HAK to JFK, Feb. 8, 1961.
37. LOC, Kent 64, Bundy to HAK, Feb. 10, 1961.
38. Ibid., Bundy to HAK, Feb. 18, 1961.
39. Ibid., HAK to Bundy, Mar. 1, 1961; Bundy to HAK, Mar. 9, 1961.
40. Ibid., HAK to Bundy, Feb. 22, 1961.
41. Kennedy Library, Staff Memoranda, Box 320, Office of the White House Press Secretary, Feb. 27, 1961.
42. Bird, *Color of Truth,* 186. See also 143f.
43. Kennedy Library, Subject File, 1961–1964, Box WH-13, HAK to Schlesinger, Sept. 8, 1961. See also New York Public Library, Schlesinger Journal, July 28, 1961.
44. LOC, A & P, HAK to Schlesinger, Re. NAR, Apr. 9, 1962.
45. LOC, Kent 64, HAK to NAR, Feb. 10, 1961.
46. See, e.g., LOC, F-3(c), Hugh Morrow to NAR, Feb. 20, 1961.
47. LOC, F-3(c), June Goldthwait to HAK, Mar. 20, 1961.
48. See, e.g., HAK, "A Stronger Atlantic Confederacy," *Japan Times,* Mar. 22, 1961.
49. LOC, F-3(c), Cort Schuyler to HAK, Apr. 13, 1961.
50. Ibid., Mary K. Boland to HAK, Mar. 10, 1961.
51. Ibid., Boland to Perkins and HAK, Apr. 14, 1961.
52. LOC, Kent 64, HAK to NAR, Aug. 7, 1961.
53. LOC, F-3(c), Morrow to NAR, Apr. 30, 1961.
54. LOC, Kent 64, HAK to NAR, June 1, 1961.
55. LOC, Kent 63, HAK to NAR, May 3, 1961.
56. Giglio, *Kennedy,* 48.
57. Gaddis, *Strategies of Containment,* 200.
58. Ibid., 216.
59. Freedman, *Kennedy's Wars,* esp. 417ff.
60. Preston, "Little State Department," 639–43.
61. Nelson, "Kennedy's National Security Policy."
62. Preston, "Little State Department," 644.
63. Destler, *Presidents, Bureaucrats,* 96–100.
64. Ibid., 102f.
65. Daalder and Destler, *Shadow of Oval Office,* 40.
66. Preston, "Little State Department," 647f.
67. Salinger, *With Kennedy,* 110f.
68. Reeves, *President Kennedy,* 288.
69. Ibid., 289–92.
70. New York Public Library, Schlesinger Journal ms., Mar. 31, 1962.
71. LOC, Kent 64, HAK to NAR, Aug. 14, 1961.
72. Kissinger family papers, Louis Kissinger to HAK, Nov. 19, 1963.
73. Isaacson, *Kissinger,* KL 1940–41.
74. Bartle Bull, "Castro Cites Cuban Goals in Dillon Talk," *Harvard Crimson,* Apr. 27, 1959.
75. Higgins, *Perfect Failure,* 50.
76. Beck, "Necessary Lies, Hidden Truths," 43.
77. Ibid., 52.
78. Higgins, *Perfect Failure,* 67.
79. Ibid., 68, 71, 81, 91, 168, 75, 103, 108.
80. Schlesinger, *Thousand Days,* 222, 225, 231.
81. Giglio, *Kennedy,* 58; Daalder and Destler, *Shadow of Oval Office,* 21; Schlesinger, *Thousand Days,* 259.
82. Vandenbroucke, "Anatomy of a Failure," 487, 478.
83. Rasenberger, *Brilliant Disaster,* 386.
84. Salinger, *With Kennedy,* 196.
85. New York Public Library, Schlesinger Journal ms., Apr. 21–22, 1961, 174f.
86. Giglio, *Kennedy,* 63.
87. May and Zelikow, *Kennedy Tapes,* 27.
88. Ibid., 28.

89. Rasenberger, *Brilliant Disaster,* 334.
90. Rothkopf, *Running the World,* 85.
91. Daalder and Destler, *Shadow of Oval Office,* 23.
92. Preston, "Little State Department," 649. See also Rasenberger, *Brilliant Disaster,* 334ff.; Rothkopf, *Running the World,* 90.
93. Kennedy Library, Staff Memoranda, Box 320, Bundy to Allen Dulles, May 29, 1961; NSC to Bundy, May 29, 1961; Dulles to Bundy, May 30, 1961. Cf. Atkinson, *In Theory and Practice,* 129.
94. Kennedy Library, Subject File, 1961–1964, Box WH-13, HAK to Schlesinger, Sept. 8, 1961.
95. Kennedy Library, Staff Memoranda, Box 320, HAK to JFK, Feb. 28, 1961.
96. Ibid., HAK to Bundy, Mar. 14, 1961.
97. LOC, D-Series, HAK, "Memorandum for the President: Major Defense Options," Mar. 22, 1961.
98. Ibid.
99. Ibid., HAK, "Revisions of National Security Council document called 'NATO and the Atlantic Nations,'" Apr. 5, 1961.
100. Ibid., HAK to Bundy, May 5, 1961.
101. Fursenko and Naftali, *Khrushchev's Cold War,* 341.
102. Rueger, "Kennedy, Adenauer and Berlin Wall," 77.
103. Brinkley, *Kennedy,* 78. Cf. Gavin, *Nuclear Statecraft,* 64.
104. Gavin, *Nuclear Statecraft,* 65.
105. Ausland and Richardson, "Crisis Management," 294.
106. Ibid., 295.
107. Rueger, "Kennedy, Adenauer and the Making of the Berlin Wall," 95.
108. Ibid., 92f.
109. *FRUS, 1961–1963,* vol. XIV, *Berlin Crisis, 1961–1962,* Doc. 42, Record of Meeting of the Interdepartmental Coordinating Group on Berlin Contingency Planning, June 16, 1961; Doc. 49, Report by Acheson, June 28, 1961. Cf. Rueger, "Kennedy, Adenauer and the Making of the Berlin Wall," 102; Gavin, *Nuclear Statecraft,* 67; Schlesinger, *Thousand Days,* 345.
110. Kennedy Library, Box 462, Kissinger Chronological File 7/61, HAK to Rostow, Apr. 4, 1961.
111. Ibid., HAK, Visit of Chancellor Adenauer—Some Psychological Factors, Apr. 6, 1961.
112. Klaus Wegreife, "Adenauer Wanted to Swap West Berlin for Parts of GDR," *Der Spiegel,* Aug. 15, 2011, http://bit.ly/1KcVDHO.
113. Kennedy Library, Box 462, HAK, Visit of Chancellor Adenauer—Some Psychological Factors, Apr. 6, 1961.
114. Ibid., HAK to Bundy, Dec. 26, 1961. See also Bundy to Dowling, Dec. 30, 1961; Dowling to Bundy, Jan. 18, 1962; Kaysen to HAK, Jan. 20; HAK to Kaysen, Jan. 24; Kaysen to Dowling, Jan. 26; Dowling to Kaysen, Jan. 30; HAK to Kaysen, Feb. 2, Feb. 3; U.S. Embassy Bonn to Rusk, Feb. 7; Bundy to Dowling, Feb. 7.
115. New York Public Library, Schlesinger Journal ms., Apr. 21–22, 1961, 174f.
116. LOC, D-Series, HAK to JFK, May 5, 1961.
117. LOC, D-4, HAK to Rostow, May 5, 1961.
118. Patrick, "Berlin Crisis in 1961," 90–93.
119. Kennedy Library, Staff Memoranda, Box 320, HAK to Bundy, May 5, 1961.
120. Ibid., Bundy to HAK, May 5, 1961.
121. LOC, D-Series, HAK, Meeting with Minister of Defense Franz Josef Strauss, May 10, 1961. See also Kennedy Library, Box 462, U.S. Embassy in Bonn to Rusk, May 18, 1961. Strauss subsequently gave a newspaper interview in which he made some of his disagreements with Kissinger public. See also Rueger, "Kennedy, Adenauer and the Making of the Berlin Wall," 148–50.
122. *FRUS, 1961–1963,* vol. XIII, *Western Europe and Canada,* Doc. 111, Dowling to Rusk, July 5, 1961.
123. LOC, D-Series, HAK, Meeting with Adenauer, May 18, 1961. See also Kennedy Library, Box 462, U.S. Embassy in Bonn to Rusk, May 19, 1961.
124. LOC, D-Series, HAK, Conversation with François de Rose, June 13, 1961.
125. Ibid., HAK memorandum, May 25, 1961.
126. Kennedy Library, HAK to Bundy, June 13, 1961.
127. Kennedy Library, Box 462, U.S. Embassy in Bonn to Rusk, May 25, 1961. Cf. Patrick, "Berlin Crisis in 1961," 95f.; Anthony Verrier, "Kissinger's Five Points," *Observer,* May 21, 1961.
128. Joseph Wershba, "Is Limited War the Road to, or from, the Unlimited Kind?," *New York Post,* June 5, 1961.
129. Kennedy Library, Box WH-13, HAK to Schlesinger, June 9, 1961. Cf. Brinkley, *Kennedy,* 80f.; Freedman, *Kennedy's Wars,* 55; Reeves, *Kennedy,* 174.
130. Brinkley, *Kennedy,* 78; Kempe, *Berlin 1961,* 294f.
131. Preston, *War Council,* 69f. See also Schlesinger, *Thousand Days,* 349.
132. *FRUS, 1961–1963,* vol. XIV, *Berlin Crisis, 1961–1962,* Doc. 76, Bundy to JFK, July 19, 1961.
133. Ibid., Doc. 57, Schlesinger to JFK, July 7, 1961.
134. LOC, Kent 64, HAK to Bundy, June 5, 1961.
135. Ibid., HAK to Bundy, June 5, 1961.
136. Ibid., Bundy to HAK, June 8, 1961.
137. Ibid.
138. LOC, D-Series, HAK to Bundy, June 20, 1961.
139. LOC, A & P, HAK to Rostow, June 27, 1961; Kennedy Library, Box 462, HAK to Bundy, June 29, 1961.
140. Ibid., HAK to Rostow, June 27, 1961.
141. "The Administration: The Test of Reality," *Time,* June 30, 1961.
142. Fursenko and Naftali, *Khrushchev's Cold War,* 370.
143. Rueger, "Kennedy, Adenauer and the Making of the Berlin Wall," 180f.
144. Schlesinger, *Thousand Days,* 350f.; Kempe, *Berlin 1961,* 299f.
145. Kennedy Library, Box 462, HAK to Bundy, General War Aspect of Berlin Contingency Planning, July 7, 1961.
146. Ibid., HAK to Bundy, Status of Berlin Contingency Planning, July 7, 1961.
147. Kennedy Library, Box 81a, Germany—Berlin, Kissinger's Report on Berlin, July 7, 1961. At one point, Kissinger expressed doubt that his memoranda ever left Bundy's office, but this

was not the case. See also *FRUS, 1961–1963,* vol. XIV, *Berlin Crisis, 1961–1962,* Doc. 38, Bundy to JFK, June 10, 1961.
148. Kennedy Library, Box 462, HAK to Bowie, July 8, 1961.
149. Ibid., HAK to Bundy, July 14, 1961.
150. Ibid., HAK to Bundy, Negotiations with the GDR, Aug. 11, 1961.
151. Kennedy Library, Staff Memoranda, Box 320, HAK to Bundy, Aug. 11, 1961.
152. Patrick, "Berlin Crisis in 1961," 110.
153. Kempe, *Berlin 1961,* 311ff.; Rueger, "Kennedy, Adenauer and the Making of the Berlin Wall," 195f., 253f.
154. *FRUS, 1961–1963,* vol. XIV, *Berlin Crisis, 1961–1962,* Doc. 85, U.S. Embassy in Moscow to Rusk, July 29, 1961.
155. Ibid., Doc. 84, U.S. Embassy in Moscow to Rusk, July 28, 1961.
156. New York Public Library, Schlesinger Journal ms., July 28, 1961.
157. Kempe, *Berlin 1961,* 490.
158. Brinkley, *Kennedy,* 82.
159. Kempe, *Berlin 1961,* 490.
160. Ibid., 332.
161. Ibid., 349, 355f., 371.
162. Brinkley, *Kennedy,* 82.
163. Kempe, *Berlin 1961,* 486.
164. Freedman, *Kennedy's Wars,* 68–69.
165. Brinkley, *Kennedy,* 81.
166. Gaddis, *Cold War,* 115.
167. Kennedy Library, Box 462, HAK, Some Reflections on the Acheson Memorandum, Aug. 16, 1961.
168. Kennedy Library, Staff Memoranda, Box 320, HAK to Bundy, Aug. 16, 1961. See in general Hofmann, *Emergence of Détente.*
169. Kennedy Library, Box 462, HAK to Rostow, Aug. 16, 1961.
170. Kennedy Library, Staff Memoranda, Box 320, HAK to Bundy, Aug. 18, 1961.
171. LOC, D-Series, HAK to Maxwell Taylor, Aug. 28, 1961.
172. Ibid., HAK to Taylor, Aug. 29, 1961, enclosing a draft memorandum for Taylor to send to Bundy.
173. Kennedy Library, Box 462, Kissinger Chronological File 7/61, HAK to Bundy, Sept. 1, 1961.
174. LOC, D-Series, HAK to Bundy, Some Additional Observations Regarding the Call-Up of Reserves; Military and Disarmament Planning, Sept. 8, 1961.
175. Kennedy Library, Box 462, Kissinger Chronological File 7/61, HAK to Bundy, Sept. 6, 1961.
176. Kennedy Library, Subject File, 1961–1964, Box WH-13, HAK to Schlesinger, Sept. 8, 1961.
177. LOC, A & P, HAK, Memcon Bundy, Sept. 19, 1961, 5:15 p.m.
178. Stephen Schlesinger, diary, Oct. 6, 2008.
179. Kennedy Library, Subject File, 1961–1964, Box WH-13, HAK to Schlesinger, Sept. 8, 1961.
180. Ibid., Schlesinger to HAK, Sept. 27, 1961; HAK to Schlesinger, Oct. 3, 1961.
181. Kennedy Library, Staff Memoranda, Box 320, HAK, Memorandum of Conversation with Soviet Delegates at Stowe, Vermont, Sept. 13–19, 1961.
182. Hargittai, *Buried Glory,* 19.
183. Kempe, *Berlin 1961,* 415f.
184. LOC, D-Series, HAK to Taylor, Sept. 28, 1961.
185. Ibid., HAK to Bundy, Oct. 3, 1961.
186. LOC, G-15, HAK to editors of *Harvard Crimson,* Oct. 5, 1961.
187. Kennedy Library, Subject File, 1961–1964, Box WH-13, HAK, Random Thoughts About Speech, Oct. 9, 1961.
188. Ibid., HAK to Schlesinger, Oct. 15, 1961.
189. LOC, D-Series, HAK, NATO Planning, Oct. 16, 1961.
190. Ibid., HAK, Military Program, Oct. 17, 1961.
191. LOC, F-2(b), HAK to Bundy, Oct. 19, 1961.
192. Ibid., HAK to Bundy, Nov. 3, 1961.
193. Ibid., HAK to JFK, Nov. 3, 1961.
194. Ibid.; Kennedy Library, Subject File, 1961–1964, Box WH-13, HAK to Schlesinger, Nov. 3, 1961.
195. LOC, F-2(b), Bundy to HAK, Nov. 13, 1961.
196. Kennedy Library, Subject File, 1961–1964, Box WH-13, HAK to Schlesinger, Nov. 3, 1961.
197. LOC, Kent 64, HAK, Memorandum of Conversation with Mr. Conway of *Newsweek* Magazine, Nov. 17, 1961.
198. Kennedy Library, Staff Memoranda, Box 320, Lois Moock to Bromley Smith, Nov. 6, 1961; Charles Johnson, Memorandum for the Record, Nov. 28, 1961. See also Isaacson, *Kissinger,* 113; Atkinson, *In Theory and Practice,* 131.
199. "JFK Aide Tells of Soviet Goal," *Durham Morning Herald,* Oct. 27, 1961.
200. Thomas, *Robert Kennedy,* 139.
201. Fursenko and Naftali, *Khrushchev's Cold War,* 400.
202. Daalder and Destler, *Shadow of Oval Office,* 31f.
203. Kennedy Library, Subject File, 1961–1964, Box WH-13, HAK to Schlesinger, Nov. 3, 1961.
204. Ibid., Schlesinger to JFK, Nov. 10, 1961.
205. NAR, *Future of Federalism.*
206. LOC, A & P, HAK to NAR, Oct. 19, 1961.
207. LOC, Kent 64, HAK to NAR, Oct. 20, 1961.
208. LOC, F-3(c), Goldthwait to HAK, Dec. 5, 1961; LOC, F-2(b), HAK to NAR, Dec. 7, 1961.
209. LOC, Kent 64, HAK to NAR, Dec. 19, 1961; LOC, F-3(c), HAK to Perkins, Dec. 20, 1961.
210. LOC, F-3(c), Goldthwait to HAK, Feb. 20, 1962; see also Goldthwait to Perkins, Feb. 20, 1962.
211. Ibid., Perkins to HAK, Mar. 6, 1962, Apr. 4, 1962.
212. Ibid., Perkins to HAK, May 14, 1962.
213. Ibid., HAK to Perkins (draft), Mar. 12, 1962.
214. *FRUS, 1961–1963,* vol. XIV, *Berlin Crisis, 1961–1962,* Doc. 215, Bundy to JFK, Nov. 20, 1961; LOC, D-Series, HAK, Military Briefing for Chancellor Adenauer, Nov. 20, 1961; LOC, Kent 64, Bundy to HAK, Nov. 30, 1961; Kennedy Library, Box 462, Bundy to HAK, Dec. 17, 1961.
215. LOC, F-3(c), HAK to Perkins (draft), March 12, 1962.
216. Statistics at *Chronik der Mauer,* http://bit.ly/1JkZSDx.

第 14 章　生活现实

1. Kennedy Library, Staff Memoranda, Box 320, HAK, "American Strategic Thinking," speech at Pakistan Air Force Headquarters, Feb. 2, 1962.
2. LOC, D-Series, HAK, Memcon in Paris on Feb. 5, 1962, Feb. 9, 1962.
3. Garrow, "FBI and Martin Luther King."
4. LOC, LOC-A & P, HAK to NAR, Oct. 19, 1961.
5. LOC, Kent 64, NAR Correspondence 1962, HAK to NAR, May 25, 1962.
6. Kennedy Library, Box WH-13, Schlesinger to Gilberto Freyre, May 25, 1962.
7. Kennedy Library, Box 321, Consular Memcon, The Brazilian Crisis, June 7, 1962.
8. LOC, Kent 64, HAK to NAR, June 21, 1962.
9. LOC, G-14 Supp. (Kraemer), HAK to Kraemer, Sept. 20, 1962.
10. Kennedy Library, Box WH-13, Schlesinger to HAK, Oct. 1, 1962.
11. Kennedy Library, Box 321, Consular Memcon, June 9, 1962.
12. Andrew, *World Was Going Our Way*. See also Ladislav Bittman, *The Deception Game* (New York: Ballantine Books, 1981).
13. LOC, F-3(c), HAK to NAR, Mar. 6, 1963.
14. Kennedy Library, Box 462, U.S. Embassy New Delhi to Rusk, Jan. 10, 1962.
15. Kennedy Library, Box 320, 1-62, U.S. Embassy New Delhi to Rusk, Jan. 12, 1962.
16. LOC, Kent 9, HAK, Memcon Krishna Menon (Jan. 8 and Jan. 10, 1962), Feb. 8, 1962.
17. Ibid., HAK, Memcon Nehru (Jan. 10, 1962), Feb. 8, 1962.
18. Kennedy Library, Staff Memoranda, Box 320, HAK, Summary of Conversation About Disarmament with Indian Officials, Feb. 13, 1962.
19. Kennedy Library, Box 462, Dept. of State to U.S. Embassy Tel Aviv, Jan. 3, 1962; U.S. Embassy Tel Aviv to Rusk, Jan. 9, 1962; Kissinger Statements Reaction, Jan. 9, 1962; U.S. Embassy Karachi to Rusk, Jan. 10, 1962; U.S. Embassy New Delhi to Rusk, Jan. 10, 1962; L. D. Battle to Bundy, Jan. 10, 1962; Kissinger Comments, Jan. 10, 1962.
20. Ibid., U.S. Embassy Karachi to Rusk, Jan. 11, 1962; U.S. Embassy Karachi to Rusk, Jan. 12, 1962, Jan. 15, 1962, Jan. 16, 1962.
21. Ibid., U.S. Embassy New Delhi to Rusk, Jan. 11, 1962; U.S. Embassy Damascus, Jan. 30, 1962.
22. Kennedy Library, Staff Memoranda, Box 320, HAK, "American Strategic Thinking," speech at Pakistan Air Force Headquarters, Feb. 2, 1962.
23. Kennedy Library, Box 462, U.S. Embassy Karachi to Rusk, Feb. 1, 1962.
24. Kennedy Library, Staff Memoranda, Box 320, HAK, "American Strategic Thinking," speech at Pakistan Air Force Headquarters, Feb. 2, 1962.
25. Ibid., LeRoy Makepeace to State Dept., Feb. 13, 1962.
26. Kennedy Library, Subject File, 1961–1964, Box WH-13, Transcript of Dr. Kissinger's Question-and-Answer Session at the University of the Panjab, Lahore, Feb. 3, 1962.
27. Ibid., HAK to Schlesinger, Mar. 22, 1962.
28. Kennedy Library, Staff Memoranda, Box 320, Bundy to Lucius Battle, Feb. 13, 1962.
29. Ibid., HAK, "American Strategic Thinking," speech at Pakistan Air Force Headquarters, Feb. 2, 1962.
30. LOC, LOC-A & P, HAK to Schlesinger, Apr. 9, 1962.
31. Gaddis, *Strategies of Containment,* 205, 217, 232.
32. LOC, D-Series, HAK, Memcon Stehlin, Feb. 5, 1962, Feb. 9, 1962.
33. Ibid., HAK, Memcon Paris, Feb. 5, 1962, Feb. 9, 1962.
34. Ibid., HAK, Memcon Jean Laloy, Feb. 9, 1962.
35. Kennedy Library, Box 462, Background Briefing Material for HAK, Feb. 13, 1962; U.S. Embassy Bonn to Rusk, Feb. 13, 1962.
36. Ibid., Kissinger Trips, State Dept. to U.S. Embassy Bonn, Feb. 13, 1962.
37. LOC, D-Series, HAK, Summary of Conversations in Germany About Negotiations, Feb. 21, 1962.
38. *FRUS, 1961–1963,* vol. XIV, *Berlin Crisis, 1961–1962,* Doc. 298, Dowling to Rusk, Feb. 17, 1962.
39. Ibid., Doc. 300, Memcon Ambassador Grewe, Feb. 19, 1962.
40. Ibid., Doc. 305, Dowling to JFK and Rusk, Feb. 23, 1962.
41. *FRUS, 1961–1963,* vol. V, *Soviet Union,* Doc. 186, Salinger to JFK, May 1, 1962.
42. Schwarz, *Konrad Adenauer,* 2:601–4. See also Chopra, *De Gaulle and Unity,* 116.
43. Kennedy Library, Box 462, Kissinger Trips, U.S. Embassy Bonn to Rusk, Feb. 13, 1962; LOC, D-Series, HAK, Note on Franco-German Relations, Feb. 20, 1962.
44. LOC, D-Series, HAK, Summary of Conversations in Germany About Negotiations, Feb. 21, 1962.
45. Ibid., HAK to Bundy, Mar. 6, 1962.
46. Ibid., HAK, NATO Nuclear Sharing, Apr. 2, 1962.
47. LOC, A & P, HAK to Schlesinger, Apr. 9, 1962.
48. Ibid., HAK to Schlesinger, Re. NAR, Apr. 9, 1962.
49. LOC, C-1, Briefing Book, Central Europe, Apr. 16, 1962.
50. LOC, F-2(b), NATO—Report No. 1, Apr. 16, 1962.
51. LOC, Kent 64, NAR Correspondence 1962, NAR to HAK, Apr. 23, 1962.
52. LOC, F-3(c), HAK to Hanks, July 24, 1962.
53. LOC, Kent 64, HAK to NAR, Aug. 3, 1962.
54. HAK, "Unsolved Problems of European Defense," 519, 520, 521, 523f, 526.
55. Ibid., 531, 538.
56. Kennedy Library, Box WH-13, HAK to Schlesinger, June 15, 1962.
57. Chalmers Roberts, "Kennedy Aide Proposes French A-Force Support," *Washington Post,* June 18, 1962.
58. Kissinger papers, At the White House with Pierre Salinger, transcript, June 18, 1962.

59. Kennedy Library, Staff Memoranda, Box 321, Some Brief and Passing Thoughts on Henry Kissinger's Article in "Foreign Affairs," Oct. 25, 1962.
60. Fursenko and Naftali, *Khrushchev's Cold War*, 447.
61. *FRUS, 1961–1963*, vol. XV, *Berlin Crisis 1962–1963*, Doc. 93, William Y. Smith to Maxwell Taylor, July 5, 1961.
62. Kennedy Library, Box WH-13, Kissinger, Strauss to HAK, Sept. 15, 1962; HAK to Schlesinger, Sept. 24, 1962.
63. Kennedy Library, Box 321, HAK, Memcon zu Guttenberg, July 13, 1962.
64. Kennedy Library, Staff Memoranda, Box 321, David Klein to Smith, July 9, 1962.
65. Kennedy Library, Box 321, HAK, zu Guttenberg and Wehnert Memcons, July 18, 1962.
66. Kennedy Library, Box WH-13, Schlesinger to Helen Lempart, Aug. 21, 1962; Schlesinger to HAK, Aug. 22, 1962.
67. New York Public Library, Schlesinger Papers, Schlesinger Journal ms., Aug. 19, 1962.
68. Kennedy Library, Box 321, Bundy draft to HAK, Sept. 12, 1962; LOC, Kent 64, Bundy to HAK, Sept. 14, 1962.
69. LOC, Kent 64, HAK to Bundy, Oct. 3, 1962.
70. Ibid., Bundy to HAK, Nov. 15, 1962. Cf. Atkinson, *In Theory and Practice*, 131f.

第15章 危机

1. JFK, "Foreword," in Sorensen, *Decision-Making*, xxix.
2. Harry S. Truman National Historic Site, Oral History #1992-3, Interview with HAK, May 7, 1992.
3. "1953: It Is 2 Minutes to Midnight," *Bulletin of the Atomic Scientists*, n.d., http://bit.ly/1KcVSCC.
4. Graham Allison, "The Cuban Missile Crisis," in Smith, Hadfield, and Dunne, *Foreign Policy*, 256.
5. Arthur M. Schlesinger, Jr., "Foreword" to Kennedy, *Thirteen Days*, 7.
6. Allison and Zelikow, *Essence of Decision*.
7. LOC, C-1, NAR Briefing Book, Cuba, Apr. 12, 1962.
8. Bird, *Color of Truth*, 242f.
9. May and Zelikow, *Kennedy Tapes*, 37.
10. Rockefeller Archive Center, HAK to NAR, Sept. 19, 1962.
11. LOC, Kent 64, HAK to NAR, Sept. 25, 1962.
12. Ibid.
13. LOC, C-1, Briefing Book, Cuba, Sept. 28, 1962.
14. Fursenko and Naftali, *Khrushchev's Cold War*, 439.
15. Gaddis, *We Now Know*, 264.
16. Talbott, *Khrushchev Remembers*, 494.
17. Allison, "Cuban Missile Crisis," 263.
18. Fursenko and Naftali, *Khrushchev's Cold War*, 440.
19. Bird, *Color of Truth*, 244.
20. Gaddis, *We Now Know*, 265.
21. Ibid.
22. Fursenko and Naftali, *Khrushchev's Cold War*, 455f.
23. Paterson and Brophy, "October Missiles and November Elections," 98.
24. Gaddis, *We Now Know*, 264.
25. Naftali and Zelikow, *Presidential Recordings*, 2:583–84.
26. Rothkopf, *Running the World*, 95.
27. Giglio, *Kennedy*, 219.
28. Bird, *Color of Truth*, 232–35; Daalder and Destler, *Shadow of Oval Office*, 35f.
29. Caro, *Passage of Power*, vol. 4, KL 5597–98. Cf. Shesol, *Mutual Contempt*, 95f.
30. See Thomas, *Robert Kennedy*, 229. The exchange, like all ExComm meetings, was taped and can be heard at http://bit.ly/1d9rXAs.
31. Walker, *Cold War*, 171.
32. Allison, "Cuban Missile Crisis," 271.
33. Paterson and Brophy, "October Missiles and November Elections."
34. Tony Judt, "On the Brink," *New York Review of Books*, January 15, 1998.
35. Welch and Blight, "Introduction to the ExComm Transcripts," 17n.
36. Caro, *Passage of Power*, KL 5605–6.
37. Allison, "Cuban Missile Crisis," 272.
38. Poundstone, *Prisoner's Dilemma*, 197ff.
39. Fursenko and Naftali, *Khrushchev's Cold War*, 471, 474.
40. Milne, *America's Rasputin*, 118.
41. Bird, *Color of Truth*, 241. See also Welch and Blight, "ExComm Transcripts," 15f.
42. Fursenko and Naftali, *Khrushchev's Cold War*, 491f., 528.
43. Giglio, *Kennedy*, 28.
44. Kennedy Library, Box WH-13, De Rose to HAK, Oct. 29, 1962.
45. Ibid., HAK to Schlesinger, Nov. 2, 1962.
46. LOC, F-3(c), Goldthwait to HAK, Oct. 29, 1962.
47. Ibid., HAK to Goldthwait, Nov. 28, 1962.
48. HAK, "Reflections on Cuba," *Reporter*, Nov. 22, 1962, 21.
49. Ibid, 23.
50. LOC, A & P, HAK to NAR, Jan. 8, 1963.
51. "Rockefeller on Cuba," *Christian Science Monitor*, Apr. 15, 1963.
52. LOC, C-1, Cuba Briefing Book, Draft, July 8, 1963.
53. LOC, F-3(c), HAK, draft resolution on Cuba, July 18, 1963.
54. Ibid., HAK to Hinman, Nov. 13, 1963.
55. Ibid., Hanks to HAK, Apr. 23, 1962.
56. See Atkinson, *In Theory and Practice*, 57f., 89f.
57. HAK, "Search for Stability."
58. Leffler, *Soul of Mankind*, 176, 183, 190f.
59. Hoover Institution Archives, 1, Conference on the Marriage of Political Philosophy and Practice in Public Affairs in Honor of Professor Elliott, Harvard Summer School, Program and Proceedings, July 22, 1963.
60. LOC, Kent 64, HAK to NAR, Dec. 7, 1962.
61. Ibid., HAK to Bundy, Jan. 8, 1963; LOC, F-3(c), HAK to Hinman, Jan. 8, 1963; Bundy to HAK, Jan. 17, 1963.

62. LOC, Kent 64, Bundy to HAK, Feb. 23, 1963.
63. LOC, A & P, HAK to NAR, Jan. 8, 1963.
64. Ibid.
65. LOC, F-3(c), Hanks to HAK, Jan. 15, 1963.
66. LOC, D-9, Kraemer to HAK, Dec. 17, 1962.
67. Gaddis, *Strategies of Containment,* 217.
68. LOC, A & P, HAK to NAR, Jan. 8, 1963.
69. LOC, A-1(a), HAK, The Skybolt Controversy, Dec. 26, 1962; LOC, F-3(c), HAK to NAR, Jan. 8.
70. HAK, "The Skybolt Controversy," *Reporter,* Jan. 17, 1963, 15–19.
71. LOC, Kent 64, Memcon De Rose [Jan. 10, 1963], Jan. 21, 1963.
72. Ibid., Memcon Couve de Murville [Jan. 12, 1963], Jan. 21, 1963.
73. Ibid., Memcon De Rose [Jan. 11, 1963], Jan. 21, 1963; Memcon Laloy [Jan. 12, 1963], Jan. 21, 1963.
74. Ibid., Memcon Stikker [Jan. 12, 1963], Jan. 21, 1963.
75. Kennedy Library, Box 321, Memcon Speidel [Jan. 10, 1963], Jan. 22, 1963.
76. Ibid., U.S. Embassy in Rome to Rusk, Jan. 17, 1963; LOC, Kent 64, Memcon Segni [Jan. 16, 1963], Jan. 21, 1963.
77. Ibid., Memcon Cattani [Jan. 16, 1963], Jan. 21, 1963.
78. Ibid., U.S. Embassy in Rome to Rusk, Jan. 15, 1963.
79. Ibid., Memcon Speidel [Jan. 10, 1963], Jan. 22, 1963. In capitals in original.
80. LOC, Kent 64, HAK to Bundy, Mar. 5, 1963.
81. LOC, F-3(a), NAR Statement, Feb. 1, 1963.
82. Ibid., HAK [?], Our Troubled Alliance and The Future of Freedom, Feb. 9, 1963.
83. HAK, "Strains on the Alliance," 263, 276, 267, 280, 284.
84. LOC, Kent 64, Memcon De Rose [Jan. 11, 1963], Jan. 21, 1963.
85. HAK, "Strains on the Alliance," 285.
86. Wohlstetter, "Delicate Balance of Terror."
87. HAK, "Nato's Nuclear Dilemma," *Reporter,* March 28, 1963, 25.
88. Ibid., 27.
89. LOC, G-13, Hoffmann to HAK, Mar. 24, 1963.
90. LOC, Kent 64, Memcon Sir Harold Caccia [May 21, 1963], May 31, 1963.
91. Kennedy Library, Box 321, Henry Owen, Comment on "NATO's Dilemma," by HAK, Apr. 24, 1963.
92. LOC, F-3(c), Bowie to NAR, Oct. 18, 1963. See Bowie, "Tensions Within the Alliance," and Bowie, "Strategy and the Atlantic Alliance."
93. Kennedy Library, Box WH-13, HAK to Schlesinger, Apr. 19, 1963.
94. Kennedy Library, Box 321, HAK to Pierre Gallois, Apr. 19, 1963.
95. LOC, Kent 64, HAK to Bundy, May 10, 1963.
96. Kennedy Library, Box WH-13, HAK to Godfrey Hodgson, Apr. 2, 1963; HAK to Schlesinger, Apr. 3, 1963.
97. LOC, F-3(c), HAK to NAR, May 8, 1963.
98. Ibid., (Digest) Nuclear Partnership in the Atlantic Community, Apr. 25, 1963.
99. Ibid., NAR remarks to Newspaper Publishers Association, Apr. 25, 1963.
100. Ibid., HAK to NAR, Apr. 2, 1963.
101. LOC, Kent 64, Memcon Adenauer [May 17, 1963], May 30, 1963.
102. Ibid., Memcon Segers [May 15, 1963], June 3, 1963.
103. Ibid., Memcon Adenauer [May 17, 1963], May 30, 1963.
104. Ibid., Memcon Strauss [May 17, 1963], June 3, 1963.
105. Ibid., Memcon Mountbatten [May 20, 1963], May 31, 1963.
106. Ibid., Memcon Denis Healey [May 21, 1963], May 31, 1963.
107. Kennedy Library, Box 321, U.S. Embassy Paris to Dean Rusk, May 24, 1963; Memcon De Rose [May 23, 1963], May 28, 1963; LOC, Kent 64, Memcon Stehlin [May 25, 1963], May 28, 1963.
108. LOC, Kent 64, HAK to Bundy, May 29, 1963.
109. Kempe, *Berlin 1961,* 500f. The full text of the speech can be found at http://bit.ly/1Gfk4QQ.
110. Kennedy Library, Box WH-13, HAK to Schlesinger, July 12, 1963; LOC, Kent 64, HAK to Bundy, July 26, 1963.
111. LOC, F-3(c), HAK to McManus, Aug. 30, 1963.
112. Kennedy Library, Box 321, HAK to Schlesinger, Sept. 3, 1963.
113. Ibid., HAK to Rusk, Sept. 13, 1963.
114. Preston, *War Council,* 57.
115. LOC, Kent 64, HAK to NAR, Aug. 22, 1962, Aug. 23, 1962.
116. LOC, F-3(a), NAR, Nuclear Testing and Free World Security, Jan. 28, 1963.
117. Ibid., HAK to NAR, June 28, 1963.
118. LOC, Kent 64, Teller to NAR, July 30, 1963; LOC, F-3(a), Brodie to HAK, Aug. 8, 1963; LOC, F-3(a), Summary Memorandum on Briefings on Current NATO Policy, Aug. 8, 1963; HAK to Brodie, Aug. 15, 1963.
119. LOC, F-3(c), Robert McManus to Executive Chamber Staff, Aug. 20, 1963; LOC, F-3(c), Teller to HAK, Aug. 26, 1963; HAK to NAR, Aug. 30, 1963.
120. LOC, F-3(a), Q. and A. for US News and World Report, Sept. 5, 1963; Foreign Policy Proposals, Sept. 7, 1963.
121. Ibid., HAK, Background Information on the "Opening to the Left," Nov. 4, 1963.
122. Ibid., HAK to Perkins, Nov. 8, 1963.
123. Ibid., Press Kit Material–Foreign Policy, Nov. 21, 1963.
124. Chalmers M. Roberts, "The Men Around the Big Men," *Washington Post,* Nov. 10, 1963.
125. LOC, F-3(a), HAK to Teller, Nov. 5, 1963.
126. LOC, G-13, HAK to Howard, Nov. 18, 1963.
127. LOC, F-3(c), HAK, Impression of the political situation in California, Nov. 21, 1963.
128. See Blight and Lang, *Virtual JFK.* See also James K. Galbraith, "Exit Strategy: In 1963, JFK Ordered a Complete Withdrawal from Vietnam," *Boston Review,* Sept. 1, 2003.
129. Diane Kunz, "Camelot Continued: What If John F. Kennedy Had Lived?," in Ferguson, *Virtual History,* 368–91.
130. LOC, Kent 64, HAK to Bundy, Nov. 22, 1963.
131. LOC, F-3(a), HAK and Douglas Bailey, "Draft of a post-moratorium speech or statement," Dec. 16, 1963.
132. Ibid., HAK to NAR, Oct. 23, 1963.

第16章 出兵越南

1. Hans J. Morgenthau, "Kissinger on War: Reply to Clayton Fritchley," *New York Review of Books,* Oct. 23, 1969.
2. Fallaci, "Henry Kissinger," 36.
3. Joseph Lelyveld, "The Enduring Legacy," *New York Times Magazine,* Mar. 31, 1985.
4. These figures are based on Angus Maddison's dataset, http://bit.ly/1JBRRa3, 2013 version.
5. McNamara, *Argument Without End,* 384, 388.
6. Goldstein, *Lessons in Disaster.*
7. Gaddis, *Strategies of Containment,* 236, 247, 271.
8. Preston, *War Council,* 76.
9. See, e.g., Sorley, *Better War.*
10. Clausewitz, *On War,* 28.
11. Cuddy, "Vietnam: Johnson's War—or Eisenhower's?," 354.
12. Fursenko and Naftali, *Khrushchev's Cold War,* 334.
13. Schlesinger, *Thousand Days,* 295.
14. Karnow, *Vietnam,* 197f.
15. Giglio, *Kennedy,* 70.
16. Freedman, *Kennedy's Wars,* 299.
17. Schlesinger, *Thousand Days,* 301–4. See also Fursenko and Naftali, *Khrushchev's Cold* War, 351ff.
18. Rostow, *Diffusion of Power,* 284.
19. Gaddis, *Strategies of Containment,* 239.
20. Milne, "'Our Equivalent of Guerrilla Warfare.'"
21. Preston, *War Council,* 81.
22. Ibid., 83.
23. *FRUS, 1961–1963,* vol. 1, *Vietnam, 1961,* Doc. 52, National Security Memorandum no. 52, http://1.usa.gov/1JloV6h.
24. Preston, *War Council,* 87ff.
25. McNamara, *Argument Without End,* 107–8.
26. Preston, *War Council,* 93–98.
27. Ibid., 99.
28. Milne, *America's Rasputin,* 120.
29. Gaddis, *Strategies of Containment,* 213.
30. Ibid., 238.
31. J. K. Galbraith to JFK, Apr. 4, 1962: http://bit.ly/1HA7f7Z.
32. Kenneth O'Donnell, "LBJ and the Kennedys," *Life,* Aug. 7, 1970.
33. Kennedy Library, Subject File, 1961–1964, Box WH-13, HAK to Schlesinger, June 5, 1961.
34. Kennedy Library, Staff Memoranda, Box 320, HAK, "American Strategic Thinking," speech at Pakistan Air Force Headquarters, Feb. 2, 1962.
35. LOC, Kent 64, HAK to NAR, Feb. 10, 1962.
36. Ibid., Position Papers with HAK comment, South Vietnam, Apr. 11, 1962.
37. Ibid., Position Papers, Laos, Apr. 12, 1962.
38. LOC, F-2(b), Laos, May 17, 1962; HAK to NAR, May 21, 1962.
39. Caro, *Passage of Power,* KL 9868–70.
40. Galbraith, "Exit Strategy."
41. Johnson Library, Transcript, George Ball Oral History Interview I, July 8, 1971, by Paige E. Mulhollan.
42. Daalder and Destler, *Shadow of Oval Office,* 39.
43. Ibid., 39.
44. Rusk and Papp, *As I Saw It,* 438.
45. Ibid, 439f.
46. LOC, HAK, Trip to Vietnam, Oct. 15–Nov. 2, 1965, Personal and Confidential, n.d. [1964–5].
47. LOC, F-3(a), Q. and A. for US News and World Report, Sept. 5, 1963.
48. LOC, F-3(c), HAK to NAR, Oct. 23, 1963.
49. Ibid., HAK to NAR, Nov. 6, 1963.
50. Ibid., HAK, Statement on Vietnam, Nov. 6, 1963.
51. Caro, *Passage of Power,* KL 3036.
52. Caro, *Master of the Senate,* 334, 435, 614f, 615.
53. Beschloss, *Taking Charge,* 388n.
54. NSAM No. 273, Nov. 26, 1963, http://bit.ly/1HwGenj.
55. Preston, "Little State Department," 654.
56. Johnson Library, Transcript, George Ball Oral History Interview I, July 8, 1971, by Paige E. Mulhollan.
57. Caro, *Passage of Power,* KL 13022.
58. Ibid., KL 13041–42.
59. Middendorf, *Glorious Disaster,* KL 485–509.
60. Critchlow, *Conservative Ascendancy.*
61. Middendorf, *Glorious Disaster,* 705–21.
62. Ibid., 722–29.
63. White, *Making of the President,* KL 2286.
64. LOC, F-3(c), HAK to NAR, Dec. 10, 1963.
65. White, *Making of the President,* KL 2405.
66. LOC, HAK, Trip to Vietnam, Oct. 15–Nov. 2, 1965, Personal and Confidential, n.d. [1964–65].
67. LOC, F-3(a), Issues for New Hampshire, Dec. 13, 1963.
68. Ibid., HAK to NAR, Jan. 6, 1964.
69. Ibid.
70. LOC, C-1, Cuba Briefing Book, Jan. 8, 1964.
71. LOC, F-3(a), HAK to NAR, Jan. 8, 1964.
72. LOC, C-1, Defense Briefing Book, Jan. 23, 1964.
73. LOC, F-3(a), HAK to Keith Glennan, Dec. 11, 1963.
74. LOC, F-3(c), HAK to NAR, Jan. 27, 1963.
75. Matthews, "To Defeat a Maverick," 666.
76. Ibid., 667. Cf. Wallace Turner, "Rockefeller Makes 'I'm Like Ike' Plea," *New York Times,* May 27, 1964.
77. LOC, F-3(a), Lloyd Free to NAR, Jan. 9, 1964.
78. Ibid., Free to NAR, Mar. 31, 1964.
79. LOC, F-3(a), HAK to NAR, Jan. 8, 1964.
80. LOC, F-3(c), Perkins, draft statement by NAR, Jan. 16, 1964. At this time Kissinger also raised the possibility of "com[ing] out for universal [military] service" in place of the selective draft.
81. Ibid., Foreign Policy Research Group memorandum, May 5, 1964. See also Comment on the Importance of Timing, May 6, 1964.
82. LOC, F-3(a), HAK to NAR, May 21, 1964.
83. LOC, A & P, HAK draft memorandum to NAR, Feb. 3, 1964.
84. LOC, F-3(c), HAK to NAR, Feb. 5, 1964.
85. Ibid., HAK to NAR, Feb. 7, 1964.
86. Ibid., Perkins to NAR, Mar. 21, 1964.
87. Ibid., HAK to NAR, Jan. 23, 1964.
88. Ibid., HAK to Douglas Bailey, Feb. 6, 1964.
89. Ibid., HAK to Bailey, Feb. 17, 1964.
90. Ibid., HAK to Charles Moore, Jan. 24, 1964.
91. LOC, C-1, NAR Statement, Feb. 22, 1964.
92. LOC, F-3(c), NAR answers to *Manchester Union-Leader,* Feb. 22, 1964.
93. Ibid., Outline of Statement on Southeast Asia, Mar. 17, 1964.
94. Ibid., HAK to Perkins, Feb. 24, 1964.
95. Ibid., HAK to Perkins, Apr. 15, 1964.

96. Ibid., Bailey to HAK, Mar. 23, 1964.
97. White, *Making of the President,* KL 2531.
98. Johnson, *All the Way with LBJ,* 109f.
99. White, *Making of the President,* KL 2800–50. See LOC, F-3(c), Free to NAR, June 5, 1964.
100. LOC, HAK, Trip to Vietnam, Oct. 15–Nov. 2, 1965, Personal and Confidential, n.d. [1964–65].
101. LOC, Kent 9, HAK, A Personal Diary of the 1964 Republican Convention, July 7, 1964.
102. Rockefeller Archive Center, HAK to NAR, June 14, 1964.
103. LOC, Kent 9, HAK, A Personal Diary of the 1964 Republican Convention, July 7–15, 1964. Kissinger had seven copies of this document made, though it is not clear for whom they were intended.
104. Ibid., July 6, 1964.
105. Ibid., July 6–7, 1964.
106. Ibid., July 8, 1964.
107. Ibid., July 10, 1964, appendix.
108. Ibid., July 12–13, 1964.
109. Ibid., July 10, 1964.
110. Ibid., July 12–13, 1964.
111. White, *Making of the President,* KL 4356–435.
112. LOC, Kent 9, HAK, "A Personal Diary of the 1964 Republican Convention," July 14, 1964.
113. For Rockefeller's speech, see http://cs.pn/1zUL5H8.
114. White, *Making of the President,* KL 4356–435.
115. Dallek, *Flawed Giant,* 133.
116. Critchlow, *Conservative Ascendancy,* 68–72. For Goldwater's acceptance speech, see http://cs.pn/1Fkg1H5.
117. Kissinger family papers, Louis Kissinger to HAK, July 22, 1964.
118. Ibid., July 15, 1964.
119. LOC, G-13, HAK to Michael Howard, July 20, 1964.
120. Ibid., Howard to HAK, July 22, 1964.
121. Ibid., HAK to Howard, Aug. 18, 1964.
122. Ibid.
123. Bator, "No Good Choices," 39.
124. Gaiduk, "Peacemaking or Troubleshooting?"; Westad et al., "77 Conversations," 126.
125. Francis Bator, "No Good Choices," 31n.
126. Moise, *Tonkin Gulf,* 22. The USS *De Haven* was the lead ship in the operation.
127. Hanyok, "Skunks, Bogies, Silent Hounds," 1–50; Paterson, "The Truth About Tonkin."
128. Moise, *Tonkin Gulf,* 32.
129. Dallek, *Flawed Giant,* 144–53.
130. Ibid., 154.
131. Beschloss, *Taking Charge,* 504
132. Matthews, "To Defeat a Maverick," 665.
133. Johnson, *All the Way with LBJ.*
134. Isaacson, *Kissinger,* KL 2196.
135. HAK, "Goldwater and the Bomb: Wrong Questions, Wrong Answers," *Reporter,* Nov. 5, 1964, 27f.
136. Beschloss, *Taking Charge,* 231, 383.
137. Ibid., 383.
138. David Frum, "The Goldwater Myth," *New Majority,* Feb. 27, 2009.
139. Johnson, *All the Way with LBJ,* 302f.
140. VanDeMark, *Into the Quagmire,* 135f.
141. Ibid., 185.
142. Logevall, "Johnson and Vietnam."
143. Bator, "No Good Choices," 6.
144. NSAM 328, Apr. 6, 1965, http://bit.ly/1DHy3NJ.
145. Johnson Library, Transcript, George Ball Oral History Interview I, July 8, 1971, by Paige E. Mulhollan.
146. VanDeMark, *Into the Quagmire,* 20–22.
147. Johnson Library, Transcript, George Ball Oral History Interview I, July 8, 1971, by Paige E. Mulhollan.
148. Herring, *LBJ and Vietnam.*
149. Leffler, *Soul of Mankind,* 219f.
150. Bator, "No Good Choices," 9–10.
151. Ibid., 9–11, 6–7.
152. Ibid., 12. Cf. Barrett, *Uncertain Warriors,* 56f.
153. Destler, *Presidents, Bureaucrats, and Foreign Policy,* 105, 107–10, 116f.; Logevall, "Johnson and Vietnam," 101. See also Berman, *Planning a Tragedy.*
154. Harrison and Mosher, "McNaughton and Vietnam"; Harrison and Mosher, "Secret Diary of McNamara's Dove."
155. Harrison and Mosher, "McNaughton and Vietnam," 503.
156. Ibid., 509.
157. Clifford with Holbrooke, *Counsel to President,* 410.
158. Ibid., 419f.
159. Barrett, *Uncertain Warriors,* 52f.
160. Johnson Library, Transcript, George Ball Oral History Interview I, July 8, 1971, by Paige E. Mulhollan.
161. Milne, "'Our Equivalent of Guerrilla Warfare,'" 186.
162. Barrett, *Uncertain Warriors,* 58.
163. LOC, G-13, HAK to Michael Howard, June 29, 1964.
164. Kissinger family papers, Louis Kissinger to HAK, July 22, 1964.
165. Ibid., Louis Kissinger to HAK, Feb. 6, 1964.
166. Ibid., Louis Kissinger to HAK, Dec. 3, 1964.
167. LOC, F-3(c), HAK to Ann Whitman, May 24, 1965.
168. Kissinger family papers, Louis Kissinger to HAK, May 25, 1965.
169. Thomas Schelling, interview by author.
170. Ibid.
171. Kissinger family papers, Louis Kissinger to HAK, Sept. 15, 1965.
172. Ibid., Louis Kissinger to HAK, Dec. 25, 1965.
173. Ibid., Louis and Paula Kissinger to HAK, Aug. 14, 1966.
174. Isaacson, *Kissinger,* KL 2196.
175. LOC, J-6, Kissinger, HAK to Nancy Maginnes, Jan. 18, 1967.
176. HAK, interview by author.
177. LOC, F-3(b), HAK to NAR, Draft Foreign Policy Statement, Aug. 18, 1964.
178. Ibid., HAK to NAR, Draft Foreign Policy Statement, Aug. 18, 1964.
179. LOC, G-14, McNaughton to HAK, Jan. 14, 1965; McNaughton to HAK, Jan. 25, 1965; HAK to McNaughton, Apr. 13, 1965.
180. LOC, G-14, HAK to Robert F. Kennedy, Feb. 18, 1965; Robert F. Kennedy to HAK, Mar. 18, 1965.
181. LOC, Kent 64, HAK to Bundy, Mar. 30, 1965.
182. Ibid., Bundy to HAK, Apr. 12, 1965.
183. Ibid., HAK to Bundy, Apr. 13, 1965.
184. Ibid., Bundy to HAK, Apr. 30, 1965.

185. Ibid., HAK to Bundy, May 11, 1965; HAK to Bundy, June 26, 1965; Bundy to HAK, July 6, 1965. See Richard Cotton, "Bundy Addresses Phi Beta Kappa; Explains American Foreign Policy," *Harvard Crimson*, June 16, 1965.
186. LOC, G-14, HAK to Lodge, July 16, 1965.
187. LOC, F-3(c), HAK to Hanks, Sept. 26, 1962.
188. Mazlish, *Kissinger*, 124f.
189. LOC, F-2(a), Jonathan Moore to HAK, Aug. 30, 1965.
190. Kissinger family papers, Louis Kissinger to HAK, Sept. 15, 1965; Sept. 23, 1965.
191. Linda G. Mcveigh, "Lodge Calls Kissinger to Vietnam as Advisor," *Harvard Crimson*, Oct. 11, 1965.
192. LOC, F-2(a), HAK to Blair Seaborn, Nov. 22, 1965.
193. "Frenchmen Answer Panelists, Denounce US Vietnam Policy, Cite Own Mistakes," *Harvard Crimson*, Aug. 9, 1965.

第17章　不文静的美国人

1. LOC, Minutes of a meeting held on Aug. 4, 1965.
2. LOC, HAK, Trip to Vietnam, Oct. 15–Nov. 2, 1965, Sept. 14, 1965.
3. Greene, *Quiet American*, 124.
4. Ibid., 96.
5. LOC, Minutes of a meeting held on Aug. 4, 1965.
6. Ibid.
7. See in general Herring, *Secret Diplomacy*.
8. David Kaiser, "Discussions, Not Negotiations: The Johnson Administration's Diplomacy at the Outset of the Vietnam War," in Gardner and Gittinger, *Search for Peace in Vietnam*.
9. Herring, *Secret Diplomacy*, 5.
10. Rusk and Papp, *As I Saw It*, 462f.
11. Herring, *Secret Diplomacy*, 46.
12. Kaiser, "Discussions, Not Negotiations."
13. Gettleman, Franklin, Young, and Franklin, *Vietnam and America*, 276f.
14. Herring, *Secret Diplomacy*, 47.
15. VanDeMark, *Into the Quagmire*, 137, Herring, *Secret Diplomacy*, 57–58.
16. VanDeMark, *Into the Quagmire*, 135f, 138, 141f.
17. Barrett, *Uncertain Warriors*, 55.
18. LOC, F-2(a), Dunn to HAK, Aug. 20, 1965. For Dunn's role in Vietnam, see Johnson Library, John Michael Dunn interview, July 25, 1984, http://bit.ly/1aYhZ37.
19. LOC, HAK, Trip to Vietnam, Oct. 15–Nov. 2, 1965, Sept. 13, 1965.
20. Nashel, *Lansdale's Cold War*.
21. LOC, HAK, Trip to Vietnam, Oct. 15–Nov. 2, 1965, Sept. 13, 1965.
22. For Kissinger's insincere letter of thanks, see LOC, F-2(a), HAK to Raborn, Oct. 4, 1965.
23. LOC, HAK, Trip to Vietnam, Oct. 15–Nov. 2, 1965, Sept. 14, 1965.
24. Ibid.
25. Ibid.
26. Ibid.
27. LOC, Vietnam Missions, 1965–1967, HAK to Lodge, Sept. 24, 1965.
28. Massachusetts Historical Society, Lodge Papers, Vietnam, Reel 20, HAK to Lodge, Sept. 7, 1965.
29. Ibid.
30. Massachusetts Historical Society, Lodge Papers, Vietnam, Reel 20, Lodge to HAK, Sept. 14, 1965.
31. LOC, Vietnam Missions, 1965–1967, HAK to Lodge, Sept. 24, 1965.
32. Ibid., "Conversation with A," Sept. 28, 1965.
33. Ibid., "Conversation with B," Sept. 28, 1965.
34. Ibid., "Conversation with C," Sept. 28, 1965.
35. Ibid.
36. Ibid., "Conversation with D," Sept. 28, 1965.
37. Ibid., "Conversation with E," Sept. 29, 1965.
38. LOC, F-2(a), HAK to Johnson, Oct. 1, 1965.
39. LOC, Vietnam Mission 1965, Habib to Lodge, Oct. 11, 1965.
40. LOC, HAK, Trip to Vietnam, Oct. 15–Nov. 2, 1965.
41. LOC, Vietnam Missions, 1965–1967, HAK to Lodge, Sept. 24, 1965.
42. LOC, HAK, Trip to Vietnam, Oct. 15–Nov. 2, 1965, Personal and Confidential, n.d.
43. Ibid., Oct. 11, 1965.
44. Ibid. This part of the diary ends abruptly on p. 24.
45. Keever, *Death Zones and Darling Spies*, 12f., 54f.
46. Fitzgerald, *Fire in the Lake*, 427.
47. Ibid., 431.
48. Herr, *Dispatches*, KL 598–671.
49. LOC, HAK, Trip to Vietnam, Oct. 15–Nov. 2, 1965, Oct. 28 [?], 1965.
50. Ibid., Oct. 17 [?]. 1965 [p. 75].
51. Ibid.
52. Ibid.
53. LOC, F-2(a), Misc. Corr., Consular report, Nov. 1, 1965.
54. Ibid., Smyser to HAK, Nov. 19, 1965.
55. Ibid., HAK to Smyser, Nov. 30, 1965.
56. LOC, HAK, Trip to Vietnam, Oct. 15–Nov. 2, 1965, Oct. 26 [?], 1965.
57. Ibid., Oct. 27, 1965.
58. Ibid.
59. Ibid., Oct. 28 [?], 1965.
60. Gibbons, *Government and Vietnam War*, 81n.
61. LOC, HAK, Trip to Vietnam, Oct. 15–Nov. 2, 1965, Oct. 18, 1965.
62. Ibid., Oct. 28 [?], 1965.
63. Ibid., Oct. 17, 1965.
64. Ibid.
65. Ibid., Oct. 26 [?], 1965.
66. Ibid., Oct. 18, 1965.
67. Ibid.
68. Ibid., Oct. 28 [?], 1965.
69. Ibid., Oct. 26 [?]. 1965.
70. Ibid.
71. Ibid., Oct. 17, 1965.
72. LOC, Vietnam Mission 1965, Memcon Sung, Oct. 30, 1965.
73. *FRUS, 1964–1968*, vol. III, *Vietnam, June–Dec. 1965*, Doc. 172, Saigon Embassy to State Dept., Oct. 20, 1965.
74. LOC, HAK, Trip to Vietnam, Oct. 15–Nov. 2, 1965, Oct. 17, 1965.
75. LOC, Vietnam Mission 1965, Memcon Thuan, Nov. 2, 1965.

76. LOC, HAK, Trip to Vietnam, Oct. 15–Nov. 2, 1965, Oct. 18, 1965.
77. LOC, Vietnam Mission 1965, Memcon Chuan, Oct. 26, 1965.
78. Ibid., Memcon Chieu, Oct. 20, 1965. See also Johnson Library, NSF Country File Vietnam, Box 24, Vietnam Memos (B) Vol. XLII 11-65, Oct. 20, 1965. Copies of all the memcons cited below are also to be found at the Johnson Library.
79. LOC, HAK, Trip to Vietnam, Oct. 15–Nov. 2, 1965, Oct. 17, 1965.
80. LOC, Vietnam Mission 1965, Memcon Quat, Oct. 30, 1965.
81. Ibid., Memcon Quat, Oct. 31, 1965.
82. Ibid., Memcon Thuan, Nov. 2, 1965.
83. Ibid., Memcon Tuyen, Oct. 23, 1965.
84. Ibid., Memcon Vui, Oct. 20, 1965.
85. Ibid., Memcon Truyen, Oct. 20, 1965.
86. LOC, HAK, Trip to Vietnam, Oct. 15–Nov. 2, 1965, Oct. 27, 1965. Cf. LOC, Vietnam Mission 1965, Memcon Quang, Oct. 27, 1965.
87. LOC, Vietnam Mission 1965, Memcon Sung, Oct. 29, 1965.
88. LOC, HAK, Trip to Vietnam, Oct. 15–Nov. 2, 1965, Oct. 27, 1965.
89. Jack Foisie, "Viet Regime Shaky, Johnson Envoys Find," *Los Angeles Times,* Nov. 2, 1965.
90. Johnson Library, NSF Files of McGeorge Bundy, Box 15, HAK to McGeorge Bundy, Nov. 6, 1965. See also telegram sent Nov. 8.
91. Johnson Library, NSF Files of McGeorge Bundy, Box 15, McGeorge Bundy to William F. Bundy, Nov. 6, 1965.
92. Massachusetts Historical Society, Lodge Papers, Vietnam, Reel 20, HAK to Lodge, Nov. 10, 1965.
93. Johnson Library, NSF Files of McGeorge Bundy, Box 15, McGeorge Bundy to William F. Bundy, Nov. 10, 1965. See also McGeorge Bundy to HAK, Nov. 14, 1965.
94. "Kissinger Denies Saigon Statement," *Arizona Republic,* Nov. 9, 1965.
95. LOC, D-4, HAK to McGeorge Bundy, Nov. 12, 1965.
96. Johnson Library, NSF Files of McGeorge Bundy, Box 15, Moyers to HAK, Nov. 12, 1965.
97. LOC, Vietnam Mission 1965, HAK to Lodge, Nov. 12, 1965.
98. Clifford, *Counsel to the President,* 429–32.
99. Johnson Library, NSF Files of McGeorge Bundy, Box 15, HAK to Clifford, Nov. 11, 1965.
100. Clifford, *Counsel to the President,* 432.
101. Isaacson, *Kissinger,* KL 2252–55.
102. Johnson Library, NSF Files of McGeorge Bundy, Box 15, HAK to Clifford, Nov. 11, 1965.
103. LOC, Vietnam Mission 1965, HAK to Lodge, Nov. 12, 1965.
104. Ibid., HAK to Lodge, Nov. 23, 1965.
105. LOC, Vietnam Mission 1965, Lodge to HAK, Nov. 30, 1965.
106. LOC, F-2(a), Porter to HAK, Nov. 30, 1965.
107. Ibid., Dec. 8, 1965.
108. LOC, Vietnam Mission 1965, HAK to Lodge, Dec 1, 1965.
109. Ibid., HAK to Lodge, Dec. 3, 1965.
110. Ibid.

第18章 风中浮尘

1. HAK DC Office, DC-3, Vietnam diary, July 19, 1966.
2. LOC, F-2(a), Misc. Corr., HAK to Burke, Sept. 29, 1966.
3. LOC, Joint Arms Control Seminar, Minutes of the Seventh Session, Jan. 12, 1966.
4. Ibid.
5. *FRUS, 1964–68,* vol. III, *Vietnam, June–Dec. 1965,* Doc. 237, Chairman of JCS Wheeler to McNamara, Dec. 21, 1965.
6. Bibby, *Hearts and Minds,* 108.
7. Charlotte Buchen, "Anguish and Foreign Policy," *Arizona Republic,* Nov. 9, 1965.
8. Kenneth Botwright, "U.S. Right to Reject Hanoi Bid, Says Expert," *Boston Globe,* Nov. 29, 1965.
9. Richard Blumenthal, "Objectors to Vietnam Not Exempt, Says Hershey," *Harvard Crimson,* Nov. 20, 1965.
10. "Educators Back Vietnam Policy," *New York Times,* Dec. 10, 1965. Cf. Gibbons, *Government and Vietnam War,* 100.
11. Derek Bok, interview by author.
12. HAK Newspaper Collection, CBS Reports transcript, Dec. 21, 1965.
13. LOC, Averell Harriman Papers, Box 481, HAK to Lodge, June 7, 1966.
14. Thomas Pepper, "Can the U.S. Really Win for Losing in the Baffling Battle of Viet Nam?," *Winston-Salem Journal,* Feb. 20, 1966.
15. LOC, D-1, *Look* Magazine Statement, June 6, 1966. See Murray Marder, "Moderate Critics Offer New Plans for Vietnam," *New York Herald Tribune,* July 28, 1966.
16. LOC, Vietnam Mission 1965, HAK to Lodge, Dec 1, 1965.
17. LOC, Joint Arms Control Seminar, Minutes of the Seventh Session, Jan. 12, 1966.
18. Ibid.
19. LOC, D-1, *Look* Magazine Statement, June 6, 1966.
20. *FRUS, 1964–68,* vol. IV, *Vietnam, 1966,* Doc. 44, Denney to Rusk, Jan. 26, 1966.
21. *FRUS, 1964–68,* vol. III, *Vietnam, June–Dec. 1965,* Doc. 237, Chairman of JCS Wheeler to McNamara, Dec. 21, 1965.
22. Gibbons, *Government and Vietnam War,* 82–84.
23. Clifford, *Counsel to the President,* 433.
24. Harrison and Mosher, "McNaughton and Vietnam," 512.
25. Clifford, *Counsel to the President,* 434.
26. Harrison and Mosher, "Secret Diary of McNamara's Dove," 521.
27. Bird, *Color of Truth,* 348f.
28. Halberstam, *Best and the Brightest,* 627.
29. See Hoopes, *Limits of Intervention,* 59f.; Peters, *Johnson,* 135.
30. Gaiduk, "Peacemaking or Troubleshooting?"
31. Rusk and Papp, *As I Saw It,* 465. Cf. Guan, "Vietnam War from Both Sides," 104.

32. Johnson Library, Dean Rusk Oral History Interview II, Sept. 26, 1969, transcribed by Paige E. Mulhollan, at http://bit.ly/1yWCDMp. See also William Fulton, "Rusk Gets Nowhere in Viet Peace Moves," *Chicago Tribune*, Oct. 9, 1965; János Radványi, "Peace Hoax," *Life*, Mar. 22, 1968, 60–71.
33. Robert K. Brigham, "Vietnam at the Center: Patterns of Diplomacy and Resistance," in Gardner and Gittinger, *International Perspectives on Vietnam*, 102f.
34. Logevall, *Choosing War*.
35. Rusk and Papp, *As I Saw It*, 465; Herring, *Secret Diplomacy*, 117.
36. Brigham, "Vietnamese-American Peace Negotiations," 393f.
37. See Hershberg, "Who Murdered Marigold?," 10.
38. Ibid., 12.
39. Ibid., 13f.
40. Herring, *Secret Diplomacy*, 159ff.
41. Johnson Library, Transcript, George Ball Oral History Interview I, July 8, 1971, by Paige E. Mulhollan.
42. Gibbons, *Government and Vietnam War*, 389–91.
43. LOC, Averell Harriman Papers, Box 481, William Bundy to Rusk, May 4, 1966.
44. Guan, *Vietnam from Other Side*, 109f.; Sainteny, *Ho and Vietnam*, 161–66.
45. *FRUS, 1964–1968*, vol. IV, *Vietnam, 1966*, Doc. 182, Bohlen to State Department, July 21, 1966.
46. British National Archives, PREM 13/1270, Michael Stewart to D. F. Murray, May 3, 1966.
47. LOC, HAK Vietnam Missions 1965–67, HAK to Lodge, June 7, 1966.
48. Ibid., Lodge to HAK, June 15, 1966.
49. Ibid., HAK to Lodge, Apr. 8, 1966; Lodge to HAK, Apr. 13, 1966.
50. LOC, F-2(a), HAK to William Bundy, June 11, 1966.
51. LOC, Averell Harriman Papers, Box 481, Unger to Saigon Embassy, July 11, 1966.
52. LOC, F-2(a), Misc. Corr., HAK to Philip Habib, July 1, 1966. Lodge said at a meeting of the Mission Council that "the Saigon Embassy was the only Embassy in the U.S. that had an Ambassador in Washington."
53. HAK DC Office, DC-3, Vietnam diary, July 16, 1966.
54. LOC, July 19–21, 1966 (Vietnam Trip), Vietnam diary, July 21, 1966.
55. HAK DC Office, DC-3, Vietnam diary, July 16–18, 1966.
56. LOC, Averell Harriman Papers, Box 481, Memcon Do, July 18, 1966.
57. Diem and Chanoff, *Jaws of History*, 251.
58. HAK DC Office, DC-3, Vietnam diary, July 19, 1966.
59. LOC, July 19–21, 1966 (Vietnam Trip), Vietnam diary, July 20–21, 1966.
60. LOC, J-3, Colonel D. J. Barrett, Jr., to 3rd Marine Division, July 24, 1966.
61. HAK DC Office, DC-3, July 25–28, 1966 (Vietnam Trip), July 25, 1966.
62. Ibid.
63. Ibid.
64. LOC, July 25–28, 1966 (Vietnam Trip), Vietnam diary, July 27, 1966.
65. Ibid.
66. LOC, F-2(a), Misc. Corr., HAK to Frances Fitzgerald, Aug. 12, 1966.
67. See, e.g., LOC, Secret DOS-HAK memoranda, Memcon Sanh, Dan and Sung, July 19, 1966; LOC, July 19–21, 1966 (Vietnam Trip), Vietnam diary, July 20–21, 1966; LOC, Secret DOS-HAK memoranda, Memcon Giac, July 20, 1966; Memcon Truyen, July.20, 1966; Memcon Diem, July 23, 1966; Memcon Tuyen, July 23, 1966; Memcon Quynh, July 28, 1966.
68. LOC, Averell Harriman Papers, Box 481, Rusk to Saigon Embassy, July 22, 1966.
69. HAK DC Office, DC-3, July 25–28, 1966 (Vietnam Trip), July 26, 1966.
70. LOC, Secret DOS-HAK memoranda, Memcon Loan, July 26, 1966; Memcon Co, July 26, 1966.
71. HAK DC Office, DC-3, July 25–28, 1966 (Vietnam Trip), July 28, 1966.
72. LOC, Averell Harriman Papers, Box 481, Memcon Do, July 18, 1966.
73. Ibid., State Dept. Memcon, Aug. 2, 1966.
74. Ibid.
75. LOC, HAK Vietnam Missions 1965–67, HAK to Lodge, Aug. 9, 1966. See also HAK to Lodge, Aug. 12, 1966.
76. LOC, Secret DOS-HAK memoranda, Memcon Tuyen, July 23, 1966. See also Kissinger's report to Robert Komer, which made no reference whatever to the possibility of negotiations with the VC/NLF, much less to the possibility of defections: LOC, HAK Vietnam Missions 1965–67, HAK to Robert Komer, Aug. 8, 1966.
77. *FRUS, 1964–1968*, vol. IV, *Vietnam, 1966*, Doc. 203, Rusk to Lodge, Aug. 5, 1966.
78. Ibid., Doc. 213, Harriman to Lyndon Baines Johnson [henceforth LBJ] and Rusk, Aug. 18, 1966.
79. LOC, HAK Vietnam Missions 1965–67, HAK to Lodge, Aug. 18, 1966.
80. Ibid., 1966.
81. Gibbons, *Government and Vietnam War*, 396–99.
82. LOC, F-2(a), Misc. Corr., Burke to HAK, Sept. 16, 1966.
83. Ibid., HAK to Burke, Sept. 29, 1966.
84. "Kissinger Said to Be En Route to Vietnam," *Harvard Crimson*, Oct. 10, 1966.
85. LOC, State Dept. Telegram re. HAK Vietnam Mission 1966, Harriman to State Dept., Oct. 22, 1966.
86. LOC, Averell Harriman Papers, Box 481, HAK to Harriman, Oct. 11, 1966.
87. Katzenbach, *Some of It Was Fun*, 230f.
88. LOC, Averell Harriman Papers, Box 481, HAK to Harriman, Oct. 14, 1966, Oct. 17, 1966. See also *FRUS, 1964–1968*, vol. IV, *Vietnam, 1966*, Doc. 276, Harriman to Rusk, Oct. 19, 1966.
89. LOC, HAK Vietnam Missions 1965–67, HAK to Lodge, Oct. 19, 1966.
90. LOC, Averell Harriman Papers, Box 481, Memcon Harriman, HAK, Oct. 25, 1966.
91. Ibid., Lodge to HAK, Nov. 29, 1966.
92. Ibid., autographed photograph, dated Dec. 19, 1966.

第 19 章　反对俾斯麦的人

1. LOC, G-13, HAK to Michael Howard, July 31, 1961.
2. LOC, Memcon de La Grandville [Jan. 28, 1967], Feb. 6, 1967.
3. Dickson, *Kissinger and Meaning,* 104f.
4. LOC, G-13, Michael Howard to HAK, Aug. 4, 1961.
5. Ibid., HAK to Michael Howard, July 31, 1961.
6. LOC, D-4, HAK to Dönhoff, Feb. 14, 1967.
7. Weidenfeld, *Remembering My Friends,* 384f.
8. HAK, *World Order,* 78.
9. Ibid., 233.
10. Ibid., 80, 82.
11. HAK, "White Revolutionary." It also contains a few surprising errors, notably the garbling of the name of Bismarck's junior school. This was not the "Max Plaman Institute" (892) but the Plamann Institute, founded in 1805 by Johann Ernst Plamann.
12. Ibid., 888.
13. Ibid., 898.
14. Ibid., 904.
15. Ibid., 910.
16. Ibid., 913.
17. Ibid., 919.
18. Ibid., 889.
19. Ibid., 909, 919.
20. Steinberg, *Bismarck,* 263.
21. HAK, "White Revolutionary," 912f.
22. Ibid., 913.
23. Ibid., 890, 921.
24. Ibid., 919f.
25. Ibid., 906f.
26. Ibid., 911.
27. Yale University Library, HAK Papers, MS 1981, Part II, Box 273, Folders 1-6, 14-15, HAK, unpublished ms. on Bismarck.
28. Ibid., Folder 2, The Crimean War, 12f, 14, 19.
29. Ibid., 21, 36, 26f.
30. Ibid., Folder 5, The Contingency of Legitimacy, 2f.
31. See in general on de Gaulle's foreign policy, Vaïsse, *La Grandeur.*
32. Logevall, *Choosing War,* KL 245.
33. Charles G. Cogan, "'How Fuzzy Can One Be?' The American Reaction to De Gaulle's Proposal for the Neutralization of (South) Vietnam," in Gardner and Gittinger, *Search for Peace in Vietnam,* KL 2169–414.
34. Vaïsse, "De Gaulle and the Vietnam War," KL 2449.
35. Cogan, "'How Fuzzy Can One Be?'"
36. Reyn, *Atlantis Lost,* 301.
37. Logevall, *Choosing War,* KL 1934–44.
38. LOC, F-2(a), NAR draft speech, May 22, 1964.
39. LOC, Kent 64, Memcon De Rose [May 26, 1964], June 10, 1964.
40. Ibid., Memcon Ritter and Speidel [May 25, 1964], June 10, 1964.
41. Ibid., Memcon Cattani [May 24, 1964], June 10, 1964; Memcon Müller-Roschach [May 25, 1964], June 10, 1964.
42. He did go to Vienna in September 1964, but en route to Prague: LOC, G-13, HAK to Hoffmann, Sept. 1, 1964.
43. LOC, 1966—Eurotrip, London Embassy to State Dept., Feb. 3, 1966.
44. Ibid., Leonard Unger, Memcon HAK, Feb. 4, 1966.
45. Heffer, *Like the Roman,* 440f.
46. LOC, Kent 64, HAK to Bundy, Nov. 27, 1964.
47. Johnson Library, Bundy Papers, Box 15, HAK, Memcon Bahr [Apr. 10, 1965], Apr. 12, 1965.
48. Ibid.
49. Ibid. Kissinger foresaw a "truly rocky time ahead in Germany after the election" if the views Bahr ascribed to Brandt were correct: LOC, Kent 64, HAK to Bundy, Apr. 13, 1965.
50. HAK, "The Price of German Unity," *Reporter,* Apr. 22, 1965 (published in *Die Zeit* as "Wege zur deutschen Einheit").
51. HAK, "White Revolutionary," 900.
52. HAK, "Price of German Unity," 13.
53. Ibid., 15.
54. Ibid., 17.
55. Johnson Library, Bundy Papers, Box 15, HAK Memcon Wehner, June 21, 1965.
56. Ibid.
57. Ibid., HAK Memcon Adenauer, June 25, 1965.
58. Ibid., HAK Memcon Gerstenmaier, June 22, 1965.
59. LOC, Kent 64, HAK to Bundy, July 20, 1965.
60. Ibid., HAK to Bundy, June 26, 1965. See also LOC, G-14, HAK to McNaughton, July 8, 1965.
61. Reyn, *Atlantis Lost,* 283.
62. LOC, Kent 64, HAK to Bundy, July 20, 1965.
63. Reyn, *Atlantis Lost,* 242.
64. HAK, "For a New Atlantic Alliance," *Reporter,* July 14, 1966, 21ff., 25.
65. Ibid., 26. See also his article "Deutschland unter dem Druck der Freunde," *Die Welt,* July 18, 1966.
66. Gavin, *Nuclear Statecraft,* 6–8, 75–93.
67. Ibid., 93.
68. LOC, Memorandum to McNaughton [re. lunch on Jan. 24, 1967], Feb. 13, 1967.
69. Ibid.
70. Ibid.
71. Ibid.
72. Ibid.
73. Ibid.
74. Ibid.
75. LOC, Kent 64, Memcon Schmidt, Feb. 13, 1967.
76. LOC, HAK to McNaughton, Feb. 14, 1967.
77. Johnson Library, Bundy Papers, Box 15, HAK, Memcon Bahr [Apr. 10, 1965], Apr. 12, 1965.
78. LOC, Kent 64, HAK Memcon Krone, Mar. 30, 1965. See also LOC F-3(c), HAK to NAR, Mar. 30, 1965.
79. LOC, D-4, HAK to Dönhoff, Feb. 12, 1965.
80. HAK, "Coalition Diplomacy," 530.
81. Ibid., 544.
82. Ibid., 543.
83. LOC, F-3(b), Bailey, NAR Post-Election Speech on Foreign Policy, Oct. 22, 1964. See also Oct. 26 draft and HAK's revisions of Oct. 27, Oct. 28, and Nov. 3. In his treatment of this issue, I suspect Suri confuses Kissinger's views with Rockefeller's, though their mode of operation makes the elision an easy one to make.

84. HAK, "Illusionist."
85. LOC, D-4, HAK to Dönhoff, Feb. 12, 1965.
86. HAK, *Troubled Partnership* [henceforth *TTP*].
87. *TTP,* 8.
88. *TTP,* 17.
89. Reyn, *Atlantis Lost,* 339–43.
90. *TTP,* 45, 47.
91. *TTP,* 72, 73f., 83, 166.
92. *TTP,* 170f., 246.
93. *TTP,* 63.
94. Kissinger family papers, Louis Kissinger to HAK, Sept. 23, 1965.
95. Drew Middleton, "Wanted: Warmer Hands Across the Sea," *New York Times,* May 30, 1965, BR3.
96. Brodie review of *TTP, Annals of the American Academy of Political and Social Science* 367 (Sept. 1966), 163f. See also Brodie review of *TTP, Journal of Politics* 29, no. 2 (May 1967), 424f.
97. Holmes review of *TTP, International Journal* 21, no. 2 (Spring 1966), 222f.
98. Curtis review of *TTP, Western Political Quarterly* 18, no. 3 (Sept. 1965), 711f.
99. *TTP,* 248.
100. LOC, A-5, HAK "Statement on the Atlantic Alliance" before the Senate Foreign Relations Committee chaired by William Fulbright, June 27, 1966. Cf. "France, Russia Agree to Establish Hot Line," *Washington Post,* June 29, 1966.
101. Johnson Library, Bundy Papers, Box 15, HAK Memcon de La Grandville, May 16, 1965.
102. Ibid.
103. Ibid.
104. LOC, Memcon de La Grandville [Jan. 28, 1967], Feb. 6, 1967.
105. Ibid.
106. Ibid.
107. *NFC,* 202.
108. *NFC,* 253.
109. Kennedy Library, Staff Memoranda, Box 320, HAK, "American Strategic Thinking," speech at Pakistan Air Force Headquarters, Feb. 2, 1962.
110. LOC, Kent 64, Position Papers, China, Apr. 11, 1962.
111. LOC, F-3(a), Q&A, Dec. 31, 1963.
112. Ibid., Summary Positions, Jan. 27, 1963.
113. LOC, F-3(c), HAK to NAR, Jan. 27, 1963.
114. LOC, F-3(b), Bailey, NAR Post-Election Speech on Foreign Policy, Oct. 22, 1964. See also Oct. 26 draft and HAK's revision of Oct. 27.
115. LOC, Memorandum to McNaughton [re. lunch on Jan. 23, 1967], Feb. 13, 1967.
116. HAK, "Domestic Structure and Foreign Policy," 521.
117. Ibid., 505.
118. Ibid., 507.
119. Ibid., 507f.
120. Ibid., 509.
121. Ibid., 510.
122. Ibid., 510f.
123. HAK, "Et Caesar, Et Nullus," *Reporter,* June 1, 1967, 51f.
124. HAK, "Domestic Structure and Foreign Policy," 517.
125. Ibid., 518.
126. Ibid., 522f.
127. Ibid., 523.

第20章 等待河内

1. Schlesinger, *Journals,* Dec. 7, 1967.
2. Camus, *Mythe de Sisyphe.*
3. Allan Katz, "Wait for Godot," *Harvard Crimson,* Nov. 28, 1960.
4. *WR,* KL 3434–37.
5. "Mai Van Bo: Revolutionary with Style," *Time* 91, no. 19 (May 10, 1968).
6. LOC, Memcon, Kissinger's Conversations at Pugwash, Aug. 17, 1966.
7. *FRUS, 1964–1968,* vol. IV, *Vietnam, 1966,* Doc. 212, Meeting of the Negotiations Committee, Aug. 18, 1966.
8. Gibbons, *Government and Vietnam War,* 389–91 and n. See in general Maïsse, *Grandeur,* 521–36.
9. HAK, "Domestic Structure and Foreign Policy," 517.
10. LOC, HAK, Conversation with Soviet participants at Pugwash conference on the subject of Vietnam, Sept. 23, 1966.
11. Ibid.
12. LOC, HAK, Vietnam Resolution at the Pugwash Conference, Sept. 23, 1966.
13. LOC, Averell Harriman Papers, Box 481, Harriman and McNamara to Rusk, Sept. 19, 1966.
14. Ibid., Warsaw Embassy to State Dept., Sept. 19, 1966.
15. LOC, Secret Memorandum, Memcon Dobroscelski [Sept. 17, 1966], Sept. 23, 1966.
16. LOC, Secret Conversation with Snejdarek, Memcon Snejdarek [Sept. 19–20], Sept. 23, 1966.
17. On Šnejdárek, see Skoug, *Czechoslovakia's Lost Fight,* 11, 25.
18. LOC, Secret Conversation with Snejdarek, Memcon Snejdarek [Sept. 19–20], Sept. 23, 1966.
19. Ibid.
20. *FRUS, 1964–1968,* vol. IV, *Vietnam, 1966,* Doc. 300, Memorandum of meeting, Nov. 10, 1966.
21. British National Archives, PREM 13/1270, A. M. Palliser to C. M. MacLehose, Oct. 3, 1966.
22. *FRUS, 1964–1968,* vol. IV, *Vietnam, 1966,* Doc. 335, U.S. Embassy in Poland to State Dept., Dec. 9, 1966. See also Ang Cheng Guan, "The Vietnam War from Both Sides: Revisiting 'Marigold', 'Sunflower' and 'Pennsylvania,'" *War and Society* 24, no. 2 (Nov. 2005), 93–125.
23. Archiwum Polskiej Dyplomacji, Szyfrogramy z Sajgonu, 1966, Sygn. 6/77, w-173, t-558, Rapacki to Gomulka, Cyrankiewicz, Kliszko, Nov. 19, 1966.
24. Ibid., Szyfrogramy z Sajgonu, 1966, Sygn. 6/77, w-173, t-558, Michałowski to Malczyk, Nov. 19, 1966.
25. Ibid., Szyfrogramy z Hanoi, 1966, Sygn. 6/77, w-173, t-558, Lewandowski to Michałowski, Nov. 25, 1966. Cf. Hershberg, "Who Murdered Marigold?," 22f.

26. Archiwum Polskiej Dyplomacji, Szyfrogramy z Sajgonu, 1966, Sygn. 6/77, w-173, t-558, Lewandowski to Rapacki, Dec. 2, 1966.
27. Hershberg, "Who Murdered Marigold?," 25–28.
28. Ibid.,16. See also Guan, "Vietnam War from Both Sides," 98.
29. Ibid., 36.
30. Herring, *LBJ and Vietnam*, 106f.
31. Archiwum Polskiej Dyplomacji, Szyfrogramy z Sajgonu, 1966, Sygn. 6/77, w-173, t-558, Lewandowski to Michałowski, Nov. 14, 1966.
32. Ibid., Sygn. 6/77, w-173, t-558, Lewandowski to Michałowski, Nov. 16, 1966.
33. Ibid., Sygn. 6/77, w-173, t-558, Rapacki to Gomulka, Cyrankiewicz, Kliszko, Nov. 19, 1966.
34. Ibid., Sygn. 1/77, w-16, t. 39, Rapacki to Gomułka, Cyrankiewicz, Ochab, Kliszko, Nov. 21, 1966.
35. Ibid., Szyfrogramy z Hanoi, 1966, Sygn. 6/77, w-173, t-558, Lewandowski to Michałowski, Nov. 25, 1966. See also Lewandowski to Rapacki, Nov. 28, 1966.
36. Hershberg, "Who Murdered Marigold?," 22f.
37. Ibid., 42.
38. Milne, *America's Rasputin*, 184f.
39. Dallek, *Flawed Giant*, 445.
40. Rusk and Papp, *As I Saw It*, 467. Cf. Radványi, *Delusion and Reality*, 194f.
41. *FRUS, 1964–1968*, vol. V, *Vietnam, 1967*, Doc. 7, Memorandum of meeting, Jan. 5, 1967.
42. Guan, "Vietnam War from Both Sides," 106f.
43. LOC, Conversations in Prague with Snejdarek and others [Jan. 30–31, 1967], Feb. 6, 1967.
44. LOC, Harriman Papers, Box 481, U.S. Embassy Paris to Rusk, May 26, 1967.
45. LOC, Conversations in Prague with Snejdarek and others [Jan. 30–31, 1967], Feb. 6, 1967.
46. LOC, Harriman Papers, Box 481, Memcon Harriman, Kissinger, Feb. 9, 1967.
47. *FRUS, 1964–1968*, vol. V, *Vietnam, 1967*, Doc. 227, Bundy to Rusk, June 30, 1967.
48. Guan, "Vietnam War from Both Sides," 110.
49. Herring, *Secret Diplomacy*, 374f.
50. Milne, *America's Rasputin*, 185–88.
51. Guan, "Vietnam War from Both Sides," 113.
52. Ibid, 138f.
53. Rusk and Papp, *As I Saw It*, 469f.
54. LOC, Harriman Papers, Box 481, HAK to Harriman, Dec. 30, 1966.
55. LOC, HAK to Harriman, Jan. 3, 1967.
56. LOC, Harriman Papers, Box 481, Memcon Harriman, Kissinger, Feb. 9, 1967.
57. Dallek, *Flawed Giant*, 447.
58. *FRUS, 1964–1968*, vol. V, *Vietnam, 1967*, Doc. 43, Summary Notes of the 568th Meeting of the National Security Council, Feb. 8, 1967.
59. Harrison and Mosher, "Secret Diary of McNamara's Dove," 528f.
60. Milne, *America's Rasputin*, 192.
61. Ibid., 18.
62. Dallek, *Flawed Giant*, 459ff.; Milne, *America's Rasputin*, 189f.
63. Johnson, *Vantage Point*, 368.
64. Dallek, *Flawed Giant*, 470.
65. Ibid., 453f.
66. Martin Luther King, Jr., "Beyond Vietnam," Address Delivered to the Clergy and Laymen Concerned About Vietnam, at Riverside Church, April 4, 1967, http://stanford.io/1KcXUm6.
67. *FRUS, 1964–1968*, vol. V, *Vietnam, 1967*, Doc. 341, Notes of the meeting, Oct. 3, 1967. See Gardner, *Pay Any Price*, 390.
68. Guan, "Vietnam War from Both Sides," 115.
69. Herring, *Secret Diplomacy*, 521.
70. Dobrynin, *In Confidence*, 161.
71. Guan, "Vietnam War from Both Sides," 117.
72. HAK, "The World Will Miss Lee Kuan Yew," *Washington Post*, Mar. 23, 2015.
73. Joel R. Kramer, "Lee Kuan Yew," *Harvard Crimson*, Oct. 23, 1967.
74. Robert K. Brigham and George C. Herring, "The Pennsylvania Peace Initiative, June–October 1967," in Gardner and Gittinger, *Search for Peace in Vietnam*.
75. Guan, "Vietnam War from Both Sides," 118.
76. Brown, *Keeper of Nuclear Conscience*, 201.
77. Braun, *Joseph Rotblat*, 77.
78. LOC, F-2(a), Vietnam Material, Draft of a Memo to the Files, July 10, 1967.
79. LOC, Harriman Papers, Ordre de Mission, July 7, 1967.
80. Aubrac, *Où la mémoire s'attarde*, 255f.
81. Marnham, *Resistance and Betrayal*.
82. Aubrac, *Où la mémoire s'attarde*, 258.
83. McNamara, *Argument Without End*, 292f.
84. Brigham and Herring, "Pennsylvania Peace Initiative," 63.
85. Aubrac, *Où la mémoire s'attarde*, 261–69.
86. Johnson Library, 10, Pentagon Papers, Visit to Hanoi by Two Unofficial French Representatives, Aug. 2, 1967.
87. Aubrac, *Où la mémoire s'attarde*, 272.
88. *FRUS, 1964–1968*, vol. V, *Vietnam, 1967*, Doc. 267, Memorandum of meeting, Aug. 3, 1967.
89. McNamara, *In Retrospect*, 298; Dallek, *Flawed Giant*, 477.
90. *FRUS, 1964–1968*, vol. V, *Vietnam, 1967*, Doc. 272, Bundy to Negotiations Committee, Aug. 9, 1967.
91. Dallek, *Flawed Giant*, 477f.
92. *FRUS, 1964–1968*, vol. V, *Vietnam, 1967*, Doc. 267, Memorandum of meeting, Aug. 3, 1967.
93. Johnson Library, 10, Pentagon Papers, Pennsylvania, n.d. Aug. 1967. McNamara told Harriman he had personally dictated the text.
94. Ibid., revised and supplemented after review by Kissinger, Sept. 8, 1967.
95. Johnson Library, NSF Country File Vietnam, 140, Pennsylvania, HAK to Rusk, Katzenbach and Harriman, Aug. 17, 1967; HAK to Rusk, Katzenbach and Harriman, Aug. 18, 1967, 06.59; HAK to Rusk, Katzenbach and Harriman, Aug. 18, 1967, 14.58.
96. Gibbons, *Government and Vietnam War*, 777–79.
97. Johnson Library, NSF Country File Vietnam, 140, Pennsylvania, HAK to McNamara, Aug. 19, 1967, 06.49.
98. *FRUS, 1964–1968*, vol. V, *Vietnam, 1967*, Memcon Harriman, McNamara, Aug. 22, 1967.
99. Johnson Library, NSF Country File Vietnam, 140, Pennsylvania, Cooper memorandum, Aug. 22, 1967.
100. At this point, knowledge of PENNSYLVANIA was confined to Bundy, Cooper, Habib, Harriman, Katzenbach, McNamara, and Rusk.

101. Johnson Library, NSF Country File Vietnam, 140, Pennsylvania, Walsh memorandum, Aug. 25, 1967.
102. Ibid., 140, Pennsylvania, Read memo, Sept. 5, 1967.
103. Ibid., 140, Read memo, Sept. 6, 1967.
104. Ibid., 140, Read memo, Sept. 7, 1967, 12:30 p.m.
105. Ibid., 140, Pennsylvania, Rostow to LBJ, Sept. 5, 1967.
106. Ibid., 140, Pennsylvania, [Helms] note to Rostow, Sept. 7, 1967.
107. Ibid., 140, Helms to Rostow, Sept. 7, 1967.
108. Ibid., 140, William Bundy memorandum for the President, Sept. 7, 1967.
109. *FRUS, 1964–1968,* vol. V, *Vietnam, 1967,* Doc. 311, Memcon Rusk-Rostow, Sept. 9, 1967.
110. Johnson Library, NSF Country File Vietnam, 140, Rostow to LBJ, Sept. 9, 1967, 6:38 p.m.
111. Ibid., 140, Instructions for Mr. Henry Kissinger, Sept. 7, 1967.
112. Ibid., 140, HAK to Rusk, Sept. 9, 1967, 11:07 a.m.
113. Ibid., 140, HAK to Rusk, Sept. 9, 1967, 4:00 p.m.
114. Ibid.
115. Ibid., 140, HAK message, Sept. 11, 1967.
116. Ibid., 140, Rostow to LBJ, Sept. 11, 1967, 12:15 p.m.
117. Dallek, *Flawed Giant,* 484. See also Gardner, *Pay Any Price,* 387.
118. Johnson Library, NSF Country File Vietnam, 140, Rusk to HAK, Sept. 12, 1967. See also HAK to Rusk, Sept. 13, 1967, 7:49 a.m., for Kissinger's request that the U.S. response to Hanoi be toned down.
119. Johnson Library, NSF Country File Vietnam, 140, Rusk to HAK, Sept. 13, 1967.
120. Ibid., 140, HAK to Rusk, Sept. 13, 1967, 7:57 a.m.
121. Ibid., 140, HAK to Rusk, Sept. 13, 1967, 4:10 p.m.
122. Ibid., 140, HAK to Rusk, Sept. 14, 1967, 2:54 p.m.
123. Ibid., 140, HAK to Rusk, Sept. 15, 1967, 8:56 a.m.; Rusk to HAK, Sept. 15, 1967; HAK to Rusk, Sept. 15, 1967, 9:19 p.m.
124. Ibid., 140, HAK to Rusk, Sept. 19, 1967, 2:39 p.m.
125. Ibid.
126. Ibid., 140, HAK to Rusk, Sept. 16, 1967, 8:46 a.m.
127. Aubrac, *Où la mémoire s'attarde,* 278.
128. *FRUS, 1964–1968,* vol. V, *Vietnam, 1967,* Doc. 334, HAK to Rusk, Sept. 21, 1967.
129. Johnson Library, NSF Country File Vietnam, 140, Telcon Read-HAK, Sept. 25, 1967, 8:25 a.m.
130. Ibid., 140, Telcon Read-HAK, Sept. 30, 1967, 9:00 a.m.
131. Ibid., 140, Telcon Kissinger-Read, Oct. 3, 7:30 a.m.
132. Ibid., 140, Rostow to LBJ, Oct. 3, 1967, 10:15 a.m.
133. Ibid., 140, Marcovitch to HAK, Oct. 2, 1967; Note drafted by MA after M's conversation with Paul [Bo], Oct. 2, 1967; NSF Files of Walt Rostow, 9, Telcon Kissinger-Read, Oct. 3, 1967, 1 p.m. Slight variations in wording from one version to another reflect differences in translations from the French.
134. *FRUS, 1964–1968,* vol. V, *Vietnam, 1967,* Doc. 341, Notes of the meeting, Oct. 3, 1967. See Gardner, *Pay Any Price,* 390.
135. Johnson Library, NSF Country File Vietnam, 140, Telcons Read-Kissinger, Oct. 4, 1967, 4:15 and 4:30 p.m.; Oct. 4, 1967, 8:30 p.m.
136. Ibid., 140, Rostow to LBJ, Oct. 4, 1967; Rostow to LBJ, Oct. 4, 1967, 6:10 p.m.
137. *FRUS, 1964–1968,* vol. V, *Vietnam, 1967,* Doc. 346, Notes of the meeting, Oct. 4, 1967.
138. Ibid., Doc. 348, LBJ meeting with Rusk, McNamara and Rostow, 6:55–8:25 p.m. Cf. Gibbons, *Government and Vietnam War,* pt. 4, 783–86.
139. Johnson Library, NSF Country File Vietnam, 140, Text dictated by Mai Van Bo to Marcovitch, Oct. 5, 1967, 9:30 p.m.–midnight.
140. *FRUS, 1964–1968,* vol. V, *Vietnam, 1967,* Doc. 348, LBJ meeting with Rusk, McNamara and Rostow, 6:55–8:25 p.m.
141. Johnson Library, NSF Files of Walt Rostow, 9, Rusk [?] to HAK, Oct. 5, 1967; NSF Country File Vietnam, 140, Rusk to U.S. ambassador in Paris, Oct. 6, 1967.
142. *FRUS, 1964–1968,* vol. V, *Vietnam, 1967,* Doc. 348, LBJ meeting with Rusk, McNamara and Rostow, 6:55–8:25 p.m.
143. Johnson Library, NSF Files of Walt Rostow, 9, Rostow to LBJ, Oct. 6, 1967, 4:50 p.m.
144. Ibid., 9, Telcon Rostow-Kissinger, Oct. 8, 1967.
145. Johnson Library, NSF Country File Vietnam, 140, Telcon Read-Kissinger, Oct. 8, 1967.
146. Ibid., 140, Telcon Read-Kissinger, Oct. 9, 1967.
147. Ibid., 140, Telcon Read-Kissinger, Oct. 17, 1967, 7:45 a.m.
148. Ibid., 140, Rostow to LBJ, Oct. 9, 1967, 1:55 p.m.
149. Ibid., 140, Telcon Read-Kissinger, Oct. 10, 1967, 2:00 p.m.
150. *FRUS, 1964–1968,* vol. V, *Vietnam, 1967,* Doc. 353, LBJ meeting with Rusk, McNamara, Rostow, Helms and Christian, Oct. 16, 1967.
151. Johnson Library, NSF Country File Vietnam, 140, Telcon Rostow-Kissinger, Oct. 17, 1967, 6:00 p.m.
152. Ibid., 140, Kissinger memo, Oct. 17, 1967.
153. Johnson Library, Tom Johnson's Notes of Meetings, 1, Notes of the President's Wednesday Night Meeting, Oct.18, 1967. Cf. Gardner, *Pay Any Price,* 391ff.; Clifford, *Counsel,* 453f.
154. Schlesinger, *Journals,* Dec. 7, 1967. This story has a different setting in Isaacson, who (on the basis of an interview with Paul Doty) sets it in October as a phone call to Doty's Vermont farmhouse, where Kissinger was spending the weekend: Isaacson, *Kissinger,* KL 2320–25.
155. Johnson Library, NSF Country File Vietnam, 140, HAK to Rusk, Sept. 16, 1967, 3:27 p.m.
156. Ibid., 140, HAK to Rusk, Sept. 22, 1967, 5:57 p.m.
157. Ibid., 140, Rostow to LBJ, Sept. 14, 1967, 8:20 p.m.
158. *FRUS, 1964–1968,* vol. V, *Vietnam, 1967,* Doc. 330, Memcon Harriman-McNamara, Sept. 19, 1967.
159. Johnson Library, NSF Files of Walt Rostow, 9, Rostow to LBJ, Sept. 26, 1967.
160. LOC, D-4, LBJ to HAK, Oct. 4, 1967.

161. *FRUS, 1964–1968*, vol. V, *Vietnam, 1967*, Doc. 336, Notes of Meeting, Sept. 26, 1967, 1:15–2:35 p.m. Cf. Gardner, *Pay Any Price*, 387f.
162. Gardner, *Pay Any Price*, 388f.
163. *FRUS, 1964–1968*, vol. V, *Vietnam, 1967*, Doc. 336, Notes of Meeting, Sept. 26, 1967, 1:15–2:35 p.m. Cf. Gardner, *Pay Any Price*, 387f. Cf. McNamara, *In Retrospect*, 298–301.
164. Lyndon B. Johnson, Address on Vietnam Before the National Legislative Conference, San Antonio, TX, Sept. 29, 1967, http://bit.ly/1aYigDa. Cf. Johnson Library, NSF Files of Walt Rostow, 9, Rostow to LBJ, Sept. 26, 1967; Gardner, *Pay Any Price*, 389.
165. *FRUS, 1964–1968*, vol. V, *Vietnam, 1967*, Doc. 341, Notes of Meeting, Oct. 3, 1967. See Gardner, *Pay Any Price*, 390.
166. *FRUS, 1964–1968*, vol. V, *Vietnam, 1967*, Doc. 363, Notes of Meeting, Oct. 23, 1967. Cf. Gardner, *Pay Any Price*, 395; Gibbons, *Government and Vietnam War*, 789–94.
167. *FRUS, 1964–1968*, vol. V, *Vietnam, 1967*, Doc. 420, Notes of Meeting, Nov. 29, 1967.
168. Johnson Library, NSF Country File Vietnam, 140, State Dept. to American Embassy, Paris, Oct. 19, 1967.
169. Ibid., 140, HAK via American Embassy, Paris, to State Dept., Oct. 20, 1967, 7:20 a.m.
170. Ibid., 140, Rostow to LBJ, Oct. 20, 1967, 10:50 a.m.
171. Ibid., 140, HAK to State Dept., Oct. 20, 1967.
172. Ibid. See also Aubrac, *Où la mémoire s'attarde*, 279f.
173. Johnson Library, NSF Country File Vietnam, 140, Rostow to LBJ, Oct. 20, 1967.
174. Ibid., 140, Rostow to LBJ, Oct. 21, 1967.
175. Ibid., 140, Rostow to LBJ, Oct. 27, 1967.
176. Ibid., 140, Helms to Rostow, Oct. 23, 1967.
177. *FRUS, 1964–1968*, vol. V, *Vietnam, 1967*, Doc. 363, Notes of Meeting, Oct. 23, 1967. Cf. Gardner, *Pay Any Price*, 395; Gibbons, *Government and Vietnam War*, 789–94.
178. Johnson Library, NSF Country File Vietnam, 140, Aubrac and Marcovitch to HAK, Oct. 25, 1967.
179. Ibid., 140, Marcovitch to HAK, Dec. 15, 1967.
180. Aubrac, *Où la mémoire s'attarde*, 282.
181. Butcher, "Questions About the Nature of Transfer in Track Two."
182. Loory and Kraslow, *Secret Search for Peace*.
183. Johnson Library, NSF Country File Vietnam, 94, Read memo, Dec. 11, 1967.
184. Ibid., 140, Memcon Gunther, Cook, Kraslow, Dec. 6, 1967.
185. Herring, *LBJ and Vietnam*.
186. Guan, "Vietnam War from Both Sides," 121–23.
187. McNamara, *Argument Without End*, 299–301.
188. Herring, *Secret Diplomacy*, 522f.
189. Johnson Library, NSF Country File Vietnam, 94, Marcovitch to HAK, Dec. 6, 1967.
190. Ibid., 140, Memcon Read, Kissinger, Jan. 17, 1968, 7:30 a.m. and 6 p.m.; Rostow to LBJ, Jan. 17, 1968.
191. Ibid., 140, Memcon Read, Kissinger, Jan. 18, 1968, 9:00 a.m.
192. Ibid., 140, HAK to Rusk [three telegrams], Jan. 4, 1968.
193. Ibid.

第21章　1968

1. LOC, D-4, Dönhof to HAK, March 22, 1968.
2. Nixon, *RN: Memoirs*, KL 6520–47.
3. McNamara, *In Retrospect*, 313.
4. Rusk, *As I Saw It*, 417.
5. See in general Suri, *Power and Protest*.
6. Atkinson, *In Theory and Practice*, 139.
7. Ibid., 143.
8. Ibid., 149.
9. Ibid., 150, 153.
10. HAK, "The Need to Belong," *New York Times*, Mar. 17, 1968.
11. LOC, F-2(a), HAK, Outline of Remarks [by NAR] at Rensselaer Commencement, June 6, 1968.
12. Vaïsse, "Zbig, Henry, and the New U.S. Foreign Policy Elite," KL 3–26.
13. This paragraph is based on the first chapter of Hersh, *Price of Power*.
14. Isaacson, *Kissinger*, 2451–71.
15. Hitchens, *Trial of Kissinger*.
16. Hughes, *Chasing Shadows*, esp. the circumstantial evidence in footnote 7, KL 4133–4182.
17. Clifford, *Counsel to the President*, 581f.
18. Hughes, *Chasing Shadows*, KL 4079–81.
19. Seig, "1968 Presidential Election," 1062.
20. Summers, *Arrogance of Power*, 298.
21. Stanley Hoffmann, "The Kissinger Anti-Memoirs," *New York Times*, July 3, 1983.
22. Bundy, *Tangled Web*, 39f.
23. Miller Center of Public Affairs, University of Virginia, Ronald Reagan Oral History Project, interview with Richard F. Allen, May 28, 2002, 13.
24. Ibid., 32.
25. Lehman, *Command of the Seas*, 67f.
26. Nixon, *RN: Memoir*, KL 6170–314.
27. Smith, *On His Own Terms*, 496–97.
28. LOC, F-2(a), "A Rockefeller Call for a New Vietnam Policy," Aug. 22, 1967.
29. Ibid.
30. Ibid.
31. Ibid.
32. Richard Witkin, "Rockefeller Turning Away from Johnson on Vietnam," *New York Times*, Oct. 4, 1967; "Rockefeller Bars Vietnam Comment," Oct. 4, 1967.
33. LOC, F-3(c), NAR to RMN [draft], Apr. 2, 1965.
34. Rockefeller Archive Center, RMN to NAR, Nov. 8, 1966.
35. Smith, *On His Own Terms*, 527.
36. LOC, F-2(a), Nancy Maginnes to Ann Whitman, Nov. 22, 1967.
37. Schlesinger, *Journals*, Dec. 7, 1967.
38. Ibid., Feb. 19, 1968.
39. Kalb and Kalb, *Kissinger*, 14f.
40. RMN, "Asia After Viet Nam," *Foreign Affairs* (Oct. 1967), 111–25.
41. Ibid., 111f.
42. Ibid., 123.

43. Ibid., 121.
44. Ibid.
45. LOC, F-3(c), HAK to NAR, Jan. 26, 1968.
46. Ibid.
47. Ibid. It seems likely that Kissinger had read Fisher Howe's pamphlet *The Computer and Foreign Affairs: Some First Thoughts* (1966).
48. HAK, "Bureaucracy and Policy Making: The Effect of Insiders and Outsiders on the Policy Process," in HAK and Brodie, *Bureaucracy, Politics and Strategy.*
49. Ibid., 3.
50. Ibid., 6.
51. Ibid., 6f.
52. Ibid., 8, 11.
53. Ibid., 9.
54. Ibid.
55. Ibid., 10.
56. LOC, K-2, Study Group on Presidential Transition, 1968–1969.
57. Ibid., Lindsay to RMN, Aug. 15, 1968, enclosing report signed by Areeda, Lindsay and May.
58. Prados and Porter, *Inside the Pentagon Papers.*
59. Johnson, *Vantage Point,* 373. For Rusk's reply see *FRUS, 1964–1968,* vol. V, *Vietnam 1967,* Doc. 403, Rusk to LBJ, Nov. 20, 1967.
60. McNamara, *In Retrospect,* 309f.
61. Johnson, *Vantage Point,* 600f.
62. McNamara, *In Retrospect,* 310f.
63. Robert Buzzanco, "The Myth of Tet: American Failure and the Politics of War," in Gilbert and Head, *Tet Offensive,* 232f.
64. LOC, F-2(a), Lloyd Free, American Opinion About Vietnam, Preliminary Report on American Opinion About Vietnam, Lloyd Free, Mar. 15, 1968.
65. LOC, Kent 64, HAK to NAR, Mar. 27, 1968.
66. Richard Reeves, "Governor to Run; He Will Disclose Plans Thursday," *New York Times,* March 19, 1968.
67. Buzzanco, "Myth of Tet," 245.
68. Gilbert and Head, *Tet Offensive,* 242, 246f.
69. Guan, *Ending Vietnam War,* KL 222. See also Herbert Y. Schandler, "The Pentagon and Peace Negotiations After March 31, 1968," in Gardner and Gittinger, *Search for Peace in Vietnam.*
70. Herring, *Secret Diplomacy,* 524f.
71. Rusk, *As I Saw It,* 484.
72. LOC, Harriman Papers, Box 481, Harriman to HAK, Apr. 15, 1968.
73. Joseph Carroll, "Paris, May 1968," *Guardian,* May 6, 1968.
74. Joseph A. Harris, "Letter from Paris. May 1968: Something Happened (but What?)," *American Spectator* (Nov. 2008).
75. Schandler, "Pentagon and Peace Negotiations"; Rusk, *As I Saw It,* 485.
76. Details in Guan, *Ending Vietnam War.*
77. Diem and Chanoff, *Jaws of History,* 230f.
78. LOC, Harriman Papers, Box 481, HAK to Harriman, May 31, 1968.
79. LOC, G-14, HAK to Lodge, June 28, 1968.
80. Milne, "1968 Paris Peace Negotiations," 589f.
81. Ross Terrill, "A Report on the Paris Talks," *New Republic,* July 13, 1968.
82. Seig, "1968 Presidential Election," 1063. See also Rusk, *As I Saw It,* 486f., 490.
83. LBJ, Remarks in Detroit at the Annual Convention of the Veterans of Foreign Wars, Aug. 19, 1968, http://bit.ly/1yWCUyR.
84. Milne, "1968 Paris Peace Negotiations," 592.
85. LOC, Harriman Papers, Box 481, HAK to Harriman, July 17, 1968; see also Harriman to HAK, Aug. 30, 1968.
86. Ibid., HAK to Harriman, Nov. 15, 1968.
87. Ibid., HAK to Harriman, Aug. 9, 1968.
88. Ibid., Harriman to HAK, Aug. 15, 1968.
89. Milne, "1968 Paris Peace Negotiations," 592.
90. LOC, G-14, Lodge to HAK, May 8, 1968.
91. James F. Clarity, "Rockefeller Hires Campaign Chief," *New York Times,* Apr. 10, 1968.
92. LOC, G-14 Supp. (Kraemer), HAK to Kraemer, Apr. 10, 1968.
93. LOC, F-2(a), HAK to NAR, Apr. 20, 1968.
94. Smith, *On His Own Terms,* 528.
95. Ibid., 529.
96. LOC, F-2(a), Remarks by Governor Nelson A. Rockefeller, Prepared for Delivery at the World Affairs Council of Philadelphia Luncheon, May 1, 1968; emphasis added. See Isaacson, *Kissinger,* KL 2378–91.
97. Ibid., Excerpts of Remarks by Governor Nelson A. Rockefeller, Prepared for Delivery at Kansas State College, Manhattan, Kansas, May 9, 1968.
98. Smith, *On His Own Terms,* 532f.
99. LOC, F-2(a), HAK to Thomas Losee, July 1, 1968.
100. Ibid., NAR draft speech on Government Organization for the Conduct of Foreign Policy, June 15, 1968. See also LOC, D-4, NAR Related, Government Reorganization, June 21, 1968.
101. Ibid., HAK, Outline of Suggestions for the Republican Platform: Foreign Policy, HAK to Alton Marshall, June 30, 1968.
102. Ibid., NAR Statement on Foreign Economic Policy, July 1, 1968.
103. Ibid.
104. Ibid., NAR 4 stage VN peace plan, News from Rockefeller for President, July 13, 1968. Cf. R. W. Apple, Jr., "Rockefeller Gives Four-Stage Plan to End the War," *New York Times,* July 14, 1968.
105. Leo Baeck Institute, AR 4198, Hans Morgenthau Collection, Box 4, Folder 1, HAK to Morgenthau, Oct. 9, 1968.
106. Zambernardi, "Impotence of Power."
107. Leo Baeck Institute, AR 4198, Hans Morgenthau Collection, Box 4, Folder 1, Morgenthau to HAK, Oct. 22, 1968.
108. Ibid., HAK to Morgenthau, Nov. 13, 1968.
109. Buckley, *United Nations Journal,* 55f.
110. White, *Making of the President 1968,* 285.
111. Isaacson, *Kissinger,* KL 2402–6.
112. Hedrick Smith, "Nixon Research Aide Warned of Prague Invasion by Russians," *New York Times,* Dec. 14, 1968.
113. Miller Center of Public Affairs, University of Virginia, Ronald Reagan Oral History Project, interview with Richard F. Allen, May 28, 2002, 7f. Cf. Isaacson, *Kissinger,* KL 2409–32.
114. John W. Finney, "Rockefeller Coup Gave Platform a Dovish Tone," *New York Times,* Aug. 6, 1968.

115. Isaacson, *Kissinger,* KL 2409–32. Cf. Nixon Library, 414, Kirk, Brent-Kittens, 1960, George Grassmuck to HAK, Aug. 29, 1960.
116. LOC, Harriman Papers, Box 481, Harriman to HAK, Aug. 15, 1968. For the widely repeated claim that this was a lie, see, e.g., Milne, "1968 Paris Peace Negotiations," 592.
117. Isaacson, *Kissinger,* KL 2513–30.
118. Humphrey, *Education of Public Man,* 9.
119. Isaacson, *Kissinger,* KL 2443–45.
120. Buckley, *United Nations Journal,* 56.
121. LOC, D-4, HAK to NAR, Aug. 20, 1968.
122. See Ambrose, *Nixon,* vol. 2, KL 3760–85. Cf. Isaacson, *Kissinger,* KL 2492–95. Isaacson's information is nearly all based on interviews conducted between 1989 and 1991, more than twenty years after the event. Davidson also went on the record to repeat his story in the 2002 documentary film *The Trials of Henry Kissinger,* http://bit.ly/1bATfzh.
123. Nixon Library, White House Special Files Collection, Folder 11, Haldeman to RMN and Harlow, Sept. 27, 1968.
124. Hughes, *Chasing Shadows,* KL 127–55. In his footnotes, Hughes makes much of this, but Kissinger had seen such lists before, and in any case, there is no evidence that he communicated the specifics to anyone on the Nixon campaign.
125. Diem and Chanoff, *Jaws of History,* 237.
126. See, e.g., Summers, *Arrogance of Power,* KL 1067–70.
127. Diem and Chanoff, *Jaws of History,* 237.
128. Nixon Library, White House Special Files Collection, Folder 11, McCone to RMN, Sept. 21, 1968.
129. Ibid., Harlow to RMN, Sept. 24, 1968.
130. Ibid., Haldeman to RMN and Harlow, Sept. 27, 1968.
131. Ambrose, *Nixon,* vol. 2, KL 4096.
132. Seig, "1968 Presidential Election," 1067; LaFeber, *Deadly Bet,* 158.
133. LaFeber, *Deadly Bet,* 159f.
134. Milne, "1968 Paris Peace Negotiations"; White, *Making of the President 1968,* 325.
135. LaFeber, *Deadly Bet,* 162f.
136. Diem and Chanoff, *Jaws of History,* 238–40.
137. See also Rusk, *As I Saw It,* 487f.
138. *FRUS,* vol. VII, *Vietnam, Sept. 1968–Jan. 1969,* Doc. 104, Minutes of the meeting, Oct. 22, 1968.
139. Ambrose, *Nixon,* vol. 2, KL 4041.
140. Powers, *Man Who Kept Secrets,* 198–200. Hoover even claimed Nixon's plane had been bugged, though this was a lie.
141. Keever, *Death Zones and Darling Spies,* 223–26. On this incident see Diem and Chanoff, *Jaws of History,* 243.
142. Johnson Library, South Vietnam on U.S. Policies, Eugene Rostow memo, Oct. 29, 1968, forwarded to LBJ by Walt Rostow. Cf. Hughes, *Chasing Shadows,* KL 206–24.
143. Johnson Library, South Vietnam on U.S. Policies, Vice President Ky Expresses Opinions on Conduct of Bomb Halt, Oct. 29, 1968. Cf. Diem and Chanoff, *Jaws of History,* 240f.; Woods, *LBJ: Architect of Ambition,* 872–75.
144. Rusk, *As I Saw It,* 489f.
145. Berman, *No Peace, No Honor,* 33–36. See also Milne, "1968 Paris Peace Negotiations," 596f.
146. Ambrose, *Nixon,* vol. 2, KL 4157.
147. Rusk, *As I Saw It,* 490.
148. Witcover, *White Knight,* 270. See also Summers, *Arrogance of Power,* 306, who admits that "Thieu would very probably have balked at attending talks anyway, even without the Republican pressure."
149. The accusation can be heard in the recorded call between Johnson and Everett Dirksen, http://bit.ly/1boC8jl.
150. The most detailed account of the episode is Hughes, *Chasing Shadows,* KL 1138–298. See also Summers, *Arrogance of Power,* 303ff.
151. Hughes, *Chasing Shadows,* KL 1138–298. See also Keever, *Death Zones and Darling Spies,* 227f.; Humphrey, *Education of Public Man,* 8, 9, 14. According to Theodore White, the Nixon campaign was in fact filled with unfeigned "fury and dismay" when they realized what Chennault had been doing (or, at least, that she had been caught doing it by Johnson): White, *Making of the President 1968,* 445.
152. *FRUS,* vol. VII, *Vietnam, Sept. 1968–Jan. 1969,* Doc. 194, Rostow to LBJ, Nov. 4, 1968.
153. Summers, *Arrogance of Power,* 519. Cf. Rosen, *Strong Man,* 59–62; Safire, *Before the Fall,* 89f.
154. Tom Ottenad, "Was Saigon's Peace Talk Delay Due to Republican Promises?," *Boston Globe,* Jan. 6, 1969.
155. Hughes, *Chasing Shadows,* KL 127–55.
156. Haldeman, *Haldeman Diaries,* 565.

第 22 章　不可能的组合

1. Joseph A. Loftus, "Ex-Adviser Cites Problems of Presidential Power," *New York Times,* Sept. 7, 1968.
2. "Season for Blueprints," *Economist,* Dec. 7, 1968, 41f.
3. HAK, "Central Issues of American Foreign Policy," in *American Foreign Policy: Three Essays,* 52, 95, 85, 56, 57, 84.
4. Ibid., 77.
5. Ibid., 60.
6. Ibid., 61.
7. Ibid., 95.
8. Guido Goldman, interview by author.
9. Hedrick Smith, "Kissinger Has Parley Plan: Nixon Adviser's Article Asks 2-Level Talks," *New York Times,* Dec. 19, 1968.
10. HAK, "Viet Nam Negotiations."
11. Ibid., 211f.
12. Ibid., 220.
13. Ibid., 218.
14. Ibid., 213f.
15. Ibid., 214.
16. Ibid., 215.
17. Ibid., 216, 221.
18. Ibid., 218f.
19. Ibid., 227f.

20. Ibid., 230, 234.
21. White, *Making of the President 1968,* 460f.
22. Converse, Miller, Rusk, and Wolfe, "Continuity and Change in American Politics," 1084.
23. White, *Making of the President 1968,* 467.
24. LOC, K-2, Study Group on Presidential Transition 1968–1969, Frank Lindsay to RMN, Aug. 15, 1968, enclosing report signed by Areeda, Lindsay, and May, 11.
25. Ibid., 12.
26. Ibid., 28.
27. Ibid., Lindsay to RMN, Aug. 15, 1968, enclosing report signed by Areeda, Lindsay and May.
28. Ibid., Lindsay to RMN, Oct. 18, 1968, enclosing report.
29. Ibid., Lindsay to RMN, Nov. 1, 1968, enclosing report.
30. Ibid.
31. Ibid.
32. Ibid., Lindsay to RMN, Nov. 6, 1968, enclosing report.
33. LOC, K-2, John Eisenhower to Haldeman, Nov. 25, 1968.
34. LOC, Elliot Richardson Papers, Box I 64, Gilpatric to Lindsay, Nov. 24, 1968.
35. Safire, *Before the Fall,* 33.
36. Smith, *On His Own Terms,* 542.
37. Isaacson, *Kissinger,* KL 2557–73.
38. Buckley, *United Nations Journal,* 56f.
39. Nixon, *RN: Memoirs,* KL 6538–52.
40. *WHY,* 11f.
41. Rockefeller Archive Center, HAK to NAR, Nov. 25, 1968.
42. *WHY,* 14.
43. Isaacson, *Kissinger,* KL 2574–608.
44. *WHY,* 15.
45. Isaacson, *Kissinger,* KL 2534–44.
46. Ibid., KL 2613–22.
47. Robert Reinhold, "Scholars Praise 2 Nixon Choices: They See Encouraging Sign for New Administration," *New York Times,* Dec. 4, 1968.
48. R. W. Apple, Jr., "Kissinger Named a Key Nixon Aide in Defense Policy," *New York Times,* Dec. 3, 1968.
49. LOC, Elliot Richardson Papers Box I 64, Task Force on Organization of Executive Branch I, Revitalizing and Streamlining the NSC, Dec. 1, 1968.
50. LOC, K-2, Study Group on Presidential Transition 1968–1969, Program Planning for the White House, Areeda to Haldeman, Dec. 2, 1968.
51. LOC, Elliot Richardson Papers, Box I 64, Lindsay to Richardson, Dec. 2, 1968.
52. LOC, K-2, May to HAK, Dec. 4, 1968.
53. Ibid., Jerry Friedheim, Thoughts on National Security Council, Dec. 5, 1968.
54. Robert B. Semple, Jr., "Nixon to Revive Council's Power: Aims to Give Security Board," *New York Times,* Jan. 1, 1969. See Rothkopf, *Running the World,* 108–56.
55. James Reston was even fooled by Nixon into believing the ideas for NSC reform were the president's own: "The First Myth of the Nixon Administration," *New York Times,* Dec. 18, 1968.
56. LOC, K-2, Ernest May, Historians and the Foreign Policy Process, Dec. 4, 1968.
57. Joseph A. Loftus, "Ex-Adviser Cites Problems of Presidential Power," *New York Times,* Sept. 7, 1968.
58. Robert B. Semple, Jr., "Kissinger Called Nixon Choice for Adviser on Foreign Policy," *New York Times,* Nov. 30, 1968.
59. R. W. Apple, Jr., "Kissinger Named a Key Nixon Aide in Defense Policy," *New York Times,* Dec. 3, 1968.
60. "Nixon's National Security Aide," *Register,* Dec. 4, 1968.
61. James Reston, "Kissinger: New Man in the White House Basement," *New York Times,* Dec. 4, 1968.
62. "Nixon's Key Adviser on Defense Kissinger, Henry Alfred Kissinger," *New York Times,* Dec. 3, 1968; "The Kissinger Appointment," *New York Times,* Dec. 4, 1968.
63. "Kissinger: The Uses and Limits of Power," *Time* 93, no. 7 (Feb. 14, 1969).
64. Evelyn Irons, "Kissinger to Advise on Defence," *Times,* Dec. 3, 1968, 1.
65. Ian McDonald, "Mr. Nixon Picks Liberal Adviser on Science," *Times,* Dec. 4, 1968, 5.
66. Leonard Beaton, "The Strong European Bias of Dr. Kissinger," *Times,* Dec. 5, 1968.
67. "Season for Blueprints," *Economist,* Dec. 7, 1968.
68. Adam Raphael, "Nixon's Security Adviser," *Guardian,* Dec. 3, 1968, 1.
69. Scot Richard, "A Bonn-US Axis Under Nixon?," *Guardian,* Dec. 3, 1968, 2.
70. "Shepherds' Watch," *Guardian,* Dec. 11, 1968, 9.
71. "Lauded by Le Monde," *New York Times,* Dec 4, 1968.
72. "Amerikas neue Regenten: Nixons Kabinetts-Mannschaft: Nicht faszinierend, doch solide," *Die Zeit,* Dec. 20, 1968. See also Theo Sommer, "Der müde Atlas," *Die Zeit,* Jan. 17, 1969.
73. "Poles Criticize Kissinger," *New York Times,* Dec. 5, 1968.
74. Stephen Hess, "First Impressions: A Look Back at Five Presidential Transitions," Brookings, http://brook.gs/1d9uV7O.
75. Robert Reinhold, "Scholars Praise 2 Nixon Choices: They See Encouraging Sign for New Administration," *New York Times,* Dec. 4, 1968.
76. New York Public Library, Arthur Schlesinger Journal, Dec. 11, 1968.
77. Walter Goodman, "The Liberal Establishment Faces: The Blacks, the Young, the New Left," *New York Times,* Dec. 29, 1968.
78. "Letter: Foreign Policy Adviser," *New York Times,* Dec. 15, 1968.
79. John H. Fenton, "Nixon Naming of 3 Decried by Welch: Birch Head Scores Murphy, Moynihan and Kissinger," *New York Times,* Jan. 7, 1969.
80. "Kissinger Conducts His Last Seminar in Government Before Joining It," *New York Times,* Dec. 17, 1968.
81. LOC, K-2, Halperin to HAK, Dec. 11, 1968.
82. National Archives and Records Administration, Henry A. Kissinger Office Files, Arms Control, Jerome Wiesner to HAK, Dec. 12, 1968.

83. LOC, K-2, Neustadt to HAK, Notes of Dinner Meeting, Dec. 9, 1968.
84. Ibid., Lindsay to RMN, Report of Task Force on Organization of Executive Branch of the Government, Dec. 17, 1968. See also LOC, Elliot Richardson Papers, Box I 91, Lindsay to RMN, Dec. 20, 1968; Lindsay to RMN, Program Planning for the White House, Dec. 28, 1968.
85. LOC, J-3, Kissinger, Brzezinski to HAK, Dec. 18, 1968.
86. LOC, K-2, Goodpaster to HAK, The National Security Council Staff, Dec. 24, 1968.
87. Ibid., HAK to May, Dec. 31, 1968.
88. *FRUS, 1964–1968,* vol. VII, *Vietnam, Sept. 1968–Jan. 1969,* Doc. 244, Minutes of meeting, Dec. 3, 1968.
89. LOC, Harriman Papers, Box 481, Telcon Harriman-Kissinger, Dec. 3, 1968.
90. *FRUS, 1964–1968,* vol. VII, *Vietnam, Sept. 1968–Jan. 1969,* Doc. 266, Vance to Kissinger, Dec. 31, 1968.
91. Katzenbach, *Some of It Was Fun,* 290ff.
92. R. W. Apple, Jr., "Lodge Appointed to Head U.S. Team in Vietnam Talks," *New York Times,* Jan. 6, 1969.
93. LOC, K-2, Bund to HAK, Dec. 4, 1968.
94. Johnson Library, 43, Rostow 109 [1 of 2], Rostow to LBJ, Dec. 5, 1968.
95. Rostow, *Diffusion of Power,* 365. See in general on NSC organization, 358–68.
96. Ibid., 524.
97. *WHY,* 19.
98. Isaacson, *Kissinger,* KL 2613–22.
99. New York Public Library, Arthur Schlesinger Journal, Dec. 11, 1968.
100. "Kissinger Conducts His Last Seminar in Government Before Joining It," *New York Times,* Dec. 17, 1968.
101. LOC, G-14 Supp. (Kraemer), Kraemer to HAK, Dec. 9, 1968.
102. LOC, K-2, Study Group on Presidential Transition 1968–1969, Lindsay to RMN, Nov. 1, 1968, enclosing report.
103. LOC, G-14 Supp. (Kraemer), Kraemer to HAK, Dec. 9, 1968.

后 记

1. Bk. VII, chap, 1.
2. Kissinger family papers, HAK to his parents, Apr. 2, 1947.
3. Ibid., HAK to his parents, May 6, 1945.
4. Ibid., HAK to his parents, Feb. 10, 1946.
5. Ibid., HAK to his parents, May 6, 1945.
6. Ibid., HAK to his parents, June 22, 1947.
7. Ibid., HAK to his parents, Apr. 12, 1947.
8. HAK, Kent papers, HAK to his parents, July 28, 1948.
9. Harvard Archives, International Seminar, HAK to Camus, Jan. 26, 1954.
10. *WR,* KL 453–56.
11. *NWFP,* 428f.
12. HAK, MoH, 1f., 4.
13. Ibid., 127f., 249.
14. *WR,* KL 6689–707.
15. *NWFP,* 428f.
16. Harvard Archives, International Seminar, HAK to Graubard, Dec. 5, 1956.
17. "Kissinger Speaks," *New York Herald Tribune,* Oct. 14, 1957. See also "Dr. Kissinger Amplifies," ibid., Oct. 17, 1957.
18. See, e.g., Isaiah Berlin, "The Originality of Machiavelli," in *Against the Current,* 25–79.
19. American Broadcasting Company, in association with the Fund for the Republic, *Survival and Freedom: A Mike Wallace Interview with Henry A. Kissinger* (1958), 11, 13.
20. Kent papers, HAK, "Decision Making in a Nuclear World" (1963), 4ff.
21. Hoover Institution Archives, 1, Conference on the Marriage of Political Philosophy and Practice in Public Affairs in Honor of Professor Elliott, Harvard Summer School, Program and Proceedings, July 22, 1963.
22. NFC, 300ff.
23. Yale University Library, HAK Papers, MS 1981, Part II, Box 273, Folder 5, The Contingency of Legitimacy, 2f.
24. Eisenhower Library, NSC Series, WHO OSANSA: Records, 1952–1961, Box 6, Elliott, "NSC Study," Dec. 23, 1952.
25. LOC, G-14 Supp. (Kraemer), Kraemer to HAK, Dec. 2, 1957.
26. Ibid.
27. LOC, HAK Papers, D-9, Kraemer to HAK, May 17, 1958.
28. LOC, G-14 Supp. (Kraemer), Kraemer to HAK, Dec. 9, 1968.
29. Weidenfeld, *Remembering My Friends,* 384f.
30. Aristophanes, *Peace.*